Die deutsche Sprache

RUDOLF E. KELLER

Die deutsche Sprache

und ihre historische Entwicklung

Bearbeitet und übertragen
aus dem Englischen,
mit einem Begleitwort
sowie einem Glossar versehen
von
Karl-Heinz Mulagk

HELMUT BUSKE VERLAG
HAMBURG

Umschlagfotos:
Oben links: Karl der Große
Oben rechts: Martin Luther
Unten links: Gebrüder Grimm
Unten rechts: Konrad Duden

Die Deutsche Bibliothek – CIP-Einheitsaufnahme

Keller, Rudolf E.:
Die deutsche Sprache und ihre historische Entwicklung /
R. E. Keller. Bearb. und übertr. aus dem Engl., mit einem Begleitw.
sowie einem Glossar vers. von Karl-Heinz Mulagk. –
2., unveränd. Aufl. – Hamburg : Buske, 1995
Einheitssacht.: The German language ‹dt.›
ISBN 3-87548-104-6
NE: Mulagk, Karl-Heinz [Bearb.]

 – Druck und Verarbeitung: J. Ebner Ulm. Printed in Germany.

Meinen Eltern
in
dankbarer Erinnerung

Inhalt

	Vorwort	3
	Begleitwort	5
1	**EINLEITUNG: Das Wesen der Sprache**	
1.1	Warum Studium der Sprachgeschichte?	7
1.2	Was ist Sprache?	9
1.2.1	Der Inhalt	10
1.2.2	Der Ausdruck	11
1.3	Die Dimensionen der Sprache	12
1.3.1	Die Zeit	12
1.3.2	Der Raum	14
1.3.3	Der Gebrauch	16
1.3.4	Der Benutzer	18
1.3.5	Diagramm der Dimensionen	20
2	**DIE INDOEUROPÄISCHEN GRUNDLAGEN**	
2.1	Das Wesen des Indoeuropäischen	22
2.2	Der Faktor Zeit	27
2.3	Das Lokalisierungsproblem	30
2.4	Das indoeuropäische Erbe des Deutschen	35
2.4.1	Phonologie (Lautlehre)	37
2.4.2	Morphologie (Formenlehre)	38
2.4.3	Wortschatz	40
2.4.4	Namenkunde (Onomastik)	42
	Auswahlbibliographie	43
3	**DIE GERMANISCHE GRUNDLAGE**	
3.1	Das Wesen des Germanischen	44
3.2	Zeit und Ort	45
3.2.1	Die Germanen	45
3.2.2	Die Periodisierung	46
3.2.3	Diagramm der Zeitskala des Germanischen	47
3.3	Einteilung der germanischen Sprachen	49
3.3.1	Haupteinteilungen	49
3.3.2	Karten	52
3.3.3	Synopse von Paralleltexten	55
3.3.4	Die westliche Gruppe	62
3.4	Die frühesten Belege und die Kunst des Schreibens	65
3.4.1	Die Inschrift aus Negau	65
3.4.2	Wörter in lateinischen Quellen	67
3.4.3	Wörter im Finnischen	69
3.4.4	Die Runen und ihre Quellen	71

3.5 Phonologie 75
3.5.1 Die Betonung 75
3.5.2 Das System der betonten Vokale 76
3.5.3 Vokalabstufung (Ablaut) 80
3.5.4 Das Konsonantensystem 83
3.5.5 Die Entwicklung der Vokale und Konsonanten in den Nebensilben 88
3.6 Morphologie: Flexion 89
3.6.1 Deklination der Substantive 89
3.6.2 Deklination der Adjektive 92
3.6.3 Konjugation der Verben 93
3.7 Morphologie: Wortbildung 100
3.7.1 Ableitung und Zusammensetzung 100
3.7.2 Substantivableitung 102
3.7.3 Adjektivableitung 105
3.7.4 Verbableitung 106
3.7.5 Nominalkomposita 108
3.7.6 Verbalkomposita 110
3.8 Syntax (Satzlehre) 110
3.9 Wortschatz 114
3.9.1 Der ererbte Bestand 114
3.9.2 Entlehnter Wortschatz 118
3.9.3 Namenkunde (Onomastik) 124
Auswahlbibliographie 129

4 **DER KAROLINGISCHE ANFANG**
4.1 Das Regnum Francorum und die lingua theodisca 131
4.1.1 Das Sprachgebiet 131
4.1.2 Eroberung und Bekehrung 132
4.1.3 Die lingua theodisca 135
4.1.4 Regionale Varianten 136
4.2 Die schriftliche Überlieferung 144
4.3. Die Schreibkunst 147
4.4 Phonologie 151
4.4.1 Das System der betonten Vokale 151
4.4.2 Die unbetonten Vokale 161
4.4.3 Das Konsonantensystem 164
4.5 Morphologie: Flexion 174
4.5.1 Deklination der Substantive 174
4.5.2 Deklination der Adjektive 179
4.5.3 Konjugation der Verben 181
4.6 Morphologie: Wortbildung 189
4.6.1 Ableitung der Substantive 189
4.6.2 Ableitung der Adjektive 192
4.6.3 Ableitung des Verbs 194
4.6.4 Nominalkomposition 195
4.6.5 Verbalkomposition 196
4.7 Syntax 198
4.7.1 Die Stellung des Verbalglieds 198

4.7.2 Verbalglied und Nominalglied 201
4.7.3 Die Artikel 202
4.7.4 Das Subjektpronomen 203
4.7.5 Die Kasus des Substantivs 204
4.7.6 Die periphrastischen Formen des Verbs 204
4.7.7 Die Negation 207
4.8 Wortschatz 207
4.8.1 Der heimische Bestand 208
4.8.2 Lehngut 217
4.8.3 Namenkunde (Onomastik) 223
Auswahlbibliographie 229

5 DIE STAUFISCHE BLÜTE
5.1 Zeitalter und Sprachgebiet 231
5.1.1 Zeitalter 231
5.1.2 Das Sprachgebiet 232
5.2 Der Bereich der Literatursprache 236
5.3 Die Schreibsprache und die Mundarten 240
5.3.1 Die schriftliche Überlieferung 240
5.3.2 Gibt es eine mittelhochdeutsche Standardsprache? 246
5.3.3 Regionale Varianten 250
5.4 Phonologie 261
5.4.1 Buchstaben und Laute 261
5.4.2 Das System der betonten Vokale 264
5.4.3 Die unbetonten Vokale 267
5.4.4 Das Konsonantensystem 268
5.5 Morphologie: Flexion 272
5.5.1 Deklination der Substantive 272
5.5.2 Deklination der Adjektive 277
5.5.3 Konjugation des Verbs 278
5.6 Morphologie: Wortbildung 284
5.6.1 Ableitung der Substantive 284
5.6.2 Ableitung der Adjektive 287
5.6.3 Bildung des Adverbs 288
5.6.4 Ableitung des Verbs 289
5.6.5 Nominalkomposition 289
5.6.6 Verbalkomposition 290
5.7 Syntax 292
5.7.1 Die Satzstruktur 292
5.7.2 Das nominale Glied 295
5.7.3 Das verbale Glied 298
5.7.4 Die Verneinung 301
5.8 Wortschatz 302
5.8.1 Der heimische Bestand 302
5.8.2 Lehngut 311
5.8.3 Namenkunde (Onomastik) 317
Auswahlbibliographie 324

6	**DIE LEISTUNG DES SECHZEHNTEN JAHRHUNDERTS**	
6.1	Zeitalter und Sprachgebiet	326
6.1.1	Das Zeitalter	326
6.1.2	Das Sprachgebiet	334
6.1.3	Die Entstehung des Jiddischen	336
6.2	Die Reichweite der geschriebenen Sprache	338
6.3	Die Erfindung des Buchdrucks	346
6.4	Die Schriftsprache, Normierung und regionale Formen	354
6.4.1	Die Schriftsprache	354
6.4.2	Die Herkunft der Standardsprache	360
6.4.3	Die Rolle Martin Luthers	368
6.4.4	Regionale Varianten	373
6.5	Phonologie	384
6.5.1	Buchstaben und Laute	384
6.5.2	Das System der betonten Vokale	389
6.5.3	Die unbetonten Vokale	393
6.5.4	Das Konsonantensystem	395
6.6	Morphologie: Flexion	398
6.6.1	Deklination der Substantive	398
6.6.2	Deklination der Adjektive	405
6.6.3	Konjugation	406
6.7	Morphologie: Wortbildung	414
6.7.1	Ableitung der Substantive	414
6.7.2	Ableitung der Adjektive	416
6.7.3	Bildung des Adverbs	418
6.7.4	Ableitung des Verbs	419
6.7.5	Nominalkomposition	419
6.7.6	Verbalkomposition	420
6.7.7	Satzartige Komposition (Imperative Satznamen)	421
6.8	Syntax	421
6.8.1	Satzbau	421
6.8.2	Das nominale Glied	426
6.8.3	Das verbale Glied	428
6.9	Wortschatz	430
6.9.1	Der heimische Bestand	430
6.9.2	Lehngut	441
6.9.3	Namenkunde (Onomastik)	448
	Auswahlbibliographie	452
7	**DIE KLASSISCHE LITERATURSPRACHE UND DAS HEUTIGE DEUTSCH**	
7.1	Zeitalter und Sprachgebiet	454
7.1.1	Das Zeitalter	454
7.1.2	Das Sprachgebiet	462
7.2	Die Schaffung der klassischen Literatursprache	470
7.2.1	Das Sprachproblem	470
7.2.2	Was heißt Hochdeutsch?	476
7.2.3	Das Rechtschreibungsproblem	482

7.2.4 Das Purismusproblem 483
7.3 Das heutige Deutsch: wie wird es von wem gebraucht? 493
7.3.1 Seine Schichtung 493
7.3.2 Standard und Nichtstandard 497
7.3.3 Geschriebene und gesprochene Sprache 509
7.3.4 Gemeinsprache und Fachsprache 518
7.4 Rechtschreibung und Zeichensetzung 525
7.4.1 Die gegenwärtige deutsche Rechtschreibung 525
7.4.2 Vokal- und Konsonantenbuchstaben 529
7.4.3 Zeichensetzung 532
7.4.4 Die Rechtschreibreform 532
7.5 Phonologie 534
7.5.1 Die Aussprache des Standarddeutschen 534
7.5.2 Das System der betonten Vokale 536
7.5.3 Die unbetonten Vokale 539
7.5.4 Das Konsonantensystem 540
7.5.5 Die Wortbetonung 542
7.6 Morphologie: Flexion 543
7.6.1 Deklination der Substantive 543
7.6.2 Deklination der Adjektive 548
7.6.3 Konjugation 549
7.7 Morphologie: Wortbildung 553
7.7.1 Ableitung der Substantive 553
7.7.2 Ableitung der Adjektive 556
7.7.3 Nominalkomposition 557
7.7.4 Verbbildung 561
7.8 Syntax 563
7.8.1 Satzbau 563
7.8.2 Das nominale Glied 566
7.8.3 Das verbale Glied 569
7.9 Wortschatz 577
7.9.1 Die Entwicklung des Wortschatzes heute 577
7.9.2 Regionalismen innerhalb der heutigen Standardsprache 582
7.9.3 Ideologie und Wortschatz 586
7.9.4 Purismus 592
7.9.5 Fremdsprachlicher Einfluß 595
7.9.6 Namenkunde (Onomastik) 604
Auswahlbibliographie 607
Allgemeine Auswahlbibliographie 609
Kleines Glossar sprachwissenschaftlicher Begriffe 611
Allgemeines Register 623

Karten und Abbildungen

1.	Die Sprachdimensionen	Seite 21
2.	Zeitskala für das Indoeuropäische	32
3.	Verbreitung der Indoeuropäer (nach Marija Gimbutas)	36
4.	Zeitskala für das Germanische	48
5.	Standort der germanischen Stämme in den ersten beiden nachchristlichen Jahrhunderten	53
6.	Geographisch-sprachliche Gruppierung in spätgermanischer Zeit	54
7.	Das deutsche Sprachgebiet im Reich Karls des Großen	144
8.	Bedeutende karolingische Schreibstätten	145
9.	Ausdrücke für 'das Jüngste Gericht' in althochdeutschen Mundarten	217
10	Das deutsche Sprachgebiet (1000–1350 n. Chr.)	236
11.	Deutsche Schriftdialekte im hohen Mittelalter	252
12.	Das Reich im frühen sechzehnten Jahrhundert	354
13–15.	Frühneuhochdeutsche Synonyme für 'Töpfer', ‚pflügen' und 'gefallen' nach G. Ising	436 f.
16.	Das Sprachgebiet des heutigen Deutsch	469

Symbole und Schreibkonventionen

*	rekonstruierte Form, nur gebraucht, wenn die Angabe nicht durch andere Hinweise, z. B. durch Abkürzungen wie ie. oder urgerm., ersichtlich ist
>	wird zu
<	aus
–	über einem Vokal zeigt dessen Länge an; in Hss. steht das Symbol für ausgelassenes *n* oder *m*.
-x	vor x steht ein anderes Element
x-	dem x folgt ein anderes Element
[ ]	phonetische oder allophonische Umschrift (Transkription)
/ /	phonemische Umschrift (Transkription)
< >	Buchstabe, Schriftsymbol oder Graphem
⊂ ⊃	Allograph oder graphemische Variante
Ø	Null-Form

Für Umschrift (Transkriptionen) in eckigen Klammern gelten die Symbole der International Phonetics Association (IPA). Die Zeichen zwischen Schrägstrichen sind im allgemeinen die Buchstaben des für ein behandeltes Sprachstadium üblichen Alphabets. Die in der germanischen Sprachwissenschaft üblichen Zeichen sind: þ für den stl. interdentalen Reibelaut (engl. *th*), x für den sth. velaren Reibelaut (dt. *ach*-Laut), ƀ, ð, ǥ für die sth. Reibelaute.

In der lateinischen Wiedergabe des Gotischen haben die Buchstaben ungefähr die lateinischen Phonemwerte mit folgenden Ausnahmen: ⟨aí⟩ und ⟨aú⟩ entsprechen ungefähr [ɛ] und [ɔ], ⟨ei⟩ ist [i:]. Viele Fachleute betrachten ⟨ai, au⟩ als Diphthonge, andere nehmen an, daß sie Monophthonge des *e*- und o-Typus' sind. ⟨gg, gk, gq⟩ stehen für den velaren Nasal plus Verschlußlaut in Wörtern, die in anderen germ. Sprachen einen Nasal aufweisen [ŋ], ⟨ƕ⟩ ist ein labiovelarer Reibelaut.

Abkürzungsverzeichnis

Titel von Zeitschriften, auf die nur sehr gelegentlich Bezug genommen wird, sind vollständig angegeben. Grammatische Termini, z.B. *Genitiv, Akkusativ, Maskulinum*, werden in der üblichen Weise abgekürzt, wo der Kontext ihr Verständnis sicherstellt. Solche traditionellen Abkürzungen werden im Verzeichnis nicht aufgeführt. Sprachadjektive stehen in attributiver oder prädikativer Form, also in Kleinschreibung.

a	alt
afries.	altfiesisch
afrz.	altfranzösisch
ags.	angelsächsisch
ahd.	althochdeutsch
ai.	altindisch
air.	altirisch
alem.	alemannisch
an.	altnordisch
anfrk.	altniederfränkisch
anorw.	altnorwegisch
as.	altsächsisch
bayr.	bayrisch
Beitr, ab 1955 *Beitr.* (Halle) oder *Beitr.* (Tüb.)	*Beiträge zur Geschichte der deutschen Sprache und Literatur*, Halle, ab 1955 auch Tübingen
BNF	*Beiträge zur Namenforschung*, Heidelberg
DU	*Der Deutschunterricht*, Stuttgart
engl.	englisch
frnhd.	frühneuhochdeutsch
frz.	französisch
germ.	germanisch
got.	gotisch
gr.	griechisch
hdt.	hochdeutsch
hochalem.	hochalemannisch
Hs., Hss.	Handschrift, Handschriften
ie.	indoeuropäisch (sonst auch idg. = indogermanisch)
it.	italienisch
JEGP	*Journal of English and Germanic Philology*, Ann Arbor
Jh.	Jahrhundert
lgb.	langobardisch
Lg.	*Language*. Journal of the Linguistic Society of America, Baltimore.

lat.	lateinisch
Lingua	*Lingua.* International Review of General Linguistics, Amsterdam
Linguistics	*Linguistics.* An International Review, den Haag
mdt.	mitteldeutsch
mfrk.	mittelfränkisch
mhd.	mittelhochdeutsch
mndt.	mittelniederdeutsch
ndt.	niederdeutsch
Neuphil. Mitt.	*Neuphilologische Mitteilungen*, Helsinki
obdt.	oberdeutsch
ofrk.	ostfränkisch
omdt.	ostmitteldeutsch
ostobdt.	ostoberdeutsch
PMLA	*Publications of the Modern Language Association of America*, New York
rhfrk.	rheinfränkisch
sth.	stimmhaft
stl.	stimmlos
TPS	*Transactions of the Philological Society*, Oxford
urgerm.	urgermanisch
westgerm.	westgermanisch
westmdt.	westmitteldeutsch
westobdt.	westoberdeutsch
Word	*Word.* Journal of the Linguistic Circle of New York, New York
WW	*Wirkendes Wort*, Düsseldorf
ZDA	*Zeitschrift für deutsches Altertum*, Wiesbaden
ZDP	*Zeitschrift für deutsche Philologie*, Berlin/München
ZDS	*Zeitschrift für deutsche Sprache*, Berlin
ZfdMaa.	*Zeitschrift für deutsche Mundarten*, Wiesbaden
ZfdWf.	*Zeitschrift für deutsche Wortforschung*, Straßburg (bis 1914), Berlin (1960–1963)
ZMF	*Zeitschrift für Mundartenforschung*, Wiesbaden

Vorwort

Daß es an Darstellungen zur deutschen Sprachgeschichte mangelte, wird man nicht eben behaupten wollen. Wenn dessenungeachtet doch noch Freiraum für eine weitere historische Beschreibung der deutschen Sprache vorhanden ist, so liegt der Grund dafür im Gegenstand selbst und im sich wandelnden methodischen Zugriff. Der Gegenstandsbereich ist schier unermeßlich, und innerhalb seiner hat sich das Interesse neuen Aspekten zugewandt. Unterschiedliche methodische Angänge haben sich herausgebildet. Ich wollte die Entwicklung der deutschen Sprache beschreiben, indem ich Querschnitte durch vier entscheidende Stadien der historischen Sprachentwicklung legte und auf die gleiche Weise zwei prähistorische Stadien berücksichtigte in der Hoffnung, daß in diesen entscheidenden Epochen das Leben der Sprache in ihren verschiedenen Dimensionen deutlich vor Augen tritt und ihre Funktionalität gesehen wird. Dabei muß der innere Zusammenhang keineswegs verloren gehen. Leser, die die Entwicklung einer bestimmten Erscheinung, beispielsweise der Phonologie oder der Wortbildung, fortlaufend verfolgen wollen, können die einschlägigen Abschnitte nacheinander lesen und so die synchronischen Querschnitte außer acht lassen. Sprachlich sind Synchronie und Diachronie stets miteinander verflochten. Es steht zu hoffen, daß bei dem vorliegenden Vorgehen beide zu ihrem Recht kommen.

Germanistikstudenten, die sich über die historische Entwicklung der deutschen Sprache informieren möchten, sollten sich vor der Beschäftigung mit der Sprachgeschichte mit den wesentlichen Begriffen und Methoden der modernen Sprachwissenschaft und Phonetik vertraut machen. Germanistische Seminarveranstaltungen bieten häufig Einführungen in beide Gegenstandsbereiche.

Leider konnten die vollständige Bibliographie und die detaillierten bibliographischen Hinweise, die das Buch enthalten sollte, nicht abgedruckt werden. Die deshalb am Ende eines jeden Kapitels nun vorgelegten Auswahlbibliographien sollen ein Ausdruck des Dankes an diejenigen Fachgelehrten sein, deren Arbeiten unmittelbar herangezogen wurden. Zahlreichen anderen, deren Arbeiten ich mit großem Gewinn gelesen habe, kann ich leider nur, ohne sie namentlich zu nennen, danken.

Die Karten auf S. 36 von Prof. Marija Gimbutas, auf S. 217 von Dr. Rosemarie Schnerrer und auf S. 436f. von Prof. Gerhard Ising wurden mit freundlicher Genehmigung der University Press of the University of Pennsylvania, des Max Niemeyer Verlags VEB Halle (Saale) und des Akademie Verlags Berlin abgedruckt. Für die entgegenkommende Anfertigung aller anderen Karten möchte ich Miss Elizabeth Anne Lockwood, Hauptkartographin des Geography Department der University of Manchester, danken. Ebenfalls zu Dank verpflichtet bin ich den Mitarbeitern der John Rylands University Library of Manchester für ihre allzeit bereitwillige und freundliche Unterstützung. Es ist mir ein angenehmes Bedürfnis, an dieser Stelle meinen Freunden und Kollegen herzlich zu danken, Dr. David Blamires und Dr. Martin Durrell für die Durchsicht des gesamten Typoskripts und Mr. David Allerton und Dr. Peter Skrine für die von Teilen desselben. Ihre Bemerkungen waren für mich sehr wertvoll. Bedanken möchte ich mich schließlich auch bei meiner Frau, die das Manuskript getippt und mich bei der Entstehung dieses Buches durch Geduld, Verständnis und Ermutigung unterstützt hat.

Manchester, im Dezember 1974 R. E. Keller

Begleitwort

Einer der ausschlaggebenden Gründe für die Übersetzung von R. E. Kellers ‚The German Language' war die Absicht des Verlegers, dem sicher nicht kleinen Kreis interessierter Laien wie dem in den Gegenstand Einstieg suchenden Germanistikstudenten eine überschaubare und doch sachgerechte, kompetente und lesbare Darstellung über die Herausbildung des Deutschen zur gegenwärtigen Standardsprache und ihrer Varietäten zu bieten. Daher durfte sie einerseits nicht zu knapp gehalten sein, anderseits sich aber auch nicht zu detailliert in die zahlreichen spezielleren Fragestellungen, sprich an noch unsichere Fahrwasser der Fachdiskussion steuern lassen. Und sie mußte vor allen Dingen die für eine moderne Darstellung unabdingbaren geschichtlichen, gesellschaftlichen und kulturellen Zusammenhänge sprachlicher Kommunikation markieren und verdeutlichen. Gemessen an den vielen älteren und den wenigen neueren Sprachgeschichten des Deutschen zeigt die vorliegende Darstellung eine m.E. überaus glückliche Hand bei der sowohl übersichtlichen wie auch homogenen Gliederung der riesigen Stoffülle, so daß eine kontinuierliche, einführende Information von sachlich unterschiedlichsten Aspekten aus gewährleistet ist. Auch die besonders für die älteren Sprachzustände aufschlußreichen namenkundlichen Abschnitte bieten dem sprachgeschichtlich Interessierten knappe, aber grundlegende Information und dürften sachlich eine willkommene Bereicherung der historischen Darstellung sein.

Die Beschreibung besonders der Laute und Formen – Phonologie und Morphologie – wird mit den Mitteln des klassischen Strukturalismus vorgenommen, und zwar unter Einbeziehung von Ergebnissen und Abgrenzung von früheren Vorgehensweisen (Junggrammatiker, Dialektgeographie). Insbesondere in Hinsicht auf den sprachwissenschaftlichen Laien war es bei der in den letzten Jahrzehnten immensen Ausuferung der linguistischen Terminologie angebracht, im Anhang ein zusammenfassendes kleines Glossar von Fachausdrücken beizugeben, das, wie ich hoffe, die größten Verständnisschwierigkeiten behebt, da die Erklärungen so einfach wie möglich gehalten sind. Wie die Erfahrung aus zahlreichen Lehrveranstaltungen gezeigt hat, dürfte es auch den Germanistikstudenten unter den Lesern ebenfalls nicht ganz unwillkommen sein.

Nichts ist vollkommen. Auch sprachgeschichtliche Darstellungen sind es nicht. Gewiß läßt sich professionell über Periodisierungen streiten. Auch die hier vorgenommene ist nicht mehr als ein immerhin wohlbegründeter Orientierungsvorschlag und will sicher nicht mehr sein. Aus Fachkreisen ist angemerkt worden, daß die Syntaxabschnitte nicht nach den Vorgaben der generativen Transformationsgrammatik gestaltet sind. Wen wundert es, wenn dies, gemessen an den Vorarbeiten und innerhalb des sehr begrenzten Rahmens dieses Buches nicht geschehen ist? Ebenfalls aus Fachkreisen wird m.E. mit Recht vermerkt, daß das frühbürgerliche Deutsch nur unzureichend mit Luther und dem Humanismus belegt und begründet wird, ohne das im Umkreis der Bauernaufstände und der politischen Agitation entstandene reichhaltige Flugschriftenmaterial zu berücksichtigen. Schließlich wurde auf den unbefriedigenden bibliographischen Bereich hingewiesen. Dies war weder für Keller auf einigen wenigen Seiten machbar, d.h. ohne den vorgegebenen knappen Rahmen des Buches zu sprengen, noch ist es dies im Rahmen der Übersetzung als einer Einführung in den Gegenstand für die genannten Adressatengruppen. Für Leser, die sich für Teilgebiete, u.a. auch für die eben genannten interessieren, sei wenigstens auf eine umfangreiche, jüngst erschienene Publikation hingewiesen. In ihren einzelnen, nach Sachgebieten aufgegliederten Beiträgen ist sowohl themenrelevante wie auch die jeweils einschlägige bibliographische Information, auch jüngsten Datums, reichlich zu finden, so daß die Lücken auf diesem Wege geschlossen werden können: Sprachgeschichte. Ein Handbuch zur Geschichte der deutschen Sprache und ihrer Erforschung, hrsg. von W. Besch, O. Reichmann u. St. Sonderegger, Berlin/New York (de Gruyter) 1. Halbband 1984, 2. Halbband 1985 (= Handbücher zur Sprach- und Kommunikationswissenschaft Band 2); gleichfalls auf: Literatur und Sprache im historischen Prozeß. Vorträge des Deutschen Germanistentages Aachen 1982, hrsg. von Th. Cramer, Bd. 2: Sprache, Tübingen (Niemeyer) 1983.

An Besprechungen des Kellerschen Werks seien u.a. genannt: H. L. Kufner in: Germanistik 19 ('78) S. 1010f.; J. Schildt in: Deutsche Literaturzeitung 100 ('79) S. 419–422; W. G. Moulton in: Beiträge zur Geschichte der deutschen Sprache (Tübingen) 102 ('80) S. 62–66.

Auch in Fachkreisen ist der Wunsch nach einer deutschen Übersetzung geäußert worden. Sie war bereits 1981 abgeschlossen. Die Drucklegung hat sich leider erheblich verzögert.

Hamburg, Dezember 1985 Karl-Heinz Mulagk

ERSTES KAPITEL

Einleitung: Das Wesen der Sprache

1.1 Warum Studium der Sprachgeschichte?

Studierende, denen Geschichte nicht sonderlich liegt, fragen oft: weshalb sollte man sich mit der Geschichte einer Sprache beschäftigen? Sie lernen eine Fremdsprache, damit sie mit Sprechern dieser Sprache kommunizieren können. Wenn sie damit zufrieden sind, sich in London auf Englisch ein Glas Bier bestellen und den Weg nach Windsor erfragen zu können, gibt es in der Tat keinen Grund dafür, noch weiter in die Sprache einzudringen. Intellektuelle Wißbegierde wird sich jedoch nicht davon abbringen lassen, sich Fragen über die Sprache zu stellen. Denn letzten Endes gibt es in der Sprache, die sie lernen, viel Rätselhaftes, das nach Klärung verlangt. Warum lautet beispielsweise im Deutschen der Plural von *Tag Tage*, doch der von *Nacht Nächte*, während das Englische die regulären Bildungen *day – days, night – nights* aufweist? Abwandlung des Wurzelvokals spielt im Deutschen in der Tat eine große Rolle bei der Bildung von Substantivpluralen. Dies fehlt aber auch im Englischen nicht ganz: *foot – feet; goose – geese; tooth – teeth; mouse – mice; louse – lice; man – men.* Tatsächlich zeigen die deutschen Substantive, die etymologisch mit eben den englischen verwandt sind, ebenfalls alle Vokalabwandlung: *Fuß – Füße; Gans – Gänse; Zahn – Zähne; Maus – Mäuse; Laus – Läuse; Mann – Männer.* Einige Verben haben ebenfalls Vokalwechsel, z.B. *binden – band – gebunden; singen – sang – gesungen* und parallel dazu im Englischen *bind – bound – bound*, aber *sing – sang – sung.* Deutsch *bringen*, das eigentlich so ähnlich aussieht, hat dagegen unterschiedliche Formen: *brachte – gebracht*, im Englischen *bring – brought.* Was bedeutet all dies?

Zahllose offensichtliche Zusammenhänge bei der Wortbildung machen uns neugierig: *wägen – Gewicht (weigh – weight); treiben – Trift (drive – drift); Freundschaft – friendship* oder *Haarbürste – hairbrush*, doch *Haaresbreite – hair's breadth.* Sowohl im Deutschen wie in der offensichtlichen Verwandtschaft zwischen Englisch und Deutsch regen schwer faßbare Zusammenhänge, Analogien und Unterschiede den Studierenden zu weiterer Überprüfung an. Die bisherigen Beispiele waren aus den Bereichen Flexion und Ableitung.

Andere Gebiete sind um nichts weniger verwirrend und regen zum Nachdenken an. Es ist leicht, in der Lautlehre (Phonologie) deutsche und englische Entsprechungen bei etymologisch identischen Wörtern aufzulisten wie *Weib – wife; Feile – file; Meile – mile; Seite – side; weiß – white; reiten – ride; Weile – while; beißen – bite.* Doch weshalb gilt die Entsprechungsformel: engl. [ai] – dt. [ae] nicht mehr oder besser, weshalb ist sie durch eine andere Formel ersetzt in den Fällen *Bein, Heim, allein, Seife, beide, Eiche, Speiche* – engl. *bone, home, alone, soap, both, oak, spoke* (dt. [ae] – engl. [ou])?

Der syntaktische Gebrauch des bestimmten Artikels im Deutschen und Englischen ist durch bestimmte Regeln festgelegt. Manchmal scheint im Deutschen der Artikelgebrauch anomal, z.B. das Fehlen des Artikels bei *zu Bett, zu Hause, auf Erden, zu Wasser*, obgleich er an entsprechende englische Wendungen erinnert. Bestimmte deutsche Wortstellungsregeln kommen dem Engländer veraltet vor: *Dies will ich tun; dort werde ich warten*, denn sie erinnern ihn an biblisches Englisch *(this will I do; there will I wait).* Einige Gebrauchsweisen im Umgangsdeutschen erscheinen seltsam, z.B. der Gebrauch des bestimmten Artikels bei Eigennamen: *der Adenauer, der Springer*; ebenso im Süddt.: *der Karl, der Hans.* Ist hierbei die Tatsache von Bedeutung, daß das Italienische dieselben Züge aufweist: *il Boccaccio*, und ebenso umgangssprachlich *il Giovanni, la Maria?* Oder ist, was das anbelangt, die Tatsache von Bedeutung, daß das Englische, die norddeutschen Mundarten und das Französische eine Abneigung gegen Verkleinerungsformen (Diminutive) bei Stubstantiven haben, während die süddt. Dialekte und das Italienische die Bildung von Verkleinerungsformen begünstigen?

Die gleiche Problemfülle haben wir beim Wortschatz. Wie kommt es, daß das Deutsche die Wörter *Haus, Tor* mit dem Englischen teilt, aber *Fenster, Mauer* mit dem Französischen *(fenêtre, mur)*? Einige etymologisch identische Wörter haben die gleiche Bedeutung: *Hand – hand, Teig – dough, Daumen – thumb*; einige unterscheiden sich leicht: *schwimmen – swim, Straße – street*; während andere sich beträchtlich unterscheiden: *Knabe – knave, tapfer – dapper, klein – clean*; sogar relativ junge Entlehnungen können sich wesentlich unterscheiden: *eventuell – eventually, Promotion – promotion.* Jede Sprache strukturiert ihre semantischen Felder auf eigene Weise. Es ist gemeineuropäische Sprachpraxis, bei Anredewörtern zwischen verheirateten und unverheirateten Frauen zu unterscheiden, doch nicht zwischen verheirateten und unverheirateten Männern:

Miss – *Mrs* aber Mr; *Fräulein* – *Frau* aber *Herr; Mademoiselle* – *Madame* aber *Monsieur; Signorina* – *Signora* aber *Signore.* Die Deutschen haben heute angefangen, *Frau* bei jeder Dame ab einem bestimmten Alter (meist dreißig oder zunehmend jünger) zu gebrauchen, besonders, wenn sie berufstätig ist. Wird die frühere Praxis als ungerechtfertigte Diskriminierung zwischen den Geschlechtern angesehen, und ist man deshalb davon abgekommen? Übrigens ist die deutschsprachige Schweiz an dieser Neuerung nicht beteiligt. Um aber mit dem Zeitgeist Schritt zu halten, hat der Chef der Schweizerischen Bundesverwaltung im Oktober 1972 vorgeschlagen, Frau als einheitliche Anredeform für weibliche Beamte einzuführen und hat diesen Vorschlag mit schweizer Frauenorganisationen beraten.

Dies wirft das Problem regionaler Unterschiede auf. Der Deutsch lernende Engländer begegnet zwei Wörtern für *Saturday: Samstag* (im Süden) und *Sonnabend* (im Norden). Er findet eine große Zahl lexikalischer Unterschiede sogar in der Standardsprache: *Lehrstuhl* (Deutschland, Schweiz) – *Lehrkanzel* (Österreich); *Treppe* (Deutschland, Schweiz) – *Stiege* (Österreich); *Schornstein* (Deutschland) – *Rauchfang* (Österreich) – *Kamin* (Schweiz). Und natürlich kann ihm das Vorhandensein regionaler Mundarten nicht entgehen.

Gewöhnlich findet man Erklärungen für sprachliche Tatsachen in der historischen Entwicklung der Sprache. Dies ist der Grund dafür, daß das Studium der Sprachgeschichte ein so faszinierender und lohnender Gegenstand ist. Es ist unvorstellbar, daß die Beschäftigung mit der deutschen Sprachgeschichte nicht einen großen Teil jedes ernsthaften Germanistikstudiums bilden sollte.

1.2 Was ist Sprache?

Sprache ist die wichtigste Schöpfung des menschlichen Geistes. Wahrscheinlich haben sich beide zusammen entfaltet. Das Funktionieren des menschlichen Geistes kann ohne Sprache kaum begriffen werden. Sprache ist ein System oder ein Kode oder vielmehr noch ein äußerst komplexes System ineinandergreifender Subsysteme, mit deren Hilfe Individuen und soziale Gruppen kommunizieren. Sprache ist systematisch, denn nur Dank dieses Charakteristikums sind wir in der Lage zu verstehen, was wir zuvor nie gehört haben, oder wir sind in der Lage zu sagen, was wir nie zuvor gelernt haben, weder in unserer Muttersprache noch in einer Fremdsprache, deren ‚System‘ wir ebenfalls erworben haben. Aber Sprache ist ein menschliches System, nicht ein Artefakt wie ein von Mathematikern oder Logikern geschaffenes System. Daher enthält es Eigenschaften, die das menschliche Leben bestimmen, allem voran Wandel. Deshalb ist Sprache nicht allein systematisch, sie ist auch, obwohl das paradox klingen mag, höchst instabil, stets in Bewegung, stets heterogen und ständig im Wandel begriffen. Sie funktioniert, weil sie systematisch ist und weil sie funktionieren muß. Instabilität, Grad und Typus ihres Wandels und deren Heterogenität dürfen nie ihre Hauptfunktion als Kommunikationsmittel beeinträchtigen. Individuen und soziale Gruppen können jedoch von einer Sprache als Kommunikationsmittel zu einer anderen wechseln, und in dem Prozeß kann die Heterogenität außerordentlich groß erscheinen.

1.2.1 Der Inhalt

Sprache existiert auf zwei Ebenen: auf der materiellen Ebene des Ausdrucks und auf der begrifflichen Ebene des Inhalts oder der Bedeutung. Der Ausdruck besteht aus Sprechlauten (physische Phänomene) und grammatischen Formen (Morphe, Wörter, Sätze). Der *Inhalt* ist eine Beziehung (Relation) oder ein symbolischer Wert. Wenn wir das deutsche Wort *Haus* aussprechen, erzeugen wir Laute oder Phone (übertragen als Schallwellen) in einer bestimmten Folge, die einerseits ein Morph oder eine Form konstituieren und anderseits etwas *bedeuten.* Inhalt und Form zusammen sind so ein Zeichen oder Symbol, nicht Realität. Bedeutungen gehören zur Welt der Sprache oder besser, zu einer bestimmten Sprache, nicht zur Welt der Realität. Bedeutungen *beziehen sich* auf die Welt der Realität. Jede Sprachgemeinschaft schafft ihre eigene Welt an Bedeutungen. Es ist oft gesagt worden, daß die Art, wie Sprecher einer bestimmten Einzelsprache die Welt der Realität ansehen, durch ihre Sprache determiniert ist. Und umgekehrt, daß die Art, wie sie in ihrer Sprache eine Welt von Bedeutung schaffen, diejenige Art ist, in der sie die Welt der Realität betrachten (Weltbild).

Beispiele sind leicht zu finden, wenn es auch viel schwieriger ist, einen schlagenden Beweis zu erbringen. Sieht ein Engländer die ‚Welt' der Chronometer anders als ein Deutscher, weil seine Sprache ihn dazu zwingt, automatisch stets zwischen *clock* und *watch* zu unterscheiden, während ein Deutscher normalerweise unterschiedslos *Uhr* dafür gebraucht? Natürlich kann der Deutsche, wenn er will, dadurch unterscheiden, daß er *Armbanduhr, Taschenuhr, Wanduhr, Turmuhr* usw. sagt, doch er tut es nur, wenn es ihm wichtig erscheint. Wo der Deutsche *ein*

Paket tragen, einen Hut tragen (in der Hand oder auf dem Kopf), Früchte tragen sagt, muß ein Engländer unterscheiden und – ob er will oder nicht – drei verschiedene Verben gebrauchen. Sprache kann eine Zwangsjacke sein: *to carry a parcel, to carry a hat* oder *to wear a hat*, jenachdem, *to bear fruit*. Die Doppeldeutigkeit des Deutschen in *einen Hut tragen* wird durch Hinzufügung von *in der Hand* aufgelöst, während das Englische mit der Zweiheit von *wear* und *carry* Doppeldeutigkeit gar nicht erst entstehen läßt. Sieht der Deutsche etwas Besonderes in *Schatten*, weil er nicht zwischen *shade* und *shadow* unterscheidet, oder gibt er die Wirklichkeit nur unvollkommen wieder? Dieses Worten (Verbalisieren) der uns umgebenden Welt kann sich im Laufe der Zeit auch wandeln. Die mittelalterliche Form von *klein* verband die Bedeutung von ‚klein' und die Bedeutung von ‚schön oder zierlich gemacht'. Das heutige Deutsch gebraucht zwei verschiedene Wörter für die beiden verschiedenen Begriffe (*klein* und *zierlich*).

Wir haben schon gesehen, daß eine Sprache, wenn sie kein Wort für einen bestimmten Gegenstand oder Begriff aufzuweisen hat, immer umschreiben (paraphrasieren) kann. Tatsächlich können wir den Wortschatz (Lexikon) unterteilen in nichtanalysierbare ‚Etiketten', d.h. in Wörter, die nicht *motiviert* sind, die nichts erklären, und in analysierbare ‚Paraphrasen', die versuchen, das Ding oder den Begriff zu erläutern oder zu beschreiben. *Vagabund* ist eine ‚Etikette', *Landstreicher* eine ‚Paraphrase'. Diese Unterscheidung hat nichts mit Wortbildung als solcher zu tun. Zusammensetzungen können genauso gut ‚Etiketten' sein wie einfache Wörter. Die Bedeutung von *Großvater* oder *Eisbein* kann nicht aufgrund der konstituierenden Bestandteile erraten werden. Wörter, die zu einer Zeit motiviert sind, können zu einer anderen unmotiviert werden. Dt. oder engl. *Nest – nest* sind ‚Etiketten', d.h. unmotiviert, Etymologen können jedoch eine Zeit angeben, als die Bildung durchsichtig war: ‚eine Stelle zum Niedersitzen'.

1.2.2 Der Ausdruck

Die *Ebene des Ausdrucks* wurde eine zeitlang von einigen Linguisten als eigentliche Domäne der Sprachwissenschaft betrachtet, während die Inhaltsebene als zu andern Disziplinen wie Philosophie oder Psychologie gehörig angesehen wurde. Jetzt teilen wenige zeitgenössische Linguisten diese Auffassung, dennoch ist es zutreffend, daß der *Ausdrucksebene* viel mehr Aufmerksamkeit gewidmet worden ist, vor allem dem Lautbereich und dem *Bereich der Grammatik*. Im Lautbereich operieren die Sprachen mit ungefähr zwei bis vier Dutzend Struktureinheiten. Das ist eine handhabbare Anzahl, die zweifelsohne für die Tatsache ausschlaggebend ist, daß die Lautlehre (Phonologie) der am gründlichsten erforschte Sprachaspekt ist. Der Grammatikbereich wird gewöhnlich unterteilt in Morphologie (Formenlehre, bei der die Minimalformen, die Morpheme innerhalb eines Wortes, die Struktureinheiten sind) und in Syntax (Satzlehre, bei der die Anordnung der Morphe zu größeren Einheiten oder die Wörter innerhalb des Satzes Forschungsgegenstand sind). Im Bereich der Grammatik als ganzer operiert die Sprache mit einer sehr viel größeren Anzahl von Einheiten und Regeln, vielleicht tausenden. Während im lautlichen und grammatischen Bereich die Sprachen verhältnismäßig geschlossene Systeme bilden, ist der Wortschatz sowohl unter seinem materiellen Aspekt (die Wortkörper) wie unter seinem semantischen Aspekt (die Bedeutungen) unabgeschlossen.

Diese äußerst kurze und vereinfachte Darstellung dessen, was Sprache ist, wird nichtsdestoweniger klargemacht haben, daß eine vollständige Beschreibung einer Sprache auf allen ihren Ebenen und Bereichen kaum erreicht werden kann. Käme dies je zustande, würde das Ergebnis wahrscheinlich Geduld und Ausdauer jedes Lesers zu sehr in Anspruch nehmen. Selbst wenn es nur um die Beschreibung einer Sprache zu einem gegebenen Zeitpunkt ginge, müßten die zu behandelnden Aspekte einer äußerst strengen und wohlüberlegten Auswahl unterworfen werden.

1.3 Die Dimensionen der Sprache

Sprache existiert nicht in einem Vakuum. Sie ist, wie schon gesagt, ein menschliches Werkzeug, und als menschliches Werkzeug ist sie denselben äußeren Bedingungsfaktoren unterworfen wie der Mensch. Sie ist erstens durch die natürlichen Dimensionen der *Zeit* und des *Raums* bestimmt, zweitens durch die gesellschaftlichen Dimensionen des Individuums und der Gruppe, durch den Benutzer und den Gebrauch, der von ihr gemacht wird.

1.3.1 Die Zeit

Selbst ein sporadischer Blick auf alte Dokumente zeigt, daß die Sprache sich entlang der *Zeit*achse wandelt. Bei einigen Sprachen oder Perioden kann der Wandel träge sein, und der Leser sieht sich in der Lage, einen jahrhundertealten Text zu verstehen. Er kann die ältere Sprache verstehen, wenn sie noch mehr oder weniger dasselbe Kommunikationsmittel ist. Man kann daher ganz zutreffend sagen, daß er eine alte Sprache spricht. Versteht er von dem alten Text nicht mehr so viel wie von einem Text eines heutigen Sprechers der Sprache, den er (wenn auch nur ungefähr) bereit ist, als gleichsprachig anzusehen, dann müssen wir zu dem Schluß kommen, daß die beiden Formen nicht das gleiche Medium darstellen. In diesem Sinne sind einige Sprachen offensichtlich älter als andere.

An dieser Stelle ist es nicht nötig, die Frage aufzuwerfen, warum und wie Sprachen im Laufe der Zeit sich wandeln oder fortbestehen, ausgenommen vielleicht nur der Hinweis auf den Wandel, den jeder Mensch in seiner eigenen Lebenszeit an der folgenden und der vorausgehenden Generation beobachten kann. Wie alle menschlichen Werkzeuge und Institutionen ist die Sprache unfest selbst während sie ihren Zweck als Kommunikationsmittel erfüllt.

Traditionell teilt man die Sprachentwicklung in Perioden entlang der Zeitachse ein. Größerer Sprachwandel neigt in bestimmten Perioden zur Bündelung und kann für den größeren Teil des Sprachraumes gelten. So wird die sogenannte Diphthongierung der langen Palatal- oder Engvokale im Mhd. (mhd. *ī, ū, iu*>nhd. *ei, au, eu*) und die Monophthongierung der mhd. Diphthonge (mhd. *ie, uo, üe*>nhd. *ie*[i:], *ū, ǖ*) traditionell als Indikation für die Einteilung von Mhd. und Nhd. (eigentlich Frnhd.) angesehen. Gegner dieser Einteilung können auf die Tatsache hinweisen, daß beide Phänomene sich auf der Höhe der mhd. Periode finden lassen, wenn auch nur in Randdialekten; und sie machen auf die Tatsache aufmerksam, daß die Diphthongierung im Hoch- und Niederalemannischen nicht stattgefunden hat, während die Monophthongierung in allen größeren oberdt. Mundarten (Alemannisch und Bayrisch) sogar heute noch fehlt. Tatsächlich kann wahrscheinlich jede Einteilung, die ausschließlich auf sprachlichen Merkmalen basiert, falsifiziert werden, wenn der gesamte Sprachraum in Betracht gezogen werden soll. In jeder Mundart sind Archaismen und Neuerungen verschieden gemischt. Daher muß auch auf außersprachliche Erscheinungen wie kulturelle und politische Geschehnisse zurückgegriffen werden. Dies ist umso mehr gerechtfertigt, als oftmals eine Verbindung zwischen Bündeln von Sprachwandel und tiefgreifenden historischen Ereignissen hergestellt werden kann. Zunehmendes Aufeinandertreffen sprachlicher Systeme scheint eine Bedingung für Sprachwandel zu sein. Je homogener eine soziale Gruppe und je stärker sie gegen Berührung mit anderen sozialen Gruppen mit verschiedenen Dialekten oder Sprachen abgeschirmt ist, desto langsamer vollzieht sich Sprachwandel. Das Gegenteil ist ebenso richtig: je stärker der Zusammenstoß verschiedener Sprachsysteme, desto geschwinder und weiterreichend ist Maß und Ausmaß des Sprachwandels. In Zeiten großer historischer Umwälzungen, wenn ganze Völkerschaften entwurzelt werden und die Gesellschaftsordnung in Unordnung geraten ist, nimmt die Konfrontation sprachlicher Systeme zu, und die Tendenz zu Sprachwandel wird beschleunigt und greift tiefer. Sprachgeographen haben gezeigt, daß Innovationsräume gewöhnlich solche mit intensivster Kommunikation sind. Archaische Tendenzen findet man entlang der Peripherie eines Sprachraums, obwohl diese Randdialekte typologisch auch oft mit Nachbarsprachen verwandt sind. Die Völkerwanderungszeit eben vor dem Auftauchen der deutschen Sprache in Schriftdokumenten; der Zusammenbruch des Karolingerreiches und seine nachfolgende Zerstückung und Feudalisierung unter dem Ansturm äußerer Feinde wie Wikinger, Sarazenen und Ungarn; der Niedergang des Stauferreiches und die großen Wanderungen in die westslawischen Länder jenseits der Elbe und deren Kolonisierung; endlich die Reorganisation des Reiches durch die Habsburger, die Reformation und die Heraufkunft von Wissenschaft und Technologie (Einführung des Buchdrucks, allgemeine Lese- und Schreibfähigkeit): diese großen historischen Ereignisse fallen im wesentlichen mit den hauptsächlichen Einteilungsmarkierungen und Perioden der deutschen Sprache zusammen.

1.3.2 Der Raum

Sprachkarten mit der gleichen Farbgebung, sagen wir für den Raum von Flensburg bis zum Matterhorn oder von den Vogesen bis Wien, zeigen eine gesellschaftliche, kulturelle und historische Sprachwirklichkeit. Sie geben nicht wirklich Sprache entlang der *Raum*achse wieder. Wanderte man über diese Entfernungen von Ort zu Ort, fände man in den Sprachformen beständig Variationen. Selbst wenn man, statt auf die gesprochene Sprache zu hören, nur die auf Standarddeutsch geschriebenen Lokalzeitungen läse, würde man regionalen Variationen begegnen. Eine Sprache hat keinen größeren Grad an Homogenität, als die Kommunikationsbedürfnisse ihrer Sprecher erzwingen. Die normale Aufspaltung in Dialekte ist dementsprechend eine Spiegelung der kommunikativen Bedürfnisse sozialer Gruppen. Der bayrische oder schweizerische Dialektsprecher kann unmöglich in seiner Mundart mit einem luxemburgischen Sprecher kommunizieren. Die deutsche Standardsprache, an der sie teilhaben und die ihnen die Kommunikation ermöglicht, ist das Ergebnis weitreichender kultureller und wirtschaftlicher Kommunikationsbedürfnisse. Der bayrische oder schweizerische Dialektsprecher kann jedoch in seiner Mundart mit einem schwäbischen Dialektsprecher kommunizieren, weil die Bedürfnisse vermutlich die Mittel lebendig erhalten haben. Diese Variabilität und Heterogenität der Sprache entlang der geographischen Dimension bedeutet auch, daß praktisch jeder Sprecher mit anderen sprachlichen Systemen vertraut ist, die nicht seine eigenen sind. Die meisten sind nur als Hörer mit anderen Systemen vertraut, viele können auch aktiv andere Systeme oder Teile davon sprechen. Diese Tatsache ist es, die im wesentlichen für Sprachwandel verantwortlich ist. Sprecher des Deutschen mit lokalen oder regionalen Sprachformen, die das Merkmal der sogenannten Entrundung gerundeter Vordervokale des Mhd. zeigen (z. B. *Glick, bees, Lait*) sind sich bewußt, daß die Standardsprache und andere Regionalformen dieses Merkmal nicht teilen und gehen jetzt rasch und zunehmend zu deren Formen *(Glück, bös(e), Leut(e))* über. Mit dem Faktor Multi-System muß nicht nur bei den Beziehungen zwischen den Mundarten ein und derselben Sprache gerechnet werden. Er gilt auch über Sprachgrenzen hinweg. Eine große Zahl sprachlicher Eigentümlichkeiten, hauptsächlich wortschatzbezogene, hat auf diese Weise die lat.-dt. Sprachgrenze überschritten. Jahrhundertelang konnten Deutsch Schreibende auch Latein. Die luxemburgischen Mundarten bilden den Komparativ der Adjektive mit der Partikel *méi (méi laang)*, eher als mit dem *-er*-Suffix der anderen dt. Mundarten *(länger)*. Zweifelsohne war der französische, analytisch gebildete Komparativ *(plus long)* das Vorbild. Auf diese Weise können genetisch nichtverwandte Sprachen, die in enger Kommunikation miteinander stehen, eine typologische Verwandtschaft erlangen, die ebenso wichtig wie eine genetische Verwandtschaft sein kann.

Es ist schon gesagt worden, daß es schwierig ist, die Sprache entlang der Zeitachse in Perioden einzuteilen. Es ist nicht weniger schwierig, eine geographische Einteilung vorzunehmen. Auch hier haben Isoglossen (geographische Grenzen zwischen verschiedenen Sprachformen, z. B. *ich/ik, Ziege/Geiß*) die Tendenz, Bündelungen zu bilden, wo politische, wirtschaftliche, religiöse Teilungen oder topographische Eigentümlichkeiten der Kommunikation eine Grenze setzen. Doch gibt es innerhalb des deutschen Sprachraums kein so einschneidendes Isoglossenbündel, daß Kommunikation unmöglich würde. Was die Mundarten angeht, so besteht ein Kontinuum von den Alpen bis zur Nordsee und von der französischen Sprachgrenze bis zur polnischen, tschechischen und ungarischen. Aber die von der Dialektgeographie aufgestellten Isoglossenbündel gestatten die Herstellung einer Mundartenkarte des Deutschen. Obwohl jede Mundart in bestimmter Hinsicht eine Übergangsmundart ist, ist nichtsdestoweniger die Aufstellung wesentlicher Kernräume möglich. Das Kontinuum der dt. Festlandsdialekte wird unterbrochen, wo das Dt. auf das Dänische trifft, weniger da, wo es auf das Friesische stößt. Im letzteren Fall könnte die Symbiose während vieler Jahrhunderte zur Schaffung eines Maßes an Kontinuum geführt haben, das einst weniger offensichtlich gewesen sein mag. Im ersteren Fall liegt wohl das Beispiel eines Bruches vor, der durch Wanderung verursacht ist. Einige Forscher haben die Auswanderung der Angeln und Sachsen im vierten und fünften Jahrhundert als Grund für die Lücke angesehen. Im Nordwesten haben politische und kulturelle Ereignisse zu einem Sprachbruch im Dialektkontinuum geführt. Die Niederländer schufen ihre eigene Standardsprache, das Holländische, dessen Grenze zum Dt. annähernd mit den Staatsgrenzen zusammenfällt, während alle anderen, eine germanische Sprache sprechenden Länder im nordwestlichen und mittleren Festlandseuropa allmählich die nhd. Standardsprache angenommen haben. Die Schaffung überregionaler Standardsprachen sowie das Beharren und die Entwicklung regionaler Mundarten zeigen den sprachgeographischen Doppelprozeß des Zusammen- und Auseinanderwachsens.

1.3.3 Der Gebrauch

Die gesellschaftlichen Dimensionen Gebrauch und Benutzer sind bis zu einem gewissen Grade die beiden Seiten derselben Medaille. Wenn man eine Sprache nach der Art des Gebrauchs, der von ihr gemacht wird, untersucht und klassifiziert, stößt man auf Subkategorien und Sprachvarietäten, die durch die gesellschaftlichen Umstände und die Zwecke der Benutzer bestimmt sind. Genauso wie die dt. Sprache entlang der Raumachse nach regionalen Dialekten analysierbar ist, ist sie es auch hinsichtlich sozialer Dialekte (Soziolekte) und Gruppensprachen. Selbst wo es keine historischen Regionalmundarten gibt, variiert die Sprache nach sozialen Klassen oder Beschäftigungen ihrer Benutzer. *Volkssprache* und *Hochsprache* sind Bezeichnungen, die für verschiedene Gebrauchsweisen des Deutschen benutzt werden. Wo ein Sprecher der *Hochsprache*, wenn er über Essen und Trinken redet, Wörter wie *Mund, essen, trinken* gebrauchen würde, könnte ein Sprecher der *Volkssprache Maul, fressen, saufen* sagen. Die beiden folgenden Sätze könnten vom gleichen Sprecher geäußert werden – einer öffentlich auf dem Katheder, der andere privat unter Freunden – und beziehen sich auf den gleichen Anlaß:

‚Ich kann mich mit dem Herrn Kollegen nicht in allen Punkten einverstanden erklären.'

‚Na, was der wieder mal für einen Schmarren geschwätzt hat.'

Ein solcher Sprecher machte je nach Zuhörerschaft und Umständen offensichtlich verschiedenen Gebrauch von der Sprache.

Die meisten Sprecher des Dt. können sich in verschiedenen Varietäten des Dt. ausdrücken. Im Kreise der Familie könnte ein Stuttgarter von seinem *Haisle* sprechen, am Arbeitsplatz von seinem *Häusle*, in öffentlicher Rede von seinem *Häuschen*. Letztere Form würde er natürlich auch beim Schreiben benutzen.

Eine wichtige Unterscheidung ist die zwischen Gemeinsprache und Spezial- oder technischen Sprachen *(Fachsprachen)*. Jeder Beruf schafft sein eigenes Vokabular oder gebraucht den allgemeinen Wortschatz mit schärferer Präzisierung, d.h. technische Ausdrücke *(technical terms)* anstatt gebräuchlicher Wörter. Rechtsanwälte, Ärzte, Elektriker, Kfz.-Mechaniker, Drucker usw. haben ihre eigenen *Fachsprachen*. Während jeder Deutsche *Fackelschein* versteht, würde nur ein Koksmacher *Fackelrohr* kennen. Der Mann auf der Straße würde die Wörter *Füchsin* und *Wölfin* für die Weibchen dieser Arten gebrauchen, der Jäger aber *Fähe*. Für die meisten Deutschen ist das Wort *Fahne* ungefähr gleich ‚Flagge' oder ‚Banner', für den Jäger bedeutet es auch ‚buschiger Schwanz', z.B. beim Eichhörnchen. Für den Postbeamten heißt es auch ‚Paketetikett' und für den Buchdrucker und Autor ‚Korrekturbogen'. Es ist wohlbekannt, daß einige Wörter des Ahd. nur in der Heldendichtung vorkommen. Dies kann bedeuten, daß wir keine genügend große Dokumentation dieser Sprache besitzen, um die volle Reichweite der Wörter feststellen zu können, oder daß es sich um Ausdrücke der *Fach-* oder Sonder*sprache* der Heldendichtung handelt.

Die wichtigste Unterscheidung hinsichtlich des Gebrauchs ist die zwischen gesprochener und geschriebener Sprache. Jedes Medium schafft sich seine eigenen Formen. Grundsätzlich ist Sprache natürlich gesprochene Sprache und Schriftsprache eine sekundäre, davon abgeleitete, visuelle Repräsentation. Doch entwickelt eine Schriftsprache eine eigene Existenz und hat ihre eigene Geschichte. Ihr Rohmaterial sind Buchstaben und Laute. Obwohl Buchstaben in bestimmten Zeiten einfach den Laut wiedergeben, haben sie, einmal vorhanden, ihre eigene Entwicklung. Graphe und Grapheme stehen in einer komplizierten Beziehung zu Phonen und Phonemen und haben ihre eigene Geschichte. Dies gilt auch für die anderen Bereiche: Morphologie, Syntax und Wortschatz. Genitive und Konjunktive des Präsens haben im heutigen Deutsch je nach gesprochenem oder geschriebenem Medium eine unterschiedliche Existenz. Das Schriftfranzösisch weist ein Tempus auf, das das gesprochene Französisch nicht mehr kennt. Manche Wörter kommen fast nie über den Bereich des Gedruckten hinaus, andere erscheinen fast nie in ihm, obgleich auch hier die Praxis sich im Lauf der Zeit ändern kann.

Es ist in Kürze gezeigt worden, daß eine Sprache für jeden Zweck eingesetzt wird, mit andern Worten, daß sie eine beträchtliche Anzahl an Varietäten entlang der Gebrauchsachse besitzt. In der Geschichte sowohl des Englischen wie des Deutschen hat es Perioden gegeben, wo dies nicht der Fall war. Während des frühen Mittelalters war die Sprache der Kirche, der Staatsverwaltung und der Wissenschaft – besser gesagt die Dokumentation dessen – das Lateinische. Etwas später spielte in England das Französische oder Anglonormannische eine ähnliche Rolle und war darüberhinaus mündliches Kommunikationsmedium für mindestens einen Teil der oberen Klassen. In ähnlicher Weise gebrauchten im siebzehnten Jahrhundert aristokratische Kreise in Deutschland das Französische für höfliche Konversation und behielten ‚Deutsch für die Stallburschen' vor.

Wo zwei deutlich unterscheidbare Formen ein und derselben Sprache bei deutlich abgegrenzten Umständen und Bereichen gebraucht werden, sprechen wir von Diglossie. Ein Diglossiebeispiel gibt die heutige deutschsprechende Schweiz, wo Standarddeutsch die Sprache des Schulunterrichts, der Predigt, der Universitätsvorlesung, der Unterhaltung mit Fremden und des klassischen Theaters ist (ganz abgesehen vom Schreiben, natürlich) und Schwyzerdütsch das Medium aller informellen Unterhaltung und z.T. der öffentlichen Rede. Diglossie stellt eine verhältnismäßig deutlich definierte Sachlage dar und muß von dem fließenden Zustand schlecht definierter Mundartenmischung und Anpassung an Umstände und Gesprächspartner unterschieden werden, den man in vielen Teilen Deutschlands und Österreichs antrifft.

1.3.4 Der Benutzer

Sprache nimmt auch je nach *Benutzer* verschiedene Formen an. Wir brauchen nur an die Sprache der Kinder, Schuljungen, Kriminellen oder an die jeder anderen gesellschaftlichen Gruppe zu denken. Ein Text, in dem Wörter wie *artfremd, kämpferisch, Leistungserziehung, Zersetzung, völkisch* vorkommen, ist wahrscheinlich von einem Nazi. Ein anderer, in dem *Aktivist, Plansoll, Monopolkapitalismus, Klassenfeind, volkseigen* vorkommen, verrät die DDR-Feder. Und wo würde man Bildungen finden wie *die grasplatzungewohnten Spanier, die Briten-Prinzessin, Europas Hallstein, Wirt-*

schaftswunder-Männer oder einen Satz wie ‚Kernpunkt des Kommissionskommuniqués war die Befürchtung, Deutschlands Mittvierzigerinnen würden nach der Bildblatt-Lektüre die Sprechzimmer der Frauenärzte stürmen, süchtig nach Östrogen-Spritzen und Pillen'? Die Journalisten des *‚Spiegel'* möchten der Sprache auch ihr eigenes Siegel aufdrücken. Jeder Einzelne hat eine Reihe von ‚Gebrauchsweisen' der Sprache zu seiner Verfügung. Er kann Sprache als Fachsprache gebrauchen und zur Gemeinsprache übergehen, wenn er glaubt, daß sein Gesprächspartner die Fachsprache nicht versteht. Er wird Umgangssprache bei einer Gelegenheit benutzen, formelle bei einer andern. Im Dt. würde *noch was* bei ersterer Gelegenheit völlig richtig sein, müßte aber durch *noch etwas* ersetzt werden bei formeller literarischer Ausdrucksweise. Stil im engeren Sinn des Wortes, d.h. die freie Wahl sprachlicher Ausdrücke je nach Geschmack, Vorliebe oder Einfall, ist zweifellos ein Phänomen des vom Sprachbenutzer bestimmten Sprachgebrauchs.

Soziale Variationen sind ein ebenso wesentlicher Bestandteil der Sprache wie die besser bekannten geographischen. Dies soll nicht heißen, daß solche Variation gleichermaßen in allen Bereichen der Sprache anzutreffen ist. Im Deutschen ist die geographische Variation viel deutlicher in Lautlehre und Wortschatz, etwas weniger deutlich in der Morphologie und nur andeutungsweise in der Syntax zu sehen. Soziale Variation im Sprachgebrauch ist beim Wortschatz am größten. Soziale Variation durch den Sprachbenutzer enthält eine beträchtliche phonologische Komponente.

Eine Form des Sprachgebrauchs, die sehr stark vom Willen und von der Neigung des Benutzers her bestimmt ist, stellt der Slang dar. Er zeigt sich im spielerischen, kurzlebigen, hermetischen Wortgebrauch und findet sich im allgemeinen bei Gruppen mit enger Verbindung unter den Mitgliedern. Er hat keine besondere phonologische oder morphologische Form.

Sprache ist ein abstrakter Begriff, der in der Praxis, beim Sprechen eines Individuums konkret wird (ein *Idiolekt*). Ein Idiolekt basiert jedoch immer auf einem Sprachsystem und verkörpert es. Wir können die deutsche Sprache nur vermittelst der Idiolekte, in denen sie Gestalt gewonnen hat, untersuchen und ihre Geschichte aufspüren. Es wäre jedoch zu pessimistisch, wenn man sagt, wir könnten Sprache als solche nicht erkennen, weil wir ihr nur schlicht in der Form individuellen Sprechens begegnen. Die beiden Phänomene bedingen einander. Jedes existiert nur im andern und durch das andere. Unser wahres Ziel muß deshalb die Sprache sein, selbst wenn der Gegenstand unserer Untersuchung der Idiolekt eines Einzelnen ist.

1.3.5 Diagramm der Dimensionen

Was über Sprache und ihre natürlichen und sozialen Dimensionen gesagt worden ist, sei in graphischer Form auf der nächsten Seite zusammengefaßt.

Wie kann jemand die Geschichte einer Sprache schreiben, die selbst ein äußerst komplexes System mit seinen Dimensionen Zeit und Raum, Gebrauch und Benutzer darstellt? Es ist recht augenfällig, daß eine vollständige Darstellung nicht möglich ist. Was sich jedoch erhoffen läßt, ist eine auswählende, doch vernünftige Darstellung, die dieser außerordentlich faszinierenden und vielseitigen Geschichte der Sprachentwicklung einigermaßen gerecht zu werden vermag.

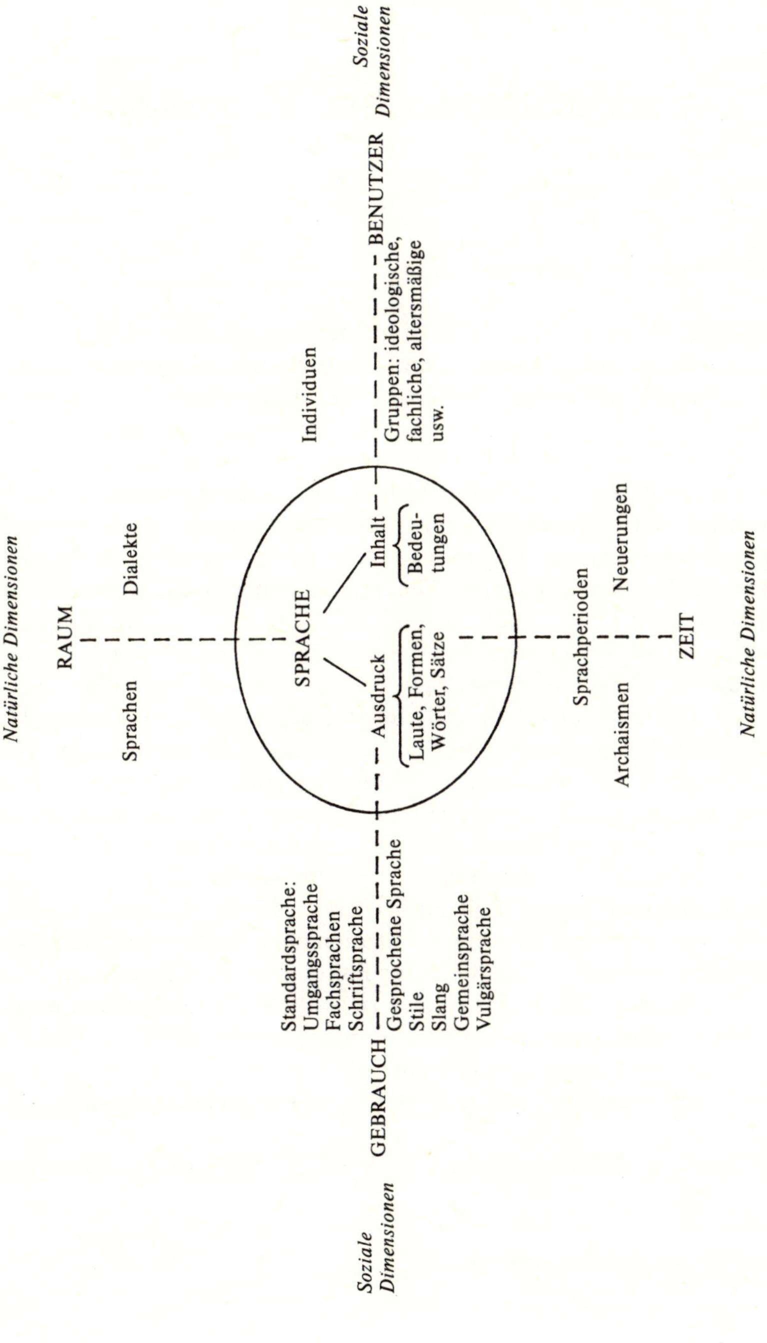

Abb. 1: Die Sprachdimensionen

ZWEITES KAPITEL

Die indoeuropäischen Grundlagen

2.1 Das Wesen des Indoeuropäischen

Das früheste nachzuweisende Stadium der deutschen Sprache ist ihre indoeuropäische Phase. Nachweis und Erforschung des Indoeuropäischen ist eine der großen Gelehrtenleistungen des neunzehnten Jahrhunderts. Das Problem ist aber alles andere als gelöst. Als entdeckt worden war, daß sehr zahlreiche Sprachen in Europa und Asien in ihrem frühesten Überlieferungsstadium so viele Ähnlichkeiten untereinander aufweisen, daß diese nicht anders als durch gemeinsame Abstammung von einer Ursprungssprache zustande kommen konnten, lag sogleich diese Ursprache im Brennpunkt der Forschung. Die vergleichende Sprachwissenschaft entstand als ein neuer Studienbereich mit dem Ziel, die gegenseitigen Beziehungen dieser Sprachen zu erhellen und die Originalsprache zu rekonstruieren. Diese Untersuchungen enthüllten zuerst zahlreiche Übereinstimmungen in Phonologie und Morphologie. So wurde z. B. entdeckt, daß die Laute bei verwandten Wörtern einer Regel folgten: wo das Dt. *a* in *Nacht* hat, weist das Lat. *o* in dem etymologisch entsprechenden Wort *nox – noctis* auf. Die gleiche Übereinstimmung findet sich bei diesem Laut in anderen verwandten Wörtern, z. B. *acht-octo; Garten-hortus; Gast-hostis.* Da die Ähnlichkeit der als verwandt angesehenen Sprache desto größer ist, je weiter man in der Zeit zurückgeht, arbeitet die vergleichende Sprachwissenschaft mit den ältesten Stadien der Überlieferung. Aus diesen ältesten Formen der Überlieferung hoffte man, die Originalform, die indoeuropäische Form, rekonstruieren zu können. Die Liste auf der nächsten Seite zeigt bestimmte Übereinstimmungen und dient zur Illustration einiger Rekonstruktionsprobleme.

Der Vergleich erlaubt uns, eine Reihe von Entsprechungen aufzustellen:

(1) Germ. *a* = lat. *o* = altindisch *a* = litauisch (baltisch) *a* = altslawisch *o* = keltisch *o* = griechisch *o.*

(2) Germ. *n* = *n* in allen anderen indoeurop. Sprachen; ebenso germ. *m* = *m*; 1 = 1 (altind. ausgenommen); *r* = *r.*

(3) Germ. *t* als zweiter Bestandteil einer Konsonantenverbindung (Reibe- oder Verschlußlaut + *t*) entspricht *t* in den meisten anderen ie. Sprachen.

Deutsch	Nacht	acht	Garten	Gast	mahlen	Mähne
Älteste germ. Form (gotisch)	nahts	ahtau	gards ‚Haus' garda ‚Hof'	gasts	malan	mana (ahd.)
Lateinisch	nox, noctis	octō	hortus	hostis	molere	monīle ‚Halsband'
Griechisch	νυκτός (nyktós Gen.)	ὀκτῶ (oktō)	χόρτος (chórtos ‚Hof')	–	μύλλω (múllō)	–
Altindisch	nák, naktam ‚nachts'	aṣṭau	gr̥há- ‚Haus'	–	mr̥ṇāti	mányā ‚Hals'
Altirisch	-nocht	ocht	gort	–	melim	muin ‚Hals'
Walisisch	nos	wyth altwalis. oeth	garth ‚Koppel'	–	malu	mwn ‚Hals'
Litauisch	naktìs	aštuonì	gar̃das ‚Koppel'	–	malù	–
Altslawisch	noštĭ	osmĭ	gradŭ	gostĭ	meljǫ	monisto ‚Halsband'

Wo Einzelsprachen von diesen Entsprechungen abweichen, kann dies erklärt werden durch:

(1) interne oder sprachspezifische Entwicklungen, die von verschiedenen Faktoren bedingt sind, z. B. von lautlicher Umgebung, von Analogie oder von Entlehnung;

(2) ‚Wurzelvariation' oder ursprünglichen Wechsel (Ablaut). Dies ist eins der wichtigsten Kennzeichen ie. Sprachen und wird später ausführlicher erklärt.

Zahlreiche Wörter finden sich nur in einigen Einzelsprachen. Dies bringt weitere Probleme mit sich. Sie können im Laufe der Zeit in einigen Sprachen verlorengegangen sein, oder ihr Vorkommen im Urie. kann dialektbedingt gewesen sein, oder sie können zu einem späteren Stadium gebildet worden und nur einigen einst benachbarten Sprachen gemeinsam gewesen sein. In dieser Hinsicht sind die Wörter in der obigen Liste für den bezeugten ie. Wortschatz gar nicht repräsentativ. Eine Handvoll Wörter sind bezüglich der Bildung identisch. Die Mehrheit, obgleich verwandt, zeigt das provisorisch ‚Wurzelvariation' genannte Phänomen. Um dies zu erklären, müssen wir zuvor die Struktur der meisten ie. Wörter betrachten, mindestens die Nominalia (Substantive und Adjektive) und die Verben. Die große Mehrheit der Wörter ist von der Struktur her dreiteilig. Dieses Prinzip kann auch anhand von Beispielen aus dem heutigen Deutschen oder Englischen, wo analoge Strukturen zu finden sind, veranschaulicht werden.

Gen.Sg.	(des) *Fahrers*		(the) *driver's*
Dat.Pl.	(den) *Fahrern*	Gen.Pl.	(the) *drivers'*

kann wie folgt analysiert werden:

Fahr-er-s	*driv-er-'s* [draivəz]
Fahr-er-n	*driv-er-s'* [draivəz]

Der Bestandteil mit der lexikalischen Grundbedeutung *(fahr-, driv-)* ist die *Wurzel.* Ihr folgt das sogenannte *Stammsuffix*, das Ableitungscharakter hat. In Endstellung befindet sich die *Flexionsendung.* (Das deutsche Beispiel hat zwei Endungen, das englische nur eine, die darüberhinaus mit der Flexionsendung des Plurals zusammenfällt. Im gesprochenen Englisch wird die Zweideutigkeit der Flexionsendung durch den Kontext aufgelöst, während die Schriftsprache die drei Funktionen visuell verdeutlicht.) Im heutigen Deutschen und Englischen spielt Stammsuffigierung eine verhältnismäßig bescheidene Rolle. Abgesehen von *Fahrer* und *driver* gibt es *Fahrt, Fähre, fahren, führen, fertig, Furt* und *driven, driving, drift.* Die mit dem dt. *fahr-* etymologisch identische engl. Wurzel zeigt eine ähnliche Verbreitung bei der Stammsuffigierung: *fare* (Verb und Substantiv), *ferry, (way)farer, ford.*

In der ie. Phase spielte Stammsuffigierung in der Tat eine sehr große Rolle. Durch sie wurde die Wurzel klassifiziert und determiniert. Zuweilen waren Suffixe und Formanten recht deutlich in ihrer Funktion und Bedeutung bestimmt, wie beispielsweise jene, die die Steigerung der Adjektive bezeichnen, andere dagegen waren äußerst vage. Der Grund dafür liegt darin, daß die Suffixe zu verschiedenen Zeiten aktiv und bedeutungstragend waren. Einmal veraltet, sind sie schwer zu bestimmen. So ist in den oben genannten Beispielen *-er* ein den Handlungsträger (Agenten) angebendes Suffix und verhältnismäßig leicht zu bestimmen, obgleich es auch hier noch mehrere Bedeutungen gibt. Man vergleiche *driver, Fahrer* (Person, die fährt) mit *washer* (Waschmaschine, Unterlegscheibe u.a.), *Füller* (zu füllender Federhalter), *sleeper* (Eisenbahnwagen, in dem man schlafen kann, oder die Holzbohlen, an denen die Schienen befestigt sind, oder, im Slang, eine Schlaftablette). Die veralteten Suffixe machen größere Schwierigkeiten, z.B. *-t (Fahrt, Furt, drift), -m (seam –*

sew; Zaum – ziehen). Mehrere Dutzend Nominalstammsuffixe oder -formanten sind für das Ie. ermittelt worden. Die überlieferten Einzelsprachen sind hinsichtlich ihrer Wortbildung wegen der unterschiedlichen Wahl der Stammsuffixe sehr verschieden. Der Infinitiv der Verben wird beispielsweise im Germ. mit einem *n*-Suffix gebildet, mit einem Element *-s-*>*-r-* im Lat., mit *-ti-* im Baltoslaw. und mit *-tum* im Sanskrit. Das Wort für ‚Auge', engl. ‚eye', hat im Altind. ein *s*-Stammsuffix, ein *-n-* Element im Armenischen, ein *-ph*-Element im Griech. *ὀφθαλμός* (ophthalmós) mit vielen mundartlichen Varianten und ein *-elo*-Stammsuffix im Lat. *(oculus).*

Aus einer ie. Wurzel *st(h)ə-/st(h)ā-* mit der Bedeutung ‚stehen' ergeben sich im Lat. *stāre*; mit *-nt-* der Präsensstamm von ae. *standan*, engl. *to stand*, ahd. *stantan*; mit *-t-* der Perfektstamm engl. *stood*, lat. *status*, die Nominalableitungen ahd. *stad* ‚Küste', dt. *Gestade*, von urgerm. *staðíz*: engl. *stead*, dt. *Stadt, Statt, Stätte* und im Sanskr. *sthíti* ‚das Stehen', im Lat. *statio*, im Griech. *στάσις* (stásis). Mit ie. *-dh-*: ae. *stōd* ‚Gestüt', engl. *stud*, dt. *Stute*; mit ie. *-dhl-*: *lat. stabulum* und wahrscheinlich dt. und engl. *stall*<germ. *staðlaz*; mit ie. *-l-*: dt. *Stuhl*, engl. *stool*, russ. *стол* (stol ‚Tisch'), griech. *στήλη* (stḗlē) ‚Säule'; mit ie. *-m-*: griech. *στήμεναι* (stḗmenai) ‚stehen', lat. *stāmen* ‚Aufzug (beim Weben), Faden'; mit *-mn-*: griech. *στάμνος* (stámnos) ‚irdener Krug' und vielleicht dt. *Stamm*, engl. *stem*.

Häufig kommen Stammsuffixe gleich mehrfach vor, wie beispielsweise im heutigen Deutsch: *freu-nd-schaft-lich-* + Flexionsendung *(-e, -es, -en)*, und wie in dem Beispiel von heute stehen die Flexionsendungen immer hinten.

Es ist für die ie. Sprachen charakteristisch, daß Stammsuffixe und Flexionsendungen miteinander verschmelzen. Dies war schon bei den frühesten überlieferten Sprachen der Fall. Im heutigen Deutsch ist die historische Unterscheidung nicht mehr sichtbar, obgleich der Nachhall der ie. Stammsuffigierung morphologisch noch immer funktioniert. Der Umlaut als Pluralzeichen beispielsweise ist Nachhall eines ie. *-i*-Stammsuffixes.

Stammsuffigierung ist nicht der einzige Faktor für die Unterschiedlichkeit zwischen den ie. Sprachen. Vokalgradation oder *Ablaut* (Apophonie) innerhalb der Wurzel ist ebenso wichtig. Er besteht aus dem regelmäßigen Wechsel bestimmter ie. Vokale. Da diese Erscheinung innerhalb der germ. Formenlehre eine große Rolle spielt, wird sie im nächsten Kapitel behandelt. Ie. Sprachen weichen häufig dadurch voneinander ab, daß sie verschiedene Vokalstufen in sonst identischen Wurzeln aufweisen. So leiten sich die germ. Wörter *Fuß-foot* von einer generalisierten langen *ō*-Stufe her; das Griech. hat lange *ō*-Stufe in *πώς* (pṓs Nom.), kurzes *o* in *ποδός* (podós Gen.); das Lat. hat lange *ē*-Stufe in *pēs*, kurze *e*-Stufe in *pedis* usw. Die *e*-Stufe findet sich auch in griech. *πέδον* (pédon ‚Boden'), die *o*-Stufe in altslaw. podŭ ‚Boden'. Neuengl. *foot, pedal, pedestrian* und *podium, tripod* zeigen daher alle verschiedene ie. Vokalabstufungen derselben Wurzel. Unterschiede in der Wahl der Vokalabstufung bei verwandten Wurzeln kommen auch in modernen Sprachen vor, beispielsweise *singer-Sänger; drink* (Subst.) – *Trunk, Trank.* Ablaut und Wahl verschiedener Stufen sorgen zu einem großen Teil für die Unterschiedlichkeiten zwischen den ie. Einzelsprachen. Unterschiedliche Muster des Weiterlebens haben zweifelsohne die ursprünglichen Variationen des Gebrauchs verschiedener Abstufungen vergrößert.

Die Rekonstruktion der ursprünglichen Formen, sogar der gesamten ie. Ursprache, war das umfassende Bestreben des neunzehnten Jahrhunderts. Es wurde sogar einmal eine Fabel in der rekonstruierten Sprache geschrieben, die in der nächsten Generation umgeschrieben wurde, als das Bild des Urindoeuropäischen sich substantiell gewandelt hatte. Der anfängliche Optimismus hat sich allmählich verflüchtigt. Es ist klar geworden, daß die historisch bezeugten ie. Sprachen sehr weit vom gemeinsamen Ursprung entfernt sind. In der Tat sind die Unterschiede zwischen den getrennten Zweigen, die oft selbst scharf umrissene Entitäten darstellen, so tiefgreifend, daß einige Forscher mit einer Art Unterbrechung in der Entwicklung gerechnet haben (Sprachmischung, Verdrängung früherer fremder Sprachen und Eindringen des Ie. in fremde Kulturen). Die frühest erreichbaren Belege, die die Grundlage für das Vergleichen bilden, sind durch Jahrhunderte voneinander getrennt. Hethitische Belege stammen von ca. 1450 v. Chr., griech-mykenische von 1200 v. Chr., vedisches Sanskrit (Altindisch) von 1000 v. Chr. aufwärts, altgriechische von 800 v. Chr., lateinische von 300 v. Chr. Die ältesten keltischen und germanischen Bröckchen erscheinen in den ersten Jahrhunderten unserer Zeitrechnung, doch die schriftliche Überlieferung des Germ. beginnt erst Ende des vierten Jahrhunderts mit dem Gotischen, sonst erst im achten Jahrhundert (Deutsch, Englisch), und ungefähr zur selben Zeit die des Keltischen (Altirisch) und Slawischen. Das Baltische ist nicht vor dem siebzehnten Jahrhundert belegt, obgleich eine Sprache, das Litauische, sehr archaischen Charakter trägt. Wir haben Spuren von vielen weiteren ie. Sprachen (Venetisch, Illyrisch, Phrygisch, Thrakisch) und Grund zu der Annahme, daß weitere existierten, aber spurlos verschwunden sind. Rekonstruktion hängt natürlich entscheidend von der Zugänglichkeit des Materials ab. Das Hethitische, entdeckt nach der Rekonstruktionswoge des neunzehnten Jahrhunderts, hat die Ansichten der Forschung über das Indoeuropäische beträchtlich beeinflußt und verändert.

2.2 Der Faktor Zeit

Wenn Linguisten sagen, daß bestimmte Sprachen miteinander verwandt sind, meinen sie damit, daß sie durch Herkunft von einer gemeinsamen ursprünglichen Quelle Bezug zueinander haben. Die Stammbaumdarstellung zeigt schematisch die Herkunftslinien und die relative Chronologie der Sprachen. Sie stellt die Ursprungssprache, das Urindoeuropäische, nach unten, darüber die Untergruppierungen wie *Satem*- und *Centum*sprachen, darüber wieder weitere Untergruppen wie Indoiranisch, Baltoslawisch und Italokeltisch. Dann folgen die frühest belegten Sprachen (Hethitisch, Griechisch, vedisches Sanskrit) und die rekonstruierten, aber nicht belegten Vorfahren (Urgermanisch, Urkeltisch, Urslawisch), in der nächsten Generation weitere Zweige wie West-, Ost-, Nordgermanisch und in der folgenden Generation die ‚Alt'-Formen (Altirisch, Althochdeutsch, Altenglisch), gefolgt von den ‚Mittel'-Formen (Mittelenglisch, Mittelhochdeutsch). Am Schluß kulminiert das Schema in den heutigen Abkömmlingen des Urie. (Hindi, Französisch, Deutsch, Russisch, Englisch usw.). In der Annahme, daß die verschiedenen Stadien irgendeinen Bezug zur Wirklichkeit haben und nicht nur hypothetische Konstrukte sind (z. B. Italokeltisch), kann man sagen, daß die Stammbaumdarstellung einen Hinweis auf die Zeitachse gibt. Aber nur auf die Zeitachse. Wir wissen aber, daß die Raumachse genauso real und wichtig ist. Das Stammbaumschema kommt der Wirklichkeit nur nahe, wenn, sagen wir eine gegebene Sprache A (bestehend aus den Mundarten a_1 a_2 a_3 a_4 usw.) plötzlich und für immer auseinandergespalten würde, so daß a_1 a_2 a_3 a_4 usw. in der Lage wären, sich in einem Vakuum oder vollständig getrennt voneinander zu entwickeln. Die Mundarten würden sich allmählich zu den divergierenden Sprachen A_1 A_2 A_3 A_4 entwickeln. Es ist höchst unwahrscheinlich, daß so etwas in Wirklichkeit vorkommt. Normalerweise würde sich Sprache A (selbst in Berührung mit B C D usw. befindlich) unmerklich in einem kontinuierlichen Prozeß gegenseitigen Gebens und Nehmens aus den Mundarten a_1 a_2 a_3 a_4 usw. entfalten.

Eine der Mundarten könnte eine Standardsprache sein und ein besonderes Prestige unter den verschiedenen Formen der Sprache besitzen. Sie würde nichtsdestoweniger am Austauschprozeß teilhaben. Perioden von Sprachdivergenz und -konvergenz haben die Neigung, als Ergebnis geschichtlicher Umstände einander zu folgen. So wurde im vorgeschichtlichen Italien das Auseinandertreten der italischen Sprachen abgelöst von einer Periode der Annäherung an das Lateinische, die Hauptsprache ab 200 v. Chr. Nach dem Verfall des römischen Reiches führte eine Divergenzperiode zum Erscheinen der romanischen Dialekte. Am Ende des Mittelalters brachte eine neue Annäherungsphase auf unterschiedlicher geographischer Grundlage die Schaffung neuer Nationalsprachen zuwege, wie Französisch, Italienisch usw. Etwas Analoges kann selbst für die Entfaltung des vorgeschichtlichen Indoeuropäisch nicht ausgeschlossen werden. Gewaltsamere Veränderungen, wie die Entwicklung von Pidgin-Sprachen mit anschließender Kreolisierung, dürfen auch nicht außer Acht gelassen werden, mindestens nicht in Teilen der frühen ie. Welt.

Zeit- und Kommunikationsfaktoren würden nach und nach zur Umgestaltung der Sprache A zur Sprache A_1 führen (z.B. Mittelenglisch zu Neuenglisch) oder die Dialekte a_1 a_2 a_3 usw. zu gegenseitig unverständlichen verschiedenen Sprachen machen (z.B. Französisch, Italienisch, A = Latein).

Zum Zeitpunkt ihres Eintritts in die Überlieferung sind die vom Ie. abstammenden Sprachen weitgehend divergent und weisen auf eine zeitlich sehr entfernte Quelle. Die Trennung muß natürlich nicht für alle zur selben Zeit stattgefunden haben. Es ist sehr wahrscheinlich, daß die gemeinsame Ursprache, die zweifelsohne bereits zum Zeitpunkt, da sie von einer bestimmten kleinen Sprecherzahl gebraucht wurde, durch Dialektverbreitung charakterisiert ist, zeitlich mindestens zweitausend Jahre vor Erscheinen der ersten Belege des Ie. anzusetzen ist. Neuisländisch soll kaum Dialektvariation aufzuweisen haben und eine ziemlich einheitliche Sprache sein. Die ie. Sprachen könnten, da sie verwandt sind, in dunkler Vergangenheit solch eine einheitliche Quelle gehabt haben. Diese Quelle kann möglicherweise sehr verschieden gewesen sein von der Sprache, die wir glauben, rekonstruieren zu können. Tatsächlich behaupten Indoeuropäisten, sie seien in der Lage, viele Phasen und Schichten innerhalb der den Einzelsprachen vorausgehenden Phase zu unterscheiden. Beispielsweise haben die meisten ie. Sprachen bei den Nominalia drei Genera (Geschlechter). Es gibt aber Hinweise dafür, daß eines der Genera (das Femininum) recht spät ans Tageslicht getreten ist. Was wir hoffen können, bis zu einem gewissen Grad zu rekonstruieren, ist die Phase kurz vor dem ‚Auseinanderbrechen', dabei aber bedenkend, daß das ‚Auseinanderbrechen' keinen chronologisch festlegbaren oder zu bestimmenden Zeitpunkt hat. Diese Phase heißt Urindoeuropäisch. Vor dem haben wir nur einen gelegentlichen Einblick in Strukturen, die vorie. genannt werden können.

Viele Merkmale begegnen nur in einer ie. Sprache oder in zweien oder auch in einer kleinen Gruppe. Es gab eine Zeit, wo diese Tatsache genetisch verstanden wurde, und es wurden Abstammungsuntergruppierungen wie Italokeltisch oder Baltoslawisch aufgestellt. Die vielleicht bekannteste frühe, genetisch verstandene Untergruppierung ist die nach *Satem-* und *Centum*sprachen. In der erstgenannten Gruppe entwickelten die ie. Velare, beispielsweise *k*, palatale Allophone, die später Zischlaute wurden, d.h. sie entwickelten sich zu Konsonanten des Typus *s*, während die andern Sprachen Verschlußlaute beibehielten. Heute scheint es klar, daß es sich hier um eine Entwicklung bei einem Teil der ie. Sprachen handelt: eine Isoglosse trennt die östlichen von den westlichen Sprachen. Mit anderen Worten, wir betrachten es als ein räumliches Phänomen, das sich ausbreitete und schließlich das Indoiranische, Armenische, Albanische (vielmehr seinen unbekannten ehemaligen Vorgänger), Slawische und Baltische umfaßte. Während es eine *Satem*-Gruppe gibt, die an der *Satem*-Isoglosse teilhat, gibt es keine *Centum*-Gruppe. Bis zu einem gewissen Grade ist es natürlich richtig, daß eine Isoglosse als räumliches Merkmal und eine gemeinsame Neuerung als Merkmal genetischer Verwandtschaft lediglich die zwei Seiten ein und derselben Medaille sind. In diesem Sinne sind das genetische Bild vom Stammbaum und das räumliche Bild von der Welle (oder Isoglosse), die sich über die Sprachen ausbreitet, beide Spiegelungen der Wirklichkeit. Aber nur zusammen gesehen. Jedes für sich genommen – vor allem das genetische Bild –, ergibt schlicht eine Verzerrung.

Die Entdeckung einer beträchtlichen Zahl paralleler Merkmale, die es zwischen dem Keltischen und Italischen (oder einigen Sprachen der keltischen und italischen Gruppe), zwischen dem Baltischen und Slawischen, Baltischen und Germanischen und zwischen dem Germanischen und Italischen gibt, ist besser in der Form von Isoglossen denn als engere genetische Verbindung anzusehen.

Man pflegte zu sagen, daß eine Form oder ein Merkmal jeweils dann als ie. zu gelten habe, wenn sie oder es in mehr als zwei überlieferten Sprachen und vorzugsweise sowohl im östlichen wie auch im westlichen Zweig des Ie. vorkommt. Diese Ansicht basiert auf einer zu einfachen genetischen Vorstellung von Verwandtschaft. Ie. ist schlechterdings das, was bei einer Einzelsprache der Schaffung dessen, was wir als das Wesen dieser Sprache ansehen, vorausgeht und Parallelen in einer ie. Sprache oder mehreren hat. So hat Lehmann (1961) den Beginn des Urgerm. zeitlich nach Abschluß des Übergangs vom freien Tonhöhen- oder musikalischen Akzent zum expiratorischen Akzent auf der ersten oder Wurzelsilbe der Wörter angesetzt. Der Sprachgeograph gebraucht Isoglossenbündel zur Abgrenzung der Mundarten. In der gleichen Weise können wir Bündel von Änderungen auf der Zeitachse zur Abgrenzung einer späteren

Sprache von der ihr vorausgehenden benutzen. Man hat behauptet, daß das Urgerm. nicht vor ca. 500 v. Chr. ausgemacht werden könne. Was davor lag, war Vorgerm. oder Ie., natürlich nicht notwendigerweise Urie., geschweige denn Vorie. Für das Vorgerm. oder Ie. müssen wir mindestens mit einer Zeitspanne von zweitausend Jahren rechnen. Das rekonstruierte Urie. muß im dritten Jahrtausend v. Chr. angesetzt werden, und die hypothetische gleichförmige Ursprungssprache muß – das impliziert der Terminus ‚verwandt' – sogar noch beträchtlich weiter zurückliegen. Das rekonstruierte Urie. ist in gewisser Weise nichts denn ein System hypothetischer Formeln. Indem wir die Entsprechungen zugrunde legen, die die überlebenden Sprachen uns aufzustellen gestatten, postulieren wir eine Form, die diese Entsprechungen und die zu ihnen führenden Entwicklungen auf die bequemste und leichteste Weise erklärt. So rekonstruieren wir für die zuerst auf S. 22f. gegebene Entsprechung ein urie. *o*, weil es das Vorhandensein des *o* in einigen Sprachen erklärt und weil das *a* in anderen auf die einfachste Weise als aus *o* entwickelt zu verstehen ist. Die Entsprechung lat. *h-* = griech. *ch-* = *g-* im Germ., Kelt., Slaw. und Baltischen ist in durchaus zufriedenstellender Weise durch die Annahme eines *gh-* im Urie. erklärt, obgleich diese Form nur im Indischen bezeugt ist.

Was wir als die ie. Grundlage des Deutschen bezeichnet haben, können Merkmale sein, die auf das Vorie. zurückgehen; doch können sie sich auch zu einer beliebig späteren Zeit innerhalb einer direkten Vorgängerin des Germ. entwickelt oder sich auch in vielen ie. Sprachen, das Germ. eingeschlossen, unabhängig entfaltet haben. Die Rekonstruktion des Urie. und die Erforschung all dessen, was innerhalb der Zeitspanne von zwei-oder dreitausend Jahren, die wir dieser Phase zubilligen müssen, wahrnehmbar ist, ist Aufgabe des Indoeuropäisten. Was den Germanisten angeht, ist die Frage, inwieweit das Deutsche noch immer durch seine ie. Vergangenheit geformt ist.

2.3 Das Lokalisierungsproblem

Eine Frage, die die Einbildungskraft des Forschers seit je stark in Anspruch genommen hat, ist die nach dem ursprünglichen Wohngebiet der Sprecher des Gemeinindoeuropäischen. Die Mehrzahl der deutschen Forscher war immer in die Vorstellung verliebt, daß die Norddeutsche Tiefebene von der Weser ostwärts und die Halbinsel Jütland die ursprüngliche Heimat der ie. Sprache gewesen ist. Es gibt keinen wirklichen

Grund, warum dies so sein sollte, obgleich es viele Gründe dafür gab, daß sie so dachten. Die meisten von ihnen herrschen glücklicherweise nicht mehr vor, und auf diese Weise kann die Frage leidenschaftsloser betrachtet werden.

Es gibt natürlich keine Quellen, die uns über die ursprüngliche Heimat des Ie. informieren könnten, und wahrscheinlich werden auch keine mehr zutage treten. Die Sprache selbst muß deshalb hinsichtlich ihres Wortschatzes für einen Hinweis sorgen. Die Untersuchung des Wortschatzes mit dem Ziel, Information über Kultur, Lebensweise, Glaubensvorstellungen, Umgebung und gesellschaftliche Organisation der ursprünglichen Sprecher des Ie. zu finden, nennt man sprachwissenschaftliche Paläontologie. Wörter für Tiere, wilde wie domestizierte, Pflanzen und klimatische Bedingungen sind offensichtlich bei der Bestimmung der ursprünglichen Heimat von Wert. Die ie. Sprachen haben keine gemeinsamen, von allen verwendeten Wörter für Löwe, Tiger, Elefant, Kamel und Esel oder für Palme, Rebe, Zypresse, Olive, Öl und Wein. Dies kann zur Ausgrenzung Asiens südlich des Schwarzen Meeres und des Kaspischen Meeres und der Mittelmeerküste dienen.

Ortsnamen und besonders Flußnamen neigen dazu, mit einer Zähigkeit an der Topographie zu haften, die oft die Sprachen überdauert. Während es in Europa nördlich der Alpen – mit ost- und westwärtiger Verlängerung – keine Evidenz für Namen aus nichtie. Sprachen gibt, zeigen die südlichen Regionen und Halbinseln ein starkes, nichtie. Substrat. Es ist behauptet worden, daß wenigstens die ie. Sprachen Europas (Kelt., Italisch, Germ. Baltisch und andere jetzt verlorene) zu einer Zeit innerhalb dieses nördlichen Gürtels beheimatet gewesen sein müßten. Die Tatsache, daß diese Sprachgruppen in oder nahe dieser Region ans Licht der Geschichte treten, ist ein weiterer Hinweis. Sowohl typologische Forschung als auch lexikalisch fundierte statistische Prüfungen haben gezeigt, daß diese Gruppen sprachlich zusammenhängen.

Der gemeinsame Wortschatz zeigt, daß die frühen ie. Sprecher gegen Ende der Neusteinzeit lebten und daß sie einige Kenntnis von Edelmetallen und einem Gebrauchsmetall hatten (vgl. engl. *ore*, dt. *ehern*). Landwirtschaft, d.h. Getreideanbau und Viehzucht, bildete einen Teil ihrer Lebensweise. Das Tier, das charakteristisch ist für ihre Zivilisation zu einer Zeit, als es den Zivilisationen im Nahen Osten noch unbekannt war, war das Pferd. Ein abwechslungsreiches Land, das Getreideanbau und Viehhaltung gestattete, und Prärien, die eine angemessene Heimat für das schnelle Pferd abgeben, mußten diesen Bauern und Hirtenkriegern, die schon den Karren mit Rädern erfunden hatten, zur Verfügung gestanden

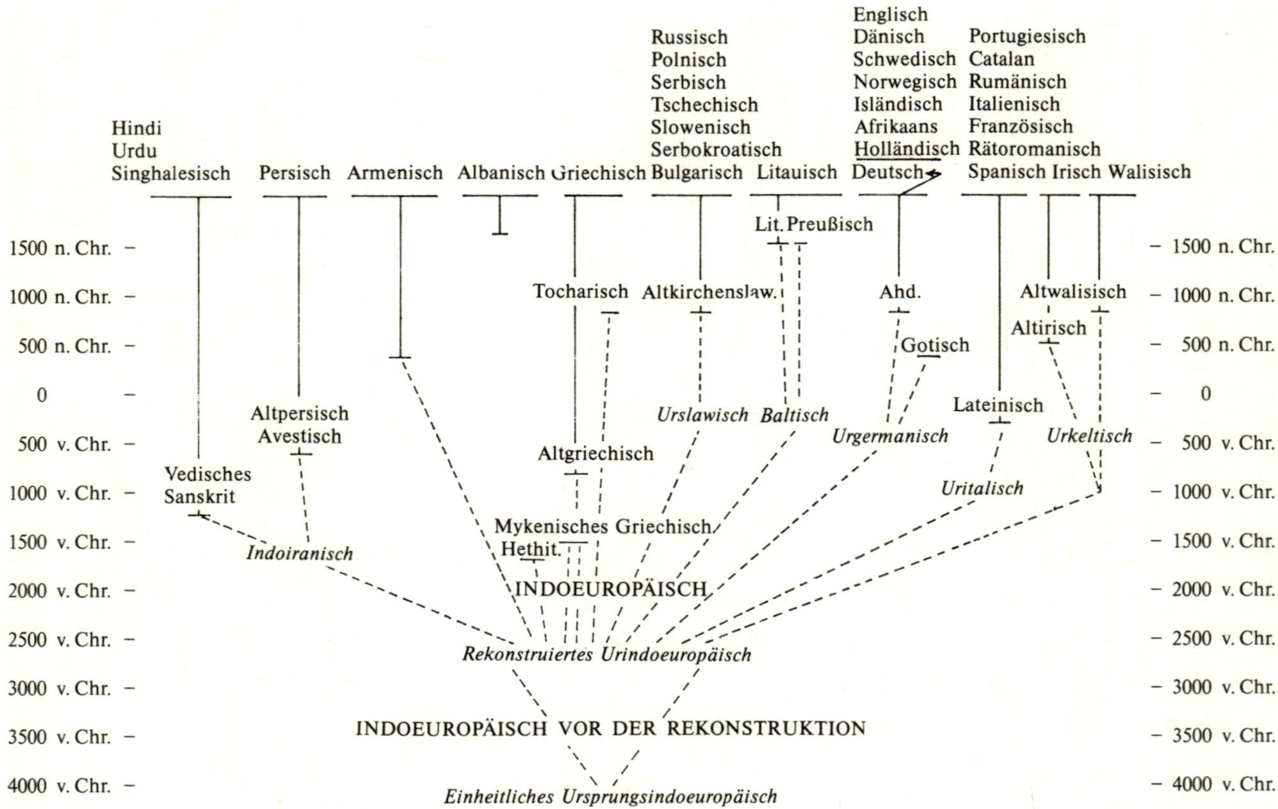

Abb. 2: Zeitskala für das Indoeuropäische

Zeitskala des Indoeuropäischen

(1) Oben von links nach rechts stehen einige neuie. Sprachen, besonders solche, die Nationalsprachen geworden sind, und solche, die Nachbarsprachen des Deutschen sind oder waren.
(2) In den vertikalen Kolumnen sind die frühesten Vorgängerinnen zur Zeit ihrer ersten Bezeugung wiedergegeben. Die vergleichende Methode arbeitet mit ihnen. Sie dürfen nicht als direkte lineare Vorgängerinnen der heutigen Sprache verstanden werden. Sie gehen nur unmittelbarer voraus als andere Sprachen.
(3) Einige, nur fragmentarisch belegte alte Sprachen wie Gallisch, Venetisch, Illyrisch, Thrakisch (das eine Art Vorgängerin des Albanischen sein kann) und Phrygisch (das eine Vorgängerin des Armenischen sein kann) sind ausgelassen.
(4) Schräg gedruckte Formen bedeuten nichtbezeugte, hypothetische Sprachen.
(5) Rekonstruiertes Urindoeuropäisch wird vom ‚einheitlichen Ursprungsindoeuropäisch' getrennt, weil angenommen werden muß, daß letzteres eine wirkliche, vollständige Sprache war, was die erstgenannte offensichtlich nicht ist: nur Wortschatzfragmente können rekonstruiert werden; von der Syntax, selbst von der Morphologie, hat man nur einen vagen Eindruck. Darüber hinaus lassen sich verschiedene Entwicklungen ausmachen, die vor dem Urie. liegen. Urie. war mit anderen Worten nur eine Phase in einer fortlaufenden Entwicklungskette, und die Unterschiedlichkeit der bezeugten Frühstadien ist so groß, daß man gezwungen ist, mit einer umfangreicheren Zeitskala zu arbeiten.
(6) Abschließend sei bemerkt, daß die Zeitskala nicht fälschlich als Stammbaum angesehen werden darf.

haben. Theorien, die auf äußerst kurzreichenden Argumenten beruhen (Vorhandensein oder Fehlen *eines* Wortes mit dieser oder jener Bedeutung), müssen als spekulativ angesehen werden. Das östliche Mitteleuropa, das sich zu den Gebieten nördlich des Schwarzen Meeres erstreckt, paßt vielleicht am besten zum Beweismaterial der sprachwissenschaftlichen Paläontologie. P. Friedrich schließt seine brilliante Studie *Proto-Indo-European Trees* (S. 16):

‚Zusammenfassend kann gesagt werden, von Gebirgsausläufern und Steppe nördlich der Westseite des Kaspischen Meeres westwärts durch die heutige Ukraine und nordwestwärts zur Norddeutschen Tiefebene verlief eine ziemlich ununterbrochene und gleichartige ökologische Zone – im großen und ganzen mit gemäßigtem Klima, offenen Ebenen und Hartholzmischwäldern. Ich nehme an, daß während der atlantischen Periode [ca. 5500–3000 v. Chr.] genau in diesem osteuropäischen Raum sich Sprecher des Urindoeuropäischen in einem Mundartenblock von ungefähr 480 km Breite und 800 km oder mehr Länge verteilten: Der Raum könnte auch nur ein Drittel der Ausdehnung gehabt haben, auf jeden Fall aber schloß er wahrscheinlich die mittlere und östliche Ukraine ein. Danach, während des letzten Teils der spätatlantischen Periode und dem ersten der subborealen (ca. 3000–800 v. Chr.), betraten, durchquerten und besetzten die Sprecher mindestens dreier Dialekte (Keltisch, Italisch und Germanisch) Mitteldeutschland und angrenzende Räume im Westen, Süden und Norden. (Dieser sprachliche Grundbestand, dazu Baltisch, Slawisch und Griechisch, ergeben den größten Teil der sprachwissenschaftlichen Evidenz zur Benennung der Bäume . . .).'

Die einzige Heimat also, die wir mit annähernder Sicherheit und sprachlich begründet lokalisieren können, ist die nord-mittel-osteuropäische, aus der die europäischen Sprachen des Ie. kommen. Vieles weist auf ein einstweilig nördliches Wohngebiet dieser Ableger aus der Zeit vor der Teilung, deren Ergebnisse sichtbar werden, wenn diese Sprachgruppen ans Licht der Geschichte treten. Inwieweit die Charakteristika dieser Gruppen bereits zur Zeit ihres Aufenthalts in den nördlichen Wohngebieten aus- oder vorgebildet waren, bleibt unbestimmbar. Wahrscheinlicher ist, daß sie sich in ihrer neuen Heimat ausbildeten, in die Sprecher des Ie. in mächtigen Wellen während des zweiten Jahrtausends v. Chr. wanderten: Keltisch im westlichen Mitteleuropa, Italisch auf der italienischen Halbinsel, genauso wie das Griechische in Griechenland und das Germanische in Norddeutschland und Südskandinavien entstand. Wahrscheinlich hatten die meisten östlichen Sprachgruppen ihren Ort östlich der europäischen Sprachen. Auch sie werden ihre spezifischen Charakteristika nach der Teilung angenommen haben, die wohl der der westlichen Gruppen vorausgeht. Die anatolischen und indoiranischen Sprachen müssen letzten Endes ihre historischen Wohngebiete gegen 2000 v. Chr. erreicht haben.

Das einheitliche Ursprungsindoeuropäisch, das wir solange voraussetzen müssen, wie wir die Verwandtschaft der historischen ie. Sprachen annehmen, muß so weit zurückdatiert werden, daß die Suche nach seiner Heimat etwa der nach der Nadel im Heuhaufen gleichkommen muß. Anderseits, zöge man eher die Assimilationstheorie als die der genetischen Abstammung heran, gäbe es keine Veranlassung, nach der kleinen, fest umrissenen *Urheimat* eines einheitlichen Ursprungsindoeuropäischen zu suchen. In beiden Fällen ist ein östliches Zentrum letztendlichen Ursprungs mit anschließender westwärtiger Ausbreitung der Sache nach wahrscheinlicher.

Großer Wert wurde einst auf die Funde der Archäologie gelegt. Die Träger der ‚Schnurkeramik'- und der ‚Streitaxt'-Kultur des östlichen Mitteleuropa und des Donaubeckens wurden und werden noch von vielen als Ie. sprechende Eindringlinge von weiter ostwärts angesehen, die allmählich frühere Bevölkerungen, z. B. die Megalithgräber-Leute des westlichen und nördlichen Europa, indoeuropäisierten. Die Gleichsetzung vorgeschichtlicher, von Archäologen entdeckter Kulturen mit vorgeschichtlichen Sprachen und ihren Sprechern ist außerordentlich problematisch und fordert äußerste Sorgfalt und nicht zu geringe Skepsis. Die gegenwärtige archäologische Sicht wird am überzeugendsten von Marija Gimbutas vorgetragen. Sie postuliert eine massive Ausbreitung der sogenannten Kurganleute, die sie als Sprecher des Urie. ansieht, vom Norden des Schwarzen Meeres und dem unteren Wolgaraum. Sie führten bestimmte fremde Elemente mit sich wie z.B. ‚Kurgane' (Hünengräber), Streitäxte, Schnurkeramik u.a., die für viele Kulturräume im nördlichen, östlichen und mittleren Europa während der Jahrhunderte der frühen Bronzezeit charakteristisch waren. Diese Kulturkomplexe, der Nordraum, Únětice (später Hügelgrab und Urnenfeld), die Ostsee und die Nordkarpaten scheinen archäologische Gegenstücke zu den ie. Sprachkomplexen in Europa zu sein.

Die folgende Karte zeigt, wie die Archäologin Marija Gimbutas Entstehen und Ausbreitung der Ie. sprechenden Völker sieht.

(1) Die frühste Grundlage ist die Kurgankultur nördlich des Kaspischen Meeres, die sich in die Gebiete nördlich des Schwarzen Meeres ausbreitet.

(2) Die erste große Ausbreitung führt zum Balkan und in das östliche Mitteleuropa, wo Schnurkeramik- und Streitaxtkultur entstehen.

(3) Letztere durchdringt sodann die erste nördliche oder Trichterbecherkultur (mit Megalithgräbern in einem Teil der Gegend) und breitet sich über Mitteleuropa nördlich der Alpen aus.

(4) Während der Bronzezeit bildet sich der germanische Komplex im Nordraum. Die anderen ie. Sprachgruppen liegen im nördlichen Zentraleuropa (Únětice, Hügelgrab, Urnenfeld). Aus ihnen entstehen schließlich Keltisch, Italisch, Illyrisch und Venetisch. Weiter im Osten kristallisieren sich allmählich das Baltische und Slawische (Nordkarpaten) aus.

2.4 Das indoeuropäische Erbe des Deutschen

Sprachentwicklung ist durch zwei entgegengesetzte Kräfte charakterisiert: Neuerung und Bewahrung. Die Neuerungen des Germ. werden einen Teil des nächsten Kapitels einnehmen. Was wir hier ins Auge fassen wollen, sind die bewahrenden Kräfte. Sie bilden das augenfälligste Glied in der Kette vom Indoeuropäischen zum Deutschen.

Abb. 3: Verbreitung der Indoeuropäer

Die Kurgankultur während des vierten und dritten Jahrtausends und der Höhepunkt ihrer Ausbildung. *Kräftig graue Fläche*: Kurgankultur in der eurasischen Steppe. *Punktierte Fläche*: Der nicht später als 4000–3500 v. Chr. infiltrierte Bereich. *Pfeile* zeigen versuchte Bewegungen nach ca. 2500 v. Chr. *Gestrichelte Linie und Pfeile* deuten mögliche Seewege, Überfälle und Vernichtung gegen 2300 v. Chr. an.

Aus: Marija Gimbutas, ‚Proto-Indo-European Culture', S. 193, in: G. Cardona, H. M. Hoenigswald, A. Senn (Hrsg.), *Indo-European and Indo-Europeans*, Philadelphia 1970.

2.4.1 Phonologie (Lautlehre)

In der *Phonologie* gibt es eine Anzahl ie. Merkmale, die das Deutsche bewahrt hat. Das wichtigste ist die Vokalabstufung (Ablaut), von der die dt. Morphologie, wenn auch nicht mehr in aktiver Weise, noch immer durchdrungen ist. Sie ist verantwortlich für Vokalwechsel wie *e – a – u – (o)* in *werfen – warf – Wurf – (geworfen)* (*o* und *geworfen* sind eingeklammert, weil sie durch germ. Neuerung aus derselben Stufe entstanden sind, wie der durch *u* in *Wurf* repräsentierten); oder *a – u* in schaffen – schuf; oder *ei – i* in *beißen – bissen.* Die Wiedergabe der Abstufung hat sich zwar sehr gewandelt, doch das Prinzip der Vokalabstufung ist ein wichtiges ie. Fossil.

Einige Vokale, obwohl sie heute in ein anderes phonologisches System einbezogen und als Phoneme von etymologisch verschiedenen Quellen abgeleitet sind, illustrieren mindestens annähernd phonetische Bewahrung.

a: *Acker*; ie. *ager* (lat.), *ἀγρός* (agrós gr.), *ájra-ḥ* (ai.)
Achse; ie. *axis* (lat.), *ἄξων* (áxōn gr.) *ákṣa-ḥ* (ai.)
e: *essen*; ie.: *edō* (lat.), *ἔδομαι* (édomai gr.), *édu* (lit.)
Sessel; ie.: *sella* (lat.), *sedlo* (altsl.) *sedd* (walis.)
i: *(ge)wiß*; ie.: *video, vīsus* (lat.), *vitta-* ‚bekannt' (ai.), *gwys* ‚Wissen' (walis.)
Witwe; ie.: *vidua* (lat.), *vidhávā* (ai.), *vĭdova* (altsl.)
u: *jung*; ie.: *juvenis* (lat.), *junŭ* (altsl.)
Hund: ie.: *κύων, κυνός* (kýōn, kynós gr.), *šuõ, šuñs* (lit.), *ku* (toch.).

Derartige Bewahrung ist selten. Tatsächlich ist es kein Zufall, daß all diese kurzen Vokale vor Konsonantenverbindungen stehen (*ss* war bis in die jüngste Vergangenheit phonemisch wie graphemisch gedoppelt, wenigstens bis ins Mhd. hinein). Während der gesamten Geschichte des Deutschen, die Mundarten eingeschlossen, waren die Kurzvorkale vor Konsonantenverbindungen diejenigen, die von allen Vokalen am wenigsten dem Wandel ausgesetzt waren.

Unter den Konsonanten stellen wir das Überleben der beiden Liquiden (*l* und *r*) und der beiden alten Nasale (*m* und *n*) fest:

l: *Licht, leuchten*; ie.: *lux* (lat.), *λευκός* (leukós ‚hell' gr.), *llug* ‚Helligkeit' (walis.), *luk(k)-* ‚anzünden' (hethit.)
Lauge; ie.: *lavo* (lat.), *λούω* (loúō ‚waschen', gr.).
r: *Erbe*; ie.: *orbus* (lat.), *árbha-* ‚klein' (ai.), *ὀρφανός* (orphanós ‚Waise', gr.).
Mord; ie.: *mors, mortis* (lat.), *marati* ‚stirbt' (ai.), *marw* ‚tot' (walis.).
m: *Meer*; ie.: *mare* (lat.), *mor* (walis.), *morje* (altsl.).
Mund; ie.: *mandō* (lat.), *μάσταξ* (mástax, gr.), *math-* ‚essen' (ai.)

n: *Nase*; ie.: *nāres* ‚Nasenlöcher' (lat.), *nósis* (lit.), *nasā́* (ai.).
Neffe; ie.: *nepos* (lat.), *nápāt* (ai.), *nei* (walis.).

Die Halbvokale [j, w] haben in ähnlicher Weise durchgehalten, obwohl der bilabiale nur noch mundartlich ist; sonst ist er während der letzten Jahrhunderte zu einem labiodentalen Reibelaut geworden. *j*: *Joch*; ie.: *iugum* (lat.) *yugá-* (ai.), *iau* (walis.); *jung* (s. o.); *w*: *werden*; ie.: *vertō* (lat.), *wrth* ‚gegen' (walis.), *vartati* ‚wendet' (ai.); *Witwe* (s. o.).

Der einzige Reibelaut des Ie. (*s*) hat seine Stellung im phonemischen System verändert und ist gewöhnlich stimmhaft. Nur im In- oder Auslaut in Verbindung mit *t*, *-st-* gibt es wieder ein durchgehend bewahrtes Merkmal: *Gast* (lat. *hostis*). In derselben Position als zweiter Bestandteil der Verbindung [xt] ist *t* der einzige Verschlußlaut von ehrwürdig-ie. Alter, z. B. *Nacht* (lat. *noct-*), *acht* (lat. *octō*), *Haft* (lat. *captus*).

2.4.2 Morphologie (Formenlehre)

Unter den ie. Eigenschaften der Morphologie gibt es bestimmte grundlegende Prinzipien, die noch im heutigen Deutsch deutlich zu erkennen sind, beispielsweise die enge Verbindung von Substantiven und Adjektiven: beide haben, wenn auch nur noch in rudimentärer Form, die Kategorien Numerus (Einzahl, Mehrzahl) und Kasus (Fall). Das Dt. hat noch immer drei Geschlechter (Genera) und Kongruenz zwischen Substantiv und attributivem Adjektiv. Die Flexionsendungen gehen auf das Verschmelzen ie. Stammsuffixe und Flexionsendungen oder auf Stammsuffixe zurück, vgl. *Licht-er: gen-er-is* (lat.); *Bot-en: hom-in-is* (lat.). Der Umlaut *(Bach – Bäche)* ist auch Nachhall eines ie. Stammsuffixes (*-i-* oder *i* + Vokal). Die einzigen Flexionsendungen, von denen gesagt werden kann, daß sie ein letztes Echo der ie. Deklinationen sind, sind *-s* im Gen. Sg. des Maskulinums und Neutrums und das Nasalsuffix im Dat. Pl. (*Bach – Baches* ie. **-so/-sio; Bäche – Bächen*<ie. **-mos/-mis*, zu *-m*>*-n* s. S. 165).

Eine Eigenschaft des Ie. ist auch die Erscheinung, daß die Kasusendungen für Singular und Plural verschieden sind, anders als in einigen nichtie. Sprachen, bei denen das gleiche Kasuszeichen für Singular und Plural gebraucht wird. Die Funktion der Kasusflexion ist noch immer gleich: sie zeigt die Stellung oder den Wert eines Wortes innerhalb des Satzes an, ihr Vorkommen ist allerdings beträchtlich zusammengeschmolzen. Das Ie. war eine äußerst flexionsreiche Sprache, das Deutsche zeigt davon sehr viel weniger, mehr allerdings als das Englische.

Die Steigerung des Adjektivs (Komparation) geschieht grundsätzlich noch immer auf die gleiche Weise: durch Stammsuffigierung nämlich, und es gibt drei Stufen (Positiv, Komparativ und Superlativ). Die Stammsuffixe setzen ie. Suffixe fort, und zwar mit einem Bestandteil *-s-*>*-r-* für den Komparativ und einem *-st*-Bestandteil im Superlativ. Das Ie. hatte ein *i*-Element vor beiden, das Ursache für das Vorkommen des Umlauts bei vielen dt. Adjektiven ist (arm – ärmer – am ärmsten, über die Formen mit *-ō-* im Ahd. s. S. 181).

Das Verb enthält die Kategorien Person und Numerus (miteinander verschmolzen), Aspekt oder Tempus (Zeit) und Modus, nicht aber beispielsweise Genus (wie in einigen nichtie. Sprachen). Darüberhinaus können wir nur sagen, daß das Deutsche von ie. Bestandteilen Gebrauch macht (Ablaut [Vokalabstufung]; *-t*-Suffix im Präteritum; Umaltu für die Modusunterscheidung als Nachhall eines ie. *i*-Elements; *-n* + Dentalverschlußlaut im Partizipium des Präsens; *-n-* im Infinitiv), aber es tut dies auf eine Weise, die dem Ie. wenig verdankt. Der deutlichste Nachklang des Ie. findet sich bei den Personalendungen des Indikativs Präsens: *-s-* der zweiten Person des Singular, der Dental der dritten Person des Singular und der zweiten Person des Plural und der Nasal der ersten und dritten Person des Plural. Sowohl der dentale Verschlußlaut wie auch der Nasal waren natürlich den Lautveränderungen unterworfen, die das Deutsche erlebt hat. Der Unterschied zwischen den Endungen des Präsens und des Präteritums bei den starken Verben, mindestens bei der dritten Person des Singular, *-t-/-Ø*: (er) *schwimmt/schwamm*, ist ebenfalls ein Nachklang unterschiedlicher Personalendungen im Ie.

Das deutsche Personalpronomen hat die Geschlechts- oder Genusunterscheidung der dritten Person des Singular beibehalten (sie aber im Plural abgeschafft) und hat noch immer ungeschlechtige Pronomen der ersten und zweiten Person. Die erste Person hat im Nominativ anlautend einen Vokal: *ich*, ie.: *ego* (lat.), *ἔγω* (égō gr.), *ahám* (ai.) und in den obliquen Kasus anlautend *m-*: *mich, mir, meiner*, ie.: *mē, mihi* (lat.), *mām, mā* (ai.).

Die zweite Person ist gut bezeugt und recht einheitlich im gesamten Ie.: *du*; ie: *tū* (lat.), *tū* (altir.), *ti* (walis.), *tù* (lit.) usw.

Was die Wortbildung angeht, sind nur veraltete, obskure Suffixe der ie. Ableitungspraxis durch Suffixe und, im geringen Maße, Präfixe überkommen, z. B. *t* in *Geburt – gebären*; *d* in *Freude – froh*; *n* in *Schwein – Sau*; *m* in *Blume – blühen*. Grundsätzlich ist die Methode jedoch erhalten. Übriggeblieben sind auch versteinerte Formen bei der Ableitung des Verbs. Kausativa konnten beispielsweise im Ie. durch Hinzufügen eines *-i*-haltigen Suffixes zur *o*-Stufe der Wurzel gebildet werden. In der Gegenwartssprache findet sich ein Nachhall davon in solchen Paaren wie *trinken – tränken, sinken – senken.*

Die Wortzusammensetzung war nur eine von vielen Möglichkeiten des Ie., Wörter voneinander zu unterscheiden und den Wortschatz zu mehren. Sie ist heute das bei weitem wichtigste Bildungsmittel im Deutschen. Viele der andern Wortbildungsweisen des Ie. sind völlig verschwunden, beispielsweise die Reduplikation und der Akzentwechsel, oder finden sich nur noch als Fossilien (z.B. der Ablaut: *greifen – Griff*).

2.4.3 Wortschatz

Der *Wortschatz* (Lexikon) hat in der ie. Forschung stets eine bedeutende Stellung eingenommen. Der Umfang, den der ie. Wortschatz im Deutschen sich bewahrt hat, ist oft unter semantischen und etymologischen Gesichtspunkten beschrieben worden. So findet man Feststellungen wie: die meisten Verwandtschaftsbezeichnungen leiten sich aus dem Ie. ab, z.B. *Vater, Mutter, Sohn, Tochter, Bruder, Schwester, Neffe* usw. Oder man erfährt, daß Tiernamen wie *Bock, Biber, Hahn* ie. Etymologien haben.

Der folgende Überblick möge eine Vorstellung von den semantischen Bereichen geben, in denen sich im wesentlichen Bewahrung des ie. Wortschatzes (auf der Ausdrucksebene; die Bedeutungen sind entschieden problematischer) findet:

Mensch und Verwandtschaft
Ahne (Enkel), Bruder, Erbe, (Bräuti)gam, Gast, Heer, Kind, König, Leute, Mann, Mutter (Muhme), Neffe, Nichte, Oheim, Schwager, Schwäher, Schwieger-, Schwester, Sohn, Tochter, Vater (Vetter), Waise, Wer(geld), Witwe.

Der menschliche Körper
Achsel, Ader, Arm, Auge, Bart, Braue, Ell(bogen), Fuß, Galle, Hals, Haupt, Haut, Herz, Hirn, Kehle, Kinn, Knie, Leib, Leiche, Mord, Mund, Nabel, Nagel, Nase, Niere, Ohr, Stirne, Tod, Zahn, Zunge.

Menschliches Wohnen
Dach, Diele, Dorf, Garten, Giebel, Haus, Heim, Holz, Scheuer, Stall, Stuhl, Tor, Tür, Zimmer.

Tiere
Aar, Biber, Bock, Eber, Elch, Ente, Ferkel, Fisch, Fohlen, Fuchs, Gans, Geiß, Hase, Hirsch, Hund, Igel, Kranich, Kuh, Luchs, Maus, Ochse, Otter, Sau, Schwein, Star, Stier, Vieh, Widder, Wiesel, Wolf. – Ei, Fell, Horn, Wolle.

Vegetation
Ahorn, Birke, Buche, Eibe, Eiche, Erle, Esche, Espe, Flachs, Föhre, Gerste, Hasel, Linde, Tanne.

Die Natur
Acker, Ähre, Ast, Atem, Berg, Blatt, Blitz, Blume, Donner, Feuer, Flut, Furche, Halm, Heide, Jahr, Licht, Meer, Mond, Nacht, Nebel, Nest, Regen, Samen, Schatten, Schnee, Sommer, Stern, Strom, Wasser, Wind.

Werkzeuge und Erzeugnisse
Achse, Ahle, Angel, Deichsel, Egge, Erz, Garn, Gold, Hammer, Joch, Korn, Malz, Met, Nabe, Nagel, Netz, Rad, Rechen, Ring, Ruder, Säge, Salbe, Salz, Teig, Zange, Zaun.

Einige Adjektive
alt, bar, dünn, eng, faul, gelb, (ge)mein, heil, jung, kalt, lang, lieb, mitten, nackt, neu, rot, sauer, süß, viel, voll, warm, weit.

Einige Verben
(ge)bären, bauen, beißen, bieten, binden, brauen, decken, denken, dörren, drehen, essen, fahren, fangen, finden, flechten, fliegen, fließen, fragen, gehen, haben, hangen, heben, hehlen, heiraten, kann, kommen, lecken, leihen, lesen, liegen, mähen, mahlen, mahnen, melken, messen, mischen, nähen, nehmen, sagen, scheren, schwitzen, sehen, sitzen, spähen, speien, spinnen, stechen, stehen, steigen, sterben, streuen, suchen, trügen, tun, wachsen, walten, weben, (be)wegen, werden, will, winden, (ge)winnen, wirken, wissen, zähmen, zeigen, ziehen.

Wir werden nun prüfen, inwieweit die Wörter in einem heutigen dt. Text Nachklang ie. Wurzeln sind. Der folgende kurze Text enthält 115 Wurzeln oder freie Morpheme oder 85, wenn diejenigen, die mehrmals vorkommen, nur einmal gezählt werden. Von diesen 85 Wurzeln oder freien Morphemen sind 61 zweifelsfrei von ie. Abkunft. Es gibt zwei Arten. Die eine (im Text in Großbuchstaben) besteht aus mehr oder weniger direkten Reflexen wahrscheinlicher ie. Wörter. Die andere, zahlenmäßig sehr viel größer (im Text schräg gedruckt), besteht aus germ. Bildungen von ie. Wurzeln.

ES jagte EIN*mal* EIN *König* IN EINem großen Wald, und jagte EINem Wilde SO eifrig nach, DASS *niemand* von *sein*en *Leut*en *ihm* folgen *konn*te; ZU*letzt* verIRRte ER *sich* und *fand kein*en *Ausgang. Da sah* ER etWAS *auf sich* ZU-*kommen*, DAS *ging wie* EINe ALTe *Frau*, *gebückt* und mit *wack*elndem Kopf, und *war eine* ALTe Hexe. *Der Kön*ig *rede*te *sie* AN und sprach: ‚*Zeig*t *mir doch den Weg durch den* Wald.‘ ‚O ja, *Herr König,*‘ *antwort*ete *sie*, ‚*wenn* ihr *mein*e TOCHTER *heirat*en und ZUr *Frau Kön*igin *mach*en *wol*lt, *dann* soll’s ge*scheh*en, sonst aber nicht, und ihr müßt HIER *bleib*en und *Hunger*s *sterb*en, *denn* ihr *kommt nimmermehr ohne mich aus dem* Wald.‘

Fast alle übrigen Wurzeln sind germ.: *jagen, von* (nur dt. und holl.); *groß, Wald, und, Hexe* (westgerm., engl.: *great, weald – wold, and, hag*); *eifrig* (vielleicht nur dt.). *Nach* (engl. *nigh – near – next*); *folgen (follow), sprechen (speak), wild, mit, sollen, aber* haben einige zweifelhafte Verbindungen mit anderen ie. Wurzeln. *Kopf* (engl. *cup, cop*) ist ein Lehnwort von lat. *cuppa. Kein, sonst, ihr* sind dt. Bildungen partiell aus ie. Wurzeln (s. *ein, so*, engl. *ye*); *müssen* könnte eine germ. Ableitung aus der *ō*-Stufe von der durch *messen* bezeugten Wurzel sein; *ja* und *nicht* (got. *niwaíht*, vgl. engl. *wight*, und die Negationspartikel *ni*) sind germ.

Eine kleine, willkürlich gewählte Kollektion kann natürlich nicht statistisch ausgewertet werden. Sie kann uns aber zeigen, wie grundlegend das aus dem ie. Wortschatz Ererbte ist. Der Grundbestand an Wurzeln, aus dem sich der dt. Wortschatz aufbaut, ist zu einem überwältigenden Grade ie. Stellen wir die im Laufe der Zeit natürliche Verlustrate in Rechnung und die neuen Bedürfnisse, die sich aus dem Wechsel der kulturellen und wirtschaftlichen Umstände ergeben, können wir leicht den gegenwärtigen, vom Ie. ererbten Anteil des Vokabulars und denjenigen, dessen Ursprung nicht so bestimmbar ist, erklären. Darüberhinaus darf nicht übersehen werden, daß die vergleichende Sprachwissenschaft nur beweisen kann, daß ein gegebenes Wort ie. Ursprungs *ist*, nie – aufgrund seines Vorkommens in nur einer Sprache –, daß es das *nicht ist.*

2.4.4 Namenkunde (Onomastik)

In der *Namenkunde* (Erforschung der Eigennamen) sind die ie. Grundlagen des Deutschen wenigstens in zwei Bereichen greifbar.

In Norddeutschland gibt es eine Reihe von Flußnamen mit verwandten Entsprechungen in anderen ie. Sprachen, die durch Teilhabe an der späteren germ. Lautentwicklung zeigen, daß sie in der ie. Sprachphase gebräuchlich waren. Wenn solche Wurzeln auch als Appellative (Gattungsnamen) existieren, kann man natürlich nicht wissen, zu welcher Zeit sie entstanden sind, es sei denn, es gäbe dokumentarischen Nachweis.

Der Name *Elbe* könnte von einer ie. Wurzel mit der Bedeutung ‚weiß' abgeleitet sein, die im Gr. und Lat. bezeugt ist *(albus). Saale* könnte einen Bestandteil mit der Bedeutung ‚Strömung' oder ‚fließen' enthalten, vgl. lat. *salum* ‚(Meeres)bewegung'. *Weser* (älteste Form *Visura*) ist wahrscheinlich von einer Wurzel abgeleitet, die in lat. *vīrus* ‚flüssig' vorkommt und dem engl. Flußnamen *Wear* entspricht. In vielen Gegenden gibt es Flüsse, die *Aa* oder *Aach* heißen, was aus der Wurzel, die im Lat. *aquā* ergibt, gebildet ist. Krahe behauptet (S. 42), daß das Wort *Rhein*, ahd. *Rīn*, früher als dt. Lehnwort keltischen Ursprungs angesehen, autochthone Entwicklung eines ie. Wortes mit der Bedeutung ‚Strömen' (vgl. lat. *rīvus*) sei. Der Wurzelvokal des hypothetischen *Reinos*, *ei*, würde germ. *ī*, aber kelt. *ē*, ergeben, daraus die lat. Form *Rhenus*.

Zur Zeit der ersten Belege deutscher Personennamen erscheinen zwei Typen: eine kurze Form wie *Otto* oder *Karl* und eine lange dithematische (zweigliedrige) Form wie *Friedrich* (<‚Frieden‘ + ‚König‘) oder *Wilhelm* (<‚Wille‘ + ‚Helm‘). Es ist gezeigt worden, daß die kurze Form gefühlsbetont, weniger formell und häufiger in den unteren Gesellschaftsschichten anzutreffen war als die lange, die eine aristokratische Art der Namengebung sein kann.

Die Tatsache, daß sowohl *Otto* wie *Karl* auch Königsnamen sind, ist kein Hinweis darauf, daß die Unterscheidung in früher Zeit nicht in dieser Weise bestand. Auch England hatte seinen *Offa* neben *Edward* (<‚edel‘ + ‚Rat‘). Der dithematische Name ist in vielen der frühestbezeugten ie. Sprachen so geläufig, daß angenommen wird, er sei die typische ie. Form des Personennamens. Beispielsweise: kelt. *Caturix* (<‚Kampf‘ + ‚König‘), *Orgetorix* (<‚töten‘ + ‚König‘); gr. *Μενέλαος* (Menelaos <‚Unterstützung‘ + ‚Volk‘), *Νίκανδρος* (Nikandros <‚Sieg‘ + ‚Mann‘), *Δημοσθένης* (Demosthenes <‚Volk‘ + ‚Stärke‘). Monothematische (eingliedrige) Namen scheinen jedoch genauso alt zu sein und genauso ie. wie die aristokratischeren dithematischen. Die gegenwärtige Praxis, neben *Fritz Friedrich*, neben *Willy Wilhelm* oder *Bob* und *Robert*, *Bill* und *William* zu haben, kann also ehrwürdigen Alters sein und mit Anfängen in der ie. Vergangenheit.

Auswahlbibliographie

H. Birnbaum, J. Puhvel, *Ancient Indo-European Dialects*, Berkeley, Los Angeles, 1966; G. Cardona, H. M. Hoenigswald, A. Senn (Hrsg.), *Indo-European and Indo-Europeans*, Philadelphia, 1970; P. Friedrich, *Proto-Indo-European Trees*, Chicago, 1970; P. Hartmann, *Zur Typologie des Indogermanischen*, Heidelberg, 1956; H. Krahe, *Sprache und Vorzeit*, Heidelberg, 1954; W. P. Lehmann, *Proto-Indo-European Phonology*, Austin, 1952; ders., ‚A Definition of Proto-Germanic‘, *Language*, 37 (1961) 67–74; J. Pokorny, *Indogermanisches etymologisches Wörterbuch*, 2 Bde., Bern, 1948–69; W. Porzig, *Die Gliederung des indogermanischen Sprachgebiets*, 2. Aufl., Heidelberg, 1974; E. Pulgram, ‚Indo-European Personal Names‘, *Language*, 23 (1947) 189–206; A. Scherer, *Die Urheimat der Indogermanen*, Darmstadt, 1968; F. Stroh, ‚Indogermanische Ursprünge‘ in F. Maurer, H. Rupp, *Deutsche Wortgeschichte*, 3. Aufl., Berlin, 1974, Bd. I, S. 3–34.

DRITTES KAPITEL

Die germanische Grundlage

3.1 Das Wesen des Germanischen

Die germanische Phase ist zu Beginn ebenso dunkel und hypothetisch wie die indoeuropäische. Aber an ihrem Ende reicht sie fast an die Grenzen der Frühgeschichte. Während der Laie moderne ie. Sprachen wie Russisch und Englisch oder Spanisch und Deutsch als nicht verwandt ansehen würde, findet er an den modernen germanischen Sprachen so viel Ähnliches, daß er sie sogleich als Glieder einer verwandten Gruppe akzeptierte. Die frühest belegten Formen sind einander so ähnlich, daß man sie ohne Übertreibung Dialekte nennen kann. Dennoch ist das Problem grundsätzlich das gleiche wie beim Ie. Während einer langen Periode von vielleicht zweitausend Jahren bildete sich eine Sprachgruppe, die zur Zeit ihres historischen Erscheinens aus eng verwandten Sprachen bestand. Die frühere Art der Sprachbetrachtung sah diese Sprachen natürlich als Abkömmlinge einer einheitlichen Originalsprache, des *Proto-* oder *Urgermanischen*, an. Ohne Zweifel, der Annäherungsgrad ist tatsächlich sehr groß. Dennoch gibt es keinen Beweis dafür, daß alle das einheitliche Stadium einer Ursprache durchgemacht haben. Wir haben im Falle des Germ. wie bei jeder anderen Sprache mit der Dimension des Raums zu rechnen. Die Rekonstruktion bleibt ein spekulatives Unterfangen, obwohl das spekulative Moment hier weniger stark ist als bei der ie. Phase. Eine frühe germ. Sprache (das Gotische) hat Dualformen bei den Numeri des Verbs. Es gibt keine Gewißheit darüber, ob diese Formen Dialektüberbleibsel aus dem Ie. sind oder Überreste einer im hypothetischen Urgerm. existierenden Numeruskategorie Dual. Einige Personalpronomen, z.B. dt. *er*, engl. *he*, sind Nachhall ie. Formen, es ist aber unmöglich zu sagen, welches die urgerm. Form war, es sei denn, wir behaupten, die einheitliche Ursprache habe mehr als ein Wort für ‚er' gehabt. Uniforme Sprachen haben gewöhnlich eine solche Formenfülle nicht.

Germanisch ist somit eher eine Sprachphase und ein Sprachkomplex mit den gewohnten Sprachdimensionen als eine einheitliche Ursprache, die idealiter zu einem gegebenen Zeitpunkt vor der ‚Aufspaltung' und dem Erscheinen von ‚Tochtersprachen' existierte.

3.2 Zeit und Ort

3.2.1 Die Germanen

Die Forschung hat hinsichtlich der Herkunft des germ. Komplexes keine Zweifel. Tacitus ist in seiner *Germania* der Ansicht, die germ. Völker seien Ureinwohner ihres nördlichen Heimatlandes gewesen und kaum durch Zuwanderung berührt worden oder – wie er sagt – ‚nicht durch Heirat mit Fremden verdorben' (infectos, vgl. 2 bzw. 4). Die frühen Geschichtsschreiber der germ. Völker, Jordanes, Beda oder Paulus Diakonus, waren sich der nördlichen Herkunft ihrer Völker voll bewußt. Die römischen und griechischen Historiker wußten, daß die *Germani* erst vor relativ kurzer Zeit Donau und Rhein erreicht hatten und im Begriff standen, beide Flüsse zu überqueren. Deutschland südlich des Main und Böhmen war gemäß ihrer Überlieferung die Heimat keltischer Völker. Die letzten vorchristlichen Jahrhunderte waren eine Zeit großer Expansionen, die um 750 v. Chr. begonnen haben können, als die Weser im Osten und die Ems im Westen erreicht worden waren. Dies war die Eisenzeit, während der die Kontakte mit Kelten und Illyrern am engsten waren. Die Bronzezeit, die vor Mitte des zweiten Jahrtausends bis ungefähr 800 v. Chr. währt, erfuhr die Herausbildung des germ. (sprachlich: vorgerm.) Komplexes im südlichen Schweden, in Dänemark, Schleswig-Holstein und im angrenzenden Niedersachsen. Norddeutschland zwischen Weser (Westen), Oder (Osten) und Harz (Süden) war früh, wahrscheinlich um 1200 v. Chr., in das Gebiet der Germanen einbezogen. Wir sahen im vorigen Kapitel, daß viele Archäologen darin übereinstimmen, daß die nördliche Trichterbecherkultur der Steinzeit Opfer einer Invasion gegen Ende der Neusteinzeit, vielleicht um 1800 v. Chr., geworden war. Die Eindringlinge waren durch Schnurkeramik und Streitäxte aus Stein gekennzeichnet und begruben ihre Toten in einzelnen Hünengräbern statt in Megalithgräbern, die für die nördliche Zone der vorangehenden Kultur kennzeichnend waren. Nach vielen Archäologen brachte diese Invasion die Indoeuropäisierung des Nordens mit sich. Und die nachfolgende Verschmelzung ergab den germ. Komplex, der, wiederum den Archäologen zufolge, während der ganzen Bronzezeit auffallend einheitlich und ungestört geblieben ist.

Die Sprachpaläontologie hat wenig zur Frage nach dem Wohngebiet beizusteuern. Sie kann aber bestätigen, wie wichtig dabei das Meer ist; denn die umfangreiche Seefahrerterminologie der germ. Sprachen scheint sich in dieser Phase ausgebildet zu haben. Sie kann auch aufgrund der

Lehnwortbewegungen bestätigen, daß Kelten und Finnen während dieser Periode eine zeitlang Nachbarn waren.

Die Römer nannten diese Leute *Germani*. Sie hatten diesen Namen von den Galliern übernommen. Es war anscheinend zuerst der Name eines einzelnen Stammes, der Tungri. Er hatte sich in der Folge für alle verwandten nördlichen Völker verbreitet, als die Römer anfingen, zwischen Kelten und Germanen zu unterscheiden. Ob das Wort selbst keltisch oder germ. war, ist ungewiß. Die Germanen scheinen zur Bezeichnung ihrer eigenen Stämme keinen Sammelbegriff gehabt zu haben.

3.2.2 Die Periodisierung

Aufgrund äußerer Umstände kann die germ. Periode in zwei Phasen eingeteilt werden: in die vorgeschichtliche und die frühgeschichtliche Phase. Hinsichtlich der Sprachentwicklung stoßen wir ebenfalls auf eine Zweiteilung. Die frühere, vorgerm. Periode ist von der zweiten, germ. Periode durch ein Bündel sprachlicher Veränderungen abgesetzt, die Sprachwissenschaftler als für das Germ. äußerst bezeichnend ansehen. Die beiden Einteilungsarten fallen nicht zusammen. Die sprachliche Einteilungslinie liegt der Einteilung nach den äußeren Umständen um 300–400 Jahre voraus.

Erste Phase (nach äußeren Umständen): vorgeschichtlich; nur archäologische Funde; Kontakte mit Kelten und Finnen.

Zweite Phase (nach äußeren Umständen): geschichtlich; griechische und römische Berichte historischer und ethnographischer Art über die germ. Völker, von ca. 200 v. Chr. an.

Erste sprachliche Phase: Vorgerm., teilt Isoglossen mit dem Italischen, Illyrischen, Venetischen, Keltischen, Baltischen usw. Zweifelhafte frühe Entlehnungen ins Finnische. Einige Entlehnungen aus dem Keltischen. Allmähliche Strukturveränderung der Sprache, möglicherweise unter dem Einfluß eines Substrats.

Zweite sprachliche Phase: Urgermanisch, von der ersten Phase unterschieden durch grundlegende phonologische Änderungen (500–300 v. Chr.): Akzentwechsel, konsonantische Lautverschiebung (drei ie. Verschlußlautreihen werden durch zwei germ. Reibelautreihen und eine Verschlußlautreihe ersetzt). Die frühere Konvergenzperiode wird durch zunehmende Divergenz ersetzt. Die folgenden Zeugnisse datieren aus der Divergenzperiode (Spätgermanisch): Lehnwörter im Finnischen; Wortvorkommen (Wörter und Namen) in klassischen Quellen; ferner die frühesten Inschriften im germ. Alphabet, den Runen, seit ca. 200 n. Chr.;

Aufnahme lat. Lehnwörter während der römischen Präsenz in Nordeuropa.

Wir teilen der früheren Periode sowohl in sprachlicher Hinsicht wie auch bezüglich der äußeren Umstände einen größeren Zeitraum zu als der späteren. Zunehmend sieht die Forschung (z. B. Fourquet, Lehmann, van Coetsem) das Germ. als verhältnismäßig konservative ie. Sprache an, die die hervortretenden und sie kennzeichnenden grundlegenden Veränderungen recht spät durchgemacht hat, d. h. nur wenige Jahrhunderte vor Eintritt der schriftlichen Überlieferung. Als all die Züge, die wir als typisch germ. ansehen, endlich vorhanden waren, muß die relative Einheitlichkeit bald der Divergenz gewichen sein. Etwas davon, der *i*-Umlaut beispielsweise, scheint während der Periode rasch anwachsender Differenzierung stattgefunden zu haben. Die Absonderung der einzelnen Stammessprachen, deren Entwicklungen schließlich mit der Heraufkunft voll entwickelter Schriftsprachen ans Tageslicht treten, im fünften Jahrhundert im Fall des Gotischen, oder im achten Jahrhundert im Falle des Deutschen und Englischen, muß in den ersten Jahrhunderten unserer Zeitrechnung stattgefunden haben.

3.2.3 Diagramm der Zeitskala des Germanischen

(1) Auf der obersten horizontalen Linie befinden sich die zeitgenössischen National- oder Standardsprachen. Die eingeklammerten haben diesen Status nicht ganz erreicht, sind aber mehr als nur Mundarten.
(2) Durchgehende Linien deuten eine ununterbrochene, mehr oder weniger direkte Fortsetzung von der frühesten Form ab an. Eine punktierte Linie *über* einer belegten Sprache weist auf eine irgendwie weniger direkte oder bis zu einem gewissen Grad gebrochene Traditon; *unter* einer belegten Sprache weist sie auf einen vermuteten Entwicklungsstrang und kann sporadisches Belegtsein einschließen, z. B. das Runische oder Wörter in antiken Quellen.
(3) Die Entwicklungslinien von den frühest belegten Stadien (Ae., Altfr., Ahd., An.) an aufwärts sind vereinfacht, weil das Ergebnis nicht im voraus bestimmt war. Die Gründe dafür, daß sich in Britannien nur eine germ. Standardsprache, in Skandinavien deren drei und auf dem Festland deren zwei, nämlich Deutsch und Holländisch, entwickelten, sind politischer, wirtschaftlicher und kultureller Natur. Ein spätmittelalterlicher Beobachter, der sich der zunehmenden Tendenz nach Einheitlichkeit bewußt gewesen wäre, hätte voraussagen können, daß es nach und nach (d. h. im achtzehnten bis zwanzigsten Jahrhundert) eine oder drei oder vier germ. Standardsprachen auf dem Festland geben werde. Ebenso gibt es keine *sprachlichen* Gründe dafür, daß die gegenwärtige Lage der Dinge bestehen bleibt.
(4) Die eingekreisten Gruppierungen zeigen geographische Zentren des Spätgerm. auf, wenngleich sie auch nicht auf geographisch reale Weise angelegt werden können, was die Beziehungen zueinander betrifft. Spätgerm. ist die Periode des Auseinandergehens vor dem Erscheinen der einzelnen überlieferten Sprachen.

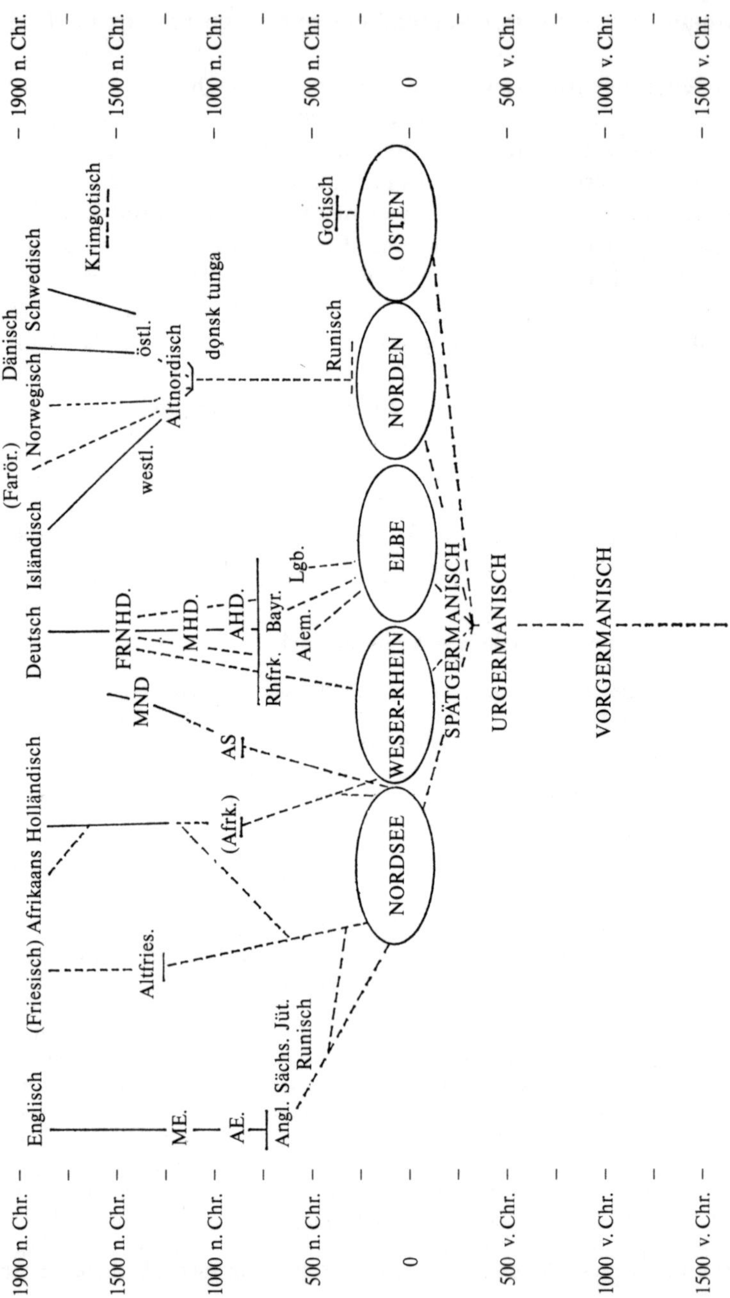

Abb. 4: Zeitskala für das Germanische

(5) Urgerm. ist die Konvergenzphase, die durch Akzentneuerung markiert ist. Sie grenzt es vom Vorgerm. ab. Vorgerm. und Urgerm. zusammengenommen sind durch all jene Eigenschaften gekennzeichnet, die das Germ. von anderen ie. Sprachen unterscheidet.
(6) Während die westlichen Sprachen mit Ausnahme des Fries. zuerst zwischen 700 und 800 n. Chr. voll belegt sind, datieren die eine im Osten belegte Sprache ins vierte und die nordischen Zweige ins zwölfte Jahrhundert zurück, obgleich frühere Runeninschriften etwas Licht auf die Entwicklung des frühen Nordischen und sogar auf Eigentümlichkeiten des Spätgerm. werfen. Auch ist es nicht unwichtig, daß das Gotische im Umkreis des griechischen und die westlichen Sprachen im Umkreis des lateinischen Christentums tradiert sind, während die nordischen Zweige weiter von der antiken Welt entfernt lagen.

3.3 Einteilung der germanischen Sprachen

3.3.1 Haupteinteilungen

Es gibt zwei feste, fast tausend Jahre auseinander liegende Punkte, von denen man ausgehen kann, wenn man zu einer Klassifikation gelangen will. Zum einen gibt es den hypothetischen Punkt größter Konvergenz, das Urgermanische, zum andern die frühesten, voll belegten Einzelsprachen. Ausgehend vom zweiten, gesicherten Punkt kommen wir zu einer Dreiteilung. Das Skandinavische oder Nordgerm. bildet einen klar umschriebenen, genau definierten Komplex, von dem sowohl das viel frühere Gotisch als auch die verschiedenen westlichen Dialekte deutlich unterschieden sind. Doch die Verwandtschaft der westlichen Dialekte miteinander und mit dem Skandinavischen und Gotischen und die Verwandtschaft des Gotischen mit dem Skandinavischen ist entschieden problematischer. Bis nach dem ersten Weltkrieg und oft noch später wurde die Verwandtschaft hauptsächlich als eine genetische angesehen. Ursprachen wie das Westgerm., Ostgerm. und Nordgerm. wurden zwischen dem Urgerm. und den historischen Sprachen eingeschoben. Dem Stammbaum entsprossen, wie gewohnt, Zweige in reichlicher Fülle, beispielsweise das Anglofriesische und Urdeutsche aus dem Urwestgerm. Es gab, bei grundsätzlich gleich bleibendem Muster, keinen Mangel an ingeniösen Variationen. Eine neue Dimension fügte schließlich die dialektgeographische Stoßrichtung hinzu und erschütterte die einseitig genetischen Betrachtungsweisen.

Man kann zeigen, daß jede frühe germ. Sprache mit anderen durch gemeinsame Teilhabe an gewissen Neuerungen oder Bewahrungen verknüpft ist. Einige Verknüpfungen sind fest, andere loser, einige scheinen sich früh, andere spät gebildet zu haben. Ein solches Bild würde man im Falle verschieden gestufter Dialektnachbarschaft erwarten. In Anbetracht der recht großen Beweglichkeit früher germ. Völker muß sich die Nachbarschaftsstruktur im Laufe der Zeit geändert haben. Die römischen und griechischen Berichte weisen beispielsweise die Langobarden entlang der unteren Elbe in Nachbarschaft zu den Sachsen und anderen Stämmen der Nordseeküste aus. Einige hundert Jahre später sind sie enge Nachbarn der Bayern und Alemannen, und ihre Sprache scheint ein ahd. Dialekt gewesen zu sein. Das Altsächsische hat zum einen Merkmale, die es in die Nachbarschaft des Angelsächsischen und Friesischen stellen, zum andern solche, die größere Verwandtschaft mit dem Hochdeutschen aufweisen. Stammesbewegungen müssen offensichtlich zu verschiedenen, zeitlich zu unterscheidenden Berührungen geführt haben. In der Tat ist es unklug, Orts- und Zeitachse voneinander zu trennen.

F. Maurer hat darauf hingewiesen, daß die antiken Berichte, so stark sie auch im Detail und in der Nennung einzelner Stämme voneinander abweichen mögen, darin übereinzustimmen scheinen, daß sie die Germania in fünf Gruppen einteilen. Eine große Zentralgruppe zu beiden Seiten der Unterelbe, die sich später südwärts bis Böhmen und an die Donau ausbreitet, heißt *Suebi* oder *Herminones.* Zu dieser Gruppe gehörende Stämme waren die Semnones, Hermunduri, Langobardi, Marcomanni, Quadi und andere, während Zweifel darüber besteht, ob die Chatti (Plinius) und die berühmten Cherusci auch zu dieser Gruppe gehörten. Vom dritten Jahrhundert unserer Zeitrechnung an bestand ein neuer Stammesverband, die Alemanni. Auch die Bayern, deren erste Erwähnung sogar noch später liegt, scheinen aus diesem zentralen Komplex herzustammen. Dies ist Maurers *elbgermanische* Gruppe. Sie hatte offenbar eine äußerst wichtige Stellung inne und bewahrte die feste Verknüpfung mit dem Norden, ehe sie schließlich in südlicher und südwestlicher Richtung abzog.

Östlich der Oder gab es eine Gruppe, über die die antiken Historiker weniger wußten. Sie stimmen aber darin überein, daß die Vandali, Lugii, Gutones, Burgundiones, Rugii und andere dazugehörten. Der Terminus ostgermanisch für diese Gruppe ist gut begründet. F. Maurer nannte sie *Oder-Weichselgermanen* oder *Illeviones.* Jordanes berichtet, daß die Goten aus Skandinavien kamen und sich dann in *Gothiscandia* an der Küste der Ostsee nahe der Weichselmündung niederließen. Obwohl dies nicht die Gegend ist, in der die antiken Autoren sie angesetzt hatten, wurde der Version des Jordanes gewöhnlich Glauben geschenkt.

Im Norden der Zentralgruppe kommen die Stämme ‚nächst dem Ozean', wie Tacitus (Germania 2,2) sagt, oder Maurers *nordseegermanische*

Gruppe. Die antiken Autoren gebrauchten den Ausdruck *Ingvaeones* für einen Stammes-, möglicherweise Religionsverband in dieser Gegend und nannten eine ähnliche Gruppe Verehrer der Nerthus oder der Mutter Erde. Unter den Stämmen, die gewöhnlich dieser Gruppe zugeschrieben werden, befinden sich die Saxones, Anglii, Eudoses, Cimbri, Teutoni und vielleicht die Frisii.

Die antiken Autoren wußten kaum etwas über die nördlichsten Stämme im eigentlichen Skandinavien, den Namen der Suiones, der Vorfahren der Schweden, ausgenommen.

Die meisten der Stämme, deren Namen uns die Antike überliefert, lebten im Westen nahe dem Rhein. Der Name *Istvaeones* begegnet bei Tacitus und Plinius und ist oft auf die westliche Gruppe angewandt worden, die Maurer *Weser-Rheingermanen* nennt.

Im dritten Jh. kamen die meisten seit Cäsar in Umlauf befindlichen Namen, von denen mehr als zweihundert belegt sind, außer Gebrauch. Große Stammesverbände standen nun vor den römischen Grenzen: die Sachsen bedrohten die Meeresküsten, die Franken den Niederrhein (Germania Inferior), die Alemannen den Oberrhein (Germania Superior) und die Donaugrenzen. Zu dieser Zeit muß die Kommunikation mit den skandinavischen Stämmen spärlich geworden sein. Die Ausbildung der skandinavischen Gruppe muß im dritten oder vierten Jh. angesetzt werden, als sich die Berührung zwischen der Elbe-Weser-Rhein- und der Nordseegruppe verstärkte und zur Ausbreitung jener Spracheigenschaften geführt haben könnte, die als Westgermanisch bekannt sind.

Wenn es falsch war, drei Ursprachen (West-, Nord-, Ostgermanisch) anzusetzen, wäre es nun genauso falsch, die fünf geographischen Komplexe als genau definierte Einheiten anzusehen. Man muß mit Übergängen in Zeit und Raum rechnen und die Gruppen zuvörderst als Schwerkraftzentren betrachten. Die ‚ingväonischen' Merkmale und die ‚herminonischen' Merkmale des Altsächsischen beispielsweise könnten daraufhindeuten, daß das Sächsische ein Grenzdialekt zwischen Nordsee- und Elbegruppe war. Oder sie könnten auf eine geographische Verlagerung von einem zum andern Bereich hinweisen. Eine weitere Schwierigkeit erwächst aus den Stammesbezeichnungen. Wir wissen nicht, ob die Sachsen des dritten Jh.s, die englischen Sachsen des siebenten und achten Jh.s (z. B. Wessex) und die norddeutschen, von Karl dem Großen geschlagenen Sachsen des achten Jh.s die gleichen Leute waren oder nicht. Wir wissen nicht, mit welchem Stammeshintergrund wir für das im neunten Jh. belegte Altsächsische zu rechnen haben. Stammesnamen werden leicht von einem Volk abgelöst und auf ein anderes übertragen. Das

Gleiche gilt für die Sprachen. Die Normannen des neunten Jh.s waren Skandinavisch sprechende Norweger. Die Normannen des elften Jh.s sprachen einen französischen Dialekt. Der große Stammesverband der Franken ist sprachlich sehr problematisch. Es muß angenommen werden, daß die meisten, als istväonisch oder Weser-Rhein-germanisch betrachteten kleinen Stämme in den fränkischen Verband eingingen. Ergab das aber einen einheitlichen Dialekt? Die spätere Sprachentwicklung macht es ziemlich unwahrscheinlich. Doch die von der Stammeseinheit ausgehende Suggestivität ist groß, und selbst Ludwig Rösel, der eine einsichtige Beschreibung der germanischen Stammesbeziehungen geboten hat, nimmt eine fränkische Spracheinheit an. Wir besitzen aber keine Informationen über Sprachbau und Sprachsituation des fränkischen Stammesverbandes.

3.3.2 Karten

Zwei Karten zeigen den Standort der wichtigsten germanischen Stämme und ihre Sprachgruppierung.

Abb. 5 zeigt den Standort einiger germanischer, bei Tacitus, Plinius und Ptolemäus genannter Stämme in den ersten beiden Jh.n unserer Zeitrechnung. Es werden nur die in der Folgezeit wichtigen angegeben. Einige Namen aus den ersten beiden Jh.n, wie Anglii, Frisii und Langobardi, sind auch in den folgenden Jh.n geläufig. Andere, wie Semnones, Cherusci und Quadi, verschwinden. An ihre Stelle treten vom dritten Jh. an die Namen der Franken und Alemannen.

Abb. 6 zeigt die geographisch-sprachliche Gruppierung der ersten beiden Jh.e.

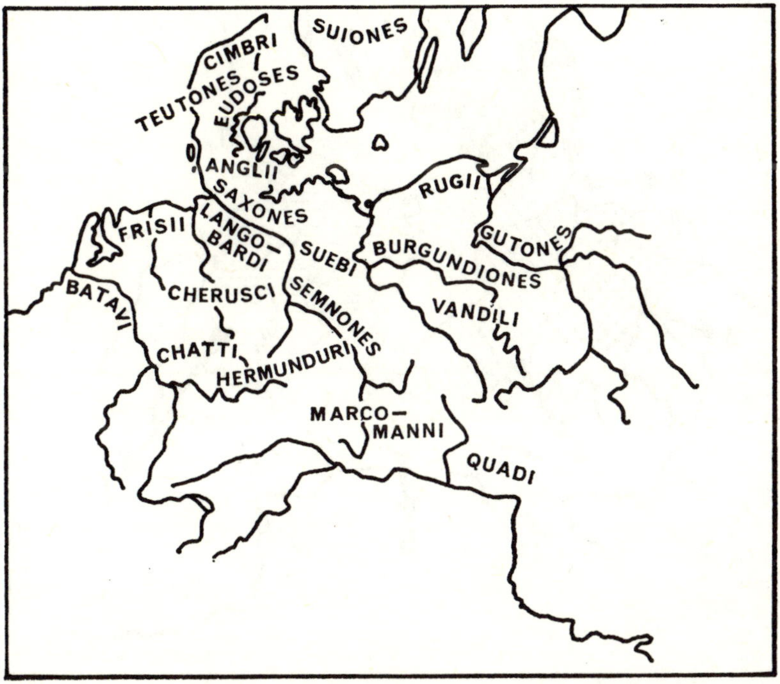

Abb. 5: Standort der germanischen Stämme in den ersten beiden nachchristlichen Jahrhunderten

Zeichenerklärung zu Abb. 6

Oder-Weichsel-Germanisch oder Ostgermanisch (Illevionisch)

Elbgermanisch (Herminonisch)

Weser-Rhein-Germanisch (Istväonisch)

Nordseegermanisch (Ingväonisch)

Nordgermanisch (Skandinavisch) bildete sich wahrscheinlich erst nach Beginn der großen Wanderungen aus (drittes Jh.).

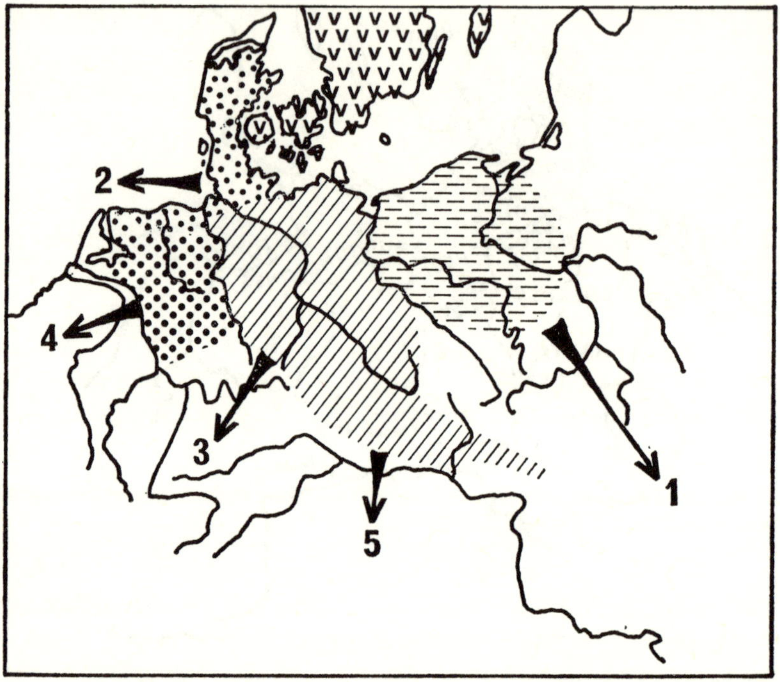

Abb. 6: Geographisch-sprachliche Gruppierung in spätgermanischer Zeit

Die Pfeile zeigen die Richtung der anschließenden Wanderungen an:

1. Die Goten zogen in die Gegenden nördlich des Schwarzen Meeres wahrscheinlich um 200 n. Chr. Das von ihnen gegründete Reich wurde gegen Ende des vierten Jahrhunderts von den Hunnen überrannt. Einige Goten suchten Zuflucht im oströmischen Reich und nahmen das Christentum in seiner arianischen Ausprägung an. Später zogen zwei Zweige der Goten, die Visigoten zuerst, dann die Ostrogoten, nach Westen und errichteten neue Reiche: die Visigoten im südwestlichen Frankreich (Toulouse) und später in Spanien (419–711), die Ostrogoten in Italien (488–552). Der erste Bischof der Goten, Wulfila (318–388), übersetzte die Bibel ins Gotische (um 375). Dafür schuf er ein hauptsächlich auf dem griechischen basierendes Alphabet. Ein Teil dieser Bibelübersetzung ist uns als erstes wesentliches Dokument eines germ. Dialekts überliefert. Andere ostgerm. Stämme wie die Wandalen und Burgunden hatten eine nicht weniger erregte Geschichte mit weitreichenden Wanderungen, sie verschwanden je-

doch, ohne sprachliche Spuren, von wenigen Namen und Lehnwörtern abgesehen, zu hinterlassen.

2. Die Angeln, Sachsen und Jüten – möglicherweise mit friesischen Bestandteilen – zogen entlang der Nordseeküste nach Westen und beherrschten schließlich von ungefähr 450 an Britannien. Erste Belege ihrer Sprache datieren von 700 n. Chr.

3. Die Alemannen eroberten Germania Superior und Teile Rhaetiens zwischen 300 und 450 n. Chr.

4. Die Franken eroberten Germania Inferior und das nördliche Gallien bis zur Loire zwischen 400 und 500 n. Chr. und kurz danach ganz Gallien. Sie brachten ein Staatsgebilde zustande, das die Herrschaft über viele germ. Stämme des Festlands zwischen 500 und 550 und schließlich auch über die Sachsen und Langobarden begründete.

5. Im sechsten Jh. nahmen die Bayern die letzten römischen Provinzen nördlich der Alpen, Rhaetia und Noricum. Die Langobarden eroberten Norditalien (Lombardei) und weiter südlich gelegene Teile von 568 an.

Die Ausbildung des Hochdeutschen, die allmählich zwischen dem dritten und achten Jahrhundert Gestalt gewinnt, muß als Ergebnis der Konvergenz und Verschmelzung von Stammessprachen angesehen werden, die ursprünglich zur Elbe- und zur Weser-Rhein-Gruppe gehörten. Sein Schwerkraftzentrum lag in den ehemaligen keltischen und römischen Provinzen entlang der Donau und des Rheins. Schon ziemlich früh beeinflußte es die Nordseedialekte, deren Sprecher auf dem Festland geblieben waren und allmählich mit den weiter südlicheren Stämmen politisch vereinigt wurden. Das merowingisch-fränkische Imperium lieferte den Rahmen für die Sprachkonvergenz, die die Wanderungen und Neuansiedlungen vorbereitet hatten.

3.3.3 Synopse von Paralleltexten

Zur Illustration einiger Sprachmerkmale der frühgermanischen Dialekte betrachten wir einen Paralleltext.

Das Vaterunser

(1)	Got.	An.	Ae.	Afries.	As.	Ahd. (Rhfrk.)	Ahd. (Alem.)
(2)	atta	faþer	fæder	feder	fadar	fater	fater
(3)	unsar,	vārr,	ūre	ūser,	ūsa,	unsēr,	unseer,
(4)	þu	(sa)þū	þū(þe)	thū(thi)	thu	thu	thū
(5)	*is*	ert	eart		bist		pist
(6)	in	ī	on	in	an	in	in
(7)	himinam,	hifne	heofonum,	himele	(them himila rīkea)	himilom bist,	himile,
(8)	weihnai	helgesk	sī þīn	ewīed sie thīn	geuuīhid sī thīn	giuuīhit sī	uuīhi
(9)	namo	nafn	nama	nama.	namo.	namo	namun
(10)	þein	þitt	gehālgod;			thīn,	dīnan,
(11)	Qimai	Tilcome þitt	Tōbecume þīn	Kume thīn	Cuma thīn	quæme	qhueme
(12)	þiudinassus þeins	rīke	rīce;	rīke.	rīki.	rīchi thīn.	rīhhi dīn,
(13)	Wairþai	Verþe þinn	Geweorþe þīn	Werthe thīn	Uuerða thīn	uuerdhe	uuerde
(14)	wilja þeins,	vile	willa	willa,	uuilleo	uuilleo thīn,	uuillo diin,

	Got.	An.	Ae.	Afries.	As.	Ahd. (Rhfrk.)	Ahd. (Alem.)
(15)			on eorþan	on ertha			
	swe	suā	swā swā	alsa	sō sama	sama sō	sō
	in himina	ā iǫrþ	on heofonum.	in himele.	an erðo,	in himile	in himile
	jah	sem			sō an	endi	sōsa
	ana airþai.	ā hifne.			them himilo	in erthu.	in erdu.
					rīkea.		
(16)	Gif	Gef	Syle	Jef	Gef	Gib	Kib
(17)	uns	oss	ūs	ūs	ūs	uns	uns
(18)	himma daga	īdag	tō-dæg	hiū-dega	dago	hiutu	hiutu
		vārt	ūrne	ūser			
		dagligt	gedæg =	degelik	gehuuilikes		
			hwāmlīcan				
(19)	hlaif	brauþ.	hlāf;	hlef	rād,	broot	prooth
	unsarana					unseraz	unseer
	þana sinteinan.					emezzīgaz.	emezzihic,
(20)	Jah	Ok	And	And	endi	Endi	
(21)	aflēt	fyrerlāt	forgyf	forjef	ālāt	farlāz	oblāz
	uns	oss	ūs	ūs	ūs	uns	uns
	þatei	ossar	ūre	ūsere	managoro		
(22)	skulans	skulder	gyltas,	skelda,	mēnsculdio,	sculdhi	sculdi
	sijaima,					unsero,	unseero,
	swaswe jah	suā sem	swā swā	al sa	al sō	sama sō	sō

	Got.	An.	Ae.	Afries.	As.	Ahd. (Rhfrk.)	Ahd. (Alem.)
(23)	weis	vēr	wē	wī	uuē	uuir	uuir
	aflētam	fyrerlātom	forgyfaþ	forjevath		farlāzzēm	oblāzēm
	þaim			ūserum	(ōðrum		uns
	skulam			skeldichium.	mannum dōan.)	scolōm	skuldikēm,
	unsaraim.	ossom skuldonautom.	ūrum gyltendum.			unserēm.	
	Jah	Ok	And	And		endi	enti
	ni	inn	ne	ne	Ne	ni	ni
(24)	briggais	leiþ	gelæd þu	lēd	lāt	gileidi	unsih firleiti
	uns	oss eige	ūs	ūs	ūs (farlēdean	unsih	
	in	ī	on	in	lētha	in	in
(25)	fraistubnjai,	freistne.	costnunge	forsēkinge(?)	wihti,)	costunga.	khorunka,
	ak	(Heldr frels	ac	āk	ac	auh	ūzzer
(26)	lausei	þū)	ālȳs	ālēs	help	arlōsi	lōsi
(27)	uns	oss	ūs	ūs	ūs	unsih	unsih
(28)	af	af	of	of	uuithar (allun	fona	fona
(29)	þamma ubilin.	illo.	yvele.	evel.	ubilon dādiun).	ubile.	ubile.

Kommentar

(1) a. Die got. Version ist Matthäus 6, 9–13 des *codex argenteus* in Uppsala (ca. 500 n. Chr.). Eine Reproduktion eines Teils der Passage befindet sich in W. Braune und E. A. Ebbinghaus, *Gotische Grammatik*, 16. Aufl. 1961.

b. Der ae. Text befindet sich in W. W. Skeat (Hrsg.), *The Gospel according to St. Matthew in Anglo-Saxon*. Er ist im westsächsischen Dialekt des zehnten Jahrhunderts.

c. Ein afries. Text ist nicht überliefert. Die hier gebotene Version ist eine Wort-für-Wort-Übersetzung zur Vereinfachung des Vergleichens.

d. Der as. Text ist der *Heliand*, 1600–1609, eine freie Übersetzung in Stabreimversen mit einigen Hinzufügungen, die ausgelassen sind. Er datiert von ca. 830 n. Chr.

e. Die ahd. Versionen sind im südrhfrk. Dialekt des *Weißenburger Katechismus* von ca. 800 n. Chr. und im alem. Dialekt des *St. Galler Paternoster* von ca. 790 n. Chr.

(2) Die Wörter für ‚Vater' zeigen

a. die Erhaltung von germ. ð < þ < ie. *-t-* im Got. (das Wort *fadar*, *d* = , ist bezeugt) und An., es ist zu *d* in allen westlichen Dialekten verschoben.

b. westliches *d* > *t* im Ahd., es bildet einen Schritt innerhalb der hochdeutschen Lautverschiebung (s. auch 24a): An. þ : ae., afries., as. *d*: ahd. *t*;

c. die anglo-fries. Palatalisierung eines *a* unter bestimmten Bedingungen, vgl. (18) *dæge* und afries. *dega* oder *dei*.

(3) Die Possessivpronomen zeigen

a. eine Neuentwicklung in An., obwohl die Wurzel, die dem got. *unsar-* entspricht, in *ossar* Akk. Pl. Fem. und *ossom* Dat. Pl. Mask. zu finden ist;

b. Ae., Afries., As. zeigen den sogenannten ‚ingväonischen' Verlust des *n* vor Reibelaut, während *n* im Got. und Ahd. bewahrt ist. Vgl. *five : fünf; goose : Gans; other : ander*. Als die deutsche Dialektgeographie *n*-lose Formen im Alem. aufwies *(öis, föif)*, gebrauchte F. Wrede dies als Beweis für seine westgerm. Theorie, nach der eine ältere westgerm. Einheit durch einen got. Schub nach Südostdeutschland aufgebrochen worden sei. Hochdeutsch erschien ihm als eine Art ‚gotisiertes Westgermanisch'. Es ist jedoch gezeigt worden, daß der alem. Verlust des *n* viel später ist und nicht in Verbindung mit dem ‚ingväonischen' Phänomen steht; die alem-ahd. Form *unseer* beweist den nach-ahd. Verlust. Die an. Formen *ossar, ossom* und *oss* (17) zeigen auch *n*-Verlust. Dieser Verlust ist wahrscheinlich mit dem ‚ingväonischen' Phänomen verbunden und kann deshalb zu der alten engen Verknüpfung des Norseegerm. mit dem Nordgerm. rückdatiert werden. Die ‚ingväonischen' Merkmale der Festlandsdialekte haben sich seit Begründung der Vorherrschaft des Hochdt. immer unter dessen Druck befunden. Deshalb hat das Mndt. *uns* statt as. *ūs*. Im Holländischen, das *ons* hat, überleben mundartlich ‚ingväonische' Formen.

(4) Das lat. *qui es* inspirierte die an. und ae. Relativkonstruktion *saþū* bzw. *þūþe*, während die anderen Sprachen das relativische Element unausgedrückt lassen.

(5) Nur das Got. hat die ie. Form (lat. *es*). Das an. *ert* ersetzt ein früheres *est*. Das Ae. und Ahd. setzt andere ie. Wurzeln fort.

(6) Das ae. *on* ist ein Beispiel für die anglo-fries. Rundung des *a* vor Nasal in geschlossener Silbe, s. ae. *Englalond* ‚England'. Die meisten dieser Formen wurden später wieder zu *a* gewandelt: *and, land, can* aber *on* (dt. *an*).

(7) Die meisten germ. Versionen (die an. und alem. ausgenommen) folgen dem griech. und lat. Semitismus und gebrauchen den Pl. Die älteste Form ist got. *himins* (Nom. Sg.). Dissimilation der beiden Nasale in zwei verschiedenen Richtungen (*m* > *f* oder *n* > *l*) kann zu den jeweiligen nördlichen (an., ae.) und südlichen (ahd.) Formen geführt haben. Anderseits können *-l-* und *-n-* Reflexe verschiedener ie. Suffixe sein. Das As. zeigt seine Stellung zwischen dem Ae. und Ahd. durch die beiden Formen *heƀan* und *himil.*

(8) Der lat. Konjunktiv des Passivs *sanctificetur* und die entsprechende gr. Form (*ἁγιασθήτω*, hagiasthḗtō) sind auf dreierlei Weise übersetzt:

a. das Got. hat eine Klasse schwacher Verben auf *-nan* mit inchoativer Bedeutung (‚heilig werden');

b. das An. gebraucht das zur Verbwurzel zugefügte, neu gebildete synthetische Passiv (ursprünglich Reflexiv) *sik* (dt. *sich*);

c. die westgerm. Sprachen bilden ein neues synthetisches Passiv mit dem Verb ‚sein' (hier Konjunktiv des Präsens) und dem Partizip des Präteritums. Der alem. Autor jedoch gebraucht einfach den Konj. Präs. des Aktivs (deshalb *namo* im Akk.).

(9) a. Hier und auch sonst ist festzustellen, daß die germ. Sprachen sich stärker in den unbetonten Formen unterscheiden als in den betonten Wurzeln. Seit der dynamische Akzent an die Wurzelsilbe gebunden wurde, waren die unbetonten Bestandteile der Schwächung ausgesetzt.

b. Das An. hat wieder die Dissimilation *namn-* > *nafn*. Hier ist dies sonst mask. Substantiv Neutrum, was an der Endung des Possessivpronomens deutlich wird: *þīn* + *t* mit typisch an. Assimilation des *nt* > *tt.*

(10) Der gr. und lat. Text hat die Abfolge Substantiv plus Possessivpronomen (*pater noster, nomen tuum; πάτερ ἡμῶν, ὄνομα σου* [páter hemō̃n, ónoma sū]). Dem folgten regelmäßig Wulfila und die ahd. Autoren. Das As., Ae. und An. hat die gewöhnliche germ. Wortstellung, z. B. *þīn nama*, *þīn rīce*, *þīn willa.*

(11) Das Verb ‚kommen' hat zwei unterschiedliche Vokalabstufungen in den germ. Sprachen. Stufe 1 (ie. *e*) im got. *qiman* und ahd. *queman* und Nullstufe (ie. *m̥*) im An., Ae., As. *(koma, cuman).* Im Ahd. sind *koman* und *cuman* ebenfalls bezeugt.

(12) a. Das Got. hat ein Abstraktum aus der Wurzel *þiuda* ‚Volk', *þiudans* ‚König', *þiudanon* ‚herrschen'. Es hat aber auch das Wort *reiki* (*ei* = [i:]), ein gemeingerm. Lehnwort aus dem Keltischen (s. S. 119).

b. Ahd. *-ch-* : *-k-* in den andern Sprachen ist ein aus der zweiten Lautverschiebung resultierendes Merkmal, s. 2b, 13a, 16b, 19b, 21a (s. auch S. 164–174).

(13) a. Als Folgeerscheinung der zweiten Lautverschiebung des Ahd. wurde germ. *th* zu *d* über *dh* (*d* war zu *t* geworden). Dies geschah zuerst im Oberdt. (Alem. und Bayr.) und später im Rhfrk., deshalb haben wir (10) *thīn* : *dīn* (dreimal), (15) *erthu* : *erdu*, (22) *sculdhi* : *sculdi* und *uuerdhe* : *uuerde.* Der alem. Schreiber war sich des Graphs <th> bewußt und gebraucht ihn unterschiedslos in (19) *prooth*

und in (4) *thu*. Vielleicht erinnerte er sich an eine solche Schreibweise aus eingesehenen Manuskripten.

b. Das Ae. weist ein Phänomen auf, das als Brechung bekannt ist: *e*>*eo*, z. B. vor r + Konsonant, (15) *eorþan*, (5) *eart* und vor *o/a* der folgenden Silbe: *heofonum* (7, 15).

(14) Alle westgerm. Sprachen haben Konsonantengemination nach kurzem Vokal vor folgendem *j* oder, weniger häufig, *r* und *l*. Got. *wilja*: westgerm. *willa*. Dieser Wandel berührte das An. und Got. nicht und bezeugt zu einem bestimmten Zeitpunkt die feste Bindung unter den westgerm. Sprachen.

(15) Auch das An. machte eine ‚Brechung' durch, die durch früheres *-u* verursacht ist: *iǫrþ*.

(16) a. Der lat. und gr. Text eröffnet diesen Satz mit einer Objektsphrase: *panem nostrum quotidianum do nobis hodie* (*τόν ἄρτον ἡμῶν τὸν ἐπιούσιον δὸς ἡμῖν σήμερον* [tón árton hēmõn tòn epiúsion dòs hēmin sḗmeron]. Auch der got., ae. und ahd. Übersetzer folgt dieser Anordnung, während die anderen mit der Verbphrase beginnen. Zur Erleichterung des Vergleichens sind alle Sätze in dieser Weise umgeordnet.

b. Die ahd. Wörter weisen zwei Erscheinungen auf, die mit der zweiten Lautverschiebung zusammenhängen: die oberdt. Schreibung *k*, die einen stimmlosen Verschlußlaut für germ. *g̣* anzeigt (s. auch das zweite *k* in *skuldikēm* und *khorunka*), und *b*, ein Verschlußlaut für den germ. Reibelaut *ƀ*. Vg. engl. *give, live, seven, wife* und dt. *geben, leben, sieben, Weib*.

c. Das Ae. hat auch das Verb *giefan*. Anlautendes *g* war ein palataler Reibelaut: ein Beispiel für die anglo-fries. Palatalisierung. *Siellan* ‚schenken' *sell*, got. *saljan*, ist ein weiteres Beispiel für die westgerm. Konsonantengemination, verursacht durch *j* (s. 14). Es zeigt auch *i*-Umlaut (s. 29). Statt *ie* spätae. Schreibung *y* (<*sielle, gief, giefaþ, ālies*).

(17) S. (3b).

(18) a. S. (2c).

b. Das Wort ‚Tag' zeigt die Dreiteilung der germ. Sprachen: got. *dags* (*-s*<*-az*), an. *dagr, dagaR* (*r*<*z*), ae. *dæg*, afries. *dei* (endungslos mit Palatalisierung des *g*), as. *dag*, ahd. *tag, tac* (endungslos, as. Reibelaut am Ende und ahd. mit verschobenem *d*>*t* und stimmlosem Verschlußlaut am Ende).

(19) a. Die germ. Sprachen haben zwei Synonyme für ‚Brot': got. *hlaifs*, an. *hleifr*, ae. *hlāf (loaf)*, ahd. *leib (Laib)*, wohl Bezug nehmend auf Form und Größe oder Menge, und an. *brauþ*, ae. *brēad*, as. *brōd*, ahd. *brōt*, verwandt mit ‚brauen' und wohl mit Bezug auf den Prozeß der Brotherstellung. As. *rād* ‚Unterstützung' ist eine freie Übersetzung. W. Krogmann (in L. E. Schmitt, Kurzer Grundriß, S. 217) machte den geistreichen Vorschlag, daß *rād* eine mißverstandene, abgeschriebene Form eines früheren *brād* (= fries. für ‚Brot') sei, die das starke fries. Element innerhalb des As. zeige.

b. Alem. *p-* für westgerm. *b-* ist Teil des zweiten Schrittes der ahd. Lautverschiebung: *b d g*>*p t k*, wobei *d*>*t* allgemein eintritt, *b g*>*p k* nur frühalem. und bayr. S. 5 *pist*, 2b, 13a, 16b.

(20) Vgl. westgerm. *and-endi* (s. 29) mit dem Got. und An.

(21) Got. *lētan* ‚lassen', ae. *lǣtan*, afries. *lēta*, as. *lātan*, ahd. *lāzzan* zeigen
a. die ahd. Lautverschiebung von *-t-*>*zz(ss)*, vgl. *-k-*>*-hh-* *-ch-* (12b), *-p-*>*-ff-* *(open - offen)*;
b. got. *e* gegen westgerm. und an. *ā* mit anglo-fries. Palatalisierung *ā*>*ǣ, ē*.

(22) S. (29).

(23) Germ. *-z* ist im Got. in Auslautstellung zu *-s* verhärtet, im An.>*r*, im Ahd. (bei den Pronomen)>*r*, aber im Nordseegerm. verloren, vgl. 18b.

(24) Das Got. gebraucht das Verb ‚bringen' (*-gg-* ist [ŋg]).
Die anderen Verben zeigen
a. das an.*þ*: westgerm. *d*: ahd. *t* (s. 2b), wobei das Rhfrk. im westgerm. Bereich bleibt;
b. germ. *ai*>an. *ei;* >æ. *ā* oder *ǣ* bei Umlaut; >as. *ē (lēdian)*; ahd. *ei* oder *ē* in bestimmten Fällen.

(25) Lat. *temptatio* ist ein christlicher Begriff, der das Problem der Schaffung eines christlichen Vokabulars in den heidnischen germ. Sprachen aufwirft.

(26) Germ. *au*>got. *au*; >ae. *ēa* und *ie* bei Umlaut; >ahd. *ou* oder *ō* unter bestimmten Bedingungen.

(27) und (17) zeigen, daß das Ahd. den Akk. Pl. *unsih* vom Dat. Pl. *uns* unterschied im Gegensatz zu den andern germ. Sprachen, die *uns, oss, ūs* hatten, obwohl das Ae. einen entsprechenden Überrest in der Form *ūsic* kannte.

(28) Nur die germ. Sprachen auf dem Festland haben die Präposition ahd. *fona*, as., afries. *fan*, die sich im Got., Ae. oder An. nicht findet.

(29) Engl. *ill* ist ein Lehnwort von an. *illr*; *evil* ist ein ererbtes Wort. Während got. *ubils* in der Schreibung keine Andeutung des *i*-Umlauts zeigt, hatte er schon im ae. *yvel* und im afries. *evel* gewirkt. Ae. <y> war das graphische Zeichen für umgelautetes *u*. Die spätere Schreibung <e> *(evil)* und afries. *evel* zeigen das nächste Stadium der Entrundung von *i*-Umlautvokalen. Das Ahd. hatte wahrscheinlich das Stadium allophonischer Spaltung erreicht, in dem /u/ [y] vor *i* war und [u] vor andern Vokalen. Nur ein einziger durch *i*-Umlaut entstandener Vokal wird in ahd. Schreibung angedeutet: *e* (<*a* + *i, j*), vgl. 20 *endi* (<*andi*).

3.3.4 Die westliche Gruppe

Das Studium der deutschen und holländischen Dialekte hat erhellt, daß sich eine allmähliche aber stete Veränderung des Sprachtypus ergibt, wenn man vom Süden, d.h. vom Hochdeutschen, zum Norden voranschreitet, und daß der nördlichste Typus des Westgerm. in der Tat das Engl. ist. In diesem Abschnitt des Kapitels über die Klassifikation der germ. Sprachen werden wir zuerst die von allen Dialekten der westlichen Gruppe geteilten Merkmale untersuchen und dann mit einer Gegenüberstellung solcher Merkmale des Deutschen und Englischen abschließen, die ihre frühesten Stadien kennzeichnen und so die frühe Unterscheidung zwischen Nordseegerm. und Elbgerm. wiedergeben können.

(i) *Westgermanisch*

(1) Konsonantengemination außer bei *r*, verursacht durch folgendes *j* und in geringerem Maße durch folgendes *r* oder *l*: got. *satjan*, an. *setia*: ae. *settan* ‚setzen‘, ahd. *sezzen* (nhd. *setzen*); got. *bidjan*, an. *biðia*: ae. *biddan* ‚bitten‘, ahd. *bitten* (nhd. *bitten*, <tt> ist heute nur durch eine Rechtschreibungsregel bedingt); an. *eple*: engl. *apple*, dt. *Apfel*. Frühe lat. Lehnwörter wurden auch davon berührt: *putjus* (<*puteus*): ae. *pytt* ‚Grube‘, dt. *Pfütze*. Der Terminus post quem dieser Lautveränderung kann um 200 n. Chr. angesetzt werden.

(2) Germ. *ð* > *d*: got. *gards, garda* (<*d*> = *ð* zwischen Vokalen), an. *garðr* (davon der nordengl. Name *garth*): ae. *geard* ‚Yard‘, ahd. *gart* (westgerm. *d* > hochdt. *t*, *Garten*).

(3) Germ. *-z* im Auslaut geschwunden: got. *baírhts*, an. *biartr*: ae. *briht* ‚hell‘, ahd. *beraht*; got. *haírdeis*, an. *hirðir*: ae. *hierde* ‚Hirt‘, ahd. *hirti*, nhd. *Hirt*.

(4) Die 2. Pers. Sg. Prät. der starken Verben endet auf *-i* und hat den Wurzelvokal der Pluralstammform: got. *banst* (1. Pers.: *band*, Pl. *bundum*), an. *bazt*: ae. *bunde* (1. Pers.: *band*, Pl. *bundon*), ahd. *bunti* (1. Pers.: *bant*, Pl. *buntum*).

(5) Gen. und Dat des Infinitivs mit einem **-ja*-Suffix: ae. *niman* ‚nehmen‘: *nimannes, to nimanne*; ahd. *neman*: *nemannes, nemanne*.

(6) Keine vierte Klasse bei den schwachen Verben mit inchoativer Bedeutung wie im Got., z. B. *waknan* ‚wach werden‘.

(7) Starke und schwache Deklination des Part. Präs.

(8) Maskuline Formen des Zahlworts ‚zwei‘ mit *-n*- Element. Got. *twai*: ae. *twīgen*, ahd. *zwēne*.

(9) Die Suffixe *-heit/-hood*, ebenso *-schaft/-ship, -tum/-dom*: *Falschheit – falsehood, Freundschaft – friendship, Königtum – kingdom.*

(10) Ein gemeinsamer Wortbestand, z. B. *beide – both; Faust – fist; Flachs – flax; Geist – ghost; groß – great; Henne – hen; Herd – hearth; Klein – clean; Knecht – knight; krähen – crow; kühl – cool; machen – make; mähen – mow; Nachbar – neighbour; Nachtigall – nightingale; sprechen – speak; Schaf – sheep; tun – do; wandern – wander* u. a.

(ii) *Unterschiede zwischen dem Nordseegerm. (bes. Engl.) und Deutschen* (womöglich, werden wieder heutige Beispiele zur Illustration gewählt.)

(1) Germ. langes und kurzes *a* ist im Engl. so gut wie stets palatalisiert: *cat, that* [æ]: *Katze, das; year, sheep, eel*: *Jahr, Schaf, Aal.*

(2) Vor Nasal wird langes und kurzes *a* zu *o*: *long, on, comb*: *lang, an, Kamm* (s. aber S. 60); ae. *mōna*, ‚Mond', *spōn* ‚Löffel': ahd. *māno* (Mond), *Span*.

(3) Germ. *ai*>ae. *ā* (später>*ō*), as. *ē*: *home, bone*: *Heim, Bein; sore, soul*: *sehr, Seele* (im Dt. aufgespalten, s. S. 153ff.).

(4) Germ. *au*>ae. *ēa* >fries. *ā*>as. *ō*, jedoch>*ou* (später *au*) oder *ō* im Ahd. (im Dt. wieder aufgespalten, s. S. 153ff.): *beam, seam, bean, bread*: *Baum, Saum, Bohne, Brot*.

(5) Germ. *k* und *g* sind vor ursprünglichen Palatalvokalen palatalisiert: *chin, church, stitch*: *Kinn, Kirche, Stich* (*ch*<*k*); *yellow, yield, rain, slay*: *gelb, gelten, Regen, schlagen; ridge, hedge*: *Rücken, Hecke* (*gg*>*ck* im Dt.). Im As. finden sich nur Spuren der Palatalisierung von *k*.

(6) Im In- und Auslaut wird postvokalisches germ. *ƀ*>*v* oder *f*, im Dt. dagegen *b*: *seven, self*: *sieben, selb*.

Es ist möglich, daß die hochdt. Lautverschiebung aufgrund einer alten ‚herminonischen' (elbgerm.) Korrelation konsonantischer Intensität gegenüber einer ‚ingväonischen' (nordseegerm.) Korrelation konsonantischer Stimmhaftigkeit entstanden ist.

(7) Germ. Nasal vor Reibelauten (*f, s, þ*) fällt aus: *south, soft, five, mouth*: *Sund(gau), sanft, fünf, Mund* (*th*>*d* im Dt.).

(8) Germ. *j* wird in Wurzeln mit kurzem Vokal zu *w*: *mow, sow, throw*: *mähen, säen, drehen* (mhd. *mæjen, sæjen, dræjen*).

(9) Häufiges Vorkommen der Metathese des *r* im Nordwestgerm.: *burn, third, horse, -bourne*: *brennen, dritt, Roß, -brunn* (vgl. *Schönbrunn* (süddt.) und *Paderborn* (norddt.)).

(10) Eine Endung für alle drei Personen des Pl. Präs. Indik.: Ae. *we, ge, hie maciaþ*, im heutigen Niedersächs. *wi, ji, si mak(e)t*: ahd. *wir machōmēs, ir machōt, sie machōnt*.

(11) Stimmloses *th* in der Endung der 3. Pers. Sg.: *he maketh* (heute veraltet): *er macht* (dt. *t*<westgerm. *d*<germ. sth. ð).

(12) Kein dem dt. *sich* entsprechendes Reflexivpronomen. Das Holländische hat *zich* wohl aus einem südlichen Dialekt, das Niederdt. bildete ein analoges *sik*.

(13) Die Personalpronomen *he, him*: dt. *er, ihm*.

(14) Pronomen ohne *-r* (<germ. *-z*): *we, who, me, thee, ye*: *wir, wer, mir, dir, ihr*.

(15) Infolgedessen Nichtunterscheidung von Akk. und Dat. beim Personalpronomen der 1. und 2. Pers.: *me, thee*: *mich, mir, dich, dir*.

(16) Eine wichtige Substantivklasse hat Pluralendungen auf *-s*: ae. *dagas* ‚Tage', *stānas* ‚Steine'.

(17) Beträchtliche Teile des Wortschatzes sind speziell nordwestgerm. oder ‚ingväonisch' und stehen im Gegensatz zu unterschiedlichen dt. Wörtern: *bark:Rinde; barm:Hefe; bell:Schelle, Glocke; brain:Hirn* (aber *Brägen*); *brine : Salzwasser; brink : Rand, Anhöhe; bull : Stier* (aber *Bulle*); *busy:fleißig, tätig; clay:Lehm; to cleanse:säubern; clover:Klee; to creep: kriechen; down(s):Hügel; ebb:–; elder:Euter; film:Häutchen; gloom:Dunkelheit; hatch : kleine Tür; helm : Steuerruder; heel : Ferse; hook : Haken; hoop:Reif; hunk:Stück; to hire: mieten; how:wie; key:Schlüssel; lane:Seitenweg; luke(warm):lau; left* (<‚schwach') *:links; mist:Nebel; oast* ‚Ofen zur Trocknung' *: –; oats : Hafer; pith : Mark; rafter : Sparren, Balken; to rend:zerreißen; Saturday:Samstag* (für *Sonnabend* s. S. 216); *to scald:abbrühen; to scream:schreien; scythe:Sence; sedge:Rietgras; shallow:seicht; stairs:Stiege; steam:Dampf; thus:so* (mhd. *sus*); *Wednesday:Mittwoch; whey:Molken.* Einige dieser ‚ingväonischen' Wörter finden sich auch im Norwegischen. Äußerst bezeichnend ist der Rückgang der entsprechenden Wörter auf dem Festland. Während einige nahezu im gesamten niederländischen, flandrischen und niederdeutschen Gebiet vorkommen, sind andere auf die Küstengegenden beschränkt. Dies kann sich in einigen Fällen durch den nordwärtigen Schub des Hochdeutschen ergeben haben.

3.4. Die frühesten Belege und die Kunst des Schreibens

3.4.1 Die Inschrift aus Negau

Die früheste Inschrift in germ. Sprache kam ans Tageslicht, als ein Schatz, bestehend aus über zwei Dutzend Bronzehelmen, im vorigen Jahrhundert nahe Negau in der Steiermark gefunden wurde. Einer der Helme trägt die in einem nordetruskischen Alphabet, das von rechts nach links verläuft, aufgezeichnete Inschrift: HARIXASTITEIVA /// IP oder IL. Der Text scheint aus drei gut bezeugten ie. Etyma in unverwechselbar germ. Lautform zu bestehen: ie. *k>h, gh>X* oder *Kh(g), d>t, st>st, o>a, ei>ei.* Der Wechsel von *ei>ī* ist, wie jetzt van Coetsem gezeigt hat, ziemlich spät. Im Falle *d>t* ist der Beweis durch die Schreibung zweideutig, da das nordetruskische Alphabet kein *d* enthält.

Die beiden letzten Buchstaben sind nie zufriedenstellend erklärt worden. Die ersten beiden Wörter bilden ein Kompositum, das dritte steht allein. HARI- ist got. *harjis*, dt. *Heer*, engl. *Here-* in Hereford, latinisiert-keltisch *Corio-*. XASTI ist got. *gasts*, dt. *Gast*, engl. *guest*, lat. *hostis*; und TEIVA, wenn wir es als ein Wort lesen, ist an. *Týr*, ae. *Tiw(es dæg)* ‚Tuesday', ahd. *Ziu*, vgl. im heutigen Alem. *Zischtig*, sanskr. *dēva-ḥ*, verwandt mit lat. *deus*.

Die Schwierigkeiten fangen an, wenn man sich den grammatischen Formen und der Bedeutung zuwendet. *Harigasti* kann entweder ein Name, beispielweise der des Helmbesitzers oder eines Gottes, oder ein beschreibender Beiname (Epitheton) des Gottes (,Gast oder Freund des Heeres') sein. *Teiva* kann allgemein ,Gott' heißen wie lat. *deus* oder der Name des Kriegsgottes sein wie an. *Týr*, ae. *Tiw*, ahd. *Ziu*. Die grammatischen Endungen erhellen das Problem kaum. *Teiva* kann entweder Nom. **teiwaz* oder Akk. **teiwam* sein. Letztere Form wäre sehr leicht annehmbar, denn der Verlust des *-z* im Westgerm. wird gewöhnlich recht spät (im zweiten Jahrhundert n. Chr.) angesetzt, und im Got. wäre es *-s*, im Nordischen *-R*. Der Verlust des früheren *-m* für den Akk. in *Harigasti* wäre auch leicht zu akzeptieren. Aber die Endung *-i* könnte ebenso plausibel als ein Gen. oder Dat. angesehen werden, der von einem ie. Instrumental abgeleitet ist. Da das nordetruskische Alphabet keine eindeutigen Buchstaben für *-z* hatte, kann auch der Nom. nicht ausgeschlossen werden. Viele Lesarten sind vorgeschlagen worden, doch ist eine eindeutige Übersetzung vielleicht unerreichbar. Vielleicht ist eine Aufrufung (Akk.) des *Harigasti* (des Heeres Gast), des Kriegsgottes *(Teiwa)*, sprachlich am meisten zufriedenstellend.

Die Datierung der Inschrift muß einleuchtenderweise von der Chronologie des nordetruskischen Alphabets und der Helme abhängen. Inschriftenkundler sind der Ansicht, daß die nordetruskische Schrift im großen und ganzen um 90 v. Chr. vom lat. Alphabet verdrängt worden ist. Demnach würde es so aussehen, als ob die Inschrift von Negau in das zweite Jh. v. Chr. gehört. Nach archäologischem Befund ist der Schatz jedoch nicht früher als 100 n. Chr. zu datieren. Sprachlich gesehen ergeben beide Datierungen, daß dies die früheste germ. Inschrift ist. Das ist aber noch nicht das Ende der Geschichte.

Der archäologisch-historische Ansatz sieht die Helme als Hilfstruppen zugehörig an, die im römischen Heer im frühen ersten Jahrhundert n. Chr. dienten. Er behauptet, wir wüßten nicht, wie lange das nordetruskische und das norditalische Alphabet unter den Barbaren der Alpen fortgelebt haben. Die Art von Inschrift, die sich ein römischer Auxiliarist in seinen Helm hätte machen lassen, würde wahrscheinlich seinen Namen, seinen Vatersnamen und seine Einheit angeben. F. van Tollenaere, der eine umfassende Abhandlung über das Problem geschrieben hat, liest daher: HARIGASTI TEI (filii) V(exillarius) oder V(exillatio) A(larum) III IL(lyricarum), d. h. ,(gehörend dem) Heergast, Teus' Sohn; Abteilung gebildet aus drei illyrischen Schwadronen' oder vielleicht ‚Standartenträger der dritten illyrischen Schwadron'. Das Datum betreffend nimmt er an, daß die Inschrift ‚in die erste Hälfte des ersten Jahrhunderts v. Chr. gehört', dies der präziseren Datierung 6 bis 9 n. Chr. vorziehend. Uns bliebe somit nur der Name eines germanischen Söldners übrig, Harigast (Heergast). Und der eingeritzte Name bedeutete für uns nicht mehr als die von Cäsar oder Tacitus erwähnten Namen oder solche auf andern Inschriften.

3.4.2 Wörter in lateinischen Quellen

Eine indirekte Quelle für unsere Kenntnis des Germ. findet sich ferner in griechischen und römischen Berichten und Inschriften. Die dort befindlichen germ. Wörter und Namen sind natürlich durch eine lat. oder gr. Brille gesehen, sie sind aber nichtsdestoweniger – lexikalisch eher als lautlich – ein wertvolles Zeugnis. Uns sind entschieden mehr Namen als Appellative (Gattungsnamen) überkommen. Ungewiß ist, inwieweit die Namenelemente auch als Appellative geläufig waren. Die frühen romanischen Dialekte bezeugen Hunderte von Wörtern germ. Herkunft. Es besteht kein Zweifel, daß die überwältigende Mehrheit derselben aus den einzelnen Stammesdialekten nach der abschließenden, zur Errichtung germanischer Reiche auf römischem Boden fürhrenden Invasion entlehnt worden sind. Aber einige, besonders weithin geläufige Wörter können aus dem Spätgerm. ins Vulgärlateinische entlehnt worden sein.

Die folgende, aus obigen Quellen zusammengestellte Liste will einen kleinen Eindruck von den frühest belegten germ. Wörtern vermitteln:

Wort	*Quelle*	*Kommentar*
ala-	3. Jh.	Got. *ala-* in Komposita, *alls*; engl., dt. *all.*
alces	Caesar	< **algiz* mit Lautsubstitution, >an. *elgr* (mit *i*-Umlaut). Ahd. *elaho* < **elh-* (Vokalstufe *-e-*) > dt. *Elch*, engl. *elk.*
asci-	Tacitus	*Asciburgium*, jetzt *Asberg* (Niederrh.), < **askiz*, >ahd. *ask*, ae. *æsc* > *engl. ash*, dt. Esche (Umlaut aus dem Pl.).
-avia	Plinius	< **awjō* >an. *ey.* ‚Insel', >ahd. *ouwa* ‚Land am Wasser' >dt. *Au, Aue* (Ortsname).
Bācenis (silva)	Caesar	Enthält die germ. Wurzel **bōk-*, entweder vor ie. *ā* > *ō* oder mit lat. Substitution für germ. [ɔ:]. Vgl. ae. *bœce* engl. *beech*, ahd. *buohha, Buche.*

Wort	*Quelle*	*Kommentar*
-bardi	Tacitus	Im Stammesnamen *Langobardi* ‚Langbärte', aus westgerm. **barda-*, engl. *beard*, dt. *Bart.*
barditus	Tacitus	Vielleicht *barritus*: ein Schlachtgesang. Ist nie zufriedenstellend erklärt worden.
biber	Polemius Silvius	Mit lat. *-b-* statt germ. *ƀ*, engl. *beaver*, dt. *Biber.*
blank-	Romanisch	Das germ. Wort für ‚weiß', ‚glänzend', vgl. an. *blakkr* ‚weißes Pferd', wahrscheinlich aus der germ. Reiterei ins Vulgärlateinische.
brāca	Romanisch	Vom germ. **brōk-* >ahd. *bruoh*, ae. *brōc* ‚Hosen', vgl. engl. *breeches.*
brūn	Romanisch	Ein weiterer germ. Farbausdruck. Engl. *brown*, dt. *braun.*
brūtis	Inschrift des 3. Jh.	Aus germ. **bruðiz* ‚frisch verheiratete Frau', mit lat. *t* statt des Reibelauts. Korrekt klassifiziert als *i*-Stamm. Engl. *bride*, dt. *Braut – Bräute.*
-burgium	Tacitus	Im Ortsnamen *Asciburgium* und *Saltus Teutoburgiensis*, ‚ein befestigter Platz', später für ‚Stadt', vgl. *Würzburg, Shrewsbury, Loughborough.*
falwa-	Romanisch	Eine germ. Farbbezeichnung. Engl. *fallow*, dt. *fahl.*
framea	*Tacitus*	‚Speer'. Wahrscheinlich verwandt mit germ. **framjan* ahd. *fremmen* ‚ausführen, schleudern', ahd. *fram* ‚vorwärts', vgl. engl. *from.*
-furdum	Ptolemäus	In *Lupfurdon* (gr.), der Ort bei einer Furt in der Lippe. Dt. *Furt*, engl. *ford.*
ganta	Plinius	‚Gans'. Ae. *ganot*, ahd. *ganzo* ‚Ganter'.
glaesum	Plinius	‚Bernstein'. Ae. *glær* ‚Harz'. Mit anderer Stufe
glesum	Tacitus	des Vokals dt. *Glas*, engl. *glass.*
grīs	Romanisch	Dt. *greis* ‚alt', im Romanischen ‚grau'.
-haemum	Tacitus	Im Ortsnamen *Boiohaemum*, <**haima*, engl. *home*, dt. *Heim.*
haribergo	Romanisch	Das nicht umgelautete *a* im Romanischen (frz. *auberge*) deutet auf frühe Entlehnung, ‚Heerschutz', dt. *Herberge*, engl. *harbour.*
harpa	Venantius Fortunatus	Ein wichtiges germ. Musikinstrument, dt. *Harfe*, engl. *harp.*

Wort	*Quelle*	*Kommentar*
lango-	Tacitus	Im Stammesnamen *Langobardi*, hat germ. *a* < ie. *o* ‚lang'.
mannus	Tacitus	‚Der Urheber ihres Geschlechts'. Auch in *Alamanni* (‚alle Menschen') und *Marcomanni* (‚Grenzmenschen'). Dt. *Mann*, engl. *man*.
marka	Tacitus u. Romanisch	‚Grenzland', vgl. engl. *Welsh Marches*, dt. *Ostmark* usw.
melca	Apicius	‚Milchgericht', vgl. engl. *milk*, dt. Milch < **meluk-*.
sahs-	Plinius	In *Saxones* < **sahsonez, *sahsa* ‚Schwert' oder ‚Stein'; Gregor v. Tour: ‚cum cultris validis, quos vulgo [d.h. die Franken] scramasaxos vocant'.
sāpo	Plinius	‚Eine kosmetische Creme zum Haarefärben', < **saipōn-* > dt. *Seife*, engl. *soap*. Die romanischen Wörter, frz. *savon*, ital. *sapone* sind von dem germ. Lehnwort im Lat. abgeleitet.
sigi- } *segi-* }	Tacitus	In Namen wie *Segimērus*, vgl. dt. *Sieg*
suppa	Romanisch	Von der germ. Wurzel **sūpan* > dt. *saufen*, engl. *to sup*. Aus dem Frz. zurückentlehnt ins Dt. als *Suppe*, engl. *soup*.
Thingsus	Votivstein auf d. Hadriansmauer	*Mars Thingsus* ist die latinisierte Form des germ. Kriegsgottes: **Tiwaz* (vgl. *dies Martis* = engl. *Tuesday*), Schützer des ‚Thing', der Kriegerversammlung, daher dt. *Dienstag* (< *Dingstag*).
ūrus	Caesar	Ahd. *ūro* > dt. Auer(ochse).
vargus	Sidonius Apollinaris	‚Ein Dieb'. An. *vargr*, ae. *wearg*, ahd. *warg* ‚Geächteter, Vogelfreier'.

3.4.3 Wörter im Finnischen

Für eine weitere indirekte Quelle sorgt das Finnische. Über das Alter der ältesten Lehnwortschicht ist viel diskutiert worden. Heute scheint es, als ob diese Wörter aus den ersten zwei Jahrhunderten unserer Zeitrechnung stammen und einen Einfluß des Ostgerm. darstellen. Soweit es die sprachlichen Eigenschaften dieses Materials betrifft, ist es für unseren Zweck wichtig, daß sie uns einen Blick auf das Spätgerm. gestatten; mit anderen

Worten, sie liegen vor den historisch bezeugten germ. Sprachen, schließen aber all jene Veränderungen ein, die wir als kennzeichnend für das Germ. ansehen. Dank des konservativen Charakters einiger finnischer Dialekte bewahren diese ältesten Lehnwörter eine archaischere Form als die durch irgendeine germ. Sprache belegte. An der Lehnwortliste ist oft gebessert worden, doch ein Grundbestand ist unwidersprochen geblieben. Wörter daraus mögen als Probe die frühen Eigenheiten des Germanischen illustrieren:

autio ‚leer, verlassen‘: got. _auþ(ei)s_, ae. _ieðe_, ahd. _ōdi_>dt. _öde_; _t_ im Finnischen als Lautsubstitution für germ. _þ_; germ. _au._

jukko ‚Joch‘: _-kk-_ statt germ. _k_ ist die Regel, got. _juk_, germ. _u_ (später _o_), aus _-o_ können keine Schlüsse gezogen werden.

kana ‚Huhn‘: <germ. _*hanan-_ mit _k_ als Lautsubstitution im Finn. statt germ. _h-_ (x-), dt. _Hahn._

kaunis ‚schön‘: got. skauns, dt. _schön_; germ. _au, i_ und auslautendes _-z_ (>finn. _-s_) erhalten.

keihäs ‚Speer‘: <germ. _*gaizas_, dt. _Ger_; mit Lautsubstitution des _-z-_>_h_, aber auslautend _-z_>_-s._

kuningas ‚König‘: <germ. _*kuningaz_, ae. _cyning_, ahd. _kuning_, an. _konungr._ Die finn. Form ist archaischer als die an., ae. oder ahd. Form.

lammas, Gen. _lampaan_ ‚Schaf‘: <germ. _*lamƀaz-_; got., ae., ahd. _lamb_; man beachte die Erhaltung von _-s_ des _s_-Stammes.

mallas, Gen. _maltaan_ ‚Malz‘: <germ. _*maltaz_, in stimmhaft. Umgebung wurde nicht jedes germ. _t_ finn. _tt_; germ. a<ie. _o._

miekka ‚Schwert‘: <germ. _*mēkia-_, got. _mēki_; finn. _-ie-_ aus germ. _-ē-_, $\bar{e}^{1}$ so bewahrt, noch nicht >_ā_ (Nord- und Westgerm.)

mitta ‚Maß‘: vgl. got. _mitan_, ae. _metan_, dt. _messen_, _e_>_i_ vor _a_ der Folgesilbe findet sich nur im Got. _-tt-_ normal für germ. _-t-_.

murha ‚Mord‘: <germ. _*murþa-_, dt. _Mord_; germ. _u_ vor _a_ noch nicht >_o._

paita ‚Hemd‘: got. _paida_, ae. _pād_, ahd. _pfeit._ Germ. _d_>finn. _t_ ist regelhaft.

pelto ‚Feld‘: <germ. _*felþ-_; gewöhnliche Lautsubstitution germ. _f, þ_> finn. _p, t_; kann Verlust eines _-m_ im Germ. andeuten oder vielleicht auch nur beim Übergang ins Finn.

raippa ‚das Schlagen mit einem Tau‘: got. _-raip_, ae. _rāp_, an. _reip_, ahd. _reif._ Die Lex Salica (um 500 n. Chr.) hat fränk.-lat. _reipus, rēpus._

rengas ‚Ring‘: <germ. _*hrengaz_, ie. _o_>germ. _a, e_ noch vor _n_+Kons. bewahrt, vgl. ae., ahd. _hring_, an. _hringr, -as_ <germ. _-az._

ruhtinas ‚Fürst‘: <germ. *_druhtinaz_, ahd. _truhtin_, ae. _dryhten_; man beachte die Erhaltung der germ. Endung.

runo ‚Gedicht‘: <germ. *_rūnō-_ ‚Geheimnis‘; vgl. dt. _raunen_, mit Erhaltung des germ. _o_ (>_o_), das im Ae. und Frühan. _-u_ wurde und _-a_ im Got. und Ahd., vgl. _sakko_ ‚eine Strafe‘, ae. _sacu_, ahd. _sahha_ >dt. _Sache_, an. _sǫk_ (<_saku_).

saippua ‚Seife‘: <germ. *_saipiōn-_, _-pp-_ ist reguläre Entsprechung des germ. _-p-_, die Endung bezeugt germ. _-iō_-Stamm: alem. _Seipfe_, während andere Formen, z. B. ae. _sāpē_ >engl. _soap_, sich aus einem _-ō_-Stamm ableiten.

sairas ‚krank‘: <germ. *_sairaz_, ae. _sār_ engl. _sore_, an. _sārr_, dt. _sehr_; germ. _-ai-_, _-az_ (>_-as_).

varas, Gen. _varkaan_ ‚Dieb‘: <germ. *_wargaz_ >an. _vargr_, mit voran. Endung, vgl. S. 69 lat. _vargus_.

3.4.4 Die Runen und ihre Quellen

Die ersten direkten, von Primärsprechern geschriebenen Zeugnisse des Germ. sind Runeninschriften. Sie erstrecken sich zeitlich über tausend Jahre. Aber nur die Inschriften vom dritten bis zum sechsten Jahrhundert unserer Zeitrechnung können als Zeugnis des Germanischen, genauer des Spätgermanischen, angesehen werden. Da die meisten aus Skandinavien stammen und einige nordgerm. Eigenschaften aufweisen, obwohl sie zeitlich vor dem Altnordischen liegen, wird ihre Sprache gewöhnlich runisches Nordisch genannt. Über zwanzig sehr kurze Inschriften stammen aus dem dritten Jahrhundert und etwas mehr als das Doppelte aus der Völkerwanderungszeit. Die Hauptmasse der ungefähr fünftausend Runeninschriften ist jedoch späteren Datums. Sie sind vorwiegend auf Altnordisch oder sogar in frühen Formen der skandinavischen Sprachen abgefaßt. Vom Altnordischen abgesehen ist nur das Altenglische in größerem Maße an Runeninschriften beteiligt. Die spätere englische und skandinavische Phase der Runenschrift interessiert uns hier nicht. Bis dahin hatte das Alphabet beträchtliche Veränderungen durchgemacht. Während in England das ursprünglich gemeingerm. Alphabet von vierundzwanzig Buchstaben erweitert wurde, wurde es in Skandinavien auf sechzehn Buchstaben beschränkt.

Die germ. Runenschrift ist alphabetisch, d. h. sie weist, wie die gr. und lat. Schrift, den Lauten Buchstaben zu. Doch ihre Zeichen oder Buchstaben sind auf eine ganz andere Weise angeordnet als die in den Alphabeten der klassischen Sprachen. Ihr Name, _Fuþark_ (þ = th), ist aus den ersten sechs Buchstaben abgeleitet. Heute wird gemeinhin angenommen, daß das germ. *Fuþark* nicht aus dem gr. oder lat. Alphabet abgeleitet ist, sondern aus einem der verschiedenen, eng miteinander verwandten norditalischen oder nordetruskischen Alphabete, die in der Alpengegend Norditaliens vor dem schließlichen Sieg des lat. Alphabets im letzten vorchristlichen Jahrhundert geläufig waren. Es sind die Buchstaben des nordetruskischen Alphabets, wie das lat. Alphabet aus dem gr. abgeleitet, denen die Runen am stärksten ähneln. Da nicht notwendigerweise angenommen zu werden braucht, daß der Schöpfer der germ. Runen eine fremde Schrift so genau wie möglich zu kopieren hatte, ist Ähnlichkeit als solche natürlich kein endgültiger Beweis. Wulfila kopierte das griech. Alphabet nicht sklavisch, als er die Bibel ins Gotische übersetzte. Auf den ersten Blick würde man vielleicht annehmen, daß die lat. Schrift des römischen Reiches, das den germ. Völkern an allen Rhein- und Donaugrenzen vom letzten vorchristlichen Jahrhundert an gegenüberlag, die natürliche Quelle des germ. Alphabets sei. Schließlich war es die römische Welt, zu der jetzt die nördlichen Völker in zunehmend enge Berührung als Händler, Sklaven und Söldner traten. Aber wie eigenartig es auch scheinen mag, zu keiner Zeit vor den großen Missionierungsanstrengungen im achten Jahrhundert war das lat. Alphabet selbst gebraucht worden, um das Germanische zu schreiben. Und wenn das runische Fuþark eine Adaption aus der lat. Schrift gewesen wäre, sollte man erwarten, daß sich die frühesten Spuren entlang den Rhein- und Donaugrenzen finden. Dies ist nicht an dem: Dänemark und Osteuropa sind die Gegenden der frühesten Funde. Die Runen ähneln nicht nur den Buchstaben des norditalischen Alphabets, sie sind auch genauso frei in der Schreibrichtung, während sowohl das Griechische wie das Lateinische strikt an der Regel: von links nach rechts, festhielten. Aus der zum Sterben verurteilten Schreibtradition der norditalischen Völker also wurde das Fuþark wahrscheinlich im ersten vorchristlichen Jahrhundert geschaffen. Wenn die frühesten Funde erst dreihundert Jahre später datiert werden, ist der Grund dafür wahrscheinlich im verwendeten Schreibmaterial zu suchen. Tacitus erzählt uns (*Germania*, Kap. X, 1) von den *notae* (Runen?) auf Holzstreifen, und Venantius Fortunatus erwähnt, wenn auch erst am Ende des sechsten Jahrhunderts, die barbarische, auf Eschenholztäfelchen gemalte Rune (*barbara fraxineis pingatur rhuna tabellis*). Also von der römischen Welt weit entfernt und mehrere Jh.e nach ihrer ursprünglichen Schaffung kommen die ersten Runen ans Licht.

Der den Zeichen gegebene Name ist *runa*, was im Got., Ae. und Ahd. soviel wie ‚Geheimnis' heißt. Im An. und Ae. gibt es auch die Wörter *stafr* und *rūnstæf* für die Buchstaben. Deutsch *Buchstabe* zeigt die Verbindung noch immer. Das Englische hat zwei, die neue Kunst ausdrückende Verben bewahrt: *to write* ‚schnitzen', dt. *reißen, ritzen*, und *to read* ‚übersetzen', dt. *raten*. Es gibt kaum Zweifel daran, daß die Runenschreibkunst sowohl bei Magie und Wahrsagerei gebraucht wurde als auch, um den Namen des Eigentümers oder Herstellers in Gegenstände wie Fibeln, Speere, Schwerter oder Münzen zu ritzen. Steininschriften gehören hauptsächlich zur späteren Phase. Die Runennamen hatten wahrscheinlich religiöse oder magische Bedeutung. Obwohl nicht vor dem neunten Jahrhundert belegt, entsprechen sich die Namen im Ae. und An. bemerkenswert gut und müssen ziemlich alt sein. Sie erinnern an die germ. Götterwelt, an Riesen und Naturkräfte. Der erste Buchstabe steht für **fehu* ‚Vieh, Vermögen', vgl. engl. *fee*, dt. *Vieh*; der zweite für **ūruz*, dt. *Auerochse* (s. S. 69), das Wildrind Nordeuropas; der dritte für **þurisaz* ‚Thurs, Riese', wenn auch im christlichen England das Wort *þorn* ‚Dorn' substituiert wurde; der vierte steht für **ansuz* ‚Ase, Gott'. Der Buchstabe für H hatte die Bedeutung ‚Hagel, Verderben', der für N den Namen ‚Not', der für I den Namen ‚Eis', und der für T den Namen **teiwaz*, das ist der Gott *Tiw* oder *Ziu*. In jedem Fall war der Buchstabe der erste des jeweiligen Namens.

Die Gesellschaft der germ. Welt konnte weder lesen noch schreiben. Sie muß von der neuen Erfindung sehr wenig Gebrauch gemacht haben; erst in der zweiten Phase des Fuþark vom neunten Jahrhundert an wurden längere Inschriften, z.T. literarischen Charakters, angefertigt. Und doch war das Fuþark ein sinnreiches Werkzeug, das sich gut für die Phonologie der germ. Sprachen eignet. Es hatte beispielsweise Zeichen für [θ, ŋ, w], Laute, für die erst ein langer Prozeß des Experimentierens schließlich die Graphe <th>, <ng> und <w> des lat. Alphabets hervorbrachte, die im Engl. und Deutschen gebraucht werden.

Viele Inschriften sind nur schwer zu deuten. Unter denen, deren Deutung allgemeine Zustimmung gefunden hat, finden sich die folgenden:

(1) Speerspitze vom Kowel (südl. von Brestlitowsk), um 250 n. Chr.: TILARIDS ‚Angreifer', vgl. den ae. Personennamen *Tilred*; auslautendes *-s* und *-ī* statt nord- und westgerm. *ā* lassen got. oder ostgerm. Herkunft annehmen.

(2) Speerspitze von Dahmsdorf (Kreis Lebus/Mark), zweite Hälfte des 3. Jh.s: RANJA ‚Anrenner, Angreifer', ein Nomen agentis von der Verbwurzel **ran-*, vgl. dt. *rennen* (mit späterem Umlaut).

(3) Speerspitze von Øvre Stabu (Südostnorwegen), um 200 n. Chr.: RAUNIJAR ‚Erprober', eine Nomen agentis-Ableitung aus einer Verbal-

wurzel, die sich im An. als *reyna* findet, mit auslautendem *-z*, durch eine Rune vertreten, die gewöhnlich mit -R transskribiert wird und einen Laut zwischen *z* und *r* andeutet.

(4) Spange 2 von Himlingøje (Seeland), um 200 n.Chr.: WIDUHUDAR, wahrscheinlich ein Männername: ‚Holz' + ‚Hund'; ae. *wudu* < *widu*, vgl. dt. *Wiedehopf; *hundaz*, dt. *Hund*, N wird manchmal ausgelassen.

(5) Stein von Einang (Valdres, Norwegen), um 350 n.Chr.: DAGAR ÞAR RUNO FAIHIDO ‚ich, Dagr (‚Tag', Personenname), malte diese (?) Runen'. *Runo*, Akk.Pl., später an. *runar*; *faihido*: 1.Pers.Sg.Prät. von **faihian*, an. *fā* ‚malen', vgl. Venantius Fortunatus' *pingere*. Die beiden ersten Wörter sind ziemlich verstümmelt und sind auch gelesen worden als: . . . DAGASTIR, ein Männername mit ‚Gast' als zweitem Bestandteil.

(6) Stein von Kjølevik, um 450 n.Chr.: HADULAIKAR EK HAGUSTADAR HLAAIWIDO MAGU MININO. Ein Grabstein Hadulaikar zum Gedächtnis; der Name des Mannes kann verglichen werden mit ae. *Heaðolāc* ‚Kampf' + ‚Spiel'. Man erwartete eher eine Schreibung mit Þ statt D. ‚Ich, Hagusta(l)dar (man beachte die Alliteration der beiden Namen), hügelte ein (= begrub) meinen Sohn'. *Hagusta(l)dar* vgl. dt. *Hagestolz*, volksetymologisch aus ahd. *hagustalt* ‚Hagbesitzer' (vgl. got. *staldan* ‚besitzen'); *hlaiwido* ist 1.Pers.Sg.Prät. von **hlaiwian* ‚hügeln', d.h. ‚begraben', **hlaiwa*, ahd. *hlēo*, ae. *hlāw* ‚Hügel', engl. *low* in Ortsnamen; *magu* ‚Sohn', vgl. gälisch *mac-; minino*, Akk.Sg.Mask., vgl. got. *meinana*, an. *minn.*

(7) Das Goldene Horn von Gallehus bei Tondern, um 400 n.Chr.: EK HLEWAGASTIR HOLTIJAR HORNA TAWIDO ‚ich, Schutzgast (vgl. ae. *hlēo*, engl. *lee*), Holtes Sohn, machte das Horn'. Dithematischer Name mit gut bezeugtem zweiten Bestandteil, vgl. *Harigast* (Negau), *Arbogast* (ein Franke); *holtijaR*: wahrscheinlich Patronymableitung *-ia-* von *holta* (man beachte den Stabreim). Bemerkenswert ist die Bewahrung des *o* < *u* vor *a* selbst vor einem *i*-Suffix. *Horna*: die Endung des Akk.Sg.Neutr. ist älter als der entsprechende Akk.Sg. in jedem anderen germ. Dialekt. *Tawido*: 1.Pers.Sg.Prät. **taujan*, got. *taujan* ‚bereiten', ae. *tawian*, engl. *to taw* ‚weißgerben'; *tool* ist eine *l*-Ableitung aus derselben Wurzel; vgl. ahd. *zouwen* ‚machen bereiten'.

(8) Spange von Freilaubersheim nahe Kreuznach im Nahegau, wahrscheinlich zwischen 550 und 600 n.Chr.: BOSO WRAET RUNA ÞK DAÞENA GODA ‚Boso ritzte (die) Runen, dir gab Dathena (dies)'. Dies ist die einzige Runeninschrift in Satzform und relativ leichter Lesbarkeit, die aus dem deutschsprachigen Gebiet auf uns gekommen ist. Die Spange wurde auf einem fränkischen Friedhof gefunden. Sprachlich kann es sich

um den regionalen vorahd. fränkischen Stammesdialekt handeln. *Boso* ist ein bezeugter Männername des Kurztypus auf *-o*, wie er aus dem Ahd. bekannt ist. *Wraet*: 3. Pers. Sg. Prät. des starken Verbs **writan* mit germ. *ae*-Diphthong (ahd. *ei*), *t* erhalten, d. h. nicht >ahd. *z* verschoben. *Runa* ist wahrscheinlich Akk. Pl., könnte aber auch Akk. Sg. sein. *ÞK* ist wahrscheinlich Abkürzung von *þik*, dt. *dich*. *Daþena* ist wohl der Name der Frau, die die Spange einem unbekannten Empfänger gegeben hat. *Gōda* wahrscheinlich Prät. *gōdda* < **gōdjan* ‚mit Gut beschenken'.

Diese wenigen Wörter und Sätze müssen als Proben aus dem Spätgerm. genügen. Sie stammen aus den letzten Jahrhunderten vor Eintritt der west- und nordgerm. Einzelsprachen in die Geschichte.

3.5 Phonologie (Lautlehre)

3.5.1 Die Betonung

Der Akzentwandel ist diejenige Erscheinung, die im allgemeinen als Argument für die Abgrenzung zwischen Vorgermanisch und Urgermanisch angesehen wird. Das Vorgerm. hat den sogenannten variablen Akzent des Ie., d. h. der Akzent konnte theoretisch auf jede Silbe des Wortes fallen. Zu einer bestimmten Zeit muß das Ie. einen vorherrschend dynamischen oder expiratorischen, auf Artikulationsintensität beruhenden Akzent gehabt haben. In dieser Phase muß die sogenannte Schwund- oder Nullstufe entstanden sein (s. 3.5.3). Die Wirkung einer derartig stark dynamischen Betonung wird sichtbar, wenn man beispielsweise engl. *drama* [dra:mə] mit *dramatic* [drə'mætik] vergleicht, wo [a:] mit [ə] je nach Fall des Akzents wechselt. Zu einer anderen Zeit muß das Ie. einen vorherrschend musikalischen oder Tonhöhenakzent gehabt haben. Dies wird von der ie. *e/o* Vokalabstufung (s. 3.5.3) und durch Aufweis eines Tonhöhenakzents in vielen ie. Sprachen vorausgesetzt. Im Vorgerm. muß die Betonung vornehmlich dynamisch geworden sein, bis sie schließlich dauernd auf der ersten oder Wurzelsilbe des Wortes zu stehen kam oder festgelegt wurde. In Bildungen, die später als Verbalkomposita auftreten, befand sich der expiratorische Akzent auf der verbalen Wurzelsilbe, nicht auf dem Präfix (Vorsilbe). Alle germ. Sprachen zeigen dies Phänomen der Anfangs- oder Wurzelbetonung. Sogar das heutige Englische und Deutsche belegen es, zumindest am ererbten germ. Wortschatz: *Váter, Váters, Väter, Vätern, väterlich, Váterschaft; fáther, fáther's, fáthers, fátherly, fátherhood*; doch vgl. damit dt. *Paternität*; engl. *patérnal*. In Sprachen mit anderen Akzentsystemen kann die Betonung auch auf Flexionsendungen liegen. S. beispielsweise lat. *ámō, amā́tis, amāvḗrunt.*

Diese Betonungsfestlegung auf der ersten Silbe begründete eine Hierarchie unter den Silben und beraubte sie ihres früheren autonomen Status'. Zwei weitreichende Konsequenzen folgten, die für die Entwicklung der germ. Sprachen in den nächsten tausend Jahren kennzeichnend wurden: (a) Wurzelumlaut durch Vorwegnahme artikulatorischer Eigenschaften der Folgevokale, (b) allmähliches Verwittern der unbetonten Bestandteile. Germ. Wörter wurden immer mehr gekürzt, bis sich die einsilbige Wurzel als charakteristische Wortform einstellte, im Englischen stärker als im Deutschen, in vielen deutschen Mundarten in größerem Maße als im Standarddeutschen.

Die meisten dieser Folgeerscheinungen wirkten sich in historischer Zeit aus. Einige Konsonantenentwicklungen (s. S. 86f.) sind nur als Folge der ie. Betonung zu erklären. Deshalb muß der epochemachende Akzentwandel ziemlich spät angesetzt werden, wahrscheinlich in den letzten beiden Jh.n oder im dritten Jh. v. Chr.

3.5.2 Das System der betonten Vokale

Das vorgerm. oder ie. System, das als Ausgangspunkt für die folgenden Entwicklungen vorausgesetzt werden muß, sieht folgendermaßen aus:

(I)

(i)			(u)	/ī/				/ū/	(ei	eu
/e/	/ə/	/o/			/ē/		/ō/		oi	ou
	/a/					/ā/			ai	au)

(a) *i, u* gibt es phonetisch als vokalische Allophone der Sonanten oder Resonanten (Halbvokale) /j/ und /w/.

(b) Die Diphthonge zeigen durch ihre nachfolgende Entwicklung, daß sie Verbindungen bestehend aus Vokalen /e, o, a/ plus Sonanten (Halbvokalen) /j, w/ sind.

(c) /ə/ und /a/ fallen in einer Reihe ie. Sprachen zusammen, auch im Germ.

(d) /a/ und /o/ fallen im Germ. zusammen. Die gleiche Erscheinung findet sich im benachbarten Baltischen und Slawischen. Im Gr. und Lat. werden sie jedoch auseinandergehalten.

(e) In einem bestimmten Stadium, das chronologisch schwer zu bestimmen ist, werden die Allophone der ie. Sonanten /l̥, r̥, m̥, n̥/ Verbindungen bestehend aus *u* + *l, r, m, n. i* und *u* müssen nun als Phoneme betrachtet werden (/i/, /u/).

Dies führt zum Stadium II, dem urgerm. System (*e* – *a* Phase):

(II)

/i/ /u/ /ī/ /ū/ (ei eu
/e/ /å/ /ē/ /å̄/ åi åu)

Wenn ein System aus wenigen Phonemen besteht, neigen diese zu großer phonetischer Breite. Stadium II liegt der Kontrast hoch : tief und hinten : vorn oder gerundet : ungerundet zugrunde. Die weitere Entwicklung ist leichter zu verstehen, wenn man eine Alternative zu obigem System ansetzt:

/i/		/u/	/ī/		/ū/
	/e/			/ē/	
		/å/			/å̄/

Das System der kurzen Vokale wird nun einer Umordnung der vorderen Vokale unterworfen sowie Veränderungen, die durch die konsonantische Umgebung im Falle des Got. und im Falle der anderen Sprachen durch die Vokale der Folgesilbe, seltener auch durch Konsonanten verursacht werden.

(a) /i/ und /e/ fallen im Got. zu /i/ zusammen mit den Allophonen [i] und [e], letzteres nur vor *r, h, ƕ* (= hw). /u/ entwickelt die Allophone [u] und [o], letzteres wieder vor *r, h, ƕ*. Später wird diese Allophonverteilung gestört und führt zu neuen Phonemen /i/-/e/-/u/-/o/ (das Got. der Bibel des Wulfila).

(b) In den anderen Sprachen gibt es eine starke Tendenz, /i/ und /e/ in der folgenden Weise umzuordnen:

[i] vor Nasal plus Konsonanten, vgl. lat. *ventus* – *Wind.*

[e] vor *a* (*a*-Mutation, auch Brechung oder Senkung genannt) und vor *e, ō*: vgl. lat. *vir* – ahd. *wer* (vgl. *Wergeld*), *edo* – ahd. *ezzan (essen).*

[i] vor *u* (*u*-Mutation, auch Brechung oder Hebung genannt): vgl. lat. *pecus* – ahd. *fihu (Vieh).*

[i] vor *i, j* (*i*-Mutation, auch Brechung oder Hebung genannt): vgl. lat. *medius* – dt. *mitten*, engl. *mid.*

Wenn keine störenden Einwirkungen durch die Morphologie vorgekommen wären und alle Mutationen (Brechungen bzw. Hebungen und Senkungen) gleichermaßen über den gesamten Raum Wirkung gehabt hätten, wäre man in der Lage, ein Phonem mit den Allophonen [i] und [e] in komplementärer Verteilung anzusetzen. Es ist gezeigt worden, daß das

Altisländische Beweise dafür liefert, daß der /i/-/e/-Kontrast vor *a* immer bewahrt wurde – in seinem besonderen Vorgänger. Das Ae. und das An. haben deutliche Reflexe des ie. /i/ und /e/ vor *u* bewahrt: Ae. *eo/io*, altisl. *iǫ/y*. Nichtsdestoweniger ist es möglich, daß irgendwo im urgerm. Raum ein vollständiger Zusammenfall stattgefunden hat. Doch sogar das Ahd., bei dem die *u*-Mutation am augenfälligsten ist, liefert Ausnahmen von dem komplementären Verteilungsmuster, besonders deutlich bei den Partizipien des Präteritums der ersten starken Verbklasse (*giritan* nicht **giretan*). Der frühe Verlust des auslautenden *-a, -e* kann die Tendenz auch beeinträchtigt haben, und das Problem: Vereinheitlichung oder nicht, läßt sich jetzt wahrscheinlich nicht mehr lösen.

(c) /u/ entwickelte ein Allophon [o] vor *a* (*a*-Mutation) und vor $\bar{e}^1$, *ō* (s. Stadium III), war aber [u] vor Nasal plus Konsonant, auch wenn *a* folgte, und vor *i, j, u.*

Auf diese Weise gelangen wir zum Stadium III des Kurzvokalsystems mit einer hypothetischen Variante (a) und einer realen Variante (b), die in den historischen Sprachen belegt ist.

(III)

(a) /i-e/ /u-o/
/a/

(b) /i/ /u-o/
/e/
/a/

Das System der Langvokale wird nun beeinflußt durch das Vorkommen eines weiteren Langvokals der vorderen Mitte (artikulatorisch gesehen), e^2, der in einem großen Teil der Germania (allerdings nicht im Got.) zusätzlich zum vorhandenen e^1 auftritt:

(a) /ī/ /ū/
/$\bar{e}^1$/
/å̄/

(b) /ī/ /ū/
→ /$\bar{e}^2$/ /ō/
↖
(/$\bar{e}^1$/) (/å̄/)
↘
/ǣ/

(c) /ī/ /ū/
/ē/ /ō/
/ǣ/

Das Erscheinen des /$\bar{e}^2$/ ist lange ein die germanische Philologie beunruhigendes Rätsel gewesen. F. van Coetsem und E. H. Antonsen haben kürzlich eine plausible Erklärung geliefert, indem sie das Phänomen als Teil der oben diskutierten Mutationen betrachtet haben. Die Dipthongverbindungen wurden von den gleichen Mutationen beeinflußt, wobei jeder Bestandteil wie ein Einzelvokal reagierte. Die Verbindung *eu* entwickelte die neuen Varianten *iu* und *eo* unter denselben Bedingungen, unter denen die Einzelvokale denselben Wechsel zu *i* oder *o* erfahren hatten. Nimmt man an, daß diese Mutation auch den parallelen Diphthong *ei* berührte, bekommt man *ii* und *ee* als Stellungsvarianten. Erstere verschmolz mit dem bestehenden /ī/, was schon seit langem bekannt ist, und die zweite ist das neue /ē/ oder $\bar{e}^{2}$. Kontraktionen und Entlehnungen ließen das Vorkommen dieses neuen Phonems weiter anwachsen.

Das urgerm. Vokalsystem (zweite Phase) sieht also folgendermaßen aus:

(IV)

/i/			/u-o/	/ī/				/ū/		
	/e/				/ē/		/ō/		/iu-eo/	
		/a/				/ǣ/			/ai/	/au/

In Anbetracht der Tatsache, daß dieses System das west- und nordgerm. System zureichend erklärt, doch zum Got. weniger gut paßt, sollte man es vielleicht eher als kennzeichnend für das Spätgerm. denn für das Urgerm. ansehen. Das Kriterium, das W. P. Lehmann gebraucht hat, um das Ende der urgerm. Phase zu bestimmen, ist der Verlust des *-e* und *-a* in schwachbetonten Endsilben. Dies führte zum Ansatz eines [u] und [o] als getrennter Phoneme. Da die relative Chronologie und das geographische Vorkommen dieser Erscheinungen der zweiten Phase des Urgerm. nicht klar sind, ist es ratsam, die terminologische Unterscheidung zwischen Urgerm. und Spätgerm. nicht zu überanstrengen.

Die Erscheinung des *i-e* und des *u-o* im Urgerm. hat zu zahlreichen Wortpaaren mit Vokalwechsel geführt: *Erde – irden, Berg – Gebirge, Nest – nisten, wägen – Gewicht, geben – gibt, vor* (<*fora*) *– für* (<*furi*), *über – ober, Geburt – geboren, Zorn – zürnen, Gold – gülden.* Durch den Ausgleich nach verschiedenen Richtungen oder die Einwirkung unterschiedlicher Kontexte gibt es eine stattliche Zahl von Wörtern im Englischen und Deutschen, die sich aufgrund dieser urgerm. Phänomene unterscheiden: *stick – Stecken, stilt – Stelze, liver – Leber, quick – keck, lick – lecken, live – leben, seven – sieben; buck – Bock, ford – Furt, fox – Fuchs, storm – Sturm, wolf* (ae. *wulf*) *– Wolf, full – voll, dull – toll.*

Eine Art der Mutation, die *i*-Mutation oder der *i*-Umlaut, führte zu weiteren wichtigen Allophonentwicklungen im Spätgerm. Andere Mutationsarten, z. B. weitere *u*-Mutation (auch *u*-Umlaut), wurden für das Nordgerm. wichtig, kommen aber im Deutschen nicht vor.

/u/ /ū/ → [y] [ȳ] vor *i, j*
/u/ /ū/ → [u] [ū] vor anderen Vokalen

/a/ /ā/ → [æ] [ǣ] vor *i, j*
/a/ /ā/ → [a] [ā] vor anderen Vokalen

/o/ /ō/ → [ø] [ø̄] vor *i, j*
/o/ /ō/ → [o] [ō] vor anderen Vokalen

/o/ konnte natürlich diese Allophonverteilung nur haben, nachdem es analog in Stellungen vor *i* oder *j* eingeführt worden war. Es gibt Anzeichen dafür, daß dies schon früh geschehen ist. Vgl. *holtijaR* (o. S. 74) auf dem Goldenen Horn von Gallehus um 400 n. Chr.

Es ist anzunehmen, daß die Diphthonge /ai/ und /au/ in ähnlicher Weise von der *i*-Mutation (*i*-Umlaut) beeinflußt wurden. Erst in der nächsten Phase, der der Einzelsprachen, sollten diese *i*-Umlaute strukturelle Folgen haben.

Eine weitere Allophonentwicklung fand vor /n/ plus /h/ statt. In dieser Stellung entwickelten /a, i, u/ nasalierte Allophone [ã, ĩ, ũ]. Nach dem Verlust des /n/ und Ersatzdehnung wurden die sich daraus ergebenden langen Vokale entnasaliert und gesellten sich den entsprechenden langen Vokalen zu. Eben dieser Prozeß ist für die heutigen unregelmäßigen Formen *brachte – brought* und *dachte – thought*, die Präterita von *bringen – bring, denken – think*, verantwortlich.

Das für das Deutsche direkt relevante spätgerm. Vokalsystem sieht wie folgt aus:

(V)

/i/		/u/	/ī/		/ū/	/iu/			
	/e/	/o/		/ē/	/ō/		/eo/		
	/a/			/ā/				/ai/	/au/

3.5.3 Vokalabstufung (Ablaut)

Das heutige Deutsch weist eine stattliche Zahl von Vokalwechseln auf, die einen großen Teil des Wortschatzes berühren. Eine Art dieser Wechsel reicht bis in die Assimilationsprozesse zurück, die im Germ. als Folge des Akzentwechsels wirkten. Solche Modifikationen eines betonten Vokals unter dem Einfluß eines anderen Vokals in der Folgesilbe heißen

Mutation oder *Umlaut* (s. 3.5.2). Mutationen haben Wechsel wie die folgenden bewirkt: *Kraft – Kräfte, Kunst – Künste, Haus – Häuser, stechen – sticht, graben – gräbt, voll – füllen – völlig*, oder *Hof – höfisch – hübsch.* Eine andere Art des Vokalwechsels ist viel älter. Sie findet sich auch in anderen ie. Sprachen und entstand in den ältesten Stadien des Ie. *Vokalabstufung* oder *Ablaut (Apophonie)* ist der reguläre Wechsel bestimmter ie. Vokale in etymologisch verwandten Morphemen. Beispiele aus dem Lat. sind *tego* ‚ich bedecke', *toga* ‚Kleid', *tēgula* ‚Ziegel'; *precor* ‚ich flehe', *procus* ‚Freier'; *sedimus* ‚wir sitzen', *sēdimus* ‚wir haben gesessen'; *meditor* ‚ich denke nach', *modus* ‚Maß'; oder vgl. griech. *πέτεσθαι* (pétesthai) ‚fliegen', *ποτή* (pótḗ) ‚Flug'; *πτέσθαι* (ptésthai) Inf. Aorist., *πωτᾶσθαι* (pōtãsthai) ‚flattern'. Die Wechsel betreffen also Quantität wie Qualität der Vokale. Indoeuropäisten betrachten den quantitativen Wechsel als das Ergebnis einer dynamischen Betonung, die zu einer bestimmten Zeit phonemischen Charakter hatte und einen Vokal *e* ergab, der bei normaler Betonung als *e* erscheint, bei Betonungslosigkeit zu *ə* oder Null reduziert wird oder durch Akzentverhältnisse und mit Absorption der unbetonten Elemente Längung zu *ē* erfährt. Lange, durch Kontraktion von Vokal plus Laryngal (ein *h*-artiger Konsonant) sich ergebende Vokale waren, wenn unbetont, ebenso der Reduktion unterworfen. So erhält man drei verschiedene Quantitätsabstufungen: Normalstufe (*Voll-* oder *Hochstufe*), *Reduktionsstufe* oder Nullstufe *(Schwundstufe)* je nach phonetischer Umgebung und *Dehnstufe.*

In einem anderen, späteren Stadium, so wird angenommen, war das Ie. durch einen vorherrschend musikalischen oder Tonhöhenakzent gekennzeichnet. Aus diesem Akzent ergab sich die qualitative Abstufung oder *Abtönung.* Unter dem Haupttonhöhenakzent blieben *e, ē* stehen, dagegen wurden sie zu *o, ō* unter sekundärem Tonhöhenakzent. Die hauptsächlich von dem ie. Abstufungsmuster betroffenen Vokale waren also *e – o – ē – ō* und in geringerem Maße auch *a* und *ā*. Sie bildeten eine Anzahl von Reihen, wie z. B. *e – o – ē – ō – Ø, a – o – ā – ō – Ø, ā – ō – ə, ē – ō – ə* und verbanden sich auch mit den Halbvokalen und Sonanten (Resonanten): *e + j – o + j – i* (Reduktionsstufe), *e + w – o + w – u* oder *e + r – o + r – r/r̥* usw. Sehr selten gibt es ganz gefüllte Reihen. Nachfolgende phonologische Entwicklungen haben das ursprüngliche Muster sehr komplex werden lassen und geändert. Im Germ. werden die Ablautreihen von der Morphologie in Dienst genommen und großenteils umgebaut.

Die folgende Tafel illustriert einige Reihen.

	Vollstufe 1. Hochstufe Normalstufe I	Abtönstufe 2. Hochstufe Normalstufe II	Dehnstufe Dehnstufe I	Abgetönte Dehnstufe Dehnstufe II	Schwundstufe Nullstufe Reduktionsstufe
Ie.	e	o	ē	ō	ə –
Germ.	e/i	a	ǣ	ō	–
	genu (lat.)	*γόν* (gr., gón)			*Knie*
	pedis (lat.)	*ποδός* (gr., podós)	*pēs* (lat.)	*fōtus* (got.) ‚Fuß'	
Ahd.	*geban* ‚geben'	*gab*	*gābum*		*(gigeban)*
Ie.	ei	oi			i
Germ.	ei > ī	ai			i
Got.	*greipan* ‚greifen'	*graip*			*gripans*
Engl.	*ride*	*rode, road*			*ridden*
Ie.	*eu*	*ou*			*u*
Germ.	*iu/eo*	*au*			*u*
Dt.	*riechen*	*Rauch*			*Geruch/gerochen*
Dt.	*fließen*	*Floß*		*Flut*	*Fluß/geflossen*
Ie.	e + r + Kons.	o + r + Kons.			r/r̥
Germ.	er-	ar-			ur-
Dt.	*werden*	*ward*			*wurden/geworden*
Ie.	e + n + Kons.	o + n + Kons.			n/n̥
Germ.	in-	an-			un-
Dt.	*klingen*	*Klang*			*geklungen*
	binden	*band/Band*			*Bund/gebunden*
Ie.	a	o	ā	ō	ə
Germ.	a	a	ō	ō	a
			sāgio (lat.)	*sōkjan* (got.) ‚suchen'	
Dt.	*Hahn*		*Huhn*		
	fahren		*fuhr*		
	Stall		*Stuhl stōls* (got.) *Statt*		

Wie man sieht, erscheinen der Infinitiv und das Präsens der Primärverben in der Vollstufe (Normalstufe I, 1. Hochstufe), der Singular des Präteritums (germ.) oder des Perfekts (ie.) ist durch die Abtönstufe (Normalstufe II, 2. Hochstufe) markiert, die auch abgeleitete Verben, wie die Kausativa, haben. Verbalsubstantive sind von der Abtönstufe (Normalstufe II, 2. Hochstufe) oder der Null- (Schwund-, Reduktions-)stufe abgeleitet, vgl.

Vollstufe 1. Hochstufe Normalstufe I	Abtönstufe 2. Hochstufe Normalstufe II			Schwundstufe Nullstufe Reduktionsstufe
schwimmen	*schwamm* *schwemmen*	–	–	*der Schwumm* (mundartlich)
schießen	*schoß* *Geschoß*	–	–	*Schuß* *geschossen*

Sowohl *u (Schuß)* wie *o (geschossen)* sind Reflexe von urgerm. *u*, der Schwundstufe der diphthongischen Grundlage mit *w*, oder von urgerm. *u*, das sich aus ie. *l, r, m, n* (s. S. 76 f.) entwickelt hatte. Die nachfolgende, auch an *Fluß – geflossen, Geruch – gerochen, wurden – geworden* gezeigte Aufspaltung trat im Spätgerm. ein (s. S. 78 f.).

Das urgerm. *au* der Abtönstufe der gleichen Diphthonggrundlage wurde im Vorahd. auch aufgespalten (> *ou/ō*, s. S. 153 ff.) deshalb *Rauch*, aber *Floß*. Die Form des nhd. *schoß* mit kurzem *o* ist das Ergebnis eines Ausgleichs zugunsten des kurzen Vokals in *geschossen* und *schossen* (mhd. *schuzzen*) vgl. auch *floß* zu *fließen*, aber mit langem Vokal *bot* zu *bieten*. Das Mhd. hatte *scōz* und *vlōz*.

Die nhd. Formen *Flut, Huhn, fuhr, Stuhl* leiten ihren Wurzelvokal von ahd. *uo* < urgerm. *ō* (s. S. 154 f.) ab. *Hahn* und *fahren* gehen mit ihrem langen Wurzelvokal auf mittelalterliche Formen mit kurzem *a* zurück (s. S. 154).

Im Partizipium des Präteritums ahd. *gigeban* ist der Wurzelvokal kein Reflex der ie. Schwund- oder Nullstufe, sondern ist in Analogie zur Vollstufe abgeleitet. Eine Wurzelvariante **gb* wurde aus augenscheinlichen Gründen vermieden, weshalb germ. Verben stets einen Vokal zwischen dem Anfangs- und Endkonsonanten der Wurzel aufweisen.

Engl. *rode* und *road* sind aus dem ae. Prät. Sg. *rād* abzuleiten. In beiden Fällen war ae. *ā* eine regelmäßige Entwicklung aus urgerm. *ai*, der Abtönstufe einer Diphthongbasis mit *j*.

3.5.4 Das Konsonantensystem

Das Ie. hatte drei Phonemklassen: Vokale, Sonanten oder Resonanten und Konsonanten oder Obstruenten. Eine vierte Klasse, die Laryngale, ist nicht so einfach zu bestimmen. Im Germ. ist die Klasse der Laryngale nicht mehr aufweisbar, und die Sonanten bilden eine Untergruppe der Konsonanten. Im Ie. konnten sie silbische und nichtsilbische Funktion annehmen. Im Germ. wurden sie schließlich je nach vorheriger Funktion aufgespalten in Vokale und Konsonanten:

Ie. /j, w, l, r, m, n/ → germ. /i, u, ul, ur, um, un/
Ie. /j, w, l, r, m, n/ → germ. /j, w, l, r, m, n/

Das ie. Konsonanten- und Obstruentensystem im engeren Sinne des Wortes bestand im wesentlichen aus Verschlußlauten, die Oppositionen von Stimmhaftigkeit und Aspirierung (Behauchung) bildeten:

(I)	/p/	/t/	/k/	/k^w/	1
	/b/	/d/	/g/	/g^w/	2
	/bh/	/dh/	/gh/	/g^wh/	3
		/s/			

Von den drei Verschlußlautreihen stand 1 im Kontrast zu 2 aufgrund der Stimmhaftigkeit und zu 3 aufgrund von Stimmhaftigkeit und Aspiration. 3 stand im Kontrast zu 2 nur aufgrund der Aspiration. Es scheint, daß eben diese unausgeglichene Verteilung der wechselseitigen Beziehungen (Korrelationen) den ersten Anstoß zu einer Verschiebung gegeben hat. J. Fourquet hat eine Theorie vorgelegt, gemäß der der erste Schritt ein Umschalten von der Korrelation Stimmhaftigkeit (1–2) auf die Korrelation Aspiration gewesen ist. Der kritische Faktor in der Gleichung ist Reihe 3. Ihr Wesen ist außerordentlich umstritten. Ihre Reflexe in den ie. Sprachen lassen vielleicht nur das Unterscheidungsmerkmal Stimmhaftigkeit vermuten (deshalb unten die Schreibweise /B usw./, die eine übermäßig genaue Bestimmung umgehen soll). Man sollte doch lieber beim nächsten Entwicklungsschritt die Reihe 1 und 2 als verknüpft ansehen, sonst bekämen wir kaum ein glaubwürdiges System. Die traditionelle Ansicht über die germ. Lautverschiebung, bekannt als Grimmsches Gesetz, sieht die Verschiebung von /b d g g^w/ im großen und ganzen nicht nur deshalb als den letzten Schritt an, weil sie das System als ganzes vernachlässigt, sondern weil anscheinend, nicht sehr überzeugend übrigens, bestimmte Lehnwörter die Vermutung nahelegen, daß diese Verschiebung als letzte geschehen sei. Jean Fourquet folgend setzen wir ein Zwischensystem an:

(II)	/ph/	/th/	/kh/	/k^wh/	1
	/p(b̥)/	/t(d̥)/	/k(g̥)/	/k^w(g^w̥)/	2
	/B/	/D/	/G/	/G^w/	3
		/s/			

Die Korrelation Aspiration (Behauchung) der Verschlußlaute (1–2) muß nun durch eine solche von Reibung gegenüber Verschluß ersetzt worden sein. Bemerkenswert ist dabei die Tatsache, daß das System von drei Reihen mit vier Artikulationsstellen in Gänze bewahrt worden ist, obwohl es solch tiefgreifenden phonetischen Veränderungen unterworfen war. Mit einer Einschränkung, die die lautliche Umgebung betrifft (Stadium II 1 wurde nicht zu Stadium III 1 nach Reibe- und Verschlußlauten), sieht das vorgerm. System wie folgt aus:

(III) /f/	/þ/	/x/	/x^w/	1
/p/	/t/	/k/	/k^w/	2
/B/	/D/	/G/	/G^w/	3
	/s/			

Bei lat. Beispielen für das Ie. und got. für das Germ. bekommen wir die folgenden Entsprechungen:

(1)	p > f	*piscis* – *fisks* ‚Fisch'
		pater – *fadar* ‚Vater'
	t > þ	*tres* – *þreis* ‚drei'
		tongēre ‚wissen' – *þagkjan* ‚denken'
	k > x	*capere* – *hafjan* ‚heben' (*h*<*x*)
		canere ‚singen' – *hana* ‚Hahn' vgl. engl. *hen*
	k^w > x^w	*quod* – *ƕa* ‚was'
		sequor ‚folgen' – *saíƕan* ‚sehen'

Die Konsonantenverbindungen *pt* und *kt* werden *ft* und *xt*, d.h. der zweite Verschlußlaut bleibt unverschoben. Der Verschlußlaut in Zweitstellung ist auch bewahrt in *sp, st, sk* (*spuo* – engl. *spew*, dt. *speien; est – ist; piscis – fisks*), wahrscheinlich, weil Neutralisierung und anschließende Neuzuweisung eintrat.

(2)	b > p	*scabere* ‚schaben' – *gaskapjan* ‚schaffen'
		lābī ‚gleiten' – *slēpan* ‚schlafen'
	d > t	*domus* ‚Haus' – *timbrja* ‚Zimmermann' vgl. engl. *timber*
		duo – *twai* ‚zwei'
	g > k	*gūstus* ‚Geschmack' – *kustus* ‚Prüfung'
		grānum – *kaúrn* ‚Korn'
	g^w > k^w	*nūdus* (< **nogwedos*) – *naqaþs* ‚nackt'
		venire (< *g^w-) – *qiman* ‚kommen'
(3)	bh > b	*fero* (< **bh-*) ‚ich trage' – *baíran* ‚tragen'
		findere (< **bh-*) ‚spalten' – *beitan* ‚beißen' (das Lat. hat ein *n*-Infix im Präs. Das Perf. heißt *fidi*.)

dh > d	*foris* (< **dh-*) – *daúrō* ‚Tür‘
	fingere (< **dh-*) ‚formen‘, – *digan* ‚kneten‘, vgl. engl. *dough* (das Lat. hat ein *n*-Infix.)
gh > g	*longus* (< **gh-*) – *laggs* ‚lang‘
	haedus (< **gh-*) – *gaits* ‚Ziege, Geiß‘
$g^wh > g^w$	ie. **seng^{w}h-* – *siggwan* ‚singen‘
> w	*ninguit* (< **g^{w}h-*) ‚schneit‘ - *snaiws* ‚Schnee‘

Wenn die neuen germ. Reibelaute *f, þ, x* und das ererbte *s* nicht in Anfangsstellung standen oder ihnen nicht unmittelbar der Akzent vorausging, wurden sie stimmhaft in stimmhafter Umgebung: *ƀ, ð, ǥ, z.* Solange das ie. Akzentsystem bestanden hatte, können stimmhafte und stimmlose Realisierungen als Allophone einer Reibelautreihe angesehen werden. Wenn /B D G/ schon Reibelaute gewesen wären, schiene es wahrscheinlich, daß sie in dieses Verteilungsmuster einbezogen worden wären. Dies ist aber nicht der Fall. Der Entdecker dieses Wechsels von Stimmhaftigkeit und Stimmlosigkeit der vorgerm. Reibelaute heißt Karl Verner. Die Erscheinung ist nach ihm Verners Gesetz genannt. (‚Eine Ausnahme der ersten Lautverschiebung‘, *Zeitschrift für vergleichende Sprachforschung*, III (1877) 97–130). Es erklärt beispielsweise die scheinbar unregelmäßige Entsprechung von got. *d/þ* oder ae. *d/þ* oder dt. *t/d* zu lat. *t* in den entsprechenden lat. Wörtern *pater* und *frater*: *fadar – brōþar, fæder – brōþor, Vater – Bruder.* Sprachen, die noch die ie. Betonung hatten, wie Griech. und Sanskrit, zeigen, daß bei dem Worte ‚Vater‘ der Akzent hinter *t*, bei ‚Bruder‘ unmittelbar vor *t* lag. Dadurch wird klar, daß der ie. Akzent die folgende Wirkung im Germ. hatte:

Ie. ´t- > urgerm. ´þ- > þ
-t´- > urgerm. -þ´- > ð

Da die verschiedenen Formen innerhalb des gleichen Paradigmas oder der gleichen grammatischen Kategorie verschiedene Betonungsmuster haben konnten, solange der ie. variable Akzent existierte, entstand der Konsonantenwechsel: *f, þ, x, s* : *ƀ, ð, ǥ, z.* Die historischen germ. Sprachen, besonders auch das Deutsche, zeigen noch immer Reflexe davon, beispielsweise bei den Stammformen starker Verben. Die Erscheinung ist bekannt als Grammatischer Wechsel (ein Konsonantenwechsel, der nichts mit Grammatik zu tun hat). In den anschließenden Jahrhunderten wurden diese Konsonantenwechsel durch phonologische Entwicklungen und analogischen Ausgleich stark reduziert. Doch auch die heutigen Sprachen haben Spuren davon. Beispielsweise das Englische bei *was – were* (*r*<*z*), *lose – forlorn, seethe – suds, sodden* (*d*<*ð*); das Dt. bei *schneiden – schnitten, ziehen* (*h*<*x*) *– zogen* (*g*<*ǥ*), *verloren – Verlust.*

Als der Akzent schließlich im Germ. auf die Wurzelsilbe gezogen worden war, wurden die stimmhafte und die stimmlose Realisierung der Reibelaute zu getrennten Phonemen. Die stimmhaften Varianten fielen dann mit den stimmhaften Reibelautallophonen der Phoneme /B D G G^w/ zusammen. Man pflegte anzunehmen, daß ie. /bh dh gh g^wh/ im Germ. zu den stimmhaften Reibelauten /ƀ ð ǥ $ǥ^w$/ geworden sind. W. G. Moulton hat gezeigt, daß alle germ. Einzelsprachen mit Ausnahme des Ahd. sowohl Reibelaut- wie Verschlußlautrealisierungen dieser ie. Phonemreihe aufweisen, und zwar in komplementärer Verteilung (Verschlußlaute: am Anfang (wahrscheinlich mit Ausnahme von /ǥ/), nach Nasalen und in Gemination).

Das urgerm. System hatte also die folgende Form:

(IV)	/f/	/þ/	/s/	/x/	1
	/p/	/t/		/k/	2
	/b-ƀ/	/d-ð/	/z/	/g-ǥ/	3
	/m/		/n/		
			/l/		
			/r/		
	/w/		/j/		

Die einzige, in ihrem Vorkommen noch unbeeinträchtigte Reihe war die der stimmlosen Verschlußlaute /p t k/. Zwischen den Reihen 1 und 3 hatte es einen teilweisen Zusammenfall gegeben. Die Reihe der Labiovelaren war mindestens in einem Teil der Germania aufgelöst worden. Zu ihm gehörte auch der Teil, in dem das Deutsche entstand.

Im Spätgerm. entwickelte /x/ die Allophone [h] in Anfangsstellung und [x] in anderen Positionen. Dt. *Horn* und *Nacht* zeigen einen letzten Reflex dieser zweifachen Verteilung, vgl. lat. *cornu – noctis*, ie. /k/ >germ. /x/. Durch einen Rhotazismus genannten Vorgang wurde /z/ zu /r/ im Nord- und Westgerm.

Die Allophonverteilung der dritten Phonemreihe sollte schließlich zu einem wichtigen Unterschied zwischen Deutsch und Englisch führen. /d-ð/ wurde /d/ überall im Westgerm. (später >*t* im Dt.): *daughter – Tochter, deaf – taub, yard – Garten.* /b-ƀ/ und /g-ǥ/ wurden einheitlich /b/ /g/ im Deutschen, wenigstens in den oberdt. Mundarten, bewahrten aber Verschluß- und Reibelautartikulation im Englischen, deshalb: *bind – binden, rib – Rippe*, aber *seven – sieben, wife – Weib; yell – gellen, finger – Finger, way – Weg, rain – Regen* mit unregelmäßigen Entsprechungen bei *give – geben, guest – Gast.*

Ursache und detaillierter Prozeß der Germanischen Lautverschiebung sind Gegenstand unzähliger Untersuchungen und Spekulationen gewesen. Weder psychologische Beweggründe (die große Stärke der Germanen!) noch Substrattheorien haben sich als hilfreich erwiesen. Keine anderen, für dieses Phänomen außerordentlicher Konsistenz und Regelhaftigkeit vollkommen zufriedenstellenden Gründe sind je angeboten worden als die, die in den Betonungs- und Systemmerkmalen der ie. und germ. Phonologie zu finden sind. Ihr zeitlicher Eintritt ist erfolgreicher bestimmt worden. Da keine lat. Lehnwörter von der Lautverschiebung berührt worden sind und da alle von antiken Autoren angeführten germ. Wörter ihre Wirkung zeigen, muß sie vor der ersten Berührung mit Rom in der zweiten Hälfte des letzten vorchristlichen Jh.s eingetreten und um diese Zeit herum abgeschlossen gewesen sein. Anderseits sind bestimmte keltische Lehnwörter von der Verschiebung berührt. Der Kontakt zu den Kelten ist wahrscheinlich vor der Mitte des letzten Jahrtausends v. Chr. nicht sehr eng gewesen. Die Germanische Lautverschiebung hat daher höchstwahrscheinlich Anfang des letzten halben Jahrtausends v. Chr. stattgefunden.

3.5.5 Die Entwicklung der Vokale und Konsonanten in unbetonten Silben

Der Akzentwandel hatte als eine seiner weitestreichenden Folgen die fortschreitende Minderung der unbetonten Endsilben mit sich gebracht. Das hatte Folgen nicht nur für die Phonologie, sondern auch für die Morphologie. Die Morphologie ist in Paradigmen wirksam. Obgleich der phonologische Prozeß fortschreitender Minderung im wesentlichen syntagmatisch oder linear verläuft, waren die Entwicklungen wegen ihrer morphologischen oder paradigmatischen Implikationen alles andere als einfach. Die *Auslautgesetze* in den Handbüchern der Junggrammatiker sind eines der schwierigsten Kapitel. Sie sind jedoch ein gutes Beispiel für die Konkurrenz und den Konflikt zwischen syntagmatisch-phonologischen und paradigmatisch-morphologischen Tendenzen. Nur wenige der Hauptpunkte können erwähnt werden.

Von den ie. Konsonanten im Auslaut wurde *r* erhalten, beispielsweise in den Verwandtschaftsausdrücken: *Tochter, Vater, Mutter* usw. Auslautende Nasale gingen früh verloren. Deshalb wurde der Unterschied zwischen Plural und Singular bei der Hauptklasse neutraler Substantive zerstört und existiert im Westgerm. tatsächlich bei Substantiven mit langer Wurzelsilbe nicht mehr. Der Nom./Akk.-Unterschied bei den vokalischen Stämmen der Maskulina und Feminina verschwand ebenfalls (vgl. lat. *servus/servum; silva/silvam; turris/turrem*), nachdem das Westgerm. auch sein auslautendes *-z* (<*-s*) verloren hatte. Auslautendes *-s* war noch im Got. erhalten und im An. zu *-R* (>*r*) geworden, weshalb für das Urgerm. **-z* angesetzt wird. Auslautendes ie. *-t* verschwand auch früh. Nur wo im Ie. dem *s* und *t* einst ein Vokal folgte, sind sie noch im Germ. erhalten. Daraus erklären sich die Endungen **-is, *-iþ (-d), *-eþ (-ed)* der 2. u. 3. Pers.Sg. und der 2. Pers.Pl.Präs.Indik. der regelmäßigen Verben (ahd. *gibis, gibit, gebet*) und die ‚endungslose' 3. Pers.Sg.Präs. der heutigen Modalverben (*soll, kann* usw.), der Konjunktiv *(er gebe)* und das Präteritum *(er gab)*.

Die ursprünglich kurzen ie. Vokale *e, o, a* (>germ. *e, a*) gingen am Ende der urgerm. Phase verloren; *i, u* jedoch nur nach langen Wurzelsilben im Westgerm., d.h. nach Wurzeln mit langem Vokal oder Diphthong oder mit kurzem Vokal plus mehr als einem Konsonanten (positione lang). Da eine große Klasse der schwachen Verben das Präteritum mit dem Suffix **-iða* bildete, hatte der Verlust oder die Bewahrung von unbetontem *-i-* je nach der Länge der Wurzelsilbe im Westgerm. weitreichende Folgen. Die Verben mit langem Stamm dieser Klasse hatten im Prät. keinen Umlaut, die mit kurzem Stamm hatten ihn. Selbst heute noch gibt es im Englischen und Deutschen einen Nachklang dieser Erscheinung, der als *‚Rückumlaut'* bekannt ist (s. die schwachen Verben im nächsten Kapitel): *sell – sold, tell – told; kennen – kannte, brennen – brannte.*

Die ursprünglich langen Vokale und die aus Kontraktionen resultierenden langen Vokale wurden im Germ. in erster Linie gekürzt. Wo die historischen Sprachen unbetonte lange Vokale hatten, waren sie Ergebnis von Kontraktionen. Sie wurden im nächsten Stadium gekürzt.

3.6 Morphologie: Flexion

3.6.1 Deklination der Substantive

Im Germ. wurden bei den Substantiven drei grammatische Kategorien unterschieden: Kasus, Numerus und Genus. Selbst im Ie. bildeten sie keine separaten Muster, sondern griffen ineinander und überschnitten sich. Die Geschichte des germ. Substantivs wurde durch den inneren Konflikt oder die ‚Widersprüche' zwischen diesen miteinander verwobenen Kategorien bestimmt, und die Antriebskraft hinter der Entwicklung war das neue Betonungsmuster mit der aus ihm sich ergebenden Schwächung eben der Mittel, die zum Ausdruck jener drei Kategorien nötig sind. Kasus und Numerus wurden herkömmlicherweise durch Flexionsendungen bezeichnet. Das Genus war unter die Flexionsklassen ungleich verteilt, wurde aber von Zeit zu Zeit ein Entwicklungsfaktor der Klassen. Die Klassen selbst hatten ursprünglich ihre Grundlage in der ie. Stammsuffigierung mit Formanten wie *-o-, -ā-, -i-, -u-* usw. (auch Themavokale genannt), die an die Wurzeln gefügt wurden (s. S. 24f.). Als die Wurzeln und Formanten nach und nach verschmolzen, unterschieden sich die Klassen aufgrund von Kasus- und Numerusbildung. Nimmt man das Got. als deutlichste Spiegelung des Urgerm., müssen wir schließen, daß Kasus und Numerus sich die Waage hielten. Doch sogar im Got. gab es Vorausdeutungen auf das, was geschehen mußte. Zwei wichtige Klassen (die fem. *ō*-Stämme und die mask. fem. neutr. *n*-Stämme) unterschieden sich im Nom. und Akk. Pl. nicht, doch Sg. und Pl. waren deutlich unterschieden. Die westgerm. Sprachen, etwas über vierhundert Jahre später belegt, zeigen, daß sich das Gleichgewicht bereits deutlich zugunsten der Numerusunterscheidung verschoben hatte. Tatsächlich waren nur Gen. und Dat. und Nom./Akk. noch ziemlich klar unterschieden, während die Numerusunterscheidung sich etwas besser behauptete. In der Tat hatten auch hier bedeutende Zusammenfälle stattgefunden: Sg. und Pl. Nom./Akk. waren nicht mehr unterschieden im Falle der neutralen *a*-Stämme und der fem. *ō*-Stämme (mit Ausnahme des Ae.), doch der *i*-Umlaut wies auf zukünftige Möglichkeiten hin.

Die Kasus hatten hauptsächlich grammatische Funktion, nämlich Satzbeziehungen auszudrücken. Die Raum- (Lokativ) und Artbeziehungen (Ablativ oder Instrumental) waren im großen und ganzen syntaktischen Mitteln übertragen worden, weshalb die Kasus im wesentlichen die Beziehungen zwischen verschiedenen Satzgliedern ausdrückten.

Das Ie. hatte eine große Zahl von Substantivklassen. Eines der ersten Merkmale, die ausgeschieden werden sollten, war mögliches Vorkommen des Ablauts innerhalb der Nominalparadigmen. Es gibt im Germ. bei Substantivwurzeln keine Spuren von Ablaut innerhalb der Paradigmen. Verschiedene Stufen können bei Deklinationsendungen mundartlich überlebt haben. Im Gen. Sg. der *a*-Stämme scheint runennord. *-as* und ae. *-æs* von urgerm. **-asa* (< *-oso*) abgeleitet zu sein, während got. *-is* und ahd. *-es* Reflexe von **-esa* (< **-eso*) sind. Mit anderen Worten, die mundartlichen Varianten scheinen auf dem ie. *e/o*-Wechsel zu beruhen. Auch Reflexe von verschiedenen Stufen können in den Dialekten vorkommen, die Ausgleich in unterschiedlichen Richtungen bezeugen oder, was vielleicht wahrscheinlicher ist, einfach auf Wurzeln mit verschiedenen Stufen zurückgehen, z.B. ahd. *rehho* – ae. *raca, Rechen* – *rake* (ie. *e/o*-Stufen); *Kuchen* – *cake* (ie. *ō/o* oder *ā/a*-Stufen); *Liebe* – *love*, ahd. *lioba* – ae. *lufu* (ie. *eu/u*); ahd. *brust*, got. *brusts* – ae. *brēost*, as. *briost, Brust* – *breast* (ie. *u/eu*). Die Tatsache, daß es nur wenige solcher Fälle gibt, würde darauf hindeuten, daß das Ausscheiden der Abstufung früher stattgefunden hat. Auch die Wirkung der Akzentverlagerung verschwand aus den Nominalparadigmen sehr früh. Es gab in der germ. Nominaldeklination keinen Fall von aus dem Vernerschen Gesetz abzuleitendem Grammatischen Wechsel. Es gibt aber mundartlich Nachklänge, z.B. ahd. *haso* – ae. *hara, Hase* – *hare*, ersteres aus germ. **hásan-*, letzteres aus **hasán* > **hazán-*.

Infolge der Verschmelzung von unbetonten Elementen und der Auswirkung der vom Akzent hervorgerufenen Abstufungsreduktion setzte innerhalb des Germ. eine starke Neigung zur Konzentration ein. Wenige lebenskräftige Substantivklassen ziehen wie ein Magnet die Überbleibsel anderer Klassen an. Auf der einen Seite kommt es zur dichotomischen Polarisierung: regelmäßig gegenüber unregelmäßig in solchem Maße, daß ahd. *tag* – *tages* (Nom.-Gen.) regelmäßig, aber *snēo* – *snēwes* eher eine Unregelmäßigkeit innerhalb der *a*-Stämme ist als eine unabhängige Klasse von *wa*-Stämmen. Auf der anderen Seite gibt es eine im Entstehen begriffene Opposition innerhalb des ‚regelmäßigen' Bereiches zwischen vokalischen und konsonantischen Stämmen oder zwischen ‚schwacher' und ‚starker' Deklination.

Die Umstrukturierung und Neuorganisation im Germ. ging auf der Grundlage ie. Materials vor sich, weshalb die Klassen leicht parallelisiert werden können:

(1) *a*-Stämme: Ie. *-o-* > germ. *-a-*, Mask. und Neutr. (Fem. im Germ. ausgeschlossen), vgl. lat. *servus* – germ. **kuningaz* (finn. *kuningas*).

(2) *ō*-Stämme: Ie. *-ā-* > germ. *-ō-*, nur Fem., vgl. lat. *silvā* – germ. **runō* (finn. *runo*).

Diese beiden Klassen hatten Erweiterungen mit *-j-* (> *ja, jō*), die Umlaut verursachten und eine intensive Verbindung zu den *i*-Stämmen herstellten.

(3) *i*-Stämme: Ie. *-i-* > germ. *-i-*, ursprünglich alle drei Genera mit einheitlicher Deklination. Im Germ. Eliminierung des Neutrums und Differenzierung zwischen fem. und mask. Deklination. Vgl. lat. *hostis* – germ. **gastiz* (runisch *-gastiR*). Die Klasse ist einerseits gekennzeichnet durch Ansichziehen der *a*-Klasse, anderseits durch Funktionalisierung des einsetzenden Umlauts.

(4) _u_-Stämme: Ie. _-u-_ >germ. _-u-_, ursprünglich alle drei Genera mit einheitlicher Deklination. Diese Klasse war im Ie. wahrscheinlich klein, ihr Aufgehen in andere Klassen fühlbar. Vgl. lat. _exercitus_ – germ. _*handuz_ (got. _handus_).

(5) _n_-Stämme: Ie. _-en-_ (mit Vokalabstufung) >germ. _-en/an-_, Mask. und Fem., einige Neutra. Vgl. lat. _homo, hom-in-is, natio, nati-on-is_ – ahd. _zunga_ – _zungun._ Eine im Vordringen befindliche Klasse.

(6) _s_-Stämme: Ie. _-es/os-_ >germ. _-ez/az-_, nur Neutra. Vgl. lat. _genus, gen-er-is_ (_r_<_s_) – germ. _*lambiz_, Pl. _*lambizo_ > _-ir._ Im Germ. war dies eine aussterbende Klasse mit nur wenigen Beispielen; aber eine Chance zur Wiederbelebung entstand durch den einsetzenden _i_-Umlaut und das bleibende _-r_ (s. S. 176).

(7) _r_-Stämme: Ie. _-ter-_ (mit Vokalabstufung) >germ. _-r_, eine alte Klasse von Verwandtschaftsnamen, Mask. und Fem. Vgl. lat. _māter_ – germ. _*mōðer._ Eine kleine, früher Erosion unterworfene Klasse.

Zu diesen vokalischen (1–4) und konsonantischen (5–7) Klassen kamen ein paar weitere Restklassen, die aber bei der weiteren Entwicklung des Deklinationssystems folgenlos blieben.

3.6.2 Deklination der Adjektive

Die Deklination der Adjektive war ursprünglich gleich der der Substantive, deshalb können die gleichen Stammklassen unterschieden werden, vgl. lat. _parvus_ – _parva_ – _parvum_ (ie. _o-_ und _ā_-Klasse >germ. _a/ō_) und _brevis_ – _breve_ (ie. _i_-Klasse). Im Germ. gab es auch _-ja-_ und _u_-Stämme. Neben den vokalischen Stämmen gab es die konsonantischen _n_-Stämme. Die Adjektive waren durch Genusangabe und Komparation (Steigerung) charakterisiert. Im Germ. wurden die Adjektive eine signifikante Wortklasse, weil sie erstens pronominale Endungen in die Flexion aufnahmen und zweitens ein neues zweifaches Deklinationssystem einführten. Der Deklination lagen nicht mehr die Stammklassen zugrunde, obwohl sie als Versteinerungen (z.B. _a/ō_-Stämme und _-ja_-Stämme) immer noch erkennbar sind, vgl. ahd. _guot (a/ō), gruoni (-ja-)._ Sie wurden nun in funktional unterschiedlicher Weise gebraucht: eine sogenannte starke Deklination (historisch vokalische Stämme) stand in Opposition zu einer sogenannten schwachen Deklination (historisch konsonantische _n_-Stämme). Je nach semantischen und syntaktischen Kriterien konnte jedes Adjektiv auf beide Arten dekliniert werden. Die pronominalen Bestandteile finden sich bei der starken Deklination, z.B. _gutem_ (: _dem_), _guten_ (: _den_ Akk. Mask.), _guter_ (: _der_ Dat. Fem.).

Das germ. System war möglicherweise auf der Grundlage einer früheren Substantivierungsphase entstanden. Die n-Stämme wurden für den speziellen Zweck der Substantivierung gebildet (vgl. lat. *-o/-onis, Naso* ‚der mit der Nase') und erlangten so den semantischen Begriff der Bestimmtheit (‚der Große'). Die Bildung muß dann in eine Opposition mit der Unbestimmtheitsform (‚großer Mann' = *jeder* große Mann) gelangt sein, wodurch das Adjektiv auf eine neue Weise gebraucht werden konnte: ‚großer Mann' unbestimmt (starke Deklination) gegenüber ‚(dieser) große Mann' bestimmt (schwache Deklination).

3.6.3. Konjugation der Verben

Das Ie. hatte eine ausgesprochen große Zahl von Präsensstämmen, einige waren primäre, andere sekundäre, d. h. von anderen Verben oder Substantiven abgeleitet. Einige Stämme hatten Wurzelbetonung, andere hatten unbetonte Wurzeln. Einige waren durch ein sogenanntes Thema gekennzeichnet, d. h. es wurden *e/o*-Vokalstufen zur Wurzel hinzugefügt, anderen fehlte ein Thema. Sie werden athematisch genannt. Wieder andere hatten verschiedenartige Suffixe, oft mit einem *-j-* oder *-n*-Element oder sogar ein Infix *-n-*. Im Germ. sind Nachklänge dieser ie. Stämme noch immer zu finden, beispielsweise das Nasalinfix in engl. *stand – stood*, ahd. *stantan – stuat* (mundartlich); oder Doppelkonsonanten, die durch Assimilation eines Suffixes (z.B. *-n-*) entstanden sind wie in ahd. *spinnan* ‚spinnen', *fallan* ‚fallen'; es gibt auch Reflexe eines Suffixbestandteils *-j-*, z.B. *sitzen* (< **sitjan*), *stemmen* (< **stamjan*) im Dt. Doch dies sind nur Fossilien. Was für das Germ. kennzeichnend ist, ist die fast gänzliche Neumodellierung des ererbten Verbalsystems. Das ie. System zahlreicher, lose in einem Aspektsystem mit untergeordneter Tempusangabe organisierter Stammklassen wurde durch ein System ersetzt, dessen Mittelpunkt die Opposition Präteritum: Nichtpräteritum oder Präsens war. Bei diesem Prozeß wurden die ursprünglichen Stammklassen zu drei auf der Beziehung zwischen Präsens und Präteritum beruhenden Verbtypen neu gruppiert. Der bei weitem größte und vom Germ. bis in die Gegenwart hinein einzig aktive und produktive Typus ist der gewöhnlich als ‚schwach' bezeichnete. So wurde er von Jacob Grimm genannt, weil es der neueste Typus war und ihm viele archaische Merkmale der anderen Typen fehlten. Archaisch setzte er mit ‚stark' gleich. Besser wäre es, ihn *Dentalsuffixtypus* zu nennen: *leben – lebte, live – lived.* Auch das Partizipium des Präteritums wird durch Dentalsuffix bezeichnet: *gelebt – lived.*

Dieser Dentalsuffixtypus bei der Verbbildung ist eine germ. Neuerung.

Sein Ursprung ist eines der meistdiskutierten Probleme der germanischen Sprachwissenschaft. Ein Lösungsversuch zieht das hauptsächlich bei Partizipien zu findende Suffix *-to-* heran (vgl. lat. *amatus, finitus, monitus*), weil die germ., durch an. *ð*, ae. *d*, ahd. *t* bezeugten Formen der Formel *-to- > -þa > -ða* entsprechen. Wahrscheinlich wurde das Partizipialsuffix der Ausgangspunkt für die Entwicklung der neuen Präteritalform; das Dentalelement kann auch mit einem *-ē-* oder *-ō-*Suffix kombiniert gewesen sein. Eine andere, für das Problem einschlägige wesentliche Theorie betrachtet den Ursprung des Dentalpräteritums als eine umschreibende Konstruktion mit ie. **dhē*, engl. ‚do'. Viele Sprachen liefern Beispiele für analytische Konstruktionen, aus denen neue synthetische Formen entstehen, beispielsweise das Futur im Französischen: *je chanterai < cantare habeo*. Obgleich diese Möglichkeit nicht grundsätzlich für das germ. Dentalpräteritum ausgeschieden werden kann, gibt es in der Praxis zahlreiche, in der einschlägigen Literatur aufgelistete Schwierigkeiten, die diese Ursprungstheorie für das Germ. als ganzes weniger wahrscheinlich machen. Jedoch ist Analogie mit den Formen des Verbs ‚tun' wahrscheinlich verantwortlich für die got. Präteritalendungen.

Die ie., hauptsächlich von diesem neuen Typus des Germ. absorbierten Stämme waren die Kausativa auf **-éje/éjo-* mit Suffixbetonung und *o-*Abtönung des Wurzelvokals; Denominativa auf germ. *-ō-* (vgl. lat. *plantāre*); Bildungen auf *-ē-* (vgl. lat. *monēre*); und Inchoativa. Diese bilden in der Tat die Grundlage für die erste Klasseneinteilung des germ. Typus der Dentalpräterita:

I	Got.	*hausjan*		ahd.	*hōren*	‚*hören*'
II	Got.	*bi-raubōn*		ahd.	*roubōn*	‚rauben'
III	Got.	*liban*		ahd.	*lebēn*	‚leben'
IV	Got.	*fullnan*	‚voll werden, sich erfüllen'	Im Ahd. keine besondere Klasse.		

Wichtiger jedoch als der ie. Hintergrund dieser Bildungsweisen ist die Tatsache, daß dies der produktive Verbtypus des Germ. ist, dem später Tausende von Verben angehören.

Der zweite Verbtypus, bekannt als ‚starkes' Verb, interessiert vor allem aus historischen Gründen. Besser wäre es, ihn den *Ablaut*typus zu nennen. Sein Kern besteht aus ungefähr zweihundertdreißig Verben, die mehr oder weniger in allen alten germ. Sprachen zu finden sind, und weiteren ca. hundert Verben, die nur fragmentarisch oder mundartlich bezeugt sind. Dieser Verbtypus umfaßt viele der von der Bedeutung her grundlegendsten Verben. Überall hat er im Laufe der Geschichte Verluste erlitten. Doch sogar im Englischen ist er sehr deutlich erkennbar und bildet eines der stärksten Bindeglieder zur germ. und ie. Vergangenheit. Die Verben mit Ablaut sind ebenso wie die Verben mit Dentalsuffix ein Hauptmerkmal des Germ.

Während das alte Kennzeichen des Ie., der Ablaut, aus dem Nominalparadigma und dem Präsensstamm der Verben ausgeschieden war und möglicherweise nur als ein etymologisch-lexikalisches Merkmal überlebt hätte, rettete die Einrichtung der Tempusopposition Präsens:Präteritum als dás Kennzeichen des Verbsystems den Ablaut im Germ. und ließ ihn zum unterscheidungskräftigsten Merkmal werden. Das ie. Perfekt, das die Grundlage des neuen germ. Präteritums abgab, war gekennzeichnet (a) durch eine vom Präsensstamm verschiedene Vokalstufe; (b) durch Singular und Plural unterscheidenden Vokalwechsel der Wurzel mit Wurzelbetonung im Singular und Suffixbetonung im Plural; (c) durch Wurzelreduplikation bei vielen Verben, vgl. lat. *cado – cecidi*; (d) durch eigene, besondere Personalendungen besonders im Singular: **-a, *-tha/-te, *-e.* Die Vokalabstufung erwies sich produktiver als die Reduplikation. Ihr Vorkommen nahm infolgedessen zu, und das der Reduplikation nahm mehr und mehr ab. Sie war im Got. noch vorhanden und lieferte die Grundlage für eine eigene Klasse, während im Westgerm., wo die Reduplikation als klassenbildendes Mittel ausgeschieden war, nur noch Spuren von ihr vorhanden sind. Es kann gut sein, daß der auf die Wurzel fixierte Akzent mit der Reduplikation kollidierte und deren Eliminierung förderte. Die traditonelle Einteilung der ablautenden Verben des Germ., wie sie sich in den Handbüchern findet, beruht auf dem Vokalabstufungsmodell des Ie. In vieler Hinsicht hat diese historisierende Betrachtungsweise die wirkliche Strukturtypologie des Germ. verdunkelt. F. van Coetsem hat den Weg für eine geeignetere Klassifikation aufgewiesen, weshalb die folgende Tafel auf seiner Systematisierung beruht.

Klassifikation der ablautenden Verben im Germanischen

Struktur-typen		Urgerm. Stufen des Stammes							Traditionelle Klassen
		Präs.		Sg. Prät.		Pl. Prät.		Part. Prät.	
e-Diphth.	e+j+K	ei	–	ai	–	i	–	i	I
+1K	e+w+K	eu	–	au	–	u	–	u	II
e+2K	e+L/N+K (e+KK)	e	–	a	–	u	–	u	III
e+1K	e+L/N	e	–	a	–	ē	–	u	IV
	e+K	e	–	a	–	ē	–	ø	V

		Nord-Westgerm. Präs. P. Prät.		Prät.	Got. Präs. Prät.	
a-Diphth. +1K	a+j+K	ai	–	ei(>$\bar{e}^2$)	R	VII
	a+w+K	au	–	eu		
a+2K	a+L/N+K	a	–	e(>$\bar{e}^2$)		
a+1K	a+L/N	a	–	ō	a – ō	VI
	a+K					
ē+1K		ē	–	ei(>$\bar{e}^2$)	R	VII
ō+1K		ō	–	eu		

K = Konsonant, L = Liquida, N = Nasal, R = Reduplikation

Beispiele aus dem Got. Zum Vergleich mit den ahd. Entsprechungen (s. S. 184):

I	dreiban	draib	dribum	dribans	‚treiben‘
II	sliupan	slaup	slupum	slupans	‚schlüpfen‘
III a	waírpan	warp	waúrpum	waúrpans	‚werfen‘
III b	spinnan	spann	spunnum	spunnans	‚spinnen‘
IV	stilan	stal	stēlum	stulans	‚stehlen‘
V	ligan	lag	lēgum	ligans	‚liegen‘
VII a	haitan	haíhait	haíhaitum	haitans	‚heißen‘
VII b	aukan	aíauk	aíaukum	aukans	‚vermehren‘
VII c	falþan	faífalþ	faífalþum	falþans	‚falten‘
VI	skaban	skōb	skōbum	skabans	‚schaben‘
VII d	lētan	laílōt	laílōtum	lētans	‚lassen‘
VII e	flōkan	faíflōk	faíflōkum	flōkans	‚klagen‘

Der ersten oder *e*-Gruppe liegt der ie. *e/o*-Ablaut direkt zugrunde und erscheint in den typischen drei Stufen: Vollstufe (1. Hochstufe, Normalstufe I), Abtönstufe (2. Hochstufe, Normalstufe II) und Schwundstufe (Nullstufe, Reduktionsstufe). In der dritten Untergruppe findet sich ein anomales *ē* im Plural des Prät., ein weiteres viel diskutiertes Rätsel der germ. Philologie. Es kann für diese augenscheinliche Dehnstufe ie. Quellen geben, Analogie mit den Langvokalstufen des Prät. der *a*-Gruppe wäre auch möglich. Die Nullstufe im Part. des Prät. der Klasse V scheint analogisch durch andere Stufen ersetzt worden zu sein.

Die zweite oder *a*-Gruppe ist eine germ. Neuerung. Sie enthält, zusammen mit der sehr kleinen *ē*- und *ō*-Gruppe, Verben, die sich im Übergang von der Reduplikationsklasse zu einem neuen, im wesentlichen in Analogie zur ererbten *e*-Klasse modellierten Ablauttypus befinden. Sie hat – und das ist typisch – nur zwei Vokalstufen und reflektiert auf diese Weise die neue Polarisation auf der Achse Präsens: Präteritum. In diesem Lichte gesehen ist der Vokalkontrast Sg.-Pl. des Prät. der *e*-Gruppe ein Archaismus. Der wurde schließlich auch ausgeschieden, allerdings erst fünfzehnhundert Jahre später. Das Westgerm. scheint in der Tat den ersten Schritt in dieser Richtung getan zu haben, als für die 2. Pers. Sg. die Wurzel des Pl. zur Grundlage wurde:

	Got.	Ae.	Ahd.
1., 3. Sg.	halp	healp	half
2. Sg.	halpt	hulpe	hulfi
1. Pl.	hulpum	hulpon	hulfum

Eine vornehmlich historisierende Sicht sah in dieser westgerm. Form den Rest eines ie. Aorists. Jüngere Vorstellungen haben sich davon gelöst und sehen darin eine neue, auf dem Optativ beruhende analogische Bildung.

Eine weitere Eigentümlichkeit, deren Bedingungen auf das Ie. zurückgehen, ist der durch das Wirken des Vernerschen Gesetzes (s. S. 86) sich ergebende sogenannte Grammatische Wechsel. Er ist bemerkenswert gut bei den Klassen I–III erhalten, erscheint in anderen Klassen aber nur sporadisch. Dies kann ein Hinweis darauf sein, daß die Eigentümlichkeit des Ie., die Betonung zwischen Singular (Wurzelbetonung) und Plural (Suffixbetonung) zu wechseln, nur für die ersten drei Klassen galt. Anderseits darf nicht übersehen werden, daß dies wiederum ein regressives Merkmal des Germ. ist.

Den dritten Typus im Germ. bilden die traditionell als Präteritopräsentien bekannten Verben. Ein synchronisch geeignetes Etikett wäre *ablautender Dentalsuffixtypus*. Er hat an den beiden anderen Typen teil und kann sehr wohl eine wichtige Rolle bei der Ausbildung des Dentalsuffixtypus gespielt haben. Er bestand ursprünglich aus eben über einem Dutzend Verben, wurde aber zahlenmäßig sogar weiter abgebaut. Semantisch und funktional gesehen enthält dieser Typus einige der grundlegendsten Verben der Sprache, die Modalverben des Deutschen und Englischen. Es ist bemerkenswert, daß das germ. Verbsystem auf einer dreifachen Gliederung mit zunehmender und abnehmender semantischer Gewichtigkeit und formaler Neuheit sowie Regelmäßigkeit zu ruhen scheint:

I	Dentalsuffixtypus: produktiv	semantisch am wenigsten definiert, diffus	der neueste
II	Ablauttypus: eingeschränkt	semantisch konkreter, primär u. grundlegend	archaisch, neu modelliert
III	Ablautender Dentalsuffixtypus: am eingeschränktesten	semantisch u. funktional am grundlegendsten, Einstellung bezeichnend (attitudinal), modale Hilfsverben	am archaischsten

Jedes ‚saubere' Muster neigt dazu, an den Kanten unbestimmt oder verwischt zu sein, und das obige macht keine Ausnahme. Es läßt bestimmte Ausnahmen innerhalb der Klassen außer Betracht, z.B. das Auftreten des Verbs ‚haben' im ersten Typus; die Tatsache, daß das Verb ‚werden' auch Hilfsverb wird; das Fehlen des Ablauts bei bestimmten Verben des Typus III. Von den anomalsten Verben des Germ., denen für ‚sein', ‚gehen', ‚stehen' und ‚tun', kann man nicht sagen, daß sie einen Typus ausmachen, es sei denn, er beruhe auf ihrer Anomalität. Aber als ein Typus IV wären sie ganz gut am Platz und paßten in das semantisch-formale Muster.

Die ablautenden Verben mit Dentalsuffix bilden einen Typus auf folgender Grundlage: (a) innere Vokalabstufung im Präsens; (b) Konjugationsendungen im Präsens, die jenen des Präteritums der ablautenden Verben entsprechen; (c) ein Dentalsuffix im Prät. von besonders archaischer Art, d.h. ohne Mittelvokal; (d) sie sind oft unvollständig hinsichtlich des Part. Prät. und des Infinitivs. Historisch gesehen gehen sie auf ie. Perfekte zurück, die im Germ. die Funktion eines Präsens haben. Ihr Präteritum kann auf einer ie. Präteritalbildung mit dem Suffix **-to-* beruhen. Auf diese Weise bildeten sie einen wichtigen Brückenkopf für die Ausbreitung der Dentalpräterita. Sie stehen in dieser Funktion nicht ganz allein da. Mehrere andere, zu andern Typen gehörende Verben haben auch solch ein altes **-to-*Suffix ohne Mittelvokal. Heutige Reflexe von ihnen stellen *bringen – brachte* (ablautendes Verb mit Dentalpräteritum), *denken – dachte* (ein Verb mit Dentalsuffix) und engl. *seek – sought, work – wrought, buy – bought* dar.

Die folgende Tafel got. Beispiele beleuchtet einige dieser Punkte:

	Ablautender Typus	Ablautender Dentalsuffixtypus	Dentalsuffix-typus
Infinitiv	brinnan	kunnan	brannjan
Präsens			
1. Sg.	brinna	kann	brannja
2. Sg.	brinnis	kant	branneis
3. Sg.	brinniþ	kann	branneiþ
1. Pl.	brinnam	kunnum	brannjam
2. Pl.	brinniþ	kunnuþ	branneiþ
3. Pl.	brinnand	kunnun	brannjand
Präteritum			
1. Sg.	brann	kunþa	brannida
2. Sg.	brant	kunþēs	brannidēs
3. Sg.	brann	kunþa	brannida
1. Pl.	brunnum	kunþēdum	brannidēdum
2. Pl.	brunnuþ	kunþēduþ	brannidēduþ
3. Pl.	brunnun	kunþēdun	brannidēdun
Part. Prät.	brunnans	kunþs	branniþs

Der Dual des Got. bleibt in der Geschichte des Germ. folgenlos und wird deshalb nicht wiedergegeben. Die obigen Indikativformen haben überall parallele Optativformen. Das Got. besitzt im Präs. auch ein synthetisches Passiv, das wiederum im Germ. folgenlos blieb. Bei der ersten Klasse des Dentalsuffixtypus haben einige der got. Personalendungen Varianten je nach Länge der Wurzel. In der Geschichte der westgerm. Sprachen erlangte diese Unterscheidung zwischen kurzen und langen Wurzeln große Bedeutung, sobald Synkopierung zu einer Differenzierung bei den Präteritalsuffixen führte, z.B. **-da* (nach langer Wurzel synkopiert), **-ida* (ohne Synkope nach kurzer Wurzel). S. 4.5.3(1). Für die 2. Pers. Sg. Prät. des ablaufenden Typus hat das Westgerm. eine andere Stammform, z.B. ahd. *brunni* (s. S. 97). Die got. Dentalsuffixe zeigen viel größere Ähnlichkeit mit den Formen des Verbs ‚tun' als die entsprechenden Suffixe der anderen germ. Sprachen.

Ein weiteres Unterscheidungsmerkmal zwischen ablautendem Typus und Dentalsuffixtypus ist das Suffix des Part. Prät.: *-n-* im ersteren, *-þ-* > *-ð-* > westgerm. *-d-* (ahd. *t*) im zweiten Fall.

Die germ. Personalendungen der 2. und 3. Pers. Sg. und Pl. Präs. Indik., z.B. 3. Pers. Sg. ae. *-eþ*, ahd. *-it*, entsprechen einander nicht alle, sondern scheinen zwei Dialektgruppen zu bilden. Die Endungen der einen Gruppe, zu der das Ae. gehört, werden gewöhnlich erklärt als auf ie.

Suffixakzent beruhend, während diejenigen der anderen Gruppe einschließlich des Ahd. sich aus ie. Wurzelakzent ergeben hätten. R. D. King hat gezeigt, daß durch Anwendung einer Reihe geordneter Regeln nach dem Modell der generativen Grammatik gemeinsame urgerm. Endungen mit generalisiertem Wurzelakzent postuliert werden können.

3.7 Morphologie: Wortbildung

3.7.1 Ableitung und Zusammensetzung

In den germ. Sprachen kann man drei Arten von Wörtern unterscheiden. Erstens gibt es unverknüpfte wie *Stadt* und *Land*, zweitens verknüpfte Wörter wie *Stadt* und *städtisch, Land* und *ländlich* oder *Stadt* und *Landstadt*. Der Vorgang, durch den Wörter ‚verknüpft' werden, heißt Wortbildung. In dieser Sprachengruppe hat sie schon seit der Zeit, bis zu der uns Belege und Rekonstruktion zurückführen können, bestanden. Zwei Arten von Wortbildung können unterschieden werden: *Zusammensetzung (Komposition)*, bei der zwei (oder mehr) freie Morpheme zusammengefügt werden *(Landstadt)* und *Ableitung*, bei der ein gebundenes oder Affixmorphem zu einem freien Morphem hinzugefügt wird *(länd-lich, städt-isch)*. Frühere Bildungstypen können so verdunkelt sein, daß der Unterschied zwischen ‚zusammengefügt' und ‚unzusammengefügt' auch verdunkelt wird. Sind *nähen* und *Nadel* verknüpft? Sind engl. *sew* und *seam* verknüpft? Daß *Landstadt* aus zwei freien Morphemen zusammengesetzt ist, ist klar. Aber sind *Flugzeug, Werkzeug* oder *Schuhwerk* auf die gleiche Weise zusammengesetzt oder sind *-zeug* und *-werk* auf dem Wege, abhängige Elemente zu werden wie *-isch* und *-lich*? Diese Beispiele verweisen auf die sehr bedeutsame Tatsache, daß Synchronie und Diachronie miteinander verwoben sind, nichtsdestoweniger aber der Unterscheidung bedürfen, wenn man zu einer zufriedenstellenden Beschreibung der Wortbildung in einem beliebigen Stadium gelangen will. Nicht nur die Unterscheidung zwischen ‚verknüpft' und ‚unverknüpft' kann fließend sein, sondern auch die zwischen Ableitung und Zusammensetzung. Worauf eine synchronische Darstellung zuvörderst Wert legen muß, ist eine klare Unterscheidung zwischen dem, was produktiv ist, und dem, was nicht mehr produktiv ist. Man muß die historische Ableitung der Art, wie sie sich in *nähen – Nadel* zeigt, unterscheiden von der produktiven Ableitung wie in *Land – ländlich*. Produktiv ist ein relativer Begriff. Ein produktives Suffix ist ein Suffix, das analog zur Wortbildung aus Basismorphemen oder bestimmten Basismorphemen gebraucht werden kann. Es gibt wahrscheinlich keine Suffixe, die produktiv in dem Sinne sind, daß sie völlig frei anwendbar wären. Das *-er* im heutigen Deutsch ist wohl das produktivste Mittel, das die Sprache je gehabt hat; dennoch ist es nicht gänzlich frei. Obwohl Deutsche *Rufer, Kläger* sagen, ist zu bezweifeln, ob jemand *Weiner* oder *Bitter*, zu *rufen, klagen, weinen, bitten*, sagen würde. Ein besonderer Ableitungstypus kann für sehr lange Zeit aktiv gewesen sein. Solange eine genügende Zahl von Wörtern diesen besonderen Typus beispielhaft belegt, kann er analogisch wiederverwandt werden, sogar wenn das ursprüngliche Ableitungssuffix oder Ableitungsmittel schon lange dunkel geworden ist. Feminine Substantive auf *-e* stellen im Deutschen solch einen alten Typus dar, beispielsweise *die Bahre, die Lage*, aus den ablautenden Verben ahd. *beran (ge-bären), ligan (liegen).* Sogar die heutige Sprache kann diesen Typus imitieren: *die Liege, die Durchreiche*, wenngleich Sprachreiniger, die *Propaganda* durch *die Werbe* zu ersetzen versuchen, keinen Erfolg hatten. Der Begriff ‚produktiv' scheint deshalb zwei Phasen abzudecken: eine aktive Phase, in der das Affix ‚lebt', und eine rein imitatorische, in der die frühere semantische Funktion gewöhnlich nicht mehr verstanden wird und durch mechanische Nachahmung getrübt ist. Das Adjektivsuffix *-bar* hatte in seiner ersten, aktiven Phase die Bedeutung ‚tragend' *(fruchtbar, dankbar)*, hat sich aber semantisch in seiner imitatorischen Phase ganz geändert *(gangbar, reizbar).* Wenn diese Imitation sich ausbreitet, kann das Affix in eine Phase neuen ‚Lebens' eintreten, wie es mit *-bar* im Dt. geschehen ist.

Wie kann man nun bestimmen, welche Ableitungsmorpheme in einem vorgeschichtlichen Stadtium aktiv waren? Die phonologische Gestalt eines jeden gegebenen Typus deutet mindestens die relative Chronologie an. Gibt es Zeichen für das Vorkommen des Vernerschen Gesetzes oder des Ablauts, ist man offensichtlich auf das Ausbildungsstadium des Urgerm. selbst zurückverwiesen. Die vergleichende Sprachwissenschaft kann nur mit der Annahme arbeiten, daß das, was in allen Abkunftssprachen vorhanden ist, auch in dem vorhergehenden Stadium vorhanden gewesen sein muß und daß das, was nur in einigen vorhanden ist, einer Form von Änderung unterworfen gewesen sein muß oder sich später entwickelt hat.

Die Ableitung betreffend finden wir das Germ. in einem besonders flüssigen Zustand vor. Einerseits hatte die außerordentlich reich entwickelte Ableitung des Ie. dem Germ. eine reichhaltige Ausstattung mit zahlreichen durchsichtigen Bildungen hinterlassen, einige in beschränkten, andere in ansehnlichen Gruppen. Anderseits waren nur wenige dieser ie. Bildungen in den germ. Einzelsprachen noch aktiv oder produktiv, obwohl einige zahlreicher vertreten waren als jene, die erst jüngst produktiv geworden waren, beispielsweise die von Verben abgeleiteten Substantivabstrakta auf **-ti* verglichen mit den fem. **-ungō*-Ableitungen (*Zucht* gegenüber *Ziehung*). Das Germ. scheint in einem Stadium gewesen zu sein, in dem das tote, aber wohl noch erkennbare Ableitungssystem das aktive, produktive System bei weitem übertraf. Unter den völlig toten Bildungen finden sich beispielsweise Adjektive auf *-t* (ursprünglich das ie., der Verbwurzel angefügte Partizipialsuffix *-to-*): *alt – old, kalt – cold, tot – dead* (vgl. *to die*), *schlecht – slight, recht – right* (vgl. lat. *regere*), *laut – loud* usw; oder aus Verbalwurzeln gebildete Substantive auf *-m*: *Saum – seam (to sew), Samen (säen), Zaum – team (ziehen)* oder *Schwarm, Qualm, Strom Traum (trügen), Helm, Schirm, Schleim.*

3.7.2 Substantivableitung

In der ältesten Schicht des Germ. müssen die folgenden Substantivableitungen produktiv gewesen sein:

(i) **-ti*: es bildete Femininabstrakta aus ablautenden Verben, gewöhnlich von der Stufe des Part. Prät., d.h. von der Schwund- oder Reduktionsstufe. Es gab auch mask. **-tu-* Ableitungen von der Vollstufe, doch die Feminina haben überlebt und bilden eine ansehnliche Kategorie: *Flucht – fliehen, Pflicht – pflegen, Sicht – sehen, Tracht – tragen, Trift – treiben, Schuld* (ahd. *skal>soll*), *Haft – heben, Geburt – gebären* (vgl. *birth – to bear*), *Schlacht – schlagen, Fahrt – fahren, Last – laden* (*st* entwickelte sich bei vielen Wörtern mit einem Dental in der Wurzel), auch *Wurst, Gunst, Kunst, Geschwulst* und mit Gleitlaut *p>f* zwischen *m* und *t* in *Vernunft (nehmen), Kunft, Ankunft (kommen)*, ahd. *fernumft, kumft.*

(ii) **-ō/-ōn*: feminine Verbalabstrakta wurden mit diesen beiden, ursprünglich unterschiedenen, aber früh zusammengefallenen Suffixen gebildet. Vokalabstufung ist kennzeichnend für diese frühe Klasse: *Binde, Grube, Schlinge, Winde, Bahre, Falle, Lehre, Reise.* Diese Bildungsweise wurde später wieder produktiv, als schwache Verben die Grundlage bildeten: *Klage, Hetze.* Denominative schwache Verben, z.B. ahd. *salbōn* von *salba*, geben ein neues Muster ab, das dem des früheren, auf Vokalabstufung der starken Verben beruhenden Muster entsprach.

(iii) Maskuline Verbalabstrakta wurden von den starken Verben abgeleitet. Bei den Klassen I–IV werden sie aus der Vokalstufe des Part. Prät., bei den Klassen V–VII aus der gewöhnlich im Infinitiv, Präsens und Part. Prät. sich findenden Vollstufe gebildet. Das heutige Deutsch beispielsweise hat noch immer die folgenden: *Biß, Bund, Bruch, (Ver)druß, Fall, Fang, Fund, Flug, Gang, Genuß, Guß, Griff, Halt, Hang, Hieb, Hub, Kniff, -laß, Lauf, Lug, (Ver)lust, Pfiff, Rat, Riß, (Ge)ruch, Ruf, (Unter)schied, Schlich, Schliff, Schluß, Schmiß, Schnitt, Schub, Schuß, Schwund, Schwung, Schwulst, Schnur, Sitz, Sproß, Spruch, Sprung, Stand, Stich, -stieg, Stoß, Strich, Suff, Trieb, Tritt, Trunk, (Be)trug, Wuchs, Wurf, Zug.* Die Gruppe ist so groß und markant, daß sie aktiv geblieben ist und jetzt auch Substantive von schwachen Verben einschließt wie *Dank, Brauch, Druck, Kauf, Kuß.*

(iv) **-an/-jan-*: diese bilden mask. Nomina agentis, beispielsweise: ahd. *helfo* ‚Helfer', *loufo* ‚Läufer', *scirmeo* ‚Schützer', *scuzzeo* ‚Schütze' und got. *waúrstwja*, ae. *wyrhta*, ahd. *wurhteo* ‚Wirker, Arbeiter'.

(v) **-l*: bezeichnet Instrumente, Handelnde (Nomina agentis) oder Diminutive. Einige sind sehr alt und dunkel, z. B. *Nagel, Sattel, Vogel, Stuhl*, andere bilden eine deutlicher bestimmbare Gruppe von Ableitungen aus ablautenden Verben: *Büttel – bieten*, vgl. *beadle*, ahd. *tregil – tragen* ‚Träger', engl. *cripple – creep; Sessel – settle, Bendel – binden, Bügel – biegen, Griffel – greifen, Schlegel – schlagen, Schlüssel – schließen, Stößel – stoßen, Würfel – werfen, Zügel – ziehen, Flügel – fliegen, Stachel – stechen.* Engl. z. B. *stool, tool, spool, towel, riddle, shovel, spindle.* Auch hier kam die Erweiterung auf schwache Verben vor: *Bengel, Deckel, Pickel.*

(vi) **īn*: zeigt ‚Abkunft', ‚Zugehörigkeit' und ‚Kleinheit' an. Sowohl Substantive wie Adjektive konnten mithilfe dieses Suffixes, das aus dem Ie. stammt und dem lat. *-īnus* entspricht, gebildet werden. Die Substantive sind Neutra: ahd. *fulin – folo : Füllen – Fohl(en)*, engl. *filly – foal*; got. *gaits* ‚Geiß, Ziege' – *gaitein* ‚Geißlein, Zicklein'. Die Adjektive bezeichnen hauptsächlich Materialien, z. B. ahd. *guldīn*, ae. *gylden – gold; irden – Erde.* Feminine Substantivableitung von Maskulina war möglich: ahd. *bero* (Bär) – *birin* ‚Bärin', got. *got* ‚Gott' – *gutin* ‚Göttin'. Ein engl. Rest ist *fox – vixen.* Dieses Suffix wurde später im Dt. in seiner erweiterten Form *-inne, -inna* sehr produktiv.

(vii) **-isk-*: dies ist ein Adjektivsuffix, das ‚Ursprung' oder ‚Abkunft' bezeichnet. Relativ wenige Wörter zeigen frühe phonologische Merkmale: wie mhd. *hof – hübisch* (> *hübsch*), got. *funisks* ‚feurig': *fon – funins*; ahd. *diot* ‚Volk' – *diutisk.* Die wirklich produktive Phase scheint im Spätgerm. zu liegen: *englisch – English* und viele andere Namenableitungen.

Was all diese frühen germ. Bildungen charakterisiert, ist ihre enge Verknüpfung mit der Vokalabstufung, dem Erkennungszeichen der starken Verben. Deshalb gehören sie offenbar in das Stadium, in dem der germ. Ablaut entstanden war. Ein weiteres Merkmal ist das Vorhandensein von

Reflexen der germ. *e-i*-Neuordnung sowie der allophonischen Aufspaltung des urgerm. /u/. Bei all diesen frühen Ableitungen ist also das Wurzelmorphem deutlich mit einbezogen. Die im Spätgerm. produktiv werdenden Typen hängen viel stärker von der Suffixableitung ab und lassen das Wurzelmorphem, mit Ausnahme einer Erscheinung, des *i*-Umlauts, unberührt. Auch bei der Wortbildung kann man daher eine frühere stärker synthetische und eine spätere, stärker analytische Phase unterscheiden.

Die Substantivsuffixe der spätgerm. Phase sind:

(i) *-arius*: dies ist ein Lehnsuffix aus dem Lat., das zuerst mit Lehnwörtern wie *molīnārius* ins Germ. kam, doch bald sich als ein Mittel zur Bildung mask. Nomina agentis in Konkurrenz zu den ererbten Typen (s. o. iv, v) einführte, die es schließlich verdrängte. Beispiele: got. *bōkareis* (*ei* = [i:]) ‚Pharisäer', *laisareis* ‚Lehrer', ae. *bōcere, wrītere*, ahd. *puahhāri, lērāri.* Das lat. *-ā-* scheint in einigen germ. Dialekten lang gewesen zu sein, in anderen hatte es kurze Reflexe.

(ii) **-inga (-unga)*: ein mask. Ableitungssuffix mit der Ausdrucksfunktion ‚Verbindung zu' oder ‚die Eigenschaft haben von', auch ‚Abkunft', das auch Patronyme entstehen ließ. Die frühesten germ. Siedlungsnamen enthalten dies Suffix: *Sigmaringen* ‚Siedlung (Gebiet) der Abkömmlinge des Sigmar', *Godalming* ‚Siedlung (Gebiet) der Abkömmlinge des Godhelm'. Zu vergleichen sind auch die Herrschaftsnamen: *Merowinger, Karolinger.* Denominative Ableitungen sind ahd. *ediling* ‚Edelmann', *kuning* ‚König'. Auch Münznamen wurden mit diesem Suffix gebildet: got. *skilliggs* ‚Schilling', engl. *sterling.* Eine Form mit früher Verbreitung ist *-ling*: *Lehrling, Häuptling, darling, changeling.* Das Got. kannte nur wenige Ableitungen dieser Art, aber in allen anderen alten Sprachen des Germ. war dies Suffix höchst produktiv.

(iii) **-īn-*: hatte die Funktion, aus Adjektiven Abstrakta zur Bezeichnung von ‚Qualität' zu bilden, z. B. Got. *hauhei, gōdei, managei* – ahd. *hōhi, guotī, menigī*: *Höhe, Güte, Menge.*

(iv) **-iþō-*: dient zur Substantivierung von Adjektiven in allen germ. Sprachen und bildet fem. Abstrakta: got. *diupiþa* ‚Tiefe', *hauhiþa* ‚Höhe'; ahd. *frewida* ‚Freude', *heilida* ‚Heilung', vgl. engl. *health.* Dieses Suffix stand in Konkurrenz zu *-īn-*. Es hat sich im Engl. besser als im Dt. erhalten, z. B. *depth, length, strength, filth.*

(v) **-sal*: bildet hauptsächlich Neutra zur Bezeichnung von Werkzeugen oder neutrale Abstrakta. Es entwickelte sich hauptsächlich im Nordgerm., das Dt. hat einige Reste: *Scheusal, Rätsel.*

(vi) **-assu- (-issu-, -ussu-)*: Suffix zur Bildung neutraler oder fem. Verbalabstrakta, später auch zur Bildung von Nominalabstrakta. Es war am produktivsten, als unter Einwirkung des Lat. zahlreiche Abstrakta gebildet wurden. Da es sich fast ausschließlich Stämmen mit einem *n*-Formanten anfügte, wurde es schon sehr früh zu *-nassu-* usw. Beispiele: got. *þiudinassus* ‚Herrschaft' von *þiudanōn* ‚(be)herrschen'; vgl. engl. *goodness, forgiveness, likeness*; dt. *Geheimnis, Finsternis, Verständnis.*

(vii) **-ungō, -ingō*: fem. Verbalabstrakta mit in den Einzelsprachen anfänglich nur wenigen Beispielen aber großer Verbreitung nach dem Zusammentreffen mit dem Lat. Zuerst im wesentlichen von schwachen Verben abgeleitet, wobei das Dt. *-u-* vorzieht, das An., Ae. und Holländische *-i-* begünstigt: ahd. *warnōn*>*warnunga*, ‚Warnung', engl. *warning.*

(viii) **ga-*(Wurzel)*-ja*: in der Klasse der *ja*-Stämme gab es einen Typus, der aus einer Zusammensetzung mit *ga-* herrührt. Dieser Bestandteil verlor sehr früh seinen unabhängigen Status, so daß ein Kompositionsaffix zustandekam, das zur Bildung neutraler Kollektiva (Sammelbegriffe) diente. Während das Ae. viele Beispiele aufweist, führte die Erosion des Präfixes *ge-* im Englischen zum Verschwinden dieses Ableitungsmittels. Im Dt. wurde es äußerst fruchtbar, vgl. *Gefilde – Feld, Gebirge – Berg, Geäst – Ast, Gewölk – Wolke.*

(ix) Westgerm. **-haid*: die germ. Sprachen hatten ein Substantiv (got. *haidus* ‚Art und Weise', as. *hād* ‚Rang, Art und Weise', ahd. *-heit* ‚Rang, Stand, Klasse'), das zu einem Suffix zur Bildung von Nominalabstrakta wurde. Sie waren im Ae. mask., im Ahd. jedoch fem.: *mennischeit* ‚Menschheit', *Kindheit.*

(x) **-skap-* (oder mit **-ti*-Suffix *-skaft-*): hier wurde ebenfalls das zweite Element eines Kompositums zu einem Suffix: *Freundschaft – friendship, Bürgerschaft – citizenship.* Das Suffix ist vornehmlich westgerm., findet sich aber besonders zur Bildung von Abstrakta aus Personennamen auch im Nordischen.

(xi) Westgerm. **-dōm*: die Substantive ahd. *tuom*, ae. *dōm* ‚Urteil, Herrschaft, Macht' entwickelten sich zu einem Suffix. In seiner Funktion konkurrierte diese Ableitung mit den anderen denominalen Abstraktbildungen wie **-haid* und **-skap.* Beispiele: ahd. *wīstuom* ‚Weisheit', *herizogentuom* ‚Herzogtum'. Es findet sich auch im Nordischen, ist aber vielleicht aus dem Westgerm. entlehnt.

3.7.3 Adjektivableitung

Daß die ursprünglich enge Verbindung zwischen Substantiven und Adjektiven allmählich lockerer wurde, kann auch aus der Entwicklung rein adjektivischer Suffixe abgelesen werden. Das frühe Suffix **-īn-* (s. S. 103) hatten Adjektive und Substantive. Die folgenden waren reine Adjektivsuffixe:

(i) **-ag-/-ig-*: überführt Substantive in Adjektive. Vgl. got. *mōdags* ‚wütend', an. *mōðugr*, ae. *mōdig*, ahd. *muotig* mit got. *mōd*, ahd. *muot*. Vgl. *mutig – moody; blutig – bloody; witzig – witty.*

(ii) **-isk-*: (s. S. 103 wegen der phonologischen Implikationen) an Substantive gefügt bedeutet Verwandtschaft, Verbindung mit, Verhältnis zu, besonders häufig bei Namen aus der ersten Periode: ahd. *frenkisc, diutisc, walahisc, englisc*; engl. *French, Dutch, Welsh, English*; und *kindisch – childish.*

(iii) **-līk-*: dieses Suffix scheint sich aus dem Substantiv got. *leik*, an., as., ae. *līc*, ahd. *līh* ‚Körper, Gestalt' entwickelt zu haben mit der frühen Bedeutung ‚Gestalt haben von'. Seine Produktivitätsphase fing in den Einzelsprachen an: *männlich – manly, freundlich – friendly, tötlich – deadly* usw.

(iv) Westgerm. **-bāri-*: ein ursprünglich deverbatives Adjektiv mit der Bedeutung ‚tragend, zu tragen fähig', wurde es zu einem sehr oft anzutreffenden Zweitbestandteil von Komposita im Ae. und schließlich ein recht wichtiges Suffix im Ahd. Seine produktivste Periode liegt später im Dt.

(v) **-sama*: zur Bildung von Adjektiven aus Substantivabstrakta. Die früheste got. Parallele ist *lustusama*, ae. *lustsumlic*, ahd. *lustsam* ‚angenehm'. Es wurde im Westgerm. produktiv und noch produktiver im Dt., als es auch Verbal- und Adjektivstämmen angefügt wurde: *fulsome, winsome; langsam, duldsam.*

Präfigierung spielte bei der Nominalableitung nur eine untergeordnete Rolle. Tatsächlich führten die engen Verbindungen mit dem Verbsystem allmählich die Verbalpräfixe in die Nominalableitung ein. Ursprünglich waren nur *ga-* und die Negationspartikel *un-* von Bedeutung, und im Ahd. gibt es einige wenige Beispiele mit *ur-* und *ant-*. *Ga-* scheint unbetont gewesen zu sein. Die anderen Nominalpräfixe trugen den Hauptakzent. Beispiele: got. *un-hulþa* ‚Teufel', ahd. *un-holdo* (Unhold), ae. *un-holda*; got. *un-kunþs* ‚unbekannt', vgl. *unkund-uncouth*; ahd. *antwurti* ‚Antwort', *urteil* ‚Urteil'.

3.7.4 Verbableitung

Es ist für die germ. Sprachen kennzeichnend, daß die Ableitung durch Suffixe vor allem ein Merkmal der Nominalia (Substantive und Adjektive) ist. Beim Verb ist sie eingeschränkter. Für das Verb ist Präfigierung von

Partikeln typisch, was im Altgerm. einen bedeutenden Bestandteil der Komposition darstellte. Hinsichtlich der Verbableitung kann man wieder zwei Phasen unterscheiden: eine frühe analytische Phase, als die Klassen der schwachen Verben mit ihren spezifisch semantischen oder funktionalen Aspekten (Kausativa, Inchoativa, Iterativa) und die starken, ablautenden Klassen sich bildeten (s. 3.6.3). Zu dieser Phase gehört auch eine Reihe fossiler Suffixableitungen, z. B. mit *-s-*, vgl. ahd. *blāsan – blāen* ‚blasen'; mit *-k-*, vgl. *hören – horchen* und *hear – hark; tell – talk; to snore – schnarchen* und andere.

In der zweiten, synthetischen Phase des Spätgerm. gibt es – mit Weiterleben und Weiterentwicklung in den Einzelsprachen – die folgenden Verbalsuffixe:

(i) **-r-*: das Ahd. kannte eine Reihe von Verben mit *r*-Suffix, die aus Substantiven und Adjektiven (auch Komparativen) abgeleitet wurden und auf *-r* endeten. Darüberhinaus aber gab es oft Verben mit iterativer Funktion neben Verben ohne *r*-Suffix. Da Verben dieser Art auch im Engl. und in den skandinavischen Sprachen begegnen, können sie auf eine gemeinsame Grundlage im Spätgerm. zurückgehen. Vgl. dt. *glitzern – gleißen*, engl. *to gitter; schlittern* – mhd. *slīten*, engl. *to slide, to slither; schimmern, schlabbern, flüstern, schnattern*; engl. *shimmer, slobber, chat* und *chatter.* Vgl. auch dt. *winden – wenden – wandern* (auch *wandeln*) mit engl. *to wind – wend – wander.* Da diese Verben einen starken onomatopoetischen Aspekt aufweisen, können viele auch unabhängig in den Einzelsprachen zutage getreten sein.

(ii) **-l-*: Verben mit diesem Bestandteil scheinen auf die gleiche Weise entstanden zu sein. Zusätzlich zu ihrer iterativen Bedeutung haben sie diminutive Bedeutungsnuancen. Dt.: *klingeln – klingen, tröpfeln – tropfen, funkeln, hüsteln*; engl. *scribble, dribble, drizzle, haggle, handle, suckle* usw.

(iii) **-atjan-*: got. *-atjan-* entspricht ahd. *-azzen*, ae. *-ettan.* Dieses Suffix vermittelte iterativ-intensive Bedeutung, war besonders im Westgerm. produktiv und spielte eine gewisse Rolle während der frühen Perioden des Dt. und Engl., z. B. ahd. *heilazzen* – ae. *hālettan* ‚begrüßen, Heil bieten'.

(iv) Die Konsonantengemination war im West- und Nordgerm. produktiv bei der Bildung von Verben mit intensiver und expressiver Bedeutung. Verschiedene Assimilationen können ursprünglich zu dieser Bildungsweise geführt haben, und die semantische Bedeutungsnuancierung kann sich aus der Differenzierung der Bedeutung von zugrundeliegendem und abgleitetem Verb ergeben haben. Das Dt. hat noch: *ziehen – zucken, zücken; triefen – tropfen; biegen – bücken; stoßen – stutzen.* Vgl. engl. *tie – tuck*, diese Bildungsweise ist aber nicht mehr produktiv.

3.7.5 Nominalkomposita

Das Urgerm. hat die *Komposition (Zusammensetzung)* als Mittel zur Erweiterung des Wortschatzes aus dem Ie. ererbt. Es besaß ein umfangreiches Ableitungssystem, scheint aber von der Komposition nicht einen gleich großen Gebrauch gemacht zu haben wie die nachfolgenden Phasen. Zwei Fragen sind von Belang: erstens, welche Kompositionstypen lagen vor und waren produktiv? Zweitens, welche Komposita gab es, d. h. sind sie aus den überkommenen parallelen Komposita der verschiedenen Einzelsprachen gleicher Abkunft rekonstruierbar?

Wiederum findet sich ein fundamentaler Unterschied zwischen Nominalia und Verben.

Nominalkomposition bedeutet primär die Verknüpfung zweier Nominalia. Nur die Primärkomposition, bei der der erste Bestandteil in der reinen Stammform ohne Kasusendung erscheint, existierte im Urgerm. Sekundärkomposita jedoch, bei denen der erste Bestandteil eine Kasusendung aufweist, tauchen allmählich als engere Einheiten in syntaktischen Gruppen auf. Das früheste bezeugte Beispiel ist got. *baúrgswaddjus* ‚Stadtmauer', während die westgerm. Lehnübersetzungen der lat. Namen der Wochentage, vgl. *dies Solis* und ahd. *sunnuntag*, wahrscheinlich aus dem dritten bis vierten Jh. datieren.

Der produktivste Typus der Nominalkomposition ist die Zusammensetzung von zwei Substantiven. Die Komposition von Adjektiv plus Substantiv oder Adjektiv plus Adjektiv war noch im Entstehen begriffen, und das Verb wurde nicht vor Ausbildung der Einzelsprachen in den Umkreis der Nominalkomposition einbezogen. Abgesehen von dem höchst produktiven Typus und den allmählich auftauchenden Typen, gibt es auch aussterbende Typen. Das gesamte Material ist von C. T. Carr, der auch den wahrscheinlich gemeinsamen Bestand an germ. Nominalkomposita rekonstruiert hat, äußerst sorgfältig zusammengestellt und untersucht worden. Von größter Bedeutung für die weitere Entwicklung ist dabei der Produktivitätsgrad der verschiedenen Kompositionstypen.

(i) *Kopulative Komposition*, bei der die beiden Teile aneinandergefügt werden, ist sehr spärlich durch Zusammensetzung von Substantiv plus Substantiv bezeugt, z. B. ahd. *sunufatarungo* ‚Sohn und Vater'. Sie ist kein produktiver Typus, und von diesem einen Beispiel kann kaum behauptet werden, es sei ganz verstanden und erklärt worden.

(ii) *Exozentrische Komposition*, bei der man sich auf einen dritten, von den beiden Teilen der Zusammensetzung getrennten Bestandteil bezieht, ist durch eine typische, aber aussterbende Klasse von Adjektiven vertreten, z.B. ahd. *einhenti*, ae. *ānhende* ‚einhändig', ahd. *barfuoz*, ae. *bǣrfōt* ‚barfuß'. Der zweite Bestandteil war ein Substantiv, aber das Ganze hatte die Funktion eines Adjektivs. Mit zunehmendem Auseinanderwachsen dieser beiden Wortklassen wurde dieser Kompositionstypus, bekannt als *Bahuvrīhi*-Adjektiv (ein Sanskritausdruck für diese Art exozentrischer oder possessiver Komposita), allmählich durch eine Bildungsweise mit adjektivischem Suffix ersetzt, vgl. dt. *einhändig*, aber noch immer *barfuß*. Letzteres ist in der Tat der einzige dt. Überrest dieses Typus.

Andere Arten exozentrischer Komposita kamen auf, z.B. Substantiv-*Bahuvrīhis*: *Langobardi* ‚Langbärte', ‚die, deren Bärte lang sind, die lange Bärte habenden'. Dieser Typus scheint wohl immer vorhanden gewesen zu sein und war tatsächlich der Ausgangspunkt für die Adjektiv-*Bahuvrīhis*. Er ist jedoch spärlich bezeugt und wurde vor dem vierzehnten Jh. nicht wirklich produktiv.

(iii) *Determinativkomposition* vom Typus Substantiv plus Substantiv, bei der der erste Bestandteil den zweiten bestimmt oder einschränkt, ist die bei weitem produktivste. Eine große Zahl solcher Zusammensetzungen ist so weithin bezeugt, daß sie für das Urgerm. als gegeben vorausgesetzt werden kann, z.B. got. *manleika* ‚Bildnis', ahd. *manalīhho*, ae. *manlīca* oder got. *augadaúro* ‚Fenster', ahd. *augatora*, ae. *eagduru* oder in heutiger Form: *Bräutigam – bridegroom, Ellenbogen – elbow, Hagedorn – hawthorn, Haselnuß – hazelnut, Regenbogen – rainbow, Stegreif – stirrup, Stiefvater – stepfather.*

Der Typus Substantiv plus Adjektiv ist auch belegt, doch noch nicht fest begründet. Seine Ausbildung lag noch in der Zukunft. Ein altes Beispiel ist got. *midjungards*, ahd. *mittingard* oder *mittilgarto* ‚Erde', ae. *middangeard*, an. *miðgarðr*.

Der Typus Substantiv plus Adjektiv scheint auf bestimmte Adjektiva beschränkt gewesen zu sein, die die Neigung hatten, Suffixe zu werden, s. **-sama* (S. 106), **-laus-* z.B. ahd. *scamalōs*, ae. *scamlēas*, an. *skammlaus* *‚shameless – schamlos'*. Dieser Typus wurde im Dt. und Engl. sehr produktiv, als der zweite Bestandteil zum Suffix *-los/-less* geworden war.

Ein dritter in Erscheinung tretender Typus hat einige frühe engl.-dt. Parallelen, obwohl er nicht urgerm. ist: Verb plus Substantiv, vgl. ahd. *wezzistein*, ae. *whetestān ‚Wetzstein – whetstone'*. Dieser Typus entstand wahrscheinlich durch Mißverstehen des ersten Bestandteils als Verbalsubstantiv, das gleichzeitig auch als Verbalstamm aufgefaßt werden konnte, oder wo die Wurzel sowohl Verbal- wie Nominalwurzel sein konnte.

3.7.6 Verbalkomposita

Während die Nominalkomposition primär in der Verknüpfung zweier Nominalia (Substantive oder Adjektive) bestand, bedeutet Verbalkomposition Präfigierung. Etwas über fünfzehn Partikeln, die ursprünglich freie, hauptsächlich ortsanzeigende Morpheme waren, gingen eine noch immer nur lockere Verbindung mit Verben ein. Sie blieben vortonig, d.h. die Hauptbetonung fiel auf die Verbwurzel. Sie konnten von der Verbwurzel getrennt werden entweder durch andere Partikeln oder durch ihren Gebrauch als Postposition nach anderen Satzgliedern. Die folgenden, in ihrer got. und ahd. Form zusammen mit einem dt. Beispiel wiedergegebenen Präfixpartikeln waren im Germ. geläufig: (i) *af-, ab-* ‚weg von' *abgeben*; (ii) *ana-, an-* ‚auf, zu' *angeben*; (iii)) *anda-, ent-* ‚entgegen' *entgehen*; (iv) *at-* (vgl. lat. *ad*) got. *at-standan* ‚dabei stehen'; (v) *bi-, be-* ‚bei, um' *begehen*; (vi) *fair-, ver-* ‚um, herum' *verheißen*; (vii) *faur-, ver-* ‚vor, vorbei, weg' *vergehen*; (viii) *fra-, ver-* ‚weg' *vertreiben*; (ix) *ga-, ge-* ‚vollständig' *gefrieren*; (x) *in-* ‚hinein', ersetzt durch *ein-, eingeben*; (xi) *dis-, zer-* ‚getrennt, zerteilt' *zerschneiden*; (xii) *uf-, ob-* ‚unter, über' *obliegen*; (xiii) *ufar-, über-* ‚vorbei, über' *übergehen*; (xiv) *uz-, er-* ‚aus, hinaus' *erlösen*. Im Westgerm. findet sich auch (xv) *miss-* ‚entgegengesetzt' *mißbrauchen, mislead*; (xvi) ahd. *umbi-* ae. *ymb-* ‚um' *umgehen*.

Im Dt. kamen auf diese Weise noch viel mehr Ortspartikeln in Gebrauch, z.B. *durch, unter* usw., sechs jedoch wurden zu einer besonderen Kategorie untrennbarer Präfixe: *be-, ent-, er-, ge-, ver-, zer-*.

3.8 Syntax (Satzlehre)

Wenn man herausfinden will, wie im Germ. Sätze konstruiert wurden, liefern Untersuchung und Vergleich der Satztypen in den einzelnen überlieferten germ. Sprachen den einzigen Ausgangspunkt. Doch die Schwierigkeiten sind sehr groß. Die frühen Prosatexte sind fast alle Übersetzungen aus dem Griechischen oder Lateinischen und oft sehr stark von diesen Sprachen beeinflußt. Die dichterischen Texte stellen, da sie in dem echt germ. Medium der Stabreimdichtung abgefaßt sind, eine literarische Tradition dar, die nur für eine Art stilisierter Diktion repräsentativ sein kann. Der Stabreimvers war jedoch ein Produkt des spezifisch germ. Akzentsystems und uns aufgrund seines hohen Alters die einzige Möglichkeit, einen Blick in den germ. Satzbau zu tun. Wir wissen, daß die wenigen Hundert Jahre, die seit Einführung der germ. Wurzelbetonung vergangen waren, schon gründliche Wirkung auf die unbetonten Flexionsendungen zu der Zeit gezeigt hatten, als die west- und nordgerm. Dialekte sich schriftlich manifestierten. Ihre Syntax scheint im Fluß gewesen zu sein und erfuhr beträchtliche Wandlungen während der ersten paar Jahrhunderte schriftlicher Überlieferung. Die ursprünglich synthetisch gebildeten Satzglieder, verbale wie nominale, brauchten mehr und mehr die Unterstützung von Funktionswörtern wie Subjektspronomen anstelle von Personalendungen und Präpositionen anstelle von Kasusendungen. Demonstrativa entwickelten sich zu Artikeln. Diese Veränderungen hatten Einfluß auf die Gewichtung der Bestandteile des Satzes und auf den Rhythmus des Gesamtsatzes und können, so darf man annehmen, die relative Stellung der Elemente und Glieder innerhalb des Satzes berührt haben. Feststellungen und ja/nein-Fragesätze waren ursprünglich wohl nur durch Intonation und synthetisch durch enklitische Partikeln gekennzeichnet, vgl. lat. *-ne*. Die got. Fragepartikel *-u* ist ein letzter Nachklang dieser frühen Praxis: *ni wisseduþ* ‚ihr wußtet nicht' – *niu wisseduþ?* ‚wußtet ihr nicht?'. Irgendwann wurden die beiden Satztypen wie im heutigen Engl. und Dt. durch die Wortstellung differenziert.

Die Wortstellung, genauer die relative Positionierung der Bestandteile des Satzes zueinander, wird im allgemeinen von vier Faktoren bestimmt: (i) Sie kann absolut, d.h. grammatisch bestimmt sein. Das heutige Deutsch hat beispielsweise die grammatisch festgelegte Anordnung *das weiße Haus* und erlaubt nicht **das Haus weiße.* (ii) Sie kann durch Emphase (Nachdruck) oder den Brennpunkt der Aufmerksamkeit bestimmt sein. In *der Bauer pflückt die Äpfel* haben wir einen Satz, der emphatisch neutral ist. Emphase wird durch Betonung und Intonation ausgedrückt. Sie kann auf das Subjekt, das Verb oder das Objekt fallen:

Der Báuer pflückt die Äpfel.

Der Bauer pflǘckt die Äpfel.

Der Bauer pflückt die Ä́pfel.

Aber auch die Wortstellung drückt Emphase aus: *Die Äpfel pflückt der Bauer.* Mit anderen Worten, die Wortstellung im Deutschen reagiert empfindlich hinsichtlich der Stellung des Objekts, nicht aber hinsichtlich der des Subjekts oder Verbs. Die Unterscheidung zwischen neutraler und emphatischer Anordnung hat offensichtlich Bedeutung. (iii) Die Wortstellung kann vom Rhythmus bestimmt sein. So sagt man im Dt. *Land und Leute, bei Nacht und Nebel* und kehrt die Wortstellung um in *er schenkte seiner Tochter ein Auto*, wenn das Akkusativobjekt ein Pronomen ist: *er schenkte es seiner Tochter.* In der Tat kann der Bestimmungsfaktor Rhythmus auch ‚Schwere' genannt werden, obgleich Schwere und Rhythmus nicht zusammenzugehen brauchen. (iv) Viele Sprachen haben unterschiedliche Anordnungen je nach Schwere. Im Französischen folgt ein substantivisches Objekt dem Verb: *il a vu l'homme*, aber ein pronominales geht ihm voraus: *il l'a vu.*

Nicht immer ist leicht zu bestimmen, welche Faktoren in einer gegebenen Wortstellung vorhanden sind, besonders wenn es sich um tote Sprachen handelt. Die Fachleute sind sich keineswegs darüber einig, ob die Anfangsstellung des Verbs im Germ. emphatisch oder neutral war.

Zu den frühesten Sätzen gehören die folgenden:

(i)	Ae.	*Song hē ærest be middangeardes gesceape* ‚Zuerst sang er über die Schöpfung der Welt'
	Got.	*urrann gagrefts fram kaisara Agustau* ‚ging aus ein Erlaß von Kaiser Augustus'
		gahailida managans af saúhtim ‚er heilte viele von (ihren) Krankheiten'
	Ahd.	*holōda inan truhtin* ‚der Herr holte ihn'
		gab her imo dugidi ‚er gab ihm Vollkommenheit'
(ii)	Run. Nord.	*DagaR þar runo faihido* ‚D. malte diese Runen'
		Ek HlewagastiR HoltijaR horna tawido ‚Ich, . . ., machte das Horn'
	Ae.	*he him āþas swōr* ‚er schwur ihm Eide'
	Ahd.	*ih inan infahu* ‚ich empfange ihn'
		gode lob sageda ‚er pries Gott'
	Got.	*aþþan ik in watin izwis daupja* ‚aber ich tauche euch ins Wasser'
(iii)	Run. Nord.	*Ek Hagusta(l)daR hlaaiwido magu minino* ‚Ich, H., begrub meinen Sohn'
	Vorahd.	*Boso wraet runa* ‚B. ritzte die Runen'
	As.	*Ik gedōn that* ‚ich tue das'
	Ahd.	*mīn sēla lobot got* ‚meine Seele lobt Gott'
(iv)	Ahd.	*einan kuning weiz ih* ‚ich kenne einen König'
		in anaginne was wort ‚am Anfang war das Wort'
	Ae.	*þā ārās he from þæm slǣpe* ‚dann erhob er sich von dem Schlafe'
		And þȳ īlcan geare hīe sealdon Cēolwulfe . . . rīce ‚und in dem selben Jahre gaben sie Cēolwulf die Herrschaft'

Diese Sätze stellen vier verschiedene Typen dar:

(i)	V(erb) + S(ubjekt) + E(rgänzungen)	oder V + E (+ S)
(ii)	S + E + V	oder E + V
(iii)	S + V + E	
(iv)	E + V + S	oder E + S + V

Im Grunde können sie reduziert werden auf die Formeln:

Verb in Anfangsstellung;
Verb in Endstellung;
Verb in Mittelstellung.

Fragt man, welcher Typus der älteste ist, fangen die Schwierigkeiten an. Jede Stellung hat ihre Fürsprecher gefunden, und die Forscher waren sich oft uneins hinsichtlich der Deutung der jeweiligen Stellungen und ihrer Implikationen.

Einige Forscher betrachteten Typus (i) als grundlegenden und ältesten. Das nominale Subjekt ginge dem Verb nur bei besonderer Emphase voran. Das pronominale Subjekt steht auf jeden Fall an zweiter Stelle. Bestimmte unbetonte Partikeln, besonders *þā* (ae.) oder *dō* (ahd.) und die Negationspartikel *ni* waren proklitisch gestattet und sollten deshalb von schwereren, Typus (iv) einführenden Bestandteilen unterschieden werden. Das Ae. jedenfalls machte eine solche Unterscheidung und Typus (iv) folgte, im Unterschied zu den *þā*-Sätzen, dem Muster E + S + V . . . Hierin ist natürlich der Ausgangspunkt für den grundlegenden Unterschied zusehen zwischen Dt.: *Heute morgen ging er in die Stadt* und Engl.: *This morning he went to town.* Typus (iv) mit Spitzenstellung der Ergänzung wäre natürlich eine emphatische Version des Typus (i). Bei der Sprache kommt es häufig vor, daß das, was zu einer Zeit emphatisch ist, zu einer anderen Standard und später neutral wird. Genau dies geschah nach einigen Forschern mit dem Typus (iii). Die neuen neutralen, mit Nominal- oder Pronominalsubjekt beginnenden Sätze, die alten *þā*-Sätze und jene, mit emphatischer Ergänzung beginnenden vom Typus (iv) begründeten zusammen ein neues Muster mit dem Verb an zweiter Stelle. Dies Muster ist bereits im Ahd. vorherrschend.

J. Fourquet sieht die Anfangsstellung des Verbs als emphatisch an und lehnt es ab, die anderen Typen auf einen ursprünglichen Typus (i) zu reduzieren. Aber er ist auch gegen die andere These, die die Endstellung des Verbs als ursprünglich ansieht. Er betrachtet das Verb als prädikatsbildenden Kern, um den die anderen Bestandteile gruppiert sind. Die enger mit dem Verbalglied verknüpften Bestandteile gehen dem Verb voraus: *horna tawido*. Die Bestandteile aber, auf die besonders aufmerksam gemacht wird, folgen dem Verb: *hlaaiwido magu minino*. Wiederum wird die Emphasestellung in einem späteren Stadium zur Normalstellung. Im Althochdeutschen war dies schon allgemein der Fall, und das Vorkommen der Zweitstellung des Verbs nahm stark zu. J. Fourquet geht der allmählichen Umbildung und Ausscheidung des Typus (ii) im Altenglischen sehr detailliert nach. Hier war es nicht, wie im Deutschen, die vorherrschende Zweitstellung des Verbs, die analogisch erweitert wurde. Zuerst wurde die schwere Ergänzung regelhaft auf die ursprünglich emphatische Stellung verwiesen, und nur die leichten Bestandteile (Partikeln und Pronomen) wurden weiterhin vor dem Verb geduldet. Das ‚leichte' Verb ‚sein' war das erste, dem regelhaft alle Ergänzungen folgten. In Analogie dazu nahmen schließlich alle andern Verben dasselbe Muster an, so daß das Englische zu der neutralen Wortstellung S + V + E gelangte.

Alle Sachkenner sind sich darin einig, daß das Germanische ursprünglich bei der Wortstellung keinen Unterschied zwischen Nebensatz und Hauptsatz machte. Da aber die leichten Bestandteile im Nebensatz vorherrschten, dominierte Typus (ii) (S + E + V) zahlenmäßig. Das Subjekt ist im Nebensatz recht oft pronominal. Aus rhythmischen Gründen wurde es in die vorverbale Stellung gezogen. So entstand im Deutschen die unterschiedliche Stellung des Verbs, nämlich an zweiter Stelle im Hauptsatz und weiter hinten im untergeordneten Satz. Die absolute Endstellung wurde erst viel später zur Regel.

Abschließend kann man daher sagen, daß alle germanischen Sprachen sich von den frühesten Typen mit verbaler Anfangs- oder Endstellung entfernt haben und sich zuerst parallel zueinander entwickelten, dann aber schließlich ihre eigenen Wege gingen, wenngleich verwandte Züge noch immer deutlich erkennnbar sind.

3.9 Wortschatz

3.9.1 Der ererbte Bestand

Die indoeuropäischen Sprachen haben eine relativ kleine Zahl vollständiger Wörter gemeinsam wie *Tochter, Vater, Bruder, Fisch*; und selbst diese kleine Zahl wird gewöhnlich nur von einigen, kaum je von allen geteilt. Aber viele ie. Sprachen haben verhältnismäßig viele Wurzeln gemeinsam. Mit diesen bauen sie ihre Wörter auf oder entwickeln sie damit. In diesem

Sinne ist das Germ. in überwältigender Weise ie. Die germ. Einzelsprachen anderseits haben vollständige Wörter, nicht nur Wurzeln gemeinsam. Die Ausbildung großer Teile des Wortschatzes jeder germ. Sprache reicht also in die Periode größter Konvergenz, d.h. ins Urgerm. zurück. Insoweit als der ‚neue' germ. Wortschatz auf lexikalischem Material des Ie. errichtet wurde, ist sprachlich gesehen nichts Ungewöhnliches dabei. Ein bestimmter Teil des Wortschatzes scheint jedoch keine ie. Quelle zu haben. Diese Tatsche ist Anlaß zu vielen Spekulationen hinsichtlich einer nicht-ie. Beimischung in Form eines Substrats oder Superstrats gewesen. Wenn man jedoch deutlich zwischen ‚neuem', auf ie. Wurzeln errichteten Wortschatz und neuem Wortschatz ohne bekannte ie. Etymologie unterscheidet, braucht man kaum nach einem starken fremden Element Ausschau zu halten. Beispielsweise hat das Germ. eine gemeinsame Seefahrtsterminologie, die zwar ‚neu', jedoch im wesentlichen auf ie. Bestandteilen errichtet ist. Die folgenden Wörter haben verwandte Wurzeln im Ie, wenn auch gewöhnlich mit nicht-nautischer Bedeutung: *Bord, Damm, Eis, Floß, Flut, Hafen, Kiel, Klippe, Luke, Mast, Nachen, Netz, Reede, Reise, Schiff, schwimmen, Segel, Stange, Steuer, Strand, Sturm, Sund, Zeit.* Ja selbst die Himmelsrichtungen *Nord, Ost, Süd, West*, die so deutlich eine germ. Schöpfung sind und von anderen europäischen Sprachen entlehnt wurden, fußen auf ie. Bestandteilen. Nur relativ wenige Wörter sind auszumachen, die nicht auf ie. Wurzeln zurückgeführt werden können: *Brise – breeze, Ebbe – ebb, See – sea, Takel – tackle, Tau – tow* usw.

Selbst in den heutigen Sprachen ist der starke gemeinsame Grundstoff der Wörter deutlich erkennbar, wie die Liste auf S. 116 zeigen kann.

Viele der alltäglichen Umgangswörter des Germ. haben überlebt und sind noch immer in den heutigen Sprachen zu finden. Viele sind jedoch ausgestorben. Das Germ. hatte auch einen reich entwickelten Fachwortschatz, der die Lebensweise, die Mentalität und die Beschäftigungen seiner Sprecher widerspiegelt. Die bodenständige Heldendichtung ist die einzige Quelle für diesen Fachwortschatz. Das meiste davon ist ausgestorben. Das Germ. hatte Dutzende von Wörtern für Krieger, Krieg, Angriffs- und Verteidigungswaffen usw. Sie bildeten die komplizierten Wortfelder einer barbarischen Welt. Spezialstudien haben versucht, ihnen wieder auf die Spur zu kommen.

Bedeutsamer für das Englische und Deutsche ist der heutige Umfang des lexikalischen Erbes aus dem Germ. Beispielhaft wollen wir dem Schicksal gut bezeugter germ., mit *h-* beginnender Wörter aus F. Holthausens *Gotischem etymologischen Wörterbuch* nachgehen. Ein auf die Etyma oder *Wortkörper* beruhender Vergleich ist relativ leicht durchzuführen.

Deutsch	Holländisch	Schwedisch	Dänisch	Englisch
Erde	aarde	jord	jord	earth
Feld	veld	fält	mark	field
Frost	vorst	frost	frost	frost
Gras	gras	gräs	graes	grass
Hagel	hagel	hagel	hagl	hail
Heide	heide	hed	hede	heath
Heu	hooi	hö	hø	hay
Licht	licht	ljus	lys	light
Mond	maan	måne	maane	moon
Regen	regen	regn	regn	rain
Regenbogen	regenboog	regnbåge	regnbue	rainbow
Salzwasser	zout water	saltvatten	saltvand	salt water
Sand	zand	sand	sand	sand
Schnee	sneeuw	snö	sne	snow
Sommer	zomer	sommar	sommer	summer
Sonne	zon	sol	sol	sun
Stern	ster	stjärna	stjerne	star
Sturm	storm	storm	storm	storm
Tal	dal	dal	dal	valley (dale)
Tau	dauw	dagg	dag	dew
Wasser	water	vatten	vand	water
Wasserfall	waterval	vattenfall	vandfald	waterfall
Welt	wereld	värld	verden	world
Wetter	weer	väder	vejr	weather
Wind	wind	vind	vind	wind
Winter	winter	vinter	vinter	winter

Ein Vergleich der Bedeutungen würde eine äußerst umfangreiche Untersuchung erfordern, denn Bedeutung beruht auf der allgemeinen lexikalischen Konvention und dem je spezifizierten sprachlichen wie außersprachlichen Umfeld (Kontext). Die Bedeutung eines Wortes wird von den Bedeutungen anderer Wörter und solch schwer faßbarer Faktoren wie Stil, Konnotation und Implikation, die von den Sprachbenutzern beabsichtigt sind, bestimmt. Der folgende Vergleich beschränkt sich daher auf die materielle Ebene der erhalten gebliebenen Wortkörper. Wo die got. Formen nicht überlebt haben, werden ae. und ahd. gegeben.

Diese kleine, aufs Geratewohl gewählte Liste, kann kaum mehr als ein bloßer Hinweis sein. Es könnte so aussehen, als ob das heutige Deutsch mehr von seinem ererbten germ. Wortschatz erhalten hat als das Englische. Jedoch bei einer Verlustrate von annähernd einem Fünftel im Deutschen gegenüber einem Drittel im Englischen ist der Unterschied vielleicht überraschend klein. Es sind recht bezeichnender Weise haupt-

Gotisch		Deutsch		Englisch
haban		haben		have
hafjan		heben		heave
haftjan		heften	ae.	hæftan
hafts		Haft	ae.	hæft
hagl		Hagel		hail
hāhan		hangen		hang
haidus		-heit		-hood
haifsts ‚Kampf‘	ahd.	heisti	ae.	hǣst
hailags		heilig		holy
hailjan		heilen		heal
hails		heil		whole
haims ‚Dorf‘		Heim		home
haírda		Herde		herd
haírdeis		Hirt		(shep)herd
haírto		Herz		heart
haírþra ‚Eingeweide‘	ahd.	herdar	ae.	hreðer
haírus ‚Schwert‘	as.	heru	ae.	heoru
haitan		heißen		(he hight)
haiþi		Heide		heath
haiþno		heidn(isch)		heathen
hakuls ‚Mantel‘	ahd.	hahhul		hackle
				‚Mantel, Strohbedeckung‘
halbs		halb		half
haldan		halten		hold
halja		Hölle		hell
hals		Hals	ae.	heals
halts ‚lahm‘	ahd.	halz		halt
-halþei		Halde	ae.	hielde
hana		Hahn	ae.	hana
handugs ‚klug‘	ahd.	hantag ‚scharf, wild‘	ae.	hendig ‚gewandt, geschickt‘
handus		Hand		hand
hansa ‚Menge‘	ahd.	hansa	ae.	hōs
hardus		hart		hard
hariggs		Hering		herring
harjis		Heer	ae.	here
harpa		Harfe		harp
haspa		Haspe		hasp
hatan		hassen		hate
hatjan		hetzen	ae.	hettan
haþus ‚Kampf‘	ahd.	hathu-	ae.	heaðu-
haubiþ		Haupt		head
hauhs		hoch		high
hauniþa ‚Demut‘	ahd.	hōnida	ae.	hienðu
haunjan ‚erniedrigen‘		höhnen	ae.	hienan
haúrds ‚Tür‘	ahd.	hurt-Hürde	ae.	hyrd-hurdle
haúrn		Horn		horn

sächlich kulturelle Begriffe (‚Schwert', ‚Kampf', ‚Mantel'), die verloren gegangen sind. Es darf natürlich nicht übersehen werden, daß das Got., wenngleich die frühest belegte Sprache, nicht mit dem Urgerm. identisch ist.

3.9.2 Entlehnter Wortschatz

Abgesehen von der Entwicklung eigener lexikalischer Mittel, machte das Germ., wie alle Sprachen, Gebrauch von fremden Quellen. Drei Entlehnungsstränge können während der germ. Periode unterschieden werden. Bestimmte Wörter sind unter Berücksichtigung ihrer Isolierung, kultureller Umstände oder sprachlicher Merkmale als Entlehnungen auszumachen. Einige davon stammen aus unbekannten Quellen, einige aus dem Keltischen. Diese beiden Stränge sind frühe Entlehnungen und dadurch gekennzeichnet, daß sie die meisten urgerm. Veränderungen durchlaufen haben. Die bei weitem wichtigste Gruppe, der dritte Strang, kam während des spätgerm. Stadiums ins Germ., d.h. nach den urgerm. Lautveränderungen, aber ehe irgendeine spätere Entwicklungsmarkierung wie beispielsweise die hochdeutsche oder zweite Lautverschiebung stattgefunden hatte. Es sind dies Entlehnungen aus dem Lat. zur Zeit des römischen Reiches.

(i) Frühe Entlehnungen unbestimmter Herkunft. Nach Herodot war das griechische Wort *kannabis* erst jüngst ins Gr. seiner Zeit gekommen. Wahrscheinlich etwas später, aber vor der ersten Lautverschiebung, erreichte es das Germ. (*k*>*x, h; b*>*p*). Die nordseegerm. Formen zeigen Umlaut, daher engl. *hemp (henep)*, holl. *hennep*, aber dt. *Hanf* (*p*>*f*, Ergebnis der hochdeutschen Lautverschiebung).

Auch im Gr. zu finden ist das möglicherweise thrakische Wort *baitē* ‚ein Hirtenmantel', das im Germ. als got. *paida*, ae. *pād*, dt. mundartliches *Pfeit* (österr.-bayr. *pfoat*) ‚Hemd' belegt ist. Es ist das erste bekannte Lehnwort aus dem Kleidungsbereich, der immer dazu neigt, modische Fremdwörter einzuführen.

Dt. *Pfad*, engl. *path* sind isolierte Wörter mit Verwandten in iranischen Sprachen, von denen sie wohl nach der germ. Lautverschiebung entlehnt wurden.

Das gemeingerm. Wort *Silber – silver*, auch im Baltischen und Slavischen bezeugt, kam wahrscheinlich aus dem Mittleren Osten in die ie. Sprachen.

Englisch *ore* ist aus einer germ. Wurzel abgeleitet, von der das Adjektiv *ehern* im Deutschen heute der einzige Überlebensrest ist. Diese germ.

Wurzel findet sich auch in anderen ie. Sprachen, beispielsweise *aes* im Lateinischen, und kann eines der frühesten Wörter für Kupfer oder Bronze gewesen sein. Es geht wohl zurück auf den Namen *Ajasja*, den älteren Namen der Insel Zypern. Dem späteren Namen liegt natürlich lat. *cuprum* zugrunde, von dem unser *copper* – *Kupfer* kommt.

Erz, ahd. *aruzzi*, as. *arut*, verwandt mit lat. *raudus* und slavischen wie iranischen Formen, ist wohl eine von dem sumerischen *urudu* ‚Kupfer' abgeleitete Entlehnung, die von einer Reihe ie. Sprachen übernommen wurde.

Linse und lat. *lens* – *lentis* (woher engl. *lentil* über das Frz.) scheinen ebenso aus einer unbekannten östlichen Quelle abgeleitet zu sein. *Rübe* und lat. *rapa, Affe* – *ape* sind auch sehr frühe Lehnwörter östlichen Ursprungs.

(ii) Eine kleine Lehnwortgruppe leitet sich aus dem Keltischen ab. Dies überrascht nicht, wenn man bedenkt, daß die Kelten während der Blüte ihrer Bronze- und Eisenzeit, als sie auch politisch in ihrem Zenith standen, die südwestlichen und südlichen Nachbarn der Germanen waren. Ihre politische Vorherrschaft läßt sich aus einigen dieser Lehnwörter vermuten, beispielsweise aus got. *reiks* ‚Herrscher', *reikeis* ‚mächtig', die auch in allen andern germ. Dialekten bezeugt sind *(Reich, reich)*. Sie gehören zu einer ie. Wurzel, die im Germ. direkt vertreten ist durch *recht* – *right*. Das Lat. hat *rēx* ‚König' und das Ind. *raja*. Ie. *ē* wurde *ī* im Kelt. (*-rix* in gallischen Namen), was beweißt, daß die germ. Wörter mit *ī* Lehnwörter und nicht direkt ererbte Wörter sind.

Dt. *Amt* ist mit gall. *ambactos* ‚Diener' verglichen worden, ein Kompositum, daß die Wurzeln **ambi* ‚umher' und **ag-* ‚handeln' enthält. Das neutrale Substantiv *Amt* muß als germ. Entwicklung des Lehnworts mit der Bedeutung ‚Diener, Anhänger' angesehen werden.

Eid – *oath*, die sich aus einer ie. Wurzel mit der Bedeutung ‚gehen' herleiten, entwickelten im Kelt. wie im Germ. eine besondere rechtliche Bedeutung. Die Annahme semantischer Entlehnung aus dem Kelt. hat daher einiges für sich. Ähnlich verknüpft mit der Rechtsterminologie ist *Geisel* ‚Bürge'.

Das Kelt. und Germ. haben auch das Wort für *Eisen* gemeinsam, entlehnten es aber wohl beide von den Illyrern, den Schöpfern der nordeuropäischen Eisenzeitkultur (Hallstattkultur).

(iii) Den weitaus größten Einfluß auf den germ. Wortschatz brachte die Konfrontation der germ. Stammeswelt mit dem römischen Imperium. Cäsars Erscheinen an den Ufern des Rheins brachte die germanische Expansion nach Westen für einige Jahrhunderte zum Stillstand. Diejenigen Stämme, die den Fluß bereits überschritten hatten, wurden unterworfen und in die neugegründeten römischen Provinzen eingegliedert; andere, weiter östliche Stämme, waren nun kommerzieller und politischer Durchdringung ausgesetzt und im ersten Jahrhundert auch militärischen Expeditionen. Später kehrten sie die Richtung solcher militärischen Unternehmungen um. Während der ganzen Zeit versprachen Söldnerdienst und Handelskontakte eine Teilhabe an den Erzeugnissen der mittelmeerischen Zivilisation. Zahlreiche römische Städte und Handelsposten entstanden entlang dem Rhein, der Mosel, der Maas und der Donau. Die römische Lebensart, Städte mit Häusern aus Stein, industrielle Unternehmungen, eine produktive, großangelegte Landwirtschaft, Garten- und Weinbau breiteten sich über die Provinzen aus und wurden von den barbarischen Stammesleuten gesehen, bestaunt, beneidet, kopiert oder geplündert. In allen Dingen des materiellen Lebens, im Kriegswesen und in wirtschaftlicher Produktion, in den Künsten und im Handwerkswesen waren die Römer überlegen. Viele Hunderte von Wörtern aus diesen Bereichen wurden von den Stammesleuten entlehnt. Die Goten, die ihr Heimatgebiet entlang den Ufern der Weichsel gegen Ende des zweiten Jahrhunderts verließen, teilen eine Reihe früher Entlehnungen mit ihren westlichen Nachbarn. Viele Wörter verraten durch ihre phonologische Form ihre frühe Entlehnung. Im großen und ganzen nahmen die Angelsachsen die gleichen Wörter wie ihre festländischen Verwandten auf. Deshalb schließen wir, daß diese Entlehnungsbewegung zwischen dem Beginn unserer Zeitrechnung und dem Anfang des fünften Jahrhunderts stattfand. Obgleich die Römer sich nicht nur in materiellen Dingen ihrer Überlegenheit erfreuten – schließlich hatten sie eine schriftkundige Verwaltung und erreichten die höchsten Leistungen in Recht und Literatur, Philosophie und Wissenschaft – die Barbaren wußten mit solchen Fertigkeiten nichts anzufangen. Die Römer waren natürlich keine Proselytenmacher. Die Barbaren blieben Barbaren, nicht einmal das römische Alphabet wurde angenommen.

Die Forschungen von Theodor Frings und anderen haben gezeigt, daß die römische Infiltration von Gallien aus über den Unter- und Mittelrhein stattfand. Die Germania und Italien waren durch die Alpen voneinander getrennt, was nur wenige Berührungen zuließ. So kam es, daß Nordgallien, Britannien und die römische Germania eine wirtschaftliche und kulturelle Einheit innerhalb des Imperiums bildeten. Rheinische Mundarten haben davon einen letzten Reflex bis auf den heutigen Tag bewahrt.

Phonologisch sind die lat. Lehnwörter aus dieser Periode von großem Interesse. Sie können uns viel über das Spätgerm. sagen.

(i) Die Lehnwörter aus der römischen Kaiserzeit erfuhren die hochdeutsche Lautverschiebung (s. S. 166–174), d.h. ihre Aufnahme fand vor der Verschiebung statt. Vgl. lat. *piper* – dt. *Pfeffer*, engl. *pepper; tēgula – Ziegel, tile.*

(ii) Sie zeigen deutlich die westgerm. Konsonantengemination (s. S. 63): *puteus* (>*putjus*) – *Pfütze, pit* (ae. *pytt*); *vicia* (>*wikja*) – *Wicke, vetch; cuprum – Kupfer, copper.*

(iii) Sie haben an der Neuordnung von *e-i* teil (s. S. 77f.) *sināpi – Senf*, ae. *senep; secula – Sichel, sickle* (es kann aber auch aus einer vulgärlat. Form **sicila* entlehnt sein); *bicārium – Becher, beaker; menta – Minz, mint.* Diese Beispiele können nicht ohne weiteres für die Datierung der *e-i*-Neuordnung gebraucht werden. Lautersatz muß dabei berücksichtigt werden. Nach der Neuanordnung würde *e* nicht vor n+Konsonant vorgekommen sein, und lat. *menta* würde *mint* geworden sein einfach durch Lautersatz, wie es bei dem viel späteren Lehnwort *census*>*Zins* geschehen ist. Bezüglich der spätgerm. Neuanordnung von *e-i* haben wir unregelmäßige Entwicklungen, z.B. *pice(m) – Pech* aber *pitch; cista – Kiste* aber *chest.*

(iv) Sie nehmen germ. Betonung an: *flagellum – Flegel, flail; monēta* (>*munita*) – *Münze, mint.*

(v) Sie erfahren den germ. *i*-Umlaut: *catīnus – Kessel, kettle; molīna* (>*mulina*) – *Mühle, mill.*

(vi) Lat. *o* wird germ. *u* (s. S. 78) in einigen Fällen: *pondo – Pfund, pound* (das Germ. hatte nur *u* vor *n*+Konsonant); vulgärlat. *cocīna* (<*coquīna*) – *Küche, kitchen* mit Wechsel von *o*>*u*, aber *coquere* wurde ahd. *kochōn* mit vor *ō erhaltenem o.* Germ. /u/ muß mindestens die allophonische Spaltung zur Zeit der Entlehnung erfahren haben, selbst wenn [o] noch nicht ein unabhängiges Phonem geworden war. Aber Beispiele wie *postis – Pfosten, post; corbis – Korb* deuten an, daß die Phonemisierung von [o] der Einführung dieser Lehnwörter zeitlich vorausgeht.

(vii) Lat. *au* wird germ. *au* ehe letzteres sich zu ahd. *ou, ō* oder ae. *ēa* entwickelte: *caupo – kaufen, cheap; caulis – Kohl*, obwohl engl. *cole* nicht die normale Entwicklung des germ. *au* zeigt: aber *pavō – Pfau, pea(cock)* zeigt sie.

(viii) Lat. *ae* wird germ. *ai* in frühen Lehnwörtern: *Caesar – Kaiser.*

Diese Lehnwörter werfen auch ein interessantes Licht auf das Latein der Entlehnungszeit:

(i) Die frühen Entlehnungen haben germ. *k*<lat. c selbst vor Palatalvokalen, wo es im Vulgärlat. Affrikate war. So haben wir dt. *Kaiser, Kalk* (<*calcem*) – engl. *chalk; Kirsche* (<*cerēsia*).

(ii) Das lat. *v* wurde als germ. /w/ entlehnt, mit anderen Worten, es hatte noch immer seinen frühen bilabialen Wert, z.B. *Wall* (<*vallum*) – *wall, Wein* – *wine*<*vīnum*.

(iii) Die kurzen Vokale des klassischen Lat. waren noch erhalten in *asilus* (<*asinus*), *Esel; camera*>*Kammer*.

(iv) Aber in *speculum, brevis, febris* war das kurze *e* lang geworden, so daß es zu germ. $\bar{e}^2$ assimiliert wurde und sich zusammen mit dem einheimischen $\bar{e}^2$ zu ahd. *ia*, später zu *ie* entwickelte: *Spiegel, Brief, Fieber*. Auch die Konsonanten zeigen spätere lat. Entwicklung: *c*>*g* und *v*>*f*.

(v) Einige lat. Wörter starben früh aus, ohne Spuren in den romanischen Sprachen zu hinterlassen, wurden aber ins Germ. entlehnt: *cāseus* – *Käse, cheese* (*formāticum* ist die Grundlage der heutigen romanischen Wörter *fromage, formaggio*); *pondo* – *Pfund, pound* wurde früh im Lat. durch *libra* ersetzt.

(vi) Die Namen der Wochentage gehen auf heidnische römische Formen zurück, nicht auf die späteren christlichen Ersetzungen, z.B. *dies Solis Sonntag, Sunday* oder *dies Saturni*>*Saturday, Zaterdag* im Holl. und angrenzenden niederdeutschen Mundarten. Die christliche *dies dominica* (franz. *dimanche*, it. *domenica*) wurde nicht entlehnt, aber *sambatum* ist für das süddt. *Samstag* verantwortlich.

Die frühmittelalterlichen germ. Sprachen enthielten viele frühe lat. Wörter, die jetzt ausgestorben sind oder nur mundartlich überlebten. Die folgende Liste enthält nur solche Wörter, die noch heute in der Standardsprache geläufig sind. Vergleicht man sie mit den lat. Wörtern, darf nicht vergessen werden, daß sie aus dem gesprochenen Latein der Grenzsiedler entlehnt wurden und nicht aus dem klassischen Latein, und gewöhnlich aus den obliquen Formen, nicht aus dem Nominativ, deshalb setzt *Kette* eher die Vulgärform **cadina* als *catēna* voraus, und *Kalk* ist aus *calce* oder *calcem* entlehnt, nicht aus *calx*. Die folgenden semantischen Bereiche sind von besonderer Bedeutung:

Verwaltung und Kriegswesen

*Drache (dracō), Kaiser (Caesar), Kampf (campus), Kerker (carcer), Kette (*cadina*<*catēna), Meile (mīlia passuum), Pfahl (pālus), Pfalz (palātia), Pfeil (pīlum), sicher (sēcūrus), Straße (via strāta), Wall (vallum), Zoll (toloneum*<*telōneum).*

Bauwesen und Haushaltsgegenstände

Arche (arca), Becher (bicārium), Büchse (buxis), Estrich (astracum), Fenster (fenestra), Kalk (calcem), Kammer (camera), Keller (cellārium), Kessel (catīnus), Kiste (cista), kochen (coquere), Korb (corbis), Küche (cocīna), Mauer (mūrus), Pfanne (patina), Pfeife (pīpa), Pfeiler (pīlāre), Pflaster (plastrum), Pforz(-heim) (porta), Pfosten (postis), Pfühl (pulvīnus), Pfütze (puteus), Sack (saccus), Schemel *(scamellum), Schindel (scindula), Schrein (scrīnium), Schüssel (scutella), Semmel (simila), Sims (sīmātus), Söller (sōlārium), Speicher (spīcārium), Spiegel (spegulum<speculum), Stube (*stuba), Tisch (discus), Ziegel (tēgula).*

Handel
Esel (asinus), Karren (carrus), kaufen (caupo), Kupfer (cuprum), -menge, ahd. *mangari,* engl. *-monger (mango), Maultier (mūlus), Mühle (molīna), Münze (monēta), Pfeffer (piper), Pferd (paraverēdus), Pfund (pondo), Saumtier (sauma<sagma).*

Ackerbau, Gartenbau und Weinbau
eichen (aequāre), Eimer (amphora), Essig (acētum), Flaum (plūma), Flegel (flagellum), Frucht (fructus), impfen (imputāre), Kelch (calicem), Kelter (calcatūra), Kirsche (ceresia), Kohl (caulis), Kümmel (cumīnum), Kürbis (cucurbita), mausern (mūtāre), Minz (menta), mischen (miscere), Most (mustum), Pfau (pāvō), Pfirsich (persica), pflanzen (plantāre), Pflaume (prūnum), pflücken (piluccāre), pfropfen (propagāre), Rettich (rādicem), Sichel (sicula, sēcula), Trichter (trāiectōrium), Weiher (vīvārium), Wein (vīnum), Winzer (vīnitor).

Die Wochentage
Sie sind keine Lehnwörter, sondern Lehnübersetzungen. Die lat. Wörter für Sonne und Mond wurden ins Germ. übersetzt, die lat. Götter- und Planetennamen wurden durch Namen germ. Götter wiedergegeben, die ihnen in der Bedeutung nahestanden. So wurde der Kriegsgott (Mars) bei einigen Stämmen durch *Tiw* oder *Ziu* (Angelsachsen und Alemannen) wiedergegeben, die Franken jedoch setzten ihn mit *Thingsus*, dem Gott, der der Kriegerversammlung (dem ‚Thing') vorsitzt, gleich. Die Bayern übernahmen ein Lehnwort aus dem Gr. (Ares, der Kriegsgott). Jupiter (oder Jovis), der Donnergott, entspricht dem germanischen *Donar* oder *Thor*, und die römische Liebesgöttin (Venus) wurde mit der germanischen *Frija* identifiziert. Für Saturnus hatten die germ. Völker keine Übersetzung. Ob die verschiedenen Mundarten einst einen gemeinsamen Namen für Mittwoch und Sonnabend bzw. Samstag hatten und sie später veränderten, können wir nicht sagen. Daß es in späteren Stadien einen beträchtlichen Druck zugunsten der christlichen Bezeichnungen gab, ist sicher.

Sonntag (Sōlis diēs); Montag (Lūnae diēs); Dienstag (*Martis diēs, Mars Thingsus>Dingstag*, alem. *Zyschtig* – engl. *Tuesday*, bayr. *Ertag<Ares*); *Mittwoch*, Übersetzung von *hebdomas media* (christl. Lat.), aber klass. Lat. *Mercuriī diēs>Wednesday*, auch im Holl. *(Wœnsdag)* und in nordwestdt. Mundarten *(Gudestag, Gōnsdag); Donnerstag* (*Iovis diēs*, ahd. *Donarestag*, bayr. *Pfinztag*<gr. *pente*); *Freitag (Veneris diēs); Samstag* (<gr. *sambaton*), nordwestdt.

Saterdag, holl. *Zaterdag*, engl. *Saturday* (<*Saturni diēs*), *Sonnabend* (<ae. *sunnanǣfen*) in Norddeutschland.

Die christliche Kirche
Relativ wenige christliche Wörter sind spätgerm., d.h. gehen zeitlich der Entwicklung der germanischen Einzelsprachen vorauf. Da das Christentum in der griechischen Hälfte des Reiches früher begründet wurde als in der lateinischen, ist es nicht verwunderlich, daß die frühesten Lehnwörter eher aus dem Gr. als aus dem Lat. kommen. Auf welchem Wege sie aber kamen, ist noch immer ungewiß. Sowohl griechische Christengemeinden in den rheinischen Städten, vor allem Trier, und frühe gotische Missionstätigkeit sind als mögliche Quellen für diese Entlehnungen aus dem Gr. in Anspruch genommen worden. Es handelt sich um *Kirche – church* (<*κυριακόν*, kyriakón), *Bischof – bishop* (*ebiscopus*<*ἐπίσκοπος*, epískopos), *Engel* (<*ἄγγελος*, ángelos), *Teufel – devil* (<*διάβολος*, diábolos). Die große Mehrheit der christlichen Begrifflichkeit gehört natürlich in die nächste Phase des Deutschen.

3.9.3 Namenkunde (Onomastik)

(i) Unter den *geographischen Namen* finden sich als älteste Schicht die Flußnamen. Auf dem von den germ. Völkern während der urgerm. und spätgerm. Periode eingenommenen Gebiet hatten alle größeren Flüsse Namen ie. und germ. Herkunft. Sie vertreten den ältesten Namentypus und bestehen aus einem einzigen Wort, einem beschreibenden Beinamen, der sich auf die Strömung oder Farbe des Flusses bezieht oder auf seine natürliche Umgebung: *Elbe, Oder, Weser* oder *Aller* (‚Erlensumpf'), *Saale, Hase* (‚grau'), *Havel, Hunte, Unstrut, Bever, Gande*. Ihr Genus ist weiblich. Die frühesten Komposita, solche mit *-apa* und *-aha*, beide ‚Wasser' bedeutend, gehen wahrscheinlich auf die gemeingerm. Typen zurück, obwohl sie zeitlich am produktivsten während der fränkischen Kolonisierung waren. In den westlichen und südlichen Gebieten, in denen sich die germ. Völker in vorrömischer Zeit und nach dem Fall des römischen Reiches ausbreiteten, bewahrten die größeren Flüsse ihre fremden, keltischen oder illyrischen Namen, z.B. *Main (Moenus), Maas (Mosa), Mosel (Mosella), Lahn (Logona), Isar (Isara), Neckar (Nicer), Nahe (Nava), Saar (Saravus), Sieg (Sigona), Lech (Licus), Donau (Danuvius).* Die lat. Formen sind natürlich Anpassungen der nicht überlieferten keltischen oder illyrischen Namen. Die kleineren Flüsse wurden in den Jahrhunderten der Kolonisierung und Waldrodung benannt oder umbenannt. Sprachlich stellen diese Namen auch einen neuen Typus dar. Sie sind gewöhnlich Zusammensetzungen, beispielsweise mit *-bach (Ottenbach, Sulzbach)*, wobei der erste Bestandteil der Name eines Siedlers, einer Siedlung oder einer Natureigentümlichkeit sein kann.

Abgesehen von den Flußnamen stammen sehr wenige andere geographische Namen aus dem germ. Altertum. Römische und griechische Quellen geben nicht mehr als ein Dutzend Namen her. Der Grund dafür ist ohne Zweifel, daß Ansiedlungen hauptsächlich nach den Leuten benannt wurden. Dies wird bestätigt, wenn man in den antiken Quellen den Mangel an Ortsnamen mit der Fülle von Stammesnamen vergleicht. Es wird auch durch vergleichende Rekonstruktion bestätigt. Die frühesten und weitläufigsten Typen germ. Siedlungsnamen bestehen aus einem Personennamen und dem Suffix **-ing- (Reading, Hastings, – Reckingen, Reutlingen, Tuttlingen)* mit der Bedeutung ‚die Abkömmlinge von –', oder die Leute von –'. Die meisten heutigen Gebietsnamen leiten sich auch eher von Stammesnamen als von topographischen Namen ab: *Hessen, Schwaben, Franken, Sachsen* (<Dat. Pl. ‚unter den Sachsen' usw.). Die relative Seltenheit topographischer Siedlungsnamen, entweder Natur- oder Wohnsitznamen, ist daher ein wichtiges Merkmal der germ. Periode. Es ist nichtsdestoweniger bedeutsam, daß Hinweise auf diesen oder jenen, möglicherweise in germ. Zeit nicht sehr produktiven Typus existieren. Unter den von Römern und Griechen überlieferten Namen befinden sich Zusammensetzungen mit *-burg (Asciburgium), -furt (Lupfordon), -heim (Boiohaemum*, s. S. 68f.). Dieser dithematische (zweigliedrige) Namentypus mit *-burg, -heim, -stadt* usw. muß zeitlich auf das Spätgerm. zurückgehen. Aber wohl wichtiger war die Ableitung mit dem ‚die Leute von –' bezeichnenden Suffix **-ing-*. Besonders in der nördlichen Heimat kommt es mit Naturnamen vor, z.B. *Roringen* ‚Leute oder Ort in der Nähe von Schilf', *Solingen* ‚Leute oder Ort nahe einem Teich'. Die germ. Wanderungen nach Westen und Süden verbreiteten als typischsten Wohnortsnamen den auf **-ing-*, der meistens in ganz typischer Weise einen Personennamen als ersten Bestandteil aufwies. Diese frühesten germ. Siedlungsnamen der Wanderungszeit finden sich im westlichen und südlichen Deutschland, in England, Frankreich, Italien und Spanien.

Während der späteren Jahrhunderte der Völkerwanderung ist auch der zweite Typus germ. Siedlungsnamen häufig. Wie wir gesehen haben, besteht er aus dem Namen des Siedlers oder aus einem Naturnamen und einem zugrundeliegenden, ‚Gehöft, Weiler, Dorf oder befestigten Ort' bezeichnenden Substantiv. Es ist möglich, daß die Franken, die die engsten Verbindungen mit der romanischen Bevölkerung eingingen, allmählich diesen zweiten Typus begünstigten. Wenn dem so ist, können sie gut von der lateinischen Namengebungsweise beeinflußt worden sein, bei der eher die Siedlung selbst mit einem Namen versehen wurde (mithilfe von *villa, vīcus* oder *curtis*), als daß die Siedler, wie in der germ. Bildungsweise mit -ing, darin vorkamen. Auf jeden Fall ist es klar, daß Mode und Nachahmung dabei eine Rolle spielten. Während in einigen Gebieten **-ing*-Namen außerordentlich populär waren, beispielsweise in Lothringen, Teilen von Baden und in Schwaben und Teilen von Bayern, waren in anderen Gebieten Namen mit *-heim* nicht weniger vorherrschend, z.B. im Elsaß und in der Pfalz. Abgesehen von *-heim* kamen auch die folgenden als zweite Bestandteile vor: *-burg* (*Würzburg, Aschaffenburg, Hamburg* (715 n.Chr. *Hamanaburg*, as. *ham* ‚Wehr'), *Straßburg, Salzburg* und die Übersetzungen *Augsburg, Regensburg*); *-sel* (vgl. as. *seli*, ae. *sele* ‚Saal, Gebäude', z.B. *Wallisellen, Dagmarsellen*); ahd. *-stat, -stete*, engl. *-stead*, an. *-steðir* (*Darmstadt*<*Darmundestat, Eichstätt*); im Osten des as. Gebiets *-leben* (ahd. *leiba*, as. *lēva* ‚Patrimonium', ‚väterliches Erbgut', *Aschersleben, Molschleben*<*Magolfeslebo*); *-dorf* (Düsseldorf). In England und benachbarten Gebieten auf dem Festland gehören *-tun*>*-ton (Brixton, Teddington)* zu demselben Typus. Häufig wurde *-heim* den älteren Namen auf *-ing-* zugefügt *(Besingheim, Effinghaim)*. Einige fremde Bestandteile wurden in der frühen Periode auch angenommen, z.B. engl. *-chester* (<*castra*), dt. *-kesteren*; engl. *-wich* (<*vīcus*), dt. *-wiek, -wich (Bardowiek)* und dt. *-weiler* (<*villare*).

In den früheren römischen Provinzen blieben die Namen der großen Städte erhalten, die merkwürdigste Ausnahme dabei sind vielleicht *Straßburg (Argentoratum)* und *Salzburg (Juvavium)*: *Nimwegen (Noviomagus), Aachen (Aquis), Remagen (Rigomagus), Bonn (Bonna), Köln (Colonia), Neuß (Novaesium), Jülich (Juliacum), Zülpich (Tolbiacum), Koblenz (Confluentes), Andernach (Antunnacum), Zabern (Tavernae), Worms* (*Bormetia*<*Borbetomagus*), *Mainz* (*Maguntia*<*Mogontiacum*), *Zürich (Turicum), Basel (Basilia), Winterthur (Vitodurum), Kempten (Cambodunum), Bregenz (Brigantium).* Manchmal handelt es sich um Teilübersetzungen wie *Regensburg (Regina castra), Augsburg (Augusta).* Unter den lat. ortsnamenbildenden Suffixen finden sich besonders häufig *-acum/-iacum*>dt. *-ach/-ich*: *Breisach (Brisiacum), Lörrach (Lauriacum), Metternich (*Martiniacum).* Viele Namen auf *-acum/-iacum* wurden später neu übersetzt als Namen auf *-ingen. Civitas Aurelia Aquensis* oder die Kurzform *Aquis* wurden als *Baden (-Baden)* übersetzt.

Zwei in germ. Zeit entlehnte Stammesnamen sind produktiv geworden. Der keltische Stammesname *Volcae* wurde germ. **-walha-*, mit Adjektivableitung **walhisk-*. Aus der Bezeichnung für die keltischen Nachbarn wurde auf dem Festland daraus die Bezeichnung für die romanischen Völker im allgemeinen, deshalb *Welsche, Welschland, wallonisch, Wallachei, Walnuß*, vgl. engl. *Welsh, Wales, Cornwall* und *walnut*. Der Name der *Venethi* (Tacitus) oder *Venedi* (Plinius) wurde entlehnt und als deutscher Name für die Slawen gebraucht (ahd. *Winida*, ae. *Wenedas*): *Wenden, wendisch*.

(ii) Die germ. *Personennamen* hielten an dem ie. dithematischen und monothematischen Typus fest. Die wenigen hundert Namen, die bis 500 n. Chr. in antiken Quellen und Runeninschriften tradiert sind, sind natürlich in der großen Hauptsache Namen führender Gestalten. Das kann die frühe Vorherrschaft dithematischer Namen erklären und muß bei der Untersuchung der jeweiligen Namengebungstechnik und des Gebrauchs verschiedener Appellative bei der Namenzusammensetzung im Auge behalten werden. Solch eine Untersuchung wird äußerst verwickelt durch die Tatsache, daß Anzeichen für mechanische Imitation bereits in den ersten Jh.en unserer Zeitrechnung vorherrschten und daß die ethischen und möglicherweise religiösen Vorstellungen, die einst diese besondere Art der Namengebung hatten entstehen lassen, bereits ausgelöscht waren. Unter Berücksichtigung dieser Einschränkung ist es nichtsdestoweniger möglich, bestimmte Grundsätzte festzustellen.

(1) Die dithematischen Namen bestanden aus zwei nominalen Elementen, Substantiven oder Adjektiven.

(2) Monothematische Namen waren von zweierlei Art. Es gab echt monothematische wie *Horsa* oder *Karl* (ae. *Ceorl*) und hypokoristische, d.h. intime Kurzformen eines dithematischen Namens wie ae. *Cutha* für *Cuthwulf* oder gotisch *Totila* mit Diminutivsuffix *-il-*.

(3) Männernamen hatten ein männliches Substantiv als zweiten Bestandteil, Frauennamen ein weibliches. Aber primäre Männernamen konnten zu sekundären Frauennamen umgebildet werden, z.B. *-fridus* (< **-friþu-* ‚Friede‘) > f. *-freda*. Neutrale Substantive waren also als zweiter Teil der Zusammensetzung ausgeschlossen. Adjektive konnten natürlich sowohl maskuline wie feminine Endungen annehmen, jedoch waren einige Adjektive ‚männlicher‘, z.B. *-bald-* ‚kühn‘, *-hard-* ‚hart‘, *-mar-* ‚berühmt‘ und andere typisch ‚weiblicher‘, z.B. *-flăd-* ‚schön‘, *-swinþ-* ‚schnell, stark‘.

(4) Die beiden Bestandteile hatten nie Alliteration (Stabreim). Jedoch Namen innerhalb einer Familie trugen häufig Stabreim, z.B. *Gunther – Gernot – Giselher – Grimhilt (Kriem-)*. Beim Königshaus von Essex alliterierten mit wenigen Ausnahmen alle Namen auf *S-*. Sie sind abgeleitet

von dem Vorfahren *Seaxnete*, einem Sohn Wotans. Der Stabreim lebte über tausend Jahre, mindestens in Teilen der Germania.

(5) Bestimmte Namenbestandteile waren bei besonderen Adelslinien gebräuchlich, man betrachte z.B. die Burgundenkönige *Gundaharius – Gundevechus – Gundobadus*, die Merowinger *Theodericus – Theodebertus – Theodebaldus* oder den ständigen Gebrauch des ersten Elements *Aethel-* und *Ead-* beim westsächsischen Königshaus.

(6) Alliteration und Grundwörter konnten kombiniert werden und so ein Variationsmuster ergeben. Der Merowinger *Chlotarius I* hatte einen Bruder *Childebertus* und die Söhne *Charibertus, Sigebertus* und *Chilpericus* sowie die Enkel *Childebertus* und *Chlotarius II.* Sowohl Anfangs- wie Endvariation wurden oft viele Generationen lang angewendet. Unter den Merowingern kam einfache Wiederholung häufig vor: es gab fünf mit dem Namen *Chlotharius.*

(7) Die Zweitbestandteile hatten am Anfang nie einen Vokal, also kamen die Elemente **Aran-* oder **Arnu-* ‚Adler' und **Ebura-* ‚Keiler' nur als Erstbestandteile vor.

(8) Die semantische Beziehung zwischen den beiden Elementen ist unklar. Während vielleicht einige der im Appellativ enthaltenen Werte in das Kind eingehen sollten (z.B. die Kraft des Bären), können die Zusammensetzungen weder als Kopulativ- noch als Determinativkomposita angesehen werden. Jedoch waren Stabreim und Variation produktive und signifikante Prinzipien.

(9) Die beiden Bestandteile leiten sich aus bestimmten semantischen Bereichen ab und können einmal einen besonderen magischen oder religiösen Sinn gehabt haben. Diese Periode muß aber zur Zeit des Spätgerm. lange vergangen gewesen sein. Die veränderlichen Beliebtheitsmuster gewisser Bestandteile können rein mechanische oder Widerspiegelung bestimmter Glaubensvorstellungen gewesen sein. In Zweifel steht aber, ob die Popularität des *hraban-* Elements (‚Rabe') im Fränkischen und Hochdeutschen irgendetwas mit dem Wotanskult zu tun hatte. Die Verbreitung bestimmter Bestandteile bei besonderen Familien muß eine bestimmte Einstellung gegenüber Blutsverwandtschaft und adliger Abkunft widergespiegelt haben.

(10) Die semantischen Hauptbereiche, aus denen die Namenbestandteile genommen wurden, waren (die Formen sind in der Hauptsache im Ahd. zu finden):

(a) Kampf, Schlacht: *badu-, hadu-, gund, hild, wīg* alle ‚Kampf', *sigu-* ‚Sieg', *fridu-* ‚Frieden'.

(b) Heer: *hari-/heri-, folc-.*

(c) Waffen: *brand-* ‚Schwert', *ask-* ‚Speer', **agjō-* ‚Spitze', *gēr* ‚Speer, Ger', *helm-* ‚Helm', *lind-* ‚Schild', *ort-* ‚Spitze', *rand-* ‚Schild'.

(d) Herrschaft: *rīh-* ‚Herrscher', *bodo-* ‚einer der gebietet', *ward, mund* ‚Schützer', *wald-* ‚Herrscher'.

(e) Reichtum und Ruhm: *hruod-, hlodo-, mār-* alle ‚berühmt', *ōt-* (ae. *ēad-*), *uodal-* ‚Schatz, Erbe, Besitz', *rāt* ‚Hilfe'.

(f) Verwandte und Bekannte: *kuni-* ‚Geschlecht, Familie', *liut-* ‚Volk', *diet-* ‚Volk', *gast, win-* ‚Freund'.

(g) Eigenschaften: *adal-/edil-* ‚adlig', *bald-* ‚kühn', *ballo-* ‚glänzend', *berht-* ‚hell', *kuon-* ‚tapfer'.

(h) Tiere: *wolf, bero-/bern-* ‚Bär', *ebur-* ‚Keiler', *ar-/arn-* ‚Adler' und *swana-* ‚Schwan' als Erstbestandteil in weiblichen Namen.

(i) Religiöse Begriffe: *alb-* ‚Elf(e)', *ans* (ae. *os-*) ‚Gott', *got-, irmin-* ‚Name eines Gottes'. Bezeichnend ist, daß die Namen der Götter *Wotan, Tiw/Ziu* oder *Thor/Donar* in früher Zeit nie in Namen zu finden sind.

Obwohl einige Namen oder Namenbestandteile bei einigen Stämmen üblicher waren als bei anderen, beispielsweise sind ‚Adler' oder ‚Rabe' im Altenglischen und Altsächsischen nicht gut bezeugt, erfreuten sich viele Bestandteile außerordentlicher Verbreitung in der gesamten germ. Stammeswelt. Für die Bevölkerung des römischen Reiches stellten sie ein völlig neues kulturelles Gepräge dar. Nach den Eroberungen wurden sie Mode, und so wurden die Eroberernamen eifrig und weithin von den Unterlegenen angenommen. Man hat geschätzt, daß im sechsten Jh. fünfzig Prozent der Namen in Gallien germanisch waren. Davon tragen die romanischen Sprachen noch immer viele Spuren, beispielsweise das Französische: *Bertrand (Berhtrand), Roger (Hrodgerius), Guillaume (Wilhelm), Thierry (Dietrich, Theodoricus), Henri (Heinrich), Thiebaut (Dietbald, Theobaldus), Gautier (Walthari).* In den germ. Sprachen stellen diese Namen ebenso einen Teil des gemeinsamen Erbes dar wie irgend ein anderes Merkmal dieser Sprachen, wenngleich sie auch später durch andere Arten der Namengebung verdrängt wurden.

Auswahlbibliographie

E. H. Antonsen, ‚On Defining Stages in Prehistoric Germanic', *Lg.*, 41 (1965) 19–36; K. R. Bahnick, *The Determination of Stages in the Historical Development of the Germanic Languages by Morphological Criteria*, Den Haag 1973; C. J. E. Ball, ‚The Germanic Dental Preterite', *TPS* (1968) 162–88; H. Benediktsson, ‚The Proto-Germanic Vowel System' in: *To Honor Roman Jakobson*, Den Haag 1967, Bd. I, S. 174–96; C. T. Carr, *Nominal Compounds in Germanic*, Oxford,

London 1939; F. van Coetsem, ‚Zur Entwicklung der germanischen Gemeinsprache‘ in: L. E. Schmitt (Hrsg.), *Kurzer Grundriß der germanischen Philologie*, Bd. I, Berlin 1970, S. 1-93; ders., *Das System der starken Verba und die Periodisierung im älteren Germanischen*, Amsterdam 1956; ders. und H. L. Kufner, *Toward a Grammar of Proto-Germanic*, Tübingen 1972; K. Düwel, *Runenkunde*, Stuttgart 1968; R. W. V. Elliott, *Runes*, Manchester 1963; J. Fourquet, *Les mutations consonantiques du germanique*, Paris 1948; ders., ‚Die Nachwirkungen der ersten und der zweiten Lautverschiebungen‘, *ZMF*, 22 (1954) 1-33, 193-8; ders., *L'ordre des éléments de la phrase en germanique ancien*, Paris 1938; T. Frings, *Grundlegung einer Geschichte der deutschen Sprache*, 3. Aufl., Halle 1957; ders., *Germania Romana* (jetzt Mitteldeutsche Studien, 19) Halle 1966-8; H. Fromm, ‚Die ältesten germanischen Lehnwörter im Finnischen‘, *ZDA*, 88 (1957/8) 81-101, 211-40, 299-324; L. L. Hammerich, ‚Die germanische und die hochdeutsche Lautverschiebung‘, *Beitr.* (Tüb.), 77 (1955) 1-29, 165-203; W. Herrlitz, *Historische Phonologie des Deutschen*, i *Vokalismus*, ii *Konsonantismus*, Tübingen 1970/72; O. Höfler, ‚Stammbaumtheorie, Wellentheorie, Entfaltungstheorie‘, *Beitr.* (Tüb.), 77 (1955) 30-66, 424-76; 78 (1956) 1-44; R. D. King, *Historical Linguistics and Generative Grammar*, Englewood Cliffs, 1969; F. Kluge, W. Mitzka, *Etymologisches Wörterbuch der deutschen Sprache*, 21. Aufl., Berlin 1975; W. P. Lehmann, ‚The Conservatism of Germanic Phonology‘, *JEGP*, 52 (1953) 140-52; G. Lerchner, *Studien zum nordwestgermanischen Wortschatz*, Halle 1965; E. A. Makaev, ‚The Morphological Structure of Common Germanic‘, *Linguistics*, 10 (1964) 22-50; F. Maurer, *Nordgermanen und Alemannen*, 3. Aufl., Bern 1952; H. Moser, ‚Deutsche Sprachgeschichte der älteren Zeit‘ in: W. Stammler (Hrsg.), *Deutsche Philologie im Aufriß*, 2. Aufl., Berlin 1957, Bd. I, 621-854; W. G. Moulton, ‚The Stops and Spirants of Early Germanic‘, *Lg.*, 30 (1954) 1-42; ders., ‚Zur Geschichte des deutschen Vokalsystems‘, *Beitr.* (Tüb.), 83 (1961) 1-35; E. Prokosch, *A Comparative Germanic Grammar*, Philadelphia 1939; L. Rösel, *Die Gliederung der germanischen Sprachen nach dem Zeugnis ihrer Flexionsformen*, Nürnberg 1962; R. Schützeichel, *Die Grundlagen des westlichen Mitteldeutschen*, 2. Aufl., Tübingen 1976; E. Seebold, *Vergleichendes und etymologisches Wörterbuch der germanischen starken Verben und ihrer Primärableitungen*, Den Haag 1970; F. de Tollenaere, ‚De Harigastiinscriptie op helm B van Negau‘, *Mededelingen der Koninkl. Nederl. Akad. van Wetenschapen/Letterkunde*, 30, 11, Amsterdam 1967; W. F. Twaddell, ‚The Inner Chronology of the Germanic Consonant Shift‘, *JEGP*, 38 (1939) 337-59; J. B. Voyles, ‚Simplicity, Ordered Rules, and the First Sound Shift‘, *Lg.*, 43 (1967) 636-60; H. B. Woolf, *The Old Germanic Principles of Name-Giving*, Baltimore, 1939; F. Wrede, ‚Ingwäonisch und Westgermanisch‘, *ZfdMaa.*, 19 (1924) 270-83.

VIERTES KAPITEL

Der karolingische Anfang

4.1 Das Regnum Francorum und die lingua theodisca

4.1.1 Das Sprachgebiet

Als die turbulenten Jahrhunderte der Völkerwanderungszeit gegen Ende des sechsten Jh.s geordneteren Lebensbedingungen Platz machten, hatte sich das von westgerm. Völkern bewohnte Gebiet seit den Tagen der *Pax Romana* sehr deutlich geändert (s. die Karte S. 144). Im Norden erstreckte es sich bis an die Eider. Die Halbinsel selbst war jedoch von den Skandinavisch sprechenden Dänen übernommen worden. Im Osten war jetzt das riesige Gebiet zwischen Weichsel, Elbe und Saale von baltischen und slawischen Völkern bewohnt; ebenso Böhmen. Am Rande des Böhmerwalds sich hinziehend erreichte die Grenze die Donau bei der Mündung der Enns und folgte dem Ennslauf bis in die Alpen. Kärnten war ein Gebiet mit gemischter slowenischer und bayrischer Besiedlung. Nicht wenige Orte hatten Slawisch sprechende Bevölkerung, sogar westlich der Elbe und Saale. Im Süden hatten Bayern und Alemannen die voralpinen Gebiete der früheren römischen Provinzen der Germania superior, Rhaetia und Noricum, besiedelt und drangen in die Alpentäler vor, wo die romanische Bevölkerung sich behauptet hatte. Während die alpine Rhaetia mit ihrer Hauptstadt Chur ein Romanisch sprechendes Gebiet war, das nördlich bis zum Bodensee reichte – die einzig überlebende römische Provinz im Norden der Zentralalpen –, bildeten die Langobarden einen Germanisch sprechenden Vorposten im Süden der Alpen. Nachdem sie ab 568 die Lombardei erobert hatten, enthielten ihre Gesetzbücher über zweihundert Jahre lang germ. Wörter. Wir wissen aber nicht, wie zahlreich die Langobarden waren, oder wie lange ein Großteil ihres Volkes den germ. Sprachgebrauch beibehielt. Es ist unwahrscheinlich, daß das Langobardische das Ende des unabhängigen Königreichs im Jahre 774 sehr lange überlebte, und es muß im Laufe des zehnten Jh.s vollständig verschwunden sein. Unterdessen überquerten bayrische Siedler den Brenner und bildeten das einzige umfangreiche Deutsch sprechende Gebiet südlich der Alpen, das heute Südtirol heißt.

Der Westen wurde von den Alemannen bis hinauf zum nördlichen Ende des Jura und dem Kamm der Vogesen dicht besiedelt. Im Laufe des neunten Jahrhunderts überquerten sie die Nordkette der Alpen und drangen in das obere Rhonetal vor. Bekannt als *Walser*, setzten sie die Kolonisierung der höchsten Alpentäler mehrere Jahrhunderte lang fort. Von den Vogesen bis zum Meer war die Sprachgrenze wahrscheinlich zuerst schlecht zu bestimmen. Franken waren in starker Zahl bis zur Seine durchgestoßen und graduell bis zur Loire. Aber es darf nicht angenommen werden, daß sie je mehr als eine kleine Minderheit unter der Bevölkerung westlich der Maas ausmachten, ausgenommen entlang der Küste. Anderseits befanden sich noch immer ansehnliche romanische Bevölkerungen weiter ostwärts, besonders im Moseltal. Romanisch Sprechende können auch noch die zerstörten römischen Städte Trier, Köln und Mainz bewohnt haben. Während diese umfassende Bevölkerungsmischung sich aus den Wanderungen ergab und Ansiedlungen mit dem Fall des weströmischen Reiches zusammenhingen, war Stabilisierung und anschließende Bildung einer klar gezogenen Sprachgrenze die Folge, die sich aus der Geschichte des einzig erfolgreichen Nachfolgestaats des römischen Reiches ergab: des Königreichs der Franken.

4.1.2 Eroberung und Bekehrung

Im sechsten Jahrhundert gelang es den merowingischen Frankenkönigen, die Mehrheit der germanischen, in Zentraleuropa wohnenden Völker ihrem Königreich einzuverleiben und ihre Vorherrschaft über den Rest zu behaupten. Rheinfranken (einschließlich der Hessen), Thüringer, Alemannen und Bayern bildeten daher die östliche Hälfte des Merowingerreichs. Die Grenze zu den Friesen im Nordosten wurde je nach Stärke der fränkischen Dynastie vorverlegt oder zurückgezogen. Sogar die Sachsen zahlten Tribut, wenn die Macht der Merowinger imponierend genug war, ihn herauszupressen. Den Langobarden, die zeitweilig auch Tribut zahlten, wurde die Macht ihrer Nachbarn im Norden eingeschärft. Die merowingisch-fränkische Macht beruhte auf zwei eng miteinander verknüpften Vorteilen, deren sich von allen germ. Königreichen das Merowingerreich allein erfreute. Erstens teilten die Merowinger und ihre Franken den christlichen Glauben orthodox katholischer Provenienz ihrer lateinischen Untertanen vom ersten Augenblick der Eroberung an. Infolgedessen hatten sie zweitens Mitarbeit und Unterstützung der mächtigen römischen Provinzmagnaten, sowohl der gebildeten Laien wie der Kleriker unter ihnen, zu ihrer Verfügung. Deshalb legten sie ihrer Vorherrschaft die römische Provinzkirche und -verwaltung zugrunde. Latein war das alleinige Medium ihrer Amts- und Schriftsprache. Der östlichen, germanischen und barbarischen Hälfte ihres Reiches wurde gestattet, barbarisch zu bleiben, wodurch Kirche und Verwaltung rudimentär blieben. Die germ. Stämme konnten zur Zeit des römischen Reiches weder lesen noch schreiben. Die merowingische Herrschaft brachte dies genausowenig zustande. Tatsächlich sollte die Ausbildung solcher Fähigkeiten nicht ein Geschenk des Staates, sondern der Kirche werden. Und die Kirche hatte dabei das Lateinische im Sinn. Geschriebenes Deutsch entstand im Zusammenhang mit den notwendigen Ausbildungserfordernissen für das Lateinische, mindestens anfänglich. Aber daß es ein Kind der Bekehrung war, diese Tatsache bleibt gewiß, und diese Bekehrung war schließlich die Leistung des *Regnum Francorum.*

Während der Jahrzehnte des Verfalls der merowingischen Dynastie schien es mehr die Predigt irischer Missionare denn die Bemühung der etablierten christlichen Kirche in Gallien gewesen zu sein, die zur ersten Bekehrungswelle in der östlichen Hälfte des fränkischen Reiches führte. Insbesondere wurden im siebenten und zu Beginn des achten Jh.s die Alemannen und Bayern bekehrt. Sie lebten wie die Rheinfranken in früheren römischen Provinzen, wo Spuren des Christentums nie ganz verschwunden waren. Zwei heidnische Gebiete leisteten stärkeren Widerstand: Hessen, das Zentrum des östlichen Reiches, und der Nordosten, die Friesen und darüber hinaus die Sachsen.

Als die langhaarigen Sprossen des Hauses von Merovech nicht mehr die Macht in ihrem vielfachgeteilten Reich ausüben konnten, wurden die Zügel von den Hausmeiern des austrasischen Hofes im Ostteil des Reiches übernommen. Die Abkömmlinge des Arnulf, Bischofs von Metz, und des Pepin von Landen hatten ihre Machtbasis im westlichen Rheinland, zwischen Aachen und Metz. Aber erst als Karl Martell im Jahre 719 die Macht an sich riß, wurde dem Verfall des Reiches Einhalt geboten. Die Stammesherzogtümer, die bis zu einem gewissen Grad Unabhängigkeit erlangt hatten, wurden noch einmal zu Provinzen gemacht. Es gab Unternehmungen gegen die Sachsen, und das unabhängige Nordfriesland wurde schließlich erobert. Genau zu diesem Zeitpunkt wurden die von den Angelsachsen bereits begonnenen Missionsbemühungen immer stärker unterstützt. Die Evangelien hatten das Schwert zu ergänzen. Die früheste angelsächsische Gründung waren Kloster und Abtei von Echternach im heutigen Luxemburg, gegründet im Jahre 698 von Willibrord, der ‚der Apostel der Friesen' wurde. Während Willibrord von Nordhumbrien im Nordosten wirkte und der erste Erzbischof des neu gegründeten

Erzbistums von Utrecht wurde, wurde Winfrith von Wessex, mit dem kirchlichen Namen Bonifatius, in Mittel- und Süddeutschland aktiv. Die angelsächsische Kirche hatte besonders enge Verbindungen mit dem Papst, und Bonifatius war speziell mit dem Auftrag versehen worden, die heidnischen Hessen und Thüringer zu bekehren. Er wurde der erste, der die fränkische Kirche in Deutschland aufbaute, der Begründer der Abtei zu Fulda (744) und erster Erzbischof von Mainz, dessen Provinz den größten Teil von Deutschland abdeckte. Er organisierte auch die Kirche in Bayern für dessen halb unabhängigen Herzog Odilo. In enger Zusammenarbeit mit Rom förderten die Karolinger die Kirchenorganisation und die Gründung zahlreicher Klöster, die oft enge dynastische Bindungen unterhielten. Die rheinischen Bischofssitze, Chur (in Rhaetia), Konstanz und Straßburg (in Alemannien), Speyer, Worms, Trier und Köln (im fränkischen Rheinland) sowie Augsburg (an der Grenze zu Alemannien und Bayern) reichen in die merovingische Ära zurück, mit dünnen Fädchen in einigen Fällen sogar in spätrömische Zeiten. Die bayrischen und fränkischen Bischofssitze und die zwei Dutzend der wichtigsten Klöster wurden alle während der Herrschaft Karl Martells und Pepin des Kurzen, des Großvaters bzw. Vaters Karls des Großen gegründet. Die Bekehrung der Deutschen innerhalb des Frankenreiches und die Organisation ihrer Kirche waren daher da, wo es nicht bereits vorher geleistet war, ein Werk des achten Jh.s. Aber nirgendwo wurde die Vorherrschaft des Lateinischen infragegestellt, noch war das politische Machtzentrum schon in entschiedener Weise ins Deutsch sprechende Rheinland verschoben worden. Pepin der Kurze wurde in Soisson gekrönt, als er nach Beseitigung des letzten Merowingers schließlich durch den Papst ermutigt wurde, den Titel König der Franken anzunehmen. Er starb im Jahre 768 und wurde in St. Denis begraben. Erst während der langen Regierung seines Sohnes, Karls des Großen (768–814), wurde politisch das Gewicht in den Osten verlagert. Er war es, der in dreißig Jahren brutaler Kriegsführung schließlich die heidnischen Sachsen unterwarf und sie zu christlichen Untertanen seines *Regnum Francorum* machte. Entlang der slawischen Grenze richtete er militärische Grenzkommandos ein, die sogenannten Marken (Nordmark, Sorbische Mark, Ostmark, Mark von Friaul). Im Südosten brach er die Macht der Awaren in Ungarn und erleichterte so das Vordringen bayrischer Siedler in das heutige Ober- und Niederösterreich. Mit päpstlicher Ermutigung eroberte er das Königreich der Langobarden und machte sich selbst zum *rex Francorum et Langobardorum* (774). Während seiner Regierung wurden weitere Erzbischofssitze zusätzlich zu Mainz gegründet: Köln (Utrecht ersetzend), Trier und Salzburg. Obwohl seine

Hofhaltung beweglich blieb, erbaute er im Rheinland neue Pfalzen in Nimwegen, Ingelheim und Aachen, das mit der berühmten Schloßkirche seine Lieblingsresidenz wurde. Der berühmten, von ihm gegründeten und mit Gelehrten von allen Ecken seines weit ausgedehnten Reiches ausgestatteten Hofakademie wurde vorwiegend die Aufgabe christlicher Erziehung und christlicher Erneuerung gestellt. Ihre größte Leuchte, Alkuin von York, der dritte große angelsächsische Kirchenmann in fränkischem Dienst nach Willibrord und Bonifatius, war Lehrer und Reformer. Fast alle Mühe und aller Eifer dieser Gelehrten galt der Erneuerung der Quellen ihres Glaubens: der Bibel, der Kommentare, der Schaffung eines autoritativen liturgischen Handbuchs, einer Sammlung der kanonischen Schriften, einer Neuedition der Benediktinerregel, liturgischen Gesangs und der Erneuerung der Schreibkunst. Vor allem war es das Ziel, besser ausgebildete Geistliche und besser instruierte Laien zu haben, was Karl und seinen Kreis dazu brachte, auch zum Gebrauch der deutschen Volkssprache als eines geschriebenen Mediums zu ermutigen. Deshalb wurde zuerst unter seiner Regierung die deutsche Sprache zur Literatursprache. Wenn er auch ohne Zweifel all die Ideale einer lateinisch-christlichen Erneuerung teilte, die von den Mitgliedern seiner Hofakademie mit aller Kraft verfolgt wurden, so war er doch kein Frömmler. Einhart, sein Biograph, teilt uns mit: ‚Ebenso ließ er die uralten Heldenlieder, die wahrlich recht barbarisch sind und in denen die Taten und Kriege der alten Könige besungen wurden, aufschreiben, damit sie erhalten blieben. Auch eine Grammatik seiner Muttersprache begann er abzufassen‘ (cap. 29; L. Thorpe, *Einhard and Notger the Stammerer*, London, 1969, S. 82). Nichts davon ist auf uns gekommen. Aber seine Einstellung zur deutschen Sprache muß weithin bekannt gewesen sein. Der unbekannte Kopist, der das einzig erhaltene Heldengedicht, das *Hildebrandslied*, aufschrieb, kann gut durch die ausdrückliche Meinung des Königs ermuntert worden sein. Sie inspirierte nicht nur zu Übersetzungen für erzieherische und religiöse Zwecke, auch die wenigen Originalwerke, die wir haben, müssen in der gleichen Weise von diesem günstigen Klima profitiert haben, obwohl sie lange nach Karls Tod geschrieben wurden.

4.1.3 Die lingua theodisca

Die so ermutigte Sprache war den karolingischen Kirchenautoritäten, die natürlich Lateinisch schrieben, als *lingua theodisca* bekannt. Die Bedeutung dieses Ausdrucks ist natürlich viel diskutiert worden, da er den frühesten Beleg des Wortes deutsch aus Deutschland selbst enthält. Die Etymologie ist völlig klar. Es ist ein lat. Lehnwort aus dem Germ.: got. *þiuda*, ae. *þēod*, ahd. *thiot(a)* bedeutet ‚Volk', und *theodiscus* liegt eine Adjektivableitung auf **-isk-* zugrunde. In seiner Bedeutung können drei Aspekte unterschieden werden. Es kann ganz einfach ‚volkssprachlich' im Gegensatz zu ‚lateinisch' heißen. In der Tat bezieht sich das Wort beim ersten Vorkommensbeleg, in einem Bericht des päpstlichen Gesandten Georg von Ostia, der möglicherweise von Karls fränkischem Abt und Kaplan Wigbod an den Papst geschrieben worden ist, auf das Englische. Der Text stellt fest, daß die Beschlüsse der angelsächsischen Synode von Corbridge auf der Synode von Cealchyd im Jahre 786 ‚sowohl auf Lateinisch wie *theotisce* vorgelesen worden seien, damit alle sie verstehen könnten', mit andern Worten in der vernakulären oder Volkssprache. Da es noch eine andere ‚Vulgärsprache' (<*vulgus* ‚Volk') gab, nämlich die *lingua Romana*, die vom Latein unterschieden werden mußte, hatte *lingua theodisca* natürlich die engere Bedeutung ‚die Volkssprache der germanischen Völker'. Andere, spätere Belege schließen in der Tat die Goten und Langobarden ein. Die sprachliche Einheit der germanischen Völker wurde also von den karolingischen Gelehrten erkannt. Die dritte Bedeutungsnuance entsteht durch den besonderen Bezug auf alle Völker des Ostreiches der Franken. Das Wort gelangte also allmählich zur engeren Bedeutung von *deutsch*, die jedoch die Sprache der Niederlande, besonders das Flämische, bis in die Neuzeit mit einbezog. Daher das englische Wort *Dutch* mit seiner speziellen Bedeutung. *Lingua theodisca* war in ganz typischer Weise ein Wort des karolingischen Zeitalters. Gegen Ende des neunten Jahrhunderts wurde es allmählich durch *teutonica* ersetzt, und zwar auf die gleiche bezeichnende Weise, wie sie in der Benennung des östlichen Reiches seit der Zeit seiner Erneuerung unter einer anderen Dynastie um 920 als *regnum Teutonicorum* zum Ausdruck kam.

4.1.4 Regionale Varianten

Frühmittelalterliches Deutsch war natürlich keine einheitliche, normalisierte Schriftsprache. Dafür existierten einfach die politischen und bildungsmäßigen Bedingungen nicht. Regularisierte geschriebene Standardsprachen, mit denen wir in unserem Zeitalter vertraut sind, und die die alte Welt durch das Lateinische kannte, spielten in der mittelalterlichen Szene keine Rolle. Mit Mühe und einigen Entgleisungen erhielt das Mittelalter eine tote Sprache als regularisiertes festes Schreibmedium. Deutsch wurde in ortsgebundenen Formen an relativ wenigen Stellen geschrieben, in der Hauptsache in ungefähr zwei oder drei Dutzend Klöstern, wo Schreibstätten unterhalten wurden. Hinsichtlich der schriftlichen Überlieferung ist es zweckmäßig, zwei Arten von Dokumenten zu unterscheiden. Erstens gibt es Lateinisch geschriebene Dokumente, die einzelne deutsche Wörter als zitierte Fachausdrücke enthalten, z. B. *morganegyba* ‚Hochzeitsgeschenk an die Braut', *leudes* ‚Gefolge von Kriegern', *herisliz* ‚Desertion vom Heer', vgl. deutsch *Morgengabe, Leute, *Heer-Schlitz*, oder als Glossen, die zwecks Übersetzung oder Erklärung in einen lateinischen Kodex geschrieben oder gekratzt wurden. Zweitens gibt es solche Dokumente, bei denen das Deutsche Hauptmedium oder -zweck der Abfassung ist. Hier finden sich vollständige Glossare, Übersetzungen ganzer Texte und Originalwerke. Das früheste Dokument der zweiten Kategorie reicht bis 770 zurück, während Dokumente der ersten Kategorie, zeitlich weiter zurückreichend, mit der Überlieferung spätgerm. Wörter in römischen und griechischen Berichten verknüpft sind. Deutschsprachige Überlieferung hängt sehr stark von den Zeitumständen und den Wechselfällen späteren Überlebens ab. Die Lombardei und das westliche Frankenreich (Neustrien) waren wegen der fortgeschrittenen Romanisierung nicht mehr in der Lage, auf die karolingischen Kulturanstöße zugunsten des Deutschen zu reagieren. Von dort haben wir nur Dokumentationen der ersten Art. Sachsen und Friesland waren noch zu rückständig und unentwickelt. Unsere Dokumente kommen daher hauptsächlich aus Franken, Alemannien und Bayern. Aber die Geschichte des Überlebens ist sehr viel günstiger beim Alemannischen und Bayrischen als beim Fränkischen, wenigstens seinem rheinischen Teil.

Die in jenen relativ wenigen Kirchenzentren geschriebene Sprache bestand – so kann man wohl sagen – aus einer Reihe von ‚Klostermundarten'. Aber viele Faktoren sind an diesen Mundarten beteiligt:

(i) Die Gründungsumstände der Institution und die daraus hervorgehenden Traditionen. Angelsächsische Merkmale in Orthographie und Wortschatz in Echternach, Würzburg und Fulda sind Beispiele.

(ii) Ganz offensichtlich ist der Sitz der Schreibstätte wichtig. Spracheigentümlichkeiten der ‚Klostermundart' können in dieser Hinsicht Spracheigentümlichkeiten der örtlichen Mundart widerspiegeln, z. B. in St. Gallen die alemannische Mundart des karolingischen Thurgaus.

(iii) Die Herkunft der Mönche. Viele der ersten Mönchsgeneration in Fulda, ihr Abt Sturmi inbegriffen, kamen beispielsweise aus Bayern.

(iv) Obgleich jedes Zentrum zur Entwicklung seiner eigenen orthographischen Tradition neigte, kann die Übung und der schulische Hintergrund jedes Schreibers und Autors von einiger Bedeutung sein. Otfrid von

Weißenburg und Walahfrid Strabo, später Abt der Reichenau, wurden in Fulda ausgebildet.

(v) Abschreiben spielte eine viel größere Rolle als das Abfassen von Originalschriften. Die Herkunft des abzuschreibenden Originals ist offensichtlich wichtig. Jede mögliche Nuance kann vorkommen: originalgetreues Abschreiben, teilweise Anpassung an die örtliche Sprachtradition, weitreichende Übertragung der ‚fremden' Praxis in die örtliche Konvention.

(vi) Es kann mehrfache Abschriften in verschiedenen Zentren geben, wobei der Sachverhalt dunkel bleiben kann und so der Spekulation oder geistreichen Deutung Tür und Tor öffnet.

(vii) Es gab regionale Traditionen, z. B. in bayrischen Schreibstuben die Schreibung ⟨p, t, k⟩ für westgerm. /b-ƀ, d, g-ǥ/ oder ⟨uo⟩ in Ostfranken für westgerm. /ō/. Im Laufe der Zeit deuteten sich Ausgleichstendenzen an, z. B. fingen fränkische Eigentümlichkeiten an, in alemannischen Schreibstuben vorzuherrschen (⟨uo⟩ für früheres ⟨ua⟩, ⟨b, g⟩ für früheres ⟨p, k⟩).

In der Praxis jedoch bezieht man sich auf die einzelnen Klostermundarten mit Hilfe von Namen angenommener regionaler Stammesmundarten. Wenn die Benennung dazu gebraucht wird, die Örtlichkeit der besonderen Schreibstube anzudeuten, ist diese Praxis harmlos. Es kann aber auch eine sprachliche Rechtfertigung geben. Die Stämme haben geschichtliche Existenz und Bedeutung vom dritten Jahrhundert an. Obgleich sie eine Verschmelzung ungleichartiger Völker darstellten, die wahrscheinlich beständig in ihrer Zusammensetzung wechselten und viel Zeit mit Eroberung und Kolonisierung zubrachten, hatten sie zweifelsohne gewisse Sprachcharakteristika entwickelt. Die geschichtliche Situation, in der sie sich befanden, sollte tendentiell eigentlich eher zu umfangreichem sprachlichen Ausgleich und großräumigen Dialektgebieten führen als zu scharf unterteilten örtlichen Mundarten. In der Tat muß die Sprache die Eigenschaften von Siedlerdialekten oder Kolonialsprachen im allgemeinen gehabt haben. Wenn auch sehr wenige Hauptkennzeichen der heutigen deutschen Mundarten (der alem.-rhfr. Kontrast *pf-/p-*; der hdt.-ndt. Kontrast *-ss-/-t-* usw.) auf das frühe Mittelalter zurückgehen, ist die überwältigende Zahl von Mundartunterschieden heute viel späteren Ursprungs, z. B. bayr.-alem. *au/ū, Haus – Huus.* Die frühmittelalterlichen Mundarten mit den Mundarten und Mundartenkarten von heute im Kopf anzugehen, kann also sehr in die Irre führen. Die Mundartenunterschiede können sehr gut auch viel kleiner gewesen sein, als sie in der zerstückten und stabilisierten Welt des späteren Mittelalters werden sollten. Im Karolingerreich setzten die Stammeseinheiten in gewisser Weise ihr Dasein fort, obwohl sie unter Druck standen: die Stammesgesetze wurden im achten Jahrhundert aufgeschrieben (*Lex Alamannorum, Lex Baiuvariorum* usw.); das Heer war aus Stammesaufgeboten zusammengesetzt; Stammesherzogtümer bildeten sich unter örtlichen Magnaten oder wurden neugebildet, wann immer die Zentralmacht schwach wurde; einige Bischofssitze wurden auf klarer Stammesgrundlage errichtet, z. B. die Provinz Salzburg für Bayern, der Sitz zu Konstanz für Zentralalemannien. Alle diese Tatsachen weisen darauf hin, daß wir uns nicht allzu sehr irren, wenn wir von Stammesdialekten sprechen und immer dessen eingedenk sind, daß die schriftlichen Klostermundarten bestenfalls nur eine Teilwiderspiegelung sind und gut eine verworrene Wiedergabe der gesprochenen Regionalmundarten sein können.

Frühmittelalterliches Deutsch als sprachliche Phase erstreckt sich zeitlich von ungefähr 750 bis 1050. Die Dokumentation, soweit es Einzelwörter betrifft, beginnt davor und endet oder ändert sich natürlich nicht abrupt vom sprachlichen Typus her. Die literarische Produktion erreichte aber im neunten Jh. einen Höhepunkt und fiel im zehnten ganz beträchtlich ab. Viel vom Wirken des elften Jh.s ebnete schon den Weg für einen neuen Sprachtypus: das Deutsch des Hochmittelalters. Einer synchronischen Beschreibung des frühmittelalterlichen Deutsch wird deshalb am besten die Sprache der Mitte des neunten Jh.s zugrunde gelegt. Dies gilt auch für die Einzeldialekte, wenn sie im Vergleich miteinander gekennzeichnet werden. In Wirklichkeit sind sie natürlich während der gesamten Periode im Fluß.

In diesem Sinne unterscheiden wir die folgenden frühmittelalterlichen deutschen Mundarten:

Quellen	Hauptschreibstätten	Hauptkennzeichen
(i) *Alemannisch*		
Glossen von St. Gallen und der Reichenau; Benediktinerregel; Murbacher Hymnen; namenkundliches Material; das Werk Notkers des Deutschen (frühes 11. Jhd.).	St. Gallen in der Ostschweiz; Reichenau, Insel im Bodensee; Murbach in den Südvogesen; Straßburg Elsaß.	(a) Westgerm. /p-, t-, k-/ geschrieben *pf, z, ch*. (b) Westgerm. /p, t, k/ im Inlaut u. Auslaut geschrieben *ff, f; zz, z; hh, h*. (c) Westgerm. /p, t k/ nach Liquiden u. Nasalen verschoben: *pf, z, ch*.

Quellen	Hauptschreib-stätten	Hauptkennzeichen
Murbacher Herkunft der ahd. Isidorübersetzung (vor 800) wird von einigen angenommen, von andern bestritten.		(d) Westgerm. /b-ƀ, d, g-ǥ/ geschrieben *p, t, k* (*b* und *g* werden später allg. gebraucht). (e) Westgerm. /þ/ > *d* im 8. Jhd. (f) Notker (11. Jhd.) hat ein besonderes Gesetz für Konsonanten im Anlaut (N. Anlautsgesetz). (g) Westgerm. /ē^2/ > *ea, ia.* (h) Westgerm. /ō/ > *ua*, später *uo.* (i) Westgerm. /ai/ > *ei* oder *e* (vor r, h, w). (j) Westgerm. /eu/ > *iu; io* (vor Dental + a, e, o). (k) Präfix: *ka-, (ke-).*
(ii) *Bayrisch* Das älteste alphabetische Glossar: *Abrogans*, zahlreiche andere Glossen; *Exhortatio*; Wessobrunner Gebet; *Muspilli*; Monseer Fragmente; Abschrift von Otfrids *Liber Evangeliorum.*	Salzburg, Monsee im heutigen Österreich, Freising, Regensburg, (St. Emmeram), Wessobrunn, Tegernsee in Bayern.	(a) (b) (c) (e) wie im Alem. (d) *p, t, k,* – Schreibungen verbreiteter und beständiger als im Alem. (g) Westgerm. /e^2/ im 8. Jhd. *e* geschrieben. (h) Westgerm. /ō/ bis in die erste Hälfte des 9. Jhd. *O, oo* geschrieben. (i) Westgerm. /ai/ bis ca. 800 *ai* dann *ei* geschrieben (> *e* ausgenommen). (j) Wie im Alem. (k) *ka-* (Präfix).
(iii) *Langobardisch* Personennamen und Appellativa in lat. Dokumenten, besonders *Edictus Rothari* (643), *Historia Langobardorum* von Paulus Diakonus.		(a) Westgerm. /p-, k-/ geschrieben *p, c.* (b) Wohl verschoben (s. das Alem.). Westgerm. /t/ geschrieben *s* oder *z, tz.* (d) *p-* und *t-* Schreibungen. (e) *d-, dh-* und *t-* Schreibungen für westgerm. /þ/. (g) Westgerm. /e^2/ geschrieben *e* oder *i.* (h) Westgerm. /ō/ geschrieben *o.* (i) Westgerm. /ai/ geschrieben *ai*, später *e, a.* (j) Westgerm. /au/ geschrieben *au.*

Quellen	Hauptschreib-stätten	Hauptkennzeichen
(iv) *Ostfränkisch* Übersetzung der Evangelienharmonie des Tatian Beichten, Glossen.	Fulda, Würzburg, Bamberg.	(a) und (c) wie im Alem. Ausnahme: /k/ >*k*. (b) Wie im Alem. (d) Westgerm. /b-ƀ, d, g-g̱/ geschrieben *b, t, g*. (e) Westgerm. /þ/ >*d* (anlautend *th* geschrieben). (g) Westgerm. /$\bar{e}^2$/ >*ia, ie.* (h) Westgerm. /ō/ >*uo.* (i) Wie im Alem. (j) Westgerm. /eu/ >*io* vor *a, e, o,* >iu vor *i, (j), u.* (k) Präfix *gi-*.
(v) *Südrheinfränkisch* Katechismus, Urkunden, Otfrid *Liber Evangeliorum*, namenkundliches Material	Weissenburg an der Lauter an der Nordgrenze des Elsaß	(a) Westgerm. /p-, t-, k-/ geschrieben *p, z, k.* (b) Wie im Alem. (c) Wie im Alem., aber /k/ >*k.* (d) Westgerm. /b-ƀ, d, g-g̱/ geschrieben *b, d-/-t-/-t, g.* (e) Westgerm. /þ/ geschrieben *th/ -d-.* (g) Westgerm. /$\bar{e}^2$/ >*ia.* (h) Westgerm. /ō/ >*ua*, später *uo.* (i) Wie im Alem. (j) Westgerm. /eu/ >*iu, io* oder *ia* wie im Ostfrk. (k) Präfix *gi-*.
(vi) *Rheinfränkisch* Straßburger Eide, *Ludwigslied*, Glossen und Urkunden, Karls des Großen Namen für Monate und Winde. Die Übersetzung des Isidor wird von vielen Gelehrten innerhalb des weiteren westfrk. Gebiets angesetzt.	Mainz, Lorsch, Worms, Speyer.	(a) (b) (c) Wie im Südrhfr., aber *-pp-* und *-mp-* bleiben. (d) Westgerm. /b-ƀ, d, g-g̱/ geschrieben *b, d/-t, g.* (e) Westgerm. /þ/ geschrieben *th-/ -dh-.* (h) Westgerm. /ō/ >*uo.* (i) (j) (k) Wie im Südrhfr.

Quellen	Hauptschreibstätten	Hauptkennzeichen
(vii) *Mittelfränkisch*		
Hauptsächlich Glossen, früheste im Maihinger Evangeliar (Echternach). Trierer Capitulare.	Echternach, Köln, Trier.	(a) (b) (c) Wie Rhfrk. aber mit *-rp-*, *-lp-* Schreibungen. (d) Westgerm. /b-ƀ, d, g-ǥ/ geschrieben *b, d, g* aber mit *-v-* und *-h, -ch* Schreibungen, die später zunehmen. (e) Westgerm. /þ/ gewöhnlich *th.*

Alle oben genannten Schreibdialekte bilden zusammen das Althochdeutsche in der Zeit vom achten bis zum elften Jahrhundert.

(viii) *Altniederfränkisch*		
Einige Glossen, namenkundliches Material, Psalmenfragmente.	Flandern, Limburg.	Früheste Formen des Niederländischen.
(ix) *Altsächsisch*		
Heliand, Genesis, Glossen.	Werden, Essen, Merseburg, Freckenhorst, aber für keines dieser ansehnlichen Werke kann ein bestimmtes Zentrum mit Sicherheit ausgemacht werden.	(a) (b) (c) Westgerm. /p, t, k/ geschrieben *p, t, k (c).* (d) Westgerm. /b-ƀ, d, g-ǥ/ geschrieben *b/ƀ, v, f; d; g* (auch *-gh-, -ch*). (e) Westgerm. /þ/ geschrieben *th* oder *ð.* (g) Westgerm. /ē²/ geschrieben *e* (aber auch *ie*). (h) Westgerm. /ō/ geschrieben *o* oder *uo.* (i) Westgerm. /ai/ geschrieben *e*; /au/ geschrieben *o.* (j) Westgerm. /eu/ geschrieben *io* (vor *a, e, o*) oder *iu* (vor *i, j, u.*). (k) Präfix *gi-.*

Die folgenden Beispiele zeigen einige der repräsentativen mundartlichen Schreibungen, die natürlich nie ausschließlich gelten.

Alem.	Bayr.	Ofrk.	Südrhfrk. & Rhfr.	Mfrk.	As.
pruader ‚Bruder‘	proder	bruoder	bruoder, bruodher	broder, bruder	brothar

Alem.	Bayr.	Ofrk.	Südrhfrk. & Rhfr.	Mfrk.	As.
cotes ‚Gottes'	kotes	gotes	godes	godes	godes
chirihcha ‚Kirche'	chirihha	ch-, kirihha	ch-, kirihha	kiricha	kirika
ze kebanne ‚zu geben'	ze kepanne	ze gebanne	ze gebanne	ce gevene	te geƀanne
kap, kab, gab ‚gab'	kap	gab	gab	*gaf	gaf
in erdu ‚auf Erden'	in erdu	in erdu	in erdhu, in erdu	an erthe	on erðu
haben ‚haben'	hapen	haben	haben	havan	hebbian
selbo ‚selb'	selpo	selbo	selbo	selvo, self	selƀo
tiuf ‚tief'	tiuf	tiof, teof	diaf, diof	def, dief	diop
liup ‚lieb'	liup	liob	liab, liob	lef, lieb	liof
kepuazzen ‚büßen'	kipuazzen	gibuoz(z)en	gibuaz(z)en -uo-		gibotian
kilauba ‚Glaube'	calaupa	gilouba	gilouba	*gilova, *gilouba	giloƀo

Dem Altsächsischen wird von den meisten Fachleuten die Stellung einer germ. Einzelsprache eingeräumt. Aus rein sprachlichen Gründen ist dies ohne Zweifel diskutabel. Es gibt zahlreiche Eigenschaften, die das Ahd. und das As. trennen und viele, die das As. enger mit den anderen germ. Sprachen verbinden, beispielsweise besonders das Fehlen der Konsonantenverschiebung (zweite Lautverschiebung). Die Frage, ob ein verwandter Einzeldialekt eine unabhängige Sprache oder die Mundart einer anderen Sprache ist, kann jedoch nicht allein aufgrund sprachlicher Kriterien entschieden werden, sondern viel eher auf der Grundlage von politischen, wirtschaftlichen und kulturellen Faktoren. Die *lingua theodisca* des Karolingerreiches im neunten Jahrhundert hatte keine standardisierte Norm und bestand nur aus einer Reihe von Dialekten. Unter ihnen breiteten sich Einflüsse und Konventionen aus, die, so schwach sie auch gewesen sein mögen, Beleg für eine vereinheitlichende Tendenz sind. Das Altsächsische war, mindestens soweit es die schriftliche Bezeugung anbelangt, auch dieser vereinheitlichenden Tendenz ausgesetzt. Von Anbeginn der Überlieferung kann es also als ein ‚Dialekt des Deutschen' oder der *lingua theodisca* des Ostreiches angesehen werden.

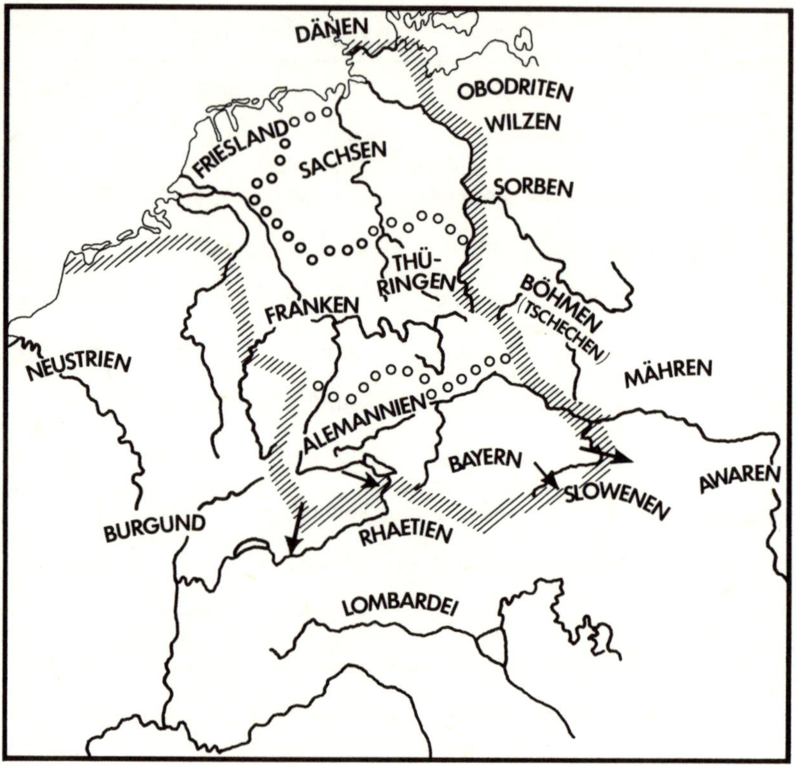

Abb. 7

Das deutsche Sprachgebiet innerhalb des Reiches Karls des Großen. Gebietsnamen werden für Räume innerhalb, Stammesnamen für Räume außerhalb des Reiches gebraucht. Pfeile zeigen das sprachliche Vordringen des Deutschen an.

4.2 Die schriftliche Überlieferung

Sprachlich gesehen war das Karolingerreich, wie viele des Schreibens und Lesens unkundigen und primitiven Gesellschaften, gekennzeichnet durch eine Situation funktionaler Mehrsprachigkeit (Bilingualismus). Wo eine solche Lage der Dinge vorherrscht, haben zwei oder möglicherweise sogar mehrere Sprachmedien an den Kommunikationsfunktionen teil. Diese beiden Medien waren im Ostreich der Karolinger das Lateinische und die deutschen Dialekte. Ersteres war das Schreibmedium von Staat und Kirche, Schule, Recht, Wissenschaft und Literatur. Letztere waren das

Abb. 8

Bedeutende Karolingische Schreibstätten

gesprochene Medium des Alltagslebens, der mündlichen Literatur, der Rechtsprechung und der Predigt. Berührungen zwischen beiden Medien oder Stellen, an denen die klare funktionale Trennung nicht aufrechtzuerhalten war, gab es bei der schulischen Erstausbildung, bei der Religionslehre für Novizen und Laien und bei der Rechtsprechung. Als dann das Deutsche auch zum Schreiben gebraucht wurde, konnte die Berührung im *Genre* Literatur (deutsch-mündliche Literatur – lateinisch-schriftliche Literatur) bei einiger Ermutigung eine Brücke zwischen beiden Sprachmedien bilden. Die in dieser Situation funktionaler Zweisprachigkeit natürlich äußerst spärlich sprudelnden Quellen des frühmittelalterlichen Deutsch entsprechen genau den Berührungspunkten und können in der Tat entsprechend eingeteilt werden.

(i) Deutsche Einzelwörter kommen in Rechts- und Geschichtsdokumenten vor.

(ii) Einzelne Übersetzungen schwieriger lat. Wörter werden aus Verständnis- oder Unterweisungsgründen zwischen den Zeilen, über oder neben den lat. Wörtern oder am Rand eingefügt. Schließlich werden ganze Glossare durch Übersetzung eines lat. Wörterbuchs (z.B. *Abrogans*) oder durch alphabetisch oder thematisch geordnete Wortauszüge aus lat. Werken (die Bibel, Vergil usw.) und deren Übersetzung ins Deutsche zusammengestellt. Ein großer Teil des uns bekannten frühmittelalterlichen deutschen Vokabulars stammt aus *Glossen* und *Glossaren.* Glossen sind in fast tausend Handschriften erhalten, die meisten natürlich als Abschriften oder wiederholte Abschriften.

(iii) Interlineare Glossen können zu Interlinear-*Übersetzungen* werden. Diese und relativ freiere Übersetzungen machen den Hauptteil der Texte aus, die wir aus dieser Periode haben. Wir können unterscheiden:

(a) Liturgische Texte (Vaterunser, Katechismus, Taufgelöbnisse, Beichten, Hymnen, *Exhortatio*);

(b) Biblische Texte (Evangelien, Psalmen, das Hohe Lied);

(c) Theologische Texte (Benediktinerregel, Isidors Traktat *De fide catholica*, Kommentare (Notker));

(d) Texte des späten Altertums, z.B. Boethius.

(iv) Dichterische Gestaltungen viererlei Art:

(a) solche, die auf den Evangelien beruhen, z.B. Otfrids *Liber Evangeliorum* (Otfrid von Weißenburg ist der erste namentlich bekannte deutsche Dichter), *Heliand*, altsächsische *Genesis, Christus und die Samariterin*;

(b) solche, die auf anderen christlichen Themen beruhen *(Muspilli, Wessobrunner Gebet, Memento mori)*;

(c) solche, denen Personen zugrunde liegen *(Ludwigslied, De Heinrico, Georgslied)*;

(d) Gedichte des deutschen Altertums (*Merseburger Zaubersprüche* und andere Zaubersprüche, *Hildebrandslied*).

(v) Zeitgenössische Gebrauchstexte in Prosa: *Straßburger Eide*, Fragmente eines Gesprächbuchs für nach Deutschland reisende Fremde.

Die große Masse schriftlicher deutscher Überlieferung des frühen Mittelalters entstand also durch den Prozeß der Christianisierung und der

Aufnahme christlich-lateinischer Zivilisation. Er erforderte eine enorme Anstrengung zu sprachlicher Anpassung. Die einzigen Quellen, die von einheimischer Spontaneität und Natürlichkeit Zeugnis ablegen, sind die zufällig überlieferten Reste mündlicher deutscher Literatur und die paar Brocken gesprochenen Deutschs der Zeit. Während einer kurzen Zeitspanne im neunten Jh. wurde das Deutsche auch Medium geschriebener Literatur, als die beiden Epen – der *Heliand* und Otfrids *Evangelienbuch* – und eine Reihe kurzer Gedichte geschaffen wurden.

4.3 Die Schreibkunst

Als die Kleriker des 8. und 9. Jh.s der Notwendigkeit innewurden, ihre deutsche Volkssprache aufs Pergament zu bringen, griffen sie natürlich auf das lat. Alphabet, das sie schon kannten, zurück. Die Runen waren gegen 700 verschwunden. Sie gehörten zur Welt des germanischen Heidentums. Selbst wenn sie den deutschen Geistlichen noch immer bekannt waren, müssen sie ihnen als ein unerwünschtes Werkzeug vorgekommen sein. Alkuin und vielleicht Hrabanus Maurus in Fulda und andere karolingische Geistliche zeigten gelehrtes und antiquarisches Interesse an ihnen, aber als Werkzeug für die Verschriftung des Deutschen konnte kein anderes als das lat. Alphabet infrage kommen. Die Übernahme und Anpassung dieses fremden Alphabets bereitete den Schreibern unzählige Schwierigkeiten.

Eine alphabetische Schrift liefert Lautzeichen oder Buchstaben für Laute. Es setzt also eine Segmentierung des lautlichen Bereichs der Sprache voraus. Aus den unabsehbar variablen Möglichkeiten der Ausführung von Sprechlauten sondert diese Segmentierung die funktionalen und unterscheidenden Einheiten aus. Eine alphabetische Schrift ist daher in idealer Weise eine phonemische Schrift. Sie ordnet den Phonemen einer Sprache Grapheme zu, wobei zwar die eins-zu-eins-Entsprechung das angestrebte Ziel ist, aber wohl kaum erreicht wird. Der Schöpfer einer alphabetischen Schrift für eine bisher nicht schriftlich tradierte Sprache könnte zugegebenermaßen Erfolg haben, wenn dabei nicht die Fähigkeit, eine phonemische Segmentierung zu erstellen und vollständige Freiheit bei der Erfindung der erforderlichen Grapheme vorausgesetzt werden müßte. Die vielen unbekannten deutschen Geistlichen, die diese Aufgabe im 8. und 9. Jh., ja sogar noch später in Angriff nahmen, brachten diese Voraussetzungen nicht mit. Das Medium, das sie gebrauchen mußten, war für das Lat. geschaffen und ihm angepaßt worden, einer fremden

Sprache mit ihrem eigenen phonemischen System. Die Buchstaben waren also graphemische Entsprechungen der Phoneme einer anderen Sprache, nicht ihrer eigenen. Darüberhinaus wurde diese Sprache auch als eine heilige Sprache angesehen und besaß unermeßliches kulturelles Prestige. Über Jh.e hatte es ein regularisiertes und starres Rechtschreibungssystem gegeben. Aber die Sprache, für die diese Rechtschreibung festgelegt worden war, hatte sich nun verändert. Das klassische Latein hatte seinen Platz an das Vulgärlatein abgegeben, und die klassische Orthographie war zwischen dem 6. und 8. Jh. durch den Bildungsverfall heftig in Mitleidenschaft gezogen worden: ⟨e⟩ und ⟨i⟩, ⟨o⟩ und ⟨u⟩, ⟨b⟩ und ⟨p⟩, ⟨d⟩ und ⟨t⟩, ⟨g⟩ und ⟨c⟩ wurden häufig verwechselt und waren austauschbar geworden. Schreibungen wie *bago* oder *paco* für *pago* oder *ropustus* (für *robustus*), *caudens (gaudens), persuna (persona), denicat (denegat), eridis (heredes)* usw. waren jetzt geläufig. Viele phonetische Veränderungen waren vor sich gegangen, und die Art und Weise, wie die deutschen Schüler das Lat. von der romanischen Bevölkerung des merowingischen Reiches ausgesprochen hörten, war keinesfalls das den klassischen Oratoren vertraute gesprochene Latein. ⟨c⟩ vor ⟨i⟩ und ⟨e⟩ war [ts], ebenso ⟨-ti⟩ im Wortinnern (Inlaut). ⟨b, d, g⟩ wurden nun wie Reibelaute ausgesprochen [v, ð, ɣ]. Unbetontes *e* in ⟨ea, eu⟩, z.B. *vinea, puteus*, wurde nun zu [j], *vinja, putjus*. Das alte lat. Vokalsystem mit drei Höhenpositionen der Zunge, dem die Vokalzeichen genau entsprochen hatten: ⟨i-e-a-o-u⟩, hatte nun einem System mit vier Höhenpositionen Platz gemacht [i-e-ɛ-a-ɔ-o-u], so daß die Buchstaben nicht mehr zu den Lauten paßten. Die alten Diphthonge *ae, oe, au* waren Monophthonge geworden [ɛ, e:, o:] und waren teilweise mit anderen Lauten verschmolzen. Die Schreibung war nun verworren: bald überwog die traditionelle Orthographie, bald versuchte man es mit neuen Schreibungen. Im merowingischen Gallien waren jetzt viele der alten Langvokale diphthongiert, *ē>ei, ō>ou*, und frühere Kurzvokale waren in offenen Silben lang geworden. Weder Diphthongierung noch Längung wurde in der zeitgenössischen Schreibung angedeutet, bis endlich Altfranzösisch geschrieben wurde. Dies geschah erst ein Jahrhundert nach Beginn deutscher Schrifttexte. Da das merowingische Latein zahlreiche germ. Namen und nicht wenige Appellative enthielt, hatten sich bestimmte Schreibkonventionen für fremde, d.h. germ. Laute eingebürgert, z.B. ⟨ch⟩ für [h] und [x], *Charibertus* (Herbert), *Chuni* (Hunnen); ⟨th⟩ für [θ] *Theodericus, theodisca*; aber auch ⟨eu⟩ für [eo] *Theudebertus*; ⟨o⟩ für [w] *Alboinus* (*Albwin*, engl. *Alfwin*). ⟨h⟩, ein in der lat. Orthographie überschüssiger Buchstabe, wurde auch gelegentlich gebraucht, um anzudeuten, daß ⟨g⟩ und ⟨c⟩ vor ⟨e⟩ oder ⟨i⟩ Verschlußlaute waren: ⟨gh, ch⟩, da die Buchstaben vor ⟨e⟩ und ⟨i⟩ sonst wie Affrikaten ausgesprochen wurden.

Die deutschen Schöpfer einer Orthographie des Deutschen hatten es also nicht nur mit einem für ihren Zweck schlecht passenden Material zu tun, sie bauten auch auf Triebsand. Bis zu einem gewissen Grade muß der verworrene Zustand merowingischer Latinität die Buchstabenexperimente ermutigt haben. Dies wird ganz deutlich im Falle der Wiedergabe der Langvokale. Die lateinische Schrift unterschied nicht zwischen Lang- und Kurzvokalen, obgleich sie Doppelkonsonanten durch Doppelbuchstaben andeutete, z.B. *calidus* ‚warm', *callidus* ‚erfahren' oder *curo* ‚ich sorge', *curro* ‚ich laufe'. Hinsichtlich der Einfachkonsonanten und Geminaten gab es also im Deutschen keine Schwierigkeit; beispielsweise *stelan* ‚stehlen' und *stellen* ‚stellen' wurden fast ausnahmslos klar unterschieden. In der Frühzeit war Vokaldopplung nicht selten, z.B. in der Übersetzung der Benediktinerregel, im Isidor oder in den frühen Urkunden von St. Gallen. Der Übersetzer des Isidortraktats bezeichnete gewöhnlich einen Langvokal in geschlossener Silbe durch Doppelbuchstaben, in offener Silbe hingegen durch einen Buchstaben. Auf diese Weise experimentierte er, wo die lat. Orthographie doppeldeutig war und ihn im Stich ließ, folgte aber ihren Regeln, wo die zeitgenössische Aussprache des Vulgärlateins genügend Licht auf seine Schreibpraxis warf.

Als die karolingische Reform eine Rückkehr zu regularisierterer lat. Orthographie zuwege brachte, schienen die Experimente im Deutschen auch nachzulassen, und eine so unlateinische Schreibweise wie doppelte Vokalbuchstaben wurden selten. Vielleicht konnte sich aus demselben Grunde der sporadische Gebrauch des Zirkumflexes während der Karolingerzeit im Deutschen nicht ausbreiten. Aufs ganze gesehen muß die deutsche Schrift vor dem Hintergrund des zeitgenössischen Lateins gesehen werden. Wenn in mittelfrk. Urkunden die stimmhaften Reibelaute (Frikative) [v, ɣ] am häufigsten mit ⟨-b, -g-⟩ geschrieben werden, so weil diese Buchstaben wahrscheinlich im zeitgenössischen Latein zwischen Vokalen den Wert stimmhafter Reibelaute hatten. Anderseits muß die obdt. Schreibpraxis ⟨p, k⟩ für die stimmlosen Lenisverschlüsse (unbehauchte Verschlußlaute) wahrscheinlich als eine Absicht angesehen werden, den Verschlußcharakter dieser Laute klar anzudeuten, was die Schreibung mit ⟨b, g⟩ nicht erreicht hätte. So kann *geban* als Mittel- oder vielleicht auch als Rheinfrk. gedeutet werden [gɛ*van]*, und *kepan* als Obdt. [g̊ɛb̥an]. Unter fränkischem Einfluß nahmen alemannische Schreibstätten später ⟨b, g⟩- Schreibungen an.

Schreibungen mit ⟨o, oo⟩ für späteres ahd. *uo*, ⟨eu⟩ für *eo*, ⟨au⟩ für *ō* müssen im gesamten und möglicherweise komplizierten Kontext, in dem sie sich befinden, betrachtet werden. Sie weisen nicht notwendig auf die früheren Stadien der Lautprozesse, die im Ahd. belegt sind, zurück. Ein Orthographieexperiment kann einfach deshalb geändert worden sein, weil eine einflußreiche und bedeutendere Schreibstube eine andere Schreibweise pflegte. Aus diesem Grunde wich frühes alem. ⟨ua⟩ wahrscheinlich dem frk. ⟨uo⟩. Wenn einige as. Handschriften ⟨uo⟩ für urgerm. *ō* und ⟨o⟩ für urgerm. *au* schreiben, wollten die Schreiber zweifelsohne zwischen zwei verschiedenen Lautwerten unterscheiden und einen Kontrast andeuten, der von andern Schreibern, die unterschiedslos ⟨o⟩ schrieben, vernachlässigt wurde. Doch ⟨uo⟩ steht nicht notwendigerweise für die gleiche Art von Diphthong wie in den frk. Schriftstücken, aus denen die Schreibweise ohne Zweifel entlehnt wurde. Nicht nur das ältere merowingische und das neuere karolingische Latein müssen herangezogen werden, sondern auch der beständige Einfluß einer deutschen Schreibstube und ihrer Schreibkonvention auf andere. In Anbetracht der Tatsache, daß das Abschreiben von Texten viel häufiger war als das Abfassen von Originaltexten, kann es nicht überraschen, daß die Schreibweise äußerst verworren und ein dunkles Rätsel ist. Was vielleicht mehr überrascht, ist die Tatsache, daß sich bestimmte Schreibungstypen – natürlich mit regionalen Varianten – entwickelten, und daß ganze Schreibsysteme merkwürdige Regularität aufweisen, beispielsweise das der Isidorübersetzung, das des *Tatian*, Otfrids und Notkers Arbeiten und die besseren *Heliand*-Handschriften.

Wenngleich die Schreibweise die wichtigste Quelle für unser phonologisches Wissen ist, darf sie doch nie unkritisch akzeptiert werden. Veränderungen in der Schreibung können, müssen aber nicht auf phonologische Veränderungen hinweisen. Die Beziehung zwischen Buchstaben und Lauten ist äußerst kompliziert. Philologen waren deshalb manchmal zu schnell bereit, Schreibungen über das hinaus, was sie vernünftigerweise bieten können, auszuwerten.

Einige Laute waren für die Schreiber besonders unangenehm. [w] konnte durch ein lat. ⟨v⟩ nicht zufriedenstellend ausgedrückt werden, denn dies stand nämlich für einen labiodentalen Reibelaut oder für den Vokal *u*, natürlich zusammen mit dem gerundeten Buchstaben ⟨u⟩. Die angelsächsischen Schreiber hatten deshalb ein Runenzeichen entlehnt, weshalb sich die *W*-Rune auch gelegentlich in den angelsächsischen Missionszentren in Deutschland findet. Öfter wurden jedoch die Buchstaben ⟨u⟩ oder ⟨v⟩ kombiniert, um [w] auszudrücken. Da beide Buchstaben auch für [u] und [f] stehen konnten, wurden sie stark beansprucht: *uueiz, uveiz, vueiz, vveiz* ‚er weiß', aber auch *varan* oder *uaran* ‚reisen', *huaz* (= *huuaz*) ‚was', *uuurm* ‚Wurm'. Kaum verwunderlich also, daß Otfrid in der lat. Widmung seines Werks an Erzbischof Liutbert von Mainz die Aufgabe, deutsche Laute den lat. Buchstaben zuzuordnen, entmutigend fand. Über das barbarische Wesen dieser Sprache klagend – *inculta et indisciplinabilis* – bemerkt er, daß die Schreibung manchmal ‚drei *u*' erfordere, ‚von denen die ersten beiden, wie mir scheint, Konsonanten sind, und das dritte einen Vokallaut ausdrückt'.

Da ⟨c⟩ sowohl [ts] wie [k] im zeitgenössischen Latein bezeichnete, wurde es auch im Deutschen zur Bezeichnung dieser beiden Laute gebraucht. Aber diese Laute waren im Deutschen anders verteilt und hatten Kontrastfunktion. Die Schreibungen *cit* ‚Zeit' und *cuo* ‚Kuh' könnten unzweideutig gewesen sein, jedoch für [tsuo] ‚zu' wurde zweifellos ein anderer Buchstabe benötigt, aber auch für den neuen dentalen Reibelaut, der sich in der Stellung nach Vokal aus dem Urgerm. entwickelt hatte: *t:thaz* ‚das'. Für [k] wurden ⟨k⟩ und ⟨c⟩ genommen. Kombiniert mit ⟨h⟩ (⟨kh, ch⟩) standen sie gewöhnlich für die velare Affrikata. Aber ⟨ch⟩ vor ⟨i⟩ oder ⟨e⟩ kann auch für den Verschlußlaut stehen. [x] wurde gewöhnlich ⟨h⟩ geschrieben vor Konsonanten (*naht* ‚Nacht') oder am Wortende (*sioh* ‚krank') und ⟨hh⟩ oder ⟨ch⟩ zwischen Vokalen (*sprehhan* oder *sprechan* ‚sprechen').

Für [θ] hatten die Angelsachsen die Rune ⟨þ⟩ und gebrauchten auch ein modifiziertes *d*: ⟨ð⟩. Beide Zeichen finden sich in deutschen Handschriften aus Schreibstätten mit angelsächsischer Tradition, wurden aber nur im As. umfassend gebraucht. Ober- und mitteldeutsche Schriftstücke haben gewöhnlich das lat. ⟨th⟩ oder ein neu entwickeltes analoges ⟨dh⟩.

Schreibungen stellen oft nur Tendenzen dar, die gewöhnlich durch hilfreiche Herausgeber mittelalterlicher Texte verallgemeinert werden. Die Schreiber erlaubten sich einen größeren Gebrauchsspielraum. Während der ganzen Periode blieb die Beziehung zwischen graphemischem und phonemischem Bereich eine solche des unbequemen Kompromisses, der Improvisation, geistreicher Erfindung und nachlässiger Unregelmäßigkeit.

4.4 Phonologie (Lautlehre)

4.4.1 Das System der betonten Vokale

Das spätgerm. Vokalsystem, auf das alle deutschen Entwicklungen zurückgeführt werden können, ist das als Stadium (V) in Abschnitt 3.5.2 wiedergegebene:

/i/				/u/	/ī/				/ū/		/iu/	
	/e/		/o/			/ē/		/ō/			/eo/	
		/a/					/ā/			/ai/		/au/

Das Vorkommen dieser Phoneme in den frühesten deutschen Mundarten ist damit nicht ganz identisch. So haben wir innerhalb des Ahd. Varianten wie *fugal* – *fogal* ‚Vogel‘, fehu – fihu ‚Vieh‘, *truhtin* – *trohtin* ‚Herr‘, *skif* – *skef* ‚Schiff‘, *skirm* – *skerm* ‚Schutz‘, *ubar* – *obar* ‚über‘, *konda* – *kunda* ‚konnte‘, *stimna* – *stemna* ‚Stimme‘. Zwischen dem Ahd. und As. waren die Unterschiede sogar noch zahlreicher: *neman* – *niman* ‚nehmen‘, *geban* – *giƀan* ‚geben‘, *sturm* – *storm* ‚Sturm‘, *fuhs* – *fohs* ‚Fuchs‘, *furt* – *ford* ‚Furt‘, *fol* – *ful* ‚voll‘, *joh* – *juk* ‚Joch‘, *wolf* – *wulf* ‚Wolf‘, *goma* – *gumo* ‚Mann‘, und das As. hatte *fugal, fehu, stemna*. Im As. finden sich *skild* wie *skeld* ‚der Schild‘. Der markanteste Mundartenunterschied findet sich jedoch beim Vorkommen von /iu/ und /eo/: Das Mitteldt. (Frk.) und As. hatten /eo/ vor germ. *a, e, o* und /iu/ vor germ. *i, j, u* der Folgesilbe. Das Bayr. und Alem. hatte /eo/ nur, wenn ein Dental oder germ. *h* zwischen dem Diphthong und *a, e, o* der Folgesilbe stand. Mit anderen Worten, Labiale und Velare garantierten das Überleben des labiovelaren Bestandteils im urgerm. /eu/-Diphthong. Wir haben daher

As.	Frk.	Bayr. Alem.
siok ‚krank, siech‘	*sioh*	*siuh*
liof ‚lieb‘	*liob*	*liup*
diop ‚tief‘	*tiof*	*tiuf*
liogan ‚lügen‘	*liogan*	*liugan*
biodan ‚bieten‘	*biotan*	*biotan*
liudi ‚Leute‘	*liuti*	*liuti*

Die die Phase vom Spätgerm. zum Ahd. kennzeichnenden Entwicklungen sind *Monophthongierung* der unteren Diphthonge unter bestimmten Bedingungen, ein *allgemeines Anheben* der Diphthonge, die *Diphthongierung* der langen mittleren Vokale und der erste Schritt zur *Phonemisierung* der durch *i* mutierten Allophone (*i*-Umlaut).

Die relevanten Unterscheidungsmerkmale des Systems waren Zungenhöhe und Lippenstellung, d. h. gerundet oder ungerundet. Wichtige Allophonentwicklungen hatten durch retrogressive, von */i, j/ der Folgesilbe verursachter Assimilation stattgefunden. Alle gerundeten Vokale hatten sowohl hintere wie vordere Allophone, letztere vor folgendem */i, j/. Auch der tiefste Vokal, der hinsichtlich der Lippenstellung neutral war, hatte daran teil. Es scheint so, als ob die unteren Diphthonge eine Berührungsassimilation erfuhren, die zu etwas wie [æi] und [ɒu] führten. Weitere Palatalisierung im Falle des ersten Diphthongs und Rundung im Falle des zweiten brachte nun eine Allophonaufspaltung durch Verlust des Gleitlauts *i* vor germ. /r, w, h/ sowie im Auslaut und des Gleitlauts *u* vor germ. /h/, allen Dentalen (/þ, d, t, s, n, r, l/) sowie im Auslaut zustande. Labiale und Velare schützten den Gleitlaut *u*. Schematisiert war die Allophonentwicklung also:

/ai/ →	[ɛ:]	vor /r, w, h/ u. auslautend.
/ai/ →	[æi]	in allen andern Stellungen.
/au/ →	[ɔ:]	vor /h/, Dentalen u. auslautend.
/au/ →	[ɒu]	in allen andern Stellungen.

Was uns zu einer relativen Datierung gelangen läßt, ist der Umstand, daß dem neuen, aus germ. /k/ entstandenen [h] trotz seines Zusammenfalls mit dem bestehenden /h/ ein [ɒu]<*/au/, nicht ein [ɔ:], und ein [æi]<*/ai/, nicht ein [ɛ:], voraus geht. Deshalb muß die Allophonaufspaltung der Konsonantenverschiebung (zweite oder hochdeutsche Konsonantenverschiebung) zeitlich vorangegangen sein. In der Tat war es diese Konsonantenverschiebung, die zur Phonemisierung der beiden Allophone führte:

Germ.	Phonetische Phase	Ahd.	As.
aik- ‚Eiche'	[æik-]	*eih*	*ēk*
laih- ‚er lieh'	[lɛ:x-]	*lēh*	*lēh*
auk ‚auch'	[ɒuk]	*ouh*	*ōk*
hauh- ‚hoch'	[hɔ:x-]	*hōh*	*hōh*

Man unterliegt vielleicht der Versuchung anzunehmen, daß die Konsonantenverschiebung, indem sie den phonemischen Status der früheren Stellungsvarianten begründete, dem Prozeß der Berührungsassimilation ein Ende setzte. Die Vervollständigung der Monophthongierung, wie sie sich im As. findet (germ. /ai/>as. /ē/; germ. /au/>as. /ō/ ausgenommen vor den Halbvokalen /j, w/), wo die Konsonantenverschiebung nicht stattgefunden hatte, könnte eine solche Annahme stützen. Jedoch beruhte der Kontrast zwischen den im Ahd. neu begründeten Phonemen auf einer sehr schwachen Grundlage sogar dann noch, als er sich durch weitere Entwicklungen allmählich erweiterte. Dialektgeographen haben jedoch generell angenommen, daß die im Norden sehr viel verbreitetere Monophthongierung ebenda begann und sich in dem begrenzten, von der Überlieferung bezeugten Umfang in das Ahd. hinein verbreitete. Was das für politische oder wirtschaftliche Umstände waren, die solch einen Nord-Süd-Schub begünstigt hätten, ist schwer auszumachen. Und weshalb ein spontaner Wandel im Norden als bedingter Wandel im Süden übernommen werden sollte, ist sprachlich nicht weniger schwer verständlich. Im Hinblick darauf, daß im Got. *r, h, hw* sich auch gegen mit hoher Zungenstellung artikulierte Elemente sperrten (**i*>[ε] geschrieben ⟨ai⟩, *raíhts* ‚recht'; **u*>[ɔ] geschrieben ⟨au⟩, *haúrn* ‚Horn'), war es höchstwahrscheinlich der phonetische Charakter der aus dem Germ. ererbten *r, h* (und andere Faktoren), die diese Monophthongierung begünstigten.

Im Englischen wandelte sich germ. /au/ einheitlich zu /ēa/, wenn kein i-Umlaut statthaben konnte. Diese Schreibung ist in vielen Fällen noch immer bewahrt, weshalb die vordt. Phonemaufspaltung bei einem Vergleich zwischen etymologisch verwandten Wörtern klar zutage tritt:

Deutsch:	*Bohne*	*Ohr*	*Lot*	*tot*	*rot*	*Kloß*	*Brot*
Englisch:	*bean*	*ear*	*lead*	*dead*	*red*	*cleat*	*bread*
	beam	*seam*	*dream*	*cheap*	*leap*	*leaf*	*sheaf*
Deutsch	*Baum*	*Saum*	*Traum*	*kauf-*	*lauf-*	*Laub*	*Schaub* (dial.)

Man hat festgestellt, daß die neuen Monophthonge /ε̄/ und /ɔ̄/ Druck auf die anderen mittleren Langvokale ausgeübt und deshalb ihren Wandel verursacht haben könnten. Im As. blieben alte und neue Monophthonge des Typus *ē/ō* Seite an Seite bestehen. In den meisten Schriftstücken des Mittelalters werden beide ⟨e⟩ und ⟨o⟩ geschrieben. Aber gelegentliche orthographische Unterscheidungen, z.B. as. ⟨e – ie⟩, ⟨o – uo⟩, die wohl aus der frk. Orthographie entlehnt sind, und moderne Mundarten zeigen, daß sie auseinandergehalten wurden. Im Ahd. wurden germ. /ē/, d.i. $ē^2$, und /ō/ zu /ie/ und /uo/ diphthongiert. Frühe Schreibungen waren ⟨ea, ia⟩ und ⟨oa, ua⟩. Bis zu einem gewissen Grade steckten diese hauptsächlich im 8. Jh. vorkommenden Schreibungen den phonetischen Weg des Wandels ab. Es gab auch Mundartenunterschiede. Die in der Mitte des 8. Jh.s häufigsten Schreibweisen waren wahrscheinlich Ergebnis umfangreichen orthographischen Ausgleichs. Nach dieser Diphtongierung konnten die neuen Monophthonge bei der Artikulation die mittlere Position in einem System dreier Höhen der Zungenstellung einnehmen.

Auch hier hat die Dialektgeographie ein Bild weitreichender Bewegungen gezeichnet. Diphthongierungen im Altfrz. und anderen romanischen

Sprachen wurden mit der ahd. Diphthongierung in Zusammenhang gebracht, und Frings sah ‚eine einheitliche Welle von Tours bis nach Fulda' (S. 111). Innerhalb des Ahd. wurde der Ausgangspunkt im Frk. angenommen (Frings, Brinkmann), und das Alem. sowie das Bayr. waren die aufnehmenden Bereiche. Jüngere Forschung hat I. Rauch (S. 95) zu der Feststellung geführt: ‚Jede Mundart besaß innerhalb ihrer Struktur die Möglichkeit zur Diphtongierung und entwickelte sie mehr oder weniger in regelmäßiger Weise'. Da die Theorien der Dialektgeographie mehr durch ihren Mangel an gesundem Skeptizismus denn durch Vorhandensein nüchterner Überzeugungskraft gekennzeichnet sind, hat diese Schlußfolgerung viel für sich.

Das ahd. Vokalsystem war nach der Monophthongierung und Diphthongierung sowie der generellen Anhebung der bestehenden Diphthonge gemäß der Berührungsassimilation, jedoch ohne Rücksicht auf die Ergebnisse des *i*-Umlauts demnach das folgende:

(VI) /i/ /u/ /ī/ /ū/

/e/ /o/ /ē/ /ō/

↑ ↑

/a/ (germ. *ai*) /ā/ (germ. *au*)

(germ. $\bar{e}^2$) → /ie/ /io/ /iu/ /uo/ ← (germ. *ō*)

↑

/ei/ (germ. *eo*) /ou/

↑ ↑

(germ. *ai*) (germ. *au*)

Beispiele:

dih ‚dich'	*dīh!* ‚gedeihe!'
reht ‚recht'	*dēh* ‚gedieh'
dah ‚Dach'	*gedāht* ‚Gedenken, Andacht'
doh ‚doch'	*zōh* ‚zog'
zuht ‚Erziehung'	*būh* ‚Bauch'

dieh ‚Schenkel'	*sioh* ‚krank, siech'	*buoh* ‚Buch'
eih ‚Eiche'	*ziuh* ‚zieh'	*gouh* ‚Kuckuck'

Das as. System unterschied sich im System der Langvokale und Diphthonge:

/ī/ /ū/ /io/ /iu/

/ē/ /ō/ [ie, ia, eo]

/ɛ̄/ /ɔ̄/ /eu/

↑ ↑

(germ. *ai*) /ā/ (germ. *au*) /ai/ /au/

Beispiele:

thīh! ‚gedeihe!'	*siok* ‚krank, siech'
lēt ‚ließ'	*tiuh!* ‚zieh!'
ēk [ɛ:] ‚Eiche'	*ei* ‚Ei'
thāhta ‚dachte'	*heu* ‚haute'
bōk ‚Buch'	*hrau* ‚mich, ihn reute'
rōk [ɔ:] ‚Rauch'	
hūs ‚Haus'	

Das abschließende Problem des Vokalsystems betrifft die Stellung des *i*-Umlauts. Phonetisch betrachtet wird der *i*-Umlaut als Kennzeichen des Spätgerm. angesehen (s. S. 79 f.). Er gehört zu jenen äußerst wichtigen Assimilationsprozessen, die als Folge der Akzentverschiebung die Vokale der unbetonten Silben mit denen der betonten Silben in Verbindung brachten. Von der Wirkung des *i*-Umlauts haben wir im Ahd. und As. vor dem frühen 11. Jh. nur einen Hinweis: germ. /a/ wurde unter den Bedingungen des *i*-Umlauts ⟨e⟩ geschrieben, z. B. *gast – gesti* ‚Gast' Sg. – Pl., *lamb – lembir* ‚Lamm' Sg. – Pl., *kraft – krefti* ‚Kraft' Sg. – Pl. und Nom./Akk. Sg. – Gen./Dat. Sg., *faran – feris, ferit* ‚reisen' Inf. – 2./3. Pers. Sg. Jedoch *naht – nahti* ‚Nacht' Nom./Akk. Sg. – Gen./Dat. Sg., *wahsan – wahsit* ‚wachsen' Inf. – 3. Pers. Sg., *kraftlīh* ‚mächtig', *magad – magadi* ‚Jungfrau' Sg. – Pl. Die ältere Ansicht war die, daß im Ahd. und As. nur ein *i*-Umlaut, nämlich der von kurzem *a*, eingetreten war, der allerdings durch bestimmte Konsonantenverbindungen, z. B. *-ht-, -hs-* und andere, verhindert wurde und auch nicht eintrat, wenn der Umlaut bewirkende Faktor in der zweiten Silbe nach der betonten auftrat. Bei einigen Wörtern war ein Umlaut bewirkender Faktor am Wort selbst nicht erkennbar, z. B. bei *ende* (got. *andeis*), *sezzen* (got. *satjan*), *wecken* (got. *wagjan*). War der Umlaut bewirkende Faktor ein *j* gewesen, so war dies im Ahd. bereits verschwunden. Dieser Umlaut des germ. kurzen *a* wurde *‚Primärumlaut'* genannt. Wo sich der Umlaut des kurzen *a* später zeigte (mhd. *nähte, mägede* usw.), wurde ein *‚Sekundärumlaut'* angesetzt. Gelegentlich wird der Begriff auch für all jene Umlaute gebraucht *(ü, ö, öü)*, für die der orthographische Nachweis vom 11. Jh. an erscheint.

Eine der besten Leistungen amerikanischer Linguisten (W. Freeman Twaddell, Herbert Penzl, James W. Marchand, William G. Moulton und ganz kürzlich Elmer H. Antonsen) ist die, eine sowohl umfassende wie logisch kohärente Erklärung geliefert zu haben. Wird akzeptiert, daß der *i*-Umlaut eine Allophonentwicklung des Spätgerm. ist, erwachsen drei voneinander getrennte Fragen.

(a) Warum deuteten die Schreiber éin Ergebnis des *i*-Umlauts, nämlich das von kurzem *a* (ausgenommen vor bestimmten Konsonanten), schon zu Anfang deutscher Schreibüberlieferung an?

(b) Wann wurden die palatalen Allophone Phoneme?

(c) Warum markierten die mittelalterlichen Schreiber in ihrer Orthographie die neuen Palatallaute nicht, obwohl sie längst Phoneme geworden waren? (Noch Handschriften des fünfzehnten Jahrhunderts und frühe Drucke zeigen häufig keine Unterscheidung zwischen *ü/u, ö/o äu/au.*)

(a) Umlaut von kurzem *a* muß zu mindestens drei Allophonen geführt haben:

/a/ → [ɑ] vor nicht-umlautenden Vokalen
/a/ → [a] vor *i, j* plus bestimmten dazwischentretenden Konsonanten, z. B. *ht, hs* usw.
/a/ → [ɛ] vor *i, j,* (gelegentlich *iu*) ohne Hinderung

[ɛ] wäre das Ergebnis einer Anhebung und Vorverlagerung der Zunge, die die Hauptstadien [a – æ – ɛ] durchliefen. Irgendwo innerhalb dieses Vorgangs nun muß dieses Allophon von /a/ ein Allophon von /e/ geworden sein:

sagen wir: /e/ → [ε^1] vor *a, o, e* der Folgesilbe (vgl. S. 77 f.)
sagen wir: /e/ → [ε^2] vor *i, j* der Folgesilbe.

Fortgesetzte Assimilation hätte das Allophon vor den Palatalen [ε^2] höher angehoben als die Allophone vor den mittleren oder unteren Vokalen [ε^1]. Auf diese Weise passierte dieses frühere Allophon von /a/ alle anderen Allophone von /e/. Was die ahd. Schreiber schrieben, war deshalb nicht so sehr ein Umlaut, als vielmehr die Tatsache, daß ein Ergebnis des Umlauts mit dem Phonem /e/ verschmolz oder, ohne die Frage nach seinem Phonemstatus im Ahd. vorwegzunehmen, daß es ein Vokal des Typus *e* geworden war, für den das lateinische Alphabet einen Buchstaben lieferte. Im Mhd. zeigen sorgfältig gesetzte Reime, daß die beiden Allophone (ε^1 und ε^2) zu der Zeit getrennte Phoneme geworden waren. Heutige obdt. Mundarten bestätigen dies und zeigen darüber hinaus, daß der frühere Umlaut von germ. /a/ höher liegt als der Reflex des germ. /e/.

Vgl. Alem. *štelə* ‚stellen' <ahd. *stellen*< **staljan*
štœlə ‚stehlen'<ahd. *stelan* < **stelan.*

Daß diese Anhebung, ohne zu Verwechslungen zu führen, nur möglich war, solange der bedingende Faktor vorhanden war, ist einleuchtend. Der sogenannte *‚Sekundärumlaut'* wurde nicht in den Umkreis der *e*-Laute einbezogen, sondern blieb palatales Allophon von /a/, bis es phonemisiert wurde.

(b) Manchmal wird behauptet, Schreiber schrieben keine Allophone, weil sie sich ihrer überhaupt nicht bewußt seien, in Wirklichkeit schrieben sie Phoneme. Das spätere Hervortreten anderer Wirkungen des Umlauts würde daher vermuten lassen, daß sie recht spät phonemisiert wurden, vielleicht erst im 11. Jh. Zu der Zeit waren die unbetonten sogenannten vollen Vokale *(a, e, i, o, u)* – wenn sie es nicht bereits getan hatten – gerade im Begriff, zu einem Neutralvokal [ə] zusammenzufallen. Dies beseitigte schließlich alle Bedingungsfaktoren dieser Allophone. Aber der Vorgang hatte in vorgeschichtlicher Zeit begonnen. Die frühesten Belege liefern Wörter ohne vorhandene Bedingungsfaktoren: *ende* ‚Ende' Dat. Pl. *endum; hella* ‚Hölle' [e] – *helfa* ‚Hilfe' [ɛ]; *stunta* ‚Stunde' – *sunta* ‚Sünde'; *sunna* ‚Sonne' – *brunna* ‚Brünne'; *slāfes* ‚des Schlafs' – *kāses* ‚des Käses'; *swertes* [ɛ] ‚des Schwertes' – *hertes* [e] ‚hartes' Gen. Mask.; *guotes* ‚gutes' Gen. Mask. – *muodes* ‚müdes' Gen. Mask. Umgelautete und nichtumgelautete Vokale waren also wegen des Verlusts von germ. /j/ im Kontrast, mit andern Worten, sie waren seit diesem Verlust Phoneme. In der Mehrzahl der Fälle allerdings waren sie weiterhin bedingt, vgl. *tag* – *taga, gast* – *gesti; mūs* – *mūsi* vgl. *Maus* – *Mäuse; hōh* – *hōhi* vgl. *hoch* – *Höhe; skōno* – *skōni* vgl. *schon* – *schön.* Dieser Umstand ist ‚phonemische Unbestimmtheit' genannt worden (E. Haugen). Man könnte auch sagen, daß die gerundeten palatalen und nichtpalatalen Laute in einer relativ kleinen aber rasch zunehmenden Zahl der Fälle in Kontrast standen, jedoch in zahlreichen Kontexten neutralisiert waren. Nicht nur der Verlust von germ. /j/ führte zu früher Phonemisierung. Auch morphologischer Widerstand gegen den Umlaut – wie angenommen werden kann – führte dazu. Bei den Substantiven der mask. *n*-Stämme stand in obdt. Dialekten in der Endung des Gen. u. Dat. Sg. ein *i* und das sich ergebende Paradigma von *hano* ‚Hahn' wäre demnach: Nom. *hano*, Akk. *hanun*, Gen. *henin*, Dat. *henin.* Diese umgelauteten Formen sind jedoch sehr selten und erscheinen nur in den frühesten Dokumenten. Die Normalform *hanin* trug also zur Phonemisierung der umgelauteten Vokale bei. In anderen Fällen, z.B. *poto* – *potin* ‚Bote', *ouga* – *ougin* ‚Auge', können wir schlechterdings nicht sagen, ob Umlaut jemals vorhanden war oder nicht. Indessen ist klar, daß die palatalen Varianten seit Beginn des Ahd. phonemisiert wurden, daß Neutralisierung bis zum Verschwinden des /i/ – /e, a, o, u/-Kontrasts in unbetonten Silben eine große Rolle spielte und daß wir zwei Phasen der Phonemisierung unterscheiden müssen: eine vor Beginn der ahd. Literatur, eine zweite gegen Ende der ahd. Phase.

(c) Diejenigen, die an der älteren Sicht des Umlauts festhalten und ihn, mit Ausnahme des *Primärumlauts* von kurzem *a*, in der spätahd. Periode ansetzen wollen, so daß er mit der ersten orthographischen Andeutung des Umlauts von ō, ū, ā usw. zusammentrifft, verweisen gewöhnlich auf die vielen ausgezeichneten und die Phonetik beachtenden Schreiber wie den Übersetzer des Isidor oder Notker den Deutschen von St. Gallen. Wenn selbst ein Notker den Umlaut von *ā* nicht schrieb, dann konnte er schlechterdings nicht vorgekommen sein, so lautet ihr Argument, vgl. Notker *nāmen* und *nāmin*, vgl. aber (sie) *nahmen* – *nähmen.* Aber Umlaut braucht nur zu heißen, daß es ein vorderes und ein hinteres *ā* gab, sagen wir [a:] oder [æ:] und [ɑ:]. Für eine solche Unterscheidung hatte das lat. Alphabet nur den Buchstaben ⟨a⟩. Notkers Schreibweise zeigt jedoch ganz deutlich, daß das umgelautete *ā* ein Vokal des *a*-Typus und nicht des *e*-Typus war. Ferner müssen wir daran denken, daß das lat. Alphabet keine Buchstaben für [y, ø, øy] oder für die Unterscheidung zwischen [e] und [ɛ] sowie zwischen [a] und [ɑ] liefern konnte und daß die weitverbreitete Neutralisierung vor ⟨-i⟩ bei der Erhaltung einer Orthographie eine Rolle gespielt haben konnte, die die umgelauteten Vokale nicht bezeichnete. Zwar benutzten die Angelsachsen die Buchstaben ⟨y⟩ und ⟨œ⟩, und dies könnte für die ahd. Schreiber ein Wegweiser gewesen sein. Der größere Konservativismus der deutschen Phonologie bewahrte den Zustand ‚phonemischer Unbestimmtheit' länger. Deutsche Schriftlichkeit erreichte nie den Grad an Unabhängigkeit vom Lat., den die angelsächsische Zivilisation mit ihren Gesetzen, königlichen Erlässen und ihrem chronikalen Schrifttum auf Altenglisch (die Angelsächsische Chronik, die altenglische Übersetzung von Bedas *Ecclesiastical History of the English People*) sowie mit ihrem weltlichen Epos *Beowulf* erreicht hatte. Nur der Zufall verschaffte dem Spätahd. das Zeichen ⟨iu⟩ für [y:]. Nach der zweiten Phonemisierungsphase der umgelauteten Vokale wurde das Verlangen nach Kennzeichnung dieser Vokale größer, weshalb die Orthographie seit dieser Zeit stärker darauf reagierte. Erst im Neuhochdeutschen jedoch wurde die Schreibung der Umlautvokale regelmäßig. Zwischen

Lautentwicklung und orthographischer Anpassung gab es also immer eine Lücke.

Ehe wir das Phonemsystem des Ahd. aufstellen, muß das Problem eines möglichen /ø/-Phonems untersucht werden. Wenn es keine morphologische Störung der Lautentwicklung gegeben hätte, wäre *o* vor *i* nicht vorgekommen (s. 3.5.2), und es hätte keinen Umlaut von *o* gegeben. Einige ahd. Beispiele zeigen den zu erwartenden Wechsel: *loh – luhhir* ‚Loch' oder *gold – guldīn*. Der erstere Wechsel hatte jedoch keinen Bestand, weshalb analogisch *lohhir* die Regel wurde, darum *Loch – Löcher*; aber *Gold – gülden* hat überlebt. Je größer der morphologische Einfluß, so müssen wir annehmen, desto stärker die Neigung zu lautlichem Ausgleich. Daß also manchmal *o* vor *i* vorkam, solange sich der Umlaut noch in seiner phonetischen Phase befand, ist wahrscheinlich, obgleich die Mehrzahl der *ö*-Formen eher das Ergebnis von Analogie als von aktivem *i*-Umlaut sein könnte. Ob dieses *ö* bereits Phonemstatus im Ahd. hatte, bleibt zweifelhaft, weil es keinen starken morphologischen Druck auf die analogische Einführung eines *o* vor *j* gegeben haben konnte. Aber *forhten* neben *furhten* ‚fürchten' < **furhtjan* ist bezeugt, und Formen wie *oli* – Gen. *oles*, Dat. *ole* ‚Öl' könnten ein nicht bedingtes [ø] nahelegen, sofern wir nicht Wechsel von [ø] vor *i* und [o] vor *e* innerhalb des Paradigmas annehmen. Sobald der bedingende Faktor *i* im Spätahd. genauso wie *j* verschwunden war, wurde [ø] zweifellos als ein Phonem eingeführt.

Das althochdeutsche Vokalsystem des neunten Jahrhunderts:

(VII)	/i/				/ü/		/u/	/ī/	/ǖ/	/ū/
		/e/			/ö/	/o/		/ē/	/ȫ/	/ō/
			/ë/							
				/æ/	/a/			/ǣ/	/ā/	

/ie/	/iü/	/iu/	/üö/	/uo/
/io/			(üe)	
/ei/	/öü/			/ou/

Wenn wir nicht annehmen, daß Wörter mit der Endung *-i* im Nom. Sg. und umgelauteten Wurzelvokalen (z. B. *māri, scōni*) nicht umgelautete Wurzelvokale vor der Genetivendung *-es* hatten, liefern Beispiele im Gen. (Mask. und Neutr.) der Substantive und Adjektive vom Umlaut nicht bedingte Fälle von Umlautvokalen:

/i/	*bizzes*	‚Biß'	/ī/	*nīdes*	‚Haß'	/ie/	*zieres*	‚fein, zierlich'
/e/	*bettes*	‚Bett'	/ē/	*sēres*	‚Schmerz'	/io/	*liodes*	‚Lied'
/ë/	*gibetes*	‚Gebet'				/iu/	*liutes*	‚Volk'

/æ/	*gislahtes*	,Geschlecht‘	/ǣ/	*māres*	,berühmt‘	/iü/	*tiures*	,lieb, teuer‘
/a/	*bades*	,Bad‘	/ā/	*māles*	,Mal‘	/uo/	*guotes*	,gut‘
/o/	*gibotes*	,Gebot‘	/ō/	*rōtes*	,rot‘	/üö/	*muodes*	,müde‘
/ö/	*oles*	,Öl‘	/ȫ/	*ōdes*	,öd, leer‘	/ei/	*steines*	,Stein‘
/u/	*nuzzes*	,Nutzen‘	/ū/	*hūses*	,Haus‘	/ou/	*rouhes*	,Rauch‘
/ü/	*nuzzes*	,nützlich‘	/ǖ/	*kūskes*	,keusch‘	/öü/	*giroubes*	,Raubgut, Beute‘

4.4.2 Die unbetonten Vokale

Einer der augenfälligsten und charakteristischsten Unterschiede zwischen dem Deutschen des 9. Jh.s und den späteren Sprachstadien zeigt sich bei den unbetonten Vokalen. Man braucht nur die folgenden Wörter des heutigen Deutsch und ihr einheitliches Auslauts-*e* [ə]: *Hase, Hirse, Steine, Friede, Sünde, Tiefe* mit den entsprechenden ahd. Formen: *haso, hirsi, steina, fridu, sunte* (später *sunta*), *tiufī* zu vergleichen. Die heutige Endung *-en* im Dat. Pl. der Substantive, z. B. *Steinen, Betten, Tauben*, entspricht den ahd. Endungen *-um (steinum), -im (bettim), -ōm (tūbōm)*; beim Infinitiv der Verben entspricht *-en* den ahd. Endungen *-an* (*wegan* ,wägen‘), *-en* (*weggen* ,bewegen‘), *-ēn* (*wegēn* ,gewogen sein, helfen‘) oder *-ōn* (*wegōn* dasselbe). Das Ahd. hatte ein voll entwickeltes System unbetonter Vokale. Doch es war kein stabiles System. In Zeit und Raum war alles im Fluß. Während die meisten der betonten Wurzelvokale, wenn sie vom *i*-Umlaut unberührt blieben, im großen und ganzen während der gesamten Periode und auf dem gesamten Gebiet stabil gewesen zu sein scheinen, zeigen die Vokale, die nicht die Hauptbetonung trugen, zahlreiche Veränderungen von einem Text oder seiner Abschrift zum nächsten und von einem Gebiet zum andern. So weit wir sehen können, war das *ī* in *zīt* einheitlich von der Küste zu den Alpen, während heute der Reflex dieses *ī* von Dialekt zu Dialekt außerordentlich variabel ist. Bewegt man sich nur von der Mosel zum Rhein und zur Donau, kann man in den mundartlichen Wörtern für *Zeit* [æi, i, i:, ai, əi, ɔi, ɛi] hören. Der Vokal in *Kind*, im Ahd. anscheinend einheitlich, erscheint in heutigen Mundarten über das gleiche Gebiet hin als [a – e – u – o – i]. In ahd. Zeit gab es Dialektvariation in äußerst bezeichnender Weise bei den unbetonten Vokalen. Die Wirkung der germ. Akzentfestlegung, der wahrscheinlichste Grund für die verschiedenen Umlautungen, führte nun zur Erosion des Systems der unbetonten Vokale. Groß angelegte mundartliche Differenzierungen der Wurzelvokale scheinen erst in der nächsten Entwicklungsphase der deutschen Sprache vorgekommen zu sein.

Bei den Vokalen, die nicht unter der Hauptbetonung lagen, muß man vier Stellen ihres Vorkommens unterscheiden: (i) in Verbalpräfixen; (ii) in

Ableitungssuffixen; (iii) in Mittelsilben; (iv) in auslautenden Silben, meist Flexionssilben, wo sie entweder im absoluten Auslaut (*sihu* ‚ich sehe‘) oder in vorkonsonantischer Stellung (*sihit* ‚er sieht‘) stehen können.

(i) Bei den Verbalpräfixen, die im Nhd. *be-, emp-/ent-, ge-, ver-* und *-zer* entsprechen, hat die ostfrk. Tatianübersetzung *bi-. int-, gi-*, aber unterscheidet sich je nach Schreiber im Falle von *ar-/er-* und *for-/fur-* und gibt auf diese Weise den unterschiedlichen Dialekthintergrund der verschiedenen Schreiber wieder. In frühen Texten alem. Herkunft finden sich *ka-* und *ke-*, später genereller *gi-*. In bayr. Texten hält sich *ka-* (oder *ca-*) am längsten. Dies ist also im 9. Jh. ein mundartliches Unterscheidungskriterium. Da das Material zu spärlich und möglicherweise willkürlich ist, ist der Versuch, ein System der unbetonten Vokale in vortoniger Stellung aufzustellen, müßig. Es ist aber festzuhalten, daß in der ersten Hälfte des 9. Jh.s die meisten Mundarten in dieser Stellung mindestens zwei Vokale hatten, einen Palatal und einen Velar, und daß es gegen Ende des Jh.s im allgemeinen nur einen gab, beispielsweise bei Otfrid, der ⟨i⟩ schrieb und vor *r* die Variante ⟨y⟩ benutzte. In keiner anderen Stellung waren die Vokalunterschiede so völlig ausgelöscht. P. Valentin (*Phonology*, S. 53) hat ohne Zweifel recht, wenn er feststellt, daß diese Vokale wegen der ausreichenden konsonantischen Unterscheidung der Präfixe von ihrer Funktion her unwichtig wurden und als Folge der Neutralisation ausgesetzt waren.

(ii) Waren die Vokale in vortoniger Stellung die Vorhut der Entwicklung, so bildeten diejenigen in Ableitungssuffixen die Nachhut und blieben zum großen Teil unberührt, z. B. *-īn, -inna* (*lewīn* ‚Löwin‘), *-isc* (*kindisc* ‚jung‘), *-ing* (*ediling* ‚Adliger, Edelmann‘), *-unga* (*warnunga* ‚Warnung, Vorbereitung‘), *-nissi* (*fir-standnissi* ‚Verstehen, Verständnis‘), *-heit* (*gotheit* ‚Gottheit‘) usw. Je produktiver solch ein Suffix blieb, desto weniger wurde es von phonetischer Erosion berührt. Als Ableitungssuffix zog es zweifellos einen Nebenton an sich. Ableitungssuffixe, die vom Nebenton weniger geschützt waren, wurden wie Mittelsilben behandelt, z. B. *-il* (sluzzil ‚Schlüssel‘), *-ag, -ig, -īg* (*bluotag* ‚blutig‘, *sitig* ‚bescheiden‘) usw. Auch hier entwickelten sich mundartliche Unterschiede. Im Obdt. bewahrten *-līn* und *-līh* wahrscheinlich ihre langen Vokale, deshalb nhd. *-lein, -līh* wurde später gekürzt (>nhd. *-lich*). Im Frk. wurden sie früher gekürzt, deshalb nhd. *-chen* (<*-chin*<**-kīn*).

(iii) In Mittelsilben hatte das Ahd. nicht nur drei bis fünf Kurzvokale, sondern auch Langvokale. Die Umstände sind sehr kompliziert, umso mehr als es auch sogenannte Stütz- oder *Svarabhakti*vokale zwischen *r* oder *l* und *h* gab, z. B. *forhta* und *forahta* ‚Furcht‘, *durh* und *duruh* ‚durch, wegen', und im Obdt. auch zwischen *r* und bestimmten anderen Konsonanten, z.B. *berg* und *pereg* ‚Berg'. Im Frk., besonders in der Sprache Otfrids, haben wir häufig Assimilation, wobei Mittelsilbenvokale dem folgenden Endungsvokal angeglichen werden, z.B. *mihhil*>*mihhala* ‚groß'. Vor *l* oder *r* konnte der Mittelsilbenvokal ausfallen, wenn die vorhergehende Silbe lang war, z.B. *andere* und *andre* ‚andere'. Wie stark auch die Umstände von einem Dokument zum andern variieren mögen, so ist doch klar, daß das Ahd. selbst im 9. Jh. bereits nur eine verminderte Zahl von Vokalphonemen in Mittelsilbenstellung duldete.

(iv) In Auslautstellung waren Vokale in der Mehrzahl der Fälle Flexionsvokale. Morphologie und Phonologie zusammen spielten daher für die weitere Entwicklung eine Rolle. Wenn beispielsweise ein frühes Endungs-*e* in *sunte* ‚Sünde' durch *-a (sunta)* ersetzt wurde, steht eine phonologische Entwicklung außer Frage. In Analogie zu dem viel häufigeren Endungs-*a* der femininen *ō*-Klasse bekamen die Substantive der *jō*-Klasse *-a* statt *-e*. Da das erste Schwanken im Verbalsystem sich bei der 3. Pers. Pl. Ind. Präs. findet, wo die starken Verben ursprünglich *-ant* und die schwachen Verben der ersten Klasse *-ent* hatten, dürfen wir annehmen, daß der Grund dafür ein phonologischer war. Die schwere konsonantische Endung war ein ausreichend klarer Bedeutungsträger. Daß die Verben der zweiten schwachen Klasse trotzdem ihre deutliche Endung *-ont* bewahrten, hatte ebenfalls einen phonologischen Grund. Wie sich bei Notker zeigt, war das ō lang und leistete deshalb dem Ausgleich länger Widerstand als die kurzen *a* und *e*. Die einzigen Belege, die Vokallänge in unbetonten Stellungen zeigen, sind die alem. Benediktinerregel und die Werke Notkers von St. Gallen. Deshalb wissen wir, daß das Alem. einen Kontrast lang – kurz in unbetonter Stellung aufwies. Daß das Frk. Langvokale in Auslautstellung außer dem wahrscheinlichen *-i*, z.B. bei den femininen *ī*-Stämmen (vgl. *hōhī* ‚Höhe', *tiufī* ‚Tiefe') hatte, ist jedoch sehr ungewiß. Bei dem *ī* handelt es sich natürlich bezeichnender Weise um ein Ableitungssuffix, das aller Wahrscheinlichkeit nach einen Nebenton trug. Für das Frk. des frühen 9. Jh.s können wir demnach das folgende System der unbetonten Vokale aufstellen:

/i/				/u/
	/e/		/o/	
		/a/		

Es gibt keinen Grund anzunehmen, daß sich *e* < **ja* (*sunte* < *suntja) generell vom früheren *e* unterschied. Der Kontrast zwischen /u/ und /o/ war spärlich. Als nächster Kontrast, der abgeschwächt wurde, kam der zwischen /i/ und /e/ an die Reihe. Notker im elften Jahrhundert hatte nur drei kurze Phoneme /e/ – /a/ – /o/. Schwankungen bei der Schreibung nach vielen Richtungen zeigen jedoch, daß der Reduktionsprozeß mehreren verschiedenen Wegen folgte. Die Schreiber, so müssen wir annehmen, waren auf diese Weise das Echo ihrer jeweiligen Dialekte.

4.4.3 Das Konsonantensystem

Das in 3.5.4 aufgestellte System der urgerm. Verschluß- und Reibelaute sah so aus:

(IV)	/f/	/þ/	/s/	/x/
	/p/	/t/		/k/
	/b-ƀ/	/d-ð/	/z/	/g-ǥ/

Die weiteren Veränderungen in den westgerm. Sprachen (s. S. 87f.) führten zum folgenden System des Spätgerm.:

(V)	/f/	/þ/	/s/	/h-x/
	/p/	/t/		/k/
	/b-ƀ/	/ð/		/g-ǥ/

Mit Ausnahme der velaren Reibelaute sind diese Laute noch immer im heutigen Englisch zu beobachten:

*f*ind	*th*ing	*s*ing	*h*orn-nig*h*t (⟨gh⟩ < x)
*p*ound	*t*in		*k*ing
*b*ind-sie*v*e	*d*eer		lon*g*(er)-*y*ield

In den Mundarten, die später das südliche Gebiet des Hochdeutschen ausmachen sollten, wurden die übrigen stimmhaften Reibelaute zu Verschlußlauten, so daß das spätgerm. System, auf dem die folgenden Entwicklungen beruhten, so aussah:

(Va)	/f/	/þ/	/s/	/h-x/
	/p/	/t/		/k/
	/b/	/d/		/g/

Eine wichtige Eigenart des Konsonantensystems war die Gemination oder Konsonantenverdoppelung besonders in inlautender Stellung nach kurzen Vokalen, aber gelegentlich auch nach Langvokalen und Diphthongen und in Auslautstellung nach dem Verlust bestimmter auslautender Vokale. Einige Geminaten hatten sich durch Assimilation, einige durch

Affektgemination ergeben, noch mehr entstanden durch die westgerm. Konsonantenverdoppelung (s. 3.3.4). Neben jedem Einzelkonsonanten gab es einen Doppelkonsonanten. Wenngleich die Geminaten wahrscheinlich ursprünglich Verbindungen von zwei identischen Phonemen waren, muß die Häufigkeit ihres Vorkommens strukturelle Folgen gehabt haben. Die Stimmhaftigkeitsopposition wurde allmählich durch eine Quantitäts- oder Längenopposition ersetzt. Die nächste, noch vorahd. Phase kann deshalb wie folgt angenommen werden:

(VI)	/f/	/þ/	/s/	/h/	/ff/	/þþ/	/ss/	/hh/
	/p/	/t/		k/	/pp/	/tt/		/kk/
	/b̥/	/d̥/		/g̊/	/b̥b̥/	/d̥d̥/		/g̊g̊/
	/m/	/n/			/mm/	/nn/		
		/l/				/ll/		
		/r/				/rr/		
	/w/			/j/	/ww/			/jj/ (Halbvokale)

Die Liquiden, Nasale und Halbvokale, die von der weiteren Verschiebung unberührt blieben, können aus dem Ahd. belegt werden:

imo	‚ihm'	*spanan*	‚verlocken'	*stelan*	‚stehlen'	*meri*	‚Meer'
stimma	‚Stimme'	*spannan*	‚spannen'	*stellen*	‚stellen'	*merren*	‚hindern'
wurm	‚Wurm'	*kiuwan*	‚kauen'	*jār*	‚Jahr'	(geminierte Halbvokale sind nicht mehr bezeugt).	

Einige Veränderungen waren im Aufkommen: *-m* als Flexionsbestandteil war seit Anfang des 9. Jh.s im Begriff, zu *-n* zu werden, z. B. *steinum* > *steinun* (s. 4.5.1); *w-* vor *r* und *l* ging vor den frühesten Aufzeichnungen verloren, z. B. got. *wrakja*, ahd. *reccho* ‚Verbannter', vgl. engl. *wretch*. Anlautendes *h-* vor *l, n, r, w* verschwand ebenfalls im 9. Jh., beispielsweise frühstahd. *hlauffan* ‚laufen', *hnīgan* ‚neigen', *hros* ‚Roß', *hweizi* ‚Weizen' > später *laufan, nīgan, ros, weizi*.

Die Reibelaute können ebenfalls belegt werden, wenn auch Beispiele für den interdentalen Reibelaut nur in frk. Mundarten vorkommen:

nevo	‚Neffe'	*nidhar*	‚nieder'	*risi*	‚Riese'	*slahan*	‚schlagen'
heffen	‚heben'	*fethdhah*	‚Flügel'	*missen*	‚missen'	*lahhēn*	‚lachen'

Die geminierten Reibelaute waren mit Ausnahme von *ss* äußerst selten, weshalb das funktionale Gewicht dieser Opposition bestenfalls minimal war. Die interdentale Reibelautgeminata ist überhaupt kaum belegt und kann außer Acht gelassen werden. Ihr späterer Reflex war *-tt-*.

Die germ. Reihe der stimmlosen Verschlußlaute war es, die zu Beginn der ahd. Überlieferung eine von Grund auf veränderte Erscheinung bot. Sie waren Affrikaten und Reibelaute (Spiranten) geworden, wie ein kurzer Vergleich zwischen Englisch und Deutsch noch immer zeigt:

*p*ound : *Pf*und *t*in : *Z*inn *k*ing : *K*önig (aber ahd. *kh*- d. i. [kx] im Obdt.)
shi*p* : Schi*ff* ea*t* : e*ss*en ma*k*e : ma*ch*en

Am einfachsten ist diese Lautverschiebung zu verstehen, wenn wir annehmen, daß zuerst eine allophonische Spaltung stattfand (als Beispiel dient der dentale Verschlußlaut):

*/t/ → [t¹] in den Verbindungen *st, ft, ht, tr* (bei /p/ – *sp*, bei /k/ – *sk*).
*/t/ → [t²] anlautend, nach Liquiden und Nasalen, nach *t*, d. h. in Gemination.
*/t/ → [t³] inlautend und auslautend nach Vokalen.

Wodurch die Verschiebung veranlaßt wurde, wissen wir nicht genau. Ihre Wirkung war in der Lautumgebung 3 am gründlichsten: ein Reibelaut; nicht so intensiv in der Lautumgebung 2: eine Affrikate; und folgenlos in der Lautumgebung 1. Beispiele, wo möglich aus den heutigen Sprachen, mögen dies veranschaulichen:

	Lautumgebung 1	Lautumgebung 2	Lautumgebung 3
germ. /t/	S*t*uhl – s*t*ool Gif*t* – gif*t* Toch*t*er – daugh*t*er *T*rog – *t*rough	*z*ehn – *t*en Her*z* – hear*t* Sal*z* – sal*t* grun*z*en – to grun*t* se*tz*en – to se*t* (ae. se*tt*an)	ha*ss*en – to ha*t*e hei*ß* – ho*t*
germ. /p/	s*p*innen – to s*p*in	*Pf*anne – *p*an har*f*e – har*p* ahd. har*pf*a hel*f*en – to hel*p* ahd. hel*pf*an stum*pf* – stum*p* A*pf*el – a*pp*le	ho*ff*en – to ho*p*e tie*f* – dee*p*

	Lautumgebung 1	Lautumgebung 2	Lautumgebung 3
	schaben – to shave	kühn – keen*	bre*ch*en – to brea*k*
	ahd. s*c*abēn – ae. s*c*afan	ahd. *ch*uoni – ae. *c*ēne	
		stark – stark	Bu*ch* – boo*k*
	Asche – ash	ahd. star*ch* – ae. stear*c*	
germ. /k/	ahd. as*c*a – ae. æs*c*e	Werk – work	
		ahd. wer*ch* – ae. weor*c*	
		danken – to thank	
		ahd. dan*ch*ōn – ae. þan*c*ian	

* In der Lautumgebung 2 gibt es die Verschiebung von germ /k/ im heutigen Standarddeutsch nicht. Für das Ahd. wird sie durch bayr. und alem. Belege gezeigt.

Der Öffnungseffekt umgebender Vokale könnte ohne Zweifel solch ein Lautmuster hervorbringen, aber ebenso auch zunehmend starke Aspiration (Behauchung). Obwohl Aspiration teilweise die Verschiebung in Lautumgebung 2 (Anlautstellung) erklärt, stellt sie weniger in Lautumgebung 3 zufrieden. Der Öffnungseffekt der Vokale ist in Lautumgebung 3 am plausibelsten. Ob das weiter fortgeschrittene Stadium, nämlich die Reibelaute, durch das Stadium der Affrikaten hindurchgegangen war, ist ungewiß, wenn es auch häufig angenommen worden ist. Die Wirkung der Verschiebung wird nicht nur gemäß der phonetischen Lautumgebung gestuft. Sie wirkte sich auch geographisch stufenartig aus, indem sie die südlichsten Mundarten am stärksten, die Zentralmundarten weniger stark und die nördlichsten Mundarten (As., Altfrk.) gar nicht beeinflußte. Die Verschiebung berührt alle obdt. und mdt. Mundarten in der Lautumgebung 3; in Lautumgebung 2 nur die südlichsten bei allen drei Verschlußlauten, dann abnehmend in absteigender Ordnung bei velaren und dann labialen Verschlußlauten, während der dentale Verschlußlaut in Lautumgebung 2 bis zur hdt./ndt. Sprachgrenze verschoben wird. Im folgenden wird die Abstufung graphisch dargestellt, wobei vereinfachte heutige Mundartenformen herangezogen werden:

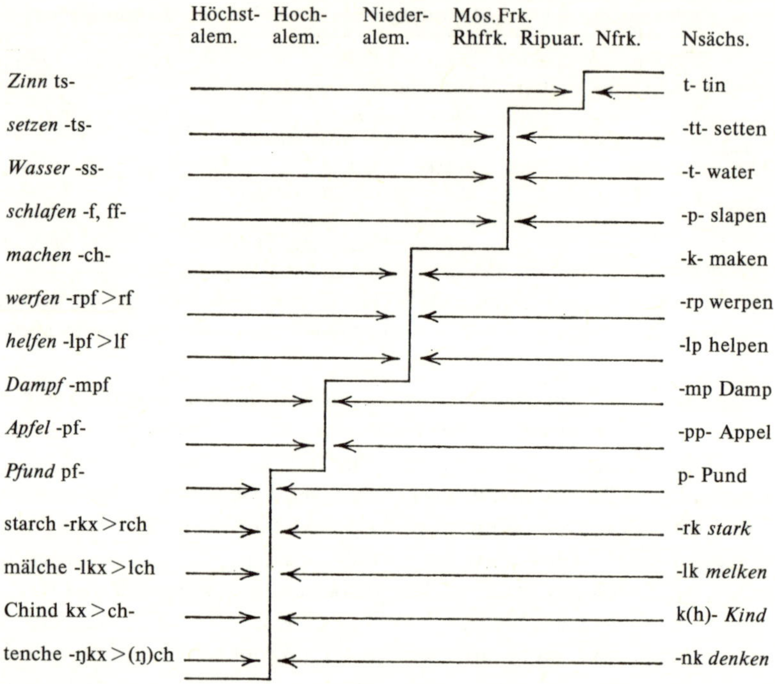

Anmerkungen:

(1) Kursiv gedruckte Beispiele sind heutiges Standarddeutsch, die andern mundartlich.
(2) Die rheinfrk., moselfrk. und ripuarischen ‚Reliktformen' *dat, wat, it, allet* ‚das, was, es, alles' werden als durch Lenisierung entstanden angesehen (germ. *t*>*d* in unbetonter Stellung, daher in der Folge von der zweiten Lautverschiebung unberührt geblieben, so Fourquet (s. S. 130), Bruch, Schützeichel (s. S. 130), Höfler (s. S. 130)).
(3) Im Ripuarischen und Moselfrk. enthält Lautumgebung 1 auch westgerm. *-t-* vor *d* im Part. Prät. der schw. Verben, z. B. *schwätzen – geschwat*, was auf frühen Verlust des inlautenden *-i-* (westgerm. **-id*) deuten könnte. Jedoch hat viel örtlicher Ausgleich stattgefunden.

Dem Anschein nach ist klar, daß dies strukturell wie phonetisch eine außerordentlich kohärente und konsistente Verschiebung war, obgleich bei ihrer schließlichen Verwirklichung regionale Variationen auftraten.

Die Allophonentwicklung der germ. stimmlosen Verschlußlaute hatte wichtige strukturelle Folgen:

(i) Die labialen und velaren Allophone in der Lautumgebung 3 absorbierten die sehr wenigen Beispiele der Geminaten **ff* und **hh* und hielten auf diese Weise die Opposition: einfach gegenüber geminiert aufrecht. Beispiele im Ahd. sind:

/f/	*nevo* ‚Neffe'	/h/	*slahan* ‚schlagen'
/ff/	{ *heffen* ‚heben' < **ff* { *offan* ‚offen' < **p*	/hh/	{ *lahhēn* ‚lachen' < **hh* { *mahhōn* ‚machen' < **h*

Im Falle des germ. *t* wurde das Allophon der Umgebung 3 mit der weiterhin unverändert bestehenden Opposition /s/ : /ss/ konfrontiert und seine Opposition aufrechterhalten. Die ahd. Schreiber bezeichneten den neuen Laut häufig mit ⟨zz⟩, der wahrscheinlich ein dentaler Reibelaut in Opposition zu dem mehr palatal oder *sch*-artig artikulierten /s : ss/war:

/s/ *risi* ‚Riese' /ss/ *missen* ‚missen' /zz/ *wizzan* ‚wissen' (vgl. to *wit*)

Wo die Opposition: einfach gegenüber geminiert schwach war oder nicht bestand, d. h. nach Langvokalen oder Diphthongen und in Auslautstellung, wurden die neuen Geminate gekürzt:

slāfan ‚schlafen'	*wīzan* ‚strafen'	*rīh(h)i* ‚Reich'
scif ‚Schiff'	*wīz* ‚weiß'	*loh* ‚Loch'

Die Geminaten erlangten auf diese Weise ein regelgemäßes Komplement zweier Allophone: ein ‚langes' nach kurzen Vokalen, ein ‚kurzes' nach Langvokalen, Diphthongen und in Auslautstellung. Da sie mit den einfachen Konsonanten nicht nur aufgrund der Quantität, sondern auch aufgrund der Intensität (Fortis gegenüber Lenis) kontrastierten, wurde das unterscheidende Merkmal eher die Intensität als die Quantität.

Das System der Reibe- und Verschlußlaute nach dem ersten Schritt der Verschiebung wäre also:
(Stadium VII)

/f/	/þ/	/h/		/ss/	
/pf-ff/	/ts-zz/	/kh-hh/	/ppf/	/tts/	/kkh/
/b̥/	/d̥/	/g̊/	/b̥b̥/	/d̥d̥/	/g̊g̊/

(ii) Die neuen Affrikaten und Reibelaute blieben Allophone eines Phonems /pf-ff/, /ts-zz/, /kh-hh/, solange die Lautumgebungen, in denen sie entstanden waren, unverändert blieben. Es gab jedoch eine Lautumgebung, in der sie sich früh verändert haben müssen. Es war dies die Stellung nach einem identischen Phonem, z. B. die Geminate: **pp > ppf,* _*tt>tts, *kh>kkh._ Die inlautend und auslautend anzutreffenden geminierten Affrikaten standen nicht im Kontrast zu irgend einer einfachen Affrikate und wurden daher reduziert: _>pf, ts, kh._ Sie bildeten nun einen Kontrast zu den neuen Reibelauten:

scaffōn ‚schaffen'	*wizzan (zz)* ‚wissen'	*rehhan* ‚rächen'
scepfen ‚schöpfen'	*wizzi (ts)* ‚Witz'	*strecchen* ‚strecken'
slaf ‚schlaff'	*scuz (z)* ‚Schuß'	*loh* ‚Loch'
slipf ‚(das) Ausgleiten'	*scaz (ts)* ‚Schatz'	*bock* ‚Bock'

Mit anderen Worten, die neuen Allophone aus germ. /p t k/ wurden jetzt phonemisiert.

Die restlichen Verschlußlaute kontrastierten noch immer auf der Grundlage einfach gegenüber geminiert, nahmen aber den gesamten phonologischen Raum jeder entsprechenden Artikulationsstelle ein. Deshalb die weit verbreitete Schreibungsfluktuation zwischen ⟨b-p⟩, ⟨bb-pp⟩, ⟨g-k⟩, ⟨gg-kk(ck)⟩, besonders in obdt. Texten. Im Falle der irgendwie überbelasteten Dentalgruppe setzte im Obdt. früh Reduktion ein: *d̥>t* (das mit dem restlichen Allophon [t] aus germ. */t/ zusammenfällt), *þ>d.* Gegenwartsdeutsch und -englisch zeigen noch immer die Reflexe dieser zusätzlichen Verschiebung:

Germ. *t* (Lautumgebung 1): *st*erben – *st*arve; tüch*t*ig – dough*t*y;
Germ. *d*: *T*eil – *d*eal; Fal*t*e - fol*d*; lei*t*en – to lea*d*;
Germ. *þ*: *D*orn – *th*orn; Er*d*e – ear*th*; Le*d*er – lea*th*er.

Es ist schwer zu entscheiden, ob das zu *t* gewordene _*d̥_ die Entwicklung von _*þ_ zu *d* verursachte oder ob die Verschiebung von _*þ_ zu *d* _*d̥_ veranlaßte, *t* zu werden. Daß beide Bewegungen miteinander verknüpft waren, ist offensichtlich. Die rhfrk. Texte, die *þ* länger bewahren als die obdt., bewahren auch *d.* Die Lenisverschlüsse und die geminierten Fortisverschlüsse waren nur inlautend und auslautend im Kontrast. Ein ähnlicher Kontrast Lenis/Fortis wurde so in Anlautstellung im Falle des Dentals durch die Entwicklung von germ. *þ, d*>obdt. *d, t* und durch die Entlehnung lat. Wörter mit anlautenden *p-* und *k-* eingeführt. Dies wiederum führte dazu, daß die einheimischen *b̥, g̊* in zunehmendem Maße ⟨b⟩ und ⟨g⟩ geschrieben wurden.

Den Lenis/Fortis-Kontrast gab es nur in stimmhafter Umgebung. In Reibelaut- oder Verschlußlautverbindungen wurde er neutralisiert, z.B. *luft, lust, zuht.*

Das ahd. Konsonantensystem auf obdt. Gebiet in der Mitte des 9. Jh.s kann demnach wie folgt aufgestellt werden:

(VIII)

/f/		/s/		/h/	Lenis
/ff/	/ss/		/zz/	/hh/	Fortis
/pf/		/ts/		/kh/	Affrikaten (können als Konsonantenverbindung angesehen werden)
/b̥/		/d̥/		/g̊/	Lenis
/p/	/t/	/tt/		(/k/)	Fortis
/m/		/n/			
/mm/		/nn/			
		/l/			
		/ll/			
		/r/			
		/rr/			
/w/				/j/	

Beispiele für Reibe- und Verschlußlaute in Inlautstellung:

/f/	*nevo*	/s/	*risi*			/h/	*slahan*
/ff/	*scaffōn/ slāfan*	/ss/	*giwissi*	/zz/	*wizzan/ wīzan*	/hh/	*mahhōn/ rīh(h)i*
/pf/	*scepfen*	/ts/	*wizzi*			/kh/	*strecchen*
/b̥/	*sibun* ‚sieben‘	/d̥/	*bruoder* ‚Bruder‘			/g̊/	*nagal* ‚Nagel‘
/p-pp/	*sippa* ‚Sippe‘ (‚Verwandtschaft‘)	/t/	*snita* ‚Schnitte‘	/tt/	*snottar* ‚klug‘	(/k-kk/	*rucki* ‚Rücken‘)

In Anlautstellung:

/f/	*fallan* ‚fallen‘	/s/	*sagēn* ‚sagen‘	/h/	*halb* ‚halb‘
	–	–	–		–
/pf/	*pfaffo* ‚Pfaffe, Priester‘	/ts/	*zagel* ‚Schwanz‘	/kh/	*chalt, kalt* ‚kalt‘
/b̥/	*bad* ‚Bad‘	/d̥/	*danne* ‚dann‘	/g̊/	*gān* ‚gehen‘
/p/	*palma* ‚Palme‘	/t/	*tag* ‚Tag‘	(/k/)	*kelich* ‚Kelch‘

Dieses System war an drei Stellen nicht im Gleichgewicht.

(a) Die alte dentale Reibelautgeminate /ss/ hatte, anders als die neuen geminierten Reibelaute, kein Fortisallophon. Die anderen, die zu den lenisierten Reibelauten im Kontrast standen, hatten geminierte Allophone nach Kurzvokalen [ff, zz, hh] und Fortisallophone [f, z, h] nach Langvokalen, Diphthongen und im Auslaut.

(b) Allein der dentale Verschlußlaut hielt einen dreifachen Kontrast aufrecht. Einfache und geminierte Fortis, die sonst allophonisch verteilt waren (s. (a)), standen hier im Kontrast zueinander, d.h. sie waren verschiedene Phoneme.

(c) Die velare Affrikate blieb in den südlichsten Mundarten erhalten. Im heutigen Hochalem. stehen [kx-g̊-kk] – [štrekxə, nag̊əl, rukkə] parallel zu [pf-b̥-pp] und [ts-d̥-tt]. Es ist aber zweifelhaft, ob fremdsprachiges *k*-anlautend in Parallele zu *p*- und bestehendem *t*- eingeführt wurde. Sehr wahrscheinlich wurde sprachfremdes *k*- zu /kh-/, vgl. im heutigen Alem. *chalt* und *Chelch.* In nördlicheren Mundarten findet man einen aspirierten (behauchten) velaren Verschlußlaut, der mit der Fortis aus früherem geminierten *g̊g̊* und mit sprachfremdem *k*- verschmolz. In den meisten ahd. Mundarten gibt es also eine velare Verschlußlautgeminate (entweder als Affrikata oder aspiriert), und *strecken* sowie *Rücken* im heutigen Deutsch sind Beispiele für den Zusammenfall von germ. **kk* und **gg*, das Hochalem. aber unterscheidet noch immer [štrekxə] < **kk* und [rukkə] < **gg*.

Die zweite oder hochdeutsche Lautverschiebung trennt stärker als irgend ein anderes Phänomen das Hochdeutsche von den andern germ. Sprachen. Sie trat in den vorliterarischen Jahrhunderten zwischen dem Fall des römischen Reiches und dem Auftauchen geschriebener Volkssprachen ein. Die frühen Lehnwörter aus dem Lat., entlehnt während der Jahrhunderte des römischen Reiches, mit dem Einschluß einiger christlicher, wahrscheinlich im 4. Jh. entlehnter Ausdrücke (ahd. *pfaffo *papo* < gr. *papas; kirihha* < vulgärlat. **kyrikon*) zeigen die Wirkung der Lautverschiebung; d. h., sie waren in der Sprache vorhanden, als die Lautverschiebung eintrat. Der Name Attilas, gestorben im Jahre 453, war *Etzel* im späteren Deutsch. Auch er muß vor der Verschiebung entlehnt worden sein und wurde daher von ihr berührt. Wir brauchen jedoch nicht anzunehmen, daß die Verschiebung überall zur selben Zeit stattfand. In der Tat zeigen die obdt. und frk. Dialekte des Ahd. hinsichtlich der nachfolgenden Verschiebung von germ. *d* und *þ* deutlich, daß die südlichen Mundarten chronologisch vorangegangen sind. Die am frühesten bezeugten Verschiebungsformen stammen aus der Mitte des sechsten Jahrhunderts. Demnach ist die Annahme gerechtfertigt, daß die Verschiebung im größten Teil des hochdeutschen Gebiets zwischen 500 und 700 stattfand, im nördlichen Teil möglicherweise etwas später als im südlichen. Jeder genauere Datierungsversuch muß darauf hinauslaufen, mehr aus dem spärlichen Belegmaterial herauszupressen, als es herzugeben vermag.

Die Datierung von Lautveränderungen muß im Gegensatz zur Datierung von orthographischen Veränderungen das System als ganzes in Betracht ziehen. Wenn die Ansicht aufrechterhalten wird, daß die Verschiebung von germ. *t* > *z, zz* im Alem. im 5. bis 6. Jh. stattfand, die von *p* > *pf, f, ff* und die von *k* > *kh, h, hh* ein oder zwei Jh.e später und die Verschiebung von germ. *d* > *t* im 8. Jh., müßten wir ein höchst unwahrscheinliches System für die dazwischenliegenden Jahrhunderte aufstellen.

Da die Lautverschiebung aller Wahrscheinlichkeit nach im Süden voranging, und da sie auch im Süden extremer vollzogen wurde und ein Abnehmen nach Norden hin zeigt und das As. und Nfrk. gar nicht berührte, ist häufig die Frage nach ihrer ‚Ausbreitung' gestellt worden. Es war vor allem in der Zeit zwischen den zwanziger und fünfziger Jahren dieses Jahrhunderts, daß die Dialektgeographie, auf der Höhe ihrer Leistungen stehend, die Vorstellung von einem grandiosen sprachlichen Stoß aus dem Süden (entweder aus Bayern, der Lombardei oder später aus Alemannien) vortrug, der die zweite Lautverschiebung quer durch Franken schließlich bis zur heutigen Dialektgrenze zwischen Hdt. und Ndt. (die Benrather Linie) getragen haben soll. Bedeutet ‚Ausbreitung' lediglich eine zeitliche Verzögerung beim Abschluß des Verschiebungsprozesses, der als solcher aber spontan und polygenetisch stattfand, gibt es nichts gegen eine solche Behauptung zu sagen. Bedeutet es aber Nachahmung eines von außen kommenden Lautmusters, Entlehnung einer fremden phonologischen Struktur, müßten wir die historischen Umstände sowohl wie die phonologisch-strukturellen Fakten untersuchen. Wir haben bereits gesehen, daß die Lautverschiebung, wo immer sie stattfand, ob im Mfrk. und Rhfrk. oder im Alem. und Bayr., eine strukturell kohärente Erscheinung ist. Das gestufte Strukturbild ist mit größerer Wahrscheinlichkeit das Ergebnis eines zusammenhängenden, wenn auch mit örtlichen Abweichungen, an Ort und Stelle entstandenen Lautwandels als das Produkt großräumiger Lautentlehnung. Darüber hinaus ist jetzt gezeigt worden, daß die Lautverschiebung in Teilen des Mfrk. gegen Anfang des 8. Jh.s eingetreten war. Die historischen Umstände, d.h. die fränkische Vorherrschaft – wie spärlich sie auch während der merowingischen Periode gewesen sein mag –, lassen eine solche sprachliche Ausbreitung von beispielloser Geschwindigkeit, die im unterworfenen Süden ihren Ursprung gehabt haben soll, als höchst unwahrscheinlich erscheinen. Deshalb ist es viel wahrscheinlicher, daß die von Karl dem Großen und seinen alem. und bayr. Zeitgenossen gesprochene Sprache in den vorausgehenden, vor der schriftlichen Überlieferung liegenden Jahrhunderten überall spontan einen fundamentalen, aber regional, strukturell und chronologisch variierenden Lautwandel im Konsonantenbereich erfahren hatte. Es besteht die Möglichkeit, einen frk. und einen bayr.-alem. Lautwandeltypus zu unterscheiden. Wir können auch einen langobardischen Typus erkennen, wenngleich wir das Langobardische nicht in dem Grade kennen, wie es wünschenswert wäre. Polygenese, d.h. etwa gleichzeitige und voneinander unabhängige Entstehung, ist sprachlich und historisch viel wahrscheinlicher als die von den Dialektgeographen aufgestellte Theorie großräumiger Entlehnung.

Der mögliche Grund für die zweite Lautverschiebung hat, wie bei der ersten Lautverschiebung, zu zahlreichen Spekulationen geführt. Am wahrscheinlichsten ist, daß der Konsonantenwandel das Ergebnis einer internen Verschiebung der distinktiven Merkmale war, d.h. einer Verschiebung von der Stimmhaftigkeitskorrelation zu einer Intensitätskorrelation, die mit dem allmählich zunehmenden Vorkommen von Gemination einherging. Es kann nicht ausgeschlossen werden, daß Berührung mit anderen Sprachen, d.h. die Wirkung eines Substrats, auch eine Rolle spielte. Schließlich kann es kein Zufall sein, daß die früheren nichtgerm. Gebiete entlang dem Mittel- und Oberrhein sowie der Donau (der Po nicht zu vergessen) die Gegenden waren, wo die zweite Lautverschiebung stattfand. Der Hauptgrund jedoch ist höchstwahrscheinlich in den Strukturbedingungen des Konsonantismus' selbst zu suchen.

4.5 Morphologie: Flexion

4.5.1 Deklination der Substantive

Die Deklination der Substantive wurde im Ahd. von Stammklasse, Genus, Kasus und Numerus bestimmt. Die drei letztgenannten hatten syntaktische Stützung: Genus, Numerus und Kasus innerhalb des Nominalglieds und der Numerus auch noch durch Übereinstimmung mit dem Verb. Zusätzlich zu ihrer grammatischen Funktion hatten diese drei Kategorien semantische Stützung. Die Stammklasse hatte weder das eine noch das andere. Sie war schlechterdings Relikt oder Versteinerung aus der ie. Vergangenheit. In den meisten Handbüchern jedoch dient dieser irrationalste der vier Bestimmungsfaktoren als Grundlage für das Deklinationssystem der Substantive. Der Grund dafür ist hauptsächlich in der historischen, diachronischen Sicht zu finden, aber auch darin, daß die Stammklasse am deutlichsten in der Grundform, dem Nom. Sg., zu sehen war und Kasus wie Numerus formal durch die Stammklasse Gestalt gewannen; d.h., sie sind diachronisch gesehen nur in Form von Klassen verstehbar. Die Deklinationssuffixe selbst waren das Ergebnis einer unentwirrbaren Verschmelzung von Stammklassen-, Kasus- und Numerusbestandteilen. Das Suffix *-i* konnte beispielsweise im Nom. Akk. Sg. Mask. und Neutr. sowie im Gen. Dat. Sg. Fem., Nom. Akk. Pl. Mask., Fem. und

Neutr. vorkommen. Nur ein Suffix, nämlich *-es*, war von seiner Funktion her deutlich umschrieben. Es konnte nichts anderes als Gen. Sg. Mask. u. Neutr. sein, obwohl die Klasse dafür sorgte, daß es nicht das einzige Suffix für den Gen. Sg. Mask. u. Neutr. war.

Das Kasussystem beruhte im wesentlichen auf einem Kontrast zwischen Nom./Akk. auf der einen, und Gen./Dat. auf der anderen Seite. Eine Form zur deutlichen Kennzeichnung des Instrumentals gab es nur für das Mask. u. Neutr. Sg. bei den vokalischen Deklinationen. Während im Singular bei den meisten Deklinationen Nom. und Akk. eine Form miteinander teilten, gab es ein oder zwei bemerkenswerte Ausnahmen. Im Plural gab es bei allen Deklinationen eine gemeinsame Form für Nom./Akk., und der Gen. sowie der Dat. waren auch deutlich sowohl voneinander als auch vom gemeinsamen Kasus Nom./Akk. unterschieden. Dieses klare Kasussystem kennzeichnete den Plural als Kontrast zum Singular, wo einerseits eine bewahrte Unterscheidung Nom./Akk. bestand, aber anderseits in einer Klasse die Unterscheidung zwischen Gen. und Dat. fehlte und, im Falle der Feminina, sogar der zwischen Nom./Akk. und den andern Klassen. Im Nom. Sg. konnte ein ahd. Substantiv entweder endungslos sein, z.B. *tag* (m.) ‚Tag', *scuz* (m.) ‚Schuß', *kalb* (n.) ‚Kalb', *lioht* (n.) ‚Licht', *birin* (f.) ‚Bärin', *hūt* (f.) ‚Haut', oder auf Vokal enden: *namo* (m.) ‚Name', *melo* (n.) ‚Mehl', *diorna* (f.) ‚Mädchen', *hella* (f.) ‚Hölle', *fehta* (f.) ‚Gefecht, Kampf', *herza* (n.) ‚Herz', *situ* (m.) ‚Sitte', *fihu* (n.) ‚Vieh', *wini* (m.) ‚Freund', *gibirgi* (n.) ‚Gebirge', *hōhī* (f.) ‚Höhe'. Im Nom. Sg. waren weder die Genera noch die Klassen unzweideutig gekennzeichnet.

Die Deklinationsendungen enthielten entweder einen Konsonanten plus einen Vokal oder nur einen Vokal. Da sie unbetont waren, gab es einen Konflikt zwischen der Bedeutsamkeit ihrer grammatischen Funktion und dem auf starker Wurzelbetonung beruhenden Akzentsystem der Sprache. Dieser Konflikt führte zu vielen mundartlichen Änderungen, die während der ahd. Periode weitläufig und ziemlich rasch eintraten. Sie berührten die Vokale, ließen aber die Konsonanten mit Ausnahme der allmählichen Ersetzung des *-m* durch *-n* unbeeinflußt.

Es ist schwierig, unveränderlich feste Paradigmen vorzulegen, denn selbst innerhalb eines Textes, z.B. im Tatian oder bei Otfrid, gab es Schwankungen. Eine historische Beschreibung aufgrund der Stammklassen kann diese mundartlichen Änderungen und zeitlichen Schwankungen berücksichtigen. Aber sie führt kaum zu einem zufriedenstellenden synchronischen Bild. Eine funktionale, synchronische Interpretation des ahd. Deklinationssystems der Substantive in der Mitte des 9. Jh.s ist am besten durch Zugrundelegung der am deutlichsten profilierten grammatischen Kategorie, des Numerus, zu erreichen. Auf der Grundlage der Pluralformen unterscheidet das Ahd. drei Deklinationen, deren jede Untergruppen nach dem Genus aufweist.

I. *Plural auf -a*

		M.	N.	F.	M.	N.	F.
Pl.	Nom. Akk.	*-a*	*-ø*	*-ā*	steina	(barn, kelbir)	zalā
	Gen.	*-o*		*-ōno*	steino		zalōno
	Dat.	*-um*		*-ōm*	steinum		zalōm
Sg.	Nom. Akk.	*-ø*		*-a*	stein	(barn, kalb)	zala
	Gen.	*-es*		*-a*	steines		zala
	Dat.	*-e*		*-u*	steine		zalu
	Instr.	*-u*			steinu		

Anmerkungen:

(1) Die folgenden mask. Substantive hatten *-i* statt Ø (endungslos) im Nom. Akk. Sg.: *hirti* ‚Hirte', *rucki* ‚Rücken', *hueizzi* ‚Weizen', *hirsi* ‚Hirse', *tilli* ‚Dill', *kasi* ‚Käse', *pfuzzi* ‚Brunnen'. In frk. Texten hatten diese Substantive *-im* im Dat. Pl. und bildeten so eine Brücke zwischen den Typen *a*-Plural und *i*-Plural. In frühen Texten kann *-i-* auch vor den Endungen *-o, -e, -u* vorkommen.

(2) Mask. Substantivendungen auf *-ar-* vor der Pluralendung hatten auch *-i* im Nom./Akk. Sg., z. B. *fiskara* – *fiskari* ‚Fischer'. Das *-a-* war wahrscheinlich in einigen Mundarten lang (Alem.), in andern möglicherweise kurz (Frk.).

(3) Neutrale Substantive des Typus *barn* und *kalb* werden hier nach dem Prinzip der komplementären Verteilung verlistet. Neutrale Substantive mit *-ir-* vor der Pl.endung (-Ø, -o, -um) ließen *-ir-* im Sg. fallen, und es gab einen Wechsel von umgelauteten Vokalen im Pl. und unumgelauteten Vokalen im Sg. Wo ⟨e⟩ für /e/ im Pl. stand, wechselte es mit ⟨a⟩ im Sg. Bei *ehir* ‚Ähre' behielt der Sg. gewöhnlich diese Stammform, obwohl das reguläre *ah* ebenfalls bezeugt ist. Im Sg. N = M.

(4) Maskulina, deren Wurzel im Pl. auf *-w-* endete, wandelten es zu *-o* im Nom. Akk. Sg.: *hlēwa* ‚Gräber' – *hlēo, scatwa* ‚Schatten' – *scato*. Wo der Wurzelvokal *-u-* war, verschwand das *-w-*.

(5) Neutra mit der Endung *-o* vor Ø hatten *-w-* als auslautenden Bestandteil der Wurzel vor Flexionsendungen: *kneo* ‚Knie' – *knewum* (Dat. Pl.), *horo* ‚Schmutz, Kot' – *horwum*.

(6) Feminina mit der Endung *-innā* im Pl. kürzten diese im Nom. Sg. zu *-in*, aber ursprünglich nicht im Akk. Sg. Diese Unregelmäßigkeit führte zu frühem Ausgleich.

(7) Nach alem. Texten hatten die fem. Pl.endungen lange Vokale. Ob dies im Frk. auch so war, ist unbekannt. Jedenfalls entwickelten sie sich in der weiteren Geschichte der Schriftsprache in der gleichen Weise wie die Endungen der Mask. u. Neutr.

(8) Die Verwandtschaftsbegriffe *fater, bruoder, muoter, tohter, swester* folgten dieser Deklination im Gen. u. Dat. Pl., waren aber sonst durch das ganze Paradigma hindurch endungslos mit der Ausnahme von *fater*, das der *a*-Plural-Deklination folgte, aber endungslose Alternativen im Gen. u. Dat. Sg. hatte. Ähnliche Unregelmäßigkeiten sind auch bei *man* M. und *naht* F. belegt.

Historisch gesehen wurde diese ahd. *a*-Plural-Deklination von den germ. mask. und neutr. *a*-Stämmen, den mask. *ja*-Stämmen, den mask. und neutr. *wa*-Stämmen, fem. *ō*- und *jō*-Stämmen, den neutr. ie. *s*-Stämmen und den *r*-Stämmen gebildet (s. 3.6.1).

II. *Plural auf -i*

		M.	N.	F.	M.	N.	F.
Pl.	Nom. Akk.		*-i*		slegi	betti	hūti
	Gen.		*-o*		slego	betto	hūto
	Dat.		*-im*		slegim	bettim	hūtim
Sg.	Nom. Akk.	*-ø*	*-i*	*-ø*	slag	betti	hūt
	Gen.	*-es*		*-i*	slages	bettes	hūti
	Dat.	*-e*		*-i*	slage	bette	hūti
	Instr.	*-u*		*(-iu)*	slagu	bettu	

Anmerkungen:

(1) Der Umlaut war ein Merkmal des Pl. aller drei Genera, aber nur beim Mask. stand er im Kontrast zum nicht umgelauteten Sg. Wo der Pl. des Mask. ⟨e⟩ für /e/ hatte, stand im Sg. ⟨a⟩. Alle Neutra hatten, wo es möglich war, Umlaut im Pl. und Sg. Die Feminina hatten ⟨e⟩ für /e/ im Gen. u. Dat. Sg., wenn sie es im Pl. hatten, aber nicht im Nom. Akk. Sg.

(2) Einige Mask. endeten auf *-i* statt auf Ø im Nom. Akk. Sg.: *wini* ‚Freund', *risi* ‚Riese', *quiti*, Ausspruch'.

(3) Zwei Fem. hatten auch *-i* anstelle von Ø im Nom. Akk. Sg.: *turi* ‚Tür', *kuri* ‚Wahl'. Ein Fem., *hant*, hatte *-um* im Dat. Pl., *hantum*.

(4) Die fem. Abstrakta auf *-ī*, z. B. *hōhī*, folgten dieser Deklination im Dat. Pl. *(hōhīm)* und bewahrten *-ī* im gesamten Sg.

(5) Einige Mask. endeten im Nom. Akk. Sg. auf *-u*. Dies waren: *situ* ‚Sitte' (das einzige mit Pl.formen). Andere, ohne Pl.formen, hatten die regulären Endungen der *a*- und *i*-Plural-Deklination im Gen. und Dat. Sg.: *hugu* ‚Denken', *sigu* ‚Sieg', *witu* ‚Holz' und auch *fihu* N. ‚Vieh'.

(6) Im Gen. Pl. gab es, zeitlich meist früher, Alternativen auf *-io, -eo*. Die Neutren *heri* ‚Heer' und *beri* ‚Beere' hatten *-i-* regelmäßig vor den Endungen *-o, -es, -e*.

Historisch gesehen entstand die ahd. *i*-Plural-Deklination auf Grundlage der germ. mask. und fem. *i*-Stämme, der neutr. *ja*-Stämme, der mask., fem. und neutr. *u*-Stämme und der fem. *īn*-Stämme.

III. *Plural auf -n*

		M.	N.	F.	M.	N.	F.
Pl.	Nom. Akk.	*-on/-un*	*-un*	*-ūn*	namon	herzun	diornūn
	Gen.		*-ōno*		namōno	herzōno	diornōno
	Dat.		*-ōm*		namōm	herzōm	diornōm
Sg.	Nom.	*-o*	*-a*	*-a*	namo	herza	diorna
	Akk.	*-on/-un*	*-a*	*-ūn*	namon	herza	diornūn
	Dat. Gen.	*-en/-in*	*-en/-in*	*-ūn*	namen	herzen	diornūn

Anmerkungen:

(1) Die mask. Endungen auf *-on* und *-en* waren nördlicher (im Frk.) und zeitlich später; *-un* und *-in* waren alem. und zeitlich früher.

(2) Mask. und Fem. waren sehr zahlreich, es gab aber nur vier Neutren: *ouga* ‚Auge', *ōra* ‚Ohr', *wanga* ‚Wange' neben *herza* ‚Herz'.

Historisch gesehen setzte die *n*-Plural-Deklination die germ. *n*-Stämme fort.

Aus den Tafeln wird deutlich, daß die Unterscheidung zwischen der *i*- und der *a*-Deklination auf der unterschiedlichen Behandlung der unbetonten Vokale beruhte. Allerdings gab der Umlaut einen Hilfsfaktor ab, der natürlich nur bei den Wurzelvokalen wirksam werden konnte, die umlautbar waren. Wörter wie *gift* F. ‚Gabe', *scrit* M. ‚Schritt' waren ausschließlich durch die Vokale markiert. Da der Umlaut mindestens im Falle der großen Klasse der Mask. mit der Numerusunterscheidung verknüpft war, wurde er funktionalisiert, als die Unterscheidung der unbetonten Vokale nicht mehr aufrecht erhalten werden konnte. Im Ae. war der Umlaut innerhalb der entsprechenden Klasse nicht auf den Plural beschränkt und wurde daher nie im gleichen Maße funktionalisiert wie im Deutschen.

Neutra waren zahlenmäßig stark nur bei den beiden vokalischen Deklinationen vorhanden. Bei beiden Deklinationen gab es im Nom. und Akk. keine Numerusunterscheidung. Es gab jedoch eine kleine Gruppe von Neutren, bei der dem Suffix *-ir* zufolge Numerusunterscheidung bestand. Man könnte in der Tat diese kleine Gruppe als vierte Deklination aufstellen. Legen wir aber unserem Deklinationssystem den Plural zugrunde, entspricht das Paradigma *-Ø, -o, -um* genau dem der Neutren der *a*-Deklination, und eine einfache Tilgungsregel führt zu den Formen des Singulars. Regulär gehören neun Substantive in diese Untergruppe: *kalb, lamb* ‚Lamm', *hrind* ‚Rind', *huon* ‚Huhn', *farh* ‚Ferkel', *ei, hrīs* ‚Reis', *blat* ‚Blatt', *luog* ‚Lager (von Tieren)' und gewöhnlich weitere sechs: *hol* ‚Höhle', *rad* ‚Rad', *grab* ‚Grab', *loup* ‚Laub', *krūt* ‚Kraut', *bret* ‚Brett'. Hier lag der Kern einer Deklination der Neutra mit Numerusunterscheidung, die der Suffixabschwächung durch den Konsonanten *r* widerstand und zusätzlich im Plural Umlaut aufwies. Kein Wunder, daß sie eine zunehmende Zahl von neutralen Substantiven an sich zog.

Feminine Substantive überbrückten den Kontrast, zumal zahlreiche Substantive der *a*- und *n*-Plural-Deklination bereits die Endungen des Gen. und Dat. Pl. teilten. Die Schwächung der Endsilbenvokale sollte die Feminina der vokalischen Klassen ihrer Kasusunterscheidung im Sg. berauben. Es gab viele Substantive, die zu mehr als einer Deklination gehörten. Es ist nicht ganz klar, inwieweit Mundartenunterschiede diese Schwankung zwischen den Deklinationsklassen erklären können, und inwieweit es echte Mehrförmigkeit (Polymorphismus) gab.

Die Entwicklung der Substantivdeklination wurde von der zunehmenden Bedeutung der Numerusunterscheidung, der abnehmenden Bedeutung von Kasus- und Klassenunterscheidung, vom Widerstand konsonantischer Endungen gegen Lautwandel, der allmählichen Eliminierung von Vokalunterscheidungen in Flexionsendungen und durch die Funktionalisierung des Umlauts bestimmt.

4.5.2 Deklination der Adjektive

Sechs Kategorien bestimmten die Form eines Adjektivs im Ahd.: Stammklasse, Genus, Numerus, Kasus, Bestimmtheit und Steigerungsstufe. Die Stammklasse wurde nur auf der lexikalischen Ebene sichtbar, d.h. am Auslaut der endungslosen Form. Adjektive endeten auf Konsonant oder die Vokale *-i* oder *-o*: (a) *jung, ubil* ‚übel', *irdin* ‚irden', *diutisc* ‚deutsch' und die Part. Prät., z.B. *gisalbōt* ‚gesalbt'; historisch gesehen wurden sie aus *-a/ -ō*-Stämmen abgeleitet; (b) *scōni* ‚schön', *dunni* ‚dünn', *swāri* ‚schwer' und die Part. Präs., z.B. *nemanti* ‚nehmend'; historisch gesehen setzten sie *ja-/ jō*-Stämme fort; (c) *gelo* ‚gelb', *kalo* ‚kahl', *grāo* ‚grau'; vor Flexionsendungen wandelte sich *o* zu *w*. In einigen Fällen begegnete Zusammenziehung (Kontraktion), z.B. *frō* ‚froh', bei der *w* nicht mehr vor der Endung erschien. Adjektive auf *-o* sind ein Reflex der *-wa/-wō*-Stämme.

Genus, Numerus und Kasus wurden im Rahmen zweier Paradigmen ausgedrückt. Diese beiden Paradigmen wurden von dem Begriff der Bestimmtheit gesteuert. Das starke Paradigma drückte einen Grad von ‚Unbestimmtheit' aus, das schwache ‚Bestimmtheit'. Das schwache Paradigma war mit der *n*-Plural-Deklination der Substantive identisch (s.

4.5.1), wenngleich auch Differenzierung wegen verschiedener Abschwächungsgrade ziemlich früh einsetzte. Komparativ und Superlativ zeigten ausschließlich das schwache Paradigma. Historisch gesehen ist das schwache Paradigma ein Reflex der *n*-Stämme.

Das starke Paradigma ähnelte sowohl der *a*-Plural-Deklination wie der Deklination der Pronomen. Im Mask. und Fem. Nom. Sg., Neutr. Nom. u. Akk. Sg. und Nom. Pl. aller drei Genera bestanden Formen aus der Substantiv- und Pronominaldeklination nebeneinander. Beim prädikativen Gebrauch herrschten im Frühahd. die flektierten Formen des Plurals vor, verschwanden aber später; bei den Part. Prät hielten sich flektierte Formen länger als bei den Adjektiven.

In attributiver Stellung wurden beide Singularformen gebraucht, aber im Plural war die pronominale oder flektierte Form die Regel. Z.B.: *jung kuning* oder *jungēr kuning, der kuning ist jung* oder *jungēr*, aber *junge kuninga, die kuninga sint jung* oder *junge.*

Das starke Paradigma

		M.		N.	F.
Sg.	Nom.	*-ø, -ēr*		*-ø, -az*	*-ø, -iu(-u)*
	Akk.	*-an*		*-ø, -az*	*-a*
	Gen.		*-es*		*-era*
	Dat.		*-emo*		*-ero*
	Instr.		*-u*		
Pl.	Nom. Akk.	*-ø, -e*		*-ø, -iu(-u)*	*-ø, -o*
	Gen.			*-ero*	
	Dat.			*-ēm*	
Sg.	Nom.	jung, jungēr		jung, jungaz	jung, jungiu
	Akk.	jungan		jung, jungaz	junga
	Gen.		junges		jungera
	Dat.		jungemo		jungero
	Instr.		jungu		
Pl.	Nom. Akk.	jung, junge		jung, jungiu	jung, jungo
	Gen.			jungero	
	Dat.			jungēm	

Anmerkungen:

(1) Statt *-Ø* lies *-i, -o*, wo lexikalisch erfordert.

(2) Die Endung *-iu* war Diphthong im Alem., aber **-ju* > *-u* wahrscheinlich im Frk. mit nachfolgend früherer Abschwächung.

(3) *-emo, -ero* waren in sehr frühen Texten *-emu* und *-eru*. Gen. und Dat. Sg. Fem. neigten zu Kasuszusammenfall.

(4) Auslautendes *-m* wandelte sich zu *-n*.

Bei der Steigerung gab es gleich zwei Suffixe: *-ir-* oder *-ōr-* für den Komparativ und *-ist-* oder *-ōst-* für den Superlativ. Adjektive auf *-i* neigten zu den *i*-Formen: *suozi – suoziro – suozisto* ‚süß'. Mehrsilbige Adjektive und Adjektive mit Ableitungssuffixen (*-līh, -īg* usw.) hatten das *ō*-Suffix; *sālīg – sāligōro – sāligōsto*. Andere schwankten. Das *i*-Suffix führte bei der Steigerung zum Umlaut, deshalb im heutigen Deutsch *arm – ärmer – am ärmsten*, aber *haltbar – haltbarer – am haltbarsten.*

4.5.3 Konjugation der Verben

Die Formenlehre des Verbs war im Ahd. durch drei verschiedene Systeme gekennzeichnet. Zum einen gab es die auf der Bildung zweier einfacher Tempora beruhende Einteilung. Zum andern gab es die Person, Numerus und teilweise Tempus und Modus ausdrückenden Konjugationsendungen. Zum dritten gab es die umschreibenden (periphrastischen) Formen, die erst kurz zuvor oder während der ahd. Periode entstanden waren. Als ein neues Merkmal im Ahd. muß auch die regelhafte Hinzufügung des perfektiven Präfixes *ga-/gi-* zum Stamm des Part. Prät. genannt werden. Dieses Präfix hatte einst entweder das semantische Merkmal ‚zusammen' ausgedrückt oder der Grundbedeutung des Verbs den Aspekt der Vollendung zugefügt. Im Ahd. war es Teil der Flexion des Part. Prät. geworden mit Ausnahme einiger Verben, die selbst perfektiv waren, wie *queman* ‚kommen', *findan* ‚finden', *bringan* ‚bringen', *werdan* ‚werden' sowie mit Ausnahme der Verben mit untrennbaren Präfixen.

(i) Die germ. Einteilung in *drei Hauptklassen*, die schwachen Verben (Dentalsuffixtypus), die starken Verben (Ablauttypus) und die Präteritopräsentien (ablautender Dentalsuffixtypus) war vollkommen erhalten. Die *schwachen Verben* hatten vier Klassen:

Inf. Präs.		Prät.	Part. Prät.
Ia	*-en* (Umlaut)	*-ta* (kein Umlaut)	*-it* (Umlaut) *-tēr* etc. (kein Umlaut)
	brenn-en ‚brennen'	*bran-ta*	*gibrenn-it (gibrant-)*
	sezz-en ‚setzen'	*saz-ta*	*gisezz-it (gisazt-)*
	lōs-en ‚lösen'	*lōs-ta*	*gilōs-it (gilōst-)*
Ib	*-en* (Umlaut)	*-ita* (Umlaut)	*-it* (Umlaut)
	den(n)-en ‚dehnen'	*den-ita*	*giden-it (gidenit-)*
	fer(r)-en ‚zu Schiffe fahren'	*fer-ita*	*gifer-it*
	uuel(l)-en ‚wählen'	*uuel-ita*	*giuuel-it*
II	*-ōn*	*-ōta*	*-ōt*
	bad-ōn ‚baden'	*bad-ōta*	*gebad-ōt*
III	*-ēn*	*-ēta*	*-ēt*
	lirn-ēn ‚lernen'	*lirn-ēta*	*gilirn-ēt*

Die Klassen Ia und Ib leiteten sich von den germ. schwachen Verben auf *-jan* her. Sie werden gewöhnlich aus historischen Gründen zusammengefaßt und Klasse I genannt. Umlaut durch *i* und *j* fand statt, wo die Wurzelvokale es zuließen; *j* verursachte auch Gemination eines Einzelkonsonanten nach einem kurzen Vokal (im Obdt. anscheinend auch nach langem Vokal). Nicht alle germ. Verben hatten *-i-* im Präteritum (s. S. 99). Die Synkopierung eines inlautenden *-i-* nach langer oder mehrsilbiger Wurzel ließ im Westgerm. die Zahl der Verben ohne *i*-Element stark ansteigen und folglich auch die der Präterita und deklinierten Formen des Part. Prät. ohne Umlaut. ‚Lange Wurzeln' waren Wurzeln mit einem Langvokal oder Diphthong oder einem Kurzvokal mit nachfolgend mehr als einem Konsonanten. Die einstigen germ. *p, t, k* wurden geminiert und bildeten so eine lange Wurzel. Wo germ. *d* und *l* (geminiert vor *j* im Präsens und Infinitiv) dem Dentalsuffix vorausgingen, tendierte inlautendes *-i-* ebenfalls zur Synkope *(retten: ratta* oder *retita, zellen* ‚erzählen': *zalta* oder *zelita*). Auf diese Weise wurde das Vorkommen kurzer Wurzeln mit bewahrtem inlautenden *-i-* im Prät. stark vermindert. Weitaus die größte Zahl ehemaliger **-jan*-Verben hatte das ahd. Suffix *-ta* im Prät. und keinen Umlaut. Die Klasse Ib mit *-ita* enthielt nur ungefähr fünfunddreißig Verben, die aus ihnen gebildeten Zusammensetzungen nicht mitgezählt. Das Fehlen des Umlauts – in ahd. Schreibung natürlich nur im Falle von Verben mit dem Wurzelvokal *-a-* – ist allgemein unter Jacob Grimms Bezeichnung *Rückumlaut* bekannt. Vokalwechsel aufgrund von Umlaut war also ein

Hauptmerkmal der großen Klasse von schwachen Verben geworden. Da dieser Vokalwechsel nur Verben mit geeignetem Wurzelvokal berührte, war er, betrachtet vor dem Hintergrund aller schwachen Klassen, eine Unregelmäßigkeit. Klasse Ia jedoch blieb eine gut abgegrenzte Klasse, solange die anderen schwachen Klassen durch die klassenspezifischen inlautenden *-i-, -ō-, -ē-* ihr eigenes Dasein führten. Eine weitere Anomalität gab es in der zweiten und dritten Pers. Sg. und im Imperativ vieler Verben, bei denen ein Einzelkonsonant mit durch früheres *j* im Infinitiv und anderen Formen des Präsens verursachter Geminata wechselte. Daher *zellen* aber *zelis* oder *den(n)en* aber *denis, denit.* Bei ursprünglich langer Wurzel kam dieser Wechsel nicht vor: *brennen, brennis, brennit.* Noch fand er sich bei Wurzeln mit einer Affrikata: *setzen, setzis, setzit*, obwohl die Affrikata phonologisch nicht zur zweiten und dritten Person gehörte. Ausgleich setzte besonders im Frk. früh ein: *denen, zelen.*

Mundartlich wie zeitlich gab es beträchtliche Schwankungen hinsichtlich der Zugehörigkeit zu den einzelnen schwachen Klassen. Die zahlenmäßige Stärke der *ō*-Klasse war besonders für das Ahd. kennzeichnend. Von der Bedeutung her waren die Klassen nicht scharf abgegrenzt, doch finden sich in Klassen Ia und Ib sehr viele Kausativa, z.B. *tiuren* ‚teuer machen', *sougen* ‚säugen machen', und in Klasse III viele Inchoativa, z.B. *fūlēn* ‚faul werden', *bleichēn* ‚bleich werden'.

Die *starken Verben* zeigten das gleiche Stammbildungsmuster wie im Germ., jedoch hatten sich infolge lautlicher Entwicklungen verschiedene Unterklassen herausgebildet. (s. S. 95f. die germ. Einteilung und gotischen Beispiele.)

Die Strukturtypen mit ie. Grundvokal *e* (I.–V. Klasse) setzen die ererbten Muster mit beachtenswerter Treue fort. Unter den Klassen IV und V hatte es einigen Austausch gegeben. Einige Verben des Typus *e*+Konsonant, vor allem jene mit ahd. *hh*<germ. *k*, hatten sich zur Klasse IV gesellt, z.B. *brechan – gibrochan* ‚brechen'.

In Klasse II gab es drei Verben mit *ū* im Infinitivstamm: *sūgan* ‚saugen', *sūfan* ‚saufen', *lūchan* ‚schließen'.

In Klasse V zeigen drei Verben den Reflex eines früheren *j*-Stamm-Bestandteils im Inf. und Präs.: *liggen* ‚liegen', *sitzen, bitten* und ebenso drei in Klasse VI: *heffen* ‚heben', *swerien* ‚schwören', *skepfen* ‚schaffen, schöpfen'.

Klassifikation der ablautenden Verben des Ahd.

Traditionelle Klassen	Stammabstufungen im Ahd. Inf. Pl. Präs.	3. Sg. Präs.	Sg. Prät.	Pl. Prät.	Part. Prät.
I a	*ī*	*ī*	*ei*	*i*	*i*
	trīban	trībit	treib	tribun	gitriban
b	*ī*	*ī*	*ē*	*i*	*i*
	zīhan	zīhit	zēh	zigun	gizigan
II a	*io*	*iu*	*ou*	*u*	*o*
	sliofan	sliufit	slouf	sluffun	gisloffan
b	*io*	*iu*	*ō*	*u*	*o*
	siodan	siudit	sōd	sutun	gisotan
III a	*e*	*i*	*a*	*u*	*o*
	werfan	wirfit	warf	wurfun	giworfan
b	*i*	*i*	*a*	*u*	*u*
	spinnan	spinnit	spann	spunnun	gispunnan
IV	*e*	*i*	*a*	*ā*	*o*
	stelan	stilit	stal	stālun	gistolan
V	*e*	*i*	*a*	*ā*	*e*
	geban	gibit	gab	gābun	gigeban
VII a	*ei*	*ei*	*ia*		*ei*
	heizan	heizit	hiaz	hiazun	giheizan
b	*ou(ō)*	*ou(ō)*	*io*		*ou*
	loufan	loufit	liof	liofun	giloufan
c	*a*	*a(e)*	*ia*		*a*
	faldan	faldit	fiald	fialtun	gifaltan
	(-t-)	(-t-)	(-t-)		
d	*ā* < germ. *ē*	*ā*	*ia*		*ā*
	lāzan	lāzit	liaz	liazun	gilāzan
e	*uo* < germ. *ō*	*uo*	*io*		*uo*
	hruofan	hruofit	hriof	hriofun	gihruofan
VI	*a*	*e*	*uo*		*a*
	skaban	skebit	skuob	skuobun	giskaban

Die Strukturtypen mit germ. Grundvokal *a* und die mit *ē* und *ō* wurden beträchtlich von Lautwandel beeinflußt, so daß es am besten ist, sie in zwei Klassen neu anzuordnen: VII, gekennzeichnet durch die Diphthonge *ia* oder *io* im gesamten Prät., die im Spätahd. zusammenfallen sollten, und VI mit dem Wechsel *a* – *uo*. Klasse VII wird gewöhnlich ‚Reduplizierende Klasse' genannt. Zu jeder ihrer beiden Unterklassen gehörte eine relativ kleine Anzahl von Verben mit vielen verschiedenartigen Wurzelvokalen im Präsensstamm.

Die Ablautklassen des *ē*- und *ō*-Typus (s. S. 96) hatten beim Übergang vom Germ. zum Ahd. die größten Verluste erlitten. Verben mit auf Vokal endender Wurzel, die sogenannten *Verba pura*, waren schwach geworden und gehörten nun zur Klasse Ia des Ahd., z.B. *blāen* ‚balsen', *drāen* ‚drehen', vgl. engl. *to throw*, *knāen* ‚wissen', *krāen* ‚krähen', *māen* ‚mähen', *nāen* ‚nähen', *sāen* ‚säen' und mit germ. *ō*: *bluoen* ‚blühen', *gluoen* ‚glühen', *gruoen* ‚wachsen', *luoen* ‚brüllen, muhen'. Im Gegensatz zum Deutschen sind einige der englischen Entsprechungen immer noch stark.

Grammatischer Wechsel (s. S. 86f.) kam bei ungefähr zwei Dutzend Verben vor, insbesondere die folgenden Wechsel:

d:t snīdan – sneid – snitun – gisnitan ‚schneiden'
s:r friosan – frōs – frurun – gifroran ‚frieren'
h:g ziohan – zōh – zugun – gizogan ‚ziehen'.

Die *Präteritopräsentien* (oder der ablautende Dentalsuffix-Typus) waren im Ahd. neun an der Zahl mit zwei weiteren seltenen Formen. Im Präsens zeigten sie die Abstufung des Prät. der starken Klassen.

Die Präteritopräsentien des Ahd.

	Inf.	1., 3. Sg. Präs.	2. Sg. Präs.	Pl. Präs.	Prät.	
I	wizzan	weiz	weist	wizzun	wissa/ wessa	‚wissen'
II	–	toug (unpersönl.)	–	tugun	tohta	‚taugen'
III	unnan	an	–	unnun	onda	‚gönnen'
	kunnan	kan	kanst	kunnun	konda	‚können'
	durfan	darf	darft	durfun	dorfta	‚brauchen, dürfen'
	–	gitar	gitarst	giturrun	gitorsta	‚wagen'
IV	scolan	scal	scalt	sculun	scolta	‚werden, sollen'
V	magan/ mugan	mag	maht	magun/ mugun	mahta/ mohta	‚können'
VI	–	muoz	muost	muozun	muosa	‚mögen, müssen'

Bei diesen Formen gab es beträchtliche regionale Schwankungen. Die Präteritalformen interessieren besonders, da sie durch Hinzufügung des Dentalsuffixes an die Schwundstufe ohne inlautenden Vokal gebildet wurden. Sowohl die Konsonantenentwicklung (t + t > ss, g > h) wie der Vokalwechsel (germ. *u* > *o*, *i* > *e* vor *a*) zeigen, daß diese Formen alt sind. *Konda* und *scolta* haben ihr *d* bzw. *t* aus ie. *t* > *þ* unter unterschiedlichen Akzentbedingungen: *´þ* > westgerm. *þ* (ae. *cūðe*) > ahd. *d (konda)*; *þ´* > *ð* > westgerm. *d* (ae. *sceolde*) > ahd. *t (scolta)*.

Hier seien die unregelmäßigen Verben angefügt:

wellen	willu, wili, wili	wellemēs(-ēn)	wolta	‚wollen'
wesan	bim, bist, ist	birun, -ut, sint	was, wārun	‚sein'
tuon	tuon, tuos(t), tuot	tuomēs	teta, tātun	‚tun'
gān	gām(-n), gās(t), gāt	gāmes (gān)	giang	‚gehen'
stān	stām(-n), stās(t), stāt	stāmes (stān)	stuont	‚stehen'

Die beiden letzten Verben waren Kurzformen der starken Verben *gangan* und *stantan* und hatten zwei regionale Formen: mit *ā* im Alem., mit *ē* vorherrschend im Frk. und Bayr.

(ii) Die *Personalendungen* der *Konjugation* waren noch immer nach der ursprünglichen ie. Einteilung in Primär-, Sekundär- und Perfektendungen gestaltet (s. S. 39, 89, 95). Diese Unterschiede wurden jedoch jetzt bedeutungslos, und eine Tendenz, Klassenunterschiede zu eliminieren, dagegen aber Personen-, Numerus- und Modusunterschiede aufrechtzuerhalten, wurde während der ahd. Periode spürbar. Es gab beträchtliche mundartliche und zeitliche Ausgleichungen, die folgende Tabelle mag jedoch als Hinweis auf die Mitte des 9. Jh.s bewahrten Muster dienen.

	Ind. Präs.			Konj. Präs.		
	I	II	III	I	II	III
1. Sg.	*-u*	*-ō-m*	*-ø*	*-e*	*-o (-ōe)*	*-i*
2. Sg.	*-i-s(t)*	*-ō-s(t)*	*-t, -st*	*-ē-s(t)*	*-ō-s(t) (-ō-ēs(t))*	*-is*
3. Sg.	*-i-t*	*-ōt*	*-ø*	*-e*	*-o (-ōe)*	*-i*
1. Pl.	*-e-mēs (-ēn)*	*-ō-mēs (-ōn)*	*-un*	*-e-mēs (-ēn)*	*-ō-mēs (ōēm) (-ōn)*	*-in*
2. Pl.	*-e-t*	*-ō-t*	*-ut*	*-ē-t*	*-ō-t (ō-ēt)*	*-it*
3. Pl.	*-e(a)-nt*	*-ō-nt*	*-un*	*-ē-n*	*-ō-n (ō-ēn)*	*-in*

Inf.:	*neman*	*badōn*	*kunnan*	*neman*	*badōn*	*kunnan*
	nimu	badōm	kan	neme	bado	kunni
	nimis(t)	badōs(t)	kanst	nemēs(t)	badōs(t)	kunnis
	nimit	badōt	kan	neme	bado	kunni
	nememēs (-ēn)	badōm (-ēs)	kunnun	nememēs (-ēn)	badomēs (-ōn)	kunnin
	nemet	badōt	kunnut	nemēt	badōt	kunnit
	nement	badōnt	kunnun	nemēn	badōn	kunnin

Anmerkungen:

(1) Die unter I aufgelisteten Suffixe beziehen sich auf starke Verben und schwache Verben der Klassen Ia und Ib (*-jan*-Verben). Suffixe unter II sind die der schwachen Klasse II (*ōn*-Verben) und III (*ēn*-Verben). Letztere haben überall *-ē-* statt *-ō-*. In der 3. Pers. Pl. hatten die starken Verben ursprünglich *-ant* und die *jan*-Verben *ent-*, doch setzte Verwechslung früh ein. Die Suffixe unter III sind diejenigen der Präteritopräsentien. In der 2. Pers. Sg. hatten einige *-t*, andere *st* (s. S. 185).

(2) In der 2. Pers. Sg. war die frühere Endung *-s*, aber in Analogie zu den Präteritopräsentien auf *-st* (und *bist*) und wegen der Agglutinierung des Dental bei Inversionsstellung (*nimis-du*>*nimist du* – *du nimist*) wurde *-st* im 9. Jh. verallgemeinert.

(3) Bei der 1. Pers. Pl. war die ursprüngliche Endung Vokal + *m* wie in der 1. Pers. Sg. II *(badōm)*. Dann verbreitete sich die mysteriöse Endung: Vokal (*-e-*, *-a-*, *-u-* neben *ō(ē)*) + *-mēs*, vielleicht zur Erreichung von etwas mehr Differenzierung. Einige Forscher haben sie als mit *wir* verwandte Pronominalform angesehen, andere haben Erweiterung der 2. Pers. Sg. Konj. in adhortativem Gebrauch vermutet. In der zweiten Hälfte des 9. Jh.s verbreiteten sich Formen auf *-n* rasch und ließen die Formen auf *-mēs* verschwinden.

(4) Die 1. Pers. Sg. war hinsichtlich der Klasse nur im Indikativ deutlich unterschieden. Dies führte zu Ausgleich in beiden Richtungen: Vokalendung oder Nasalendung (*-m* oder später *-n*) sowohl in I wie in II. Schließlich wurden die vokalischen Endungen in der Schriftsprache verallgemeinert. Aber das heutige *i nime(n)* im Alem. mit *-n* vor Vokalen ist eine Reflex des Ausgleichs in der entgegengesetzten Richtung.

(5) Der Konjunktiv wird gewöhnlich in ahd. Grammatiken Optativ genannt, weil er nicht dem ie. Konjunktiv entspricht. Da er aber der Vorgänger des heutigen Konjunktivs im Deutschen ist, wird der Terminus hier gebraucht. Nur die 3. Pers. Sg. und Pl. sind klar bezeichnet. Die eingeklammerten längeren Formen mit dem Moduszeichen *-ē-* auch in II (bei den *ēn*-Verben ist *-ō-* durch *-ē-* ersetzt) waren speziell Alem. Das Frk. hatte fast nur kurze Formen. In der 2. Pers. Sg. wurde das *-t* später hinzugefügt als in den entsprechenden Indikativformen. Bei der 1. Pers. Pl. war die lange Form zu einer Zeit auch für den Konjunktiv ziemlich verbreitet. Schließlich gingen die Konjunktivformen *-ēn* usw. auf den Indikativ über.

(6) Die deklinierten Formen des Infinitivs fügen *-nes* (Gen.), *-ne* (Dat.) an.

	Ind. Prät.		Konj. Prät.	
	I	II	I	II
1., 3. Sg.	*-ø*	*-ø-ta*	*-i*	*-ø-ti*
2. Sg.	*-i*	*-ø-tōs*	*-ī-s*	*-ø-tī-s*
1. Pl.	*-u-mēs*	*-ø-tu-mēs*	*-ī-mes*	*-ø-tī-mēs*
2. Pl.	*-u-t*	*-ø-tu-t*	*-ī-t*	*-ø-tī-t*
3. Pl.	*-u-n*	*-ø-tu-n*	*-ī-n*	*-ø-tī-n*

I	II	I	II
nam	branta/badōta	nāmi	branti/badōti
nāmi	brantōs/badōtōs	nāmīs	brantīs/badōtīs
nāmumēs(-un)	brantumēs/badōtumēs	nāmīm(es)	brantīm(ēs)/ badōtīm(es)
nāmut	brantut/badōtut	nāmīt	brantīt/badōtīt
nāmum	brantun/badōtun	nāmīn	brantīn/badōtīn

Anmerkungen:

(1) I sind starke, II schwache Verben. Statt -Ø in II lies *-i-* (schwache Klasse I b), *-ō-* (schwache Klasse II), *-ē-* (schwache Klasse III).

(2) Die starken Verben hatten verschiedene Stammformen für die 1./3. Sg. und für die 2. Sg. und den ganzen Pl. Zur westgerm. Form der 2. Pers. Sg. s. S. 97.

(3) Die schwachen Verben wandelten die 2. Sg. *-tōs, -tīs* zu *-tōst, -tīst.* Dieser Wandel war aber später als das Eindringen von *-t* in den Ind. Präs.

(4) Im neunten Jahrhundert begegnete die charakteristische ahd. Endung der 1. Pers. Pl. auf *-mes* auch im Prät., wich aber später wieder dem *-un, -īn.*

(5) In alem. Texten hatten alle schwachen Verben (II) *-ō-*: *brantōn, brantōt, brantōn.*

(6) Schwache Verben hatten keinen Umlaut im Konj. Prät.: *branti, zalti*, nicht **brenti, *zelti.* Im Alem. war das Suffix *-i* lang. Es könnte jene Art von Nebenbetonung an sich gezogen haben, die eher zu den Ableitungs- als zu den Flexionssuffixen gehörte, was das Fehlen des Umlauts erklären könnte.

Bei der 2. Pers. Sg. des Imperativs gab es einen weiteren deutlichen Unterschied zwischen starken und schwachen Verben. Erstere endeten auf den auslautenden Konsonanten der Wurzel *(nim!)*, die schwachen Verben immer auf Vokal (*brenni! bado!* usw.).

(iii) Vieles spricht für die Annahme, daß bei der Begegnung des einfachen westgerm. Verbalsystems zweier synthetischer Tempora und Modi mit dem hoch entwickelten System des Lat. und seiner Prät./Perf.-Unterscheidung, seinem Plusquamperfekt, seinem Futur und seinem Passiv, die deutschen Geistlichen immer stärker das Bedürfnis zur Schaffung zusätzlicher systematischer Unterscheidungen verspürt haben. Das Aufkommen der *umschreibenden (periphrastischen) Formen* war also wesentlich eine Eigentümlichkeit des Ahd. Diejenigen Verben, die dafür als Funktionsverben herangezogen wurden, waren *wesan* ‚sein‘, *werdan* ‚werden‘, *habēn* ‚haben‘ und als Variante im Pl. *eigun* ‚besitzen‘. Die infiniten Teile waren das Part. Präs. und das Part. Prät., die beide anfänglich häufig wie Adjektive dekliniert wurden. Der Infinitiv wurde mit den als Funktionswörter dienenden Präteritopräsentien gebraucht, aber solche Formen ergaben eher ein Verbalglied als Tempus- oder Modusformen. Die umschreibenden Formen können wie folgt gegliedert werden. Ihr Gebrauch ist Angelegenheit der Syntax.

Passiv			*Perfekt*	
wesan	(Tatsachen, Zustand, Dauer)		*wesan*	
	+ Part. Prät. (transit. Verben)			+ Part. Prät.
werdan	(Vorgang, Beginn)		*habēn/eigun*	

Gegenwärtiger Zustand (aktiv)

wesan		(Dauer)
	+ Part. Präs.	
werdan		(Beginn)

4.6 Morphologie: Wortbildung

4.6.1 Ableitung der Substantive

Die Hauptfunktion der Ableitung ist lexikalischer Natur. Mithilfe der Ableitung erweitern die Sprecher den Wortschatz ihrer Sprache entweder innerhalb einer Wortklasse, z. B. *Liebe – Liebling – Liebschaft*, oder durch Umwandlung einer Wortklasse in eine andere, z. B. *warm – wärmen – Wärme.* Adjektive werden so zu Substantiven oder Verben, Substantive Verben oder Adjektive, Verben Adjektive oder Substantive. Oft ist es nicht leicht zu entscheiden, welche Form der Ausgangspunkt war, aber synchronisch gesehen ist dies auch nicht ausschlaggebend. Was jedoch synchronisch von Belang ist, ist die Bestimmung derjenigen Ableitungsmittel, die aktiv und produktiv sind.

Die ahd. Zeit war eine Periode großer sprachlicher Regsamkeit. Die außerordentliche Fülle des lat. Wortschatzes war für die karolingischen Glossatoren und Übersetzer eine Herausforderung, und ihre Arbeiten zeigen deutlich, inwieweit sie im Bereich der Wortbildung darauf reagierten. Uns interessieren hier die von ihnen herangezogenen Ableitungsmittel. Die Übersetzung der Benediktinerregel und Otfrids *Evangelienbuch* (BR bzw. O) liefern für das 9. Jh. hinsichtlich der Produktivität die folgenden substantivischen Ableitungssuffixe:

(i) *-o*: entstanden aus früherem **-an* (meist deverbal) und **-jan* (meist denominal), bildet dieses Suffix *nomina agentis*, z. B. *gebo* ‚Geber'. Besonders häufig kommt es mit Präfixen und in Zusammensetzung vor: *giferto* ‚Gefährte', *gimazo* ‚Tischgenosse', *giteilo* ‚Kamerad'; *betti-riso* ‚Lahmer, Bettlägeriger', *man-slago* ‚Mörder', *widarwerto* ‚Feind'.

(ii) *-āri*: obgleich zahlenmäßig nicht viel weniger häufig als *-o* (in der BR 14 *-o*, 13 *-āri*; bei O 29 *-o*, 22 *-āri*), scheint es stärker auf die neue Welt der Kirche beschränkt gewesen zu sein, z.B. *bredigāri* ‚Prediger', *buachāri* ‚Evangelist', *fisgāri* ‚Fischer', *gartāri* ‚Gärtner', *heilāri* ‚Arzt, Heiler', *scribāri* ‚Schreiber', *skualāri* ‚Schüler', *zuhtāri* ‚Lehrer'. Die Verbreitung des Suffixes scheint sich seinem Gebrauch zur Bildung nichtzusammengesetzter nomina agentis von schwachen Verben durch Nachbildung der entsprechenden lat. Substantive auf *-tor, -sor* und *-arius* zu verdanken, während die Bildungen auf *-o*, als zu älterem Wortschatz gehörig, vor allem typisch germ. Ableitungen von starken Verben sind. Weinreich (S. 210) stellt fest, daß von dreiundvierzig Ableitungen auf *-e(o)-* im as. *Heliand* zweiunddreißig Komposita sind, wohingegen alle fünf Ableitungen auf *-āri* einfache Substantive darstellen. Nur Lehnwörter scheinen Dinge zu bezeichnen, z.B. *karkāri* ‚Kerker'.

(iii) *-in*: obgleich kaum in genannten Texten belegt, diente dieses Suffix zweifellos als Hauptmittel zur Bildung von Substantiven, die weibliche Wesen bezeichnen, z.B. *kuningin* ‚Königin' von *kuning, esilin* ‚Eselin' von *esil, fiantin* (BR) von *fiant,* lat. *inimica* (sogenannte movierte Feminina).

(iv) *-ī*: dies ist bei weitem das am häufigsten vorkommende Suffix in den beiden untersuchten Texten. Es bildete aus Adjektiven feminine Abstrakta. An Häufigkeit überwog es seinen nächstliegenden Konkurrenten *-ida* im Verhältnis 7:4 (BR) und 7:1 (O). Es konnte ohne Einschränkung Adjektiven aller Art angefügt werden, z.B. kurzen: *snellī* (O) ‚Tapferkeit' von *snel* ‚tapfer, kühn'; *rīffī* (BR) ‚Reife' von *rīffi* ‚reif'; abgeleiteten Adjektiven: *smāhlīhhī* (BR) ‚Kleinheit, Geringfügigkeit' von *smāhlīh* ‚klein, gering'; *gisuntī* (O) , Gesundheit' von *gisunt* ‚gesund'; zusammengesetzten Adjektiven: *geginwertī* (O) ‚Gegenwart' von *geginwert* ‚gegenwärtig'; *ubarmuatī* (BR) ‚Stolz' von *ubarmuati* ‚stolz'; Partizipien des Präteritums: *farlāzzanī* (BR) ‚Vergebung' von *farlāzzan* ‚vergeben'; *fartraganī* (BR) ‚Ertragen, Erdulden' von *fartragan* ‚ertragen, erdulden'.

(v) *-ida*: dies ist das zweithäufigste. Es bildete Abstrakta, bei O nur von Adjektiven, und konkurrierte mit einer Bildung auf *-ī*, z.B. *beldida* und *baldī* ‚Kühnheit' von *bald* ‚kühn'; *heilida* ‚Gesundheit, Unversehrtheit' und *heilī* ‚das Heil, Erlösung' von *heili* ‚gesund, unversehrt'; *lūtida* ‚Lautheit, Lärm' und *lūtī* ‚Laut' von *lūt* ‚laut'. Es ist in BR, wo es auch bei Verbalwurzeln gebraucht wurde, häufiger als bei O, z.B. *kehenkida* ‚Zustimmung, consensus' von *kehenkan* ‚zustimmen'; *pihaltida* ‚Einhaltung' von *pihaltan* ‚einhalten'. Man hat oft den Eindruck, als ob sein Gebrauch einem lat. Abstraktum entspricht, z.B. *ordo, ordinatio* > *kisezzida, antreitida; misericordia* > *armaherzida; ignorantia* > *unwizzida.*

(vi) *-nissi*: in den ahd. Texten gibt es große Schwankungen hinsichtlich des Genus (z. B. N. bei O, F. bei Isidor, F. und N. bei Tatian) und des Suffixvokals (*a, u* neben dem häufigeren *e* und *i*), z. B. *stuncnissī* F. (BR) ‚Zerknirschung, Reue', *kernnissa* F. (BR) ‚Andacht, Hingabe'. Bei O konkurriert dieses Suffix oft mit *-ī* und *-ida*, z. B. *finstarnissi* neben *finstrī* ‚Finsternis', *suaznissi* ‚Süße' neben *suazzī*, auch aus Adjektiven sind *stilnissi* ‚Stille', *wārnissi* ‚Wahrheit'. Es gibt auch Ableitungen von Verben und Substantiven, z. B. *irstantnissi* ‚Auferstehung' von *irstantan, gotnissi* ‚Gottheit'.

(vii) *-unga*: mithilfe dieses Suffixes werden fem. Verbalsubstantivabstrakta, die eine Handlung oder das Ergebnis einer Handlung bezeichnen, gebildet. Bei O gibt es nur vier, z. B. *samanunga* ‚das Zusammenkommen' von *samanōn* ‚zusammenkommen, versammeln', *manunga* ‚Ermahnung' von *manōn* ‚mahnen', aber in der BR sind Abstrakta auf *-unga* ziemlich häufig. Hier scheinen die lat. Abstrakta auf *-atio* usw. zu ansteigendem Gebrauch in gelehrter Prosa geführt zu haben, z. B. *auhhunga* ‚Wachstum', lat. *augmentatio*, von *auhhōn* ‚hinzufügen, mehren', *īlunga* ‚Eile', lat. *festinatio*, von *īlen* ‚eilen', *scauwunka* ‚Betrachtung' von *scauwōn* ‚schauen'. Solche Ableitungen kamen häufig von schwachen Verben, besonders den Verben auf *-ōn*, viel seltener von starken Verben, bei denen ältere Abstraktbildungen zur Verfügung standen (s. S. 102, 105).

(viii) *-ōd, -ōdi*: Verbalableitungen haben generell *-ōd* oder *-ōt*, z. B. *wegōd* (O) ‚Hilfe, Beistand' von *wegōn* ‚helfen', *rīhhisōd* (BR) N. ‚Herrschaft' von *rīhhisōn* ‚herrschen'; Nominalableitungen haben gewöhnlich *-ōdi* oder *-ōti* F. oder N., z. B. *ebenōti* (O) ‚Ebene' von *eban* ‚eben', *hērōti* ‚Herrschaft, Obrigkeit' zu *hēr* ‚alt, erhaben'.

(ix) *gi-i*: dieses zusammengesetzte Ableitungsmittel ist im Ahd. eines der fruchtbarsten. Es bildet sächliche Substantive mit oft kollektiver Bedeutung, oft aber auch mit geringer semantischer Differenzierung. Zugrunde liegt ein Substantiv; z. B. *giknihti* (O) ‚die Jünger' von *kneht* ‚junger Mann', *gizungi* (O) ‚Sprache' von *zunga* ‚Zunge, Sprache'. In Wörtern wie *gibendi* ‚Band, Fessel' bereitete das Vorhandensein sowohl des Substantivs *bant* wie des Verbs *bintan* die spätere Ausbreitung dieser Ableitung auf Verbalwurzeln vor.

(x) Andere Substantivsuffixe wie z. B. *-ahi*, das Kollektiva von Dingen bildete, z. B. *boum* ‚Baum' > *boumahi* ‚Baumgruppe', *stein* > *steinahi* ‚steinige Gegend' oder *-isal*, das Substantive aus Verben bildete, z. B. *wertisal* N. (O) ‚Verletzung, corruptio' von *(ir)werten* ‚verderben, verletzen' oder *-ing (-ling)*, z. B. *kataling* M. (BR) ‚Gatte', *zehanning* M. (BR) ‚Diakon' scheinen nach der Häufigkeitsüberprüfung nicht besonders produktiv gewesen zu sein. Das gleiche gilt für Diminutivsuffixe, z.B. *kindilīn* (O) ‚Kindlein'.

(xi) *-heit*: feminine Abstrakta, die ‚Art, Weise' bezeichnen, wurden gebildet, indem das Suffix *-heit*, das sich aus einem Substantiv *heit* ‚Art, Gestalt' entwickelt hatte, an Substantive oder Adjektive gefügt wurde; z.B. *deoheit* (BR) ‚Demut', *kewonaheit* (BR) ‚Brauch, Sitte' von *kiwon* ‚gewohnt, üblich', *bōsheit* (O) ‚Schlechtigkeit', *gimeitheit* (O) ‚Torheit, Hochmütigkeit' neben *gimeitī* ‚Torheit, Hochmütigkeit' von *gimeit* ‚stultus, hochmütig'.

(xii) *-scaf*: feminine, ‚Zustand, Verhalten' bezeichnende Abstrakta. BR hat beispielsweise *lantscaf* ‚Gebiet', doch sind Wörter mit personalen Substantiven typischer: *kinōzscaf* ‚Gemeinschaft', *fiantscaf* ‚Feindschaft'; Otfrid hat *botascaf* ‚Botschaft', *bruaderscaf* ‚Bruder-, Brüderschaft', *drūtscaf* ‚Freundschaft', *fiantscaf, heriscaf* ‚Schar, Menge'.

(xiii) *-tuom*: M. oder N., bezeichnet ‚Zustand, Rang', z.B. (BR) *meistartuam* M., lat. *magisterium, ēwarttuam* lat. *sacerdotium*, O: *altduam* N. ‚Alter', *hēriduam* M. ‚Ansehen', *thiarnuduam* M. ‚Jungfräulichkeit', *wīsduam* N. ‚Weisheit'.

(xiv) *-tag (-tago)*: bezeichnet im wesentlichen einen ‚unangenehmen Zustand'. Otfrid hat *nakotdag* M. ‚Nacktheit'.

Präfigierte Substantive waren ebenso eine charakteristische Eigentümlichkeit des Ahd. Die mit *un-* in der Bedeutung ‚nicht, negativ' präfigierten waren besonders häufig, z.B. bei Otfrid unter vielen anderen *unfruati* ‚Unklugheit', *unfrewida* ‚Traurigkeit', *ungiwitiri* ‚Unwetter'. Angesichts des zunehmenden Austausches zwischen den Wortklassen Verb und Substantiv fanden sich jetzt auch ursprünglich typische Verbalpräfixe in großer Zahl bei den Verbalsubstantiven, z.B. *ablāzi* ‚Ablaß', *ākust* ‚Schlechtigkeit, Laster', *anawalt* ‚Aufenthalts-, Zufluchtsort'. Einige Substantivpräfixe waren nicht von Verbalpräfixen abhängig, z.B. *abgrunti* ‚Abgrund' mit von *grunt* zu unterscheidender Deklinationsklasse, *antluzzi* ‚Antlitz' mit einem Präfix, das bei Verben die unbetonte Form *int-* hat.

4.6.2 Ableitung der Adjektive

Die Adjektive hatten die charakteristischen Merkmale der Suffixableitung mit den Substantiven gemeinsam. Die folgenden Suffixe waren im Ahd. besonders bei BR und O am häufigsten:

(i) *-līh*: Dies war bei weitem das häufigste Suffix. Es wurde an Substantive und Adjektive gefügt und machte letztere abstrakter als das zugrunde liegende Adjektiv. Beispiele von Substantiven: *lastarlīh* (BR) ‚tadelnswert', *ābandlīh* (O) ,am Abend'; von Adjektiven: *frīlīh* (BR) ,frei', *worolt-līh* (O) ,weltlich'; von Partizipien des Präteritums: *unerrahōtlīh* ,ungesagt'; von Zusammensetzungen: *got-kundlīh* (O) ,göttlich'. Sehr oft kommen Adverbien auf *-līcho* neben den Adjektiven vor.

(ii) *-ig (-ag):* bildete Adjektive von Subst. und Adj., gelegentlich auch von Verben. Die Form *-ag* war viel seltener. Es gibt beispielsweise *ōtag* (BR) ,reich', *slaaffag* (BR) ,schläfrig' und *nōtag* (O) ,nötig', *iāmarag* (O) ,jämmerlich'. Neben *heil* ,gerettet' gibt es in BR *heillīh* und *heilīg*; oder *wintirig* (O) ,winterlich'.

(iii) *-isc*: O und BR haben beide *himilisc* ,himmlisch' und *chindisk* bzw. *kindisg* ,kindlich'. Es gibt auch Ableitungen von Namen, die für dieses Suffix typisch sind: *rumisk* (BR) ,römisch', *kriahhisg* (O) ,griechisch'.

(iv) *-īn*: an Substantive gefügt bedeutet es ,Zugehörigkeit, gemacht aus', z.B. *girstīn* (O) ,aus Gerste', *skāfīn* ,vom Schaf', *steinīn* ,aus Stein'.

(v) *-al*: dies Suffix drückte ,Neigung, Hang zu' aus, z.B. *filu-ezzal* (BR) ,geneigt viel zu essen', *slāfal* (BR) ,schlafsüchtig', *trunchal* ,trinksüchtig'.

(vi) *-sam*: dies Suffix war ursprünglich ein Adjektiv, vgl. engl. *,same'*. Es wurde vornehmlich an Substantive gefügt, war aber nicht sehr häufig, z.B. *hōrsam* (BR und O) ,gehorsam', *leidsam* (BR) ,abscheulich', *fridusam* (O) ,friedlich'.

(vii) *-haft*: Bildungen mit *-haft* waren ursprünglich auch Zusammensetzungen mit dem alten Part. Prät. *haft* (< **hafjan*), das an Substantive und später an Verben gefügt wurde, mit der Bedeutung ,besitzend, innehabend', z.B. *ērhaft* (BR) ,ehrenhaft', *wurzhaft* (BR) ,Wurzeln habend', *līb-haft* (O) ,lebend', *wārhaft* (O) ,wahr'.

(viii) *-bāri(g):* dieses Suffix leitet sich von einem Verbaladjektiv mit der Bedeutung ,tragend' ab, und mehrere dieser Bildungen haben auch diese Bedeutung, z.B. *dancbāri* ,dankbar', *unlastarbārig* (O) ,untadelhaft'. Man hat festgestellt, daß der semantische Gehalt dieses Suffixes im 9. Jh. bereits so abgeschwächt war, daß es zu einem rein formalen Bestandteil zur bloßen Andeutung der Wortklasse geworden war. Es bestand kaum Differenzierung zu den konkurrierenden Ableitungen auf *-līh, -ig, -sam* oder *-haft*. Doch wurde es bei einer Belegmenge von nur vierzehn Bildungen, verglichen mit den fast neunhundert auf *-līh*, über hundert auf *-haft* und siebenundvierzig auf *-sam*, nur spärlich angewendet.

Bei den folgenden Suffixen stehen wir an der Grenze zwischen Ableitung und Zusammensetzung. Gemäß dem Kriterium relativer Häufigkeit können die beiden folgenden auch als Ableitungssuffixe angesehen werden:

(ix): *-muoti*: beispielsweise in BR *luzzilmuati* ‚kleinmütig', *klatamuati* ‚froh', *ubarmuati* ‚überheblich, stolz' und bei O *dump-muati* ‚töricht', vgl. dt. *stumpfsinnig, einmuati* ‚einmütig', *fast-muati* ‚festen Sinnes, standhaft' und andere. Während die Formen auf *-haft* und *-bāri* stark angewachsen sind, haben diejenigen auf *-muati*, abgesehen von ihrem Wandel zu *-mütig*, abgenommen. *-muati* war im Begriff, ein Ableitungssuffix zu werden und kann in der Tat im Ahd. als ein solches angesehen werden, seine weitere Entwicklung kam jedoch – anders als bei den andern beiden Suffixen oder bei *-los* – schließlich zum Stillstand.

(x) *-lōs*: ‚ohne', z.B. *ruahhalōs* (BR) ‚unsorgfältig, nachlässig', *drōstolōs* (O) ‚trost-, schutzlos', *goumilōs* (O) ‚unbeachtet', *suntilōs* (O) ‚sündlos, unschuldig'.

Das einzige, bei der Adjektivableitung weit verbreitete Präfix war *un-*, das zur Negierung der Adjektive diente, z.B. *unfrō* ‚unglücklich', *ungiwar* ‚unachtsam'. Andere Präfixe wie *gi-* oder *ur-, urwāni* (O) ‚hoffnungslos', verbreiteten sich im Kielwasser der Adjektivierung anderer Wortklassen.

4.6.3 Ableitung des Verbs

Der bei weitem wichtigste Vorgang hinsichtlich der Verbableitung war die Umwandlung von Substantiven, Adjektiven oder Verben zu schwachen Verben besonders der *ōn-* und *ēn*-Klasse, aber auch zu **-jan*-Verben. Nur eine Form oder zwei verbanden sich mit den starken Verben, z.B. *scrīban* ‚schreiben' (s. 4.5.3). Die Suffixableitung betreffend gibt es die folgenden Bildemittel:

(i) *-ilōn (-olōn)*: iterative Verben wurden vornehmlich aus anderen Verben gebildet, z.B. bei O: *grubilōn* ‚durchforschen', vgl. *graban* ‚graben', *quitilōn* ‚besprechen', vgl. *quedan* ‚sprechen', *quiti* ‚Ausspruch', *skrankolōn* ‚schwanken' von *skrankōn* ‚fallen', *spurilōn* ‚aufspüren' von *spurien* ‚(nach)spüren'.

(ii) *-isōn*: es gab eine Reihe von Verben, die durch Hinzufügung dieses Suffixes zu Substantiven, Adjektiven oder anderen Verben gebildet wurde, es ist aber schwer zu beurteilen, inwieweit dies eher eine produktive Ableitung oder aber eine lexikalische Unterklasse war. O hat *rīhhisōn* ‚herrschen' neben *rīhhi* (als Subst. ‚Macht', als Adj. ‚reich, mächtig'), vgl. *hērisōn* ‚herrschen' neben *hērī* ‚Würde' oder *hēr* ‚alt'.

(iii) *-izen* (oder *-izōn*): dies ist ein ererbter Typus von Iterativ- oder Intensivbildung, der, obwohl bei O nicht belegt, in obdt. Mundarten produktiv gewesen sein kann, z.B. *heilazen* ‚begrüßen', *līhhizen*, heucheln', vgl. *gilīh* ‚gleich, ähnlich'.

Man kann darüber streiten, ob die Präfigierung Teil der Ableitung oder der Zusammensetzung ist. Der größere Teil der Verbalpräfigierung ist zweifellos Zusammensetzung, aber ein bedeutender, eingeschränkterer Teil, bei dem die Präfixe gebundene Morpheme sind, könnte gerechtfertigterweise der Ableitung zugerechnet werden. Aus Gründen einer einheitlichen Behandlung wird die gesamte Präfigierung bei der Zusammensetzung (Komposition) behandelt.

4.6.4 Nominalkomposition

Rein quantitativ gesehen gab es im Ahd. wahrscheinlich mehr Ableitungen als Zusammensetzungen, doch die Bedeutung der Nominalkomposition, hauptsächlich der des Typus Substantiv plus Substantiv, liegt in der Tatsache, daß sie ein für die germ. Sprachen äußerst bezeichnendes Bildemittel war und im Lat. größtenteils fehlte. Allein der einheimische Sprachgenius war also der Urheber für solche Formen wie *ābantmuas* in der BR. für lat. *cena, morkanlob* für *matutinus, wāthūs* für *vestiarium, nahtwahha* für *vigiliae.*

Hinsichtlich der Form der Nominalkomposition können wir die folgenden Typen unterscheiden:

(i) Der produktivste Typus war: Substantiv + Substantiv. Hier übertraf die Primärkomposition, d.h. der erste Bestandteil der Zusammensetzung steht in der Stammform ohne Kasusendung, bei weitem die Sekundärkomposition mit flektiertem ersten Bestandteil. Doch aufgrund der Abschwächung der inlautenden Vokale und des allgemeinen Verlusts unbetonter Vokale nach langen Wurzeln waren die beiden Zusammensetzungsweisen bereits miteinander vermischt. Beide können nur bei Vorhandensein eines Gen. Sg. auf *-es oder -un (-en)* deutlich auseinandergehalten werden. Alle andern inlautenden Bestandteile sind mit Vorsicht zu betrachten. Offensichtlich handelt es sich um Primärkomposition in Fällen (alle bei Otfrid) wie *erdgrunt* ‚Erde', *lantliut* ‚Bewohner', *kornhūs* ‚Getreidespeicher' oder mit auslautendem Vokal *bettiriso* ‚Bettlägeriger', *dagamuas* ‚Mittagessen', *heristrāza* ‚Heerstraße', *hugulust* ‚Gesinnung'. Doch ist die Bedeutung des Inlautvokals weniger klar bei *arnogezīt* ‚Erntezeit' oder *nōtigistallo* ‚Genosse in der Not'. Neben *brūtlouft* ‚Hochzeit' steht *brūtigomo* ‚Bräutigam', das eine Zusammensetzung mit flektiertem ersten Bestandteil oder eine Zusammensetzung mit trotz Länge der Wurzel erhaltenem auslautenden Wurzelvokal sein könnte. Beispiele für Sekundärkomposition bei O sind: *sunnūnāband* ‚Sonnabend', *sunnūnlioht* ‚Sonnenlicht', *dageszīt* ‚Tageszeit', *wintesbrūt* ‚Windsbraut, Wirbelwind'.

Bezeichnend ist, daß der erste Bestandteil im allgemeinen ein einfaches Wort ist, d.h. ohne Ableitungssuffix oder selbst Zusammensetzung. Im übrigen besteht die syntaktisch-semantische Verbindung zwischen den beiden Bestandteilen ohne Einschränkung, doch sind alle vom Typus der Determinativkomposita.

(ii) Adjektiv + Substantiv: bestimmte Bildungen sind recht häufig, z.B. solche mit *alt* und *ala*, doch sonst ist dieser Typus nicht sehr entwickelt, z.B. *alagāhī* ‚sehr in Eile, ganz schnell', *altgiscrib* ‚Altes Testament'. Der bei weitem beliebteste erste Bestandteil bei O ist *worolt* ‚Welt', z.B. *woroltruam* ‚weltlicher Ruhm', *woroltmagat* ‚Jungfrau dieser Welt'. Obwohl von Hause ein Substantiv, scheint es die Funktion einer Art adjektivischen Determinativbestandteils zu haben.

(iii) Bei den Adjektivzusammensetzungen sind zwei Arten zu unterscheiden:

(a) Determinativkomposita bestehend aus Substantiv oder Adjektiv + Adjektiv, z.B. BR *cotchund* ‚göttlich', *filuezzal* ‚gefräßig', *wīntrunchal* ‚trunksüchtig', *kakanwart* ‚gegenwärtig', O *managfalt* ‚mannigfalt', *ubilwillig* ‚übelwollend';

(b) exozentrische Komposita (s. 3.7.5 (ii)), z.B. bei O *armherzi* ‚barmherzig', *ebanreiti* ‚gleichgeordnet, gleichgestellt', *einluzzi* ‚alleinstehend', *einstimmi* ‚einstimmig', *elilenti* ‚verbannt, elend', BR *einstrīti* ‚störrig, eigensinnig'. Die Ableitungen auf *-muoti* (s. 4.6.2. (ix)) könnten natürlich auch als exozentrische Adjektivkomposita angesehen werden.

4.6.5 Verbalkomposition

Es gibt zwei Arten von Verbalkomposition: Präfix- oder Partikelkomposition, die ererbt und verbreitet ist, und Zusammensetzungen von Substantiv + Verb, die sowohl relativ neu wie selten und unbedeutend zu sein scheinen.

(i) Den Typus: Substantiv + Verb haben wir bei O beispielsweise in *fuazfallōn* ‚zu Füssen fallen', *halsslagōn* ‚ohrfeigen', in der BR *castluamen* ‚Gast sein', *welaqhedan* ‚segnen', *ābandmuasōn* ‚zu Abend essen'. Diese alle, mit einer Ausnahme, sind in Wirklichkeit Verbalableitungen von Nominalkomposita, z.B. *castluamī* ‚Gastlichkeit' usw., obwohl sie ein Muster für die zukünftige Entwicklung abgeben sollten. *Welaqhedan* wird am besten als Lehnsübersetzung des lat. *benedicere* angesehen.

(ii) Verbalpräfigierung. Die Partikeln, die im Germ. Verben präfigiert werden konnten, hatten von Anfang an eine adverbiale und eine präpositionale Funktion. Sie waren allgemein unbetont. Schon vor der Zeit des

Ahd. hatte Funktions- und Betonungsdifferenzierung zu einer Teilung in zwei Präfixklassen geführt. Eine ältere Klasse enthielt Partikeln, die stets unbetont und reduziert waren, obgleich die Vokale mundartlich variierten (z.B. *gi-, ge-, ga-*). Einige, historisch auseinanderzuhaltende Partikeln waren zusammengefallen, z.B. got. *faír-, fra-, faúr-*: ahd. *fir-* oder got. *and-, in-*: ahd. *in-*. Diese bewahrten stets ihre Stellung vor dem Verb, und das Part. Prät. des Verbs hatte kein *gi-*. Im großen und ganzen waren sie von der Bedeutung her gesehen vage. Sie hatten keine klaren Entsprechungen unter den lat. Präfixpartikeln. Eine jüngere Klasse von Präfixpartikeln hatte eine sehr viel stärkere adverbielle Funktion und war semantisch gesehen deutlicher definiert; die Partikeln dieser Klasse trugen Betonung. Als Präfixe hatten sie dieselbe lautliche Form, die sie als unabhängige Wörter hatten. Sie gingen dem Verb im Infinitiv und Part. Prät. voran, wurden aber im Part. Prät. durch *gi-* und im Infinitiv, wenn erforderlich, durch *zi-* vom Verb getrennt. In untergeordneten Sätzen standen sie ebenfalls vor dem Verb, folgten ihm aber im Hauptsatz. Bei der Mehrzahl der Partikeln herrscht Klarheit darüber, ob sie zur Klasse der ‚trennbaren' oder zur Klasse der ‚untrennbaren' Partikeln gehören, einige konnten jedoch zu beiden gehören.

(a) Untrennbare (alle Beispiele bei O): *bi- biborgēn* ‚sich hüten'; *int- (in-) intfliahan* ‚entfliehen'; *ir- irbaldēn* ‚Mut fassen'; *gi- gibeiten* ‚nötigen'; *fir- firneman* ‚vernehmen'; *zi- zibrechan* ‚brechen, bändigen'; auch die folgenden standen stets vor dem Verb: *duruh*: *thuruhstechan* ‚durchstechen'; *hintar*: *hintarqueman* ‚erstaunen, erschrecken'; *missi*: *missidrūēn* ‚mißtrauen'.

(b) Trennbare: *aba-* ‚ab' (nicht bei O) (BR) *abasnīdan* ‚abschneiden', lat. *abscisio; after*: *afterruafan* ‚nachrufen'; *ana*: ‚an' *anablāsan* ‚anblasen', lat. *inspirare; fram*: *framgangan* ‚vorgehen', lat. *procedere; fora*: (BR) *forachunden* ‚verkündigen', lat. *pronuntiāre; furi*: *furibringan* ‚herbeibringen'; *in*: *ingān* ‚hineingehen'; *hera*: ‚her' *herafuaren* ‚herführen'; *hina*: ‚weg' *hinaneman* ‚wegnehmen'; *miti*: ‚mit' *mitiloufan* ‚mitgehen'; *nāh*: ‚nach' *nahloufan* ‚nachlaufen'; *nidar*: ‚nieder' *nidarfallan* ‚niederfallen'; *dana*: ‚weg, fort' *thanasnīdan* ‚wegschneiden' (*aba-* bei O s.o.); *ubar*: ‚über' *ubarwinnan* ‚besiegen', lat. *superāre; ūf*: ‚auf' *ūfgangan* ‚aufgehen'; *umbi*: ‚um, herum' *umbirītan* ‚umreiten'; *ūz*: ‚aus' *ūzirdrīban* ‚austreiben'; *widar*: ‚gegen, wider' *widarwerban* ‚zurückkehren'; *zua*: ‚zu' *zuaruafan* ‚zurufen'; *ubar, untar, umbi* kamen sowohl in der trennbaren wie untrennbaren Klasse vor.

Parallelkonstruktionen zum Lat. finden sich am häufigsten bei den klarer definierten Ortspartikeln und Bewegungsverben. Einige sind offensichtlich Nachahmungen, z.B. in der BR *anathionōn* für *inservīre, untar-*

ambahten für *subadministrāre, zuahelfan* für *adiuvāre*, während andere durchaus auch Spontanbildungen im Ahd. gewesen sein können, z.B. *umbikangan* für *circumvenīre* oder *zuaneman* für *adsumere.*

4.7 Syntax

Anscheinend hatten auch in der Syntax zwischen dem Spätgerm. und dem Beginn der Bildungsarbeit in der Karolingerzeit grundlegende Veränderungen stattgefunden. So waren im 9. Jh. die Grundzüge der deutschen Syntax sowohl hinsichtlich der Wortstellung im Satz wie auch der Gliedstruktur bereits vorhanden, wenn auch im einzelnen manche Veränderungen erst noch kommen sollten. Die Erforschung der frühdeutschen Syntax wird durch die Tatsache beeinträchtigt, daß weitaus die meisten Texte Übersetzungen aus dem Lat. waren, die stark zur Nachahmung neigen, oder Dichtung in Stabreim- oder Endreimversen, bei der das Abweichen von der ‚normalen' Syntax nicht weniger üblich war als in moderner Dichtung.

4.7.1 Die Stellung des Verbalglieds

Im Satz wurde die relative Stellung der Glieder zueinander vom Verbalglied beherrscht. Es bestand, wie heute, aus einem finiten Verb oder einem finiten Verb plus infiniten Teilen. Aufgrund der Stellung des finiten Verbs können folgende Satztypen unterschieden werden:

(i) Das *finite Verb in Anfangsstellung* findet sich regelmäßig bei unabhängigen Fragesätzen ohne Fragepartikel:

Forsahhistū unholdūn? ‚Weist du den Teufel zurück?' und bei Adhortativ- und Imperativsätzen:

Dua noh hiutu unsih wīs ‚Gib uns noch heut Bescheid!' In konjunktionslosen Konditionalsätzen (ohne *wenn* usw.):

Quimit hē gisund ūz, ih gilōnōn imoz

‚Kommt er heil heraus, werde ich ihn dafür belohnen'.

Diese Satztypen sind im heutigen Deutsch unverändert geblieben.

(ii) *Das finite Verb in Zweitstellung* ist zahlenmäßig am häufigsten bei unabhängigen Aussagesätzen. Die erste Stelle kann vom Subjekt (als Substantiv oder Pronomen), vom Objekt, von einer Umstandsergänzung oder einer infiniten Form des Verbalglieds eingenommen werden. Sätze, bei denen ein anderer Satzteil die erste Stelle einnimmt, waren jedoch verhältnismäßig selten.

Erste Stelle	Zweite Stelle		Nhd.
Subj.	finites Verb		
Ther kuning	*reit*	*kuono*	‚der König ritt tapfer'
Obj.			
Einan kuning	*uueiz*	*ih*	‚ich kenne einen (bestimmten) König'
Adv.			
Sīdh	*uuarth*	*her guot man*	‚von da ab wurde er ein guter Mann (Mensch)'
infinites Verb			
Giskerit	*ist*	*thiu hieruuist*	‚das (unser) Dasein ist zugeteilt'

Anfangsstellung verlieh mit Ausnahme des Subjekts allen Gliedern Nachdruck (Emphase). Sowohl in der Dichtung wie in Latein nachahmender Prosa, doch vielleicht auch als Echo germ. Praxis steht auch das finite Verb in Anfangsstellung:

Lietz her heidine man obar sēo līdan
‚Er ließ heidnische Männer über das Meer kommen'

Quad tho Maria (Dixit autem Maria)
‚Dann sagte Maria'

Dies war jedoch eine anomale Stellung, die in der Dichtung aus Emphasegründen geduldet wurde, sonst aber im Begriff war, im Laufe der ahd. Periode zu verschwinden. Sogar in den frühesten Texten, beispielsweise in der Isidorübersetzung, wurde die lat. Anfangsstellung des Verbs in der deutschen Version nicht befolgt, sondern ersetzt durch die im Ahd. typische Stellung des finiten Verbs: die Zweitstellung, z. B.

Isidor (15, 18) *fecit deus hominem: got chiworahta mannan.* (17, 12) *dedi spiritum meum super eum: ih gab ubar inan mīnan gheist.*

Eine Position hinter der zweiten Stelle war auch anomal, selbst in frühen Texten, obwohl dies ein Echo früherer Möglichkeiten im Germ. gewesen sein könnte, z. B. Isidor (17, 11) *ih inan infāhu* ‚ich empfange ihn'. Ab und an ist schwer zu entscheiden, ob eine Umstandsergänzung oder deren zwei vorliegen, z. B. Isidor (5, 3) *sō dhār auh ist chiscriban* ‚wie da geschrieben steht'.

(iii) *Nach hinten gezogene Stellung des finiten Verbs* war für abhängige oder untergeordnete Sätze kennzeichnend. Wo der Satz wenige oder nur leichte Ergänzungsteile enthielt, lief die nach hinten gezogene Stellung des finiten Verbs auf Endstellung hinaus, die für untergeordnete Sätze im heutigen Deutsch so charakteristisch ist. Doch schwere Ergänzungen, besonders präpositionale Adverbialgruppen, wurden gewöhnlich hinter das finite Verb gestellt. Je mehr Bestandteile es gab, desto weniger wahrscheinlich war die Endstellung des finiten Verbs. Die Objekte wurden gewöhnlich vor das finite Verb gestellt. Die infiniten Teile des Verbalglieds wurden häufig hinter das finite Verb gesetzt, davon die Infinitive öfter als die Partizipien des Präteritums.

Die Beispiele erhellen nicht nur die verhältnismäßig freie Anordnung an dritter Stelle – sie scheint oft von rhythmischen Erwägungen her bestimmt zu sein –, sondern auch das Vorhandensein von verschiedenen Arten untergeordneter Nebensätze, beispielsweise mit Konjunktionen, mit *daz* und Relativsätze. Die meisten Konjunktionen befanden sich in einem oft das Lat. nachahmenden Entwicklungsstadium und unterschieden sich beträchtlich von den uns im heutigen Deutsch vertrauten Konjunktionen. Das tatsächliche Vorkommen untergeordneter Sätze unterschied sich auch wesentlich von der heutigen Praxis. Parataxe (Nebenordnung) gab es häufig dort, wo spätere Sprachstadien Unterordnung (Hypotaxe) vorzogen, z.B. *fon thero burgi thiu hiez Nazareth*, vgl. *von der Stadt. Die hieß Nazareth*, und das üblichere *von der Stadt, die Nazareth hieß.*

Erststellg	Zweitstellg	Rückw. Stellg des fin. Vb. und Stellg der Ergänzgen
Konj.	Subj.	f.V. Erg.
Sō	*thaz*	*uuarth algendiōt*
		‚als das alles beendet war'
		Obj. Erg. Inf. f.V.
Ob	*her*	*arbeidi so iung tholōn mahti*
		‚Ob er so jung Mühsal ertragen könnte'
		f.V. Obj.
Wio	*er selbo*	*druag thaz kruzi*
		‚Wie er selbst das Kreuz trug'
		Erg. f.V. Part. Prät.
dhazs	*dhiz*	*fona Cyre Persero chuninge sii chiforabodōt*
		‚daß dies von Cyrus, dem König der Perser, prophezeit worden ist'
Rel. pron.	Ergänz.	f.V. Part. Prät.
dher	*fona uuerodheota druhtīne*	*uuard chisendit*
		‚der vom Herrn der Heerschar(en) gesandt wurde'

Ganz besonders ist auf das Fehlen untergeordneter Kausalsätze hinzuweisen (z.B. *weil*-Sätze). Die Kausalsätze einleitende Hauptpartikel war *wanta* mit der im Hauptsatz gültigen Wortstellung, z.B. *Want ira anon warun thanana* (Otfrid I, 11, 27), die den *denn*-Sätzen im heutigen Deutsch entspricht: ‚Denn ihre Vorfahren waren von dort'.

4.7.2 Verbalglied und Nominalglied

Es ist schon gezeigt worden, daß das aus finitem Verb und infiniten Teilen bestehende *Verbalglied* in untergeordneten Sätzen noch nicht die heutige Wortstellung erreicht hatte. Im unabhängigen Satz standen die infiniten Teile wie im heutigen Deutsch oft in Endstellung:

f.V. Inf.
Musp. *dar scal er vora demo rihhe az rahhu stantan*
‚dort wird er vor dem Herrscher Rechenschaft geben müssen'

f.V. Part. Prät.
denne uuirdit untar in uuic arhapan
‚dann wird zwischen ihnen Krieg beginnen'

Aber aus rhythmischen Gründen oder in Nachahmung des Lat. konnten die Ergänzungen auch den infiniten Teilen folgen:

f.V. Inf.
Her ūzgangenti ni mohta sprehhan zi in
Egressus autem non poterat loqui ad illos

f.V. Inf.
Wessobrunner Predigt *Uuir ne sculun nieth uoben die irdisgen acchera durh werltlīchen rīhtuom*
‚Wir sollen die irdischen Äcker nicht um weltlichen Reichtums willen gebrauchen'

Das *Nominalglied* hat die gewohnte, zweifellos aus dem Germ. ererbte Anordnung: Das Bestimmende steht vor dem zu Bestimmenden. Demzufolge haben wir die Wortstellung: Adj. + Subst., Pron. poss. + Subst., Subst. im Gen. + regierendes Subst. Auch die andersartige lat. Wortstellung konnte gewöhnlich die ahd. nicht beeinflussen:

thie heilago geist: *spiritus sanctus*: ‚der hl. Geist'
in sīn hūs: *in domum suam*: ‚in sein Haus'
in themo sehsten mānūde: *in mense sexto*: ‚im 6. Monat'
mannes sunu: *filius hominis*: ‚des Menschen Sohn'

himilo rīhhi: *regnum coelorum*: ‚das Himmelreich‘
gotes thiu: *ancilla domini*: ‚Gottes Magd‘
Nachstellung findet sich in dichterischer Diktion und bei schweren Genitivgruppen: *in nemin fateres enti sunes enti heilages gheistes*: *in nomine patris et filii et spiritus sancti.* Auch der possessive Genitiv folgte dem regierenden Substantiv, und dieser Gebrauch gewann immer mehr an Boden bis im heutigen Deutsch schließlich *der Kahn des Fischers* dem Englischen *the fisherman's boat* gegenüberstand.

Im Spätahd. wurde ein Stadium erreicht, in dem, wie im heutigen Englisch, zwischen Personalsubstantiven (der Gen. geht regelmäßig voran) und nichtpersonalen Substantiven (der Gen. im Begriff, dem reg. Subst. zu folgen), unterschieden wurde, vgl. im Englischen *our neighbour's garden* aber *the size of the garden.*

Das Ahd. kannte eine charakteristische Konstruktion bei Nominalgliedern, in denen der Artikel des regierenden Substantivs vor dem Gen. stand, z.B. *thiu himilrīches guatī* ‚die Güte des Himmelreiches‘, *in theru druhtines brusti* ‚in des Herren Brust‘.

4.7.3 Die Artikel

Das Ahd. machte häufigen Gebrauch vom bestimmten Artikel selbst in Übersetzungen aus dem Lat., das keinen Artikel kennt. Doch im einzelnen ist sein Gebrauch wesentlich anders als im heutigen Deutsch. Im allgemeinen drückte der bestimmte Artikel Bestimmtheit aus, indem er rückbezüglich für vorher schon Erwähntes stand oder etwas auf andere Weise kennzeichnete. Wo die Kennzeichnung von anderen sprachlichen Mitteln ausgedrückt wurde, konnte er wegfallen oder, gewissermaßen tautologisch, trotzdem gebraucht werden. Unbestimmtheit wurde anfänglich unausgedrückt gelassen, jedoch nahm der Gebrauch des Zahlworts *ein* als unbestimmter Artikel während der ahd. Periode schnell zu. Früher hatte es ‚eines von seiner Art, Gattung‘ von ‚ein bestimmtes Individuum‘ unterschieden (auf letzteres wurde durch das Demonstrativpronomen hingewiesen, das sich allmählich zum bestimmten Artikel entwickelt hatte). Abstrakta, nur einmal vorkommende Dinge (*hella* ‚Hölle‘, *sunna* ‚Sonne‘), von einer Präposition regierte oder bestimmte Substantive und in Paaren oder Formeln *(tag und naht)* vorkommende Substantive standen ohne bestimmten Artikel, der Gebrauch ist jedoch in den verschiedenen Texten unterschiedlich und nimmt im Laufe der Zeit mehr und mehr zu.

Als Beispiel nehmen wir die Übersetzung von Johannes 4, 6–9 im Tatian:

Uuas dār *brunno* Jacobes. *Der heilant* uuas giuueigit fon *dero uuegeferti*, saz sō oba *themo brunnen*, uuas thō *zīt nah sehsta.* Quam thō *wīb* fon Samariu sceffen *uuazzar* . . . Sīne iungoron giengun *in burg*, thaz sie *muos* couftīn. Thō quad imo *uuīb thaz samaritanisga* . . .

brunno: einmalig, bestimmt durch J., aber im Nhd. *der Brunnen Jakobs.*
der heilant: ‚der Heiland', der best. Artikel impliziert, daß er ‚uns gut bekannt' ist, ‚schon erwähnt' wurde.
dero uuegeferti: die Reise ist schon erwähnt worden.
demo brunnen: der besondere, oben erwähnte Brunnen.
zīt sehsta: die sechste Stunde, durch Zeitangabe bestimmt.
wīb: unbestimmt.
uuazar: unbestimmt.
in burg: nhd. *in die Stadt*, aber engl. *to town.* Im Dt. gibt es noch immer viele Ausdrücke ohne Artikel, z. B. *zu Bett.*
muos: ‚Speise', unbestimmt.
uuīb: ist durch die Apposition ‚die Samariterin' bestimmt, vgl. *mulier illa Samaritana.*

4.7.4 Das Subjektspronomen

Bis zu der Zeit, als sich im Spätgerm. das Demonstrativpronomen zu einem anaphorischen, d. h. bereits Erwähntes wieder aufnehmenden bestimmten Artikel entwickelte, stand das Substantiv ohne Begleiter. Ähnlich konnte ursprünglich auch das Verb allein durch seine Suffixe die Kategorien Person und Numerus ausdrücken. Das Got. gebrauchte aufs ganze gesehen das Subjektspronomen nur als emphatischen Ausdruck, genau wie das heutige Italienisch. Das Ahd. machte bereits ausgiebigen Gebrauch vom Subjektspronomen. Der Grund hierfür ist höchstwahrscheinlich darin zu sehen, daß das, was früher einmal emphatisch war, später neutral und ‚normal' geworden ist. Sein Gebrauch war jedoch viel weniger absolut, d. h. grammatisch bestimmt, als heute und überließ manches dem Kontext. Dichterisches Erfordernis und Nachahmung des Lat. verminderte darüber hinaus das Vorkommen des Subjektspronomens. Aber sein Gebrauch nahm ständig zu, obwohl sich gewisse Formeln lange hielten, z. B. *neweiz* ‚(ich) weiß nicht', *quad* ‚(er) sprach'.

Im *Ludwigslied* gibt es ein Verb ohne Subjektspronomen: *fand her thia Northman: gode lob sageda* ‚er fand die Nordmänner, (er) sagte Gott Lob'. Hier liefert der Kontext die nötige Information. Doch Wiederholung des Pronomens kommt auch vor, z. B.

Thō nam her godes urlub, Huob her gundfanon ūf,
Reit her thara in Vrankon Ingagan Northmannon.

‚Dann bat er Gott, gehen zu dürfen, er erhob die Kriegsfahne,
er ritt dorthin nach Frankreich, gegen die Nordmänner (Wikinger).‘

4.7.5 Die Kasus des Substantivs

Durch seinen Gebrauch von Artikeln und Subjektspronomen war das Ahd. im Begriff, Neuerungen einzuführen und auf dem besten Wege, eine analytische Sprache zu werden. Im Gebrauch der Substantivkasus kam ein altertümlicher Zug zum Ausdruck. Auf manche Weise jedoch verloren die Kasus ihren unabhängigen Status und wurden von Präpositionen oder anderen syntaktischen Mitteln ergänzt oder ersetzt. Sieht man sich das *Ludwigslied* an, so findet man beim Gebrauch der Kasus eine stattliche Reihe von Unterschieden zum heutigen Gebrauch im Deutschen, z.B. beim Prädikatsnom.: *Kind uuarth her faterlōs* ‚als Kind wurde er vaterlos‘; ein flektierter Akk. bei einem Namen: *Hiez her Hluduīgan . . . rītan* ‚er hieß Ludwig . . . reiten‘; der beträchtlich verbreitete Gebrauch des Gen.: *lōnōn* ‚(be)lohnen‘ mit Dat. der Person und Gen. der Sache ‚ihn dafür belohnen‘; andere Verben mit Objekt im Genitiv: *buoz uuerdhan* ‚wiedergutmachen‘, *brūchan* ‚brauchen, sich erfreuen‘, *korōn* ‚prüfen‘ Gen. d. Pers., *manōn* ‚warnen, mahnen‘, *sih gibuozzen* ‚sühnen‘, *ingelden* ‚entgelten, Strafe leiden‘, *beidōn* ‚warten‘, *bitteres līdes skenken* ‚bitteren Wein einschenken‘ (partit. Gen.); nach Adjektiven *fol lōses* ‚voller Zuchtlosigkeit‘, *thegeno gelīh* ‚wie Krieger‘; die Genitivendung im Pl. *czala uuunniōno* ‚die Zahl der Wonnen‘ oder nach *wē: wē . . . thes lībes* ‚Wehe über (ihr) Leben!‘

Die ältesten Texte weisen auch den Instrumental auf, z.B. *(Hildebrandslied) nu scal mih suasat chind suertu hauwan* ‚nun soll (wird) mich mein geliebter Sohn mit dem Schwert (er)schlagen‘. Im Plural wird der Dat. ähnlich gebraucht: *her frāgēn gistuont fōhēm uuortum* ‚er begann mit wenigen Worten zu fragen‘. Im Spätahd. wurde der Instrumental durch die Präposition *mit* ergänzt.

Der stärkere Gebrauch unabhängiger Kasus und besonders das breite Anwendungsgebiet des Genitivs tragen zu der für den heutigen Deutschen beträchtlichen Fremdheit des Ahd. bei.

4.7.6 Die periphrastischen Formen des Verbs

Bis zu einem gewissen Grade hatte die Erweiterung des Nominalglieds durch Formwörter wie Artikel und Präpositionen eine Parallele in der Entwicklung der periphrastischen (umschreibenden) Verbformen.

Der Ausgangspunkt war das Vorhandensein zweier Verbaladjektive, der Partizipien des Präsens und des Präteritums, die beide aus dem Germ. und letztlich aus dem Ie. ererbt sind. Das Part. Präs. war in seiner Bedeutung aktiv, das Part. Prät. passiv bei transitiven Verben, jedoch neutral bei intransitiven Verben, z.B. *pflückend, kommend* (aktiv), *gepflückt* (trans., passiv), *gekommen* (intrans., neutral). Als Adjektive befanden sich diese Partizipien zuerst fest im Bereich des Nominalglieds, aber bei Verben, die Existenz oder Besitz bezeichnen (‚sein', ‚haben'), wurden sie in das Verbalglied einbezogen. Wiederum Beispiele aus dem heutigen Deutsch:

(a) eine Blume ist / (eine) gepflückt(e) → eine Blume ist gepflückt /
eine Blume wird / (eine) gepflückt(e) → eine Blume wird gepflückt
(*sein* ist ein den Zustand bezeichnendes oder faktisches Verb der Existenz, *werden* ein ingressives Verb der Existenz);

(b) ich habe / eine gepflückte Blume (Blume gepflückte) →
ich habe / eine Blume / gepflückt;
er ist / gekommen (vgl. er ist / alt) → er ist gekommen /;

(c) *er ist / pflückend → *er ist pflückend /
*er ist / kommend → *er ist kommend /.

Diese Möglichkeiten waren im Germ. vorhanden. In den germ. Einzelsprachen wurden sie in unterschiedlichem Maße verwirklicht, oft einfach durch die Einwirkung des Lateinischen oder Griechischen und deren hochentwickelte Verbalsysteme, in einigen Fällen vielleicht auch aus den Einzelsprachen selbst. Das Ahd. hatte demnach:

(a) ein periphrastisches Passiv:

Isid. *nu ist . . . chiquhedan got chisalbōt*
ecce deus unctus . . dicitur (‚ist genannt')
endi dor ni uuerdant bilohhan
et portae non claudentur (‚werden geschlossen')

Im Ahd. gab es also die Möglichkeit, zwischen einem Zustand oder Faktum sowie einem Prozeß oder Ergebnis zu unterscheiden. Ein Beispiel für den ursprünglich nominalen Gebrauch des Part. Prät. ist

Ludw. *Sume sār verlorane Uurdun sum erkorane*
‚einige waren da verloren, einige erwählt'.

(b) ein periphrastisches Perfekt und möglicherweise ein Plusquamperfekt, was aber noch seltener gebraucht wurde als das Perfekt:

Exh.	*ir den christaniun namun infangan eigut*
	qui christianum nomen accepistis (‚habt empfangen')
Ludw.	*Heigun sa Northman Harto biduuungan*
	‚die Normannen haben sie so sehr bedrängt'.

Für die Vergangenheit gebrauchte das Ahd. im allgemeinen das Präteritum. Das selten gebrauchte Perfekt deutete auf eine gewisse Aktualität oder besondere Bedeutung, doch waren Präteritum und periphrastisches Perfekt nie scharf abgegrenzt. Im Spätahd. setzte die Bildung eines Perfekts mit ‚haben' auch im Falle von intransitiven Verben mit durativer Bedeutung ein *(hat geslāfen)*, während perfektive Intransitiva weiterhin ihr Perfekt mit der Form ‚sein' bildeten *(was irstantan).*

(c) ein periphrastisches Durativum (Dauerform):

Tat.	*inti uuas thaz folc beitōnti Zachariam*
Lat.	*et erat plebs expectans Zachariam*
	‚und das Volk wartete auf Zacharias'

Dies ist der klarste Fall von Nachahmung des Lat. Die Vulgata und andere lat. Texte zeigten solche vom gr. Neuen Testament inspirierten Konstruktionen in Fülle. Im Ahd. war das periphrastische Durativum für gelehrte Prosa kennzeichnend. Der *Heliand* und andere heimische Texte hatten diese Konstruktion nicht, und bei Otfrid war häufig der Reim für ihren Gebrauch der Anlaß:

1.9.10	*Sih uuarun sie einonti, uuio man thaz kind nanti*
	‚sie einigten sich, wie das Kind heißen sollte'.

Trotz ihrer fremden Herkunft hielt sich diese Konstruktion im Schriftdeutsch mehrere Jahrhunderte.

Das Futur hatte im Germ. keine Tempusform. Auf das lat. Futur reagierten die germ. Sprachen nach und nach durch Ausbildung einer periphrastischen Form, da dies aber mithilfe der Modalverben und im Deutschen später mithilfe des ingressiven Verbs *werden* geschah, sind solche Inhaltsaspekte wie Verpflichtung, Absicht und Möglichkeit nur schwer von reiner Zukunftsbedeutung abzusetzen. Im Ahd. war das Hilfsverb für das Futur *sculan*, seltener *wellen*, z.B.

Isid.	*miin gheist scal wesan undar eu mitten*
	‚mein Geist wird unter euch sein'
Otfr. II, 3, 68	*so thu hiar nu lesan scalt*
	‚wie du hier lesen wirst'

4.7.7 Die Negation (Verneinung)

Die Negation verdeutlicht die Entwicklungsposition des Ahd. in sehr bezeichnender Weise. Aus dem Ie. und Germ. hatte es die Partikel *ni* ererbt. Sie wurde in erster Linie Verbformen präfigiert, mit denen sie eine Einheit bildete, z.B.

Ludw. *mih selbon ni sparōti* ‚ich würde mich nicht schonen'
thō ni uuas iz burolang ‚es dauerte dann nicht allzulange'

Doch es wurde auch vor bestimmte andere Wörter gesetzt, z.B. *alles* >*nalles; io* ‚immer' >*nio; ein* ‚einer' >*nihein* (*nih* vgl. mit lat. *nec*); *man* ‚Mann' >*nioman* (<*ni* + *io*); *wiht* ‚Wesen, Ding', vgl. engl. *wight,* >*niowiht* (<*ni* + *io*) und andere. Wo solche negierten Formen mit einem Verb kombiniert wurden, war das Verb oft auch negiert. Doch variierte der Gebrauch während der gesamten ahd. Periode, und doppelte Negation wurde nie zur Regel, vgl.

Musp. *denne ni kitar parno nohhein* ‚dann wagt kein Kind'
imo nioman kipagan ni mak ‚gegen ihn kann niemand kämpfen'

Wess. Pr. *Do dar niuuiht ni uuas* ‚als da nichts war'
Otfr. *Ni habes . . . fazzes uuiht* ‚du hast kein Gefäß'
thoh sies uuiht ni uuestin ‚doch wußten sie es nicht'

Im Laufe der Zeit wurde im Ahd. die einfache Partikel *ni* nach und nach immer automatischer dem emphatischen *niowiht* zur Seite gestellt, bis endlich die Verneinungsfunktion in erster Linie auf *niht* beruhte. Erst nach Jahrhunderten wurde *ni* schließlich ganz und gar durch *niht* ersetzt.

4.8 Wortschatz

Ideell gesehen möchte der Sprachhistoriker hinsichtlich des Wortschatzes eines früheren Sprachstadiums drei Fragen beantwortet haben. Erstens, wie läßt sich der Wortvorrat dieser früheren Periode mit dem Wortschatz der Gegenwartssprache vergleichen? Mit anderen Worten, er möchte gern wissen, inwieweit das Vokabular oder Teile davon überlebt haben und wo Verluste oder Änderungen eingetreten sind. Zweitens würde er gern wissen, wie sich die früheren Wortinhalte mit den überlebenden vergleichen lassen. Dies ist die bei weitem schwierigste Frage. Sie kann bestenfalls nur bei wenigen Einzelwörtern, deren Bedeutungsgeschichte Gegenstand minutiöser Beobachtung gewesen ist, beantwortet werden. Drittens möchte er gern wissen, welche Rolle Entlehnung aus fremden Sprachen während dieser Periode spielte, wie sie aussah und welches Wortmaterial wirklich entlehnt wurde.

4.8.1 Der heimische Bestand

Man muß natürlich berücksichtigen, daß die schriftliche Überlieferung des Ahd. und mehr noch die des As. begrenzt ist. Davon ist vor allem der nicht abgeschlossene Teil des Wortschatzes, der Bestand an schwachen Verben, alltäglichen Substantiven und Adjektiven betroffen. Hinsichtlich des abgeschlossenen Wortschatzteils ist besonders auf die große Menge desjenigen Wortguts hinzuweisen, das überlebt hat.

Der Bestand an Personalpronomen ist geblieben, doch hat die Lautentwicklung zum Zusammenfall einiger Formen geführt, z. B. beim Fem. Sg. *siu* (Nom.) und *sia* (Akk.) > *sie*; im Pl. *sie* (M.), *sio* (F.), *siu* (N.) > *sie; ira* (Gen.) und *iru* (Dat.) > ihr; die Formen *uns, iu* (Dat.) und die abgeleiteten Formen *unsih, iuwih* sind auch zusammengefallen (> *uns, euch*). Gleichermaßen gut erhalten sind das Demonstrativpronomen, das auch als best. Art. und Relativpronomen fungiert, die Fragepronomen und das Reflexivpronomen. Die unbestimmten Pronomen waren damals wie heute großenteils Zusammensetzungen und haben sich bezeichnenderweise stark verändert. Doch haben die grundlegenden Formen *man* (verhältnismäßig jung im Ahd.) und *ioman* (> *jemand*), *nioman* (> *niemand*), *dehein* (assimiliert > *kein*) überlebt, während das Simplex *sum* (vgl. engl. *some*) verschwunden ist. Die Zahlwörter sind mit einer Ausnahme oder zwei erhalten: *zehanzug*, eigentlich ‚zehnzig', ist durch *hundert* ersetzt worden, die Ordnungszahl ahd. *ander* durch *zweite*. Die Ordnungszahlen von dreizehn bis neunzehn sind jetzt Zusammensetzungen aus Kardinal- plus Ordnungszahl, z. B. *dreizehnte*, doch die ahd. Bildung bestand aus Ordnungszahl plus Ordnungszahl, z. B. *drittozehanto*. Bezeichnender Weise sind wiederum zusammengesetzte Zahlwörter, z. B. ahd. *einfalt, zwifalt* oder *fiorstunt*, weniger gut erhalten (> *einmal, zweimal, viermal*). Die grundlegenden einfachen Präpositionen sind noch immer vorhanden, doch sind zwei beachtliche Präpositionen verloren gegangen: ahd. *fram* ‚vorwärts, fort' und *after* ‚nach, hinter'; die heutigen Sprachbedürfnisse haben allerdings zu einem starken Anwachsen des Präpositionenbestands durch Umwandlung von Substantiven geführt, z. B. *dank, trotz, hinsichtlich*. Von den Präteritopräsentien sind nur solche mit stark beschränkter Formenzahl und Benutzung, z. B. *eigun* ‚sie haben', *genah* ‚es genügt', *gitar* ‚ich wage', verlorengegangen, und das ahd. unpersönliche Verb *toug* ‚es nützt, taugt zu' ist ein gewöhnliches schwaches Verb *(taugen)* geworden genauso wie *an* (und *gi-an*) > *gönnen*. Die anderen sind erhalten und bilden die wichtige Gruppe der Modalverben. In ihrer Bedeutung haben sie sich natürlich sehr verändert.

Die starken Verben gehören ebenfalls zum abgeschlossenen (d.h. nicht mehr produktiven) Wortschatz, wenn auch zu seinem am wenigsten grammatikalisierten Teil. Im allgemeinen sind die nur sporadisch oder in einzelnen Mundarten belegten verlorengegangen. Einige, traditionell zur sechsten und siebenten Klasse gerechneten, sind schwach geworden, z.B. *gnagan* oder *nagan* > *nagen, malan* > *mahlen, bannan, spannan, faldan* > *bannen* (ahd. ‚vorladen'), *spannen, falten*, ebenso *spaltan, waltan, salzan.* Unter den Verlusten sind vielleicht am beachtlichsten: *bītan* ‚warten' vgl. engl. *to abide* (das st.V. konkurrierte mit dem sw. V. *beitōn* und später beide mit *warten*); *sīgan* ‚sinken', *rīsan* ‚fallen' (beide sind wohl hinsichtlich der Bedeutung angesichts des Vorhandenseins von *sinken* und *fallen* überflüssig gewesen); *klīban* ‚festhängen, haften' (ersetzt durch das in der Bedeutung verwandte sw.V. *kleben*); *lūchan* ‚verschließen' (unterlag dem konkurrierenden *schließen*); *belgan* ‚wütend werden'; *bāgan* ‚streiten'; *dwahan* ‚waschen' (dem genannten Synonym unterlegen). Die im Ahd. bestbezeugten, aber verlorengegangenen starken Verben sind zweifellos *quedan* ‚sagen', vgl. *to bequeath*, und *jehan* ‚(aus)sagen'. In einem Wortbereich, der noch immer reichlich von den erhaltenen Verben *sprechen, sagen, reden, (er)zählen* und dem späteren Zuwachs *schwatzen, plaudern* und zahlreichen Zusammensetzungen (*aussagen, vorsagen* usw.) besetzt ist, waren sie offensichtlich nicht unbedingt nötig. Der Gesamtverlust an starken Verben seit dem Ahd. scheint etwa ein Viertel zu betragen. Während der frühkarolingischen Zeit kam ein Verb aufgrund von Analogie hinzu: *scrīban* ‚schreiben' < lat. *scribere.*

Geschlossene, also nicht mehr produktive Systeme des Vokabulars bilden den Teil des Wortschatzes, der am stärksten in die Grammatik eingebettet oder am deutlichsten durch grammatische Funktionen umschrieben ist. Sie sind vom Ahd. bis zur Gegenwart am besten erhalten. Wenn man den Wortschatz als ganzen betrachtet, stellt man darüber hinaus fest, daß die einfachen Wörter, die unmotivierten Bestandteile des Vokabulars, besser als die abgeleiteten und zusammengesetzten oder motivierten Formen bewahrt geblieben sind. Der motivierte Teil des Wortschatzes scheint demnach viel zeitgebundener zu sein als der unmotivierte, stärker grammatisch funktionalisierte.

Ein Blick auf Wörterbucheintragungen kann dafür Beispiele bringen.

Die einfachen auf *n*- anlautenden Wörter in R. Schützeichels ahd. Wörterbuch und die etymologischen Entsprechungen des Nhd. zeigen:

erhalten		*verloren*	
(gi)nāda	Gnade	naffezen	‚einschlafen', ‚schlummern'
nāen	nähen	(ga)nah	‚er hat genug'
nagal	Nagel	nant	‚Unverschämtheit'
nāh	nahe	neimen	‚verweisen auf'
nāh	nach	neizzen	‚bestrafen'
naht	Nacht	nenden	‚wagen, sich erkühnen'
nackot	nackt	nesso	‚Wurm'
nāmi	(ge)nehm	ni	‚nicht'
namo	Name	ginindan	‚auf sich nehmen'
narro	Narr	niot	‚Verlangen'
nasa	Nase	niumo	‚Frohlocken'
nātara	Natter	niusen	‚versuchen'
natura	Natur	nol, nollo	‚Hügel'
naz	naß	nōz	‚Vieh'
nebul	Nebel	nūen	‚zerschmettern'
nefo	Neffe	(ge)nuscen	‚zusammenbinden, verknüpfen'
neigen	neigen		

erhalten

nein	nein	nio	nie
neman	nehmen	niozan	(ge)nießen
nemnen	nennen	niun	neun
nerren	nähren	niuwi	neu
(gi)nesan	(ge)nesen	noh	noch
nest	Nest	nord	Nord
nezza, -i	Netz	nōt	Not
nīd	Neid	(gi)nōz, -o	Genosse
nidar	nieder	nu	nun
nīgan	neigen	(gi)nuog	(ge)nug
nicchen	nicken	nuohtarnin	nüchtern
nicchessa	Nixe	nuz	Nutzen

Wendet man sich den Ableitungen und Zusammensetzungen zu, erhält man ein anderes Bild. Obwohl einige auch noch heute vorhanden sind, haben viele kein nhd. Gegenstück. Und die heutige Sprache besitzt natürlich eine Fülle von abgeleiteten und zusammengesetzten Neubildungen oder Neologismen. Von dem einfachen ahd. Wort *naht* gibt es beispielsweise die folgenden Ableitungen und Zusammensetzungen mit den entsprechenden heutigen Formen: *nächtlich, nachts, Nachtlicht, Nachtrabe, Nachtwache.* Doch gibt es auch: *nahtfarewa* ‚Schwärze der Nacht', *nahtfinsteri* ‚Dunkel der Nacht', *nahtforhta* ‚Furcht vor der Nacht', *nahtlob* ‚Nachtmesse', *nahtmuos* ‚Abend-, Nachtmahl', *nahtolf* ‚Gott der Nacht', *nahtsculd* ‚nächtliches Verbrechen', *nahtsterno* ‚Abendstern', *nahttimberi* ‚Dunkel der Nacht', *nahtwig* ‚nächtlicher Kampf'. Von *neman-nehmen* gibt es auch heute vorhandene präfigierte Verben mit: *ab-, be-, ver-, hin-, über-, unter-, aus-, zu-*, aber ebenso heute verschwundene Bildungen mit *gi-, abage-, dana-, danage-, furder-, misse-, samant-, wider-*. Das Adjektiv *truobi*, nhd. *trübe*, hatte die Adjektivableitungen *truobal, truobmuotig*; die Substantivableitungen *truobī, gitruobida, gitruobnessi* und die beiden schwachen Verben *truoben* (auch *gitruoben*) ‚stören, trüben' und *truobēn* ‚gestört oder trüb werden'.

Viele Ableitungen und Zusammensetzungen entstanden aus Übersetzungserfordernissen als ad hoc-Bildungen, worauf bis zu einem gewissen Maße der recht vergängliche Charakter eines Teils des Wortschatzes zurückzuführen ist. Das Verschwinden so vieler Neologismen aus dem fachsprachlichen Ahd. ist z.T. auch ein Widerschein der gebrochenen Tradition. Die Verbindungen zwischen den verschiedenen Schreibstätten waren spärlich, und auf die karolingische Regsamkeit folgte in den nächsten anderthalb Jahrhunderten ein Zurückgehen des deutschen Schrifttums. Unter den einfachen Wörtern, die ausstarben, gab es viele, die selbst im Ahd. selten oder auf gewisse Gegenden beschränkt gewesen zu sein scheinen. Die treibende Kraft hinter den neuen Ableitungen und Zusammensetzungen war die Notwendigkeit, die zahllosen fremden Begriffe des Christentums und des klassischen Lateins, die damals in die deutsche Welt traten, zu übertragen. Natürlich beließ man vielen ihr fremdes Gewand, und eben sie machen den bedeutenden Lehnwortbestand des karolingischen Deutsch aus (s. 4.8.2). Interessanter war aber vielleicht der Versuch, die eigenen Sprachmittel dahingehend zu prägen und zu entwickeln, daß sie sich die fremden Begriffe einverleiben konnten.

In diesem Prozeß kann man vier verschiedene Zugriffe unterscheiden. Erstens konnte ein bestehendes Wort mit einer neuen, vom fremden Wort abgeleiteten Bedeutung versehen werden (*Lehnbedeutung*, vgl. *gi-lauben: credere, suntea: peccatum*). Zweitens konnte ein Fremdwort, wenn es eine Ableitung oder eine Zusammensetzung war, nachgeahmt und mechanisch in seinen Teilen übersetzt werden (*Lehnübersetzung*, vgl. *gi-meinida: com-mun-is*). Drittens konnte eine teilweise oder annähernde Übersetzung gemacht werden (*Lehnübertragung*, vgl. *redilīh: rationalis*), und viertens konnte der fremde Begriff sprachlich unabhängig durch eine Neubildung vermittelt werden (*Lehnschöpfung*, vgl. *findunga: experimentum*). Was diese vier Wege von der direkten Entlehnung unterscheidet, ist die Heranziehung heimischer Sprachmittel. Die Forschungen von

W. Betz haben gezeigt, daß sie in karolingischer Zeit in der folgenden absteigenden Häufigkeitsordnung angewandt wurden. Er schätzte, daß ungefähr 10% des ahd. Gesamtwortschatzes aus Lehnbildungen (Lehnübersetzungen, Lehnübertragungen, Lehnschöpfungen) und 5% aus Lehnbedeutungen bestanden. Im ahd. Tatian gibt es 258 Wörter mit religiöser Bedeutung. Davon, so hat man geschätzt, waren 59% Lehnbedeutungen, 17% Lehnübersetzungen, 7% Lehnübertragungen und 2% Lehnschöpfungen, wogegen 11% direkte Entlehnungen waren, d.h. Lehnwörter (die restlichen 4% sind schwer klassifizierbar). Otfrids religiöser Wortschatz besteht nach Betz aus 388 Wörtern, von denen er 300 als Lehnbedeutungen, 27 als Lehnübersetzungen, 18 als Lehnübertragungen und 37 als Lehnwörter ansieht.

Für eine diachronische Beurteilung des ahd. Wortschatzes sind solche Forschungen unschätzbar. Ein synchronischer Zugriff muß andere Kriterien anwenden. Nur formale oder semantische Unterschiedenheit würde eine Klassifizierungsskala abgeben. Ob viele der Otfridschen Lehnbedeutungen von ihm und seinen Zeitgenossen nach zweihundert Jahren Christentum in Weißenburg noch als solche erkannt worden sind, steht infrage. Für uns kann ein Wort wie *Gleichheit* nur eine historische Lehnbedeutung aus dem Französischen des 18. Jh.s *(égalité)* sein, anders als *Verbalphrase*, das eine zeitgenössische Lehnbedeutung von engl. *verbal phrase* darstellt, wobei das dt. *Phrase* eine bisher nicht vorhandene Bedeutungsfacette aus dem Englischen bekommen hat. Der Fremdeinfluß auf die Entwicklung des heimischen ahd. Wortschatzes kann deshalb nur diachronisch betrachtet werden.

W. Betz entdeckte außerdem, daß von all diesen Neuerungen die direkten Entlehnungen am besten bewahrt wurden, während aus der Benediktinerregel beispielsweise ca. ein Drittel der Lehnbedeutungen, weniger als ein Drittel der Lehnübersetzungen und nur ein Zehntel der Lehnübertragungen ins Mhd. kamen. Die beiden letztgenannten Kategorien waren ohne Zweifel deshalb kurzlebig, weil sie so oft an eine Person gebunden und künstlich waren. Die kulturelle Bedeutung der Lehnprägung ist außerordentlich groß. Seit die europäischen Sprachen die Terminologie des griechisch-römischen Christentums und wesentliche Teile der antiken Zivilisation annahmen, ist die Lehnprägung bis in die Gegenwart hinein (z.B. *iron curtain – Eiserner Vorhang – le rideau de fer; cold war – Kalter Krieg; people's republic – Volksrepublik*) für die Schaffung eines gemeinsamen europäischen Wortschatzes ausschlaggebend gewesen.

Lehnbedeutungen entstanden vor allem bei der Aufnahme zentraler und allgemeinerer ethischer und religiöser Begriffsbildungen. Die meisten wurden durch vorhandene Wörter aus ethischen, religiösen und oft rechtlichen Bedeutungsbereichen ausgedrückt, in fast allen Fällen jedoch wurden die vorchristlichen Bedeutungen von den neuen christlichen Gehalten so überschattet und schließlich verdrängt, daß wir von ihrer einstigen Bedeutung nur vage und unsichere Vorstellungen haben. Das von allen germanischen Sprachen für lat.-christlich *deus* gebrauchte Wort *Gott* war im Germ. eine von mehreren Bezeichnungen für Gottheiten. Ursprünglich war es zweifellos Neutrum und wurde erst unter dem Einfluß von *deus* ein Mask. Es bezeichnete wahrscheinlich einen nichtpersonifizierten Geist oder eine abstrakte Vorstellung und erhielt seine anthropomorphe Bedeutungskomponente durch die Christianisierung. Für *dominus* war das häufigste Wort im Westgerm. ahd. *truhtin*, ae. *dryhten*. Sein got. Gegenstück, *frauja*, war im Westen verhältnismäßig selten (ahd. *frō*, ae. *frēa*). *Truhtin* war im Germ. die Bezeichnung für den Führer der Kriegerschar (Gefolgschaft) (germ. **druht-*, ae. *dryht*). Doch der Christianisierungsprozeß war ein solcher Erfolg, daß das Wort allmählich alle weltlichen und militärischen Bedeutungskomponenten verlor und schließlich fast zu einem Namen, d.h. als solches bedeutungslos wurde. Im Spätahd. lag es aus diesem Grunde in Konkurrenz mit einem Wort, das weltlich feudale Bedeutungskomponenten aufwies und übertragenen Gebrauch zuließ: ahd. *hērro*>*Herr*, vgl. auch engl. *lord* für früheres *dryhten*. Ahd. *hērro* war eine Kontraktion des Komparativs *hēriro*<*hēr* ‚alt, grau' und selbst Lehnbedeutung aus dem Lat. (Romanischen) *senior* ‚Herr'<*senior* ‚älter'< *senex* ‚alt'. Weitere ethische, zur germanischen Lebenswelt der Gefolgschaft *(comitatus)* gehörende Ausdrücke waren *triuwa, trōst, huldi, milti, ēra, heil.* Daß die Christianisierung dieser und anderer Ausdrücke der germanischen Kriegergesellschaft sowohl in England wie in Deutschland stattfand, ist von Bedeutung. Zweifellos spielte dabei wechselseitige Beeinflussung eine Rolle. Anderseits konnten ähnliche Bedingungen auch zu gleichen Bedeutungsentwicklungen führen. *Himil* und *hella*, im Germ. Bezeichnungen für Himmel und Unterwelt, wurden mit der Bedeutung von *caelum* und *infernum* besetzt. *Ātum* ‚Atem' war der früheste Versuch, lat. *spiritus*, gr. *πνεῦμα* (pneũma) wiederzugeben. Später wurde es durch *geist* ersetzt, dessen heidnische Bedeutung wohl ‚Ekstase, Erregung', vielleicht ‚Gespenst' gewesen war. Für den christlichen Begriff *anima* wurde das Wort *sēla* ‚Seele' genommen, das ein Wort für die entkörperlichten Geister der Toten gewesen zu sein scheint und möglicherweise mit einem heiligen See (dt. *See*) zusammenhängt. Bedeutungsanpassung haben wir auch bei *beten, Gebet; Beichte* (ahd. *bijiht*<‚Aussage', die alte Ableitung auf *-ti* zeigt, daß es sich nicht um eine christliche Lehnbildung für *confessio* handeln kann); *Buße* (vgl. engl. *boot* ‚Vorteil', *bootless* verwandt mit *better*, ahd. *buoza*) und *hriuwa* (vgl. engl. *rue*) waren Ausdrücke für *satisfactio* und *poenitentia; ewig; Glaube* für *fides* (vom gleichen Etymon wie *lieb*); *Gnade* (ahd. *ginâda* für *gratia, misericordia*); *Heil* (*salus, salutare* aus heidnischem ‚Erfolg und Wohlergehen im Leben'); *taufen*, ursprünglich ‚in Wasser eintauchen'; *fasten; Heide*, ursprünglich wörtlich ‚in der Wildnis lebend', erhielt die Bedeutung ‚Nichtchrist' vom lat. *paganus*, das selbst von *pagus* ‚ländliche Gegend' abgeleitet ist. *Rîhhi*, ursprünglich ‚mächtig', bekam besonders in Übersetzungen allmählich die zusätzliche Bedeutung von lat. *dives*.

Viele Versuche, einem vorhandenen Wort eine neue Bedeutung aufzupflanzen, schlugen fehl. Das Lehnwort *krûzi* für *crux* ‚Kreuz' setzte sich gegen das heimische *galgo* ‚Galgen' durch, vgl. engl. *cross* und *rood* (verwandt mit dt. *Rute*); *ēwart(o)*, wörtlich ‚Schützer des Rechts', für den christlichen Priester *(sacerdos)* wurde schließlich durch die Lehnwörter *Priester, Pfaffe* oder *Pfarrer* verdrängt; *zimbrōn*, vgl. *zimmern*, bekam die metaphorische Bedeutung *aedificare* ‚erbauen', doch setzte der Gebrauch sich nicht durch; *samanunga*, wörtlich ‚die Zusammenung', stand für *congregatio*, verschwand aber später; *rūna* oder *girūni*, vgl. *raunen*, für *sacramentum* oder *mysterium* wurde durch *Sakrament* im kirchlichen und *Geheimnis* im allgemeinen Sinn ersetzt.

Für viele Fachausdrücke gab es von verschiedenen Autoren verschiedene sprachliche Einpassungen. So wird *virtus* im Tatian durch *megin* (vgl. engl. *main*), bei Otfrid durch *kraft*, bei Notker schließlich durch *tuged* wiedergegeben. Endlich setzte sich die bayr. Form auf *-end*, nhd. *Tugend*, als Fachausdruck durch. Der Begriff *gratia* wurde in mehrere heimische Wörter eingepaßt: *anst* (Südwesten), *ginâda, trōst* (im Obdt.), *geba* (im angelsächsischen Missionsbereich), *huldī* (in den frk. Rheingebieten), von denen *Gnade* das Rennen machte. Sehr oft gab es Lehnbedeutungen Seite an Seite mit verschiedenartigen Lehnbildungen, für *salus* stehen beispielsweise *heil, heila, heilī, heilida* und *heilhaftī* genauso wie ad hoc-Übersetzungen in Glossaren.

Lehnübersetzungen, d.h. genaue Übersetzung des lat. Ausdrucks nach seinen Bestandteilen, wurden besonders häufig bei der präziseren lat. Religionsterminologie gebraucht, nicht so sehr bei allgemeineren Ausdrücken. Z.B. *trinitas > drīnissa*, vgl. ae. *þrīnes; decanus > zehaning* (‚Führer von zehn Mann'); *praedicare > forasagēn; propheta > forasago; pervenire > duruhqueman; subiectus > untarworfan; spiritalis > ātumlīh; misericordia > armaherzida; praepositus > furigisazter; providentia > forascauwunga*, vgl. ae. *foresceawung; superfluere > ubarfliozzan; superfluitas > ubarfleoz-*

zida; acceptabilis>antfanclīh mit der Bedeutung von engl. ‚acceptable', nicht dt. *empfänglich; participatio>teilnemunga; omnipotens>almahtig; praeiudicare>forasuanan.* Viele solcher Lehnübersetzungen haben sich erhalten, z. B. *Gewissen (conscientia), bekehren (convertere), Wohltat (beneficium), Gemeinde (communio), Himmelreich* (*himilrīh<regnum caelorum*). Es kann natürlich nicht überraschen, daß viele Lehnübersetzungen nur örtlich begrenzt vorkamen. Für *temptatio* kam in den nördlichen Missionsbezirken der Ausdruck *kostunga*, im Südosten der Ausdruck *korunga* vor.

Lehnübertragungen, d. h. annähernde Wiedergabe des lat. Ausdrucks, sind besonders willkürlich und neigen zur Konkurrenz mit anderen Bildungen. Beispiele sind *communio>gimeinsamī; divinus>gotkund* (*gotelīh* ist eine Lehnübersetzung); *oratorium>betahūs; remissio>forlāznessi; oboediens>hōrsam* (nhd. *gehorsam*), vgl. ae. *hiersum; -sam* weist auf ‚ein Charakteristikum' und wurde mit Ausnahme dieses Falles nicht an Verbalwurzeln gefügt, was klar beweist, daß dies Wort eine Lehnübertragung ist. A. Lindqvist konnte zeigen, daß es für einige Ausdrücke sehr viele Übersetzungen gab, von denen viele ganz kurzlebig waren, z. B. elf für *redemptio* (nhd. *Erlösung*), zwölf für *temptatio* (nhd. *Versuchung*), zwölf für *resurrectio* (nhd. *Auferstehung*): *arstantnessi, urstendida, urstendi, urstant, urstendī, irstandini, urstodalī, urstendidi, ūferstende, erstantnunga, urrist, urrestī.* Für *ascensio* oder *ascensus* gibt es *ūffart* und *himelvart*, beides Lehnübertragungen.

Lehnschöpfungen sind unabhängige Übersetzungen, doch muß die Bedeutung als entlehnt angesehen werden. Beispiele sind *zwelifboto* für *apostolus; findunga* für *experimentum; wīhrouh*, wörtlich ‚heiliger Rauch', für *incensum.*

Viele deutsche Wendungen können auf ahd. Übersetzungen zurückgeführt werden *(Lehnwendungen)*, z. B.

den Mund auftun: *os aperire*: (Notker) *munt uf intduon;*
den Mund halten: *os custodire*: *munt . . . haltan;*
Gebote erfüllen: *praecepta . . . adimplere*: *gibot . . . erfullen;*
auf Herz und Nieren prüfen: *scrutans corda et renes*: *scauuonti herzun inti lenti;*
die Seele erheben: *exaltari animam meam*: *er huab sela mina;*
Antwort geben: *responsum reddere*: *antwurti . . . keban.*

Das karolingische Deutsch bestand aus Schreibortdialekten und Schreiber- wie Verfasseridiolekten. Demgemäß ist zu erwarten, daß man viel mehr an regionalen Unterschieden antrifft als in Zeiten einer Einheitssprache. T. Frings (*Germania Romana*, S. 3) hat festgestellt, daß es im *Heliand* ungefähr 360 im Hochdeutschen unbekannte Wörter gibt, die das As. mit dem Fries. und Engl. verbinden. Selbst im ostfrk. Tatian machte er gegen 120 solcher Wörter aus. Es ist möglich, daß veraltete Wörter von den angelsächsischen Missionaren aufgenommen und gebraucht wurden, weil sie an ae. Wörter erinnerten. Für *pati, passio* hat Tatian *druoēn, druounga*, vgl. ae. *þrowian, þrowung*, und G. de Smet erklärt: ‚Mit dem letzten Denkmal des angelsächsischen Einflusses verschwand auch die künstlich wiederbelebte Wortsippe aus der deutschen Überlieferung, um nie wieder aufzutauchen‘. Im Gegensatz zu solch einer Nordseeverschwisterung gibt es das nicht weniger greifbare Vorhandensein einer süddeutschen Kirchensprache. Auch sie scheint Hilfe von außerhalb empfangen zu haben (s. 4.8.2, gotische, romanische und irische Einflüsse). Nach Frings gehörten die folgenden Wörter zu diesen südlichen Neuerungen: *dulden, sich freuen, klagen, trauern* (Tatian hatte noch *mornēn*, engl. *‚to mourn‘*), *zeigen, zweifeln, Trost, Erbarmen, Gnade, Demut.*

Die politische Einigung Deutschlands war das Werk der Karolinger. Es ist gezeigt worden, daß die während dieser Periode sich ausbreitende Rechtsterminologie die Rolle der fränkischen Staatsverwaltung zu erkennen gibt. In Bayern und allgemein im Süden war das Wort für *iudicium* ‚Urteil‘ *suona*, für ‚Richter‘ *suoneo, suonari* und für ‚Zeuge‘ *chundari*. Das ältere Wort *tuom*, ae. *dōm*, war noch belegt, aber wirklich geläufig nur nördlich und östlich der frk. Rheingebiete. Im frk. Kernland westlich des Rheins enthielt die Rechtssprache die Wörter *urteili* ‚Urteil‘, *irteilen* ‚urteilen‘, *urkundo* ‚Zeuge‘, *urkundi* ‚Zeugenaussage‘. Im Laufe der Karolingerzeit verbreiteten sich diese Ausdrücke auf die andern Teile Deutschlands. Ein Wort, *ordal*, mit der neuen Bedeutung ‚Gottesurteil‘ (ne. *ordeal*) erreichte sogar England, während ae. *dōm* (ne. *doom*) die alte Bedeutung ‚Urteil‘ behielt. Kürzlich hat R. Schnerrer gezeigt, daß *tuom, suona, urteili* ebenfalls gebräuchliche Ausdrücke für das Jüngste Gericht waren, und zwar zusammen mit den entsprechenden Wörtern *tuomestag* und *suontag*, und daß sie dieselbe charakteristische Gebietsverteilung aufwiesen, wie die folgende Karte zeigt.

Regionale, bis in die Gegenwart erhaltene Unterschiede seien am Beispiel der Wörter *Samstag – Sonnabend* und *Ziege – Geiß* gezeigt. Im Ahd. stand eine südliche Form *Samstag* der nördlichen *Saterdag* gegenüber. In Klerikerkreisen war auch *Sonnabend* geläufig, zuerst für einen Teil des Tages, d. h. für die Zeit nach der Vesper. Im Laufe der Zeit konnte es *Saterdag* auf ein verhältnismäßig kleines nordwestliches Mundartengebiet Deutschlands einschränken. Letzteres hielt sich im Holländischen und

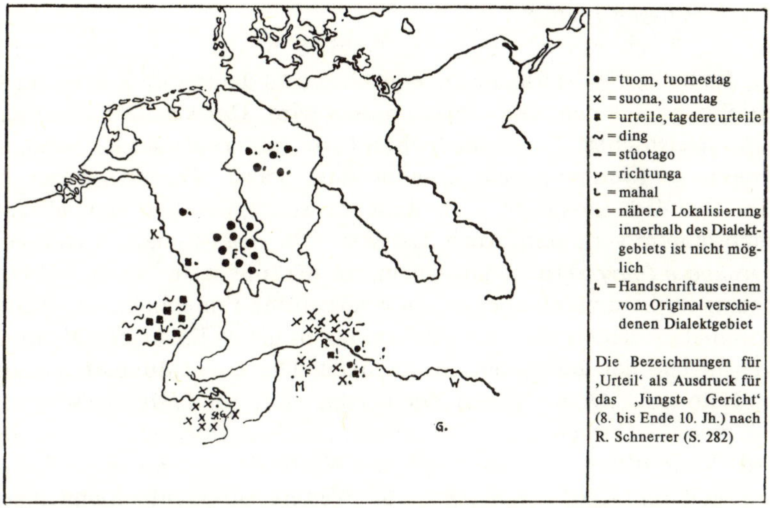

Abb. 9: Ausdrücke für ‚das jüngste Gericht' in althochdeutschen Mundarten

Englischen. Doch *Samstag* gegenüber hatte es weniger Erfolg, so daß es im heutigen Standarddeutsch zwei Wörter gibt: im Süden *Samstag* und im Norden *Sonnabend. Ziege* verdankt seine Stellung als Standardwort der Ausbreitung des ahd. *ziga*, einem Wort des Frk., das infolge der höher entwickelten Viehzucht in den fortgeschritteneren westlichen Gebieten an Boden gewann. Der Süden bewahrte das Wort *Geiß* als heimisches Mundartwort.

4.8.2 Lehngut

Zur Karolingerzeit hieß entlehnen: entlehnen aus dem Lat. Insbesondere die konkreten Gegenstände, die neuen christlichen Bauten, die Einrichtungen und Kirchenämter wurden mit ihren fremden lat. Namen bezeichnet. Doch hatten auch Kräfte, die nicht zum Bereich der fränkisch-römischen Kirche und ihrem Latein gehörten, teil an dem langen Bekehrungsprozeß der germanischen Stämme. Die Missionstätigkeit irischer Mönche und angelsächsischer Geistlicher ist gut bezeugt und gut bekannt. Ihr sprachlicher Einfluß auf das Deutsche muß deshalb untersucht werden. Vor allem das Zeugnis des Wortschatzes war es, was die Forschung veranlaßte, auch den got. Einfluß zu untersuchen.

(i) *Der gotische Einfluß*

Die ahd. Kirchensprache der obdt. Gebiete, besonders Bayerns, enthält eine Reihe von Wörtern, die am einfachsten zu deuten sind, wenn für sie Entlehnung aus dem Got. angenommen wird. Der klarste Fall ist ahd. *pfaffo* ‚Geistlicher'. Gr. *παπᾶς* (papãs) hatte, anders als das lat. *papa*, die Bedeutung ‚Kleriker', nicht ‚Bischof' oder ‚Papst'. Die ahd. Form, die wahrscheinlich im späten 5. Jh. entlehnt wurde, läßt got. *papa* als Zwischenstadium vermuten. Auch das Wort *Pfingsten* ist letztlich vom gr. < *πεντηκοστή (ἡμέρα)* (pentēkostḗ hēméra) ‚der fünfzigste Tag nach Ostern' abzuleiten. Sein verschobenes *pf*<*p* zeigt frühe Entlehnung an, und die Assimilation deutet eher auf Entlehnung in die Volkssprache als in die Fachsprache der gebildeten Geistlichkeit. Die bayr. Mundarten haben den Namen für ‚Dienstag' und ‚Donnerstag', *Ertag* und *Pfinztag*, sowie das ahd. *pferintag* ‚Freitag' auch aus dem Gr., höchstwahrscheinlich über ostgerm. Vermittlung. Sie weisen auch die Wörter *Maut*< got. *mōta* ‚Zollposten' und *Dult*<got. *dulþs* ‚Fest' auf. Weitere Direktentlehnungen sind fraglich, doch *taufen* scheint das Verstehen des gr. *βαπτίζειν* (baptízein) ‚eintauchen' vorauszusetzen. Der Gebrauch dieses germ. Worts (eine Lehnbedeutung) könnte sehr gut durch das got. Beispiel ausgelöst worden sein. Die deutsche Übersetzung der Benediktinerregel enthält das Wort *mias* ‚Tisch', was deutlich an *mēs*, das got. Wort für Tisch, erinnert. Vielleicht läßt das Vorkommen von ae. *mēse* verbreitete Entlehnung des vulgärlat. *mēsa*<lat. *mēnsa* vermuten. Das got. Wort für ‚heilig' war *weihs*, und die Tatsache, daß innerhalb des Ahd. *wīh* eine typisch bayr. Form war (z. B. *der wīho ātum* ‚der heilige Geist'), ließe eine Verbindung vermuten, die vielleicht weniger auf Entlehnung als auf Gebrauch beruht. Einige parallele Lehnbildungen zeigen vermutlich dieselbe geographische Verteilung, z. B. got. *armahairtei*, südahd. *armherzī* für *misericordia*, got. *armhairts*, ahd. *armherz* für *misericors*; bayr. *stuatago* ‚Jüngstes Gericht' (nur got. *stōjan* bedeutet ‚bestrafen' oder ‚richten', ahd. *stuēn* heißt ‚anklagen'); der Gebrauch von *fullen* – *irfullen* hat die got. Parallele *fulljan* – *usfulljan* und ist am einfachsten vom Gr., nicht vom Lat. her zu deuten.

Die historischen Umstände hinter diesen got. Lehneinflüssen sind ein schwer lösbares Rätsel. Es gibt keinen direkten Beweis für eine got.-arianische Missionstätigkeit unter den süddeutschen Stämmen. Allerdings lebten sie zu Beginn des 6. Jh.s einige Jahrzehnte lang unter dem Schutz und der Vorherrschaft der Goten. Einige arianische Beeinflussung ist bezeugt. Die Langobarden waren in ihren donauländischen Gebieten zum Arianismus bekehrt worden, ehe sie nach Italien zogen. Man weiß, daß ein alemannischer Herzog Gibuld aus dem 5. Jh. Arianer war. Welchen Einfluß es auch immer gegeben haben mag, nach Errichtung der fränkischen Vorherrschaft wurde er von jenen, die den Arianismus als Ketzerei ansahen, gründlich beseitigt. Die Tatsache allerdings, daß geringe Spuren gotischen Einflusses einen wesentlichen Teil der frühen süddt. Kirchensprache ausmachen, bleibt bestehen.

(ii) *Der Einfluß irischer Missionare*

Die Geschichte hat über jede mögliche got.-arianische Missionstätigkeit in Süddeutschland einen Schleier geworfen. Sie zeigt auch kaum etwas vom Überleben des Christentums in den früheren römischen Zentren, z. B. Augsburg, oder in den damals noch bestehenden romanischen Enklaven in Bayern, Alemannien und vor allem in Rhaetia. Einige Forscher haben deshalb eine wesentliche Rolle für das Zustandekommen der gut bezeugten frühen süddt. Kirchensprache den irischen Missionaren zugeschrieben. Jedoch stammt nach allgemeiner Annahme nur ein Wort aus dem Irischen: *Glocke*, ahd. *glocka*, von altir. *clocc*, ein neues Wort für einen neuen, von irischen Mönchen eingeführten Gegenstand. Vielleicht kann man ihre Rolle am besten als Förderung bei der Entwicklung einer heimischen, süddt.-christlichen Terminologie interpretieren, während jeder direkte sprachliche Einfluß notgedrungen unfaßbar bleibt.

(iii) *Der angelsächsische Einfluß*

Die angelsächsischen Missionare besaßen selbst eine reich entwickelte germ.-christliche Terminologie heimischer Prägung. Ihre eigene Kirche, die in mancher Hinsicht toleranter und anpassungsfähiger war als die fränkisch-römische Kirche, die sie nun stärken und organisieren halfen, hatte bereits das Problem der Übertragung der lat.-christlichen Terminologie in eine germ. Volkssprache teilweise gelöst und arbeitete teilweise weiter daran. Vor dieser Aufgabe standen nun die deutschen Geistlichen. Deshalb überrascht es nicht, wenn wir unzählige parallele Lehnbedeutungen und Lehnbildungen vorfinden. Ags. Einfluß wird auf zwei Arten greifbar: (a) deutsche, dem Ae. entsprechende Wörter werden nur innerhalb des ags. Missionsbereichs gebraucht, nicht dagegen im übrigen Deutschland, und (b) deutsche Wörter werden durch Nachahmung ae. Wörter geprägt.

Deutsche Wörter, die mit ags. Hilfe gefördert worden zu sein scheinen, waren beispielsweise: *tuom* ‚Urteil‘, *tuomen* ‚richten‘, *tuomo* ‚Richter‘, vgl. ae. *dōm, dēman, dēma* und *tuomestag* ‚Jüngstes Gericht‘; *druoēn, druounga* ‚(er)leiden‘, vgl. ae. *þrōwian, þrōwung* (s. S. 216); *wuofen* ‚jammern‘ für südliches *klagōn; dolēn* als Kirchenwort ‚geduldig leiden‘ für südliches *dultēn; mornēn* ‚trauern‘ für südl. *trūrēn; fluobra* für *consolatio*, südl. *trōst* (ae. *frōfor*); *gimunt* ‚Gedenken‘, vgl. ae. *gemynd*, aber südl. *gihugt; gifehan* ‚sich freuen‘, vgl. ae. *gefēon*, für südl. *sih frewen, sich freuen; wizzago* ‚Prophet‘, vgl. ae. *witega*, gegenüber rhfrk. *forasago; geba* für *gratia*, vgl. ae. *gifu* und südl. *gināda*. Es ist vermutet worden, daß das im Ahd. bevorzugte *truhtin* ‚Herr‘ gegenüber *frō* (das Got. hatte *frauja*) durch den ae. Gebrauch (*dryhten* öfter als *frēa*) ausgelöst worden sein könnte. Es ist möglich, daß *postul* im Tatian vom ae. *postol* entlehnt wurde. Man wird bemerkt haben, daß keine dieser bevorzugten Formen von dauernder Bedeutung für das Deutsche gewesen ist. Dies ist aber nicht so bei den folgenden drei Wörtern, bei denen ags. Hilfe dazu geführt hat, daß sie in der Tat sich auf Dauer in der Sprache angesiedelt haben: *heilig, Geist, Ostern*. Wir haben bereits gesehen, daß die süddt. Kirchensprache *wīh* (got. *weihs*) für *sanctus* und *ātum* (got. *ahma*) für *spiritus* bevorzugte. Der ae. Gebrauch von *hālig* und *gāst* führte zur Einführung von *heilag* und *geist* zuerst im ags. Missionsbereich und allmählich in ganz Deutschland auf Kosten der älteren Ausdrücke *wīh* und *ātum*. Aus dem *wīho ātum* wurde so der *heilago geist*. Die Verbindung zwischen ae. *ēastor-* und ahd. *ōstrūn*, das in der Kirchenprovinz Mainz geläufig war, ist nicht ganz klar. Eine direkte Entlehnung aus dem Ae. ist für die ahd. Form nicht ausgeschlossen, aber vielleicht läßt ihre Lautform das Vorhandensein eines deutschen Wortes aus heidnischer Vergangenheit vermuten (der Name einer Quelle oder Fruchtbarkeitsfeier oder -göttin), das für das christliche Fest in Nachahmung ae. Gebrauchs und mit Ermutigung durch die ags. Geistlichen verwendet wurde.

Unter den Lehnprägungen, die wahrscheinlich durch frühere ags. Formen hervorgerufen wurden, gibt es beispielsweise *drīnissa*, vgl. ae. *þrīnis*, ‚Dreieinigkeit‘; *gitruobnessi*, vgl. ae. *gedrēfnes* ‚Traurigkeit, Betrübnis‘; alles in allem scheint die fuldische Vorliebe für das Suffix *-nessi* etwas mit seiner Beliebtheit im Ags. zu tun gehabt zu haben; *gotspel* ‚Evangelium‘ von ae. *gōdspell*, eine ags. Lehnübersetzung von *euangelium*, wörtlich ‚gute Botschaft‘ und neu als ‚Botschaft von Gott‘ interpretiert, ae. *gōd* oder *god*>ahd. *guot* oder *got; miltherzi* und *miltida*, vgl. ae. *mildheort, misericors, misericordia*, für südl. *barmherzi, irbarmida; ōdmuotī*, ae. *ēaðmod* ‚Demut‘ für südl. *deomuotī*, vgl. aber holl. *ootmoed; gotkund* ‚göttlich‘, vgl. ae. *godcund; Heiland*, vgl. ae. *hǣlend*, im Ahd. in Konkurrenz mit *neriand, haltant; sunnūnāband*, vgl. ae. *sunnanǣfen*, ursprünglich ‚die Zeit nach der Vesper am Samstag‘ >*Sonnabend*.

Mit Ausnahme der letzten beiden Wörter *(Heiland, Sonnabend)* verschwanden schließlich wieder alle derartigen Spuren ags. Einflusses.

(iv) *Der Einfluß des Lateinischen*

Die frühesten christlichen Lehnwörter kamen aus dem Griechischen und gehen auf spätgerm. Zeiten zurück (s. S. 124). Die Besetzung der rheinischen und donauländischen Provinzen brachte die Deutschen in enge Berührung mit dem römischen Christentum. Einige lat.-christliche Lehnwörter zeigen dadurch, daß sie von der zweiten Lautverschiebung berührt wurden, frühe, vielleicht vor dem siebenten Jahrhundert liegende Entlehnung: ahd. *opfarōn* – nhd. *opfern* < **opprari* < lat. *operari*, ein Wort der süddt. Kirchensprache, wogegen der Norden (die Niederlande und England eingeschlossen) lat. *offere* > engl. ‚to offer', as. *offrōn* entlehnte; ahd. *seganōn* – nhd. *segnen* < lat. *segnare, signare*; ahd. *munistri* – nhd. *Münster* < **munisterium* < lat. *monasterium* mit der Spezialbedeutung ‚Klosterkirche', schließlich ‚große Kirche'; ahd. *tuom* < lat. *domus episcopalis*, also Hauptkirche eines Bischofs, nhd. *Dom* entweder aus dem Ndt. oder Gelehrtenentlehnung aus dem lat. *domus*; ahd. *farra* oder *pfarra* < lat. *parochia* ‚Sprengel, Pfarrbezirk'. Eine Anzahl Wörter für Geistliche zeigt auch Eigenschaften früher Entlehnung, wahrscheinlich aus den Donauprovinzen, von der örtlichen romanischen Bevölkerung oder durch Berührung mit Italien, z.B. *chlīrih* < *clericus; knunih* < *canonicus; munih* (nhd. *Mönch*) < *municus* < *monicus* < *monachus; nunna* (nhd. *Nonne*) < *nonna; techan* (nhd. *Dechant*) < *decanus*, auch ahd. *iacuno, iachono*. Zwei Adjektive gehören auch zu dieser alten süddt. Lehnwortschicht: ahd. *sūbar*, nhd. *sauber* < lat. *sobrius* ‚nüchtern'; ahd. *chūski*, nhd. *keusch* < lat. *conscius* ‚wissend', d.h. ‚in der christlichen Lebensweise unterrichtet'.

Natürlich ist es oft unmöglich, zu entscheiden, ob ein Lehnwort aus dem Lat. in den frühesten Tagen des Christentums vor den Karolingern ins Deutsche kam oder später, während der großen Zeit der Gründung christlicher Kirchen und Klöster im 8. Jh., als Karl Martell und Pepin der Kurze regierten, oder gar in den Jahren der Reformen Karls des Großen.

Weitere ahd. Lehnwörter aus dem Lat. werden deshalb in thematischer Ordnung gegeben:

Kirchenleute und Bibel

abbat < *abbas, abbatem*, nhd. *Abt; antichristo* ‚Antichrist'; *postul, aposto-l(o)* < *apostolus*, nhd. *Apostel; bābes* < *papa*, afrz. *papes*, nhd. *Papst; disco* ‚Schüler' < *discipulus; filleol* ‚Patenkind'; *krist, christanheit* < *cristianitas; martyr(a)* < *martyra*, auch *martar-tuom* < *martyrium* und die Verben *martirōn, martolōn*, nhd. *Märtyrer, martern; mesinari* < **masionarius* < *mansionarius*, nhd. *Mesner; piligrīm* < *pelegrinus* < *peregrinus*, nhd. *Pilger; priast* und *priester*<*presbyter; probist, -ōst*<*propos(i)tus*<*praepositus*, nhd. *Propst; satanas*<*satanas.*

Die Kirche und kirchliche Gegenstände

altari<*altāre*, nhd. *Altar; ampla* ‚Öllampe‘<*ampulla* ‚Fläschchen‘, nhd. *Ampel; fundament*<*fundamentum; gimma*<*gemma*, nhd. *Gemme*, neu entlehnt; *kancella* ‚besonderer Ort für die Geistlichkeit‘<*cancelli* ‚Schranke‘, nhd. *Kanzel; kapella*<*cap(p)ella; kentila*<*candēla* ‚Kerze‘; *klostar*<*claustrum*, ursprünglich der abgeschlossene Teil des Klosters, nhd. *Kloster; klūsa*<*clūsa*, nhd. *Klause; chrismo*<*chrisma* ‚Salbe‘; *krūzi*<*crux, crucem*, nhd. *Kreuz; crystalla*<*crystallum*, nhd. *Kristall; chōr*<*chorus* ‚Gemeindegesang‘, nhd. *Chor; līra*<*lyra*, nhd. *Leier; oli*<*olium*<*oleum*, nhd. *Öl; organa*<*organa*, nhd. *Orgel; sīda*<**sēda*<*sēta*, nhd. *Seide; tempal*<*templum*, nhd. *Tempel; tunihha*<*tunica* ‚Untergewand‘, nhd. *Tünche*, metaphorische Erweiterung von ‚bedecken‘; *cella*<*cella*, ndh. *Zelle; zinseri, -a*<*incensum* ‚Weihrauch für Weihrauchbrenner‘; *zitera*<*cithara*, nhd. *Zither.*

Kirche und Gottesdienst

alamuosan, elimuosina<*alemosyna*<gr. *ἐλεημοσύνη* (eleēmosýnē), nhd. *Almosen; ēvangeliō*<*euangelium*, nhd. *Evangelium*, neu entlehnt; *fern*<*infernum* ‚Hölle‘; *vespera*<*vespera* ‚Abendzeit‘, nhd. *Vesper; fīra*<*fēria*, nhd. *Feier, Ferien*, neu entlehnt aus *feriae; canon*<*canōn* ‚Regel‘, nhd. *Kanon; cantico*<*canticum* ‚Lied‘; *chestiga, chestigōn*<*castigatio, castigare* ‚tadeln‘, nhd. *kasteien* ‚martern‘; *kurz, churtnassi*<*curtus* ‚geschoren, gekürzt‘, nhd. *kurz; missa, messa*<*missa*, nhd. *Messe; nuohtarnīn* ‚nichts verzehrt habend‘ <*nocturnus* ‚nachts‘, nhd. *nüchtern; paradīs*<*paradisus*, nhd. *Paradies; peh*<*pix, picem*, nhd. *Pech; pīna, pīnon*<*pēna*<*poena*, nhd. *Pein; prediga, predigunga, predigōn*, auch mit *b-*<*praedicare, praedicatio* ‚öffentlich ankündigen‘ nhd. *Predigt* und neu entlehnt als *Prädikat; psalm, salm*<*psalmus*, auch *psalteri*<*psalterium*, nhd. *Psalm, Psalter; purpurīn, purpura*<*purpura*, gr. *πορφύρα* (porphýra), nhd. *Purpur; sancti*<*sanctus*, nhd. *Sankt.*

Die Schreibstube, Schule und Wissenschaft

arzat<*archiater*<gr. *ἀρχίατρος* archíatros, nhd. *Arzt; brief*<*breve* (scriptum), nhd. *Brief; krīda*<**crēda*<*crēta*, nhd. *Kreide; kōsa* ‚Sache vor Gericht‘<*causa; curs* ‚geistliche Übung‘<*cursus*, nhd. *Kurs*, neu entlehnt; *labōn* ‚waschen‘ <*lavare*, nhd. *laben* ‚sich erfrischen‘; *lectia, lekza*<*lectio*

‚Lesung', nhd. *Lektion*, neu entlehnt; *libel* ‚Buch' <*libellus; magister, meistar, meistarōn*<*magister*, nhd. *Meister* usw.; *metar*<*metrum* ‚Maß'; *murmulōn, murmurōn*<*murmurāre*, nhd. *murmeln; musica*<*(ars) musica; natura*<*natura; ordo, ordena* ‚Ordnung, Folge', *ordinōn*<*ordo, ordinare*, nhd. *Orden, ordnen; pergamin*<*pergamen(t)um*, nhd. *Pergament*, neu entlehnt; *prosa*< *prōsa*, nhd. *Prosa; regula*<*regula*, nhd. *Regel; scrīban*<*scribere*, nhd. *schreiben; scrībo*, nhd. *Schreiber; scuola*<*scola*, nhd. *Schule; scuolari*<*scolaris*, nhd. *Schüler; sillaba*<*syllaba*, nhd. *Silbe; spentōn*< *spendere, expendere* ‚ausgeben, abwägen', nhd. *spenden*, vgl. engl. *to spend; spīsa*<*spēnsa, spēsa* ‚Ausgabe, Speise'<*expēnsa* ‚Ausgabe', nhd. *Speise; temprōn* ‚regeln'<*temperare* ‚abmessen'; *tihtōn, dihtōn* ‚niederschreiben'<*dictāre* ‚diktieren', nhd. *dichten; tincta*<*(aqua) tincta* ‚gefärbte Flüssigkeit', nhd. *Tinte*, neu entlehnt als *Tinktur; titul*<*titulus*, nhd. *Titel; tradunc*<*translatio; trahtōn* ‚betrachten'<*tractare*, nhd. *trachten; vers, fers*< *versus*, nhd. *Vers.*

Exotische Tiere und Pflanzen

balsamo<*balsamum*, nhd. *Balsam; cēdarboum*<*cedrus*, nhd. *Zeder; cullantar*<*coriandrum*, nhd. *Koriander; fīga, fīgboum*<*fīga*<*fīcus*, nhd. *Feige; helphant, helfentbein*<*elephantus*, nhd. *Elefant, Elfenbein; lattuh* <*lactuca*, nhd. *Lattich; lōrberi, lōrboum*<*laurus*, nhd. *Lorbeer; mandala* <*amandula*<*amygdala*, nhd. *Mandel; mirra*<*myrra*, nhd. *Myrrhe; mūrberi, mūrboum*<*mōrum*, nhd. *Maulbeere; narda*<*nardus*, nhd. *Narde; olbenta* ‚Kamel'<*elephantus (?); palma*<*palma*, nhd. *Palme; rosa*<*rosa*, nhd. *Rose; salbeia*<*salvegia*, nhd. *Salbei; scorpio(n)*<*scorpio(nis)*, nhd. *Skorpion; timiām*<*thymus*, nhd. *Thymian.*

Viele dieser Lehnwörter kamen natürlich unmittelbar aus einem lat. Text auf ein Deutsch geschriebenes Blatt. Andere gingen mündlich und durch Kontakt mit romanischen Sprechern ins Deutsche über. Viele geben den Zeitpunkt ihrer Aufnahme durch ihre Lautform preis: keine Spuren der zweiten Lautverschiebung, [ts] für lat. *c* vor Palatalen, lat. *ō* und *ē* wird ahd. oft *ū* und *ī*. Alle bezeugen den tiefreichenden Einfluß, den die mittelmeerische Lebenswelt während des karolingischen Zeitalters auf das Deutsche ausübte.

4.8.3 Namenkunde (Onomastik)

(i) Es gibt prinzipiell zwei Arten *geographischer Namen*: Namen für menschliche Wohnstätten und Namen für Naturgegebenheiten, z.B. Flüsse, Berge, Täler, Wälder, Felder, Gräben usw. Menschliche Wohnstätten wurden in den germ. Sprachen bezeichnenderweise nach den Siedlern benannt, weshalb auch der älteste Typus derjenige zu sein scheint, der aus einem Personennamen und dem Suffix *-ing-* zusammengesetzt ist. Die Stelle des Suffixes konnte auch von einem ‚Heim' oder ‚Stelle, Stätte' bezeichnenden Wort eingenommen werden, z.B. *-heim, -statt (-stedt, -stetten), -sel, -burg.* Dieser möglicherweise jüngere Typus wurde zunehmend fruchtbarer, als, nachdem sich die Lebensbedingungen nach der Völkerwanderungszeit gefestigt hatten, das Namengebungsprinzip von der Benennung nach Personen auf die Benennung von Orten überging. Sobald menschliche Wohnstätten aufgegeben wurden, konnte ihr früherer Name zu einem die natürliche Umgebung bezeichnenden Namen werden. Die umgekehrte Entwicklung ist viel häufiger: Wenn eine Siedlung gegründet wird, kann der Name der Gegend zu einem Namen der Wohnstätte werden, z.B. *Eschenbach, Rheinau, Frankfurt* (792 n.Chr. *Francono furd* ‚Furt der Franken'), *Bremen* (937 n.Chr. *Bremun*<*brēm* ‚sumpfiges Ufer'), *Hannover* (‚am hohen Ufer'), *Bocholt* (<*bōc-* ‚Buche' + *holt* ‚Holz'), *Wittenberg* (‚weißer Berg'), *Zweibrücken, Osnabrück, Innsbruck* (vgl. *Cambridge* ‚Brücke über die Granta oder Cam'), *Schweinfurt, Herford, Fürth* (<ahd. *furti* ‚Furt'), vgl. engl. *Oxford, Neckargemünd, Gmunden*, vgl. engl. *Weymouth, Bournemouth.* Ein dazwischen liegender Typus von Wohnsitznamen entstand auf der Grundlage eines Appellativs plus *-ing-* oder einem ‚Heim'- oder ‚Ort'-Bestandteil, z.B. *Dornheim, Blaubeuren* (<ahd. *būr* ‚Haus', vgl. engl. *bower*), *Bochum* (<*bōc-* ‚Buche' + *hēm* ‚Heim'), *Talheim, Altenburg.* Etwas aus der natürlichen Umgebung bezeichnende Namen können als ersten Bestandteil auch einen Personennamen aufweisen, z.B. *Ezzilenbuohhun* ‚Ezzilos Buchen', *Geroldsbach.*

Beim namenkundlichen Material des Deutschen, das zuerst ca. 700 n.Chr. belegt ist und während der Karolingerzeit mehr und mehr zunimmt, ist erwiesenermaßen die Unterscheidung zweier zeitlicher Phasen möglich. Die erste Phase ist in Norddeutschland durch besonders archaische, oft dunkle Namen gekennzeichnet, z.B. *Hadamar, Geismar* (‚sumpfige Quelle'), *Goslar* (‚Weide an der Gose'), *Hemert* (850 n.Chr. *Hamariti*). In Süd- und Westdeutschland ist diese Phase durch den Stil der Völkerwanderungszeit geprägt: mono- oder dithematischer Personenname plus *-ing-* oder plus Wörter wie *-heim, -stadt*: *Freising* (770 v.Chr. *Frigisingun*<*Frigis + -ing-*); *Ermatingen* (<*Herimuot + -ing-*); *Rüdesheim* (<*Hruodines-heim*), *Hildesheim; Heriolfes stat* 800 n.Chr. (fuldische Urkunde). Aufs ganze gesehen tragen die blühenderen, volkreicheren Ortschaften auf den besten Böden solche Namen. In vielen Gegenden blieb *-heim* länger beliebt als *-ing-*.

Die zweite Phase wird durch Siedlungsnamen markiert, die aus der internen Kolonisierungswelle des merowingischen und karolingischen Zeitalters stammen. Alles in allem liegen solche Siedlungen auf nicht so erstrebenswertem, abgelegenerem, höher situiertem, oft unfruchtbarem Gebiet. Die Ortschaften pflegen kleiner zu sein. Die zweiten Bestandteile der Namen sind: *-hausen (-husen), -hofen, -weiler (-weier, -weil, -wil), -felden, -büttel* nur in Norddeutschland, besonders in Dithmarschen und *-leben* in Teilen Thüringens um Erfurt herum. Während diese Namen zur Zeit der karolingischen und ottonischen Binnenkolonisierung Mode waren, wurden *-dorf, -stadt* und *-burg* weiterhin gebraucht, ohne besondere Beliebtheitszentren zu bilden. Namen auf *-hausen* und *-hofen* liegt manchmal wie bei Namen auf *-heim* eine *-ing*-Bildung zugrunde, z.B. *Recklinghausen, Billinghausen, Iringshofen.* In der Schweiz wurde *-inghofen* zu *-ikon*, z.B. *Hombrechtikon*, und in Bayern zu *-kofen*, z.B. *Rempelkofen* (<980 n.Chr. *Reginpoldinchova*). In Norddeutschland wurde *-husen* oft zu *-sen* gekürzt: *Lütmarsen* (<*Lutmereshusa*), *Herbsen* (<*Heriwardeshusen*). Die meisten dieser Namen weisen einen Personennamen als ersten Bestandteil auf, z.B. *Lüttringhausen* (<*Luthelminchusen*), *Gelnhausen* (<*Geilanhusen*). Einer der modischen Bestandteile, *-weiler*, war fremden Ursprungs. Ahd. *wīlari*<spätlat. *villare* findet sich zuerst in merowingischer Zeit: 696 n.Chr. *Audoneuillare*, d.i. *Ōtwini + villare*<*Ottweiler* im Elsaß. Die frz. Namen auf *-villers* datieren im allgemeinen aus dieser Zeit. Doch in Deutschland wurden die Namen auf *-weiler* nicht vor der karolingischen Kolonisierungszeit beliebt. Danach verbreiteten sie sich stark im gesamten Westen und Süden, blieben aber verhältnismäßig selten in den von den Franken am weitesten abgelegenen Gebieten, z.B. in Sachsen, Hessen, Bayern und Thüringen (s. A. Bach, II, 2, § 484). Es gibt regionale Varianten: *-weier, -weil, -wil*, doch können die beiden letzten auch von lat. *villa* stammen.

Obgleich Namen dazu neigen, in Gruppen aufzutreten und nur in gewissen Gebieten in Mode zu kommen, hat es sich als unhaltbar erwiesen, sie mit Siedlungsbereichen von Stämmen in Verbindung zu bringen. Namentypen sind nicht nur regional, sondern auch zeitlich begrenzt. Sie können zu verschiedenen Zeiten und in verschiedenen Gegenden Mode werden und wieder aus der Mode kommen.

Die meisten Wohnsitznamen dieser zweiten Phase, der binnenkolonisatorischen Phase unter den Merowingern und Karolingern, haben als ersten Bestandteil einen Personennamen, d.h. sie sind echte Wohnsitznamen. Doch muß angenommen werden, daß daneben diejenigen Wohnsitznamen, die ursprünglich Namen für die natürliche Umgebung gewesen waren, immmer mehr in Gebrauch kamen. Es hat sich in der Tat als möglich erwiesen, Zonen früher Besiedlung und Kolonisierung von Zonen späterer Expansion aufgrund von primären und sekundären Namen abzugrenzen. Aus den St. Galler Urkunden der Zeit von 700 bis 920 konnte S. Sonderegger zeigen, daß 70% aller Namen primäre Wohnsitznamen und bis zu 20% sekundäre Wohnsitznamen waren, die restlichen waren Namen für die natürliche Umgebung und Regionalnamen.

Es ist zu beachten, daß die mit intensiver, großangelegter Waldrodung verbundenen Namen, wie die auf *-rod, -reute, -rüti* usw., nicht in die Karolingerzeit, sondern ins 12. und 13. Jh. gehören.

Neben dem primären Typus: Personenname plus ‚Heim, Ort' oder den sekundären Wohnsitznamen, gab es in der Karolingerzeit auch Namen, die die neue christliche Gesellschaft widerspiegelten, wie beispielsweise *-kirchen* (800 n. Chr. *Steinkiricha*); oder *-münster (Kremsmünster)*; oder sich auf Heilige bezogen: *ad sanctos > Xanten; St. Goar, St. Florian, St. Gallen, St. Pölten* (950 n. Chr. *abbatia ad sanctum Yppolitum*), *Weihenstephan, Heiligenstadt.* Da in ihnen Wörter wie ‚Abtei', ‚Kloster' oder ‚Zelle' weggefallen sind, sind solche Namen elliptisch. Die meisten Heiligennamen stammen aus späteren Jahrhunderten. Weitere christliche Ortsnamen sind: *Pirmasens* < 820 n. Chr. *Pirminiseusna* < Pirminisensna, wohl ‚Pirmins Klause'; *Korvey*, ein Name, der 816 n. Chr. von dem Kloster zu Corbie an der Somme übertragen wurde; *Benediktbeuren* < *būr* ‚Haus'; *Pfäffikon* mit ahd. *pfaffo* als erstem Bestandteil (+ *inghofen* > *-kon*).

Wassermühlen verbreiteten sich zuerst in der karolingischen Periode, weshalb die ersten Mühlennamen aus dieser Zeit stammen: *Mühlheim, Mühlhausen* (Thüringen, 967 *Mulinhuson*), *Möllenbeck* (S. A. Bach II, 2, § 484).

Die politische Organisation des Reiches spiegelt sich in den vielen Namen auf *-gau*, die zuerst in dieser Zeit belegt sind. Ihnen zugrunde liegt entweder eine bedeutende alte Stadt, z. B. *Zürichgau*, oder ein Flußname, z. B. *Aargau, Thurgau, Saargau* (ahd. *Sarahgewi*). Eine kleinere politische oder rechtliche Einheit war das Hundert: ahd. *huntari*, z. B. *Waldrammishuntari* (s. A. Bach II, 2, § 485).

Politische Ereignisse wie Neubesiedlungen finden ein Echo in Namen wie *Frankenhausen, Sachsenheim, Geiselwind* (*-wind* < *Wenden*, d. h. Slawen). Der Name *Lothringen* stammt von einem der karolingischen Kaiser: *Lothar*, ein Enkel Karls des Großen. Doch der neue ahd. und danach mhd. Name für Frankreich, *Karlingun, Kerlingen*, nach Karl dem Großen, hatte als deutscher Name für Frankreich keinen Erfolg.

(ii) Hinsichtlich der *Personennamen* in ahd. Zeit ist es ein merkwürdiges Faktum, daß die Christianisierung kaum eine Wirkung auf die Namengebung bei Personen hatte. Das germ. System einzelner monothematischer oder dithematischer Personennamen blieb praktisch ungeschmälert bis über das Jahr 1000 n. Chr. hinaus erhalten. Dies ist umso erstaunlicher, als die auf uns gekommenen Namen in den allermeisten Fällen solche von Mönchen sind. Es gibt keinen grundlegenden Unterschied zwischen den in verschiedenen Rechtsurkunden belegten Namen von Laien und den Mönchsnamen, die in den Gelübdebüchern, Nekrologien oder den wichtigen *libri confraternitatum* enthalten sind. Letztere waren Listen von Mönchen anderer Klöster, die in die Gebete der Brüder des jeweiligen Hauses einbeschlossen werden sollten. Auf diese Weise wurden weitreichende Verbindungen unter den verschiedenen Klöstern des Frankenreiches geschmiedet. Das so überlieferte Namenmaterial ist enorm: Das St. Galler *liber confraternitatum* enthält ungefähr 9000 Namen hauptsächlich aus dem 9. Jh., das Salzburger ca. 8000 Namen des 8. und 9. Jh.s und das umfangreichste, das von der Reichenau, sogar 40000 Namen des späten 8. und des 9. Jh.s aus dem gesamten Frankreich.

Die überwiegende Mehrzahl der teils mehr, teils weniger latinisierten Namen waren solche des Typus: *Gērmuot, Sigemunt* (Mask.) oder *Raathilt, Rīchtrūd* (Fem.) in einer Lorscher Urkunde von 802 n. Chr. Die monothematischen Namen waren entweder primär monothematisch, z. B. *Ernust (Ernist), Karl*, oder ‚Kleinstkindernamen' wie *Tetta, Nanna, Woppo*, oder sie waren sekundär, d. h. aus dithematischen Namen gekürzt, z. B. *Benno* (<*Bernger, Bernhard*), *Eppo* (<*Eberhard, Eberwin*), *Otto* (<*Audobreht*). Der Anteil von kurzen und langen Formen variiert etwas von Ort zu Ort und von einer Urkundenart zur andern. Formalrechtliche Urkunden weisen mehr dithematische Namen, informelle Namenlisten öfter einen höheren Anteil kurzer Namen auf. Es ist auch bemerkt worden, daß Freie zu dithematischen und Leibeigene mehr zu kurzen Namen neigen. Dies ist aber keine Frage strikter sozialer Hierarchisierung. Im Zürcher Material haben über zwei Drittel der Freien dithematische Namen, weniger als ein Drittel kurze. Im Falle der Leibeigenen haben mehr als die Hälfte dithematische und weniger als die Hälfte kurze Namen.

Die Lage war jedoch keine statische, und es gibt viele Hinweise darauf, daß das germ. Namengebungssystem geschwächt wurde: (a) Viele Namenbestandteile wurden appellativ nicht mehr gebraucht oder waren veraltet, z. B. *ans-* ‚Gott', *brand-* ‚Schwert', *gund, hadu-* ‚Kampf', *hruod-* ‚Ruhm'. (b) Die Namengebungstechnik wurde nicht mehr verstanden, wie etymologisch falsche Erklärungen der Zeit zeigen, z. B. *Richmund* (‚mächtig' + ‚Beschützer') = *potens bucca* (‚mächtig' + ‚Mund'), *Richmir* (‚mächtig' + ‚berühmt') = *potens mihi* (‚mächtig' + ‚mir'). (c) Lautentwicklungen hatten Zusammenfall bewirkt, z. B. *-bald, -wald* > *-old*, oder den zweiten Bestandteil verdunkelt, z. B. *beraht* > *-berht, -breht, -bert, -wolf* > *-olf, -hart* > *-art, -hraban* > *-ram*. Dies führte zu einer weiteren Abschwächung des zweiten Bestandteils, der ohnehin eingeschränkt war (s. 3.9.3 (ii)). (d) Die Vorliebe für Intimformen auf *-izo* (M.), *-iza* (F.) nahm zu, z. B. *Hugizo* < *Hugbert, Imiza* < *Irmintrud, Bliza* < *Blithilt*, vgl. heute *Heinz, Lutz, Fritz, Götz*, auf *-l, -lin* oder *-k, -kin, -chin*, z. B. *Sigilin* < *Sigi-, Hildelin* < *Hilde-*, auf *-man* oder *-wip*, z. B. *Karlman, Hereman, Guotwip, Reginuuif.* (e) Wenn auch der Gebrauch von Beinamen *(cognomina)* nicht allgemeine oder verbreitete Praxis wurde, so gab es sie doch, z. B. *Notker Balbulus, Notker Teutonicus, Godofridus niger cognominatus* (s. A. Bach I, 2, § 335). Es gab auch Spitznamen wie *Subar* ‚nüchtern', *Buobo* ‚Junge', die deutlich außerhalb des ererbten Systems liegen. (f) In einigen Gebieten nahm der Gebrauch von Kurznamen sehr stark zu. Während das dithematische Namensystem durch Stabreim, Themawiederholung und -variation einen Hinweis auf Verwandtschaft erlaubt hatte, wurde diese Möglichkeit nun durch den zunehmenden Gebrauch von Kurznamen verringert. In St. Gallen zählte S. Sonderegger unter 668 Personennamen 480 dithematische Namen, 110 sekundäre Kurznamen, 40 primäre Kurznamen, 35 fremde Namen und drei typisch christliche Namen (wie *Gotesscalh*; ähnlich gebildet sind *Godedanc, Gotesthiu*). R. Schützeichel dagegen fand in einer Kölner Liste des 11. Jh.s, daß von 400 Personen, auf die 230 Namen verteilt sind, ungefähr zwei Drittel einen Kurznamen hatten und daß die Hälfte aller Namen Kurznamen waren. Dies zeigt einen bereits beträchtlichen Verfall des germ. dithematischen Namengebungssystems.

Fremde und durch das Christentum inspirierte Namen spielten nur eine sehr kleine Rolle bei der beginnenden Erosion des bestehenden Systems. Ein paar biblische Namen waren in ahd. Zeit geläufig, z. B. *Abraham, Adam, David, Isaac, Johannes, Petrus* und für Frauen *Judith, Elisabeth, Susanna* (s. Bach I, 2, § 285). Sie waren aber nie zahlreich. Sogar Kirchenautoritäten hatten gewöhnlich germ. Namen. Von den ersten fünfundzwanzig Bischöfen Straßburgs hatten nur sieben einen fremden Namen. Von den Basler Domherren des 9. Jh.s hatten 220 einen germ. und nur sieben einen fremden Namen. Im ags. England war es nicht anders. Von den siebenundzwanzig Äbten von Glastonbury hatte von 601 bis zur Normannischen Eroberung nicht einer einen biblischen Fremdnamen, und nur vier hatten Kurznamen.

Bei der Personennamengebung blieb das karolingische Zeitalter ganz in der germ. Tradition.

4.9 Textprobe

Der ahd. Tatian

Der ahd. Text, von dem allgemein gesagt wird, daß er hinsichtlich seiner Mundartform dem heutigen Deutsch näher als irgendein anderer steht, ist die ahd. Übersetzung der lat. Version von Tatians Evangelienharmonie. Eine Abschrift der lat. Version Viktors von Capua befindet sich in Fulda. Die einzige vollständige Handschrift der ahd. Übersetzung befindet sich in St. Gallen und stammt aus der zweiten Hälfte des 9. Jh.s. Ihre Mundart ist nicht die von St. Gallen. Man nimmt allgemein an, daß die Übersetzung ursprünglich gegen 830 in Fulda entstand. Der die ahd. Version begleitende Text war wahrscheinlich nicht derjenige, mindestens nicht der einzige, der der Übersetzung als Vorlage diente, er kommt jedoch der ursprünglichen Version sehr nahe. Vgl. Matth. 14, 23–33.

81, 1. Abande giuuortanemo eino uuas her thar. Thaz skef in mittemo seuue uuas givvuorphozit mit then undon: uuas in uuidaruuart uuint.

2. In thero fiordun uuahtu thero naht gisehenti sie uuinnente quam zi ín ganganter oba themo seuue inti uuolta furigangan sie. Inti sie gisehente inan oba theme seuue gangantan gitruobte vvurdun quedente, thaz iz giskin ist, inti bi forhtun arriofun. Inti sár tho ther heilant sprah ín quedenti: habet ír beldida, ih bím iz, ni curet íu forhten.

3. Antvvurtenti thó Petrus quad: trohtin, ob thúz bist, heiz mih queman zi thir ubar thisiu uuazzar. Thara uuidar her thó quad: quim! Inti nidarstiganter Petrus fon themo skefe gieng oba themo uuazare, thaz her quami zi themo heilante.

4. Gisehenti hér thó uuint mahtigan forhta imo, inti so her bigonda sinkan, riof quedanter: truhtin, heilan tuo mih! Inti sliumo ther heilant thenenti sina hant fieng inan inti quad imo: luziles gilouben, bihiu zuehotus thú? Inti so sie thó gistigun in skef, bilán ther uuint, inti sár uúas thaz skef zi lante zi themo sie fuorun.

5. Thie thar in themo skefe uuarun, quamun inti betotun inan quedante: zi uúare gotes sún bist. (Tatian, hrsg. v. E. Sievers, 2. Aufl., Paderborn 1892).

Auswahlbibliographie

E. H. Antonsen, ‚Zum Umlaut im Deutschen', *Beitr.* (Tüb.), 86 (1964) 177–96; W. Betz, *Deutsch und Lateinisch. Die Lehnbildungen der ahd. Benediktinerregel*, 2. Aufl., Bonn 1965; ders., ‚Lehnwörter und Lehnprägungen im Vor- und Frühdeutschen' in: F. Maurer, H. Rupp, *Deutsche Wortgeschichte*, 3. Aufl., Berlin 1974, S. 135–63; W. Braune, ‚Althochdeutsch und Angelsächsisch', *Beitr.*, 43 (1918) 361–445; ders., H. Eggers, *Althochdeutsche Grammatik*, 13. Aufl., Tübingen 1975; H. Brinkmann, ‚Sprachwandel und Sprachbewegungen in althochdeutscher Zeit', jetzt in: *Studien zur Geschichte der deutschen Sprache und Literatur*, Düsseldorf 1965, Bd. I, S. 9–236; R. Bruch, ‚Die Lautverschiebung bei den Westfranken', *ZMF*, 23 (1955) 129–47; E. S. Coleman, ,Zur Bestimmung und Klassifikation der Wortentlehnungen im Ahd.', *ZDS*, 21 (1965) 69–83; H. Eggers (Hrsg.), *Der Volksname Deutsch*, Darmstadt 1970; J. Fourquet, ,The two e's of MHG', *Word*, 8 (1952) 122–35; K. F. Freudenthal, *Arnulfingisch-karolingische Rechtswörter*, Göteborg 1949; T. Frings, ,Germanisch ō und ē', *Beitr.*, 63 (1939) 1–116; D. H. Green, *The Carolingian Lord*, London 1965; E. Gutmacher, ,Der Wortschatz des ahd. Tatian in seinem Verhältnis zum Altsächsischen, Angelsächsischen und Altfriesischen', *Beitr.*, 39 (1914) 1–83, 229–89, 571–7; W. Krogmann, ,Altsächsisch und Mittelniederdeutsch' in: L. E. Schmitt (Hrsg.), *Kurzer Grundriß der germanischen Philologie bis 1500*, Bd. I, Berlin 1970, S. 211–52; A. Lindqvist, ,Studien über Wortbildung und Wortwahl im Ahd. mit besonderer Rücksicht auf die nomina actionis', *Beitr.*, 60 (1936) 1–132; H. Penzl, Geschichtliche deutsche Lautlehre, München 1969; ders., *Lautsystem und Lautwandel in den ahd. Dialekten*, München 1971; ders., ,Umlaut and Secondary Umlaut in OHG', *Lg.*, 25 (1949) 223–40; I. Rauch, *The Old High German Diphthongization: A Description of Phonemic Change*, Den Haag 1967; F. Raven, *Die schwachen Verben im Ahd.*, 2 Bde, Giessen 1963/67; I. Reiffenstein, ,Geminaten und Fortes im Ahd.', *Münchner Studien zur Sprachwissenschaft*, 18 (1965) 61–77; ders., *Das Ahd. und die irische Mission im oberdeutschen Raum*, Innsbruck 1958; R. Schnerrer, ,Altdeutsche Bezeichnungen für das Jüngste Gericht', *Beitr.* (Halle), 85 (1963) 248–312; R. Schützeichel, *Ahd. Wörterbuch*, 2. Aufl., Tübingen 1974; ders., ,Die Kölner Namenliste des Londoner MS Harley 2805', in: *Namenforschung. Festschrift für A. Bach*, Heidelberg 1965, S. 97–126; G. de Smet, ,Die altdeutschen Bezeichnungen des Leidens Christi', *Beitr.*, 75 (1953) 273–96; S. Sonderegger, ,Ahd. Sprache' in: L. E. Schmitt (Hrsg.) *Kurzer Grundriß der germanischen Philologie bis 1500*, Bd. I, Berlin 1970, S. 288–346; ders., *Ahd. Sprache und Literatur*, Berlin 1974; ders., ,Aufgaben und Probleme der ahd. Namenkunde', in: *Namenforschung. Festschrift für A. Bach*, Heidelberg 1965, S. 55–96; ders., ,Die ahd. Schweiz', in: *Sprachleben der Schweiz. Festschrift R. Hotzenköcherle*, Bern 1963, S. 23–55; P. Valentin, *Phonologie de l'allemand ancien*, Paris 1969; ders., ,Ahd. Phonemsysteme', *ZMF*, 29 (1962) 341–56; O. Weinreich, *Die Suffixablösung bei den Nomina agentis während der ahd. Periode*, Berlin 1971: J. Weisweiler, W. Betz, ,Deutsche Frühzeit' in: F. Maurer, H. Rupp, *Deutsche Wortgeschichte*, 3. Aufl., Berlin 1974, S. 55–133.

FÜNFTES KAPITEL

Die staufische Blüte

5.1 Zeitalter und Sprachgebiet

5.1.1 Zeitalter

Biologische Metaphorik ist kaum geeignet, auf eine Sprache angewendet zu werden, doch gibt es einen Aspekt, wo sie in geeigneter Weise herangezogen werden kann: für den Sprachgebrauch schriftlicher Überlieferung. In diesem Sinne erfuhr die deutsche Sprache im Zeitalter der Hohenstaufen eine nie zuvor gesehene Blüte. Zum ersten Mal entfaltete sie sich zu einem schriftlichen, in vielen Bereichen kultureller Betätigung angewandten Medium, das allerdings fast überall mit dem Lat. konkurrieren mußte.

Die Zeitspanne, während der diese Blüte zustande kam und alle jene sprachlichen und kulturellen, für die Zeit äußerst charakteristischen Eigenschaften sich entfalteten, kann zwichen 1050 und 1350 angesetzt werden. Diese Zeitspanne von dreihundert Jahren läßt sich zwanglos in drei Phasen von je ungefähr hundert Jahren aufgliedern. In der ersten Phase, zur Zeit der Salierherrschaft, wurde das theokratische System des vorhergehenden Zeitalters zunehmend durch eine reformierte Kirche infrage gestellt. Eine weltliche Klasse von berittenen Berufskriegern wurde allmählich die Hauptstütze der kaiserlichen Regierung. Sie bezog ihren ethischen und religiösen Halt und ihre Rechtfertigung aus den Vorstellungen des Rittertums und der *militia dei*, die am wirkungsvollsten während der Kreuzzüge verwirklicht wurde. Diese Entwicklungen kamen zur Reife während der zweiten Phase, dem Zeitalter der Hohenstaufenherrschaft, als zum ersten Mal eine weltliche Literatur in deutscher Sprache entstand. Doch neue Kräfte, die – abkürzend gesagt – aus dem Anwachsen der Städte und dem Erscheinen einer neuen Klasse von Territorialfürsten resultierten, veränderten schließlich diese Ordnung. Die letzte Phase des Zeitalters wurde nach dem Fall und dem Verschwinden der Hohenstaufenherrschaft vom Konkurrenzkampf dieser neuen Kräfte beherrscht. Die erste Welle weltlicher deutschsprachiger Literatur, die des Rittertums, wurde von Schriften abgelöst, die die Bedürfnisse des

Bürgertums und der Geistlichen, insbesondere jener der neuen Orden, zur Sprache brachten.

5.1.2 Das Sprachgebiet

Steht eine Sprache in Blüte, wenn sie von einer größeren Zahl von Sprechern als zuvor gesprochen wird, dann ist die biologische Metapher in einem weiteren Sinne anwendbar. Die Periode von 1050 bis 1350 war durch ein sehr starkes Anwachsen der Bevölkerung und eine folgende innere wie äußere Expansionswelle gekennzeichnet. Als Zeitraum wird sie deutlich begrenzt durch eine verblüffende Abnahme der Bevölkerung nach 1350 durch katastrophale Epidemien, unter denen der Schwarze Tod am barbarischsten wütete. Schätzungsweise belief sich die deutsche Bevölkerung am Ende des Karolingischen Zeitalters auf ungefähr zwei Millionen Menschen. Gegen 1350 war die Zahl auf fünfzehn Millionen angestiegen. Zwischen 1000 und 1350 scheint die Bevölkerung sich verfünffacht zu haben. Kein Wunder also, daß die Welt des hohen Mittelalters fast bis zur Unkenntlichkeit anders aussah als jene des karolingischen Zeitalters. Gewaltige, hochragende romanische und gotische Kathedralen hatten die Stelle bescheidener Stein- und Holzkirchen der Karolingerzeit eingenommen. Zehntausend *Burgen* überzogen die deutschen Länder. Meistens waren sie auf den höchsten Geländeerhebungen errichtet und kontrollierten die strategisch wichtigen Straßen des Reiches. Fast alle wurden zwischen 1000 und 1300 gebaut. Im gleichen Zeitraum wurden die Urwälder gerodet und die Sümpfe drainiert und unzählige neue Ortschaften gegründet. Die Ortsnamen dieses Zeitraums bezeugen die gewaltige Welle innerer Kolonisierung (s. 5.8.3 (i)). Die Zahl der heutigen Ortschaften und Weiler wurde, wenn auch nicht der Größe nach, im 13. Jh. nahezu erreicht.

Mit der dörflichen Besiedlung konnte sich die gewichtige städtische Entwicklung messen. In den ersten hundertfünfzig Jahren dieser Zeitspanne wurde der rechtliche Status der deutschen Stadt begründet. Bürger, Kaufleute und Handwerker organisierten sich in Kommunen, denen es allmählich gelang, ihren geistlichen und weltlichen Feudalherren (Bischöfe, Äbte, Grafen) autonome Selbstverwaltung abzuringen. Gegen 1200 hatten ungefähr fünfzig deutsche Städte, die meisten mit Bischofssitz oder königlichem Schloß, viele ursprünglich römische Gründungen, durch Verleihung von Privilegien und Freibriefen Stadtstatus erlangt. Die meisten strebten nach dem begehrten Status einer freien Reichsstadt. Im 13. Jh. folgte dann eine unerhörte Zunahme: ein zehnfacher Zuwachs bedeutete, daß gegen 1300 noch einmal fünfhundert Städte den bereits gegründeten gefolgt waren. Einige Marktflecken und *Burgen* hatten einfach an Größe zugenommen und schließlich den gesetzlichen Status einer Stadt erlangt. Viele waren Neugründungen. Das 12. und 13. Jh. war eine Zeit beispielloser Stadtplanung und Stadtgründung. Die Territorialherren begriffen den wirtschaftlichen Wert von Städten und führten die große Gründungswelle an. So gründeten die Herzöge von Zähringen 1120 Freiburg im Breisgau, 1130 Villingen, 1140 Rottweil, gegen 1152 Bern. Der Welfenherzog Heinrich der Löwe gründete 1158 München und 1143/1153 Lübeck; das Haus der Wettiner gründete 1160 Leipzig; die Hohenstaufen 1164 die Stadt Hagenau, 1165 Chemnitz (jetzt Karl-Marx-Stadt), Altenburg und Zwickau und 1180 Eger. Dies waren die Vorgänger der zahllosen Gründungen des 13. Jh.s.

Innere Kolonisierung und Gründung neuer Städte waren die Ergebnisse des Bevölkerungswachstums. Ein drittes, vielleicht das gewichtigste, war die Expansion in die slawischen Gebiete des Ostens. Die Ostexpansion hatte bereits unter der Herrschaft der Ottonen im 10. Jh. begonnen, und schon damals gingen, wie später, das missionarische Vorhaben der Heidenbekehrung und der Wunsch nach Landerwerb Hand in Hand. Aber ein großer Slawenaufstand gegen Ende des 10. Jh.s führte zum Verlust der unterworfenen Gebiete zwischen Elbe und Oder. Nur die neue Mark Meissen und die Lausitzer Mark wurden erhalten. Der Zug nach Osten kam fast ein Jahrhundert lang zum Stillstand. Inzwischen wurden Polen und Böhmen Christen, was diesen beiden Staaten Anerkennung und mehr Sicherheit einbrachte, aber die kleineren heidnischen Slawenstämme zwischen Elbe und Oder und die heidnischen Preußen entlang der Ostseeküste sogar noch größerem Druck aussetzte. 1134 wurde Graf Albrecht der Bär von Kaiser Lothar mit der Nordmark belehnt. Ihm und seinen Nachfolgern aus dem Hause Askanien gelang es, ein großes und starkes Fürstentum zwischen Elbe und Oder mit seinem Mittelpunkt in Brandenburg zu errichten, das ostwärts bis an die Weichsel reichte. Nicht weniger bedeutsam war die Verleihung der Lausitzer Mark an Konrad von Wettin im Jahr 1136, der bereits die Mark Meissen innehatte. Der dritte große Führer beim Vorstoß nach Osten war der sächsische Herzog Heinrich der Löwe, der 1158 die Obodriten unterwarf und Lübeck 1159 neu gründete. Zur Zeit des Zweiten Kreuzzugs erhielten die Sachsen eine päpstliche Zusicherung, daß ein Kriegszug gegen die heidnischen Slawen als Erfüllung eines Kreuzzugsgelübdes gelten würde. Auf diese Weise konnten die Sachsen anstelle einer mühseligen Reise ins ferne Palästina direkt einen einträglichen Vorstoß nach Osten unternehmen und zugleich den für einen Kreuzzug gebührenden ewigen Ruhm erwerben. Die Herzogtümer Pommern und Schlesien wurden durch ihre eigenen slawischen Fürsten der Christianisierung und Germanisierung geöffnet. In weniger als anderthalb Jahrhunderten wurden in Schlesien einhundertundzwanzig Städte und über zwölfhundert Dörfer angelegt und entwickelt, oft unter Teilnahme der slawischen Einwohner. Ein Ereignis mit besonders weitreichenden Folgen war die Verleihung eines Stützpunktes im Kulmerland an der unteren Weichsel an die Deutschordensritter, einem militanten Orden des St. Marienhospitals in Jerusalem, durch Herzog Konrad von Masovien im Jahre 1226. Papst Gregor IX. und Kaiser Friedrich II. versprachen ihnen volle Souveränität über alle Gebiete, die sie bei den heidnischen Preußen erobern könnten. Im Verlauf von hundert Jahren begründeten sie ein starkes, außerordentlich gut verwaltetes Kirchenfürstentum im östlichen Baltikum.

Diese Vorstöße lieferten natürlich nur den politischen Rahmen für die intensive Kolonisierung, die von deutschen Adligen, Mönchen, Bauern und Handwerkern unternommen wurde. Zu Hunderttausenden strömten sie nach Osten. Zisterzienser und Prämonstratenser gründeten Klöster, die eine große Rolle bei der Erschließung des Landes spielten. Die Rodung von gewaltigen Wäldern wurde nun in Angriff genommen. Moore und Sümpfe wurden trockengelegt, und man weiß, daß Flamen und andere Niederländer sich unter den Kolonisten befanden und ihre bereits wohlbekannte Erfahrung bei der Landgewinnung einsetzten. In Brandenburg, Pommern, Meißen, in der Lausitz und in Schlesien wurden Hunderte von Städten gegründet. Die Mehrzahl von ihnen waren slawische Siedlungen oder Befestigungen gewesen. Die meisten behielten ihre slawischen Namen, andere erhielten den Namen der einstigen Heimatstadt der Siedler, z.B. Frankfurt an der Oder. Die slawischen Fürsten waren wie die deutschen Herrscher darauf bedacht, Deutsche zur Besiedelung ihrer unterbevölkerten Gebiete zu ermuntern. Nach der endgültigen Unterwerfung der Preußen gründeten die Deutschordensritter in West- und Ostpreußen und in Pomerellen ungefähr vierzehnhundert Dörfer. Deutsche Städte wie Reval, Riga und Dorpat wurden inmitten einer fremden Bevölkerung gegründet. Abgelegene Enklaven wurden auch in der Slowakei (Zips) und in Transylvanien (Siebenbürger Sachsen) gebildet.

Noch vor dem Ende des Mittelalters waren die Preußen eingedeutscht worden, doch Pomerellen, das nur ungefähr einhundertundfünfzig Jahre unter deutscher Herrschaft gewesen war, blieb zum größten Teil slawisch. So entstand der Polnische Korridor. Wenig ist über die Einzelheiten der

Eindeutschung bekannt. Slawische Enklaven von Wenden und Sorben haben bis zur Gegenwart überlebt. Überall war es für die östliche Sprachgrenze kennzeichnend, daß sie nur schlecht abgrenzbar ist. Es gab einen breiten Gebietsgürtel, wo Slawen und Deutsche miteinander lebten, der zahlreiche Enklaven und Mischsiedlungen aufwies. Im großen ganzen ging die Kolonisierung im 14. Jh. zu Ende, und so wurde das deutsche Sprachgebiet, wie es sich zu Beginn des 20. Jh.s zeigt, bereits im 14. ausgebildet.

Am bedeutsamsten war sprachlich die Tatsache, daß die Siedler unterschiedlicher Herkunft waren. Obwohl der Norden zum größten Teil von Sachsen besiedelt wurde und Niederdeutsch sprach und im Zentrum Mitteldeutsch gesprochen wurde, trat überall weitestgehende Spracheinebnung und Sprachmischung ein. Das deutsche Sprachgebiet wies dementsprechend nicht nur eine enorme Ausdehnung auf, auch seine Mundartenkarte wurde durch das Hinzutreten ausgedehnter Kolonialdialekte bedeutend verändert. Diese wurden umso bedeutender, als in der folgenden Periode eine deutliche Verschiebung der politischen Macht einsetzte. Die Herrschaft der Hohenstaufen hatte ihre deutsche Machtbasis in den westlichen Herzogtümern Schwaben und Franken, wenngleich auch im Vogtland und in Eger ein östlicher Stützpunkt nicht fehlte. Insoweit die deutsche Sprache ein Kerngebiet hatte, so lag es im Südwesten. Nach dem Fall der Hohenstaufen verschob sich die politische und wirtschaftliche Macht entschieden nach Osten. Die Markgrafen von Brandenburg und die meißnischen Herzöge waren von nun an mächtige neue Figuren auf der politischen Bühne. Als sich im 14. Jh. wieder Dynastien gründeten, zuerst die luxemburgische, dann die habsburgische, waren dies östliche Dynastien; erstere als Könige von Böhmen, letztere als Herzöge von Österreich, der Steiermark und Kärnten.

Verglichen mit der gewaltigen Ausdehnung des Sprachgebiets im Osten waren andere Veränderungen nicht so bedeutend. Das Burgenland an der österreichischen Grenze wurde im 12. Jh. besiedelt. Jenseits der Südgrenze begründeten Bayern im 13. Jh. kleine Sprachinseln in Italien, die sogenannten Sieben Gemeinden und Dreizehn Gemeinden, deren Mundart irrtümlicherweise als Cimbrisch bekannt wurde. Die umfangreichste Besiedlung wurde gegen 1325 von Kärntnern und Tirolern in Slowenien, südlich von Ljubljana, vollzogen. Bekannt durch ihre Hauptstadt Gottschee, wuchs sie zu einer Kolonie von ungefähr zweihundert Dörfern an. Die Bayern spielten auch bei der Ansiedlung im südlichen Böhmen und Mähren eine große Rolle. Im Südwesten führten die Wanderungen der Walser zur Gründung von Dörfern in den Hochtälern von Piemont, in Graubünden unter der rätoromanischen Bevölkerung und in Vorarlberg.

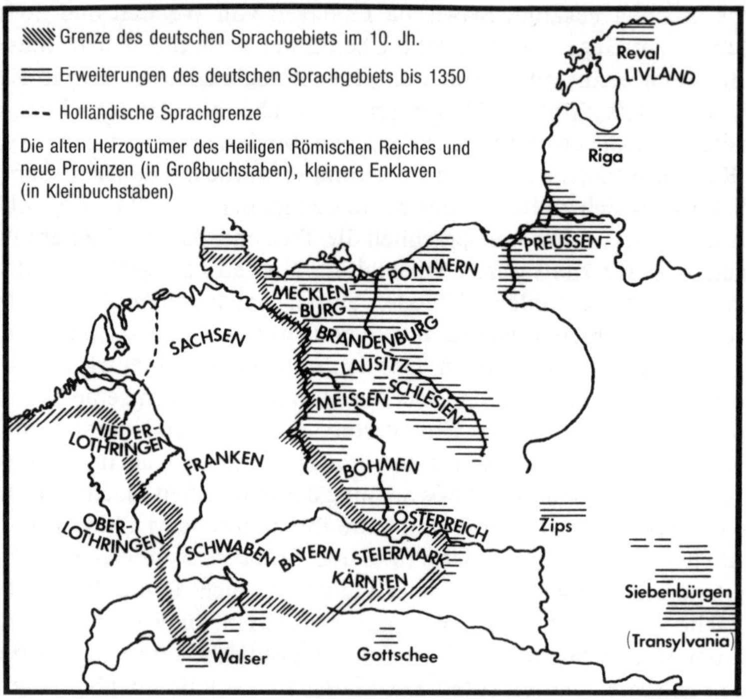

Abb. 10

Das deutsche Sprachgebiet (1000–1350 n. Chr.)

Die westliche Sprachgrenze scheint während dieses Zeitraums stabil geblieben zu sein. In den Niederlanden, besonders in Flandern und Brabant, erlangte die Schriftsprache, das Mittelniederländische, einen Grad von Eigenständigkeit, der es zu einer selbständigen Sprache macht.

5.2 Der Bereich der Literatursprache

Während des hohen Mittelalters blieb der bestehende funktionelle Bilingualismus erhalten, doch hatte das Deutsche deutliche und beträchtliche Zugewinne zu verzeichnen. Auf all seinen angestammten Gebieten blieb das Lat. auch weiterhin in Gebrauch, aber auf vielen dieser Gebiete wurde jetzt auch das Deutsche verwendet, und es gab einige neue Bereiche, in denen Deutsch entschieden vorherrschte. Im weltlichen Bereich hatte die ritterliche und bürgerliche Gesellschaft kulturelle Bedürfnisse, die nur das Deutsche erfüllen konnte. Solange eine mönchisch-klerikale Gesellschaft allein die Fertigkeiten zu gelehrtem und literarischem Schrifttum innehatte, wurde die deutsche Sprache nur ausnahmsweise als Schreibsprache gebraucht. Als aber Ritter und Bürger einen gewissen Grad von Bildung erlangt und Muße für kulturelle Bestrebungen hatten, mußte ihre Muttersprache als Schreibmedium dienen. Bis zur Zeit der Hohenstaufen wurde nur didaktische und religiöse Dichtung in deutscher Sprache geschaffen. Seit Karl dem Großen war dies in Abständen der Fall gewesen. Gegen 1140 scheint das erste weltliche Epos von einem Geistlichen, dem Pfaffen Lamprecht, geschrieben worden zu sein. Es war eine Übersetzung und Bearbeitung der Unternehmungen Alexanders des Großen. Wenig später wurde die frz. *Chanson de Roland* ins Deutsche übersetzt. Beide handelten von Rittertaten in fernen Ländern und müssen bei Rittern Anklang gefunden haben, die dazu aufgerufen waren, für Gott und König in ebenso fernen Ländern zu kämpfen. Gleichzeitig taten sich beim ersten flüchtigen Blick in die romantische keltische Atmosphäre des Tristan und die nicht weniger romantische antike Welt von Aeneas und Dido neue Welten auf. Gegen Ende des Jahrhunderts wurde das herrliche, durch König Artus und seine ritterliche Tafelrunde idealisierte Leben frz. Rittertums einer begierigen deutschen Zuhörerschaft vorgestellt. Unterdessen wurde die deutsche Lyrik von der höfischen Liebesdichtung der Franzosen und Provençalen inspiriert und trat der höfischen Epik als literarisches Produkt des deutschen Rittertums zur Seite. Das weltliche Epos, einst fest auf fremdländischen Motiven beruhend, konnte schließlich heimische heroische Überlieferung des germ. Altertums mit einbeziehen (Nibelungen, Dietrich).

Im 13. Jh., besonders nach 1250, entwickelte sich die deutsche Prosa zu einem ebenbürtigen Gefährten der früheren deutschen Dichtung. Vor 1300 war fast die gesamte deutsche Prosa in der Tat Übersetzung aus dem Lat. Prosa wurde nur für didaktisches, annalistisches, historisches, juristisches, medizinisches, astrologisches, erbauliches und religiöses Schrifttum verwendet. Chroniken, Urkunden, Predigten, mystische Traktate, biblische Dramen und neue Übersetzungen der Evangelien und Bücher des Alten Testaments erschienen auf Deutsch und bekundeten die Bestrebungen des Bürgers genauso, wie die idealistischeren epischen und lyrischen Werke ein halbes Jahrhundert zuvor Ausdruck des Rittertums in seiner Blüte gewesen waren. Auch sie wurden noch immer kultiviert. Troja und König Artus büßten an Faszination nichts ein, und die Lyrik wurde zumindest parodiert, der *Minnedienst* von einst gehörte zur geschwundenen Welt wahren Rittertums. Später wurden die ehrenwerten Bürger Meistersinger und eifrige Leser von Prosaromanen.

Latein war noch immer die offizielle Schreibsprache des Staats und der Kirche, des Rechts und der Wissenschaft, des Studiums und des seriösen Schrifttums. Aber daneben wurde auch das Deutsche gebraucht, und wie! Auf nicht wenigen Gebieten dominierte es sogar. Ritter und Bürger empfanden es hier als das zweckdienlichere Medium. Den deutlichsten Fortschritt machte das Deutsche im dreizehnten Jahrhundert auf dem Gebiet der Rechtsurkunde. Der Aufstieg der deutschen *Urkundensprache* ist Gegenstand zahlreicher Arbeiten gewesen. Dies muß im Zusammenhang mit dem Fortschreiten der Volkssprachen im gesamten Westeuropa gesehen werden. In Spanien, der Provence und Italien behauptete sich die heimische Sprache als Rechtssprache bereits früher als in Deutschland. Es ist kein Zufall, daß die westlichen und südlichen Gebiete, die Rhein- und Donautäler, in Deutschland richtungsweisend waren. Bis zum Jahre 1300 stammt die überwältigende Zahl von erhaltenen Rechtsdokumenten in deutscher Sprache aus diesen westlichen und südlichen Gebieten. In Mitteldeutschland wurde die Volkssprache erst gegen 1330 gebräuchlich und in Norddeutschland erst gegen 1350 oder sogar noch später. Die Bewegung begann im Südwesten gegen Ende des ersten Drittels des 13. Jh.s zu einer Zeit, als Adel und Bürgertum bereits mit einer Fülle weltlicher Literatur ziemlich vertraut waren. Es brauchte den Rest des Jahrhunderts, um das Deutsche für die juristische Beurkundung gebräuchlich werden zu lassen. Für das Sprachgefühl muß das Offizielle einer lat. abgefaßten Vertragsurkunde beträchtlich gewesen sein. Der niedere Adel und die Masse des Bürgertums konnten aber nur beschränkte Lateinkenntnisse gehabt haben. Es waren daher die Bedürfnisse einer ganz neuen Klasse von Rechtsuchenden, die nun, da sie an der raschen Ausbreitung beurkundeter Prozesse teilhatten, zum Gebrauch der Volkssprache ermutigten. Daß diese neuen Klassen in der Tat eine entscheidende Rolle beim Übergang vom Lateinischen zum Deutschen spielen, kann man an dem zuerst auf Deutsch erschienenen Urkundentypus sehen: Landfriedensproklamationen, städtische Gesetze und Stiftungsurkunden. Das Bedürfnis nach einer weitestmöglichen Öffentlichkeit führte ganz deutlich in solchen Fällen zum Gebrauch des Deutschen. Kaiser und Fürsten wollten sichergehen, daß ihre Unternehmungen zur Sicherung des Landfriedens überall bekannt werden konnten. Städte wollten ihre Bürger und ihre Nachbarn auf ihre neu gewonnene Freiheit, ihre Verfassung und Rechte aufmerksam machen. Sie konnten bei bestimmten Gelegenheiten den Bürgern laut verlesen werden. Aus dem 13. Jh. sind viele Fälle von Stadtrechtsübersetzungen ins Deutsche bekannt: Braunschweig um die Mitte des Jahrhunderts, Lübeck vor 1267, Freiburg i. Br. gegen 1275, Winterthur vor 1284, Straßburg gegen 1296. Einer der frühesten Verträge in deutscher Sprache war das Versöhnungsabkommen zwischen den Erzbischöfen von Trier und Köln auf der einen und dem Pfalzgrafen vom Rhein auf der anderen Seite. Es ist datiert vom 17. November 1248. Im allgemeinen gaben bischöfliche Kanzleien das Lateinische als letzte auf. Wo aber breite Öffentlichkeit wünschenswert war, war das Deutsche selbstverständlich das brauchbare Medium. Verständlich ist, daß Gerichtsentscheidungen, besonders solche des königlichen Gerichts, und andere private Urkunden noch eine beträchtliche Zeit lang vorwiegend in lat. Sprache abgefaßt waren. Man hat geschätzt, daß aus der Zeit von 1230–1300 ungefähr eine halbe Million originaler Rechtsurkunden in lat. Sprache erhalten sind. Die über viertausend Originalurkunden in dt. Sprache bilden also einen bescheidenen, wenn auch wichtigen Anfang.

Für den Sprachwissenschaftler sind sie von größter Bedeutung, weil sie allein uns gegen Ende unseres Zeitraums eine mehr oder weniger vollständige Abdeckung des gesamten deutschen Sprachgebiets liefern. Sie zeigen, wie die *geschriebene* Sprache landauf und landab aussah, und sie sind, anders als die meisten literarischen Handschriften, deutlich datiert. Doch muß mit ihnen seitens der Mundartenforschung, die sie als Informationsquellen über mittelalterliche Dialekte benutzen möchte, vorsichtig und sorgfältig umgegangen werden. Zum einen stellen sie nur Beispiele für lokale oder regionale *Schreib*traditionen dar. Diese können, vielleicht nur gelegentlich, mundartliche Charakteristika wiedergeben, sie müssen es aber nicht. Zum andern muß die Frage nach dem Ursprungsort sorgfältig bedacht werden. Im großen und ganzen war es der Nutznießer einer Urkunde, der gewöhnlich durch eine lokale oder benachbarte Gemeinde- oder Klosterschreibstube eine Abschrift herstellen ließ. Der genannte Ausstellungsort der Urkunde ist natürlich das Haus desjenigen, der siegeln und unterschreiben mußte, muß also nicht der Ort sein, wo die Abschrift wirklich hergestellt wurde. Der Schreiber selbst braucht nicht aus dem Schreibstättenort zu stammen; er kann eine andere Schreibtradition erlernt haben. Eine starke Persönlichkeit an einer Schreibstätte mit geringer Schreibtradition würde bis zu einem gewissen Grade ihre eigene Schreibweise durchsetzen. In einer wohlbestallten Schreibstube mit fester Tradition würde der einzelne Schreiber, ganz gleich woher er stammt, sich jedoch kaum durchsetzen. Dies alles bedeutet, daß der Optimismus des Mundartenforschers, der eine Karte der Dialekte des 13. und 14. Jh.s zu zeichnen hofft, mit Vorsicht und Skepsis temperiert sein muß.

Das früheste juristische Dokument ist das Buch über das Land- und Lehnsrecht des Eike von Repgow, bekannt als der *Sachsenspiegel.* Das Medium der Rechtsverfahren und Rechtsprechung war immer gesprochenes Deutsch gewesen. Aber alle merowingischen und karolingischen Kodifikationen des deutschen Rechts waren auf Latein abgefaßt worden. Jetzt, um ungefähr 1220/30, wurde, wenngleich nach einem vorausgehenden lat. Entwurf, ein Gewohnheitsrecht in dt. Sprache abgefaßt. Der Anstoß, der von ihm ausging, muß gewaltig gewesen sein. Nicht weniger als ungefähr zweihundertundsiebzig Handschriften sind uns überliefert. Nur der *Schwabenspiegel*, eine Bearbeitung für Süddeutschland, mit ungefähr dreihundertundachtzig erhaltenen Handschriften ist zahlenmäßig stärker vertreten. Diese beiden Rechtsbücher übertreffen also jedes literarische Werk; denn der *Parzival* von Wolfram von Eschenbach, der die Liste der literarischen Handschriften anführt, ist nur in fünfundachtzig Handschriften und Fragmenten erhalten. Andere Prosawerke wie das Veterinärhandbuch von Meister Albrant *(Roßarzneibuch)* und die medizinische Abhandlung von Meister Bartholomäus stammen auch aus der Zeit der Hohenstaufen und zählen zu den am häufigsten abgeschriebenen Werken mit jeweils einhundertneunundsechzig bzw. über hundert Abschriften. Wegen ihres hohen literarischen Werts haben Lyrik und Epik diese recht faden Alltagszeugnisse in den Schatten gestellt. Es darf aber nicht übersehen werden, daß die Prosawerke des Alltagslebens mit ihrer weiten Verbreitung von keineswegs geringerer Bedeutung für die deutsche Sprache im Mittelalter sind.

5.3 Die Schreibsprache und die Mundarten

5.3.1 Die schriftliche Überlieferung

Wenn auch die Überlieferung in dt. Sprache aus dem hohen Mittelalter um ein Hundertfaches gegenüber der Karolingerzeit angestiegen sein mag, die sprachliche Situation ist grundsätzlich die gleiche. Die Verfasser literarischer Erzeugnisse sind, wenn auch nur ungefähr, lokalisierbar. Der Verfasser von *Tristan und Isolde* lebte und dichtete in Straßburg, Heinrich von Veldeke stammte aus der Gegend von Maastricht, Wolfram war in Eschenbach nahe Ansbach in Ostfranken zu Hause. Von Hartmann von Aue wissen wir mindestens, daß er Alemanne war, und Walther von der Vogelweide war höchstwahrscheinlich ein Österreicher. Die Hauptdaten des Lebens Heinreichs von Hausen, eines frühen Minnesängers, sind noch nachweisbar. Werkinternes Zeugnis und werkexterne Hinweise ermöglichen die Datierung der meisten literarischen Werke innerhalb einer Zeitspanne von zehn bis zwanzig Jahren, öfter sogar noch entschieden präziser. Im Grunde genommen sind jedoch keine Autographen überliefert. Der größte Teil der Literatur der Zeit ist vielmehr in Handschriften des 14. und 15. Jh.s überliefert. Es ist wohl ein extremer Fall, wenn der *Erec* von Hartmann von Aue, ungefähr zwischen 1180 und 1185 zu datieren, uns, von zwei kleinen Fragmenten abgesehen, ausschließlich durch eine von dem Zollbeamten Hans Ried aus Bozen in Südtirol zwischen 1504 und 1515 für Kaiser Maximilian angefertigte Handschrift zur Kenntnis gelangt ist. Die Heldendichtung *Kudrun*, entstanden gegen 1240, und das höfische *Märe Moriz von Craûn* vom Ende des 13. Jh.s sind ebenfalls nur durch das *Ambraser Heldenbuch* des Hans Ried auf uns gekommen. Werke, von denen wir Handschriften besitzen, die nicht später als ungefähr eine Generation (ca. dreißig Jahre) nach Abfassung des Originals geschrieben worden sind, z.B. *Tristan und Isolde, Rolandslied* und *König Rother*, stellen Ausnahmen am anderen Ende der Überlieferungsskala dar. Die stattliche Handschrift B (Gießen) des *Iwein*, wohl aus dem ersten Jahrzehnt des 13. Jh.s und gewiß nicht nach 1220, ist vielleicht die der Abfassungszeit eines frühen Originals am nächsten liegende Abschrift. Die am frühesten anzusetzende Handschrift eines vorliegenden Werks kann natürlich auch weniger sorgfältig abgeschrieben sein als eine spätere. Die Schreibstätte, aus der eine bestimmte Handschrift stammt, ist fast nie lokalisierbar. Für die Datierung einer Handschrift ist oft nur die Angabe einer Jahrhunderthälfte möglich. Handschriften werden heute gewöhnlich nach ihrem Aufbewahrungsort oder dem Ort ihrer neuzeitlichen Entdeckung benannt, z.B. Heidelberg, München oder Berlin. Solche Bezeichnungen sagen nichts über den Ort ihrer Entstehung aus. Literarische Zeugnisse können, abgesehen von so groben Bestimmungen wie bayrisch, schwäbisch, mittelfränkisch oder alemannisch, gewöhnlich nicht lokalisiert werden. Diese Grobbestimmung geschieht im allgemeinen aufgrund von einigen, immer wiederkehrenden sprachlichen Merkmalen, von denen gezeigt werden kann, daß sie durch lokalisierbare Zeugnisse, z.B. Rechtsurkunden, abgesichert sind.

Sind zahlreiche Abschriften eines bestimmten Werks überliefert, handelt es sich fast immer um Kontaminationen, d.h. der Abschreiber hatte bei seiner Arbeit mehr als eine Handschrift vorliegen und wählte aus diesen dasjenige aus, dem er den Vorzug gab. Darüber hinaus wurden Handschriften sehr häufig von mehreren Schreibern angefertigt, was sich gewöhnlich nicht nur an dem unterschiedlichen Schreibduktus, sondern auch an sprachlichen und orthographischen Unterschieden zeigt. Manche Schreiber kopierten – abgesehen vom allzu menschlichen Irren – ihre Vorlage genau; andere, und dies war häufiger der Fall, wollten die zu kopierende Version ‚verbessern' oder ändern. Viele arbeiteten liederlich und schrieben bei nur gelegentlichem Blick auf das zu kopierende Werk nach dem Gedächtnis. Wo also die Handschriftenüberlieferung reichhaltig ist, ist sie gewöhnlich auch äußerst komplex. Die Zahl der Abschriften, die einer vorhandenen Handschrift vorangehen oder zwischen ihr und ihrer Quelle liegen, ist im allgemeinen unbekannt, obwohl das Minimum manchmal mit ziemlicher Sicherheit geschätzt werden kann. Abschriften neigen zu unmerklichem Übergang in verschiedene Rezensionen oder Versionen. Wo eine Grenzlinie zwischen Abschrift und Rezension gezogen werden sollte, kann oft nicht gesagt werden oder muß letztlich dem subjektiven Urteil des neuzeitlichen Herausgebers überlassen bleiben. Handschriften können natürlich nicht nur hinsichtlich ihrer literarischen Version, sondern auch sprachlich und mundartlich kontaminiert sein. Angesichts der Tatsache, daß jede Schreibstätte oder Gegend bis zu einem gewissen Grade ihre eigene orthographische und sprachliche Tradition hatte, steht zu erwarten, daß die abzuschreibenden Werke der eigenen Konvention angepaßt wurden, manchmal rigoros, manchmal auf eine Weise, daß die ältere Abschrift noch durch die neue hindurchschimmerte. Eine Abschrift kann häufig von einem literarischen Mäzen in Auftrag gegeben worden sein, um dadurch ein Werk in dér regionalen Gestalt in die Hand zu bekommen, die er schätzte und ihm vertraut war. Umschreiben gemäß der regionalen oder lokalen Konvention und Kontamination schafft sozusagen die synchronische oder räumliche Dimension unserer Problematik. Es gibt auch die diachronische Dimension: man fühlte, daß Modernisierung sowohl bei der Orthographie, z.B. die Schreibungen ⟨ei⟩, ⟨au⟩ im 16. Jh. statt ⟨i⟩, ⟨u⟩ im 13., als auch bei Grammatik und Wortschatz nötig war. Verlust oder Ersatz von Flexionsendungen (*alliu>alle*) und die Ersetzung veralteter Wörter durch geläufige (*grōz* statt *michel* oder *meinen* statt *wænen*) sind demgemäß in der Regel Kennzeichen der späteren Handschriften. Doch im wesentlichen bleiben Handschriften eine Mischung aus archaischen und innovatorischen Zügen, wie sie auch zu einem Verschnitt regionaler Sprach- oder Schreibtraditionen neigen. Eine ‚gute' Handschrift wäre eine, bei der Ort und Zeit der Anfertigung bekannt sind, ihre Vorgänger gehörten in dieselbe Gegend und wären nicht zu unterschiedlich im Alter, und endlich müßten in ihr die Buchstaben zur größtmöglichen Phonemdifferenzierung der Sprache angewandt sein. In Wirklichkeit ist die Handschriftenüberlieferung dieses Zeitraums weit von solcher Idealforderung entfernt. Beispielsweise findet man in wenigen Zeilen der Heidelberger Handschrift von *König Rother* die mfrk. Formen *zo, plach, gaf, got, penning, irhauen* (nhd. *zu, *pflag* (= *pflegte*), *gab, gut, Pfennig, *erhaben* ‚angefangen') und die obdt. Formen *daz, guot, getan, lebine* (mit *b*, nicht *v*), *tac, pfunde, gab* (nhd. *daß, gut, getan, leben, Tag, Pfunde, gab*). Bare Inkonsequenz bei der Schreibung ist ein allgemeines Kennzeichen. So findet man im gleichen Text *(König Rother)* für das Wort ‚gut' die folgenden Schreibungen: *guth, gut, guot, got*, sogar Reime werden divergierend geschrieben, z. B. *guot* : *not*. Ohne jede Einheitlichkeit wird in vielen Texten der Reibelaut [x] durch ⟨g⟩ oder ⟨ch⟩ wiedergegeben.

Die lyrische Dichtung stellt einen besonderen, doch nicht unsymptomatischen Fall dar. Die Gedichte von über einhundertundfünfzig bekannten Dichtern von der Mitte des 12. bis zum Ende des 13. Jh.s sind in fünf Codices überliefert. Sie variieren an Umfang und hinsichtlich der Zahl der enthaltenen Dichter. Viele Gedichte werden in den verschiedenen Sammlungen unterschiedlichen Verfassern zugeschrieben. Codex A, die *Kleine Heidelberger Liederhandschrift*, datiert als ältester vom Ende des 13. Jh.s und wurde wahrscheinlich in Straßburg geschrieben. Er enthält vierunddreißig Autoren. Codex B, die *Weingartner Liederhandschrift*, wurde wahrscheinlich gegen 1300 in Konstanz geschrieben und enthält einunddreißig Dichter. Codex C, die *Große Heidelberger Liederhandschrift* oder *Manessische Handschrift* aus der Zeit zwischen 1310 und 1330, wurde in Zürich geschrieben und enthält einhundertundeinundvierzig Dichter. Mit ihren herrlichen Miniaturen einzelner Dichter stellt sie einen der Kunstschätze aus dieser Zeit dar. Die *Würzburger Liederhandschrift* (Codex E), ungefähr aus der Mitte des 14. Jh.s, enthält vor allem einen Teil der Dichtung Walthers von der Vogelweide, und Codex J, die *Jenaer Liederhandschrift*, angefertigt in Ostmitteldeutschland in der zweiten Hälfte des 14. Jh.s, ist, abgesehen von der didaktischen und Spruchdichtung von dreißig vornehmlich mittel- und norddeutschen Dichtern, berühmt wegen der in ihr enthaltenen Melodien. Die Handschriften A, B und C und in geringerem Maße E sind insoweit miteinander verknüpft, als sie in unterschiedlichen Graden von den gleichen oder verwandten früheren Sammlungen abstammen. Sie bezeugen das große Interesse, das der *Minnesang* der vorausgehenden hundertundfünfzig Jahre noch immer im Süden, besonders in Südalemannien fand. Das bedeutet natürlich auch, daß lyrische Dichtung, woher ihre Dichter auch kamen, sei es Thüringen, Österreich, das Rheinland, Schwaben, Bayern und die spätere Schweiz, vornehmlich in südlichem, alemannischem oder ostfränkischem Gewand überliefert ist.

Dieselben Gegenden spielen eine nicht weniger bedeutende Rolle bei der Überlieferung der besterhaltenen, vollständigsten und am sorgfältigsten geschriebenen Handschriften der großen höfischen und heroischen Epik. Die Handschriften A, B und C des *Nibelungenlieds* sind alemannisch, desgleichen die Hs. B des *Iwein* in Gießen; der Münchener Cgm. 18, der die Parzival-Hs. G enthält, und der Münchener Cgm. 51 mit der Tristan-Hs. M stammen beide aus der gleichen alemannischen Schreibstätte, wahrscheinlich in Straßburg. Die andere große Rezension des *Parzival*, Hs. D, bildet einen Teil der großen alemannischen Sammlung in St. Gallen, in der sich auch die Nibelungenlied-Hs. B befindet. Dies sind nur wenige der bemerkenswertesten Werke.

Für den Sprachhistoriker stellen sich die Handschriften, die die einzige Information über die Sprache der Zeit bilden, als äußerst verworrenes Belegmaterial dar, insbesondere die literarischen Texte. Der Literaturhistoriker ist keine Hilfe gewesen. In der Absicht, die Meisterwerke der Zeit in möglichst lesbarer Gestalt dem Genuß und Studium der Texte als Werke der Literatur vorzulegen, hat er oft eifrig auf jene gehört, die das Vorhandensein einer höfischen Standardsprache im Zeitalter der Hohenstaufen postuliert haben. Karl Lachmann und seine Jünger schufen in der ersten Hälfte des vorigen Jahrhunderts ein normalisiertes, standardisiertes Mittelhochdeutsch. Ihre geglättete und bereinigte Orthographie und Grammatik zeichnen viele der zahlreichen Bände der *Altdeutschen Textbibliothek* und der *Deutschen Klassiker des Mittelalters* aus, während die Reihe *Deutsche Texte des Mittelalters* den Handschriftenversionen strenger folgt. Auch Lesebücher und Grammatiken halten im allgemeinen aus offensichtlich didaktischen Gründen an dem normalisierten ‚Standardmittelhochdeutsch' fest. Die meisten unserer klassischen Texte sind sehr leicht in solchen Ausgaben erhältlich, während die genauen Handschriftenversionen weniger leicht in den gelegentlichen diplomatischen Abdrucken oder den anspruchsvolleren Faksimileausgaben erhältlich sind. Seit einiger Zeit ist das Klima kritischer gegenüber Gesamtrekonstruktionen der ‚ursprünglichen' Version des Dichters aus den vorhandenen Handschriften geworden und ihnen abhold. Sie werden in stärkerem Maße als echte Zeugen für die Sprache und Literatur der mittelalterlichen Kultur genommen, und das Wort ‚verderbt' wird, wenn überhaupt, weniger im pejorativen als in einem mehr faktischen Sinne gebraucht.

Ein Grund, weshalb die Wiederherstellung eines angenommenen Urtextes – gewöhnlich, aber nicht immer in normalisiertem ‚klassischen' Mittelhochdeutsch – so verlockend und reizvoll ist, liegt darin, daß oft vielleicht keine der vorliegenden Handschriften, die Lücken und unsinnige Verbesserungen aufweisen, den Wortlaut des Dichters wiedergeben. Dies ist ganz offensichtlich beim *Nibelungenlied* der Fall. Keine der ältesten drei Handschriften (A, B oder C) ist mehr als eine von einem Archetypus etwas abweichende Abschrift; der Archetypus selbst zeigt wahrscheinlich bereits einige Entfernung vom Original. Selbst spätere Handschriften können gelegentlich eine überzeugendere Lesung liefern. Wenn einer Handschrift so wenig Autorität zukommt – und das *Nibelungenlied* ist keineswegs ein extremer Fall, im Gegenteil – ist es kaum einzusehen, weshalb der literarisch interessierte Herausgeber auf seine kritischen, philologischen Fähigkeiten verzichten sollte, um einfach eine Handschrift von einigermaßen zweifelhaftem literarischen Wert zu reproduzieren. Wenn der Sprachwissenschaftler eine Handschrift nicht einmal datieren oder lokalisieren kann, ist sie als Sprachbeleg gleichfalls von zweifelhaftem Wert, es sei denn, sie dient zum Aufweis mittelalterlicher Wirklichkeit und Ungezwungenheit deutscher Schreibpraxis. Deshalb gibt es oft gute Argumente dafür, einen Text zu rekonstruieren und ihn nicht so zu belassen, wie er auf uns gekommen ist.

Die Unterschiede zwischen den Handschriften und einer rekonstruierten kritischen Textedition in normalisierter ‚klassischer' mhd. Orthographie lassen sich an den folgenden, wahllos herausgegriffenen Beispielen aus dem *Nibelungenlied* zeigen.

(a) Münchener Hs. A aus der zweiten Hälfte des 13. Jh.s:

939 Die blůmen allenthalben von blůte waren naz.
do rang er mit dem tode. vnlange tet er daz,
wan des todes zeichen ie ze sere sneit.
sam můst ersterbe*n* ŏch d*er* reke kůne vnde gemeit.

(b) St. Galler Hs. B, im allgemeinen als beste Hs. angesehen, geschrieben gegen 1260–70:

995 Di blvmen allenthalben von blvte wrden naz.
do rang er mit dem tode. vnlange tet er daz,
want des todes waffen ie ce sere sneit.
done moht niht reden mere der recke chvͤn gemeit.

(c) Donaueschinger Hs. C, die älteste vorliegende Hs., wahrscheinlich aus der ersten Hälfte des 13. Jh.s und im allgemeinen als leicht modernisierende Version angesehen:

1009 Die blum*en* allenthalben von blvte warn naz.
do ranger mit dem tode. vnlange tet er daz,
wande in des todes wafen al ze sere sneit.
do mohte reden nith mere d*er* reche chvͤn uñ gemeit

(d) Der kritische, auf B basierende Text von K. Bartsch nach der 13. Aufl. von H. de Boor, Wiesbaden 1956:

998 Die bluomen allenthalben von bluote wurden naz.
dô rang er mit dem tôde. unlange tet er daz,
want des tôdes wâfen ie ze sêre sneit.
dô mohte reden niht mêre der recke küen' unt gemeit.

Zwei der anderen Handschriften haben in der letzten Zeile *degen* statt *recke*, eine hat *held*, abgesehen von anderen Abweichungen.

Man sieht, daß der Herausgeber zwei verschiedene Aufgaben erledigte: Textemendation und Normalisierung der Orthographie in Anpassung an Lachmanns Schreibsystem. Obwohl er B für seine Ausgabe zugrundelegte, lehnte er im Anvers der vierten Zeile die Lesung von B ab, wahrscheinlich aus rhythmischen Gründen, und zog die Lesung von C vor. Die Gültigkeit der Lesung von B wird jedoch durch das altertümliche Mittel der doppelten Verneinung *ne – niht* gestützt, weshalb nun viele Herausgeber zögern würden, eine solche Emendation aus rhythmischen Gründen vorzunehmen. Hinsichtlich der Schreibung bestehen die Änderungen in der Angabe der Vokallänge durch Zirkumflex; der Einführung von ⟨uo⟩ für ⟨v⟩, wo es historisch gerechtfertigt ist, und ⟨üe⟩ für ⟨vͤ⟩. Tatsächlich macht die Handschrift B bei ihrem Gebrauch des ⟨v⟩ kaum einen Unterschied, z. B. 979 *Der brvnne der vvas chvle lvter vnd gvt: Der brunne der was küele, lûter unde guot*, wobei das Graph ⟨v⟩ für nicht weniger als vier Phoneme des klassischen Mhd. steht: /u, ū, üe, uo/. Obwohl /üe/ manchmal, wie in der zitierten Passage, ⟨vͤ⟩ geschrieben wird, ist dies nicht regelmäßig der Fall, und dasselbe Graph kann auch für /ü/ stehen, z. B. *chvͤnich.* Andere regularisierte Schreibungen werden von der Orthographie der Hs. gut gestützt, z. B. ⟨ei, ie, æ, ov, ev⟩, und die Angabe der Umlautvokale ist, wenngleich nicht regelmäßig, nicht so spärlich wie in anderen Hss., z. B. ⟨boͤsen⟩. Die Vereinfachung des ⟨ff⟩ in *waffen*, ebenso beispielsweise in *lieffen*, kann, obwohl mit der klassischen Orthographie vereinbar, in einem obdt. Text auch auf einen ungerechtfertigten Eingriff in die Sprache hinauslaufen (s. 5.4.4.).

5.3.2 Gibt es eine mittelhochdeutsche Standardsprache?

Ursprünglich war der Anstoß zur Regularisierung durch Grimms und Lachmanns Überzeugung gekommen, daß es bei den Dichtern des 13. Jh.s ‚ein bestimmtes, unwandelbares Hochdeutsch' mit nur wenigen mundartlichen Zügen gegeben habe und ungebildete Schreiber die Sprache verdorben hätten. Seit der Zeit war das Problem einer mhd. *Schriftsprache*

Thema der Forschung. Die Diskussion geriet oft in Verwirrung wegen der Doppeldeutigkeit des deutschen Terminus *Schriftsprache*, der sowohl *geschriebene Sprache* als auch *Standardsprache* bedeuten kann, Begriffe, die deutlich auseinandergehalten werden müssen. Zweifellos gab es eine Schreibsprache mit seit langem begründeter Tradition und orthographischen, syntaktischen und stilistischen Konventionen. Die Schreiber transliterierten nicht die gesprochene Sprache ihrer Dialekte. Wenn sie schrieben, benutzten sie die geschriebene Sprache mit ihren seit langem erworbenen Eigentümlichkeiten und ihrer Eigenständigkeit. Jedoch besaß die mittelalterliche Schreibsprache nicht den extremen Grad ausnahmsloser Normalisierung, der heutige Sprachen kennzeichnet. Ihr war eine Fülle zueigen, die regionale und lokale Entwicklung, tendentiell auf bestimmten Dialekteigentümlichkeiten beruhend, zuließ. Und sie gestatteten persönlichen Eigenheiten eine recht freie Hand, insbesondere da, wo ein Schreiber isoliert war und nicht einer gut eingeführten Schreibstätte angehörte. Auch war Folgerichtigkeit kein charakteristisches Merkmal. Wo das persönliche Engagement des Schreibers hinsichtlich der Schreibsprache wegen seines Mangels an Bildung, Ermangelung von Übung, Eingeschränktheit der abzuschreibenden Texte auf rein lokale Urkunden nur unzureichend war, steht zu erwarten, daß das Ergebnis seiner Arbeit dem örtlichen Dialekt viel näher kommt, als es bei Texten überregionaler Bedeutung der Fall sein würde, die in einer großen, gut eingeführten Schreibstätte einer Großstadt, beispielsweise Freiburgs i. Br. oder Straßburgs, hergestellt sind. Es ist ein wichtiges Charakteristikum des mittelalterlichen Schriftdeutsch, daß es für mundartliche und phonetische Eigentümlichkeiten und Veränderungen eines Gebietes empfänglicher war und sich ihnen anpaßte, als es bei der heutigen Sprache der Fall ist (vgl. die Schreibungen *tages – tac, limperc* ‚Lindberg'). Regionale und phonetische Eigentümlichkeiten und orthographische Konventionen wurden toleriert. Viele orthographische Unterschiede beruhten auf örtlichen Traditionen und hatten nichts mit den örtlichen Mundarten zu tun, daß z.B. ⟨k⟩ in Anlautstellung ein Merkmal der alem. Orthographie wurde, ⟨ch⟩ jedoch der bayrischen, oder daß ⟨a⟩ als Graph gebräuchlich blieb, sogar nachdem der entsprechende Laut in vielen Gebieten zu einem *o*-artigen Vokal geworden war. Trotz der regionalen Schwankungen gibt es guten Grund für die Feststellung, daß die meisten Varianten der mhd. Schreibsprache eigentlich dem ‚klassischen' Mhd. näherkamen als den gesprochenen örtlichen Mundarten.

Dies kommt auf dasselbe heraus wie die Feststellung, daß es bis zu einem gewissen Grade Standardisierung und einen Zug zur Vereinheitlichung *gab*. Obwohl es keine einheitliche Standardsprache gab, bestand eine Tendenz zur Standardisierung. Dies zeigt sich an zwei Bereichen: erstens daran, daß in vielen Teilen Deutschlands bestimmte orthographische und sprachliche Gebrauchsweisen des Südwestens, des Rhein-Main-Donau-Gebiets bevorzugt werden, und zweitens am Vorhandensein eines höfischen Idioms, der *höfischen Dichtersprache*, mit der gleichen Grundlage und dem gleichen exemplarischen Charakter.

G. Korlén hat gezeigt, daß ostfälische Texte aus dem 13. Jh. einen mehr oder weniger starken südlichen Einfluß aufweisen, z. B. durch Übernahme der Graphe ⟨ie⟩ und ⟨uo, ů⟩ für mundartliches *ē* und *ō*, ⟨b⟩ für *v*, *von* für *van*. Auch in westfälischen Texten der Zeit sowie in brandenburgischen Texten sind hd. Eigenarten zu finden, z. B. die Suffixe *-schaft* und *-unge* statt der heimischen *-scap* und *-inge*. In den mittelfränkischen Gebieten bezeugen Schreibungen wie *halb, geben, wib, -g, t-, ie, ů* neben *half, geven, wif, -ch, d-, e, u/o* den frühen südlichen Einfluß. Neben regionalem *dat, dad* begegnet die Form *daz* früh und wird allmählich gebräuchlicher.

Auch Thüringen und Sachsen waren den starken Einflüssen des Südens ausgesetzt, wie ein Blick auf H. Bachs Schlußfolgerung zeigt (Bd. I, S. 34):

‚Betrachten wir nun die sprachform der hier untersuchten denkmäler, so wie also in den kanzleien Thüringens und Sachsens um das jahr 1300 geschrieben wurde, so tritt uns alles in allem eine gleichartige sprache entgegen, die nicht weit von dem ‚normalmhd.‘ entfernt ist. Sehr viele wörter treten immer mit derselben lautform auf, die rechtschreibung kann eher wechseln. Wir betrachten diesen lautstand nicht als den ursprünglichen für dieses gebiet, sondern als durch starke beeinflussung aus dem süden, also aus dem oberen Main-gebiet entstanden.‘

Auch hier finden sich beharrlich die Graphe ⟨ei⟩ und ⟨ou⟩ statt der mundartlich zu erwartenden Monophthonge *ē, ō*, die gelegentlich durch ⟨e⟩-, ⟨o⟩-Schreibungen bezeugt sind. Das Graph ⟨i⟩ für mhd. *ie.* zeigt mundartliche Monophthongierung, was zur Verschmelzung mit dem gelängten mhd. *i* führte, für das umgekehrt Schreibungen mit ⟨ie⟩ zu finden sind, z. B. *geschrieben* statt *geschriben*. Doch in einigen Urkunden ist das südliche Graph ⟨ie⟩ für mhd. *ie*, mundartlich [i:], reichlich vertreten (H. Bach, Bd. I, S. 82). Weitere Eigentümlichkeiten der Schreibsprache des Südens, die trotz des abweichenden Dialekthintergrundes begegnen, zeigen sich in der genauen Unterscheidung zwischen anlautenden ⟨d⟩ und ⟨t⟩, inlautendem ⟨b⟩ und anlautendem ⟨pf⟩ (H. Bach, Bd. II, S. 72f., 90, 95).

Viele weitverbreitete Eigentümlichkeiten der Mundart begegnen in der Schreibsprache nur sporadisch, z. B. die Velarisierung von *nd/nt* > *ng*, fast immer wird ⟨*nd/nt*⟩ geschrieben (*hinten* nicht *hingen*); bei bestimmten Wörtern der Schreibsprache, z.B. bei *zins*, tritt der alem. Nasalverlust vor Reibelaut (*öis* oder *üs* für *uns*) oft nicht auf (Boesch, S. 177); im Alem. wurden die unbetonten Vokale einheitlich ⟨e⟩ geschrieben, z.B. *lenge* ‚Länge', obwohl es noch deutliche Reflexe der einstigen Langvokale gab und sie nicht mit den einstigen Kurzvokalen zusammengefallen waren; die mundartlichen Formen des Personalpronomens *es* und *enk* im Bayr. erscheinen nur sporadisch am Ende der Zeitspanne. In österreichischen Texten findet sich recht häufig anlautendes ⟨b⟩, obwohl die regionale Tradition ein für sie typisches Anlauts-⟨p⟩ aufwies; ⟨w⟩ für *b*, z.B. *gewurt* für *geburt* war nie mehr als ein recht verbreiteter Regionalismus. Im großen und ganzen waren die Formen der alem.-ostfrk. Schreibsprache geläufiger als alle anderen Formen, wenn sich natürlich auch viele regionale Eigentümlichkeiten verfestigt hatten, z.B. das bayr. ⟨ai⟩ für mhd. *ei* oder die mfrk., speziell ripuarische Angabe der Vokallänge durch ⟨i⟩ oder ⟨e⟩, z.B. *groiz* für mhd. *grōz*. Gerade die Tatsache, daß Urkunden aus entlegenen Orten mehr Dialekteigentümlichkeiten zeigen als solche aus den größeren Zentren ist eine Art argumentum ex negativo für das Vorhandensein einer Tendenz zu Vereinheitlichung.

Obgleich es im Mhd. keine Zentralisierung gab, gab es doch eine frühe und beharrliche Konvergenz. Es ist sogar zweifelhaft, ob das Maß an Konvergenz während des Jahrhunderts der Hohenstaufen am größten war und durch das Wiederaufkommen mundartlicher Formen in der Schreibsprache der folgenden anderthalb Jahrhunderte abgelöst wurde. Sicher ist allein, daß wirklich nur wenig schrifliches Material aus der Zeit vor 1220 auf uns gekommen ist und daß eine enorme Zuwachsrate im späten 13. und 14. Jh. zu verzeichnen war. Diese Materialmasse zeigt in der Tat ein großes Maß an regionaler Divergenz. Bis zu einem gewissen Grade war die Divergenz einfach deshalb größer, weil mehr an viel mehr Orten geschrieben wurde als zuvor. Es ist jedoch schwer zu beurteilen, ob man es wirklich mit einer echten Abnahme der anfänglichen Konvergenz und Divergenzzunahme zu tun hat.

Der zweite deutliche Hinweis auf ein gewisses Maß an Standardisierung ist an dem Vorhandensein eines höfischen Idioms von überregionaler Bedeutung erkennbar. Eine für das höfische Epos und die höfische Lyrik gemeinsame literarische Form führte zu einer gemeinsamen Art und Weise des Ausdrucks, die auf einem Bestand an Reimwörtern und einer syntaktischen, lexikalischen und stilistischen Konvention beruhte. Das Maß an Gleichförmigkeit, das zustande gekommen war, verdankte der Sprache Hartmanns von Aue viel. Typisch für die *höfische Dichter-*

sprache war auch ein gemeinsamer Bestand an Schlüsselwörtern, z. B. *zuht, vuoge, hôher muot* oder stehende Epitheta wie *minneclich, lobesam, klār* und viele Fremdwörter wie *ors, amīe, massenīe.* Die Reime waren weitgehend etymologisch gestützt, was weiträumigen Gebrauch möglich machte, *wīb* und *līb* beispielsweise reimten auch im Mfrk. (*wif* und *lif*) und im Bayr. (*weib* und *leib*). Man hat aufgewiesen, daß Dichter, wie z. B. Hartmann von Aue, in zunehmendem Maße Reime mit für sie erkennbar regionaler Beschränktheit mieden. Diese höfische Literatursprache mit ihrer stark vereinheitlichenden Tendenz wurde in vieler Hinsicht als exemplarisch angesehen und fand in vielen Teilen Deutschlands Nachahmer. Norddeutsche, z. B. Eilhart von Oberg und Albrecht von Halberstadt, die an der in Mode befindlichen höfischen Literatur des Zeitalters teilhaben wollten, wählten das Hochdeutsche als ihr Medium, und zwar gewöhnlich in seiner mdt. Ausprägung. Prosa und die Sprache der Rechtsurkunden waren gleichfalls der Schreibform höfischer Literatur, die viele Schreiber gebrauchten, verpflichtet. Viele der Abschriften des *Schwabenspiegel* und die Predigten Bertholds von Regensburg sind in ‚gutem', durchschnittlichem Mhd. geschrieben.

Es gab also eine *Schriftsprache* in vielen Regionalformen, die auf keinen Fall mit den gesprochenen Mundarten identisch war, jedoch nichtsdestoweniger tendentielle Reflexe einiger mundartlicher Eigentümlichkeiten aufwies. Und es gab auch eine auf eine *Standardsprache* hin ausgerichtete Tendenz insofern, als die Schriftsprache der höfischen Literatur des Südwestens beispielgebend war sowohl weit und breit als dichterische Ausdrucksweise als auch für Schreiber im allgemeinen als ein empfehlenswertes Medium, das nachgeahmt werden sollte oder durch das sie beeinflußt wurden.

5.3.3 Regionale Varianten

Selbstverständlich kann man das mittelalterliche Deutsch nicht so behandeln, wie es die Dialektgeographie beim heutigen Deutsch getan hat. Aufgrund von örtlichen und regionalen Sprachtraditionen kann man aber Gruppierungen regionaler Schreibformen vornehmen. Diese sind mit heutigen Mundarten vergleichbar. Dabei müssen wir uns auf wesentliche Eigenschaften konzentrieren, die zusammengenommen Dialekttypen ausmachen. Mundartengrenzen sollten besser außerhalb der Betrachtung bleiben. Heutige Isoglossen sind hinsichtlich ihres Alters unbestimmt. Mittelalterliche Mundartenbelege stammen aus Handschriften, die, von originalen Rechtsurkunden abgesehen, meistens Kontaminationen und gewöhnlich eine inkonsistente Orthographie aufweisen. In Wirklichkeit sind es Schreibidiolekte, aus denen Schlüsse auf die Eigenarten mittelalterlicher Dialekte versucht werden müssen. Die geographische Ausdehnung dieser Mundarten wird sich bei Betrachtung aller Umstände nur annäherungsweise ermitteln lassen. Das Gleiche gilt für ihre Formen. Präzise Beschreibungen der Sprache einzelner Handschriften sind möglich, und aus diesen müssen die wesentlichen Eigentümlichkeiten der Mundarten herausdestilliert werden. Die Beschreibungen in Grammatiken und Handbüchern neigen zu einem unbehaglichen Gemisch aus Angaben, die den neuzeitlichen Mundarten und den Schreibweisen mittelalterlicher Handschriften entnommen sind.

Die folgende Darstellung beruht lediglich auf Belegen mittelalterlicher Handschriften. Für jede Mundart wird ein repräsentatives Beispiel unter Andeutung einiger ihrer typischen Merkmale gegeben, auch wenn diese, in Anbetracht der Kürze des Textbeispiels, nicht alle in dem Textstück vorkommen. Diese Merkmale sind sehr oft, aber – das sei betont – nicht ausschließlich in den betreffenden Mundarten anzutreffen. Hinweise auf die geographische Lage und Gruppierung der deutschen Dialekte des Mittelalters sind der Karte auf S. 252 zu entnehmen. Zeitgenössische Kommentatoren waren sich dieser *lantsprachen*, wie sie sie nannten, bewußt und sahen auch alle als Formen einer Sprache an, die sie *tiutsch* oder *dutsch* nannten.

(i) *Alemannisch*

(a) Südalemannisch

Wa vunde man sament so manig liet.
man vunde ir niet.
in dem kúnigriche.
als in zúrich an bůchen stat.
des pruͤuet man dike da meister sang.
d^{s} Manesse rank.
darnach endeliche.
des er dú liederbuͤch nu hat.
gegen sim houe mechten nigin die singere.
sin lob hie pruͤuen vn andirswa.
wan sang hat bŏn, vn̄ wúrzen da.
vn̄ wisse er wa.
guͤt sang noch were.
er wurbe vil endelich darna.

Von Meister Johans Hadloub aus Zürich, in der *Großen Heidelberger* (oder *Manessischen*) *Liederhandschrift, ca.* 1310–1330, geschrieben in Zürich

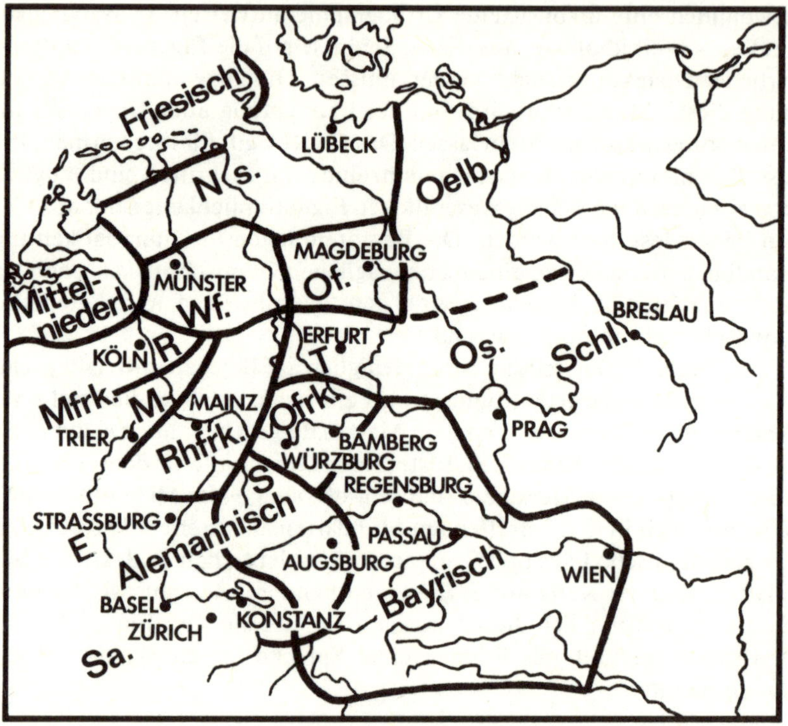

Abb. 11

Deutsche Schriftdialekte im Hohen Mittelalter (vgl. die Karten im Anhang bei Paul-Moser-Schröbler und in der *Kl. Enzykl.* I, S. 152)

	Oberdeutsch	Alemannisch	Sa.		Südalemannisch
			E		Elsässisch
			S		Schwäbisch
		Bayrisch			Bayrisch
Mhd. Mittelhochdeutsch	Mitteldeutsch	Ostfränkisch	Ofrk.		Ostfränkisch
		Westmitteldeutsch	Rhfrk.		Rheinfränkisch
			Mfrk.	M	Moselfränkisch
				R	Ripuarisch
		Ostmitteldeutsch	T		Thüringisch
			Os.		Obersächsisch
			Schl.		Schlesisch
Mnd. Mittelniederdeutsch	Niederdeutsch		Wf.		Westfälisch
			Of.		Ostfälisch
			Ns.		Niedersächsisch
			Oelb.		Ostelbisch

(s. F. Pfaff, *Die große Heidelberger Liederhandschrift*, Heidelberg 1909, col. 1216).

Bei den folgenden Vergleichen bedeutet Mhd. ‚klassisches' Mhd., wie es beispielsweise bei Paul-Moser-Schröbler und anderen dargestellt ist.

Mhd. *ie, uo, üe*: meist ⟨ie, ů, uͤ⟩, d.h. als Diphthonge bewahrt (s. aber S. 245 die divergierende Schreibung in der alem. Hs. B. des *Nibelungenliedes*).

Mhd. *ei, ou*: meist ⟨ei, ŏ⟩, *öu* verschiedenartig ⟨oͤi, ȯ, vͤ⟩. Im Bodenseegebiet findet man ⟨ai⟩, ⟨æi⟩ für *ei* (s. Boesch, S. 106–14).

Mhd. *ī, ū*: regelmäßig ⟨i, u⟩, d.h. als Monophthonge bewahrt; sehr häufig für *iu*: ⟨ú⟩ oder ⟨v́⟩.

Mhd. *ü, ö, œ*: Die Umlautsangabe ist recht gebräuchlich, z.B. ⟨ú, oͤ⟩.

Mhd. *ë, e, ē*: meist ⟨e⟩.

Mhd. *ä, æ*: ⟨æ⟩ im östlichen Teil, ⟨e⟩ im westlichen Teil.

Mhd. *a, ā*: im allgemeinen ⟨a⟩.

Mhd. *b, p, pp, pf*: meist ⟨b, p, (pp), pf oder ph⟩.

Mhd. *d, t*: ⟨d, t⟩.

Mhd. *k-*: vorwiegend ⟨k⟩, aber viele ⟨ch⟩.

Mhd. *s* und *z*: früher Zusammenfall (aber die *Nibelungen*-Hs. B unterscheidet sie).

Mhd. *m* in Auslautstellung oder am Silbenende sehr häufig ⟨n⟩, z.B. *boum* ⟨bŏn⟩.

Die Verbformen *gan, stan* für ‚gehen' und ‚stehen', doch dichterische Texte haben auch *gen, sten*; Präteritum *kam* oder seltener *kom* ‚kam'; *dur* für *durch; har* für *her; kilche* für *kirche*; die Abkürzungen *dc, wc* für *daz, waz* sind besonders kennzeichnend für Zürich und die Mittel- und Westschweiz; *ener* für *jener; nit* für *niht*; 2. Pers. Pl. Ind. Präs. auf *-ent* (auch Imp. und später Prät.); *tüeje, tüege* Konj. Präs. von *tuon* ‚tun'; *unz* für ‚bis'.

(b) Elsässisch (oder Niederalemannisch)

s us chom er vn*de* sin frŏwe ysot.
z em brunnen vn*de* des bŏmes schate.
v il heinliche vn*de* ze gŏter state.
i n ahtagen vn*de* ahtstunt.
d az ez nieman wart chunt.
n och ez dechein ŏge nie gesach
w an eines nahtes ez geschach.
d o tristant aber des endes gie.
d o wart sin melot ine weiz wie.

Aus dem *Tristan* von Gottfried von Straßburg, Münchner Hs. Cgm. 51, erste Hälfte des 13. Jh.s, wahrscheinlich in Straßburg geschrieben (s. Petzet-Glauning, *Deutsche Schrifttafeln*, Bd. III, XXXII).

Sprachlich dem Südalemannischen ähnlich, jedoch mit den folgenden Unterschieden: Mhd. *ā* manchmal ⟨o⟩; mhd. *ei* manchmal ⟨e⟩ (Reflex der mundartlichen Monophthongierung); mhd. *ie* gelegentlich ⟨e⟩ (Reflex der Straßburger Mundart); ⟨ch⟩ für mhd. *k-* ist ein später durch ⟨k⟩ ersetzter Archaismus. Das Graph ⟨ŏ⟩ für mhd. *ou* und *uo* ist eine uralte Schreibkonvention, kann jedoch in einem Straßburger Text auch den monophthongischen und palatalisierten Charakter beider Laute andeuten, vgl. den heutigen Dialekt [ø:] in mhd. *guot* und [œ:] in mhd. *koufen.* Gottfried hat nur etymologische Reime.

(c) Schwäbisch

– Dar nach sol der Herzoge von Tekke · vnde Graue Albreht von Haigerloch vnde alle ir helfer · gåͤnzelich versv̊ͤnet sint · vnde vrv̊nde sin · mit dem vorgenanten Eberh [art von wirtenberch] vnde mit allen den sinen · vnde geschåͤhe zewúschen in kainerlaige bruch dar umbe sv̊len die zewo vorgenante bv̊rge niht phant oder behaft sin · Vnde wurden mir oder vnser Stette helfent dem Herzogen · oder Grauen Albreht · oder aber aim andern · Swaz schaden denne Eberh̄ von wirtenberch · oder die sinen da wieder tåͤten in dem vrlv̊ge dar umbe Sv̊len die bv̊rge niht behaftet sin · Hilfet er ŏch sinen vrv̊nden darumbe sv̊len ŏch die bv̊rge niht beheftet sin Der vorgenant Eberh̄ · der sol ŏch mit gůͤten trv̊wen gelten · baide Cristan · vnde Juden alles das dez er in Schvldige ist · vnde sol ŏch vns antwůrten die Stat Stůtgarten zerbrechende · alse da geredet ist. –

Auszug aus einem am 10. November 1286 außerhalb Stuttgarts abgeschlossenen Vertrag (s. Wilhelm *u.a.* Bd. II, Nr. 844).

Die Hauptunterschiede zum Südalemannischen sind: Mhd. *ei*: ⟨ai⟩; *æ, ä*: ⟨åͤ⟩, beides auch Kennzeichen des nordöstlichen Südalem.; ⟨au⟩ für *ā* besonders im 15. Jh.; die bayr. ⟨av⟩-Schreibung für mhd. *ou* erreicht Augsburg im letzten Viertel des 13. Jh.s. Ein epenthetischer (unorganischer) Vokal zwischen *z* und *w*, z.B. *zewúschen, zewo*, ist auch sonst im Alem. zu finden. ⟨g⟩ für [j], z.B. in *kainerlaige*, ist für das Alem. kennzeichnend.

(ii) *Bayrisch*

Do pylat*us* gesampt daz levt di fv̊ͤrste*n* vnd di maisterschaft vnd daz levt. Do sprach er zv in. Ir habet. mir braht disen menschen alz einen verlaitter vnd fragt ich in vor evr vnd vinde dehein schvlde an im an den dingen. vnd ir in rv̊get noch avch herodes. nv sant ich evch hintz zv im vnd wart im niht vertailt da er an schvldich were. Ich zv̊ͤhtig in vnd lazze in. es waz avch durch den hiligen tag. in einen. zu lazzen. Do rvft di menig alsam. hab in. vnd lazze vns barrabam, Der waz dvrch einen streit gevangen. Der da ergangen waz. in der stat. vnd vmb ein manslaht waz er gevangen. vnd geworfen in einen charcher. pylat*us* sprach ab*er* zv in. vnd welt ir ich lazze ev Jesum. Si rvften in aber an. chrv̊ͤzige chrv̊ͤzige in, er sprach ze dem dritten mal zv in. waz hat er v̊ͤbels getan. Ich vinde dehein schvlde des totes an im. Ich wil in straffen vnd lazzen. Si stvnden vf vnd rvften lavt vnd paten daz er chrevtzte in.

Aus einem handschriftlichen Perikopenbuch des Klosters von Oberaltaich in Bayern, wahrscheinlich gegen Ende des 13. oder zu Anfang des 14. Jh.s geschrieben (S. Petzet-Glauning, *Deutsche Schrifttafeln*, Bd. II, Tafel XXVIII.)

Mhd. *ie, uo üe* bleiben Diphthonge, obwohl regulär nur ⟨ie⟩ ist. ⟨v̊, v, vͤ⟩ geben die anderen Diphthonge wieder.

Mhd. *ei, ou, öu* erscheinen meist als ⟨ai, æi, av, ev⟩, häufige Ausnahmen sind *ein, dehein.*

Mhd. *ī, ū, iu* sind meist ⟨ei, av, ev⟩, auch ⟨iͤ, vͤ⟩.

Mhd. *ü, ö, œ*: Umlautsangabe durch ⟨vͤ⟩ oder ⟨oͤ⟩, aber nicht regelmäßig.

Mhd. *ë, e, ē*: meist ⟨e⟩.

Mhd. *ä, æ*: oft ⟨æ⟩.

Mhd. *a, ā*: *a* und *o* vor *r* gelegentlich verwechselt. *ā* manchmal ⟨o⟩. Kennzeichnend ist die Kürzung des *ā* in *slāfen, strāfen.*

Mhd. *b-* sehr oft ⟨p⟩, manchmal ⟨w⟩.

Mhd. *k-* vorwiegend ⟨ch⟩, auch ⟨-ch, -kch⟩, was auf eine Affrikata deutet.

Gelegentlich werden mundartliche Veränderungen angedeutet, z.B. Diphthongisierung des mhd. *ō>ou* oder Monophthongierung des mhd. *ou*, bayr. ⟨av⟩, zu *a*, Entrundung des mhd. *ü* zu *i*, vgl. *prout, gelaben, ibel* für nhd. *Brot, glauben, übel.* Das Suffix *-lich* enthält einen langen Vokal, deshalb *-leich; -age->ei*, z.B. *meit*, alem. *maget* ‚Mädchen'; gelegentlich *mier, dier* für *mir, dir.*

Die Verben *gen, sten* aber auch *gan, stan* in höfischen Epen; Prät. *kam; vor* mit Gen. des Personalpron.; früh Apokope und Synkope *(fragt, vertailt).*

(iii) Ostfränkisch

Es kunde so vil wunders
Kein meister nie von Lunders,
Von Bruck, Paris und Dolet;
Sin sin alda begriffen het
Nuwer wunder dannoch mere.
Auch waz die sule gezirt so her
Mit bilden[1] wol durch gniten,[2]
Us flader holtz[3] gesniten,
Buchsbum, aloe, cipressen,
Daz knie, bein und hessen[4]
Heten so recht gelenke gar,
Daz ich ez niht wol sagen tar.
Ir zen, ir augen und ir gran:
Dar uz vil manig stein bran
Ye nach der selben varbe,
Als ez erwunschet garbe
Von meisterlicher kunste were.

[1] geschnitzte Holzstatuen; [2] gestaltet; [3] gemasertes Holz; [4] Kniekehle.

Aus *Die Minneburg*, verfaßt um die Mitte des 14. Jh.s von einem unbekannten Dichter, wahrscheinlich aus Würzburg oder Umgebung, deren beste Hs., Heidelberg P, von ca. 1400 auch in Würzburg angesetzt worden ist (s. H. Pyritz (Hrsg.), *Die Minneburg*, Deutsche Texte des Mittelalters, Bd. 43, Berlin 1950).

Die Ausgabe unterscheidet die Buchstaben *u, v, i, j* je nach ihrer konsonantischen oder vokalischen Funktion entgegen der Hs. Pyritz verwendet auch neuzeitliche Interpunktion. Auf diese Weise sind auch die folgenden Texte v–vii eingerichtet.

Mhd. *ie*: ⟨i, ie⟩; *uo, üe*: unterschiedslos ⟨u, uͤ⟩, d.h. monophthongiert.

Mhd. *ei, ou, öu*: meist ⟨ei, au, eu⟩.

Mhd. *ī*: ⟨i⟩; *ū* und *iu* unterschiedslos ⟨u, uͤ⟩, mit gelegentlichem *euch* für *iuch, ewern* für *iuwern.*

Die Zeichen ⟨oͤ⟩ und ⟨uͤ⟩ stehen für umgelautete und nichtumgelautete Vokale. Der Umlaut wurde also nicht zuverlässig angedeutet.

Mhd. *ë, e, ē, ä, æ*: ⟨e⟩, doch stehen die Reflexe von mhd. *ē und æ* nicht im Reim.

Mhd. *ā* oft ⟨o⟩ geschrieben.

Die Schreibung der Konsonanten ist fast so wie im Alem. und Nhd. Im Anlaut steht regelmäßig ⟨k⟩. Aber bei den *verba pura* (z.B. *blühen*) hat die Mundart *-w-*, nicht obdt. *-j-; rw>rb; hs>ss* (*hesse* für *hahse*); *-n* im Infinitiv wird oft ausgelassen. Allgemein findet sich Synkope und Apokope. Der Infinitiv von ‚kommen' ist *kumen*, Prät. *quam* neben *kam, kom; gen* und *sten, gan, stan* nur im Reim; *sul* für obdt. *sol.*

(iv) *Rheinfränkisch*

Do medea vurnam
Daz er Iason dar quam
Sie was is fro vñ gemeit
Ir was vō siner hubisheit
Harte vil da vor gesaget
Des hette er ir vil wol behaget
E sie in ie gesehe
Des war ir harte gehe
Sie ginc in ein schone gadem
Vñ nam ir helfenbeinē ladē
Da ir zirde inne was
Vñ streichte ir schonē vaz
Ir scheiteln sie berichte
Die szoppe sie slichte
Siden far was ir har
Ir ŏgen luter vñ clar

Aus dem *Liet von Troye* von Herbort von Fritzlar, geschrieben kurz nach 1210. Nur eine vollständige, in Hessen geschriebene Hs. aus dem ersten Drittel des 14. Jh.s ist erhalten (s. den diplomatischen Abdruck von K. Frommann, Quedlinburg und Leipzig 1837, Neudruck Amsterdam 1966).

Mhd. *ie*: meist ⟨ie⟩, seltener ⟨i⟩ und ⟨e⟩ geschrieben, doch vor Konsonantenverbindungen regelmäßig ⟨i⟩, dadurch die Kürzung des Monophthongs andeutend, z.B. *dinst, ginc, licht.*

Mhd. *uo, üe*: ⟨u⟩, selten ⟨o⟩, z.B. *zo.*

Mhd. *ei, ou, öu*: meist ⟨ei, ou, eu⟩.

Mhd. *ī*: ⟨i⟩; *ū* und *iu*: ⟨u⟩.

Mhd. *ü, ö, œ*: keine Umlautsangabe; ⟨u, o⟩.

Mhd. *ë, e, ē, ä, æ*: alle ⟨e⟩, mit Reimen *ēre*: *wære.*

Mhd. *a, ā*: im allgemeinen ⟨a⟩, doch vor *g* häufig ⟨au⟩, z.B. *klaugen, waugen*, nhd. *klagen, wagen*; dies deutet wahrscheinlich auf die weit verbreitete mundartliche Entwicklung von *-ag-* > *-aw-* hin, z.B. *Waawe*, nhd. *Wagen.*

Mhd. *i* und *e* fallen gelegentlich zusammen, z.B. *is*, mhd. *ez.*

Mhd. *u* ist ⟨o⟩ vor *l, r, ch*, z.B. im Reim *holt*:*schult; gebort* ‚Geburt'; Umkehrung in der Schreibung *wurt* ‚Wort'.

Mhd. *b, p, pp, pf*: meist ⟨b, p, (pp), ph oder pf⟩, z.B. *phile* ‚Pfeile', *kampf*, doch *szoppe*, nhd. *Zöpfe.*

Mhd. *d, t, g*: ⟨d, t, g⟩.

Die Orthographie des Konsonantismus wie das ziemlich schlüssig gebrauchte ⟨*ie*⟩ sind deutliche Hinweise auf den Zug zur Standardisierung nach dem alem-ostfrk. Muster. Die Verschiebung zu *pf* kam in der Mundart nicht vor, westgerm. *d* blieb, außer im Auslaut, *d*, und in- und auslautende *b* und *g* waren wahrscheinlich Reibelaute, worauf Reime wie *lobe*: *houe*, nhd. *Lobe*: *Hofe; liebe*: *brefe*, nhd. *liebe*: *Briefe; geschah*: *lach*, nhd. *geschah*:*lag* hindeuten. Nichtliterarische Texte zeigen zahlreiche solcher mundartlichen Eigentümlichkeiten.

Mhd. *s* und *z*: ziemlich regelmäßig auseinandergehalten.

Mhd. *hs*: ⟨ss⟩, z.B. *vaz* mhd. *fahs* ‚Haar'.

Die Verben *gan, stan*, Prät. *quam; her* neben *er; leren, keren* im Prät. mit Rückumlaut: *larte, karte; sal* für obdt. *sol*; das Suffix *-schaf*, nicht *-schaft; otmvtig* für nhd. *demütig; bit* für oberdt. *mit, bis* ‚bis'.

(v) *Mittelfränkisch*

Der are gelichit deme heligen Kriste,
wir sin di jungen indeme neste,
di mudir di uns vůdit,

dat is sin gnadi di uns hůdit,
dir vadir, di uns minnit
undi inbovin uns swingit –
Moyses sagit uns dat:
‚Sicut aquila provocat‘,
dat quid: ‚alse der are locke‘
sine jungire zu vlocke,
also hat unse scepere,
der himil konic herre,
sine vlugile gispredit,
da mide he uns leidit
in sinis vadir riche,
da leth he uns algiliche.

Die vier Schiven von Werner vom Niederrhein, aus einer im 13. Jh. geschriebenen Hannoverschen Hss.-Sammlung (hrsg. von P. F. Ganz, *Geistliche Dichtung des 12. Jahrhunderts*, Berlin 1960, S. 59).

Mhd. *ie, uo, üe*: meist ⟨i, u⟩ auch ⟨ů⟩; umgekehrt ⟨ie⟩-Schreibungen für gelängtes mhd. *i* (z. B. *viele*) nicht häufig. Längung ursprünglich kurzer Vokale in offenen Silben muß daher angenommen werden.

Mhd. *ei, ou, öu*: im allgemeinen ⟨e, u⟩ auch ⟨o⟩, gelegentlich ⟨ei⟩, auch in umgekehrter Schreibung.

Mhd. *ī, ū, iu*: ⟨i, u⟩.

Mhd. *ü, ö, œ*: meist ohne Angabe des Umlauts. *ü* und *u* sind ⟨o⟩ vor bestimmten Konsonanten (*son* obdt. *sun* nhd. *Sohn*), *i* und *e* sind auch manchmal zusammengefallen.

Mhd. *ë, e, ē, ä, æ*: alle ⟨e⟩.

Mhd. *a, ā*: im allgemeinen ⟨a⟩, doch *greve* nhd. *Graf.* Eine Eigentümlichkeit, die besonders im Ripuarischen verbreitet ist, ist der Gebrauch des *i* und *e* zur Bezeichnung der Vokallänge, z. B. *wair* nhd. *wahr.* In diesem Text nicht vorhanden.

Mhd. *-b-*: meist ⟨v⟩, auch ⟨b⟩.

Mhd. *-g, -b*: ⟨-ch, -f⟩.

Mhd. *pf*: ⟨p⟩, d. h. unverschoben, im Ripuarischen auch nach *l* und *r*.

Mhd. *d* und *t* beide ⟨d⟩, außer in Auslautstellung, wo generell Verhärtung zu *t* herrscht.

Mhd. *k-*: ⟨k⟩.

Mhd. *ck* ebenso ⟨ck⟩, *pp* ⟨pp⟩.

Die Verben *gan, stan* mit der 2. und 3. Pers. Sg. Präs. Ind. *geis, geit*, auch *deis, deit* von ‚tun‘; Prät. *quam; dat, dit* für mhd. *daz, diz; he* für *er; is* für *ist; unse* für *unser.* Vokale in unbetonten Silben vorwiegend ⟨i⟩; Apokope, wie allgemein im Obdt. üblich, ist nicht eingetreten, z. B. *are, deme, jungiren, vlugile. Sal* für obdt. *sol*; oft *inde* für ‚und‘, *tusschen* für ‚zwischen‘.

(vi) *Ostmitteldeutsch*

(s. auch die ahd. und frnhd. Versionen des gleichen Texts 4.9, 6.4.3 und 6.4.4)

Matthäus, 14, 23–33
23. Und her liz di schar, her steic uf einen berc alleine zů betene. Abir do iz vesper wart, do was her do alleine. 24. Abir daz schiffelin was mitten in dem mere und wart geworfin von den ůnden, wan der wint was en widerwertic. 25. Und in der virden wache der nacht quam her zů en wandernde uf dem mere. 26. Und si sahin en uf dem mere wandernde und sint betrubit und sprachin: ‚Wan iz ist ein getrok' und scrieten vor vorchten. 27. Und zůhant redete mit en Jhesus und sprach: ‚Habit getruunge, ich bin iz, vorchtet uch nicht!' 28. Abir Petrus antworte und sprach: ‚Herre, bistu iz, so heiz mich zů dir kůmen bobin den wazzeren.' 29. Und her sprach: ‚Kům!' und Petrus steic nider von dem schiffeline und wandirte uf den wazzeren, biz daz her queme zů Jhesum. 30. Und her sach einen grozin wint, her vorchte sich und do her begonde zů sinken, do rufte her und sprach: ‚Herre, mache mich heil!' 31. Und zůhant reichete Jhesus uz sine hant und begreif en und sprach zů ime: ‚Cleines gloubin, warumme zwiveldes du?' 32. Und do her uf gesteic in daz schiffelin, do liz der wint abe. 33. Und di in dem schiffelin waren, di quamen unde anebétten en und sprachin: ‚Werlichen, du bist gotes sun!'

Aus der von einem unbekannten Übersetzer 1343 für Matthias von Beheim in Halle angefertigten Evangelienübersetzung, die den Anspruch erhebt: ‚Uz der byblien ist dise ubirtragunge in daz mittelste dutsch mit einvaldigen slechtin worten uz gedruckit.' Über den Abdruck der einzigen Hs. s. R. Bechstein (Hrsg.), *Des Matthias von Beheim Evangelienbuch in mitteldeutscher Sprache, 1343*, Leipzig 1867 (Neuabdruck, Amsterdam 1966).

Mhd. *ie, uo, üe*: generell ⟨i,u⟩ mit einigen ⟨ie⟩ und häufigem ⟨ů⟩.

Mhd. *ei, ou, öu*: ⟨ei, ou, eu⟩, sporadische ⟨e⟩, ⟨o⟩ (in ostmdt. Texten) bezeugen die mundartliche Monophthongierung.

Mhd. *ī, ū* und *iu*: ⟨i⟩ und ⟨u⟩, selten ⟨ů⟩.

Mhd. *ü, ö, œ*: keine Umlautsandeutung.

Mhd. *ë, e, ē, ä, æ*: ⟨e⟩.

Mhd. *a, ā*: ⟨a⟩. Einige Texte haben ⟨o⟩ für *ā*.

Mhd. *i* ist ⟨e⟩ beim Personalpron. *en, eme*, sonst in den meisten ostmdt. Texten sporadisch. ⟨i⟩ steht häufig in unbetonten Silben.

Mhd. *u* ist ⟨o⟩ vor bestimmten Konsonanten, bes. vor *r*: *vorhte, worm, begonde* aber *vurste, durch, sun.*

Kaum Spuren von Apokope und Synkope, vgl. *reichete.*

Die Orthographie der Konsonanten dieses Textes ist wiederum ein Zeugnis für die Stärke der südwestlichen, alem.-ostfrk. Tradition. Auslautsverhärtung ist ebenfalls üblich. Weitere Eigentümlichkeiten: *lt*>*ld, alden, mb > mm*; genaue Unterscheidung von *s* und *z* mit dem Gebrauch von *cz* oder *zc* für [ts], um die alte Doppeldeutigkeit von ⟨z, zz⟩ zu korrigieren; *s* bleibt vor *l, r, m, w*; ⟨w⟩ oder ⟨h⟩ oder Ø für obdt. ⟨j⟩ bei den *verba pura*; Vorliebe für den Rückumlaut bei Verben; *gen, sten, kumen – quam*; das Pers. pron. *her* ‚er'; das Suffix *-lin* beim Diminutiv; *vregen* für nhd. *fragen, greve* für nhd. *Graf; ich gebe* für obdt. *ich gibe; sal* für obdt. *sol.*

(vii) *Mittelniederdeutsch*

Do de grote könnich Otte sinen ende genam,
sin sone her Otte na eme an dat rike quam.
ein eddel vrouwe was sin moder, Edith genannt,
de was, als ek an dem boke wol hebbe bekant,
von vadere to vadere von negen[1] könnigen geboren.
idoch hadde se einen högern vader gekoren:
dat was an er er vil mannichvaldich eddele mot,
de itwelken minschen bat geboren dot,
denne eft[2] dusent könnige ere vedere weren.
Seit,[3] nu is de könnich an den könnichliken eren;
to allerhande dögeden was he bereide genoch,
över de armen barmhertich gemöte he droch,
to einem vadere makede he sek wedewen unde weisen,
vredebrekere dede he vor sinen handen eisen,[4]
unde an godem vrede stunden alle de lant.

[1] neun [2] wenn [3] seht [4] zittern

Aus Priester Everharts Gandersheimer Reimchronik, geschrieben 1216–18 in Gandersheim und erhalten in einer einzigen, in Gandersheim angefertigten Hs. aus dem 15. Jh. (s. die Ausgabe von L. Wolff, *Die Gandersheimer Reimchronik des Priesters Eberhard*, Halle 1927).

Der Herausgeber nahm leichte Besserungen vor; bes. verwendete er diakritische Zeichen zur Andeutung des Umlauts. In der Hs. werden *e, o* oder zwei Striche über ursprünglich kurze Vokale zur Angabe des Umlauts gesetzt, über lange *ō, ū*, um Vokallänge anzudeuten.

Wo das Mhd. *ie, uo, üe* hat, hat das Mnd. ⟨e, o⟩, hier auch ⟨oͤ⟩.

Mhd. *ei, ou*: mnd. ⟨e, o⟩ oder ⟨ei⟩, wo es sich um westgerm. *ai* handelt.

Mhd. *ī, ū, iu* korrespondieren mit mnd. ⟨i, u⟩, hier auch ⟨ü⟩.

Für mhd. *ë, e, ē, ä, æ* hat das Mnd. ⟨e⟩. Wo das Zeichen die Kurzvokale wiedergibt, reimen sie. Doch unter den verschiedenen Langvokalen, die durch das eine Graph ⟨e⟩ ausgedrückt werden, gibt es mundartlich variierende Werte, die nicht reimen.

Mhd. *a, ā* entsprechen dem mnd. ⟨a⟩.

Mhd. *u, ü* und *i* in offenen Silben entsprechen ⟨o, oͤ⟩ und ⟨e⟩.

Die verschobenen mhd. Konsonanten *z, zz; pf, ff, f; ch; t*; in- und auslautende *b, g* entsprechen natürlich den unverschobenen *p, t, k; v, f*; ⟨g⟩ (Reibelaut), *ch*. Auslautsverhärtung ist verantwortlich für Schreibungen wie *mot*, mhd. *muot* oder *lant* für ‚Land'.

Neben vielen andern Eigenheiten stehen die Verben *gan, stan* mit *geit, steit* in der 3. Pers. Sg. Präs. Ind.; *komen – quam; hebben* für mhd. *hān; is* und *sal*; die Pronomen *he* und *gi* für obdt. *er* und *ir*.

Die ostfälische Mundart von Gandersheim hat bestimmte Ähnlichkeiten mit dem Hdt., z. B. *von* für das mnd. gebräuchliche *van*, während *t* in *gemöte, Otte* oder *der, sagen, ist, han, vrouwe* für nd. *vruwe* hd. Entlehnungen sind.

Nach dieser – begrenzten und sehr abgekürzten – dialektalen *tour d'horizon* muß deutlich geworden sein, daß die phonologische und grammatische Beschreibung der deutschen Sprache dieses Zeitraums entweder auf dem Idiolekt einer Schriftquelle oder auf so vielen repräsentativen Idiolekten (oder ihren Abstraktionen, den Schriftdialekten) wie nur irgend zugänglich oder auf dem herkömmlichen klassischen Mittelhochdeutsch unserer Textausgaben beruhen muß. Der erste Weg wäre ein willkürlicher und eingeschränkter, der zweite grenzenlos und erschöpfend in mehr als einem Sinne des Wortes. Der dritte ist begeh- und annehmbar, insofern das Medium, wie gezeigt worden ist, eine zu rechtfertigende und repäsentative Abstraktion darstellt. Der dritte Weg ist es, der beschritten wird.

5.4 Phonologie

5.4.1 Buchstaben und Laute

Im letzten Kapitel standen regional wie chronologisch orthographische Aspekte wie Konvention und Neuerung, Folgewidrigkeit und Variation im Vordergrund. Nun gilt es, die regelhaften Eigenschaften zu betrachten. Es leuchtet ein, daß jede funktionierende Orthographie wenigstens bis zu einem gewissen Grade auch systematisch sein muß. In jeder alphabetischen Schrift muß es eine akzeptable Menge von Entsprechungen zwischen dem graphemischen und phonemischen Bereich geben. Im Mittelhochdeutschen wurden die folgenden, den phonemischen Unterscheidungen entsprechenden graphemischen Unterscheidungen beobachtet:

(i) *Vokale*

Hier unterschieden die lat. Buchstaben ⟨a, e, i, o, u⟩ die elementaren Grade ‚tief' oder ‚hoch', ‚vorn' oder ‚hinten', wenn man von den Gebieten absieht, in denen eine phonemische Verschmelzung stattgefunden hatte oder wo phonetische Ähnlichkeit die Aufgabe des Schreibers erschwerte. Kein Unterschied wurde bei der Vokalquantität gemacht, obwohl diese zweifellos phonemisch relevant war. Regulär waren zwei diphthongische Graphe: ⟨ei⟩ (regional ⟨ai⟩) und ⟨ie⟩. Es ist sicher kein Zufall, daß gerade diese beiden Graphe sich bis in die heutige Sprache hinein bewahrt haben. Andere Diphthongwerte wurden ziemlich regelmäßig durch diakritische Zeichen ausgedrückt, z. B. ⟨ů, ŏ⟩. Einige Öffnungsgrade bei den vorderen, zusätzlich zu den vom lat. Alphabet gelieferten Vokalen, wurden ebenfalls durch diakritische Zeichen ausgedrückt, z. B. ⟨aͤ⟩, oder einen Digraph ⟨æ⟩. Aber diese Bezeichnung war im allgemeinen auf Bayern und einige alemannische, vorwiegend östliche und schwäbische Gebiete begrenzt. Bei vokalischen Lauten mit Kombination der Merkmale ‚gerundet' und ‚vorn' war eine graphemische Darstellung am wenigsten wahrscheinlich. Dem klassischen Mhd. sehr nahe kommende Systeme neigten zur Anwendung diakritisch markierter Graphe: ⟨ú, oͤ, oͤ*i*, *ů*⟩, andere ließen solche Vokale ununterschieden. ⟨iu⟩, ein traditionelles, früher einen Diphthong vertretendes Graph ist ebenfalls als Schreibung für einen geschlossenen gerundeten Vordervokal anzutreffen. Vier Zeichen, ⟨i, j⟩ und ⟨u, v⟩, standen sowohl für Vokale wie Konsonanten. Die Verteilung von ⟨v⟩ und ⟨u⟩ (oder von ⟨j, i⟩) wurde oft zur Markierung von Wortgrenzen gebraucht: ⟨v⟩ anlautend und ⟨u⟩ inlautend.

Das graphemische Vokalsystem des Mhd. war also über das, was die heutige Sprache an Markierungsmitteln angenommen hat, hinausgehend durch Nichtangabe der Vokallänge und den Gebrauch diakritischer Markierungen für Diphthonge und Umlautvokale charakterisiert. Das konstruierte Standardmhd. unterscheidet Vokallänge, bezeichnet die gerundeten Vordervokale (im allgemeinen durch Diakritika) und gebraucht Diphtongzeichen:

			kurz					*lang*					*diphthongisch*	
i		ü			u	ī		iu			ū	ie	üe	uo
	e	(ë)	ö	o			ē		œ		ō	ei	öu	ou
		ä						æ						
			a							ā				

Das Zeichen ⟨ë⟩ wird im allgemeinen nur in Grammatiken zur Unterscheidung des offeneren *e*-Lauts von dem geschlosseneren (⟨e⟩) gebraucht, während Textausgaben ⟨e⟩ für beide Phoneme benutzen und natürlich auch für den unbetonten Neutralvokal [ə]. (Zu den phonetischen Buchstabenwerten s. 5.4.2.)

(ii) *Konsonanten*
In mhd. Orthographie wurden in der Regel die Konsonanten hinsichtlich ihrer Artikulationsstelle unterschieden: ⟨b, d, g⟩, ⟨p, t, k⟩, ⟨l, r, m, n⟩, ⟨ s, z, f, ch, sch⟩, doch wurden andere Unterscheidungen wie nach der Intensität (Lenis – Fortis), der Stimmhaftigkeit oder selbst nach der Artikulationsweise (Verschlußlaut – Reibelaut, Reibelaut – Affrikata) nur so obenhin berücksichtigt. So konnte der labiodentale lenisierte Reibelaut ⟨v, u⟩ oder ⟨f⟩, die entsprechende Fortis ⟨f⟩ oder ⟨ff⟩ geschrieben werden, doch in auslautender oder vorkonsonantischer Stellung stand allgemein ⟨f⟩, was die Neutralisierung des Kontrastes andeutet. Die Zeichen ⟨z, zz⟩ dienten sowohl für den dentalen Reibelaut als auch für die Affrikata. Für letztere waren ⟨tz⟩ und ⟨cz⟩ und anlautend ⟨c⟩ Alternativen. In vielen Handschriften wurde ⟨h⟩ vor Konsonanten und ⟨ch⟩ intervokalisch und auslautend für den velaren Reibelaut gebraucht. Aber beide Zeichen konnten auch andere Lautwerte wiedergeben: ⟨h⟩ anlautend und intervokalisch den laryngalen Reibelaut und ⟨ch⟩ den velaren Verschlußlaut oder die velare Affrikata, abwechselnd mit ⟨k⟩ anlautend und mit ⟨ck⟩ oder ⟨kh⟩ in den sonstigen Stellungen. Der *sch*-Laut wurde tendentiell historisch geschrieben, d.h. ⟨sc⟩ oder ⟨s⟩, je nach Herkunft und Umgebungen, doch konkurrierten diese Graphe mit den neuen Zeichen ⟨sch⟩ und ⟨sh⟩.

Am Wortende oder in vorkonsonantischer Stellung am Silbenende alternierten die Zeichen ⟨p, t, f, c, oder ch⟩ in vielen der besten Handschriften mit den Zeichen ⟨b, d, v/u, g⟩ in intervokalischer Stellung, auf diese Weise Verhärtung oder Neutralisierung andeutend, z.B. *wibes* – *wip* ‚Frau', *bades* – *bat* ‚Bad', *houes* – *hof* ‚Hof', *dinges* – *dinc.*

Während Verdoppelung von Vokalzeichen äußerst ungewöhnlich war, war Konsonantengemination ganz gebräuchlich. Dies ist wahrscheinlich ein Reflex lat. Schreibgewohnheiten. Phonologisch gesehen brauchte das Deutsche beides. Nasale und liquide Geminaten wurden mit ziemlicher Regelmäßigkeit von ihren unverdoppelten Gegenstücken unterschieden, z.B. *sune* ‚Sohne' Dat. – *sunne* ‚Sonne', *helec* ‚heimlich' – *helle* ‚Hölle', *ar(e)* ‚Adler' – *karre* ‚Karren'. Aber bei den Reibelauten war die Unterscheidung Lenis – Fortisgeminata ⟨f-ff⟩, ⟨z-zz⟩, ⟨s-ss⟩ oder bei den dentalen Verschlußlauten die Unterscheidung Fortis – Fortisgeminata ⟨t-tt⟩ weniger regelmäßig und nur in den besten Handschriften halbwegs konsistent durchgeführt. Nach langen Vokalen und Diphthongen wurden die Fortisgeminaten häufig vereinfacht, z. B. *slafen, slaffen* ‚schlafen‘, *groze, grozze* ‚groß‘. Vor weiteren Konsonanten und in Auslautstellung war Konsonantenverdoppelung in frühen Texten ungebräuchlich, z. B. *mannes – man.*

Das Graphemsystem der Konsonanten im Mhd. sprach also stärker auf phonetische Faktoren und Stellung innerhalb des Wortes an und war weniger systematisch als das heutige System des Deutschen. Mit einiger Regelmäßigkeit drückte es auch konsonantische Länge aus. Im Nhd., in dem es keine langen Konsonanten gibt, zeigt Doppelschreibung allein die Kürze des voraufgehenden Vokals an.

Das Standardmhd. bringt diese den Schreibsystemen der Handschriften innewohnenden Tendenzen zur Anwendung und systematisiert sie.

	labial		dental		postdental		velar		laryngal
Verschlußlaute	b	p/pp	d	t/tt			g/gg	k/ck	
Affrikaten	pf/ph		z[2]/tz				ch/ck/kh		
Reibelaute	v/f	f/ff[1]	z[2]	z/zz	s	s/ss	h/ch		
					sc/sch/sh				
Nasale	m	mm	n	nn			n+g/n+k		
Liquiden			l	ll	r	rr			
Halbkonsonanten	w				j(g)				h[3]

[1] Genaugenommen labiodental.

[2] In Anlautstellung war ⟨z⟩ immer die Affrikate [ts], doch in- und auslautend war es mehrdeutig, z. B. ⟨heizen⟩ nhd. *heißen* und *heizen*, ⟨nuz⟩ nhd. *Nutzen* und *Nuß*. Einige normalisierte Texte gebrauchen ⟨ʒ, ʒʒ⟩ für den Reibelaut gegenüber ⟨z, zz⟩ für die Affrikata.

[3] Vielleicht eher pharyngal (im Rachen artikuliert) als laryngal.

5.4.2 Das System der betonten Vokale

Im Ahd. entstand ein Vokalsystem von sechsundzwanzig Vokalen (Stadium VII S. 160), in dem nicht weniger als zehn Vokale in einem Zustand phonemischer Unbestimmtheit blieben, solange in unbetonten Silben ein Kontrast /i/ – /a, e, o, u/ bestand. In mhd. Zeit war dieser Kontrast verschwunden und mit ihm die phonemische Unbestimmtheit behoben worden (s. 5.4.3).

Im klassischen Mhd. hatte dreifacher Zusammenfall die Zahl der Phoneme auf dreiundzwanzig reduziert:

ahd. /ie/ (<*ia*) und /io/	> mhd. /ie/
ahd. *hier (hiar) tior*	> mhd. *hier, tier*
ahd. /iü/ und /ǖ/ und /iu/	> ahd. /iu/ [y:]
ahd. *liuti mūsi biutu*	> mhd. *liute, miuse, biute.*

Stadium VIII, das Stadium des klassischen Mhd., sah also so aus: (in der konventionellen Orthographie, s. 5.4.1 (i))

/i/	/ü/	/u/	/ī/	/iu/	/ū/	/ie/	/üe/	/uo/
/e/	/ö/	/o/	/ē/	/œ/	/ō/			
/ë/						/ei/	/öu/	/ou/
/ä/		/a/	/æ/		/ā/			

bit	‚Gebet'	*wīt*	‚weit'	*liet*	‚Lied'
bette	‚Bett'	*sēr*	‚wund'	*kleit*	‚Kleid'
bëte	‚Bitte'	*wæte*	‚Kleidung'	*güete*	‚Güte'
geslähte	‚Geschlecht'	*liut*	‚Volk'	*höut*	‚(er) haut'
nütze	‚nützlich'	*tœten*	‚töten'	*bluot*	‚Blut'
götze	‚Idol'	*trūt*	‚lieb'	*schout*	‚(er) schaut'
butte	‚Hagebutte'	*tōt*	‚Tod'		
bote	‚Bote'	*tāt*	‚Tat'		
bat	‚Bad'				

Dies System war höchstwahrscheinlich das Hartmanns von Aue und seiner alemannischen Zeitgenossen. In andern Gebieten und später im 13. Jh. setzten sich andere Systeme durch. Die wesentlichen Divergenzen und Entwicklungen berührten (i) die *e*-Vokale; (ii) die Diphthonge /ie, üe, uo/; (iii) die kurzen Vokale in offenen Silben; (iv) die Langvokale /ī, iu, ū/; und (v) die gerundeten vorderen Vokale /ü, ö, iu, œ, üe, öu/.

(i) Die irgendwie übergewichtige Reihe dreier *e*-Laute wurde fast überall auf zwei vermindert (in Oberdeutschland), ja sogar bis auf einen (im späteren Mitteldeutsch). Im Alemannischen und frühen Mitteldeutsch fielen /ë/ (offen) und /ä/ (sehr offen) zusammen und standen im Kontrast zu /e/, dem Reflex des Primär*umlauts.* Im späteren Mitteldeutsch fielen auch die beiden erhaltenen zu einem mittleren [ɛ] zusammen, doch im Alem. hat sich ein Kontrast zwischen einem geschlossenen [e] und einem ziemlich offenen [ɛ] oder [æ] oder [a] bis auf den heutigen Tag erhalten. Ein dreifacher Kontrast hat in kleinen isolierten Räumen des Alem. überlebt. Im Bayr. ist /ë/ vor den meisten Konsonanten, doch bemerkenswerterweise nicht vor *r, l, ch*, mit /e/ zusammengefallen. Der Reflex des Sekundär*umlauts* wird noch immer von dem Reflex des früheren Zusammenfalls genauestens unterschieden. Obdt. Mundarten haben auch im allgemeinen den Kontrast zwischen den beiden langen *ē*-Vokalen bewahrt, während sie im Mitteldeutschen zusammengefallen sind.

(ii) Die Diphthonge /ie, üe, uo/ wurden im Obdt. erhalten und haben in den entsprechenden Mundarten im allgemeinen überlebt, abgesehen von Zusammenfall durch Entrundung (*üe*>*ie*). Doch das Mitteldeutsche, zuerst Ostmitteldeutsch, dann auch große Teile des Ostfränkischen und Rheinfränkischen, entwickelte bereits im 11. und 12. Jh. lange Monophthonge. Diese neuen langen Monophthonge fielen nicht mit den alten /ī, iu, ū/ zusammen und waren wahrscheinlich offener. Für das Mittelfränkische müssen andere Reflexe von germ. $\bar{e}^2$, eo und *ō*, den Grundlagen dieser mhd. Diphthonge, angenommen werden.
(iii) In den nördlichen Mundarten des Mhd. wurden kurze Vokale in offenen Silben allgemein gelängt, genau wie in den angrenzenden niedersächsischen und niederfränkischen Gebieten. Sie fielen meist mit den alten Langvokalen zusammen, doch im Falle der geschlossenen Vokale mit den Ergebnissen der mitteldeutschen Monophthongisierung (*siben, lieben* = [i:] : *wiben* = [i:]).
(iv) Gegen Ende des 13. Jh.s waren die alten Längen /ī, iu, ū/ in allen bayr. Mundarten diphthongiert worden. Andeutung dieser Diphthongierung in der Schrift findet sich zuerst in Belegen aus Kärnten, was natürlich kein Beweis dafür ist, daß die Lautveränderung von dort ausging. Zweisprachige Schreiber merkten zuerst die Diskrepanz zwischen den traditionellen phonetischen Werten der lat. Buchstaben und den phonetischen Realisierungen in den einschlägigen Wörtern. In den folgenden Jahrhunderten kann man eine ähnliche Diphthongierung im Schwäbischen, Ostfränkischen, Ostmitteldeutschen und schließlich, im 16 Jh., auch im Westmitteldeutschen (Rheinfränk. und Moselfränk.) feststellen. Bis zu welchem Grade diese weitverbreitete Diphthongierung das Ergebnis von Ausbreitung war, bleibt unbekannt. Natürlich wurde das Phänomen in der Schriftsprache durch das Anwachsen der Standardisierung und die Entstehung der nhd. Standardsprache überlagert. Doch für die mundartliche Entwicklung ist es vielleicht sicherer, mit einer Polygenese, d.h. spontaner Diphthongierung in vielen Gebieten, zu rechnen; schließlich findet man ähnliche Diphthongierungen auch im Niederländischen und Englischen (vgl. mhd. *wīz, brūn* – nhd. *weiß, braun*, engl. *white, brown*).

Die neuen Diphthonge wurden meistens von den Reflexen der alten Diphthonge /ei, öu, ou/ unterschieden. Mhd. Bayrisch hielt ⟨ai⟩ (<mhd. *ei*) und ⟨ei⟩ (<mhd. *ī*) auseinander, schrieb aber gewöhnlich ⟨au⟩ sowohl für mhd. *ou* (aber auch ⟨a⟩) wie für mhd. *ū* und ⟨eu⟩ für mhd. *öu, iu.*
(v) Im Bayrischen und vielen anderen Gebieten des Obdt. (z.B. im Elsaß, in Schwaben) und Mitteldeutschen wurden die gerundeten Vordervokale /ü, iu, ö, œ, üe, öu/ zu *i, e, ie, ei* entrundet. Gelegentliche Schreibungen

wie *ibel, glick, vreide* für mhd. *übel, glück, vreude* bezeugen diese weitverbreitete Erscheinung. Dem wirkte aber die zunehmende Standardisierung in der Schriftsprache entgegen.

Es gab natürlich im Mhd. zahlreiche andere Erscheinungen des Lautwandels wie Palatalisierungen (*guot*>*güet*); Rundung von *ā*>*ō* (*slāfen*>*slōfen*); Labialisierung von *e*>*ö* (*vremede*>*vrömde*); Senkung von *i, u*>*e, o* (*vrum*>*vrom*); Kürzung langer Vokale vor Konsonantenverbindungen (*lieht*>*liht, brāhte*>*brahte*) u.a.m. Die meisten von ihnen waren gebietsspezifisch und hatten schließlich nur geringe oder sporadische Bedeutung für die weitere Entwicklung der deutschen Standardsprache.

5.4.3 Die unbetonten Vokale

(i) Im klassischen Mhd. waren alle unbetonten Vokale in Flexionsendungen und Wortmorphen zu *e* geworden, einem ‚neutralen' Mittelvokal, der manchmal, besonders in mitteldt. Texten, ⟨i⟩ geschrieben wurde. Vgl. ahd. *biotan* – *biutu* – *biutis* – *boto*: mhd. *bieten* – *biute* – *biutest* – *bote*. Eine Ausnahme bildete die Endung *-iu* des Nom. Sg. Fem. und Nom. Akk. Pl. N. der starken Adjektivdeklination. Es war die einzige diphthongische Endung im Ahd. Im Mdt., wo das Ahd. *-u* hatte, war die Endung *-e*. In alem. nichtliterarischen Texten weisen die Vokalzeichen außer ⟨e⟩ darauf hin, daß die früheren Langvokale (z.B. *ō, ā*) noch immer unterscheidende Reflexe hinterlassen hatten.

Durch Apokope und Synkope bedingter Verlust dieses unbetonten neutralen *-e* begann im Bayr. und war im 13. Jh. weit verbreitet, wenn nicht gar die Regel. Besonders die Liquiden und Nasale förderten diese Entwicklung, z.B. ahd. *sālida* – mhd. *sælde*; ahd. *garo* – mhd. *gar*; ahd. *tiufales* – mhd. *tiufels*; ahd. *wirsiro* – mhd. *wirser*; ahd. *anderemo* – mhd. *anderme, anderem*. Durch morphologische Beeinflussung, Rhythmus und regional abweichende Entwicklungen zeigt diese Erscheinung in den verschiedenen Texten ein verwirrendes und buntes Bild. Am weitesten verbreitet sind Apokope und Synkope bei den früher zweisilbigen Wörtern mit kurzem Stamm und auslautenden *-l, -r* oder bei den früher mehrsilbigen Wörtern mit langem Stamm und auslautenden *-el, -er, -em, -en*.

Häufig war auch Synkope von *-e-* zwischen gleichen oder ähnlichen Konsonanten, z.B. ahd. *tiuriro* – mhd. *tiurre; rette* für *redete; wirt* für *wirdet; bœste* für *bœseste*. Die Präfixe *be-* und *ge-* neigten zum Verlust ihres Vokals vor Nasalen und Liquiden, z.B. *genuoc* – *gnuoc; gelīch* – *glīch; belīben* – *blīben*.

Im allgemeinen begünstigte das Obdt. Synkope und Apokope, während das Mdt. zu Bewahrung von unbetontem *e* neigte. Gegen Ende des Mhd. begann eine neue Apokopewelle im Obdt., die zum bedingungslosen Verlust des auslautenden *-e* führte, z.B. *bote>bot; klage>klag; schœne> schön.* Dies ist unter dem Namen frnhd. Apokope bekannt (s. 6.5.3).
(ii) In Ableitungssilben, die Nebenbetonung hatten, sind volle Vokale erhalten geblieben, z.B. *wīgant* ‚Kämpfer', *leichære* ‚Spielmann', *lengelëht* ‚länglich', *leitlīch* ‚schmerzhaft', *lērunge* ‚Belehrung'. Das Suffix *-lich* war im Alem. und Rhfrk. generell kurz, im Bayr. und Ostfrk. jedoch lang *(-līch)* (>*-leich*). Varianten begegnen auch bei *-in, -īn, -inne* (*künegīn* oder *küneginne*) und *-ic, -ec* durch Vermengung der Reflexe von ahd. *-ag* und *-ig*. Im Falle *-ære* gab es auch regionale Unterschiede: das Obdt. hatte *-ære* (<ahd. *-āri*), das Mdt. *-er* (<ahd. *-eri*), doch verlor sich der Unterschied im Laufe des 13. Jh.s.

5.4.4 Das Konsonantensystem

Im klassischen Mhd. hatte noch immer das ahd. Konsonantensystem des obdt. Gebiets aus der Mitte des 9. Jh.s Bestand (s. Stadium VIII S. 171). Es war ein kompliziertes System, kompliziert vor allem, weil es in hohem Maße von der Stellung innerhalb des Wortes abhängig war. Stellungsbedingte Beschränkungen hatten bis zum 12. Jh. sogar zugenommen. Sie führten jedoch schließlich zu einer Vereinfachung.

Das System der Verschluß- und Reibelaute beruhte auf einem Kontrast von Lenis- und Fortisoppositionen:

Stadium IX:

/v/			/s/		/h/	Lenis
/ff-f/	/zz-z/		/ss/	/ʃ/	/xx-x/	Fortis
/b/	/d/				/g/	Lenis
/pp-p/	/t/	/tt/			/kk-k/	Fortis
/pf/	/ts/				/kx/	

Beispiele

	anlautend		*inlautend*		*auslautend*	
/v/	*varen*	‚sich fortbewegen, reisen'	*grāve*	‚Graf'	*hof*	‚Hof'
/ff-f/	–		*schaffen* *slāfen*	‚arbeiten' ‚schlafen'	*schif*	‚Schiff'

	anlautend		inlautend		auslautend	
/b/	*bin*	‚(ich) bin'	*lîbes*	‚Leib' Gen.	*līp*	‚Leib, Leben'
/pp-p/	*palas*	‚Palast'	*rippe*	‚Rippe'	*schuop*	‚Schuppe'
			rūpe	‚Raupe'		
/pf/	*phal*	‚Pfahl'	*apfel*	‚Apfel'	*kroph*	‚Kropf'
/s/	*sun*	‚Sohn'	*lesen*	‚lesen'	*las*	‚las'
/ss/	–		*küssen*	‚küssen'	*kus*	‚Kuß'
/zz-z/	–		*nüzzelin*	‚Nüßlein'	*nuz*	‚Nuß'
			niezen	‚gebrauchen, genießen'		
/ʃ/	*schif*	‚Schiff'	*eischen*	‚heischen, fragen'	*visch*	‚Fisch'
/d/	*durch*	‚durch'	*līden*	‚leiden'	*leit*	‚Leid'
/t/	*teil*	‚Teil'	*geriten*	‚geritten'	*leit*	‚Leit(seil)'
/tt/	–		*bitter*	‚bitter'	–	
/ts/	*zwīc*	‚Zweig'	*witze*	‚Geist, Witz'	*schuz*	‚Schutz'
/h/	*hān*	‚haben'	*sehen*	‚sehen'	*sach*	‚sah'
	–		*ma(c)chen*	‚machen'	*dach*	‚Dach'
			rāche	‚Rache'		
/g/	*gar*	‚ganz, bereit'	*regen*	‚Regen'	*lac*	‚lag'
/kk-k/	*kar*	‚Trauer, Klage'	*ecke, egge*	‚Ecke'	*ruck(e)*	‚Rücken'
			sweig(g)en	‚zum Schweigen *bringen'*	*rugg(e)*	
/kx/	*kar*	‚Trauer'	*seckel*	‚Geldbörse'	*sac*	‚Sack'
					sack	

Die Lenis-Reibelaute waren ursprünglich stimmlos gewesen, doch die Lenis-Verschlußlaute stimmhaft; wahrscheinlich verloren sie das Merkmal Stimmhaftigkeit, als das System als Grundlage einen Längenkontrast bekommen hatte (Stadium VI). Im Ahd. hatte sich das System so entwikkelt, daß es auf einem Intensitätskontrast (Lenis – Fortis) beruhte, doch war dieser voll wirksam nur in- und auslautend bei stimmhafter Umgebung. Die Fortis-Reibelaute kamen anlautend nicht vor, wodurch /f, s, h/ hinsichtlich Stimmhaftigkeit und Intensität unbestimmt blieben. In der gleichen Stellung kam der Fortisverschlußlaut /p/ nur da vor, wo er durch Fremdwörter wiedereingeführt worden war und /k/ regional nur da, wo anlautendes germ. *k* unverschoben geblieben war. Velare Fortis-Verschlußlaute und Affrikaten wurden nur in solchen Mundarten auseinandergehalten, die unterscheidbare Reflexe von germ. *gg* (>Fortis /kk-k/) und germ. *k, kk* (>Affrikata /kx/) (s. S. 172 und W. Kleiber in Maurer, *Vorarbeiten*, S. 207–24) besaßen. Im klassischen Mhd. können sie als zusammengefallen angesehen werden.

Auslautend wurde der Kontrast zwischen Lenis und Fortis im Spätahd. beseitigt, und die Schreibungen ⟨f, s, z, ch (gelegentlich h), p, t, k (c)⟩ belegen diese als *Auslautsverhärtung* bekannte Erscheinung, d. h. die Neutralisierung im Wort- und Silbenauslaut mit möglicher Aussprache als Semi-Fortis. So war also nur inlautend in nachvokalischer Stellung der Kontrast voll entwickelt, jedoch auf solche Weise, daß die meisten Fortiskonsonanten lange oder geminierte Allophone nach kurzen und kurze Allophone nach langen Vokalen oder Diphthongen aufwiesen. Ausnahmen gab es unter den dentalen Reibelauten, wo /zz-z/ keine Lenis-Entsprechung außer /s/ aufwies und wo /ss/ keine allophonische, den anderen analoge Verteilung hatte, sondern nur nach kurzen Vokalen im Kontrast zu /s/ stand. Hier lag zweifellos der strukturelle Grund für den Zusammenfall von /s/ und dem Allophon *z* sowie von /ss/ und dem Allophon *zz* im 13. Jh. und für das Auftauchen von /ʃ/ aus früherem *sk* und aus anlautendem *s* vor Konsonanten, vgl. nhd. *schön, Stein, springen, schwimmen, schlimm, Schnee* und mhd. *scœne, stein, springen, swimmen, slim, snē.* Im Frühmhd. waren /s/ und /ss/ Reibelaute vom Typus *sch.* Durch den Verlust des /k/ und seines Reflexes in der Verbindung /sk/ entstand ein neues Phonem /ʃ/ im Kontrast zu /s/, das durch Zusammenfall mit /zz-z/ stärker *s*-artiger wurde: *scīn – sīn*>*schīn – sīn.* In welchem Stadium diese Phonemisierung stattfand, ist äußerst schwer zu sagen, denn ⟨sc⟩ blieb als eine archaische Schreibweise bestehen, und die neuen ⟨sch⟩ oder ⟨sh⟩ waren nicht eindeutig. Nur wo diese Schreibungen an Stellen eingeführt wurden, die nie ein *k* hatten, z. B. *snē*>*schnē*, gibt es Sicherheit.

Bei den velaren Reibelauten ist die allophonische Verteilung von geminierter und einfacher Fortis in einigen heutigen süddt. Mundarten gut belegt, obgleich sie in mhd. Orthographie meist nicht zum Ausdruck kommt.

Der anomale Kontrast /t/ – /tt/ wurde in den meisten Gebieten ein frühes Opfer des Ausgleichs, doch zeigen heutige bayr. Mundarten davon deutlich Reflexe, z. B. *bittn – grīdn*, mhd. *bitten – geriten*, nhd. *bitten – geritten.*

Die Lenis-Reibelaute hatten die Neigung, stimmhaft zu werden, z. B. *s*>[z], im Süden jedoch wahrscheinlich nicht; *h* hatte eine ähnliche Entwicklung wie *w* und *j*, und /v/ fiel schließlich mit den Reflexen von /ff-f/ zusammen, obwohl viele Mundarten wiederum die alte Unterscheidung bewahrt haben.

Heutige süddt. Mundarten (Hochalem., Südbayr.) haben auf einem Intensitätskontrast beruhende Systeme bewahrt. In anderen Gebieten der obdt. und mdt. Mundarten führte ein Wandel mit weitreichenden Folgen zu einer Neustrukturierung: der sog. *binnenhochdeutschen Konsonantenschwächung*. Sie führte zur Lenisierung aller einstigen Fortis-Konsonanten (Geminaten einschließlich) außer anlautenden *p-, k-* vor Vokalen und einigen Zusammenfällen mit den einstigen Lenis-Konsonanten. Doch blieben im Bayr. (außer im Südbayr.) einstige intervokalische Geminaten *(-pp-, -tt-, -kk-, -ff-, -ss-, -zz-)* und Verbindungen *(-pf-, -ts-, -st-, -sp-, -ks-, -ft-, -cht-)* Fortiskonsonanten. Sowohl in den westlichen Gebieten der Konsonantenschwächung und in Bayern wurde der Zusammenfall mit den einstigen Lenis-Konsonanten dadurch vermindert, daß sie ihrerseits in vielen Mundarten der Schwächung unterworfen waren, z.B. *-b-, -d-, -g-* > *-w-, -ð-, -γ, j, w-* oder sogar wegfielen. Von der Homophonie ging auch nur eine geringe Gefahr aus, da die frühere Längung ursprünglich kurzer Vokale vor Lenis-Konsonanten (5.4.2 (iii)) die Differenzierung von den Konsonanten auf die Vokale verschoben hatte, z.B. mhd. *rîse(n)* ‚Riesen' – *gerizzen* > mundartlich *rîsen – gerîsen*, nhd. *Riesen, gerissen.*

Dieser fundamentale Lautwandel war für viele der orthographischen Schwankungen beim Ausdruck der konsonantischen Artikulationsweise verantwortlich. Doch am Ende bewahrte die Orthographie des deutschen Konsonantensystems ihre althergebrachte ostfrk.-alem. Grundlage und damit eine direkte Verknüpfung mit dem klassischen Mhd. und sogar mit dem Ahd. in ostfrk. Ausprägung.

Das spätmhd. System der Verschlußlaute, Affrikaten und Reibelaute, im Obdt. unberührt von der *binnenhochdeutschen Konsonantenschwächung*, kann wie folgt angenommen werden:

Stadium X:

/f/	/s/			Lenis
/ff/	/ss/	/ʃ/	/x/	Fortis
/b/	/d/		/g/	Lenis
/pp/	/tt/		/kk/	Fortis
/pf/	/ts/		/kw/	

Die Lenis-Laute waren wahrscheinlich stimmlos wie die Fortes. Sie kamen in allen Stellungen (ausgenommen Verbindungen von Reibe- und Verschlußlauten) vor; mit dem Verschwinden der *Auslautsverhärtung* in einigen Gebieten, vielleicht eine Folge der spätmittelalterlichen Apokope, auch in Auslautstellung. Bei den Fortis-Lauten war die frühere Allophonverteilung noch immer gültig. (Sie wird in der obigen Tabelle nicht wiedergegeben, in der die Fortes durch Geminaten dargestellt werden, um ihre Länge anzudeuten, und die stimmlosen Lenis-Reibelaute durch einfache Buchstaben.) Die Fortis-Reibelaute kamen anlautend nicht vor: /ʃ/ und hochalem. /x/ entwickelten in dieser Stellung Lenis-Allophone. Affrikaten gab es in allen Stellungen, doch der velare Fortis-Verschlußlaut kam anlautend nicht vor. Das Vorkommen von /d/ stieg durch assimilatorische Schwächung von ahd. *t* nach *n*, seltener nach *l*, an, vgl. ahd. *bintan* – mhd. *binden*, ahd. *milti* – mhd. *milde* oder ahd. *haltan* – mhd. *halden* und *halten*.

Liquiden und Nasale hatten inlautend ebenfalls einen Kontrast von einfach und geminiert:

/l/	*bole*	‚Bohle'	/r/	*hēre*	‚Ehre, Erhabenheit'
/ll/	*bolle*	‚Knospe'	/rr/	*hērre*	‚Herr'
/m/	*hame*	‚Hülle, Haut'	/n/	*hane*	‚Hahn'
/mm/	*hamme*	‚Schinken'	/nn/	*henne*	‚Henne'

Einige *mm* waren durch Assimilation des früheren *mb* im Entstehen begriffen, z. B. *lammes* < *lambes* Gen. Und *m* in der unbetonten Silbe *-em* war im Begriff, *-n* zu werden, z. B. *buosem* > *buosen* vgl. engl. *bosom*, nhd. *Busen*.

Die Halbvokale *w, j* und auch *h* waren auf dem Weg zur Einschränkung auf die Anlautstellung:

/w/		/j/	
Mhd.	Nhd.	Mhd.	Nhd.
wīp	*Weib*	*jār*	*Jahr*
swalwe > *swalbe*	*Schwalbe*	*verje* > *verge*	*Ferge*
houwen > *houen*	*hauen*	*blüejen* > *blüen*, > *blūwen*	*blühen*

/h/	
Mhd.	Nhd.
hœren	*hören*
schilhen > *schiln*	*schielen*
stahel > *stāl*	*Stahl*

Vielleicht ist es aus diesem Grunde ratsam, *h* eher als ein separates Phonem denn als ein Allophon von /x/ anzusehen.

5.5 Morphologie: Flexion

5.5.1 Deklination der Substantive

Das ererbte System (s. 4.5.1) wurde von der tiefgreifenden Einwirkung dreier Prozesse berührt: a) von der Neutralisierung (>e) aller Vokale in

Flexionsendungen; b) von der zum Abschluß gebrachten Phonemisierung aller durch *i*-Umlaut entstandenen Vokale und der Funktionalisierung des Umlauts; c) von der Apokope des auslautenden *-e* unter bestimmten Umständen (s. 5.4.3 (i)).

Die Neutralisierung berührte vor allem das Kasussystem. Das Deutsche hatte jetzt nur noch vier Flexionsendungen: *-e, -(e)s, -(e)n, -er*, (*e* in Klammern bedeutet, daß es der Synkope ausgesetzt war). Von diesen lieferte allein *-(e)s* eine klare Kasusmarkierung: Gen. Sg. vieler mask. und neutr. Substantive, während *-(e)r* nur den Plural markierte. Obwohl *-(e)n* viele Funktionen hatte, wurde der Dat. Pl. ausnahmslos mit *-(e)n* gebildet. Im Plural war die Kasusunterscheidung, wenn es sie überhaupt gab, auf die Opposition eines gemeinsamen Nom. Akk. Gen.-Kasus gegenüber einem Dat.-Kasus zentriert. Zu diesem morphologischen Muster gab es nur eine Ausnahme: die Feminina der IV. Deklinationsklasse (die sog. Klasse mit unmarkiertem Pl., s. unten).

Der Umlaut war jetzt ein morphologisches Mittel und, wie sich herausstellte, ein Pluralzeichen im Falle aller drei Genera (*-e* mask., fem.; *-er* neut.) sowie ein Kasuszeichen nur im Sg. bei fem. Substantiven. Beschränkung auf Numerusunterscheidung war ein Moment des Wandels innerhalb der mhd. Zeitspanne.

Apokope (ahd. *zala*>mhd. *zal*) ließ die Zahl der Substantive mit unzureichender Numerusunterscheidung ansteigen (Nom. Akk. Sg. = Nom. Akk. Pl.). Während die Neutralisierung der Vokale in den Flexionsendungen bei den Kasusunterscheidungen verheerende Wirkung hatte und auf diese Weise die Numerusunterscheidung als Hauptflexionskategorie förderte, brachte die Apokope Ergebnisse mit sich, die im Gegensatz und in Konflikt zu dieser allgemeinen Tendenz standen. Dementsprechend haben wir im Mhd. als zeitlich begrenzte und flüchtige Erscheinung eine recht große Klasse mit unbezeichnetem Plural. Die spätere frnhd. und obdt. Apokope (z.B. mhd. *tac – tage*>frnhd. *tag – tag*) ließ diese Deklinationsklasse ebenso eine zeitlang anschwellen. Bei Numerusunterscheidung als Hauptflexionskategorie überrascht es nicht, daß diese anomale Deklinationsklasse Schwankungen und Wandel am stärksten unterworfen war. Darüberhinaus waren die mhd. Apokope- (und Synkope-)Regeln gebietsspezifisch und wurden kaum so streng befolgt wie im normalisierten klassischen Mhd. (s. von Kienle § 65).

Das mhd. Deklinationssystem war ein kompliziertes System. Im Ahd. ist es möglich, die Deklination eines Substantivs aufgrund der zwei Koordinaten Nom. Akk. Pl. und Genus vorauszusagen, z.B. Nom. Akk. Pl. *taga* Mask., *barn* Neut., *zalā* Fem., *slegi* Mask., *betti* Neut., *hūti* Fem. usw., und nur verhältnismäßig wenige müssen lexikalisch als anomal andersartig verbucht werden, z. B. Nom. Akk. Pl. *hirta* Mask. (*hirti*, nicht wie *taga* – *tag*). Deshalb kann man dem ahd. Deklinationssystem den Plural zugrunde legen. Dies ist auch beim Mhd. ratsam. Viele wichtige Deklinationsunterscheidungen sind nicht aufgrund des Sg. voraussagbar, z. B. mask. *tac* – *tage* doch *gast* – *geste, slite* – *sliten* doch *hirte* – *hirte*; neut. *wort* - *wort* doch *kalp* – *kelber, herze* – *herzen* doch *bette* – *bette*; fem. *zunge* – *zungen* doch *klage* – *klage.* Sehr viele Formen sind vom Plural her zu bestimmen, einige wenige allerdings nicht, z. B. Mask. Pl. *geste* – *gast* doch *erbe* – *erbe*; Fem. Pl. *krefte* – *kraft* doch *rede* – *rede.* Alle Neutra jedoch sind aufgrund des Plurals voraussagbar. Bei einer streng synchronischen und formalen Analyse ist es daher ratsam, für die Deklinationsklassen den Plural zugrundezulegen.

I. *Plural auf -e*

		M	F	M	F
Pl.	Nom. Akk. Gen.	*-e*		steine	pflichte
	Dat.	*-en*		steinen	pflichten
Sg.	Nom. Akk.	*-ø*	*-ø*	stein	pflicht
	Gen.	*-es*	*-e/-ø*	steines	pflicht(e)
	Dat.	*-e*	*-e/-ø*	steine	pflicht(e)

Anmerkungen:

(1) Wo die Wurzel vor der Endung auf *-w* endet, wird dieses *w* bei Ø-Endung getilgt, z. B. *sēwe* – *sē.*

(2) Wo die Wurzel auf *b, d, g, v* oder *h* endet, verändern sich diese zu *p, t, k(c), f* oder *ch* bei Ø-Endung, z. B. *tage* – *tac, hove* – *hof, schuohe* – *schuoch*, und Geminaten werden vereinfacht: *stalle* – *stal, stocke* – *stoc.*

(3) Neben dem Pl. *manne* und *vriunde* gab es auch den Pl. *man, vriunt.* Alle andern Formen entsprechen dieser Deklinationsklasse.

(4) Zweisilbige, auf Konsonant auslautende Wörter (außer Nasal und Liquida) verloren allgemein ein inlautendes unbetontes *-e-*, z. B. *dienest* doch *dienste.*

(5) Im Gen. und Dat. Fem. können *-e* und *-Ø* als freie Varianten angesehen werden.

Historisch gesehen setzte diese Deklination die Klasse der mask. *a*-Stämme fort und nahm einige Mask. und solche Fem. der *i*- (und *u*-) Stämme auf, die nicht umlautfähig waren, z. B. *scrit* ‚Schritt'. Die meisten Fem. hatten einen Stammauslaut auf *-t.*

II. *Plural mit Umlaut*

		M	F	M	F
Pl.	Nom. Akk. Gen.	*¨-e*		slege	hiute
	Dat.	*¨-en*		slegen	hiuten
Sg.	Nom. Akk.	*-ø*	*-ø*	slac	hût
	Gen.	*-es*	*¨-e/-ø*	slages	hiute/hût
	Dat.	*-e*	*¨-e/-ø*	slage	hiute/hût

(¨ bedeutet Umlaut)

Anmerkungen:

(1) Zum Konsonantenwechsel s. Anm. (1) und (2) in I.

(2) Apokope und Synkope führen, wo sie eintreten können, zu phonologisch bestimmten Varianten (z. B. *epfel – apfel*), die das primäre Unterscheidungsmerkmal, den Umlaut, unberührt lassen.

(3) Einige Wörter schwanken zwischen Deklination I und II, z. B. Pl. Mask. *satele – sätele* ‚Sättel'.

(4) *Hant* und *naht* folgen gewöhnlich dieser Deklination bei gelegentlich anomalen Formen (Dat. Pl. *handen*), ebenso *vater, bruoder* (Gen. Sg. oft ohne *-s*) und *muoter* und *tohter.* Bei fem. Substantiven müssen die Ø-Form und *-e* im Gen. Dat. Sg. als freie Varianten angesehen werden.

Historisch gesehen liegen dieser Deklination mask. und fem. *i*-Stämme zugrunde, bei denen Umlaut statthatte.

III. *Plural auf -er*

		N	N
Pl.	Nom. Akk. Gen.	*¨-er*	kelber
	Dat.	*¨-ern*	kelbern
Sg.	Nom. Akk.	*-ø*	kalp
	Gen.	*-es*	kalbes
	Dat.	*-e*	kalbe

Anmerkungen:

(1) Einige umlautunfähige Neutren, z. B. *ei, rint, rîs* (Reis, Zweig), sind nichtsdestoweniger durch ihr *-er* als dieser Klasse angehörig markiert. Mit anderen Worten, *-er* ist das Primärzeichen, der Umlaut nur sekundär. Dies ist der Grund, weshalb es nicht ratsam ist, diese Klasse als Neutrumvariante der vorausgehenden Klasse mit Umlaut anzusehen.

(2) Der ursprüngliche Bestand von ungefähr fünfzehn Neutren ist im Laufe der mhd. Periode allmählich angestiegen durch die Zugänge *buoch, gras, holz, horn, hūs, kint, kleit, tuoch* u. a., allerdings mit beträchtlichen regionalen Unterschieden.

(3) Texte mit stark mundartlichem Charakter neigen zu entschieden mehr *-er*-Formen als die Werke der klassischen mhd. Literatur.

(4) Einige mask. Substantive, zuerst *got* und *geist*, sind im 13. Jh. im Begriff, diese Pluralformen anzunehmen.

Historisch gesehen leitet sich diese Deklination von den ahd. neutralen *-ir*-Bildungen und als Stammklasse von den urgerm. *s*-Stämmen ab.

IV. *Der unbezeichnete Plural*

		M	N		F	M	N		F
Pl.	Nom. Akk.	*-E*	*-E*	*-ø*	*-E*	hirte	bette	wort	sünde
	Gen.	*-E*	*-E*	*-e*	*-En*	hirte	bette	worte	sünden
	Dat.	*-En*	*-En*	*-en*	*-En*	hirten	betten	worten	sünden
Sg.	Nom. Akk.	*-E*	*-E*	*-ø*	*-E*	hirte	bette	wort	sünde
	Gen.	*-Es*	*-Es*	*-es*	*-E*	hirtes	bettes	wortes	sünde
	Dat.	*-E*	*-E*	*-e*	*-E*	hirte	bette	worte	sünde

Anmerkungen:

(1) Das große -E weist auf das Wortende hin, das diese Substantivklasse kennzeichnet. Die kleinen Buchstaben sind Flexionsendungen.

(2) Apokope und Synkope kommen gemäß der in 5.4.3 (i) besprochenen Regel in Anwendung und sind in der Tat für das Vorhandensein einer großen Zahl von Substantiven in dieser Klasse verantwortlich, z. B. mask. *esel, engel, zügel, stil* ‚Stiel‘, *vischer* oder *vischære*; neut. *her* ‚Heer‘, *gewæfen* ‚Waffe, Bewaffnung‘, *spil, gewezzer*; fem. *zal, nādel, gabel(e), versen* ‚Ferse‘.

(3) Zu *-w-* am Wurzelende s. I, Anm. (1).

(4) Eine Reihe von Feminina hat den Gen. Pl. auf *-e* nach der I. und II. Deklination, z. B. *āventiure, krōne, ünde* ‚Welle‘. Feminina mit der Endung *-inne* im Pl. haben im Sg. neben *-inne* eine regionale und manchmal freie Variante auf *-īn*, z. B. *künegīn – küneginne.*

Historisch gesehen setzt sich diese Deklination zusammen aus früheren mask. und neut. *ja*-Stämmen und weiteren Wörtern, die der Apokope unterworfen waren. Was alle miteinander verbindet ist die Tatsache, daß bestimmte Kasus bezeichnet waren, bes. der Gen. Sg. und Dat. Pl., und daß keine Unterscheidung zwischen Nom. Akk. Sg. und Nom. Akk. Pl. vorhanden ist. Genau dieses distinktive Merkmal, das Fehlen der Numerusunterscheidung, führte schließlich zur fast vollständigen Eliminierung dieser Klasse, vgl. nhd. *Hirt – Hirten, Bett – Betten, Wort – Worte, Wörter, Sünde – Sünden, Stiel – Stiele, Spiel – Spiele, Zahl – Zahlen, Nadel – Nadeln, Gabel – Gabeln, Höhe – Höhen*, doch noch immer *Fischer – Fischer, Gewässer – Gewässer* usw.

Es ist natürlich bei Zugrundelegung komplementärer Verteilung möglich, Wörter des Typus *stil, spil, tür*, d.h. wo Apokope eintrat, und die Neutra des Typus *wort* als Varianten der I. Deklinationsklasse anzusehen. Formale Unähnlichkeit jedoch, die zu nachfolgender unterschiedlicher Entwicklung führt, läßt dies als unratsam erscheinen. Formale Ähnlichkeit ist ein Postulat parallel dem nach phonetischer Ähnlichkeit in der Phonologie, aufgrund dessen engl. [n] und [ŋ] trotz der komplementären Beschaffenheit ihrer Verteilung nicht dem gleichen Phonem zugeschrieben werden.

V. *Plural auf -n*

		M	F	N	M	F	N
Pl. Nom. Akk. Gen. Dat.			*-En*		garten	zungen	herzen
Sg.	Nom.		*-E*		garte	zunge	herze
	Akk.	*-En*		*-E*	garten	zungen	herze
	Gen. Dat.		*-En*		garten	zungen	herzen

Anmerkungen:

(1) Alle Substantive dieser Deklination enden im Nom. Sg. auf *-e*, deshalb *-E*, und haben im Pl. die Deklinationsendung *-n*. Wo Apokope oder Synkope auftritt, verschwindet *-E* (außer bei *-n* nach *-n*), z.B. mask. *van – vanen* ‚Fahne‘, fem. *bir – birn* ‚Birne‘.

(2) Es gab nur vier Neutra: *herze, ouge, ōre, wange.*

(3) Viele Maskulina schwankten zwischen I und V, z.B. *helm – helme, storch – storche.*

5.5.2 Deklination der Adjektive

Das mhd. System der Adjektive ist formal eine direkte Fortsetzung des ahd. Systems und nur von der Neutralisierung der Vokale in Flexionsendungen (außer *-iu*) sowie durch Apokope und Synkope (s. 5.4.3 (i)) berührt worden. Die unbezeichnete Form endet entweder auf einen Konsonanten wie im Ahd., z.B. *junc, übel, irdīn, diutsch, gesalbet*, oder auf *-e*, z.B. *schœne, dünne, swære, nemende* (s. 4.5.2). Durch Apokope wurde eine kleine anomale Gruppe hervorgebracht, die auf *-l* oder *-r* nach kurzem Vokal oder auf *-ā, -ō* endet. In den bezeichneten Formen haben diese

Adjektive *-w-* vor der Endung, z.B. *gel* ‚gelb', *kal, gar, var* ‚farbig', *blā* ‚blau', *grā* ‚grau' – *gelwe, blāwe* usw.

Das schwache Paradigma war mit der *n*-Pl.-Deklination der Substantive identisch (s. 5.5.1 Klasse V).

Die starke Deklination

		M	N	F	M	N	F
Sg.	Nom.	*-ø, -er*	*-ø, -ez*	*-ø, -iu(-e)*	junger	jungez	jungiu
	Akk.	*-en*	*-ø, -ez*	*-e*	jungen	jungez	junge
	Gen.	*-es*		*-er(e)*	junges		junger(e)
	Dat.	*-em(e)*		*-er(e)*	jungem(e)		junger(e)
Pl.	Nom. Akk.	*-e*	*-iu(-e)*	*-e*	junge	jungiu	junge
	Gen.		*-er(e)*			junger(e)	
	Dat.		*-en*			jungen	

Anmerkungen:

(1) Statt *-Ø* lies *-e*, wo lexikalisch erfordert; vor Endungen fällt dieses *-e* aus.

(2) *-iu* bewirkte im Obdt. bei einigen wenigen Adjektiven, besonders bei *älliu*, Umlaut; das Mdt. hatte *-e (elle)*.

(3) Zum Gebrauch der Ø-Formen und Flexionsformen s. 5.7.2 (ii).

(4) Die Formen mit eingeklammertem *-(e)*, z.B. *-em(e), -er(e)*, wurden allgemein mit *-e* im Mdt. gebraucht, das Obdt. hatte Apokope. Adjektive auf *-el, -er, -en* oder *-l, -r* nach kurzen Vokalen hatten ebenfalls Apokope oder Synkope erfahren, z.B. *-e>-Ø; -ez, -es, -en>-z, -s, -n; -eme, -ere>-me, -re.*

Die Steigerung kannte nur noch ein Suffix für jeden Grad: *-er* und *-est*, doch war Vorhandensein oder Nichtvorhandensein des Umlauts ein Reflex der beiden früher unterschiedenen Suffixe. Die meisten einsilbigen Adjektive hatten im Komparativ und Superlativ umgelautete Formen, doch viele schwankten, z.B. *arm – armer/ermer; junc – junger/jünger.* Während im Ahd. der zweite und dritte Steigerungsgrad nur schwach dekliniert wurde, war im Mhd. sowohl schwache wie starke Deklination möglich, und dieselben syntaktischen Regeln wie beim Positiv galten bei den übrigen Steigerungsstufen.

5.5.3 Konjugation des Verbs

Fast der gesamte Wandel vom Ahd. zum Mhd. bezüglich des Verbsystems kann auf die Vokalneutralisierung in den Flexionsendungen und, in geringerem Maße, auf Apokope zurückgeführt werden.

(i) Die ererbte grundlegende Einteilung in drei Hauptklassen (Dentalsuffixtypus, ablautender Typus, ablautender Dentalsuffixtypus) wurde bewahrt, jedoch wurden die Unterteilungen der Dentalsuffix- oder *schwachen Verben* von den Vokalentwicklungen gründlich beeinflußt. Anstelle der vier Klassen Ia, Ib, II und III des Ahd. (s. 4.5.3) gab es im Mhd. drei andere Klassen: Klasse I, gekennzeichnet durch das Präteritalsuffix *-te* mit Vokalwechsel zwischen Inf. Präs. und Prät., Part. Prät. *(Rückumlaut)*; Klasse II, gekennzeichnet durch das Präteritalsuffix *-ete* ohne Vokalwechsel; Klasse III mit dem Präteritalsuffix *-te* ohne Vokalwechsel.

I. *-te mit Vokalwechsel*

Inf. Präs.	*Prät.*	*Part. Prät.*
brennen	*brante*	*gebrennet, gebrant*
sezzen	*sazte*	*gesetzet, gesazt*
lœsen	*lōste*	*gelœset, gelōst*
füllen	*fulte*	*gefüllet, gefult*
füeren	*fuorte*	*gefüeret, gefuort*
liuten	*lūte*	*geliut, gelūt*
denken	*dāhte*	*gedāht*

Dies war eine große und für das Mhd. besonders charakteristische Klasse. Historisch gesehen setzte sie die Klasse Ia des Ahd. fort. Im Inf. und Präs. hatten diese Verben einen Umlautvokal. Einige weitere Verben wurden in diese Klasse hineingezogen, z.B. *liuhten* ‚leuchten' – *lūhte, kēren – karte*, geläufiger *kērte.* Im Part. Prät. hatte das Ahd. eine flektierte Form mit *Rückumlaut* und eine unflektierte Form mit dem Umlautvokal des Inf. und Präs. Dieser funktionelle Unterschied wurde im Mhd. nicht mehr gemacht, und die beiden Formen wurden freie Varianten, was die Funktion des Vokalwechsels in Mitleidenschaft zog. Überdies gab es einige wenige wichtige Verben mit wechselnden Formen wie *zeln – zelte/zalte, sæjen* ‚säen' – *sæte/sāte, retten – rette/ratte.* Es gab auch Konsonantenwechsel, die, da sie ‚unregelmäßig' waren, zum Ausgleich neigten, z.B. *merken – marhte* aber auch *markte; hengen – hancte; decken – dahte, dakte – gedechet/gedaht; zücken – zuhte, zucte; würken – worhte.*

II. *-ete*

Inf. Präs.	*Prät.*	*Part. Prät.*
denen	*denete*	*gedenet*
baden	*badete*	*gebadet*
lernen	*lernete*	*gelernet*

Diese Klasse des Mhd. war Fortsetzerin der ahd. Klassen Ib, II und III mit Ausnahme der Fälle, wo Synkope begegnete. In konservativen Gebieten gab es noch immer Formen mit *o*, z.B. *gemarterot* ‚gemartert'.

III. *-te ohne Vokalwechsel*

Inf. präs.	*Prät.*	*Part. Prät.*
nern	*nerte*	*genert*
weln	*welte*	*gewelt*
schamen	*schamte*	*geschamt*
wundern	*wunderte*	*gewundert*
vröuwen	*vröute*	*gevröut*
gelouben	*geloupte*	*geloupt, geloubet*
suochen	*suohte*	*gesuoht, gesuochet*
teilen	*teilte*	*geteilt*

In dieser Klasse befanden sich solche Verben der ahd. Klassen Ib, II und III, die im Mhd. der Synkope unterworfen waren (s. 5.4.3 (i)). Alle jene einst zur Klasse Ia gehörigen Verben, die wegen des phonetischen Charakters ihrer Wurzel keinen Umlaut erfuhren *(gelouben, suochen, teilen)*, müssen auch zu dieser Klasse gezählt werden.

Im Ahd. kann als Hauptmerkmal zur Klassenunterscheidung der inlautende Vokal des Suffixes angesehen werden (Prät., Part. Prät.): *-Ø-, -i-, -ō-, -ē-*, mit Vokalwechsel in der Wurzel als sekundärem Zusatz. Im Mhd. war zweifelsohne der Vokalwechsel das Hauptkennzeichen der Klasse. Die Klasse III des Mhd., die auf diese Weise zustande gekommen war (als eine unmarkierte Klasse), war ein anziehungsstarker Magnet für die Verben der Klasse II, da besonders im Obdt. Synkope zunehmend wirksam wurde, z.B. *trūrete>trūrte, lebete>lebte.*

Klassifikation der ablautenden Verben des Mhd.

	Stammabstufung im Mhd.				
Tradit. Ablautreihe	Inf. Pl. Präs.	3. Sg. Präs.	Sg. Prät.	Pl. Prät.	Part. Prät.
Ia	*ī*	*ī*	*ei*	*i*	*i*
	trīben	trībet	treip	triben	getriben
b	*ī*	*ī*	*ē*	*i*	*i*
	zīhen	zīhet	zēch	zigen	gezigen
IIa	*ie*	*iu*	*ou*	*u*	*o*
	sliefen	sliufet	slouf	sluffen	gesloffen
b	*ie*	*iu*	*ō*	*u*	*o*
	sieden	siudet	sōt	suten	gesoten

Stammabstufung im Mhd.

Tradit. Ablautreihe	Inf. Pl. Präs.	3. Sg. Präs.	Sg. Prät.	Pl. Prät.	Part. Prät
III a	*e*	*i*	*a*	*u*	*o*
	werfen	wirfet	warf	wurfen	geworfen
b	*i*	*i*	*a*	*u*	*u*
	spinnen	spinnet	span	spunnen	gespunnen
IV	*e*	*i*	*a*	*ā*	*o*
	steln	stilt	stal	stālen	gestoln
V	*e*	*i*	*a*	*ā*	*e*
	geben	gibet	gap	gāben	gegeben
VI	*a*	*e*	*uo*		*a*
	schaben	schebet	schuop(-ben)		geschaben
VII	*ei/ou/a/ ā/uo/ō*	*ei/öu/e/ œ/üe/œ*	*ie*		*ei/ou/a/ ā/uo/ō*
	loufen	löufet	lief(-en)		geloufen
	(heizen, valten, lāzen, ruofen, stōzen)				

Die *starken Verben* (ablautender Typus) hatten vom Ahd. zum Mhd. den charakteristischen lautlichen Wandel erfahren, doch war das System selbst mit Ausnahme eines Zusammenfalls bei Klasse VII infolge phonologischen Wandels unverändert geblieben. Grammatischer Wechsel und andere ahd. Anomalien blieben mit regionalen Unterschieden aufs ganze gesehen erhalten.

Die *Präteritopräsentien* (ablautender Dentalsuffixtypus) sind mit dem gewohnten Lautwandel belegt, doch gibt es auch starke morphologische Ausgleichstendenzen, z. B. *wizzen – wiste, west* (neben älterem *wisse, wesse*) mit einem neuen Part. Prät. *gewist, gewest* und *muosta* (neben älterem *muosa*). *Unnan* wurde durch *gunnen/günnen* ersetzt. Umlaut im Inf. und im Präs. Pl. entstand auch bei *kunnen, durfen, turren, suln, mugen: künnen, dürfen, türren, süln, mügen* und *müezen.* Die Herkunft dieser umgelauteten Formen ist nicht ganz klar, doch sind höchstwahrscheinlich die Formen des Konjunktivs in den Indikativ und schließlich in den Infinitiv eingedrungen. Zu Unterschieden beim Gebrauch als Modalverben gegenüber dem Nhd. vgl. Paul/Moser/Schröbler S. 200. Strukturell, nicht historisch, gehört *wellen* ‚wollen' auch hier her.

Die einsilbigen Verben *tuon, gān/gēn, stān/stēn, sīn, lān* ‚lassen', *hān* ‚haben' hatten eine unregelmäßige Stammbildung, obwohl ihre Flexionsendungen mit denen aller anderen Verben übereinstimmten.

Die mhd. Präteritopräsentien

Inf. (= Pl. Prät.)		1., 3. Sg. Präs.	2. Sg. Präs.	Prät.	Part. Prät.
wizzen		weiz	weist	wisse, wiste (-e-)	gewist, -e- ‚wissen'
tugen,	-ü-	touc (unpers.)		tohte	‚taugen'
gunnen,	-ü-	gan	ganst	gunde	gegunnet(-n) ‚gönnen'
kunnen,	-ü-	kan	kanst	kunde (-o-)	‚können'
durfen	-ü-	darf	darft	dorfte	‚brauchen, können'
turren,	-ü-	tar	tarst	torste	‚wagen'
suln,	-ü-	sol (sal)	solt	solde (-t-)	‚sollen, werden'
mugen,	-ü-	mac	maht	mahte (-o-)	‚können, vermögen'
müezen		muoz	muost	muose, muoste	‚müssen, können'
wellen		wil	wilt	wolde (-t-)	‚wollen'

(ii) Der wichtigste Wandel bei den *Konjugationsendungen* war der Zusammenfall der Endungen bei starken und schwachen Verben im Präsens. Es gab zwei stellungsbedingte Varianten bei beiden Klassen und bestimmte vokalische Veränderungen bei den starken Verben. Verschiedene Allomorphe kennzeichneten die Präteritopräsentien.

	Ind. Präs.		Konj. Präs.			
	I	II		*nemen*	*künnen*	*nemen*
1. Sg.	*-(e)*	*-ø*	*-(e)*	nime	kan	neme
2. Sg.	*-(e)st*	*-st*	*-(e)st*	nimest	kanst	nemest
3. Sg.	*-(e)t*	*-ø*	*-(e)*	nimet	kan	neme
1. Pl.	*-(e)n*	*-en*	*-(e)n*	nemen	künnen	nemen
2. Pl.	*-(e)t*	*-et*	*-(e)t*	nemet	künnet	nemet
3. Pl.	*-(e)nt*	*-en*	*-(e)n*	nement	künnen	nemen

Anmerkungen:

(1) Die unter I aufgelisteten Allomorphe betreffen starke und schwache Verben, diejenigen unter II die Präteritopräsentien.

(2) Alle starken Verben mit dem Wurzelvokal *-e-* im Inf. wandeln es zu *-i-* im Sg. Ind. (außer *heben, schepfen, entseben, swern* der Klasse VI); diejenigen mit *-ie-* wandeln es zu *-iu-*.

(3) Starke Verben mit den Wurzelvokalen *-a-, -ā-, ō-, -u-, -ou-* haben die entsprechenden Umlaute in der 2. und 3. Pers. Sg. Ind., z. B. *graben – grebest, rāten – rætest, stōzen – stœzest, kumen – kümest, loufen – löufest*, doch gab es reichlich regionale Varianten, und nur der Umlaut von *a* war regelmäßig.

(4) Das eingeklammerte *(e)* entfällt, wo Apokope und Synkope eintreten, z. B. *steln* ‚stehlen': *stil, stilst, stil, steln, stelt, stelnt.* Diese Kurzformen haben auch die einsilbigen Verben, nur daß sie in der 1. Pers. Sg. Ind. meistens das *-n* des Inf. bewahren (*hān, lān, stān, gān, tuon*, doch auch *stā, gā, tuo*). Bei der Anwendung von Apokope und Synkope gibt es viele regionale Variationen, und besonders im Süden nehmen beide Erscheinungen im Laufe der mhd. Periode beträchtlich zu.

(5) Die Präteritopräsentien, deren Endungen das Schema II zeigt, haben den Vokalwechsel zwischen Sg. und Pl. Ind. (s. obige Tabelle). Sie bilden ihren Konj. mit der Stammform des Pl. (mit Umlaut). Neben den jüngeren, analogisch gebildeten Formen *darfst, solst, magst* gab es auch noch die historischen Formen *darft, solt, maht* und von *wellen* gewöhnlich *wilt.*

Im *Prät.* Ind. gab es für schwache und starke Verben getrennte Paradigmen. Schwache Verben unterschieden Indikativ und Konjunktiv nicht. Die Endungen betreffend gab es überhaupt keinen Unterschied zwischen Konj. Präs. und Konj. Prät. Im Falle der umlautbaren starken Verben lag der Kontrast Ind. Prät. – Konj. Prät. allein am Umlaut, der auf diese Weise morphemisch relevant geworden war. Eine Ausnahme war nur die 2. Pers. Sg.: hier beruhte der Kontrast noch immer auf den Endungen, wie es allgemein im Ahd. der Fall gewesen war. Wo kein Modusunterschied bestand, wurde dieser schließlich wieder vermittelst einer periphrastischen Form (*würde* + Inf.) eingeführt. Das Mhd. stellt ein Entwicklungsstadium zwischen dem Ahd. (Modusunterscheidung durch Suffixe) und dem Nhd. (Modusunterscheidung durch Wurzelvarianten *(nahmen – nähmen)* oder periphrastische Formen *(würden nehmen)*) dar.

	Ind. Prät.		Konj. Prät.			
	I	II	I	I	II	I
1., 3. Sg.	*-ø*(P_1)	*-(e)t-e*	*-(e)*(P_2)	nam	badete	næme
2. Sg.	*-e*(P_2)	*-(e)t-est*	*-(e)st*(P_2)	næme	badetest	næmest
1., 3. Pl.	*-en*(P_2)	*-(e)t-en*	*-(e)n*(P_2)	nāmen	badeten	næmen
2. Pl.	*-et*(P_2)	*-(e)t-et*	*-(e)t*(P_2)	nāmet	badetet	næmet

Anmerkungen:

(1) I ist das Paradigma der starken, II der schwachen Verben.

(2) P_1 bedeutet Stammform 1 des Prät., P_2 Stammform 2 des Prät.

(3) Starke Verben mit umlautbaren Vokalen hatten Umlaut in der 2. Sg. Ind. und im gesamten Konj. Prät.

(4) Die Endungen *-en, -et* des starken Paradigmas wurden von der Synkopierung betroffen, beispielsweise bei *rirn – rīsen* ‚aufstehen', *verlurn – verliesen* ‚verlieren'.

(5) Bei den schwachen Verben bezieht sich eingeklammertes *(e)* auf die drei Klassen (s. (i) oben).

Schwache und starke Verben unterschieden sich weiterhin in der 2. Pers. Sg. des Imperativs. Die schwachen Verben hatten die Endung *-e* (*bade!* aber *hol!* mit Apokope), die starken waren endungslos und hatten die Stammform der 1. Pers. Sg. Präs. Ind. *(nim!, biut!, grap!).*

(iii) Die im Ahd. entwickelten *periphrastischen Formen* waren im Mhd. noch in Gebrauch. Umstritten ist, inwieweit bei Ausdrücken wie *sol, wil, muoz* plus Infinitiv der Modusaspekt vom Tempusaspekt (Futur) verdrängt worden ist. In vielen Fällen läßt sich ein Futur erkennen, und das Deutsche war zweifellos im Begriff, ein neues, der Form nach dem englischen Futur analoges Tempus zu bilden. Diese Modalausdrücke waren nicht das einzige Mittel zur Wiedergabe des Futurs. Der hauptsächlich durative Aspekt von Ausdrücken wie *sīn* plus Part. Präs. hatte neben sich ein mit *werden* plus Part. Präs. gebildetes, vornehmlich inchoatives Durativum, z.B. *er wirt komende.* Es konnte zur Kombination von Tempus und Aspekt gebraucht werden, z.B. *er wart diende, er wil diende sīn.* Der Ausdruck *werden* plus Part. Präs. war es dann, der den Weg zu dem Futur wies, das wir im heutigen Deutsch haben. Im 14. Jh. wurde mehr und mehr die Form des Part. Präs. *-ende* mit den flektierten Formen des Infinitivs, besonders des Dativs auf - *enne*, vermengt. Als in der Folgezeit die flektierten Infinitive immer ungebräuchlicher wurden, wurde die Endung *-ende* nicht nur im Infinitiv, sondern auch im Part. Präs. zu *-en* reduziert. Im 15. Jh. wurde die periphrastische Form des Futurs daher *werden + Infinitiv*, die im 13. und 14. Jh. vornehmlich *werden + Part. Präs.* gelautet hatte.

5.6 Morphologie: Wortbildung

5.6.1 Ableitung der Substantive

Vom Ahd. zum Mhd. fanden innerhalb des Inventars von Substantivsuffixen deutlich Veränderungen statt. Einige der produktivsten Suffixe des Ahd. waren nicht mehr aktiv, und wo sie in zahlreichen Substantiven auftraten, hatten diese die Tendenz, Fossilien zu werden. Durch Lexikalisierung gingen solche Bildungen aus dem Bereich der morphologischen Ableitung in den des Lexikons über. Suffixe mit im Ahd. verhältnismäßig bescheidener funktioneller Bedeutung kamen zu voller Produktivität. Manchmal wurde eine bereits lexikalisierte Ableitungsform direkt durch eine neue produktive Ableitung ergänzt, wie bei den Abstrakta *milte* und *miltecheit.* Zu den ahd. Suffixen, die ihre Produktivität eingebüßt hatten, gehörten *-o* (Nomina agentis), *-ī, -ida* (beides fem. Abstrakta aus Adjektiven). Im Mhd. wurden sie zu *-e, -ede (-de)*, und es ist nicht unwichtig, daß sie am stärksten vom Prozeß der Vokalneutralisierung berührt worden waren. Diejenigen, die zunehmend produktiv geworden waren, sind: ahd. *-ari, -heit* und *-unga*, während *-nissi, -scaf* und *-tuom* mehr oder weniger konstant blieben. Es gab nur ein völlig neues Suffix: mhd. *-īe*.

(i) *Nomina agentis* werden jetzt allein mit dem Suffix *-ære* (*-er* im Mdt.) gebildet, z.B. im *Iwein*[1]: *geltære* ‚Zahler', *volgære* ‚Nachfolger', im *Luc. leser, vrager; mit e*-Bildungen als lexikalisierte Überbleibsel z.B. *wissage (Luc.)* ‚Prophet', *torwarte* (Iwein) ‚Wächter'.

(ii) *-inne* und *-īn*: bezeichnen Feminina. Das erste Suffix stammt aus den obliquen Kasus von ahd. *-in* und liegt dem heutigen *-in* zugrunde *(Köchin)*. Die gelängte Form war eine mhd. Neuerung und blieb folgenlos. Es war seltener als *-inne*, z.B. *Iwein: vriundīn, süenerinne.* Ableitungen von mask. *Nomina agentis* waren besonders häufig.

(iii) *-e*: eine große Zahl solcher fem. Abstrakta, die ursprünglich von Adjektiven gebildet wurden, überlebte im Mhd., besonders in höfischer Literatur, während die Prosa das konkurrierende Suffix *-heit (-keit)* vorzog. Während im *Iwein* das Verhältnis von *-e*: *-heit (-keit)* = 1 : 1½ besteht, ist es im *Lucidarius* = 1 : 2½. An mhd. Wörtern liegen vor z.B. *schœne* ‚Schönheit', *süeze* im *Iwein*, und *ungehorsami* ‚Ungehorsam' im *Luc.*

(iv) *-ede (-de)*: solche Formen sind sogar noch stärker lexikalisiert als die zahlreicheren *-e*-Abstrakta. Einige der im Mhd. geläufigen Wörter sind noch heute lebendig, z.B. *gebærde, gelübde* (Iwein) oder *gemeinde (Luc.)*, während andere ausgestorben sind: *erbermede* ‚Erbarmung', *gehugede* ‚Andenken', *gescóphede* ‚Schöpfung' im *Luc.* und der höfische Ausdruck *sælde* ‚Glückseligkeit'.

(v) *-nisse* (*-nüsse* bes. obdt.): die obdt. höfischen Dichter gebrauchten solche Wörter kaum (*Iwein* hat nur *vancnüsse* ‚Gefangenschaft'), doch in ostdt. theologischen und philosophischen Schriften war *-nisse*, meist Fem., aber auch Neut., recht häufig (Johansson, S. 125f., Henzen, § 114). Im *Luc.* finden sich *gevancnisse, verdampnisse, vinsternisse.* Mit Ableitungen von Adjektiven, Substantiven und am häufigsten von Verben ist dieses Suffix verhältnismäßig schlecht definiert.

(vi) *-unge*: sowohl nach dem Genus wie nach der Ableitung ist dieses höchst produktive Suffix klar definiert (s. 4.6.1 (vii)). Die Dichtung

[1] Die Beispiele sind aus dem *Iwein* (G. F. Benecke, *Wörterbuch zu Hartmanns Iwein*, 3. Aufl., Leipzig 1901) und aus dem *Lucidarius* (hrsg. v. F. Heidlauf, *Deutsche Texte des Mittelalters*, 28, Berlin 1915).

gebrauchte solche Verbalabstrakta wenig: *Iwein* hat nur *handelunge, manunge, samnunge, wandelunge.* Doch in gelehrter Prosa waren sie verbreitet: *Luc.* hat zwei Dutzend, z.B. *verendunge* ‚Beendung', *brechunge des brotes.* Das Hdt. hatte einheitlich *-unge*, das Ndt. vorwiegend *-inge.*

(vii) *ge – e*: die ältere neutrale Kollektivbildung ist im *Iwein* gut bezeugt, z.B. *gebeine, gemiure* ‚Mauern', *gevidere.* Eine Erweiterung von Funktion und Bedeutung kam durch Ableitung von Verben zustande: ‚wiederholte oder sich wiederholende Handlung', z.B. im *Luc. gekœse* ‚Rede, Geschwätz', *getœze* ‚Getöse, Lärm'.

(viii) *-heit*: nach bescheidenen Anfängen ist dieses Suffix im Mhd. zum verbreitetsten geworden. Die Ableitung von Menschen bezeichnenden Substantiven war verhältnismäßig konstant, z.B. *manheit* ‚Menschheit', *kindheit*, doch die Ableitung aus Adjektiven, einschließlich der Partizipien des Präteritums, wuchs auf Kosten der anderen im Ahd. geläufigen Bildemittel enorm an, z.B. im *Iwein: karcheit* ‚Schlauheit, Hinterlist' (vgl. *kerge*), *krancheit* ‚Schwäche' (vgl. *krenke*), *swacheit* ‚Geringheit, Unehre' (vgl. *sweche*) oder im *Luc. unwissentheit, unzergancheit* ‚Unsterblichkeit'. Eine Vermengung des Adjektivsuffixes *-ec* mit dem Substantivsuffix *-heit* brachte die neue Form *-keit* zustande, die dann analogisch auf Adjektive ohne *-ec* erweitert wurde, z.B. *heilec>heilecheit, heilekeit, vrum* oder *vrümec>vrümekeit* ‚Tüchtigkeit, Tapferkeit', *snel>snelheit* und *snellikeit* ‚Kühnheit, Schnelligkeit'. Besonders abgeleitete Adjektive auf *-lich, -bære, -sam* neigten zum Suffix *-keit.*

(ix) *-schaft*: fem. Kollektiva und Abstrakta werden vorwiegend aus personalen Substantiven gebildet, z.B. im *Iwein: genōzschaft* ‚Gemeinschaft', *künneschaft* ‚Verwandtschaft', *rīterschaft, wirtschaft* ‚Bewirtung, Gastmahl'. Abstrakta auf *-heit* bezeichnen gewöhnlich eine Eigenschaft, während die viel selteneren Bildungen auf *-schaft* den Zustand oder die Handlung, die mit dem zugrundeliegenden Wort verbunden sind, andeuten. Obgleich *-scaf* im Ahd. und *-schaft* im Mhd. vorherrschte, scheinen beide Formen ins germanische Altertum zurückzureichen.

(x) *-tuom*: mask. und neutr. Abstrakta, die vornehmlich ‚Zustand' oder ‚Beschaffenheit' bezeichnen, z.B. im *Luc. wistům* ‚Weisheit', *richtům, magetům* ‚Jungfräulichkeit' oder *Iwein siechtuom* ‚Krankheit'.

(xi) *-līn*: obwohl Diminutive im Mhd. nicht sehr häufig vorkamen, war dieses Suffix produktiv, z.B. im *Iwein hiuselīn* ‚Häuschen', *türlīn.* In dichterischer Sprache kommen sogar Diminutive von Abstrakta vor, z.B. bei Walther von der Vogelweide *trœstelīn, fröudelīn.* Wahrscheinlich hatte der reichliche Gebrauch von Diminutiven im Lat. Einfluß auf die Verbreitung solcher Formen im Deutschen, wobei der Gebrauch im Ahd. imitativ, im

Mhd. aber produktiv wurde. In westmdt. Texten findet sich gelegentlich *-chin*, und sein ndt. Pendant *-kīn* begegnet bei Lehnwörtern in einigen hdt. Texten. Das Suffix *-el*, z.B. *brüstel* ‚kleine Brüste', *röckel*, neigte in bestimmten Gebieten zur Produktivität.

(xii) *-īe*: das einzige neue Suffix des Mhd. kam aus dem mittelalterlichen Latein, z.B. *abbatia*>*abdīe* ‚Abtei', und aus dem Frz. in Lehnwörtern wie *massenīe* ‚Gefolge, Hofstaat' *(Iwein)* oder *fogeteige (vogetīe)* ‚Vogtei' *(Luc.)* und wurde hauptsächlich Substantiven auf *-er* zur Bezeichnung einer Handlung angefügt, z.B. *rouberīe* ‚Räuberei'. Es verbreitete sich in den folgenden Jahrhunderten beträchtlich.

(xiii) Der Infinitiv, ursprünglich ein Verbalsubstantiv *(Nomen actionis)*, konnte im Ahd. als Substantiv gebraucht werden, doch erst im Mhd. wurde dieser für das Dt. charakteristische Gebrauch weitläufig, beispielsweise durch Verwendung eines Attributs vor dem Infinitiv: *(Iwein) ein vehten von zwein sō guoten knehten; sīn ēwigez clagen; diu vreude verkērte sich in ein weinen unde ein clagen.*

5.6.2 Ableitung der Adjektive

Unter den Adjektivableitungen, die im Mhd. nicht mehr produktiv waren, befanden sich ahd. *-al* und *-muoti*. Am häufigsten war noch immer das semantisch recht vage *-lich*, gefolgt von *-ec, -ic*, das hauptsächlich Abstrakta angefügt wurde. Letzteres resultierte aus dem Zusammenfall von ahd. *-ag* und *-ig*, doch Vorkommen und Nichtvorkommen von Umlaut blieb ziemlich willkürlich, z.B. *kreftec* aber *zornec, nōtec*, heute *nötig, einvaltec*, heute *einfältig*. Selbst im Ahd. wurden die beiden Suffixe gelegentlich kombiniert. Im Mhd. wurde dann *-eclich* eine modische Bildung, z.B. *snel*>*snelleclich, vol*>*volleclich*. Das Suffix *-esch, -isch* drückte noch immer ‚Zugehörigkeit zu' aus, z.B. das neue Wort *hövesch* ‚zur höfischen Gesellschaft gehörig', und *-īn* hatte die Bedeutung ‚gemacht aus', ‚bestehend aus', z.B. *marmelīn* ‚aus Marmor', *hürnīn* ‚aus Horn'. Als Ersatz für ältere adjektivische *Bahuvrīhi*-Komposita spielten die zusammengesetzten Formen *ge – et* und *be – et* eine Rolle, erlangten jedoch nie die bedeutende Rolle von *-ed* (z.B. *red-handed*) im Englischen, z.B. *gehendet* ‚mit Händen', *beredet* ‚mit Rede' (nhd. *beredt*). Ähnlich recht gut definiert war *- eht* (a) ‚sein wie', z.B. *eseleht* ‚wie ein Esel', *gabeleht* ‚wie eine Gabel' oder (b) ‚habend' z.B. *büheleht* ‚hüglig' (<*bühel* ‚Hügel'), *horneht* ‚Hörner habend'. Mundartliche Varianten von *-eht* waren die altertümlich wirkenden *-oht, -aht.*

Zu den Suffixen *-haft, -sam, -bære, -lōs* kam noch *-var* ‚farbig, -farben' oder ‚aussehend wie', obwohl die Adjektive mit *-var* mehr den Eindruck eines Kompositums machten als die zuvor genannten, vielleicht auch noch die mit *-lōs*; nach der Häufigkeitsprobe können sie alle als produktive Suffixe angesehen werden. Z.B. *angesthaft* ‚ängstlich', *lustsam, vreudebære* ‚Vergnügen, Freude bereitend', *herzelōs, ruozvar* ‚rußig, rußfarben', *tōtvar* ‚totenbleich', *zornvar* ‚zornig aussehend'. Während *-haft* bei obdt. Autoren besonders geläufig war, kam *-sam* häufiger im Ostmdt. vor. Es war für das Mhd. kennzeichnend, daß Adjektive fast ausschließlich von Substantiven und nicht von Verben abgeleitet wurden. Die Ableitung von Verben ist jünger und hat zur Schaffung ganz neuer semantischer Nischen geführt, wodurch die früher verhältnismäßig selten gebrauchten Suffixe *-haft, -bar, -sam* große Popularität gewinnen konnten, z.B. *wohnhaft, eßbar, wirksam.*

5.6.3 Bildung des Adverbs

Das Mhd. hatte eine Reihe voll lexikalisierter Adverbien wie *hier, bī* (auch Präposition) oder *stætes* ‚stets', *nahtes* ‚nachts', *wīlen* ‚ehe-, vormals'. Die drei letztgenannten sind, wie viele andere, aus Kasusformen von Adjektiven oder Substantiven abgeleitet. Was die Adverbableitung angeht, so war im Mhd. ein interessantes Entwicklungsstadium erreicht worden. Es gab im Ahd. die ererbte Bildung auf *-o*, z.B. *lang – lango* > mhd. *lanc – lange; kuoni – kuono* > mhd. *küene – kuone.* Während das überanstrengte *-e* mit seiner umfangreichen Rolle bei der Deklination ein außerordentlich schwaches Bildemittel war, war eine Art von *Rückumlaut* auf diese Art und Weise auch zu einem Mittel der Adverbbildung geworden, jedoch nur bei einer begrenzten Zahl von Adjektiven. Um wirksam zu werden, war die Erscheinung des *Rückumlauts* regional und lexikalisch zu beengt, weshalb nur wenige Bildungen dieser Art überlebt haben, z.B. *fest* (< Adj.) – *fast* (< Adv.), *schön* (< Adj.) – *schon* (< Adv.). Eine andere Möglichkeit bot sich durch das außerordentlich produktive Suffix *-lich* an, das adverbielle Formen auf *-liche* und *-lichen* (*i* lang oder kurz) hatte. Diese waren tendentiell ein Ersatz für das schwache Suffix *-e*: *starc – starke* > *starc – stercliche (starcliche).* Obgleich dieses Suffix *(-liche(n))* besonders zur Adverbbildung in Anspruch genommen wurde, war es kaum weniger zur Bildung von Adjektiven beliebt *(sterclich).* Deshalb verhinderte seine beständige Beliebtheit als adjektivisches Bildemittel, daß das Deutsche ein dem englischen *-ly* analoges Mittel *(strong – strongly)* zur Adverbbildung entwickeln konnte.

5.6.4 Ableitung des Verbs

Aus Adjektiven auf *-ec, -ic* gebildete schwache Verben ließen ein neues Verbalsuffix entstehen: *-igen*, z. B. *ledec* > *ledegen* ‚befreien', *stætec* (< *stæte*) > *stætigen* neben *stæten* ‚befestigen, bekräftigen', so im *Luc.*: *gehuldigen* ‚geneigt machen, huldigen', *kriuzigen* neben *kriuzen*. Dies ist eine rein formale Entwicklung und semantisch ohne Belang.

Als neues Suffix übernahm das Mhd. *-ieren* aus dem Französischen, zuerst in Lehnwörtern wie *punieren* (< *poignier*), *buhurdieren* (< *behorder*). Da in vielen Fällen das Altfrz. eher Verben auf *-er* als Verben auf *-ier* hatte, hat man vermutet, daß sowohl das altfr. Suffix für Nomina agentis *-ier* wie der Inf. *-ier* die Verbreitung von *-ieren* im Deutschen beeinflußt haben.

5.6.5 Nominalkomposition

(i) Der bei weitem produktivste Typus war Substantiv + Substantiv, und zwar meist als Determinativkompositum. Gewöhnlich waren die beiden Substantive Simplizia, d. h. weder Ableitung noch Kompositum. Komposita des Typus *Holzkohlenfeuer* gab es sehr selten, z. B. *karfrītag*. Präfigierte Substantive als zweiter Bestandteil waren jedoch geläufig, z. B. *hantgetāt* ‚Schöpfung, Geschöpf'; abgeleitete Substantive als zweiter Bestandteil waren noch nicht häufig, z. B. *heimsuochunge* ‚Hausfriedensbruch', und Bildungen des Typus' *Unabhängigkeitstag* oder *Straßenbahnendstation* kamen nicht vor. Der gebräuchlichste Kompositionstypus war daher: *hūsherre, burcmūre*. Primärkomposition, d. h. Komposition mit der undeklinierten Stammform als erstem Bestandteil, herrschte vor. Sekundärkomposition ist alles in allem nur durch die Deklinationsendungen *-(e)s* oder *-en* bestimmbar, z. B. *botenbrōt, ougenweide, dunrestac* ‚Donnerstag', aber *hungernōt*, vgl. nhd. *Hungersnot, seitspil* nhd. *Saitenspiel*. Schwer ist natürlich zu sagen, inwieweit Genitivausdrücke, z. B. *gotes sun*, Komposita waren, da aber die große Verbreitung der *-s*-Bildungen, sogar bei Feminina *(Liebesdienst)*, erst Jahrhunderte später vorkommt, ist es ratsam, in den meisten genitivischen Ausdrücken eher syntaktische Gruppen als Komposita zu sehen. Im Mhd. war die Substantivkomposition noch vorwiegend vom Typus Primärkomposition.

Adjektive + Substantive bildeten eine zweite, wenn auch nicht umfangreiche Klasse von Nominalkomposita, z. B. im *Iwein*: *altherre, armwīp, gāchspīse* (vgl. nhd. *Schnellimbiß*), *hōchzīt, kurzwīle*.

Determinativkomposita mit Adjektiven als zweitem Bestandteil konnten ein Substantiv oder ein Adjektiv als ersten Bestandteil haben, z. B. im

Iwein: *kampfwīse* ‚kampferfahren', *spannelanc* ‚eine Spanne lang', *tōtmager*, vgl. im Umgangsengl. ‚dead thin', *tumpræse* ‚töricht, dummdreist', *wegemüede*. Dichter prägten auch Kopulativkomposita (bekannt als *Dvandva*), z.B. *rōtsüeze* ‚rot und süß'.

Das Mhd. besaß auch eine Reihe von exozentrischen Adjektivkomposita oder *Bahuvrīhis* (s. 3.7.5 (ii)), z.B. im *Iwein*: *barmherze, barschenkel* ‚mit bloßen Schenkeln', *barvuoz, einvalt* ‚einfältig' und ähnliche Konstruktionen mit dem Präfix *ge-*: *gehaz* ‚feindselig', *gemuot, gezan* ‚Zähne habend'.

(ii) Von der Präfixkomposition kann gesagt werden, daß sie bei Substantiven fast ebenso verbreitet, obgleich nicht annähernd so häufig war wie bei Verben, von wo sie herrührte. Einige Formen sind alte Präfixsubstantive, besonders diejenigen mit *un-* und die mit *ant-, ur-* und *bī*, bei denen die Vokale auf Substantivbetonung hinweisen gegenüber den entsprechenden, aus Verbbetonung resultierenden Verbalpräfixen *ent-, er-, be-*. *Vor-* ist doppeldeutig, da es nominales Pendant des verbalen *ver-* oder verbales *vor-* bei von Verben abgeleiteten Substantiven sein kann. Das einzig wirklich produktive, ausschließlich nominale Präfix war *un-* zur Verneinung von Substantiven und besonders von Adjektiven.

Untersuchungen haben ergeben, daß ostmdt. Texte die Verwendung der Nominalpräfigierung beträchtlich erweiterten und darin eine Vitalität zeigten, die die deutsche Sprache auf Dauer bereichern sollte. In Anbetracht der Tatsache, daß diese Erweiterung zu Beginn der Intensivierung der altangestammten Verbalpräfigierung stattfand, werden die beiden Konstruktionsweisen im nächsten Abschnitt zusammen berücksichtigt.

5.6.6 Verbalkomposition

Neben der Präfigierung spielte die Verbalkomposition auch weiterhin nur eine untergeordnete Rolle (s. 4.6.5), doch war die Präfigierung eines der Hauptmittel zur Erweiterung des Wortschatzes. Besonders Autoren aus dem theologischen und philosophischen Bereich machten davon reichlichen Gebrauch. Zwei Partikelarten hatten sich im Ahd. entwickelt: eine Gruppe gebundener Morpheme (Präfixe im eigentlichen Sinn des Wortes) und eine viel zahlreichere Gruppe freier Morpheme (oft Partikel genannt, grammatisch gesehen waren es aber Präpositionen und Adverbien).

Obgleich Verben viel häufiger und umfänglicher als Substantive mit Präfixen versehen wurden, enthält die folgende Präfixliste Parallelbeispiele für Substantive und Verben, um auf diese Weise deutlich zu machen, daß die Präfigierung ein außerordentlich charakteristisches Merkmal der deutschen Sprache ist.

(i) Gebundene Präfixmorpheme:

be-	*begern*	‚begehren'	*beger*	‚Begehren, Bitte'
en-/ent-	*engelten*	‚zahlen'	*engelt*	‚Kosten'
er-	*erkennen*		*erkennunge*	
ge-	*geleiten*		*geleite*	
ver-	*verbergen*		*verberc*	‚Versteck'
zer-	*zergān*	‚zergehen'	*zerganc*	‚das Ver-, Zergehen'
un-	*unprīsen*	‚schmähen, tadeln'	*unprīs*	‚Schande, Schimpf'

Mit *un-* gibt es einige denominale Verben, mit den anderen zahllose Verben und einige deverbale Substantive und Adjektive. *Ge-* war bei Verben und Nominalia gleich häufig, wodurch deutlich wird, daß es sich um ein altes Verbal- wie Nominalpräfix handelt.

(ii) Freie Präfixmorpheme:

abe (ab/ap)	*abegān*	‚bleiben lassen'	*abeganc*	‚Abgang, -stieg'
after	*afterkōsen*	‚verleumden'	*afterkōser*	‚Verleumder'
ane (an)	*anegān*	‚beginnen'	*aneganc*	‚Beginn'
bī	*bīgān*	‚sich nähern'	*bīganc*	‚Umschweif'
durch	*durchgān*	‚durchgehen, -dringen'	*durchganc*	‚Durchgang, -fall'
gegen	*gegenloufen*	‚entgegenlaufen'	*gegenlouf*	‚das Entgegenlaufen'
hin	*hingān*	‚fortgehen'	*hinganc*	‚Weggang, Ruhr'
in (inne)	*ingān*	‚eintreten'	*inganc*	‚Eingang'
īn	*īnvliezen*	‚einflößen'	*īnvluz*	‚Einfluß'
misse	*missegān*	‚fehlgehen, -schlagen'	*misserāt*	‚schlechter Rat'
mite	*mitegān*	‚mitgehen'	*mitegengel*	‚Mitgänger'
nāch	*nāchgān*	‚folgen'	*nāchganc*	‚Nachfolge'
nider	*nidergān*	‚herabsteigen'	*niderganc*	‚Abstieg'
über	*übergān*	‚hinübergehen'	*überganc*	
ūf	*ūfgān*	‚aufgehen'	*ūfganc*	‚Aufgang'
umbe	*umbegān*	‚herumgehen'	*umbeganc*	‚das Herumgehen'
under	*undergān*	‚untergehen'	*underganc*	‚Untergang'
ūz	*ūzgān*	‚herausgehen'	*uzganc*	‚Ausgang'
vor	*vorgān*	‚vorgehen'	*vorganc*	‚Vorgang'
vür	*vürgān*	‚hervor-, vorangehen'	*vürganc*	‚das Vorausgehende, Einleitung'
wider	*widergān*	‚entgegengehen, begegnen'	*widerganc*	‚Begegnung'
zuo	*zuogān*	‚herannahen, zugehen'	*zuoganc*	‚Zutritt'

Unter den genannten Partikeln war *after* bei Verben selten, was zeigt, daß es nicht mehr produktiv war. Die recht zahlreichen Substantive mit diesem Adverb können daher eher als Lexikalisierungen denn als Präfixkomposita angesehen werden. Das Aussterben von *after* war also bereits klar im Mhd. angelegt. Wenn man hauptsächlich das extrem häufige Verb *gān* nimmt, kann man die Parallelität zwischen verbaler und nominaler Präfigierung zeigen. Das Vorherrschen der Präfigierung bei Verben war jedoch sehr deutlich; bei *durch* beispielsweise hat Lexer *(Mittelhochdeutsches Handwörterbuch*, Leipzig 1872-8) über zweihundert Verben aber nur fünfundzwanzig Substantive und einundfünfzig Adjektive.

5.7 Syntax

5.7.1 Die Satzstruktur

Aufgrund der Stellung des finiten Verbs lassen sich im Mhd. drei wesentliche Satztypen unterscheiden:

(i) *Anfangsstellung* des finiten Verbs findet sich bei:

(a) Entscheidungsfragen (ja/nein): *mugint/sie getůn waz si wellent? (Luc.).*

(b) *Befehlen und Ausrufen: lāt / bœse rede und tuot diu werc (Iwein,* 5009). Partikeln wie *nu, sō* können vorausgehen.

(c) Bedingungssätzen ohne Konjunktion: *wil / dū danne niht verzagen* (*Iwein*, 592).

Bei Hauptsätzen war die Anfangsstellung des finiten Verbs, die sich noch im Ahd. findet, im Mhd. nicht mehr geläufig. Die Konstruktion mit *ez* als grammatischem Subjekt (s. u.) erlaubt es jetzt, das Verb an eine markante Stelle zu rücken.

(ii) *Zweitstellung* des finiten Verbs dominiert bei:

(a) Unabhängigen Aussagesätzen mit dem Subjekt, einem Objekt, einer adverbialen Ergänzung oder einem abhängigen Satz an erster Stelle:

Subj.	*dise lant alle / ligent / in Europa (Luc.).*
	ez/hanget/von eim aste von golde ein becke her abe (*Iwein*, 586).
Obj.	*den /reichet/ der munt von eime oren unz an daz andere (Luc.).*
Adverbialerg.	*Andem wildem berge/ springt/ der Rin (Luc.).*
Untergeordn. Satz	*dō slāfennes zīt wart, /do gedāht/ ich an mīne vart* (*Iwein*, 383) ‚als es Schlafenszeit war, dachte ich an meinen Aufbruch'.

Wo untergeordnete Sätze dem Hauptsatz vorausgehen, wird die unterordnende Konjunktion in der Regel durch ein anaphorisches Pronomen oder Adverb wiederholt. Dies ist ein kennzeichnendes Merkmal des Mhd. Daher:

so sie sprechin wellint, /so bellent/ sie alse die hunde (Luc.) ‚wenn sie sprechen wollen, bellen sie wie Hunde'.

daz ich sī alle nenne die ich dā erkenne /daz ist/ alsō guot vermiten (*Iwein*, 4709) ‚Sie alle zu nennen, die ich da kenne, kann ruhig unterbleiben'.

swar sich ein ouge keret, /dar keret/ sich daz ander nach (Luc.) ‚Wohin ein Auge blickt, dahin blickt auch das andere.'

Der Rückbezug auf den untergeordneten Satz kann auch indirekter sein:

dō wir mit vreuden gāzen und dā nāch gesāzen und ich im hāte geseit daz ich nāch aventiure reit /des wundert/ in vil sēre (*Iwein*, 369) ‚als wir vergnüglich gegessen hatten und danach zusammensaßen, und ich ihm erzählt hatte, daß ich auf aventiure ausgeritten sei, wunderte er sich sehr darüber.'

unz er den schilt vor im treit, /sō ist/ er ein sicher man (*Iwein*, 7136) ‚solange er seinen Schild vor sich trägt, ist er sicher'.

Wird jedoch keine anaphorische Partikel gebraucht, folgt der Hauptsatz parataktisch, natürlich auch mit dem finiten Verb an zweiter Stelle, z. B.

Dō daz diu juncvrouwe ersach, /sī zōch/ in wider unde sprach (*Iwein*, 1483) ‚Als das Mädchen das sah, zog es ihn zurück und sagte'.

(b) Bei unabhängigen Sätzen, die einen Wunsch ausdrücken, steht das finite Verb im Konjunktiv:

got /müez/ iuch bewarn und /gebe/ iu sælde und ēre (*Iwein*, 5530) ‚Gott möge Euch behüten und Euch Gnade und Ansehen schenken'.

(c) In unabhängigen Sätzen kann das Verb nach *unde* die Zweitstellung einnehmen, so als ob *unde* ein Adverb wäre und nicht koordinierende Konjunktion:

so willet sich denne der luft under den nebel, /unde bluwet/ sie der wint zesamene (Luc.) ‚So wälzt sich die Luft unter den Nebel, und der Wind bläst sie zusammen'.

(d) Bei unabhängigen Sätzen ohne einleitende Konjunktion steht das Verb ebenfalls an der zweiten Stelle. Die Unterordnung wird in solchen Fällen durch den Konjunktiv ausgedrückt:

er scribet /er/ sehe/ ein wip (Luc.).

Dō zēch mich vrou Minne, /ich/ wære/ kranker sinne (*Iwein*, 3011) ‚Da warf mir Frau Minne vor, ich sei nicht recht bei Verstand'.

mīn vrouwe sol iuch niht erlān /irn/ saget/ iuwer mære (*Iwein*, 226) ‚meine Herrin möge darauf bestehen, daß Ihr Eure Geschichte erzählt'.

Diese Anordnungsweise ist besonders mit der Negationspartikel *ne* verbreitet.

(e) Wiederum an zweiter Stelle steht das Verb bei Fragen, die durch ein Fragepronomen oder einen -ausdruck eingeleitet werden:

wa von /kument/ die winde? (Luc.).

weler hande /ist/ der regenbogen? (Luc.). ‚Wie ist der Regenbogen beschaffen?'

(iii) *Rückwärtige Stellung* des finiten Verbs findet sich bei:

(a) abhängigen Sätzen, die durch eine unterordnende Partikel eingeleitet werden. Je nach Partikel kann man vier Arten untergeordneter Sätze unterscheiden: Relativsätze, indirekte Fragesätze, *daz*-Sätze und Konjunktionalsätze, die verschiedenartige Relationen ausdrücken (zeitliche, räumliche, konditionale, modale usw.).

Rel.satz *nu sulen wir sagen von den inseln /die/ in dem mer /sint/ (Luc.)*

Neben den Relativpronomen *der, diu, daz* gab es im Mhd. generalisierende Pronomen *swer, swaz, swelch, sweder* usw.:

nū hān ich dir vil gar geseit /swes/ dū/ geruochtest/ vrāgen (*Iwein*, 518) ‚jetzt habe ich dir bereitwilligst alles gesagt, was du zu fragen beliebtest'.

Indir. Frages. *ichn weiz /wem/ liebe dran /geschach/* (*Iwein*, 907) ‚ich weiß nicht, wer daran Freude hatte'.

und [sī] vrāget in mære /ob/ im iht kunt /wære/ umb in den sī dā suochte (*Iwein*, 5937) ‚und bat ihn um Auskunft, ob er um den wüßte, den sie suchte'.

Die wichtigsten Partikeln waren *wer, waz, welch, weder, wā, war, wannen, wie* und *ob.*

daz-Sätze *ŏch die dritte sache waz, /daz/ der tivel von dem ubermůte /viel/ (Luc.)* ‚und der dritte Grund war, daß der Teufel durch seinen Stolz fiel'.

Konjunktionalsatz *und vil schiere sach ich komen, /dō/ ich in die burc /gienc,/ eine juncvrowen diu mich enpfienc* (*Iwein*, 312) ‚und sogleich sah ich, als ich in die Burg ging, eine junge Dame kommen, die mich bewillkommnete'.

doch verlant sie die engele niemer /e/ si verteilet /wirt/ (Luc.) ‚doch die Engel verlassen sie (die Seele) nie, ehe sie verurteilt wird'.

Es gab eine große Zahl von Konjunktionen, deren semantische Reichweite viel mit der Schwierigkeit zu tun hat, die dem Lernenden bei der mhd. Lektüre begegnet. Im Gegensatz zum Ahd. war *wande, wan* ‚denn, weil' jetzt auch unterordnende wie nebenordnende Konjunktion, vielleicht wegen Vermengung mit der neuen Konjunktion *wan* ‚nur, wofern nicht, außer daß‘: */wand/ ez an in /was/ verlān, sō wart ez wol verendet* (*Iwein* 7718) ‚da es ihm anvertraut war, wurde es zu einem guten Ende geführt‘. In vielen Fällen kann man nicht sagen, ob *wande* die Funktion einer unterordnenden Konjunktion hat oder nicht, denn das Verb ist in rückwärtiger, aber nicht in Endstellung, z. B. *do was dez tivels schulde merer dan dez menschen, /wan/ der tivel /viel/ von sins selbes schulde (Luc.)* ‚des Teufels Schuld war größer als die des Menschen, weil der Teufel durch seine eigene Schuld fiel‘. Rückwärtige Stellung heißt einfach, daß mehr als ein Element dem finiten Verb vorausgeht. Endstellung war erst Jahrhunderte später die Regel, und mehrere Ergänzungsarten folgten regelmäßig dem finiten Verb.

(b) Das finite Verb befindet sich in Endstellung bei den parallelen Komparativsätzen, die dem engl. *the – the* entsprechen: *sō er ie sērre dannen ranc, sō minne ie vaster wider twanc* (*Tristan*, 903) ‚je mehr er fortstrebte, desto mächtiger hielt ihn die Liebe fest‘.

(c) In der Dichtersprache kann das finite Verb auch im Hauptsatz in End- oder rückwärtiger Stellung vorkommen: *diu vrouwe jæmerlichen sprach* (*Iwein*, 1889) ‚die Dame sagte kummervoll‘.

5.7.2 Das nominale Glied

(i) Bei der trinären Opposition von *bestimmtem Artikel – unbestimmtem Artikel – Ø-Artikel* hatten seit dem Ahd. einige bezeichnende Veränderungen stattgefunden. Die Hauptfunktion des bestimmten Artikels hatte bei Spezifizierung oder anaphorischem Rückbezug auf etwas bereits Erwähntes oder allgemein Bekanntes gelegen. Jetzt war er im wesentlichen Verweis auf etwas Bestimmtes in Opposition zu etwas Unbestimmtem. Seine Verwendung war deshalb, verglichen mit dem Ahd., viel stärker verbreitet. Nach Präpositionen, in vielen formelhaften Ausdrücken, fehlte er jedoch noch immer, z. B. *zů himel*, vgl. nhd. *in den Himmel.*

Die mhd. Version von Johannes 4, 6–9 in dem für Matthias von Beheim 1343 übersetzten *Evangelienbuch* zeigt beim Vergleich mit der Version des ahd. *Tatian* (s. S. 203) einige der Veränderungen:

Abir dā was *der born* Jācobis, und Jhēsus was müde ūz *dem wege* und saz alsō ūf *dem borne.* Abir *di stunde* was alse sexte. Dō quam *ein wīp* von Samārien zů schepfine *wazzir* . . . Und sīne jungern wāren inwec gegangen in *di stat*, daz si *spīse* kouften. Und darumme sprach zů ime *daz wīp* jene Samāritāna . . .

Der unbestimmte Artikel wurde jetzt regelhaft zur Andeutung der Unbestimmtheit gebraucht. Da aber *ein* auch die Funktion eines attributiven unbestimmten Pronomens hatte (‚ein bestimmter, gewisser') und darüberhinaus die eines Zahlworts, unterscheidet sich der mhd. Gebrauch doch vom heutigen, vgl. beispielsweise: *er tranc . . . eines wazzers* (*Iwein*, 3311) ‚er trank Wasser'; *daz mer wirt dicke unde alse ein salz (Luc.)* ‚das Meer wird dick und wie Salz'; und den Pl. *zeinen pfingesten* (*Iwein*, 33) ‚am Pfingstfest (einem bestimmten)'; *ein diu schœniste maget* ‚ein gewisses sehr schönes Mädchen'. Beide Artikel konnten zusammen mit dem Possessivpronomen vorkommen: *ein mīn wange* ‚eine meiner Wangen'; *die mīne vröude* ‚meine Freude'.

(ii) Beim Gebrauch des *Adjektivs* stößt man auf drei Probleme: auf das Vorkommen der starken und schwachen Deklination und bei letzterer auf flektierte Formen gegenüber unflektierten im Nom. Sg. Mask. u. Fem. und im Nom./Akk. Neut. (s. 5.5.2). Die schwache Deklination enthielt historisch gesehen das semantische Merkmal der Bestimmtheit, die starke Deklination drückte demgegenüber Unbestimmtheit aus. Beide semantischen Merkmale waren nun mehr und mehr auf den bestimmten und unbestimmten Artikel übergegangen, so daß die Adjektivdeklination allmählich zur bloßen Konvention ohne eigenen semantischen Wert wurde. Im Mhd. hatte das artikellose attributive Adjektiv und das vom unbestimmten Artikel begleitete im großen und ganzen die starke Deklination, und das dem bestimmten Artikel folgende Adjektiv hatte die schwachen Formen. Wenn aber ein possessives Adjektiv vorausging oder mehr als ein attributives Adjektiv gebraucht wurde, kamen beide Deklinationsarten vor. Ein neues Prinzip ergänzte oder ersetzte allmählich das alte Prinzip, das im Verfall begriffen war: die Deklinationskategorie sollte nur noch durch eine starke Form ausgedrückt werden. Die unflektierten starken Formen verstießen gegen dies neu in Erscheinung tretende Prinzip und traten daher innerhalb des Mhd. allmählich zurück, obwohl sie noch immer zahlreich vertreten waren. Im *Iwein* findet man: *disiu grōze clage* (4011): best. schw.; *ein alsō armiu magt* (4024): unbest. st. Dekl.; *mīn senediu nōt* (4236): poss. Adj. st. Dekl.; *ein alsō vrumer man* (4063): indef. st. Dekl.; *daz smæhlīche ungemach* (3207): best. schw.; *ir starkez ungemüete* (1601): poss. Adj. st. Dekl.; doch auch unflektierte starke Formen: *ein sælic man* (3970); *ein tägelich herzeleit* (4407); *guot rāt* (4629).

Das prädikative Adjektiv war gewöhnlich undekliniert, doch prädikative Attribute hatten Deklination, z.B. *und wær dā tōter gesehn* (6358) ‚hätte den Tod gefunden' wörtlich: ‚wäre tot gesehen worden'. Nur in der Dichtung folgten attributive Adjektive ihren Substantiven. Diese Stellung war ein Archaismus. Sie waren meist unflektiert, doch auch flektierte Formen kommen vor, z.B. *sehs knappen wætliche* (*Iwein*, 4375).

(iii) Im *Kasus*gebrauch unterschied sich das Mhd. beträchtlich vom Nhd. Besonders der Genitiv hatte große und mannigfaltige funktionelle Bedeutung. Der Gebrauch nach Nomina, damals wie heute seine wichtigste Funktion, war verbreiteter, z. B. *daz ich des lîbes sî ein zage* (*Iwein*, 4913) ‚daß ich um meines Lebens willen ein Feigling sei'. Der Genitiv der Zeit war ebenfalls verbreiteter als heute: *dez winters loufet si [die sunne] aller hohist (Luc.)* ‚im Winter steigt die Sonne am höchsten'; *des abents do ich dā reit* (*Iwein*, 787) ‚am Abend . . .'; *ein burne, der ist dages so calt, daz in nieman vor kelte mac getrinken (Luc.)* ‚eine Quelle, die ist tagsüber . . .'.

Zahlreiche Verben regierten den Genitiv. Sein Gebrauch hatte in einigen Fällen rein syntaktische, in anderen eine semantische Funktion, beispielsweise als partitiver Genitiv: *ichn möhte niht geniezen iwers lobes unde iuwer vriuntschaft* (*Iwein*, 210) ‚ich möchte Euer Lob und Eure Freundschaft nicht in Anspruch nehmen'; *doch sol man . . . mînes sagennes enbern* (*Iwein*, 217) ‚doch soll man . . . kein Wort von mir hören'; *Wulcanus, der der helle porten phliget (Luc.)* ‚Vulkan, der die Höllenpforte bewacht'; *swel sieche dez burnen getrinket, der wirt gesunt (Luc.)* ‚jeder Kranke, der von der Quelle trinkt, wird geheilt'; *swez du mich fragist, dez berithe* (= *ht*) *ich dich gerne (Luc.)* ‚alles wonach du fragst, will ich dir erklären'; *ich wil im mînes brōtes geben* (*Iwein*, 3301) ‚Ich werde ihm etwas von meinem Brot geben'. Das Verb *sîn* regierte den Genitiv, wenn es ‚Zugehörigkeit' und ‚eine bestimmte Eigenschaft' ausdrückte, z. B. *vil juncvrouwen, die ir gesindes wāren* (*Iwein*, 5200) ‚viele Edelfräulein, die zu ihrem Gefolge gehörten'; *suueler ist heizer unde nazer nature (Luc.)* ‚der (Stern) von heißer und nasser Natur ist'.

Die heutige Sprache hat eine gewisse Anzahl solcher Konstruktionen bewahrt. Sie sind oft archaisch, poetisch oder fossil, z. B. *er ist des Teufels, Vergißmeinnicht.*

Sehr viele Adjektive regierten ebenfalls den Genitiv, besonders wenn es sich um ein partitives Verhältnis oder sein Gegenteil handelte, z. B. *die insula ist vol fúrez (Luc.); des trōstes wurden sî vrō* (*Iwein*, 4803) ‚über diesen Trost freuten sie sich'; *boum . . . loubes alsō lære* (*Iwein*, 661) ‚so völlig entlaubt'. Bezeichnender Weise regierten unbestimmte und Fragepronomen wie *iht, niht, ieman, nieman, wer, swer, waz* ebenfalls den Genitiv: *iht gelîches* (*Iwein*, 2662) ‚etwas Gleichartiges'; desgleichen Zahlwörter: *der strazen sin zwelfe an dem himele (Luc.)* ‚es gibt zwölf Straßen . . .'.

Verglichen mit dem Genitiv und seiner großen Reichweite im Mhd. sowie seiner stark reduzierten Rolle heute, haben sich die anderen Kasus, besonders der Akkusativ und Dativ, in ihrer Funktion kaum verändert, obwohl beide oft Präpositionalkonstruktionen gewichen sind und einige Veränderungen in der Rektion einzelner Verben stattgefunden haben.

(iv) An Haupteigentümlichkeiten beim Gebrauch der *Pronomina* gab es:

(a) das Fehlen des Personalpronomens. Obwohl das Subjektspronomen jetzt regelmäßig auftrat, gab es Reliktfälle, bei denen es fehlte, beispielsweise in solchen Fällen, bei denen das Subjekt bereits als Substantiv oder Pronomen aufgetreten war, z. B. *in der insulen stat ein burc heizet Syne (Luc.)* ‚auf der Insel steht eine Burg, die Syne heißt' (*ἀπὸ κοινοῦ*-(apò koinū-)Konstruktion)).

(b) Bei Personennamen wurde *ez* als zusätzliches Prädikat gebraucht, z.B. *ich bin ez Iwein* (2611) ‚Iwein bin ich'.

(c) Das Reflexivpronomen *sich* stand nur für den Akkusativ. Für den Dativ wurde das Personalpronomen gebraucht, z.B. *niene vürhte dir* (*Iwein*, 516) ‚fürchte dich nicht'.

(d) Die Possessivpronomina *mīn, dīn* usw. wurden sowohl als attributive Adjektive wie als Substantive gebraucht, vgl. im Dt. *mein – der meinige*, im Engl. *my – mine*; z.B. *daz ist dīn site* (*Iwein*, 137) ‚das ist deine Art'; *sī brāchen ūf im alle ir sper: daz sīn behielt aber er* (*Iwein*, 5321) ‚sie zerbrachen auf ihm alle ihre Speere, er aber behielt den sein(ig)en'.

(e) Das Mhd. hatte zwei Parallelparadigmen des Relativpronomens: das stärker bestimmende *der, diu, daz*, im Grunde das Demonstrativpronomen, und das verallgemeinernde *swer* (‚wer auch immer, jeder der'), *swaz, swelch, sweder*, das sich aus Fragepronomen und der Partikel *sō* (*swer*<*sō wer (sō)*) entwickelt hatte.

(f) Bei den unbestimmten Pronomen war *dehein (kein)* sowohl negativ wie positiv: *daz du den iemer hazzen muost deme dehein ēre geschiht* (*Iwein*, 141) ‚daß du dich stets über den ärgerst, dem eine Auszeichnung zuteil wird'; *des ist zwīvel dehein* (*Iwein*, 915) ‚darüber gibt es keinen Zweifel'. Das verneinende *niht* ‚nichts' hatte als positives Pendant die Form *iht* ‚etwas', neben dem es, mit feinen semantischen Unterschieden, *etewaz* >nhd. *etwas* gab, das im Mhd. bestimmter und konkreter war als das unbestimmtere hypothetische *iht*.

5.7.3 Das verbale Glied

(i) Die *Anordnung der finiten und infiniten Teile* des verbalen Glieds wird im Deutschen durch das sogenannte Prinzip der Einklammerung bestimmt. Gemäß diesem Prinzip nehmen die infiniten Teile im unabhängigen Satz und die finiten Teile im abhängigen Satz die rückwärtige Stellung ein. Zahl und Art der tatsächlich eingeklammerten Bestandteile war im Laufe der Sprachgeschichte unterschiedlich. Im Mhd. tritt Einklammerung in geringerem Maße auf als in der späteren klassischen Schriftsprache. Im unabhängigen Satz werden die infiniten Teile (Infinitiv, Partizipien) selten durch mehr als ein Element oder zwei vom finiten Verb getrennt, und adverbiale Ergänzungen treten gewöhnlich hinter den infiniten Teil, z.B. im *Luc.: dem /ist/ das houbet /geschafen/ nach eines menschen houbet* ‚er hat einen Kopf wie ein Mensch'; *die /werdent/ bede von dem endecriste /erslagen/* ‚beide werden vom Antichrist erschlagen'; *nu /hestu/mir genůg /geseit/ von disen dingen* ‚jetzt hast du mir darüber genug gesagt'. Im abhängigen Satz wurde es während der mhd. Periode allgemeine Regel, daß die finiten Verben (*sīn, hān, werden* und die Modalverben) den infiniten Teilen folgten, z.B. im *Luc.: daz wir daz ware lieht /enpfangin/ hant/; (der mensche), der so groze not /liden/ můz/; wen so die schuldigen mit rehtem urteile /verdament/ werdent/.* Nicht selten jedoch gibt es Beispiele, bei denen das finite Verb den infiniten Bestandteilen vorausgeht, weshalb die neue Wortstellung sich erst allmählich und regional unterschiedlich durchsetzte; z.B. im *Luc.*: *do die planeten wurden geschaffen; wen sie zuht niht wolten lernen.*

(ii) Die beiden einfachen *Tempus*-Formen des Mhd. wurden allgemein so gebraucht, daß das Präsens nicht vergangene und das Präteritum unterschiedslos vergangene Zeit andeutete. D.h., daß die vorhandenen periphrastischen Tempusformen für die Zukunft einerseits und für das Perfekt sowie Plusquamperfekt anderseits zur systematischen Unterscheidung weder der gegenwärtigen und zukünftigen noch der abgeschlossenen, unabgeschlossenen und lange vergangenen Zeit herangezogen wurden. Die Erzählform für vergangene Zeit war das Präteritum. Es konnte ergänzt werden durch Verbalformen mit dem Präfix *ge-*, um eine abgeschlossene, resultative Handlung anzudeuten. Bei vielen dieser Fälle würde die heutige Sprache das Plusquamperfekt gebrauchen. Auf die gleiche Weise konnte der durative Aspekt durch *sīn* plus Partizipium des Präsens und der inchoative Aspekt durch *werden* plus Partizipium des Präsens ausgedrückt werden. Letzteres führte schließlich zur Form des nhd. Futurs (s. 5.5.3 (ii)). Die Konstruktion *werden* plus Infinitiv als allgemeiner Ausdrucksmodus des Hypothetischen und Wahrscheinlichen war ebenfalls, wenngleich nicht so häufig, belegt und könnte ebenfalls zum Zustandekommen der deutschen Futurformen beigetragen haben. Im Mhd. wurden diese aspektuellen Möglichkeiten nicht voll systematisiert. Sie blieben im Bereich des Stils, d.h. im Bereich freier grammatischer Wahl, und verschwanden schließlich aus der Sprache oder entwickelten sich zu Tempusformen.

(iii) Im Hinblick auf den *Modus* im Mhd. müssen zwei wesentliche Sachverhalte betrachtet werden. Zum einen gab es die heutige periphrastische Konstruktion mit *würde* noch nicht, zum andern war der semantische Aspekt der Modi wichtiger als später. Es gab daher mehr Freiheit beim Gebrauch und entschieden verbreitetere Verwendung des Konjunktivs als später, als er stärker grammatikalisiert wurde (als Modus der indirekten Rede oder der Bedingung). Semantisch gesehen drückte der Konjunktiv Wollen, Wünschen, Möglichkeit, Irrealität, Annahme oder Erwartung aus, und seine Verwendung wurde zum großen Teil von der Einstellung des Sprechers (Autors) zur Handlung bestimmt. Innerhalb des zusammengesetzten Satzes wurde die Abfolge der Tempora allgemein berücksichtigt, obwohl der weitverbreitete formale Zusammenfall zwischen Indikativ und Konjunktiv im Mhd. (s. 5.5.3 (ii)) schließlich zu Veränderungen wie der Aufgabe der Consecutio temporum, wo der Ausdruck des Modus sie forderte und zum Anwachsen des Gebrauchs der Modalverben führte. Eine weitere Eigentümlichkeit beim Gebrauch des Konjunktivs im Mhd. war die Attraktion (Assimilation, Angleichung): hatte ein Hauptsatz eine Verbform im Konjunktiv, wurde dieser Konjunktiv im untergeordneten Satz wieder aufgenommen. Höchst charakteristisch für die Verwendung des Konjunktivs im Mhd. waren ferner die untergeordneten Verneinungssätze ohne Konjunktion, bei denen *ne* + Subj. die Bedeutung ‚wenn nicht, außer, wofern, ohne' hatte, z. B. *Iwein*, 2829: *sone wart ich nie . . . des über . . . /ichn müese/ koufen daz korn* ‚so blieb mir nichts anderes übrig, als Korn zu kaufen'; 1920 *wer wær der sich sō grōz arbeit iemer genæme durch iuch an, /erne wære/ iuwer man?* ‚wer würde sich um Euretwillen so große Mühe machen, wenn er nicht Euer Ehemann wäre?' (s. auch S. 293). Nach einem Komparativ mit *danne* ‚als' in einem nicht verneinten Hauptsatz stand das Verb des untergeordneten Satzes gewöhnlich im Konjunktiv: 536: *sō hāt man mich vür einen man, und wirde werder danne ich sī* ‚so hält man mich für einen Mann, und ich werde würdiger'.

(iv) Im Bereich der *Genera verbi* entwickelte sich allmählich im Ahd. und Mhd. ein bedeutender Unterschied zwischen Englisch und Deutsch. Das Ahd. besaß im Gegensatz zur Nordseegruppe der germ. Sprachen ein besonderes Reflexivpronomen im Akkusativ, *sih.* Es wurde zunehmend bei transitiven Verben zur Andeutung und formalen Unterscheidung eines ‚mittleren' Genus (Medium) vom Aktiv gebraucht, vgl. im Ahd. *Tatian* 211,4: *Oh ein thero kemphono mit speru sina sita giofanota* ‚und einer der Soldaten öffnete seine Seite mit einem Speer' (Aktiv) – 4,12: *gioffanota sih thō sliumo sīn mund* ‚da öffnete sich sein Mund schnell' (Medium – Reflexiv). Diese Kategorie unpersönlicher Reflexive dehnte sich weiter aus, als im Mhd. die frühere formale Unterscheidung zwischen inchoativen (ahd. *-ēn*) und kausativen (ahd. *-en* < *-jan*) Verben verschwunden war (s. S. 306); im Mhd. z. B. *dem glīchet sich das leben mīn* (Hartmann, ‚dem ähnelt mein Leben‘); *ouch begunde liuhten sich der walt* (Wolfram, *Parzival* ‚der Wald begann sich zu lichten‘); *daz mer lit . . . under der sunnen unde sudet sich tegelich* (*Luc.* ‚das Meer liegt unter der Sonne und kocht täglich‘). Weder das einfache Merkmal der Personalisierung solcher impersonalen Prozesse noch fremder Einfluß können zur Erklärung des Wachstums der reflexiven Verben im Dt. erfolgversprechend angeführt werden. Allein das Bedürfnis, bestimmte Merkmale des Genus verbi zu unterscheiden, und das dafür durch Anwendung der Reflexivkonstruktion bereitgestellte Bildemittel, zu dem die Form mit persönlichem Objekt *(er wusch sich)* ein altes Modell lieferte, scheint eine Erklärung für das später so charakteristische Merkmal des Deutschen abzugeben.

5.7.4 Die Verneinung

Typisch für das Mhd. ist die formal doppelte Verneinung: *ne (en, n)* + *niht. Ne (en, n)* wurde proklitisch unmittelbar vor das finite Verb gesetzt und verband sich mit ihm oder wurde manchmal enklitisch dem vorausgehenden Wort angefügt, z. B. *Iwein*, 882: *unde /enlac/ nicht langer dā*; 560: *dā /ne zwīvel/ ich niht an.*

Die Stelle von *niht* konnte von anderen verneinenden Adverbien oder Pronomen eingenommen werden, beispielsweise von *nie, niemer, dehein* ‚kein‘, *nieman* u. a., z. B. 1743 *ich/n gewan/ liebern tac /nie/* ‚ich erlebte keinen glücklicheren Tag‘; 258 *ich/n wil/ iu /keine/ lüge sagen.* In all diesen Fällen lag die verneinende Wirkung im wesentlichen im zweiten Element, weshalb *ne* allmählich redundant wurde und schließlich im Laufe des Mhd. verloren ging. Am längsten überlebte es im Mfrk. Anderseits gab es immer noch Fälle, wo *ne* allein stehen konnte, besonders vor Modalverben und vor *wizzen* und *ruochen*, z. B. im *Iwein*, 7542: *nu/ne mac ich anders wan alsō*; 127 *ir/ne wizzet/ . . . waz.*

Die doppelte Verneinung machte den Sinn des Satzes nicht positiv: *Iwein*, 547 *ich/n gehōrt/. . . /nie/ selhes /niht/ gesagen* ‚ich habe nie so etwas sagen hören‘. Die sogenannte verstärkte Verneinung, bei der eine Negationspartikel mit dem Akk. eines Substantivs verbunden wurde wie *ein hār, ein bast, eine bōne, ein strō* ‚etwas Wertloses‘, war eine zeitlang beliebt.

Das Aussterben von *ne* als Negationspartikel ließ auch die Konstruktion *ne* plus Konjunktiv in abhängigen Sätzen verschwinden (s. S. 300).

5.8 Wortschatz

5.8.1 Der heimische Bestand

(i) Bei der Neuformierung des geschlossenen Wortschatzteils ist das Mhd. in vieler Hinsicht eine Übergangsperiode zwischen dem Ahd. und Nhd. Beim Personalpronomen beispielsweise war der heute einförmige Akk. und Dat. Pl. *uns* bereits erreicht und der ältere Akk. *unsich* praktisch ausgestorben. Doch bei der 2. Pers. Pl. gab es viele Schwankungen zwischen *iu* (die Fortsetzung des älteren Dat.) und *iuch* (die Fortsetzung des älteren Akk.). Obschon die beiden Kasus zusammengefallen waren, war *iuch* (>*euch*) als gemeinsame Form noch nicht erreicht. Weit verbreitet war auch das Durcheinander der *s*-Formen, bei denen *sie* und die Reduktionsformen *sī, si* allmählich *siu* (ursprünglich Nom. Sg. Fem. und Nom. Akk. Pl. Neut.) verdrängten. Das gleiche galt beim Demonstrativpronomen und bestimmten Artikel *die* – *diu*. Beim Gen. Sg. Mask. des Personalpronomens wurde das ältere *es* von *sīn* in Analogie zum Gen. der 1. und 2. Pers. *(mīn, dīn)* verdrängt, weil Zusammenfall mit dem Nom. Akk. Neut. *ez* drohte. Der Gen. Sg. des Neutrums *es* hielt sich länger und ist in Wendungen wie *ich bin es satt, ich werde es gewahr* noch immer geläufig (allerdings als Akk. verstanden), wo die Konstruktion mit einem Substantiv den Gen. erfordert *(einer Sache, des Wartens)*. Die gemeinsame Form des Dat. Pl. *in* bekam allmählich die stärkere Endung des nominalen Dat. Pl. *-en* (>*inen*, nhd. *ihnen*), zuerst im Alem. des 13. Jh.s. Die Form des Gen. Fem. des Personalpronomens *ir* gesellte sich zu den Possessivpronomen und wurde flektiert.

Bei den unbestimmten Pronomen ist *sum* im Mhd. zuletzt belegt; das heutige *kein* nimmt allmählich Gestalt an. Das ältere *dech* + *ein* entwikkelte Formen wie *dehein* und *kein* genau wie *nech* + *ein* oder *ne* – *dehein* infolge des Aussterbens der Negationspartikel *ne* (s. 5.7.4) auch *kein* ergaben.

Das alte Zahlwort *zehenzec* ‚hundert' war bereits im Mhd. selten; die Zukunft gehörte dem jüngeren *hundert*.

Hinsichtlich der starken Verben und der Präteritopräsentien war das Mhd. konservativ. Die Hauptverluste, die es geben sollte, fallen in spätere Sprachstadien. Von denjenigen starken Verben, die später aussterben sollten, waren ungefähr vierzig bis fünfzig noch in Gebrauch. Die meisten von diesen waren schon selten und wahrscheinlich nur regional üblich.

Beim offenen Teil des Wortschatzes kann man wiederum feststellen, daß verhältnismäßig viele Substantivkomposita nicht weitergeführt wurden. Vergleicht man beispielsweise Substantivkomposita mit mhd. *hirn* als erstem Bestandteil mit denjenigen, die in dieser Stellung nhd. *Hirn* haben, bekommt man folgende Liste:

Lexer: Mittelhochdeutsches Taschenwörterbuch (33. Aufl., Stuttgart 1969)	*Mackensen: Deutsches Wörterbuch* (3. Aufl., Laupheim 1955)
hirn-bein ‚Stirnknochen'	Hirnanhang
hirn-bolle ‚Hirnschädel'	Hirnbecher
hirn-gupfe ‚Bedeckung des Hirns'	Hirngespinst
hirn-hūbe ‚kriegerische Kopfbedeckung'	*Hirnhaube*
hirn-ribe/-rebe ‚Hirnschale'	Hirnholz
hirn-schal ‚Hirnschale'	Hirnkappe
hirn-schedel ‚Hirnschädel'	Hirnkasten
hirn-schībe ‚Hirnschädel'	Hirnleiste
hirn-schiel ‚Hirnschale'	*(Hirnschädel)*
hirn-stal ‚Stirn, Schädel'	*Hirnschale*
hirn-suht ‚Hirnkrankheit'	Hirnschmalz
hirn-vel ‚Hirnhaut'	Hirnspuk
	Hirnwurst

(Wortentsprechungen sind kursiv. Mackensen hat natürlich keine vollständige Liste der heutigen Komposita, vgl. Trevor Jones, *Harrap's Standard German and English Dictionary.*)

Anderseits stammt eine Reihe heutiger Komposita in der Tat formal von mhd. Bildungen ab und zeigt damit deren Bedeutung in der ritterlichen Welt, beispielsweise *Augenblick* < mhd. *ougenblic; Augenweide* < mhd. *ougenweide; Herzeleid* < mhd. *herzeleit; Hoffart* < mhd. *hōchvart* ‚Stolz, Arroganz'; *Hochmut* < mhd. *hōchmuot* ‚Stolz, Selbstbewußtsein, edle Gesinnung' auch *hōher muot; Hochzeit* < mhd. *hōchzīt, hōchgezīt* ‚Fest, Festlichkeit', z.B. *Iwein,* 35 *Ez het der künec Artūs ze Karidōl in sīn hūs zeinen pfingesten geleit . . . ein alsō schœne hōchzīt; Kurzweil* < mhd. *kurz(e)wīle* ‚Unterhaltung, Belustigung'; *Schwertleite* < *swertleite* ‚Zeremonie zur Aufnahme in den Ritterstand'.

Auf dem Gebiet der Ableitungen ist die Nicht-Weiterführung früheren Wortschatzes nicht weniger deutlich, wie sich aus der folgenden Liste ergibt (zu den ahd. Formen s. S. 211):

Lexer: *Taschenwörterbuch*	Mackensen: *Deutsches Wörterbuch*
trüebe adj.	*trübe*
trüebe stf.	–
trüebec adj.	–
trüebekeit stf.	–
trüebeclich adj.	–
trüebeclīche adv.	–

Lexer: *Taschenwörterbuch*	Mackensen: *Deutsches Wörterbuch*
trüebede stf.	–
trüebehaft adj.	–
trüebeheit stf.	*Trübheit*
trüebelich adj.	*(betrüblich)*
trüebelīche adv.	–
trüeben verb	*trüben*
trüebenisse stfn.	*Trübnis*
trüebesal stn. m. f.	*Trübsal*
trüebesalunge stf.	–
trüebesam adj.	–
truobe adv.	–
truoben verb	–
–	trübselig
–	Trübseligkeit
–	Trübung

Bei den einfachen Wörtern als Bestandteilen des Wortschatzes ist es besonders interessant, diejenigen Strukturtypen zu nennen, bei denen die Verluste am zahlreichsten waren.

Unter den Substantiven gab es besonders bei den ältesten Schichten der Ableitungen von alten Verbalwurzeln große Verluste, z. B. Mask. *biet* ‚Befehl', *bil* ‚Bellen', *bint* ‚Band', *blāst* ‚Blasen', *gelinc* ‚Glück', *glit* ‚Fall, Gleiten'; Fem. *becke* ‚Bäckerei', *bediute* ‚Auslegung', *ber* ‚Frucht, Blüte', *bewege* ‚Bewegung', *biege* ‚Neigung', *bāte* ‚Bitte', *bræche* ‚Brechen', *diube* ‚Diebstahl', *gebe* ‚Gabe', *ger* ‚Verlangen', *grift* ‚Greifen, Begreifen'; Neut. *bit* ‚Gebet', *gelach* ‚Gelächter', *heiz* ‚Befehl'. Ableitungen, die im Mhd. nicht mehr produktiv waren, aber noch immer lexikalisiert vorkamen, erlitten in den folgenden Jahrhunderten zahlreiche Verluste, z. B. fem. Abstrakta auf *-e* von Adjektiven: *arme* ‚Armut', *benge* ‚Furcht', *bitter(e)* ‚Bitternis', *bleiche* ‚Blässe, Bleiche', *blenke* ‚Weißsein', *dünne* ‚Dünnheit', *geile* ‚Üppigkeit, Übermut', *genze* ‚Ganzheit, Gänze'. Der Verfall der entsprechenden Abstraktbildungen auf *-ede* kann durch das Dominieren des Südens beschleunigt worden sein, wo sie nie so beliebt waren wie in den nördlichen Gebieten. Unter den Verlusten befinden sich beispielsweise *bewegede* ‚Bewegung', *dünnede* ‚Dünnheit', *gesehede* ‚Gesicht, Vision', *grimmede* ‚Grimmigkeit', *hœhede* ‚Höhe'. *Nomina agentis* auf *-e* waren im Mhd. noch immer zahlreich vertreten, wenngleich sie sich bereits seit dem Ahd. stark an Zahl vermindert hatten. Von den 118 Bildungen auf *-o*, die es neben den Bildungen auf *-ari* im Ahd. gab, waren im Mhd. nur noch 36 geläufig, während 78 Bildungen auf *-ari* überlebten (Weinreich, S. 175–205; s. o. S. 190). Unter den späteren Verlusten sind mhd. *becke* ‚Bäcker', *bierbriuwe* ‚Bierbrauer', *gebe* ‚Geber', *gerwe* ‚Gerber', *hinke* ‚Hinker'. Die andere alte Nomen agentis-Bildung, mhd. auf *-el*, war gleichfalls der Erosion ausgesetzt, z.B. *bitel* ‚Freier', *briuwel* ‚Brauer'.

Bei den Adjektiven gab es noch immer viele, die die gleiche Form hatten wie Substantive, z.B. *arc* ‚böse, arg', *gerwe* ‚bereit, gegerbt' und Fem. ‚Zubereitung, Gerberei', *glanz* ‚hell' und Mask. ‚Glanz', *grim* ‚grimm, wild' und Mask. ‚Wut, Grimm', *ungemach* ‚ungestüm, unbequem' und Mask. oder Neut. ‚Unruhe, Verdruß', *zorn* ‚zornig' und Mask. ‚Zorn'. Es ist bereits gezeigt worden, daß es im Deutschen eine starke Tendenz zur formalen Trennung der im Indoeuropäischen ursprünglich identischen Wortklassen Substantiv und Adjektiv gab. Wo die Formen im Mhd. noch immer identisch waren, war entweder das Substantiv oder das Adjektiv zum Aussterben verurteilt. Nur sehr wenige Fälle haben bis heute überlebt, beispielsweise *der Gram* und *er ist mir gram*. Oft sicherte ein bestehender oder sich entwickelnder Bedeutungsunterschied das Überleben, z.B. *guot* ‚gut' und Neut. *‚das Gut'*. Große Verluste gab es im Mhd. auch bei dem Strukturtypus auf *-e* (frühere *-ja*-Stämme). Nachgewiesen ist, daß von 125 mhd. Adjektiven dieses Typus' nur noch 45 im Nhd. vorhanden sind (Hotzenköcherle, S. 324f). Die anderen starben aus oder wurden durch jüngere Bildungen ersetzt, z.B. *æze>eßbar, brœde* ‚gebrechlich', *drœte* ‚schnell', *heim-lege>zu hause liegend, gæbe* ‚annehmbar, willkommen', vgl. aber den idiomatischen Ausdruck *gang und gäbe, gelenke>gelenkig*. Zu den älteren Suffixtypen, die sich in den folgenden Jahrhunderten stark verminderten oder ganz verschwanden, gehörten: *-īn, -eht, -var, ge – et*, während *-bære* mit seinen vielen Bedeutungen vollständig durch das neue Suffix *-bar* mit der Bedeutung ‚ausführbar, möglich' ersetzt wurde, z.B. *gangbar*. Das Suffix *-īn* war sehr häufig, z.B. *beinīn* ‚aus Knochen', *birkīn* ‚aus Birkenholz', *blüemīn* ‚aus, von Blumen'; *-eht* und die anderen wurden durch analytische Konstruktionen ersetzt, z.B. *blesseht >mit einer Blesse versehen, eseleht>eselhaft, gabeleht>gabelförmig; bleich-var>bleich von Farbe, grīs-var>von grauer Farbe, grau aussehend; geslozzet>mit Schloß versehen, gebartet>bärtig*, vgl. engl. *bearded, genaset> eine Nase besitzend*. Beispiele für die Ersetzung von Bildungen auf *-bære*: *herzebære>das Herz betreffend, im Herzen getragen, hovebære>dem Hof angemessen, jāmerbære>Herzeleid tragend* oder *erweckend, kampfbære>zum (Zwei)-Kampf tüchtig*.

Ein Beispiel für die Neuformierung eines Wortfelds liefern die Wörter für ‚groß' und ‚klein', bei denen die Fülle an Synonymen im Mhd., z.B. *michel* und *grōz, lützel* und *klein(e)* jeweils durch Beschränkung auf *groß* und *klein* aufgehoben wird.

Viele mhd. Adverbien wurden aufgrund von Substantiv- oder Adjektivkasus gebildet, z.B. *baldes* ‚schnell', *drabes* ‚im Trab', *gāhes* ‚sogleich, schleunigst', *ēwen* ‚ewig', *heimen* ‚nach Hause'. Nur ganz wenige solcher Formen blieben bestehen. Auch die Unterscheidung zwischen Adjektiv und Adverb durch *-lich/-liche* war nicht dauerhaft (s. 5.6.3). Eine wichtige mittelalterliche Unterscheidung, die später verschwand, war die zwischen temporalem *dō* ‚dann' und räumlichem *dā* ‚da'. Viele synthetische Formen wichen analytischen Ausdrücken, beispielsweise *hīnaht* ‚heute Nacht', *hiure* ‚dieses Jahr', wenngleich *hiute* als *heute* überlebt hat und die andern mundartlich belegt sind.

An den Verbverlusten kann ebenfalls ein Übergang von mehr synthetischer zu mehr analytischer Konstruktion gezeigt werden. Das Mhd. hatte eine große Zahl von paarigen schwachen Verben ererbt, von denen das eine inchoative (‚werden') oder statische (‚sein') Bedeutung hatte, das andere hingegen kausative (‚machen daß' oder ‚machen'). Diese Bedeutungsunterschiede beruhten ursprünglich beim Infinitiv auf der formalen Unterscheidung zwischen den Suffixen **-ēn* und **-jan* (s. 4.5.3). In mhd. Zeit war dieser formale Unterschied der Endung verschwunden, die beiden ursprünglichen Formen waren zu *-en* geworden. Wo die Wurzel Umlaut zuließ, wurde die Unterscheidung nun von einem Vokalunterschied in der Wurzel getragen, z.B. *kelten* ‚kalt machen' oder ‚kühlen', *kalten* ‚kalt werden', *gelwen* ‚gelb werden', *gilwen* ‚gelb machen'. Bei sehr vielen Verben war solche Wurzelunterscheidung nicht möglich, z.B. bei *geilen* ‚übermütig, froh sein', ‚ü., f. werden' und ‚ü., f. machen'; *rīchen* ‚reich, mächtig sein', ‚r., m. werden' und ‚r., m. machen'. Derartige Polysemie ließ eine große Zahl von Verben semantisch unbestimmt werden. Wegen der vielen Schwankungen beim Vorkommen des Umlauts wurde die Zahl solcher unbestimmten Verben weiter angeschwellt. Der Umlaut wurde tatsächlich nie zu einem geeigneten Ersatz für die früher durch die Suffixe ausgedrückte Unterscheidung. Folglich verschwanden Hunderte solcher Verben aus der Sprache.

Ein ähnlicher Bedeutungsunterschied bestand zwischen starken Verben und abgeleiteten schwachen Verben, z.B. *springen* ‚springen, laufen' und *sprengen* ‚sp., l. machen'; *brinnen* ‚brennen' und *brennen* ‚brennen machen'. Obwohl formal einige solcher Verbpaare überlebt haben, ist der semantische Zusammenhang im allgemeinen auseinandergefallen. Beispiele: *schwimmen – schwemmen, trinken – tränken, winden – wenden.* Aufs ganze gesehen ist im Deutschen eine formale Unterscheidung zwischen intransitiven und transitiven Verben erhalten, doch wird diese Unterscheidung jetzt von unterschiedlichen Bildemitteln wahrgenommen, entweder durch Präfigierung oder durch gruppensyntaktische Konstruktion.

In beiden Fällen ist die heutige Sprache entschieden expliziter, da sie die Mehrdeutigkeiten im Mhd. beseitigt hat und viel stärker analytisch als das Mhd. ist.

Das Mhd. machte auch, wenngleich häufig mit ungenügender Bestimmtheit, eine semantische oder aspektuelle Unterscheidung zwischen einem Verb mit dem Präfix *ge-* und dem entsprechenden Simplex (s. 4.5.3), z. B. *stōzen* – *gestōzen* ‚stoßen, auf jemand treffen'; *rīten* ‚reiten, reisen' – *gerīten* ‚reiten, durchreisen'. Wo derartige Paare überlebt haben, sind sie semantisch gesehen getrennte Wege gegangen, z. B. *raten* – *geraten, loben* – *geloben.* Die meisten sind beseitigt worden.

(ii) Wendet man sich zum semantischen Aspekt des Wortschatzes, muß daran erinnert werden, daß das Schrifttum des 13. Jh.s ein entschieden breiteres Spektrum kultureller Aktivitäten repräsentiert als das früherer Jahrhunderte. Nicht nur, daß der Wortschatz vieler Gewerbe und Berufe zum ersten Mal registriert wurde, in der Schriftkultur selbst hatte eine entscheidende Wende stattgefunden. Die glänzende und hochentwickelte Welt mittelalterlichen Rittertums, die in Epik und Lyrik so prächtig und überschwänglich dargestellt ist, breitet vor uns eine neue Welt des Ausdrucks und Inhalts aus. In den meisten Fällen führte die natürliche Polysemie der Wörter entweder zur Betonung einer besonderen semantischen Komponente des Worts oder zur Erweiterung der früheren Bedeutungsbreite durch Hinzufügung neuer Komponenten. Wenn ein Wort überlebte, kann es eine besondere Bedeutungsnuance aus jener Zeit bewahrt haben oder kann, was wahrscheinlicher ist, sie wieder verloren und eine neue, durch kulturelle Umstände bedingte Bedeutungsstruktur erhalten haben. Von nur sehr wenigen Wörtern kann hier ihre Bedeutungsgeschichte gegeben, besser gesagt, angedeutet werden. Da die Literatur des Rittertums dauernde Wertschätzung erlangte und für ihr Zeitalter so charakteristisch war wie das religiöse Schrifttum für das karolingische, werden die Beispiele aus dem Bereich des höfischen Rittertums genommen.

In der zweiten Hälfte des 12. Jh.s war das Nomen agentis *rīter* oder *rītære* im Begriff, den berittenen, einem adligen Herrn dienenden Krieger zu bezeichnen. Die Alternativform *ritter* entstand fast zur gleichen Zeit. Da Vokallänge normalerweise in der Schrift nicht angedeutet und sogar die Konsonantenverdoppelung alles andere als folgerichtig gehandhabt wurde, besteht über die Herkunft der Form mit kurzem Vokal noch immer Zweifel. Die Annahme, daß die mittelniederländische oder flämische Form *riddere* mhd. *ritter* entstehen ließ, ist nicht mehr unbestritten, auch interne deutsche Entwicklungen können sehr wohl zu der Alternativform geführt haben. Unbestritten ist jedoch, daß beide Formen mit dem ethischen Inhalt des frz. *chevalier* gefüllt wurden. *Rîter* oder *ritter* wurde der zeitentsprechende Ausdruck für den schwer bewaffneten berittenen Krieger im späten 12. Jh. und in der ersten Hälfte des 13. Jh.s, während die älteren Wörter für den Krieger wie *wīgant, degen, helt, recke* von den höfischen Autoren der Zeit gemieden wurden. Interessant ist die Feststellung, daß im frühmhd. *Rolandslied ritter* nur viermal belegt ist, aber *helt* 184 mal, *degen* (inklusive Komposita) 27 mal und *recke* 19 mal. In Hartmanns großen Epen *Erec* und *Iwein* zusammen erscheint *ritter* 217 mal, *helt* jedoch 5 mal und *degen* nur 15 mal, von denen 11 im älteren *Erec* stehen. Die Heldenepen *Nibelungenlied* und *Kudrun* verbinden eine Neigung für *ritter* bei deutlicher Vorliebe für die älteren Ausdrücke *helt, degen* und *wīgant* (Bumke, S. 32ff.). Attribute des Rühmens und der Bewunderung änderten sich ebenfalls in ähnlicher Weise. Wörter wie *balt, biderbe, ellenhaft, mære, snel, wæhe, wætlich, ziere* kamen außer Mode, während Adjektive wie *edel, guoat, küene, wert* in Gunst standen.

Schönheit bezeichnende Adjektive erlebten zwischen den frühen Werken der großen ritterlichen Epik und denen der Nachklassik eine bedeutende Verschiebung. Die frühen, sogenannten *Spielmannsepen* geben *hērlich* den Vorzug neben *schœne* und gebrauchen Wörter wie *mære, tiure, lussam, ziere, zierlich*, auch *lobesam* in einigen späteren *Spielmannsepen.* Während der klassischen Zeit des Rittertums und im *Minnesang* ist *schœne* das ranghöchste Epitheton für Schönheit, *hērlich* dagegen wird von den klassischen *Minnesingern* ganz gemieden, ebenso von Wolfram, und Hartmann gebraucht es nur im *Erec*, seinem frühesten Werk (V. 3199 von der Kleidung der Ritter: *ir kleider sint herlich* ist der letzte Beleg). Gottfried gebrauchte es sparsam, und zwar für Adlige und ihnen zugehörige Dinge. Die für klassische Autoren kennzeichnendsten Adjektive der Schönheit sind *lieht* (auch *lieht gemal, lieht gevar* bei Wolfram), *clār* (besonders bei Wolfram und seinen Nachahmern), *wünneclich, minneclich, süeze.* In den späteren Heldenepen wird *hērlich* wieder wichtig. In der *Kudrun* wird es häufig gebraucht, sogar als Attribut für Frauen, nicht für Männer. Das Nibelungenlied ist ein Beispiel für die Mischung aus Altem und Neuem. In der zu B gehörigen Hss.-Gruppe kommt *wætlich* entschieden häufiger vor als in der zu C gehörigen. Mit Bezug auf Frauen zieht diese Version *minneclich*, mit Bezug auf Männer *küene* vor. *Wætlich* ist ein Wort der sogenannten *Spielmannsepen* des 12. Jh.s. Es findet sich nicht in Wolframs *Parzival.* In der *Kudrun* jedoch ist es neben *minneclich* verbreitet. Die zu C gehörige Gruppe des Nibelungenlieds weist ein deutlich zahlreicheres Vorkommen von *minneclich* auf als die andere Gruppe, einschließlich solcher Wendungen wie *der minnecliche recke* (241, 3-B: *der wætliche recke*). In den späten mhd. Epen, z. B. im *Rosengarten von Worms*, wird Schönheit von einer ganzen Reihe von neuen Adjektiven bezeichnet, beispielsweise von *fin, hübsch, lieplich, zart.* Als Brünhild und *helden* schließlich *zart* genannt wurden, war in der Tat eine neue Zeit angebrochen.

Die größte Schwierigkeit für den heutigen Leser mhd. Texte, mit der er sich abfinden muß, liegt vielleicht daran, daß er so viele Wörter erkennt, jedoch an ihrer Bedeutung scheitert. Um die Neuformierung der Bedeutung zu illustrieren, von der die meisten geläufigen Adjektive betroffen worden sind, sind einige Beispiele auf der nächsten Seite zusammengestellt.

Alle großen Ideen des Rittertums wurden durch gebräuchliche heimische Wörter ausgedrückt, doch haben wir in den meisten Fällen mit *Bedeutungsentlehnung* zu rechnen. Die spezifisch ritterliche Bedeutung stammt gewöhnlich aus dem Französischen oder Provençalischen. So ist es beispielsweise bei *hövisch, hovelich, hovebære, hövescheit.* Alle diese Wörter hatten die Bedeutung von frz. *courtois* (altfrz. *cortois*), *courtoisie* aufgenommen. Daß *rīter* seinen zeitgenössischen Bedeutungsgehalt *chevalier* verdankte, ist bereits gesagt worden. *Süeze* wurde in Anlehnung an den Gebrauch des frz. *doux* für empfindsame, höfisch gesinnte Menschen gebraucht. Die dt. Wörter *geselleschaft* und *ingesinde* bekamen die gleiche Bedeutung wie das Lehnwort *massenīe*, das von altfrz. *masnie, maisnie* stammt und die höfische Gesellschaft oder Hofhaltung bezeichnete. Das feierliche Versprechen des besiegten Ritters, seinem Bezwinger zu dienen, wurde durch das dt. Wort *sicherheit* ausgedrückt, wenn auch in vielen ritterlichen Epen dem Lehnwort *fīanze* der Vorzug gegeben wird. *Māze* ‚das rechte Maß oder Verhältnis' bezog seine spezifisch ritterliche Bedeutung ‚Mäßigung' und ‚Selbstbeschränkung' vom provençalischen *mezura* oder altfrz. *mesure. Vröude* ‚joie de vivre, Frohsinn, Heiterkeit' gab das frz. *joie* wieder, und das Gegenteil *swære* ‚Traurigkeit, Kummer, Leid' bekam seine spezifisch höfische Bedeutung vom altfrz. *pesance, grevance. Lōn* ‚Dank, Belohnung' hatte die gleiche vornehme Bedeutung wie *merci, merce. Minne*, ein altes polysemisches Wort für ‚Liebe' mit vielen Bedeutungsnuancen (*Caritas, Amor, Eros* usw.) erhielt die Komponente ‚höfische Liebe' wie altfrz. *amor* und *vriundinne* die Bedeutung von *amie*, das auch als Lehnwort, *amīe*, vorkam. Das neue Wort *werdekeit* und die älteren Abstrakta *werde, wirde* ‚Ansehen, Würde, Ehre' nahmen die Bedeutung von *valor* in sich auf. Unter den neuen Adjektiven zur Bezeichnung der Schönheit befand sich *keiserlich*, das semantisch zweifelsohne vom

Mhd.	Nhd.
bescheiden: einsichtig, unterrichtet, wissen, was sich ziemt	‚bescheiden'
bœse: übel, wertlos, unedel, von sozial niedrigem Stand	‚schlecht, böse, wütend'
hovelich: dem Hof anstehend, höfisch, wohlerzogen	‚höflich'
hübesch, hövesch: höfisch, gesittet	‚hübsch'
kleine: zierlich, fein, delikat, klein	‚klein'
kluoc: fein, elegant, tüchtig	‚gescheit'
kranc: schwach, machtlos, schmächtig, wertlos	‚krank'
rīche: mächtig, edel, glanzvoll, im Überfluß besitzend	‚reich'
swach: wertlos, schlecht, unbedeutend, macht-, kraftlos	‚schwach'
tump: unerfahren, verständnislos, töricht	‚dumm'
vrum: tüchtig, tapfer, ehrenhaft, förderlich	‚fromm, ergeben'
wert: wertvoll, würdig, kostbar, edel	‚wert, verdienstlich'
wīse: gelehrt, erfahren, kenntnisreich	‚weise'

altfrz. *emperial* ‚prächtig, schön' beeinflußt war. Das Verb *unēren, geunēren* ‚entehren, beschimpfen, schänden' wurde ein charakteristischer Ausdruck des Höfischen in Anlehnung an das altfrz. Verb *honnir (Honi soit qui mal y pense); genāden*, im Ahd. ‚gnädig sein, Mitleid haben', hieß jetzt auch ‚danken' nach dem altfrz. *mercier*, das von Gottfried von Straßburg direkt entlehnt wurde *(merzīen).*

Eine Art Bedeutungsentlehnung ist ebenfalls der mhd. Gebrauch von *ir*, 2. Pers. Pl., als neue, nach dem Frz. ausgerichtete Form der höflichen Anrede.

(iii) *Lehnübersetzung* im weitesten Sinne des Wortes, d. h. unter Einbeziehung von Lehnübertragung und Lehnschöpfung, um fremde Begriffe mit den Mitteln der heimischen Sprache wiederzugeben, war beim Kontakt zwischen Französisch und Deutsch im Mittelalter keine ausgesprochen hoch entwickelte Erscheinung. Bei der Lyrik waren es nur die Themen der frz. und provençalischen Dichtung, die die deutschen *Minnesänger* inspirierten. Die frz. Ritterepen wurden eher angepaßt als übersetzt, und Anpassung erforderte nicht jenen möglichst wörtlichen Zuschnitt deutscher Ausdrücke zur Nachahmung der fremden Originalterminologie, der für die deutsch-lateinische Kulturkonfrontation während der ahd. Zeit so kennzeichnend war.

Lehnübersetzungen sind jedoch *ritterschaft tuon* von frz. *faire chevalerie; iuwer genāde* von *vostre merci; sunder væl(e)* von afrz. *senz faille*, wobei *væl(e)* selbst ein Lehnwort war (<*faille*); *kriechisch viur* von afrz. *feu gregois; ein spil teilen* ‚zur Wahl vorlegen' <*partir un jeu* oder mittelalterlich lat. *partiri iocum*, vgl. engl. *jeopardy* < afrz. *jeu parti* ‚ein Spiel mit gleichen Chancen' d.i. ‚ein Risiko'; *mīn her Iwein* (usw.) von *mes sire Yvains* bei

Chrétien de Troyes; *über mer* ‚das Heilige Land‘ < afrz. *d'outre mer* oder lat. *ultra mare; mīn līp* ‚ich‘, *sīn līp* ‚er‘ usw. wurden durch das afrz. *mon cors* usw. außerordentlich populär, wenngleich der Ausdruck auch heimischen Ursprungs gewesen sein kann; *wolgetān* ‚schön, elegant‘ < *bien fait; grōzmuoter, grōzvater* < afrz. *grandmere, grandpere; perilmuoter* ‚Perlmutt‘ < afrz. *mere perle* oder mittelalt. lat. *mater perlarum.*

Im 13. Jh. wurden viele lat. Ausdrücke der Scholastik eingedeutscht. Die Mystik wurde ebenso von der lat. Terminologie der Theologie inspiriert. Zahlreiche Wörter auf *-ung* wurden den lat. Abstrakta auf *-tio* nachgebildet und Substantive auf *-heit, -keit* den lat. Formen auf *-tas*, z. B. *unitas: einicheit; intellectualitas: fornuftikeit; temporalitas: zītheit; imaginatio: inbildunge.* Andere Lehnübersetzungen sind: *īndruc (impressio); īnblic (intuitus); īnganc (introitus); īnvluz (influxus); zuoval (accidentia); umbestant (circumstantia); vürwurf (objectum); samewizzecheit (conscientia); wesen (esse, ens).* Hunderte solcher Wörter wurden von Gelehrten, Priestern und Predigern, deren erste Wissenschaftssprache schließlich das Lateinische war, ins Deutsche eingeführt.

5.8.2 Lehngut

Obwohl das Deutsche während des ganzen Mittelalters Lehnwörter aus dem Lateinischen bezog, war das Französische vom 12. bis zum 14. Jh. die charakteristische fremde Quelle für das Mhd. Gemessen an diesen beiden Sprachen, haben andere sehr wenig Lehnwörter beigesteuert. Gegen Ende des Zeitraums und im anschließenden Jahrhundert wurde nach der plötzlichen Abnahme des französischen Einflusses das Italienische von einiger Bedeutung. Die Welt des Handels und des Bankwesens wurde mit italienischen Wörtern bereichert, so wie vorher die Welt des Rittertums, allerdings in viel größerem Ausmaß, auf das Frz. zurückgegriffen hatte. Nicht nur stammte der modischste Teil der erzählenden Literatur aus Frankreich, auch materielle Güter, Regeln des guten Benehmens und viele Charakteristika des zeitgenössischen Kulturlebens kamen von ihren westlichen Nachbarn zu den Deutschen, oft über die Niederlande, insbesondere über Flandern, Brabant und Limburg. Kenntnisse der frz. Lebensart und der frz. Sprache müssen verbreitet gewesen sein, mindestens an den Höfen des Adels.

(i) *Französischer Einfluß*

Nach Schätzungen E. Öhmanns wurden im 12. Jh. ungefähr 300, im 13. Jh. gegen 700 und im 14. Jh. vielleicht noch einmal 300 frz. Lehnwörter ins

Deutsche eingeführt. Zusammen mit den zahlreichen Ableitungen und Komposita betrug der Gesamtbestand an aus dem Frz. stammenden Wörtern nicht weniger als 2000. Viel von diesem Lehnwortschatz war rein literarischer Natur und blieb ein dekoratives Element dieser epischen Literatur des Rittertums. Insbesondere Wolfram und Gottfried gebrauchten gern Fremdwörter. Solche Wörter und viele andere, die zu den Fachausdrücken des ritterlichen Lebens gehörten, verschwanden mit der zu ihnen gehörenden Kultur. Eine stattliche Zahl von Wörtern wurde jedoch der Gemeinsprache einverleibt und bereicherte so das Deutsche auf Dauer. Nur diese Wörter sollen angeführt werden.

Oft läßt sich kaum entscheiden, ob ein bestimmtes Wort aus dem Frz. oder dem mittelalterlichen Latein stammt. Besonders bei Wörtern der Wissenschaft oder der Bildung übte das Lateinische seinen Einfluß aus, auch in Fällen, wo es nicht direkte Quelle war. Wörter, die aus dem Frz. entlehnt worden sein könnten, wurden unter Berücksichtigung der lat. Form umgebildet. Das *iu* in *creatiure* beispielsweise stammte aus dem Frz., doch das spätere und heutige Wort *Kreatur* wurde von lat. *creatura* beeinflußt. Der mittelalterliche Name für *Beryll* war *berille, barille* von afrz. *beril, berille.* Später wurde er durch die lat. Form ersetzt. In vielen Fällen ist die nachfolgende lautliche Entwicklung ein Beweis für das dauernde Vorhandensein eines Wortes im Dt., z.B. *Abenteuer* < mhd. *āventiure* < afrz. *aventure*; in andern Fällen muß man mit späterer Neuentlehnung rechnen. Daher ist es zweifelhaft, ob das heutige *galoppieren* kontinuierliche Fortsetzung des mhd. *walopieren, galopieren* < afrz. *waloper, galoper* ist. Das heutige *blond* stammt von einer Entlehnung aus dem Frz. des 17. Jh.s, die das mhd. *blunt* < afrz. *blond* ersetzte. Einige Entlehnungen aus dem Frz. sind eigentlich östlicher, arabischer oder persischer Herkunft, da sie aber das Dt. über das Frz. erreichten, belegen sie frz. Einfluß, was auch immer ihr Ursprung gewesen sein mag. In der folgenden thematischen Anordnung steht das heutige Wort an erster Stelle.

Rittertum und ritterliches Leben:

Abenteuer < *āventiure* < afrz. *aventure* ‚wunderbare Begebenheit, gewagtes (ritterliches) Unternehmen'; *Admiral* < *amiral, admirāt* usw. < afrz. *amiral, emiral* ‚orientalischer Befehlshaber oder Fürst', vgl. arab. *Emir; Baron*, mhd. *barūn* < afrz. *baron*, neu entlehnt im 16./17. Jh.; *Bastard* < *bastart, basthart* ‚uneheliches Kind'; *birschen* < *birsen, pirsen* ‚jagen mit Hunden', ‚aufspüren' < afrz. *berser* ‚einen Pfeil abschießen', ‚jagen'; *falsch* < *vals, valsch* ‚untreu, unehrenhaft' < afrz. *fals, falske*, wahrscheinlich über das mittelniederl. *falsc; Fasan* < *fasān, vasant* < afrz. *faisan; fein* < *fīn* < afrz. *fin* ‚fein, zart'; *Firnis* < *virnīs* < afrz. *vernis; Koppel* < *koppel, kuppel* < afrz. *cople, couple* ‚Leine, Hundekoppel', daher *kuppeln, koppeln; Kummer*<*kumber* ,Not, Bedrängnis' <afrz. *encombrier* ,Schutt, Belastung, Sorge', vgl. engl. *encumber; Kumpan*<*kumpān, kompān* <afrz. *compain* ,Genosse, Gefährte', im Mhd. auch *kumpānīe*, neu entlehnt aus dem Italienischen des 14. und dem Frz. des 17. Jh.s >*Kompanie* im kommerziellen und militärischen Sinne; *logieren*, mhd. *loschieren*<afrz. *logier* ,beherbergen, sich lagern', im 17. Jh. neu entlehnt; *Palast*<*palas*<afrz. *palais* ,Wohnbereich im Schloß, Versammlungssaal'; *Plan*<*plān* ,flache Fläche, Platz' <afrz. *plain*, vielleicht auch <lat. *planum*, auch mhd. *plānen* ,glätten', die heutigen Wörter *Plan, planieren* wurden neu entlehnt; *Parlament*, mhd. *parlement* (<Afrz.) ,Versammlung, Disputation', mit der heutigen Bedeutung ,Versammlung' neu entlehnt; *Preis*<*prīs* ,Ruhm, Lob, Belohnung', später > ,Preis', <afrz. *pris*, mhd. auch *prīsen* ,preisen, loben' >*preisen; Prinz*<*prinze* <afrz. *prince; prüfen*<*prüeven* ,betrachten, schätzen, probieren' <afrz. *prover, pruef, prueve*, zuerst im 12. Jh. belegt, doch frühere Entlehnung des vulgärlat. *provare (probare)* kann nicht ausgeschlossen werden, *proben, Probe, probieren* wurden später direkt aus dem Lat. entlehnt *(probare, proba)*; Rotte<*rot(t)e* ,Gruppe, Rotte', <afrz. *rote; rund*<*runt*<afrz. *reont, ront; Tafelrunde*, mhd. *tavelrunde*<afrz. *table ronde* ,König Artus' Tafelrunde', im 18. Jh. wiederbelebt; *Tresor*, mhd. *trisor* ,Schatz' <afrz. tresor, im vorigen Jh. wieder eingeführt; *Thron*<*trōn*<afrz. *tron; Turm*<*turn, torn*<afrz. **torn, tournelle; Vasall* <*vassal*<afrz. *vassal.*

Kriegswesen und Ausrüstung

Banner<*banier*<afrz. *baniere; Buhurt, buhurdieren*<*behurt, behurten*<afrz. *behort, behorder* ,Reiterspiel, Attacke', im 19. Jh. erneuert; *Erker*<*erker(e)* <afrz. *arquiere; fehlen*<*vælen* ,das Ziel mit Speer oder Pfeil verfehlen' <afrz. *faillir* ,verfehlen'; *galoppieren*, mhd. *walopieren, galopieren*<afrz. *waloper, galoper*, vielleicht vom italien. *galoppare* neu entlehnt; *Harnisch*<*harnas, harnasch* <afrz. *harnais* ,Rüstung'; *Hast, hasten*<mndt. *hast*, mittelniederl. *haast*<afrz. *haste* ,Eile'; *hurtig*<*hurtec, hurt(e)* ,Attacke, Stoß', *hurten* ,stoßen, attackieren' <afrz. *hurter* ,anrennen', vgl. engl. *to hurt, to hurtle; Koller*<*kollier, gollier* ,Halsstück der Rüstung' <afrz. *collier; Lanze*<*lanze*<afrz. *lance; Panzer*< *pancier* ,Brustplatte der Rüstung' <afrz. *pancier; Platte*<*blate, plate* ,Brustschild' <afrz. *plate*, auch vom lat. *platta ,Metallplatte' entlehnt; Platz*<*plaz* <afrz. *place; Sold*<*solt ,Bezahlung für Kriegsdienst'* <afrz. *solde* ,Goldmünze, Bezahlung', daher *Söldner*<*soldenære, soldier; Spital*<*spital, spitel*<afrz. *hospital*, vielleicht lat. *hospitale; tasten*<*tasten*<afrz. *taster* ,berühren'; *Tjost* <*juste, justiren* ,ritterlicher Zweikampf mit dem Speer' <afrz. *joste*, im Nhd. neu eingeführt; *Turnier*<*turnei, tornei*, später *turnier*, vgl. *turnieren*<afrz. *tornei, tournei* ,Turnier' <afrz. *tornier, tour(o)ier* ,wenden, reiten', *turnen* ist im 19. Jh. aus ahd. *turnēn*<lat. *tornare* neu eingeführt worden.

Unterhaltung

Fee, mhd. *fei*<afrz. *feie, fee*, vgl. engl. *fay; Fest*<*fest, veste*<afrz. *feste; Flöte*< *floite*<afrz. *flaüte; -lei (mancherlei, keinerlei)*<*lei(e)* ,Art und Weise' <afrz. *ley*

‚Art und Weise'; *Melodie*<*melodīe*<afrz. *melodie*, zusätzliche Entlehnung von lat. *melodia* ist sicher möglich; *Pinsel*<*bensel, pinsel*<afrz. *pincel; Posaune* < *pusūne, busūne* < afrz. *buisine; Reim* < *rīm* afrz. *rime; Schach* < *schāch* <afrz. *eschac, eschiec* von persisch *shah* ‚König', mhd. *ch* für afrz. *c* kann sich aus der analogen Entsprechung von hdt. *ch* = mittelniederl. *k* ergeben; *Schachmatt* < *schāch unde mat* vom pers. *shah māt* ‚der König ist tot'; *Schalmei* <*schal(e)mīe* <afrz. *chalemie; Tambour, Tamburin*<*tambūr* ‚Trommel' <afrz. *tabor, tambor*, aus dem Arabischen stammend; *Tanz, tanzen*<*tanz, tanzen* <afrz. *danse, dancier.* Erstes Vorkommen und kulturelle Gründe lassen dies als Lehnwort des 12. Jh.s erscheinen, doch ist es auch möglich, daß es das Etymon im Dt. gab (ahd. urgerm. **tanzōn*, rhein. **danzōn*). Eine solche Annahme (s. Brosman) würde das mhd. *t*- erklären, und die rhein. Form würde eine befriedigende Etymologie für das afrz. *dancier* abgeben. In diesem Falle wäre mhd. *tanzen* eine Bedeutungsentlehnung.

Luxusgüter

Alabaster<*alabaster*<afrz. *alabastre* oder lat. *alabastrum; Baldachin*, mhd. *baldekīn* ‚Feinseide aus Bagdad' <afrz. *baldekin, baudequin*, die heutige Form wurde später aus dem Ital. entlehnt *(baldacchino); Brosche*, mhd. *brosche*< afrz. *broche*, das heutige Wort wurde im 19. Jh. neu entlehnt; *Ingwer*<*ingeber, ingewer*<afrz. *gingebre*, indischen Ursprungs; *Korduan(leder)*<*kurdewān, korrūn*<afrz. *cordouan* ‚Schafsleder aus Cordoba', vgl. engl. *cordwain, cordwainer; Lampe*<*lampe*<afrz. *lampe; Muskat(nuß) muscāt*<afrz. *muscate; Papagei*, mhd. *papegān*<afrz. *papegai; Rosine*<*rosīn*<afrz. *raisin; Safran*<*saffrān* <afrz. *safran* (<Arab.); *Samt*<*samīt*<afrz. *samit; Scharlach*<*scharlach(en), scharlāt*<afrz. *escarlate* (vgl. engl. *scarlet*) ‚rotes Tuch', dem mhd. *lachen* ‚Tuch, Decke' angepaßt, vgl. *Laken* (<Ndt.); *Teller*<*teller, telier*<afrz. *tailleor* oder ital. *tagliere* ‚Hackbrett, Platte'; *Zinnober*<*zinober*<afrz. *cenobre, cinabre.* Die Edelsteinnamen kamen zu dieser Zeit ins Dt., in den meisten Fällen wohl durch frz. Vermittlung, doch waren letztlich die lat. (griech.) Formen ausschlaggebend, z. B. *Amethyst*, doch mhd. *ametiste*<afrz. *ametiste.* Nur *Karfunkel*<mhd. *karbunkel, karfunkel*<afrz. *carboncle* scheint dem späteren lat. Einfluß entgangen zu sein.

(ii) *Mittelniederländischer Einfluß*

Kein Gebiet des Reiches war für französischen Einfluß empfänglicher als die westlichen Niederlande. Tatsächlich gehörte die Grafschaft Flandern zum Königreich Frankreich. Die neue Zivilisation des Rittertums wurde also zuerst in Flandern und Brabant aufgenommen, ehe sie sich in den weiter östlichen Gebieten ausbreitete. Es war kein Zufall, daß Heinrich von Veldeke aus der Gegend von Maastricht derjenige war, der, laut Gottfried von Straßburg, ‚inpfete daz erste ris in tiutischer zungen', d. h. der als erster höfische Dichtung auf Deutsch schrieb. Viele neue Ideen und neue Wörter erreichten Deutschland über das Mittelniederländische. Die neue

Bedeutung von *rīter*, ja sogar die Form *ritter* kann durch mittelniederl. *ridddere* veranlaßt worden sein (doch s. S. 307). Sein Gegenbegriff, durch frz. *vilain, vilenie* ausgedrückt, ging ins Mittelniederl. als *dorper, dorperīe, dorperheit* (eine Lehnbedeutung) ein, und diese Wörter waren unter den frühesten deutschen Entlehnungen aus dem Niederl.: *dörper, dörperīe, dörperheit, dörperlich.* Es wurde nicht versucht, den Begriff durch das heimische Wort *dorf* und seine Ableitungen wiederzugeben. Nhd. *Tölpel* ist der letzte Nachhall dieser Entlehnung. Andere Wörter, die mittelniederl. Herkunft in ihrer Lautung zeigen, sind *ors* ‚Pferd' (mhd. *ros*); *wāpen* (mhd. *wāfen*) ‚Waffen', heute *Wappen*; und Diminutive auf *-kīn*, z.B. *kindekīn* – mhd. *kindelīn.* Es galt als schick, Flämisch zu sprechen oder zu *vlæmen*, und dies wird geschickt von Wernher dem Gartenære im *Meier Helmbrecht* parodiert:

717 *‚vil liebe soete kindekīn,*
got lāt' iuch immer sælec sīn.'
764 *‚Ey waz sakent ir gebūrekīn*
und jenez gunērte wīf?
mīn parit, mīnen klāren līf,
sol dehein gebūric man
zwāre nimmer grīpen an.'

Nicht nur die offensichtlichen Formen des nördlichen Dialekts (*soete* für *süeze, kindekīn* für *kindelīn, lāt* für *lāz*, das nachgemachte *sakent* für *sagent, gebūrekīn* für *gebiurlīn, wīf, līf* für *wīp, līp, grīpen* für *grīfen*) zeigen die Absicht des jungen Helmbrecht, als Niederländer zu gelten. Auch in der Wortwahl heben sich die flämischen Modeausdrücke heraus, z.B. der Gebrauch von *soete, gunērt, parit*, verwandt mit *Pferd* (für mhd. *ros*) und *klār.*

Neben *klār* verrät eine Reihe von Epitheta ihre Popularität im Nordwesten, beispielsweise *blīde* ‚froh', *kluoc* ‚zierlich, elegant', *wert* ‚ausgezeichnet', *fīn* und *gehiure* ‚trefflich, lieblich'. Einige frz. Lehnwörter zeigen, daß sie über das Flämische gekommen sind. Viele weitere folgten wahrscheinlich auf demselben Wege, ohne daß es sprachlich offensichtlich ist. Unter den erstgenannten befinden sich *schach* (s. S. 314); *falsch* (s. S. 312); *kabel* <afrz. *chable*, pikardisch *cable* über Flandern; *kapūn* <afrz. *chapon*, pikard. *c*<mndl. *cap(p)oen*, nhd. *Kapaun; begīne* ‚Laienschwester' <mndl. *beghīne* <afrz. *beguine.*

(iii) *Lateinischer Einfluß*

Um den andauernden mächtigen Lehnwortstrom aus dem Lat. zu entdekken, muß man die Literatur des Rittertums verlassen und sich der didaktischen, religiösen und gelehrten Prosa und der Dichtung der Meistersinger zuwenden. Hier findet sich eine ganz neue Klasse von Verben, jene auf *-ieren* mit lat. Grundlage, beispielsweise *absolvieren, appellieren, clarificieren, compilieren, contemplieren, dispensieren, disputieren, interpretieren, jubilieren, meditieren, ordinieren, polieren, regieren, regulieren, speculieren, studieren, temperieren, visieren, visitieren.* Nie wieder hat fremder Einfluß zur Aufnahme so vieler Verben geführt. Die frühesten dt. Verben mit diesem Suffix sind *halbieren* und *hovieren* ‚ein Hofleben führen' oder ‚am Hofe dienen', heute *hofieren* mit typischer Bedeutungsverschlechterung ‚schmeicheln, Speichellecker sein'.

Aus der großen Zahl von Substantiven können die folgenden die Wirkung des Lateinischen in vielen Wissenschaftsbereichen zeigen (die Wörter sind in ihrer heutigen Form wiedergegeben):

Absolution, Abstinenz, Advokat, Alaun, Albe, Apotheke, Appellation, Argument, Artikel, Arznei, Astrologie, Astronomie, Baptist, Bulle, Chronik, Dekret, Differenz, Dissonanz, Disziplin, Element, Exempel, Figur, Firmament, Geometrie, Glorie, Glosse, Grad, Grammatik, Gummi, Häresie, Historie, Hostie, Instrument, Jurist, Kapuze, Konfirmation, Konzil, Magnet, Majestät, Materie, Metall, Oktave, Pastor, Patron, Person, Phantasie, Planet, Praktik, Prälat, Privileg, Prophet, Provinz, Prozeß, Pulver, Quinte, Regiment, Register, Sakrament, Sakristei, Salpeter, Senat, Session, Statut, Student, Substanz, Text, Universität, Zirkel.

(iv) *Italienischer Einfluß*

Die Vorherrschaft in Handel und Bankwesen, die italienische, insbesondere lombardische Städte gewannen, ergab in der zweiten Hälfte des 13. und während des 14. Jh.s einen Zustrom von Lehnwörtern aus dem Italienischen. Beispiele: *Barke* < mhd. *barke* < it. *barca*, vgl. afrz. *barge; Bastei* < it. *bastia; Groschen* < it. *grosso* oder lat. *denarius grossus; Golf* wohl < it. *golfo*, ein mittelmeerischer Ausdruck der Nautik; *Kamel* < mhd. *kemel, kamel* < it. *cammello* oder gr. *κάμηλος* (kámēlos); *Kapitän*, mhd. *kapitān* von afrz. *capitaine* oder it. *capitano; Ketzer* < *ketzer* < it. *gazaro*, lat. *Cathari* ‚Katharer'; *Kompaß* < it. *compasso* ‚die Kompaßnadel'; *Lavendel* < *lavendel(e)* < it. *lavendola; Pirat* < it. *pirata* (aus dem Griech.); *Reis* < *rīs* < it. *riso*, indischen Ursprungs; *Scharmützel* < *scharmutzel, scharmützel* < it. *scaramuza, scaramuccia* ‚Kampf'; *spazieren* < *spacziren* < *spaziare* ‚durchwandern, bereisen'; *Spezerei* < *specerīe* < it. *spezeria* ‚Gewürz(e)'; *Zucker* < *cuccer, zuccer* < it. *zucchero*, indischen Ursprungs.

Im 15. und 16. Jh. kamen zu den wenigen mhd. Entlehnungen viele weitere italienische Wörter hinzu.

5.8.3 Namenkunde (Onomastik)

(i) Im Zeitraum zwischen dem 11. und 14. Jh. waren zwei bedeutsame Ereignisse für die deutschen *Ortsnamen (Toponyme)* folgenreich. Zum einen verdrängte die innere Kolonisierung überall die Urwälder und führte zur Gründung von Siedlungen in bis dahin bewaldeten und gewöhnlich höher liegenden Gebieten. Obwohl die meisten städtischen Entwicklungen bereits bestehende Orte betrafen, wurden einige neue Städte sogar in den alten Gebieten gegründet. Zum andern brachte die Ostexpansion über die Elbe und Saale in slawische Gebiete die Aufnahme vieler slawischer Ortsnamen mit sich und machte die Benennung neuer Gründungen nötig.

Die Rodungen brachten neue Namengebungsarten hervor. Auf Rodungen bezogene Namenbestandteile waren: *-reut, -rode* (ndt.), von mhd. *riute* ‚Stück durch Rodung urbar gemachten Landes', *riuten* ‚roden', z.B. *Bayreuth* ‚die bayrische Rodung', *Güntersrod, Wernigerode, Rüti* (mit schweizerischer Bewahrung des mhd. *iu*); *-schwand, -schwendi* oder *-brand* für Rodung durch Abbrennen, z.B. *Altenschwand; -hagen, -hain*, verwandt mit engl. *haw(thorn)*<ae. *haga*, z.B. *Falkenhain, Meinerzhagen* (<*Meginhardes hagen*); *-scheid* ‚Abgrenzung', besonders im westdt. Ruhr-Main-Nahe-Gebiet, z.B. *Remscheid, Lüdenscheid.* Bestehende Namen für die natürliche Umgebung wurden jetzt oft zu Wohnstättennamen, z.B. solche auf *-wald, -holt* oder *-holz, -horst, -hard, -bach, -ach* (entweder der Bestandteil ‚Fluß', ahd. *-aha*, oder das Kollektivsuffix *-ahi*). Viele der neuen, in Rodungen gelegenen Dörfer und Flecken wurden auf ungünstigem Boden errichtet und später wieder verlassen.

Das Anwachsen schon vor langem gegründeter Dörfer führte oft zur Differenzierung durch Attribute wie *Neu-, Alt-, Ober-, Unter-, Nieder-, Groß-, Klein-.*

Einige alte Namengebungselemente wurden weiterhin gebraucht, besonders *-dorf*, während *-stadt* als Appellativ den Bedeutungswandel von einstigem ‚Stätte, Stelle' zur heutigen Bedeutung ‚Stadt' erfuhr. Gleichzeitig verengte sich die Bedeutung von *burg* auf den ‚befestigten Sitz' eines Adligen oder *Ministerialen*, d.h. auf das heutige *Burg.* Die damals zu Hunderten und Tausenden, meist auf Hügelspitzen errichteten *Burgen* wurden *-burg (Marksburg, Habsburg, Wartburg), -stein (Rheinstein, Liechtenstein, Falkenstein), -fels (Stolzenfels, Rheinfels, Drachenfels)* oder *-eck*, vgl. engl. *edge, (Lahneck, Sooneck)* benannt. Die neuen Städte bekamen des öfteren Namen mit propagandistischem Anstrich durch den Bestandteil *Frei-* wie *Freiburg im Breisgau* und *Freiburg im Üchtland* (d.i. *Fribourg* in der Schweiz). Einen französichen Modenamen dachte sich Erzbischof Philipp von Köln für seine Neugründung von 1182 aus: *Pirremont* ‚Peters Berg', heute *Pyrmont.*

Bei der Ostkolonisierung wurde nur selten ein alter Ortsname für die Benennung der neuen Heimat verwendet. Das bekannteste Beispiel ist *Frankfurt an der Oder* nach *Frankfurt am Main*, ein weiteres *Kaufungen* (bei *Kassel*); der Name wurde zweimal in Obersachsen und einmal in Schlesien verwendet. Belegt sind auch *Aachen, Köln* und *Niemegk* (von *Nijmegen*), *Tornau* (von *Doornik*), die holländische Siedler in den Osten brachten. Im großen und ganzen prägten die Siedler lieber neue Namen, nicht mit den charakteristischen Namenbestandteilen ihrer alten Heimat wie *-ingen, -heim, -leben, -büttel, -weiler, -hausen, -hofen*, sondern mit den neuen, damals in Mode befindlichen und geläufigen Elementen: *-wald(e), -hagen/-hain, -reut/-rode* und dem immer wieder gebrauchten, im Osten am weitesten verbreiteten Namenteil *-dorf (Heinersdorf, Kunersdorf)*, gelegentlich *-stetten.* Namen wie *Reichenbach, Schönau, Freiberg* (mit freier oder unbeschränkter Silbergewinnung), *Neudorf, Neustadt, Neumarkt* drückten Wunsch und Befriedigung aus. Wenige regional beschränkte Rodungsnamen wie *-grün* (z.B. *Wolfersgrün* < *Wolframsgrün* aus der Oberpfalz und Ostfranken) verbreiteten sich in einigen neuen Gebieten (Böhmen, Vogtland). Viele Naturgegebenheiten wurden zur Namenbildung herangezogen, z.B. *-berg, -born/-brunn, -feld*, wie auch *-bach* und *-au.*

Häufig wurden die slawischen Namen bewahrt, so daß die heutige Karte die ursprünglich slawische Besiedlung recht gut widerspiegelt. Dort wo deutsche Namen reichlich vertreten sind und slawische fehlen, waren Deutsche die ersten Siedler, und das Land war vor ihrem Eintreffen unbewohnt gewesen. Erhaltene slawische Namen sind beispielsweise *Graz* (slaw. *Burg*), *Dresden* (< sorbisch ‚Waldbewohner'), *Leipzig* (< sorb. ‚Stelle mit Linden'), *Lübeck* (< slaw. *ljubu* ‚lieb'), *Breslau, Chemnitz, Görlitz, Berlin, Rostock, Stettin, Schwerin* usw. Die slaw. Sprachen besaßen ein Suffix zur Bezeichnung von ‚Abkömmlingen eines Mannes' oder ‚Siedlergruppen', analog dem germ. *-ing*-Suffix: *-ici* oder *-ovici.* Diese wie auch das Appellativsuffix *-ica* sind die Grundlage der meisten, im Osten zahlreichen Namen auf *-itz (Löbnitz).* Der Name Klagenfurt soll die Übersetzung eines slowenischen Wortes mit der Bedeutung ‚Furt der klagenden Frauen' sein.

Die Namen der großen Flüsse wurden, wie üblich, von den Voreinwohnern entlehnt. Da aber der jetzt von Deutschen besiedelte Osten nur etwa sechshundert Jahre in slawischer Hand und vor dem Zeitalter der Völkerwanderung germanisch gewesen war, trugen viele der großen Flüsse slawisierte germanische Namen wie etwa die *Moldau* von *Vltava* < **wilthaahwō* ‚Wildwasser' oder die *Weichsel* von **Wistula* mit dem gleichen Erstbestandteil wie in *Weser*. Die heutigen Namen sind natürlich von slaw. Formen abgeleitet, z.B. auch *Drau, Neiße, Drina, Mulde, Netze, Mur, Steyr, Raab, Rabnitz*.

Für viele ausländische Orte hatte das Mhd. heimische Wörter, die später durch Fremdnamen ersetzt wurden, beispielsweise *Pfāt (Po), Raben (Ravenna), Berne (Verona), Antorf (Antwerpen), Pülle (Apulia), Waskenwald* (dt. *Vogesen*), *Lamparten* (Lombardei, Italien).

(ii) Bei den *Personennamen* gab es in dieser Zeit zwei bedeutsame Veränderungen. Zum einen verfiel nun das ererbte germ. Namengebungssystem endgültig zugunsten eines beträchtlichen Zustroms fremder Namen. Zum andern entwickelte sich ein Zwei-Namen-System und ersetzte das vorausgehende einnamige System durch allmähliche Einführung erblicher Nachnamen (Zunamen, Familiennamen).

In ahd. Zeit gab es viele Zeichen für den Verfall des ererbten Namengebungssystems (s. S. 227f.). Immer mehr germ. Namen starben aus. Es gab wenige neue Kombinationen des alten dithematischen Typus', und wo neue Kombinationen geschaffen wurden, enthielten sie des öfteren so untraditionelle Bestandteile wie *-man* und *-wîf*. Immer mehr Personen trugen immer weniger Namen. Zu den besonders bevorzugten gehörten: *Friedrich, Heinrich, Hermann, Konrad, Ludwig, Otto, Ulrich, Wilhelm, Adelheid, Gertrud, Hedwig, Mathilde*, jedoch mit beträchtlichen örtlichen Abwandlungen. Es existierten weit mehr Kurzformen, mindestens waren jetzt weit mehr Kurzformen belegbar, d.h. sie wurden bei formelleren Gelegenheiten gebraucht. Ein Name konnte auf vielfältige Weise abgekürzt werden, z.B. *Dietrich > Dieto, Dietel, Dieteken, Dietze, Dietzmann, Dirk, Thilo, Tileko, Tymme*, wiederum mit vielen örtlichen Abwandlungen. Im Raum Magdeburg ist der dithematische Name *Conrad* im 13. Jh. 105 mal belegt, die Kurzform *Cone* nur neunmal, doch im 14. Jh. war das Verhältnis *Cone* (106) – *Conrad* (76) (A. Bach, I. § 304).

Dieses verarmte und nun größtenteils unmotivierte Namengebungssystem wurde im 13. Jh. zunehmend durch den Zustrom von Heiligennamen ergänzt. Die Heiligenverehrung hatte seit dem späten 12. Jh. durch kirchliche Bewegungen einen mächtigen Anstoß erfahren. Die neuen Bettelorden ließen jedermann auf die Heiligennamen aufmerksam werden. Die Heiligenkalender gewannen immer mehr an Bedeutung. Ein Kennzeichen der Zeit waren Pilgerfahrten zu den Heiligenschreinen. Während das produktive heimische Namengebungssystem der Karolingerzeit wenig Raum für fremde biblische Namen gelassen hatte, lieferten der

Namengebung nun Heiligennamen neue Motivation und Bedeutung. Den Bestand an Namen bereicherten sie nicht sehr, denn anfänglich wurden nur verhältnismäßig wenige aufgenommen, beispielsweise *Johannes* (hauptsächlich nach Johannes dem Täufer), *Nicolaus, Petrus, Martinus, Georgius, Gregorius, Michaelis, Antonius, Augustinus.* Auch die geläufige Namentypologie berührten sie nicht. Sie wurden bald verdeutscht und gleichfalls gekürzt, z.B. *Nicolaus>Nicol, Nickel* oder *Claus; Andreas>Drees; Antonius>Toni, Tönnies, Dönges; Johannes>John, Jan, Hannes, Hans; Michaelis>Michel.* Auch hier gab es deutliche regionale Unterschiede. Im großen und ganzen waren Heiligennamen von Frauen sogar noch beliebter als von Männern; unter den beliebtesten waren *Agnes, Catherina, Elisabeth, Margaretha, Sophia.*

Die neue Nomenklatur war nicht auf Deutschland begrenzt. Es war ein gesamteuropäisches Phänomen, das sich über die deutschen Gebiete von Westen und Süden, d.h. von den Grenzen zu den romanischen Ländern, nach Osten und Norden verbreitete. Die Stadtpatrizier waren die ersten, die die neue Mode aufnahmen. Bei Bauern und Handwerkern im Westen waren vor dem Ende des 13. Jh.s fremde Namen nicht besonders häufig. Aufs ganze gesehen hinkte der Osten und Norden ein Jahrhundert hinter dem Westen her. Im 12. Jh. waren in Köln, der bei weitem größten Stadt in Deutschland, vierzehn Prozent aller Namen fremder Herkunft. In Bern war um 1200 das Verhältnis von heimischen zu fremden Namen wie sieben zu eins, jedoch wie eins zu zwei um 1375, was deutlich den Umschwung im Mhd. zeigt. Die überwältigende Vorherrschaft von Namen fremder Herkunft wurde jedoch erst im 15. und 16. Jh. erreicht (in Bern zwölf zu eins um 1550). Im 14. Jh. hatten in Dresden neunundvierzig Stadträte einen heimischen und neunundfünzig einen fremden Namen. Unter denjenigen, die einen fremden Heiligennamen trugen, hießen 30,5% *Johannes*, 23,7% *Nikolaus* und 15,2% *Petrus* (s. Fleischer).

Einige heimische Namen hatten den Vorteil, Heiligennamen zu sein und bewahrten ihre Beliebtheit, beispielsweise *Albert, Bernhard, Erhard, Heinrich, Konrad, Oswald* und *Wolfgang.* Es scheint zu dieser Zeit keine offiziellen Anweisungen für die Namenwahl gegeben zu haben, weshalb die neue Namengebung Ausdruck einer in diesem Zeitraum vorherrschenden echten Stimmung war. Erst seit dem Tridentiner Konzil (1545–1563) forderte die Römisch Katholische Kirche die Verwendung von Heiligennamen.

Das Auftauchen von erblichen Nachnamen (Zu-, Familiennamen) fällt in die gleichen Jahrhunderte und konkurrierte mit der Einführung von Heiligennamen. Der erste Schritt dahin war der zunehmende Gebrauch eines *Beinamens (cognomen).* Patronyme und Übernamen (Spitznamen) wurden im germanischen Altertum und im Ahd. immer dann gebraucht, wenn eine genauere Identifikation erforderlich war: *Hiltibrant Heribrantes sunu, Guntchramnus Boso, Karl der Kahle.* Sie wurden jedoch vor dem 12. Jh. nicht geläufig. Auch hier gab es beträchtliche örtliche Abwandlungen. In Köln hatten um 1150 nur 18% der belegten Namen ein *cognomen*, doch schon gegen 1250 kamen 70–90% in dieser Form vor. In Straßburg waren gegen Ende des 13. Jh.s alle Personennamen von einem *cognomen* oder Nachnamen begleitet, und in Wien gab es nach 1288 keinen Namen ohne zweites Element. In Frankfurt am Main dagegen waren bis 1351 34% aller belegten Namen noch immer Einzelnamen, und im Osten, in Lübeck und Rostock, waren *cognomina* oder Zunamen noch im 14. Jh. nicht fester Namensbestandteil. Mit anderen Worten, ein Zwei-Namen-System tauchte zuerst zu Beginn des 12. Jh.s in den großen Städten des Westens auf. Der Vorgang war gegen Ende des 14. und zu Beginn des 15. Jh.s in allen wesentlichen Gebieten abgeschlossen. Genau wie bei den Heiligennamen gab es ein deutliches, vom Westen und Süden zum Osten und Norden verlaufendes Verbreitungsmuster. Einige Räume, Friesland insbesondere, waren außerordentlich konservativ; hier waren Zunamen bis ins 18. Jh. ungeläufig und wurden um diese Zeit allgemein durch offizielles Zutun eingeführt. Dabei blieben Bauern und Dienstvolk hinter andern Klassen zurück. Anführer war der Adel des Südwestens, wo dem Personennamen allgemein der seit der Mitte des 11. Jh.s erblich gewordene Name der Feste oder des Lehnguts angefügt wurde: 1141 *Wernherus comes de Habisburc*; 1189 *Hermannus comes de Froburg; Gotefrit de Eptingen*, wohl ein Ritter. Dem Beispiel des Adels folgte bald die *Ministerialen*klasse, die unfreien Ritter, und dann das Bürgertum. Zu den frühesten derartiger Namen kann der 1004 belegte Name *Wolferat de Alshusa* gehören; *Alshusin* blieb über einige Generationen hin in der Familie.

Drei Fragen müssen untersucht werden. Erstens, woher stammte dies neue System? Zweitens, warum verbreitete es sich zu dieser Zeit? Drittens wie wurden diese neuen Zunamen gebildet?

Das von der Nachbarschaft Romanisch sprechender Länder ausgehende Verbreitungsmuster läßt vermuten, daß, wie bei den Heiligennamen, romanische Praxis das Vorbild gewesen ist. In den Städten Italiens sind *cognomina* und Zunamen schon seit dem 8. Jh. bekannt. Die Provence und Frankreich folgten nach. Der neue Feudaladel muß erbliche Ortsbezeichnungen bei seinen Ansprüchen auf Erblehen als zweckdienlich empfunden haben. Die große Ausdehnung der Städte, die Zunahme der Bevölkerung, Ausbreitung von Handel und Verkehr, die Errichtung

Akten führender Stadtverwaltungen mit Archiven – alles dies, verbunden mit einem immer ineffektiveren Namengebungssystem, erforderte detailliertere Bezeichnung und Benennung. *Cognomina* und Übernamen (Spitznamen) gab es seit langem. Jetzt nahmen sie ganz wesentlich zu. Doch ein *cognomen* ist kein Zu- oder Familienname. Es wird einem Einzelnen gegeben und kann sich im Verlaufe seines Lebens ändern. Ein Zuname ist erblich und nicht mehr motiviert oder bedeutungsabhängig. Wenn Jan oder Hereward ‚Bäcker' oder ‚pistor' heißt, weil er Bäcker ist, hat er ein *cognomen.* Es kann zu ‚Koch' werden, wenn er sein Gewerbe ändert. Doch wenn er ‚Bäcker' genannt wird, auch wenn er Schlächter ist, weiß man, daß ‚Bäcker' ein Zuname und nicht mehr *cognomen* ist; vgl. beispielsweise *Chůnradus dictus Murer sutor,* d. i. ‚Conrad, genannt Maurer, ein Schuhmacher'. Die Interpretation mittelalterlicher Zeugnisse ist oft außerordentlich schwierig. Ausdrücke wie *dictus, cognomento, cognomine, dicitur* oder deutsche wie *ze nanamen geheizen, geheizzen, der da heizzet, genant* deuten allgemein auf das Vorhandensein eines erblichen Nachnamens hin, doch ist das Fehlen solcher Ausdrücke noch kein Beweis für das Gegenteil. Sicherheit besteht nur bei solchen Fällen, wo ein Name auf keinen Fall die Angabe des Herkunftsorts seines Trägers oder seiner wirklichen Beschäftigung oder einer Eigenschaft, die ihn tatsächlich charakterisiert, ist. Der Nachweis, daß ein Name über Generationen hin weitergeführt wird, ist ebenfalls ein schlüssiges Zeugnis dafür, daß man es mit einem Nachnamen und nicht nur mit einem *cognomen* oder einer Bezeichnung ad hoc zu tun hat.

Nachnamen wurden aufgrund von (a) Ortsnamen, (b) Verwandtschaftsverhältnissen, (c) Berufen, (d) Übernamen (Spitznamen) gebildet.

(a) Orts- oder Gebietsnamen zur Bezeichnung von Personen hatten anfänglich ein *de* oder, auf dt., *von* bei sich, z. B. *Grave Otto von Liningen, Her Walther von Klingen, Walther von der Vogelweide.* In diesem Stadium war die Präposition *von* auf keinen Fall ein Adelsprädikat; erst im 17. Jh. wurde *von* ein Privileg von Adelsnamen. Selbst zu dieser Zeit gab es Gegenden, wo dies nicht der Fall war, beispielsweise im Nordwesten und in den Niederlanden *(van Beethoven)* sowie in der Schweiz *(von Allmen, von Arx, von Moos, von Wartburg).* Später wurde *de* und *von* meist weggelassen: *von Homburg>Homburg.* Oft ersetzten andere morphologische Mittel das *von,* besonders *-er, -ing, -isch, -mann,* meist mit deutlich regionaler Verteilung. So waren Bildungen auf *-er* im Süden häufig, während Ortsnamen ohne weitere Markierung in den mittleren und nördlichen Gebieten geläufig waren. *(Homburger – Homburg).* Formentausch war häufig. *Hartman von Ouwe* war auch als *der Ouwære* bekannt, *Walther von* *der Vogelweide* als *Vogelweider, Oswald von Wolkenstein* als *Wolkensteiner.* Abgesehen von wirklichen Ortsnamen, konnten auch andere lokale Bezeichnungen wie geographische Merkmale (*Bachmann*<‚jemand, der an einem Bach wohnt‘, *Brühlmann*<mhd. *brüel* ‚Aue, feuchte Wiese‘, *Vogelsanger*<als ‚Vogelsang‘ bekannte Stelle) oder Wohnstättennamen *(Rosenberg, Schönau, Steiger)* die Grundlage für einen Nachnamen bilden. Wiederum enthalten Namen aus dem Nordwesten und der Schweiz eine Präposition: *ten Brink* oder *Tenbrink, Imhof, Zurbriggen.* Das Suffix *-er* ist natürlich im heutigen Deutsch das geläufige Hinweismittel auf den Herkunftsort, beispielsweise *Frankfurter, Wiener, Londoner.*

(b) Auf Verwandtschaftsverhältnissen beruhende Namen waren vorwiegend Patronymika. Erstbelege stehen gewöhnlich in der Form *Fridericus filius Hiltimari, Albertus filius Ortliebi, Burchardus filius Witonis* oder *Johans Heinrichs sun, Ruodolf Kuonrats sun.* In Süddeutschland zeigt die häufige Erwähnung von *her,* z.B. *Heinrich hern Philippes sun,* daß *sun* kaum je integrierter Teil eines Nachnamens wurde. Nach und nach wurde *filius* oder *sun* weggelassen, wodurch der Nachname im Genitiv stand, z.B. *Hugo Eberhardi, Conradus Hermanni, Heinci Richartz* oder heute *Conradi, Lorenzen, Brahms* (<*Abraham*), *Lutz,* oder er verlor seine Genitivendung: *Cůnradus Diether, Cůnradus Eckehart* oder heute *Arnold, Ernst, Konrad, Kuhn* (<einer Kurzform), *Lorenz, Thomas.* Patronymika mit *-sen* (<*sun*) überlebten in Schleswig-Holstein (*Detlevsen, Jansen, Andersen, Thießen* (<*Matthias*)), während Genitivformen auf *-s* im Niederrheingebiet besonders häufig vorkommen, z.B. *Heinrichs, Frings* (<*Severinus*). Verwandtschaft konnte auch durch Suffixe wie *-er (Kuhner, Kuhnert, Klauser), -ing* (*Humperdinck*<*Hunbrecht*), *-mann (Petermann, Hanselmann)* oder Diminutivsuffixe: *-i (Rüedi, Fritschi), -li, -lin, -el (Niggli, Henslin, Nickel, Helmbrechtel), -ke(n) (Beneke, Heinke, Künecke)* und durch Attribute: *Kleinpeter, Jungandreas* ausgedrückt werden. Dank dieser Patronymik haben viele alte germanische Namen, die als Erstnamen ausgestorben sind, als Nachnamen überlebt, z.B. *Hunbrecht.* Die Tatsache, daß Heiligennamen, selbst als Kurzformen, zu vielen Nachnamen beigesteuert haben, zeigt, daß sie bereits zu der Zeit, als Nachnamen aufkamen, gründlich eingedeutscht waren. Metronymika, also Namen, die vom Namen der Mutter abgeleitet sind, kommen auch, wenngleich nicht sehr häufig vor: *Heinricus Gerdrudis filius, Heinrich Katerinun* oder heute *Gretler* (<*Grete*), *Juttensen* (<Jutta), vgl. engl. *Widdowson.*

(c) Von Berufen, Gewerben oder Ämtern abgeleitete Nachnamen kamen etwas später auf als die vom Verwandtschaftsverhältnis und von der Herkunft abgeleiteten. Bezeichnender Weise gehörten sie zur städtischen Handwerkerklasse. Zuerst hatten sie im allgemeinen einen Artikel bei sich: *Ulrich der Murer, Hans der Schmid*, vgl. niederl. *De Smet, De Jong.* Neben Beschäftigungen, die es noch heute gibt *(Müller, Schneider, Fischer, Wagner, Koch, Hirt)*, erinnern solche Namen oft an mittelalterliche Gewerbe, die längst verschwunden sind, z. B. *Heinricus Strichære* („Seilmacher") oder *Faßbind* (Böttcher oder Küfer), *Kugler* (Haubenmacher < *cuculla*), *Fechner* (Kürschner). Auch Berufsnamen konnten Ableitungssuffixe aufweisen, z. B. *-ing (Vögting)*, Genitiv-*s* (*Chůnrad Suters, Pferdemenges* ‚Pferdehändler') oder Diminutivendungen (*Sütterlin* < *sutor* ‚Schuhmacher').

(d) In vielen Gegenden heben sich die Übernamen (Spitznamen) als zahlenmäßig besonders große Klasse hervor. Hier kommen Namen vor wie *Henricus qui dicitur Angist, Chůnrat Trost, Arnoldus qui Vulpis dicitur, Arnold der Fuhs, Guntherus Fuhs, Heinrich Rehpoch, Jacobus Stegereif* (‚Steigbügel'), *Cunradus Rufus* (‚rot') oder heute *Angst, Trost, Lang, Kurz, Schwarz, Bock, Kopf, Pfefferkorn, Hasenbein.* Unter den Übernamen finden sich auch sogenannte Satznamen. Beispiele aus dem Mittelalter sind *Suchenwirt, Rumezlant, Frauenlob, Rütelschrīn, Scheißindpluomen* (parodistisch in Wittenwilers *Ring*), vgl. im Engl. *Drinkwater, Goodenough, Shakespeare.*

Die ältesten Namentypen sind die Verwandtschaftsnamen, die zwischen dem 12. und 16. Jh. ungefähr 16–20% aller Nachnamen ausmachten, und die Ortsnamen, die ursprünglich in vielen Gegenden ungefähr die Hälfte aller Nachnamen bildeten, z. B. in Hamburg 40%, in Lübeck 53% und in Rostock 48% (Fleischer, *Personennamen*, S. 158). Der prozentuelle Anteil von Ortsnamen zeigte jedoch abnehmende Tendenz, als die Zahl der Berufsnamen anstieg, die im Laufe der Zeit die umfangreichste deutsche Namengruppe werden sollten. Natürlich gab es große örtliche Unterschiede. In den rheinischen Städten lieferten Wohnstättennamen ein tendentiell großes Kontingent. In Bayern spielten sie praktisch gar keine Rolle. Sowohl typologisch wie phonologisch verraten die deutschen Nachnamen oft die ursprüngliche Heimat der Vorfahren ihrer Träger: *Herr Witte* (aus Norddeutschland), *Herr Weiß* (aus Süddeutschland), *Herr Wyß* (aus der Schweiz oder dem Elsaß), obwohl die Einebnung zugunsten der Form des Standarddeutschen *(Weiß)* in vielen Fällen die ursprüngliche Herkunft verdunkelt hat. Kulturell gesehen sind die deutschen Nachnamen ein Erbe aus der zweiten Hälfte des Mittelalters.

Auswahlbibliographie

H. Bach *Die thüringisch-sächsische Kanzleisprache bis 1325*, 2 Bde., Kopenhagen, 1937, 1943; B. Boesch, *Untersuchungen zur alemannischen Urkundensprache des 13. Jahrhunderts*, Bern, 1946; H. Brinkmann, ‚Das deutsche Adjektiv in synchronischer und diachronischer Sicht', *WW*, 14 (1964) 94–104; P. W. Brosman, ‚Old French *dancier*, German *tanzen*', *Romance Notes*, 2 (1961) 141–6; J. Bumke, *Studien zum Ritterbegriff im 12. und 13. Jahrhundert*, Heidelberg, 1964; G. Eis, *Mittelalterliche Fachliteratur*, Stuttgart, 1962; W. Fleischer, ‚Die Namen der Dresdner Ratsmitglieder bis 1500', *BNF*, 12 (1961) 44–87; R. Hotzenköcherle, ‚Entwicklungsgeschichtliche Grundzüge des Nhd.', *WW*, 12 (1962) 321–31; E. Johansson, *Die Deutschordenschronik des Nicolaus von Jeroschin*, Lund, 1964; G. Korlén, *Die mittelniederdeutschen Texte des 13. Jahrhunderts*, Lund, 1945; K. J. Küpper, *Studien zur Verbstellung in den Kölner Jahrbüchern des 14./15. Jahrhunderts*, Bonn, 1971; P. Lessiak, *Beiträge zur Geschichte des deutschen Konsonantismus*, Prag, 1933; K. B. Lindgren, *Die Ausbreitung der nhd. Diphtongierung bis 1500*, Helsinki, 1961; ders., *Die Apokope des mhd. e in seinen verschiedenen Funktionen*, Helsinki, 1953; F. Maurer, *Vorarbeiten und Studien zur Vertiefung der südwestdeutschen Sprachgeschichte*, Stuttgart, 1965; E. Öhmann, ‚Die mhd. Suffixe *-îe* und *-eie*', *Neuphil. Mitt.*, 67 (1966) 225–34; ders., ‚Das deutsche Verbalsuffix *-ieren*', ebd., 71 (1970) 337–57; ders., *Die mittelhochdeutsche Lehnprägung nach altfranz. Vorbild*, Helsinki, 1951; ders., ‚Der romanische Einfluß auf das Deutsche bis zum Ausgang des Mittelalters', in F. Maurer, H. Rupp, *Deutsche Wortgeschichte*, 3. Aufl., Berlin, 1974, S. 323–96; H. Paul, H. Moser, I. Schröbler, *Mittelhochdeutsche Grammatik*, 21. Aufl., Tübingen, 1975; L. Saltveit, *Studien zum dt. Futur*, Bergen, Oslo, 1962; G. Schieb, ‚Mittelhochdeutsch' in L. E. Schmitt (Hrsg.), *Kurzer Grundriß der germanischen Philologie bis 1500*, Bd. I, Berlin, 1970, S. 347–85; R. Schützeichel, *Mundart, Urkundensprache und Schriftsprache. Studien zur Sprachgeschichte am Mittelrhein*, Bonn, 1960; A. Socin, *Mittelhochdeutsches Namenbuch*, Basel, 1903; E. Wiessner, H. Burger, ‚Die höfische Blütezeit' in F. Maurer, H. Rupp, *Deutsche Wortgeschichte*, 3. Aufl., Berlin, 1974, S. 189–253; F. Wilhelm *et al.*, *Corpus der Altdeutschen Originalurkunden bis zum Jahre 1300*, 5 Bde., Lahr, 1932–68, Bd. VI, 1970–.

SECHSTES KAPITEL

Die Leistung des sechzehnten Jahrhunderts

6.1 Zeitalter und Sprachgebiet

6.1.1 Das Zeitalter

Das nächste Entwicklungsstadium der deutschen Sprache, bei dem ein Querschnitt angelegt werden muß, ist das sechzehnte Jahrhundert. Die traditionelle Bezeichnung für diese Sprachphase ist Frühneuhochdeutsch. Die chronologische Abgrenzung der Periode hängt von vielen Faktoren ab. Infolgedessen weist die Forschung vielfältige Datierungen auf. Viele dieser Faktoren sind außersprachliche und liefern daher sprachlich gesehen keine scharfen Markierungslinien. Doch mindestens ein Sprachfaktor begünstigt deutlich die Ansicht, daß die Mitte des 14. Jh.s ein wichtiges Markierungskriterium angibt. Zu dieser Zeit trat zum ersten Mal die auffallende Mischung aus obdt. und mdt. Merkmalen deutlich in Erscheinung, die für das Nhd. so charakteristisch werden sollte und es so markant vom Mhd. unterscheidet. Und mehr noch: es war die Sprache der kaiserlichen Kanzlei selbst, die diese Eigentümlichkeiten aufwies.

Noch in manch anderer Hinsicht wies sich die Mitte des 14. Jh.s als Markstein in der deutschen Sozialgeschichte aus. Der Schwarze Tod von 1348 und die vielen in den nächsten hundert Jahren folgenden Epidemien liefen auf eine demographische Katastrophe mit unermeßlicher Folgewirkung hinaus. Nach Schätzungen verminderte sich die Bevölkerung Deutschlands um ungefähr ein Viertel. Eine Gesundung der Verhältnisse wurde durch wiederkehrende Pest- und Seuchenwellen lange verhindert. Der Bevölkerungsstand von ungefähr fünfzehn Millionen Menschen in der ersten Hälfte des 14. Jh.s wurde erst wieder gegen 1500 erreicht. Die ritterliche Feudalgesellschaft, die bereits durch das hundertjährige Schwanken der monarchischen Gewalt nach dem Fall der Hohenstaufen wesentlich geschwächt war, überlebte die wirtschaftlichen Folgen des demographischen Verfalls nicht. Die militärische Bedeutung feudaler Ritteraufgebote verflüchtigte sich; Kämpfen wurde immer mehr eine Sache von Söldnerheeren. Fraglos waren Macht und Wohlstand auf Städte und Territorialfürsten übergegangen.

Der Beginn eines neuen Zeitalters wurde auch 1347 durch die Gründung eines neuen Herrscherhauses mit der Wahl Karls von Luxemburg, Königs von Böhmen, zum deutschen König verdeutlicht. Unter Karl IV., Wenzel und Sigismund lag das Zentrum des Reiches, sofern man bei einem so diffusen Gebilde davon sprechen kann, ein Jahrhundert lang in Böhmen mit Prag als kaiserlicher Residenz. Diese Verschiebung des politischen Mittelpunkts nach Osten bildet einen deutlichen Gegensatz zur mhd. Periode, während der das Machtzentrum im Südwesten gelegen hatte. Deshalb ist sie auch ganz zu recht das *Schwäbische Zeitalter* genannt worden. Dies war nun Vergangenheit, und das Schicksal des Reichs ruhte von jetzt an in den Händen östlicher Herrscherhäuser. Auch verfassungsmäßig ist die Mitte des 14. Jh.s bedeutsam. Im Jahre 1356 besiegelte die Goldene Bulle einen langen Prozeß der politischen Entwicklung monarchischer und fürstlicher Macht. Die deutschen Könige mußten hinkünftig von sieben Kurfürsten durch Mehrheitsentscheidung gewählt werden, deren Rang, wenn sie weltliche Fürsten waren, durch die Primogeniturregel garantiert wurde. Drei Kurfürsten waren dabei Kirchenfürsten: die Erzbischöfe von Mainz (der Erzkanzler), Köln und Trier. Die vier weltlichen Kurfürsten waren: der Pfalzgraf vom Rhein, der Markgraf von Brandenburg, der Herzog von Sachsen und der König von Böhmen. Obwohl das Reich außerordentlich schlaff organisiert war und zentrale Institutionen fehlten, gab es eine Fülle überregionaler Aktivität. Der König mußte in Frankfurt gewählt, in Aachen gekrönt werden, und er mußte seinen ersten Reichstag in Nürnberg abhalten. Reichstage wurden sonst in einer Reihe von Städten wie Worms, Speyer, Mainz, Köln, Augsburg, Konstanz, Lindau einberufen, doch Nürnberg wurde der bevorzugte Treffpunkt. Sie wurden nicht nur von den Kurfürsten, sondern auch von zahlreichen Reichsfürsten, Grafen und Rittern, Prälaten und Bischöfen und Repräsentanten der Städte besucht. Wenn diese Potentaten auch die Bildung einer mächtigen, zentralisierenden und erblichen Monarchie verhinderten, so kamen sie doch wenigstens zusammen, verhandelten und sprachen miteinander und erhielten auf diese Weise ihr gemeinsames Kommunikationsmedium am Leben und förderten bis zu einem gewissen Grade seine Einheitlichkeit. Wie nützlich das Lateinische auch war, es verdrängte nicht das Bewußtsein dafür, daß es eine gemeinsame Muttersprache gab.

Eine weitere bedeutsame Neuerung läßt uns die Mitte des 14. Jh.s als Grenzmarkierung erkennen: die Errichtung deutscher Universitäten. Am Anfang stand die Gründung der Karlsuniversität zu Prag im Jahre 1348.

Während der Herrschaft der Luxemburger sollten acht weitere Universitäten gegründet werden und weitere acht vor der Reformation. Die Eigenart und das kulturelle Klima der folgenden dreihundert Jahre sollten durch diese Institutionen energisch beeinflußt werden.

Es kann also kaum bezweifelt werden, daß es sowohl aus sprachlichen wie aus außersprachlichen Gründen (die natürlich die deutsche Sprache ebenso berührten) gute Argumente dafür gibt, den frühneuhochdeutschen Zeitraum ab 1350 anzusetzen.

Das Ende des Zeitraums wird ebenfalls durch sprachliche Kriterien und außersprachliche Ereignisse markiert. In der ersten Hälfte des 17. Jh.s wurde Deutschland von einer katastrophalen Folge brutaler und verwüstender Kriege überzogen, zusammenfassend als der Dreißigjährige Krieg (1618–1648) bekannt. Während des ganzen 16. Jh.s hatte die Bevölkerung eine gedeihliche Entwicklung durchgemacht, war beständig angewachsen und hatte vielleicht gegen 1600 den Stand von zwanzig Millionen erreicht. Durch den Krieg erlitt sie furchtbare Verluste. Sie waren unterschiedlich von Gebiet zu Gebiet: Mecklenburg und Pommern im Norden, Thüringen in der Mitte und Württemberg sowie die Pfalz im Südwesten haben nach Schätzungen fünfzig Prozent ihrer Einwohnerschaft verloren. Die Gesamtabnahme der deutschen Bevölkerung kann wohl zwischen einem Drittel und zwei Fünfteln gelegen haben. Politisch gesehen bestätigte das Ergebnis des Dreißigjährigen Krieges nur das Bestehen von zahlreichen, ungefähr dreihundertundfünfzig großen, mittleren und kleinen, autonomen und praktisch souveränen weltlichen sowie kirchlichen Staaten und Herrschaften, die zusammen das Heilige Römische Reich Deutscher Nation ausmachten.

Sprachlich gesehen war die Mitte des 17. Jh.s ebenfalls ein Wendepunkt. Zum ersten Mal wurde die Existenz einer einheitlichen Standardsprache mit festen Normen, mindestens aber der Wunsch nach einer solchen ausdrücklich verkündet. Norddeutschland hatte sein eigenes Schreibmedium (Mittelniederdeutsch) fallengelassen und generell die in Entwicklung befindliche hochdeutsche Standardsprache angenommen. Darüberhinaus hatten tonangebende Kreise der norddeutschen Gesellschaft sogar begonnen, diese neue Standardsprache zu sprechen, die anderwärts nur als Schreibsprache gebraucht wurde. Regionale Abweichungen von den Normen der geschriebenen Standardsprache, die im Süden häufig vorkamen, wurden nun als Abweichungen erkannt und als nicht zeitgemäß angesehen. Das Lateinische war jetzt im Schwinden begriffen. In der zweiten Hälfte des 17. Jh.s überwog zum ersten Mal die Zahl der in deutscher Sprache gedruckten Bücher die der in lat. Sprache gedruckten. *Sprachgesellschaften*, die sich die Pflege des Deutschen zum Ziel gesetzt hatten, wurden seit der ersten Hälfte des 17. Jh.s tätig. Tageszeitungen – die älteste wurde im Jahre 1636 gegründet – sollten von nun an dem Gebrauch des Deutschen eine neue Dimension hinzufügen.

Der Zeitraum des Frühneuhochdeutschen kann also von 1350 bis 1650 angesetzt werden. Sein Herzstück bildet die Herrschaft der Habsburger Kaiser Maximilian I. (1493–1519) und seines Enkels Karls V. (1519–1556) und enthält natürlich die gewichtigen Jahrzehnte der Reformation (1520–1555). Die Reformation hatte den größten Einfluß auf das Deutsche. Sie brachte nicht nur ein Buch hervor, das wie kein anderes zuvor sich bei deutschen Lesern im Norden und Süden, im Osten und Westen verbreitete, es eröffnete für die deutsche Sprache auch ganz neue Bereiche. Eine Flut von Gedrucktem ließ der Öffentlichkeit zum ersten mal die Existenz einer gemeinsamen, wenn auch noch inhomogenen Schriftsprache bewußt werden. Auch für Schule und Wissenschaft bedeutete die erste Hälfte des 16. Jh.s mit leistungsfähigen und wirkungsvollen Buchdruckereien einen Bruch mit der Vergangenheit und eröffnete eine neue Welt, deren Sprachmedium nun das Deutsche war. Dieser Fortschritt des Schriftdeutschen ausgerechnet während der Jahrzehnte eines siegreichen Humanismus und seinem gereinigten Ciceronischen Latein mag paradox anmuten. Dennoch, wenigstens eine zeitlang war Raum für beides. Die Zeit der deutschen Sprache als Schriftmedium war angelaufen und stand nun, wenn auch auf niedrigerem kulturellen Niveau, neben dem Lateinischen. Sie war die Nationalsprache genau wie Latein internationale Sprache war. Hatte man die Wahl, war es die intendierte Leserschaft, die für die verwendete Sprache den Ausschlag gab. War ein Buch für eine weitere deutsche Öffentlichkeit gedacht, wurde nun die Nationalsprache gebraucht.

Die einhundertfünfzig Jahre bis zur Mitte der Periode waren eine Zeit des Wiederaufbaus und der Reform, voller Verzweiflung und Verzagtheit angesichts der nicht erreichten, doch lang ersehnten Verbesserungen in Kirche und Staat. Es war, mit Huizingas Worten, der *Herbst des Mittelalters*. Es war auch die Zeit, als jene bedeutenden Entdeckungen gemacht wurden, die im nächsten und in den folgenden Jahrhunderten zum Tragen kommen sollten: die Entdeckung des Schießpulvers und der Schußwaffen; die Entdeckung des amerikanischen Kontinents und der Seewege nach Asien; die Erfindung des Papiers und des Buchdrucks; die Wiederentdeckung des klassischen Altertums; die Neuentdeckung der sphärischen Beschaffenheit der Erde und, später, die Entdeckung des heliozentrischen Planetensystems.

Das Papsttum war durch das Schisma zerteilt, und alle fühlten, daß die Kirche einer gründlichen Reform bedurfte. Die Konziliarbewegung konnte auf den beiden großen Kirchenkonzilen zu Konstanz und Basel der Kirche keine neue Verfassung und Organisation geben und scheiterte an dem ersten großen Ketzerproblem der Moderne, der Hussitenbewegung, obgleich sie das Große Schisma beenden konnte. Die Klagen der deutschen Nation gegen die römische Kirche, die *Gravamina nationis Germanicae*, die nach 1456 vor jeden Reichstag gebracht wurden, ließ man schwären. Die Kirchenreform scheiterte, so daß schließlich die Reformation zustande kam, die Reichsreform scheiterte ebenfalls.

Während der Herrschaft Maximilians wurden allerdings bestimmte Institutionen eingebracht: der *Ewige Landfrieden*, der die Fehdeauseinandersetzungen wesentlich verminderte; ein höchstes Gericht, das *Reichskammergericht*; eine (verfehlte) kaiserliche Regierungsversammlung, das *Reichsregiment*; eine Neuorganisation des Reiches, bestehend aus zehn *Kreisen*; ein erneuerter *Reichstag*; und für eine gewisse Zeit sogar eine kaiserliche Steuer, der Gemeine Pfennig. Soweit diese Neuerungen Bestand hatten, so waren sie eher Bestätigung bestehender Praxis als weitreichende Reformen. Genau mit diesen Institutionen lebte das Reich bis zu seiner Auflösung im Jahre 1806. Die Monarchie als Zentralgewalt mußte ihre Niederlage akzeptieren und zugunsten der Fürsten abdanken. Deutschland blieb ein dezentralisiertes Staatsgebilde mit zahlreichen gedeihenden sowie einigen dahinsiechenden Fürstentümern und blühenden, kulturell aktiven Städten. Besaßen diese politischen Einheiten, zum großen Verdruß von Generationen deutscher Historiker, auch keine große Macht, fehlte auch die kulturelle Pracht eines großen hauptstädtischen Zentrums, sollte doch dabei nicht übersehen werden, daß Deutschland dadurch auch dem Elend entkam, von jeglicher Kultur abgeschnittene und kulturell unfruchtbare Provinzen zu haben. Auch die deutsche Sprache hatte in dieser Zeit kein für sie ausschlaggebendes Förderungszentrum. Ihre Verwendung und Gestalt wurde von den Habsburgern nicht in der Weise bestimmt, wie die Karolinger das Ahd. zur Ausformung inspiriert hatten oder die kulturelle Einwirkung der Hohenstaufen auf das Mhd. spürbar geworden war. Deshalb, so verlockend es auch gewesen sein würde, dieses Kapitel ‚Die Leistung der Habsburger' zu nennen, würde eine solche Bezeichnung entschieden wirkungsvollere Einwände provoziert haben, als gegen ‚Der karolingische Anfang' oder ‚Die hohenstaufische Blüte' vorgebracht werden können. Der Ausdruck *Kaiser* und *Reich* war jetzt eine Abkürzung für den Dualismus des politischen Regimes. Im Grunde genommen war der Kaiser wenig mehr als das symbolische Haupt des Reiches und in jeder anderen Hinsicht einfach ein Fürst unter Fürsten. Die Habsburger waren als Fürsten außerordentlich erfolgreich, und als 1526 Ferdinand, Karls V. Bruder, auf den Thron Böhmens und Ungarns kam, war der Grund für die zukünftig eigenständige habsburgische Monarchie gelegt. Obwohl das Aufkommen autonomer, praktisch souveräner Fürstentümer und Staaten zu sprachlicher Eigenständigkeit und Einkapselung hätte führen können, geschah dies in Wirklichkeit nicht. Der Hochadel war selbst überregional ausgerichtet. Die bayrischen Wittelsbacher konnten auch in der Oberpfalz und in der Rheinpfalz Fuß fassen, und Angehörige der Dynastie hatten häufig den einen oder anderen der rheinischen Erzbischofssitze inne. Die Interessen der Hohenzollern umfaßten Gebiete im Süden wie auch Brandenburg und Teile im Nordosten. Zum Territorium der Habsburger gehörten die Niederlande, *Vorderösterreich*, d.h. der Sundgau im Südelsaß und der Breisgau, ebenso wie die östlichen Herzogtümer in Österreich. Angehörige des sächsischen Wettinerhauses und der Hohenzollernfamilie hatten während wichtiger und entscheidender Zeitspannen im 15. und 16. Jh. den Erzbischofssitz von Mainz inne. Die Schweiz betrachtete sich selbst als Land deutscher Zunge, obwohl sie nach 1495 die Entscheidungen des *Reichstags* nicht mehr anerkannte, die Rechtsprechung des *Reichskammergerichts* nicht mehr akzeptierte und darüberhinaus ihre Unabhängigkeit im Schwäbischen Krieg von 1499 *de facto* behauptete.

Von den zentrifugalen Tendenzen profitierten nicht nur die Fürsten. Durch diese Tendenzen erlangten zahlreiche Städte ihre Selbstbestimmung und kamen zu großer Blüte. Anders als die italienischen Stadtstaaten legten sie sich kein großes militärisches Potential zu. Die durch die Hanse verbundenen Städte im Norden hatten die Kontrolle über den Güteraustausch auf Nord- und Ostsee in ihren Händen. Die Städte im Süden waren selbst große Manufakturzentren und handelten mit den Erzeugnissen der rasch sich entwickelnden Bergwerksunternehmungen Böhmens, Ungarns, Tirols und Sachsens. Die Banken und der Handel in Nürnberg und Augsburg waren so begütert, daß sie sogar Karl V., Herrscher über ein Reich, in dem die Sonne nicht mehr unterging, mit Mitteln ausstatten konnten. Um die nötigen Wahlstimmen zu kaufen oder, delikater gesagt, um die noblen Wähler für ihre Mühe zu entschädigen, borgte sich Karl über eine halbe Million Gulden oder zwei Drittel der erforderlichen Gesamtsumme von dem Augsburger Bankier Jakob Fugger. Maximilian brauchte in der Regel Fuggers finanzielle Unterstützung jedesmal, wenn Politik oder Krieg es erforderten. Die Organisation der für die Zeit so charakteristischen Geldwirtschaft war größtenteils in den Händen der

Städte. Die politischen Leistungen der Städte waren allerdings gering, und gegen 1500 war ihre Macht im Schwinden begriffen. Lübeck, Führer der Hanse, wurde gegen 1535 ernsthaft geschwächt. Die Städtebünde, z. B. der rheinische und der schwäbische, schlugen fehl. Das vielleicht letzte Ruhmesblatt der Städte war die berühmte Protestation zusammen mit den lutherischen Fürsten auf dem Reichstag zu Speyer im Jahre 1529: Straßburg, Ulm, Nürnberg, Weißenburg, Windsheim, Konstanz, Lindau, Memmingen, Kempten, Nördlingen, Heilbronn, Reutlingen, Isny und St. Gallen waren daran beteiligt; oder die 1530 auf dem Reichstag zu Augsburg vorgelegte *Confessio Tetrapolitana*, eine eigenständige Glaubensdeklaration von vier nach Reform drängenden Städten (Straßburg, Konstanz, Lindau, Memmingen), die weder Luther *(Confessio Augustana)* noch Zwingli folgen wollten. Der Schmalkaldische Krieg und die Niederlage der protestantischen Liga machten mit der ansehnlichen Stellung der meisten süddeutschen Städte ein Ende. Nicht nur wurden viele gewaltsam rekatholisiert, einige verloren auch noch ihre Unabhängigkeit. Konstanz beispielsweise wurde zu einer unbedeutenden Provinzstadt Habsburgs. Obwohl von der Gesamtbevölkerung des Reiches nur zehn Prozent in Städten lebten und von den dreitausend Städten nur ungefähr fünfzehn bis zwanzig eine Bevölkerung von über zehntausend, hundertundfünfzig nur von über tausend Einwohner hatten, war und blieb die kulturelle Bedeutung der Städte während des gesamten Zeitraums groß.

Die Universitäten befanden sich in den Städten, und zwar seltener in freien als in solchen, die sich unter der Herrschaft eines Fürsten befanden. Sie waren der Ort, an dem die Administratoren der neuen Staaten ausgebildet wurden, besonders in den Rechten. Von solchen juristischen Fakultäten her fand schließlich das Römische Recht seinen Eingang in das deutsche Rechtssystem. Diese neue Administratorenklasse war höchst beweglich. Sie studierte oft an mehreren Universitäten, meist auch an italienischen wie Pavia, Padua oder Bologna und trat dann in die Dienste derjenigen Fürsten oder Städte, die sie benötigten. In den Universitäten, Städten und Staatsverwaltungen trafen Studierte aus allen Teilen des deutschen Sprachgebiets zusammen. Dies blieb für die deutsche Sprache nicht ohne Bedeutung. Die Universitäten wurden auch Zentren der neuen humanistischen Gelehrsamkeit, und sowohl Latein wie Deutsch schreibende Autoren waren im allgemeinen Akademiker. Martin Luther war fast sein ganzes Leben lang Professor für Bibelexegese an der Universität Wittenberg. Zwischen 1520 und 1560 besuchten über sechzehntausend Studenten die Universität Wittenberg und wurden mit Luthers Botschaft vertraut. Der akademisch Gebildete wurde als Schriftsteller und führende

Gestalt in kulturellen Dingen so typisch, wie es der Ritter, ein Wolfram von Eschenbach oder ein Hartmann von Aue im Zeitalter der Hohenstaufen gewesen war. Neben dem gebildeten Adligen, wie dem Humanisten Ulrich von Hutten, oder dem Geistlichen, wie Thomas Murner, findet sich jetzt besonders der gebildete Laie und Bürger, ein Willibald Pirckheimer oder ein Johannes Aventinus. Viele Gelehrte waren mit den frühen Buchdruckereien verbunden, die alle in Städten wie Mainz, Straßburg, Basel, Augsburg, Nürnberg, Köln oder Wittenberg errichtet wurden. Die Druckereien hatten ebenfalls oft Verbindungen zu den Universitäten. Neben Lateinschulen führten die Städte jetzt auch deutsche Elementarschulen. Die städtischen, in Innungen organisierten Handwerker wie die gebildeten Patrizier stellten eine literarische Öffentlichkeit dar, an die sich die während der Reformation unermeßlich aus den Druckereien strömenden Veröffentlichungen und Pamphlete richteten. Von den unteren Schichten abgesehen, konnten die meisten Städter lesen. Daß Lesen und Schreiben nicht mehr nur eine Sache der hochgebildeten Kreise war, wird durch die Flut von künstlerisch wie intellektuell anspruchslosen *Volksbüchern* belegt. Arno Schirokauer prägte für die Sprache der Zeit einen treffenden Ausdruck: *Städterdeutsch* im Gegensatz zum *Ritterdeutsch* und zum *Mönchsdeutsch* der davorliegenden Zeitabschnitte.

Der dritte Abschnitt der frnhd. Periode begann vielversprechend mit dem Frieden von Augsburg im Jahre 1555. Die beiden großen Konfessionen, Katholizismus und Luthertum, erklärten hier, daß sie einander aufgrund des Prinzips *cuius regio, eius religio* tolerieren wollten; d.h., obwohl dem Einzelnen Religionsfreiheit verwehrt wurde, wurde sie den Herrschenden zugesprochen. Es wurde ihnen gestattet, ihre Konfession den Untertanen aufzuzwingen. Doch viele Probleme blieben ungelöst, und der Kalvinismus wurde in das Abkommen nicht einbezogen. Die Gegenreformation befand sich in ihrem Frühstadium, und die Verfestigung und Einkapselung der von der Konfession her bestimmten Staaten führte allmählich zu Verhaltensverhärtungen und zu größerer Militanz. Das Zeitalter der dogmatischen Ungewißheit und Suche nach Reformmöglichkeiten wurde von einem Zeitalter mit dogmatischer Gewißheit und mit Glaubensansprüchen von universaler Gültigkeit verdrängt. Als ein Zeitalter der Orthodoxie und autoritären Verhaltens gebrauchte es mit schreckeneinflößender Leichtfertigkeit brutale Gewalt, und die feindlichen Lager des wahren Glaubens stürzten schließlich das Reich in den Massenmord des Dreißigjährigen Krieges.

6.1.2 Das Sprachgebiet

Im großen und ganzen blieb das deutsche Sprachgebiet unverändert so, wie es sich am Ende der mhd. Periode dargestellt hatte. Im Westen blieb die französisch-deutsche Sprachgrenze, nicht jedoch die französisch-flämische fest. Im Süden verlor das Rätoromanische seinen Sitz in Vorarlberg und dem Rheintal bis nach Chur hinauf. Im Jahre 1538 wird Chur als deutschsprachig bezeichnet, obwohl es nur wenige Generationen zuvor rätoromanisch gewesen war. Die Preisgabe des Rätoromanischen in Chur, der auf dem Gebiet einzigen bedeutenden Stadt, die auch Bischofssitz war, bedeutete für das Rätoromanische, daß die Möglichkeit zur Entwicklung einer Standardsprache nicht mehr gegeben war und daß es hinkünftig nur aus disparaten, voneinander abgeschnittenen Dialekten bestehen würde. Dies ist genau die sprachliche Situation, aus der meist und im Laufe der Zeit, wenigstens unter heutigen Bedingungen, eine in verhängnisvoller Weise geschwächte Sprache hervorgeht.

Im Osten gab es weiterreichende Entwicklungen. Das Zeitalter der Besiedelung (s. S. 233–235) hatte zu vielfältiger Vermischung der Bevölkerungen geführt. Um 1500 hatte sich eine Sprachgrenze herausgebildet, die in vielen Gebieten bis zum Zweiten Weltkrieg ihre Gültigkeit hatte. So war es beispielsweise mit Kärnten und der Steiermark. Klagenfurt war jedoch noch immer eine deutsche Enklave auf slowenischem Gebiet und blieb eine solche bis zum Ende des 18. Jh.s, als es dem festen deutschen Siedlungsgebiet eingefügt wurde. Die heutige deutsch-ungarische Grenze entstand, mit beträchlichem Rückgang des Deutschen in der Slowakei nördlich der Donau, ebenfalls während dieser Zeit. In Mittelböhmen wurden die verstreuten städtischen und ländlichen deutschen Siedlungen durch die Hussitenkriege zwischen 1420 und 1436 praktisch beseitigt. Im Jahre 1458 wurde ein tschechischer Adliger, Georg Podiebrad, zum König von Böhmen gewählt. Auch als sich im Jahre 1526 ein deutsches Herrscherhaus, die Habsburger, noch einmal in Böhmen durchsetzte, hielt der tschechische Adel an seinem bestimmenden Einfluß auf die böhmische Ständeversammlung fest. Erst nach der Schlacht am Weißen Berg im Jahre 1620, die den Verfall des tschechischen Adels und der böhmischen Stände bedeutete, war es mit dem goldenen Zeitalter der tschechischen Oberhoheit zu Ende, und die deutsche konnte wieder an Boden gewinnen. Dennoch blieb Mittelböhmen fest in tschechischer Hand.

Die polnisch-deutsche Grenze bekam ebenfalls mehr Konturen. Viele deutsche Enklaven in polnischer Umgebung gingen zur polnischen

Sprache über, besonders die ehemaligen deutschen Städte Posen (jetzt Poznań) und Krakau. Slawische Enklaven hinter der Sprachgrenze nahmen ab, wenn auch die größeren, beispielsweise die sorbische in der Lausitz, bis auf den heutigen Tag überlebt haben und die Wenden im Hannoverschen Wendland nahe Dannenberg ihre Sprache bis zum 18. Jh. beibehielten.

Im Nordosten setzten die politischen Ereignisse dem weiteren deutschen Vordringen ein Ende, wovon allerdings der destruktive Einfluß auf die baltische Sprache der Preußen ausgenommen werden muß. Um 1545 wurde sie noch von so vielen Menschen gebraucht, daß sich eine Übersetzung des lutherischen Katechismus ins Preußische lohnte. Doch gegen Ende des 17. Jh.s starb sie aus. Infolge der Niederlage bei Tannenberg im Jahre 1410 kamen die Gebiete des Deutschen Ordens unter polnische Oberhoheit. Die Siedlungen in den baltischen Ländern, in Estland und Lettland, kamen unter schwedische und später unter russische Herrschaft, die in Litauen befindlichen wurden dem polnisch-litauischen Königreich einverleibt. Im Jahre 1460 wurde Schleswig-Holstein mit Dänemark vereinigt, doch hatte dies keine Folgen für die Stellung des Deutschen.

Im Osten ergaben sich aus der Reformation zwei sprachlich interessante Siedlungen. Eine in viele Untergruppen aufgespaltene Sekte, die Wiedertäufer, wurde von den Katholiken und Protestanten unbarmherzig verfolgt. Aus den Niederlanden und Norddeutschland flüchteten viele Anhänger des Menno Simons in das Gebiet der unteren Weichsel. Dort überlebte eine Niederdeutsch sprechende Gemeinde der Mennoniten und siedelte sich nach weiterer Unterdrückung schließlich in Rußland und später in Teilen Kanadas und der Vereinigten Staaten an, wo einige blühende Gemeinden bis auf den heutigen Tag überlebt haben. Süddeutsche Wiedertäufer, unter ihnen viele Schweizer und Tiroler, die Anhänger Jakob Huters waren und deshalb auch Hutterer oder Hutteriten heißen, fanden in Südmähren Zuflucht, wo sie blühende, kommunistisch organisierte Bruderschaften gründeten. Zur Zeit des Dreißigjährigen Krieges vertrieben sie weitere Verfolgungen nach Ungarn und später nach Rußland. Einige Gemeinden sind heute in Nordamerika anzutreffen.

Bis zu einem gewissen Grade hatten diese, von den religiösen Umwälzungen der Zeit verursachten Wanderungen Teil an der deutschen Bewegung nach Osten, die allgemein nach 1500 wieder einsetzte. Der große Bevölkerungszuwachs im 16. Jh. führte wiederum zur Kolonisierung, doch diesmal war sie fast ausschließlich auf bereits von Deutschen besiedelte Gebiete begrenzt. Die Kolonisten füllten jetzt hauptsächlich die von den großen Epidemien verursachten Lücken aus. Verlassene und entvölkerte Güter, Weiler, Dörfer und Städte wurden noch einmal in Besitz genommen und erweitert. Das eigentliche Sprachgebiet wurde von dieser erneuten Kolonisierung kaum berührt.

6.1.3 Die Entstehung des Jiddischen

Eine Wanderungswelle, die der deutschen Juden, führte schließlich zur Bildung einer neuen Sprache, des *Jiddischen.* Im frühen Mittelalter waren in vielen Städten West- und Mitteldeutschlands, besonders entlang dem Rhein, der Mosel und Donau viele blühende jüdische Gemeinden entstanden. Da diese jüdischen Gemeinden eng zusammengehörige Gruppen bildeten, enthielt ihr Deutsch viele eigentümliche Dialektmerkmale, die z.T. aus früher von ihnen gebrauchten Sprachen, wie dem Frz., z.T. aus dem Hebräischen und Aramäischen stammten. Jedoch scheinen diese Besonderheiten bis zu den den Juden im 13. Jh. auferlegten Restriktionen unerheblich gewesen zu sein. Es waren vornehmlich der Schwarze Tod und andere Epidemien des 14. Jh.s, die eine unbarmherzige Welle von Pogromen und Verfolgungen heraufbeschworen und die Juden massenweise aus Deutschland vertrieben. Die früheren Verfolgungen im Kielwasser der Kreuzzüge hatten bereits zur Auswanderung von Juden nach Osten geführt. Jetzt, zwischen 1350 und 1500, eröffnete sich ihnen im Königreich von Litauen und Polen ein neuer und sicherer Hafen. In den Städten des Ostens trafen die Auswanderer auf orientalische Juden und deutsche Siedler, die ebenfalls zur Sprache der jüdischen Gemeinden beisteuerten. Obgleich sie in der neuen Umgebung ihre deutsche Sprache bewahrten, nahmen sie natürlich Elemente aus den slawischen und baltischen Sprachen auf. Dank der großen Mobilität dieser städtischen Bevölkerung von Kaufleuten und Handwerkern, blieb ihr Sprachgebrauch bemerkenswert einheitlich. Auch im Westen erhielt die Bevölkerung der jüdischen Ghettos ihre Sondersprache, das *Westjiddische*, mindestens bis zum 18. Jh., in dem dann ein liberaleres Klima zu rascher Integration in das allgemeine deutsche Sprachgeschehen ermutigte.

Im Osten jedoch, wo die Berührung mit dem Deutschen wesentlich geringer war, bildete das Jiddische seine spezifischen Charakteristika aus. Seine hebräischen und aramäischen Bestandteile nahmen beträchtlich zu. Die slawischen Wirtssprachen beeinflußten Grammatik, Wortschatz und Phonologie (z.B. Einführung einer Reihe palatalisierter Konsonanten). In Morphologie und Syntax entfernte es sich beträchtlich vom Deutschen. Sein Wortschatz blieb bis zu fünfundsiebzig Prozent deutsch, wenn auch mit vielen semantischen Neuerungen. Viele seiner lautlichen Eigenschaften sind Nachklang städtischer Dialekte des West- und Mitteldeutschen der spätmhd. Zeit und des 15. Jh.s, beispielsweise die Diphthongierung von mhd. *ī, ū, iu* (*mayn* – mhd. *mīn, hoys* – mhd. *hūs, layt* – mhd. *liute*); Monophthongierung von mhd. *ie, uo, üe* (*rimen* – mhd. *rieme, gut* – mhd. *guot, grin* – mhd. *grüene*); Entrundung (*taitsh* – mhd. *tiutsch, Yid* – mhd. *jüde, greser* – mhd. *grœzer*); Zusammenfall von mhd. *ei, ou* und *ē, ō* (*shteyn* – mhd. *stein, shney* – mhd. *snē, boym* – mhd. *boum, shoyn* – mhd. *schōn*); Rundung und Hebung von mhd. *ā* (*hor* – mhd. *hār*); frühe Längung kurzer Vokale in offenen Silben und nachfolgend gleiche Entwicklung mit den langen Vokalen (*zogn* – mhd. *sagen, beysm* – mhd. *besem, koyl* – mhd. *kol*); Apokope (*zayt* – mhd. *sīte*); Bewahrung des Präfix *ge-; -p(-)* für mhd. *-pf(-)* (*kop* – mhd. *kopf*). Zwei deutsche Dialektgebiete kommen also deutlich als Herkunftsgrundlage nicht infrage: das Niederdeutsche und das Hochalemannische. Anderseits scheinen die Stadtdialekte an Rhein und Main die zugrundeliegenden deutschen Bestandteile gebildet zu haben.

Von Anfang an wurde Jiddisch mit dem hebräischen Alphabet geschrieben. Der früheste jiddische Text ist der *Dukus Horant* von 1382, eine Bearbeitung der *Kudrun*sage. Aus dem 15. und 16. Jh. gibt es Texte verschiedener Art, und im 17. Jh. wurde eine Reihe deutscher *Volksbücher* übersetzt, z. B. *Fortunatus* (1699), *Die schöne Magelone* und *Till Eulenspiegel* (s. S. 343). Im 19. Jh. erreichte das Jiddische den Status einer Literatursprache. Es war zu dieser Zeit in den weiten Räumen Osteuropas zu Hause und erstreckte sich im Süden von einer Linie westlich des heutigen Leningrad bis zum Westen von Rostow und reichte bis zur Westgrenze Russisch-Polens und Ungarns. Viele größere Städte, beispielsweise Minsk, Pinsk, Berdichew und Odessa, waren vorherrschend von Jiddisch sprechenden Juden bewohnt. Andere wie Wilna und Warschau wiesen große Jiddisch sprechende Minoritäten auf. Vor dem Zweiten Weltkrieg wurde es von ungefähr acht Millionen Menschen gesprochen. Durch Auswanderung war es bereits nach Amerika und in einige Großstädte Westeuropas gekommen. Der Massenmord des Zweiten Weltkriegs führte zur fast vollständigen Ausrottung der jüdischen Bevölkerung seines heimischen Gebiets. Sprecher des Jiddischen in Israel, Amerika und Westeuropa sind jetzt im Begriff, die Sprache ihrer Vorfahren zugunsten des Hebräischen oder der Sprachen ihrer neuen Heimat abzulegen.

6.2 Die Reichweite der geschriebenen Sprache

Als Karl von Habsburg, König von Spanien, im Zusammenhang mit seiner Wahl zum deutschen König von Barcelona aus an die deutschen Kurfürsten schrieb, tat er das eigenhändig auf Deutsch und nahm für sich, beispielsweise in seinem Brief an den Kurfürsten Friedrich von Sachsen vom 3. Juni 1519, in Anspruch, ‚das wir ain Teutscher von gebluet und gemuet, von gepurt und zungen sein'. Diesem Französisch sprechenden Burgunder, der in einem Gebiet aufgewachsen war, das heute Belgien heißt, war offensichtlich die Bedeutung und der Rang der deutschen Sprache zu jener Zeit bewußt gemacht worden. Sein Mitbewerber um die deutsche Krone, Franz I., König von Frankreich, schrieb anderseits seine um Unterstützung ersuchenden Briefe auf Französisch. In Paragraph 16 der ‚Wahlkapitualtion' oder vielversprechenden Erklärung, die Karl V. nach seiner Wahl herausgab (die sogenannte *Wahlverschreibung* vom 3. Juli 1519), und die ebenfalls auf Deutsch verfaßt ist, nahm er sich vor:

> Darzue in schriften und handlungen des reichs kain ander zunge oder sprach gebrauchen lassen, wann die Teutsch oder Lateinisch zung; es wer dann an orten, da gemeinlich ein ander sprach in ubung und gebrauch stuend, alsdann mugen wir und die unsern uns derselbigen daselbs auch behelfen.

Die rechtliche Stellung der deutschen Sprache wurde auf diese Weise zum ersten Mal offiziell anerkannt. Jedoch war diese Anerkennung nur eine Bestätigung dessen, was praktisch schon lange der Fall war. Deutsche Fürsten korrespondierten jetzt miteinander auf deutsch. Die Beschlüsse und Entscheidungen des Reichstags wurden in deutscher Sprache veröffentlicht. Während noch fünfzig Prozent der aus Karls IV. Kanzlei hervorgegangenen Urkunden in lateinischer Sprache abgefaßt waren und das Deutsche erst zur Zeit Wenzels vorherrschend geworden war, wurde es jetzt zum regulären Schreibmedium, wenn man von der Korrespondenz mit dem Papst und einigen auswärtigen Mächten einmal absieht. Sogar das kaiserliche Strafrecht, die *Carolina* oder *Peinliche Halsgerichtsordnung* von 1531 war auf deutsch abgefaßt. Das Gleiche gilt für das gegen 1439 abgefaßte und in den Jahren 1476 und 1497 gedruckte bedeutende gesellschaftlich-politische Dokument, die anonyme *Reformatio Sigismundi*, das so viele der Hoffnungen und Bestrebungen der vorausgehenden Ära in sich verkörperte. Kaiser Friedrich III., der seit seinem zweiundzwanzigsten Lebensjahr ein privates Notiz- oder Tagebuch führte, machte die Eintragungen ebenfalls auf deutsch. Daß die Zwölf Artikel, jene mäßig revolutionären Forderungen der Bauern aus dem Jahe 1525, auf deutsch abgefaßt waren, ist selbstverständlich. Jakob Fuggers Rechnung für Karl V. über seine Wahlausgaben war gleichfalls in deutscher Sprache aufgestellt. Der Historiker Sebastian Franck, der die erste Universalgeschichte auf deutsch schrieb (*Chronica, Zeytbuch und geschycht-bibel*, Straßburg 1531), beschrieb die Grenzen Deutschlands als Sprachgrenzen. Die protestantischen Fürsten, die im Jahre 1552 mit dem König von Frankreich gegen ihren Kaiser den Vertrag von Chambord schlossen und darin die Unterstützung Frankreichs durch Übergabe der Bistümer von Metz, Toul und Verdun erkauften, rechtfertigten ihr Handeln mit dem Argument, es sei eine gute Sache, daß der König von Frankreich ‚die stett, so zum reich von alters her gehöret und nit Teutscher sprach sein' in Besitz nehme und als ‚Vikar' zum Besten des Heiligen Römischen Reiches bewahre. Auf dem entscheidenden Reichstag zu Augsburg im Jahre 1530 wurden Luthers Bekenntnis *(Confessio Augustana)* und Martin Bucers *Confessio Tetrapolitana* auf Anweisung des Kaisers in einer deutschen und einer lateinischen Version vorgelegt. Zwingli übersandte seine *Fidei ratio* und deren deutsche Version *Zů Karoln Rômischen Keyser jetzund vff dem Rychstag zů Ougsburg Bekenntnuß des Gloubens.* Beide Versionen wurden im selben Jahr von Froschauer in Zürich veröffentlicht. Daß das bedeutendste politische Dokument der Zeit vom 25. September 1555, der Augsburger Religionsfrieden, ebenfalls in deutscher Sprache abgefaßt sein sollte, bestätigt nur ihre Stellung im nationalen und politischen Bereich.

Der in Karls V. *Wahlverschreibung* so klar bestätigte Bilingualismus war nun nicht mehr der funktionale Bilingualismus früherer Jahrhunderte, sondern ein Bilingualismus der Gebildeten. Das Deutsche hatte Gebrauchsangemessenheit erlangt, es konnte gebraucht werden, und zwar in allen Bereichen. Selbst einer der höchstkultivierten unter den Gelehrten und Humanisten der Zeit, Willibald Pirckheimer, machte die Würde und Angemessenheit des Deutschen geltend. Ebenso forderte Rudolf Agricola, der 1485 starb, daß die römischen Historiker ins Deutsche übersetzt werden sollten, damit das Volk sie kennenlernen könnte und das Deutsche ‚vervollkommnet' würde. Wimpheling pflichtete ihm bei. Wenn auch nicht Erasmus, so teilten doch in Hinsicht auf die Volkssprache viele deutsche Humanisten in annähernd ähnlicher Weise die Ansichten mancher Italiener, wie beispielsweise die Pietro Bembos (*Prose della volgar lingua*, 1525) oder die Iacopo Sannazaros, bezüglich der italienischen Sprache. Natürlich äußerten sich viele andere herabsetzend über die ‚vulgäre Volkssprache'. Wenn die Humanisten meistens, in einigen Fällen sogar ausschließlich in lateinischer Sprache schrieben (z. B. Erasmus), so war es, weil sie das elegante und verfeinerte Latein Ciceros und Senecas als Träger einer Kultur verehrten und liebten, deren Wiederentdeckung und Studium sie ihr Leben weihten.

Viele von ihnen konnten übrigens zur weiteren Verbreitung der Literatur des klassischen Altertums durch Übersetzungen aus dem Lateinischen und Griechischen ins Deutsche beitragen. Thomas Murner übersetzte die *Institutiones* des römischen Rechts (1519) und Vergils *Aeneis*, veröffentlicht im Jahre 1515 als *Vergilij maronis dryzehen Aeneadische Bücher*. Die ersten Übersetzungen unmittelbar aus dem Griechischen waren Johannes Reuchlins *Des Demosthenes erste olynthische Rede* und *Der zwölfte von Lukians Dialogen über den Tod*. Reuchlin soll auch einen Teil von Homers *Ilias* in deutsche Verse übertragen haben; allerdings ist davon nichts erhalten. Simon Schaidenreisser übersetzte die *Odyssee* um 1537 aus dem griechischen Original in deutsche Prosa. Willibald Pirckheimer übertrug nicht nur aus dem Griechischen ins Lateinische, sondern auch aus beiden Sprachen ins Deutsche. Sein Freund Albrecht Dürer schrieb seine Briefe an ihn auf deutsch. In welcher Sprache sie Pirckheimer beantwortete, wissen wir nicht, weil sein Teil dieser Korrespondenz verlorengegangen ist. Ein anderer Humanist, Matthias Ringmann Philesius, übersetzte Caesars *De Bello Gallico* (1507): *Julius der erst Römisch Kaiser von seinen kriegen*.

Manche Humanisten bewiesen ihren persönlichen Bilingualismus dadurch, daß sie einige ihrer Originalwerke auf deutsch schrieben, insbesondere Reuchlin bei seiner Kontroverse mit Pfefferkorn. Reuchlin, der berühmteste Hebraist seiner Tage, reagierte auf vier deutsche Publikationen von Johannes Pfefferkorn, einem bekehrten Juden, der die Vernichtung aller hebräischen Schriften außer dem Alten Testament forderte (1507–1509), mit zwei wohldurchdachten Pamphleten: dem *Augenspiegel* (1511) und *Ain clare verstentnus in tütsch* (1512). Schon 1505 war *Doctor iohanns Reuchlins tütsch missive, warumb die Judē so lang im ellend sind* (Pforzheim) erchienen. Ulrich von Hutten, der bis zum Ende des Jahres 1520 nur in lateinischer Sprache geschrieben hatte, wandte sich danach dem Deutschen zu und übersetzte auch einige seiner früheren lateinischen Werke. Thomas Murner schrieb lateinisch und deutsch. Das Deutsche gebrauchte er besonders in den stärker satirisch ausgerichteten Werken. Theophrastus von Hohenheim, als Paracelsus bekannt, bemühte sich mehr als die meisten anderen darum, das Deutsche auf das Niveau einer Wissenschaftssprache zu bringen. Er schrieb fast alle seine naturwissenschaftlichen, medizinischen und theologisch-philosophischen Werke auf deutsch, und um 1527 hielt er als Professor der Universität Basel als erster Vorlesungen auf deutsch ab.

Eine beträchtliche Zahl zeitgenössischer lateinischer Werke der Humanisten erschien fast gleichzeitig oder nur wenig später auf deutsch. Johannes Aventinus schrieb auch eine deutsche Version seiner *Annales ducum Boiariae* (1521): *Bairische Chronik* (1522–1533). Erasmus' berühmte *Stultitiae Laus* (1509) erschien 1534 in einer Übersetzung von Sebastian Franck. Anderseits wurde der deutsche Bestseller der Zeit, Sebastian Brants *Narrenschiff* (1494), von Jakob Locher unter dem Titel *Stultifera navis* (1497) ins Lateinische übersetzt, wovon dann Übersetzungen in fast alle europäischen Sprachen angefertigt wurden. Besonders Geschichtswerke scheinen eifrige Übersetzer und ein begieriges Lesepublikum gefunden zu haben. Georg Alt übersetzte Konrad Celtis' berühmte Beschreibung Nürnbergs, die *Norimberga*, im Jahre 1495, dem Jahr der lateinischen Ausgabe. Im Jahre 1497 brachte er eine Übersetzung von Hartmann Schedels *Liber Chronicarum* (1493) heraus. Ladislaus Suntheim aus Ravensburg übersetzte Enea Silvios Beschreibung Österreichs. Johannes Trithemius' *Annales de origine Francorum* (1515) erschienen 1522 in Speyer in einer deutschen Übersetzung von J. Schenk. Die von Johannes Sleidanus 1555 in Straßburg veröffentlichte politische Chronik der Reformation und des Zeitalters Karls V. *(De statu religionis et reipublicae Carolo Quinto Caesare commentarii)* kam im Jahre 1556 in einer deutschen Übersetzung von Heinrich Pantaleon in Basel und in einer weiteren Übersetzung von Marcus Stamler in Straßburg heraus. Viele zeitgenössische Reisebücher und Beschreibungen fremder Länder erschienen mehr oder weniger zur selben Zeit in deutschen und lateinischen Versionen.

Unter den zeitgenössischen, ins Deutsche übersetzten lateinischen Theaterstücken waren Johannes Reuchlins *Henno*, übersetzt von Hans Sachs, *Sergius*, übersetzt von M. Roet und Thomas Naogeorgus' *Pammachius*. Die lateinische Moralsatire *Grobianus* (1549) von Friedrich Dedekind wurde 1551 von Kaspar Scheidt übersetzt. Lateinisch abgefaßte und also in erster Linie an eine gelehrte, theologische Öffentlichkeit gerichtete Reformationsschriften wurden nichtsdestoweniger oft ins Deutsche übersetzt, beispielsweise Luthers *De captivitate babylonica ecclesiae* von seinem Gegner Thomas Murner.

Übersetzungen zeitgenössischen Lateins waren nicht auf in Deutschland erschienene Bücher beschränkt. Savonarolas *Meditationes* erschienen auf deutsch 1499/1500 in Nürnberg und 1501 in Augsburg. Marsilio Ficinos *De vita triplici* folgte 1505 in einer Übersetzung des Straßburger Arztes Johann Adelphus Muling, die den florentiner Platonismus beim deutschen Lesepublikum einführte. Sir Thomas Morus' *Utopia* (1516) wurde schon 1524 ins Deutsche übersetzt, d.h. früher als in irgend eine andere Volkssprache: ins Italienische 1548, ins Französiche 1550, ins Englische 1551.

Derartige Übersetzungen von Werken zeitgenössischer Humanisten oder von Werken des klassischen Altertums setzten eine Tradition des 15. Jh.s fort. Die produktiven Übersetzer des voraufgegangenen Jahrhunderts waren Niklas von Wyle, dessen achtzehn *Translatzen* zwischen 1461 und 1478 erschienen; Heinrich Schlüsselfelder (Arigo), der Boccaccios *Decamerone* gegen 1460 übersetzte; Heinrich Steinhöwel, der neben vielem anderen die Fabeln des Aesop übersetzte; Albrecht von Eyb; Dietrich von Plenningen und viele andere. Cicero, Terenz, Seneca und Livius waren die am häufigsten übersetzten lateinischen Schriftsteller. Es überrascht kaum, daß die *Germania* des Tacitus, die in der Mitte des 15. Jh.s wiederentdeckt, von Beatus Rhenanus und anderen herausgegeben und von dem führenden deutschen Humanisten, Dichter und Gelehrten Konrad Celtis mit Vorlesungen bedacht wurde, ebenfalls ihre Übersetzung und Veröffentlichung erfuhr (durch Johann Eberlin von Günzburg im Jahre 1526 und durch J. Micyllus; nur die Version des letzteren wurde 1535 in Mainz veröffentlicht). Sie inspirierte schließlich den Nationalstolz, der zu jener Zeit aufwallte, und gab großen Teilen der Geschichtsschreibung der Zeit einen Anstoß. Sie stand hinter Celtis' Vorhaben, ein großes beschreibendes Werk über Deutschland, seine Kultur und Leistungen, die *Germania illustrata*, zu schreiben und ebenso hinter Wimphelings patriotischer Abhandlung *Germania* (1501) und seinem Geschichtswerk *Epitome rerum Germanicarum usque ad nostra tempora* (1505). Auch Ulrich Huttens hohe Meinung von der germanischen Vergangenheit und seinem Nationalhelden Arminius stammte aus den Werken des Tacitus.

Das Lateinische und Italienische waren nicht die einzigen Ausgangssprachen. Französische Ritter- und Abenteuergeschichten wurden von Elisabeth von Nassau-Saarbrücken und Eleonore von Österreich übersetzt. Diese Vorläufer des Prosaromans waren mit zahlreichen, aus früheren Versepen entstandenen Prosaversionen verknüpft und führten zu dem beliebtesten *Genre* der Zeit, dem *Volksbuch.*

So wesentlich das Bindeglied zwischen der internationalen literarischen Welt des Latein und dem nationalen volkssprachlichen Bereich des Deutschen auch war, niemand kommt natürlich an der Tatsache vorbei, daß das Lateinische die Sprache der hohen Kultur war und das Deutsche im wesentlichen das Medium der volkstümlichen Kultur blieb. Soviel auch in deutscher Sprache geschrieben wurde, das Lateinische blieb vorherrschend. Und deutscher Übersetzungs- wie Originalliteratur fehlte es an wirklich herausragenden Leistungen. Verglichen mit der verfeinerten

Eleganz und brillianten Form der Literatur des Zeitalters der Hohenstaufen oder der hochentwickelten Prosa und Lyrik der deutschen Klassik, erscheinen die Werke des 16. Jh.s ungehobelt und können diesen Mangel auch durch ihren saft- und kraftstrotzenden Elan nicht ausgleichen. Hans Sachs, ein Autor, der vielleicht mehr als irgend ein anderer als Repräsentant für die Literatur der Zeit gelten kann, ist auch bezeichnend für ihre bescheidenen literarischen Leistungen. Doch der vergleichsweise Mangel an literarischer Vollkommenheit, besonders in Hinsicht auf das zeitgenössische Niveau in Italien, Frankreich und Spanien, sollte nicht zu der Annahme verführen, daß das Deutsche als Sprache dahindämmerte und eine nicht durchaus emanzipierte Nationalsprache war. Literaturhistoriker und Sprachpuristen sind strenge Kritiker des Sprachgeschehens im Deutschland des 16. Jh.s gewesen, die als Ausnahme stets nur die Bibelübersetzung Luthers gelten ließen. Wer die deutsche Sprache als Kommunikationsmittel der Zeit erforscht, kann nur feststellen, daß dieses Kommunikationsmittel durchaus in der Lage war, seine Funktion zu erfüllen und tatsächlich auch erfüllte.

Deutschsprachige Schriften erfüllten ein weites Gebiet. Besonders produktiv waren Originalschöpfungen im Bereich des religiösen und politischen Pamphlets als Vers- und Prosasatire und in rudimentären Romanformen, deren Material der Heldenepik, den klassischen Abenteuer- und Artusromanen sowie der zeitgenössischen deutschen und auswärtigen Erzählliteratur entstammte. Abgesehen von dem schon erwähnten *Narrenschiff* Sebastian Brants, sind aus der Masse von Schriften vielleicht vier literarische Werke hervorzuheben: *Geschichte von Fortunatus und seinen Söhnen*, die erste bürgerliche, von einem unbekannten Augsburger Bürger im letzten Viertel des 15. Jh.s geschriebene, 1509 zuerst gedruckte und nachfolgend in viele Sprachen übersetzte Prosaerzählung; eine Sammlung lustiger Geschichten *Ein Kurtzweilig Lesen von Dyl Ulenspiegel*, nach der ndt. Version von ca. 1478 bearbeitet, zuerst 1515 auf hochdt. gedruckt, ebenfalls oft übersetzt und später unter dem Titel *Till Eulenspiegel* bekannt geworden; das ndt. Versepos *Reynke de Vos*, 1498 in Lübeck gedruckt, ein erfolgreiches satirisches Versepos nach der alten Tierfabel von Reynard dem Fuchs; und die *Historia von D. Johann Fausten, dem weitbeschreyten Zauberer und Schwartzkünstler*, Erstdruck 1587, die sowohl Marlows Drama (durch die englische Übersetzung: *The historie of the damnable life and deserved death of Dr. John Faustus*, London 1692) wie auch Goethes *Faust* inspirierte. Kaiser Maximilian I. leistete selbst seinen Beitrag zur Literatur der Zeit in vielfältiger Weise, u. a. durch seinen *Theuerdank* (1505–1512, Erstdruck 1517), ein Ritter- und Aventiureepos in

Versen, und seinen Ritterroman in Prosa, den *Weißkunig* (gegen 1514, erst 1775 gedruckt).

Im Drama wurden biblische und volkstümlich-possenhafte Themen in einer Fülle religiöser Stücke und Fastnachtspiele gestaltet, von denen über einhundertundfünfzig erhalten geblieben sind. Wenn die lyrische Dichtung auch viele Versschmiederein der Meistersinger enthielt, so hatte sie doch auch das deutsche *Kirchenlied* – eine ergreifende Schöpfung der Zeit –, das *Volkslied* und die historische Ballade aufzuweisen. Chronikliteratur war natürlich nicht neu. Sie setzte in spätmhd. Zeit ein, gedieh jedoch ganz besonders während der Blütezeit der Städte. Nach und nach wurde die mittelalterliche, oft bis auf die Schöpfung zurückgehende Mischung aus Legende und Geschichte durch eine mehr an Tatsachen orientierte, ja dokumentierende Geschichtsschreibung ersetzt. Ein neuer Zweig entstand mit den topographischen und biographischen Berichten, die Beschreibungen weit entfernter Orte, besonders des Heiligen Landes und anderer orientalischer Länder, lieferten und tatsächlich gemachte wie fiktive Erlebnisse enthalten.

Auch Entdeckungsreisen wurden dem deutschen Lesepublikum vorgestellt. Christoph Columbus' berühmter, gleichzeitig in Barcelona, Rom, Paris und Basel veröffentlichter Brief aus dem Jahre 1493, der über seine erste Reise berichtet, erschien 1497 in einer deutschen Übersetzung in Straßburg. Und es gab beispielsweise *Die Meerfart vun erfarung nüwer Schiffung vnd Wege zu viln onerkannten Inseln vnd Kunigreichen* von Balthasar Springer aus dem Jahre 1509. Das neue Weltbild wurde z. B., ebenfalls 1509, von Johann Adelphus Mulings *Der Welt Kugel. Beschrybung der Welt vnd des gantzen Ertreichs hie angezögt vnd vergleicht einer rotunden kuglen* eingebracht. Alte und neue Wissenschaft existierten Seite an Seite. Der mittelalterliche *Lucidarius* erschien zwischen 1479 und 1518 in nicht weniger als neunundreißig Ausgaben. Anderseits gab es neue deutsche Abhandlungen über Astronomie, Geometrie, Algebra, Kriegswesen, Landwirtschaft, Architektur, Bergbau, Pharmazie und Medizin ebenso wie über weniger seriöse Gebiete wie Astrologie, Chiromantik und Alchemie. In der Tat genoß Deutschland wegen seiner fortgeschrittenen ‚mechanischen Künste', d. h. Naturwissenschaften, großes Ansehen bei den Zeitgenossen. Die Hauptwerke über das wissenschaftliche Befestigungswesen, über Geometrie und Proportion wurden in Deutschland von seinem größten Künstler der Zeit, Albrecht Dürer (1471–1528), verfaßt: *Vnderweysung der Messung mit dem zirckel vnd richtscheyt in Linien, ebenen vnnd gantzen corporen durch Albrecht Dürer zů samen getzogen*, Nürnberg 1525; *Etliche vnderricht zu befestigung der Stett, Schloß vnd flecken*, Nürnberg 1527; *Vier bücher von menschlicher Proportion*, Nürnberg 1528.

Sprache selbst war Gegenstand der ersten Bücher über Orthographie und Grammatik. Es gab auch Wörterbücher. Auf allen Gebieten weltlicher Gelehrsamkeit entstand eine unermeßliche Fachliteratur. Auf rechtswissenschaftlichem Gebiet ließ die allmähliche Einführung des römischen Rechts gegen Ende des 15. und am Anfang des 16. Jh.s viele Populärschriften entstehen. Es heißt, daß siebzig Prozent aller überlieferten deutschen Handschriften aus dem 15. Jh. stammen; zu dieser Zahl hat die Woge von Fachliteratur beträchtlich beigetragen. Einige Schreibstätten waren als Werkstattbetriebe mit vielen gleichzeitig arbeitenden Schreibern organisiert. Nach der Erfindung des Buchdrucks vermittelst hölzener Druckstöcke oder beweglicher Metalltypen verbreitete sich solche betriebliche Organisation schnell.

In einer Hinsicht war die Zeit fest an das Mittelalter geknüpft. Immer noch hatte der religiöse Bereich den größten Anteil am Schrifttum. Sammlungen von Heiligenleben, Handbücher geistlichen Zuspruchs und andere Erbauungs- und Andachtsbücher wurden mehr denn je verlangt. Allein zwischen 1500 und 1521 gab es nicht weniger als fünfzig Ausgaben des *Passionals*. Die *Imitatio Christi* des Thomas a Kempis war in ihrer deutschen Übersetzung ebenso beliebt wie in den vielen anderen volkssprachlichen Übersetzungen. Vor 1522 wurden die Perikopen fünfundsiebzigmal in deutschen und einundzwanzigmal in niederdeutschen Ausgaben gedruckt. In den Jahren 1516 und 1518 gab Luther die *Theologia deutsch* heraus. Predigten des berühmten elsässischen Predigers Johann Geiler von Kaisersberg erschienen in vielen Drucken, z.B. *Predigten teutsch* (1508).

Die erste deutsche Bibel, der möglicherweise eine hundert Jahre frühere Vulgataübersetzung aus Nürnberg zugrundeliegt, wurde gegen 1466 von Johann Mentelin in Straßburg gedruckt. Bis 1518 wurde sie mit einigen späteren Besserungen dreizehnmal abgedruckt. Es existierten auch vier vorlutherische niederdeutsche Drucke. Martin Luther, der mit seiner Übersetzung des Neuen Testaments im Dezember 1521 begonnen hatte, benutzte die griechische Ausgabe des Neuen Testaments von Erasmus, die lateinische Vulgata und die deutsche Bibel. Sie erschien im September 1522. Für das Alte Testament griff er auf das Hebräische zurück, und alle evangelischen Übersetzer folgten ihm darin. Der Erstdruck der vollständigen Bibel Luthers erschien im Jahre 1534. Danach brachten die Katholiken 1537 ihre Version von Johann Eck heraus. Luthers Schriften brachten es zu einer nie zuvor erlebten Verbreitung. Seine in lateinischer Sprache abgefaßten und 1517 an die berühmte Tür der *Schloßkirche* zu Wittenberg genagelten Fünfundneunzig Thesen erschienen zu seinem Verdruß ebenfalls in einer unautorisierten deutschen Übersetzung. Im Jahre 1520 setzten seine berühmten Traktate *An den christlichen Adel deutscher Nation* und *Von der Freiheit eines Christenmenschen* eine wahre Flut von deutschen theologischen Schriften ingang. Aus den Druckereien ergossen sich Abhandlungen, Traktate, Predigten, Sendschreiben, Dialoge, Schmäh- und Verdammungspamphlete und Ermahnungen. Und vor allem anderen gab es die Deutsche Bibel. In der Geschichte der deutschen Sprache trat eine neue Wendung ein: die gedruckte deutsche Schriftsprache erreichte jeden Winkel der Deutsch sprechenden Länder und beeinflußte und formte sogar das politische Schicksal der gesamten Nation.

6.3 Die Erfindung des Buchdrucks

Im Jahre 1439 fand vor dem Magistrat zu Straßburg eine Untersuchung statt, in deren Verlauf einer der Zeugen, der Goldschmied Hans Dünne, aussagte, daß drei Jahre zuvor ihm Johannes Gutenberg ungefähr dreihundert Gulden für etwas, ‚daz zu dem trucken gehöret' gezahlt hätte. Es ist das erste Mal, daß das obdt. Verb *drucken* im Zusammenhang mit dem Buchdruck belegt ist. Aus anderen Zeugnissen weiß man, daß der Mainzer Patrizier Johannes Gensfleisch, bekannt als Gutenberg nach dem Familienwohnsitz *zum Gutenberg*, sich mit geheimen Versuchen für einen neuen Prozeß ‚künstlichen Schreibens' beschäftigte, bei dem es sich um bewegliche Metalltypen und eine Presse handelte. Gutenberg befand sich zu der Zeit zu Straßburg im Exil (vielleicht von 1428 bis 1444). Gegen Ende des Jahres 1455 war er wieder, diesmal in Mainz, in einen Prozeß verwickelt, bei dem sein Gläubiger Johannes Fust auf Rückzahlung der damals hohen Summe von ungefähr 1600 Gulden einschließlich der Zinsen klagte. Mit hoher Wahrscheinlichkeit hatte eben dieser Betrag das Zustandekommen der Erfindung und die Entwicklung des Buchdrucks ermöglicht und Gutenberg in die Lage versetzt, das erste Meisterstück der neuen Kunst, die 42-zeilige Lateinische Bibel, zu schaffen, deren Druck wohl im Jahre 1455 abgeschlossen wurde. Zur selben Zeit gingen aus seiner Werkstatt höchstwahrscheinlich mehrere Ausgaben des vielbenötigten lateinischen Elementarbuchs von Donatus und einiges Ephemere hervor. Die erste datierbare deutsche Veröffentlichung ist der *Türkenkalender* (mit monatlichen Ermahnungen zum Kampf gegen die Türken) für das Jahr 1455, der wohl 1454 abgeschlossen war.

Beim Buchdruck wurde Deutsch also von Anfang an gebraucht. Es ist eine erinnernswerte Tatsache, daß die erste in deutscher Sprache wie in jeder andern Volkssprache gedruckte Bibel nur elf Jahre nach dem ersten wesentlichen Druckwerk, der 42-zeiligen Lateinischen Bibel, der sogenannten Gutenbergbibel, erschien. Sie wurde im Jahre 1466 zu Straßburg von Johann Mentelin veröffentlicht. Sogar noch davor war der wohl 1460 in Bamberg gedruckte *Ackermann aus Böhmen* erschienen. Dieser ersten Ausgabe folgten allein im 15. Jh. zwölf weitere Ausgaben: eine zweite in Bamberg, vier in Basel, zwei in Straßburg und je eine in Augsburg, Ulm Esslingen, Leipzig und Heidelberg. Das erste, im Gegensatz zur bloßen Datierbarkeit mit Datum versehene deutsche Buch, Ulrich Boners *Edelstein* (14. Februar 1461), hatte keinen solchen Erfolg. Während *Der Ackermann aus Böhmen* von ca. 1400 in einer Form des Deutschen abgefaßt war, die bald die beliebteste Art gedruckten Deutschs wurde, war der viel ältere *Edelstein* noch auf mhd. Der große Klassiker des Mhd., Wolframs von Eschenbach *Parzival*, 1477 von Mentelin in Straßburg gedruckt, blieb ebenso unter der älteren deutschen Literatur, die gedruckt werden sollte, ein isoliertes Beispiel. Die Drucker merkten, daß die antiquierte und dunkle Sprache ein Hindernis für den Druck von Werken der älteren deutschen Literatur war.

Solche Hindernisse berührten das Lateinische nicht. Die ersten fünfzig Jahre des Buchdrucks bis gegen 1500, als Zeit der *Inkunabeln* bekannt, waren daher der druckwerklichen Überlieferung praktisch des gesamten Schatzes an lateinischen Schriften gewidmet, vor allem den theologischen Werken der Patristik und Scholastik, den liturgischen Büchern des kirchlichen Alltags, den Elementarbüchern für Schulen wie Universitäten und in zunehmendem Maße den lateinischen und griechischen Werken des christlichen und klassischen Altertums. Kirche und Humanismus profitierten auf diese Weise zusammen von den nicht zu ermessenden Vorteilen dieser großartigen Erfindung. Die Handschriften auf Papyrus, Pergament und späterhin auf Papier, die das europäische Kulturleben seit zweitausend Jahren geprägt hatten, wurden nun schnell vom mechanisch reproduzierten Buch verdrängt. Bis 1500 waren an über zweihundertundfünfzig Orten ungefähr fünfundreißigtausend verschiedene Ausgaben erschienen, die vielleicht gegen fünfzehntausend verschiedene Texte wiedergaben. Unter den *Inkunabeln* waren schätzungsweise siebenundsiebzig Prozent auf lateinisch und ungefährt zweiundzwanzig Prozent in den jeweiligen Volkssprachen: davon sieben Prozent in italienischer und fünf bis sechs Prozent in deutscher Sprache; beide waren für den frühen Buchdruck die bedeutendsten. Religiöse Texte machten fast die Hälfte, literarische (klassische, mittelalterliche und zeitgenössische) Texte ungefähr ein Drittel und juristische wie wissenschaftliche Texte ca. je ein Zehntel der Buchproduktion aus. Von den Fabeln des Aesop gab es beispielsweise fünfundachtzig Ausgaben in lateinischer, fünfzehn in deutscher, sieben in französischer und drei in englischer Sprache. Fast überall bildeten Übersetzungen die Mehrzahl der volkssprachlichen Werke. In der Tat kann man sagen, daß der Buchdruck bis gegen 1500 vor allem im Dienst der Vergangenheit stand. Erst im 16. Jh. gab es eine Umgewichtung von religiösen auf weltliche Texte. In Straßburg, einem der bedeutendsten Zentren des frühen Buchdrucks, bestanden über fünfzig Prozent der Druckerzeugnisse aus religöser und weniger als zehn Prozent aus klassischer weltlicher Literatur. Von 1500 bis 1520 jedoch besteht ungefähr ein Drittel der Produktion aus klassischen lateinischen bzw. griechischen und humanistischen Schriften, und nur siebenundzwanzig Prozent sind religiösen Inhalts. Die Reformation brachte einen weiteren gründlichen Umschwung, diesmal zugunsten der Volkssprache. Zum ersten Male wurde eine wahre, hauptsächlich in deutscher Sprache stattfindende Pressekampagne in Gang gesetzt.

Anders als es beim Lateinischen der Fall war – oben wurde bereits darauf hingewiesen –, waren Veröffentlichungen in deutscher Sprache auf zeitgenössische Schriften angewiesen. Anfänglich wurden diese vornehmlich von Übersetzern geliefert. Unter den frühen Bucherzeugnissen befinden sich daher die Arbeiten der Übersetzer des 15. Jh.s: Heinrich Steinhöwel, Albrecht von Eyb, Niklas von Wyle. Das erste zeitgenössische, auf deutsch abgefaßte und auch erfolgreiche Buch war Sebastian Brants *Narrenschiff*. Die Übersetzer waren nicht müßig, und es ist schon bemerkenswert, daß es gegen 1500 bereits sechshundert Ausgaben deutscher Bücher gab. Viele dieser deutschen Bücher waren mit Holzschnitten ausgestattet. Das *leyenbuch* – ein deutschsprachiges Erzeugnis wurde so genannt – war ein typisches Bilderbuch. Diese Tatsache spiegelte natürlich die kulturelle Situation wider. Das Gleiche gilt von der Tatsache, daß der bei weitem größte Teil deutscher Druckerzeugnisse ephemerer Natur war: Flugblätter und ein- oder mehrblättrige, zeitgenössische Ereignisse betreffende Pamphlete, Kalender und behördliche Bekanntmachungen für die allgemeine Öffentlichkeit. Kaiser Maximilian beispielsweise nahm Druckereien häufig in Anspruch, um seine deutschen Untertanen über den Hof und die Nation betreffende Ereignisse zu informieren. Deutsche Kultur war die volkstümliche Kultur, die neben der hohen lateinsprachigen Kultur herlief, und alles Gedruckte gab diese Sachlage exakt wieder. Doch als Volkskultur war sie eine lebenskräftige

Kultur, die sich, abgesehen von der italienischen, mit allen anderen vergleichen ließ. Die Rezeption der Berichte über Marco Polos Reisen können dies zeigen. Der afrz. Text wurde bereits 1477 ins Deutsche übersetzt und in Nürnberg unter dem Titel *Das puch des edeln̄ Ritters vn̄ landtfarers Marcho polo* gedruckt. Ein Neudruck erschien 1481 in Augsburg. Eine lateinische Übersetzung kam wahrscheinlich im Jahre 1485 in Antwerpen heraus, 1496 eine italienische, 1503 eine spanische, 1556 eine französische (nicht die ursprüngliche afrz. Version) und 1579 eine englische Version. Gegen Ende des 15. Jh.s war das Deutsche ganz wesentlich eine Lesesprache, im Gegensatz zu früheren Jahrhunderten, in denen es eine Vorlesesprache gewesen war.

Doch verglichen mit dem, was von 1518 ab geschah, war dies nur ein bescheidener Beginn. Der *Sermon von Ablaß und Gnade*, d.h. der wesentliche Kern von Luthers Fünfundneunzig Thesen in deutscher Sprache, erschien innerhalb des Zeitraums von nur zwei Jahren in zweiundzwanzig Ausgaben. Im August 1520 brachte der Drucker Melchior Lotther in Wittenberg Luthers *An den christlichen Adel* in einer Auflage von viertausend Exemplaren heraus, die bis dahin überhaupt höchste Auflage. (Die erste lateinische Bibel von 1455 als Beispiel war in einer Auflage von wohl nur ungefähr einhundertundachtzig Exemplaren herausgekommen). Innerhalb einer Woche wurde ein Neudruck nötig, und nach kurzer Zeit waren nicht weniger als fünfzehn Auflagen und Neudrucke im Umlauf. *Von der Freiheit eines Christenmenschen*, ebenfalls aus dem Jahre 1520, brachte es bis 1526 auf achtzehn Auflagen. Um das Jahr 1525 herum existierten nicht weniger als zweitausend Ausgaben lutherischer Schriften. Zwischen 1522 und 1534 gab es fünfundachtzig Ausgaben seines Neuen Testaments und bis zu Luthers Tod (1546) alles in allem über vierhundert, die Teileditionen inbegriffen. Überall waren nichtautorisierte Abdrucke erschienen. Bereits im Dezember 1522 brachte Adam Petri in Basel die Septemberbibel heraus und druckte sie erneut im März 1523 mit einem Glossar für süddeutsche Leser. Innerhalb von zwei Jahren wurden sechsundsechzig unautorisierte Abdrucke hergestellt. Alle wiesen bestimmte sprachliche Veränderungen auf. Die Zürcher Bibel wurde zwischen 1524 und 1564 achtundzwanzig Mal von Froschauer in Zürich gedruckt. Die Ausgabe von 1524 war in der Tat eine unautorisierte, in die ortsübliche schweizerdeutsche Schriftsprache gebrachte Ausgabe des lutherischen Neuen Testaments. Spätere Auflagen mit einzelnen Übersetzungen der Zürcher Reformatoren enthielten ebenfalls zahlreiche sprachliche Veränderungen.

Zwischen 1500 und 1526 wurden über viertausend Veröffentlichungen in deutscher Sprache gedruckt. Hunderte von Pamphleten verbreiteten oder kämpften gegen die neue Lehre. Zwischen 1518 und 1525 kamen die Schriften Luthers auf mehr als ein Drittel aller Veröffentlichungen in deutscher Sprache. Nie wieder sollte ein Einzelner den Markt so beherrschen. Allein Hans Lufft aus Wittenberg veröffentlichte siebenunddreißig Ausgaben der gesamten Bibel, und es heißt, er habe zwischen 1534 und 1584 einhunderttausend Exemplare verkauft. Was diese Woge von deutschen Veröffentlichungen, meist in der Sprache Luthers, für die deutsche Sprache bedeutete, ist leicht zu erraten, jedoch noch nicht erschöpfend erforscht. Daß sie überhaupt möglich war, verdankte sie natürlich ausschließlich dem Buchdruck.

Die Rolle, die das Lateinische noch immer spielte, trug kaum dazu bei, die Bedeutung des Buchdrucks für das Deutsche zu verringern. Wenn auf der Frankfurter Buchmesse, der bedeutendsten in Deutschland, von 1566 bis 1570 226 Bücher in lateinischer Sprache gegenüber 118 in deutscher angeboten wurden, und von 1601 bis 1605 von 1334 zum Verkauf ausgestellten Büchern 813 auf lateinisch und nur 422 auf deutsch waren, darf dabei nicht vergessen werden, daß man so den internationalen Markt mit dem nationalen vergleicht. Die Frankfurter Buchmesse war von der zweiten Hälfte des 16. Jh.s bis zur ersten des 17. der bedeutendste Büchermarkt in Europa. Von den zwischen 1564 und 1600 angebotenen über zwanzigtausend Titeln kam fast ein Drittel von außerhalb Deutschlands. Frankfurt war sowohl der internationale Büchermarkt des lateinischen als auch der nationale des deutschen Buchs. Mit dem Verfall der Frankfurter Buchmesse während des Dreißigjährigen Krieges wurde der internationale Büchermarkt zerschlagen und zum Schaden des Lateinischen und Vorteil der Nationalsprachen in nationale Märkte aufgesplittert. Leipzig, das bereits gegen 1600 ein ernsthafter Konkurrent Frankfurts gewesen war, wurde der deutsche Büchermarkt. Das Lateinische blieb in der Tat während der gesamten frnhd. Periode die Sprache der gehobenen Kultur, das Deutsche die der volkstümlichen. Im Gegensatz zu späteren Perioden besaß diese Periode eine wirklich neutrale internationale Sprache. Von der zweiten Hälfte des 17. Jh.s an gab es dann in Europa mehr und mehr nur noch Nationalsprachen.

Zur schnellen Verbreitung der neuen Kunst des Buchdrucks trugen zwei Ereignisse bei. Der Bruch der Partnerschaft zwischen Johannes Gutenberg und Johannes Fust im Jahre 1455, als dessen Folge die Geheimhaltung des neuen Verfahrens durchlässig wurde, war das eine, das andere war die Plünderung von Mainz im Jahre 1462, die anscheinend die Ursache dafür war, daß viele Drucker der ursprünglichen Werkstatt

Gutenbergs auseinanderliefen. Seit ungefähr 1460 gab es Druckereien in Straßburg und Bamberg. Bis 1470 wurden Firmen in Köln, Eltville, Augsburg, Nürnberg, Basel, Konstanz und Beromünster gegründet. Deutsche Drucker hatten die Kunst auch im Ausland verbreitet, zuerst in Italien, wo Venedig bald eine bedeutende Stellung einnehmen sollte, dann in Paris und den Niederlanden. Bis 1500 herum waren in etwa sechzig Zentren der deutschsprachigen Gebiete Bücher gedruckt worden, obwohl in diesem Jahr nur an einundzwanzig Orten zusammen ungefähr sechzig Druckereien in Betrieb waren. Es war ein Spekulationsgewerbe mit starker Konkurrenz. Viele der frühen Drucker machten bankrott. Die gedeihlichsten Druckzentren befanden sich in Köln, Straßburg, Basel, Augsburg und Nürnberg. In jedem dieser Zentren waren bis 1500 über tausend Ausgaben erschienen. Zusammen mit Leipzig besorgten diese fünf Städte fast zwei Drittel der Gesamtproduktion aller deutschen Druckereien. Die deutsche Produktion selbst betrug vielleicht nicht ganz ein Drittel aller europäischen *Inkunabeln.* Um 1500 waren etwa ein Sechstel der Bücher, jedoch zwei Drittel der Flugblätter auf deutsch abgefaßt, der Rest in lateinischer Sprache. Während der Reformation entstanden in Wittenberg und Zürich bedeutende Druckzentren. Frankfurt übernahm in der zweiten Hälfte des 16. Jh.s die Vorherrschaft, und Ingolstadt sowie Tübingen gewannen an Bedeutung. Am Anfang des Zeitraums dominierten also vor allem der Westen und der Süden. Doch nach 1520 sollte es im Osten und im Norden einen enormen Produktionsanstieg geben. Die Achse Frankfurt-Leipzig sollte die ältere Achse Straßburg-Nürnberg ergänzen. Basel und später Zürich bemühten sich, die Schweiz für das ‚Gemeine Deutsch' zu gewinnen, zu dem die Drucker nun einen bedeutenden Beitrag leisteten.

Beim Auftreten des Buchdrucks änderte sich am eigentlichen Aussehen des Buchs wenig. Die frühen Drucker wollten Bücher herstellen, die den Handschriftencodices so nahe wie nur möglich kamen. Es ist eigentlich merkwürdig, daß die frühen Drucker Allographe, nicht Grapheme schufen und druckten. Durch Nachahmung der unzähligen handschriftlichen Ligaturen und Abkürzungen der Schreiber hatte Gutenberg zweihundertundneunzig Typen verwendet anstelle der etwa sechsundzwanzig Buchstaben des Alphabets, die ihn in die Lage versetzt haben könnten, die von ihm erfundene Mechanisierung voll auszunutzen. Allmählich nur löste sich die neue Kunst von der Welt des Schreibers und der Schreibstube. Was die Handhabung der Sprache angeht, gab es ebenfalls keinen plötzlichen Bruch hinsichtlich der vorhergehenden Praxis. Die Unregelmäßigkeit und häufige Willkür in der deutschen Orthographie blieb unangefochten bestehen. In einem Straßburger Text können für mhd. *ā* beliebig viele ⟨o⟩-Schreibungen vorkommen. Als Baseler Drucker in Nachahmung östlicher, beispielsweise Augsburger oder Nürnberger Gewohnheit, die Graphen ⟨ei, au, eu⟩ anstelle der mundartlichen und mhd. *ī, ū, iu* einführten, blieb tendentiell das gleiche kaleidoskopische Wirrwarr mehrere Jahrzehnte hindurch bestehen. Auch gab es keine gradlinig sich entwickelnden Veränderungen. Nach einem Druck, in dem die neuen Diphthonggraphe vorherrschten, konnte plötzlich wieder eine Rückkehr zu den alten Schreibungen eintreten. Der Leser von Handschriften war an eine Vielfalt mundartlicher Formen und Schreibirregularitäten gewöhnt. Der Leser gedruckter Bücher erwartete nichts anderes und nahm die gleiche orthographische Vielfalt in ihnen hin. Das Zeitalter war an mundartliche und orthographische Variation gewöhnt und achtete nicht weiter darauf. Bei den Druckern war es mindestens anfänglich ebenso und änderte sich nur allmählich. Als Handwerker waren sie ausgesprochen wanderfreudig. In den meisten Druckorten kamen Meister und Gesellen aus allen nur möglichen Gegenden Deutschlands zusammen. Sie pflegten sich den Gegebenheiten und sprachlichen Konventionen eines Ortes anzupassen. Drucker wie Leser nahmen es hin, daß z.B. ‚tun' orthographisch als *dun, tůn, tun, thůn* usw. oder ‚Schein' als *schyn, schin, scheyn, schein* usw. auftreten konnten. Bei ‚König' waren sie mit Schreibungen wie *kuͤnig, kunig, khunig, konnig, koͤnig* usw. vertraut. Obwohl Drucker wie Buchhändler zweifelsohne daran interessiert waren, Bücher im gesamten deutschsprachigen Gebiet abzusetzen, war sprachliche Einheitlichkeit dafür keine Vorbedingung. Als Froschauer die Ausgabe der Zürcher Bibel von 1527 entgegen der örtlichen Tradition und Mundart mit den neuen Diphthongen druckte, tat er es höchst wahrscheinlich, weil er an den Absatz in Deutschland dachte. Doch er druckte auch weiterhin die mundartlichen Monophthonge, und seine Druckpraxis hatte jedenfalls nicht mehr Konsistenz als die irgendeines anderen Druckers aufzuweisen. Man weiß, daß es selbst Luther wirklich nur auf die Bewahrung des *Sinns* seiner Schriften, kaum auf die *Form*, in der sie geboten wurden, ankam. Am Ende führte der Buchdruck dann doch zu größerer sprachlicher Einheitlichkeit, doch ist es eine Übertreibung, wenn gesagt wird, daß er der wesentliche Faktor beim schließlichen Zustandekommen einer einheitlichen Standardsprache gewesen sei. Dies trat jedenfalls nicht in der frnhd. Periode ein.

Die Drucker, von denen die bedeutendsten in vielleicht ein oder zwei Dutzend Städten ansässig waren, paßten sich also anfänglich im großen und ganzen der örtlichen Sprachtradition an. Im frühen 16. Jh. kann man deshalb von mehreren regionalen Druckersprachen sprechen, muß allerdings immer im Auge behalten, daß es im Grunde jeder von ihnen an einer Norm mangelte und jede mehr durch viele tendentielle Freiheiten als durch Einheitlichkeit gekennzeichnet war. Demzufolge kann man eine oberrheinische (Straßburg, Basel), eine schwäbische (Augsburg, Tübingen, Ulm), eine bayrisch-österreichische (Ingolstadt, München, Wien), eine westmitteldt. (Mainz, Frankfurt, Worms und zunehmend auch Köln), eine ostfränkische (Nürnberg, Bamberg) und eine ostmitteldt. (Leipzig, Wittenberg) Druckersprache unterscheiden. Die obdt. und die mdt. Gruppe waren bereits auf dem Wege zu einer Annäherung, als die Druckersprache der Schweiz (Zürich) noch beträchtliche Unterschiede aufwies. Noch weiter entfernt vom konvergierenden Gemeindeutsch waren die ndt. Druckereien (Lübeck, Hamburg, Münster, Rostock). In der gleichen Weise, in der bestimmte Kanzleien, beispielsweise die sächsische und die kaiserliche, immer mehr zum Vorbild wurden, erwiesen sich die bedeutenden Druckzentren als Normenvermittler und hatten auf diese Weise einen vereinheitlichenden Einfluß.

Die gleiche Nachlässigkeit, die das Zeitalter hinsichtlich der Sprachform an den Tag legte, zeigte sich in der Beziehung zwischen Drucker und Autor. Die Drucker behandelten die ihnen vorgelegten Manuskripte ziemlich freizügig, und die Autoren hatten anscheinend nichts dagegen einzuwenden. Die persönliche Sprache des Autors unterschied sich deshalb besonders hinsichtlich der Orthographie oft beträchtlich von der Öffentlichkeitscharakter einnehmenden Druckersprache. Dürers persönliche Sprache sieht beispielsweise viel altertümlicher aus als die seiner Bücher. Drucker und vor allem ihre Korrekturleser spielten in Hinsicht auf die Reduzierung möglicher orthographischer Varianten dadurch eine bedeutende Rolle, daß sie altertümliche und örtlich zu eingeschränkte Formen beseitigten. An vielen Stellen waren sie ‚moderner' als die örtlichen Kanzleien. Doch auch Universitäten und Schulen im allgemeinen unterstützten die Tendenz zu größerer Einheitlichkeit. Der Buchdruck war nur einer von mehreren Neuerungsanstößen der Zeit. So gesehen hatte die Druckersprache ihren Einfluß und trug zur Formung der weiteren Sprachentwicklung bei. Beim Studium des Frnhd. muß deshalb die wegen ihres Öffentlichkeitscharakters so bedeutsame Druckersprache ganz besonders berücksichtigt werden.

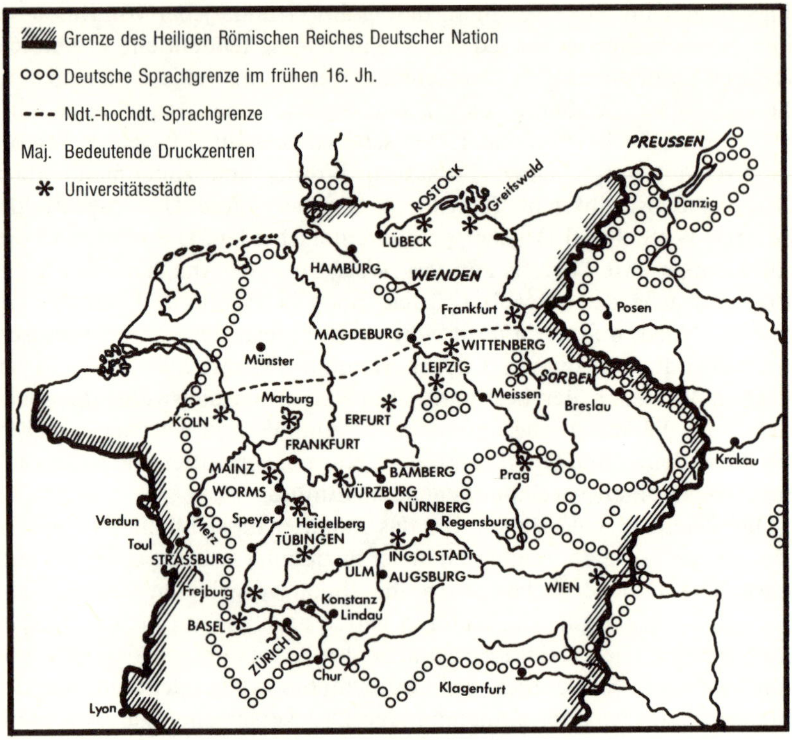

Abb. 12

Das Reich im frühen 16. Jh.

6.4 Die Schriftsprache, Normierung und regionale Formen

6.4.1 Die Schriftsprache

Im frühen 16. Jh. waren Zustand und Beschaffenheit der deutschen Schriftsprache außerordentlich kompliziert und stark im Fluß. Die Komplikationen waren das Ergebnis einer enormen Zunahme von Geschriebenem und Gedrucktem aus mehr Zentren denn je zuvor. Die durch Sprachkontakt und Kommunikation hervorgerufene Umwälzung hatte zeitlich beschleunigte Veränderungen im Gefolge. Die Ausbreitung der Schriftsprache über das gesamte Gebiet und über einen viel größeren Bereich kultureller Betätigung als früher ist der Grund für den Eindruck größter Divergenz und extremer Mannigfaltigkeit, den die deutsche Sprache im

14. Jh. bis hin zu den letzten Jahrzehnten des 15. Jh.s vermittelt. In der zweiten Hälfte des 15. Jh.s machten sich jedoch zunehmend Kräfte bemerkbar, die allmählich immer mehr Konvergenz bewirken sollten.

Sie zeigten sich zuerst in der Urkundensprache der kaiserlichen Kanzlei (Kanzleisprache) und der größeren Fürstentümer. Während unter Ludwig dem Bayern (1313–1347) die Sprache der kaiserlichen Kanzlei im allgemeinen Bayrisch gewesen war, war dies unter den Habsburgern Friedrich III. und Maximilian I. entschieden weniger der Fall. Tatsächlich war in der Zwischenzeit Prag ihr Mittelpunkt geworden, und ihr Aussehen hatte mdt. Züge angenommen. Ein bedeutsames neues Merkmal war jedoch die Tatsache, daß die kaiserliche Kanzlei selbst nach ihrer Rückkehr ins bayrische Dialektgebiet nicht auch wieder zu einer im engeren Sinne bayrischen Sprachform zurückkehrte. So wurden beispielsweise die bayr. Diphthonge der unbetonten Silben *(-leich, -ein)* weitgehend vermieden *(-lich, -in)*; ⟨o, u⟩ dienten oft nach Art des Mdt. zur Wiedergabe sowohl des umgelauteten als auch des nicht umgelauteten Vokals, entgegen der vorherrschenden Praxis des Bayr., vgl. z. B. das häufige *Wir Maximilian von gots gnaden Romischer Kunig*; ⟨e⟩ für mhd. *ä, æ* war weit verbreitet, während das Bayr. normalerweise ⟨aͤ⟩ gebrauchte; zur Wiedergabe des mhd. *uo* und *u* wurde manchmal nur das Zeichen ⟨u⟩ im Gegensatz zu der im Bayr. gewöhnlich eingehaltenen Unterscheidung gebraucht; wo der Reflex des mhd. *uo* angedeutet wurde, gebrauchte man im allgemeinen lieber das Zeichen ⟨ue⟩ als ⟨ů⟩. Wenn auch die meisten andern sprachlichen Eigentümlichkeiten der kaiserlichen Kanzlei tatsächlich zum Bayr. gehörten, so ist dies weniger bemerkenswert als die Tatsache, daß die Kanzleisprache sich bis zu einem gewissen Grade aus der völligen regionalen Gebundenheit löste. Der Grund dafür ist wahrscheinlich die personelle Zusammensetzung der Kanzlei, die regional gesehen weniger eingeschränkt war, als es bei herzöglichen und andern untergeordneteren Stellen der Fall war.

Man pflegte anzunehmen, daß die Sprache der kaiserlichen Kanzlei großen Einfluß auf andere Schreibzentren ausübte. Besonders von der verhältnismäßig modern aussehenden Prager *Kanzleisprache* unter Karl IV. wurde eine zeitlang behauptet, sie habe das früheste Stadium abgegeben, von dem aus sich die nhd. Standardsprache in direkter Linie entwickelt hätte. Während direkter Einfluß nicht bewiesen werden kann und unwahrscheinlich ist, bleibt dabei die zunehmende Absonderung der Schriftsprachen von ihrem regionalen und also mundartlichen Hintergrund bedeutsam. In jedem der bedeutendsten Kulturzentren wurden Sprachmerkmale von nur eingeschränkter Gültigkeit allmählich zurückgedrängt und schließlich eliminiert. Bei dieser Entwicklung waren die Drucker vom Beginn des 16. Jh.s an gewöhnlich führend. Seit ungefähr 1520 wurden hinsichtlich der Abkehr von den gesprochenen Mundarten und der zunehmenden Standardisierungstendenz die *Druckersprachen* im allgemeinen wichtiger als die *Kanzleisprachen.* In Augsburg war die typisch schwäbische Schreibung ⟨au⟩ für mhd. *ā* im Begriff, aus Druckwerken zu verschwinden, während sie sich in Privaturkunden und in weniger bedeutenden Zentren entschieden länger hielt. In Straßburg wurde die ursprünglich ziemlich weit verbreitete Entrundung, z. B. *ibel* für *übel,* immer seltener. In Nürnberg wurde mundartliches ⟨a⟩ für mhd. *ou, ei* allmählich ausgesondert. Was am folgenreichsten werden sollte, war die allmähliche Loslösung von der mundartlichen Grundlage, die im Kurfürsten- und Herzogtum Sachsen, dem ausgedehntesten und blühendsten aller deutschen Fürstentümer, eintrat.

Hier machte die Schreibsprache der kurfürstlichen Kanzlei, der Gemeindeverwaltung und der Prosa im allgemeinen, die *Geschäftssprache,* wie sie gewöhnlich genannt wird, im 15. Jh. weitreichende Veränderungen durch. Ein von Eisenach und Erfurt in Thüringen bis nach Wittenberg und Dresden in Sachsen sich erstreckender, verhältnismäßig einheitlicher Sprachtypus hatte sich früh entwickelt. Dieser Typus war auch in den preußischen, unter der Herrschaft der Deutschritter stehenden Gebieten anzutreffen und, variantenreicher, in der Lausitz und in Schlesien. Schon im 14. und 15. Jh. hatte die Schreibsprache viele südliche und westliche, für das Mhd. charakteristische Eigentümlichkeiten aufgenommen, doch der damals außerordentlich breite Bereich von Variationen konnte nichtsdestoweniger noch viele mundartliche Merkmale unterbringen (s. S. 248 f., 259 f.). Die Tendenz zu regionaler Standardisierung, die sich gegen Ende des 15. und während des 16. Jh.s bemerkbar machte, führte zu einer zahlenmäßigen Verminderung der Varianten und zur Eliminierung der spezifisch mundartlichen Varianten. Einige der jetzt zurücktretenden Eigentümlichkeiten waren rein orthographischer Art, z. B. ⟨i⟩ anstelle von ⟨e⟩ in unbetonten Silben, oder ⟨cz, zs⟩ für ⟨z, tz⟩. Eine regionale Schreibeigenart wurde also als solche erkannt und allmählich zugunsten von allgemein geläufigen Formen aufgegeben. Einigen Eigentümlichkeiten lagen Lokaldialekte zugrunde, wie z. B. mhd. *i>e* (*wese* ‚Wiese‘), mhd. *u<o* (*korcz* ‚kurz‘), mhd. *ā<o* (*jor* ‚Jahr‘), mhd. *iuw>au/aw* (*nau* ‚neu‘), mhd. *ei>e* (*kled* ‚Kleid‘), mhd. *ou>o* (*bom* ‚Baum‘) und viele andere. Solche, seit Beginn deutscher Schrifttexte im allgemeinen in der Minderheit befindlichen Eigentümlichkeiten wurden fortschreitend zuerst aus der Schreibsprache der kurfürstlichen Kanzlei eliminiert, während sie gleichzeitig in der anderer Kanzleien und mehr noch in privaten Schreiben fortlebten. Weitere, für das Ostmdt. etwa eine Generation vor Luther charakteristische Züge waren: früheres *he, her >er*; früheres *wie>wir; unse>unser*; früher im Thüringischen weit verbreitete Infinitive ohne *-n* waren verschwunden; ⟨o⟩ für mhd. *u, ü*, besonders vor *r* und einigen anderen Konsonanten, war nun im allgemeinen auf einzelne Wörter wie *sonst, fromm, komen, sontagk, sonnabend, konig, son, sommer* beschränkt; ⟨ie⟩ für mhd. *ie* war trotz mundartlicher Monophthongierung allgemein anzutreffen und wurde in allmählich zunehmendem Maße auch für gelängtes mhd. *ĭ* in offener Silbe geschrieben; *sal* verschwand zugunsten von *sol* und *ob, oder, gegen* traten für die früheren Formen *ab, adir, kegin* ein; Formen wie *greve, fregen, sente* wurden durch *grave, fragen, sant* ersetzt. Ein festes und kennzeichnendes Merkmal des Ostmdt. bestand darin, daß bei *o* und *u* der Umlaut nicht bezeichnet wurde. Die ⟨o⟩-Graphe für mhd. *o, ö, ō, œ* und ⟨u⟩-Graphe für mhd. *u, ü, uo, üe* gab es, solange das Ostmdt. als regionale Schreibsprache existierte. Als am Ende des 16. Jh.s allgemein die Unterscheidung ⟨o/ö⟩, ⟨u/ü⟩ eingeführt und auch ⟨ä⟩ aufgenommen wurde, hatte sich das Ostmdt., so kann man sagen, zum Nhd. hin entwickelt und war in ihm aufgegangen.

Natürlich gingen die Veränderungen nicht rasch und bis ins letzte ausnahmslos vor sich. Viel hing vom einzelnen Schreiber, dem Ort seiner Herkunft und seiner Bildung ab. Wenn auch um vieles vermindert, war sprachliche Mannigfaltigkeit noch immer das charakteristische Kennzeichen der Zeit. Oft war die Entwicklung nicht gradlinig: manchmal war sie rückläufig. Die Geschichte der Schreibung *vor-* anstelle des gewöhnlichen *ver-* in der ostmdt. Kanzleisprache ist dafür besonders illustrativ (Kettmann S. 133ff.): in der ersten Hälfte des 14. Jh.s wurde *ver-* nahezu völlig durch *vor-* ersetzt; im 15. Jh. gewann *ver-* an Boden, blieb aber in der Minderheit; vom Ende des 15. Jh.s bis 1520 dominierte *ver-*, und *vor-* erschien in nicht mehr als einem Viertel aller Fälle; zwischen 1520 und 1530 zogen beide nahezu gleich; zwischen 1530 und 1540 fiel *ver-* auf ein bloßes Drittel aller Vorkommen zurück; und 1540 bis 1546 war *vor-* die Regel geworden.

Die sich vermindernde Anzahl von Varianten durch Abstoßung mundartlicher Merkmale, die ohnehin nur eine Minderheit an Formen gebildet hatten, bedeutete natürlich keine Änderung des Systems. Eine Neuerung jedoch, die das System berührte, wurde im 15. Jh. eingeführt. Seit ungefähr 1440 nahmen die ⟨ei, au, eu⟩-Schreibungen für mhd. *ī, ū, iu* allmählich zu und dominierten in der kurfürstlichen Kanzlei zwischen 1485 und 1490. Nach 1500 gab es ⟨i⟩- und ⟨u⟩-Schreibungen nur noch sporadisch. Die gesprochenen Dialekte hatten im größten Teil des Gebiets eine Diphthongierung durchgemacht, und die Frage stellt sich, ob dieser orthographische Wandel eine Folge der zuvor in der gesprochenen Sprache eingetretenen Diphthongierung war. Mit an Gewißheit grenzender Wahrscheinlichkeit kann dies verneint werden. Zu einer Zeit, als bereits gewohnte mundartliche Schreibungen beseitigt wurden, als zahllose andere mundartliche Eigentümlichkeiten wie die Entrundung der mhd. gerundeten Vordervokale (*ü>i, ö>e*), der Zusammenfall der stimmhaften und stimmlosen oder Lenis- und Fortis-Reihe der Verschluß- und Reibelaute (*binnenhochdeutsche Konsonantenschwächung*, z. B. der Zusammenfall von *d* und *t* in *leiden – leiten*) und die Monophthongierung von mhd. *ei, ou>e, o* ins Schreibsystem nicht aufgenommen wurden, ist es höchst unwahrscheinlich, daß die mundartliche Diphthongierung in der Schreibung ihren Niederschlag gefunden hätte. Viel wahrscheinlicher ist, daß diese Schreibungen aus dem südwestlichen Raum, von Ostfranken, speziell Nürnberg übernommen wurden. Und über Ostfranken hinaus gab es natürlich das ausgedehnte bayrische Dialektgebiet mit den gleichen Diphthongschreibungen. Auch in Böhmen, in Prag und Eger beispielsweise, wurden die neuen Diphthonge geschrieben. Tatsache ist, daß die Aufnahme dieser Schreibungen zweifelsohne die Schreibweise der langen Hochzungenvokale erleichterte. Doch daß die Belastung des Graphemsystems allein zu der Neuerung geführt haben könnte, ist angesichts der Tatsache, daß während des gesamten 14. und 15. Jh.s die Veränderungen in der ostmdt. Schreibsprache als Folge eines äußerst wirksamen Einflusses aus dem Südwesten eingetreten waren, kaum zu akzeptieren. Dieser Einfluß dauerte im 16. Jh. an, als sogar Bajuvarismen wie ⟨ai⟩ für mhd. *ei,* ⟨åͤ⟩ für Umlaut-*a*, ⟨ue⟩ für gewöhnliches ⟨u⟩ (mhd. *uo, üe*), ⟨kh⟩ für gewöhnliches ⟨k⟩, die erste und dritte Pers. Pl. Präs. Ind. von ‚sein' *seind* für *sind* oder die westliche Form *nit* für *nicht* zu finden waren. Nach 1520 wurde in der kurfürstlichen Kanzlei für mhd. *ei* ebenso häufig ⟨ai⟩ wie ⟨ei⟩ geschrieben, obwohl dies außerhalb der Kanzleipraxis kaum vorkam. Im frühen 16. Jh. wurden die Diphthonggraphe ⟨ei, au, eu⟩ auch ins Westmdt. aufgenommen, wo die mundartliche Diphthongierung ohne Zweifel beträchtlich früher stattgefunden hatte. In der niederalem. Schriftsprache, insbesondere bei Druckern, verbreiteten sich seit dem frühen 16. Jh. Diphthonge trotz der im Dialekt auch weiterhin bestehenden Monophthonge. Das Gleiche galt, wenn auch noch viel später, in der Schweiz. In all diesen Fällen erwies sich die Schreibpraxis der östlichen Gebiete des Obdt. als beispielhaft und wurde von möglichen oder wirklichen Veränderungen in den gesprochenen Dialekten nicht berührt.

Die charakteristischsten Erscheinungen bei der Schreibsprache der Zeit waren also die deutliche Abkehr von den Dialekten und die Neigung zu regionalem Ausgleich sowie zunehmender Standardisierung. Nun muß aber auch betont werden, daß die Schreibsprache im wesentlichen noch immer eine Sprache von Idiolekten war. Jede Handschrift und jeder Druck repräsentierten einerseits ihre eigene Version des Schriftdeutschen, anderseits aber auch die noch etwas abstrakte regionale oder örtliche Variante dieses Mediums. Die einen Idiolekt bestimmenden Faktoren waren wie beim Mhd. die Herkunft und der Bildungshintergrund jedes Autors, Abschreibers oder Druckers, die Art des Textes (Original, Abschrift, Wiederabdruck, Bearbeitung), das stilistische Register des Textes (Privatbriefe, Urkundensprache, volkstümliche oder gehobene Literatur, Bibelsprache usw.), Ort und Zeit der Abfassung. Noch war Kontamination ausschlaggebend für die allgemeine Beschaffenheit eines Schriftstücks. Um gültige Vergleiche mit einwandfreien Resultaten anstellen zu können, wären ‚reine' Texte erforderlich, d.h. Originaltexte, die zur selben Zeit von ortsgebundenen Verfassern in der ‚durchschnittlichen' ortsgebundenen Form geschrieben sind und der gleichen Textsorte angehören. Da jedoch solche Texte hochgradig ungewöhnlich waren, wären sie für die deutsche Sprache der Zeit nicht repräsentativ.

Die Texte eines Autors wurden oft an einem Ort gedruckt, der weit von seinem Wohnort entfernt lag. Ulrich von Hutten aus Hessen ließ seine deutschen Werke in Leipzig und Straßburg drucken. Als Johann Mentelin 1466 die erste deutsche Bibel in Straßburg druckte, druckte er sie nicht in der für den Ort gebräuchlichen niederalem. Sprache, sondern beließ sie in der Textgestalt des Zentralobdt. Drucker in Basel und Straßburg bewahrten bei ihren Druckerzeugnissen häufig die Form Augsburgs. Froschauer in Zürich druckte die Bibel oft gleichzeitig in einer schweizer und einer allgemein obdt. Sprache. Wo der Bibeltext allgemein obdt. war, stand das Vorwort von Zwingli oder das andere von Jud dem Schweizerischen viel näher. *Karsthans*, der berühmte, in Straßburg gedruckte Dialog, bietet eine Sprachform, die vermuten läßt, daß der Text weiter südlich, auf hochalem. Gebiet, entstanden ist. Erfolgreiche Werke wurden des öfteren an vielen Orten neu gedruckt und wiesen dann alle nur möglichen Bearbeitungsschattierungen auf. Brants *Narrenschiff*, ursprünglich alem., erlebte Neudrucke in Nürnberg und Augsburg, und zwar jeweils in der ortsüblichen Druckersprache.

Die deutsche Schriftsprache der Zeit besaß noch keine einheitliche Ausprägung, befand sich aber nichtsdestoweniger auf dem Wege, sich stärker von den Mundarten abzulösen und größere Gleichförmigkeit zu erreichen, wenn auch anfangs nur innerhalb regionaler Gruppierungen. Die Gebiete waren natürlich nicht genau umgrenzt, neigten aber bei verschiedenen Erscheinungen zu unterschiedlicher Abgrenzung. Doch die regionalen Schriftsprachen kamen einander immer näher. Im Gegensatz dazu gingen Schriftsprache und gesprochene Sprache, d.h. die Mundarten, immer mehr ihre eigenen Wege.

6.4.2 Die Herkunft der Standardsprache

Darüber, daß die Entwicklung der nhd. Standardsprache, wenigstens als Schreibmedium, in dieser Periode ihren Anfang nahm, kann kein Zweifel bestehen. Generationen von Forschern haben sich deshalb gefragt: wo stand ihre Wiege, und wer war ihr Vater?

Beide Fragen sind außerordentlich naiv. Es gab keine ‚Wiege‘ und auch keinen ‚Vater‘. Der erste, der nhd. Standardsprache nahekommende Sprachtypus, tauchte um die Mitte des 14. Jh.s in Prag auf. Ein zweiter, ähnlicher Typus kam gegen 1500 in Ostmitteldeutschland zum Vorschein. Doch eine direkte Verbindung zwischen den beiden läßt sich nicht nachweisen. Es gab lediglich eine durch Zufallsbedingungen zustandegekommene Gemeinsamkeit: die gleiche Art von mundartlichem Hintergrund, bestehend aus einer Mischung von Obdt. und Mdt., und die gleich starke Abhängigkeit von den früheren Schreibsprachen Oberfrankens und des Südens. Als Burdachs und Bernts Theorie vom böhmischen oder Prager Ursprung widerlegt worden war, denn die Prager Kanzleisprache hatte weder Bestand noch Einfluß auf Meißen, wurde sie durch die mit überzeugend klingenden Argumenten vorgetragene Theorie von der mundartlichen Grundlage ersetzt. Theodor Frings behauptete, ‚ein übersehbarer Weg führt von der Sprache der Siedler zur Sprache der Schreiber, zu Luther und zur neuhochdeutschen Schriftsprache‘ (S. 5). In seiner Sicht, so stellte er an anderer Stelle fest, war

> das neue Deutsch im Munde der Ostsiedler vorgeformt und [es] wurde gesprochen, lange bevor es seit dem 13. Jahrhundert in die Schreibstube einzog. Es ist ein Gewächs des neudeutschen Volksbodens, eine Schöpfung des Volks, nicht des Papiers und des Humanismus.

Er und seine Leipziger Schüler sahen in der *Volkssprache* eine *koloniale Ausgleichssprache*, aus der sich die geschriebene *Geschäftssprache* entwikkeln sollte. Die gesamte Entwicklung der ostmdt. Schreibsprache zeigt jedoch eine zunehmende Ablösung von den Mundarten und eine äußerst starke Beeinflussung durch die Schreibsprachen der benachbarten südwestlichen Gebiete, wie H. Bach für das 14. Jh. zeigen konnte, und die Untersuchungen von L. E. Schmitt, E. Skála, W. Fleischer und G. Kettmann für das 15. und 16. Jh. ergeben haben. Zusätzlich zu den oben (S. 356ff.) angeführten Eigentümlichkeiten könnte man des weiteren anführen, daß in der Schreibsprache Reflexe der mundartlichen Veränderungen im Hinblick auf das Mhd. fehlen: mhd. *ē*>*ī* (*snē*>*schnī*), mhd. *ō*>*ū* (*hōch*>*hūch*), mhd. *ë*>*a* (*wëter*>*watter*) oder mhd. *-b-*, *-g-*>Reibelaute oder die Übernahme der obdt. Schreibung *pf-* statt des mundartlichen *f-* oder des *-mpf-* statt des mundartlichen *-mp-*, die Beibehaltung von *-nd-* statt des mundartlichen *-ng-* (*gefunden* statt *gefungen*), die Übernahme obdt. Schreibungen wie *Churfurst* mit *ch* oder das häufige Vorkommen der obdt. Apokope (*nam* ‚Name').

Anderseits ist es natürlich richtig, daß das *Meißnische* eine Reihe von Dialekteigentümlichkeiten enthält, die auch für die nhd. Standardsprache kennzeichnend sind. Frings führt an: die Personalpronomen mit *-r* und *-ch* *(mir, mich, dir, dich, er, wir, euch)*; die Diminutiva auf *-chen*; das Nominalglied des Typus' *mein liebes Kind*; Monophthonge *i, u* in *lieb, Bruder*; Diphthonge *au, ei* in *Haus, Zeit*; [ks] in *sechs, Ochsen, wachsen*; die Dativendung *-e*, z.B. *im Hause*; die unsynkopierten Präfixe *ge-, be-* und die Endungen *-en, -es (gestohlen, bestellt, gebrochen, liebes)*. Es ist natürlich zu erwarten, daß regionale Dialekteigentümlichkeiten in der regionalen Schreibsprache vorkommen, besonders wenn sie auch durch die Schreibsprache anderer Gebiete wie Ostfrankens und des südwestlichen Raums, die stärksten Einfluß auf Meißen ausübten, gestützt wurden. Bei den oben genannten Merkmalen ist dies im wesentlichen der Fall.

Angesichts solcher überzeugenden Belege muß man zu dem Schluß kommen, daß das, was geschah, vornehmlich auf dem Papier geschah. Eben weil es verhältnismäßig frei von Dialekteinflüssen war und sich zu einem relativ gut ausgeglichenen Schreibmedium ausgebildet hatte, wurde das *Meißnische* der Zeit weit und breit gelobt. Natürlich ist anzunehmen, daß diese Schriftsprache bei Hofe und in Verwaltungs-, Kirchen- und Universitätskreisen ein gesprochenes Pendant hatte. Dadurch, daß das Schreibmedium für südlichen Einfluß so lange empfänglich war, war es auch in der Lage, jenen Kompromiß zustandezubringen, auf den Luther anspielte, als er sagte:

Ich habe keine gewisse, sonderliche, eigene Sprache im Deutschen, sondern brauche der gemeinen deutschen Sprache, daß mich beide, Ober- und Niederländer verstehen mögen. Ich rede nach der sächsischen Canzeley, welcher nachfolgen alle Fürsten und Könige in Deutschland; alle Reichsstädte, Fürsten-Höfe schreiben nach der sächsischen und unsers Fürsten Canzeley, darum ists auch die gemeinste deutsche Sprache. Kaiser Maximilian und Kurf. Friedrich, H. zu Sachsen ec. haben im römischen Reich die deutschen Sprachen also in eine gewisse Sprache gezogen. (*Weimar Ausgabe, Tischreden*, 1, S. 524.)

Da ihm Voraussicht und das Wissen darüber, wie etwa eine normalisierte, einheitliche Landessprache aussieht, fehlten, war seine Meinung zweifellos überzogen.

Eine einheitliche, normalisierte Standardsprache gab es vorerst noch nicht. Der Prozeß ihrer Ausbildung war jedoch in Gang gesetzt. Für die Zeitgenossen war dies deutlich erkennbar und kann vom heutigen Betrachter bestätigt werden. Doch zum Abschluß dieses Prozesses waren wenigstens noch weitere einhundertundfünfzig Jahre nötig. Viele Faktoren, vor allem die historische Bedeutung Martin Luthers, trugen dazu bei, die ostmdt. Schreibvariante des Gemeinen Deutsch zur direkten Grundlage des Nhd. werden zu lassen. Daß sie in der Lage war, eine solche Grundlage abzugeben, liegt ohne Zweifel daran, daß sie langfristig so viele Charakteristika des Westens und Südens aufgenommen hatte. Daß das Standarddeutsche nicht aus der gesprochenen und geschriebenen Sprache *eines* Gebiets allein sich herausbildete (wie das Französische aus dem Raum Paris bzw. der Île de France), liegt an der deutschen Geschichte. Mehr als beispielsweise das Französische oder Englische entstand es als eine Schreibsprache und blieb auch – wiederum aus historischen Ursachen – eine solche länger als die zuvor genannten Sprachen. Und als Schreibsprache war es ein Sammelbecken, zu dem viele Gebiete, wenn auch mit unterschiedlicher Gewichtung, ihren Teil beisteuerten. Als Wittenberg, das große Zentrum für die Verbreitung der ostdt. Schreibsprache, seinen Einfluß verlor, wurde Luthers Bibel von den großen Druckhäusern in Frankfurt am Main verbreitet. Infolgedessen wurde seit ungefähr 1560 der Einfluß des Westmdt. bedeutsam. Die Frankfurter Drucker waren wesentlich an der Einführung und Verbreitung der obdt. Graphe ⟨aͤ, oͤ, uͤ⟩ oder ⟨ä, ö, ü⟩ beteiligt. Hinsichtlich der Grammatik und des Wortschatzes jedoch blieb das Ostmdt. bis hin zur Sprache der Klassik um 1800 ausschlaggebend.

Viele Zeitgenossen Luthers waren der Ansicht, es gäbe ein gemeines Hochdeutsch, wenngleich mit Varianten. Der Schlesier Fabian Frangk, der 1531 über den Gebrauch des Deutschen schrieb, meinte, das *Oberlendisch* (d. h. Hochdeutsch) sei trotz seiner Regelhaftigkeit und Klarheit in vieler Hinsicht nicht einheitlich, denn in keiner Gegend werde es ganz genau und richtig gebraucht. Ihm, der Mißbrauch meiden und richtig schreiben wollte, wurde geraten, nicht der Gebrauchsweise irgend einer besonderen Gegend zu folgen, sondern sich Kenntnisse über viele regionale *Landsprachen* und deren Unzulänglichkeiten zu verschaffen, so daß er dem Falschen aus dem Wege gehen könnte. Frangk meinte auch, gute deutsche Bücher und Urkunden zu kennen und ihrem Beispiel zu folgen, sei besonders nützlich, und ausdrücklich empfahl er die Schriften aus der Kanzlei Kaiser Maximilians, die Luthers und die von Johann Schönsperger in Augsburg gedruckten Bücher. Mit anderen Worten, für ihn wie für Martin Luther war das Gemeine Deutsch nicht in irgendeiner besonderen Gegend – in Meißen oder Augsburg etwa – anzutreffen, sondern in der ‚besten' Sprache sowohl Ostmitteldeutschlands als auch Oberdeutschlands. Für ihn war Standardisierung vorbehaltlos eine erstrebenswerte Forderung, und er erkannte, daß auf dem Wege dahin bereits viele Schritte gemacht worden waren.

Sebastian Helber (*Teutsches Syllabierbüchlein*, Freiburg im Uechtland), der zugegebenermaßen erst am Jahrhundertende (1593) schrieb, stellte fest, daß das *Gemeine Hoch Teütsche*, von dem er Niederländisch, Niederdeutsch und *Cölnisch* ausschloß, in drei verschiedenen Spielarten gedruckt wurde: die *Mitter Teütsche, die Donawische* und *die Hoͤchst Reinische.* Er unterschied also innerhalb des Gemeinen Hochdeutsch: Mitteldeutsch (in das er die folgenden Druckerzentren einbezog: Mainz, Speyer, Frankfurt, Würzburg, Heidelberg, Nürnberg, Straßburg, Leipzig, Erfurt und die Kölner Drucker ‚wan si das Ober Teütsch verfertigen'), Schwäbisch-Bayrisch und Schweizerisch (das gedruckte Schweizerisch hatte sich zu der Zeit näher auf das gemeine Obdt. hin bewegt).

Gemeines Deutsch ist eine von vielen Autoritäten für Obdt. gebrauchte Bezeichnung, von dem im frühen 16. Jh. das Schweizerische, d.h. Süd- oder Hochalemannisch, ausgenommen war. Es ist jedoch fraglich, ob die Gegenüberstellung von Ostmdt. und *Gemeinem Deutsch* wirklich gerechtfertigt ist, und im Lichte von Luthers und Frangks fast im gleichen Jahr gemachten Äußerungen ist es unwahrscheinlich, daß Zeitgenossen ihre Sprachsituation auf diese Weise betrachteten. Ferner bedeutete *gemein*, obwohl es damals wie heute auch ‚(all)gemein' heißen konnte, in den meisten Vorkommensfällen von *Gemeines Deutsch* zu der Zeit ‚einfaches, gewöhnliches, schlichtes Deutsch' im Gegensatz zum verwickelten, künstlichen, latinisierenden Stil vieler zeitgenössischer Schriften. Es scheint daher angebrachter, die Sprachsituation in den frühen Jahrzehnten des 16. Jh.s wie folgt anzusehen:

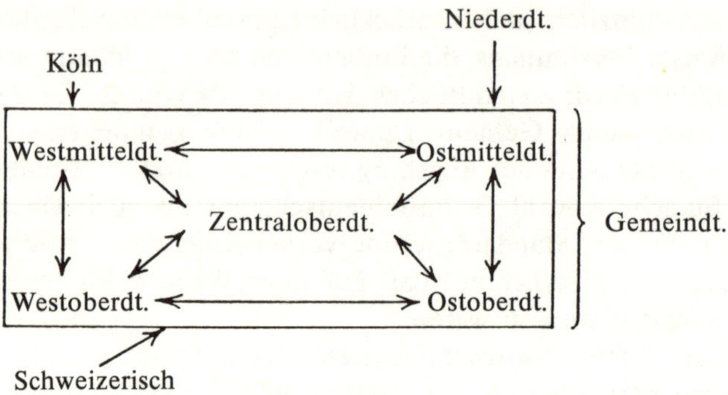

Westmitteldt.: Mainz, Worms (Rheinfränk.)

Ostmitteldt.: Erfurt, Wittenberg, Leipzig (Thüringisch, Obersächsisch)

Zentraloberdt.: Nürnberg, Bamberg, Würzburg (Ostfränk.)

Westoberdt.: Straßburg, Basel (Niederalem.)

Ostoberdt.: Augsburg, Ingolstadt, Wien (Schwäbisch, Bayrisch, Österreichisch)

Innerhalb des Gemeindeutschen sollen die Pfeile mit zwei Spitzen das Geben und Nehmen durch Anpassung, Selektion und Ausgleich symbolisieren. Basel, das sich dem Schweizer Bund im Jahre 1501 anschloß, befand sich in mancher Hinsicht bereits auf dem Wege der Anpassung an das übrige Obdt. Die drei noch außerhalb des Gemeindt. befindlichen Gebiete waren Köln (Ripuarisch), die Schweiz (Hoch- oder Südalem.) und Niederdeutschland. Hier weisen die Pfeile mit einer Spitze auf den späteren Anschluß, der im 16. und 17. Jh. stattfinden sollte, und seine Richtung hin. Jedes der drei Gebiete hätte andere Wege gehen können: Köln hätte, wenn die politischen Voraussetzungen dafür bestanden hätten, in den holländischen oder niederländischen Bereich hineinbezogen werden können, sie bestanden jedoch nicht, und so hatte Köln sich gegen 1575 in jeder Hinsicht der westmdt. Form des Gemeindt. angeschlossen; Norddeutschland hatte seine eigene, hochentwickelte und ausgeglichene Schreibsprache, das Hanseatische Ndt., das mit dem Verfall der Hanse der ostmdt. Variante des Gemeindt. den Weg freimachte; die Schweiz, die sich nach 1499 aus dem Reich herausgelöst hatte, besaß eine Schreibsprache, die die unmittelbarste Erbin des Mhd. war, und blieb damit dem Gemeindt. fest verbunden.

Im Falle Niederdeutschlands und der Schweiz kann man in der Tat von Annahme und Aufnahme sprechen. Von Niederdeutschland, einem der beiden Gebiete, würde man vielleicht erwarten, daß es dem Eindringen des neuen Gemeindt. stärkeren Widerstand geleistet hätte. Obwohl es eine florierende Schreibsprache besaß, die fast ebenso gut geregelt und von den mundartlichen Quellen abgelöst war wie die ostmdt. Schreibsprache, geschah dies nicht. Sie hatte jedoch fast ausschließlich der Hanse gedient und war ihr auf Gedeih und Verderb verbunden. Gleichzeitig mit dem Verfall der wirtschaftlichen Bedeutung dieses vornehmlich ostseeischen Bundes stieg der auf Antwerpen basierende Handel über den Atlantik an, und Leipzig wurde zu einem binnenländischen Handelszentrum und gesellte sich zu den im Süden bereits zu Ansehen gelangten Manufaktur- und Handelsstädten Nürnberg und Augsburg. Fürsten in Norddeutschland begünstigten meist das Hdt., nachdem das Lateinische seine Funktion als Sprache der Verwaltung verloren hatte. Die Herrscherhäuser in Brandenburg, zuerst die bayrischen Wittelsbacher, danach die fränkischen Hohenzollern, hatten zahlreiche, aus hdt. Gebieten stammende Beamte in Dienst genommen. Das Hdt. als Sprache der ritterlichen Kultur hatte während des ganzen Mittelalters hohes Ansehen genossen. Süddeutschland war bei der Annahme des Dt. als Verwaltungssprache vorangegangen. Weitere neue Usancen wie die Heiligennamen als Vornamen und die Annahme von Nachnamen waren aus dem Süden und Westen nach Norddeutschland gekommen. Obwohl es Norddeutchland an Universitäten nicht mangelte, so waren sie doch nicht in den führenden Hansestädten anzutreffen. Und die südlichen Gebiete hatten dazu entschieden mehr aufzuweisen. Dort ja vor allem blühte die neue humanistische Gelehrsamkeit, die, obwohl ihre Sprache das Lateinische war, nichtsdestoweniger das deutchsprachige Schrifttum befruchtete und anregte. Die neue, auf Römischem Recht basierende und von Kaiser Maximilian geförderte Systematisierung des Rechts entwickelte sich im Süden und wurde an hdt. Universitäten gepflegt. Juristen, Ärzte, Gelehrte aus Norddeutschland oder dem hdt. Gebiet, die an Universitäten wie Erfurt, Leipzig, Heidelberg oder noch weiter südlich gelegenen studiert hatten, hatten im Norden führende Positionen inne. Die unter Maximilian eingeführten politischen Reformen und die endlose Folge von mit Problemen der Kirchen- und Staatsreform ringenden Reichstage, die alle im Süden abgehalten wurden, erhöhten weiterhin die kulturelle Vorherrschaft des Südens. Die Literatur des Zeitalters war mit wenigen Ausnahmen hdt. Literatur. Der Buchdruck war eine Erfindung des Südens und hatte dort seine führenden Werkstätten, auch wenn Lübeck zu den frühen Druckerzentren gehörte. Bücher auf hdt. waren in großen Mengen zu haben und drangen wegen der dauernden Hochschätzung des Hdt. leicht in die gebildeten

Kreise des Nordens ein. Von Schulen ist bekannt, daß sie zu Beginn des 16. Jh.s Hdt. im Lehrplan gehabt haben sollen. Danach kam die Reformation, die sich von Wittenberg aus verbreitete und in kurzer Zeit fast ganz Norddeutschland für sich gewann. Frühzeitig bildete sich in norddeutschen Städten die Gewohnheit aus, die Korrespondenz mit Städten im Süden auf hdt. zu führen, so etwa beim Schriftverkehr Danzigs mit Leipzig oder Lübecks mit Mainz. Allmählich wurde das Hdt. als offizielle Sprache für den internen Gebrauch angenommen, in Königsberg bereits um 1530, in Braunschweig und Stettin gegen 1550 und in Magdeburg, Dortmund, Bielefeld und Rostock im Verlauf der nächsten zwei Jahrzehnte. Die letzten großen Städte, die die Änderung bei internem Gebrauch und auswärtigem Schriftverkehr vornahmen, waren Hamburg und Lübeck, und zwar kurz nach 1600. Gesprochene Sprache blieb allerdings, mindestens während dieser Zeit, das Ndt. Die Diglossiesituation, bei der verschiedene Sprachformen unterschiedlichen, doch klar definierten Kommunikationszwecken dienen, dauerte noch ungefähr ein Jahrhundert an. Danach nahm das Bürgertum die nhd. Standardsprache auch als gesprochenes Medium an.

Besonders in den östlichen Gebieten war seit langem das Hdt. gegenüber dem Ndt. auf dem Vormarsch. Städte wie Halle, Eisleben, Merseburg, Wittenberg und Frankfurt an der Oder waren bereits im 14. oder 15. Jh. zum Hdt. übergewechselt. Berlin und seine Umgebung folgten kurz nach 1500. In Magdeburg wurde bereits 1530 eine Mischung aus *Meißnisch* und Ndt. gesprochen. Das als *Misnisch* (<*Meißen*) bekannte Hdt. konkurrierte also sogar im Bereich der gesprochenen Sprache mit dem heimischen *Sassisch.* Auch beim Schreiben mischten sich Hdt. und Ndt. Das Wort *Missingsch* mit seiner konnotativen Bedeutung *Messing* (also eher mindere Legierung als reines Gold) wurde zum abschätzigen Namen für diese Sprachform. Doch während in Brandenburg und auch sonst in an das Ostmdt. grenzenden Gebieten das Hdt. sogar im Bereich der gesprochenen Sprache auf dem Vormarsch war und einige fürstliche und städtische Verwaltungen das Hdt. als Urkundensprache annahmen, gedieh das Ndt. besonders in Lübeck und an der Küste entlang bis zum ersten Drittel des 16. Jh.s.

Vor der Reformation waren vier ndt. Bibeln im Druck erschienen. Gegen 1478 hatte Heinrich Quentell in Köln eine ndt. Bibel in zwei Versionen herausgebracht, eine in der Sprache der niederrheinischen Gebiete, die andere in einer östlicheren Variante. 1494 druckte Steffen Arndes in Lübeck eine hervorragend illustrierte Bibel in nordsächsischem Ndt., d.h. in hansischem Mittelndt., und eine vierte vorlutherische Bibel erschien 1522 in Halberstadt. Luthers Neues Testament wurde sofort ins Ndt. übersetzt, wahrscheinlich von aus ndt. Gebiet stammenden Studenten in Wittenberg unter Anleitung von Luthers Mitstreiter Bugenhagen, und erschien daselbst im Jahre 1525. Die vollständige Bibel folgte im Jahre 1534. Bis 1621, als die letzte Ausgabe in Goslar gedruckt wurde, gab es zusammen neunundzwanzig ndt. Ausgaben der Bibel. Als dann die Nachfrage allmählich aussetzte, geschah dies trotz Luthers Aufruf, die heimische Volkssprache zu gebrauchen. Die allgemeine Tendenz der Zeit lief, wie gezeigt worden ist, darauf hinaus, von den regional beschränkten Formen der Schreibsprache wegzukommen. Seit dem letzten Viertel des 16. Jh.s war die Literatur fast ausschließlich hdt. Im Drama sprachen nur Bauern und Diener Ndt., was deutlich auf das soziale Niveau des Ndt. hinweist.

Luthers Schriften und die Reformation, deren geistiges Zentrum auf ostmdt. Gebiet lag, mußten die schon einflußreiche und angesehene Stellung des Hdt. noch verstärken. Viele Pastoren aus hdt. Sprachgebiet, die von Luther und seinen Mitstreitern empfohlen wurden, hatten in Niederdeutschland Stellen inne. Viele ndt. Theologen wurden in Wittenberg ausgebildet. Die Organisation der Lutherischen Kirche in Niederdeutschland begünstigte ebenfalls den Gebrauch des Hdt. in Kirchenordnungen, theologischen Veröffentlichungen, ja sogar bei der Predigt. Gegen 1600 wurde kaum auf ndt. gepredigt. Selbst die kleine Stadt Husum beispielsweise kannte seit 1617 nur noch hdt. Predigten. So wurde letztlich die Reformation ein weiterer Grund für die Verdrängung des Ndt. Kaum mehr als ein Jahrhundert – von ca. 1600 aus gesehen – war nötig, um die blühende ndt. Schreibsprache, die im 14. und 15. Jh. die skandinavischen Sprachen wesentlich beeinflußt hatte, verschwinden zu lassen. Die Aufnahme der ostmdt. Spielart des Gemeindeutschen in Norddeutschland gab letzterer das Gewicht, das die Waage innerhalb des Gemeindeutschen zu ihren Gunsten ausschlagen ließ. Mehr denn je war sie nun eine überregionale Schriftsprache.

In der Schweiz dauerte es bei der Annahme der nhd. Standardsprache mindestens zweimal solange, obwohl nur ein kleinerer Schritt dazu nötig war. Vielleicht war dies der Grund für das bedächtigere Vorgehen. Daß aber die Sprachübernahme stattfinden würde, stand nie in Zweifel. Die hochalem. Mundart der Schweiz war Teil des Hdt. Die Schweiz hatte im Zeitalter der ritterlichen Literatur beträchtlich zum Kulturleben beigetragen. Ihr Bestehen auf volle politische Selbstbestimmung lief anfänglich auf kaum mehr hinaus als das Bestehen der deutschen Fürsten auf ihre *Libertät.* Daß sich daraus politische Unabhängigkeit und Souveränität ergeben sollten, wie man sie im Zeitalter des Nationalismus kennt, war im 16. Jh. nicht vorauszusehen. Die wirtschaftliche Stellung der Schweiz war viel schwächer als die der Niederlande, die im Begriff waren, eine eigene Standardsprache zu entwickeln. Basel, ihre größte Stadt, mit der einzigen Universität, hatte sogar noch vor dem Beitritt zum Bund im Jahre 1501 damit angefangen, mindestens im Bereich des Buchdrucks sprachliche Konzessionen zu machen. Zwingli legte großen Wert auf die Bindung seiner Reformation an die der süddeutschen Städte, vor allem in Straßburg, Konstanz, Memmingen und Augsburg. Er schloß sogar mit dem Landgrafen von Hessen ein Bündnis. Seine Zürcher Bibel, die weit davon entfernt war, ein Eckstein der schweizerischen Schriftsprache zu sein, war in der Tat ein trojanisches Pferd. Sie war das erste nennenswerte schweizerische Druckwerk, das beispielsweise mit Übernahme der bayr. Diphthonge Konzessionen an die obdt. Gemeinsprache machte. Während alle bedeutenden Städte mit Ausnahme Luzerns der Reformation Zwinglis beitraten, war dies im ländlichen und alpinen Kernland der Schweiz nicht der Fall. Und die Mehrzahl der reformierten Städte und Kantone gaben schließlich Luthers Bibel gegenüber der Zürcher Bibel den Vorzug. In einem ausgesprochen langsam verlaufenden Prozeß gingen schließlich die Druckereien, Kanzleien, Schulen und Schriftsteller allmählich von der mundartlichen Grundlage der schweizerischen Schriftsprache ab und übernahmen anfänglich das Gemeinobdt. und endlich, um 1800 herum, die nhd. Standardsprache der Klassik.

Der Übernahmeprozeß verlief etappenweise, ein sprachliches Merkmal nach dem anderen. So wurde in der Geschichte der Zürcher Bibel der erste Schritt bei der Ausgabe von 1527–1529 mit der Einführung von ⟨ei/ey⟩, ⟨au⟩ und ⟨eü⟩ für alem. *ī, ū, ǖ* getan. In dieser Ausgabe und in einigen der nächsten Ausgaben wurde ⟨ei⟩ hauptsächlich für *mein, dein, sein* verwendet, sonst aber zunehmend ⟨ey⟩ vorgezogen. Ausgenommen bei den Pronomen wurde für mhd. *ī* ⟨ey⟩ bevorzugt, während es für mhd. *ei* noch immer zahlreiche ⟨ei⟩-Schreibungen gab, obwohl ⟨ey⟩ bereits vorherrschte. Für mhd. *iu* und *öu* war nach Übernahme des ostoberdt. ⟨*eu*⟩ die graphische Unterscheidung ⟨eü⟩ (mhd. *iu*) und ⟨oͤu⟩ (mhd. *öu*). Auf diese Weise konnten sich die Zürcher Drucker der ostobdt. Orthographie annähern, ohne die strukturellen Unterscheidungen außer bei ⟨au⟩ für mhd. *ū* und *ou* fallen lassen zu müssen. Die obdt. Unterscheidung zwischen den Reflexen der gelängten mhd. *i, u, ü* und mhd. *ie, uo, üe* durch die Schreibung ⟨i, u, ü⟩ bzw. ⟨ie, ů, uͤ⟩ wurde bis zu den Ausgaben von 1665/1667 aufrechterhalten. Die Zürcher Bibel blieb also, von einigen vereinzelten ostmdt. Lutherismen abgesehen, rein alem. (vom Standpunkt der Schrift aus natürlich, nicht vom Mundartlichen her) nur bis 1525. Von 1527/29 ab war sie mit Ausnahme örtlicher Eigentümlichkeiten allgemein obdt. bis 1665/67, dann ging sie vom obdt. zum ostmdt. Typus über, wobei die Aufnahme einzelner Merkmale sich vom Beginn des 17. Jh.s an beschleunigte.

Doch die Verleger der Schweiz hatten den Buchexport im Auge und waren für die damalige Schreibweise in der Schweiz nicht repäsentativ. Die Schreibsprache der Ämter und Gerichte blieb viel länger alem. Auch hier geschah der Übergang außerordentlich langsam und graduell, ein Merkmal nach dem anderen, und dauerte in St. Gallen von 1545 bis 1800, in Schaffhausen von 1580 bis 1800, in Zürich von 1600 bis 1800 und in Luzern von 1620 bis 1800. Überall waren auch Persönlichkeit und Ausbildung der einzelnen Bediensteten von Bedeutung. Doch wenn sie ihrer Zeit zu weit voraus waren, folgte gewöhnlich eine Reaktion. Daher muß man im allgemeinen für die Zeit, innerhalb derer jedes einzelne Merkmal des Nhd. endlich vorherrschend werden konnte, mit einem Zeitraum von mehr als hundert Jahren rechnen. Die nachstehende Auswahltabelle (vgl. Sager), die das schließliche Vorherrschen eines bestimmten nhd. Merkmals wiedergibt, zeigt sehr gut, wie lange es in Wirklichkeit dauerte, bis die nhd. Standardsprache in den offiziellen Gebrauch eingegangen war.

Dieser ganze Prozeß war natürlich ausschließlich auf das Schreibmedium beschränkt. Als gesprochenes Medium ist die nhd. Standardsprache selbst heute noch auf sehr wenige Funktionen beschränkt. Die gegenwärtige Diglossiesituation besteht also seit über drei Jahrhunderten.

Endgültiges Vorherrschen eines nhd. Merkmals	Basel	St. Gallen	Schaffhausen	Zürich	Bern	Luzern
Nhd. Diphthonge	1590–1600	1605	1610	1650–80	1670	1700–
Nhd. Monophthonge	1620	1750–	1710	1730	1740*	1750–
3. Pers. Pl. *-end>-en*		1620	1650	1700	1740	1710

*Für ⟨ů, ůͤ⟩>⟨u, ü⟩ gibt es keine genaue Angabe. Die Angabe bezieht sich auf ⟨ie⟩ für gelängtes mhd. *i*.

6.4.3 Die Rolle Martin Luthers

Seit Luther zum Vater oder Schöpfer der deutschen Standardsprache erklärt worden ist, besteht auch die Diskussion über seinen Beitrag zu ihrer Entstehung. Erasmus Alberus, einer seiner Zeitgenossen, meinte:

Lutherus lingua Germanicae parens, sicut Cicero Latinae. Fabian Frangk rechnete ihn, wie wir gesehen haben (S. 362f.) zu den Lehrern, denen man folgen sollte. Eine der ersten ernstzunehmenden Grammatiken des Dt. basierte auf seinen Werken, nämlich die des Johannes Clajus: *Grammatica Germanicae linguae ex bibliis Lutheri Germanicis et aliis eius libris collecta*, Leipzig 1578. Schon durch die ungeheure, alles in den Schatten stellende Zahl der Ausgaben seiner Schriften (s. S. 349f.) mußte eine gründliche Wirkung von ihm ausgegangen sein. Doch war sie von Dauer, und war seine Sprache etwas Neues, seine Schöpfung, etwas, was es vor ihm nicht gab? Er selbst meinte, er gebrauche keine besondere Sprache, sondern schriebe in der allgemein verbreiteten Form der sächsischen Kanzlei. Die Schreibformen des Dt. befanden sich in der Tat auf dem Wege des gegenseitigen Ausgleichs und der Anpassung aneinander. Dieser Bewegung gesellte sich Luther selbst bei. Wörter, die seiner Erfahrung nach mundartlich und regional zu begrenzt waren, ersetzte er durch weitläufiger bekannte. Schreibungen und Sprachformen, die sich vom zentralobdt. oder südöstlichen obdt. Gebrauch unterschieden, gab er manchmal zugunsten der südlichen Formen auf, so wurde beispielsweise sein früheres *borg* später zu *Burg* oder *kegen* zu *gegen, gewest* zu *gewesen, nach* und *dach* zu *noch* und *doch, widder* zu *weder.* Wo er in seinen frühen Schriften schwankte, legte er sich oft nach und nach auf eine Form fest, z. B. bei *sun/sohn > Sohn, nit/nicht > nicht, brengen/bringen > bringen.* In andern Fällen jedoch, z. B. bei *ane/one* für *ohne, sunder/sonder, künnen/können, Münch/Mönch*, kam er selbst zu keiner endgültigen Lösung. Für die ständig zunehmende Standardisierung und Varianteneliminierung waren seine Korrekturleser in höherem Grade als er selbst verantwortlich.

Der frühe Luther war stärker durch seinen regionalen Hintergrund gebunden. Besonders zwischen 1522 und 1531 arbeitete er bewußt an seiner Sprache, um ihren Einfluß zu erweitern. Häufig lieferten die Schreibsprachen von Nürnberg und der kaiserlichen Kanzlei das Vorbild, dem er dann folgte. Der Wortschatz machte ihm besonders große Schwierigkeiten. Obwohl der gemeinsame Wortbestand des Dt. selbst zu der Zeit beträchtlich war, gab es noch einen hartnäckigen Rest von Regionalismen (vgl. 6.9.1). Genau dies veranlaßte beispielsweise den Verleger Adam Petri in Basel, seinem Abdruck von Luthers Neuem Testament aus dem Jahre 1522 mit Rücksicht auf seine obdt. Leser ein Glossar von ungefähr zweihundert Wörtern anzufügen. Süddeutschlands Katholische Bibel von Johann Eck ersetzte viele ostmdt. Wörter durch solche aus dem Süden, z. B. *grentze > landmark, hügel > bühel, töpfer > hafner, ziege > gaiss, heuchler > gleissner.* Dennoch blieb es bei der Tatsache, daß durch den Erfolg der Reformation und seiner Schriften, besonders den seiner Bibel, die ostmdt. Schreibsprache einen Auftrieb erhielt, der ihr gegenüber der Konkurrenz zur Führungsrolle verhalf und diese Sprachform oder deren Bausteine, vor allem deren Wortschatz, in ganz Deutschland vertraut machte.

Durch Zufall hinsichtlich Geburt und Laufbahn gebrauchte Luther die bereits gut entwickelte Schreibsprache Meißens, die sich, zusammen mit anderen regionalen Schreibsprachen, auf dem Wege zu gegenseitiger Anpassung und größerer Standardisierung befand. Auch wenn er gewöhnlich mit dem Strom der Zeit Schritt hielt, ihn sogar oft selbst beschleunigte, gebrauchte er doch bisweilen veraltete Formen, die später beiseite gekehrt wurden wie z. B. *wilch* für *welch, hirschen* für *herrschen, erbeit* für *Arbeit, gleuben* (neben *glauben*) für *glauben* oder *er schreib* für *er schrieb*. In all dem war er gewiß ein Mann seiner Zeit, wenn er gewöhnlich auch zur Vorhut gehörte.

In einer Hinsicht jedoch war er ein wirklicher Neuerer und Schöpfer. Das Deutsch auf lateinischen Stelzen, charakteristisch für viele Schriften der Zeit, war nicht seine Sache. Er wollte das Schriftdeutsch mit dem gesprochenen Deutsch des einfachen Mannes verschmelzen. Er wollte einen wirklich volkstümlichen deutschen Stil schaffen, den die Leute tatsächlich verstehen konnten. Dies meinte er mit *dolmetschen*, wie er es nannte. Er nutzte die Schreibsprache seiner Gegend nur als Gußform, mit der er eine neue Form der Volkssprache gestaltete. Dies war keineswegs leicht und nahm Wochen und Jahre in Anspruch. Was seine Bibelübersetzung betrifft, dauerte es sogar bis zu seinem Tode. Er arbeitete sein Leben lang an der Sprache und hatte dabei stets das berühmte Prinzip im Auge, das er in seinem denkwürdigen *Sendbrief von Dolmetschen*, entstanden 1530 in Coburg, aufgestellt hatte:

/ den man mus nicht die buchstaben inn der lateinischen sprachen fragen / wie man sol Deutsch reden / wie diese esel thun / sondern / man mus die mutter jhm hause / die kinder auff der gassen / den gemeinen man auff dem marckt drumb fragen / vnd den selbigen auff das maul sehen / wie sie reden / vnd darnach dolmetzschen so verstehen sie es den / vnd mercken / das man Deutsch mit jn redet.

Seine Sprache ist daher reich an heimischen Sprüchen, Redewendungen und Sprichwörtern, wie beispielsweise eben der *Sendbrief* zeigt:

ihr ycka ycka ist zu schwach (= iah! iah!, der Schrei des Esels)
Es heist / Wer am wege bawet / der hat viel meister.
so hette yhr keiner gewist gack dazu zu sagen.
das sie ym die schuch hetten sollen wischen.
die wellt wil meister klüglin bleiben.
Ich habs fur siben jaren gewist / das hůffnegel eysen sind.
Zwar es durfft ein Esel nicht viel singen / man kennet yn sonst wol bey den ohren.

Es ist gut pflugen / wenn der acker gereinigt ist.
Welche buchstaben die Eselsköpff ansehen / wie die kue ein new thor.

Andere Autoren wie sein Gegner, der Franziskaner Thomas Murner, Hans Sachs, der Meistersinger und Volksdichter, und viele der zeitgenössischen Pamphletisten gebrauchten eine ähnlich kernige Sprache. Doch die Zeiten sollten sich ändern. Es folgte eine Reaktion des Adels, Luthers Stil und Syntax wurden gemieden. Die religiöse Spaltung verhärtete sich. *Meißnisch* wurde zu einem ‚protestantischen Dialekt', und die obdt. Schreibsprache wurde von den Jesuiten gefördert. Die weitere Vereinheitlichung und Standardisierung kam zum Stillstand, und als die Entwicklung sich schließlich in der zweiten Hälfte des 18. Jh.s fortsetzte, kam der Anstoß von anderen Quellen und kaum von Luther.

In einer Hinsicht jedoch war Luthers Werk von Dauer. Er hatte den Deutschen ihre Bibel gegeben. Betrachtet man eine Stelle der Ausgabe von 1546, die von den Herausgebern der *Weimarer Ausgabe* als *Ausgabe letzter Hand* angesehen wird, wird deutlich, wie nahe seine Sprache bereits dem Deutsch der Klassik kam. Denkt man daran, daß diese zeitlich ein halbes Jahrhundert vor Shakespeare liegt, möchte man nur ungern in das oft gehörte Klagelied, im Deutschen habe sich viel später als im Englischen und Französischen eine Standardsprache herausgebildet, einstimmen. Vergleicht man den Text von 1546 mit einer modernen Version (z. B. der von 1905), muß man zweifellos zu dem Schluß kommen, daß mindestens bei einer Textsorte, der der Bibelsprache, das Deutsche bereits im 16. Jh. dem modernen Standard nahe kam. Dies war Martin Luthers Leistung.

Mattheus 14, 23–33 in der von Hans Lufft 1546 in Wittenberg veröffentlichten Ausgabe (zum Vergleich s. 4.9, 5.3.3 (vi) und 6.4.4 (i), (ii), (vi), (viii)):

Vnd da er das Volck von sich gelassen hatte, steig er auff eynen Berg alleine das er betet. Vnd am abend war er alleine daselbs. Vnd das Schiff war schon mitten auff dem Meer vnd leid not von den Wellen, Denn der wind war jnen wider. Aber in der vierden Nachtwache kam Jhesus zu jnen, vnd gieng auff dem Meer. Vnd da jn die Jůnger sahen auff dem Meer gehen, erschracken sie, vnd sprachen, Es ist ein Gespenst vnd schrien fur furcht. Aber als bald redete Jhesus mit jnen, vnd sprach, Seid getrost, Ich bins, Fůrchtet euch nicht.

PEtrus aber antwortet jm, vnd sprach, HErr bistu es, so heis mich zu dir komen auff dem Wasser. Vnd er sprach, Kom her. Vnd Petrus trat aus dem Schiff, vnd gieng auff dem Wasser, das er zu Jhesu keme. Er sahe aber einen starcken Wind, da erschrack er, vnd hub an zu sincken, schrey vnd sprach, HErr, hilff mir. Jhesus aber recket bald die Hand aus vnd ergreiff jn, vnd sprach zu jm, O du Kleingleubiger, warumb zweiffeltestu? Vnd sie tratten in das Schiff, vnd der Wind leget sich. Die aber im Schiff waren, kamen vnd fielen fur jn nider, vnd sprachen, Du bist warlich Gottes son.

Die gleiche Stelle in einer modernen Ausgabe (Berlin 1905):

Und da er das Volk von sich gelassen hatte, stieg er auf einen Berg allein, daß er betete. Und am Abend war er allein daselbst. Und das Schiff war schon mitten auf dem Meer, und litt Not von den Wellen; denn der Wind war ihnen zuwider. Aber in der vierten Nachtwache kam Jesus zu ihnen, und ging auf dem Meer. Und da ihn die Jünger sahen auf dem Meer gehen, erschraken sie, und sprachen: Es ist ein Gespenst! und schrieen vor Furcht. Aber alsbald redete Jesus mit ihnen und sprach: Seid getrost, Ich bin's; fürchtet euch nicht! Petrus aber antwortete ihm und sprach: Herr, bist du es, so heiß mich zu dir kommen auf dem Wasser. Und er sprach: Komm her! Und Petrus trat aus dem Schiff, und ging auf dem Wasser, daß er zu Jesu käme. Er sah aber einen starken Wind; da erschrak er, und hub an zu sinken, schrie und sprach: Herr, hilf mir! Jesus aber reckte alsbald die Hand aus, und ergriff ihn, und sprach zu ihm: O du Kleingläubiger, warum zweifeltest du? Und sie traten in das Schiff, und der Wind legte sich. Die aber im Schiff waren, kamen, und fielen vor ihm nieder, und sprachen: Du bist wahrlich Gottes Sohn.

Der stärkste Archaismus bei Luther war die Bewahrung der aus zwei Stämmen abgeleiteten Präteritalformen beim starken Verb *(er schrey – sie schrien)* und die unterschiedliche Apokope/Synkope-Regulierung beim Präteritum des schwachen Verbs (*leget* – heute *legte*). Im übrigen ist der Unterschied im wesentlichen orthographischer Art: die Verteilung von Einzel- und Doppelkonsonanz *(f/ff, t/tt, k/ck)*, von *e* und *ä*, der Gebrauch des *h* bei den Pronomen, die Unterscheidung zwischen *das/daß* und der Gebrauch von Großbuchstaben. Der revidierte Text von 1956 (Stuttgart) zeigt die folgenden Änderungen: *zuwider>entgegen; daß er zu Jesu käme>und kam auf Jesu zu; Er sah aber einen starken Wind; da erschrak er und hub an zu sinken>Als er aber den Wind sah, erschrak er und hob an zu sinken; kamen, und fielen>fielen.* Solche Änderungen liegen eher im Bereich des Stils und Geschmacks als in dem der Sprache.

6.4.4 Regionale Varianten

Da im 16. Jh. die deutsche Schriftsprache inhomogen blieb und sich regional unterschied, müssen die wichtigsten regionalen Varianten kurz aufgezeigt werden.

Den folgenden sprachlichen Erläuterungen liegen die jeweils ausgewählten Textstücke zugrunde. Alle Eigentümlichkeiten können jedoch an den vorgelegten Stellen nicht aufgezeigt werden, so daß auch mitunter auf andere Spezifika der infrage stehenden regionalen Schriftsprache hingewiesen wird. Um den Vergleich mit den in 5.3.3 gegebenen Textbeispielen zu erleichtern, wird das Mhd. als Grundlage herangezogen.

Zur Gebietsbestimmung und Bezeichnung der regionalen Varianten vgl. S. 364f.

(i) *Zentraloberdeutsch*

(a) Matthäus 14, 23–33 (vgl. 4.9, 5.3.3 (vi), 6.4.3 und (ii), (vi), (viii) dieses Abschnitts)

Vnd do er hett gelassen die geselschaffte . er staig auf allein bettent an dem berg. Wann do der abent wart gemacht er was allein do Wann das schifflein wart geworffen von den vnden in mitzt des meres. Wann der wint der was in widerwertig. Wann vmb die vierden wach der nacht . er kam zů in gend auff dem mere . sy wurden betrů̈bt sagent: wann es ist ein trúgniß. Vnd rieffen vor vorchten. Vnd zehant jhesus redt zů ine sagent. Habt zůuersicht: jch bins: nichten wo̊lt euch fúrchten. Wann peter antwurt er sprach . o herr ob dus bist so gebeut mir zekumen zů dir auf den wassern Vnd er sprach. Kum. Vnd peter steig ab von dem schifflein er ging auff den wassern daz er kem zů jhesus Wann do er sach ein starcken winde er vorcht sich. Vnd do er begund zesincken: er rief sagent. O herr mach mich behalten. Vnd zehant jhesus strackt die hant vnd begreiff in: vnd sprach zů im. Lútzels glauben worumb hastu gezweifelt? Vnd do er was auf gestigen in das schifflein: der wint hort auf. Wann die do warn in dem schifflein: die kament vnd anbetent in sagent. Gewerlich du bist der sun gotz.

Aus dem allerersten deutschen Bibeldruck, der sogenannten Mentelin-Bibel von 1466, gedruckt von Johann Mentelin zu Straßburg nach einer beträchtlich früher, wohl in der Gegend Nürnbergs entstandenen Übersetzung. Die Sprache ist zentralobdt., nicht elsässisch, obwohl das Buch in Straßburg gedruckt wurde. Nach einem Exemplar der John Rylands University Library in Manchester. Die Kürzel sind ausgedruckt.

Mhd. *ie, uo, üe*: im allgemeinen ⟨ie, ů, ů̈⟩, doch oft *ging* für *gieng*, ⟨u⟩ und ⟨ú⟩ gelegentlich für *uo* und *üe*.

Mhd. *ei, ou, öu*: ⟨ai⟩ und ⟨ei⟩ vielleicht gleich häufig, doch ⟨au⟩ und ⟨eú/eu⟩ sind allgemein.

Mhd. *ī, ū, iu*: im allgemeinen ⟨ei, au, eú/eu⟩ mit gelegentlichen ⟨ey⟩ für mhd. *ī*.

Mhd. *ü, ö, œ*: allgemein ⟨ú, o̊⟩.

Mhd. *ë, e, ē, ä, æ*: ⟨e⟩, sehr selten ⟨ae⟩.

Mhd. *a, ā*: ⟨a⟩.

Der Konsonantismus ist im allgemeinen ostfrk. Es gibt keine ostobdt. ⟨p-⟩-Schreibungen für mhd. *b* oder ⟨kh-⟩-Schreibungen für mhd. *k*. Mhd. *s* vor Konsonanten ist ⟨sch⟩, ausgenommen bei *st, sp*. Der Text zeigt *gen, sten, sun, kumen, kúnig*, und mehr *nit* als *nicht*, die vollen Formen von *haben* und *lassen*, nicht *han, lan*, die 3. Pers. Pl. Präs. Ind. von ‚sein' ist *seint*, die 3. Pers. Sg. Prät. Ind. *was/waz* und das Prät. Ind. von ‚haben' *hett(e)*. Das Präfix *ge-* behält seinen Vokal. Das häufige unhistorische *-e* verrät Apokope, die der Text jedoch zu meiden sucht, daher die ‚überkorrekten' *-e*-Schreibungen. Das Diminutivsuffix ist *-lein*; statt des Präfixes *er-* hat der Text oft *der-*.

Der Text zeigt ein nicht lokalisierbares Obdt. Die Art, wie er die Reflexe des mhd. *ie* und *i, uo* und *u, üe* und *ü* sowie die umgelauteten und nicht umgelauteten Vokale wiedergibt, unterscheidet sich von der zu dieser Zeit üblichen Schreibsprache Nürnbergs. Das gelegentliche ⟨o⟩ für mhd. *u* oder *ging* für *gieng* sowie ⟨u⟩ für mhd. *uo* verbindet ihn mit dem Mdt. Die Endung *-ent* in der 3. Pers. Pl. Prät. *kament* ist wahrscheinlich eher ein Fehler als ein Alemannismus. Das Fehlen einer genauen Unterscheidung zwischen den Reflexen von mhd. *ī* und *ei* mittels der ⟨ei⟩ und ⟨ai⟩ läßt eine Lokalisierung außerhalb des Ostobdt. vermuten.

(b) Jtem welicher einem trunckenboltz auf sein begrebnuß ein gedechtnus wolt aufrichten der moͤcht sich einer solichen nachfolgeten aufgerisnen maynung gebrauchen. Erstlich sein grab daran ein epitauium machen das den wollust mit gespoͤt lobet / vñ auf das grab ein pier tunnen aufrecht stellen / vñ oben mit einem bretspil zůdecken / darauf zwo schuͤssel vber einander stuͤrtzen / darin wirt fresserey sey / darnach auf der oͤberen schuͤssel boden gestelt ein weyt nidertrechdigen pierkrug mit zweyen hand haben/ das deck mit einem teller zů vñ stuͤrtz darauf ein hochs vmgekertes bierglas / vñ setz auf des glas boden ein koͤrblein mit brot / kes vñ butteren. Der gleychen von anderen dingen moͤcht man gar manicherley nach eines yetlichen leben sein begrebnus zieren / solichs hab jch von abenteuer wegen woͤllen anzeygen vnnd zů sambt den anderen seulen aufgerissen.

Aus Albrecht Dürers *Vnderweysung der messung / mit dem zirckeln vñ rechtscheyt / in Linien ebenen vnnd gantzen corporen*, gedruckt von Hieronymus Andreae in Nürnberg im Jahre 1525 (S. J des Exemplars der John Rylands University Library in Manchester). Außer bei *vñ* sind die wenigen Kürzel ausgedruckt.

Mhd. *ie*: ⟨ie⟩, das gelegentlich auch für gelängtes mhd. *i* gebraucht wird; mhd. *uo, üe* und mhd. *ü* werden allermeist ⟨uͤ⟩ geschrieben. Einige ⟨ů⟩- und ⟨u⟩-Schreibungen kommen ebenfalls vor.

Mhd. *ei, ou, öu* und mhd. *ī, ū, iu* sind zusammengefallen und werden durch ⟨ei, ey⟩ (sporadisch auch ⟨ay⟩) und ⟨au⟩, ⟨eu⟩ wiedergegeben.

Mhd. *ö, œ*: ⟨oͤ⟩.

Mhd. *ë, e, ē, ä, æ*: ⟨e⟩ mit gelegentlichem etymologischen ⟨á⟩ oder ⟨aͤ⟩.

Mhd. *a, ā*: ⟨a⟩, doch *gethon* ‚getan'. In Privatbriefen gebrauchte Dürer gewöhnlich ⟨o⟩ für mhd. *ā*.

Der Konsonantismus ist durch häufiges ⟨p-⟩ für mhd. *b-* gekennzeichnet. Der Text zeigt *geen, steen, sonne* und *sunn, sonders* und *sunderlich, nit*, die vollen Formen von *lassen* und *haben*, die 1. u. 3. Sg. Prät. von ‚sein' ist *was*, die 3. Pers. Pl. Präs. hat *-en*. Apokope und Synkope kommen vor: *zierd, gsims*. Das Diminutivsuffix ist *-lein*.

(ii) *Ostmitteldeutsch*

Matthäus 14, 23–33 (zum Vergleich s. 4.9; 5.3.3 (vi); 6.4.3 und (i), (vi) sowie (viii) dieses Abschnitts).

vnd da er das volck von sich gelassen hatte / steyg er auff eynen berg alleyne / das er bette / vnd am abent / war er alleyn daselbs / vnnd das schiff war schon mitten auff dem meer / vnd leyd nodt von den wellen / denn der wind war yhn widder. Aber ynn der vierden nachtwache / kam Jhesus zu yhn vnd gieng auff dem meer / vnd da yhn die iunger sahen auf dem meer gehen / erschracken sie / vnd sprachen / Es ist eyn spugnisz / vnd schryen fur furcht / Aber als bald redte Jhesus mit yhn / vnd sprach /seyd getrost / ich byns / furcht euch nicht.

Petrus aber antwort yhm vnnd sprach / Herre / bistu es / so heysz mich zu dyr komen auf dem wasser / vnnd er sprach / kom her / vnd Petrus trat aus dem schiff / vnnd gieng auff dem wasser / das er zu Jhesu keme. Er sahe aber eynen starcken wind / da erschrack er / vnd hub an zu sincken / schrey vnnd sprach / Herr hilff mir / Jhesus aber recket seyne hand aus / vnnd erwisscht yhn / vnnd sprach zu yhm / o du kleyn glewbiger / warumb zweyfeltistu? vnd traten yn das schiff / vnd der wind leget sich. Die aber im schiff waren / kamen vnd fielen fur yhn nyder / vnnd sprachen du bist warlich gottis son.

Aus Luthers *Septemberbibel*, der ersten Ausgabe seines Neuen Testaments, gedruckt von Melchior Lotther in Wittenberg im September 1522. Nach dem Exemplar der John Rylands University Library in Manchester. Die Interpunktion ist beibehalten, Kürzel sind ausgedruckt.

Mhd. *ie, uo, üe*: ⟨ie/i, u⟩, ⟨ie⟩ kann auch für den Reflex des mhd. *i* stehen, der sonst durch ⟨i⟩ oder ⟨y⟩ wiedergegeben wird.

Mhd. *ei, ou, öu*: ⟨ey, au, eu⟩. Andere ostmdt. Texte haben ⟨ei⟩. Neben ⟨au, eu⟩ gibt es die Varianten ⟨aw, ew⟩. Am charakteristischsten ist der Zusammenfall beim Folgenden:

Mhd. *ī, ū, iu*: ⟨ey, au, eu⟩ mit ⟨ei, aw, ew⟩ als Varianten in vielen ostmdt. Texten.

Mhd. *ü, ö, œ*: keine Andeutung von Umlaut. Doch nach 1523 allmähliches Ansteigen von ⟨ü, ö⟩.

Mhd. *ë, e, ē, ä, æ*: ⟨e⟩.

Mhd. *a, ā*: ⟨a⟩.

Mhd. *u*: ⟨o⟩ bei einer Reihe von Wörtern, z. B. *son, sonst, from* usw., doch auch *frum* als Variante.

In unbetonten Flexionssilben ist ⟨e⟩ verbreitet, doch gibt es noch einige ⟨i⟩, z. B. *gottis*. Andeutung der Vokallänge durch Verdoppelung häuft sich, z. B. *meer*, für den gleichen Zweck wird auch ⟨h⟩ gebraucht. Es gibt kaum Spuren von Apokope, doch für einige Formen kommt süddt. Einfluß infrage.

Der Konsonantismus hat die allgemeine ostfrk., in der regionalen Schreibsprache verbreitete Grundlage bei Abweichungen in Einzelwörtern. Nach *ge-*: *b>p*, z.B. *geporn*. Die dentale Affrikata wird anlautend durch ⟨z⟩, in- und auslautend durch ⟨tz⟩ wiedergegeben, doch gelegentlich kommt im Anlaut ⟨tz⟩ und in anderen Texten ⟨cz⟩ vor. Anlautendes ⟨k-⟩ wechselt mit aus- und inlautendem ⟨ck⟩. Die zu der Zeit übliche Konsonantenverdoppelung ist für Schreibungen wie *teufell* neben *tewfel* oder *weynnen* neben *weynen* verantwortlich.

Der Text zeigt *gehen, stehen, son, komen, konig, nit* und *nicht, haben, lassen, sie sind* und *seynd, war, hatte*. Das Diminutivsuffix ist allgemein *-lin*.

Der Vergleich der beiden Versionen von 1522 und 1546 (s. S. 372) zeigt durchgehend Ersetzung von ⟨ey⟩ durch ⟨ei⟩, von ⟨y⟩ durch ⟨i⟩ oder, bei den Pronomen, durch ⟨j⟩, von ⟨i⟩ in unbetonten Silben durch ⟨e⟩, die Einführung von ⟨uͤ⟩ und ⟨oͤ⟩ und Ersetzung des ostmdt. *spugnisz* als Übersetzung für *fantasma* durch obdt. *Gespenst*. Durch Ersetzung von *erwisscht* durch *ergreif* in dem Satz *Jhesus aber recket seyne hand aus /vnnd erwisscht yhn* hat Luther wohl die umgangssprachliche Stillage abgeschwächt.

(iii) *Westmitteldeutsch*

Historia ist nichts anders dann eyn gezeug der zeyt /eyn liecht der warheyt /eyn leben der gedaͤchtnuß / eyn vnderweiserin oder meysterin des lebens / vnd der vergangen welt verkünderin / deren lesen dem menschen nit alleyn vast nutz /sonder ergetzlich vnd kurtzweilig pflegt zů sein. Vnd so aller kunst wissenheyt dem menschlichen geschlecht nutzbar vnd ergetzlichen / ist on zweiuel erkantnuß der historien aller nutzbarst vnd aller ergetzlichst. Da durch wir aller exempel vnd beispeil leer / gleich wie inn eynem scheinbaren spiegel besichtigen / auch welchen geschichten nach zů volgen / vñ was zů fliehen sei / erkunden moͤgen. Es schaffen die schreiber der Historien / das wir alle gedanck / wort vnd werck der vorigen vnd langst abgestorbenen welt / die do nützlich seind / vnnd menschlichem leben dienen / besichtigen / lernen vnd jnen nachuolgen / auch auß irrungen vñ mißhandeln anderer menschen vnser leben formlicher vnnd rechter anlassen moͤgen.

Aus Bernhart Schöfferlins *Titi Liuij deß aller redtsprechsten vñ hochberümpsten geschichtschreibers: Roͤmische Historien*, gedruckt im Jahre 1538 von Ivo Schöffer in Mainz (S. ii des Exemplars in der John Rylands University Library in Manchester).

Mhd. *ie, uo, üe*: im allgemeinen ⟨ie, ů, ü⟩, doch ⟨ie⟩ auch für gelängtes mhd. *i*.

Mhd. *ei, ou, öu*: ⟨ey, au, eu⟩.

Mhd. *ī, ū, iu*: ⟨ei, au, eu⟩. Der Kontrast zwischen ⟨ey⟩ und ⟨ei⟩ ist ein ausgesprochenes Kennzeichen der Schöfferschen Druckerei. Von einigen Versehen abgesehen, ist die Unterscheidung bemerkenswert regelmäßig.

Mhd. *ü, ö, œ*: ⟨ü⟩ (s.o. mhd. *üe*), ⟨oͤ⟩.

Mhd. *ë, e, ē, ä, æ*: im allgemeinen ⟨e⟩, doch mit einer beträchtlichen Zahl von etymologischen ⟨aͤ⟩-Schreibungen, z. B. *traͤgt, vaͤtter, taͤglich.*
Mhd. *a, ā*: im allgemeinen ⟨a⟩, doch mit einigen ⟨o⟩, besonders *on* ‚ohne'.

Der Konsonantismus ist frei von mundartlichen Einflüssen, wenn auch für mhd. *t* noch einige rheinfrk. *d*-Schreibungen vorkommen, z. B. *dochter.* Der Text zeigt *son, kommen, koͤnig, sonder, gehn, stehn, gewesen,* die vollen Formen von *haben* und *lassen,* die Negation *nit* und das Diminutivsuffix *-lin.* Die 3. Pers. Pl. Präs. endet auf *-en,* von ‚sein' ist die Form *seind* oder *sind,* und das Prät. von ‚haben' ist *hett(e).* Apokope kommt vor, z. B. in *gebirg.*

Der Text ist ein gutes Beispiel für die progressive Spracheigenart der Schöfferschen Druckerei. Viele frühere Merkmale des Mdt., z. B. ⟨i⟩ als Längezeichen *(roit),* ⟨u⟩ für mhd. *uo* und *u,* ⟨o⟩ für mhd. *u,* häufiges ⟨d⟩ für mhd. *t,* ⟨p-⟩ für mhd. *pf-* sind aufgegeben worden. Als Drucker der kaiserlichen Reichstagsakten hatte Schöffer im dritten Jahrzehnt des 16. Jh.s einen bemerkenswerten Kompromiß zwischen Mdt. und Obdt. erreicht.

(iv) *Ostoberdeutsch*

Eins mals der Kung an seim pet lag
Gedacht nun ist khomen der tag
Das Jch sol ordenen mein sach
Dann Jch bin worden alt vnd schwach
Das empfindt Jch an mir ganntz wol
Doch hoff Jch nicht ersterben sol
Auff federen in einem pet
Dann wenig wurd als dann geredt
Von meinem todt in künfftig zeit
Jch ways ein schoͤngarten nit weit
Von hynn . der ist lustig umbfangen
Mit eim graben . dainn verlangen
Hab Jch zů schliessen mein letzt teg
In solhen dannckhen reyt Er weg
Als Er nun in den garten kam
Empfand vnd das Er seer ab nam
An seinem leib vnnd auch leben
Darumb wolt Er zůuersteen geben
Zuuor sein Raͤtten wen Er wolt
Den sein kynd zůman haben solt

Aus *Die geuerlicheiten vnd einsteils der geschichten des loblichen streytparen vnd hochberúmbten helds vnd ritters herr Teẃrdannckhs* von Melchior Pfinzing und Kaiser Maximilian I., gedruckt im Jahre 1517 von dem Augsburger Drucker Hanns Schoͤnsperger (S. a ix des Exemplars in der John Rylands University Library in Manchester).

Mhd. *ie, uo, üe*: ⟨ie, ů, üe⟩.

Mhd. *ei, ou, öu*: ⟨ai/ay, au, eu/ew⟩, anstelle des ⟨ai⟩ steht gelegentlich ⟨ei⟩, z.B. *zeigen, klein, khein, ein*, bei *geist* kann die Schreibung allerdings auch einen echt österr.-bayr. Phonemwechsel wiedergeben.

Mhd. *ī, ū, iu*: ⟨ei/ey, au/aw, eu/ew⟩.

Mhd. *ü, ö, œ*: ⟨ü, oͤ⟩.

Mhd. *ë, e, ē, ä, æ*: ⟨e⟩ und ⟨aͤ⟩.

Mhd. *a, ā*: ⟨a⟩ mit einigen ⟨o⟩ für den Langvokal.

Kennzeichnend für den Konsonantismus sind ⟨p-⟩ und ⟨kh-⟩: *pet* für *bet, khomen* für *komen* und ein Übermaß an Schreibungen mit Doppelkonsonant, z.B. *gedannckhen, khenndt.* Umgekehrte Schreibungen wie ⟨b⟩ für *w* (*loͤben* für *loͤwen*) oder *poͤst* für *best* sowie *-und* im Part. Präs. *(eylunds)* sind ebenfalls typische Merkmale des Ostobdt. Apokope erscheint durchgehend. Dieser Text hat die Formen: *frumb, sun*, im allgemeinen *künig, khomen, sonnder, sunne, gehn, stehn*, (*gan/stan* oder *gon/ston* erscheinen im Reim) und die vollen Formen *haben, lassen, nit* und *seind* in der 3. Pers. Pl. Präs. von ‚sein'; das Diminutivsuffix ist *-lein.*

Obwohl der Text in Nürnberg gedruckt wurde, ist er ein Beispiel für die Augsburger Druckersprache. Einige seiner Merkmale (z.B. ⟨kh-⟩) stammen aus der Schreibpraxis der kaiserlichen Kanzlei.

(v) *Westoberdeutsch*

Got wil es keim menschen hie erlauben,
Das sein zů stelen vnd zů rauben.
Warumb woltestu mir nemen das,
Das ich mit gůtem recht besaß
Vnd mit rechtem titel was?
Ein deckmantel sie erdichtet hond,
Vff das die gemein das nit verstond;
So můß es sein ein cristlich ler,
Ob es schon als erlogen wer.
Wan sie die güter alle nemen
Vnd vff ein huffen legten zůsemen,
So würd dem armen das daruon,
Als sie in Boͤhem haben gethon.
Da auch der arm meint, das im würd
Von geraubtem gůt ein zimlich bürd;
Da nam es der reich vnd ließ den armen
Sich im ellend gon erbarmen.

Aus Thomas Murners (1475–1537) *Von dem grossen Lutherischen Narren* (V. 743–759), am 19. Dezember 1522 bei Johannes Grienninger (Grüninger) in Straßburg im Druck abgeschlossen, hrsg. von A. E. Berger, *Sati-*

rische Feldzüge wider die Reformation (= Deutsche Literatur in Entwicklungsreihen, Reformation 3), Leipzig 1933 und von P. Merker in: *Thomas Murners Deutsche Schriften*, Bd. 9, Straßburg 1918.

Mhd. *ie, uo, üe*: regelmäßig ⟨ie, ů⟩, aber für *üe* entweder ⟨ü⟩ oder, als Zeichen der Entrundung, ⟨ie⟩. Mhd. *ie* und *i* sind auseinandergehalten.

Mhd. *ei, ou, öu*: regelmäßig ⟨ei, au⟩; neben dem gewöhnlichen ⟨eu⟩ findet sich auch ⟨ei⟩ als ein Reflex der Entrundung. Andere Straßburger Texte bewahren ⟨ou⟩.

Mhd. *ī, ū, iu*: fast immer ⟨ei⟩ bei einigen wenigen ⟨i⟩-Schreibungen; vorherrschend steht ⟨u⟩ neben zahlreichen ⟨au⟩-Schreibungen; meist ⟨ü⟩ neben wenigen ⟨eu⟩ besonders bei den Pronominalformen *euch, euwer* und ⟨oͤw⟩. In anderen Murnertexten dominiert ⟨i/y⟩.

Mhd. *ü, ö, œ*: meist ⟨ü⟩ und ⟨oͤ⟩, bei Entrundung ⟨i⟩.

Mhd. *ë, e, ē, ä, æ*: im allgemeinen ⟨e⟩, selten etymologische ⟨ä⟩-Schreibungen, z. B. *närrisch*, ebenfalls für mhd. *a* vor *sch*: *weschen.*

Mhd. *a, ā*: ⟨a⟩ für den Kurzvokal, doch für *ā* mindestens ebenso oft ⟨o⟩-Schreibungen.

In labialer Umgebung macht sich Labialisierung bemerkbar, z. B. *würd* für *wird.* Vor Nasal ist mhd. *u, ü* erhalten, daher *frum, sun, künig, kumen, sunder.* Apokope ist verbreitet, z. B. *die sach*, doch *be-* und *ge-* zeigen gewöhnlich einen Vokal.

Der Konsonantismus zeigt die folgenden, vom Mhd. abweichenden Eigentümlichkeiten: anlautend gelegentlich ⟨d⟩ für mhd. *t*, z. B. *dochter*; gelegentlich Zusammenfall von Lenis- und Fortisreibelauten, z. B. *grosen, müsen*, doch *bewissen* für nhd. *großen, müssen, bewiesen.* Beides könnte die mundartliche *binnenhochdeutsche Konsonantenschwächung* andeuten. M. Philipp fand jedoch heraus, daß Murner keine Reime mit Fortis- und Lenis-*s* oder mit *d* und *t* verwendete.

Der Pl. Präs. Ind. der Verben hat die einheitliche Endung *-en* oder *-nd* bei kontrahierten Formen. Neben *lassen* und *haben* gibt es die kontrahierten Formen *lon/lan, hon/han*, die 1. u. 3. Pers. Sg. Prät. von ‚sein' ist *was*, für ‚gehen' steht *gon/gan.* Die Negation ist *nit* und *nüt*, für letzteres kommt auch *nichtz* vor. Das Diminutivsuffix ist *-lin.*

(vi) *Schweizerisch*

Matthäus 14, 23–33 (zum Vergleich s. 4.9; 5.3.3 (vi); 6.4.3 und (i), (ii) sowie (viii) dieses Abschnitts).

Vnd do er das volck vom jm gelassen hat / steig er vff einen berg allein / das er bettete: vnd am abend was er allein da selbs / vnd das schiff was schon mitten vff dem meer / vnd leid not von den wellen / denn der wind was jnen wider. Aber in der vierten nacht wach / kam Jesus zů jnen / vnd gieng vff dem meer. Vnd do in die iünger sahend vff dem meer gon / erschrackend sy / vnnd sprachend: Es ist ein gspenst / vnd schrüwend vor forcht. Aber als bald redt Jesus mit jnen / vnd sprach: Sind getroͤst / ich bins / foͤrcht üch nit.

Petrus aber antwort im vnd sprach: Herr / bistu es / so heiss mich zů dir kommen vff dem wasser. Vnd er sprach: Komm her. Vnd petrus tratt uß dem schiff / vnd gieng vff dem wasser das er zů Jesu kaͤme. Er sach aber einen starcken wind / do erschrack er / vnd hůb an zů sincken / schrey vnd sprach: Herr / hilff mir. Jesus aber streckt sin hand vß / vnd erwüst in / vnd sprach zů im: o du kleingleubiger / warumb zwifelstu? vnd trattend in das schiff / vnd der wind leget sich. Die aber im schiff warend / kamend vnnd fielen for im nider / vnd sprachend: Du bist warlich gottes sun.

Aus *Das gantz Nüw Testament recht grüntlich vertütscht*, gedruckt 1524 von Christopher Froschauer in Zürich. Es handelt sich um eine Übersetzung von Luthers Text ins Schweizerische. Nach dem Exemplar der John Rylands University Library in Manchester. Die Interpunktion wurde bewahrt, die Abkürzungen sind ausgedruckt.

Mhd. *ie, uo, üe*: ⟨ie, ů, uͤ⟩.
Mhd. *ei, ou, öu*: ⟨ei, ou, oͤu⟩, auch ⟨ey⟩ und ⟨eü⟩.
Mhd. *ī, ū, iu*: ⟨y, u, ü⟩, statt ⟨y⟩ auch ⟨i⟩.
Mhd. *ü, ö, æ*: ⟨ü, oͤ⟩, doch vor ⟨ck⟩ kein Umlaut: *stuck*.
Mhd. *ë, e, ē*: im allgemeinen ⟨e⟩, doch für *ë* auch ⟨aͤ⟩.
Mhd. *ä, æ*: im allgemeinen ⟨aͤ⟩, auch für *a* vor *sch*, z. B. *waͤschen*.
Mhd. *a, ā*: ⟨a⟩, doch neben *gat, gan* auch *gon*.

In labialer Umgebung findet sich im allgemeinen Rundung, z. B. *froͤmd, zwoͤlf, erwuͤst*, d. i. *erwischt* mit ⟨st⟩ für alem. *scht*, oder *schrüwend*, d. i. *schrien*. Vor *n* steht mhd. *u, ü*: *sun, künig* und meist auch *kumen*. Apokope und Synkope finden sich durchgehend, z. B. *wach,, gspenst*, doch im Part. Prät. ist *ge-* oft bewahrt.

Der Konsonantismus weist die üblichen mhd. Züge auf, einschließlich der anlautenden ⟨k-⟩ eher als mundartlich ⟨ch-⟩.

Für das Reflexivpronomen im Dat. wird noch immer das Personalpronomen gebraucht, vgl. *von im* und Luthers *von sich*. Noch immer ist *was* geläufig, und im gesamten Pl. Präs. u. Prät. Ind. ist die Endung *-end* verallgemeinert worden. Die kontrahierten Verbformen *han* und *lan* sind im Hochalem. verbreitet, *haͤt* steht für *hat* und *het* für *hatte*. Der Pl. Präs. Ind. von ‚sein' hat die Einheitsform *sind*. Die Negationen sind *nit* für *nicht* und *nüt* für *nichts*. Diminutiva kommen besonders häufig vor, z. B. *hündlin, broͤsamlin, fischlin*.

Obwohl die Gesamtausgabe der Bibel von 1531 die Diphthonge ⟨ei/ey, au, eu⟩ für mhd. *ī, ū, iu* aufzuweisen hat, zeigt sie wegen der folgenden

Änderungen doch stärker alem. Züge: *bettete>battete, wellen>waͤllen, komm her>kumm haͤr, zů sincken>zesincken, kleingleubiger>kleingloͤubiger, fielen>fielend.*

(vii) *Kölnisch (Ripuarisch)*

Mer der eyrste vynder der druckerye is gewest eyn Burger tzo Mentz. ind was geboren van Straißburch. ind hiesch joncker Johan Gudenburch Item van Mentz is die vurß kunst komen alre eyrst tzo Coellen. Dairnae tzo Straisburch / ind dairnae tzo Venedige. Dat begynne ind vortganck der vurß kunst hait myr muntlich vertzelt der Eirsame man Meyster Vlrich tzell van Hanauwe. Boichdrucker zo Coellen noch zertzijt. anno MCCCCXCIX. durch den die kunst vurß is zo Coellen komen. Item idt syn ouch eyndeill vurwitziger man. vnd die sagen. men haue ouch vurmails boicher gedruckt / mer dat is niet wair. want men vynt in geynen landen der boicher di tzo den seluen tzijden gedruckt syn.

[vurß = vursteinde ‚zuvor erwähnte']

Aus *Die Cronica van der hilliger Stat van Coellen*, 1499 bei Johann Koelhoff in Köln gedruckt (S. 312 des Exemplars der John Rylands University Library in Manchester).

Mhd. *ie, uo, üe*: ⟨ie⟩ (⟨ye⟩) und ⟨oi/oy/oe⟩, letzteres steht auch für den Reflex von mhd. *ō*.

Mhd. *ei, ou, öu*: meist ⟨ey/ei⟩, das auch für mhd. *ē* steht; ⟨ou⟩; ⟨eu⟩.

Mhd. *ī, ū, iu*: meist ⟨ij⟩; ⟨u/uy⟩.

Mhd. *ü, ö, œ*: keine Andeutung des Umlauts.

Mhd. *ë, e, ē, ä, æ*: ⟨e⟩ und ⟨ei/ey⟩.

Für mhd. *i* in offener Silbe steht ⟨e⟩, z.B. *vrede*; für mhd. *o* vor *l* findet sich oft ⟨ou⟩, z.B. *houltz*; für mhd. *u* meist ⟨o⟩. Die bemerkenswerteste Eigentümlichkeit bei den Vokalen ist die, daß die Vokallänge (durch ⟨i, y⟩ oder durch ⟨e⟩) entschieden regelmäßiger angedeutet wird, als dies in irgend einer anderen Form des Schriftdeutschen der Zeit üblich ist.

Der Konsonantismus ist im allgemeinen mfrk. Daher unterscheidet er sich von anderen hdt. Schreibformen durch den Gebrauch von ⟨-v-⟩ oder ⟨-f-⟩ für *b*, z.B. *geven, schreif*; ⟨-ch⟩ für *-g*, z.B. *genoich*; ⟨d⟩ für *t*: *deil, vader*; ⟨p-⟩, ⟨-pp-⟩ für *pf (dapper)*, ⟨lp⟩, ⟨rp⟩ für *lf, rf*: *helpen, werpen*; ferner *dat, dit, wat, it, allit*. Vor Konsonanten ist *s* bewahrt, z.B. *sniden, sloss, snee.*

In diesem Text finden sich ferner: *koning* oder *konynck, komen, sonder, gwest, of* ‚oder', *minschen, niet* für die Negation, *van, tusschen* ‚zwischen', *he* ‚er', *gain* ‚gehen', *laissen* ‚lassen', *ind* ‚und', das Diminutiv *boichelgin* ‚Büchelchen'.

(viii) *Niederdeutsch*
Matthäus 14, 23–33 (zum Vergleich s. 4.9; 5.3.3 (vi); 6.4.3 sowie (i), (ii) und (vi) dieses Abschnitts).

vn̄ do he hadde vorlaten de schare . he ghink vp allenen bedende an enen berghe. Vn̄ do dat auent ward he was allenen dar. Auer dat schepeken ward gheworpen in den middel des meres. vormiddelst den bulghen wente de wynt was en enteghen. Vn̄ vp de verden wachte. quam he to en ghande vp dem mere. vn̄ also se ene segen vp dem mere wanderende. vorschrecket worden se sprekende. dat is ene spoͤkenisse. vn̄ van vruchten repen se vn̄ to handes sprak ihūs [Jesus] to en. hebbet louen ick bin id. nicht en willet iuw vruchten. Sunder petrus antwerde vn̄ sprak. O here efte du dat bist. So bede mi kamente to di vp dat water. vn̄ he sprak. kum vn̄ petrus ghink vt dem schepe vn̄ ghink vp dat water vp dat he queme to ihū [Jesu] . also he do sach enen starken wynd. he vruchtede sik. vn̄ do he beghunde vnder to ghan. reep he segghende. O here help mi vn̄ make mi sund. vn̄ tohand ihūs [Jesus] vtstreckede sine hand vn̄ begrep ene vn̄ sprak to eme. van klenen louen worum me hefstu ghetwyuelt: vn̄ do he was vpghesteghen vn dat schip. de wind horde vp. vn̄ de weren in dem schepe de quemen vn̄ ambededen ene. vn̄ spreken. vorwar du bist de sone gades.

Aus der 1494 bei Steffen Arndes in Lübeck gedruckten Niederdeutschen Bibel nach dem Exemplar der John Rylands University Library in Manchester. Die Interpunktion ist bewahrt, die zahlreichen Kürzel sind mit Ausnahme von vn̄ ausgedruckt.

Für mhd. *ie, uo* hat das Mndt. ⟨e, o⟩, das auch für mhd. *ei, ou* steht, außer daß sich ⟨ei⟩ dort findet, wo Umlaut angenommen werden kann. Für mhd. *üe* findet sich ⟨oͤ⟩. ⟨i, u⟩ erscheinen für mhd. *ī, ū, iu.* Die Entsprechung von mhd. *ë, e, ē, ä, æ* ist ⟨e⟩, von mhd. *a, ā* ⟨a⟩. Wo mhd. *i* in der entsprechenden Form des Mndt. in einer offenen Silbe erscheint, wird die mundartliche Öffnung (und Längung) durch ⟨e⟩ (⟨ee⟩) wiedergegeben, z. B. *seede*, mhd. *site, schepeken* aber *schip*, und ebenso findet sich für mhd. *o, u* ⟨a⟩, z. B. *gades* mhd. *gotes, kamen* ‚kommen'. Der Umlaut von *u* wird nicht bezeichnet, jedoch der von *o*: *koerve*, nhd. *Körbe*, ebenso *hoͤret, soene, oͤvel* (nhd. *übel*). In frühen mndt. Texten wird der Umlaut nur bei *a*>*e* angedeutet.

Der Konsonantismus ist natürlich durch das Fehlen der zweiten Lautverschiebung gekennzeichnet. Von den weiteren zahlreichen charakteristischen Eigentümlichkeiten seien angeführt: ⟨gh⟩; die Metathese von *r* in *vrucht*, vgl. engl. *fright* aber dt. *Furcht*; das Diminutivsuffix *-ken; quam* für das Prät. von ‚kommen'; die umgelautete, aus einem generalisierten Konjunktiv abgeleitete Form im Prät. Pl. Ind. der starken Verben, z. B. *segen*, nhd. *sahen, quemen*, nhd. *kamen*; für ‚gehen' steht *ghan*, für ‚haben' *hebben* mit der 3. Pers. Sg. Präs. *hefft*, für die 1. u. 3. Pers. Sg. Prät. von

‚sein' *was*, die Negation ist *nicht*; die Formen *minsch* und *weinig* für nhd. *Mensch, wenig*; viele lexikalische Unterschiede, z.B. *bulghen* für ‚Wellen'; man beachte auch *spoͤkenisse* als Übersetzung von *fantasma* und vgl. damit *spoͤck* im nächsten Text und *spugnisz* im Luthertext von 1522, die alle mit engl. *spook* verwandt sind, vgl. jedoch damit die hdt. Übersetzungen: *trúgniß, Gespenst.* Nichtsdestoweniger ist der größte Teil des Wortschatzes mit dem anderer Schriftformen des Deutschen gleich.

Martin Luthers *Neues Testament* wurde auch ins Niederdt. übersetzt, wie es ins Schweizerische übersetzt worden war. Hier der gleiche Abschnitt aus *Dat Nye Testament duedesch* aus dem Jahre 1525 nach dem Exemplar der John Rylands University Library in Manchester:

Vnde do he dat volck van sich gelaten hadde steech he up eynen berch allene / dat he bedede. Vnde an dem auende was he dar suͤluest allene / vnde dat schip was rede midden vp dem meere / vñ leͤdt nodt van den buͤlgen / wente de wint was en entyegen. Ouerst in der veerden nachtwake / quam Jhesus tho en / vñ ginck vp dem meere. Vnde do en de juͤngeren segen vp dem meere ghande / vorscrocken se vnde sprecken / Jdt ys ein spoͤck / vnde scryeden van fruchten. Ouerst also balde redete Jhesus mit en vnde sprack / Weset fryͤmoͤdich jck bint / fruͤchtet iuw nicht.

Petrus oͤuerst antwerde eme vnde sprack / Here bistu ydt / so hete my tho dy kamen vp dem water. Vnde he sprack / Kum heͤr. Vnde Petrus trat vth dem schepe / vnde ginck vp dem water / dat he tho Jhesu queme. He sach oͤuerst eynen starcken wint do vorscrack he / vnde hoͤff an tho sinckende / scryede vnde sprack / Here help my. Jhesus oͤuerst recke de syne handt vth / vñ begrep en / vnde sprack tho eme / O du kleͤn loͤuige / worumme twyuelstu? Vñ treden in dat schyp / vnde de windt lede sick. De oͤuerst in dem schepe weren / quemen vnde vellen vor en nedder vñ spreken / Du bist warliken Gades soͤne.

Man beachte, daß die Angabe des Umlauts Fortschritte gemacht hat und jetzt auch das *u* einschließt.

6.5 Phonologie

6.5.1 Buchstaben und Laute

Zum Erbe der mittelalterlichen deutschen Schreibtradition gehörte die Nichtberücksichtigung der Vokallänge und die Angabe von geminierten Konsonanten. Beide Gewohnheiten wurden außerordentlich stark betroffen, als nahezu im gesamten Sprachgebiet in den spätmittelalterlichen Jahrhunderten die kurzen Vokale in offener Silbe gelängt und die geminierten Konsonanten zu einfachen Konsonanten gekürzt wurden. Die Diphthongierung der mhd. *ī, ū, iu* und, im Mdt., die Monophthongierung der mhd. *ie, uo, üe* brachten für die Schreibung des Dt. weitere Probleme.

Andere Lautveränderungen, besonders die Entrundung der mhd. *ü, iu, ö, œ, öu* und die Rundung der mhd. *i, e, ë* in labialer Umgebung, beides im allgemeinen in geschriebener Sprache gemieden, machten sich gleichwohl in einer Zeit bemerkbar, als die Normierung sich eher in ihrem Anfangsstadium befand und ihr Abschluß nicht abzusehen war. In vielen Untersuchungen ist festgestellt worden, daß die Schreibweisen während der frnhd. Zeit sich in einem chaotischen Zustand befanden. Akzeptiert man als Tatsache, daß Variation ein Kennzeichen der zeitgenössischen Schreibweise war, hat man allerdings guten Grund anzunehmen, daß die jeder Schreibweise notwendig zugrundeliegenden Prinzipien aufgedeckt werden können. Untersuchungen sind deshalb umso eher erfolgversprechend, wenn sie als Grundlage einen einzigen Autor oder einen einzigen Text heranziehen. Allerdings ist dabei zu berücksichtigen, daß der Zeitgenosse in der Lage war, auch die Schriften der anderen zeitgenössischen Autoren zu lesen. Deshalb ist sein Problem und wie er es löste für uns von größtem Interesse. Die Philologen haben, anders als beim Mhd., für das Frnhd. kein normalisiertes Schreibsystem aufgestellt. Aus dem gesamten Bereich der unterschiedlichen Schreibweisen, mit denen es die Zeitgenossen zu tun hatten, müssen wir deshalb das der Schriftsprache zugrundeliegende System abstrahieren, welches ihre kommunikative Funktion sicherstellte.

Um das Problem zu vereinfachen, werden wir uns auf das Graphemsystem des Gemeinen Deutsch des frühen 16. Jh.s, wie es in 6.4.2 umrissen wurde, beschränken. Dieses Gemeindeutsche hat, im Gegensatz zum Mhd., die Diphthongierung der mhd. *ī, ū, iu* aufgenommen, jedoch, im Gegensatz zum Nhd., sowohl Formen mit monophthongierten mhd. *ie, uo, üe* als auch Formen mit bewahrten mhd. Diphthongen *ie, uo, üe* aufzuweisen. Dieses Gemeindeutsch hat ferner die außerordentlich verbreitete Entrundung als mundartlich zurückgewiesen und sich gegenüber der ebenfalls weitverbreiteten Labialisierung gleichgültig verhalten.

Das Graphemsystem des Frnhd. war sowohl innerhalb des Subsystems eines gegebenen Textes als auch im Gesamtsystem der Schriftsprache durch äußerst zahlreiche allographische Varianten gekennzeichnet. Den allographischen Varianten lagen die folgenden Faktoren zugrunde:

(a) Stellung innerhalb des Wortes. In vielen Fällen wurde ein Graphem, beispielsweise ⟨ei⟩ oder ⟨k⟩, durch verschiedene Allographen je nach Stellung im An-, In- oder Auslaut, vor Vokal oder vor Konsonant wiedergegeben, z.B. ⊂ei⊃ im Inlaut, jedoch ⊂ey⊃ im Auslaut: *sein, sey*; oder ⊂k⊃ im Anlaut, jedoch ⊂*ck*⊃ im In- und Auslaut: *kranck*. Das Graphem ⟨u⟩ hatte inlautend gewöhnlich ⊂u⊃, doch anlautend ⊂v⊃.

(b) Wortabhängige Schreibungen. Das Graphem konnte ziemlich durchgehend in bestimmten Wörtern mit einem besonderen Allographen wiedergegeben werden, z. B. ⟨ai⟩ als Wiedergabe des mhd. *ei* war oft ⊂ei⊃ in den Wörtern *ein, kein*, oder ⟨u⟩ konnte in dem Wort *stuel* als ⊂ue⊃ erscheinen. Wortspezifische Schreibungen pflegten ausgesprochen individuell zu sein, einige jedoch waren recht verbreitet, z. B. wurde ⟨k⟩ oft durch ⊂ch⊃ in dem Wort *churfürst* wiedergegeben.

(c) Ästhetische oder kalligraphische Gründe. Um sie bedeutsamer erscheinen zu lassen, wurden kurze Wörter oft aufgefüllt, z. B. *vnnd* ‚und'; ⟨i⟩ konnte vor Nasalen ⊂j⊃ geschrieben werden und so eine Variation in der Strichlänge abgeben, oder es konnte ⊂jh⊃ geschrieben werden, um ein kurzes Wort umfangreicher erscheinen zu lassen oder es von lautungsgleichen Wörtern zu unterscheiden, z. B. *jhn* : *jn*. Manchmal scheint ein Schreiber die Schreibung eines Wortes einfach deshalb zu variieren, um die öde Wiederholung des immer Gleichen zu vermeiden.

(d) Etymologische Gründe. Das Graphem ⟨e⟩ kann gelegentlich ⊂åͤ⊃ geschrieben werden, z. B. *ast* – *åͤste* statt *este*, wo die Etymologie es als wünschenswert erscheinen ließ. Oder ⟨d⟩ konnte als ⊂dt⊃ geschrieben werden, um den phonetischen Charakter, doch auch den etymologischen Zusammenhang anzudeuten: *scheiden, schiedt.*

(e) Assimilation. Sie zeigt oft die gegenüber dem Nhd. größere Empfänglichkeit der frnhd. Schreibung für die lautliche Wirklichkeit, z. B. *haben, gehapt.*

(i) *Vokale*

Ein großer Teil der Variation resultiert aus dem Gebrauch verschiedenartiger diakritischer Zeichen. Ein Kreis über einem Vokalbuchstaben konnte mit einem Dreieck, mit einem Punkt oder zwei waagerecht, steigend oder fallend gesetzten Punkten oder mit einem links, rechts, oben oder unten offenen Halbkreis abwechseln. Um die Liste der Allographen nicht zu überlasten, werden solche Variationen in der folgenden Tabelle nicht berücksichtigt, in der Buchstaben mit überschriebenem *e* und mit zwei Punkten, wohl die häufigsten Varianten, als repräsentative Allographen dienen. Da wo ein Allograph eine sehr oft anzutreffende stellungsbedingte Variante darstellt, ist dies durch einen angefügten waagerechten Strich angedeutet. Grob gesprochen erscheinen die Allographen in einer abnehmenden Häufigkeitsanordnung. Wo die Grapheme und Allographen des Gemeindeutschen eine im wesentlichen regionale Verteilung aufweisen, wird dies durch die globale Bestimmung Mdt. oder Obdt. angedeutet. Für keine andere als die frnhd. Graphemik kann das Wort besser gelten: keine Regel ohne Ausnahme.

Grapheme	Allographen	Phonem-entsprechungen (s. 6.5.2)	Phonemreflexe des Mhd.
⟨i⟩	⊂i, y, j; Mdt. ie, ih⊃	/i/ /i:/	/i/ Mdt. /ie/
⟨e⟩	⊂e, ee, eh, åͤ⊃	/e/ /ɛ/ /e:/ /ɛ:/	/ë/ /e/ /ä/ /ē/ /æ/
Obdt. ⟨åͤ⟩	⊂åͤ, ä, e, ee⊃	/ɛ/ /ɛ:/	/ë/ /ä/ /æ/
⟨a⟩	⊂ā, selten: aa, ah⊃	/a/ /a:/	/a/ /ā/
⟨o⟩	⊂o, selten: oo, oh⊃	/o/ /o:/ Mdt. /ö/ /ö:/	/o/ ō/ Mdt. /ö/ /œ/
⟨u⟩	⊂u, v-, w; Mdt. ů, ůͤ, ue⊃	/u/ /u:/ Obdt. /uə/	/u/ /uo/ Mdt. /ü/ /üe/
Obdt. ⟨ü⟩	⊂ü, u, v-, ůͤ, ue⊃	/ü/ /ü:/	/ü/
Obdt. ⟨o̊ͤ⟩	⊂o̊ͤ, ö, œ, o⊃	/ö/ /ö:/	/ö/ /œ/
⟨ie⟩	⊂ie; Mdt. i, y, ih⊃	Obdt. /iə/ Mdt. /i:/	/ie/ /i/
Obdt. ⟨ů⟩	⊂ů, uo, ůͤ, u, w⊃	Obdt. /uə/	/uo/
Obdt. ⟨ůͤ⟩	⊂ůͤ, ue, üe, u⊃	Obdt. /üə/	/üe/
⟨ei⟩	⊂ei, ej, ey, ai, ay⊃	/ɛi/ /ai/	/ī/ /ei/
⟨au⟩	⊂au, aw, ou, ow⊃	/au/ (/åu/)	/ū/ /ou/
Obdt. ⟨ai⟩	⊂ai, ay, ei, ey⊃	/ai/ /ɛi/	/ei/ /ī/
⟨eu⟩	⊂eu, ew, eü, äu⊃	/öü/ (/öu/)	/iu/ /öu/

Aus der obigen Tabelle ist zu ersehen, daß nicht Vokalquantität, sondern Vokalqualität graphemisch ausgedrückt wurde. Davon ausgenommen sind allerdings die gerundeten Vordervokale, die beiden mittleren ungerundeten Vordervokale und die beiden *ei*-Diphthonge im Mdt., besonders im Ostmdt. Zwischen dem möglichen Kontrast /au/ – /åu/oder /öü/ – /öu/ wurde kaum je eine Unterscheidung vorgenommen. Man beachte ferner, daß einige Buchstaben oder Graphen im Obdt. Grapheme waren, z. B. ⟨å, ů, ai⟩, jedoch Allographen oder Graphemvarianten da, wo sie im Mdt. vorkamen.

(ii) *Konsonanten*

Das Graphemsystem zeigt, daß das Gemeindeutsche die historische Opposition zwischen Lenis und Fortis bei Verschlußlauten und, in geringerem Maße, bei Reibelauten bewahrte. Mit anderen Worten, es öffnete sich der *binnenhochdeutschen Konsonantenschwächung* nicht, die in dieser oder jener Form das gesamte Gebiet des Gemeindeutschen berührte, wann allerdings, weiß man nicht. Die ‚Dritte Lautverschiebung' blieb daher mundartlich. Das Graphemsystem zeigt jedoch nicht, ob die ererbte Opposition zwischen einfachen und geminierten Nasalen und Liquiden immer noch vorhanden war oder nicht. Vom Nhd. und den heutigen Mundarten der betroffenen Gebiete wissen wir, daß sie aufgegeben wurde, wann jedoch, weiß man wiederum nicht. In dieser Hinsicht war die Schreibung konservativ und unterschied beispielsweise noch immer *stelen – stellen.* Man geht wohl recht in der Annahme, daß jetzt im Frnhd. die Opposition eine der Vokalquantität war und die konsonantische Quantitätsunterscheidung aufgegeben worden war. Die historische Schreibung lieferte daher die Grundlage für ein wichtiges orthographisches Prinzip des Nhd.: Doppelkonsonanz deutet die Kürze des vorausgehenden Vokals an.

Es ist möglich, daß der für bestimmte Texte dieser Zeit charakteristisch übertriebene Gebrauch von Doppelkonsonant-Graphe auf ihrer Verfügbarkeit beruhte. Waren einmal alle Konsonantenphoneme kurz, war die Graphdoppelung von der Funktion her nicht mehr erforderlich und wurde zu einer rein ästhetischen Angelegenheit mindestens solange, bis das neue Prinzip, nämlich die Andeutung der Vokalkürze, dieser Graphverdoppelung wieder eine Gebrauchsfunktion gab. Die Andeutung der Neutralisierung in Auslautstellung *(Auslautverhärtung)*, die ein wichtiges Merkmal vieler guter mhd. Handschriften gewesen war, war im Frnhd. generell nicht mehr zu finden.

Grapheme	Allographen	Phonementsprechungen (s. 6.5.4)	Phonemreflexe des Mhd.
⟨b⟩	⊂b; Mdt. -bb-; p, pp; Ostobdt. p-, w-⊃	/b/	/b/
⟨p⟩	⊂p, pp, b-⊃	/p/	/pp-p/
⟨d⟩	⊂d, t-; Mdt. dd; -dt⊃	/d/	/d/
⟨t⟩	⊂t-, -tt(-), th, d, -dt, dtt⊃	/t/	/t/ /tt/
⟨g⟩	⊂g, -gg-, k, -gk⊃	/g/	/g/
⟨k⟩	⊂k-, -ck(-); Ostobdt. kh, ckh, ch; c- + l, r, q(u)⊃	/k/	/kk-k/
⟨f⟩	⊂f-, -ff-, v-, -u-⊃	/f/	/ff-f/ /v/
⟨s⟩	⊂s-, -ß(-), -s(-)⊃	/z/	/s/
⟨ss⟩	⊂-ss(-), -ß(-), -s⊃	/s/	/zz-z/ /ss/
⟨ch⟩	⊂-ch-, h (+ Kons.), g⊃	/x/	/x/
⟨sch⟩	⊂sch, sh, s + Kons.⊃	/ʃ/	/sch/
⟨l⟩	⊂l, -ll-⊃	/l/	/l/ /ll/
⟨r⟩	⊂r, -rr-⊃	/r/	/r/ /rr/
⟨n⟩	⊂n, -nn-⊃	/n/	/n/ /nn/
⟨m⟩	⊂m, -mm-⊃	/m/	/m/ /mm/

Grapheme	Allographen	Phonementsprechungen (s. 6.5.4)	Phonemreflexe des Mhd.
⟨j⟩	⊂j, i, y⊃	/j/	/j/
⟨w⟩	⊂w; Ostobdt. b⊃	/w/	/w/
⟨h⟩	⊂h⊃	/h/	/h/
⟨z⟩	⊂z-, zc-, tz(-)⊃	/ts/	/ts/
⟨pf⟩	⊂pf-, -pff-, ph⊃	/pf/	/pf/

6.5.2 Das System der betonten Vokale

Das für die Schriftsprache aufgestellte Graphemsystem ist ein nicht genügend ausgefeilter Schlüssel zum Phonemsystem der gesprochenen Sprache. War es schon schwierig, zu einem halbwegs allgemeinen Graphemsystem zu kommen, so ist es praktisch unmöglich, ein über individuelle Idiolekte oder Lokalformen hinausgehendes Phonemsystem aufzustellen. Selbst dafür muß man sich auf Sprachvergleichung, d. h. auf den Vergleich vorausgehender und nachfolgender Sprachstadien unter Hinzunahme der Graphemik verlassen. Aus Reimuntersuchungen weiß man, daß die Autoren ihre örtliche Mundart sprachen und die Schreibsprache entsprechend aussprachen. Selbst wenn es gebildete Kreise gab, die mit dem neuen Prinzip: sprich wie du schreibst, Ernst machten, müssen sie eher Ausnahme als Regel gewesen sein. Dennoch war dies für die weitere Entwicklung der deutschen Standardsprache ein äußerst wichtiges, ja entscheidendes Prinzip. Weitläufig und zweifelsohne mit einer gewissen Zwangsläufigkeit wurde es zuerst in Norddeutschland angenommen.

In der Annahme, daß es Sprecher des Gemeindeutschen gab, die unter Bewahrung derjenigen Hauptmerkmale ihrer heimischen Mundart, die nicht allzu sehr gegen die schriftsprachliche Graphemik verstießen, sich nach dem Vorbild der Schriftsprache richteten, erhält man das folgende Phonemsystem:

Stadium IX

/i/			/ü/		/u/	/i:/			/ü:/		/u:/	(/iə/ /üə/ /uə/)
	/e/		/ö/		/o/		/e:/		/ö:/		/o:/	/εi/ /öü/ (/öu/)
		/ε/		/a/				/ε:/		/a:/		/ai/ /au/ (/åu/)

Die Notation scheint widersprüchlich zu sein, da einige Zeichen aus der phonetischen Umschrift stammen, z. B. [ε, :], andere jedoch gewöhnliche Buchstaben des Alphabets sind. Die Verwendung der phonetischen Umschrift würde aber bedeuten, daß man die phonetischen Werte kennt, was nicht der Fall ist. Anderseits ist man genötigt, sich vom konventionellen Alphabet zu lösen, um anzudeuten, daß man es mit hypothetischen Phonemeinheiten zu tun hat. Für die Beispiele unten ist eine Schreibweise gewählt worden, die andeuten soll, daß das Prinzip: Doppelkonsonanten bezeichnen Vokalkürze, noch keine Gültigkeit hatte. Sie trägt auch der häufig anzutreffenden Schreibeigentümlichkeit Rechnung, daß ⟨t⟩ in- und auslautend das Allograph ⊂tt⊃ aufweist. Alle Beispiele könnten ebenso gut mit ⊂t⊃ geschrieben werden. In Wirklichkeit käme Variation vor, worauf zumindest die Verwendung von ⊂th⊃ in dem Wort *rathen* hindeutet, die besonders häufig anzutreffen ist.

Beispiele:

/i/	*ritten*	/i:/	*rietten* ‚rieten‘	(/iə/	*rietten* ‚rieten‘)
/e/	*retten*	/e:/	*wethum* ‚Schmerz‘	/ɛi/	*reitten* ‚reiten‘
/ɛ/	*wetter*	/ɛ:/	*baͤtten* ‚bäten‘	/ai/	*leitten* ‚leiten‘
/ü/	*bütten* ‚Fässer‘	/ü:/	*hütten* ‚hüten‘	(/üə/	*huͤtten* ‚hüten‘)
/ö/	*götter*	/ö:/	*lötten* ‚löten‘	/öü/	*leutten* ‚Leuten‘
/u/	*kutten*	/u:/	*rutten* ‚Ruten‘	/au/	*lautter* ‚lauter‘ (rein)
/o/	*rotten*	/o:/	*rotten* ‚roten‘ (dekl. Adj.)	(/uə/	*růtten* ‚Ruten‘)
/a/	*schatten*	/a:/	*rathen* ‚raten‘	(/åu/	*lauffen* ‚laufen‘)
				(/öu/	*leuffig* ‚(ge)läufig‘)

Ob das System der langen und kurzen Vokale graphisch in einem Dreieck oder einem Viereck angeordnet werden sollte, ist umstritten. Die Tatsache, daß langes und kurzes *a* in den heutigen Mundarten von großen Teilen des ehemaligen gemeindeutschen Sprachgebiets hintere Vokale sind, läßt die Anordnung in einem Viereck als wahrscheinlichere Lösung erscheinen. Dies hängt natürlich auch mit der Annahme von mittleren Vordervokalen zusammen. Es muß vorausgesetzt werden, daß die Zahl der drei mhd. Vokale /e/ /ë/ /ä/ fast überall entweder durch Zusammenfall von /ë/ und /ä/ oder durch Zusammenfall von /e/ und /ë/ vermindert worden ist. Beide Resultate sind in weiten Gebieten anzutreffen. Die alles entscheidende Frage ist: waren alle drei zusammengefallen? Die Schreibung fast im gesamten Mdt. würde es für das Mdt. vermuten lassen. Trotzdem bewahren viele heutige Mundarten zwei Reflexe, z.B. rhfrk. *besser* jedoch *ässe* oder *läwe*, nhd. *leben* (mhd. *ë*), *hewe*, nhd. *heben* (mhd. *e*). Das Obersächsische hat ebenfalls zwei Reflexe ebenso wie das *Ostvogtland*: /besər/ nhd. *besser*, /wädər/ nhd. *Wetter*. Wir nehmen deshalb an, daß das Mdt. in der Aussprache zwei kurze mittlere Vordervokale besaß. Wahrscheinlich waren es norddeutsche Sprecher, die, dem Prinzip Aussprache nach Schreibung folgend, am Ende den Zusammenfall der Phoneme des *e*-Typus bewirkten. Für die langen Vokale muß von derselben Annahme ausgegangen werden: es gab einen offeneren und einen geschlosseneren mittleren Vordervokal. Im Vorkommen unterschieden sie sich ohne Zweifel, doch im allgemeinen kann man die folgende diachronische Entwicklung als gegeben voraussetzen:

mhd. /e/ → frnhd. /e/

mhd. /ë/ ↘
frnhd. /ɛ/
mhd. /ä/ ↗

mhd. /ē/ /e/* → frnhd. /e:/
mhd. /æ/ ⇢ frnhd. /e:/, ⇢ frnhd. /ɛ:/
mhd. /ë/* → frnhd. /ɛ:/

* Bei Längung; die gestrichelten Pfeile deuten an, daß beide Entwicklungen weitläufig bezeugt sind. Im Bayr. fiel mhd. /ë/ nahezu bedingungslos mit mhd. /e/ zusammen.

Die langen Phoneme /i:/ /ü:/ /u:/ gab es überall da, wo Vokallängung eingetreten war (<mhd. /i, ü, u/). Im Mdt. waren sie jedoch auch aus den mhd. Diphthongen /ie, üe, uo/ entstanden, während im Obdt. dies nicht eingetreten war. Die Diphthonge des Diagramms in runden Klammern (Stadium IX) beziehen sich auf diese obdt. Phoneme.

Von den verbleibenden Diphthongen stammen drei von den mhd. Diphthongen (mhd. *ei, ou, öu*) und drei entstanden durch Diphthongierung der mhd. langen Hochzungenvokale *ī, ū, iu.* Beide Arten sollten schließlich aufgrund der Aussprache nach Schreibung zusammenfallen. Mit einigen Ausnahmen, z.B. der verbreiteten bayr. Verschmelzung der Reflexe von mhd. *ū* und *ou*, haben die meisten heutigen Mundarten sie auseinandergehalten. Gut gestützt ist wahrscheinlich die Annahme, daß obdt. und mdt. Sprecher des Frnhd. beide Arten noch immer auseinanderhielten, ndt. Sprecher des Frnhd. sie jedoch zusammenfallen ließen. Im Diagramm sieht der Zusammenfall wie folgt aus:

Mhd.		Frnhd.	*Mdt.*	*Ostobdt.*	*später*		Nhd.
/ī/	→	/ɛi/	⟨ei⟩	⟨ei⟩ ↘	⟨ei⟩	→	/ae/
/ei/	→	/ai/	⟨ei⟩	⟨ai⟩ ↗			
/ū/	→	/au/ ↘	⟨au⟩			→	/ao/
/ou/	→	/åu/ ↗					
/iu/	→	/öü/ ↘	⟨eu⟩			→	/ɔø/
/öu/	→	/öu/ ↗					

Die Notationen /ɛi/ und /ai/ für das Frnhd. sind natürlich lediglich symbolisch und drücken die Vermutung aus, daß der Reflex des mhd. /ī/ höher, der des mhd. /ei/ tiefer lag. Die phonetische Realisierung dieser frnhd. Phoneme hing vom mundartlichen Hintergrund der Sprecher ab. Vermutungen hinsichtlich der phonetischen Beschaffenheit /au/ und /åu/, /öü/, und /öu/ sind nicht beabsichtigt. Phonemisch gesehen wurden diese Reflexe der mhd. Phoneme noch immer auseinandergehalten.

Beispiele:

Mhd.	Frnhd.	Nhd.
rīchen dekl. Adj. ↘ *reichen* ↗	*reichen (raichen)*	*reichen*
brūchen ↘ *rouchen* ↗	*brauchen, rauchen*	*brauchen, rauchen*
tiuvel ↘ *löufer* ↗	*teuffel, leuffer*	*Teufel, Läufer*

Weitere diachronische Veränderungen berührten nur das Vorkommen der Phoneme. Die wichtigste war die Längung aller kurzen inlautenden Vokale vor einfachen Leniskonsonanten und die sie begleitende, jedoch seltenere Kürzung langer Vokale vor Konsonantenverbindungen, z.B. *săgen>sāgen, lĕben>lēben; dāhte>dachte.* Dies durchgehende Prinzip ließ jedoch regionale Variation zu, und Vokallänge vor einfachem *r* oder *r*-Verbindungen, vor *m* und auch *t* gibt Sonderentwicklungen wieder. Besonders vor den Endsilben *-er* und *-el* scheint früheres /m/ zu /mm/ geworden zu sein, das dann die Vokallängung verhinderte: mhd. *hamer*, nhd. *Hammer*; mhd. *himel*, nhd. *Himmel*; doch mhd. *name*, nhd. *Name.*

Der dentale Fortisverschluß mhd. /t/ war der einzige Fortisverschluß, der in Opposition zu einer Geminata /tt/ stand (s. 5.4.4), so daß angenommen werden kann, daß er früh von /tt/ absorbiert wurde. Dadurch wurde im allgemeinen der vorausgehende kurze Vokal bewahrt: *bitten, Bretter, Vetter,* jedoch nicht bei *treten, beten, Vater.*

Der folgende diachronische Wandel war mundartlich, hat jedoch in der Standardsprache Spuren hinterlassen, z. B. mhd. /u/ /ü/ >frnhd. /o/ /ö/ vor *n, m* bei einigen Wörtern (*vrum>fromm, münch>mönch*); mhd. /e/ >frnhd. /ö/ in labialer Umgebung (*leffel>löffel*); mhd. /ü/ >frnhd. /i/, d.i. Entrundung (*küssen>kissen*); mhd. /ā/ >frnhd. /o:/ meist vor *n* (*āne>ohne*), doch auch *kāt>Kot.*

6.5.3 Die unbetonten Vokale

Im Mhd. gingen unzählige Wortformen auf einen mittleren Neutralvokal *-e* aus. Unter gewissen Bedingungen wurde dies *-e* abgestoßen. Diese Erscheinung ist als mhd. Apokope (s. 5.4.3) bekannt. Auf bayr. Gebiet wurden diese Bedingungen weiter gefaßt, und Apokope wurde sogar noch vor Ende der mhd. Periode allgemein üblich. In anderen Gebieten des Obdt. wurde diese zweite Phase der Apokopierung in Texten vom Ende des 14. oder ersten Viertel des 15. Jh.s vorherrschend. Deshalb wird sie auch frnhd. Apokope genannt. Im Westen wurde auch das Mdt. von ihr berührt, doch im Osten scheint sie sich bestenfalls als weiterer süddt. Einfluß verbreitet zu haben. Im Grunde blieb sie eine obdt. Erscheinung, und der spätere Widerstand gegen sie seitens ostmdt. Autoren und Grammatiker beseitigte sie im großen und ganzen wieder aus der Schriftsprache. Nur wenn nichtflexivisches *-e* auf ein Ableitungselement folgte, wurde die Apokope in den folgenden Jahrhunderten von der Schriftsprache regulär aufgenommen, z. B. mhd. *-ære, -unge, -nisse, -inne>-er, -ung, -nis, -in.* Ihr Vorkommen ist jedoch in hohem Grade ein Kennzeichen des Frnhd., vgl. in 6.4.4 Luthers *nachtwache* mit *wach* bei Mentelin und in der Schweizer Bibel, ferner 6.4.4 (iv) *mein sach* (nhd. *meine Sache*), 6.4.4 (v) *ein christlich ler, wer* (nhd. *eine christliche Lehre, wäre*). Da die Apokope weitreichende Folgen für das Flexionssystem hatte, darf sie nicht nur als phonologische Erscheinung angesehen werden. Während sie prinzipiell jedes unbetonte mhd. Endungs-*e* berührte und zu seinem Verlust führte, wurde das System der Adjektivflexion entschieden weniger davon berührt. Zunächst einmal ergab sich daraus ein großes Durcheinander. In keiner anderen Hinsicht war wohl die Sprache so idiolektgebunden wie beim Vorkommen der Apokope und ihres Komplements, der Synkope.

Die Synkope wirkte sich auf das unbetonte vorletzte *-e-* in Flexionsendungen aus, z. B. beim Präteritum einer Klasse der schwachen Verben (s. 5.5.3) erlitt die Endung *-ete* entweder Synkope > *-te* oder Apokope > *-et*, seltener beides > *-t*. Bei Luther ist *-et* die häufigste Form (s. 6.4.3 und 6.4.4 (ii) *antwortet, recket, leget*, aber auch *erwisscht*). Wegen des Zusammenfalls mit der 3. Pers. Sg. Präs. wurde diese für viele frnhd. Texte kennzeichnende Form allmählich immer mehr durch *-te* ersetzt. Die unbetonten Teile *-ele, -ere, -ene* verloren bei starker regionaler Variation ihr erstes oder zweites *-e-* (*wandeln* oder *wandlen, hindern* oder *hindren, eigen(e)* oder *eigne*). Im großen und ganzen gab das Obdt. *-le*, das Mdt. *-el* den Vorzug, während *-er* häufiger als *-re, -ne* häufiger als *-en* vorkam. Und im Falle von *-ene* wurden beide *e* leichter bewahrt als bei den andern beiden Endungen (z. B. *eigene*).

Auch in Endsilben kam Synkope vor, z. B. mhd. *-es, -et, -est* (*tages* oder *tags, hilfet* oder *hilft*).

Im Obdt. trat Synkope auch bei den Präfixen *ge-* und *be-* ein, doch im ganzen genommen hatte die Schriftsprache die Tendenz, dies nicht mitzumachen. Die morphophonemischen Folgen dieser Synkope hätten zu große phonetische Veränderungen mit sich gebracht. Einige Wörter der Gegenwartssprache verraten dennoch diese mundartliche Synkope, z. B. *bleiben* (< mhd. *belīben*), *Glück, gleich, Glaube, Gnade, Glied* oder *Gleis – Geleise.*

Da regional innerhalb eines Textes so große Variation vorkam und dazu noch bei den morphologischen Klassen, ergab sich eine Erscheinung, die Epithesis (Nachstellung) genannt wird und in der Anfügung eines unhistorischen *-e* besonders bei der 1. u. 3. Pers. Sg. Prät. der starken Verben besteht, z. B. *er sahe*, oder beim Imperativ derselben.

Im Laufe der frnhd. Zeit ergab sich allmählich die Konvention, daß unbetonte Präfixe und Flexionssuffixe mit ⟨e⟩ geschrieben werden sollten und nicht mit ⟨i⟩, wie es beispielsweise im Ostmdt. üblich gewesen war. Anderseits gab man bei Ableitungssuffixen, die wohl immer einen Nebenton getragen hatten, ⟨i⟩ den Vorzug, wo zuvor auch ⟨e⟩ üblich gewesen war, z. B. *torecht > töricht, machtec > mächtig.* So ergaben sich *-lich, -ig, -isch, -icht, -in* (bei Substantiven), aber, entgegen der Regel, *-en* bei Adjektiven *(seiden).* Bei anderen Suffixen wurden weitere ‚volle' Vokale wiederhergestellt oder bewahrt, z. B. bei *-bar (achtbar), -at (Heimat), -ung(e), -niss(e).*

Wo bei einsilbigen Wörtern Diphthongierung vor *-r* eingetreten war, ergab sich die Neigung, einen unbetonten epenthetischen Vokal *-e-* (Stützvokal, Anaptyxis) einzufügen, z. B. mhd. *sūr, fiur* > frnhd. *saur* oder *sauer, feur* oder *feuer.* Schließlich wurde es zur Norm, deshalb nhd. *sauer, Feuer.*

6.5.4 Das Konsonantensystem

Das gesamte Sprachgebiet des Gemeindeutsch stand eine zeitlang unter der Einwirkung der *binnenhochdeutschen Konsonantenschwächung* (s. 5.4.4). Nur Gebiete außerhalb der Reichweite des Gemeindeutsch des frühen 16. Jh.s wie das Mfr. oder Hochalem. blieben davon unberührt. Dennoch bewahrte das Gemeindeutsch in seiner Schreibung im großen und ganzen einen Widerschein des früheren mhd. Konsonantensystems. Deshalb ist es außerordentlich schwierig, angesichts der Tatsache, daß die Leute meist Mundart sprachen, ein phonologisches System der Konsonanten aufzustellen. Nur wenn die geschriebene Standardsprache durch ein gesprochenes Pendant ergänzt wurde, können wir ein phonologisches System in Opposition zu einem graphemischen System des Frnhd. aufstellen. Wir müssen annehmen, daß in einem bestimmten Zeitabschnitt das mhd. System, das in einer Opposition von kurzer Lenis- und langer (geminierter) Fortisartikulation bei Verschlußlauten, Reibelauten, Liquiden und Nasalen bestand, sich zu einer einfacheren Opposition von Lenis und Fortis bei Verschluß- und Reibelauten wandelte, die im Mfrk. und anderen hdt. Formen des Nordens als stimmhafte bzw. stimmlose Verschluß- und Reibelaute auftraten. Als in Norddeutschland das Hdt. Standardmedium wurde, beruhte der Konsonantismus auch der gesprochenen Sprache auf einer Opposition von stimmhaften bzw. stimmlosen Verschluß- und Reibelauten.

Die Beseitigung des Merkmals Länge beim Konsonantismus war zweifelsohne irgendwie mit dem neuen Prinzip der Vokallänge verknüpft: kurze inlautende Vokale wurden vor einfachen Leniskonsonanten gelängt und lange Vokale vor Konsonantenverbindungen gekürzt. Nur nach Diphthongen beruhte der Kontrast ausschließlich auf den Konsonanten.

Obwohl das Prinzip der Neutralisierung in auslautender Stellung bei Wort oder Silbe *(Auslautsverhärtung)* im Frnhd. auf der Graphemebene verschwand, ist zu vermuten, daß es phonologisch in großen Teilen des Sprachgebietes erhalten blieb. Die Aussprache des Nhd. in Norddeutschland mußte ebenfalls zu dieser Erscheinung beitragen.

Bei den velaren Reibelauten wurde die Opposition Lenis/Fortis aufgegeben, als das Lenis-/h/ in der Stellung zwischen Vokalen im späten Mhd. verschwand. Bei einigen frnhd. Varianten wurde die Opposition /f/ – /ff/ in inlautender Stellung auch aufgegeben, obwohl sie anlautend eingeführt wurde, als mhd. *w-* zu einem stimmhaften (oder lenisierten) labiodentalen Reibelaut wurde. Nur die Dentale bewahrten im Inlaut die Opposition [z] – [s], *reisen* – *reißen*.

Für das Frnhd. kann man demnach ansetzen:

Stadium XI:

/v/	/z/			Lenis- (sth.)	Reibelaute
/f/	/s/	/ʃ/	/x/	Fortis- (stl.)	
/b/	/d/		/g/	Lenis- (sth.)	Verschluß-laute
/p/	/t/		/k/	Fortis- (stl.)	
/pf/	/ts/			Affrikaten (evtl. auch als Konsonantenverbindungen anzusehen)	
/m/	/n/		(/ŋ/)	Nasale	
/l/				Liquide	
/r/					
		/j/	/h/	Halbkonsonanten.	

Beispiele:

Im Anlaut

/v/	*war*	‚wahr'	/z/	*sarg*				
/f/	*far*		/s/	–		/ʃ/	*schar*	
						/x/	–	
/b/	*bar*		/d/	*dar*	‚da'	/g/	*gar*	
/p/	*par*	‚Paar'	/t/	*tar*	‚ich wage'	/k/	*kar*	‚Gefäß'
/pf/	*pfarre*		/ts/	*zart*				
/m/	*mark*		/n/	*narr*		(/ŋ/)	–	
/l/	*lar*	‚Lehre'						
/r/	*rar*							
			/j/	*jar*		/h/	*har*	‚Haar'

Im Inlaut

/v/	–		/z/	*hasen*				
/f/	*hafen*	‚Topf'	/s/	*hassen*		/x/	*hacher*	‚Henker'
			/ʃ/	*haschen*				
/b/	*haben*		/d/	*hader*		/g/	*hagen*	‚einzäunen'
/p/	*rappen*	‚Raben'	/t/	*hatten*		k/	*haken*	
/pf/	*stapfen*		/ts/	*hetzen*			–	
/m/	*hamme*	‚Schinken'	/n/	*hanen*	‚Hähne'	(/ŋ/	*hangen*	‚hängen')
/l/	*hallen*	hallen						
/r/	*harren*							
			/j/	–		/h/	–	

Wo das Vorkommen stellungsbedingt eingeschränkt ist, bestand die Tendenz, die Lücken durch Entlehnung aus anderen Sprachen zu füllen. Man weiß kaum etwas darüber, wann inlautendes [v] *(Slawen)* oder anlautendes [x, ç] *(Chirurgie)* aufgenommen worden sein könnten. Die Halbkonsonanten behielten ihre begrenzte Verteilung bei, doch muß man mit beträchtlicher Variation rechnen, und in einigen Gebieten, wie z.B. in Teilen Alemanniens, kam besonders /j/ auch inlautend vor. In anderen Gebieten war es zu *g* geworden, z.B. in *Scherge.* Ein neues, drittes Nasalphonem kam zustande, als [ŋ] den Status einer stellungsbedingten Variante von /n/ vor Velaren verlor, d.h. als *hangen* nicht mehr wie [haŋgən] ausgesprochen wurde, sondern in der Aussprache zu [haŋən] wurde. Die runden Klammern sollen andeuten, daß wir nicht wissen, wann genau dieser Vorgang eingetreten ist.

Was ihr zahlenmäßiges Vorkommen betrifft, so nahmen die labialen Verschlußlaute wegen des Wandels von mhd. *rw, lw*>*rb, lb* (*gelw, farwe*> *gelb, farbe*) und wegen ihrer häufigen Einfügung als Gleitlaut zwischen *m + d, t*, z.B. *frembd, gesampt*, zu. Die Dentale wurden ebenfalls aus phonetischen Gründen eingefügt, z.B. *d* zwischen *n* und Liquiden *(spindel, gewöndlich)*, und viele Formen sind erhalten (*öffentlich, wöchentlich, meinetwegen*<*meinentwegen*). Das Vorkommen von /ts/ stieg an, als *t* in der anlautenden Konsonantenverbindung mhd. *tw-* zu *z-* wurde, z.B. mhd. *twingen*>frnhd. *zwingen.* In einigen, besonders ostmdt. Gebieten entwikkelte sich mhd. *tw-* zu *kw-* (⟨qu⟩). *Quer* aus mhd. *twerch* ist ein heutiger Beleg für diesen Wandel, während dieselbe Wurzel in *Zwerchfell* die obdt. Entwicklung zeigt. An auf *-s, -ch* oder *-f* auslautende Wörter wurde ein epenthetisches (unetymologisches) *t* gefügt, beispielsweise bei *Saft* (mhd. *saf*, engl. *sap*), *Hüfte* (mhd. *huf*, engl. *hip*), *Papst* (mhd. *bābes*), *Palast* (mhd. *palas*), *Obst* (mhd. *obez*), *selbst* (<*selbes*), *Habicht* (mhd. *habech*, engl. *hawk*) und nach *n* ein *d* in *Mond* (<*mon, man*), *jemand, niemand* (<*ieman, nieman*). In vielen Fällen unterscheidet sich das Vorkommen vom Nhd., weil mundartliche Entwicklungen Eingang in die Schriftsprache fanden. Ein Beispiel dafür ist der weitverbreitete Zusammenfall von *d-* und *t-* im Obdt., der Formen wie *toppel (doppel), teutsch, tausend* entstehen ließ, von denen nur das letzte Beispiel überlebte. In anderen Fällen wurde die regionale Form des Mdt. bewahrt, z.B. bei *dumm* (mhd. *tump*, engl. *dumb*) oder *dunkel* (mhd. *tunkel*).

6.6 Morphologie: Flexion

6.6.1 Deklination der Substantive

Zwei Erscheinungen des Frnhd. führten zu einer grundlegenden Umstrukturierung des Deklinationssystems der Substantive und sogar zu einer umfangreicheren Neuordnung der Substantive innerhalb des Systems. Zum einen verursachte die phonologische Erscheinung der Apokope – sie sollte es wenigstens – einen zahlenmäßig enormen Anstieg der Substantive mit unmarkiertem Plural. Zum andern übertrug die zunehmende Ausbildung einer geschriebenen Standardsprache regionale Eigentümlichkeiten in andere Gebiete. Dadurch, daß diese überregionale Geltung gewannen, entstand ein morphologisches Durcheinander. Dies jedoch führte schließlich zu einer Regulierung, gemäß der gegen Ende der frnhd. Zeit regional ausgestorbene morphologische Typen wieder Geltung gewannen, neue Kompromisse oder gemischte Deklinationsklassen angenommen wurden und die lexikalische Zugehörigkeit einzelner Deklinationsklassen fixiert wurde. Gerade hinsichtlich des zuletzt Genannten sind, wenn man das heutige Deutsch mit dem mittelalterlichen Deutsch vergleicht, die größten Veränderungen zu verzeichnen.

Im Obdt. beispielsweise eliminierte Apokope die Klasse des *e*-Plurals. Mhd. *stein – steine* verlor die Markierung, doch mhd. *tac – tage* entging der Homophonie, indem es sich zur durch Umlaut gebildeten Pluralklasse gesellte.; mhd. *geist – geiste* durch Aufnahme von *-er*: *geist – geister*; mhd. *sē – sēwe* durch Eintritt in die *n*-Klasse: *see – seen.* Im Ostmdt. blieb die Klasse der *e*-Plurale erhalten, und ihr *tag – tage* wurde schließlich von der Standardsprache aufgenommen. Für das Frnhd. war es bezeichnend, daß der Plural von *tag* sowohl *tag* wie auch *täg* oder *tage* lauten konnte. Bei *dorn* sind alle auch nur möglichen Plurale belegt *(dorn, dorne, dörn, dörner, dornen*). Obwohl Varianten gewöhnlich eine regionale Verbreitung hatten, führt das von der Schreibsprache ausgehende allgemeine Ausgleichsbestreben zur Formenstreuung.

Die Tendenz zur Pluralmarkierung war nicht alleinige Ursache. Auch das Kasussystem war in Bewegung geraten, und ein stark markierter Kasus wie der Genitiv des Singular auf *-(e)s* war in Ausbreitung begriffen. Genus und semantische Kategorien wie ‚belebt‘ und ‚unbelebt‘ wirkten tendentiell ebenfalls auf die Bildung neuer Deklinationsklassen, auf die Bewahrung bereits bestehender oder auf die Zuordnung einzelner Wörter zu Formklassen ein.

Das Mhd. hatte eine einheitliche Endung für den Dativ des Plural auf

-(e)n in allen Klassen (sie ist bei der *n*-Plural-Klasse von den anderen Pluralkasus nicht zu unterscheiden). Obwohl diese Form zur Zeit des größten Durcheinanders gelegentlich gefährdet war, saß sie doch so fest, daß sie sich bis auf den heutigen Tag behaupten konnte. Im Falle des Genitivs Singular gab es eine Doppelopposition: Maskulina und Neutra waren durch Endung markiert, Feminina nicht. Maskulina und Neutra hatten als Endung entweder *-(e)s* oder *-en*. Allerdings war nur *-(e)s* eine eindeutige Markierung; *-en* zeichnete bei den Maskulina die obliquen Kasus gegenüber dem Nominativ und bei den Neutra den Genitiv und Dativ aus. Es gab nur vier solcher Neutra gegenüber Hunderten, die *-(e)s* hatten. Kein Wunder also, wenn sich die vier den anderen anschlossen. Das Nhd. hat *Herz – Herzens*, doch *Auge – Auges, Ohr – Ohrs*, während mhd. *wange*, ohne Zweifel durch seine Pluralformen, zum Femininum wurde. Jetzt haben alle Neutra einen Genitiv Singular auf *-(e)s*. Die beiden mask. Genitivendungen waren gleichmäßiger verteilt, doch *-(e)s* war eine eindeutige Form, *-en* war es nicht. Das eindeutige Zeichen *-s* griff auf die *n*-Klasse über, und es entstand eine Kompromißform *-ens*. Von der bei vielen Einzelwörtern direkten Übernahme des *-(e)s* abgesehen, wurde ein Schwanken zwischen *-en* und *-ens* schließlich auf der Grundlage von ‚belebt' gegenüber ‚unbelebt' gelöst, daher *Knabe – Knaben*, aber *Gedanke – Gedankens*. Die große Zahl substantivierter Adjektive, die Personen bezeichnen und im Genitiv Singular auf *-en* enden, könnten dafür ausschlaggebend gewesen sein *(der Gerechte, des Gerechten; der Heilige, des Heiligen)*. Einige Substantive nahmen den Genitiv auf *-s* an, obwohl sie *n*-Plural hatten. Dies führte zur Bildung einer weiteren neuen Deklinationsklasse, z.B. *Mast – Masts – Masten, Schmerz – Schmerzes – Schmerzen.*

Die Kasusunterscheidung bei den Feminina war nicht eindeutig und schon im Mhd. stark geschwächt. Ihr einziges Bildemittel im Singular und Plural war *-en*, da es aber im Plural sehr viel häufiger vorkam, wurde es schließlich aus dem Singular verdrängt. Im Frnhd. gab es beträchtliche Schwankungen.

Verglichen mit der verhältnismäßig einfachen Umstrukturierung beim Kasussystem war die Umorganisation des Pluralsystems verwickelter und brachte bei vielen Substantiven eine neue Klassenzuweisung mit sich.

Solange das Fehlen der Pluralangabe im wesentlichen ein Kennzeichen der Neutra war (mhd. *wort – wort, bette – bette*), die nur vier Substantive in der *n*-Pluralklasse und ursprünglich ungefähr ein Dutzend in der Unterklasse auf *-er* aufzuweisen hatten, erhielt sich diese unmarkierte Klasse ganz gut. Bezeichnenderweise blieb sie am längsten im Ostmdt. bewahrt, wo die Apokope die im wesentlichen mask. *e*-Pluralklasse nicht zerstört hatte. Aber sobald diese Genusbarriere durchbrochen war und zahllose Maskulina ihre frühere Pluralendung *(-e)* verloren, hatten Analogiebildungen freie Bahn: die meisten Neutra übernahmen *-er*, die allein vorhandene, eindeutig neutrale Pluralendung. Der Zusammenbruch der Genusbarriere zwischen Mask. und Neutrum öffnete natürlich nicht nur den Mask. die Tür zur Übernahme der Pluralendung auf *-er*, er führte auch bei vielen Neutra zur Annahme des *e*-Plurals *(Wort – Worte, Heer – Heere)* und selbst zur Einführung des Umlauts (nur *Floß – Flöße, Kloster – Klöster, Wasser – Wässer*). Der *e*-Plural konnte dafür natürlich nur in Gegenden in Anspruch genommen werden, wo Apokope nicht vorherrschte. Von dort her drangen diese Formen im 17. und den folgenden Jahrhunderten in die Standardsprache ein.

Der Umlaut war seit spätmhd. Zeit bei den Feminina ein deutliches Pluralzeichen *(hût – hiute, kraft – krefte)* und blieb es auch nach dem Aufkommen der Apokope (frnhd. *haut – heut, kraft – kreft*). Bei den Feminina war diese Klasse jedoch verhältnismäßig klein und *-en* viel häufiger vertreten und auch von der Apokope unberührt geblieben. Alle nicht durch Umlaut markierten Feminina hatten *-en* sowohl in einigen Kasus des Singular (wohl ungefähr die Hälfte aller Feminina) als auch in einigen Kasus des Plural (die meisten Substantive im Gen. und alle im Dat. Pl. sowie ungefähr die Hälfte ebenfalls im Nom. Akk. Pl.). Da es eine deutlich endungslose Form gab, den Nom. Sg. *(pflicht, sünd(e), zung(e))*, muß die Vorstellung aufgekommen sein, daß der Sg. endungslos sei und die markierten Formen dem Pl. zukämen *(pflichten, sünden, zungen)*. Während der gesamten frnhd. Zeit war jedoch die Endung auf *-en* auch bei den obliquen Kasus des Sg. anzutreffen und in einigen Mundarten, besonders im Bayr., auch im Nom. *(Brucken, Gassen)*. Schließlich wurde die Klasse der *en*-Pl. zur für die Feminina typischen Klasse. Einige wenige Feminina auf *-nis* nahmen jedoch den *e*-Typus an *(Kenntnis – Kenntnisse)*, weil die zahlreicheren Neutra auf *-nis* im Pl. *-nisse* angenommen hatten. Dies ist ein klares Beispiel dafür, daß die Formähnlichkeit ausschlaggebender war als das Genus.

Zahlreiche Neuzuordnungen traten im Maskulinum ein, bei dem es die wenigsten typologischen Veränderungen gab. Der *e*-Pl.-Typus wurde durch ostmdt. Einfluß wiederhergestellt, doch waren inzwischen viele Substantive zur gewichtigeren Umlautklasse übergegangen *(Stall – Ställe, Baum – Bäume, Stuhl – Stühle)*, die dadurch zur typischsten Klasse der Maskulina wurde. Die älteste Schicht der unmarkierten Klasse, die alten *ja*-Stämme, ging in andere Klassen über *(Hirte – Hirten)*. Viele der früheren Maskulina mit *n*-Plural gingen in die Klasse der *e*-Plurale oder in die mit Umlaut über *(Greis – Greise, Garten – Gärten, Hahn – Hähne).* Andere wurden markierungslos *(Balken – Balken, Daumen – Daumen).* Besonders Abstrakta und Wörter zur Bezeichnung von Sachen neigten zum Verlust der Nom.-Akk.-Unterscheidung, die für die alte *n*-Pl.-Klasse, und nur für sie allein, charakteristisch war. Die syntaktische Dominanz des Objektkasus und das frühere Eindringen eines *-s* in den Gen. (*-en* > *-ens*) müssen die Vermutung nahegelegt haben, daß der Typus: Akk. *samen*, Gen. *samens* der gleiche war wie der Typus Akk. *wagen*, Gen. *wagens*, was zu einem neuen Nom. *samen* für früheres *same* in Analogie zu *wagen* führte. Einige Maskulina mit altem *e*-Plural zur Bezeichnung von ‚Belebtem' wechselten charakteristischerweise zur Klasse mit *n*-Plural über, z. B. *Held – Helden.* Die einzig neue mask. Pluralklasse, die auf *-er*, setzte sich im Frnhd. durch *(gott – götter)*, ist jedoch noch immer verhältnismäßig spärlich vertreten.

Die Klasse mit unmarkiertem Plural, die für das Frnhd. so typisch und eine zeitlang stark angewachsen, aber immer gefährdet war, wurde schließlich auf die folgenden Substantivgruppen beschränkt:

(a) die meisten Maskulina auf *-er, -el, -en* ohne Rücksicht auf ihre einstige Zugehörigkeitsklasse *(Finger, Bäcker, Maler; Schatten, Wagen, Rükken, Haufen; Ärmel, Deckel)*, einige haben jedoch Umlaut *(Vater – Väter, Nagel – Nägel, Vogel – Vögel, Boden – Böden, Hafen – Häfen)* und sehr wenige den *n*-Pl. *(Stachel – Stacheln, Vetter – Vettern)*;

(b) ein isolierter Rest der alten *ja*-Klasse *(Käse)*;

(c) Neutra auf *-er, -el, -en, -chen* und *-lein (Messer, Ruder, Bündel, Mädchen)*, zwei haben jedoch Umlaut (*Kloster – Klöster, Wasser – Wässer* in der Bedeutung ‚Mineralwasser');

(d) einige Neutra auf *Ge-*(Wurzel)*-e (Gebirge, Gebäude).* Bezeichnenderweise hat sich diese Klasse außerordentlich verkleinert und enthält jetzt keine Feminina mehr, wohl deshalb, weil es nur im Femininum keine Numerusunterscheidung beim bestimmten Artikel gibt (vgl. mask. *der – die*, neut. *das – die*, jedoch fem. *die – die*).

Es gab nicht nur zahlreiche Veränderungen hinsichtlich der lexikalischen Zugehörigkeit der Deklinationsklassen, auch das Genus wurde vom Neustrukturierungsprozeß, der innerhalb des Nominalsystems im Gange war, berührt. Sowohl semantische wie formale Gründe bewirkten Veränderungen beim Genus. Der wichtigste Einzelfaktor bestand ohne Zweifel darin, daß die Genera im Plural der Genusmarkierer, nämlich Artikel, Pronomen, Adjektive, nicht unterschieden wurden. Substantive, die meist im Plural gebraucht wurden, konnten auf diese Weise leicht von semantischer oder formaler Analogie berührt werden und entsprechend das

Genus wechseln. Dementsprechend wechselten einige ursprünglich mask. Pflanzennamen und Namen für Kleintiere, die nach der *n*-Pl.-Deklination gingen, zum Femininum über., z.B. *Blume, Traube, Heuschrecke, Schnecke, Schlange.* Viele ursprünglich mask. Abstrakta auf *-t* wurden Feminina, z.B. *Last, List, Luft, Lust, Angst, Gewalt* (vielleicht liegt semantische Assoziation von *Kraft, Macht, Stärke* nahe). Auch einige Neutra wurden Feminina: *Ähre, Beere, Rippe, Ecke, Wange.* Wenn auch die Feminina vielleicht mehr Zuwachs als die anderen Genera hatten, so wechselten doch auch viele Substantive ins Maskulinum über, z.B. einige Substantive auf *-el* (aus dem Neutrum: *Beutel*, aus dem Fem.: *Frevel, Gürtel, Scheitel*) oder auf *-er* (aus dem Neut.: *Acker, Jammer, Wucher*) und ins Neutrum, z.B. aus dem Fem. *Begehr, Gelübde, Geschöpf, Gesicht, Gespenst, Gewissen*, in Analogie zu anderen *Ge*-Neutren. Im Mhd. waren viele Substantive mit mehr als einem Genus belegt, und ohne Zweifel standen oft alte Mundartenunterschiede hinter solchen Genusunterschieden. Die nhd. Standardsprache gab im allgemeinen dem ostmdt. Genusgebrauch den Vorzug. Man hat festgestellt, daß in Luthers Bibel von 1545 zweihundertundsiebzig Substantive vorkommen, die, mit dem Mhd. verglichen, Genuswechsel aufweisen, und in fast allen Fällen ist das Nhd. Luther gefolgt.

Wo alles sich noch im Schmelztiegel befand, ist es riskant, Paradigmen aufstellen zu wollen. Wenn dies dennoch versucht wird, so weil es ja doch Deklinationstypen gab, wenn auch nur in verschwommenen Umrissen und mit verworrener lexikalischer Zugehörigkeit, und sie Fixpunkte waren, die die Entwicklung beeinflußten. Da Vorhersagbarkeit, insofern es sie gibt, in viel größerem Maße von den Formen des Plural abhängt als von denen des Singular, wird den Klassen wiederum der Plural zugrundegelegt.

I. *e-Plural* (nur Ostmdt.)

		Mask.	
Pl.	Nom. Akk.	*-(e)*	stein(e)
	Gen.		
	Dat.	*-en*	steinen
Sg.	Nom. Akk.	*-ø*	stein
	Gen.	*-(e)s*	stein(e)s
	Dat.	*-(e)*	stein(e)

Anmerkungen:

(1) Da *-en* sich früh über das gesamte System der Feminina außer denen mit Umlautplural verbreitete, werden hier keine Feminina einbezogen. Diejenigen auf *-nis*, die später dieser Klasse beitraten, gehörten im Frnhd. zur unmarkierten Klasse (*-nis* oder *-nisse, -nüs*).

(2) Da die unmarkierten Neutra *(wort – wort)* im Ostmdt. am längsten unmarkiert blieben und allein hier die Klasse des *e*-Plurals überlebt hatte, werden Neutra noch nicht einbezogen. Viele waren im Begriff, ihre Pluralbildung nach dieser Klasse auszurichten *(bein – beine)*.

(3) In ostmdt. Texten sind, wo Apokope auf die zweisilbigen Wörter wirkte, Formen wie *jünger – jüngere* nichtsdestoweniger im 15. und 16. Jh. bezeugt.

(4) Eingeklammerte Formen deuten Vorkommen der Apokope an, die sich bis zu einem gewissen Grade überall ausgebreitet hatte.

II. *Plural mit Umlaut*

		Mask.	Fem.		
Pl.	Nom. Akk.	*¨(e)*		schleg(e)	heut(e)
	Gen.				
	Dat.	*¨en*		schlegen	heuten
Sg.	Nom. Akk.	*-ø*		schlag	haut
	Gen.	*-(e)s*	*-ø*	schlag(e)s	haut
	Dat.	*-(e)*	*-ø*	schlag(e)	haut

Anmerkungen:

(1) Dieser Typus ist im Obdt. besonders bei den Mask. sehr verbreitet: *ärm, täg.*

(2) Neutra nahmen nur sehr vereinzelt Umlaut an, um fehlende Pluralmarkierung zu vermeiden. Doch einzelne Beispiele sind während der gesamten frnhd. Zeit anzutreffen: *maul – mäul, band – bände, schaf – schäf.* Obwohl einzelne, von dieser Neuerung betroffene Wörter bis in die Gegenwart gekommen sind *(Floß – Flöße, Kloster – Klöster)*, kann nicht gesagt werden, daß der Umlautplural bei den Neutra typenbildend geworden ist.

III. *er-Plural*

		Neut. Mask.		
Pl.	Nom. Akk.	*¨er*	kelber	geister
	Gen.			
	Dat.	*¨ern*	kelbern	geistern
Sg.	Nom. Akk.	*-ø*	kalb	geist
	Gen.	*-(e)s*	kalb(e)s	geistes
	Dat.	*-(e)*	kalb(e)	geist(e)

Anmerkungen:

(1) Dieser Typus erwies sich bei den Neutra als der produktivste, und zwar mehr im Obdt. als im Mdt. (z. B. obdt. auch *rösser*). Seine Ausbreitung wurde durch die Verbreitung der mdt. *e*-Plural-Klasse zum Stehen gebracht. Fremdwörter haben diesen Plural nur selten angenommen, vgl. *Interesse, Atom, Elektron* usw., vgl. jedoch *Regiment(er), Spital – Spitäler.*

(2) Bei den Mask. gab es früh die Bildung *männer*, wohl in Analogie zu *weiber, kinder.* Andere frühe Bildungen sind *geister, götter, leiber, wälder.*

IV. *n-Plural*

		Mask. (a)	Mask. (b)	Mask. (c)	Fem.	Neut. (b)	Neut. (c)
Pl.	Nom. Akk. / Gen. Dat.				*-(E)n*		
Sg.	Nom.				*-(E)*		
	Akk.	*-En*	*-En*	*-ø*	*-(En)*	*-(E)*	*-(E)*
	Gen.	*-En*	*-Ens*	*-(E)s*	*-(En)*	*-Ens*	*-(E)s*
	Dat.	*-En*	*-En*	*-ø*	*-(En)*	*-En*	*-(E)*

		Mask. (a)		Mask. (b)	Mask. (c)	Fem.	Neut. (b)	Neut. (c)
Pl.		menschen	boten	namen	masten	zungen	hertzen	augen
Sg.	Nom.	mensch	bot(e)	nam(e)	mast	zung(e)	hertz(e)	aug(e)
	Akk.	menschen	boten	namen	mast	zung(en)	hertz(e)	aug(e)
	Gen.	menschen	boten	namens	mast(e)s	zung(en)	hertzens	aug(e)s
	Dat.	menschen	boten	namen	mast	zung(en)	hertzen	aug(e)

Anmerkungen:

(1) Durch Apokope wurden die auslautenden *-e* im Nom. Sg. eliminiert, wo im Mhd. alle Substantive *-e* hatten. Die Regel, nach der bei einigen Wörtern *-e* wiedereingeführt wurde *(Bote, Gatte, Beichte)*, jedoch bei anderen nicht *(Mensch, Narr, Acht)*, kam erst im 17. Jh. zustande. Nimmt man an, daß *-e* normal und voraussagbar ist, müssen die weniger zahlreichen Substantive ohne *-e* als Ausnahmen aufgeführt werden.

(2) Im Gen. der Mask. und Neut. konkurrierten *-en/-ens*, bis sie aufgrund der semantischen Merkmale ‚belebt' (a) und ‚unbelebt' (b) geschieden wurden. Eine verhältnismäßig kleine Gruppe (c) ließ *-en* im Sg. ganz fallen. Die lexikalische Zugehörigkeit dieser Unterklassen kam erst Jahrhunderte nach Entstehung der Typen als solcher zustande. Sie konkurrierten miteinander.

V. *Der unbezeichnete Plural*

		Mask. Neut.		
Pl.	Nom. Akk.	*-ø*	hirt	bett
	Gen.			
	Dat.	*-en*	hirten	betten
Sg.	Nom. Akk.	*-ø*	hirt	bett
	Dat.			
	Gen.	*-(e)s*	hirt(e)s	bett(e)s

Anmerkungen:

(1) Die Klasse der Maskulina war durch die zeitweilige Aufnahme des früheren *e*-Plural-Typus sehr umfangreich (*tage>tag*), verminderte sich jedoch durch Eintritt in aktivere Typen rasch (*tag>tage, hirt>hirten, baum>bäum(e)*). Von den Maskulina blieben nur die auf S. 401 erwähnten erhalten.

(2) Das Neutrum vom Typus *bett* (früherer *ja*-Stamm) gilt auch für *wort* (früherer *a*-Stamm). Die Klasse der Neutra wurde bis auf die S. 401 angeführten reduziert.

(3) Für das obige Diagramm gilt die Annahme, daß die frühe Verbreitung von *-en* bei den Feminina (*sünde>sünden*) sie in frnhd. Zeit als Typus aus dieser Klasse ausgeschlossen hat.

6.6.2 Deklination der Adjektive

Die einzigen Adjektivendungen des Mhd., die außer dem Neutralvokal *-e* einen anderen Vokal aufwiesen, nämlich *-iu* im Nom. Sg. Fem. und Nom. Akk. Pl. Neut. der starken Deklination im Obdt., wandelten diesen im Spätmittelalter zu *-e*. Dieses *-e* wurde von der obdt. Apokope nicht betroffen. Schreibungen mit ⟨-i-⟩ in alem. und mit ⟨-eu-⟩ in bayr. Texten zeigen, daß der Vokal nicht mit dem älteren unbetonten *-e* zusammengefallen war. Heutige obdt. Mundarten weisen ebenfalls Reflexe auf, die sich von dem des *-e* im Mhd. unterscheiden. Apokope in frnhd. Texten, Luther eingeschlossen, könnte sich aus dem allgemeinen Durcheinander hinsichtlich der Apokope ergeben haben.

Die Apokope wirkte sich auf das stammauslautende *-e* und das Flexions-*e* des Mhd. in unterschiedlicher Weise aus. Die meisten Adjektive mit stammauslautendem *-e* verloren dieses, z. B. *schön, dünn, schwer, nemend*, so daß diese früheren *ja*-Stämme nun wie die alten *a/ō*-Stämme aussahen. Einige wenige, besonders die auf stimmhaften oder lenisierten Konsonant endenden, bewahrten das auslautende *-e* unter ostmdt. Einfluß, z. B. *trübe, mürbe, feige, träge, blöde, öde, müde, böse, leise, weise, irre.*

Der Nom. Akk. Pl. Mask. u. Fem. der starken Deklination (mhd. *junge*) entging in vielen Texten der Apokope wohl durch Einfluß der Form des Neutrums (*junge*<*jungiu*) oder um zu vermeiden, daß die Pluralform zu einer unbezeichneten wurde. Hans Sachs hat beispielsweise *grosse schetz, reiche bürger, andere arme krancke Christen.* Das mhd. Endungs-*e* im Akk. Sg. Fem. überlebte wohl durch Zusammenfall mit dem Reflex des Nom. *-iu* ebenfalls.

Die schwache Deklination der Adjektive büßte ihre Gleichartigkeit mit der der substantivischen *n*-Plural-Klasse ein, als der Akk. Sg. Fem. mit dem Nom. identisch und der Gen. u. Dat. Sg. Fem. der Substantive endungslos wurde, während das schwache Adjektiv die Endung *-en* bewahrte.
Vgl.:

	Mhd.	Nhd.
Nom.	*diu lange zunge*	*die lange Zunge*
Akk.	*die langen zungen*	*die lange Zunge*
Gen. Dat.	*der langen zungen*	*der langen Zunge*

Im Frnhd. gab es viele Schwankungen. Hans Sachs beispielsweise hat *in die ganze welt* (= nhd.), doch auch *die geistlichen tröstung* (Akk., Adj. = mhd.). Luther folgte im allgemeinen mhd. Gebrauch.

Die Apokope zeigt sich besonders deutlich im Nom. Sg. der schwachen Deklination bei allen Genera, z. B. Hans Sachs: *der erst fisch, das hailig almusen, die gantz regel.*

Synkope bei der Endung *-es* war im Frnhd. recht verbreitet, z. B. *jungs*; später wurde sie beseitigt (>*junges*).

Bei der starken Deklination war die Endung *-es* des Gen. Sg. Mask. u. Neut. erst im 17. Jh. im Begriff, der schwachen Endung *-en* zu weichen (*frohes Mutes*>*frohen Mutes*), doch beide Formen bestanden noch im 19. Jh. nebeneinander, bis schließlich *-en* die Norm wurde.

Im Vokativ des Plural hatten Adjektivattribute jedoch die schwache Endung; das Nhd. gebraucht jetzt die starke Form, z. B. frnhd. *lieben brüder!* – nhd. *liebe Brüder!*

6.6.3 Konjugation

(i) Bei der *Stammbildung* blieb die historische Dreiteilung (Dentalsuffix- oder schwacher Typus, ablautender oder starker Typus, ablautender Dentalsuffixtypus oder Präteritopräsentien) im Grunde unverändert.

Die drei mhd. Klassen des Dentalsuffixtypus' beruhten auf sekundären

Merkmalen (Vokalwechsel oder *Rückumlaut*, Vorhandensein oder Fehlen von *-e-* vor dem Dentalsuffix). Synkope wirkte dann auf inlautendes *-e-* ein, während gleichzeitig Apokope das auslautende *-e* der 1. u. 3. Pers. Sg. gefährdete. Das daraus resultierende Schwanken hinsichtlich des Dentalsuffixes (Prät. *-ete, -et, -te, -t*; Part. Prät. *-et* oder *-t*) hatte den Zusammenfall der mhd. Klassen II und III, d.h. der mit *-te* und *-ete* ohne Vokalwechsel, zur Folge. Bei einigen Autoren und in einigen Gebieten scheint die lautliche Umgebung für Vorhandensein oder Fehlen der Synkope den Ausschlag gegeben zu haben. Luther gab oft dem *-e-* nach Vokalen, Liquiden und Nasalen *(bawete, horet, dieneten)* und der Synkope nach *ch, g, tz, pf* (*machte* oder *macht, legten*) den Vorzug. Die Gebrauchsweise blieb bei ihm Zeit seines Schaffens variabel und führte zu keiner Festlegung. Variabilität war hier das kennzeichnendste Merkmal, wenn auch in der 1. u. 3. Pers. Sg. Prät. *-et* die häufigste Form war. Im Part. Prät. waren *-et* und *-t* mehr oder weniger gleichmäßig verteilt.

Der *Rückumlaut*, das andere sekundäre Merkmal, auf dem im Mhd. die Klasse I beruhte (s. 5.5.3 (i)), war im Part. Prät. bereits gelockert, und eine Reihe mhd. Verben hatte im Prät. Stammformen mit oder ohne *Rückumlaut* aufzuweisen. Diese Unfestigkeit nahm im 14. und 15. Jh. stark zu. Bei Luther gab es nur einige wenige Verben, die über die sechs Verben des Nhd. *(kennen, brennen, wenden, senden, nennen, rennen)* und die anomalen *bringen, denken* sowie das frnhd. *dünken* hinaus noch immer *Rückumlaut* hatten; z.B. *setzen – er satzt* (Prät.), *merken – marhte, keren – kart, keuffen – kauffte.* Hans Sachs hat häufiger nur *gekant, nant, sant.* Obdt. Autoren wiesen tendentiell entschieden mehr Verben mit Rückumlaut auf. In der Chronik der Stadt Zürich des Ratsherren Gerold Edlibach (1454–1530) gibt es noch immer in der schwachen Klasse I fünfundfünfzig Verben mit *Rückumlaut.*

Für das Frnhd. können wir also die folgenden zwei Klassen mit Dentalsuffix aufstellen:

I *-t/-te* mit Vokalwechsel:
setzen – satzt(e) – gesetzt (im Part. Prät. findet sich *Rückumlaut* fast nur vor *-nn, -nd*).

II *-ete/-et/-te/-t* ohne Vokalwechsel:
schicken – schickte/schicket/schickt – geschickt/geschicket.

Die Formen mit Synkope und Apokope *(schickt)* oder nur mit Apokope *(schicket)* sind für das Frnhd. ungemein charakteristisch. Der nhd. Typus *schickte* setzte sich später durch, weil er den Unterschied zwischen der 3. Pers. Sg. Prät. u. Präs. wiederherstellte.

Die Stammbildung der ablautenden oder starken Verben wurde stark durch Ausgleich und, bis zu einem gewissen Grade, durch die Entwicklung der Vokale beeinflußt. Ausgleich beseitigte die Unterschiede des Mhd. im Prät. Sg. der I. (Ia *-ei-, treib* /Ib *-ē-, zēch*) und II. Ablautreihe (IIa *-ou-, slouf* /IIb *-ō-, sōt*), im Präs. der II. Reihe (Sg. *-iu-, er sliufet* /Pl. *-ie-, wir sliefen*) sowie den Stammwechsel im Präteritum des gesamten Systems. Vokalentwicklungen schufen neue Unterklassen bei der I., z.B. Part. Prät. *gegriffen / getrieben* /i/ – /i:/, und II. Ablautreihe, z.B. Part. Prät. *gegossen / geboten* /o/ – /o:/, sowie in der IV. und V. Reihe, z.B. Part. Prät. *genommen / gestohlen* /o/ – /o:/; *gesessen / gebeten* /e/ – /e:/. Im Rahmen der Längung kurzer Vokale in offener Silbe waren die Vokalentwicklungen im wesentlichen regulär, doch einige schufen neue Typen, z.B. mhd. *u* vor *nn, mm*>*o (gesponnen, geschwommen)*, und die lexikalische Zugehörigkeit zu bestimmten Typen wurde geändert.

Das wichtigste Ergebnis war offensichtlich der Ausgleich der beiden Stammformen im Präteritum zugunsten des Singular (1., 3. Pers.) oder der Pluralformen. Für diese Entwicklung sind mehrere Gründe angeführt worden. Im Obdt. kam der Indikativ des Präteritums allmählich außer Gebrauch, und das Perfekt wurde mehr und mehr zum Vergangenheitstempus. Dies fand nur in der gesprochenen Sprache statt, dennoch muß es die beiden Präteritalformen geschwächt haben. Die Verben der VI. und VII. Ablautreihe waren ohnehin im Präteritum bereits einheitlich. Nach der Längung kurzer Vokale vor bestimmten lenisierten Konsonanten in einsilbigen Wörtern hatten auch viele Verben der IV. und V. Ablautreihe ein Einheitspräteritum, z.B. *stal – stālen*>*stāl – stālen*. Die vielen schwachen Verben mit Vokalwechsel *(Rückumlaut)* hatten ebenfalls nur eine Form im Präteritum *(setzen – satzt(e) – satzten)*. Bei der II. Ablautreihe muß der Wandel von *u* (Pl.)>*o* zum Ausgleich beigetragen haben (Sg. hatte *-o-*). Letztendlich war die Unterscheidung als solche innerhalb des Präteritums irrational. Insoweit die Vokalabstufung wirklich eine Funktion hatte, diente sie der Tempusunterscheidung (s. S. 95), die Numerusunterscheidung dagegen wurde von Flexionsendungen getragen. Allerdings nahm die Entwicklung sehr viel Zeit in Anspruch. Sie begann im 15. Jh. in Schwaben und war in der schwäbischen Druckersprache bei allen Reihen der ablautenden Verben bereits früh im 16. Jh. allgemein üblich. Der Nürnberger Hans Sachs zeigte die neuen Ausgleichsformen in der I. Ablautreihe (mit Ausnahme des noch immer bevorzugten *reyt* und *schrey*) und schwankte in der II. Reihe zwischen *-u-* und *-o-* im Plural, obwohl *-o-* sowohl im Sg., wo nur wenige *-u*-Formen vorkamen, als auch im Pl. bereits häufiger anzutreffen war als *-u-*. Er zeigte noch immer den

	Inf. Präs.	Prät.	Part. Prät.	Im Prät. Ausgleich nach:
I	treiben greifen	trieb /i:/ griff /i/	getrieben gegriffen	Pl. und Part. Prät.
II	sieden bieten	sott /o/ bot /o:/	gesotten geboten	Sg. u. Part. Prät.
III	werfen binden	warf band	geworfen gebunden	Sg.
IV	stehlen sprechen	stahl sprach	gestohlen /o:/ gesprochen /o/	Pl.
V	geben messen	gab maß	gegeben /e:/ gemessen /ɛ/	Pl.
VI	graben wachsen	grub /u:/ wuchs /u:/	gegraben /a:/ gewachsen /a/	bereits gleiche Formen
VII	laufen (heißen, halten, rufen, stoßen)	lief	gelaufen	bereits gleiche Formen bereits gleiche Formen

Anmerkungen:

(1) Es ist nicht möglich, für das Frnhd. Stammformparadigmen aufzustellen. Lediglich für einzelne Autoren ist dies machbar.

(2) Der Grammatische Wechsel wurde ebenfalls ausgeglichen, ausgenommen bei *leiden – litten, schneiden – schnitten, ziehen – zogen, sieden – sotten* und bei *waren – gewesen*, wo er erhalten blieb. Ausgleich in verschiedener Richtung ist der Grund für die heutigen Unterschiede zwischen engl. *to freeze, to lose, to choose* und dt. *frieren, verlieren, küren* (*erkiesen* ist veraltet).

(3) Bei der zweiten Ablautreihe blieb der Unterschied zwischen Sg. und Pl. des Präs. (obdt.) *ich beut, du beutst, er beut – wir bieten, ihr bietet, sie bieten* (Mdt. hatte *ich biete* in der 1. Pers. Sg.) bis ins 18. Jh. erhalten. Anderswo haben sich der Vokalwechsel *e – i (geben – gibt)* und der Umlaut *(graben – gräbt, stoßen – stößt, laufen – läuft)* bei den meisten Verben erhalten.

(4) Einige Verben der dritten Ablautreihe nahmen im Prät. *-o-* an, z. B. *glimmen, klimmen, schmelzen, schwellen*, eins *-u- (schinden)*. Nur noch ein Verb hat immer noch vier Stammformen, der Sg. Prät. gehört jedoch der gehobenen Sprache an: *werden – ward – wurden – geworden.*

(5) Dem Konj. lag ursprünglich der Stamm des Pl. Prät. zugrunde. Nach dem Ausgleich wurde im wesentlichen Umlaut sein unterscheidendes Merkmal. Im allgemeinen leitete er sich von dem Stamm ab, der sich im Indikativ erhalten hatte. Da aber der Konj. nach dem Ausgleich im Indikativ eine ganze Zeit lang seinen ursprünglichen Stammvokal beibehalten hatte, ergab sich ein lange währendes Durcheinander, das noch heute nicht ganz beseitigt ist. Der Konj. Prät. einiger Verben der dritten Reihe bewahrte seinen ursprünglichen Stamm, weswegen auch in dieser Reihe vier Stammformen vorliegen, z. B. *bot – böte*, aber *starb – stürbe.*

(6) Da die Ablautreihen im allgemeinen beträchtliche Einbußen hinnehmen mußten, weil Verben schwach wurden oder ausstarben, vergrößerten die isolierteren Verben mit anomalen Formen wie *sitzen, saufen, saugen, lügen, schwören* und andere die bereits vorhandene Unsicherheit und gaben dem gesamten Ablauttypus den Anschein von Unregelmäßigkeit. Für eine synchronische Beschreibung des Nhd. müssen zahlreiche Klassen, die nur lose mit den historischen Ablautreihen verknüpft sind, aufgestellt werden (s. 7.6.3 (i)). Im heutigen Dt. enthält die starke Klasse, der der historische Ablauttypus zugrunde liegt, ungefähr einhundertundfünfundsechzig Verben. Die Verluste seit der ersten Überlieferung des Dt., von denen die meisten während der frnhd. Jahrhunderte eintraten, belaufen sich auf fast neunzig Verben. Verhältnismäßig wenige Verben schwanken heute zwischen den beiden Typen (z. B. *backen – buk* oder *backte*), doch für das Frnhd. waren solche Schwankungen bei sehr vielen Verben üblich.

alten Kontrast zwischen *-a- / -u-* vor *n* + Konsonant in der III. Ablautreihe. Der Schweizer Gerold Edlibach anderseits bewahrte mehr oder weniger die Formen des Mhd. Luther bewahrte die Unterscheidung bei der I. und III. Ablautreihe, glich jedoch bei der II. Reihe *-o- (-ou-) / -u-* zugunsten der Form auf *-o-* aus. Der Ausgleich der Ablautreihen im Nhd. ist also nicht aus der Sprache Luthers abzuleiten. Tatsächlich verzögerte sein altertümlicher Gebrauch wahrscheinlich die Aufnahme des süddt. Ausgleichs in der im Entstehen begriffenen Standardsprache und verlängerte den Zustand des Durcheinanders. Bei einigen Ablautreihen wurde das Durcheinander erst beseitigt, als im 18. Jh. die Regeln Gottscheds und Adelungs überall zur Anwendung kamen.

Die schließlich in die Schriftsprache aufgenommene Lösung ist oben S. 409 abgebildet.

Die *Präteritopräsentien* (ablautender Dentalsuffixtypus) verloren einige weitere charakteristische, jedoch anomale Formen. *Darft* und *maht* wurden durch *darfst* und *magst* ersetzt. Die anderen alten Formen der 2. Pers. Sg. *solt* und *wilt* konkurrierten mit den neueren, analogisch gebildeten Formen *sollst* und *willst*, bestanden aber noch im 18. Jh. Unter den mhd. Verben *durfen/dürfen* und *türren* entstanden zahlreiche Kontaminationen. Luther gebrauchte immer noch Formen des letzteren, doch im 18. Jh. war es ausgestorben. Konkurrierende Formen im Pl. des Präs. und im Inf. mit und ohne Umlaut hielten sich im allgemeinen während der gesamten frmhd. Zeit. Das Impersonale *es taug* und *gonnen/gönnen* wurden regelmäßige schwache Verben. *Wissen* bildete neue Formen für das Prät. und Part. Prät. aus, *wuste, gewust*, deren Ursprung nicht ganz klar ist. Für das Prät. kam die allgemeine Regel auf: Indikativ ohne Umlaut, Konjunktiv mit Umlaut. Da es sehr viel Variation während des gesamten Zeitraums gab, werden die Formen Luthers vorgestellt.

Die frnhd. Präteritopräsentien (Luther)

Inf. Pl. Präs.	1./3. Pers. Sg. Präs.	Prät.	Part. Prät.
wissen	weis	wuste(wiste)	gewust(gewist)
tügen	(es)taug	(es)tuchte/-o-	–
künnen/können	kan	kundte/-o-	kund
dürffen/dorffen	darff	durffte	(be)durfft(-o-)
thüren	thar	thurste	–
sollen	sal/sol	solte	solt
magen/-ü/ö-	mag	mochte	mocht
müssen	muss	muste	must
wollen/wöllen	wil	wolte	wolt

(ii) Sehr viele Varietäten sind auch bei den *Flexionsparadigmen* anzutreffen. Der Hauptgrund dafür liegt darin, daß verschiedene regionale Muster sich miteinander vermischten. Apokope und Synkope, die obdt. Herkunft waren, machten sich demungeachtet überall im Gemeindeutsch bemerkbar. Bei den starken Verben war der obdt. Widerstand gegen Umlaut vor bestimmten Konsonantenverbindungen, mit analogischer Ausbreitung auch auf andere Formen, verantwortlich für nicht umgelautete Formen wie *wachst, halt(et), laufft, schlafft*, wo das Mdt. *wechst, helt(et), leufft, schlefft* usw. hatte. Bei der II., III., IV. und V. Reihe, in denen ebenfalls Vokalwechsel vorkam, hatte das Obdt. einen Kontrast Sg. gegenüber Pl., z. B. *zeuch – zeuchst – zeucht* gegenüber *ziehen, gib – gibst – gibt* gegenüber *geben*, während das Mdt. einen Kontrast 2./3. Pers. Sg. gegenüber 1. Pers. Sg. und Pl. aufwies, z. B. *ziehe – zeuchst – zeucht, gebe – gibst – gibt.*

Während der frnhd. Zeit gewannen verschiedene Typen und verschiedene Muster des Ausgleichs zu unterschiedlichen Zeiten die Oberhand. Die uns heute bekannten Lösungen wurden letztendlich erst im Verlaufe des 18. Jh.s erreicht. Im Falle des *e – i*-Wechsels bei den starken Verben hielt das mdt. Muster, das dem Umlautmuster in anderen Reihen entsprach, stand. Doch andere Verben, besonders *schaffen, kommen, saugen, rufen*, setzten sich mit unumgelauteten Formen durch. Im Falle des *eu – ie*-Wechsels gab das Obdt. die Formen mit *eu* ganz auf, und genau diesen Vorgang nahmen schließlich die Grammatiker des Nhd. als empfehlenswert auf.

Die Endungen des Präsens – die Präteritopräsentien und die anomalen Verben *sein, tun, stehen, gehen* werden hier beiseite gelassen – tendierten zu den folgenden beiden typologischen Mustern:

	Ind. Präs.		Konj. Präs.			
	Obdt.	*Mdt.*			*nemen*	
1. Pers. Sg.	*-ø*	*-(e)*	*-e*	nim	neme	neme
2. Pers. Sg.	*-st*	*-est*	*-est*	nimst	nimest	nemest
3. Pers. Sg.	*-t*	*-(e)t*	*-e*	nimt	nimet	neme
1. Pers. Pl.	*-en*	*-en*	*-en*	nemen	nemen	nemen
2. Pers. Pl.	*-(e)t*	*-et*	*-et*	nemet	nemet	nemet
3. Pers. Pl.	*-end*	*-en*	*-en*	nemend	nemen	nemen

Anmerkungen:

(1) In der 1. Pers. Sg. Ind. hatte Luther Apokope häufig nur in frühen Texten, später zog er *-e* vor. In der 3. Pers. Sg. Ind. waren synkopierte und unsynkopierte Formen gleich häufig, sogar nach *t*. Die Regel des Nhd., nach der Synkope außer nach *d* und *t* eintritt, traf noch nicht zu.

(2) Im Konjunktiv waren Apokope und Synkope entschieden weniger häufig als im Indikativ, sogar im Obdt.

(3) Im Pl. hatte Luther dieselben Formen wie das Nhd. mit Ausnahme der unsynkopierten 2. Pers. Die Schweiz hatte im Ind. einen Einheitsplural auf *-end* oder *-ent* und das Elsässische im allgemeinen einen solchen auf *-en*. Sowohl im Schwäbischen als auch im Westmdt. ist *-end* in der 2. Pers. Präs. Pl. Ind. ebenfalls anzutreffen, neben den heutigen Formen *-en, -(e)t, -en*. Mit dem Wechsel von *-end*>*-en* wurden die Endungen aller Personen im Plural gleich, sowohl hinsichtlich der Tempora wie auch der Modi. Bei Inversion wurde gewöhnlich die Endung weggelassen: *nem wir.*

Im Präteritum unterminierte und beseitigte schließlich der Ausgleich alle diejenigen Anomalien, die über die Hauptfunktion, also den Ausdruck des Tempus durch Ablaut oder ein *t*-Suffix und die Angabe der Person durch eine einheitliche Personalmarkierung hinausgingen. Die ererbten Personalendungen unterschieden sich in der 1. u. 3. Pers. Sg. (-Ø gegenüber *-e*: *nam – sagete*) und in der 2. Pers. Sg. (*-e* gegenüber *-est*: *næme – sagetest*), während der Plural bereits einförmig für alle Personen war und darüberhinaus den Endungen des Präsens entsprach, in vielen Gebieten jedenfalls (ostmdt. *-en, -et, -en*). Die 2. Pers. Sg. Ind. Prät. der ablautenden Verben war die anomalste. Überall war die Endung *-st* das Kennzeichen der 2. Pers. Sg. und wurde nun ebenfalls für den Ind. Prät. eingeführt. Mit dem Verschwinden des unterschiedlichen Stammvokals wurde die Form völlig regelmäßig: mhd. *du næme*>frnhd. *du nam(e)st.*

Bei der 1. u. 3. Pers. Sg. führte der Ausgleich zu zwei Ergebnissen – beide verloren sich später –, die den Unterschied zwischen schwachen und starken Verben beseitigten:

nam > name		*nam > nam*
	oder	
sagete > sagte		*sagete > saget, sagt*
(Personalendung: *-e*)		(Personalendung: -*Ø*)

Die zweite, besonders bei Luther häufige Lösung hatte bei den schwachen Verben Homophonie der 3. Pers. Sg. Präs. und des Prät. zur Folge, mit anderen Worten, den formalen Zusammenfall von Tempus- und Personalendungsfunktion des *-t*. Deshalb wurde sie auch nicht beibehalten. Die erste Lösung stand im Widerspruch zu der Tendenz zur Apokope und war aus dem Durcheinander entstanden, das sich aus der nur teilweise akzeptierten Apokopierung ergeben hatte. Der Widerstand des Ostmdt. gegen die Apokope scheint dem ‚Luther-*e*' eine gewisse stilistische Abgehobenheit vermittelt zu haben. Auf diese Weise wurden diese *e*-Formen zu einem Kennzeichen der im Entstehen begriffenen Standardsprache besonders des Südens. Verstreut gab es auch einige im Ostmdt., obwohl bei Luther überhaupt nur *sahe* häufiger vorkam. Der Gipfelpunkt der Geschichte dieses unhistorischen *-e* wurde zwischen 1650 und 1675 erreicht. Danach verschwand es schnell. Gottsched selbst sprach sich dagegen aus. Der einzige Überrest dieser einst ziemlich verbreiteten Gewohnheit ist *wurde.*

Das frnhd. Präteritum lautete:

	Ind. Prät.	Konj. Prät.		
1. u. 3. Pers. Sg.	*-ø, -e*	*-e*	nam(e)	n$\overset{e}{a}$me
2. Pers. Sg.	*-(e)st*	*-est*	nam(e)st	n$\overset{e}{a}$mest
1. u. 3. Pers. Pl.	*-en*	*-en*	namen	n$\overset{e}{a}$men
2. Pers. Pl.	*-(e)t*	*-et*	nam(e)t	n$\overset{e}{a}$met

Anmerkungen:

(1) Schwache Verben hatten entweder Apokope *(saget)* oder Synkope *(sagte)* oder beides *(sagt).* Die mhd. Form *(sagete)* war nur im Ostmdt. anzutreffen.

(2) Im Obdt. kam die Apokope auch im Konjunktiv vor, war aber hier nicht so häufig wie im Indikativ.

Im Imperativ, wo es ebenfalls einen Unterschied zwischen starken und schwachen Verben gab *(nim! sage!)*, wurde auch den starken Verben ein epithetisches *-e* angefügt *(neme!* oder *nime!*). Im Obdt. war bei den schwachen Verben allgemein Apokope üblich *(sag!).* Am Ende der Entwicklung wurden von den Grammatikern wieder die alten Formen zur Regel erhoben.

6.7 Morphologie: Wortbildung

6.7.1 Ableitung der Substantive

Unter den produktivsten Suffixen befanden sich *-er, -ung* und *-heit/-keit.* Die Diminutivsuffixe *-lin/-lein* und die Feminina auf *-in* wurden ebenfalls ganz uneingeschränkt gebraucht. Einige Autoren gebrauchten auch *-nis/ -nus* fast ohne Einschränkung. Die meisten mit *-schaft* und *-tum* gebildeten Wörter waren lexikalisiert, weshalb diese Suffixe bei der Wortbildung kaum gebraucht wurden. Dies traf noch stärker für *-de* zu (z.B. *zierde, gelübd(e)*). Doch *liebde* in der fürstlichen Anrede *ewer liebden* war in dieser Zeit häufig. In geringerem Maße traf diese Einschränkung auch für das Kompositionselement *ge-*(Wurzel)*-(e)* zu. Das allerproduktivste neue Suffix war ohne Zweifel *-erei(-erey).* Da die Sprache sehr viele Fremdwörter aufzuweisen hatte, setzte mit denjenigen, die ein häufiges fremdes Suffix hatten, ein Bildungsmuster ein, das sich analogisch ausbreitete. In diesem Stadium war *-ist* das produktivste.

(i) Die meisten *Nomina agentis* wurden mit *-er* gebildet, bei Luther z.B.: [1] *eyfferer, wircker, sudeler, handthierer, buchstaber* ‚einer, der übermäßig am Buchstaben klebt', oder mit herabsetzender Bedeutung: *-ler, fasteler* ‚einer, der ans Fasten glaubt', *geistler* ‚Sektierer', oder *-ling*: *gleubling, freßling.* Hans Sachs hat *einnemer* und *außgeber* ‚Sammler' und ‚Spender', *observantzer* ‚einer, der etwas in übertriebener Weise befolgt'.

(ii) *-in* zur Bezeichnung weiblicher Personen wurde ursprünglich über das in der Gegenwartssprache übliche Maß hinaus gebraucht, z.B. bei Luther *blindyn, glewbiginne, lesterinne.* Es wurde auch Fremdsuffixen angefügt, z.B. *-isse* in *ebtissin.*

(iii) Luther gebrauchte als Diminutivsuffix *-lin*, z.B. *kluͤglin* ‚einer, der sich klug vorkommt', *wortlin, gloßlin*, sehr selten auch *-el (kindeln).* Auch Thomas Murner gebrauchte *-lin*, z.B. *kleidlin, liedlin*, während Hans Sachs im allgemeinen *-lein* hatte (*hütlein*, jedoch *mendlin* ‚Männlein'). Verkleinerungsformen waren jetzt produktiv geworden und wurden häufig gebraucht.

(iv) Das Fremdsuffix zur Bezeichnung von Menschen, das auch bei heimischen Wörtern verwendet wurde, war *-ist*, z.B. *sophist, romanist* ‚ein Jünger Roms', nicht wie heute ‚einer, der sich mit den romanischen Sprachen befaßt', *papist, ewangelist* und bei Luther: *buchstabilist, eselist.*

[1] Die meisten Beispiele dieses Abschnitts sind aus Luther, *Ein Sendbrief von Dolmetschen, An den christlichen Adel*; H. Sachs, Dialoge in Prosa (Bibl. d. Litt. Ver. Stuttgart, 201); T. Murner, *Von dem grossen Lutherischen Narren.*

(v) *-ung* gab als ein produktives Suffix die Handlung oder das Ergebnis einer Handlung an und bildete Verbalabstrakta, z. B. bei Luther *erwelung, verdolmetzschung*, bei H. Sachs *zuthuung*. In manchen Fällen hatte es konkrete Bedeutung: *kleydung, narung, rechnung*. Ableitungen mit diesem Suffix konkurrierten oft mit substantivierten Infinitiven, z. B. bei H. Sachs *ein spigelfechten*, bei Luther *lesterung – ir lestern, mein dolmetschung – mein verdolmetschen*.

(vi) *-erei(-erey)* bildete ebenfalls Abstrakta zur Angabe des Verlaufs oder Ergebnisses einer Handlung mit der Konnotation ‚lästig, unerwünscht, verächtlich'. Es hatte sich aus dem mhd. Suffix *-īe* (s. 5.6.1 (xii)) entwickelt, das an Substantive auf *-er* unter möglichem Einfluß des frz. *-erie* gefügt wurde, z. B. bei Hans Sachs *heüchlerey, ketzerey*, bei Murner *lutherei* ‚die Lutherbewegung', *abgoͤterey*, und mit Übertragung auf Wörter ohne *-er* beispielsweise bei Luther: *buberey, geytzerey, pfafferey, muncherey*. Es finden sich Paare wie *vorfurung* ‚Verführung' und *vorfurerey* ‚verabscheuenswerte Verführung'.

(vii) *-heit/-keit* war jetzt das einzig produktive Suffix zur Bildung von Abstrakta aus Adjektiven und Partizipien des Präteritums, das einen Zustand angab, z. B. *kranckheit, vermessenheit, eygensinnickeit*. Diejenigen von Substantiven zur Bezeichnung von Personen abgeleiteten waren jetzt im allgemeinen Konkreta, z. B. *geistlicheit* und *pfaffheit, oberkeit*.

(viii) *-nis/-nus*: viele der Beispiele sind lexikalisiert und finden sich auch heute, z. B. bei Luther *gefencknus, ergernis, finsternis, hynderniß, gedechtnis*, aber auch *vfferstentniß*, heute *Auferstehung*.

(ix) *-schaft*: die meisten Wörter bezeichnen Kollektiva und werden mit Personalsubstantiven gebildet, z. B. *priesterschafft, gefatterschafft, kauffmanschafft*, einige jedoch sind Abstrakta, z. B. *feintschafft*, oder Konkreta: *rechenschafft*.

(x) *-tum*: dies Suffix findet sich im wesentlichen in Amtsbezeichnungen, z. B. *priesterthum, bistum, keyßertumb, furstenthum, bapstum*, doch haben auch einige lexikalisierte Abstrakta überlebt: *irrthumb, heyltumb* (H. Sachs).

(xi) *ge-*(Wurzel)*(e-)*: die meisten der älteren denominalen Kollektivableitungen waren lexikalisiert, z. B. bei Luther *gesind*. Produktiv waren deverbale Ableitungen zur Bezeichnung einer Handlung, z. B. *geschwetz*. Oft wurden sie zur Angabe einer wiederholten, lästigen Handlung gebraucht.

(xii) *-ei*: das nicht erweiterte Suffix war im Gegensatz zu *-erei* nicht sehr produktiv. Luther beispielsweise hat *probstey, wusteney, tyrraney*.

(xiii) *-tet*: dies Suffix entsprach dem frz. *-té* und dem lat. *-tatem*. Höchstwahrscheinlich ist die dt. Form durch Kontamination entstanden. Eine andere Sicht läßt es aus ostfrz. Dialekten entlehnt sein, die im 14. Jh. das auslautende *t* noch bewahrt hatten. Durch etymologisierende Tendenz wurde es allmählich zu *-taͤt*. Anfänglich fand es sich nur in Lehnwörtern, z. B. *universitet* (Mitte des 15. Jh.s), *dignitet*, aber *grobität* (<*grob*) wurde schon 1551 gebildet. Andere Fremdableitungen sind: *-ant* (H. Sachs *bachant* ‚Umherziehender', ‚Scholar'); *-ian* (H. Sachs *gardian*) und auch in einigen fremden Namen. Dies Suffix findet sich in der Hybridbildung *Grobianus, Grobian* (<*grob*) gegen Ende des 15. Jh.s.

Einige Zweitbestandteile von Komposita sehen wegen der Häufigkeit ihres Vorkommens, wegen des Verlusts ihrer früheren semantischen Bestimmung und wegen ihrer Konkurrenz zu echten Suffixen wie Suffixe aus, z. B. *-man (handtwercksman – handtwerker, werckman – wircker), -werk* (*münchwerck – muncherey, larvenwerck, narrenwerck, lumpenwerck, menschenwerck, holhüppelwerck* ‚Schurkerei', *zauberwerck – zauberey*) mit ähnlich herabsetzender Konnotation wie *-erey* oder mit Kollektivbedeutung in *laubwerk*.

Beliebt war das Präfix *Erz-* (ahd. *erzi-*<griech. *archi-* besonders in kirchlichen Titeln und Wörtern) jetzt in *Erzherzog* (eine Lehnübersetzung des 15. Jh.s von *archidux*), *Erzbube, Erzbösewicht, Erzesel, Erzhure*. Luther gebrauchte es gern.

6.7.2 Ableitung der Adjektive

Für die adjektivischen Ableitungssuffixe war es im Mhd. charakteristisch, daß sie fast alle semantisch schlecht definiert und infolgedessen hochgradig synonym waren, z. B. *lobebære, lobehaft, lobelich, löbic, lobeclich, lobesam*. Nur *-īn* und *-isch* hatten eine ungefähr abgesteckte Bedeutung.

Den meisten Ableitungen lag ein Substantiv oder, überflüssigerweise, ein Adjektiv zugrunde. Manche der zugrunde liegenden Wörter konnten jedoch auch als Verb verstanden werden, was wegen der im allgemeinen semantisch nur schwachen Definition der Adjektivableitung zur Folge hatte, daß Neubildungen aus Verbstämmen im Zunehmen begriffen waren. Diese neue Tendenz wurde im 16. Jh. besonders deutlich beim Suffix *-bar*. Über die Hälfte der Neuableitungen stammten aus Verbstämmen. Das Gesamtvorkommen von *-bar* umfaßte natürlich auch viele alte, jetzt lexikalisierte Fälle wie *sonderbar, offenbar, scheinbar*. Sie bildeten die denominalen Ableitungen, während die wirklich produktiven Ableitungen passivische deverbale Bildungen waren wie *glaubbar, unbesiegbar* mit der Bedeutung ‚was getan werden kann'. In der Gesamtmenge solcher Adjektive waren die statischen Denominal- und die produktiven Deverbalbildungen zahlenmäßig annährend gleich und bestätigen also den hohen Grad an Suffixvariabilität, der für die frnhd. Zeit noch immer typisch war; man vergleiche beispielsweise *torlich, törisch, töricht, torhaft, torhafftig.* Die Tendenz zur deverbalen Ableitung wurde durch die lat. Adjektive auf *-bilis* gefördert, z. B. *valtbære* als Übersetzung von *plicabilis* oder *unneigebære* für *indeclinabilis.*

Während sich bei *-bar* eine funktionale Verdichtung herausbildete, die im 18. Jh. erreicht wurde, blieben die Formen auf *-ig* und *-lich* vage. Sie waren jedoch die bei weitem häufigsten Ableitungen. Ersteres gewann weiter an Boden, als es auf *-icht* übergriff, z. B. *steinicht>steinig.* Es konnte auch Adverbien angefügt werden und machte sie zu Adjektiven, z. B. *hieig* (später *hiesig,* z. B. bei U. v. Hutten *die hiygen feldthuͤner*), *daig, jetzig, dortig.* Luther hatte zahlreiche Adjektive mit kombinierten Suffixen wie *schalckhafftig, ganghafftig.*

Das Suffix *-en* (<mhd. *-īn*) hatte die Bedeutung ‚bestehend aus' oder ‚gemacht aus', z. B. bei Luther *hultzen, steinen.* Es war das einzige adjektivische Ableitungssuffix, das formal mit den entsprechenden Flexionsendungen gleichlautend geworden war. Vielleicht aus diesem Grunde setzte im Frnhd. die Verbreitung der erweiterten Form *-ern* ein. Es entstand durch Verschmelzung mit einer zugrunde liegenden Form auf *-er,* z. B. *silber + en,* d. i. *silbern,* und wurde oft an Formen ohne *-er* gefügt. Luther beispielsweise hatte *diße stroeren vnd papyren mauren* ‚diese Mauern aus Stroh und Papier'.

Das Suffix *-isch* hatte noch nicht die herabsetzende, heute verbreitete Konnotation, z. B. bei Luther *kindisch, weibisch.* Jedoch die zahlreichen Ableitungen mit beleidigendem und herabsetzendem Sinn waren im Begriff, die Konnotation des Suffixes zu beeinflussen, bei Luther z. B. *affenschmaltzisch, bösewichtisch, hurisch.* Noch wurde es im wesentlichen Personen bezeichnenden Substantiven angefügt, also *ketzrisch, Lutherisch, bepstisch* (auch *bepstlich*). Als Suffix zur Bildung von Adjektiven aus Eigennamen *(böhmisch)* stand es in Konkurrenz zu substantivischen, attributiv gebrauchten Ableitungen auf *-er (Böhmer),* z. B. *die Lunenburger Heyd, schweitzer lant* (Thomas Murner). Oft wurde es zur Bildung deutscher Adjektive an fremdsprachige Wurzeln gefügt, z. B. *animalisch, electrisch, empirisch, mineralisch.*

Das im Mhd. neue Suffix *-var* ‚-farben' war unter Einfluß der obliquen Kasus (<*-varwe-*) zu *-farb(en)* geworden, z. B. *ascherfarb.*

Sehr üblich war die Substantivierung von Adjektiven, und einige adjektivische Ableitungssuffixe konkurrierten mit substantivischen, vgl. *ir lutherische, Roͤmische* (= *Romanisten*).

Die Wörter eines im Mhd. genitivischen oder präpositionalen Ausdrucks mit dem Lehnwort *leie* ‚Art und Weise', z. B. *maneger leie, in jeder ley*, werden zusammengezogen, z. B. *mancherlei, vielerlei*, und als indeklinable Adjektive gebraucht wie beispielsweise *allerley stendt*. Die Herkunft des Wortes *leie* ist nicht ganz klar. Es erscheint zuerst im Mhd. und scheint vom afrz. *lei, loi* ‚Recht, Art und Weise' entlehnt zu sein. Da es in der höfischen Literatur nicht anzutreffen ist, scheint es nicht aus dem höfischen frz. Wortschatz zu stammen. Deshalb kann Entlehnung aus dem mittelalterlich lat. *lege* (<*lex* ‚Recht, Gesetz') nicht ausgeschlossen werden.

6.7.3 Bildung des Adverbs

Hinsichtlich der Unterscheidung Adjektiv – Adverb steht das Frnhd. dem Mhd. näher als dem Nhd. Die Unterscheidung durch Vokalwechsel *(spet – spat)* hatte jedoch stark nachgelassen, und die durch *-e (lang – lange)* war im Obdt. durch Apokope verschwunden. Bei Luther ist die Unterscheidung durch *-e* noch oft zu finden, z. B. *still – stille, lang – lange* usw. Bei den Adjektiven auf *-ig* bildete er die Adverbien regelmäßig auf *-iglich.* Doch gebrauchte er *-lich* auch in zahlreichen anderen Fällen, z. B. bei *bitter – bitterlich, klar – klerlich (klerlich schreyben), strenglich vorpieten, behendiglich vorhyndert, weißlich geredt, groblich genarret*; oder bei Murner: *schwechlich frum* (<*schwach*). Einige Formen haben das Aussterben dieser Adverbbildung überlebt, z. B. *elendiglich, lediglich, inniglich.* Die im Mhd. übliche Bildung von Adverbien aus Adjektiven auf *-lich* durch die Kasusform *-en* wurde durch Analogie stark ausgeweitet, z. B. *wunderlich* (Adj.) – *wunderlichen* (Adv.).

Der im Mhd. adverbial gebrauchte genitivische Ausdruck des Typus *gelīcher wīse, maniger wīse* entwickelte sich zu einem neuen Typus von Adverbzusammensetzungen auf *-weise*, z. B. *möglicherweise.* Präpositionale Ausdrücke wie mhd. *in kriuzes wīse* wurden im 17. Jh. ebenfalls durch Verlust der Präposition zu Adverbien. In Analogie zu den Substantivkomposita konnte die Andeutung der genitivischen Beziehung fehlen. Auf diese Weise entstanden Formen wie *kreuzweise, gastweise, hauffenweise, stückweise.* Hans Sachs hat *erzweis* ‚nach Art des Erzes'. Später wurden die Substantivkomposita (z. B. *schrittweise, stufenweise*), nicht dagegen die Adjektivkomposita (z. B. *glücklicherweise*), auch als Adjektiv gebraucht.

6.7.4 Ableitung des Verbs

Die außerordentlich begrenzte Ableitungsmöglichkeit bei dieser Wortklasse wird durch die Tatsache unterstrichen, daß die Gesamtzahl an Suffixen, oder besser, die Erweiterungen von Verbalsuffixen, nämlich *-l-*, *-r-*, *-ier-*, *-ig-*, praktisch gleich blieb. Im 17. Jh. brachten die vielen Fremdwörter auf frz. *-iser* und entsprechende lat. Wörter die Erweiterung *-is-ier-* mit sich, z. B. *kritisieren, autorisieren*. Die Zahl der Verben auf *-ieren* nahm durch Entlehnungen aus dem Lat. außerordentlich zu.

6.7.5 Nominalkomposition

Der häufigste Typus war das Determinativkompositum in der Form Substantiv plus Substantiv mit undekliniertem ersten Glied. Bei Thomas Murner findet man beispielsweise *iartag, buntgenoß, sawtrog*, bei Hans Sachs *eselkopf, seelmess, tagzeyt*. Sekundärkomposition, bei der das erste Glied eine deklinierte Form aufweist, war ebenfalls häufig, doch noch nicht so häufig wie später und heute. Die Deklinationsendungen waren bei Maskulina und Neutra *-s* oder *-(e)n* und beim Femininum *-(e)n*. Die Endung auf *-s* beim Femininum und die auf *-er* waren noch sehr selten. Luther zeigte beispielsweise *geburtsbrief, geburtstag, fastnachtslarve* und *kindertaufe*. Dieses *-s* bei den Feminina scheint sich vom Mndt. her ausgebreitet zu haben. Hans Sachs hat Komposita mit Flexions-*s* wie *gotzdienst, todtsnöten, gerichßhendel, wirtzhawß*. Das *-en* des Genitivs ist besonders verbreitet bei schwachen Substantiven (oder *n*-Pl.-Substantiven), z. B. bei Thomas Murner *affenspil, schelmenstück, kuttenkleidt, nunnenkleidt*; bei Hans Sachs *menschenleer, narrenwerk, fürstenhewßer, ornbeicht*.

Da die Getrenntschreibung der Elemente noch ganz üblich war, ist es natürlich schwer zu entscheiden, ob die aus einem Genitiv und einem Substantiv bestehenden Kombinationen *(gottes wort, leyen standt, kuniges kinder, hurn kinder)* als Komposita oder als syntaktische Gruppe anzusehen sind. Da aber in der Mehrzahl der Fälle die Elemente verbunden wurden, liegt die Annahme nahe, daß dies durch diejenigen Kombinationen verursacht wurde, deren Betonungsmuster eher das von Komposita als von Genitivgruppen war. Eine Folgeerscheinung dieser Entwicklung zeigte sich darin, daß die Flexionsendungen *-e, -en, -er* ihre ursprüngliche syntaktische Funktion verloren und zu formalen Bildemitteln der Wortzusammensetzung wurden. Sie verbreiteten sich später immer mehr, und das *-s* bei femininen Komposita muß in erster Linie als ein Hinweis auf diese Umfunktionierung der Flexionsendungen angesehen werden. Diese

Entwicklung verdeutlicht auch die Tatsache, daß die Nominalkomposition als syntaktisches Mittel sich immer stärker verbreitete.

Zusammensetzungen mit einem Kompositum als einem ihrer beiden Bestandteile wurden nun, obschon nicht sonderlich häufig, üblich. Allerdings waren Zusammensetzungen, deren beide Bestandteile selbst wiederum aus Komposita bestanden, noch nicht geläufig. Luther beispielsweise zeigt *todstocknar, helgrundsuppe*; H. Sachs: *kauffmanschatz, handtwerckßleüt.* Schottelius war (1663) ganz eingenommen von deutschen Zusammensetzungen, die vier Bestandteile aufwiesen, wie z. B. *Oberberghauptmann, Erbkuͤchemeisterambt.*

Adjektivzusammensetzungen waren ebenfalls meist Determinativkomposita mit einem Adjektiv oder einem Substantiv als erstem Bestandteil; bei H. Sachs: *haußarm, wurmstichig*; bei Luther: *christglaubig, geltsuchtig, boßwillig, armgeystig.* Superlative wurden oft mit *aller-* zusammengesetzt, z. B. bei H. Sachs *allerheyligist, allernöttigst*, bei Luther *allertorlichst, allerdurchleuchtigst. Aller* war ursprünglich der Gen. Pl. von *all.*

6.7.6 Verbalkomposition

Ersichtlichen Zuwachs gab es bei Verbalzusammensetzungen mit einem Substantiv oder Adjektiv als erstem Bestandteil. Bei Luther beispielsweise finden sich *ehescheiden, ehrbieten, ehrwirdigen, heimstellen, spiegelfechten (was spiegelficht er denn?)*; bei Hans Sachs und Luther *frolocken, heymsuchen, stilschweygen, weklagen* und mit einem Adverb *wolsprechen, vbelreden.* Von solchen Verbzusammensetzungen sind Verben wie *handhaben* zu unterscheiden, das von einem Nominalkompositum abgeleitet ist, und syntaktische Gruppen wie *haim tragen, zu boden stossen, herauf faren.* Die Abgrenzung ist jedoch unscharf, und einige syntaktische Gruppen entwikkelten sich später zu Komposita, beispielsweise *heimführen.* Viele der neuen Zusammensetzungen hatten den als Substantiv gebrauchten Infinitiv zur Grundlage. Es ist natürlich bezeichnend, daß die Zusammensetzung, im wesentlichen ein Merkmal der Nominalwörter, in den verbalen Bereich eindringen sollte, in dem das Verb selbst substantiviert wird. Zu den häufigen Zusammensetzungen aus Substantiv plus Infinitiv zählen beispielsweise bei Hans Sachs: *alles kirchengeen, fleyschessen, flaischmeyden, gotzlestern, pfaffenschenden.* Wahrscheinlich kam auch das Verb *spiegelfechten* über den substantivierten Infinitiv zustande. Echte zusammengesetzte Verben bleiben trennbar, doch einige sind mehr oder weniger auf den Infinitiv und das Partizipium des Präsens beschränkt, z. B. *hohnlachen.* Von Nominalkomposita abgeleitete Verben sind nicht trennbar, z. B.

handhaben, frühstücken, wetteifern, und nur wenige der mit einem substantivierten Infinitiv gebildeten Zusammensetzungen werden als finite Verbformen gebraucht, doch vgl. man das obige *spiegelficht.*

Die typischste Form der Zusammensetzung bei den Verben war natürlich die mit einem Präfix. In diesem Bereich ergab sich während der frnhd. Periode nichts Neues. Sie blieb so aktiv und produktiv wie zuvor.

6.7.7 Satzartige Komposition (Imperative Satznamen)

Die frühesten Nominalzusammensetzungen, die sich aus der Zusammenziehung eines Verbs plus Ergänzung ergeben, finden sich im Mhd., z.B. *hebestrīt* ‚zänkische Frau'. Viele sind Spitznamen wie *Suochentrunk, Rūmelant* oder *Rūmezlant.* Das Verb steht oft in der Imperativform. Im 15. Jh. wurden solche Bildungen zahlreicher. Im Frnhd. ist dieser Kompositionstypus zuerst produktiv geworden. In welchem Grade analoge französische Zusammensetzungen dabei einen Einfluß hatten, ist unbekannt. Dieser Typus findet sich auch im Englischen, z.B. *turncoat, telltale, ne'er-do-well, good-for-nothing.* Viele der deutschen imperativen Satzkomposita (Satznamen) sind zuerst in dieser Zeit belegt, z.B. 1548 *tügenichts > Taugenichts.* Weitere Beispiele sind *Störenfried, Habenichts, Springinsfeld, Tunichtgut, Wagehals.*

6.8. Syntax

6.8.1 Satzbau

(i) *Anfangsstellung* des finiten Verbs in unabhängigen Sätzen außer Ja-oder-nein-Fragen, Befehlssätzen oder Konditionalsätzen ohne Konjunktion findet sich im Frnhd. häufig und scheint zwischen 1450 und 1600 recht beliebt gewesen zu sein, beispielsweise bei Luther: *Spricht zu im einer seiner Jünger; Sende das alles ewr wirde.* Solche Fälle sind jedoch keine Überreste eines möglicherweise alten Typs von Anfangsstellung des Verbs, sondern waren durch Ellipse des Subjektpronomens *(es, ich)* oder eines Adverbs *(da)* neu entstanden. Die Anfangsposition wurde also von einer Null-Form eingenommen, deren Verständnis sich aus dem Kontext ergab. Als Stilmittel gehörte ein solcher Sprachgebrauch zu einem volkstümlichen oder mündlichen Stil. Nach *und* waren solche Auslassungen besonders häufig; in Luthers *Sendbrief von Dolmetschen* findet man beispielsweise: *Das sey auff eur erste Frag geantwortet/ vn̄ bitte euch/; Mir ist ynn des gnug/ vnd bin fro; So kan ichs doch wol leiden / vnnd schadet mir sonderlich nichts.*

(ii) *Rückwärtige* oder gar *Endstellung* des finiten Verbs in Hauptsätzen gab es nur in seltenen Ausnahmefällen, doch Autoren, die im Deutschen die lateinische Syntax nachahmen wollten, wie beispielsweise Niclas von Wyle, zeigen bisweilen solchen Satzbau. Während das finite Verb normalerweise im Hauptsatz die Zweitstellung einnahm, war die Stellung des infiniten Teils noch verhältnismäßig frei. Tatsache ist, daß in den meisten Fällen Einklammerung vorherrschte, doch noch konnten Rhythmus und Emphase die Stellung bestimmen. Mit anderen Worten, die Endstellung der infiniten Bestandteile war noch nicht strikte Regel oder grammatikalisiert. Die Stellungsfreiheit war so beschaffen, daß einige Ergänzungen eingeklammert werden konnten, während andere dem infiniten Teil des Verbs folgten.

Endstellung der infiniten Bestandteile (Hans Sachs):

Er hat uns nit auß seinem aigen kopff gelert. So muß ich mit meinen knechten den gantzen tag arbaiten.

Keine Endstellung der infiniten Bestandteile (H. Sachs):

wir haben nicht umbsunst das brot genommen von yemant.
ir sölt euch nit lassen mayster nennen.

Oder bei Luther:

Sie sein auch die heubter geweßen dißes iamers zu Costnitz.

Das finite Verb findet sich in Endstellung bei parallelen Komparativsätzen, die im Mhd. durch *so – so* (s. 5.7.1 (iii) b) und im Frnhd. durch *je – je* (im Nhd. *je – desto*) eingeleitet wurden.

In abhängigen Sätzen erfreute sich das finite Verb einer ähnlichen stilistischen Freiheit, wenn auch die Endstellung nun häufiger und allgemeiner wurde als im Mhd. Im Mhd. hatte mindestens ein Viertel, oft ein Drittel aller abhängigen Sätze Ergänzungen nach dem finiten Verb. Infinite Bestandteile wie Infinitive und Partizipien wurden noch während des ganzen 16. Jh.s weiterhin hinter das finite Verb gesetzt, doch vom 17. Jh. an geschah dies immer seltener. Die in der heutigen Sprache bestehenden Regeln wurden anscheinend zuerst von den Schulleuten und Grammatikern des 17. Jh.s mit Erfolg eingeführt. Am rigorosesten wurde die Endstellungsregel des finiten Verbs bei abhängigen Sätzen im 18. Jh. angewandt; Ausnahmen gab es nur, wo zwei infinite Verbbestandteile vorkamen. Adverbiale und präpositionale Ergänzungen konnten jedoch zu allen Zeiten als Konzession an stilistische Freiheit und umgangssprachlichen Gebrauch ausgeklammert werden. Bei H. Sachs beispielsweise findet man: *ob wir etwas zu vil hart wider euch hetten geredt; darumb köndt ir got nit dienen, weil ir dem mammon dient mit dem hertzen.* Sogar Objekte konnten noch dem Verb folgen, wenn sie nachdrücklich sein sollten: (H. Sachs) *Weyter regirt der geytz gewaltigklich unter den kauffherren und verlegern, die da drucken ire arbeyter und stückwercker.* Ein vom Verb abhängiger Infinitiv folgte zu dieser Zeit, anders als im Nhd., ganz regelmäßig dem infiniten Teil, z.B. bei U. von Hutten: *er hab in vier Monaten sein gelust nit künnen buͤssen*; bei Luther: *Vnd wenn ich sie hette sollen fragen.*

Neu war die Auslassung des finiten Verbs meist in abhängigen Sätzen, wenn ein Partizipium vorhanden war; Luther: *diesen sendtbrieff/ der mir durch einen guten freundt zu handen kommen* (nhd. *gekommen ist*); *Hab ich drinnen etwa gefeilet (das mir doch nicht bewuͤst/ vnd . . .).*

(iii) Bei der Satzbildung gab es, die Stellung und Zahl von Nebensätzen betreffend, zu dieser Zeit ebenfalls deutliche Veränderungen. In gelehrter Prosa nahm die Zahl an Nebensätzen stark zu, und zwar meist eher vermittelst Hinzufügung als durch Einklammerung. Auf diese Weise kamen weitschweifige Sätze von beträchtlicher Länge zustande. Vgl. Luther:

> Vnd das nicht yemand hie dencke / ich liege / So nym beide Testament fur dich / des Luthers vnd des Sudelers / halt sie gegen ein ander / so wirstu sehē / wer yn allen beidē der dolmetzscher sey / Denn was er yn wenig orten geflickt vnd geendert hat (wie wol mirs nicht alles gefellet) So kan ichs doch wol leiden / vnnd schadet mir sonderlich nichts / so viel es den text betrifft / darumb ich auch nie da wider hab woͤllen schreiben / sondern hab der grossen weißheit muͤssen lachen / das man mein New Testament so grewlich gelestert / verdampt / verboten hat / weil es vnter meinē namen ist außgangen / Aber doch muͤssen lesen /weil es vnter eines andern namen ist außgangen.

Ursprünglich hatte das Deutsche vorzugsweise die Stellung: Hauptsatz – untergeordneter Satz. Unter lat. Einfluß nahm die Erststellung des untergeordneten Satzes bisweilen zu, und auch die Mittelstellung (Einklammerung) kam des öfteren vor. Man hat ausgerechnet, daß im mittelalterlichen Deutsch die Erststellung bei fünfundsiebzig Prozent der komplexen Sätze vom Hauptsatz, bei zwanzig Prozent vom untergeordneten Satz eingenommen wurde, während bei fünf Prozent aller Fälle der untergeordnete Satz eingeklammert war. Während des 17. Jh.s nahm der untergeordnete Satz in Mittelstellung beträchtlich zu und zog zahlenmäßig mit dem in Erststellung gleich.

Hauptsätze, denen ein untergeordneter Satz vorausging, zeigten gewöhnlich das Verbindungswort *so*, was eine Weiterentwicklung der im Mhd. geläufigen anaphorischen Verwendung von Pronomen und Adverbien darstellt. In dem obigen komplexen Satz findet sich beispielsweise: ... *das nicht yemand hie dencke* ... *So nym. So* wurde jedoch auch als Konjunktion und als Relativverknüpfung gebraucht.

Im Gegensatz zum Nhd. zeigt sich die größere Freiheit des Satzbaus im Frnhd. auch in dem nicht seltenen Auftreten des Anakoluths, der sogenannten ungrammatischen Fortsetzung oder Verknüpfung von Nebensätzen. In Hinsicht auf Kongruenz hatte die Rücksicht auf die Bedeutung gewöhnlich größeres Gewicht als die auf die grammatische Logik, wie das folgende Beispiel bei H. Sachs zeigt: *Nachmalß aber ist der römisch hauf verzweyfelt an der überwindung mit disputieren und schreyben und wöllen die Christlich gemayn under dem römischen joch behalten.* Das Frnhd. liegt in dieser Hinsicht dem Englischen näher als dem Nhd., das es mit der Kongruenzregel sehr genau nimmt.

(iv) Anzahl und Verwendung von Konjunktionen weiteten sich im Frnhd. im Zusammenhang mit der zunehmenden Komplexität des Satzbaus stark aus. Zweifellos wurde oft durch das Lateinische die Entwicklung zur Unterordnung von Sätzen durch Konjunktionen angeregt ebenso wie die gelegentliche Nachahmung von A.c.I.-Konstruktionen. Solche Konstruktionen fehlten im Deutschen nicht gänzlich, doch war ihr Gebrauch auf die Verben *lassen, heißen, sehen* und *hören* beschränkt. Doch im Frnhd. gab es solche Konstruktionen auch nach den Verben des Sprechens, z.B. im Theuerdank: *ich red on spot; mich gewesen sein in groszer not*; oder bei U. von Hutten: *sagt das brot vnschmackhafft sein.* Die Verwendung von Konjunktionen nahm auch zu, weil die Unterordnung durch Konjunktiv abnahm.

Die vielleicht wichtigste Entwicklung im Bereich der Konjunktionen war das Aufkommen von *denn* und *weil* als Kausalsätze einleitende Konjunktionen. Bis zur ersten Hälfte des 15. Jh.s war *wan (wande)* fast die einzige kausale Konjunktion (s. S. 294f.). In der zweiten Hälfte des 15. Jh.s bildeten *denn* und *weil* eine starke Konkurrenz, und kurz nach 1500 starb *wan* im größten Teil des Sprachgebiets aus. Die Nürnberger Sachs und Dürer gebrauchten das veraltete *wan* noch, als das Alem., Bayr., Ost- und Westmdt. es bereits aufgegeben hatten. Das Ndt. gebrauchte weiterhin *wente.* Die Schwäche des *wan (wande)* lag daran, daß, wegen des früheren Zusammenfalls zweier Formen, beide sowohl als unterordnende wie auch als nebenordnende Konjunktion gebraucht wurden. Die Zeit tendierte jedoch dazu, beide Satztypen, den abhängigen und den unabhängigen, deutlicher auseinanderzuhalten. *Wan* in der Bedeutung ‚ausgenommen, nur' stand in Konkurrenz zur Komparativpartikel *dann/denn*, die zuerst *wan* aus diesem Bereich verdrängte und in der Folge auch als meist unabhängige Kausalsätze einleitende Konjunktion. *Weil* entwickelte sich aus dem temporalen Adverbialausdruck *die wīle so, die wīle, wīle*. Im Frnhd. war es sowohl temporal wie kausal, z. B. bei Luther: *[Jhr fragt] ob auch die verstorbenen Heiligen fur vns bitten / weil wir lesen / das ja die Engel fur vns bitten*. Auch das Lateinische hat eine Konjunktion, die sowohl temporal wie kausal sein kann *(cum)*. *Weil*, etwas früher *die weil*, leitete untergeordnete Sätze ein. Als es schließlich nur noch kausal verwendet wurde, nahm das ursprünglich temporale *dō*, später auch *da*, gegen Ende des 17. Jhs. seine Stelle ein. Andere Konkurrenten für *weil* im Frnhd. waren u. a. *seit, seitemal, sintemal, so*.

Es gab auch wichtige Veränderungen bei den Relativpronomen. Die verallgemeinernden Pronomen des Mhd. mit *s-* (*swer* usw.) verloren ihr *s-* im 14. Jh., wodurch das Interrogativpronomen in die Relativkonstruktion eingeführt wurde. Manchmal diente die Demonstrativpartikel dazu, die alten Relativpronomen *der, die, das* zu verstärken, die selbst sich aus Demonstrativpronomen (*der da, die da* usw.) entwickelt hatten. Das Interrogativadjektiv *welch* wurde auch in den Bereich der Relativpronomen hineingezogen, zum einen wegen der Entwicklung von mhd. *swelich* > *welch* und zum andern auch wegen der Nachahmung des lat. Gebrauchs. Endlich wurde dieser Bereich weiterhin durch die Verwendung der Partikel *so* in Relativkonstruktionen bereichert. Das Frnhd. besaß also einen reichhaltigen Bestand an Relativverknüpfern. Der heutige Gebrauch war schließlich das Ergebnis der von den Grammatikern des 17. und 18. Jh.s aufgestellten Regeln.

Einige frnhd. Beispiele aus H. Sachs:

der, die, das:	*den geist in eure hertzen, der schreyt.*
	ander leüt, die den geist gottes haben.
	des wercks, das Christus fordern wird.
der da etc.:	*Jhesus, der da heißt Christus.* (Luther N. T.)
welch:	*das biechlein . . ., welches er dem bapst . . . zugeschickt hat.*
was:	*Ir sagt, was ir welt.*
da (rinn):	*die menschlichen lugen, darinn wir gewandert haben.*
so:	*den, so die göttlich warheit vor erkant haben.*
	leyen, so die feintschafft dieser welt auf sich laden.
(Luther)	*Aber segē kompt vber den / so es verkaufft [das korn].*

Die Relativpartikeln mit *da (darin, damit, darauf, daraus, davon)* dienten auch als Demonstrativverknüpfung, weshalb das finite Verb entweder die Stellung im Hauptsatz oder die im untergeordneten Nebensatz einnehmen konnte. Im Nhd. sind diese Funktionen auf *worin* und *darin* usw. verteilt.

6.8.2 Das nominale Glied

(i) Das *Artikel*system machte weitere Fortschritte in Richtung der im Mhd. eingeschlagenen Bahn. Obwohl es noch immer viele formelhafte Ausdrücke ohne Artikel nach Präpositionen gab, z. B. *vor augen sehen, zu dienst tun, zu richter leiden* (alle bei Luther), *zů man haben* (Theuerdank), *das fewr von hymel* (Sachs), finden sich nun *zur zeit, am wege, ym hymel, in der hell, ym finsternis.* Lat. Wörter wurden oft ohne Artikel gebraucht, z. B. bei H. Sachs *das die vätter in conciliis beschlossen . . . haben*; bei Luther *das widerspiel in Apocalypsi.*

Die kurzen, nun allgemein verbreiteten Kontraktionsformen für *zu, an, in, von* und einige andere + *dem, der* hatten sich zuerst im 14. Jh. ausgebreitet. Das Frnhd. duldete auch Kontraktionen mit *den* (*in* = *in den, von* = *von den*), z. B. bei Luther *in druck geben, zun Römern*; bei H. Sachs *ich wil in chor. So gee du an marckt.*

Der bestimmte Artikel wurde auch bei Personennamen gebraucht. Diese Verwendung fing bei fremden Namen an, die nicht flektiert werden konnten *(den Adam)*, zuerst in den obliquen Kasus, dann auch im Nominativ, z. B. *des Luthers New Testament; das der Luther gemacht hat; vnd des Luthers bůch on Luthers namen.*

In vielen Einzelfällen unterschied sich der frnhd. Gebrauch noch vom heutigen Deutsch. Wenn ein Substantiv mit einem attributiven Adjektiv eine einheitliche Vorstellung bildete, konnte auf den Artikel verzichtet werden, man vgl. beispielsweise Luthers *An den christlichen Adel deutscher Nation* (nhd. *der deutschen Nation*); *der verdolmetzschunge halben / altes vnnd newes testaments /.* Anderseits starben in dieser Zeit viele speziell mhd. Verwendungen aus, z. B. *ein mīn* oder *ein diu.*

(ii) Beim Gebrauch des *Adjektivs* innerhalb des Nominalglieds gab es auch einige Veränderungen. Das nachgestellte Attribut *(der degen rīche)* war nicht mehr akzeptabel. Wenn auch lat. Einfluß die nachgestellte Partizipialapposition noch ein zeitlang erhielt, fing auch diese Erscheinung in der zweiten Hälfte des 16. Jh.s an, seltener zu werden; bei H. Sachs *wir als verirrte schäflein, solcher, haylsamen leer unbedacht und schier gantz vergessen, seynd gangen . . .* In gelehrter Prosa ist die nachgestellte Partizipialapposition oder das nachgestellte Attribut nie ganz aus dem Deutschen verschwunden, doch hat diese Erscheinung stets eine bescheidene und etwas unbeholfene Rolle gespielt. Da dieses Bildemittel im Englischen außerordentlich verbreitet ist, ergab sich auf diese Weise ein wichtiger syntaktischer Unterschied zwischen den beiden Sprachen. Im Deutschen ist es ein grundlegendes syntaktisches Prinzip, daß das syntaktisch untergeordnete Element dem ihm übergeordneten Element vorausgeht. Das Deutsche hat also eine sogenannte zentripetale Wortstellung, d. h., alles entwickelt sich zu einer abschließenden semantischen und funktionalen Klimax hin. Nachgestellte adjektivische und partizipiale Attribute stehen offensichtlich mit diesem Prinzip in Konflikt, und ihre Beseitigung folgte also dem bereits eingeführten Prinzip. Das Einklammerungsphänomen, das im Zusammenhang mit der Herausbildung der Regel über die absolute Endstellung des infiniten Verbteils im Hauptsatz erörtert wurde, und die absolute Endstellung des finiten Verbs im untergeordneten Satz ist natürlich Ausdruck desselben Prinzips.

Darüber hinaus festigten zwei zusätzliche Entwicklungen des Frnhd. dieses grundlegende Prinzip der deutschen Syntax: Die Herausbildung eines Gerundivums und das Erscheinen eines vorangestellten erweiterten Adjektiv- oder Partizipialattributs. Beides ist der englischen Syntax fremd.

Das Gerundivum ist ein attributiver Infinitiv:

Dt. *ein Buch, das zu lesen ist>ein zu lesendes Buch.*
Engl. *a book which must be read* oder *a book to be read.*

Das erweiterte Attribut weist das gleiche Einklammerungsprinzip zwischen Artikel und Substantiv auf. Das mittelalterliche Deutsch hatte, wie das Englische, durch ein Adverb, besonders durch ein Adverb des Grades erweiterte Adjektivattribute: *eine alsō schœne hōchzīt, ir vil starken segelseil.* Jetzt, da die erweiterte nachgestellte Partizipialapposition trotz Unterstützung durch das Lateinische im Verschwinden begriffen war, entwickelte sich das vorangestellte Adjektiv- und Partizipialattribut. Einige der frühesten Belege finden sich im *Ackermann aus Böhmen*, z. B. *die . . . allerlei meisterschaft wol vermugenden leut*, als Ausdruck eines individuellen Stils des Autors.

In der zweiten Hälfte des 16. Jh.s wurde es möglich, ganze Sätze durch Adjektiv- oder Partizipialattribute auszudrücken. Hier kann ebenfalls lat. Einfluß eine Rolle gespielt haben, aber diese Fälle standen, anders als im Falle der Partizipialapposition, in Harmonie zum grundlegenden Prinzip der deutschen Syntax. Das erweiterte Adjektiv- oder Partizipialattribut, eingebettet zwischen Artikel und von ihm bestimmten Substantiv, wurde ein charakteristischer Stilzug der süddt. Kanzleisprache des 17. Jh.s, drang aber bald in die Stilebene von Wissenschaft und Literatur ein. Als Stilmittel erlangte es den Höhepunkt seiner Beliebtheit im 19. Jh. Mit einigen Abstrichen hinsichtlich seiner Länge ist es noch immer ein stilistisches Merkmal der heutigen Schriftsprache.

Typologisch kann man die folgenden Erweiterungen unterscheiden:

(a) Akkusativerweiterung: *eine sehr viel Wasser aufnehmende Pflanze*;
(b) Dativerweiterung: *das der Mannschaft gegebene Versprechen*;
(c) Genitiverweiterung (selten): *der seiner Sache unsicher gewordene Anwalt*;
(d) Präpositionalerweiterung: *die von den Gewerkschaften erhobenen Lohnforderungen*;
(e) Adverbialerweiterung: *das heute abend stattfindende Konzert.*

Alle fünf Erweiterungstypen können miteinander kombiniert werden, wenn die dadurch sich ergebende Länge des Attributs nicht auf die stilistische Sensibilität des Schreibers abschreckend wirkt: *eine im Frühling der Erde durch kräftige Wurzeln viel Wasser entziehende Pflanze.*

(iii) Beim Gebrauch der *Nominalkasus* ist in dieser Zeit der Beginn des Genitivverfalls festzustellen, und zwar besonders als Objektkasus des Verbs. Statt *wān er dieses weyns trinckt* konnte man auch *wann er diesen Wein trinckt* sagen; *viel* konnte den Genitiv regieren *(viel iamers)* oder als attributives Adjektiv gebraucht werden *(viel gelt).* Eine Reihe von Verben, die ursprünglich den Genitiv regierten, konnten jetzt den Akkusativ zu sich nehmen, z.B. *verlangen, verschmaͤhen, begeren.* Nur Eigennamen im Genitiv standen jetzt vor dem regierenden Substantiv, andere Substantive folgten ihm. Wo Namen folgten, ist dies wahrscheinlich lat. Einfluß. Beispiele bei Luther: *des Luthers teutsch; solchen fluch des herren; die feinde der warheit.*

6.8.3 Das verbale Glied

Die Stellung der finiten und infiniten Teile des verbalen Glieds wurde als Teil des Satzbaus erörtert (s. 6.8.1). Was die semantischen und grammatischen Kategorien des Verbs anbelangt, kann man in diesem Zeitraum eine positive Tendenz zum Ausbau und zur Vervollständigung des Tempus-, Modus- und Genera verbi-Systems feststellen. In dieser Hinsicht war zweifellos wiederum das Lateinische Vorbild.

(i) Im *Tempus*system wurde die Einführung eines Futurs durch eine aus *werden* plus Infinitiv bestehende Form nun vervollständigt. Obwohl das Präsens noch immer für zukünftige Ereignisse verwendet werden konnte, wurde jetzt mehr das periphrastische Tempus verwendet. Sogar ein zweites Futur (Futurum Perfektum) wurde in Parallele zum lat. *futurum exactum* eingeführt: *er wird helfen – er wird geholfen haben.*

Eine ähnliche Erweiterung ergab sich für die Vergangenheit. Ein Plusquamperfekt wurde immer regelmäßiger zur Differenzierung verschiedener Ebenen der Vergangenheit gebildet: *er half* oder *hat geholfen – er hatte geholfen* oder manchmal, mit dem Perfekt des Hilfsverbs, *er hat geholfen gehabt.* Bis zu einem gewissen Grade wurde diese Entwicklung auch durch den Verfall der *ge*-Konstruktion bestärkt, was ein weiteres Beispiel für das Vorrücken der analytischen Formen auf Kosten der synthetischen ist. In obdt. Texten, besonders in solchen mit volkstümlichem Gehalt, ist ein Verfall der Verwendung des einfachen Präteritums und ein Anstieg der Perfektverwendung festgestellt worden. Dies hängt mit dem Verschwinden des einfachen Präteritums aus der gesprochenen Sprache Süddeutschlands im frühen 16. Jh. zusammen. Die Schriftsprache wurde davon nur in eingeschränkter Weise berührt, weshalb das Präteritum auch weiterhin als Erzähltempus für vergangene Ereignisse und Tatsachen angewandt wurde, während das Perfekt die Bedeutung vergangener Ereignisse und Tatsachen für den Schreibenden in der Gegenwart ausdrückte. Süddeutsche Autoren folgten dieser Regel etwas weniger streng und zeigten auf diese Weise, daß das Präteritum eine ihnen weniger vertraute Form war.

Die periphrastische Form *sein* plus Partizipium des Präsens: *er ist helfende* wich der Form *sein* plus Infinitiv wegen der Kontamination der Formen des Partizipiums des Präsens und des Infinitivs. Da diese Konstruktion völlig von identischen lat. Vorbildern abhängig war, findet man sie oft in älteren Übersetzungen. In der Sprache der Kanzlei wurde sie eher formelhaft. Volkstümlichere Schriften mieden sie, und in der Sprache der Bibel gehörte sie zu jenen latinisierenden Konstruktionen, die Luther nicht ausstehen konnte. Syntaktisch war *er ist helfen* synonym geworden mit *er hilft*, wodurch es redundant wurde. Gegen Ende der frnhd. Zeit starb die Form aus.

Ähnlich konnte ursprünglich *werden* mit dem Partizipium des Präsens kombiniert werden, um den Beginn einer Handlung anzudeuten. Nach Entstehung des Futurs lebten Formen mit *ward* und Infinitiv noch eine Weile als Überbleibsel der früheren Konstruktion fort *(er ward helfen)*, unterschieden sich aber in der Bedeutung nicht vom gewöhnlichen Präteritum. Eine für volkstümliche Sprache charakteristische Paraphrase ist die mit *tun*, z.B. bei H. Sachs: *Lucas . . . thut sagen: ich hab dich thun erhaschen.* Anders als im Englischen wurde dieses Bildemittel nie eigentlich funktionalisiert, obwohl man es seit dem 14. Jh. finden kann.

(ii) Eine neue, den unmarkierten *Konjunktiv* des Präteritums der schwachen Verben ersetzende Form war im Begriff, sich im 15. Jh. herauszubilden. Sie setzte sich aus dem Präteritum des Konjunktivs von *werden (würde)* und dem Infinitiv zusammen. Beispiele bei H. Sachs: *die euch yetzund ketzer nennen, würden euch Christen haissen; die euch yetzt fluchen, würden euch loben.* Sie sollte schließlich auf die markierten Konjunktivformen des starken Verbs übergreifen.

(iii) Im *Passiv* unterschied das mittelalterliche Deutsch zwischen Geschehen und Zustand durch die Formen *wirdet/ward* bzw. *ist/was* plus Partizipium des Präteritums, bildete aber kein Perfekt. Im 14. und 15. Jh. wurden Perfekt- und Plusquamperfektformen mit *worden* und *gewesen* dem System eingefügt. Der Prozeß wurde jedoch vor dem Ende der frnhd. Zeit nicht abgeschlossen, und eine Form wie *ist geschlagen* steht häufig für etwas, das später regelmäßig durch *ist geschlagen worden* ausgedrückt wird. Ein Futur des Passivs *(er wird geschlagen werden)* macht sich ebenfalls in dieser Zeit zuerst bemerkbar.

6.9 Wortschatz

6.9.1 Der heimische Bestand

(i) Im abgeschlossenen Teil des Vokabulars waren viele Veränderungen nur formaler Natur. Im 15. Jh. war der Genitiv der Personalpronomen noch immer *mein, dein, sein, ir* (*si spotten sein*, H. Sachs: *ich hab ir nye keins gelesen*), doch im 16. Jh. tauchten Adjektivendungen auf (*meiner* usw.), und im 17. Jh.waren sie allgemein geläufig *(ich achte deiner).* Im Genitiv des Plurals kamen im 17. Jh. ähnliche Erweiterungen auf (*unser* >*unserer*), wurden aber später zurückgewiesen. Im Dativ des Plural konkurrierten *in* und *inen* fast während des gesamten Zeitraums miteinander. Die in 6.4.4 vorgelegten Texte zeigen *in* in der Mentelin-Bibel von 1466, in Luthers Septemberbibel von 1524 und in der Lübecker Bibel von 1494, jedoch *jnen* im Zürcher NT von 1524 und in Luthers Bibel von 1546. Luther entschied sich schließlich zugunsten einer Form, die sich zuerst im Alemannischen ausgebreitet hatte. Die gleichsam altehrwürdige Form *iro* im Dat. Sg. Fem. und Gen. Pl. erfreute sich im Frnhd. einiger Beliebtheit, z.B. in der Anrede *Ihro Gnaden.*

Die Formen des Demonstrativums und Relativums *der, des, den* in pronominaler Verwendung neigten zu der Erweiterung *derer, deren, dessen, denen*, doch wurde die Verteilung der kurzen und langen Formen erst in nhd. Zeit reguliert. Man vgl. beispielsweise U. v. Hutten: *meinst du das du denen gůtthaͤt beweisest, bey den du herbergst?* Ferner ist festzustellen, daß zwischen dem Demonstrativ *das* und der Konjunktion nicht unterschieden wurde. Erst gegen Ende des 17. Jh.s wurde die Unterscheidung *das/daß* allgemein geläufig. Die Demonstrativformen *dirre* und *ditz* starben im Frnhd. aus und wurden durch die regelmäßigen Formen *dieser* und *dieses* ersetzt. Das Interrogativum *wes* wurde ebenfalls zu *wessen* erweitert, *was* gelegentlich zu *waser*, auch zu *waserley*. Anderseits ersetzte der Ausdruck *was für ein* die ältere Konstruktion *was* plus Genitiv. Die unbestimmten Pronomen *ieman, nieman* erhielten ein epenthetisches *-d*, bisweilen sogar *-ds*, und im 17. Jh. wurden im Dativ und Akkusativ Adjektivendungen angefügt, daher: *niemandem, niemanden.*

Unter den 1524 in der Zürcher Umschrift von Luthers Septemberbibel vorgenommenen Änderungen findet sich die Ersetzung von *von sich gelassen* durch *von jm gelassen.* Das Mdt. gebrauchte bereits den Akk. des Reflexivs *sich* für den Dativ; das ältere Deutsch hatte dafür ursprünglich die Formen des Personalpronomens verwendet. Das Obdt. blieb bei der älteren Praxis, wenn auch *sich* auf die Dativformen des Personalpronomens überzugreifen anfing. Luthers Entscheidung wurde die der Standardsprache, und der Gebrauch des Personalpronomens für den Dativ des Reflexivs ist heute eine mundartliche Eigentümlichkeit des Süddt.

Bei den Partikeln ist der Zusammenfall von mhd. *dā* (räumlich) und *dō* (zeitlich) festzustellen; beide Formen wurden unterschiedslos gebraucht. Schließlich wurde *da* allgemein gebräuchlich. Als Vergleichspartikel wurde noch immer *als* gebraucht *(rot als blut)*, und bei der Komparativkonstruktion herrschte das ererbte *dann/denn* (H. Sachs: *mechtiger dann der keyser*) bis zur zweiten Hälfte des 16. Jh.s vor, danach wurde es durch das heutige *als* ersetzt. Das ältere *unz* wurde im Laufe des 15. Jh.s durch *bis* ersetzt.

Daß die Tendenz zur Regelmäßigkeit in der Luft lag, zeigt sich in der allmählichen Ausstoßung isolierter, unregelmäßiger Wörter, z.B. der Komparative und Superlative von *übel*: *wirser, wirste* und der Adverbkomparative *wirs* und *baz* (>*besser*), sowie im Aufkommen des analogen Ordinalzahlworts *zweite*, das längere Zeit mit dem älteren *ander* in Konkurrenz stand.

Bei den Verben ‚gehen' und ‚stehen' wurden die Formen mit *-e- (gen, sten)* zur Standardform, die mit *-a- (-o-)* mundartlich. Luther beseitigte seine frühen *a*-Formen zugunsten der *e*-Formen, was den ursprünglich nur bayr. und ostmfrk. *e*-Formen zum Sieg verhalf. Der Südosten lieferte auch die Standardform für das Partizipium des Präteritums von ‚sein'. Im

Frnhd. gab es drei konkurrierende Formen: *gesin* (alem.), *gewesen* (bayr. und teilweise ostfrk.), *gewest* (mdt. und ndt.). Das Ostmdt. hatte ursprünglich nur *gewest*, doch Luther gebrauchte sowohl *gewest* wie *gewesen*, letzteres etwas öfter.

Mit den letzten beiden Beispielen ist der bedeutendste Beitrag der Zeit im Bereich des Wortschatzes ins Gespräch gebracht: die allmähliche Herausbildung eines Standardwortschatzes. Es läßt sich schwer abschätzen, bis zu welchem Grade das Deutsche gegen 1500 bereits ein gemeinsames Vokabular aufzuweisen hatte. Vergleicht man die in 6.4.4 vorgelegten Texte, die, während sie Parallelversionen des gleichen lat. Originals darstellen, doch mehr oder weniger unabhängig voneinander sind, muß man zu dem Schluß kommen, daß über neunzig Prozent des Vokabulars bereits allgemein geläufig sind. Bei den Texten handelt es sich um die zentralobdt. Mentelin-Bibel (1466), die ndt. Lübecker Bibel (1494) und die ostmdt. Lutherversion (1522). Die auf Luthers Text basierende Zürcher Bibel von 1524 nahm lexikalische Änderungen nur da vor, wo es starke Einwände aus der Sicht des Alem. gab. Am schwierigsten fällt die Unterscheidung zwischen literarisch-stilistisch motivierten Gründen für eine bestimmte Wortwahl und solchen, die von mundartlicher Lexik auferlegt sind. Echte regional bedingte lexikalische Unterschiede liegen zweifellos bei den folgenden Fällen vor: *er* (hdt.) – *he* (ndt.). *Wellen* (Luther) – *vnden* (Mentelin) – *bulghen* (ndt.): der Kontrast ist bei *wellen* (hdt.) und *bulghen* (ndt.) echt synchronisch und regional, der zwischen *wellen* und *vnden* ist im Grunde diachronisch (moderne Form – archaische, obsolete Form). Der Augsburger Neudruck von Zainer aus dem Jahre 1475 ersetzte *vnden* durch *wellen*. *Denn* (Luther) – *wann* (Mentelin) – *wente* (ndt.): hat das gleiche synchronisch-diachronische Muster wie das vorige Beispiel. *Gehen* (Luther) – *gon* (Zürich) – *ghan* (ndt.); *spugnisz* (Luther) – *trúgniß* (Mentelin) – *gspenst* (Zürich) – *spoͤkenisse* (ndt.): Luther ersetzte in späteren Ausgaben die mit der ndt. verwandte ostmdt. Mundartform durch obdt. *gespenst*, das auf diese Weise das standardsprachliche Wort wurde. *Als bald* (Luther) – *zehant* (Mentelin) – *to handes* (ndt.): Luthers moderner Ausdruck setzte sich gegenüber den archaischeren Formen durch. *Ob* (hdt.) – *efte* (ndt.); *recket* (Luther) – *strackt* (Mentelin) – *streckt vß* (Zürich) – *vtstreckede* (ndt.): obwohl beides germ. Wörter sind, ist letzteres im Deutschen geläufiger und wurde von Luthers Wahl nicht gefährdet. *Vnd* (Luther) – *wann* (Mentelin) – *aver* (ndt.) als Übersetzung für *autem*: wiederum zeigte Mentelin einen Archaismus, den der Zainersche Neudruck (Augsburg 1475) regelmäßig durch *vnd* ersetzte. *Mitten* (Luther) – *mitzt* (Mentelin) – *middel* (ndt.): die

Mentelinsche Form wurde durch Zainer ersetzt (>*mitt*), der Rest zeigt den hdt.-ndt. Kontrast. *Warlich* (Luther) – *gewerlich* (Mentelin) >*fuͤrwar* (Zainer) – *vorwar* (ndt.): hier zeigt sich, wie Formen sich oft in ihrer Ableitung unterschieden und Luthers Form standardisiert wurde. Andere Unterschiede scheinen an der verschiedenen Wahl möglicher Varianten zu liegen: Luther *heysz mich* – Mentelin *gebeut mir* – ndt. *bede mi* (befiehl mir); *seyd getrost* – Mentelin *habt zůursicht* – ndt. *hebbet louen*; Luther *volck* – Mentelin *geselschaffte* (>*schare* bei Zainer) – ndt. *schare*; Luther *schryen* – Mentelin *rieffen* – ndt. *repen* und noch einige weitere Fälle. Der versierte Übersetzer Luther ist an Übertragungen wie *kom her* für *veni* zu erkennen, wo die anderen nur *kom* haben, ferner an Übersetzungen wie *du kleyn glewbiger* für *modice fidei*, wofür bei Mentelin *lútzels glauben* und in der Lübecker Bibel *van klenen louen* steht; sowohl Emser (1527) wie die Zürcher Bibel übernahmen Luthers Wortschöpfung; ferner auch *der wint leget sich* für *cessavit ventus*, wofür bei Mentelin *der wint hort auf* steht oder im ndt. Text *de wind horde vp*, also recht blasse Versionen.

Leicht werden die lexikalischen Unterschiede in den verschiedenen Regionalformen des aufkommenden Gemeindeutsch übertrieben. Von den zweihundert Wörtern, die der Baseler Herausgeber und Drucker Adam Petri im Glossar seiner Ausgabe des Neuen Testaments von 1523 anführte und viele obdt. Ausgaben ebenfalls enthielten, waren einige auch in Oberdeutschland geläufig, wenn auch mit leicht unterschiedlicher Bedeutung oder mit unterschiedlicher stilistischer Konnotation. Die paar Hundert unterschiedlichen Übertragungen in Johann Ecks Katholischer Bibel, gedruckt zu Ingolstadt im Jahre 1537, ergaben sich vorwiegend aus einer unterschiedlichen Interpretation des Originaltextes. Nichtsdestoweniger gab es viele wirkliche regionale Verschiedenheiten. Sie sind oft aufgelistet worden. Nur wenige Beispiele können angeführt werden. Sie stehen in der heutigen Form, und wo heute eine der Varianten nur mundartlich vorkommt, ist dies durch Sternchen angedeutet. Wo verschiedene Varianten in die Standardsprache eingegangen sind, weisen sie jetzt im allgemeinen semantische und stilistische Unterschiede auf.

Der Standardwortschatz kam auf zweierlei Weise zustande. Eine der regionalen oder sozialen Varianten wurde zum geläufigen Standardausdruck, z.B. das aus dem Norden stammende *Pferd*. Die Varianten des Südens und des Westens gelangten ebenfalls in die deutsche Standardsprache, die südliche *(Roß)* in die Sprache der Dichtung, die westliche *(Gaul)* als abschätziger Ausdruck. Der regionale Unterschied wandelte sich bei diesem Beispiel in der Standardsprache zu einem stilistischen. Die zweite Möglichkeit besteht darin, daß eine der regionalen Varianten

Mdt., Luther	*Obdt.*	*Mdt., Luther*	*Obdt.*
Abend	Niedergang der Sonne	*Hülfe	Hilfe
alber(n)	unweis, einfältig	Kahn	Nachen
Antlitz	Angesicht	Küchlein	*Hünklen, junges Hühnlein
bang	Angst haben, betrübt	Lappen	*Bletz, Fleck
beben	*bidmen	Lippe	Lefze
bersten	brechen	Meuchelmörder	heimlicher Mörder
Beule	*Mase	mieten	*dingen, bestellen
Blüte	Blume, *Blust	Morgen	Aufgang der Sonne
brausen	rauschen	Motte	*Schabe
bunt	gescheckt, *gespreckelt	Neffe	Enkel, Kindeskind
Ekel	Greuel, Abscheu	Otter	Natter, Schlange
entbehren	mangeln	Qual	Pein
ernten	schneiden	Scheune	*Scheuer
fett	feist	schlummern	*naffezen, schläfrig sein
Fliege	Mucke	Seuche	Siechtum
flugs	bald	sichten	*reitern, sieben
freien	zur Ehe nehmen	Sperling	Spatz
fühlen	empfinden, spüren	Splitter	*Spleiß, *Spieße
Gefäß	Geschirr	steupen	mit Ruten schlagen
gehorchen	gehorsam sein	täuschen	betrügen
Gerücht	Geschrei, *Gerüft	tauchen	eintunken
Grenze	Gegend, March	Topf	*Hafen
Hälfte	Halbteil, Halb	Töpfer	*Hafner
Halle	Vorschopf	Ufer	Gestade
harren	warten	zermalmen	zerreiben
Heuchler	Gleißner	Ziege	*Geiß
horchen	*losen		
Hügel	Gipfel, *Bühel		

als Standard akzeptiert wird und die anderen in den Mundartbereich verwiesen werden oder dem Veralten anheimgegeben sind, z.B. *Motte* und mundartlich *Schabe, horchen* und mundartlich *losen, Knöchel* und mundartlich *Knoden.* Der ursprünglich horizontale Unterschied wurde auf diese Weise zu einem vertikalen.

Hauptsächlich durch das Ostmdt. und durch Luther fand eine beträchtliche Zahl ndt. Wörter Eingang in die Standardsprache. Noch mehr wurden im 17. und 18. Jh. direkt übernommen, als das Nhd. zur Standardsprache Norddeutschlands geworden war. Sie verstärkten oft das Band mit dem Englischen, da sie etymologische Entsprechungen englischer Wörter waren: *fühlen (to feel)* für *empfinden* usw.; *gleiten (to glide)* für *schlipfern* usw.; *Halle (hall)* für *Vorschopf* usw.; *hoffen (to hope)* für *gedingen; horchen (to hark)* für *losen; Krippe (crib)* für *Barn* usw.; *Krume (crumb)* für *Brosame; Lippe (lip)* für *Lefze; Mettwurst (meat); pflügen (to plough)* für *ackern* usw.;

schal (shallow) für *seiger; Schicht (shift)* als ostmdt. Fachausdruck im Bergbau: ‚Schichtarbeit'; *schlummern (to slumber)* für *naffezen; sichten (to sift)* für *reitern; stottern (to stutter)* für *staggeln* usw.; *Teer (tar); Torf (turf); Zwist (twist)* hdt. für ndt. *twist*, mit im Deutschen und Englischen unterschiedlichen Bedeutungen.

Anderseits veralteten im Deutschen zahlreiche Wörter, die im Englischen erhalten geblieben sind und schwächten auf diese Weise die lexikalisch-etymologische Verbindung zwischen den beiden Sprachen ab. Einige solche in dieser Zeit ausgestorbene Etyma sind: *bald (bold)* >(soll heißen: verdrängt durch) *kühn; beiten (to bide, abide)>warten; boßen (to beat)>stoßen, schlagen; bridel, brittel (bridle)>Zügel; diech (thigh)>Oberschenkel; enkel (ankle)>Knöchel; feim (foam)>Schaum; hiefe (rosehip)> Hagebutte; molte (mould)>Erde; sele (seal)* zuerst *Seelhund*, dann durch Volksetymologie *Seehund; ser (sore)>Schmerz; siech (sick)>krank; siuwen (to sew)>nähen; smieren (to smirk)* und *smielen (to smile)>lächeln; töuwen (to die)>sterben; wat* (widow's *weeds*)>*Kleid; wieche (wick)> Docht; wite (wood)>Holz; wuofen (to weep)>schreien, weinen; Zagel (tail) >Schwanz; Zäher, Zähre (tear)>Träne; zeisen (to tease)>zupfen.*

Ein weiterer bemerkenswerter Verlust war *minne*, das jetzt ganz von *Liebe* ersetzt wurde.

Luthers Bibelübersetzung, die auch den Übersetzungen der Katholiken Hieronymus Emser, Johann Eck und Johann Dietenberger zugrunde lag, trug mehr als jedes andere literarische Einzelwerk zur Festlegung des Wortschatzes der Literatursprache bei. Viele von Luthers persönlichen Wortschöpfungen sind Teil des Standardwortschatzes geworden, so beispielsweise *Bubenstück, Dachrinne, Fallstrick, Feuereifer, Fleischtopf, gastfrei, geistreich, kleingläubig, lebenssatt, Linsengericht, Lückenbüßer, Machtwort, Schwarmgeist.* Viele denkwürdige Ausdrücke und Redensarten entstanden auf die gleiche Weise, z.B. *der Mensch lebt nicht vom Brot allein; Perlen vor die Schweine (Säue) werfen; den ersten Stein werfen; wes (welches) Geistes Kind(er) (sein); mit Feuer und Schwert; der Stein des Anstoßes; sein Licht unter den Scheffel stellen; im Schweiße seines Angesichts.*

Neue und verhältnismäßig ungewöhnliche Wörter wurden mit einem Synonym gepaart, das zur Kenntnisverbreitung der neuen Wörter beitragen sollte, z.B. *Gleißner und Heuchler; Hoffnung und Zuversicht; fett und feist; bekümmern und vexieren; angst und bange.*

Obwohl Luthers Einfluß und die Stellung des Ostmdt. sehr wichtig waren, ist heute klar, daß alle Gebiete zum Wortschatz der Standardsprache beisteuerten. Manches Wort verwarf Luther selbst, wenn er ein anderes Wort mit bereits größerer Weitläufigkeit kennenlernte. Einige seiner Wörter, z.B. *glum* ‚öde, schmutzig', fanden keine Aufnahme. Stimmten das Ostmdt. Luthers, das Zentralobdt. und das Ostobdt. überein, hatte kein anderer regionaler Ausdruck eine Chance. Wo jedoch alle obdt. Gebiete übereinstimmten, setzte sich oft das obdt. Wort durch – bisweilen zog sich die Entscheidung für ein Wort mehrere Jahrhunderte hin, wie bei *Hülfe – Hilfe.*

Die folgenden drei Karten von Gerhard Ising mögen den Bildungsprozeß des standarddeutschen Wortschatzes illustrieren. Sie basieren auf einer Untersuchung von Bibelübersetzungen (Kreise) und Glossaren (Quadrate) des 14. und 15. Jh.s. Die Formen aus Luthers letzter Bibelausgabe stehen in der rechten Ecke, die Gesamtzahl der den Karten zugrundeliegenden Vorkommen in der Mitte unten. 1 ist die für Matthias von Beheim im Jahre 1343 angefertigte Übersetzung (s. 5.3.3 (vi)), 2 die Lübecker Bibel von 1494, 3 die Mentelin-Bibel von 1466, 4 der Neudruck von Zainer aus dem Jahre 1475. Die erste Karte, die die Übersetzung von *figulus* ‚Töpfer' darstellt, zeigt, wie Luthers Vorbild zur Aufnahme eines ostmdt. Wortes als Ausdruck der Standardsprache führte; die zweite Karte illustriert die deutschen Synonyme für *arare* ‚pflügen' und zeigt Luthers

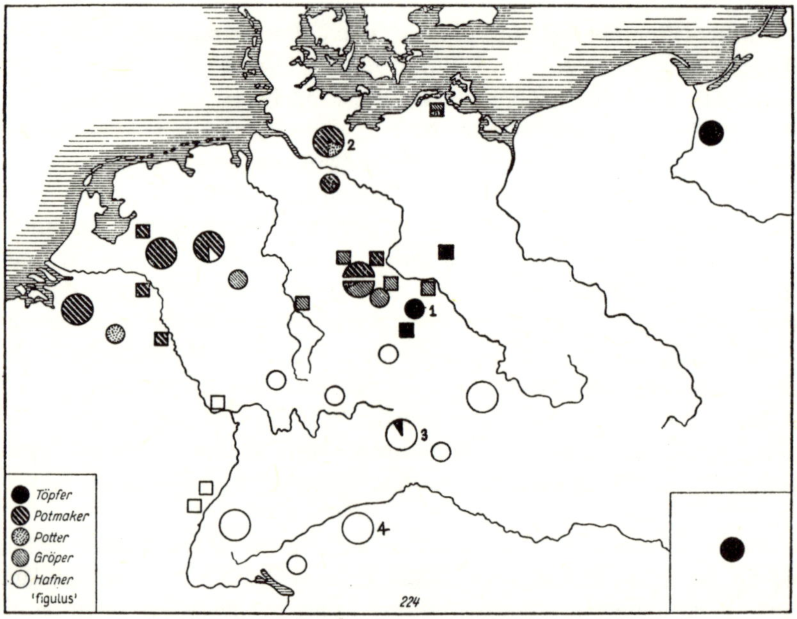

Abb. 13: Frühneuhochdeutsche Synonyme für ‚Töpfer'

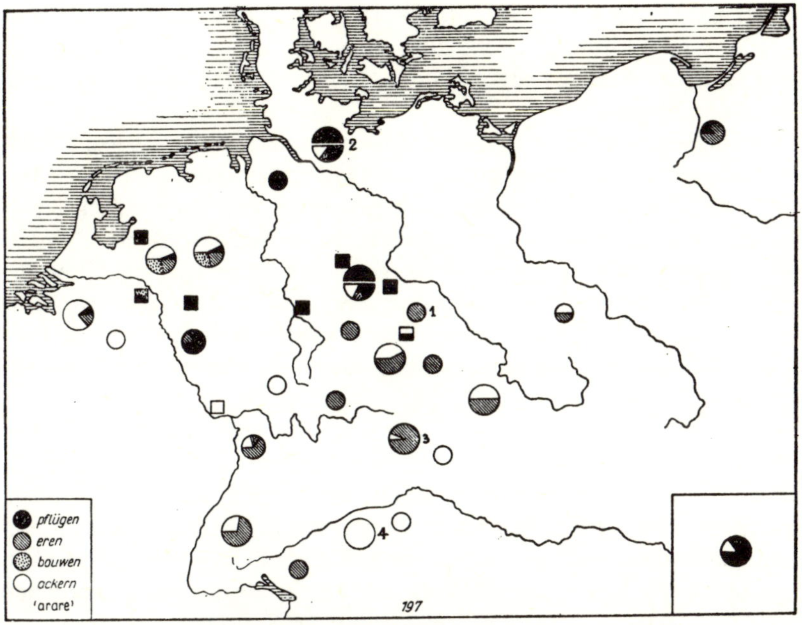

Abb. 14: Frühneuhochdeutsche Synonyme für ‚pflügen'

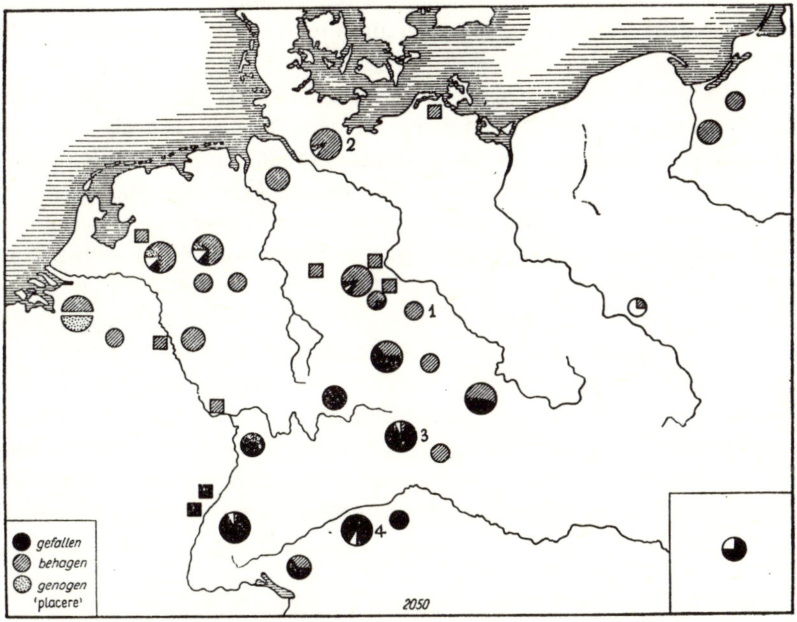

Abb. 15: Frühneuhochdeutsche Synonyme für ‚gefallen'

Bevorzugung eines norddt./mdt. Wortes; die dritte Karte, zu *placere* ‚gefallen', zeigt Luthers Bevorzugung eines ostfrk. und süddt. Ausdrucks, *gefallen*, neben dem das ndt. und mdt. *behagen* ebenfalls in den Standardwortschatz einging.

Ein interessantes Beispiel für die Umstrukturierung eines ganzen Wortfeldes liefern die Beziehungen für die angeheiratete Verwandtschaft. Das mittelalterliche Deutsch besaß einfache Wurzeln: mhd. *swiger* ‚Schwiegermutter', *sweher* ‚Schwiegervater', *snur* oder *snuor* ‚Schwiegertochter', *eidem* ‚Schwiegersohn', dazu *swāger* ‚Schwager' oder ‚Schwiegervater' und *geschwei* ‚Schwager' oder ‚Schwägerin', die etymologisch und semantisch mit einigen aus der vorhergehenden Gruppe konkurrierten. Lautliche Entwicklungen untergruben die Unterscheidungsmöglichkeit der mit *sw-* anlautenden Formen.
Die Undurchsichtigkeit dieser Wörter ließ viele semantische Übergänge und Kontaminationen zu, und die Homophonie von *snur* ‚Schwiegertochter' und *snur* ‚Schnur' schwächte einen Partner noch weiter. Allmählich, ausgehend vom Norden, begannen die neuen durchsichtigen und klassifikatorischen Komposita mit *Schwieger-*, vielleicht die wichtigsten Bezeichnungen für die angeheiratete Verwandtschaft, die dunkel gewordenen ererbten Wörter zu ersetzen: *Schwiegermutter, Schwiegervater, Schwiegertochter* und *Schwiegersohn*, obschon *Schwager* und die neue Ableitung *Schwägerin* die Verbindung mit dem alten lexikalischen System aufrecht erhalten.

(ii) In *semantischer* Hinsicht reflektiert der Wortschatz die großen kulturellen und geistigen Bewegungen der Zeit ebenso wie die internen Strukturveränderungen auf der Bedeutungsebene. Das Wort *Beruf* gab anfänglich die Idee der ‚Berufung', wie sie von Mönchen und Klerikern erfahren wird, wieder. Mit dem Lutherischen Begriff der allgemeinen Priesterschaft aller wahrhaft Gläubigen erweiterte sich die Bedeutung, so daß der Bezug auf alle gesellschaftlichen Stände möglich wurde; als es schließlich sekularisiert war, wurde es der übliche deutsche Ausdruck für ‚Beschäftigung'. Die mittelalterliche Bedeutung von *Arbeit* betonte die Komponenten ‚Sorge, Mühsal', welche jene ertragen mußten, die ihr Leben nicht der Kontemplation gewidmet hatten. Luthers Begriff der Rechtfertigung allein durch den Glauben entfernte dies Hindernis und gab der ‚Plage' aller dadurch Würde, daß er sie zur Idee hingebungsvollen und pflichterfüllten Bestrebens erhob. Andere, die Bedeutung von Wörtern formende Schlüsselbegriffe der Reformatoren, beeinflußten beispielsweise *Glaube, Gnade, Sünde, Buße, fromm, evangelisch.* Neue, zuerst in dieser Zeit belegte Bedeutungen haben: *anfahren* im Sinne von ‚in heftigem Ton zurechtweisen'; *fassen* ‚verstehen'; *entrüstet* ‚wütend'; *verfassen* ‚schreiben'; *elend* ‚beklagenswert', früher ‚fremd, verbannt'; *Hort* ‚Schutz, Zuflucht', in diesem Sinne von Luther gebraucht, früher nur ‚Schatz', vgl. engl. *hoard; Bube* in abschätzigem Sinne von ‚Schuft' wurde so von Luther und anderen mdt. Autoren gebraucht und ging ins Standarddeutsch ein, während obdt. Mundarten die Bedeutung ‚Junge' bewahrten; *drucken* und *setzen* bekamen die neuen Bedeutungen ‚drucken' und ‚(Drucktypen) setzen' zusätzlich zu ihrer ererbten Bedeutung, obwohl diese schließlich von der mdt. Form *drücken* getragen wurde, während obdt. *drucken* die Spezialbedeutung aus dem Bereich des Druckwesens übernahm; *Braut*, ursprünglich ‚frisch verheiratete Frau' wie im Englischen, wurde von Luther im Sinne von ‚Verlobte' gebraucht wie heute im Standarddeutsch; *queck, keck* wandelte seine Bedeutung von *‚lebendig, frisch'* zu *‚arrogant, dreist'; e (ehe)* machte eine Bedeutungsverengung durch und verlor die einstige Bedeutung ‚Gesetz'; *fromm*, einst ‚nützlich, geeignet, fähig' veränderte sich zu ‚ergeben' im religiösen Sinne; *evangelisch, Konfession, Reformation*, alle Lehnwörter aus vorfrnhd. Zeit, erlangten ihre heutige Spezialbedeutung als Folge der Reformation. Während mhd. *kriec* mehr oder weniger dem ndh. *Streit* entspricht, wurde mhd. *strīt* in der höfischen Literatur im Sinne von ‚Krieg' gebraucht. Eine Neuordnung dieses Bedeutungsfeldes unter Einschluß von *Zank* und *Zwist* fand nach dem Verfall der ritterlichen Kultur statt.

Das altdt. Wort für Körper war *Leichnam* (ahd. *lichenamo*), neben dem es einen Unterbegriff *Leib* (mhd. *līp*) gab mit der Bedeutung ‚lebender Körper, Leben'. Da *līp* immer öfter für *corpus* gebraucht wurde, verlor *Leichnam* die Bedeutungskomponente ‚lebender Körper', wodurch sich die heutige Verteilung von *Leib* und *Leichnam* allmählich herausbildete.

Im Mhd. war *siech* der Gegenbegriff (Antonym) zu *gesund*, der zu *stark* war *krank*, während *schwach* die Bedeutung ‚erbärmlich, unedel' hatte. Wiederum bestand hier ein eingelagerter Unterbegriff als Bedeutungselement (Hyponymie) in dem Sinne, daß wer ‚krank', auch *krank* (nicht stark) war und wer ‚schwach', auch *schwach* (erbärmlich, unedel) war. Im Norden griff *krank* („schwach') immer stärker auf *seke* über. Vielleicht stützte die Tatsache, daß lat. *infirmus* sowohl ‚krank' wie ‚schwach' bedeutet, *krank* gegenüber *seke*, das präziser war. Luther brachte die Antonyme *krank* und *gesund* in die sich ausbildende Standardsprache und gab *siech* dem Vergessen anheim. Für ‚schwach' gebrauchte er nicht mehr *krank*, sondern *schwach*.

Zweifellos übernahmen in einer Zeit starken auswärtigen Einflusses viele bestehende deutsche Wörter die Bedeutung ihrer fremden Entsprechungen, so z.B. *geselleschaft* die Bedeutung ‚Handelsorganisation' vom ital. *compagnia. Semantische Entlehnung* war besonders in den sich entwikkelnden deutschen Fachsprachen verbreitet. Das Problem ist jedoch für die Zeit kaum untersucht worden. Der Vorgang kann beispielsweise an der Sprache der Mathematik beleuchtet werden, in der es, neben vielen anderen, die folgenden Beispiele dafür gibt, wie ein vorhandenes deutsches Wort eine zusätzliche fachliche Bedeutung vom entsprechenden lat. Fachausdruck übernimmt: *ähnlich (similis); Aufgabe (problema); berühren (tangere); beweisen, Beweis (demonstrare, demonstratio); Bruch (fractio); Ebene (planum); Fläche (superficies); gegeben (datum); gerade, ungerade (par, impar, linea recta); gleich, Gleichung (aequalis, aequatio); Kegel (conus); Kugel (sphaera); Sehne (chorda); Seite (latus); teilen (dividere); Winkel (angulus); Würfel (cubus); Wurzel (radix).* Die Lehnbedeutung muß natürlich in Verbindung mit der Lehnübersetzung und der Fremdwortentlehnung gesehen werden. Zusammen ergaben sie einen Vorgang, der das Deutsche in die Lage versetzte, ein allem angemessenes Kommunikationsmedium zu werden.

(iii) Es gab auch viele *Lehnübersetzungen* im weiteren Sinne des Wortes, nämlich die Teil-für-Teil-Übersetzung, die freiere Lehnübertragung und viele völlig freie Lehnschöpfungen. Das Studium der klassischen Antike durch die Humanisten, der rasche Fortschritt der Naturwissenschaft sowie die Aufnahme des Römischen Rechts, all dies zusammen mit dem zunehmenden Gebrauch des Deutschen als Schreibmedium brachte sowohl groß angelegte Entlehnung fremden Vokabulars wie Übersetzung in den heimischen Wortschatz hervor. Unter den Lehnübersetzungen dieser Zeit finden sich (die Wörter werden, wo möglich, in ihrer heutigen Form wiedergegeben): *abwesend (absens); Eigenname*, 1530 von Kolroß als *eygene name < nomen proprium* gebraucht; *Gegenbild < (antitypus); Gegensatz (oppositio); Gesichtskreis (Horizont); Gesprächsbüchlein*, von U. von Hutten für *dialogus* gebraucht; *gleichmütig*, bei Luther 1528 < *aequanimus; Irrgarten*, 1547 < *Labyrinth; Jahrbuch*, 1537 < *annales; Menschenfeind*, 1540 < *misanthropus; Mitlaut(er)*, bei Fabian Frangk (1531) für *‚Konsonant'*, ebenso *Selbstlaut(er)* für ‚Vokal'; *Mitschüler*, 1521 < *condiscipulus; Muttersprache < lingua materna*, ein zuerst im 12. Jh. in Nordfrankreich belegter Ausdruck mit Bezug auf das im Schwinden begriffene Fränkisch, das damals noch Haussprache war und von den Müttern gelernt wurde; *mueterstat < metropolis*, eine mißglückte Übersetzung von Aventinus (1528); *myßhoffnung < desperatio; obliegen < incumbere; Säugling < lactens*, von Luther in die Schriftsprache eingeführt; *Schauplatz*, Luther (1522) < *theatron; Seltenheit < raritas*, für älteres *seltsæne; tachmeister*, eine mißlungene Übersetzung von *architectus; Unterredner*, bei U. von Hutten für *interlocutor; Vollmacht*<*plenipotentia; Wohlwollen*<*benevolentia; Zeitgenosse*<*synchronus*, bei Sebastian Franck (1531).

Einige italienische Ausdrücke des Handels wurden in ähnlicher Weise übersetzt: *lettera di cambio*>*Wechselbrief; tenere i libri*>*büecher halten*> *Buch halten, Buchhalter* usw.; *chiudere i conti*>*Rechnung schließen (abschließen).*

Die Fachsprache, bei der das Deutsche gerade im Begriff war, sich vom Lateinischen freizumachen, bietet wiederum die größte Zahl an Beispielen. Aus der Sprache der Mathematik seien genannt: *abziehen* (<*subtrahere*), zuerst oft in der Doppelform *subtrahieren oder abzien*; für *‚parallele Geraden'* gebrauchte Dürer *Barlinien*, für *‚Parabel' Brennlinie*, für *‚Ellipse/-is' Eierlinie; einschreiben* (<*inscribere*); *Mittelpunkt*, eine Lehnübertragung von *centrum; Nenner* (<*denominator*); *Rechenkunst*, eine Lehnschöpfung für *arithmetica; rechter Winkel* (<*angulus rectus*), *spitzer Winkel* (<*angulus acutus*), *stumpfer Winkel* (<*angulus obtusus*); *Teiler* (<*divisor*); *umschreiben* (<*circumscribere*); *vielfältigen*, später *vervielfältigen* für *multiplicare; Zähler* (<*numerator*); und für *quadrangulum, sexangulum, octangulum* stehen *Viereck, Sechseck* und *Achteck.*

(iv) Das humanistische Interesse an der Philologie führte zu den ersten Werken der Lexikographie. Es waren die lateinisch-deutschen Wörterbücher des Schweizers Petrus Dasypodius, dessen *Dictionarium Latino-germanicum vice versa Germanico-latinum*, zuerst veröffentlicht zu Straßburg im Jahre 1535, in den folgenden zwei Jahrhunderten viele Auflagen erlebte, und des Hessen Erasmus Alberus mit dem Titel *Novum dictionarii genus*, zuerst Frankfurt am Main 1540. Im Gegensatz zu den Glossaren vom 8. bis zum 15. Jh., ließen diese neuen Werke der Lexikographie dem Deutschen mehr als nur die Rolle einer Dienstmagd zuteil werden und zeigten Verständnis für die noch immer in regionale Varianten aufgeteilte gemeindeutsche Schriftsprache.

6.9.2 Lehngut

Die Schaffung des Deutschen als ein voll emanzipiertes volkssprachliches Medium fand zu einer Zeit statt, als die Humanisten die unermeßliche Schatzkammer der klassischen Antike auftaten. Anstatt sich nur auf Wortableitung und -zusammensetzung, auf Lehnbedeutungen und Lehnübersetzungen im weiteren Sinne des Wortes zu verlassen, konnte das Deutsche auf diese Weise den Weg dadurch abkürzen, daß es direkten Zugang zum gelehrten Wortschatz des Lateinischen gewann. Dieser zweisprachig erzogene Kreis führte das Deutsche dem gemeinsamen europäischen Patrimonium zu und schuf jenen internationalen Teil des deutschen Wortschatzes, den die sich entwickelnden Wissenschaften benötigten. Obwohl dadurch eine Kluft zwischen Gebildeten und Ungebildeten aufgetan wurde, sollte diese sich durch jahrhundertelangen Unterricht verringern und umbilden von einer Teilung zwischen heimischem und fremdem Wortschatz zu einer zwischen allgemeinem und fachsprachlichem. Jedem Sprecher einer gegenwärtigen europäischen Sprache ist ein großer Teil ihres Wortschatzes unbekannt, nicht weil er fremder Herkunft ist, sondern weil der Sprecher die Spezialbedeutungen nicht kennt, für die jener Teil des Wortschatzes das sprachliche Medium darstellt. Daß den Zeitgenossen das durch umfangreiche Entlehnung gestellte Problem bewußt war, zeigt sich an vielen Bemerkungen, wie z. B. der Dürers in seiner *Vnderweysung der Messung*: ‚Den ersten [Kegel-] schnyt heysen die gelerten Elipsis . . . Die Elipsis will jch ein eyer lini nennen.‘ Sein Hinweis auf *die gelerten* verweist auf die lückenhafte Bildung, die er durch seine Lehnschöpfung *eyer lini* für *ellipsis* zu überbrücken versuchte. Umfangreiche Fremdwortentlehnung wurde jedoch ein charakteristisches Kennzeichen der Zeit. Im Jahre 1571 erschien zu Augsburg das erste Fremdwörterbuch (Simon Roth, *Ein Teutscher Dictionarius daz ist ein außleger schwerer vnbekanter Teutscher, Griechischer, Lateinischer, Hebräischer, Welscher vnd Französischer etc. Wörter*), das gegen zweitausend, hauptsächlich lat. Lehnwörter registrierte. Wenn es auch einige Humanisten gab, die sich gegen Fremdwörter im Deutschen aussprachen, wurde bis ins frühe 17. Jh. Purismus als solcher kein Kennzeichen der deutschsprachigen Szene. Luthers Haltung war wahrscheinlich weithin charakteristisch für die schöpferische Entlehnungsphase des 15. und frühen 16. Jh.s im Gegensatz zur manieristischen Phase zur Zeit des Dreißigjährigen Krieges. Er kümmerte sich nicht um die Herkunft eines Wortes, er wollte den richtigen Sinn vermitteln und für seine Landsleute verständlich sein. So zog er die Fremdwörter *Apostel* und *Prophet* den heimischen *bote, zwelfbote* und *weissage(r)* vor, weil sie eine präzisere fachsprachliche Bedeutung vermittelten. Bei einem seiner Tischgespräche erklärte er: ‚Apostoli, Epistel, Euangelistae, Engel sind als geste gewesen in germanica lingua ante Ecclesiam Christianam, iam habent burgerrecht gewonnen.‘ Worauf es ihm ankam war also, daß die Wörter eine Funktion haben und durch Gebrauch zu heimischen, also verständlichen werden sollten.

Das Zitat zeigt auch, wie im gelehrten Gespräch unter zweisprachig Gebildeten von den Mitteln beider Sprachen Gebrauch gemacht wurde. Im großen und ganzen wurden im wesentlichen lat. Substantive entlehnt, wie im folgenden Satz Luthers: ‚In den *casibus* sihet man, das das liebe *coniugium* einer guten *benedictio* bedarff' (B. Stolt, S. 120). Zuerst neigten sie zu artikellosem Gebrauch und lat. Deklinationsweise. Dann schlich sich der deutsche Artikel ein, und der Nom. Sg. wurde für alle Singularkasus gebraucht. Schließlich verschwand auch die lat. Pluralbildung, und die lat. Endung wurde durch eine im Deutschen übliche ersetzt, z.B. *-tio* durch *-tion, -atio* durch *-atz, -tas* durch *-tät, -entia/-antia* durch *-enz/-anz* und das Adjektivsuffix *-alis* durch *-alisch.* Die Einverleibung von Verben wurde durch die Endung *-ieren* gefördert, die aus dem Mhd. stammt (s. 5.6.4) und manchmal zu *-isieren* erweitert wurde. In dieser Zeit sind über dreihundert solcher Verben gezählt worden. Der folgende Satz aus Luthers *An den christlichen Adel* zeigt die verschiedenen Assimilationsstadien: ‚Drumb wo es sein mocht, zuscheyden die hedder vnd krieg, das der primat in Germanien ein gemein Consistorium hielte, mit auditoribus, Cantzelern, der, wie zu Rom, signaturas gratiae vnnd iustitiae regiret, zu wilchem durch Appellation die sachen in deutschen landen wurden ordenlich bracht vnd trieben.'

Die Menge des aus dem Lat. Entlehnten war so groß, daß es natürlich unmöglich ist, mehr als einige wenige Beispiele aus repräsentativen semantischen Bereichen anzuführen.

(i) *Lateinischer Einfluß*

Da das Lat. zu jeder Zeit Lehnwörter lieferte und Kontinuität schwerlich festzustellen ist, ist es oft unmöglich anzugeben, zu welcher Zeit ein bestimmtes Lehnwort ins Deutsche kam und sich ununterbrochen behauptete. Die folgenden Beispiele stammen mit ziemlicher Sicherheit aus frnhd. Zeit (die Wörter sind in ihrer heutigen Form aufgeführt). Wörter griechischer Herkunft sind in der folgenden Liste enthalten, da die meisten über das Lat. ins Deutsche kamen.

Kirche und Religion
Bibel, Blasphemie, Doktrin, Kapitel, Kaplan, Kardinal, Legat, Minister, Ministerium, Mirakel, Observanz, Patriarch, Prädestination, Predikant, Religion, Sekte, Skandal, Symbol, Testament, Theologe, Theologie, Zeremonie.

Bildung und Gelehrsamkeit
Absenz, Akademie, Alphabet, Argument, Artist (Mitglied der artes-Fakultät, auch ‚Künstler'), *Assistent, Auditorium, Autor, Bibliothek* (früher *Liberey*),*Definition, Dekan, Dialektik, Dialog, Direktor, Disputant, Disputation, (Disputatz), Doktor, Eloquenz, Epistel, Examen, Exemplar, Fakultät, Ferien, Fraktur, Geographie, Gymnasium, Humanität, Kalender, Kandidat, Katheder, Klasse, Kollegium, Kommentar,*

Kompendium, Konsequenz, Korrektur, Logik, Manuskript, Pensum, Philosoph(ie), Primaner (*Sekundaner* usw.), *Professor, Qualität, Realist, Rektor, Revision, Rhetorik, Scholar, Skribent, Sophist, Spekulation, Stipendium, Summa, Talar, Tradition, Tyrannei, Vikar.* Unter den vielen Verben auf *-ieren* kamen vor: *artikulieren, deklamieren, demonstrieren, gratulieren, korrigieren, präparieren, repetieren, rezitieren.*

Studenten entwickelten ihren eigenen Jargon. Einige Ausdrücke sind fester Bestandteil der Sprache geworden: *burschikos, fidel, Gaudium, Jux, Karzer, Kommers, Moneten, Pfiffikus, Prosit, Silentium.*

Philologie
Akzent, Diphthong, Etymologie, Konjugation, Konsonant, Orthographie, Parenthese, Punkt, Verbum, Vokabel, Vokal.

Recht und Verwaltung
Administration, Akte, Alimente, Amnestie, Archiv, Arrest, Assessor, Audienz, Auktion, authentisch, Delinquent, Deportation, Deputation, Disposition, Exekution, Familie, Fiskus, Formular, Hypothek, Immunität, Instanz, Instruktion, Inventar, juristisch, Justiz, Kanzlei, Kaution, Klausel, Konferenz, Kontrakt, legal, Legalität, Legation, Magistrat, Mandat, Monarch, Nation im heutigen Sinne, synonym mit *teutsche zunge*, ersetzte die mittelalterliche Bedeutung ‚regionale Studentengruppierung an einer Universität‘, *Patent, Polizei* (frnhd. ‚Ordnung‘ < lat. *policia*), *Prärogativ, Protestation, Regent, Residenz, Skrupel, Termin, Tribut.* Verben: *adoptieren, annektieren, annullieren, approbieren, disponieren, instruieren, kompromieren, konfiszieren, korrumpieren, protestieren, ratifizieren, rebellieren, subskribieren, suspendieren, transferieren, transportieren.* Viele davon wirken heute eher veraltet.

Wissenschaften allgemein
Wörter, die von Paracelsus eingeführt worden sein sollen, sind durch (P) markiert. *Absolut* (P), *aktiv, alchimistisch* (P), *animalisch* (P), *aromatisch, Arsenik* (P), *Asphalt, Astrologie, Äther* (P), *Atlas, Bestie, chirurgisch* (P), *Distanz, Effekt, elektrisch* (P), *Elevation, Elixier* (P), *Embryo* (P), *Epilepsie* (P), *Essenz, Extrakt, Ferment* (P), *Fixstern, hermaphroditisch* (P), *Horizont, Infektion* (P), *Insekt, Inspiration* (P), *Irregularität, Klima, Koagulation* (P), *Kolik, Kuriosität, Laboratorium* (P), *Medizin, Mikrokosmos* (P), *Operation, Opium, orientalisch, Ozean, passiv, Pest, Pestilenz, Petroleum, Phlegma, physikalisch* (P), *Position, Prinzip(ium), Psychologie, Quintessenz* (P), *Region, Spiritus, Sterilität* (P), *subtil* (auch mhd.), *Subtilität, Temperament* (P), *Temperatur, Zentrum.* Verben: *determinieren, experimentieren, imaginieren, purgieren, reduzieren.*

Mathematik
Algebra, Algorismus, Algorithmus, Arithmetik, Basis, Diagonale, Differenz, Dimension, Ellipsis(-e), Fazit, Hyperbel, Hypotenuse, Corpus > *Körper, Mathematik, minus, Minute, Null, oval, Parabel, parallel, plus, Polygon, Primzahl* (< *numerus primus*), *Probe* (< *proba, probatio*), *Produkt, Proportion, Pyramide, Quadrat, Quantität, Quotient, Rhomboid, Rhombus, Sektor, Sinus, Stereometrie, Trapez, Ziffer* (< lat. *cifera* ‚das Nichts, die Null‘ < dem Arabischen), *Zylinder.* Und die Verben: *addieren, dividieren, multiplizieren, probieren, subtrahieren.*

Kunst
Allegorie, Aphorismus, Architektur, Dekoration, Komödie (comedi), Komponist, Perspektive, Poet, Prolog, Symphonie, Tragödie (tragedi) und die Verben: *florieren*, ‚schmücken', *inkorporieren, stenzilieren, temperieren* ‚Farben im richtigen Verhältnis mischen'.

Im 16. Jh. war es auch üblich, die Monate mit den lat. Bezeichnungen zu benennen, z. B. *Januarius, Februarius* usw. Allmählich verloren sie die lat. Endung. Ältere eingedeutschte Formen wie *Jänner* oder dt. Wörter wie *Hornung* wurden nur noch mundartlich gebraucht oder veralteten.

(ii) *Französischer Einfluß*

Er erreichte seinen Höhepunkt im 17. und 18. Jh. Sogar im 15. und 16. Jh. führte die französische Vorherrschaft in der Kunst bequemen und luxuriösen Lebens und im Militärwesen zu Hunderten von Lehnwortimporten. Viele bezeichneten Modegegenstände des Zeitalters wie Textilien und Rohstoffe und sind wieder verschwunden. Von denen, die überlebt haben, mag die folgende Liste ein Beispiel liefern.

Allgemeine kulturelle Entlehnungen
Appetit, Autorität, Bankier, Barbier (vielleicht aus dem Ital.), *Barett, Biskuit, Boi* ‚Wolltuch' <afrz. *baie* (>engl. *bay, baize*), *Bordell, Bordüre, Büffel, doppelt* (frnhd. *doppel*<frz. *double*), *Fabrik, Faktorei, Fasson, fatal, favorisieren, Finanz* (frnhd. ‚Betrügerei' <frz. *finance* oder lat. *financia*), *Firlefanz, frank, Franse, Frikassee, Garderobe, Gardine, Herold* (<afrz. *heralt*, frz. *héraut*, durch Volksetymologie frnhd. >*Erenhold*), *Jacke, Juwel* (afrz. *joël*>mittelniederl. *juweel*), *Kandis(zucker), Klavier, Koffer, Konterfei* ‚Bild' <frz. *contrefait, Kordel, Kurtisane* (im Frnhd. auch mask. für ‚Höfling', ursprünglich aus ital. *cortigiano*), *Lakai, Letter, liefern, liquidieren, Manier, Marzipan* (vielleicht aus dem Ital.), *Medaille, Melone* (vielleicht aus dem ital. *mellone*), *Morast, Muff* (frnhd. *Muffel*<frz. *moufle*), *Mummerei, nett, Orange, Partie, Paß, passen, passieren, Pinte, pissen, Planke, Polier, Pomp, Pott, Profit, Puder, Pumpe, pur, quittieren, Quittung* (frnhd. *quitantz*<afrz. *quitance*), *Reputation, Revier* (afrz. *riviere* ‚Fluß', ursprünglich ‚Gebiet' längs eines Flusses), *Sauce* (heute *Soße*), *Sekt* (frz. *vin sec*, auch >engl. *sack*), *Serviette, Sorte* (oder aus ital. *sorta*), *(aus)staffieren* (afrz. *estofer* ‚ausrüsten'), *Taille, Tapisserie, Tasse, Uhr.*

Militärische Ausdrücke
Armee, Artillerie, Attacke, Bagage, Barrikade, Batterie, blockieren, Bresche, defensiv, exerzieren, Flanke, Front, Furage, Furier, galoppieren, Garde, Garnison, General, Infanterie (urspr. aus dem Spanischen), *Ingenieur, Kaliber, Kamerad, Kanaille, Karabiner, Kartusche, Kavallerie, Kommandeur, kommandieren, Kommiß, Kompanie, Korporal, Kürassier, Lafette, Leutnant, Marschall, marschieren, massakrieren, Meute, Meuterei* (<afrz. *muete, meute* ‚Aufruhr'), *Mine, Munition, neutral, offensiv, Offizier, Palisade, Parade, Partisan* (urspr. aus ital. *partigiano*), *Patrone, Pike, Pistole, Rapier, Rapport, Regiment, rekognoszieren, Rekrut, Runde, Salve, Spion, Troß, Truppe.*

Dies sind nur einige Beispiele aus dem Militärwortschatz der Zeit, der überlebt hat. Es gab viele weitere Lehnwörter, so z.B. für Waffen, die inzwischen veralteten, viele wurden später verworfen, beispielsweise *armieren, bataille, combat, occasion* ‚Schlacht', *parlamentieren* ‚unterhandeln', *ranzon* ‚Lösegeld', *retirieren* ‚sich zurückziehen', *salvieren* ‚retten', *trenchee* ‚Graben'.

Die à-la-mode-Zeit im 17. Jh. erlebte eine gesellschaftliche Höflichkeit, die von allem Französischen völlig verzaubert war. Der Gebrauch frz. Wörter und ganzer frz. Sätze geriet vielen Angehörigen der höfischen Gesellschaft zur Künstelei, während in einigen Kreisen und Höfen das Französische sogar zum üblichen Konversationsmedium wurde. Von den unzähligen Lehnwörtern der Zeit haben die folgenden überlebt: *adieu, Allee, Bagatelle, Charge, Dame, Diskurs, dissimilieren, Etage, express, Exzellenz* (vielleicht aus dem Lat.), *Favorit, Finesse, Finte, frisieren, Galanterie, Gavotte, Kavalier, Kompliment, Konversation, Mätresse, Miene, Mode, nobel, Offerte, Page, Parfüm, Perücke, pikant, rar, scharmant, Serviteur, tranchieren, Trubel.*

(iii) *Italienischer Einfluß*

Marjatta Wis, deren Studie über ital. Lehnwörter im Deutschen die Zeit von 1350 bis 1600 erfaßt, registriert fast neunhundert Italianismen. Die meisten von ihnen sind kurzlebige Entlehnungen, die in Übersetzungen aus dem Italienischen oder in Reisebüchern über Italien begegnen. Die Handels- und Kulturbeziehungen zwischen Italien und Deutschland jedoch waren in dieser Zeit sehr eng. Italienische Städte, vor allem Venedig, waren führende Handelszentren, in denen Deutsche moderne Methoden des Handels lernten und selbst Handel trieben. Italienische Universitäten zogen viele Studenten aus Deutschland an. Künstler saßen italienischen Meistern zu Füßen. Schließlich brachten die Kriege, die Maximilian I. und Karl V. in Italien führten, deutsche Armeen nach dort und machten sie mit italienischen Methoden der Kriegführung bekannt. Von den annähernd neunhundert Italianismen waren im 14. Jh. nur 2,7 Prozent belegt. Sie stiegen im 15. Jh. auf 39 Prozent an, und die Hauptmasse (58,3 Prozent) drang im 16. Jh. ins Deutsche vor. Es ist oft sehr schwierig zu sagen, ob ein bestimmtes Wort aus dem Italienischen oder dem Französischen stammt. So könnte dt. *Rest* entweder vom frz. *reste* oder vom ital. *resto* stammen. Bisweilen zeigt die frühest belegte Form ital. Herkunft, z.B. *bischoten* (<*biscotto*), doch die spätere Form *Biskuit* weist auf Neuentlehnung aus dem Frz. oder auf Neubildung unter frz. Einfluß.

Viele ital. Wörter, besonders jene, die mit dem Mittelmeerhandel zu tun hatten, waren orientalischer Herkunft.

Die inhaltlich größte Gruppe bilden die Ausdrücke des Handels. Sie setzt sich zusammen aus Wörtern für Produkte, Stoffe, Weine, Gewichte, Maße und Münzen. Die zweitgrößte Kategorie bilden Ausdrücke für Navigation, Schiffe, Schiffsteile, Ausrüstung, Winde, Küstenlinien usw. Wörter aus dem Bereich der Musik und anderen kulturellen Gebieten kamen in großer Menge erst seit der zweiten Hälfte des 17. Jh.s ins Deutsche, als der ital. Einfluß auf die Höfe Süddeutschlands am größten war.

Unter den frnhd. Entlehnungen, die das Deutsche auf Dauer bereicherten, finden sich:

Alarm (<*all'arme* ‚zu den Waffen', entwickelte sich auch zu Lärm), *Alefanz, Alt, Armada, Arsenal* (urspr. <Arab.), *Artischocke, Bandit, Bank, Bankett, Bankrott, Baß, Bilanz, brutto, Damast* (frnhd. *damasch*<*damasco*), *Dattel, Diskont, dito, Dukaten, Fagott, Fratze, Galeasse, Galeere, Galerie, Galopp, Gant, Gazelle, Giro, Gondel, Granate, Grotte, Havarie, Kamin, Kanal, Kanone, Kap, Kapriole, Kapuze, Karawane, Kartoffel* (<Ital. *tartufoli*, aus dem frühen 17. Jh. mit unerklärtem späteren Wechsel von *t-*>*k-*), *Kasse, Kommando, Konto, Konzert, Kornett, kredenzen, Kredit, Kuppel, kurant, Lagune, Lazarett, Levante, Madrigal, Magazin, Mameluck, Marketender, Maske, Matratze, Million, Mosaik, Moschee, Motette, Muskete, Muster, netto, Olive, Pantoffel, parieren, Pasquill, Passagier, Pilot, Pokal, Pomade, Pomeranze, Porzellan, Post, Postillion, Proviant, Punzen, Rakete, Rest, Rhabarber, Salat, Sardelle, Sardine, Schachtel, Scharlatan, Schwadron, Soldat, Soldateska, Sonett, Spachtel, Spagat, Spargel, Spaß, spedieren, Spinat, Stafette, Stiefel, Strapaze, Tapete, Tenor, Tratte, Wirsing, Zitadelle, Zitrone.*

(iv) *Spanischer Einfluß*

Er zeigt sich vor allem an einigen exotischen Wörtern, die die Spanier von ihren Seereisen und Eroberungen in der Neuen Welt mit nach Europa brachten. Es ist schwierig, den genauen Weg auszumachen, auf dem diese Wörter das Deutsche erreichten. In einigen Fällen waren das Frz. oder Niederl. die Vermittler. Da jedoch diese Lehnwörter ihren Import nach Europa schließlich dem Spanischen verdankten, müssen sie als Zeugen für den spanischen Einfluß während dieser Zeit registriert werden: *Alligator* (vielleicht über das Frz.), *Alpaca* (frnhd. *Paco*), *Armada* (oder <Ital.), *Eldorado, Fregatte* (wohl über das Frz.), *Guano, Hängematte* (span. *hamaca*, frz. *hamac*>niederl. *hangmak, hangmat* durch Volksetymologie, davon *Hängematte* im Dt.), *Jasmin* (aus dem Persischen), *Kakao, Kannibale, Kokain* (frnhd. *Coca*), *Kondor, Lama, Mais, Mestize, Moskito, Neger* (viell. auch <Frz.), *Schokolade* (übers Niederl.), *Tabak, Tomate* (viell. auch über andere Sprachen).

(v) *Niederländischer Einfluß*

Im 17. Jh. gelangten die Niederländer rasch zu einer hervorragenden Stellung in Handel und Seefahrt. Einige dt. Wörter zeigen durch ihre Sprachform Entlehnung aus dem Niederl. Gar nicht wenige kamen von weiterher und waren selbst Lehnwörter im Niederl. An Lehngut aus dem Niederl. findet sich im Frnhd.:

Aktie, Almanach, Boje, Börse, bugsieren, Büse, Dose, Düne, Flinte (viell. aus dem Schwed.), *Hai, Harpune, Kajüte, Kante, Kaper, Karotte, Klippe, Koje, lavieren, Lotse, Lotterie, Matrose, Niete* ‚Fehllos', *Reuter, Staat, Stellage, Stüber, Süden, Tulpe.*

(vi) *Osteuropäischer Einfluß*

Das früheste Lehngut aus dem Slawischen kam vom Pelzhandel. Die deutsche Ostwanderung führte zu einer beträchtlichen Bevölkerungsvermischung und einer gewissen Menge an Fremdwortentlehnungen. Die meisten dieser Wörter kamen nicht über die östlichen Mundarten hinaus, doch einige gelangten in die Standardsprache. Die Hussitenkriege und der Dreißigjährige Krieg brachten weiteres Lehngut aus den slawischen Sprachen. Einige Wörter stammten aus dem Türkischen oder aus nichtslawischen Sprachen. An Lehngut aus dem Osten, das in die Standardsprache gelangte, kommen vor:

Dolch (ungewiß), *Dolmetsch* (<Ungar.<Türk.), *Graupe, Grenze, Grippe, Gurke, Halunke, Haubitze, Horde* (<Tartar.), *Husar, Jauche, Jause* (ein Austriazismus), *Kalesche, Kren* ‚Rettich' (östl. Süddt.), *Kürschner* (in ahd. und mhd. Zeit entlehnt), *Kutsche, Nerz, Peitsche, Petschaft, Popanz, Preisel(beere), Quark, Quarz, Reizker, Säbel, Scharwenzel, Schmetten* (im Frnhd. mundartlich für ‚Sahne', doch daraus die Ableitung *Schmetterling* gelangte in die Standardsprache), *Stieglitz, Tolpatsch, Tornister, Trabant, Trafik, Wallach, Zeisig* (zuerst im Mhd.), *Zobel* (zuerst im Ahd.).

6.9.3 Namenkunde (Onomastik)

(i) Hinsichtlich der *Ortsnamen* war das Zeitalter des Humanismus und der Reformation recht unbedeutend. Anscheinend hatte das Deutsche Antrieb und Fähigkeit verloren, neue Typen von Toponymen zu schaffen. Neue Siedlungen übernahmen gewöhnlich bestehende Flurnamen. Wo Siedlungen verlassen wurden, wurden frühere Wohnstättennamen häufig Flurnamen. Das Anwachsen der Städte, die Kriegsverwüstungen und die unwirtschaftliche Lage einiger Siedlungen auf unfruchtbarem Boden waren der Grund für manche Wanderungen und Neubesiedlungen im Innern, jedoch ohne ein Echo hinsichtlich der Ortsnamen.

Von den beiden sprachlich bedeutenden Entwicklungen der Zeit wurden sie jedoch berührt. Zum ersten brachte das Entstehen der Standardsprache eine allmähliche Standardisierung vieler früher von der Mundart bestimmter Ortsnamen. Ndt. Formen wie *Dusseldorp, Ossendorp, Holthusen, Gripswolde* wurden hdt. *Düsseldorf, Ochsendorf, Holzhausen, Greifswald*, und alem. Ortsnamen wie *Schaffhusen, Wildhus* wurden nun *Schaffhausen, Wildhaus* geschrieben. Der Ort und Kanton *Schwyz*, in seiner ostobdt. Form *Schweiz*, gab den deutschen Landesnamen her, während die heimische Form *Schwyz* als Bezeichnung für den alten Ort erhalten blieb. Die Kanzleien legten die Ortsnamen sprachlich in ihrer heutigen Form fest, wobei sie unter Varianten oft altertümliche oder altertümlich anmutende Formen wähten, z.B. *Veltheim* eher als *Velten, Jena, Vechta, Fulda* mit *-a* eher als mit *-e*.

Zum zweiten setzte der Humanismus viele alte Namen wieder ein, wie z.B. *Italia*, später *Italie, Italien*, das früher *Lamparten, Walholand* oder *Wälisch land* hieß. *Germania* und *Germani*, aus denen schließlich die englischen Bezeichnungen für Deutschland und die Deutschen hervorgingen, wurden zur gleichen Zeit aus den Schriften des klassischen Altertums entlehnt, als der Name *Deutschland* als ein Kompositum entstand, das die früheren attributiven Ausdrücke, mhd. *daz tiutsche lant* oder den Pl. *tiutsche lant*, ersetzte. Die meisten Ländernamen wurden in ihrer lat. Form geschrieben, z.B. *Hispania, Hungaria*, doch sowohl die Analogie zu deutschen Gebietsnamen wie *Franken, Hessen, Sachsen*, als auch nach Eindeutschung zu *-ie* entstanden aus den obliquen Kasusformen (*Hispanie*, oblique Kasus *Hispanien*) allmählich die heutigen Endungen auf *-ien* (*Italien, Kroatien, Spanien* usw.).

Neue, in dieser Zeit häufig belegte Arten von Toponymen sind die Straßen- und Häusernamen in den Städten. Diese Namen und die Namen von Wirtshäusern bewahren bisweilen frnhd. Sprachformen, z.B. *Zum Schwanen, Zum Rechberg* (jetzt *Reh-*), *Kuglergasse* (von der früheren Zunft der Kapuzenmacher, *gugele* = Kapuze).

(ii) Die Deutschen trugen zu dieser Zeit zwei *Personennamen*, einen Vornamen und einen Nachnamen: *Thomas Müntzer, Felix Manz, Balthasar Hubmaier, Albrecht Dürer, Willibald Pirckheimer.* Im allgemeinen gab es nur einen Vornamen, der fast immer der Name eines Heiligen war. Im 16. Jh. verbreitete sich von Frankreich her ein neuer Brauch in den westlichen Gebieten, demzufolge Kinder zwei Vornamen erhielten *(Johann Sebastian, Maria Susanna).* Auf diese Weise konnte der Name des Vaters oder des Paten tradiert werden, vielleicht hoffte man auch, daß dem Kind die Hilfe zweier Schutzheiliger besser anstünde als die von nur einem.

Unter dem Einfluß des Humanismus kamen einige Namen aus der heidnischen Antike in Gebrauch, beispielsweise *Hektor, Agrippa, Claudius, Julius, Augustus.* Hohenzollernfürsten dieser Zeit trugen Namen wie *Albrecht Achilles, Albrecht Alcibiades, Johann Cicero.* Der erste deutsche Kaiser mit einem nichtdeutschen Namen war Maximilian I., allerdings ist ungewiß, ob er ein Heiligenname sein sollte oder ein solcher aus dem klassischen Altertum. Die Vornamen der Gebildeten wurden gewöhnlich latinisiert, z.B. *Henricus, Martinus, Joachimus.*

Die Reformation brachte einen allmählichen Rückgang im Gebrauch von Heiligennamen mit sich und führte statt dessen alttestamentliche Namen ein wie *Benjamin, Jonas, Daniel, David, Rebekka, Martha.* Doch die kalvinistische Vorliebe für biblische Namen überdauerte das 18. Jh. nicht, weshalb Namen wie *David, Enoch, Elias* in Deutschland sehr selten sind. Im 18. Jh. entwickelten deutsche Protestanten eine Vorliebe für Namen mit moralischem Anklang wie beispielsweise *Gottfried, Gotthold, Gotthelf, Fürchtegott, Liebfried.* Im großen und ganzen bereitete der Protestantismus eine Rückkehr zu germanischen Namen vor.

Die Humanisten waren auch am germanischen Altertum und damit an germanischen Namen interessiert. Johann Fischart liebte Namen wie *Hildebrand, Hartmann, Reinhold* usw. Die Katholiken anderseits hielten zäh an Heiligennamen fest. Bestimmte Namen wurden zu ausgesprochen katholischen wie *Ignaz, Xaver, Franz, Josef* und *Maria.* Grundsätzlich waren Frauennamen von der gleichen Art wie die Männernamen. Willibald Pirckheimers Schwestern hießen *Charitas, Felicitas, Eufemia, Sabina, Katherina* und *Walburg*, seine Töchter *Charitas, Crescentia* und *Katherina*, seine Frau hieß *Crescentia* und seine Mutter *Barbara.*

Vornamen waren noch immer wichtiger als Nachnamen. Wenn diese auch erblich und in den meisten Gebieten Deutschlands geläufig waren, so konnten sie doch verhältnismäßig leicht gewechselt werden. Der Familienname Gutenbergs war *Gensfleisch*, doch der Name, unter dem der Erfinder des Buchdrucks bekannt wurde, war der Name des Wohnorts der Familie in Mainz, *zum Gutenberg.* Stadtbewohner wechselten ihren Namen je nach Gewerbe oder Wohnstätte. Besonders Gelehrte wurden oft nach ihrem Herkunftsort benannt. Luthers berühmter katholischer Gegner *Johann Eck* hieß in Wirklichkeit *Maier*, nannte sich aber nach seinem Geburtsort *Egg an der Günz.* Sein reformatorischer Mitstreiter *Andreas Bodenstein* ist bekannter unter dem Namen *Karlstadt*, seinem Geburtsort. *Johannes Bugenhagen*, sein Amtsgenosse aus Pommern, wurde häufig *Dr. Pommer* oder *Pomeranus* genannt. Nachnamen auf *-ing* oder *-son* konnten leicht zu solchen auf *-er* werden, genau wie diejenigen mit *von* und einem

Ortnamen. In Österreich war *von* bereits zu einem Attribut des Adels geworden. In Norddeutschland trat bei vielen Namen das Suffix *-mann* an die Stelle von *von/van* (*von Brügge>Brüggemann*, vgl. obdt. *von Brugg>Brugger*). Im 16. Jh. erfreuten sich Satznamen einer gewissen Beliebtheit (z.B. *Gibunsgenug, Schlagdenhauffen*).

Erst später wurde die Veränderung der Nachnamen verboten, in Bayern z.B. 1677, in Österreich 1776 und in Preußen 1794. Es gab einige Gebiete, Friesland beispielsweise, in denen Nachnamen selbst zu dieser Zeit noch nicht geläufig waren. Die Tatsache, daß neue Wörter wie *Kutscher, Dragoner, Kornett* noch für Nachnamen gebraucht werden konnten, ist natürlich ebenfalls Zeugnis für den relativ fließenden Zustand beim Gebrauch von Nachnamen.

Wiederum sind es die großen kulturellen Tendenzen der Zeit, die sich bei der Namengebung bemerkbar machen. Viele Nachnamen wurden verhochdeutscht, z.B. ndt. *Schulte>Schulz, Witt>Weiß, Scheper>Schäfer, Holthusen>Holzhausen* oder zur Zwitterform *Holthausen*; bayr. *Holzamer >Holzheimer*; schweiz. *Wyss>Weiß, Huser>Hauser.* Natürlich blieben davon viele Namen unberührt wie beispielsweise *Kriesi* oder *Rüegg* in der Schweiz oder *Lempke, Niekerken* in Norddeutschland.

Der Humanismus begünstigte die Aufnahme lat. und in einigen Fällen sogar griech. Namen. Geert Geerts von Rotterdam kennt die Geschichte als *Desiderius* (*desiderare = begehren*) *Erasmus Roterodamus.* Der Gelehrte der Zeit hatte einen typisch dreiteiligen Namen wie ein Römer: *Conradus Mutianus Rufus, Conradus Celtis Protucius* (Konrad Bickel), *Helius Eobanus Hessius, Joannes Crotus Rubianus* (Johann Jäger von Dornheim); andere übersetzten ihre Namen ins Lat. oder Griech.: *Johannes von Sommerfeld>Aesticampianus, Rudolf Hausmann>Rudolfus Agricola, Johannes Hausschein>Oecolampadius, Philipp Schwarzert>Melanchthon*; wieder andere fügten ihrem Namen wenigstens eine lat. Endung an: *Lutherus, Matthesius* (<*Matthes*), *Schottelius* (<*Schottel*), *Bilibaldus Pirckheimerus.* Manche dieser Humanistennamen haben überdauert, z.B. *Pistorius (Bäkker), Curtius (Kurz), Venator (Jäger), Faber (Schmid), Mercator (Kaufmann), Piscator (Fischer), Textor (Weber), Viëtor (Faßbinder), Minor (Klein), Vulpius (Wolf).*

Das Zeitalter des Humanismus hinterließ auf diese Weise eine dauernde, wenn auch winzige Spur in der Entwicklung der deutschen Namengebung.

Auswahlbibliographie

V. G. Admoni, ‚Der Umfang und die Gestaltungsmittel des Satzes in der dt. Literatursprache bis zum Ende des 18. Jh.s.', *Beitr.* (Halle), 89 (1967) 144-99; H. P. Althaus, ‚Die Erforschung der jiddischen Sprache' in L. E. Schmitt (Hrsg.), *Germanische Dialektologie*, Wiesbaden, 1968, Bd. 1, 224-63; E. Arndt, ‚Luther im Lichte der Sprachgeschichte', *Beitr.* (Halle), 92 (1970) 1-20; ders., ‚Das Aufkommen des begründenden *weil*', *Beitr.* (Halle), 81 (1959) 388-415; H. Bach, *Laut- und Formenlehre der Sprache Luthers*, Kopenhagen, 1934; ders., ‚Die Entstehung der dt. Hochsprache im Frühneuhochdeutschen', *ZMF*, 23 (1955) 193-201; K. von Bahder, *Grundlagen des nhd. Lautsystems*,Straßburg, 1890; ders., *Zur Wortwahl in der frühnhd. Schriftsprache*, Heidelberg, 1925; W. Besch, *Sprachlandschaften und Sprachausgleich im 15. Jh.*, München, 1967; ders., ‚Zur Entstehung der nhd. Schriftsprache', *ZDP*, 87 (1968) 405-26; F. Debus, ‚Die deutschen Bezeichnungen für die Heiratsverwandtschaft', in *Deutsche Wortforschung in europ. Bezügen*, Bd. 1, Giessen, 1958, S. 1-116; I. Eichler, G. Bergmann, ‚Zum Meißnischen Deutsch', *Beitr.* (Halle), 89 (1967) 1-57; J. Erben, ‚Frühneuhochdeutsch' in L. E. Schmitt (Hrsg.), *Kurzer Grundriß der germanischen Philologie bis 1500*, Bd. 1, Berlin, 1970, S. 386-440; ders., *Grundzüge einer Syntax der Sprache Luthers*, Berlin, 1954; ders., ‚Luther und die nhd. Schriftsprache' in F. Maurer, H. Rupp, *Deutsche Wortgeschichte*, Bd. 1, 3. Auflage., Berlin, 1974, S. 509-81; ders., ‚Deutsche Wortbildung in synchronischer und diachronischer Sicht', *WW*, 14 (1964) 83-93; L. Fèbvre, H. J. Martin, *L'apparition du livre*, Paris, 1958: W. Fleischer, *Strukturelle Untersuchungen zur Geschichte des Neuhochdeutschen*, Berlin, 1966; ders., *Untersuchungen zur Geschäftssprache des 16. Jh.s in Dresden*, Berlin, 1970; W. W. Florer, ‚Gender-Change from MHG to Luther', *PMLA*, 15 (1900) 442-91; R. Flury, *Struktur- und Bedeutungsgeschichte des Adjektivsuffixes ‚-bar'*, Winterthur, 1964; C. Franke, *Grundzüge der Schriftsprache Luthers*, 3 Bde, 2. Aufl., Halle, 1913-22; T. Frings, *Sprache und Geschichte*, Bd. 3, Halle, 1956; G. Ising, *Zur Wortgeographie spätmittelalterlicher deutscher Schriftdialekte*, 2 Bde, Berlin, 1968; M. H. Jellinek, *Geschichte der nhd. Grammatik von den Anfängen bis auf Adelung*, 2 Bde, Heidelberg, 1913-14; A. Keller, *Zur Sprache des Chronisten Gerold Edlibach*, Zürich, 1965; G. Kettmann, *Die kursächsische Kanzleisprache zwischen 1486 und 1546*, 2. Aufl., Berlin, 1969; F. Kluge, *Von Luther bis Lessing*, 5. Aufl., *Leipzig*, 1918; K. B. Lindgren, *Über den oberdeutschen Präteritumschwund*, Helsinki, 1957; D. F. Malherbe, *Das Fremdwort im Reformationszeitalter*, Freiburg i. Br., 1906; H. Moser, H. Stopp, *Grammatik des Frühneuhochdeutschen*, 2 Bde, Heidelberg, 1970/73; V. Moser, *Historisch-grammatische Einführung in die frühnhd. Schriftdialekte*, Halle, 1909; ders., *Frühnhd. Grammatik*, 2 Bde, Heidelberg, 1929/51; J. Müller, *Quellenschriften und Geschichte des deutschsprachlichen Unterrichtes bis zur Mitte des 16. Jh.s*, Gotha, 1882; E. Öhmann, ‚Das deutsche Suffix *-(i)tät*', *Neuphil. Mitt.*, 68 (1967) 242-9; ders., ‚Das deutsche Suffix *-lei*', ebd., 70 (1969) 441-8; M. Philipp, *Phonologie des graphies et des rimes. L'Alsacien de Thomas Murner*, Paris, 1968; E. Sager, *Die Aufnahme der nhd. Schriftsprache in der Kanz-*

lei St. Gallen, Zürich, 1949; H.-J. Schädlich, *Phonologie des Ostvogtländischen*, Berlin, 1966; J. Schildt, ‚Zur Ausbildung des Satzrahmens in Aussagesätzen der Bibelsprache, 1350-1550', *Beitr.* (Halle), 90 (1968) 174-97; A. Schirmer, ‚Der Wortschatz der Mathematik nach Alter und Herkunft untersucht', *ZfdWf.*, 14 (1912/13) Beiheft, 1-80; L. E. Schmitt, *Untersuchungen zur Entstehung und Struktur der «nhd. Schriftsprache»*, Bd. I, Köln, Graz, 1966; E. Skála, ‚Süddeutschland in der Entstehung der deutschen Schriftsprache', *Beitr.* (Halle), 92 (1970) 93-110; B. Stolt, *Die Sprachmischung in Luthers Tischreden*, Stockholm, 1964; L. S. Thompson, ‚German Translations of the Classics between 1450 and 1550', *JEGP*, 42 (1943) 343-62; H. Weber, *Das erweiterte Adjektiv- und Partizipialattribut im Deutschen*, München, 1971: K.-H. Weimann, ‚Paracelsus und der dt. Wortschatz', in *Dt. Wortforschung in europäischen Bezügen*, Bd. 2, Giessen, 1963, S. 359-408; S. N. Werbow, ‚«Die gemeine teutsch» – Ausdruck und Begriff', *ZDP*, 82 (1963) 44-63; O. Werner, ‚Das deutsche Pluralsystem', in *Sprache der Gegenwart*, 5, Düsseldorf, 1969, S. 92-128; M. Wis, ‚Ricerche sopra gli italianismi nella lingua tedesca dalla metà del secolo XIV alla fine del secolo XVI', *Mémoires de la société néophilologique de Helsinki*, 17, Helsinki, 1955, S. 1-310.

SIEBENTES KAPITEL

Die klassische Literatursprache und das heutige Deutsch

7.1 Zeitalter und Sprachgebiet

7.1.1 Das Zeitalter

Über viereinhalb Jahrhunderte sind vergangen, seit Luther mit seinen frühen Reformtraktaten und seiner Evangelienübersetzung die Deutschen aufrüttelte, seit Maximilians und Pfinzings *Theuerdank* Buchliebhaber entzückte, seit Thomas Murner das deutsche Lesepublikum mit seinen Satiren divertierte. Wenn der nächste und letzte Sprachquerschnitt dennoch sowohl die klassische Literatursprache wie das heutige Deutsch umreißen muß, so liegt der Grund dafür teils darin, daß es nicht genügend chronologische Isoglossen gibt, die es uns gestatteten, eine weitere Unterteilung der nhd. Sprachphase vorzunehmen, und teils darin, daß uns wohltätiger Abstand und Rückschau fehlen. Stilistisch und soziallinguistisch gesehen mag die heutige Sprache weit von der Goethes und Schillers entfernt sein, doch augenscheinlich hat letztere noch immer teil am zeitgenössischen Sprachgeschehen. Sie nimmt eine Stilebene der heutigen Sprache in einer Weise ein, wie es keine Form der frnhd. Phase könnte. In ein paar hundert Jahren könnten Sprachhistoriker eine Unterscheidung zwischen dem Nhd. gegen 1800 und dem, was sie das Spätnhd. des 21. Jh.s nennen könnten, sehr wohl für nötig erachten. In einem solchen Falle würde die erste Hälfte des 20. Jh.s wahrscheinlich als eine Zeit angesehen, in der viele Entscheidungs- und Teilungsprozesse stattfanden. Der heutige Beobachter kann nach Bestimmung vieler dieser Tendenzen trachten, doch ihre Folgen und die von ihnen wahrscheinlich in Gang gesetzte Entwicklung liegen annoch jenseits sicheren Verstehens.

Unter diesen Umständen könnte die nhd. Sprachperiode in drei Phasen gegliedert werden: Vorbereitungsphase während der anderthalb Jahrhunderte nach Ende des Dreißigjährigen Krieges, in der die klassische Literatursprache entstand und reifte (1650–1800); die anderthalb Jahrhunderte, während der sich die klassische Literatursprache zum heutigen Standarddeutsch und seinen geschriebenen und gesprochenen Formen entwikkelte, oder mit anderen Worten, die Phase, als das exklusive Schriftmedium einer kulturellen Elite sich in allen deutschsprachigen Ländern zu einem allgemein verbreiteten Schrift- und Sprechmedium der Mehrheit aller deutschsprachigen Völker entfaltete (1800–1950); und schließlich eine dritte Phase, in der viele der im 20. Jh. angelegten Veränderungen sich auf eine Weise kristallisieren, daß künftige Generationen diese Phase als Beginn einer neuen Sprachperiode ansehen könnten.

In der politischen und kulturellen Geschichte der deutschsprachigen Völker gibt es viele Ereignisse, die auf eine ähnliche Einteilung weisen. Wie stets halfen diese äußeren Faktoren bei der Bestimmung der Sprachentwicklung.

In der ersten Phase wurde das deutschsprachige Gebiet im großen und ganzen noch immer von der sanften, doch schwachen Hand des Heiligen Römischen Reiches zusammengehalten. Der Ausgang des Dreißigjährigen Krieges hatte sichergestellt, daß das Reich keine zentralisierte Macht werden würde. Die Friedensverträge hatten die Unabhängigkeit der Vereinigten Provinzen der Niederlande und der Schweiz bestätigt. Im ersteren Fall besiegelte dies die bereits durchgesetzte Unabhängigkeit der niederländischen Sprache. Im letzteren Fall gab es keine sprachlichen Folgen, wenn auch das anschließende Beharren auf Diglossie (den Gebrauch zweier recht unterschiedlicher Formen derselben Sprache, des Deutschen, für unterschiedliche Zwecke) ohne Zweifel durch die nationale Eigenständigkeit verstärkt wurde. An vielen Stellen im Osten lebten deutschsprachige Bevölkerungen außerhalb des Heiligen Römischen Reiches, besonders im polnischen Herzogtum Preußen (später als Ostpreußen bekannt). Zum ersten Mal in der Geschichte war dies jetzt auch im Westen der Fall: das deutschsprachige Elsaß kam mit Ausnahme der damaligen elsässischen Freien Reichsstädte gemäß den Bedingungen des Friedensschlusses zu Münster (1648) unter französische Hoheit. Die Städte folgten in den anschließenden Jahrzehnten nach, zuletzt Straßburg (1681). Mit dieser einen, und wie die Geschichte zeigen sollte, tragisch bedeutsamen Ausnahme, begann die westliche Grenze des Reiches allmählich mit der Sprach- und Kulturgrenze zwischen Frankreich und Deutschland zusammenzufallen: die französischsprachigen Franche Comté (1674/78) und Lothringen (1735/66) wurden vom Reich gelöst und kamen an die französische Monarchie.

Obwohl im Norden Schweden und Dänemark Gebiete, die zum Reich gehörten, besetzt hielten, stand Landeshoheit nicht zur Debatte. Das Reich war eine lose Vereinigung von ungefähr dreihundertundfünfzig

Fürstentümern und Herrschaften, die dem Kaiser nominelle Lehnspflicht schuldeten, der, obwohl noch immer gewählt, jetzt (mit einer kurzfristigen Ausnahme) stets der habsburgische König von Böhmen und Ungarn und Herr über die österreichischen Erbherzogtümer war. Die wirkliche Macht lag in den Händen der Fürsten, die immer mehr zu absolutistischen Herrschern wurden. Es mag befremdlich scheinen, daß unter solchen Bedingungen keine weiteren Abfälle vom Reich vorkamen. Der Hauptgrund war der, daß sowohl Volk wie Fürsten sich als Deutsche fühlten, zusammengehalten durch starke sprachliche, kulturelle und historische Bindungen. Die Fürsten hatten auch ohne Abfall alle Macht in Händen. Die Blütezeit der freien Reichsstädte war nun vorbei. Der Handel war in den Stürmen der Religionskriege verdorrt. Die autokratisch regierten absolutistischen Fürstentümer waren kommerziell eingekapselt. Anreiz zur Erweiterung der Wirtschaft kam von den Fürsten und ihren Handelsbürokratien, die nur im eigenen Machtbereich auf Förderung von Zusammenhalt, Wohlstand und, in einigen Fällen, auf militärische Stärke bedacht waren. Die Städte, die sich im 18. Jh. als Kulturzentren hervortaten, waren demgemäß fürstliche Residenzen: Dresden, Mannheim, Berlin, München, Karlsruhe, Kassel, Hannover, Weimar, Stuttgart und natürlich Wien, die größte deutsche Stadt. Die größte der freien Städte war nun Hamburg. Im Zeitalter des Absolutismus stand der kulturelle Bereich überall unter der Vorherrschaft der Höfe. Hamburg im Norden und Zürich in der republikanischen Schweiz waren nahezu die einzige Ausnahme. Universitäten wurden für den Dienst am absolutistischen Staat unterstützt, und neue wurden zu diesem Zweck gegründet, z.B. Halle (1694) von Preußen und Göttingen (1737) von Hannover. Die neuen Ideen des Rationalismus und der Aufklärung verbreiteten sich sowohl an vielen Universitäten wie an den aktiveren Höfen.

Die westlichen Gebiete des Reiches wurden völlig von Frankreich beherrscht und waren von seinen kulturellen Leistungen geblendet. Die östlichen Fürstentümer hatten für unabhängige Machtpolitik mehr Spielraum. Österreich setzte seine Politik der Expansion nach Osten fort. Böhmen war bereits fest in habsburgischer Hand, und schließlich konnte es das ungarische Erbe seiner Dynastie dem ottomanischen Türkenreich entwinden. Auf diese Weise begann der langsame Verfall des Ottomanenreiches nach der letzten Belagerung Wiens durch die Türken im Jahre 1683 die österreichische Geschichte zu formen, um letztlich zu einer neuen Konfrontation mit einer neuen Macht im Osten zu führen, mit Rußland.

Sachsens östliches Abenteuer hatte rein dynastische Gründe. Seine

Herren wurden Könige von Polen (1697–1763), doch Sachsen selbst wurde nicht in die Geschichte Polens hineingezogen. Brandenburg unter seinen Kurfürsten aus dem Hause Hohenzollern war es, das die größten politischen Veränderungen im Reich nach dem Dreißigjährigen Krieg zuwege brachte. Nach Erlangung des polnischen Herzogtums Preußen im Jahre 1618 konnten die Hohenzollern schließlich für Preußen volle Souveränität gewinnen (1656), dann sich zu Königen in Preußen machen (1701) und schließlich die Gebietslücke zwischen Brandenburg und Pommern im Westen und Preußen im Osten schließen. Die schändlichen Teilungen Polens zwischen Preußen und Rußland, bei denen Österreich die Rolle eines verhältnismäßig unwilligen dritten Partners spielte, führten zu den tragischen Verwicklungen zwischen Deutschland und Polen, deren Folgen sich bis auf die heutige Generation ausgewirkt haben. Bei der ersten Teilung Polens (1772) bekam Preußen das Ermland, Pomerellen und Westpreußen; bei der zweiten (1792) Danzig und ‚Südpreußen' oder die Provinz Posen (Poznań) und bei der dritten (1795) soviel rein polnisches Gebiet, daß im Jahre 1795 nahezu ein Viertel aller preußischen Untertanen Polnisch sprach. Wenn auch Preußen auf dem Wiener Kongreß im Jahre 1815 einen großen Teil seines rein polnischen Gebietes aufgab, die Verwicklung sollte andauern. Im Zeitalter des Absolutismus hatten diese dynastischen Expansionen Österreichs und Preußens nach Osten keine ‚nationalen' Folgen. Das folgende Zeitalter des Nationalismus jedoch betrachtete Preußen und Österreich als ‚Kolonial'-Mächte, und der nachfolgende Konflikt führte schließlich zu jenem verheerenden Zusammenprall von Teutonen und Slawen, aus dem sich die gegenwärtige Teilung Europas in Ost und West ergeben hat.

Die Ostexpansion war nur ein Aspekt des Aufstiegs Brandenburg-Preußens. Unmittelbarere Bedeutung hatte sein Hervortreten als durchorganisierter, zentralisierter, autokratischer Staat mit einem mächtigen, stets größer werdenden stehenden Heer. Im Laufe des 18. Jh.s wurde Preußen zur führenden Militärmacht im Reich. Das letztlich norddt. Erscheinungsbild der deutschen Standardsprache ist ein direktes Ergebnis dieser Machtverlagerung nach Norden. Der Aufstieg eines anderen norddeutschen Staates, Hannovers, ereignete sich zur gleichen Zeit. Im Jahre 1692 wurde ein neuntes Kurfürstentum für die Welfendynastie von Hannover geschaffen, nachdem Bayern während des Dreißigjährigen Krieges dieselbe Stellung erreicht hatte. Das Heilige Römische Reich besaß eine so lockere und eigenartige Organisation, daß es wohl jene gewichtigen Expansionen nach außen auf seiten Österreichs und Preußens als auch mächtige Verlagerungen im Innern, die Kriege zwischen dem Kaiser und seinem wichtigsten ‚Untertan', dem König von Preußen inbegriffen, verkraften konnte. Im Sterben lag es nichtsdestoweniger.

Sein Verfall kam durch die Französische Revolution, die daher den Wendepunkt zwischen der ersten und zweiten Phase unseres Zeitraums andeutet. Nachdem der erste Angriff des revolutionären Frankreich zur französischen Besetzung der Reichsgebiete am linken Rheinufer geführt hatte (1792), lösten die Reichsfürsten selbst in ihrem *Reichsdeputationshauptschluss* (1803) die alte Ordnung auf. Der Kaiser, Franz II., machte sich, die schließliche Auflösung voraussehend, als Franz I. zum Kaiser von Österreich (1804) und erließ am 6. August 1806 die Proklamation zur Auflösung des Heiligen Römischen Reiches. Die über dreihundertundfünfzig Fürstentümer verminderten sich zu über dreißig großen und mittelgroßen Staaten. Deutschland war gewissermaßen in drei Teile gespalten: Österreich, das meiste davon war nichtdeutsch; das Königreich Preußen und den Rest, die mittelgroßen Staaten, die Napoleon im Rheinbund organisierte und währenddessen Königskronen an Sachsen, Bayern und Württemberg verteilte. 1815 wurde auch das Kurfürstentum Hannover Königreich.

Die Zeitspanne von mehr als zwanzig Jahren zwischen dem Ausbruch der Französischen Revolution und dem Fall Napoleons hinterließ bei den Deutschen eine dauerhafte Prägung. Das Zeitalter des Absolutismus und der selbstherrlichen Staaten war vorbei; die neuen Ideen des Liberalismus und Nationalismus erweckten bei vielen Deutschen eine Begeisterung, die nach etwas Neuem strebte: nach einer eigenen freien und mächtigen Nation. Doch das Vergangene wollte nicht weichen, das Ersehnte nicht eintreten. Inmitten der Ruinen des napoleonischen Reiches kündigte sich das leidvolle Zeitalter des Nationalismus an, schien aber anfänglich ein totgeborenes Kind. Die beiden großen, etablierten Herrschaftshäuser des Reiches überlebten, und die neuen, mittelgroßen Königreiche und Großherzogtümer erfreuten sich gleichfalls des Fortbestands der alten Herrschaftsstrukturen. Die Restauration von 1815 brachte den Deutschen Bund hervor, ein Spiegelbild des alten Reiches – ohne Kaiser. Er überlebte die große liberale und nationale Revolution von 1848/49, gab aber seinen Geist auf, als Preußen nach Ausschluß der Donaumonarchie Habsburgs (1866) zur Übernahme der Oberhoheit in Deutschland bereit war. Der frühere Zollverein (1834) zwischen den meisten Staaten Deutschlands, Österreich ausgenommen, und der Norddeutsche Bund (1866–71) waren Meilensteine auf dem Weg zur Schaffung des von Preußen dominierten Zweiten Reiches, das am 18. Januar 1871 in Versailles proklamiert wurde. Als es 1815 den größten Teil seines rein polnischen Gebietes aufgab und die Rheinprovinz und Westfalen erhielt, war Preußen zum führenden Staat in Deutschland geworden. Nach Erlangung Schleswig-Holsteins, Hannovers, Hessen-Kassels, Nassaus und Frankfurts im Jahre 1866 umfaßte es weit mehr als die Hälfte Deutschlands. Die vier süddeutschen Staaten Hessen-Darmstadt, Baden, Württemberg und Bayern waren militärisch eng mit Preußen verbündet. Das Vordringen Preußens führte jedoch zum Abfall eines der Gebiete des Deutschen Bundes und des früheren Heiligen Römischen Reiches. Im Jahre 1867 wurde das Großherzogtum Luxemburg, seit 1815 trotz seines Verbleibs im Deutschen Bund Teil des Königreichs der Niederlande, durch eine Übereinkunft zwischen den Mächten neutral, und die dort stehende preußische Garnison wurde zurückgezogen. Auf diese Weise wurde Luxemburg zu einem der unabhängigen Staaten Europas.

Anders als Preußen konnte Österreich nicht in eine ‚nationale' Rolle hineinwachsen. Die Monarchie Habsburg war das genaue Gegenteil eines Nationalstaats. Wenn das von deutschen Nationalisten erträumte und erhoffte Nationalreich auf einer Grundlage, die sie *großdeutsch* nannten, gegründet werden sollte, mußte die Monarchie Habsburg zerstört werden. Preußen unter Bismarck wählte die *kleindeutsche* Lösung und zog es vor, die Donaumonarchie zu erhalten und zu stützen. Sowohl der Grundgedanke des deutschen Nationalismus, verkörpert im Zweiten Reich, wie der der deutschen (österreichischen) Vorherrschaft über die kleineren mitteleuropäischen Nationen (Tschechen, Slowaken, Polen, Slowenen, Kroaten, Serben, Rumänen) schien damit erfüllt – selbst wenn die Vorherrschaft mit den Ungarn geteilt werden mußte. Bismarcks Lösung erwies sich schließlich als unhaltbar. Sie bedeutete, den nationalistischen Bestrebungen einiger Vorschub zu leisten und die der anderen zu vereiteln. Im Jahre 1910 hatte Österreich-Ungarn eine Bevölkerung von 48,8 Millionen. Nur 23,5 Prozent waren Deutsche, 19,5 Prozent Ungarn, die Mehrheit waren unterworfene Volksgruppen, hauptsächlich Slawen. Die deutschen Österreicher blickten als Deutsche nach Deutschland und bildeten nie eine eigene Nation, die mit den anderen Nationalitäten der Monarchie unter gleichen Bedingungen hätte verkehren können. Sie betrachteten sich gleichzeitig als führende Nationalität und als bedrohte Minderheit. Als die Bismarcksche Lösung versagte und die österreichisch-ungarische Monarchie im Jahre 1918 zusammenbrach, hofften die Deutschen auf die versäumte *großdeutsche* Lösung. 1918 wurde sie ihnen versagt, sie bekamen sie im Jahre 1938. Nationalismus und Herrschaft waren zu der Zeit in der unverhülltesten Weise das brutalste Bündnis aller Zeiten eingegangen. Der vorsätzlich lancierte Angriff auf die slawische

Welt endete 1945 unter Bedingungen, die weder an die *großdeutsche* noch an die *kleindeutsche* Lösung erinnern. Das Gebiet des Heiligen Römischen Reiches ist nun in drei deutsche Staaten aufgespalten, die schließlich vielleicht ein Gefühl für separate nationale Einheit entwickeln werden. In Österreich ist dies wahrscheinlich bereits geschehen. Ein großer Teil des früheren Gebietes ist nicht mehr deutsch. Gebietsverluste von einem Ausmaß, wie sie das schwache Heilige Römische Reich nie auch im entferntesten erleiden mußte, ergaben sich also aus der Politik des stärksten *Machtstaates*, den die Deutschen je gebildet hatten.

Das absolutistische Zeitalter des Heiligen Römischen Reiches und das nationalistische Zeitalter des Zweiten Reiches sowie das berüchtigte Dritte Reich sind in anderer Hinsicht auch gründlich voneinander unterschieden: ersteres war vornehmlich eine Welt von Bauern und Handwerkern, die sich höchstens im Pferdetempo fortbewegten, mit einer größtenteils auf dem Lande lebenden Bevölkerung; letzteres wurde zu einer Welt der Fabrikarbeiter und Wissenschaftler, die sich mit Zug, Dampfer, Auto und Flugzeug fortbewegen und vornehmlich in sich ausbreitenden städtischen Gemeinden leben. Während die Kriege des alten Reiches mit Söldnerarmeen geführt worden waren, hatte die Französische Revolution Bürgerarmeen entstehen lassen, die auf allgemeiner Wehrpflicht beruhten. Während die erste große Blüte der deutschen Literatur und Philosophie sich auf die letzten Jahrzehnte des Heiligen Römischen Reiches und die ersten nach 1800 erstreckte, nahm die größte schöpferische Phase der deutschen Universitäten in Geistes- und Naturwissenschaften die erste Hälfte des 19. Jh.s ein. Preußen war das erste Land, das die allgemeine Schulpflicht einführte (1809). Die erste Hälfte des 19. Jh.s erlebte die Abschaffung des Analphabetentums in Deutschland. Nach ungefähr 1870 brachte die allmähliche Mechanisierung aller Lebensbereiche und die Industrialisierung der Produktion gesellschaftliche Veränderungen mit sich, an denen gemessen die sozialen Umwälzungen der vergangenen Jahrhunderte unbedeutend erscheinen. Während ein Gebildeter aus früheren Jahrhunderten fast mit dem gesamten Wortschatz seiner Sprache vertraut sein konnte, kennt der Mensch von heute nur einen Bruchteil davon. Der Fachwortschatz jeder heutigen europäischen Sprache umfaßt Hunderttausende von Wörtern. Der Wortschatz der Gemeinsprache, mit dem schätzungsweise jeder Gebildete vertraut ist, geht in die Zehntausende von Wörtern. Während in früheren Zeiten Sprachverbreitung vom miteinander Sprechen oder von schriftlicher oder gedruckter Äußerung abhing, kann die heutige Zeit das gesprochene Wort elektronisch wiedergeben, übermitteln und speichern. Sprache als regionale und soziale

Kundgabe geht vor diese Erfindungen zurück. Ihre volle Auswirkung auf die Sprache ist aber noch keineswegs absehbar.

Hinsichtlich der Bevölkerungsgröße sind die beiden Phasen ebenfalls deutlich unterschieden. Um 1800 zählten die Deutschen ungefähr siebenundzwanzig Millionen. Dies liegt nicht bedeutend höher als die Bevölkerungszahl für die Jahre unmittelbar vor dem Dreißigjährigen Krieg. Gegen 1848 jedoch gab es schon vierzig Millionen Deutsche, zur Zeit der Gründung des Zweiten Reiches (1871) über fünfzig Millionen und im Jahre 1939 achtzig Millionen. Ende 1971 gab es über neunzig Millionen Sprecher mit Deutsch als Muttersprache in den fünf Staaten, in denen Deutsch Nationalsprache oder eine der Amtssprachen ist: die Bundesrepublik Deutschland (61,5 Mio.), die Deutsche Demokratische Republik (17 Mio.), Österreich (7,4 Mio.), die Schweiz und Liechtenstein (4,1 Mio.) und Luxemburg (300000). In Elsaß und Lothringen, wo Standarddeutsch amtlich nicht anerkannt ist, sprechen ungefähr anderthalb Millionen Einwohner deutsche Mundarten. In Italien, wo Deutsch als Sprache der Minorität in Südtirol anerkannt ist, gibt es eine viertel Million Deutschsprachiger. In Belgien wird Deutsch ebenfalls als Sprache einer Minorität im Gebiet von Eupen und Malmédy anerkannt und von ungefähr 75000 Menschen gesprochen. Eine kleine Zahl Deutschsprachiger gibt es auch in Dänemark (25000). Die bei weitem größten deutschsprachigen Enklaven im Osten gibt es in Rumänien (Banat: 173000, Siebenbürgen: 195000, Bukarest, Sathmar, Bukowina usw.), zusammen etwa 400000 Deutschsprachige. Auch in Rumänien genießt das Deutsche amtliche Anerkennung. In Ungarn gibt es gegen 300000 Sprecher mit Deutsch als Muttersprache. In andern östlichen Ländern wie in Polen, der Tschechoslowakei, Jugoslawien und in der Sowjetunion sind Deutschsprachige vermutlich eine im Schwinden begriffene Bevölkerung, obwohl es nach Schätzungen in der Sowjetunion noch an die zwei Millionen Deutschsprechende gibt. In überseeischen Ländern, z.B. in Brasilien, Argentinien, den Vereinigten Staaten, Kanada und Australien, haben deutsche Immigranten ihre Muttersprache oft viele Generationen hindurch erhalten, obwohl die meisten von ihnen auch die jeweilige Landessprache sprechen. Aufs Ganze gesehen geht ihre Assimilation in englischsprechenden Ländern rascher vor sich als andernorts.

Vielleicht hat die Geschichte der letzten hundert Jahre die schreckliche Verwechslung von Sprache und Nationalität hinweggefegt. Nationale Einheit ist zuvörderst eine historische, politische und kulturelle Einheit. Sprache ist grundsätzlich ein Kommunikationsmittel. Insofern natürlich Kommunikation wahrscheinlich am lebhaftesten innerhalb des nationalen Bereichs ist und insofern ein Gefühl für gemeinsame Nationalität höchstwahrscheinlich innerhalb eines Raumes intensivster Kommunikation erwächst, überlappen sich die beiden Begriffe bis zu einem gewissen Grade. Doch der Versuch, einen Zusammenschluß der beiden zu erzwingen, läuft darauf hinaus, dem Trugschluß von der Identität der beiden Begriffe zu erliegen. Nicht einmal im Falle Frankreichs, dem ältesten Nationalstaat in Europa, sind Nation und Sprache identisch. Französisch wird auch in Belgien, in der Schweiz und in Frankreich benachbarten Gebieten Italiens gesprochen. Englisch ist muttersprachliches Kommunikationsmedium von wenigstens sieben souveränen, unabhängigen Nationen. Es besteht kein Grund zu der Annahme, daß das Deutsche als Sprache nicht auch weiterhin blüht, nachdem es endlich von der unheiligen Verwechslung der Begriffe Nation und Sprache frei geworden ist.

7.1.2 Das Sprachgebiet

Die westliche und südliche Sprachgrenze des Deutschen ist im Grunde genommen während des gesamten nhd. Zeitraums fest geblieben. Die politischen Veränderungen haben jedoch den Rang des Deutschen berührt, besonders die Stellung der Standardsprache, die sich ja von den entlang den Grenzgebieten gesprochenen Mundarten ziemlich unterscheidet und von ihnen abgerückt ist. Als das Zweite Reich, d.h. das der Hohenzollern, das Elsaß und einen Teil Lothringens im Jahre 1871 annektierte, wurde dies im wesentlichen historisch und sprachlich gerechtfertigt. War auch die Sprachgrenze seit der Mitte des 17. Jh.s als diese Gebiete französisch geworden waren, unverändert geblieben, die nationale Gesinnung war anders geworden. Die aufrüttelnden Ereignisse der Französischen Revolution und der napoleonischen Ära hatten die Bevölkerung, wenigstens die gebildeten und redegewandten, geistig französisch werden lassen. Die vierzig Jahre *Reichsland* änderten nichts daran. Die zweite, wenn auch kurze Annexion durch Deutschland während des Zweiten Weltkriegs bewirkte eine Reaktion, die zu der anomalen Situation führte, daß das Standarddeutsche, selbst in den Gebieten, wo deutsche Mundarten gesprochen werden, keine andere Stellung als die einer Fremdsprache einnimmt. Die einzige im gesamten Elsaß geduldete Amtssprache ist das Französische. Obwohl die Einwanderung französischsprachiger Arbeiter in einigen Industriegebieten, z.B. in Mulhouse, einen Raum mit gemischter Bevölkerung unterschiedlicher Muttersprache geschaffen hat, ist davon die Sprachgrenze als solche unberührt geblieben.

Als das alte Großherzogtum Luxemburg in ein deutschsprachiges Gebiet *(quartier allemand)* und in ein vornehmlich französischsprachiges Gebiet *(quartier wallon)*, das an Belgien ging, geteilt wurde, lag ein kleiner Streifen deutschsprachigen Gebiets um Arel (deutsch) oder Arlon (französisch) eingebettet in die französischsprachige belgische Provinz Luxembourg. Seine Amtssprache ist Französisch, und das Deutsche ist im allgemeinen im letzten Jahrhundert zurückgegangen. In dem einst deutschen Gebiet von Eupen und Malmédy, das nach dem Ersten Weltkrieg an Belgien ging, wird Deutsch als eine der Amtssprachen anerkannt. Im unabhängigen Großherzogtum Luxembourg sind sowohl Französisch wie Deutsch Amtssprache. Obwohl das Land rein äußerlich gesehen (öffentliche und Geschäftsbeschilderung) einen französischsprachigen Eindruck vermittelt, spricht die gesamte Bevölkerung eine deutsche Mundart.

In der Schweiz hat sich die französisch-deutsche Sprachgrenze nur im Einzelnen geringfügig geändert. Die größte Veränderung ist wohl darin zu sehen, daß die einst Deutsch sprechende Grenzstadt *Biel* (deutsch) oder *Bienne* (französisch) hauptsächlich wegen der Zuwanderung Französisch sprechender Uhrmacher und anderer Industriearbeiter jetzt zweisprachig ist. Im allgemeinen jedoch wurden Dauerhaftigkeit und Unverbrüchlichkeit des Sprachgebiets als Grundsätze des nationalen Zusammenlebens in der Schweiz akzeptiert, und dies hat überall den Sprachfrieden gesichert. In der Schweiz ist Sprache ein Gebiets-, nicht ein Volkscharakteristikum, also das genaue Gegenteil von dem, was in Osteuropa mit so unglückseligen Folgen der Fall war (s. S. 466ff.) Allerdings hat das Rätoromanische im schweizer Kanton Graubünden vornehmlich aus sozialen und wirtschaftlichen Ursachen unter großem Druck gestanden. Praktisch ist die gesamte Bevölkerung von annähernd 50000 Menschen jetzt zweisprachig (Rätoromanisch und Deutsch); entlang der Grenze sind einige Orte zum Deutschen übergewechselt; deutsche Enklaven haben sich durch den Tourismus gebildet (z.B. St. Moritz, Flims), und viele Orte, besonders solche mit Industrie, haben jetzt eine gemischte Bevölkerung. 1938 wurde Rätoromanisch zur vierten Nationalsprache der Schweiz erklärt, und viele eingedeutschte Ortsnamen erhielten wieder ihre alte romanische Form, z.B. *Samaden* > *Samedan, Schuls* > *Scuol.* Dies und die Tätigkeit der Kulturvereinigungen zur Erhaltung des Rätoromanischen haben zur Stabilisierung der Sprachsituation geführt.

Entlang der italienisch-deutschen Grenze sind in den letzten hundert Jahren viele isolierte, Deutsch sprechende Gemeinden italianisiert worden. Nach dem Ersten Weltkrieg erhielt Italien das deutschsprachige Südtirol. Obwohl die Stellung des Deutschen während der faschistischen Ära unter Beschuß geriet und die Zuwanderung von Italienern in die Täler betrieben wurde, änderte sich die eigentliche Grenze wenig. Heute genießt das Deutsche den Rang einer Amtssprache in dem autonomen Gebiet Trentino.

Die slowenisch-deutsche Grenze in den österreichischen Provinzen Steiermark und Kärnten verschob sich im 18. und 19. Jh. langsam und nur geringfügig nach Süden. Mit der Schaffung des Staates Jugoslawien tendierte die Sprachgrenze zur Bewegung in Richtung Nationalgrenze.

Die Nordgrenze des Deutschen zum Dänischen ist in den vergangenen tausend Jahren ungefähr fünfundsechzig Kilometer nach Norden gerückt von der Eider zur Flensburger Förde. Im 18. Jh. war die Stadt Schleswig noch gemischt und das offene Land vornehmlich dänisch. 1864 wurden die Herzogtümer Schleswig und Holstein von Dänemark abgelöst, doch nach dem Ersten Weltkrieg verschob sich die Nationalgrenze nach Süden ungefähr zur Sprachgrenze. Im westlichen Schleswig hat das Deutsche während des vergangenen Jahrhunderts ebenfalls gegenüber dem Friesischen an Boden gewonnen, so daß das Friesische heute nahezu auf die Inseln vor der Küste beschränkt ist.

All diese Veränderungen an der West-, Süd- und Nordgrenze werden schier bedeutungslos, wenn man sie mit dem vergleicht, was sich an der Ostgrenze des Deutschen zutrug. Dort kann das Geschehen während der nhd. Periode in drei Phasen eingeteilt werden. In der ersten Phase, die sich bis zum Ausgang des 17. Jh.s erstreckt, hielt die deutsche, im wesentlichen auf individueller Motivation beruhende Ostwanderung an. Die zwischen der Mitte des 16. und 18. Jh.s kaum angewachsenen Städte des alten Gebietes vermochten die überschüssige Landbevölkerung nicht an sich zu ziehen. Anderseits gab es an der Ostgrenze viel unbewohntes und verlassenes Land, das landhungrige Bauern anzog. Industrielle Möglichkeiten in der böhmischen Wald- und Berggegend zogen Bergleute, Glasmacher und andere Handwerker aus den stagnierenden Städten im Westen an. Mindestens an zwei Stellen wurde der deutsche Siedlungsraum nach Osten verschoben: in Ostbrandenburg (Neumark) und Pommern sowie in Böhmen. In Böhmen war Deutsch als Amtssprache neben Tschechisch bereits 1627 von den Habsburger Herrschern wieder zugelassen worden. Deutsche Einwanderer schwärmten nun vom böhmischen Grenzgebiet aus und vermehrten die bereits bestehenden deutschen Siedlungen beträchtlich. Städte wie Pilsen wurden zum Teil deutsch, während andere wie Saaz, Neumarkt und Leitmeritz ganz und gar deutsch wurden. Gegen 1700 wurde die im 19. Jh. bestehende Sprachgrenze erreicht.

Die zweite Phase ergab sich unmittelbar aus der dynastischen und politischen Ostexpansion Brandenburgs und Österreichs. Die Neuerwerbung des ersteren, das Herzogtum Preußen (geographisch Ostpreußen), war dünn besiedelt. Die brandenburgischen Herrscher betrieben daher eine Politik geplanter Besiedlung, die Einwanderer von überall anzog. Nach 1685 siedelten über zwanzigtausend französische Hugenotten in Brandenburg und Preußen. Deutsche und andere, die vor den Religionsverfolgungen und den Verwüstungen der französischen Kriege geflohen waren, ließen die Wogen von Einwanderern anschwellen. Die durch ihren Bischof 1732 von Haus und Hof vertriebenen Salzburger Protestanten waren in Ostpreußen willkommen. Eindeutschung war nicht das Ziel dieser vom Staat gelenkten Einwanderung. Aufgeklärte absolutistische Monarchen erkannten einfach die finanziellen und militärischen Vorteile der Kolonisierung, die man damals *Peuplierung* nannte. Zwischen 1713 und 1740 stieg die Bevölkerung Ostpreußens vornehmlich durch Einwanderung um ein Viertel an. In Schlesien förderte Friedrich II. Entwässerungspläne, Waldrodungen und die Gründung von Eisenhütten. An dieser Kolonisierung und Bodenverbesserung hatten überall nicht nur Deutsche, sondern auch Polen und Tschechen und im südlichen Ostpreußen vor allem Masuren teil, die als Lutheraner treue Untertanen Preußens wurden. Nach den Teilungen Polens kamen Einwanderer auch nach Westpreußen und in die Provinz Posen oder Poznań. Das von ostpreußischem Gebiet umgebene Ermland wurde am gründlichsten eingedeutscht, während die anderen, früher polnischen Provinzen zu Gegenden mit gemischter Bevölkerung wurden.

Österreich begann seinen Marsch nach Osten nach 1683, dem Jahr der letzten Belagerung Wiens durch die Türken. Doch während das preußische Kolonisierungsstreben zu einem beträchtlichen Zuwachs an zusammenhängendem deutschen Sprachgebiet geführt hatte, wenn es auch in den polnischen Provinzen ziemlich verstreut lag, ging die Kolonisierung Habsburgs mehr in die Weite. Deutsche Siedler wurden in die entvölkerten, aber strategisch wichtigen Teile Ungarns geleitet, als es von den Türken zurückerobert war. Die Hauptgebiete waren die Schwäbische Türkei genannte Gegend, d.h. das Hügelgebiet zwischen Donau und Drau nahe Fünfkirchen (jetzt Pécs); der Bakonywald (ungarisch Bakonyerdo) westlich von Budapest; die Bacska zwischen Donau und Theis (Tisa); weiter östlich das Banat genannte Gebiet mit der Stadt Temesvár (ungarisch), heute Timisoara (rumänisch); Sathmar im Nordwesten Ungarns, jetzt in Rumänien (Satu Mare) und die Bukovina mit der Hauptstadt Czernowitz im Nordosten Rumäniens sowie die südwestliche

Ukraine. Die Siedler in Ungarn wurden allgemein ‚Schwaben' genannt, während die viel früher in Siebenbürgen eingewanderten Deutschen ‚Siebenbürger Sachsen' hießen. Die Kolonisierung Habsburgs machte weder den Versuch noch gelang es ihr unbeabsichtigt, große, kompakte, sichere deutsche Siedlungsräume zu schaffen. Im Jahre 1784 verfügte Kaiser Joseph II. nichtsdestoweniger, daß in all seinen östlichen Gebieten Deutsch die alleinige Amtssprache sein sollte.

Die dritte östliche Macht, die sich auf eine geplante Kolonisierungs- und Einwanderungspolitik einließ, war Rußland nach 1762, dem Jahr der Thronbesteigung Katharinas II. Sie zog Deutsche ins Land, besonders in die Gegend von Saratow an der Wolga und in die Nachbarschaft St. Petersburgs. Diese entlegenen Siedlungen vermehrten nur die Zahl isolierter deutscher Kolonien. Rußland begann die staatlich gelenkte Kolonisierung zuletzt und führte sie am längsten weiter. Preußen gab seine Kolonialpolitik während der napoleonischen Kriege auf, Österreich zur Zeit der Revolution von 1848 und Rußland erst 1870 (Südrußland, Wolhynien). Es war also die Politik dieser drei multinationalen, dynastischen und absolutistischen Staaten, die vor dem Zweiten Weltkrieg für die in Osteuropa so charakteristischen Bevölkerungsmischungen verantwortlich war und den Nationalisten des 19. und 20. Jh.s wie ein Affront und Alptraum vorkam.

Wir erreichen nun also die dritte Phase der Geschichte der Ostgrenze des Deutschen innerhalb der nhd. Periode. Nach dem spontanen Zug deutscher Siedler nach Osten und der vom Staat gelenkten Kolonisierung kam die Reaktion des nationalistischen Zeitalters im 19. und 20. Jh. Die ersten Ostdeutschen, die unter Druck geraten sollten, waren die Baltendeutschen. Die russische Regierung verfolgte in der zweiten Hälfte des 19. Jh.s eine Politik der Russifizierung, der viele Deutsche durch Auswanderung begegneten. Riga, wo 1867 dreiundvierzig Prozent der Bewohner Deutsch sprachen, hatte 1913 nur noch 13,8 Prozent deutschsprachige Einwohner. Wo Deutschland und Österreich herrschten, wurde der Nationalitätenkonflikt zugunsten des Deutschen beeinflußt. Dennoch mußte die älteste Universität des alten Reiches, die Carolina in Prag, im Jahre 1882 in eine deutsche und eine tschechische aufgeteilt werden. In vielen sprachlich gemischten Teilen Böhmens ging es mit dem Tschechischen wieder voran. Unter Bismarck verfolgte die preußische Regierung in den polnischen Provinzen eine Politik der Eindeutschung. 1872/73 wurde Deutsch zur alleinigen Schulsprache und nach 1876 einzige Amtssprache. Im Jahre 1886 wurde eine bewußte Politik zur Ansiedlung deutscher Bauern eingeleitet; doch obwohl ungefähr 130000 Land und Hof bekamen, übertraf die Auswanderung nach Westen den Gewinn. Der Politik des nationalistischen *Deutschen Ostmarkenvereins* wurden durch polnische Bestrebungen Schranken gesetzt. Unterdrückung reizte nur zu Widerstand und erfüllte die bedrückte Volksgruppe mit Haß. Die höhere Geburtenrate bei den Slawen und die scharenweise Auswanderung deutscher Landarbeiter in die Industriegebiete Westdeutschlands seit 1850 steigerte die nationalen Befürchtungen der Deutschen. Auch Amerika erschien allen Volksgruppen, die in den Ostgebieten durch nationale Konflikte gespalten und von preußischen Junkern und Bürokraten oder zaristischen Regenten unterdrückt wurden, wie ein Paradies. Nationale Selbstbestimmung wurde schließlich das Schlagwort in einer Atmosphäre, in der man zur Gleichsetzung von Nationalität und Sprache geneigt war. In einigen Gegenden von altem Zuschnitt widerstand Treue zum Staat dieser neuen Polarisierung. Die Kaschuben in Pomerellen und die Masuren im südlichen Ostpreußen identifizierten sich nicht ohne weiteres mit ihren slawischen Brüdern, den Polen.

Nach dem Ersten Weltkrieg, der großenteils durch Furcht und die Feindschaft, die Deutsche und Slawen einander entgegenbrachten, zum Ausbruch gekommen war, sollte der Grundsatz nationaler Selbstbestimmung eine Lösung für die nationalen Verwicklungen und eine Berichtigung der ungerechten Teilungen Polens bringen. Er ließ sich jedoch nicht so einfach anwenden, da er mit zu vielen geographischen und historischen Faktoren in Konflikt geriet und zu vielen nationalen Gefühlen und Bestrebungen zuwiderlief. Die Herren und Diener von gestern konnten sich nicht einfach als Gleiche harmonisch zur Ruhe setzen.

In Pomerellen hatten Kaschuben und Polen zusammen eine geringfügige Mehrheit, weshalb Pomerellen nach dem Versailler Vertrag an Polen kam. Der größte Teil der Provinz Westpreußen und die Provinz Posen (Poznań), wo die Polen die Mehrheit hatten, gingen ebenfalls an Polen, doch das deutsche Danzig wurde ein Freistaat und dem Völkerbund unterstellt. Das Memelland mit vorherrschend deutscher Bevölkerung kam unter litauische Hoheit. In Teilen Ostpreußens und Westpreußens und in Oberschlesien wurden Volksabstimmungen abgehalten. In Ost- und Westpreußen stimmte die Bevölkerung, auch viele slawischer Abstammung, für Deutschland und widersprach so der Theorie von der Gleichsetzung von Nationalität und Sprache. Der Ostteil Oberschlesiens mit geringfügiger polnischer Mehrheit ging an Polen. Fast eine dreiviertel Million Deutscher verließ ihr an Polen und Litauen abgetretenes Heimatgebiet. Während vor dem Krieg eine große Zahl Polen unter deutscher Herrschaft lebte, war nach dem Krieg das Umgekehrte der Fall, wenn auch in einem geringeren Maße. 1939 hat es in Polen anscheinend fast eine Million Deutsche gegeben, die nicht Polnisch konnten.

Im Falle Böhmens setzte sich das geographische Prinzip durch. Die historischen Grenzen entlang den Bergketten blieben erhalten, infolgedessen wurden dreieinhalb Millionen deutschsprachige Böhmen in die Republik Tschechoslowakei einbezogen.

Der Nationalismus wurde sogar noch bösartiger, als der Grundsatz der Selbstbestimmung zu keiner wirklich befriedigenden Lösung führen konnte. Wo es sich, wie in Osteuropa, um Mischbevölkerungen handelte, war in der Tat eine nationalistische Lösung nicht möglich. Schließlich kam der Zweite Weltkrieg, die brutalste Aggression gegen die slawischen Völker. Bei seinem Ende wurde die deutsche Ostkolonisierung umgekehrt, und Gebiete, die sechshundert Jahre lang deutschsprachig gewesen waren, gingen in slawische Hand über. Selbst während des Krieges siedelten die Nazis nahezu 900000 sogenannte *Volksdeutsche* aus fernen Enklaven (der Ukraine, der Dobrudscha, Bessarabien, der Bukovina, Wolhynien, der Gottschee in Jugoslawien und den baltischen Staaten) in einem Eindeutschungsversuch meist nach Westpolen um. Am Ende des Krieges wurde die deutsch-polnische Grenze entlang der Oder und Neiße gezogen und die alte Grenze nach Böhmen wiederhergestellt. Alle östlich dieser neuen Linie lebenden Deutschen wurden, wenn sie nicht bereits geflohen waren, vertrieben. Ostdeutschland westlich der Grenzen von 1937 und östlich der Oder-Neiße-Linie hatte gegen neun Millionen Einwohner, und in Böhmen und Mähren lebten etwa dreieinhalb Millionen Deutsche. Nahezu alle deutschen Enklaven in den östlichen Ländern, jene in Rumänien ausgenommen, wurden entweder durch Hitlers Umsiedlungspolitik oder durch Vertreibung eliminiert. Die internationale Wertschätzung des Deutschen wurde davon nicht weniger berührt. Während mehrerer Jahrhunderte hatte das Deutsche in Osteuropa als eine Art *lingua franca* gedient und schließlich als erste Fremdsprache in Schule und Wissenschaft. Aus dieser Stellung wurde das Deutsche, nachdem es bereits 1918 geschwächt worden war, nach 1945 verdrängt. Für Spekulationen über ein mögliches Wiederaufleben ist es unter gegenwärtigen Bedingungen noch zu früh.

Die Auswanderung Deutscher nach Übersee hat nirgends zu einer dauerhaften und sicheren Vergrößerung des deutschen Sprachgebiets geführt. Die älteste Sprachkolonie ist diejenige, die nach 1683 durch Auswanderung von Pfälzern und anderen Südwestdeutschen nach Pennsylvania entstanden ist. Obwohl das Pennsylvaniadeutsch oder Pennsylvania Dutch, wie die deutsche Kolonistenmundart oft genannt wird, über zwei

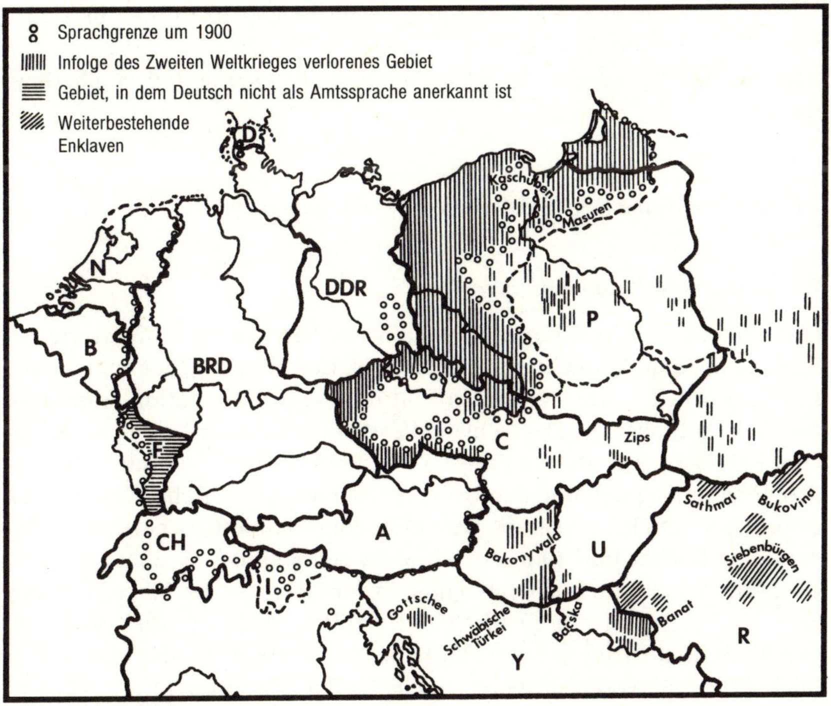

Abb. 16

Das Sprachgebiet des heutigen Deutsch

B Belgien (Gebiet von Eupen)
L Luxemburg
F Frankreich (Elsaß und Teile Lothringens)
CH Schweiz
I Italien (Südtirol)
A Österreich
BRD Bundesrepublik Deutschland
DDR Deutsche Demokratische Republik
D Dänemark (Teil von Nordschleswig)
R Rumänien (Banat, Siebenbürgen, Sathmar, Bukovina usw.)

Jahrhunderte hinweg blühte, sind die Sprecher immer mehr zum Englischen übergewechselt, das als geschriebene Standardsprache dient. Sein Sprachgebiet ist geschrumpft. Andere isolierte Siedlungen von Mennoniten und Hutteriten in Nordamerika (s. S. 335) blieben und bleiben klein. In der früheren deutschen Kolonie Südwestafrika gebrauchen ein paar Tausend Siedler noch immer ihre Muttersprache.

Wie wir gesehen haben, ist die Zahl der Sprecher mit Deutsch als Muttersprache ständig gestiegen, so daß das Deutsche, vom Russischen abgesehen, noch immer die größte Sprachgemeinschaft in Europa darstellt. Sein Sprachgebiet hat jedoch eine derartige Verringerung erfahren, die alles, was je einer anderen europäischen Sprache widerfahren ist, überbietet.

7.2 Die Schaffung der klassischen Literatursprache

7.2.1 Das Sprachproblem

Die Fortschritte in Gebrauch und Wertschätzung, die die deutsche Sprache in den Jahrzehnten der Reformation allmählich erlebt hatte, kamen angesichts der steigenden Flut der Gegenreformation zum Stillstand. Im katholischen Deutschland kehrte die Schule mit erneutem Eifer zum Latein zurück und im protestantischen Deutschland erhielt sich an den höheren Schulen und den Universitäten das Lateinische ebenfalls als erstes Lehr- und Lernmedium. Bei der Buchproduktion überstieg die Zahl deutscher Bücher 1681 zum ersten Mal die der lateinischen, aber erst nach 1692 waren deutsche Bücher endgülig in der Überzahl. Im Jahre 1740 war über ein Viertel aller in Deutschland veröffentlichten Bücher noch auf lateinisch. Erst in der zweiten Hälfte des 18. Jh.s kam für das lateinische Buch die rasche Verfallsphase: 1754 ein Viertel, 1759 ein Fünftel, 1781 ein Achtel, 1787 ein Zehntel, 1799 ein Zwanzigstel. Der Fortschritt des Deutschen war an verschiedene Disziplinen und an einzelne Autoren geknüpft. In Philosophie, Rechtswissenschaft und Theologie bewahrte Latein eine besonders starke Stellung. Die Universitäten hatten viel von ihrer im 16. Jh. entfalteten Kraft eingebüßt, und erst mit der Gründung neuer Universitäten (Halle 1694, Göttingen 1737) bildete dieser Bereich wieder den Vortrab der kulturellen Entwicklung. Als der Philosoph Christian Thomasius im Herbst 1687 an der Universität Leipzig auf deutsch eine Vorlesungsreihe in deutscher Sprache ankündigte, verursachte er so ein Aufsehen, daß seine eigene Stellung im Laufe der Zeit unhaltbar wurde. Die Universität Halle war es, die ihm einen Wirkungskreis zur Förderung des Deutschen bot. Wie es heißt, hielten gegen 1711 die meisten Professoren in Halle ihre Vorlesungen auf deutsch ab, und das Lateinische wurde praktisch verdrängt. Ungefähr zur gleichen Zeit begann ein anderer Philosoph in Halle, Christian Wolff, auf deutsch zu schreiben. Er war es, der wie kein anderer das Deutsche mit einer philosophischen und einer mathematischen Terminologie ausgestattet hat. In vielen Fällen war es eher eine Sache von Festigung durch Gebrauch und schärferer Definition der früher gebrauchten Ausdrücke (s. S. 440, 441) als wirkliche Schöpfung völlig neuer Ausdrücke.

Es war nicht nur die Stellung des Lateinischen, die im 17. Jh. Stagnation des Deutschen verursachte. An süddeutschen Höfen, vor allem am Kaiserhof in Wien, verstärkten sich spanische und italienische Einflüsse außerordentlich. Dies geschah zu einer Zeit, als die weitestgeläufige Form des Gemeindeutsch, seine ostmdt. Spielart, als ‚protestantische Mundart' suspekt war. Die protestantischen Fürstentümer, die sich auf französische Unterstützung verließen, waren, wie der Rest Deutschlands, für das Eindringen französischer Kultur offen. Bereits 1663 ließ der Kurfürst von Brandenburg einen Vertrag auf französisch und lateinisch entwerfen. Internationale Abmachungen, die vorher überall in lateinischer Sprache aufgesetzt worden waren, wurden während der Regierungszeit Ludwigs XIV. immer häufiger auf französisch abgefaßt. Bei den Verhandlungen um den Vertrag von Utrecht im Jahre 1714 verwendeten die Abgesandten des Heiligen Römischen Reiches bei ihrem Abkommen mit Frankreich Französisch, und seitdem war das Französische als Diplomatensprache üblich. Der kulturelle Aufstieg Frankreichs hatte seinen Zenith erreicht. Als Träger der viel bewunderten französischen Literatur wurde das Französische zur Sprache der deutschen Fürsten und Hofleute und schließlich sogar des städtischen Patriziats. Von der *A-la-mode*-Zeit ließ sich sogar der nüchterne, antifranzösische Soldatenkönig Friedrich Wilhelm I. von Preußen einnehmen, der mit seiner Frau gewöhnlich Französisch sprach. Sein Sohn, Friedrich II., der aufgeklärte Despot und Philosoph, war sogar noch stärker französisiert. Er schrieb nicht nur alle seine Werke auf französisch (*Histoire de mon temps; Histoire de la guerre de sept ans* usw.), sondern veränderte auch die Preußische Akademie der Wissenschaften, unter deren ursprünglichen Zielen auch die Kultivierung der deutschen Sprache gewesen war, zu *Académie des sciences et belles lettres* mit dem französischen Philosophen Maupertuis als Präsidenten. Selbstverständlich waren ihre Veröffentlichungen in französischer Sprache. Die Verbindung Friedrichs II. mit Voltaire ist ebenso bekannt wie Voltaires Bemerkung über den preußischen Hof: ‚Je me trouve ici en France. On ne parle que notre langue. L'allemand est pour les soldats et pour les chevaux; il n'est nécessaire que pour la route' (1750, in einem Brief an den Marquis de Thibouville). In solch einem kulturellen Klima überrascht es nicht, daß zehn Prozent aller zwischen 1750 und 1780 in Deutschland veröffentlichten Bücher in französischer Sprache waren. Es überrascht auch nicht, daß die weitere Vereinheitlichung des Deutschen zu einer standardisierten Schriftsprache im Vergleich mit anderen bedeutenden Sprachen Europas verzögert wurde. Solange die Kultur im wesentlichen aristokratisch war und sich auf die Höfe konzentrierte, gingen dem Deutschen zu viele Glieder der einflußreichen Elite verloren. Obwohl Deutsch fast im gesamten schöpferischen Schrifttum der Zeit gebraucht wurde, konnte es keine allgemeine Anerkennung gewinnen. Und als sich der Geschmack vom gewundenen Barock des 17. Jh.s zum nüchternen Klassizismus der Aufklärung wandelte, waren es wiederum Frankreich und die französische Literatur, die den Schritt angaben. Das deutsche Schrifttum hinkte hinterher und kam so bei den Kultivierten in den Ruf, barbarisch zu sein. Die harte und negative Kritik Friedrichs II. in seiner Schrift *De la littérature allemande* aus dem Jahre 1780 kam spät und war in der Tat ein bereits anachronistischer Ausdruck dieses Vorurteils.

Die Sprachsituation Deutschlands im 17. und in der ersten Hälfte des 18. Jh.s sah im großen und ganzen so aus, daß Latein als Sprache der Wissenschaft, Französisch als Sprache der Gesellschaft und Deutsch als Sprache der Literatur diente. Daß Deutschlands größter Denker der Zeit, Gottfried Wilhelm Leibniz (1646–1746), fast alle seine Werke in lateinischer oder französischer Sprache schrieb, ist symptomatisch. Daß er deutschen Gelehrten trotzdem riet, in wissenschaftlichen Arbeiten Deutsch zu verwenden, mag paradox erscheinen. Doch diese Tatsache gibt sowohl die herrschende kulturelle Situation als auch die Bestrebungen vieler wieder, die über die Sprache nachgedacht haben. Voller Neid blickte man auf die Stellung des Französischen in der französischen Kultur, des Niederländischen in den Niederlanden, des Englischen, Spanischen und Italienischen in den entsprechenden Ländern. Es gab viele Stimmen, die ihren Schmerz über den traurigen Zustand, in dem sich das Deutsche befand, zu Worte brachten. Es litt ihrer Meinung nach sowohl unter der kulturellen Vorherrschaft des Lateinischen und der romanischen Sprachen als auch, wie es vielen Puristen vorkam, unter einer unbilligen sprachlichen Infiltrierung. Die tiefgehenden inneren Spaltungen der deutschen Gesellschaft und ihres Staatskörpers verhinderten ein Vorankommen in Richtung auf größere Vereinheitlichung. Anderthalb Jahrhunderte lang fanden sich deutsche Autoren, Erzieher und Grammatiker sowie wohlgesonnene Patrioten und Liebhaber der Muttersprache in Abwehrstellung. Viele schreiben klagenreich und oft gleichzeitig in aggressivem Ton über den ihrer Meinung nach betrüblichen und unverdienten Zustand der deutschen Sprache. Ihre *uralte Haupt- und Heldensprache*, so forderten sie lauthals, verdiene ein besseres Los. Sie sei eine ‚Ur'-Sprache, die sich in direkter Linie von der babylonischen Sprachverwirrung herleite. Wenn auch im allgemeinen dem Hebräischen als der Sprache Gottes größeres Alter und Vorrang eingeräumt wurde, so folgte ihm doch unmittelbar das Deutsche an Ehrwürdigkeit. Von Japheth selbst herstammend, stelle es eine direkte Entwicklung aus der *Celtisch* genannten Ursprache Europas dar. Anders als das Deutsche, das ein reiner Abkömmling dieser Ursprache sei, wären, so wurde postuliert, Griechisch und Latein nicht unverfälscht. In nahezu allen europäischen Sprachen würden aus dem Deutschen stammende Wurzeln gefunden, weshalb dem Deutschen das größere Alter eingeräumt werden müsse.

Justus Georgius Schottelius (1612–1676), der bedeutendste deutsche Grammatiker und Sprachwissenschaftler des 17. Jh.s, beginnt seine *Ausfuͤhrliche Arbeit von der Teutschen HaubtSprache*, Braunschweig 1663, mit zehn Lobpreisungen *(Lobreden von der Uhralten Teutschen HaubtSprache)*, in denen er viele passende Behauptungen seiner Vorgänger zitiert, um ein hochtrabendes Bild von der Bedeutung des Deutschen zu zeichnen. Ganz ebenso legt der unbekannte Verfasser der ersten englischen Grammatik des Deutschen dem Leser eine derartige Blütenlese vor: ‚The Prolegomena doe here comprehend (in lieu of a Preface) some Testimonies of several great and learned Men concerning the Knowledge of Languages in general, and particularly of the Excellency of the Highdutch most Copious and Significant, Majestick and Sweet, Perfect and Pure, Easie and Usefull, Antient and Universal Toung.‘ Höchstwahrscheinlich wurde der Verfasser von *The Highdutch Minerva A-la-Mode or A Perfect Grammar never extant before, whereby the English may both easily and exactly learne the Neatest Dialect of the German Mother-Language used throughout all Europe*, London 1680, von Schottelius inspiriert. Es folgen Schottels eigene Worte, mit denen er die erhabene Stellung des Deutschen unter den Sprachen beschreibt:

> Es haben unsere uhralte Teutsche Vorfahren eiferig in acht genommen jhre Muttersprache / dieselbe frey und reinlich gebraucht / behalten / und jhre Kinder gelehrt / mit nichten (wie etzliche *Critici* treumen und alfentzen) von jhren Feinden jhre Rede erbettelt: Sondern vielmehr haben alle Europeische Sprachen viele Wuͤrtzelen / Woͤrter / Saft / Kraft und Geist aus dieser reinen uhralten Haubtsprache der Teutschen. (S. 123)
>
> . . . die Teutsche Sprache, welche die *Teutones*, so lange hernach *Germani* genant / gebrauchet / als der vornemste *Dialectus* von der alten Celtischen oder Japhetischen Sprache / und also eine rechte / echte / wolsprechende Tochter der Ertzmutter, die jhren Anfang und Geburt von Gott selbst bey dem Babilonischen Turme uͤberkommen . . . (S. 151/2)

Solche Beteuerungen kamen oft durch Entmutigung und Enttäuschung über die wirkliche Lage zustande. Einzelne und im 17. Jh. entstehende Sprachgesellschaften bemühten sich, für das Deutsche ein besseres Klima zu schaffen und jenen Grad an Vereinheitlichung zu erreichen, die sie sprachlich für nötig hielten. Bereits 1617 wurde die *Fruchtbringende Gesellschaft* in Weimar gegründet. Ihr Ziel war die Erhaltung und Förderung der deutschen Sprache, sowie die Pflege der ‚Tugend' oder, wie Fürst Ludwig von Anhalt-Köthen, einer der Gründungsmitglieder und ihr erster Vorsitzender es in *Kurtzer Bericht der Fruchtbringenden Gesellschaft Zweck und Vorhaben*, Köthen 1622, ausdrückte:

> . . . daß man die Hochdeutsche Sprache in jhren rechten wesen und standt / ohne einmischung frembder außländischer wort / auffs möglichste und thunlichste erhalte / und sich so wohl der besten außsprache im reden / alß der reinesten art im schreiben und Reimendichten befleißigen.

Sprachgesellschaften, meist der *Fruchtbringenden Gesellschaft* nachgebildet, entstanden an mehreren Orten: die *Aufrichtige Tannengesellschaft* (1633) in Straßburg beschäftigte sich hauptsächlich mit dem Rechtschreibungsproblem; die *Deutschgesinnete Genossenschaft* (1642) in Hamburg wurde von Philipp von Zesen gegründet, der einem übertriebenen Purismus anhing; der *Pegnesische Blumenorden* wurde 1644 von Georg Philipp Harsdörffer und Johann Klaj in Nürnberg aufgestellt; der *Elbschwanenorden* in Lübeck folgte im Jahre 1658. Es gab mehrere andere, von denen einige mehr an Poetik und Rhetorik als an der Sprache interessiert waren. Viele waren nur kurzlebig. Ihre Bedeutung sollte nicht übertrieben werden. Während des ganzen 17. Jh.s jedoch zollten Autoren der *Fruchtbringenden Gesellschaft* ihren Tribut, auch der oben genannte unbekannte Verfasser der *Highdutch Minerva*, der sich auf eine Liste zu meidender Fremdwörter bezieht, die von der ‚fructifying Society, whose most illustrious Head and Patron resides in High-Saxony at Hall the very Athens of the most refined Wits and language' (S. 35) zusammengestellt worden ist. Die Gesellschaft war der florentinischen, 1582 gegründeten *Accademia della Crusca* nachgebildet, in der Fürst Ludwig von Anhalt-Köthen im Jahre 1600 Mitglied wurde. Wenn sie auch nie das große deutsche Wörterbuch nach dem Vorbild des *Vocabulario degli Accademii della Crusca* der italienischen Akademie (Venedig 1612) zustande brachte, so schuf doch eines ihrer bedeutendsten Mitglieder, Justus Georgius Schottelius, die erste deutsche, nahezu ein Jahrhundert lang unübertroffene Grammatik. Die *Deutsche Rechtschreibung* aus dem Jahre 1645 von Christian Gueintz erschien aufgrund einschlägiger Erörterungen in der Gesellschaft: ‚Von der Fruchtbringenden Gesellschaft übersehen', wie die Titelseite andeutet. Viele Übersetzungen wurden durch die Bemühungen der *Sprachgesellschaften* angeregt oder gefördert. Neben einigen bedeutenden Mitgliedern des Adels waren in der *Fruchtbringenden Gesellschaft* viele führende

Autoren der Zeit vertreten, beispielsweise Andreas Gryphius, Georg Philipp Harsdörffer, Friedrich von Logau, Sigmund von Birken, Johann Michael Moscherosch, Martin Opitz und Philipp von Zesen.

Ihre geistige Haltung wird treffend von Sigmund von Birken (1669) zusammengefaßt:

Jeztbenannte helden und Edle Geister / haben / nach dem vorsatze allerloͤblichstgedachter Fruchtbringenden Gesellschaft / ihre Schriften in unserer Teutschen Haupt= und Helden-Sprache / verfasset: hierinn dem fuͤrbilde / nicht allein der alten Griechen und Roͤmer / sondern auch der heutigen Italiaͤner / Franzosen und anderer Nationen nachahmend / welche ihren Kunstfleiß zu ausuͤbung und aufname ihrer Muttersprache / und nicht froͤmder sprachen / anzuwenden pflegen. Es ist an sich selbst laͤcherlich / daß wir Teutsche mit grossem unkosten / froͤmde Sprachen zu erlernen / ausreisen / und unsere eigene edle Sprache zu haus verunachtsamen: da doch die Froͤmden uns diese Ehre hinwiederum nicht anthun / und wird man nicht allein keinen Waͤlschen oder Franzosen / an stat seiner Muttersprache / teutsch reden hoͤren / sondern auch ihrer keiner wird mit sich anderst / als in selbiger seiner Sprache / reden lassen / oder eher eine dritte Sprache / wie in Gesandschaften zu geschehen pfleget / hierzu erwehlen. Thun nun diß die Froͤmden / mit ihren unvollkommenen Struͤmpel-Sprachen: was hat dann unsere Teutsche Sprache / die doch eine Welthaupt=Sprache ist / und von Babel mit ausgegangen / verschuldet/ daß wir sie zum Poͤbel verbannen / und lieber den Froͤmden nachparlen? Und wird dannenhero auch billich dem Irrwahn etlicher Schulgelehrten in Teutschland widersprochen / die dem Teutschen Sprach=fleiß / und auch-gute Teutsche Schrifften / allein darum verachten / weil sie nicht in Latein geschrieben sind.

Es ist schon gezeigt worden, wie die Bemühungen von Männern wie Thomasius, Wolff und Schottelius sowie der einflußreichen Mitglieder der *Sprachgesellschaften* die Sache des Deutschen während des 17. und der ersten Jahrzehnte des 18. Jh.s förderten. Mitte des 18. Jh.s trug die unermüdliche Tätigkeit Gottscheds nicht nur dazu bei, das neugestaltete Schriftdeutsch zu verbreiten, sondern lieferte damit auch dem patriotischen, wieder selbstbewußten Bürgertum eine Alternative zum Französischen. Er behauptete, das Deutsche sei dem Französischen, Italienischen oder Englischen überlegen, weil es nicht Ergebnis der Mischung von Sprachen verschiedener Völker sei, womit er ein Echo der nationalistischen Ansprüche eines Schottelius und seiner Zeitgenossen aus dem 17. Jh. war. Bürgertum und Adel wußten inzwischen das Ideal einer normalisierten Standardsprache zu schätzen, wenn auch nur an einer fremden Sprache. Gottsched bot ihnen nun dasselbe im Deutschen. In den achtziger Jahren des 18. Jh.s heißt es in der *Berlinischen Monatsschrift*, Deutsch habe bei der Berliner Gesellschaft die Oberhand gewonnen. Der alte Fritz war noch zu seiner Lebenszeit zum Anachronismus geworden. Die Institutionalisierung des Deutschen auf Kosten der Fremdsprachen Latein und Französisch war jedoch nur ein Problem, und zwar ein rein äußerliches. Es gab auch sehr ernsthafte sprachinterne Probleme.

Wir wollen nun die internen Probleme detaillierter untersuchen, vor denen diejenigen standen, die sich um das Deutsche kümmerten. Dafür kann die Einschätzung der Situation wie sie von Martin Opitz in seinem *Buch von der Deutschen Poeterey*, Breslau 1624 (Kapitel VI, S. E^r), gegeben worden ist, einen guten Einstieg liefern:

Die ziehrligkeit erfodert das die worte reine vnd deutlich sein. Damit wir aber reine reden moͤgen / sollen wir vns befleissen deme welches wir Hochdeutsch nennen besten vermoͤgens nach zue kommen / vnd nicht derer oͤrter sprache / wo falsch geredet wird / in vnsere schrifften vermischen: als da sind / *es geschach* / für / *es geschahe* / *er sach* / für / *er sahe; sie han* / für *sie haben* vnd anderes mehr: welches dem reime auch bißweilen außhelffen sol; als:

Der darff nicht sorgen fuͤr den spot /
Der einen schaden krieget hot.

So stehet es auch zum hefftigsten vnsauber / wenn allerley Lateinische / Frantzoͤsische / Spanische vnnd Welsche woͤrter in den text vnserer rede geflickt werden; als wenn ich wolte sagen:

Nemt an die *courtoisie*, vnd die *deuotion*,
Die euch ein *cheualier, madonna* / thut erzeigen;
Ein handvol von *fauor petirt* er nur zue lohn /
Vnd bleibet ewer Knecht vnd *seruiteur* gantz eigen.

Wie seltzam dieses nun klinget / so ist nichts desto weniger die thorheit innerhalb kurtzen Jharen so eingeriessen / das ein jeder / der nur drey oder vier außlaͤndische woͤrter / die er zum offteren nicht verstehet / erwuscht hat / bey aller gelegenheit sich bemuͤhet dieselben herauß zue werffen / . . .

Wir stellen fest, daß Opitz zwei Probleme beschäftigen. Zum ersten ist es das Normenproblem oder die Frage, was Standarddeutsch sei; zum zweiten das Problem der vom Deutschen der Zeit nicht bewältigten fremden Eindringlinge oder die Frage nach der ‚Reinheit' der Sprache.

7.2.2 Was heißt Hochdeutsch?

Das Gemeindeutsch des frühen 16. Jh.s war zwar eine konvergierende, doch noch nicht vereinheitlichte Schriftsprache, die in regionalen Varianten vorkam. Dieser Zustand wurde im 17. und 18. Jh. immer unerträglicher. Demgegenüber war das Französische entschieden stärker vereinheitlicht und bot sich daher als nachzubildendes Beispiel an. In der Tat mußte das Deutsche einen ähnlichen Grad an Vereinheitlichung erreichen, wenn es erfolgreich mit dem Französischen als Sprache der feinen Gesellschaft konkurrieren wollte. Reflektierte Vereinheitlichungsversuche in den Niederlanden kannten deutsche Sprachwissenschaftler und

Schriftsteller ebenfalls. Christian Thomasius deutete auf das Französische als Modell in seiner Flugschrift: *Welcher Gestalt man denen Frantzosen in gemeinem Leben und Wandel nachahmen soll?* (1687). Er bewunderte die Art, wie in Frankreich die Landessprache auch als Gelehrtensprache gebraucht wurde, doch er glaubte, daß das Deutsche dafür noch zu unvollkommen sei. Später trugen er und Wolff viel dazu bei, diese Unvollkommenheit zu beheben.

Sogar noch früher (wahrscheinlich um 1683) hatte Leibniz seine unveröffentlichte *Ermahnung an die Teutsche, ihren verstand und sprache besser zu üben* geschrieben und ließ ihr gegen 1697 seinen Aufsatz *Unvorgreiffliche Gedancken, betreffend die Ausübung und Verbesserung der Teutschen Sprache* folgen, der 1717 von J. G. Eccard veröffentlicht wurde. Wir stellen fest, daß die Mahnung, das Deutsche zu gebrauchen, mit der Forderung nach seiner Verbesserung gekoppelt ist. Sprache war für Leibniz ein ‚Spiegel des Verstandes'. Klares Denken setze eine klare Sprache voraus. Die deutsche Sprache, meinte er, sei bereits in allen Dingen, die die fünf Sinne angingen, hoch entwickelt, ebenso auf den Gebieten des Handwerks und Bergbaus, der Jagd und Seefahrt. Doch in Dingen des Gemüts, des Denkens, der Moral und Regierungskunst müsse sie noch entwickelt werden. Diese Entwicklung wollte er nicht durch fanatische Puristen verfolgt wissen, sondern auf dem Wege eines vernünftigen Kompromisses. Er meinte, ein umfassendes Wörterbuch sei nötig, das auch nützliche Wörter aus den Mundarten und den verwandten germanischen Sprachen einbezöge. Drei Eigenschaften forderte er von einer Sprache: *Reichthum, Reinigkeit* und *Glantz.* Unter Reichtum verstand er, daß der Wortschatz einer Sprache sich selbst genügen müsse, so daß ihre Sprecher nicht zu Umschreibungen greifen müßten. Das Französische kommt ihm unvollkommen vor, da es nicht ein einziges Wort für dt. *reiten* oder lat. *equitare* aufweise. Wenn nötig, könnten Wörter aus den Mundarten übernommen werden; alte Wörter könnten wiederbelebt und fremde Ausdrücke eingebürgert und schließlich solche Neologismen durch Ableitung und Zusammensetzung gebraucht werden ‚so vermittelst des Urteils und Ansehens wackerer Leute in Schwang gebracht werden müsten' (§ 64). Was das Heimischwerden fremder Wörter angeht, so bezieht er sich neben anderen einschlägigen Fällen auf das Englische:

> die Englische Sprache hat alles angenommen, und wann jedermann das Seinige abfodern wolte, würde es den Engländern gehen, wie der Esopischen Krähe, da andere Vögel ihre Federn wieder gehohlet. Wir Teutschen haben es weniger vonnöthen als andere, müssen uns aber dieses nützlichen Rechts nicht gäntzlich begeben (§ 68).

Wir sehen, daß Vernünftigkeit sein erster Grundsatz ist, dem Deutschen zu Frische und Kraft zu verhelfen. Sprache lasse sich verbessern und vervollkommnen. Auch Schottelius war der Meinung, daß das Deutsche durch Bemühung und Lehre entwickelt werden könnte. Das Zeitalter des Rationalismus war bei seiner Suche nach Ordnung, Allgemeingültigkeit und Klarheit voller Optimismus.

Mit dem Postulat *Reinigkeit* wollte Leibniz sicherstellen, daß die Sprache ‚gutes Deutsch' sein sollte, schicklich und verständlich. *‚Verba obsoleta'* wie Luthers *Schächer* oder ‚unzeitig angebrachte Verba Provincialia' wie *schmecken* statt *riechen* sollte man meiden. Gegen Fremdwörter wendet er ein, daß sie in vielen Fällen für viele unverständlich blieben. Ein anderer Aspekt von *Reinigkeit* sind Regelmäßigkeit und Richtigkeit. Zur Regelaufstellung sollte eine Grammatik geschaffen werden; zu viele grammatische Erscheinungen seien noch immer unreguliert. Er führt das Genus von *Urteil* an, das am kaiserlichen Kammergericht weiblich, an den obersächsischen Gerichtshöfen hingegen sächlich sei.

Und schließlich bestimmt er *Glantz* und *Zierde.* Damit meint er einen kultivierten, eleganten Stil. In dieser Hinsicht lobt er das Französische. Sein einheitliches, regelgeleitetes, schickliches, verständliches, ‚zierliches' und klares Deutsch sollte also auch in einem neuen, eleganten Stil geschrieben werden. Wenn Leibniz' Vorstellungen ausführlicher dargestellt worden sind, so deshalb, weil sein Rationalismus für den Geist des Zeitalters so bezeichnend ist – bezeichnend für den Geist, der das sprachliche Werkzeug schuf, das in den Händen von Dichtern wie Klopstock und Lessing, Goethe und Schiller eine wahrhaft große Literatursprache werden sollte.

Waren sich Grammatiker und Schriftsteller im allgemeinen hinsichtlich der Eigenschaften von *Hochdeutsch*, wie ihr Ideal derzeitlich genannt wurde, einig, gab es jedoch keine Übereinstimmung darüber, wo dieses *Hochdeutsch* zu finden war. Viele Kommentatoren der Zeit, besonders jene aus Norddeutschland, meinten, daß es in der Sprache der besten Schriftsteller zu finden sei. Dies war beispielsweise die Meinung von Schottelius und von Bödiker, einem Rektor aus Berlin. Hier Bödikers eigene Worte: ‚Die Hochdeutsche Sprache ist keine Mund-Art eines einigen Volcks oder Nation der Deutschen, sondern auß allen durch Fleiß der Gelahrten zu solcher Zierde erwachsen, und in gantz Deutschland üblich'. Schottel war auch der Meinung, daß Hochdeutsch keine Mundart, sondern selbst in Mundarten wie Meißnisch, Thüringisch, Hessisch, Fränkisch, Schwäbisch, Bayrisch, Österreichisch, Schlesisch, Schweizerisch usw. eingeteilt sei (S. 162). Es ist *Lingua ipsa Germanica* (S. 174). Vielleicht ist die Reihenfolge, in der er die Mundarten aufzählt, von einiger Bedeutung, denn obwohl er alle von Meißnern gemachten Ansprüche auf Vorrang und Priorität abweist, räumt er ein:

> Die rechte Meißnische Ausrede / wie sie zu Leipzig / Merseburg / Wittenberg / Dresden üblich / ist lieblich und wollautend / und hat in vielen Wörteren das Hochteutsche sich wol daraufgezogen / wie breit und verzogen aber der Meisnische *Dialectus* auf dem Lande und unter den Bauren sey / ist nicht unbewust (S. 159).

Er unterscheidet also deutlich zwischen meißnischer Mundart und Hochdeutsch, das überregional ist, obgleich seine Aussprache in obersächsischen Städten besonders anziehend und wohlklingend sein soll. Der Mecklenburger Grammatiker Daniel Georg Morhof meint ebenfalls, ‚die Meissner Außrede ist die zierlichste‘.

Ähnlich zweideutige Stellen, die einerseits sowohl den überregionalen als auch übermundartlichen Charakter des Hochdeutschen, anderseits die Vorbildlichkeit des *Meißnischen* betonen, finden sich auch in den Schriften Johann Christoph Gottscheds (1700–1766). Von Geburt Ostpreuße, lag das Zentrum seines Wirkens in Leipzig. In seiner *Deutschen Sprachkunst, Nach den Mustern der besten Schriftsteller des vorigen und itzigen Jahrhunderts*, Leipzig 1748, heißt es:

> Ganz Ober= und Niederdeutschland hat bereits den Ausspruch gethan: daß das mittelländische, oder obersächsische Deutsch, die beste hochdeutsche Mundart sey; indem es dasselbe überall, von Bern in der Schweiz, bis nach Reval in Liefland, und von Schleswig bis nach Trident im Tyrol, ja von Brüssel bis Ungarn und Siebenbürgen, auch im Schreiben nachzuahmen und zu erreichen suchet (5. Aufl., 1762, S. 69).

Dies war bis zu einem gewissen Grade Propaganda. Worauf es ihm ankam, war vor allem die Vereinheitlichung und Standardisierung des Deutschen. Zu diesem Zwecke mußte das Hochdeutsche von allen Archaismen und Regionalismen gesäubert werden. Sein Kennzeichen sollte Einheitlichkeit, Regelmäßigkeit und Klarheit sein. Insofern Hochdeutsch überregional war, verdankte es sich den besten Schriftstellern im Lande, insofern noch immer eine regionale Grundlage zur Vereinheitlichung und Standardisierung erforderlich war, sollte sie Obersachsen bieten. Obersachsen war ein Gebiet, auf dem verhältnismäßig früh eine ziemlich einheitliche Kanzleisprache entstanden war; die Reformation und Luther hatten seinen Sprachstatus angehoben; Niederdeutschland hatte nach Aufgabe seiner eigenen Schriftsprache die obersächsische Schreibvariante des Gemeindeutschen übernommen; im 17. und 18. Jh. stammten fast alle Dichter und Schriftsteller aus diesem Teil Deutschlands: Opitz, Fleming, Logau, Hofmannswaldau, Lohenstein, Gryphius, Gerhardt, Zesen, Gellert, Weise; ebenso die Philosophen Thomasius und Wolff, auch die norddeutschen Grammatiker Schottel, Bödiker und Morhof schrieben in dieser Form des Deutschen, die seit langem einen hohen Rang besaß. Der Ostpreuße Gottschedt und der Pommer Adelung brauchten auf dieser Grundlage die Vereinheitlichung nur noch zum Abschluß zu bringen.

Die Zürcher Literaturkritiker Bodmer und Breitinger und der Berner Dichter Albrecht von Haller anerkannten die führende Stellung Meißens, als sie ihre Sprache dem Ostmdt. nachbildeten und ihre eigene Form des Deutschen nach Vorschlägen ostdeutscher Freunde korrigierten. Als Bodmer später die führende Stellung Meißens zurückwies, war dies stärker durch Stilfragen und Probleme der dichterischen Diktion veranlaßt als durch das vorrangige Sprachproblem. Im Grunde genommen forderte die Aufklärung des 18. Jh.s ebenso eine einheitliche Standardsprache, wie es der Rationalismus des 17. Jh.s getan hatte.

Andere süddt. Autoren betonten den überregionalen Charakter des Hochdeutschen. C. F. Aichinger aus der Pfalz, der häufig süddt. Formen den Vorzug gab, mußte einräumen, daß die meisten Autoren die östliche Spielart gebrauchten. Wenn der katholische Priester Augustin Dornblüth in seinen *Observationes* aus dem Jahre 1755 am Anspruch der süddt. Kanzleisprache vom Ende des 17. Jh.s festhielt, so war dies ein Anachronismus. Die Schwaben K. F. Fulda und J. Nast traten, wie Gottsched es getan hatte, für den Grundsatz der Sprachrichtigkeit und Sprachreinheit ein, doch mit ihrem Anspruch, ‚das Hochteütsche ist eigentlich im südlichen Teütschland zu Haus', standen sie auf verlorenem Posten.

Solange die Norddeutschen das Hochdeutsche als eine mehr oder weniger übernommene Fremdsprache ansahen, die man lernen mußte, meinten sie, daß man es möglichst genau so aussprechen müßte, wie es in Obersachsen geschrieben wurde. Die gesprochene Sprache der gesellschaftlichen Oberschichten in den obersächsischen Städten basierte zweifelsohne weithin auf einer Aussprache nach der Schreibung, wie sie in den Schulen eingeprägt wurde. Dennoch wurden Mundarteigentümlichkeiten wie der Zusammenfall von *b/p, d/t, g/k* und von *i/ü, e/ö, ei/äu, eu* immerhin bemerkt. Die Aussprache der Norddeutschen war ebenfalls eine nach der Schreibung, aber wegen ihrer mundartlichen Grundlage wurde der eben genannte Zusammenfall vermieden, und bald nahmen sie die bessere Aussprache für sich in Anspruch. Auf diese Weise wurde letztlich eine norddeutsche Ausspracheform für das 18. Jh. vorbildlich. Die deutsche Standardsprache beruhte also sowohl in ihrer phonetischen

Form als auch in Phonologie, Grammatik und Wortschatz auf einer Synthese. Der größte Teil der abstrakten Wissenschafts- und Gelehrtenterminologie wurde in der überregionalen Schriftsprache gebildet, wenn auch in den mehr häuslichen Bereichen der Beitrag des Ostmdt. vorherrschend blieb.

Hatte auch das Streben nach Einheitlichkeit und einer Standardform des Hochdeutschen in der Mitte des 18. Jh.s viel dem Wirken Gottscheds zu verdanken, das abschließende Stadium des Prozesses wurde gegen Ende des Jahrhunderts durch die Bemühungen Johann Christoph Adelungs (1732–1806) erreicht. Er war auch der letzte und freimütigste Verfechter der Überlegenheit des *Meißnischen.* In Bd. I seines *Umständliche(n) Lehrgebäude(s) der Deutschen Sprache* aus dem Jahre 1782 bestand er kompromißlos darauf, eine allgemeine, auf dem Gebrauch der besten Schriftsteller aller Gegenden basierende deutsche Sprache gebe es nicht, es gebe nur Mundarten, und die Mundart des südlichen Kursachsen sei, so wie sie von den Oberschichten gesprochen werde, gutes und richtiges Hochdeutsch. Dabei verwechselte er natürlich gesprochene Alltagssprache mit geschriebener Literatursprache. Seiner Meinung nach lag die Blüte des Hochdeutschen als Literatursprache in der Zeit zwischen 1740 und 1760. Seine wirkliche Bedeutung ergibt sich jedoch aus der Tatsache, das seine Schriften weite Verbreitung erlebten und für die Schulen nahezu aller Gebiete Deutschlands obligatorisch wurden. Der Phonologie und Morphologie des klassischen Literaturdeutsch liegen im wesentlichen seine Normen zugrunde. Sein *Versuch eines vollständigen grammatisch-kritischen Wörterbuches der Hochdeutschen Mundart, mit beständiger Vergleichung der übrigen Mundarten, besonders aber der oberdeutschen*, Leipzig 1774–1786 war das erste wirklich umfassende, gelehrte Wörterbuch der deutschen Sprache. Sein Zugriff, der alle veralteten und mundartlichen Wörter mied, war streng synchronisch und normativ. Er schloß beispielsweise Wörter wie *Abenteuer, Buhle, Degen, Recke, Minne, Wonne* aus.

Was Gottsched und Adelung erreicht hatten, war die Standardisierung des Schriftdeutschen. Mit ihrer Fixierung von Normen auch für Stil und Wortschatz schmiedeten sie einen Panzer, der von ihren Nachfolgern wieder abgelegt wurde. Ihre Kritiker ließen dem einzelnen Dichter mehr Spielraum und billigten ihm eigene Wortwahl und Wortbildung zu, sei sie auch archaisierend, mundartlich oder eigene Schöpfung. Ausdruckskraft wurde das Postulat, als Einheit und Standardisierung erreicht worden und nicht mehr gefährdet waren. Die Standardsprache war jetzt endgültig überregional und einheitlich – einheitlich im Sinne natürlicher Sprachen, nicht natürlich im Sinne absoluter Gültigkeit wie bei der Sprache der Mathematik und Logik.

7.2.3 Das Rechtschreibungsproblem

Jene, die behaupteten, die beste Aussprache sei die, die auf der Schreibung beruhe, oder das Hochdeutsche solle so gesprochen werden wie man es schreibe, stießen sogleich auf die Frage nach der geeignetsten Rechtschreibung. Die Antwort auf diese Frage war oft, man solle schreiben wie man spreche. Dies war ein Teufelskreis. Aussprache nach Schreibung setzte eine ‚richtige Schreibung' voraus, und die Schreibung sollte aufgrund der Aussprache normalisiert werden. In der Praxis ging das Vorankommen auf dem einen Gebiet Hand in Hand mit dem auf dem anderen. Man sollte *Glück* und nicht *Glick* sagen, weil man ⟨Glück⟩ schrieb und nicht ⟨Glick⟩ schreiben sollte. Und man schrieb ⟨Glück⟩ wegen der Überlieferung und weil ⟨Glick⟩ zur mundartlichen und daher falschen Form erklärt wurde. Der Grundsatz der phonetischen oder auf der Aussprache beruhenden Schreibung wurde ergänzt durch den Grundsatz der etymologischen oder morphologischen Schreibung (*Pferd* nicht *Pferdt, Pfert* wegen *Pferdes, Pferde*); durch den Grundsatz der Ökonomie; durch die Neigung, bei Homophonie zu unterscheiden *(Waise – Weise)*; und durch den, wie man sagte, *usus scribendi.* Unter solchen Voraussetzungen wurden radikale Rechtschreibreformer wie Philipp von Zesen und Klopstock abgelehnt.

Philipp von Zesens Schreibweise zeigte Regelmäßigkeit, paßte aber nicht zum *usus scribendi*:

> Dan der geiz hat alhihr so sehr uͤber=hand-genommen / daß auch ofter=mahls die alten buklichten laͤute noch bis in ihre gruben hin=ein daͤm gaͤlde tahg' und nacht nahch=trachten / und nicht aufhoͤren / si fahren dan dahrmit ganz und gahr zur hoͤllen hin=unter (*Adriatische Rosemund*, Amsterdam, 1645, S. 287)

Klopstocks Prinzipien waren:

> Kein Laut darf me̮r als Ein Zeichen; und kein Zeichen me̮r als Einen Laut haben. . . . Wir müssen weder ferschwenden, noch geizen. . . . Bei der Rechtschreibung kan nu̮r in so fern fon Andeütung der Etimologi di Rede sein, als dise mit der Ausspra̮che übereinstimt.

Adelungs *Vollständige Anweisung zur Deutschen Orthographie* aus dem Jahre 1788 war es, die, beruhend auf den Reformen der voraufgehenden anderthalb Jahrhunderte und den obengenannten gemäßigten Grundsätzen folgend, die Rechtschreibung für die klassische Literatursprache lieferte. Die wesentlichen, allmählich zustande gekommenen Reformen der frnhd. Schreibung waren: Ersetzung von ⟨aw, ew⟩ durch ⟨au, eu⟩; Verteilung von ⟨e⟩ und ⟨aͤ⟩ sowie von ⟨eu⟩ und ⟨äu⟩ nach etymologischen Grundsätzen; allgemein Andeutung des Umlauts; nahezu völlige Beseitigung des ⟨ai⟩; ⟨ie⟩ für langes *i* außer in Wörtern wie *ihn, ihm, ihr*; Gebrauch des ⟨i⟩ und ⟨u⟩ als Vokale, des ⟨j⟩ und ⟨v⟩ als Konsonanten; Andeutung der Vokallänge sowohl durch ⟨h⟩ wie durch Verdoppelung *(Kehle, Seele)* nach Weise des *usus scribendi*; Vereinfachung von ⟨th⟩, ⟨ck⟩, ⟨tz⟩ nach Konsonanten zu ⟨t⟩, ⟨k⟩, ⟨z⟩ *(Ort, Dank, Herz)*; Vereinfachung von ⟨pff⟩ zu ⟨pf⟩, von ⟨ff⟩ zu ⟨f⟩ nach Langvokalen und Diphthongen sowie vor und nach Konsonanten *(Heft, helfen)*; Beseitigung des ‚stummen' ⟨b⟩ oder ⟨p⟩ nach ⟨m⟩ und anderer ‚überflüssiger' Buchstaben (*vmb>um, vnndt>und*); Konsonantenverdoppelung zur Andeutung der Kürze des vorangehenden Vokals, deshalb auch die Unterscheidung von ⟨ß⟩ und ⟨ss⟩ (*Füße*, aber *müssen*); allmähliche Beschränkung der Großschreibung auf Substantive, Eigennamen und den Satzanfang; Abschaffung des Bindestrichs bei Nominalkomposition.

7.2.4 Das Purismusproblem

Die zugegebenermaßen beträchtliche Beimischung von Fremdwörtern geriet in dieser Zeit hauptsächlich aus zwei Gründen unter Beschuß. Erstens war man über den festen Platz, den Latein und Französisch einnahmen und die Vernachlässigung des Deutschen und seinen geringeren Rang verdrossen, und die eindringenden Fremdwörter wurden als Symbol dieser betrüblichen Sachlage verstanden. Patriotische und nationale Gründe waren gewiß sehr häufig zu hören. Ernster zu nehmende Kritik waren auch aus anderen Gründen dagegen; Opitz hatte stilistische Einwände gegen die Fremdwörter; Leibniz war gegen sie, weil sie oft nicht oder nicht richtig verstanden wurden. Zweitens glaubten Sprachgelehrte an die ‚Reinheit' der Sprache und beanspruchten einen ganz besonderen Rang für das Deutsche wegen seiner unverfälschten Abkunft. Fremdwörter mußten daher wie ein Haar in der Suppe erscheinen. Die *Sprachgesellschaften* widmeten sich der Reinigung des Deutschen. Viele einzelne Mitglieder dieser Gesellschaft schrieben Satiren gegen den Fremdwortgebrauch *à la mode*. Es gab auch Gegner, die sich über die Aktivitäten der Puristen lustig machten. Der radikalste Bannerträger des Purismus war Philipp von Zesen (1619–1689). Er schlug Hunderte von *Verdeutschungen* vor und gebrauchte sie. Einige von ihnen haben die Sprache, da sie neben den Gegenstücken aus der Fremde bestehen, auf Dauer bereichert, z.B.

Anschrift/Adresse, Zeughaus/Arsenal, Freistatt/Asyl, Bücherei/Bibliothek, Blumenstrauß/Bouquet, Rechtschreibung/Orthographie, Hochschule/Universität, Tagebuch/Journal, Trauerspiel/Tragödie, Glückspiel/Lotterie, Handschrift/Manuskript. Viele sind Gott sei Dank wieder verschwunden, wie beispielsweise die grammatischen Ausdrücke *Klagendung* ‚Akkusativ', *Gebendung* ‚Dativ' oder *Geburtsendung* ‚Genitiv'. Nur wenige werden den Verlust von *Buschgötze* für *Faun, Entgliederkunst* für *Anatomie, Krautbeschreiber* für *Botaniker, Scheidekunst* für *Chemie, Meuchelpuffer* für *Pistole* beklagen.

Die Anfertigung von Grammatiken stand zu dieser Zeit in hoher Blüte, wie wir bereits gesehen haben. Naturgemäß lag den Grammatikern die ‚Reinheit' des Deutschen am Herzen, und es erstaunt nicht, daß sie im großen und ganzen eine deutsche Terminologie verwendeten. Neben dem Gebrauch der gewohnten lat. Terminologie mit ihrer lat. Morphologie und dem Gebrauch puristischer deutscher Wortschöpfungen gab es jedoch noch einen dritten Weg. Die lat. Ausdrücke konnten als deutsche Wörter mit deutschen Endungen gebraucht werden, z.B. *Verb – Verben* statt *verbum – verba.* Um die Mitte des 18. Jh.s gab es in der Tat die eingedeutschte lat. Terminologie, wie wir sie heute kennen, neben deutschen Lehnübersetzungen und Lehnschöpfungen. Eine Sprache ist tatsächlich überfordert, wenn sie von einem fremden morphologischen System überlagert wird. Selbst ein Schottelius konnte schreiben

Bey den Stam̃letteren ist wol zumerken / daß dieselbe so wol in den *Verbis Anomalis,* als auch in den *Nominibus, quo ad Casus, Numeros* und sonst unterweilen geendert werden / welches aber *investigationi radicis* nichts benehmen muß / (S. 194), oder ‚Auch ist dieses zumerken / daß viele *Nomina* den *Genitivum formiren apponendo litteram* s' (S. 195).

Daß ein solcher Gebrauch auf die Dauer unannehmbar ist, scheint klar, denn er setzt die Kenntnis zweier Sprachen für etwas voraus, war normalerweise eine Sprache vollkommen zufriedenstellend leisten kann. Obwohl er in gelehrten und wissenschaftlichen Schriften aller Art weit verbreitet war, verschwand er im Laufe dieses Zeitraumes allmählich. Wenn es gelingt, Fremdwörter in die heimische Phonologie und Morphologie einzubeziehen und sie gesellschaftlich nicht diskriminierend sind, spricht vieles für sie. Unmotivierte oder undurchsichtige Wörter wie *Substantiv* oder *Genitiv* sind offensichtlich präzisere Fachausdrucke als motivierte Wörter wie *Hauptwort* oder Zesens *Geburtsendung* mit ihrer suggestiven Durchsichtigkeit. Aufgrund seiner Sprachgeschichte macht das Deutsche noch immer sowohl von der Fremdworteinbürgerung als auch von der Lehnübersetzung Gebrauch.

7.2.5 Phonologische und grammatische Probleme

Es ist klar, daß Grammatiker wie Schottel, Gottsched und Adelung und viele andere, die im 17. und 18. Jh. wirkten, eine außerordentlich bedeutende Rolle bei der Schaffung der klassischen Literatursprache einnahmen. Dennoch ist festzustellen, daß oft eine große Diskrepanz zwischen den Empfehlungen oder Regelvorschriften der Grammatiker und dem praktischen Sprachgebrauch der Schriftsteller besteht. Die Regeln der Grammatiker sind bekannt, ihre Anwendung oder Nichtanwendung im Schrifttum der Zeit ist jedoch wenig erforscht. Deshalb können hier nur einige wesentliche und entscheidende Punkte aus Phonologie und Grammatik beleuchtet werden.[1]

(i) *Anlautendes d/t*

Die Schriftsprache hatte seit dem Ahd. (Ostfrk.) und Mhd. stets die Reflexe von westgerm. *þ* und *d* unterschieden, doch in fast allen Mundarten waren sie zusammengefallen entweder zu einem stimmhaften *d*, wie im Ndt. oder Mfrk., oder zu einer stimmlosen Lenis *d*, wie im Rhfrk. oder in großen Teilen des Ostmdt., oder zu einer Halbfortis *d* oder einer Fortis *t*, wie im Obdt. Dies hatte zu einem beträchtlichen Schwanken in der Schriftsprache geführt. Schottel zeigt (S. 207) *drůkken/trůkken, Deutsch/Teutsch, dichten/tichten, Dunkel/tunkel* usw. und stellt fest ‚Der Gebrauch ist hierunter sehr variabel, und muß es nothwendig oft auf Muhtmassungen hinaus lauffen'. Gottsched war der Meinung, daß in solchen Fällen nur eine Liste mit Beispielen weiterhelfen könne, da keine seiner acht Schreibregeln eine unzweideutige Antwort darauf gebe. In seinem im Anhang (S. 673 ff.) abgedruckten Artikel ‚Ob man Deutsch oder Teutsch schreiben solle', entscheidet er sich sehr vernünftiger Weise für ⟨d-⟩, weil der Anlaut hier Reflex eines früheren *þ* ist, das im Deutschen normalerweise mit ⟨d⟩ geschrieben wird. Englische Beispiele wie *thine – dein* zeigen diese Entsprechung. Solch ein Vernunftsargument brachte jedoch *teutsch* nicht sogleich zu Fall. Aus gefühlsmäßigen Gründen wurde der kräftigere Anlaut von vielen Leuten bis zum Ende des 19. Jh.s vorgezogen.

[1] In diesem Abschnitt werden herangezogen J. G. Schottelius, *Ausführliche Arbeit Von der Teutschen HaubtSprache*, Braunschweig 1663; J. C. Gottsched, *Deutsche Sprachkunst*, 5. Aufl., Leipzig 1762; J. C. Adelung, *Umständliches Lehrgebäude der Deutschen Sprache*, 2 Bde, Leipzig 1782; *The Highdutch Minerva* (s. S. 473); J. J. Wagner, *Mercurius Helveticus*, 3. Aufl. Zürich 1701 (1. Aufl. 1684).

(ii) *Apokope des auslautenden ⟨e⟩*

Diese Erscheinung der obdt. Mundarten (s. 6.5.3) ist in die obdt. Schriftsprache eingedrungen, zur Zeit Luthers bis zu einem gewissen Grade auch in die ostmdt. Sie hatte aber bei den ostmdt. Mundarten keinen Rückhalt und stand deshalb ständig unter Beschuß. Das Durcheinander war beträchtlich. Sollte es *der Hirt* oder *der Hirte, das Stück* oder *das Stücke, die Seel* oder *die Seele* heißen? Die Grammatiker mühten sich mit dem Problem ohne viel Erfolg ab. Die *Highdutch Minerva* hatte ihren Lesern folgendes darüber zu sagen:

but note well, that there is never a letter more abused both in the meetre and here in the gender, than the vowel E, which abuse crept in by a bad custom and by the variety of dialects. for some of them as the Thuringian, Misnian, Silesian etc. add it, when they should not, e. g. in the masculine and neuter substantives: *der fuͤrste, der hake . . ., das gesihte, das herze* etc. when they should say and write: *der fuͤrst*, prince, *hak*, hook . . . *das gesiht* sight, *herz* heart; whereas some others as the Frankonian, the Oster- or Voghtlandish, and that of the Palatinate, omitte it both in writing and speaking feminin substantivs . . *ein stub, een kaz* . . . when they ought to add it thus: . . . *eine stube* stove, *kaze* cat . . . (S. 48f.)

Dies war sicher sauber rationalistisch gedacht. In einer Zeit, als die Grammatiker an die *Grundrichtigkeit* (Schottels Ausdruck) jeder Sprache glaubten, die die Grammatiker nur zu entdecken brauchten, schien solch eine Lösung empfehlenswert. Doch das Deutsche bekam man so nicht in die Hand. Gottsched empfahl *der Aff, Bub, Fürst, Herr, Knab, Pfaff* usw. (S. 235). Für Adelung war es eine Sache des Wohlklangs, und er spöttelte ‚Gottsched war harthörig genug, alle diese Substantive mit dem milderen e zu verdammen und die harte Oberdeutsche Form vorzuziehen . . .' (S. 312). Er gebrauchte also *Bube, Knabe, Gatte* usw. und verwarf die frühere Regel: ‚Selbst das sogenannte weibliche e ist im Grunde nichts anders, als dieses e euphonicum, weil kein Grund vorhanden ist, warum man es gerade nur einigen weiblichen Hauptwörtern sollte angehaͤngt haben . . .' (S. 311 u. 319). Schließlich entschied der Gebrauch zugunsten von *Mensch, Graf* und *Affe, Knabe* und beseitigte das *-e* in *Herre, Stücke, Bette* usw. Adelung registriert die Formen so, wie sie noch heute gültig sind (S. 437).

Weil er meinte, die Substantive müßten im Plural eine Flexionsendung haben, hatte Schottel die Regel aufgestellt, daß die Substantive auf *-er* und *-el* ihren Plural auf *-ere, -ele* bilden sollten: *die Buͤrgere, die Himmele* (S. 307). Im Alem. waren solche Pluralformen zu einer Zeit nicht selten, z. B. *Bruͤdere* im *Mercurius Helveticus.* Bei Gottsched und Adelung gibt es nur den endungslosen Plural. Adelung bemerkte: ‚Einige alte Oberdeutsche Mundarten hängen den Wörtern auf er besonders den männlichen dieser Art im Nominativ des Plurals noch ein e an . . . *Bürgermeistere*‘ und fügte hinzu, daß dies ‚im Hochdeutschen ein Fehler‘ sei (S. 419).

(iii) *Synkope des -e- bei Verbformen*

Während Synkope im obdt. Schrifttum üblich war, empfahlen mdt. Grammatiker *-est, -et* für die Endungen des Sg. der Verben, z. B. bei Gottsched *du lobest, er lobet*, im Prät. *lobetest, lobete* und Part. Prät. *gelobet*. Doch bei *sehen* waren die Endungen *-st, -t*. Adelung hat beides: *lobest, lobet* und *lobst, lobt*, doch bringt er es mit dem nötigen Wohlklang in Zusammenhang. Im Prät. unterscheidet er zwischen dem Ind. *lobtest, lobte* und dem Konj. *lobetest, lobete* (S. 780). Semenjuk (S. 106–113) stellte die verhältnismäßig frühe Zunahme von synkopierten Formen bei starken Verben und schwachen Verben, die auf stimmhaften Konsonanten enden, fest, während die beiden Formen bei andern schwachen Verben als freie Varianten mit allmählicher Tendenz zu den synkopierten Formen erhalten blieben. Das gleiche galt für die Formen des Part. Prät. *(gelobet/gelobt)*. Sie machte die interessante Entdeckung, daß der Übergang zu synkopierten Formen in literarischen Zeitschriften früher als in politischen Zeitungen vorkam, während gelehrte und wissenschaftliche Periodika dazwischen lagen.

(iv) *Der Umlaut*

Bei der Wurzel vieler Wörter gab es Schwankungen *(Stuck/Stück, Burger/Bürger)*, ferner bei der Pluralbildung *Tag(e)/Täg(e))*, und bei der 1. u. 2. Pers. Sg. der starken Verben mit den Wurzelvokalen *a* und *au (fallt/fällt, lauft/läuft)* sowie in einigen anderen Fällen, z. B. *kommt/kömmt*. Hier war es im wesentlichen der Unterschied zwischen Obdt. (ohne Umlaut) und Mdt. (mit Umlaut). Doch selbst in der ostmdt. Schriftsprache stand *Wägen, Läden, Täge* neben häufigerem *Wagen, Laden, Tage* (Semenjuk, S. 96). Gottsched und Adelung förderten die gültig gewordenen Formen, wobei Adelung bemerkt, daß *Böden* und *Bögen* von vielen auch ohne Umlaut gebraucht würden und daß *kömmst, kömmt* ‚in den gemeinen Sprecharten üblich seien‘ (S. 818).

(v) *Andere Mundarteigentümlichkeiten in Vokalismus und Konsonantismus*

Die Labialisierung von *i* und *e* war recht verbreitet, besonders im Alem., z. B. findet man im *Mercurius Helveticus Gebuͤrg, Wüssenschaften, Froͤmbder*, und in bayr. Texten gibt es viele überkompensierte Formen, z. B. *Sütz* (für *Sitz*), *Bewögungen*, neben Entrundungen, z.B. *freidenreich, zertrimmern* (Kaiser, S. 129ff.). Lange und kurze Vokale waren in den Mundarten oft verschieden verteilt, und Schreibungen wie beispielsweise *Vatter, Botten, getretten* im *Mercurius Helveticus* sind Hinweise auf diese Erscheinung. Reime wie *Fuß:muß* in den Werken schlesischer Dichter stammen ebenfalls aus mundartlichem Hintergrund. Obersächsische Schreibungen wie *Jabe, Jott* für *Gabe, Gott* wurden von Gottsched verworfen. Konsonantenschreibungen wie *Befelch (Befehl), Viech (Vieh), du sichst, er sicht* für *siehst, sieht*, die von Gottsched ausdrücklich verworfen wurden, finden sich in obdt. Texten.

(vi) Bei der *Deklination der Substantive* gab es eine Reihe konkurrierender Formen. Bei Schottel hatten Gen. u. Dat. Sg. Fem. noch immer die Endung *-en* mit Ausnahme der abgeleiteten Feminina, die im Sg. endungslos waren *(Eitelkeit)*. Semenjuk stellte den raschen Verfall solcher Formen fest, die sie noch bei *Frau, Sonne, Zunge, Straße, Gasse, Wiege* usw. und am häufigsten bei *Kirche* und *Erde* gefunden hatte (S. 92f.). Sie lebten noch in den konservativen Gegenden des Obdt. weiter. Gottsched meinte, ‚daß diejenigen unrecht thun, die bei dem Worte *Frau* in der 2. (= Gen.) 3. (= Dat.) und 6. (= Ablativ) Endung ein en anflicken' (S. 235).

Bei der schwachen Deklination der Mask. konkurrierten *-en* und *-ens* miteinander, doch Gottsched bestimmte, ‚daß die 2. Endung kein s annimmt, wie einige aus boͤser Gewohnheit bey Menschens, Herrns, Grafens, Fuͤrstens u.d.gl. zu sprechen pflegen' (S. 234). Bei mask. und neutr. Substantiven hatte das Obdt. im Gen. Pl. *-en*, doch das Mdt. *-e*, im Mercurius Helveticus z.B. *deren Bischoffen* (= *der Bischöfe*), *deren Orthen* (= *der Orte*); Dornblüth trat für diese Form ein *(Übersetzeren)*, Albrecht von Haller und Bodmer jedoch verbesserten diese Formen des Gen. Pl., als ihre Leipziger Freunde sie als Fehler angemerkt hatten.

Bei den Pluraltypen des Mask. und Neutr. war der auf *-er* am wenigsten stabil. Semenjuk fand nur die Varianten *Orte/Örter* und *Lande/Länder*. Gottsched dagegen nennt *Dörner* (auch *Dornen*), *Flecker, Haͤlmer* (auch *Haͤlme*), *Kloͤßer, Kloͤtzer, Kluͤmpfer, Oͤrter, Pfloͤcker, Straͤußer* (S. 241). Adelung führte die Unterscheidung zwischen, wie er es nennt, ‚collective' und ‚distributive' ein, demgemäß sagte er, *Dörner, Örter, Wörter* und *Bänder* seien ‚distributiv', *Dorne, Orte, Worte, Bande* hingegen ‚collectiv'. Präskriptive Grammatiken des heutigen Deutsch bringen diese Unterscheidung noch immer bei *Worte/Wörter* – ohne sonderlichen Erfolg übrigens. In obdt., speziell in bayr. Texten gab es entschieden mehr Pluralformen auf *-er*, z.B. *Beiner, Better*; und *Rösser* kann man noch heute in bayrischen Provinzzeitungen finden.

(vii) *Das Genus bei den Substantiven*

Alle Grammatiker waren sich darin einig, daß viele Fälle von Unterschieden im Genus vorkamen. Kaiser hat an die 170 Beispiele, Adelung registiert über 230. Gottsched verzeichnet das im *Meißnischen* geläufige Genus an erster, die Abweichung an zweiter Stelle. Die meisten Beispiele zeigen, daß diese Wörter im heutigen Deutsch Meißen gefolgt sind, z. B. *der Bach* (obdt. *die*), *die Butter* (obdt. *der*), *die Ecke* (obdt. *das*), *die Gewalt* (obdt. *der*), *die Luft* (obdt. *der*); doch im Falle von *die Duft, die Dunst* (obdt. *der*) kehrt Adelung die Reihenfolge um: *der Duft, der Dunst* (Meißen: *die*). Nerius schließt seine Studie mit der Beobachtung, ‚daß sich gegen Ende des 18. Jahrhunderts im Genus der Substantive eine für das gesamte deutsche Sprachgebiet weitgehend einheitliche literatursprachliche Norm entwickelt hat‘ (S. 128).

Mdt. Wörter auf *-niß* waren vorherrschend Neutra, ihre obdt. Gegenstücke auf *-nuß, -nüß* oder *-niß* im allgemeinen Fem., z. B. obdt. *die Begräbnuß, Bildnuß, Finsternuß*, doch gab es im frühen 18. Jh. viele Schwankungen. Adelung (S. 352) registrierte sie mit den heute gültigen Genera: fem.: *Bedrängniß, Besorgniß, Bewandtniß, Erlaubniß, Finsterniß*, doch neut.: *Ärgerniß, Bedürfniß, Begräbniß, Bildniß, Gedächtniß* usw. Er verwarf auch die ältere Regel, wonach solche Substantive Fem. waren, wenn es sich um Abstrakta handelte, jedoch Neut., wenn sie eine konkrete Bedeutung hatten.

(viii) *Diminutive*

Schottel erwähnt nur *-lein* (S. 245). Gottsched (S. 187 f.) hat *-lein* und fügt hinzu, daß bestimmte Gebiete *-el* oder *-le* und die Schweizer *-lin* gebrauchten, bemerkt aber, ‚mit besserem Rechte gehört *-chen* hierher‘, also *Maͤnnlein* oder *Maͤnnchen*, doch *Maͤnngen* bezeichnet er als ‚fälschlich geschrieben‘. Letztere ist die alleinige Form, die die *Highdutch Minerva* ihren englischen Lesern beibrachte. Der Grund, weshalb Gottsched *-lein* vorzog, lag daran, daß es die in der Bibel und in Kirchenliedern vorkommende Form war, wenn er auch zugab, daß *-chen* in großen Teilen Deutschlands geläufig war. Er verwarf die ⟨g⟩-Schreibung mit dem interessanten Argument, das Ndt. habe *-ken* und tatsächlich seien *k* und *ch* verwandt miteinander *(Saken – Sachen)*. Wiederum war es Adelung, der die heutige Regel angab: *-chen (Bildchen, Söhnchen)* immer außer nach *ch, k, g*, wo aus Gründen des Wohlklangs *-lein* vorzuziehen sei *(Bächlein, Berglein)*.

(ix) *Gen. und Dat. Pl. des bestimmten Artikels*

Die ältere Sprache (Frnhd.) hatte die Formen *derer, denen* entwickelt (vgl. 6.9.1 (i)), z.B. *Mercurius Helveticus: von denen Bauren.* Schottel hatte diese Formen auch noch in seinem Paradigma (S. 226), wenn er auch hinzusetzte (S. 229), ‚Man schreibt / und sagt oftmals / durch den gemeinen bestetigten Gebrauch den / fuͤr denen: der / fuͤr derer'. Gottsched verwarf die erweiterten Formen beim Artikel, verwies jedoch auf ihren Gebrauch beim Pronomen, z.B. *den Fischen; denen, die sich gelagert hatten* (S. 164). Adelung verwarf den obdt. Gebrauch: ‚Im Oberdeutschen hat man aus der dieser Mundart eigenen Liebe zur Weitschweifigkeit und Vielsylbigkeit die zweysylbige Form des Pronominis für den Plural des Artikels von Alters her behalten' (S. 549), doch nach seiner Meinung ist es im Hdt. ein Fehler.

(x) *Die Pluralendung beim attributiven Adjektiv nach Artikeln usw.*

Obdt. Texte hatten allgemein *-e*, z.B. *die heutige Eidgenossen (Mercurius Helveticus).* Gottsched hat *-en (die armen Männer)* und bemerkt, ‚Viele . . . beißen hier sehr unrecht das n ab' (S. 252). Im ostmdt. Schrifttum gab es viele Schwankungen. Adelung (S. 620) forderte *-en*, doch fügte er hinzu, daß nach *einige* und *etliche* oft *-e* gebraucht werde und gewöhnlich auch nach *viel, mehr, wenig, alle*, z.B. *etliche große Bäume, viele neue Thaler, alle übrige Gäste.* Man weiß, daß sich die deutschen Grammatiker lange mit diesem Problem abgeplagt haben. Nach *alle* ist jetzt die Form *-en* erforderlich, nach den andern die Form *-e*, doch der Gebrauch ist noch immer nicht einheitlich.

(xi) *Die Bildung des Adverbs*

Schottel gibt an, daß gegenüber den Wurzeladverbien (z.B. *bisher*) alle abgeleiteten Adverbien durch Hinzufügung von *-lich* gebildet würden, z.B. *heilsam – heilsamlich, gut, guͤtlich.* Doch Adjektive auf *-lich* (z.B. *freundlich*) könnten auch als Adverbien dienen, darüber hinaus aber auch mit der Endung *-en* versehen werden, z.B. *gewißlichen vertroͤsten* (S. 256–263). Adelung (Bd. II, S. 52) bemerkt, daß viele Wörter auf *-lich* Adjektive, einige aber nur Adverbien, z.B. *höchlich, kürzlich, säuberlich* und deshalb mit den Adverbien im Englischen vergleichbar seien, wie z.B. *highly* und *greatly.* Und scharfsinnig setzt er hinzu

> Im Oberdeutschen scheint man diese Zweydeutigkeit der Ableitungsilbe lich dunkel empfunden zu haben, daher man ihr, wenn sie wirklich ein Umstandswort bil-

den soll, noch gern die vorige Ableitungsylbe en anhängt: bittlichen, sich kläglichen geberden, grausamlichen. Im Hochdeutschen, wo man die Häufung der Ableitungsylben gern vermeidet, ist dieser Anhang ungewöhnlich, weil die Deutlichkeit hier nichts dabey gewinnet oder verlieret . . .

So wurde jeder Versuch, die Adverbien im Deutschen zu bezeichnen, aufgegeben.

(xii) *Die 1. Pers. Sg. der starken Verben mit dem Wurzelvokal -e-*

Obdt. Texte hatten hier oft *-i-*, z. B. *ich wird, ich gib*, dies hatte jedoch nie auf die ostmdt. Schriftsprache übergegriffen, und obwohl Dornblüth diese Formen verteidigte, sahen sich die mdt. Grammatiker nicht veranlaßt, ihnen entgegenzutreten. Sie waren ganz klar süddt.

(xiii) *Der Singular des Imperativs*

Schottel (S. 548) schloß, daß die ‚Grundrichtigkeit' den einsilbigen Imperativ fordere, da er mit dem Stamm identisch sei. Daher setzte er *gib, trag, lauff, sih, werd, brich* und auch *hoͤr, lieb* an. Gottsched jedoch gab den schwachen Verben die Endung *-e*, z.B. *lebe, liebe, lobe, lache* und bestimmte, *siehe, gebe, stehe, schreibe* seien falsch. Adelung (S. 768) ließ aus Gründen des Wohlklangs *fliehe, gehe, bitte* neben *flieh, geh* zu, beschränkte aber sonst das *-e* auf die schwachen Verben (*liebe, lobe, bringe, rede* aber *brich, gib, hilf, sieh, komm*). Im heutigen Deutsch haben die starken Verben mit *-i-* (*e* in der Wurzel des Infinitivs) kein *-e* mit Ausnahme von Luthers *siehe*, das mit besonderer Bedeutung überlebt hat. Alle andern Verben (auch *werden*) haben *-e* in der gehobenen Standardsprache *(trage)*, sind aber gewöhnlich in der Umgangssprache endungslos *(trag)*.

(xiv) *Die 2. u. 3. Pers. Sg. der starken Verben mit dem Wurzelvokal -ie-*

Bei Schottel war das Paradigma (S. 580) *ich betriege, du betreugst, er betreugt*, und er bewahrte den Wechsel *ie/eu* bei allen einschlägigen Verben. Gottsched (S. 332) forderte diesen Wechsel ebenfalls, weil dies bei den Alten üblich war, wie durch Bibel und Kirchenlieder bezeugt ist. Doch er fügt hinzu: ‚Allein die Unbestaͤndigkeit der Aussprache hat hier in Meißen gemachet, daß man zwar diese alte und gute Art noch kennet, und nicht verwirft; aber doch im gemeinen Gebrauche nicht mehr beobachtet.' Adelung nannte Formen wie *treugst, beugst* poetisch (S. 810).

(xv) *Das Präteritum der starken Verben*

Schottel hatte noch viele der älteren Formen, z. B. *ich, er band, du bundest, wir bunden* (S. 580); *ich, er drang, du drungest, wir drungen*, und ebenso auch bei den anderen Verben dieses Typs; *ich, er schwall, du schwollest, wir schwollen; ich, er verdarb, du verdurbest* oder *verdorbest, wir verdurben* oder *verdorben* und ebenso bei den anderen Verben dieses Typs. Das *-e* findet sich nur bei *sahe*, eine Alternativform von *sah.* Semenjuk belegte das *-e* auch im Falle von *versahe, geschahe, stunde, hielte, wurde* (S. 114). Gottsched wandte sich gegen das angefügte *-e* und gab die heutigen Ablautformen an. Adelung duldete nur *ich ward* oder *wurde.*

(xvi) *Der Rückumlaut*

Er kam bei den sechs Verben *brennen, kennen, nennen, rennen, senden, wenden* vor. Die Formen mit *-e-* im Prät. und Part. Prät. waren ursprünglich obdt. *(brennete)*, während das Ostmdt. *-a-* hatte *(brannte).* Doch im 17. und 18. Jh. verbreiteten sich beide Formen in den beiden Varianten der Schriftsprache. Die Grammatiker führten beide an und zogen im allgemeinen die ‚regelmäßige' Form vor, Schottel z. B. (S. 575): ‚die gleichfliessende sey die richtigste und gebraͤuchlichste'; Gottsched wollte die Formen auf *-a-* verwerfen: ‚allein ist dieses nur eine Verkürzung aus wendete, kennete, nennete, welche auch noch gewöhnlich geblieben sind' (S. 347); Adelung lehnte Gottscheds Vermutung ab, doch schrieb er: ‚viele brauchen schon die reguläre Form, aber im Hochdeutschen ist die irreguläre noch die üblichste' (S. 795).

(xvii) *Sind oder seynd*

Erstere war die ostmdt. Form, letztere kam aus dem Ostobdt., hatte sich aber überall in der Schriftsprache ausgebreitet. Schottels Paradigma lautet *wir seyn / ihr seyd / sie sind/ oder seyn* (S. 553); Gottscheds *wir sind, ihr seyd, sie sind (nicht seyn!)* (S. 302); Adelungs *wir sind* (obdt. *seyn, seynd*, ndt. *sunt*), *ihr seyd* (obdt. *seindt*, ndt. *sunt*), *sie sind* (obdt. *seindt*, ndt. *sunt*), was bei seiner eindringlichen Mißbilligung des Obdt. auf die Empfehlung von *sind* hinauslief.

Schwankende Formen und Inkonsequenzen waren für das Deutsche charakteristisch, und beides stand im Zeitalter der Vernunft und der Aufklärung unter Beschuß. Der Eleganz und Regelmäßigkeit des Französischen sollte nachgeeifert werden, das Deutsche sollte endlich eine Standardsprache werden. Gelehrte wie Thomasius, Leibniz und Wolff hatten den Weg gewiesen; Grammatiker wie Schottelius, Gottsched und Adelung hatten die Wegweiser aufgestellt; die in Blüte stehenden moralischen und literarischen Zeitschriften und Schriftsteller und Dichter des 18. Jh.s beendeten den langen Weg. Die deutsche Aufklärung hatte, wie immer auch nachfolgende Generationen darüber denken mochten, das Ziel, eine einheitliche Literatursprache, erreicht.

Um den Wandel, der eingetreten war, abzuschätzen, brauchen wir nur das folgende Textstück von Gottsched aus dem Jahre 1748 mit dem zu vergleichen, was Sigmund von Birken weniger als achtzig Jahre zuvor geschrieben hatte (s. S. 475).

Was kostet es nicht fuͤr Muͤhe, nur alle die groͤßern und kleinen grammatischen Schriften, unserer Vorfahren kennen zu lernen? Wie viel schwerer ist es, nur die meisten und besten davon aufzutreiben? Wie viel Zeit endlich brauchet es nicht, sie zu lesen, zu pruͤfen, und theils unter sich, theils mit der heutigen besten Mundart zu vergleichen? Und wenn man nun dieses alles gethan hat: so geht nunmehr erst die rechte Schwierigkeit an. Man soll alles Gute, das man darinn angetroffen hat, zusammen nehmen, ohne seine Vorgaͤnger zu bestehlen. Man soll alles in gute Verbindung und Ordnung bringen, ohne jemanden gar zu sclavisch zu folgen. Man soll aber auch manche Luͤcken, die unsre lieben Alten noch uͤbrig gelassen, ergaͤnzen; manches veraltete weglassen; manches das heute zu Tage anstoͤßig ist, erneueren; und alles nach dem heutigen, weit feinern Geschmacke der Deutschen einrichten. Mit einem Worte, man soll es auch besser machen, als es unsre Vorgaͤnger gemachet haben; ja ohne sie abzuschreiben, soll man sie auch weit, weit uͤbertreffen! Dieses, dieses alles fodern unsre heutigen kritischen Zeiten: und ich uͤberlasse einem jeden das Urtheil, ob es so leicht ist, solche Foderungen zu erfuͤllen? (*Vorrede*, 5. Aufl., S. a4v.)

7.3. Das heutige Deutsch: wie wird es von wem gebraucht?

7.3.1 Seine Schichtung

Das heutige Deutsch wird auf weitem und unterschiedlichem Gebiet gebraucht. Es dient einer Bevölkerung, die modernsten Technologien wie althergebrachten Beschäftigungen verpflichtet ist. Gesprochen wird es von Seeleuten und Bergbauern, von gut ausgebildeten Gelehrten und Wissenschaftlern wie von Fabrik- und Landarbeitern mit geringer Bildung. Geschrieben wird es von Berufs wegen in Bereichen wie Verwaltung, Zeitungswesen, Dichtung und vielen andern und von allen bei vielen alltäglichen Gelegenheiten. Gesprochen wird es bei öffentlichem und privatem Anlaß, bei hoch entwickelten Fach- und philosophischen Diskussionen genauso wie bei der alltäglichen Unterhaltung. Seine geschriebene Form diente als Medium Philosophien und Ideologien, vom Idealismus bis zum Existentialismus, vom Marxismus bis zum Liberalismus und Nationalsozialismus. Dichtung und Prosa von bleibender Anziehungskraft nicht weniger als Texte höchst kurzlebiger und trivialer Art sind in deutscher Sprache geschrieben worden. Reichweite und Spielarten des zeitgenössischen Deutsch mit all seinen Verwendungs- und Erscheinungsformen sind also unermeßlich. Zur Feststellung, Bestimmung und Einteilung der zahllosen Sprachvarietäten sind verschiedene Modelle aufgestellt worden. Sie pflegen umstritten und widersprüchlich zu sein. Denn es gibt keine sicheren Haltepunkte, keine scharfen Konturen.

Sprecher haben viele soziale Rollen inne. Einer allein kann Computerwissenschaftler oder Kfz-Mechaniker und gleichzeitig Fußballfan, Vater, Amateurphotograph oder Laienprediger sein. Er wird bei seinen verschiedenen Rollen und bei verschiedenen Situationen verschiedene Sprachformen gebrauchen.

Unterschiedliche Arten des Sprachgebrauchs gehen unmerklich ineinander über. Eine frei gehaltene, ungeprobte Vorlesung ohne Manuskript kann in ihrer Sprachform näher beim geschriebenen als beim gesprochenen Deutsch liegen, obwohl sie ‚gesprochenes Deutsch' darstellt. Ein geschriebener Text kann gesprochene Sprache nachahmen. Eine Fach- oder Spezialsprache kann im Lehrbuch äußerst präzise sein, bei der mündlichen Instruktion von Auszubildenden ist sie mit Umgangssprachlichem vermengt und total verwässert, wenn sie über den Ladentisch von einem Fachmann gebraucht wird, der einen uninformierten Kunden bedient. Auch die Gemeinsprache kann mit Ausdrücken aus Fachsprachen gespickt sein, z.B. *anvisieren, anpeilen, Komplex.*

Industrialisierung und Verstädterung haben die soziale Mobilität horizontal und vertikal anwachsen lassen. Sie haben auch das Leben des Einzelnen in viele Bereiche aufgefächert, die ohne direkte Beziehung zu einander stehen. Räumlich gesehen ist die Sprache viel einheitlicher geworden, doch in sozialer Hinsicht hat sie sich stärker auseinanderentwickelt. Die Zunahme von Spezialdisziplinen hat den Bereich der Fachsprachen enorm anwachsen lassen und damit den Unterschied zwischen der allgemein gebrauchten Sprache und den Fachsprachen ausgeweitet. Die allgemeine Schulbildung, die Entwicklung politischer Demokratie und die Entstehung der Massenmedien (Zeitung, Radio, Film, Fernsehen) haben die einst größere Kluft zwischen der Standardsprache und den Nichtstandardformen verringert. Die klassische Literatursprache, die gegen 1800 praktisch die alleinige Norm bildete, ist aus dieser Stellung verdrängt worden. Sie bildet jetzt nur noch eine (leicht angegraute) Textsorte der Standardsprache. Ihr akademischer, gehobener, aristokratischer Hintergrund und ihr übermäßig schriftsprachlicher Charakter haben sie veralten und im Zeitalter der Demokratie, Massenbildung und -teilhabe an Sprachprozessen unzureichend werden lassen. Andere Formen des Standard haben sich entwickelt: ein geschriebener, der besser auf die nicht mehr so klassische und akademische Bildung abgestimmt, und ein gesprochener, der an die Stelle des früher allgemein üblichen Mundartgebrauchs (mit Ausnahmen bei den Oberschichten) getreten ist. Doch wie der Begriff der Standardsprache spielartenreicher geworden ist, so auch ihr Gegenpol. Örtliche, historisch gewachsene, verhältnismäßig ‚reine' Dialekte haben fast auf dem gesamten Gebiet ihren Platz regionalen, vielfältig kontaminierten Zwischenformen von Dialekt und Standardsprache eingeräumt. Indem sie die Mundarten abstreiften und Standardformen anstrebten, haben die Sprecher umgangssprachliche oder halbstandardisierte Formen, d.h. *Umgangssprachen*, entwickelt. Doch dank der Tatsache, daß der Einzelne viele soziale Rollen einnimmt, kann er auch mehr als nur eine Sprachform beherrschen: Mundart oder etwas ihr ähnliches bei seinen Eltern oder ländlichen Verwandten, Umgangssprache am Arbeitsplatz und zu Hause, Standard oder was er darunter versteht bei Ausschußsitzungen oder öffentlichen Anlässen und ganz allgemein beim Schriftverkehr. In den meisten Teilen Deutschlands und Österreichs ist das Verhältnis zwischen Standardsprache und nicht standardisierten Formen fließend geworden und verwischt. Die Begriffe selbst sind irgendwie fraglich geworden, weil die einst starren Normen nun im Begriff stehen, sich zu lockern und ins Gleiten geraten sind.

Es ist gezeigt worden, daß es schwierig ist, die Begriffe Verwendungsweise oder Sprachdimensionen (Standard/Nicht-Standard; geschrieben/gesprochen; allgemein/fachsprachlich) als Fixpunkte aufrecht zu erhalten, ebenso die Textsorten, die ich als Untertypen des Gebrauchs definieren würde (z.B. Werbung, Sportbericht, Predigt, Journalismus, wissenschaftlicher Artikel usw., die den ganzen Bereich der sprachlichen Aktivitäten abdecken). Der Sprachbenutzer hat viele Rollen inne und gehört zu mehreren Kreisen und gesellschaftlichen Gruppen und hat infolgedessen an verschiedenen Soziolekten oder Gruppensprachen teil. Wo Sprache noch von der geographischen Dimension bestimmt ist, kommen auch die Mundarten ins Bild. Der Personalstil, d.h. persönliche Vorliebe für sprachliche Mittel und deren Wahl, kann als nicht zur soziolinguistischen Dimension, sondern zum Bereich des Geschmacks gehörig, ausgeschieden werden. Dennoch, die Bestimmung gesicherter Punkte auf der Achse Sprachbenutzer oder in der Dimension, die von ihm bestimmt wird (öffentlich/privat; gebildet/ungebildet), ist ebenso schwierig und problematisch wie die auf der Achse Gebrauch. Auch ist es nicht immer leicht, zwischen Sprachformen (Mundart; Umgangssprache; geschriebene Sprache usw.) und Sprachfunktionen (privater ‚Stil' der Unterhaltung; öffentlicher ‚Stil' der Vorlesung usw.) zu unterscheiden. Die heutige Sprache zeigt sich unendlich variabel in ihrem Gebrauch und multidimensional bei den sie bestimmenden Faktoren. Vielleicht ist es am besten und einfachsten, wenn man sich diese Faktoren und Dimensionen eher als Gegenüberstellungen (Oppositionen) denn durch Begriffe klar definierte und abgegrenzte Erscheinungen vorstellt. Indem wir dies tun, können wir die Oppositionen, die den Gebrauch und die Sprachformen bestimmen, als Ecken eines Sechsecks anschaulich machen:

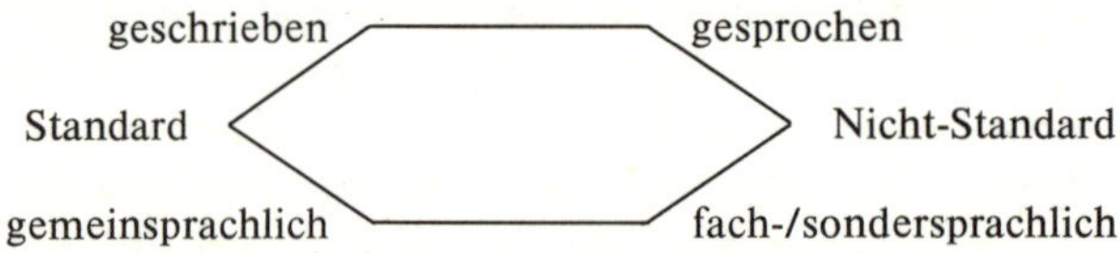

Die Mittelachse wird hier von der Opposition Standard/Nichtstandard gebildet. Jede Spracherscheinung auf dieser Achse wird unweigerlich auch von den andern beiden Oppositionen (geschrieben/gesprochen; gemeinsprachlich/fach-/sondersprachlich) bestimmt. Die immer vorhandenen soziostilistischen Dimensionen des Sprechers (z. B. öffentlich/privat; gebildet/ungebildet) wirken in geringerem Maße auf die Sprachverwendung ein. Als untergeordnete Dimensionen erscheinen sie im Diagramm nicht. Viele unterschiedliche Kombinationen sind bekannte Sprachformen, wie beispielsweise die allgemeine geschriebene Standardsprache (öffentlich oder privat; ein gewisses Maß an Bildung voraussetzend) und die fach-/sondersprachliche geschriebene Standardsprache (öffentlich; Benutzer gebildet) oder der gemeinsprachliche gesprochene Standard und der fach-/sondersprachliche gesprochene Standard. Ebenso kennt man die Formen des gemeinsprachlichen gesprochenen Nichtstandards (z.B. Mundart oder die *Umgangssprache*). Es gibt aber auch gesprochenen fach-/sondersprachlichen Nichtstandard, wie beispielsweise die Sprache der moselfränk. Mundart sprechenden Weinbauern oder die Sprache der alem. Mundart sprechenden Viehzüchter. Der gemeinsprachliche geschriebene Nichtstandard wird durch mundartliches Schrifttum vertreten, fach-/sondersprachlicher geschriebener Nichtstandard dagegen bleibt fast schon ex definitione ausgeschlossen. Eine Trennlinie zwischen Mundart und Sprache ist immer schwer zu ziehen, doch ein äußerst nützliches und anwendbares Kriterium ist in der Tat das Vorhandensein oder Nichtvorhandensein einer fachsprachlichen, geschriebenen Prosa.

Einige Textsorten sind ihrer Natur nach begrenzt. Diejenige der Schlagzeilen oder Werbung kommt nur in schriftlicher Form vor. Gesprochene Rundfunk- oder Fernsehwerbung geschieht natürlich nach einer sorgfältig ausgearbeiteten Textvorlage. Anderseits kann ein Sportkommentar in geschriebener oder gesprochener Form vorkommen. In einer Diglossiesituation, wie sie in der deutschsprachigen Schweiz vorherrscht (s. S. 500f.), kann er sogar mundartlich gefaßt sein. Das gesellschaftliche Ansehen des Dialekts entscheidet im allgemeinen darüber, ob eine solche Form des Nichtstandards bei der Werbung zugelassen ist, das gleiche gilt von der Art des Produkts, für das geworben wird. In der Schweiz kann Werbung für Brot und Käse, im Dialekt dargeboten, ganz angemessen sein, jedoch eine solche für goldene Armbanduhren oder hochkarätige Juwelen ganz sicher nicht. Andere Textsorten, wie sie etwa bei einer Auktion vorkommen, sind auf gesprochene Sprache beschränkt.

Wenn Sprachvarietäten als Oppositionen gesehen werden, ist man nicht mehr dazu gezwungen, Formen bestimmen zu müssen, die schon durch die Art der Situation, an die sie gebunden sind, sich der Definition entziehen. Die Formen sind nicht eingrenzbar, weil sie keine abgeschlossene Grenze kennen und sich verschieben können. Der Zugriff in der Form von Oppositionen hilft, die Eigentümlichkeiten, die die mannigfaltigen Formen aufweisen, zu würdigen. Diese Dimensionsoppositionen müssen nun detaillierter untersucht werden.

7.3.2 Standard und Nichtstandard

Am leichtesten läßt sich vielleicht der *Standard* bestimmen und beschreiben. In seiner geschriebenen Form hat das Standarddeutsch eine geregelte Orthographie, wie sie in der *Duden Rechtschreibung* niedergelegt ist, sowie eine Grammatik, wie in der *Duden Grammatik* (oder der von Jung oder Erben) beschrieben. Seine gesprochene Form hat mindestens eine geregelte Aussprache *(Siebs, Duden Aussprachewörterbuch, Wörterbuch der deutschen Aussprache)*, wenn sie sich auch nur auf den Deklamationsstil der klassischen Bühne bezieht; die *gemäßigte Hochlautung* ist nicht mit der gleichen Präzision bestimmt worden. Doch seine Grammatik, besonders seine Syntax, ist noch Gegenstand mancher Kontroverse und Bemühung. Viele Forscher lehnen das Vorhandensein eines Konversationsstandards ab und wollen stattdessen von *Alltagssprache* oder *Umgangssprache* reden. Die Gründe dafür sind sowohl historischer wie terminologischer Art.

Standarddeutsch entstand primär als geschriebene Standardsprache. Die geläufigen Ausdrücke für die deutsche Standardsprache, *Schriftsprache* oder *Schriftdeutsch*, geben diese Herkunft in der Tat wieder. Doch in einigen Städten und Hofkreisen sind gesprochene Formen, die nicht einer Mundart angehören, bereits im 16. Jh. bezeugt. Der oft für den gesprochenen Standard verwendete Ausdruck *Hochsprache* ist an bestimmte kulturelle, literarische und gesellschaftliche Werte geknüpft und schließt gewöhnliche Konversation aus. Der Ausdruck ‚Standard', der jetzt auch im Deutschen gebraucht wird, betont das wesentlichste Merkmal, nämlich die Existenz einer Norm in Form von kodifizierter Grammatik und Phonologie. Diese Norm ist es, die der Ausländer beim Deutschunterricht vorgesetzt bekommt. Standarddeutsch ist also am zweckdienlichsten in geläufiger Prosa, in Lehrbüchern oder anspruchsvollen Zeitschriften und Zeitungen zu finden. Es ist seiner Urform nach geschriebene Sprache. Es hat überregionale Gültigkeit, und seine Norm ist Unterrichtsgegenstand in den Schulen. Dennoch, es kann keinen Zweifel darüber geben, daß das Standarddeutsch auch eine gesprochene Spielart aufweist. Wenn es in der Lautung auch nicht der ursprünglich von Siebs im Jahre 1898 niedergelegten *Bühnenaussprache* folgt, so bedeutet dies nicht, daß es keinen gesprochenen Standard gibt. Die *gemäßigte Hochlautung* der jüngsten Auflagen von Siebs und Duden und die revidierten Aussprachenormen des ostdeutschen *Wörterbuch(s) der deutschen Aussprache* (Leipzig 1964), erkennen die Existenz eines gesprochenen Standards an. Die Bedeutung von ‚Norm', das darf nicht übersehen werden, wird auch durch das Medium bestimmt; von daher gesehen kann sie in geschriebener und gesprochener Sprache nicht die gleiche sein. Wir wissen bereits, daß sich die Syntax des gesprochenen Standards vom geschriebenen unterscheidet, wenn sie auch bisher nicht in der gleichen Art eines Normkodex ausgearbeitet ist, wie er für den geschriebenen Standard besteht. Die Orthographie der Schriftsprache kann vereinheitlicht werden, sie ist es auch in einem Grade, den die Lautung der gesprochenen Sprache außerhalb der künstlichen Sphäre des Berufstheaters unmöglich erreichen kann. Der gesprochene Standard muß die als ‚Akzent' bekannte Erscheinung umfassen. Ein gebildeter Sprecher aus Württemberg, Bayern, Hannover oder Obersachsen oder aus Österreich oder der Schweiz mag wohl einen Akzent haben, das heißt aber nicht, daß er Nichtstandard, geschweige denn Mundart spricht. In seiner mildesten Form kann ein Akzent allein an charakteristischen, die Lautung begleitenden Erscheinungen wie Intonation, Betonung oder Schnelligkeit liegen. Phonetisch wesentliches Abweichen von der Norm der *gemäßigten Hochlautung* kann auf Vorkommen von Lauten ([x] in *sagte*) oder auf lautlicher Wiedergabe (mehr [i] als [ɪ] für betontes kurzes *i*) beruhen. Die Grenze zwischen einem Akzent und einer Form des Nichtstandard ist natürlich nicht leicht zu ziehen, doch man könnte vielleicht andeutungsweise vorbringen, daß man es da, wo phonemische Kontraste des Standards (z.B. /i/ – /ü/, /d/ – /t/) nicht eingehalten werden oder phonemische Kontraste vorkommen, die es im Standard nicht gibt (z.B. /e/ <mhd. *e* – /ɛ/ <mhd. *ë* oder /ai/ <mhd. *ei* – /ɛi/ <mhd. *ī*), nicht mehr mit einem Akzent im Standarddeutschen, sondern mit einer Form des Nichtstandards zu tun hat.

Es gibt Bereiche, in denen die ursprünglich auf der Schriftsprache beruhende Standardisierung von der Natur der Sache her überhaupt kaum vorgekommen oder nicht abgeschlossen ist. Dies ist vornehmlich im Bereich des häuslichen Lebens der Fall. Hier könnte man entweder sagen, es gibt keine Standardausdrücke *(Schnur – Bindfaden; Klempner – Spengler; Metzger – Fleischer – Schlächter – Fleischhauer)*, sondern nur gebietsabhängige Wörter oder aber, wirklichkeitsnäher, die Standardsprache duldet gebietsabhängige Synonyme. Ein Ausdruck kann überregionale Norm sein (z.B. *Tischler*), ein anderer kann regional ebenfalls als Standard akzeptiert werden (z.B. *Schreiner*). Die heutige Mobilität sorgt dafür, daß solche Regionalismen mindestens passiv bei der gesamten Bevölkerung bekannt werden.

Die deutschen *Mundarten* sind archetypisch gesehen Formen des Nichtstandards. Unter Mundarten (Dialekten) verstehe ich die historisch sich entwickelt habenden örtlich begrenzten Formen, die von der Standardisierung nur minimal oder gar nicht beeinflußt worden sind. Unter den in Deutschland und Österreich gegenwärtig vorherrschenden Bedingungen werden die Mundarten im wesentlichen (jedoch nicht überall) von der Landbevölkerung und den untersten Gesellschaftsschichten gesprochen. Mundarten sind von ihrem Typus her gesprochene Sprache. Darin liegt der Grund, weshalb der Gegensatz zwischen Standardsprache und Mundart kein einfacher ist. Man hat es nicht nur mit einer grundsätzlich normalisierten, überregionalen Form und einer grundsätzlich nichtstandardisierten örtlichen Form zu tun, sondern auch mit zwei Formen, die sich grundsätzlich durch die formalen Kriterien geschrieben/gesprochen und die gesellschaftlichen Kriterien gebildet/ungebildet unterscheiden. Wenn jemand sagt, eine Mundart habe keine festgelegten Normen, meint er natürlich, es gibt keine normative Grammatik, an die sich die Sprecher bewußt halten. Beim Standard erstreben die Sprecher eine Norm, die von anderen und von früheren Generationen gesetzt wurde. Eine Standardsprache ist verhältnismäßig stärker von den Dimensionen

Raum und Zeit entbunden. Eine Mundart dagegen wird besonders stark von diesen Dimensionen bestimmt. Ihre Grammatik erheischt keinen besonderen Respekt. Sie stellt eine frisch-fröhliche, ausdrucksstarke Form der Sprache dar, die ohne Vorschriften von Autoritäten auskommt und vom Sprecher keine Mühe um Einhaltung von Korrektheitsgrundsätzen verlangt. Der Dialekt hat nicht, was Henzen ‚die Absicht auf Überbrückung verschiedener horizontaler und vertikaler Sprachschichten' nennt (S. 18). Sein Grundprinzip ist örtliche oder regionale Selbstbestimmung. Entlehnung bedeutet Verlust an Selbstgenügsamkeit. Er wird durch Einflüsse von außen nicht bereichert, sondern in seiner Existenz bedroht. Soziale und geographische Mobilität haben die Mundarten überall untergraben. Mobilität führt zum Entstehen überregionaler Sprachformen.

In der Mundart kann auch geschrieben werden, wenn auch das Fehlen von Schreibkonventionen dies für Autor und Leser schwierig macht. Wird sie geschrieben, nimmt die Mundart natürlich einige Erscheinungen dieses Mediums an und legt einige derjenigen des gesprochenen Mediums, die normalerweise mit der Mundart verbunden werden, ab. Aus genau diesem Grunde haben einige Forscher behauptet, ein Dialekt könne nicht geschrieben werden oder Mundartliteratur sei kein echter Dialekt. Solche Argumente basieren jedoch auf einer zu bornierten Ansicht von der Mundart.

Wenn auch die Mundart in vielen Gebieten auf die Sprache der untersten Gesellschaftsschichten beschränkt ist, sollte sie jedoch nicht mit *Volkssprache* identifiziert werden, die in F. Maurers Sicht durch außersprachliche Merkmale wie Übertreibung, Unlogik, fehlende Abstraktion, Gefühlsbetontheit, Vulgarität, assoziatives Denken usw. bestimmt ist, was also eher auf eine psycholinguistische Haltung als auf eine Sprachform hinausläuft. Es gibt noch immer Gebiete, wo die Mundart von allen Gesellschaftsschichten gesprochen wird, beispielsweise in der Schweiz und in Luxemburg, oder doch nahezu in allen gesellschaftlichen Bereichen, wie beispielsweise in Teilen von Bayern, Württemberg, Österreich und Hessen. In solchen Dialektgebieten enthält die Mundart deshalb auch die soziostilistischen Kriterien öffentlich/privat und gebildet/ungebildet sowie Slang und Fach-/Sondersprachen. In Gegenden, wo die Mundart als Sprachform überlebt hat, sind die Menschen gewöhnlich ‚zweisprachig' (Mundart und Standard). Die Zweisprachigkeit kann informell oder institutionalisiert sein. Im letzteren Fall spricht man von Diglossie.

Diglossie herrscht beispielsweise in der deutschsprachigen Schweiz vor. Dort werden beide voneinander abweichenden Sprachformen, Standarddeutsch und Mundart, von allen Schichten der einheimischen Bevölkerung für unterschiedliche, klar abgegrenzte Zwecke gebraucht. Die Schweizer Dialekte, im ganzen als *Schwyzertüütsch* bekannt, werden stets bei der gewöhnlichen Unterhaltung und manchmal auch in öffentlicher Rede gebraucht. Ein gewisser Bestand an Mundartliteratur ist, unabhängig von der Qualität, von bescheidener Bedeutung, da er gewöhnlich von wenigen für wenige geschrieben ist. Standarddeutsch ist auf Schrifttum, Vorlesung, Unterricht und Predigt formaler Art beschränkt. Es wird auch bei der Unterhaltung mit Ausländern und natürlich gewöhnlich im Theater gebraucht. Bei Rundfunk und Fernsehen überwiegt es. Diese Diglossiesituation mit einer funktionalisierten Dichotomie zweier Sprachvarietäten ist ziemlich außergewöhnlich. Viel geläufiger ist in Süd- und Mitteldeutschland sowie in Österreich eine außerordentlich komplizierte Abstufung, innerhalb derer die Dialekte immer stärker an Boden verlieren.

Der Übergang von Dialekt zu Standard oder Umgangssprache ist für das gegenwärtige Entwicklungsstadium des Deutschen typisch. Direkt verantwortlich für diesen Wandel sind nicht Bildung, die Allgegenwart der Massenmedien oder die Bevölkerungsmobilität. Viel eher ist es die von ihnen hervorgerufene psychologische Neigung zu diesem Wandel, der zur Aufgabe der Mundart führt. Sowohl soziolinguistische wie statistische Untersuchungen haben gezeigt, daß es der Anpassungswille des Einzelnen ist und sein Wunsch, sich und seine Kinder voranzubringen, der im Grunde für die Flucht aus der Mundart verantwortlich ist. K. Spangenberg hat gezeigt, wie eine kleine Ortschaft in Westthüringen, wo die Bevölkerung in den dreißiger Jahren fast ausnahmslos Mundart gesprochen hatte, von der Umsiedlung infolge des Krieges betroffen worden ist. Um 1950 sprachen nur noch 74 Prozent der Einwohner Dialekt. Nach 1945 hatten einige Dialekt sprechende Eltern damit begonnen, mit ihren Kindern Standard zu sprechen. Dennoch blieb die Stellung des Dialekts unter den Schulkindern ziemlich fest. Doch zwischen 1950 und 1960 trat ein entscheidender Wandel ein. Obwohl viele Flüchtlingsfamilien fortgezogen waren, sprachen nur noch 61 Prozent der Bevölkerung ihren Dialekt. Von den 167 Haushalten der Ortschaft wurde nur in 47 ausschließlich Dialekt gesprochen; die meisten bestanden aus älteren Leuten. In 87 Haushalten sprachen die Eltern Standarddeutsch mit den Kindern und Dialekt unter sich. Von 81 Schulkindern hatten nur 15 Dialekt als Erstsprache gelernt; nur ganze 33 Prozent konnten die Mundart noch richtig sprechen, obwohl sie sie nur bei bestimmten Anlässen und mit bestimmten

Gesprächspartnern gebrauchten. Besonders die Mädchen hatten sich von der Mundart abgewandt: 84 Prozent sprachen nun Standard. Mit anderen Worten, innerhalb eines Jahrzehnts nahm der Gebrauch der Standardsprache bei Schulkindern von 23 Prozent auf 67 Prozent zu. Die psychische Einstellung der Eltern hatte diesen raschen Wandel zustande gebracht. K. Spangenberg zufolge sind seine in Unterellen gewonnenen Ergebnisse für die Sprachsituation in vielen Teilen Thüringens repräsentativ.

Wo die Mundart von einem großen Teil der Bevölkerung abgelegt worden ist und dieser Zustand bereits einige Zeit herrscht, ist im allgemeinen eine Halbstandardsprache entstanden. Diese Sprachform wird gewöhnlich *Umgangssprache* genannt, obwohl dieser Ausdruck vieldeutig ist und besonders auch im Sinne von *Sprache des Umgangs* gebraucht wird, also mehr auf eine Sprachfunktion als auf eine Sprachform hinweist. Unter dem Ausdruck *Umgangssprache* verstehe ich eine Sprachform zwischen Mundart und Standard. Zwischen diesen beiden, keineswegs ganz festen Polen besteht sprachlich großenteils ein fließender Zustand. Die Umgangssprache ist zunächst dadurch bestimmt, daß diese Sprachschicht im wesentlichen gesprochene Sprache darstellt. Sie ist ferner bestimmt durch den räumlichen Faktor, aus dem sich in der Lautung eine Dialekteinfärbung ergibt; durch den sozialen Faktor, aus dem ihr großenteils städtischer Charakter mit verschiedenen sozialen Stilebenen ableitbar ist und durch die Gesprächssituation, die den einzelnen Sprecher veranlaßt, seine Redeweise dem Status seines Gesprächspartners anzupassen. Diese Sprachform neigt dazu, nach vielen Seiten hin außerordentlich offen zu sein, obwohl sie im allgemeinen von Standard und Mundart abzugrenzen ist. Die Formen der letzteren werden von den Sprechern bewußt als zu grob und bäurisch gemieden, während die Formen des ersteren zwar erstrebt, aber nicht erreicht oder bewußt als zu ‚hoch' oder ‚vornehm' vermieden werden. Sprecher, die *Umgangssprache* gebrauchen, sprechen diese Form durch bewußtes Abgehen vom Standard oder durch bewußte oder unbewußte Preisgabe der Mundart. Die sich daraus ergebende Sprachform kann also ganz dicht beim Standard oder ganz dicht bei der Mundart liegen. Andererseits kann sie in vielen städtischen Gebieten, wie beispielsweise an der Ruhr oder in Obersachsen, wo es keine Mundarten gibt, einfach die Alltagssprache der weniger Gebildeten sein, ihre neue ‚Mundart' sozusagen. In diesem Falle ist sie *Umgangssprache* nur aus der Sicht des Sprachhistorikers.

Formen der Umgangssprache finden sich vor allem in Städten und Industriegebieten. In Gebieten, wo die Mundart erst jetzt aufgegeben wird, z. B. in Westthüringen, streben die Sprecher die Standardsprache an, weshalb sich eine *Umgangssprache* noch nicht entwickelt hat. In der Schweiz und in Luxemburg, wo noch immer überall Mundart gesprochen wird, gibt es keine Umgangssprache. Wo die Situation den Gebrauch der Mundart für Funktionen fordert, für die sie schlecht geeignet ist, erreicht die Diglossie oft den kritischen Punkt, und es können dabei ad hoc Sätze in Halbstandard erscheinen. Die vom Standarddeutschen abweichenden Formen, die der Ausländer wahrscheinlich in diesen beiden Ländern hört, sind nicht Umgangssprachen sondern sind Standarddeutsch mit Akzent. Wo er sehr ausgeprägt ist, kommt er möglicherweise einem ‚ausländischen Akzent' gleich. Man muß sich darüber im Klaren sein, daß ein so heterogenes Phänomen wie die Umgangssprache im Deutschen außerordentlich schwer faßbar ist. Während die Standardsprache (in ihrer geschriebenen Form) erschöpfend erforscht und die Mundarten (als gesprochene Formen) nicht weniger beachtet worden sind, ist die Umgangssprache, oder besser, sind die verschiedenen Umgangssprachen größtenteils noch unerforscht. Obwohl Mundartenkarten seit hundert Jahren erstellt werden, ist der erste Atlas der Umgangssprachen gerade eben erschienen. Obwohl Elemente von Phonologie und Syntax beschrieben worden sind, gibt es keine vollständige Beschreibung irgendeiner regional begrenzten Umgangssprache. Vielleicht sind die sich dabei aufdrängenden sozialen und ideolektalen Aspekte zu massiv, um eine umfassende und dennoch einheitliche Beschreibung zu erlauben.

Da jedoch die Umgangssprache ein so bedeutender Aspekt der gegenwärtigen deutschen Sprachsituation ist und allem Anschein nach starken Einfluß auf bestimmte Textsorten der geschriebenen Standardsprache ausübt, muß der Versuch gemacht werden, wenigstens einige ihrer überregionalen Charakteristika zu untersuchen. Wenn Umgangssprache auch regional begrenzt ist, sind doch viele ihrer Merkmale verbreitet und allgemein üblich.

Allgemeine Charakteristika der Umgangssprachen sind beispielsweise: (i) Bestimmte, systematische Unterschiede zum Standard in der Phonologie. Es ist dies das am stärksten vom Gebiet her bestimmte Merkmal, z. B. der Zusammenfall von *b/p, d/t, g/k, s/ss*, wie in Ostfranken, Obersachsen und anderen Teilen Süd- und Mitteldeutschlands, z. B. bei *bar – Paar, leiden – leiten, gleiten – kleiden, rauben – Raupen, Greis – Kreis, reisen – reißen*; Zusammenfall von [ç] und [ʃ] in den obersächsischen Stadtzentren, in Frankfurt am Main und anderen rheinfränk. Städten ([dɪʃ] d.i. *Tisch* und *dich*, [ʃ] in *richtig, städtisch, lächerlich*); Reibelautwerte für *g* des Standards in vielen mittel- und norddeutschen Gebieten (*fliegen* mit [ʃ] oder [ç], *ganz* mit [j] usw.); *pf* des Standards anlautend durch *f*, in- und auslautend durch *p/b* ersetzt (*Pfund*>*Fund, klopfen*>*klopm*); Entrundung von *ü*>*i, ö*>*e* besonders in Obersachsen; das Suffix *-ung* wie *-unk* gesprochen in vielen Teilen Norddeutschlands; für [aː] des Standards gibt es in vielen Gebieten gerundete Werte wie [ɔː] oder [ɒː]; für /eː/ und /ɛː/ nur eine Entsprechung /eː/ (z. B. in *Beeren* und *Bären*); Rundung von *i*>*ü* in Wörtern wie *immer, bin, frisch* usw. in Hamburg und anderen Gebieten Norddeutschlands; Vokalisierung von *r* nach Vokalen [meːɒ] *mehr, schwaz* für *schwarz* hauptsächlich in Norddeutschland, oder von *l* in Bayern und Österreich: [kɒet] *kalt*; Monophthonge mit *ē*- und *ō*-Qualität als Reflexe des mhd. *ei* bzw. *ou* beispielsweise in Obersachsen; Vorhandensein zweier *a*-Laute, nämlich /ɒ/ (oder /ɔ/) und /a/, z. B. in *ganz* [ɒ] und praktisch [a] in vielen österreichisch-bayrischen Gebieten, während der Standard nur /a/ aufweist. Nur wenn die phonologischen Unterschiede zum Standard struktureller Art und mit anderen Merkmalen kombiniert sind, muß man von Umgangssprachen sprechen. Sind sie im wesentlichen phonetisch und treten sie isoliert auf, ist es vielleicht angebrachter, die Sprachform als Akzent im Standarddeutsch anzusehen. Es ist für die Phonologie der Umgangssprache bezeichnend, daß sie auf regionalen Dialektmerkmalen beruht, doch diese Merkmale müssen nicht notwendigerweise in der Mitte zwischen Dialekt und Standard liegen. Wenn ein Mundartsprecher aus Darmstadt seine Form [dɒːg] ‚Tag' aufgibt, wird er höchstwahrscheinlich eher die rheinische Umgangssprachform [daːx] als eine dem Standard [thaːk] angenäherte Form annehmen.

(ii) Alle möglichen Assimilationen und Konsonantenvereinfachungen, z. B. *nich* oder *net* für *nicht, nix* für *nichts, krich* für *kriegt, kom* für *kommen, is* für *ist, hallen* für *halten, Schanne* für *Schande, ham* für *haben.*

(iii) Ähnliche Assimilationsprozesse führen zur Verschmelzung von Funktionswörtern, z. B. *inne* statt *in die, mitte* statt *mit die, son* statt *so ein, sin* statt *sie ein, vonne* statt *von der* oder *von einer, mitner* statt *mit einer.* Über die in der Standardsprache geduldete Verschmelzung von Präpositionen und Artikeln (*beim, am, im, zur* usw.) hinaus gibt es viele andere, z. B. *überm, ausm, umn, vorm, vors, zun, fürs, fürn* usw.

(iv) Artikel können gekürzt sein: *e (ein), ne (eine), ner (einer), s (das).*

(v) Verb und Personalpronomen werden bei Inversion verschmolzen: *hammer (haben wir), hast* oder *haste (hast du), bist* oder *biste (bist du), hanse (haben sie).*

(vi) Verbformen auf *-e* verlieren die Endung: *ich hab, ich sag, ich hol; ich konnt, ich wollt; leg! setz!*

(vii) Adverbien mit *her* und *hin* werden gekürzt, so daß oft der Unterschied zwischen ihnen verwischt ist: *ran, raus* (auch *nan, naus* und andere Formen mit *n*), *rein, rüber, runter* usw. Andere Kürzungen: *etwas>was, einmal>mal, heute>heut.*

(viii) Die Endung *-en* wird gewöhnlich assimiliert zu [m] nach Labialen, zu [ŋ] nach Velaren und zu [n] nach Dentalen, z. B. *lebm (leben), hackng (hacken), redn (reden).*

(ix) Schwache Maskulina werden in den obliquen Kasus des Singulars häufig ohne die Endung *-en* gebraucht: *n Mensch (einen Menschen).* Beim Dat. Sg. der starken Mask. und Neut. fehlt das *-e*: *zu Haus, am Tag.*

(x) Der Plural auf *-s* tritt entschieden häufiger auf, besonders in Norddeutschland: *Kerls, Jungens, Mädels, Kumpels, Krans* (statt *Krane* oder *Kräne*), *Loks (Lokomotiven).*

(xi) Statt des besitzanzeigenden Genitivs *(die Pfeife meines Vaters)* ist eine Konstruktion mit *von* üblich *(die Pfeife von meinem Vater)* oder, in der untersten Schicht der Umgangssprache, die mundartliche Dativumschreibung *(meinem Vater seine Pfeife).* Im allgemeinen hat der Genitiv nur in formelhaften Wendungen überlebt: *In Gotts Namn, um Himmels willen, ich bin der Meinung, kurzer Hand.* Aber es ist auch für viele Sprecher der Umgangssprache typisch, daß sie Zitate aus dem Standard gebrauchen, z. B. *nach Fertigstellung der Arbeit, beim Einschalten des Motors.* Es ist ein Zeichen der Unausgeglichenheit dieser Sprachform, daß sonst solche abstrakten Wendungen normalerweise gemieden werden. *Bei der Abfahrt des Zuges* wird *wenn der Zug abfährt, die Gründe seiner Tat: warum er das gemacht hat.*

(xii) In vielen Gegenden Norddeutschlands ist die Unterscheidung zwischen Akk. und Dat. und in den Rheingegenden die zwischen Nom. und Akk. verwischt.

(viii) Adjektivische Ausdrücke, die den Dat. erfordern, werden oft präpositional gebraucht: *uns gefährlich>gefährlich für uns.* Anderseits ist der Dativus ethicus beliebt: *du bist mir ein Frecher.*

(xiv) Ellipse (Auslassung) des Subjektpronomens oder eines grammatischen Subjekts: *weiß nich (ich); kannst mal gehen (du); müßt das lassen endlich (ihr); gibts nich (das); kommt nich in Frage (das).*

(xv) Ersetzung des Personalpronomens durch das Demonstrativpronomen: *der bleibt nich lang(e) (er); jetzt stell dir vor, die lesen das (sie); die hat mir ne Karte geschickt (sie).*

(xvi) Das Demonstrativpronomen ist gewöhnlich *der, die, das,* nicht *dieser, jener,* oft wird es zu *der da* erweitert: *die da hats schon gewußt; mit dem Mensch da.* Das Relativpronomen ist ebenfalls *der, die, das,* nicht *welcher*;

oft wird es erweitert zu *der wo* usw. oder durch *wo* oder *was* ersetzt. In Norddeutschland werden die aus Demonstrativ und Präposition zusammengesetzten Formen getrennt, z.B. Standard *davon*: *da weiß ich nichts von.*

(xvii) Bei Namen ist der bestimmte Artikel üblich: *die Hildegard, der Fritz, der Barzel, der Strauß.* In Norddeutschland werden Familienmitglieder bezeichnende Wörter ohne bestimmten Artikel gebraucht: *bei Großmutter; Vater hat gesagt.*

(xviii) Einige, den Genitiv regierende Präpositionen werden mit dem Dativ gebraucht: *wegen dem Kind; statt dem gelben.* Viele Präpositionen sind ganz auf den Standard beschränkt, z.B. *anläßlich, anstelle, diesseits, innerhalb, kraft, vermöge, mittels* und viele andere.

(xix) Als Komparativpartikel dient *wie* und *als wie* eher als das standardsprachliche *als (jünger wie ich).*

(xx) Erweiterte Formen mit *tun* als Hilfsverb: *und riechen tun sie alle wie Hasen; sie tut kochen; da tut er mal nachschaun*; im Konjunktiv II: *ich tät sagen; er täts bringen.* Sonst wird der Konditional mit *würd(e)* gebildet (*würd(e) bringen, würd(e) kommen*, nicht *brächte, käme*). Doch in hypothetischen Sätzen sind *hätt(e), wär(e), könnt(e)* und die anderen Modalverben häufig.

(xxi) In Süddeutschland und in großen Teilen Mitteldeutschlands wird das Perfekt als Erzählzeitform gebraucht. Präteritalformen sind gewöhnlich nur: *war, hatt(e)* sowie bei den Modalverben *konnt', mußt'* usw. Neben *wir hatten nix gesehen* erscheint auch das Plusquamperfekt *wir haben nix gesehen gehabt.*

(xxii) Der Konjunktiv I (Konjunktiv des Präsens) ist praktisch verschwunden: *ich habe gehört, er sei dabei eingeschlafen* > *du! ich hab gehört, der is dabei eingeschlafen.*

(xxiii) Satztypen: (a) Fragen werden oft in der Aussageform gestellt: *Du hast ihn schon gesehen? Woher das bloß kommt?* Manchmal dienen *ja* und *nich* als Fragepartikeln: *kommst doch schon, ja? hast ihn getroffen, nich?* (b) Nebenordnung wird der Unterordnung oft vorgezogen: *ich geh nich ins Kino, ich hab kein Geld* (= *weil ich kein Geld habe); ich versprech, ich lauf nich weg (daß).*

(xxiv) Pronominale Wiederaufnahme des Subjekts: *die Mutter, die ist einkaufen gegangen; mein Chef, der hat . . .*

(xxv) Das Einklammerungsprinzip wird oft nicht befolgt (Ausklammerung), besonders bei adverbialen Ergänzungen der Zeit und des Orts: *der hat mir n neuen Fußball gebracht gestern abend* (Hauptsatz); *der mir n neuen Fußball gebracht hat gestern abend* (untergeordneter Satz); *der hat Post bekommen von zu Haus(e).* Ausklammerung, Parenthese (Unterbrechung des Satzes durch Einschaltung eines anderen), Anakoluth (grammatisch unrichtige Fortführung des Satzes), Ellipse (Auslassung grammatisch und semantisch notwendiger, gewöhnlich durch den Kontext oder die Situation gegebener Teile) und Aposiopese (plötzliches Abbrechen der Rede) sind Charakteristika spontan gesprochener Sprache und gehören daher ebenfalls zur Umgangssprache. Wo die (geschriebene) Standardsprache weitläufige Attribute gebraucht, bevorzugt die Umgangssprache als Rede und als Sprache der weniger Gebildeten die sogenannte aufzählende Redeweise: neue Gedanken werden hinzugefügt, wie sie dem Sprecher kommen. Das Ergebnis ist oft eine nur lose verknüpfte Kette von Gedankenassoziationen, die in einer grammatisch unkorrekten Abfolge ausgedrückt werden.

(xxvi) Beim Wortschatz werden oft abstrakte Ausdrücke gemieden, z. B. *trinkbar>was man trinken kann; kinderlos>keine Kinder haben; Unterricht>Schule haben; Ungläubiger>e Mensch, was nix glaubt; sich vergewissern>nachgucken, obs stimmt.* Wenn dem Sprecher der richtige Ausdruck nicht einfällt, ersetzt er ihn durch bedeutungslose Stellvertreter: *Dings da, Zeug, Sache* oder Wörter wie *Zauber, Zirkus, Spaß, soundso.* Er versieht seine Äußerung auch mit Zeit gewinnenden Lückenfüllern: *wie sagt man, sagen wir bloß mal, wer weiß, Gott weiß, weiß der Teufel, na ja, nich* oder *nicht wahr, so, eben, halt, gell, eh, nun.* Viele Interjektionen kommen vor: *hoppla, hossa, he, ach so, bumms* usw. Bestimmte Wörter erscheinen besonders häufig: *kriegen, kucken, ne* oder sind im wesentlichen auf die Umgangssprache beschränkt: *schlacksig, dämlich, mies, prima, mollig, speckig, dufte, kullern, stänkern* und viele weitere natürlich. Mundartwörter werden ebenfalls in die Umgangssprache aufgenommen, z. B. *doof*, die ndt. Form für hdt. *taub; dat, wat* im nördlichen Rheinland und sonst auch im Norden, *Gören, lütt* ‚klein', *snacken* ‚reden' ebenfalls im Norden. Hinsichtlich des Wortschatzes hat die Umgangssprache viel mit der *Volkssprache* gemein. Gefühlsbetontheit drückt sich oft dadurch aus, daß Tatsachen bezeichnende, neutrale Ausdrücke häufig durch gefühlsmäßig aufgeladene Ausdrücke im positiven oder negativen Sinne ersetzt werden. ‚ein junger Mann' ist entweder ein *toller Kerl* oder *ein dummer Aff.* Für *schlagen* und *werfen* werden die Affektausdrücke *hauen* und *schmeißen* gebraucht. Die groben Ausdrücke *fressen* und *saufen* ersetzen *essen* und *trinken*; oder es steht *abgesoffen* für *ertrunken; krepieren, verrecken* für *sterben; Maul* für *Mund.* Vulgarismen sind am unteren Ende des soziolinguistischen Spektrums reichlich zu finden (*Fresse, Scheiße,* Determinativkomposita mit dem ersten Element *Sau-, Schwein-, Dreck-, Huren-*). Konkrete Redewendungen werden bevorzugt: *auf Stottern kaufen (auf Abzahlung); der Bart ist ab (die Sache ist erledigt); sich die Beine in den Leib stehen (lange warten); er hat einen Besenstiel verschluckt (er ist steif, verbeugt sich nicht); am Ball bleiben (die Sache nicht aus den Augen verlieren)*; es gibt viele witzige Ausdrücke: *Bauplatz (Glatze); Lumpensammler (Spätzug); er hat die Baumschule besucht (nichts gelernt); Begatterich (Ehemann)*; es finden sich Übertreibungen wie *wahnsinnig, tierisch ernst, stinkbesoffen, Affenhitze, Biereifer, Blitzkerl, Bombengeschäft, Teufelskerl, Heidendurst, Höllenlärm*; alle möglichen Ausdrücke aus Slang und Fach-/Sondersprachen finden sich in der Umgangssprache ebenfalls: *Biene* ‚Mädchen, das den Partner leicht wechselt' mit den Attributen *dufte, kesse* oder *schräge; Bluse* (pars pro toto: ‚junges Mädchen'); *jemandem etwas andrehen; Betriebskurven (dunkle Ringe unter den Augen); Dauerbrenner (langer Kuß); Dachschaden (geistig beschränkt)*; und aus dem Diebsslang: *beschummeln* (für *betrügen*), *betucht* (für *wohlhabend*).

Die folgende Parodie in einer Umgangssprachform des Ruhrgebiets mag als Beispiel für geschriebene Umgangssprache dienen:

Der Betriebsrat is inne Ohren gekommen, daß es einige von uns gibt, die noch nich richtig aufgeklärt sind mitte Entwicklungshilfe, vor allem seit dat amtlich is, daß wir nächsten Donnerstag acht schwatte Praktikanten kriegen, von Negeria. Und darüber wollt' ich jetzt hier mal ein paar Wörter verlieren!

Herrschaften! Die erste Sache is, dat manche von euch, wenn die ein Neger sehen, dann kriegen die gleich so'n feudalen Grinsen im Gesicht und glaubense, bloß weil sie 'n bißken weißer sind wie der, da wären sie schon wer weiß wat! – Wat is? – Ja komm, bitte schön, hier die Kollegen vonne Fahrbereitschaft, die können das nämlich bescheinigen, wie ihr euch benehmen tut, wenn einer von euch schon mal mit 'ne Verletzung im Unfallkrankenhaus kommt und soll da von diesen Doktor Uwamba behandelt werden, der da is – auf einmal wollnse nich oder sagen, wär schon alles wieder heil und tät auch gar nicht mehr wehtun . . . lauter so Sachen! Dabei is dieser Mann ein richtig gelernten Arzt und is bloß hier für seinen Facharzt zu machen, und da will ich euch mal wat zu erzählen:

Ein alten Kumpel von mir, der Jupp Koschinski, ne, der war nämlich genauso; wenn der ein'n Neger gewahr wurde, dann war er auch immer gleich dran mit „Bananbieger", „Entwicklungsgorilla" und so häßliche Schimpfwörter. Jetzt, letzten März, schickt ihm seine Firma unten nach Afrika für Trafo-Stationen zum Montieren, und kaum daß er da is, fängt er auch schon mit Bauchschmerzen an. Wat is gewesen?? – Hier, die weiße Kollegen von Gelsenkirchen, die mit bei waren, die ham gesagt: „Komm, stech'n Finger im Hals!" oder „Hier, haste Rhinzinus!" – aber seine schwatten Hiwis, die ham ihm auf'm Buckel genommen und im nächsten Krankenhaus geschleppt, und da war auch so'n Neger, der hier in Deutschland, in München, glaub ich, hatte der sein Facharzt gemacht, und der hat ihm dann vielleicht einen Blinddarm 'rausgeholt, mein lieber Scholli! – da hat die Beerdigungsfirma schon mit'n Sarg vor de Tür gestanden, so ein Kawenzmann war dat!

Und seitdem sagt der Jupp: Wenn er noch mal ein'n Blinddarm kriegen sollte, da würde er direkt bis inne Wüste mit fahren, bloß für daß er ein Schwatten hätte, der ihm dat Dingen 'rausmontieren könnte – so schön und angenehm hat ihm dieser Doktor damals dat Leben gerettet! So, und nu seid ihr dran, könnt ihr selber urteilen, wer eigentlich diese Entwicklungshilfe am meisten von gehabt hat.

Ich meine, ich hab' die Tage mal persönlich mit den Minister gesprochen, der in Bonn diese ganze Neger und Araber und Entwicklungssachen alles unter sich hat, der Herr Wischnewski, der muß dat ja schließlich wissen, der Mann, und der sagt: Es war doch ein Blödsinn, wenn't immer heißt, dat wir die ganze Entwicklungsmillionen nur verschenken täten! Nix! Die Herrschaften kriegen de Mäuse nur geborgt und müssense jeden einzigen Pfennig wieder zurückzahlen mit Zins und Zinsenzins mit bei, da wären die in Bonn ganz pingelig für. Dat is genauso, als wenn ihr ein Farbfernseher auf Stottern kauft: wenn ihr da mal nich pünktlich seid mit de Raten, bumms, is der Bart ab!

Jürgen von Manger in
‚Der Spiegel' vom 23. Okt. 1967.

7.3.3 Geschriebene und gesprochene Sprache

Auch diese beiden polaren Gegensätze sind Abstraktionen. Nicht alles, was geschrieben wird, ist ‚geschriebene Sprache' und nicht alles, was gesprochen wird, ist ‚gesprochene Sprache'. Es gibt mannigfaltige Übergänge. Im 19. Jh. war die deutsche Standardsprache im großen und ganzen ‚Schriftsprache'. Nur während der Zeit des Sturm und Drang im 18. und der des Naturalismus im späten 19. Jh. wurde versucht, die wirklich ‚gesprochene Sprache' einzufangen. Sonst war das, was ‚gesprochen' sein sollte, beispielsweise im Drama der Klassik, nichts anderes als jenes verfeinerte Medium, das man die Schriftsprache der Zeit nennt. Diese Schriftsprache war vor allem durch einen kunstvollen Bau verwickelter Satzperioden ausgezeichnet. Unterordnung jeglicher Art, inbegriffen auch die durch das Einklammerungsprinzip zusammengehaltene Unterordnung innerhalb der Unterordnung, sollte sorgfältiges, logisches, organisiertes Denken widerspiegeln und erforderte bewußte, präzise Formulierung. Ein großer Teil der Gewichtigkeit solcher Konstruktionen wurde von den Verben getragen. Natürlich kann man diese Schreibart noch heute finden. Die klassische Literatursprache ist in der Tat eine der Ausdrucksmöglichkeiten des geschriebenen Deutsch. Doch die gewöhnliche Alltagsprosa in Lehrbüchern und anspruchsvollen Zeitschriften ist stilistisch anders ausgerichtet. Die Periode ist zugunsten einer typischen Hauptsatzkonstruktion zurückgetreten. Unterordnung ist seltener geworden, die Satzlänge generell verkürzt. Ein großer Teil der Information wird von erweiterten Nominalgliedern wie erweiterten Attributen, Appositionen und Genitiv- sowie Präpositionalgruppen getragen. Dieser gedrungene, kompakte Stil liefert möglichst viel Information auf eine ökonomische und wortsparende Weise. Oft werden Komposita und Substantivierungen ad hoc gebraucht, finite Verben spielen dabei zahlenmäßig eine weniger bedeutenden Rolle. Hans Eggers bringt als illustrative Beispiele einen Goethesatz (a) und einen Satz, den ein Autor der Gegenwart (b) schreiben könnte:

(a) Es scheint nicht überflüssig zu sein, genau anzuzeigen, was wir uns bei diesen Worten denken, welche wir öfters brauchen werden.
(b) Die genaue Angabe des bei diesen öfters zu brauchenden Wörtern Gedachten scheint nicht überflüssig.

Als Beispiel für den älteren Typ literarischer und gelehrter Prosa folgt eine Passage aus Wilhelm von Humboldts *Ideen zu einem Versuch, die Grenzen der Wirksamkeit des Staats zu bestimmen* (geschrieben 1792, veröffentlicht 1851, *Werke*, Berlin 1903, Bd. 1, S. 179):

Diejenigen, deren Sicherheit erhalten werden muß, sind auf der einen Seite alle Bürger, in völliger Gleichheit, auf der andren der Staat selbst. Die Sicherheit des Staats selbst hat ein Objekt von größerem oder geringerem Umfange, je weiter man seine Rechte ausdehnt, oder je enger man sie beschränkt, und daher hängt hier die Bestimmung von der Bestimmung des Zwecks derselben ab. Wie ich nun diese hier bis jetzt versucht habe, dürfte er für nichts andres Sicherheit fordern können, als für die Gewalt, welche ihm eingeräumt, und das Vermögen, welches ihm zugestanden worden. Hingegen Handlungen in Hinsicht auf diese Sicherheit einschränken, wodurch ein Bürger, ohne eigentliches Recht zu kränken – und folglich vorausgesetzt, daß er nicht in einem besondren persönlichen, oder temporellen Verhältnisse mit dem Staat stehe, wie z. B. zur Zeit eines Krieges – sich oder sein Eigentum ihm entzieht, könnte er nicht. Denn die Staatsvereinigung ist bloß ein untergeordnetes Mittel, welchem der wahre Zweck, der Mensch, nicht aufgeopfert werden darf, es müßte denn der Fall einer solchen Kollision eintreten, daß, wenn auch der Einzelne nicht verbunden wäre, sich zum Opfer zu geben, doch die Menge das Recht hätte, ihn als Opfer zu nehmen. Ueberdies aber darf, den entwickelten Grundsätzen nach, der Staat nicht für das Wohl der Bürger sorgen, und um ihre Sicherheit zu erhalten, kann das nicht notwendig sein, was gerade die Freiheit und mithin auch die Sicherheit aufhebt.

Der folgende Abschnitt über einen ähnlichen Gegenstand aus einem Artikel von Hans Schueler (*Die Zeit*, 29. März 1974) repräsentiert den moderneren Prosatyp:

Zur Zeit der Entstehung des Grundgesetzes standen sich die Sozialstaatsmodelle der Union und der SPD annähernd chancengleich gegenüber; heute erlebt das Modell der Sozialdemokraten eine gewisse Renaissance, nachdem es in den fünfziger Jahren unter dem Eindruck des Siegeszuges der Marktwirtschaft von seinen Verfechtern weitgehend aufgegeben worden war. Während das marktwirtschaftliche Modell im Grundsatz auf die selbstregulierende Kraft des Marktes vertraut und den Staat auf die Festlegung der Rahmenbedingungen für den im übrigen autonomen Ablauf der Wirtschaftsprozesse beschränkt, forderte die SPD mit ihrem damals schon so bezeichneten Programm des „demokratischen Sozialismus“ die staatliche Planung des Wirtschaftsablaufs, die Überführung wichtiger Industriezweige in Gemeineigentum und die Demokratisierung des Wirtschaftslebens durch Mitbestimmung der Arbeitnehmer.

Man findet einen unkomplizierteren Periodenbau, jedoch mehrere Beispiele für ‚Nominalblöcke‘, wie Hans Eggers sie nennt *(unter dem Eindruck des Siegeszuges der Marktwirtschaft)*, für erweiterte Attribute *(mit ihrem damals schon so bezeichneten Programm)*, für Substantivierung (*Überführung, Demokratisierung* und andere Substantive auf *-ung*) und neue Komposita *(Sozialstaatsmodelle, chancengleich, selbstregulierend, Wirtschaftsablauf)* sowie Abkürzungen *(SPD)*.

Beide Arten von Schriftsprache sind gleich weit von der gesprochenen Sprache entfernt. Doch ist es für die Schriftsprache von heute bezeichnend, daß es in ihr stark von der gesprochenen Sprache und von Formen der Umgangssprache beeinflußte Textsorten gibt. Viele zeitgenössische Autoren kultivieren eine derartige Schreibweise. Naturgemäß dominiert in solchen Fällen der persönliche Stil. Unmittelbarer ist für diese zeitgenössische ‚Vulgär‘-Schreibweise die entpersonalisierte Sprache der in großen Auflagen erscheinenden Tageszeitungen und Wochenmagazine repräsentativ. Sie bedienen sich bewußt einer höchst anspruchslosen Schreibweise. Die bekannteste von ihnen ist die *Bild-Zeitung* mit der höchsten Auflage aller deutschsprachigen Zeitungen. Das folgende Textstück (*Bild-Zeitung*, 12. Juni 1974) mag dies verdeutlichen:

Was waren wir froh, als unsere Steckdosen während der Ölkrise Strom spuckten. Nachtspeicher-Heizungen liefen, Straßenbahnen fuhren, Kaffee kochte. Die Scheichs mit ihrem Öl – ganz hatten sie uns also nicht in der Hand.

Gestern – die Ölkrise ist fast vergessen – verriet Algeriens Energieminister Abdesselam der „Welt“: Eine Kapitalanlage in der deutschen Elektrizitätswirtschaft sei für die Ölländer viel reizvoller als der Kauf von Gold oder Grundstücken.

Das heißt: Mit dem Riesengeld aus den Ölverkäufen wollen die Scheichs jetzt nicht mehr an unsere Grundstücke heran, sondern an unsere Kraftwerke. Dann können sie uns bei der nächsten Krise nicht nur die Ölhähne zudrehen, sondern auch die Stromkabel kappen.

Allah ist groß.

Passen wir auf – sonst wird er allzu mächtig.

Ein slangartiger, lebhafter Stil soll den Leser unterhalten *(Strom spukken; heran wollen)*; mehr konkrete als abstrakte Ausdrücke sollen bequemes Verstehen ermöglichen *(Ölhähne zudrehen; Stromkabel kappen; in der Hand haben)*; kurze Sätze, beispielsweise in paralleler Reihung (*Nacht-*

speicher liefen usw.) oder nebenordnende Konstruktionen *(Das heißt:)* oder Parenthesen *(– die Ölkrise ist fast vergessen –)* oder Anakoluthe *(Die Scheichs mit ihrem Öl – ganz hatten sie . . .)* suggerieren Eile und fördern rasche Aufnahme; der besitzanzeigende Genitiv bei einem Eigennamen (*Algeriens* statt *von Algerien*) ist ein zeitgenössisches Mittel der Zeitungssprache; der Gebrauch von *wir* und von familiären Ausdrücken *(was waren wir froh; Riesengeld)* schaffen eine Atmosphäre von Vertraulichkeit; der *s*-Plural *(Scheichs)* statt des *e*-Plurals *(Scheiche)* ist ein weiterer Hinweis auf die von den Journalisten dieser Zeitung bewußt angestrebte volkstümliche Ebene. Miltenberg (S. 185–189) ermittelte, daß über 60 Prozent aller Sätze aus einfachen Sätzen bestehen und der größte Teil davon nicht mehr als fünf bis neun Wörter aufweist.

Unter den verschiedenartigen Textsorten der geschriebenen Sprache spielen die der Verwaltung und der Werbung in der Gegenwart eine besonders bedeutende Rolle. Hinsichtlich der ersteren konnte man zeigen, daß auch sie verhältnismäßig kurze und vornehmlich Hauptsätze bevorzugt und keineswegs die gewundenen, langen Perioden, derer man sie zu bezichtigen pflegte. Tatsächlich besteht über die Hälfte aller Sätze aus nicht mehr als achtzehn Wörtern und ungefähr die Hälfte aus nur einem Hauptsatz. Wo jedoch Unterordnung vorkommt, werden in der allgemeinen von Hans Eggers (s. S. 510) untersuchten Prosa, Relativsätze bevorzugt. Die Sprache der Verwaltung dagegen weist überwiegend Adverbialsätze auf. Bestandteile, die durch einen Relativsatz ausgedrückt werden könnten, sind als erweiterte Attribute ausgedrückt: *in einem Brief, der gestern abgesandt wurde / in einem gestern abgesandten Brief; finanzielle Hilfe, die ausbezahlt werden muß / die auszubezahlende finanzielle Hilfe.* Wie im allgemeinen in der heutigen Prosa werden substantivische Umschreibungen *(einen Antrag stellen)*, die oft eine besondere fachterminologische Bedeutung tragen *(Klage einreichen, Einspruch erheben)*, Substantivierungen und nominale Blöcke bevorzugt. Ein Satz wie ‚dem dort vorliegenden Antrag auf Durchführung des Verfahrens auf Untersagung der Ausübung des selbständigen Gewerbes' ist wegen der komprimierten Dichte der Nominalkonstruktionen schwer in den Griff zu bekommen. Formeln mit Präpositionen werden als typisches Bürodeutsch angesehen: *aus Zweckmäßigkeitsgründen, im Verhinderungsfall, bei Arbeitsunfähigkeitsmeldung.* Da sie meist untergeordnete Sätze ersetzen, sind sie allerdings ökonomisch. Viele Komposita haben eine ähnliche Wirkung und werden daher bevorzugt: *dienstplanmäßig, ausländerbehördlich.* Ein besonderer Zug dieser Textsorte ist weiterhin der verbreitete Gebrauch des Passivs. Hildegard Wagner stellte fest, daß nicht nur über ein Viertel aller Sätze im

Passiv steht, sondern darüber hinaus viele andere Konstruktionen passivischen Inhalt aufweisen, z.B. *es empfiehlt sich; etwas ist zu tun* statt *jemand hat etwas zu tun.*

Die Textsorte Werbung zeichnet sich ebenfalls durch besondere Erscheinungen in Syntax und Wortbildung aus. Oft gebraucht sie unvollständige Vergleiche: *X ist größer.* Sie liebt ad hoc gebildete Komposita, die den Leser überraschen sollen, z.B. *hautkosmetisch, formschön, fußgesund, Mehrzweckmantel, Tiefformkoffer.* Oft haben solche Komposita eine fachliche Aura um sich und sollen der Intelligenz und dem Sachverstand des Lesers schmeicheln. Viele Wortverbindungen machen ebenfalls den Eindruck, als seien sie Fach- und deshalb präzise Ausdrücke, z.B. *Frischmilch* statt *frische Milch.* Übertreibungen gehören naturgemäß zum festen Bestand der Werbung: *hochmodern, super-aktiv, erfüllt die verwöhntesten Forderungen.* Diese Textsorte ist auch an den unzähligen Wortschöpfungen aus der Welt von Handel und Ware zu erkennen: *Wella (Haarpflegemittel), Sinalco (<sine alcohole), Persil (<Perborat + Silicium)* und an vielen fremdsprachigen Entlehnungen *(Twinset, Slip)* einschließlich zweisprachiger Wortspiele *(wer beatet mehr?).*

Die gesprochene Sprache ist viel weniger bekannt als die geschriebene. Jede detaillierte wissenschaftliche Untersuchung ist in der Tat erst seit der Erfindung des Magnettonträgers möglich geworden. Heute ist klar, daß die gesprochene Sprache ein facettenreiches, kompliziertes Phänomen darstellt. Sie wird von Faktoren wie Sprecher, Hörer, Thema und Situation bestimmt. Der Ausdruck Situation wird hier im weitesten Sinne gebraucht und umfaßt nicht nur die materielle Umgebung, sondern auch Erfahrung und Wissen der Sprecher und Hörer und deren Zuhilfenahme von Gestik und Nachahmung. Die Beziehung zwischen Sprecher und Hörer macht einen gesprochenen Text entweder zu einem Monolog oder zu einem Dialog, den beiden grundlegenden Typen gesprochener Sprache. Formen wie Vorlesung, Predigt, Reportage und Erzählungen sind reine Monologe mit stummen Zuhörern und einem gegebenen Thema. Die außersprachliche Situation hat außer bei der Reportage nur schwachen Einfluß. Monologe kommen natürlich auch bei ausgeglicheneren Beziehungen zwischen Hörer und Sprecher vor, wie beispielsweise in Diskussionen (gesetztes Thema mit gleicher Beitragsberechtigung), Interviews (gesetztes Thema mit ungleicher Teilnahme) oder bei der Unterhaltung (kein festes Thema und gleiche Teilnahmeberechtigung). Wiederum ist die außersprachliche Situation von unterschiedlicher Bedeutung. Bei einer Diskussion hat sie fast keine, beim Interview kann sie eine Rolle spielen, braucht es aber nicht (man vergleiche eine ärztliche

Konsultation mit einem Interview, das ein Ereignis aus ferner Vergangenheit betrifft), sie kann aber von alles überragender Bedeutung sein, beispielsweise bei einer ungebundenen Unterhaltung. In einer ungebundenen Unterhaltung kann die Rolle der Situation in der Tat so bedeutend sein, daß sie Sprache zu einer bloßen Hilfsfunktion reduziert oder sie fast unnötig macht. Nimmt man solchen Unterhaltungen ihren situationalen Hintergrund, wie z.B. bei Tonbandaufnahmen, sind sie für den Hörer, der nicht daran teilgenommen hat, praktisch unverständlich. Derartig gesprochene Sprache ist natürlich ein Extremfall und das genaue Gegenteil von geschriebener Sprache, bei der die Situation stets bis ins einzelne gehend mit sprachlichen Mitteln ausgefüllt werden muß. Es ist jedoch ein Fehler, diese Form der gesprochenen Sprache als die allein echte und repräsentative anzusehen. Feststellungen, die den enormen Unterschied zwischen gesprochener und geschriebener Sprache akzentuieren, basieren auf einem derartigen Irrtum. Eine Textsorte der gesprochenen Sprache, bei der der außersprachliche Faktor der Situation in so extremem Maße den sprachlichen Ablauf bestimmt, kann unmöglich die typischen Charakteristika gesprochener Sprache schlechthin wiedergeben.

Die gesprochene Sprache umfaßt also viele Textsorten, und die außersprachlichen Kriterien, die sie bestimmen, variieren in ihrer Einwirkung auf jede Sorte. Innerhalb der wesentlichen Formen oder Textsorten (Unterhaltung, Erzählung, Diskussion usw.) können die sprachlichen Typen Monolog und Dialog nicht weniger variieren. Was aber eine Definition der gesprochenen Sprache enthalten muß, sind die folgenden, von Hugo Steger aufgestellten Punkte (S. 262ff.): (a) der Text muß ohne vorherige Niederschrift gesprochen werden ; (b) er darf vorher nicht ausgedacht und formuliert worden sein (einige Forscher würden dies allerdings als gesprochene Sprache zulassen); (c) er darf weder in Versen noch gereimt sein; (d) er muß sich in einer als ‚normal', d.h. im jeweiligen Kontext als ‚richtig' angesehenen Form darstellen. Dieser letzte Punkt wurde von Barbara Wackernagel-Jolles verbessert zu: er muß eine Form haben, die vom Hörer ohne Nachfrage verstanden wird. Dies scheint eine Verbesserung zu sein, weil dadurch nicht das Problem der Norm oder der Richtigkeit angeschnitten wird, bevor wir überhaupt wissen, mit welchen Normen wir bei diesem Sprachmedium zu rechnen haben. Das heißt, wir werden nicht auf Normen verwiesen, die möglicherweise in einem anderen Medium, d.i. in der geschriebenen Sprache, gültig sind.

Das Problem der Segmentierung zu Einheiten, d.h. Sätzen, ist bei der gesprochenen Sprache entscheidend. Von den drei möglichen Kriterien: Inhalt, Intonation und grammatische Form, sind nur die beiden letzteren sprachlich relevant. Die Intonation scheint ein verlockendes Kriterium abzugeben, doch haben Untersuchungen gezeigt, daß Hörer nicht in der Lage sind, Intonationssegmente mit einiger Übereinstimmung zu unterscheiden. In einer Arbeit, die für die Segmentierung die Intonation zugrundelegte, stimmten die Informanten nur in der Minderzahl der Fälle, in die Äußerungsschlüsse nicht einbezogen waren, überein (Wackernagel-Jolles S. 147, 150). Es ist daraus zu schließen, daß der Segmentierung grammatische Kriterien zugrundegelegt werden müssen. Im folgenden Textbeispiel gesprochener deutscher Standardsprache – ein Stück Monolog aus einer Diskussion – werden die folgenden Interpunktionszeichen gebraucht: der Punkt bezeichnet das Ende eines unabhängigen Hauptsatzes; das Komma bezeichnet einen abhängigen Nebensatz; der Doppelpunkt deutet auf einen abhängigen Hauptsatz hin; der Gedankenstrich zeigt eine abgebrochene Konstruktion an; Pünktchen bedeuten nichtlexikalische Elemente. (Der Originaltext aus *Texte gesprochener deutscher Standardsprache*, Bd. 1, 1971, S. 236, eine Diskussion unter Studenten über die Ehe, benutzt ein anspruchsvolleres Notationssystem.) Es wird die alphabetische Schreibweise der Schriftsprache gebraucht. Es wäre natürlich wünschenswert, gesprochene Sprache zu *hören*, da aber eine Lautwiedergabe hier selbstverständlich unmöglich ist, muß eine Übertragung ins Schreibmedium (Tonprotokoll) genügen.

Ich ich meine. Ich vertrete . . . meinen Standpunkt nicht . . . bezüglich der Konventionen, weil ich einfach meine: der Mensch kommt in – is einfach zu schwach. Oder manchmal ist der Mensch zu schlecht. Oder er schafft es nicht. Er liebt seine Frau. Aber es gibt Momente, . . . wo die Frau oder wo der Mann . . . einfach dessen überdrüssig is und . . . meint: sie wolle nicht mehr, und daß in solchen Momenten einfach die die Konvention . . . oder dieses Bewußtsein vor der Gesellschaft einfach wieder eine Hilfe ist, und daß keiner so stark ist, das so ein Leben lang auszuführen. Denn in n meisten Fällen is ja so n bißchen Müde-Sein von der Ehe – wird in jedem Fall auftreten. Und, wenn die jetzt nich so stark schon von außen her zusammengekettet sind, so sind sie ja viel eher . . . bereit, in einem solchen Augenblick nun alles aufzugeben. Und das halt ich für zu gefährlich.

Obgleich gesprochene Sprache viele Textsorten mit unterschiedlichen Charakteristika aufweist, können die folgenden Punkte eine gewisse allgemeine Gültigkeit beanspruchen:

(i) Die grundlegenden Syntaxregeln und Satzstrukturen sind in geschriebener und gesprochener Sprache gleich (s. Jecklin, S. 51, 150; Wackernagel-Jolles, S. 202).

(ii) Je wichtiger die Situation ist, desto verkürzter ist die Sprache. Kompliziertere Satzmuster und zunehmende Ausfüllung mit nicht-notwendigen Ergänzungen finden sich in reflektierenden Monologen (s. Jecklin, S. 54 f.)

(iii) Satzlänge und das Verhältnis einfacher Sätze variieren je nach Textsorte. C. Leska (S. 444) stellte fest, daß über 65 Prozent der Sätze in ihrem Korpus einfache Sätze sind, nach B. Wackernagel-Jolles' Interpretation sind es allerdings nur 25 Prozent. Viele Sätze weisen Nebenordnung (Parataxe) auf, so daß die Frage nach ihrer Verknüpfung offensichtlich für die Auszählung wichtig wird. B. Wackernagel-Jolles fand heraus, daß der größte Teil der Sätze in die Gruppe: Sätze mit 5–14 Wörtern gehört; C. Leska stellte fest, daß nahezu die Hälfte aller Sätze ihres gesprochenen Materials der Gruppe der Sätze mit 5–10 Wörtern zuzurechnen seien, während in Hans Eggers' schriftsprachlichem Material die Gruppe: 16–18 Wörter den Gipfel bildet. Die gesprochene Sprache im Deutschen Bundestag scheint in einem beträchtlichen Maße Unterordnung (Hypotaxe) aufzuweisen (Uhlig, S. 98–136).
(iv) Ausklammerung tritt häufig auf. Uhlig (S. 145–51) macht die nützliche Unterscheidung zwischen Ausklammerung beruhend auf (a) assoziativem Denken (das Vergessene wird angefügt): ‚Ich sehe, daß ich mich ein wenig vergallopiert *[sic]* habe in der Redezeit . . .'; (b) stilistischen Gründen (wichtige Bestandteile werden zur Betonung außerhalb der verbalen Klammer angesiedelt): ‚Sie treten Ihr Amt an bei Vollbeschäftigung, bei stabilem Geld und wohlgeordneten Finanzen'; (c) der Tendenz zur Bildung von Nominalblöcken: ‚Die Überlegenheit auf dem nuklearen Gebiet ist gekennzeichnet durch über 850 sowjetische Mittelstreckenraketen, wo eine gleichwertige Waffe in Mitteleuropa bei der Nato nicht zur Verfügung steht.'
(v) Sätze werden oft abgebrochen (Aposiopese, Ellipse) oder durch Überwechseln zu einer andersartigen Konstruktion fortgeführt (Anakoluth). Von der Möglichkeit zu sofortiger Korrektur wird oft Gebrauch gemacht entweder wegen eines Irrtums oder sich Versprechens, wegen Unzufriedenheit über mangelnde Präzision oder weil Zusätze erwünscht sind. Nominale Bestandteile (Substantive, Adjektive, Artikel, Pronomen) lassen sich leichter verbessern als verbale (Wackernagel-Jolles, S. 166).
(vi) Sätze werden oft durch Parenthesen unterbrochen.
(vii) Wiederholungen treten häufig auf, weil augenblicklich der Faden verloren gegangen ist oder der Sprecher etwas mit Nachdruck sagen will. In gesprochener Sprache kommt also sehr viel Redundanz vor, wodurch ihr flüchtiges Wesen kompensiert und das Verständnis erleichtert wird. Anaphorische (wiederaufnehmende) Konstruktionen (vgl. *Oder . . ., Oder . . .* im Text) dienen ebenfalls dem Nachdruck und ersparen ferner dem Sprecher die Mühe, neue Konstruktionen finden zu müssen.
(viii) Nichtlexikalische Lautfolgen und Pausen ermöglichen Nachden-

ken. Stottern kann durch nötige Zeitgewinnung verursacht sein. Klischees *(wie sagt man, sagen wir mal)* und Füllwörter (*ja, mal, eh, ach* usw.) verlangsamen den Sprachfluß ebenfalls. Ähnliche Bestandteile *(nich, gell, na, so, da)* dienen anscheinend ebenso als wirksame Satzgrenzenmarkierung und als Funktionswörter, die Kontakt herstellen, die Äußerung beleben oder sie kommentieren.

(ix) Nach Verben und Substantiven des Sprechers oder solchen, die eine Meinungsäußerung bezeichnen, steht in gesprochener Sprache gewöhnlich ein asyndetischer Hauptsatz, während man im geschriebenen Deutsch direkte Rede oder untergeordnete, von einer Konjunktion eingeleitete Sätze gebrauchen würde (vgl. im Text die Notation mit Doppelpunkt und Wackernagel-Jolles, S. 185–203). Es kommen Nebensätze vor, deren Hauptsatz fehlt, aber mitverstanden wird (Ellipse).

(x) Viele pronominale und demonstrative Elemente werden oft sehr oberflächlich verwendet und beziehen sich nur ungenau auf vorausliegende Vorgänge (vgl. im Text *dessen; das so ein Leben lang auszuführen*).

(xi) Die häufigsten Konjunktionen sind *und*, manchmal erweitert zu *und da, und dann*, und *daß*, gefolgt von *wenn* und mit einigem Abstand von *weil* (Wackernagel-Jolles, S. 203–215). Im gesprochenen Deutsch werden verhältnismäßig viel mehr Nebensätze durch Konjunktionen *(daß, wenn)* als durch Relativpronomen eingeleitet *(der, die, das)*: nahezu 62 Prozent gegenüber nur eben über 38 Prozent (C. Leska, S. 445). Im geschriebenen Deutsch sind beide Typen gleichgewichtiger vertreten (53 Prozent:47 Prozent).

(xii) Während geschriebenes Deutsch erweiterte Attribute und Nominalblöcke bevorzugt, werden diese in der gesprochenen Sprache weitestgehend gemieden.

(xiii) Der Konjunktiv ist praktisch auf Hilfs- und Modalverben beschränkt. Das Passiv steht sehr selten (s. Wackernagel-Jolles, S. 231–236).

(xiv) Im Norddeutschen sind Präteritum und Perfekt als Erzählzeiten der Vergangenheit austauschbar. Das Prät. ist bei Hilfs- und Modalverben häufiger als bei andern Verben, wo es formaler wirkt (Wackernagel-Jolles, S. 215–229, 236).

Abschließend muß betont werden: obwohl die Unterschiedlichkeit im Sprachmedium bedeutende Unterschiede zwischen gesprochener und geschriebener Spielart hervorbringt, schafft der ständige Gebrauch beider Formen durch gesellschaftlich und kulturell bedeutende Persönlichkeiten auch eine wichtige Brücke zwischen ihnen. In der Vergangenheit war es die geschriebene Sprache, aus der die deutsche Standardsprache geformt wurde; nachfolgend war es die geschriebene Sprache, die den Gang bei der Standardisierung der gesprochenen Sprache bestimmte. Gegenwärtig wird die Brücke ständig verstärkt und in beiden Richtungen begangen. Wie wir gesehen haben, gibt es Schreibweisen nach dem Vorbild der gesprochenen und Sprechweisen nach dem Vorbild der geschriebenen Sprache. Diese Tatsache ist eine charakteristische Erscheinung des zeitgenössischen Deutsch.

7.3.4 Gemeinsprache und Fachsprache

Diese beiden Oppositionen bestehen nur im Bereich des Wortschatzes und bis zu einem gewissen Grade im Bereich der Grammatik (Morphologie und Syntax), nicht jedoch in dem der Phonologie. Bezüglich des Wortschatzes kann man sagen, daß das Deutsche drei Wortschichtungen aufweist. Erstens gibt es jene Wörter, die allen geistig normalen, erwachsenen Deutschen bekannt sind *(Tag, Nacht, essen, trinken)*; zweitens solche, deren passives Verstehen und aktiver Gebrauch einiges aus Bildung oder Erfahrung stammendes Wissen voraussetzt *(Tagundnachtgleiche, Säugetier, Stickstoff, hobeln, löten)* und drittens solche, die der durchschnittliche Sprecher nicht kennt und die spezielles Wissen einer Wissenschaft, eines gelehrten Bereichs, eines Handwerks oder Gewerbes voraussetzen *(Flansch, Zeigerfahne, Pfeilrad, honen, kuppen)*. Jeder würde sagen, daß die erstgenannten Wörter der Gemeinsprache und die an dritter Stelle genannten einer Fachsprache angehören. Der mittlere Bereich setzt sich aus Wörtern zusammen, die zwar aus einem Spezialgebiet stammen, aber in die von nahezu allen oder doch der Mehrheit von Sprechern gebrauchte Gemeinsprache eingegangen sind. Eine Eingrenzung des mittleren Bereichs ist seiner Natur gemäß kaum möglich. Zeitungen und Zeitschriften, die unter ihren Lesern viele ehemalige Gymnasiasten haben, nehmen an, daß Wörter wie *Minne, Tagelied, Hypothenuse, Molekül, Chlorophyll* zum gemeinsprachlichen Wortschatz der Leserschaft gehören. Bei an Leser mit geringerem Bildungsstand gerichteten Veröffentlichungen werden andere Annahmen über den allgemeinsprachlichen Wortschatz gemacht.

Die Definition der Gemeinsprache muß daher Bildungs- und Erfahrungsmaßstäbe einbeziehen. Es ist für das heutige Deutsch bezeichnend, daß sein Wortschatz zahllose fachsprachlich geprägte Wörter enthält oder von Fachsprache beeinflußt ist *(ausloten, Gas geben, ankurbeln, entgleisen, abreagieren, sterilisieren)*. Wenn heute moderne Technologien und Wissenschaften den Nährboden für den Wortschatz der Gegenwart bilden, so spielten in früheren Sprachperioden ältere Fachgebiete dabei eine bedeutende Rolle. Viele gemeinsprachliche Wörter zeigen beispielsweise den früheren Einfluß der Jagd, z.B. *Lockvogel* und *Pechvogel* vom Vogelfang, *naseweis, pfiffig, vorlaut, unbändig* von Bezeichnungen für das Verhalten der Jagdhunde, *sich drücken* von der Reaktion des gejagten Wilds.

Auch die Fachsprache enthält mehrere Wortschichten. Ganz offensichtlich bilden die zur dritten der oben genannten Gruppen gehörigen Wörter den Kern einer Fachsprache. Die Wörter der zweiten Gruppe müssen ebenfalls einbezogen werden, wenn sie auch weiter an der Peripherie liegen. Zu diesen kommen Wörter, die der Gemeinsprache angehören *(Wurzel, schlichten)*, aber fachsprachlich eine besondere Bedeutung haben (*Wurzel* in Mathematik, Botanik und Sprachwissenschaft; *schlichten* in Rechtswesen oder Metallbearbeitung) oder als Metaphern gebraucht werden *(Gabel, Kopf, Bauch)*. *Betrug* bezieht sich gemeinsprachlich auf alle Arten von Täuschung, Betrügerei und Gaunerei, doch in der Sprache des Rechts auf ein spezielles Delikt, das im Strafgesetzbuch genau definiert ist. *Hund* für das so bezeichnete Tier kennt jeder; im Bergbau bezeichnet das Wort einen kleinen Förderwagen. Literaturwissenschaftler werden *dramatisch, romantisch, tragisch* im fachspezifischen Sinne gebrauchen, die breite Öffentlichkeit dagegen in einem unbestimmteren. Hier ist der bedeutende Unterschied zwischen einem Fachterminus und einem gemeinsprachlichen Wort anzutreffen.

Der Fachausdruck hat auf einem bestimmten Fachgebiet eine speziell definierte Bedeutung, die sich aus der Tradition und dem Sprachgebrauch des Kenners, aus dem einzelnen Definitionsakt eines Fachkundigen oder aus der Festsetzung eines autoritativen Gremiums herleiten kann. Viele Wissenschaften wie beispielsweise Botanik, Anatomie oder Chemie haben eine standardisierte Nomenklatur. Das Wort ‚Nomenklatur' ist oft den Standardnamen von Gegenständen vorbehalten, während ‚Terminologie' in Bezug auf definierte Begriffe, Vorgänge oder Gegenstände gebraucht wird. Bei der Nomenklatur ist die Definition am präzisesten, während Begriffsterminologie in vielen Fällen für verschiedene Definitionen offen sein kann. *Schienbein* hat unbestreitbar eine fachsprachliche Bedeutung, während einige Krankheitsbezeichnungen wie *Asthma* und *chronische Bronchitis* nicht eindeutig definiert sind. Alle Linguisten wissen, daß der Terminus *Phonem* mehrere Definitionen aufweist. Nichtsdestoweniger kann man einen Fachterminus klar von einem gemeinsprachlichen Wort unterscheiden. Er ist nicht nur dadurch gekennzeichnet, daß er eine Definition hat, sondern infolgedessen auch dadurch, daß er weniger als ein gemeinsprachliches Wort vom Kontext abhängt und verhältnismäßig frei von gefühlsmäßigen und stilistischen Konnotationen ist. Seine Eindeutigkeit mag mehr ein Ideal als etwas unhintergehbar Erreichbares sein: Dadurch, daß er Teil eines terminologischen Systems ist, ist er semantisch stärker belastet als das durchschnittliche Wort der Gemeinsprache. Der Ausdruck H_2O gehört zur Nomenklatur der Chemie; *Wasser* als Fachausdruck hat eine spezifische, aus dem Wissen der Chemie und Physik stammende Definition für eine bestimmte Flüssigkeit und ist stilistisch neutral; *Wasser* als Wort der Gemeinsprache enthält keine derartig fachspezifische Information und hat die Konnotation ‚elendes Gesöff' in der Wendung ‚bei Wasser und Brot' und die eines höchst begehrenswerten Getränks in *ach, ein Glas Wasser!* wenn dies von einem Durstigen oder Kranken geäußert wird.

Eine Fachsprache ist also vor allem dadurch gekennzeichnet, daß sie Fachausdrücke (Termini) aufweist, während die Gemeinsprache aus gemeinsprachlichen Wörtern besteht. Natürlich wird der größte Teil eines fachsprachlichen Textes, sei er gesprochen oder geschrieben, auch Wörter der Gemeinsprache enthalten *(und, in, zwei, kalt, Frage).* Besonders Verben neigen, wenn überhaupt, nur zu geringer Terminologisierung: *sich unterscheiden, bestehen, sich eignen, ergänzen* usw. Doch gebraucht eine Fachsprache diese gemeinsprachlichen Bestandteile oft auf eine lexikalisch oder syntaktisch bestimmte Weise, was ebenfalls zu ihrer spezifischen Eigenart beiträgt.

Der Begriff Fachsprache ist in der bisherigen Erörterung als ein ungeteiltes Ganzes gebraucht worden. Man kann bestimmte Unterteilungen vornehmen. Deutsche Forscher gebrauchen für das Gesamtphänomen (besondere Sprachen innerhalb einer Sprache) den alles umfassenden Ausdruck *Sondersprache* und unterscheiden zwischen solchen, die aus der Erweiterung des Wissens stammen und durch Spezialisierung in einem bestimmten Gebiet bedingt sind, was zu vielen neuen Wortschöpfungen führt (Untertyp *Fachsprache*) und Gruppensprachen, die durch gesellschaftliche Exklusivität bedingt sind und im allgemeinen nur im Bereich des gemeinsprachlichen Wortschatzes variieren, ohne ihn wesentlich zu vermehren (Untertyp *Standessprache*). Gruppensprachen schaffen sprachlichen Zusammenhalt in der jeweiligen sozialen Gruppe. Ihre Hauptfunktion ist also sozialer Art. Sehr oft werden Wörter der Gemeinsprache in einer ungewöhnlichen, nur für Eingeweihte erkennbaren Weise gebraucht. Jäger in Deutschland gebrauchen beispielsweise *Löffel* zur Bezeichnung des Hasen- oder Kaninchenohrs. Das Fuchsfell heißt *Balg*, das Fell vom Wild *Decke* oder *Haut*, die Haut des Wildschweins heißt

Schwarte. Für die Schwänze verschiedener Tiere gebrauchen die Jäger in Deutschland wie in England eine spezielle Terminologie:

Schwanz von	Deutsch	Englisch
Rotwild	*Wedel*	*single*
Fuchs	*Lunte/Standarte*	*brush*
Hase	*Blume*	*scut*
Otter	*Rute*	*rudder*
Fasan	*Stoß/Spiel*	*train*

Während Gruppensprachen stark dazu neigen, das Einzelne hervorzuheben, mehr die Spielarten als die Gattung zu bezeichnen, neigen Fachsprachen zur Systematisierung und zum Gebrauch von Gattungsnamen. In der Handwerkssprache überlappen die beiden Tendenzen, wie man beispielsweise bei einigen Ausdrücken für Werkzeuge sehen kann:

Bezeichnung	Deutsch	Englisch	Bezeichnung
	Bohrer	*drill*	
Gattungsname	*Spiralbohrer*	*twist drill*	Gattungsname
Gattungsname	*Holzbohrer*	*auger, wood bit*	Art.
Gattungsname	*Gewindebohrer*	*tap*	Art.
Art. (Metapher)	*Krauskopf*	*countersink drill*	Gattungsname
	Feile	*file*	
Gattungsname	*Grobfeile*	*roughnut file*	Gattungsname
Gattungsname	*Riffelfeile*	*riffler*	Art.
Art.	*Raspel*	*rasp, grater*	Art.
Art. (Metapher)	*Vogelzunge*	*oval file*	Gattungsname

Bei allen Fachsprachen pflegt gesellschaftliche Exklusivität eine gewisse Rolle zu spielen. Doch ist es zweckmäßig, die Unterschiede zwischen Gruppensprachen und Fachsprachen im Auge zu behalten. Eine Spielart der Gruppensprache stellt der *Slang* dar. Durch erhöhenden wie herabsetzenden Wortgebrauch oder andere semantische Verschiebungen macht er spielerischen, witzigen Gebrauch vom gemeinsprachlichen Wortschatz. Er ist gewöhnlich äußerst gefühlsbetont und hat bei Lösung und Abbau von Spannungen, Ängsten, Ärger und Unsicherheitsgefühlen durch eine auf Humor oder Spott beruhende Reaktion eine wichtige soziale Funktion. Feindseligkeit gegenüber anderen Gruppen wird anscheinend durch einen exklusiven, nur für Eingeweihte bestimmten

Wortschatz zum Ausdruck gebracht. Im zeitgenössischen Slang von Jugendlichen finden sich beispielsweise die folgenden semantischen Verschiebungen: *steil*>‚hübsch‘, *sauer*>‚schlecht‘, *krank*>‚verrückt‘ oder der Gebrauch von *Mäuse* für ‚Geld‘ *Biene* für ‚Mädchen‘; *ein dufter Zahn* ist ‚ein hübsches Mädchen‘, *eine steile Haut* ‚eine elegante junge Dame‘, *klamme Leute* ‚langweilige, konventionelle Leute‘.

Die Fachsprache der Technik kann zweckmäßigerweise in drei unterschiedliche Gebrauchsbereiche unterteilt werden: und zwar nach Ischreyt in *Wissenschaftssprache, Werkstattsprache* (von R. Pelka modifiziert zu *Betriebssprache*) und *Verkäufersprache.* Besonders in der Wissenschaftssprache findet man eine standardisierte Nomenklatur und wohldefinierte, wenn auch variable Fachtermini. Sie sind oft beschreibungsstärker als die Ausdrücke der Werkstattsprache, vgl. *Überschallgeschwindigkeitsflugzeug – Überschaller, Widerstandspunktschweißen – Punktschweißen.* Eine solche Fachsprache ist meist in geschriebener Sprache anzutreffen und ohne Ausnahme in Standarddeutsch. Werkstattsprache anderseits ist – obwohl eine Fachsprache – nicht präziser als sie es für eine reibungslose Kommunikation sein muß. Da sie meist gesprochen wird, kann sie zur Umgangssprache neigen. Der Kontext kommt voll zur Geltung. Ein Werkzeug muß nicht *Spitzbohrer, Löffelbohrer* oder *Zapfenbohrer* genannt werden, wenn *Bohrer* völlig genügt und die Situation das übrige tut. Herabsetzende und andere gefühlsbetonte Wörter können dabei durchaus gebraucht werden, z.B. *Hundeschwanz* für einen ‚stumpfen Meißel‘, *Raspel* für eine ‚stumpfe Feile oder Säge‘. Slangausdrücke wie *murksen, pfuschen, losrammeln* (die Arbeit anfangen) sind in dieser Sphäre häufig zu hören. Wo Slang und Fachsprache überlappen, spricht man in Deutschland gewöhnlich von *Jargon*, während das engl. *jargon* häufig einfach ein Übermaß an Fachausdrücken bedeutet, die in einem Zusammenhang geäußert werden, in dem Leser oder Hörer ihren Gebrauch ablehnen. Bei der Verkäufersprache oder überall da, wo sich Fachmann und Laie geschäftlich gegenüberstehen, gehen Fach- und Gemeinsprache ineinander über oder treffen unversöhnlich aufeinander, je nach dem, und genau an dieser Stelle muß die Fachterminologie dem gemeinsprachlichen Wortschatz weichen.

Ein interessanter Kollisionsfall kann am Beispiel der Wörter ‚Lampe‘ und ‚Glühbirne‘, wie ihn H. Ischreyt (S. 251–253) beschreibt, demonstriert werden. In der einschlägigen Industrie sind die Ausdrücke *Leuchte* und *(Glüh)lampe* seit langem standardisiert worden. Besonders für moderne Geräte sind die standardisierten Ausdrücke heute bereits recht geläufig *(Deckenleuchte, Wandleuchte).* Doch als Gattungsbezeichnung ist die standardisierte Nomenklatur von deutschen Sprechern noch nicht angenommen worden. Es ergibt sich also das folgende Spannungsverhältnis zwischen den beiden Formen des Deutschen:

Fachsprache: Fachausdrücke	*(Glüh)lampe*	*Leuchte*
Gemeinsprache: gemeinsprachliche Ausdrücke	*(Glüh)birne*	*Lampe*

Man könnte geneigt sein zu meinen, Sondersprachen seien einfach nur Textsorten geschriebener oder gesprochener deutscher Standard- oder Nichtstandardsprache. Doch obwohl sie bisher noch wenig erforscht sind, scheint klar zu sein, daß die typisch technischen und wissenschaftlichen Fachsprachen des heutigen Deutsch zusammen eine besondere Art des Deutschen bilden. Wenn es auch noch zu früh sein mag, eine umfassende Charakterisierung der Sondersprache im Deutschen zu liefern, so muß doch eine versuchsweise Auflistung der Merkmale, die in technischer Prosa Allgemeingültigkeit haben, beispielsweise enthalten:

(i) Stoffnamen, die gemeinsprachlich selten Pluralformen haben, bilden solche in der Fachsprache, z. B. *Bleie, Harze, Salze, Sände, Stähle, Stäube* oder bei Abstrakta *Drücke, Hübe.*

(ii) Ableitung von *Nomina instrumenti* auf *-er*, die den Zweck angeben, wozu ein Gerät gebraucht wird, z. B. *Abstreifer, Auswerfer, Entstauber, Händetrockner, Heizölbrenner, Trennstemmer.*

(iii) Ableitung neuer Feminina auf *-e*, z. B. *Kippe, Schließe, Spüle.*

(iv) Abgeleitete *Nomina facti* auf *-ung*, die oft aus mehreren Teilen zusammengesetzte Einheiten bezeichnen, z. B. *Abdeckung, Entlüftung, Kupplung, Umschaltung.* Neben solchen Kollektiva gibt es auch viele *Nomina actionis* zur Bezeichnung des Ergebnisses, z. B. *Bohrung, Härtung, Verpackung.*

(v) Häufig kommen substantivierte Infinitive als *Nomina actionis* vor, z. B. *das Bohren, Kühlen, Abdichten.*

(vi) Neue Infinitivkomposita werden als Verben oder Substantive gebraucht: *das Fließpressen, Eintauchschleifen, Einsatzhärten, Gasschweißen, Hartlöten.*

(vii) Substantive werden zu Verben: *blechen, drahten, panzern, punkten, ausbauchen, verachsen.*

(viii) Am geläufigsten ist die Bildung neuer Fachausdrücke durch Komposition, z. B. *Drehschalter, Lochabdeckvorrichtung, Blechbiegemaschine, Schmierölpumpenmotor, Schleifstaubsammelbehälter.* Das typische Nominalkompositum ist ein aus zwei Bestandteilen bestehendes Determinativkompositum, dessen beide Teile allerdings wiederum Komposita sein können. Ganz besonders typisch sind Komposita, bei denen der determinierende Teil ein Verb ist, z. B. *Drehscheibe, Schmiertasche, Schalthebel.* R.

Pelka (S. 203) stellte fest, daß 27 Prozent aller Determinativkomposita von diesem Typ sind, der zu Jacob Grimms Zeit sehr selten war (ungefähr zwei Prozent aller Determinativkomposita). Syntaktische Gruppen bestehend aus einem Adj. und einem Subst., werden durch Zusammensetzung ‚terminologisiert': *buntes Metall*>*Buntmetall.*

(ix) Es gibt viele Adjektivableitungen auf *-bar,* z. B. *spaltbar, schweißbar.*

(x) Unter den zahlreichen Adjektivkomposita gibt es viele mit verbalem Determinativteil, z. B. *drehnachgiebig, einfriersicher, biegefest, störanfällig.* Andere enthalten einen substantivischen Teil: *wartungsarm, zinkhaltig, verdrehungssteif.*

(xi) Vertreten sind auch viele Adjektivkomposita mit Partizipien als zweitem Bestandteil, z. B. *batteriegespeist, druckknopfbetätigt, glasfaserverstärkt, handentrostet.*

(xii) Verbalkomposita mit Partikeln wie Präfixableitung spielen eine große Rolle, z. B. bei *schleifen*: *ab-, an-, auf-, aus-, ein-, durch-, hinter-, nach-* usw. *Be-, ver-, ent-* usw. finden sich ebenfalls sehr häufig.

(xiii) Verben auf *-ieren*: *armieren, gummieren, zentrieren.*

(xiv) Neben Ableitung und Komposition als Mittel der Wortschatzerweiterung ist besonders bei den weniger wissenschaftlich ausgerichteten Fachsprachen der Gebrauch von Metaphern charakteristisch, z. B. *Arm, Auge, Kranz, Bürste, Finger, Galgen.* Die meisten stammen vom menschlichen Körper oder der menschlichen Sphäre im allgemeinen *(Mantel, Schuh, Bett, Kissen).* Tiermetaphern sind verhältnismäßig selten *(Igel, Schnecke, Fuchsschwanz, Vogelzunge).* Die meisten kommen in Komposita vor. Es gibt auch verbale Metaphern: *altern, ermüden, fressen, abschrecken.*

(xv) Abkürzungen: *S-Haken, V-Rad, kg, UKW, Moped, Farad,* (<*Faraday*), *Volt.*

(xvi) Komposita mit Personen- oder Ortsnamen: *Thomasstahl, Bessemerstahl, Dieselmotor, Röntgenstrahlen, Derbyschuhe, Manchesterhosen.*

(xvii) Je nach Fachgebiet werden viele Fremdwörter, besonders aus dem Griech. und Lat., auf unterschiedliche Weise gebraucht: *tertiär, thermisch, Torsion* usw.

(xviii) Beim Wortschatz ist der Prozeß *technischer Graduation* (L. Mackensen, S. 302) typisch, z. B. *ein – mehr*: *Einzweckvorrichtung, Mehr-; voll – halb – nicht* (etwa bei *automatisch*); *kalt – warm – heiß* (bei *-walzwerk*).

(xix) Hinsichtlich der Syntax besonders der Fachsprachen hat man festgestellt, daß der einfache Satz mit erweiterten Attributen und Parenthesen kennzeichnend ist: ‚der hierbei zu untersuchende Fragenkomplex, vielschichtig wie er ist, stellt uns folgende Aufgaben'. E. Beneš fand, daß die Verben nur 9,4 Prozent aller Wörter ausmachen, während sie es in gemeinsprachlicher Prosa auf 14 Prozent bringen. Dies ist ein Anzeichen für den stark nominalen Stil fachsprachlicher Prosa. Die substantivischen Umschreibungen (Funktionsverben) (eher *eine Beobachtung machen* als *beobachten, zum Abschluß bringen* als *abschließen*) tragen dazu bei. Durch ihre Vorliebe für erweiterte Attribute und Nominalblöcke aller Art spiegelt die wissenschaftliche Fachsprache gemeinsprachliche Tendenzen des heutigen Deutsch wider und kann sie tatsächlich noch verstärkt haben. Fachprosa weist auch sehr viele Passivkonstruktionen auf.

Viele derartige Erscheinungen kann man an dem folgenden, wahllos herausgegriffenen Beispiel wissenschaftlicher Fachprosa beobachten (*Stahl und Eisen*, 94 (1974) 12, S. 540):

Die in dieser Arbeit mitgeteilten Ergebnisse wurden mit „Oxytip"-Zellen an unberuhigten, halbberuhigten und beruhigten Stahlschmelzen erhalten. Bei diesen Meßzellen wird ein unten geschlossenes mit MgO teilstabiliertes ZrO_2-Rohr als sauerstoffionenleitender Festelektrolyt und ein Mo-MoO_2-Gemisch als Bezugspotential verwendet. Es wurden jeweils drei Messungen in schneller Folge hintereinander in der Pfanne und anschließend drei bis fünf weitere Messungen in verschiedenen Kokillen nach Abguß derselben Schmelze vorgenommen. Nur bei unberuhigten Schmelzen waren auch aufeinanderfolgende Messungen in derselben Kokille über einen längeren Zeitabschnitt möglich. Bei den Messungen stellte es sich sehr bald heraus, daß die Kontaminierung der Meßzelle und des Zellenschaftes mit oxidierter Schlacke die Reproduzierbarkeit der Pfannenmessungen ungünstig beeinflußt. Deshalb wurden die Zellen mit einem zusätzlichen Schlakkenabweiser aus dünnem Stahlblech versehen.

7.4 Rechtschreibung und Zeichensetzung

7.4.1 Die gegenwärtige deutsche Rechtschreibung

Gottscheds und Adelungs Wirken hatte dem Deutschen die Orthographie seiner klassischen Literatur geliefert. Sie spielten deshalb eine entscheidende Rolle, weil sie mit Umsicht und Mäßigung vorgingen. Das was sie erreichten, hatte keinen amtlichen Status, und es gab noch immer ein gewisses Maß von Abweichungen. Doch ihre wesentlichen Grundsätze, die mehr einem verworrenen Netz aus pragmatischen Lösungen als einem logischen System glichen, erwiesen sich für die gesamte Sprachgemeinschaft als annehmbar (vgl. 7.2.3). Durch die Anwendung eben dieser Grundsätze kamen Abweichungen noch immer vor. In Preußen wurden die Rektoren angewiesen, wenigstens innerhalb ihrer Schulen eine Vereinheitlichung einzuführen. Einzelne Bundesstaaten, z. B. Sachsen und später Bayern, stellten amtliche Regelbücher auf. Nach Gründung des Zweiten Reiches setzten die Bemühungen um eine offiziell anerkannte Vereinheitlichung erneut ein. Einer der führenden Köpfe war Konrad Duden, ein Rektor, der 1872 sein erstes programmatisches Rechtschreibbuch veröffentlichte: *Die deutsche Rechtschreibung, Abhandlung, Regeln und Wörterverzeichnis.* Im Jahre 1876 machte eine vom preußischen Erziehungsminister einberufene Rechtschreibkonferenz ziemlich radikale Vorschläge. Sowohl Duden als auch Rudolf von Raumer, ein führender Germanist aus jenen Tagen, waren, obwohl sie die vielfältigen Mängel der bestehenden Orthographie erkannt hatten, der Meinung, es sei besser, allmählich und Schritt für Schritt vorzugehen und bewahrten auf diese Weise den bereits erreichten hohen Grad an Einheitlichkeit. Als Wilhelm Wilmanns gebeten wurde, für Preußen ein Regelbuch aufzustellen, das möglichst eng an das auf Raumers Vorstellungen beruhende bayrische angelehnt werden sollte, hatte der konservative, behutsame Zugriff gesiegt. Diese Regeln wurden im Jahre 1880 für die preußischen Schulen zur Norm erklärt. Konrad Duden verwandte sie in seinem ersten autoritativen Werk: *Vollständiges orthographisches Wörterbuch der deutschen Sprache* (Leipzig 1880). Im Jahre 1892 empfahl eine schweizer Rechtschreibkonferenz die Annahme des Dudenschen Kanons.

Zur Abschaffung von Abweichungen und Einführung weiterer Verbesserungen trafen sich Vertreter der Staaten des Zweiten Reichs und Österreichs im Jahre 1901 in Berlin. Wie es sich ergab, war dies die letzte deutsche Rechtschreibkonferenz, die Reformen erreichte. Sie empfahl u.a. die Abschaffung von Varianten (*Hülfe/Hilfe>Hilfe, ergetzen/ergötzen>ergötzen*), von ⟨ey⟩-Schreibungen (*sey, bey>sei, bei*), Ersetzung von *-niß* durch *-nis (Ergebnis)* und in Fremdwörtern von ⟨c⟩ durch ⟨z⟩ und ⟨k⟩ (*Circus>Zirkus*) und die Abschaffung der ⟨th⟩-Schreibung in deutschen Wörtern (*Thal>Tal, -thum>-tum*). Im Jahre 1902 wurden diese Regeln im Zweiten Reich obligatorisch; Österreich und die Schweiz stimmten zu. Im gleichen Jahr wurden sie in der siebenten Auflage von Dudens Buch aufgenommen und angewendet. Seit dem ist der Duden die regelgebende und autoritative Quelle für die deutsche Rechtschreibung. Die Redaktion des Duden darf keine Regeln ändern, kann sie aber im Licht neuer Sprachentwicklungen interpretieren und tut dies auch. Jede Neuauflage enthält infolgedessen einige Nachbesserungen.

Die dem Schreibsystem des heutigen Deutsch zugrundeliegenden Prinzipien sind das Ergebnis der historischen Sprachentwicklung. Wie alle derartig altangestammten Prinzipien sind sie in vieler Hinsicht widersprüchlich. Einerseits führen sie zu einer ungenügenden Lautdarstellung, anderseits zu Redundanz. In vielen Fällen werden eher *Wörter* als *Laute* geschrieben, d.h., eine logographische Schreibung ist an die Stelle der alphabetischen getreten. Wenn dies auch nicht in einem so beängstigenden Maße wie im Englischen und Französischen geschehen ist, fühlen sich doch viele Pädagogen mit dieser ‚unphonetischen' Rechtschreibung nicht sonderlich wohl und machen daher das Problem der Rechtschreibreform zu einer immer wieder gestellten Frage.

(i) Das älteste Prinzip jeder Buchstabenschrift ist das phonetische oder besser das phonemische Prinzip: jeder Laut (Phonem) wird durch ein und denselben Buchstaben (Graphem) wiedergegeben und jeder Buchstabe (Graphem) gibt nur einen und immer den gleichen Laut (Phonem) wieder. Da sich im Deutschen die Praxis herausgebildet hat, Vokalkürze durch Doppelkonsonanten oder Konsonantenverbindungen anzudeuten, werden die konsonantischen Phoneme oft unterschiedlich wiedergegeben, z.B. /t/ durch ⟨t⟩ und ⟨tt⟩, *Liter, bitter.* Nur auf einem *usus scribendi* beruhend wird /f/ im Anlaut sowohl mit ⟨v⟩ *(vor)* als auch mit ⟨f⟩ *(für)* geschrieben. Das Phonem /k/ wird in der Schreibung nicht nur durch ⟨k⟩ und ⟨ck⟩ – letzteres eine abweichende Verdopplungsweise parallel zu ⟨tz⟩ für ⟨zz⟩ – sondern auch durch ⟨ch⟩ vor /s/ *(Fuchs)* und durch ⟨q⟩ vor ⟨u⟩ *(Quelle)* wiedergegeben. Die Konsonantenverbindung /ks/ kann auch mit ⟨x⟩ *(Hexe)* geschrieben werden. Da in drei Fällen zwei oder drei Buchstaben ein Konsonantenphonem wiedergeben (⟨ch⟩ für /x/, ⟨ng⟩ für /ŋ/ und ⟨sch⟩ für /ʃ/) und die Verdoppelung dieser Schreibung aus ästhetischen Gründen abgelehnt wird, ist die Angabe der Vokallänge in diesen Fällen nicht möglich. Im allgemeinen sind die Vokale vor diesen Konsonanten kurz, doch gibt es einige Ausnahmen. Das gleiche trifft auch in gewissem Grade für die Schreibung von /s/ zu. Als Frakturschrift in den vierziger Jahren dieses Jahrhunderts aufgegeben wurde, wurde der Buchstabe ⟨ß⟩ in die lateinische Schrift übernommen und wird nun intervokalisch zur Angabe der Länge des vorausgehenden Vokals gebraucht *(Füße, Flüsse).* Unglücklicherweise blieb man bei der Übernahme zu sehr am Schreibgebrauch der Fraktur hängen, weshalb der funktionale Gebrauch in vorkonsonantischer und auslautender Stellung vereitelt wurde *(stößt, müßt; Fuß, muß).* Wo lange Vokale vor Konsonantenverbindungen auftreten, wären andere Mittel zur Angabe der Länge erforderlich, werden aber kaum verwendet (lang: *Art, Fahrt*; kurz: *hart*).

(ii) Das zweite Prinzip ist das historische oder etymologische. Nach diesem Prinzip werden die Buchstaben ⟨e⟩ und ⟨ä⟩, ⟨eu⟩ ⟨äu⟩ und ⟨ie⟩ für die Phoneme /ɛ/, /ɔø/ und /i:/ beibehalten: *Ende, Länge; Leute, Bräute; Liebe.* Ebenfalls aus historischen Gründen oder solchen des *usus scribendi* wird anlautend ⟨v⟩ *(Vater)* geschrieben. Als [h] im Inlaut verschwunden war, wurde die Schreibung ⟨h⟩ nichtsdestoweniger weiterhin beibehalten. Einerseits dient ⟨h⟩ jetzt als Silbenmarkierung *(sehen, ziehen, Ehe)*, anderseits ist es Längezeichen geworden *(Stuhl)* und als solches gewöhnlich überflüssig (redundant).

(iii) Das dritte Prinzip ist das systematisch-morphologische, nach dem die Schreibweise für ein und dasselbe Morph gleich bleibt, auch wenn morphophonemische Regeln die Aussprache verändern, daher *Liebe – lieb – lieblich* nicht *Liebe – *liep – *lieplich.* Genau nach diesem Prinzip, das mit dem etymologischen verknüpft ist, werden /ɛ/ und /ɔø/ in Fällen morphologischen Umlauts ⟨ä⟩ und ⟨äu⟩ geschrieben *(alt – älter, Haut – Häute).*

(iv) Das vierte Prinzip heißt: keine Homographie (gleiche Schreibung) bei Homophonie (gleiche Lautung): *Moor – Mohr, Weise – Waise.*

(v) Das fünfte Prinzip bezieht sich auf kurze Funktionswörter, die so ökonomisch wie möglich geschrieben werden, weshalb das erste Prinzip (Konsonantenverdoppelung zur Angabe der Kürze des vorausgehenden Vokals) auf sie nicht anwendbar ist: *ab, an, hat, man, das, was, bin, in, mit, von* usw. Wenn solche Wörter auf Vokal enden, gibt es ebenfalls keine zusätzliche Längenangabe, z. B. *da, je, so, zu*, vgl. (vi).

(vi) Anscheinend gibt es auch ein ästhetisches Prinzip, gemäß dem sonst dreibuchstabige Kurzwörter durch Vokalverdoppelung oder durch Einfügung eines ⟨h⟩, besonders vor *m, n, l, r*, ‚aufgefüllt' worden sind: *Hahn, Saal, mehr, Meer, Lohn, Moos* und auslautend: *Klee, Schuh, früh, Floh*, wiederum mit Ausnahme von Funktionswörtern, z. B. *wo, du, je, ja.* Sowohl aus diesem Grunde wie auch zur Unterscheidung von *in, im* haben die Pronomen *ihn, ihm, ihr, ihnen* die sonst unübliche Schreibung ⟨ih⟩.

(vii) Das Deutsche folgt dem Prinzip, daß Fremdwörter ihre Schreibung beibehalten außer in solchen Fällen, wo sie ganz integriert sind und mehr zum Alltagswortschatz als zum Bildungswortschatz gehören, vgl. *System, Drainage – Soße, Büro, Streik.*

(viii) Schließlich liefert die Rechtschreibung grammatische Information dadurch, daß Substantive im Anlaut Großbuchstaben haben. Bis zur Zeit Luthers war nur der Anfang von Texten, Seiten, Kapiteln oder Verszeilen tendentiell durch Majuskeln ausgezeichnet. Auch Eigennamen und der Name Gottes wurden häufig so geschrieben. Allmählich wurde die Großschreibung des Anlauts dazu benutzt, bestimmte Wörter hervorzuheben. Im Werk Luthers spielte die Großschreibung bis 1520 eine geringe Rolle, nahm aber bis 1540 bei Substantiven allmählich zu, und zwar nicht, weil sie Substantive waren, sondern weil Luther solche Wörter betonen wollte.

In der Ausgabe seiner Bibelübersetzung aus dem Jahre 1546 (s. S. 372f.) haben die meisten Substantive einen großen Anfangsbuchstaben, wenn sie jedoch unbetont sind, z.B. in adverbialen Ausdrücken, werden sie klein geschrieben. Das 17. und 18. Jh. gab dem *Hauptwort* besondere Bedeutung und machte dementsprechend diese Schreibgewohnheit zur Regel.

Es ist unschwer einzusehen, daß ein Schreibsystem mit derartig wiedersprüchlichen Prinzipien viele Inkonsequenzen aufzuweisen hat. Die bedenklichsten liegen im Bereich der Vokallängenangabe, wo Fälle vorkommen wie *Wal – Wahl – Waal, her – hehr – Heer, Tor – Mohr – Moor, Schere – Lehre – Beere, Bise – Wiese, höre – Föhre, Schnur – fuhr, Bühne – Düne*, also mit mehrfacher Darstellungsweise der Laute, oder *Bruch – Buch, Haß – Spaß, Rost – Trost, Büsche – Rüsche*, also mit nicht zureichender.

7.4.2 Vokal- und Konsonantenbuchstaben

Wenn man versucht, eine Tabelle mit den Entsprechungen von Buchstaben und Lauten aufzustellen, muß man sich erst einmal fragen, was ‚deutsche' Schreibung heißen soll. Der Wortschatz umfaßt den heimischen Bestand und Tausende, aus aller Welt stammende Fremdwörter. Unserem Vergleich den Gesamtwortschatz zugrundezulegen, wäre sinnlos, denn ein solches Vorgehen würde so ungefähr jede nur mögliche Entsprechung, die es in den in Betracht kommenden Sprachen zwischen Laut und Buchstaben gibt, liefern und auf diese Weise das eigentlich deutsche Schreibsystem vollständig verwischen. Um letzterem gerecht zu werden, genügt beispielsweise die Feststellung, daß ⟨sch⟩ und in besonderen Fällen ⟨s⟩ das deutsche Phonem /ʃ/ wiedergeben. Sagte man, /ʃ/ könne im Deutschen ⟨sch⟩ *(Schnee)* oder ⟨s⟩ *(Stein)*, ⟨ch⟩ *(Chance)*, ⟨sh⟩ *(Shorts)*, ⟨sk⟩ *(Ski)* oder ⟨sc⟩ *(Dekrescendo)* geschrieben werden, würde die Tatsache übersehen, daß nur die ersten beiden Schreibungen ‚deutsche' Schreibungen darstellen. Die folgende Tabelle trifft daher nur für den heimischen und wirklich integrierten Wortschatz zu.

Vokalbuchstaben und ihre Lautentsprechungen in betonten Silben

Grapheme	Allographen	Phonem-ent-sprechungen	Beispiele	Andere Fälle
⟨i⟩ + ⟨KK⟩	⊂i (ie)⊃	/ɪ/	*List*	*bin, mit* (v), *Viertel*
⟨e, ä⟩ + ⟨KK⟩	⊂e, ä⊃	/ɛ/	*Stelle, Ställe*	*es, des, weg* (v)
⟨a⟩ + ⟨KK⟩	⊂a⊃	/a/	*Stadt*	*an, das, was* (v) ⟨-ß⟩ *Faß, Haß, naß*
⟨o⟩ + ⟨KK⟩	⊂o⊃	/ɔ/	*Mord*	*ob* (v) ⟨-ß⟩ *floß, goß, Roß, Schloß*
⟨u⟩ + ⟨KK⟩	⊂u⊃	/ʊ/	*Schuft*	⟨-ß⟩ *Fluß, Genuß, muß*
⟨ü⟩ + ⟨KK⟩	⊂ü, y⊃	/ʏ/	*Stück, Mystik*	
⟨ö⟩ + ⟨KK⟩	⊂ö⊃	/œ/	*Götter*	
⟨ie⟩ + ⟨K/Ø⟩	⊂ie, i, ih, ieh⊃	/i:/	*Tier, dir, ihn, die, Vieh*	*Nische, Dienst* (+ KK) (y in Schweiz. Wörtern: *Seldwyla*)
⟨e⟩ + ⟨K/Ø⟩	⊂e, eh, ee⊃	/e:/	*her, hehr, Heer See, Reh*	*nebst, Krebs, stets* ⟨-r + Dent.⟩ *Erde, erst, Erz, Pferd, werden*
⟨ä⟩ + ⟨K/Ø⟩	⊂ä, äh⊃	/ɛ:/	*Bär, wählen*	*Gemälde, Städte, Rätsel* ⟨-ch⟩ *bräche, spräche* ⟨-ß⟩ *Gefäß, Gesäß* ⟨-r + Dent.⟩ *Gebärde, zärtlich*
⟨a⟩ + ⟨K/Ø⟩	⊂a, ah, aa⊃	/a:/	*Tat, Draht, Saat, da*	*Magd, Papst* ⟨-ch⟩ *Sprache, Gemach* ⟨-ß⟩ *Fraß, saß, Spaß* ⟨-r + Dent.⟩ *Art, Arzt, Bart*
⟨o⟩ + ⟨K/Ø⟩	⊂o, oh, oo⊃	/o:/	*Los, Lohn, Moos, wo*	*Mond, Obst, Vogt, Ostern, Kloster, Trost* ⟨-ch⟩ *hoch* ⟨-ß⟩ *bloß, Floß, groß*

Grapheme	Allographen	Phonem-ent-sprechun-gen	Beispiele	Andere Fälle
⟨u⟩ + ⟨K/Ø⟩	⊂u, uh⊃	/u:/	*tun, Huhn, du, Kuh*	*Husten, Schuster, Wuchs* ⟨-ch⟩ *Buch, Fluch, Tuch, Buche, Kuchen, suchen* ⟨-ß⟩ *Fuß, Gruß, Ruß* ⟨-r + Dent.⟩ *Geburt*
⟨ü⟩ + ⟨K/Ø⟩	⊂ü, üh, y⊃	/y:/	*schüren, führen, Mythus*	⟨-ß⟩ *süß*
⟨ö⟩ + ⟨K/Ø⟩	⊂ö, öh⊃	/ø:/	*schön, Söhne*	*Gehöft, Österreich* ⟨-r + Dent.⟩ *Behörde*
⟨ei⟩	⊂ei, ai, eih⊃	/ae/	*Leib, Laib, Reihe*	
⟨au⟩	⊂au, auh⊃	/ao/	*Rauch, rauh*	
⟨eu, äu⟩	⊂eu, äu⊃	/ɔø/	*Beute, Bräute*	

Anmerkungen:

(1) KK heißt ‚es folgt mehr als ein Konsonantenbuchstabe im gleichen Morphem'; K/Ø heißt ‚es folgt ein Konsonantenbuchstabe' oder ‚im Auslaut'. ⟨x⟩ zählt als zwei Buchstaben. Wörter, die auf *-el, -en, -er (edel, Regen, über)* auslauten, können das unbetonte *e* vor Flexionsendungen oder Ableitungssuffixen verlieren, doch behalten sie die Vokalquantität ihrer Grundformen bei *(edle, regnen, übrig)*.

(2) Die häufigsten Allographen sind als Grapheme angesetzt. Sonst werden sie in der Reihenfolge abnehmender Häufigkeit angegeben. Für ihr Vorkommen können keine Regeln angegeben werden.

(3) Das Zeichen (v) bezieht sich auf das S. 528 besprochene Schreibprinzip.

(4) Von Fällen, die nicht mit den Regeln übereinstimmen, können nur wenige Beispiele gegeben werden.

(5) Vokallänge vor ⟨-ß⟩ wird an der Stellung zwischen Vokalen deutlich, z.B. *Roß – Rosse*, aber *Floß – Flöße*.

(6) Die Umlautvokale *ä, ü, ö* behalten die Quantität des zugrundeliegenden Vokals bei, z.B. *Bach – Bäche* (kurz), *Buch – Bücher* (lang). Sie werden nicht verdoppelt, daher *Saal – Sälchen, Boot – Bötchen.*

(7) Von den Vokalbuchstaben in Fremdwörtern ist nur das verhältnismäßig häufige ⟨y⟩ berücksichtigt. Die meisten Wörter griech. oder lat. Herkunft folgen den oben gegebenen Regeln, ⟨ph, th⟩ gelten als ein Buchstabe. Vokalbuchstaben vor Buchstaben für Verschlußlaut plus Liquida zählen als in offener Silbe befindlich und sind daher lang, z.B. *Metrik, Kobra.*

In Silben, die nicht den Hauptton tragen, gibt ⟨e⟩ in Wörtern deutschen Ursprungs im allgemeinen /ə/ wieder außer in Präfixen mit Nebenton: *emp-, ent-, er-, her-, ver-, zer-*, wo es, abgesehen von den Allophonen von /r/ (s. S. 542f.), einem /ɛ/ entspricht. In heimischen Ableitungssuffixen entspricht ⟨a⟩ in *-bar, -sal* und *-sam* einem /a:/, ⟨o⟩ in *-los* einem /o:/ und ⟨u⟩ in *-tum* einem /u:/; alle anderen Buchstaben stehen für kurze Vokale. Wörter mit dem betonten Suffix *-eˈrei*, die auch einen Nebenton auf dem Wurzelvokal tragen, behalten die Regeln für die Andeutung der Vokalquantität bei, z.B. *Weberei, Käserei* ([e:], [ɛ:]).

7.4.3 Zeichensetzung

Eine weitere Erscheinung, bei der das 17. und 18. Jh. einen grundlegenden Wandel mit sich brachten, ist die Zeichensetzung. In frühmittelalterlichen Handschriften wurden Punkte und Kommata im wesentlichen zur Markierung von Textteilen, wie z.B. Verszeilen gebraucht. Später zeigten sie syntaktische Einheiten wie Satz und Nebensatz an. Schrägstrich oder Virgel wurde in der gleichen Weise verwendet und war besonders zwischen dem 16. und 17. Jh. beliebt (s. S. 375f., 380f., 475). Er diente zur Markierung sowohl natürlicher Pausen wie auch syntaktischer Einheiten. Doch das rhythmische Prinzip, das noch heute der englischen Zeichensetzung zugrunde liegt, wurde allmählich zugunsten eines rationalistischen, grammatischen Zugriffs aufgegeben. Mehr und mehr wurde die Zeichensetzung im Deutschen zur Andeutung der verschiedenen syntaktischen Bestandteile gebraucht. Wiederum war dabei die Rolle Gottscheds wichtig (s. S. 493). Der Praxis italienischer Drucker folgend wurden in Deutschland inzwischen auch das Ausrufzeichen, der Doppelpunkt, das Semikolon und das Fragezeichen eingeführt. Die heutige deutsche Zeichensetzung ist, wenn sie auch den Hinweis auf Rhythmus und Intonation nicht ganz unberücksichtigt läßt, im wesentlichen ein System, das die Fähigkeit zur syntaktischen Satzanalyse voraussetzt. Da wo die beiden Prinzipien Zweifelsfälle offen zu lassen scheinen, versucht ein enorm kompliziertes Gebäude von Regeln und Ausnahmen den verdrossenen Schreiber anzuleiten. Er muß bedenken, daß ‚Er ist bereit, zu raten und zu helfen' ein Komma fordert, doch ‚Zu raten und zu helfen ist er bereit' keineswegs.

7.4.4 Die Rechtschreibreform

Nach dem Zweiten Weltkrieg kam die Unzufriedenheit mit der bestehenden Rechtschreibung des Deutschen wieder hoch, und zwar angestoßen durch die günstige Gelegenheit zu einem Neubeginn beim allgemeinen Wiederaufbau des Staats und der Gesellschaft. Im Jahre 1952 setzte sich die *Arbeitsgemeinschaft für Sprachpflege*, die sich aus interessierten Persönlichkeiten aller vier Deutsch sprechenden Länder zusammensetzte, an die Arbeit und brachte zwei Jahre danach die sogenannten *Stuttgarter Empfehlungen* heraus. Diese Vorschläge liefen auf eine ziemlich radikale Reform hinaus, denn sie zielten ab auf Abschaffung der anlautenden Großschreibung bei Substantiven außer bei Eigennamen *(der baum)*, Abschaffung der ⟨ie⟩-Schreibung für langes *i* (*Liebe>libe*) und des *h* als Längungszeichen außer nach ⟨e⟩ (*wohnen>wonen*), auf weitere Integration der Fremdwörter (*fair>fär, Tourist>turist*), Ersetzung der aus dem Griech. stammenden ⟨ph, th, rh⟩ durch ⟨f, t, r⟩, des ⟨tz⟩ und ⟨ß⟩ durch ⟨z⟩ und ⟨ss⟩ und auf einige neue Regeln bezüglich der Worttrennung und Zeichensetzung. Nach manch tendentiöser Berichterstattung in der Presse und öffentlicher Diskussion setzten die Erziehungsminister der Bundesländer den *Arbeitskreis für Rechtschreibregelung* ein. Seine Empfehlungen, als *Wiesbadener Empfehlungen* bekannt, wurden 1958 veröffentlicht. Der erste Punkt handelte von dem, was man später die *gemäßigte Kleinschreibung* nennen sollte. Gemäß diesem Vorschlag sollten nur Satzanfang, Eigennamen, der Name Gottes, Pronomen der direkten Anrede und bestimmte wissenschaftliche Abkürzungen mit großem Anfangsbuchstaben geschrieben werden. Die griech. Schreibung ⟨ph, th, rh⟩ sollte zu ⟨f, t, r⟩ vereinfacht, geläufige Fremdwörter in größerem Maße integriert werden, und es gab Vorschläge für eine Verminderung des Kommagebrauchs und weitere, geringfügigere Reformen. Alles drehte sich jetzt wirklich um die Großschreibung.

Argumente für und wider die Großschreibung gingen hin und her. In der Bundesrepublik und der Deutschen Demokratischen Republik fanden die Reformvorschläge verhältnismäßig starke Unterstützung, doch die mit der Untersuchung betraute österreichische Kommission war gespalten, die eine Hälfte dafür, die andere dagegen, mit Enthaltungen zugunsten der konservativen Lösung. Im Jahre 1963 entschied sich die Schweizer Orthographiekonferenz mit großer Mehrheit für die Beibehaltung der Großschreibung, wenn auch Regelerleichterungen empfohlen wurden.

Die beiden stärksten Argumente für die Beibehaltung des gegenwärtigen Gebrauchs sind: (a) die Lesbarkeit; es wird behauptet, ein Text mit großgeschriebenen Substantiven sei leichter zu lesen, weil er anschaulicher wirkt. Es ist jedoch von L. Weisgerber darauf hingewiesen worden, es sei nicht richtig, dem Leser gegenüber dem Schreiber den Vorzug zu geben, da ja Lesen ohnehin hundert Mal einfacher zu lernen sei als Schreiben; (b) das Vorherrschen erweiterter Nominalattribute verleiht dem Deutschen eine Struktureigenschaft, die auf Großschreibung angewiesen ist und Vorteile aus ihr zieht. Dieses Argument R. Hotzenköcherles, des Hauptprotagonisten der Reformgegner aus der Schweiz, wäre zwingender, wenn die Großschreibung zur Markierung der attributiven Einklammerung gebraucht würde. Sie wird jedoch unterschiedslos für jedes Substantiv ohne Rücksicht auf seine Funktion gebraucht, wie der folgende Satz Hotzenköcherles zeigt: ‚eine unseres Wissens noch nie beklagte, im tiefsten Sinn sprachgerechte und erprobtermaßen praktische Einrichtung'. Fälle von Mehrdeutigkeit, die entstehen könnten (*der gefangene floh*: *der Gefangene floh* oder *der gefangene Floh*) sind meist konstruiert, da der Kontext die Mehrdeutigkeit beseitigen würde. Die meisten Beispiele, die gewöhnlich gegen die Reform angeführt werden – über fünfzig enthält der Bericht der Schweizer Kommission – sind ausgedachte Fälle.

Das Argument gegen die Beibehaltung der Großschreibung von Substantiven beruht auf zwei wesentlichen Schwächen der gegenwärtigen Praxis: (a) Die Rechtschreibung sollte keine grammatische Information dieser Art liefern müssen. Die Frage, was ein Substantiv ausmacht, ist verwickelt und geht weit über die Fähigkeiten eines Kindes, das schreiben lernt, hinaus; (b) wegen der Definitionsschwierigkeiten hinsichtlich dessen, was alles Substantiv sein kann, gibt es unzählige spitzfindige Regeln *(etwas Schönes – etwas anderes; in bezug auf – mit Bezug auf; angst machen – Angst haben).*

Gegenwärtig ist die Rechtschreibreform gescheitert. Das System selbst hat sein ehrwürdiges Recht auf Weiterbestand behauptet – gegen alles menschliche Bemühen, seine Mängel erneut objektiv zu überdenken.

7.5 Phonologie

7.5.1 Die Aussprache des Standarddeutschen

Als das Ansehen der obersächsischen oder meißnischen Aussprache geschwunden war, wurde die der Gebildeten in Norddeutschland vorbildlich, doch fehlte dem Deutschen noch eine normgebende Instanz. Seit Goethe eine ‚reine', überregionale Aussprache für das Theater gefordert hatte, klagte man in professionellen Theaterkreisen über das Fehlen einer normalisierten Standardaussprache. Das erste einschlägige Wörterbuch war Wilhelm Vietors *Die Aussprache des Schriftdeutschen* (1885). In den späten neunziger Jahren des vorigen Jahrhunderts machte es sich dann ein Ausschuß, bestehend aus Germanisten und Theaterleuten unter der Leitung von Theodor Siebs, zur Aufgabe, eine autoritative Aussprachenorm zu erstellen. Er legte im wesentlichen die norddeutsche Bühnenpraxis zugrunde sowie Gesichtspunkte der Morphologie und des Wortschatzes. Sein Lösungsversuch erschien im Jahre 1898 als Theodor Siebs' *Deutsche Bühnenaussprache.* Obwohl man hauptsächlich an das Theater gedacht hatte, hoffte man von Anfang an, die Arbeit würde auch als Leitfaden für das Sprechen bei öffentlichen Anlässen dienen können. Was dies anbelangt, war Siebs ein voller Erfolg: er leistete in der Tat für die Aussprache, was Duden für die Rechtschreibung erreicht hatte. Im Jahre 1922 kam auch der Ausdruck *Hochsprache* in den Titel und deutete auf diese Weise die weiterreichende Funktion des Siebs'schen Werks an. 1957 wurde der Ausdruck *Bühnenaussprache* in den Untertitel verwiesen, der Haupttitel wurde zu *Deutsche Hochsprache.* Die neunzehnte Auflage von 1969 schließlich änderte ihn zu *Siebs Deutsche Aussprache* und bot zum ersten Mal nicht nur ein Regelwerk für den Bereich des künstlerischen Sprechens, sondern auch Richtlinien für die sogenannte *gemäßigte Hochlautung.* Darin folgte Siebs dem Beispiel zweier anderer Aussprachewörterbücher, die in der Zwischenzeit erschienen waren: *Duden Aussprachewörterbuch* (1962), heute mit dem Untertitel *Wörterbuch der deutschen Standardaussprache* (2. Aufl., Mannheim 1974) und dem *Wörterbuch der deutschen Aussprache,* herausgegeben von einem Autorenkollektiv, Leipzig 1964 (4. Aufl. 1974).

Regeln, die geändert oder gemäßigt worden sind, betreffen im wesentlichen die Aussprache des *r*, das unbetonte [ə], den Glottisschlag (glottal stop), die Behauchung stimmloser Verschlußlaute und die Stimmgebung bei stimmhaften Verschlußlauten und bei [z]. Von den Abweichungen bei Einzelwörtern abgesehen liegen die drei Wörterbücher dicht beieinander. Die vielleicht größten Unterschiede treten bei der Behandlung der *a*-Laute und bei der Umschreibung der Diphthonge auf. Duden und Siebs machen keinen Qualitätsunterschied zwischen kurzem und langem *a*, wenn auch Duden (1962) anmerkte, daß in einigen regionalen Spielarten des Gesprächsstandards das kurze *a* palatal und das lange *a* velar sein könne, während in anderen das Verhältnis umgekehrt sei. Das ostdeutsche Wörterbuch unterscheidet zwischen kurzem vorderen [a] *(helleres)* und langem hinteren [ɑ:] *(dunkleres).* Die Diphthonge sind folgendermaßen dargestellt:

Duden:	a͜i	a͜u	ɔ͜y
Siebs:	ɑe	ɑo	ɔø
WDA:	a͜e	a͜o	ɔ͜ø

Wenngleich in Österreich und der Schweiz die Siebs'schen Regeln für die Bühne übernommen worden sind, so sind doch für andere Arten des öffentlichen Vortrags bestimmte Sonderregeln vorgeschlagen worden. Das *Österreichische Beiblatt zu Siebs* von Felix Trojan läßt bei Einzelwörtern einige Abweichungen zu, z.B. Kurzvokale in *Behörde, Geburt, Harz, Nische, Städte,* [s] in *Strategie, Struktur,* wo Siebs sowohl [s] wie [ʃ] zuläßt, [k] in *Chemie* und [ç] in *Melancholie, Orchester,* wo Siebs [ç] bzw. [k] hat, wenn auch auf die unterschiedliche österreichische Aussprache hingewiesen wird. Das österreichische *Beiblatt* hebt auch die Bedeutung hervor, die die Erhaltung des Zungenspitzen-*r* hat. *Die Aussprache des Hochdeutschen in der Schweiz. Eine Wegleitung* von Bruno Boesch, Zürich 1957, ermuntert zu radikalerem Abgehen von Siebs. Wiederum geht es dabei um den unterschiedlichen Gebrauch kurzer und langer Vokale. Kurze Vokale werden zugelassen in *Jagd, Magd, Krebs, Obst, Vogt, Liter, Nische, Städte, Art, Arzt, Erde, werden, Pferd, Geburt,* lange dagegen in: *brachte, Gedächtnis, Hochzeit, Rache, rächen, Rost* ‚Grill' gegenüber kurzem *o* in *Rost.* Die Unterscheidung zwischen *Esche/Wäsche, wetten/hätten* ([e-ɛ]) wird auch übernommen. Französische Wörter wie *Buffet, Budget, Filet* werden mit Betonung auf der ersten Silbe und kurzem [ɛ] ausgesprochen. Bei den Konsonanten gibt es wiederum Unterschiede bei Einzelwörtern, und das Prinzip, nach dem Doppelkonsonanten lang ausgesprochen werden, wird übernommen *(offen, Wasser).* Das Suffix *-ig* sollte einen Verschlußlaut haben; [-iç] war 1957 ‚unannehmbar', wenn es auch scheint, als seien die helvetischen Empfindlichkeiten inzwischen schwächer geworden.

7.5.2 Das System der betonten Vokale

Alle phonologischen Systeme historischer Sprachzustände sind hypothetischer Natur. Bei der heutigen Sprache befinden wir uns endlich auf festerem Boden. Wir können das von den Aussprachewörterbüchern vorgestellte Lautmaterial für das heutige Standarddeutsch als repräsentativ übernehmen. Wir erreichen so das Stadium X:

/ɪ/		/ʏ/	/ʊ/	/i:/		/y:/	/u:/			
	/ɛ/	/œ/	/ɔ/	/e:/	/ɛ:/	/ø:/	/o:/		/ɔø/	
		/a/				/a:/		/ae/		/ao/

Beispiele:

/ɪ/	*ritten*	/iː/	*rieten*	/ʏ/	*Hütten*	/yː/	*hüten*
/ɛ/	*retten*	/eː/	*beten*	/œ/	*Götter*	/øː/	*löten*
		/ɛː/	*bäten*				
/a/	*Ratten*	/aː/	*raten*	/ae/	*reiten*		
/ɔ/	*Rotten*	/oː/	*Boten*	/ɔø/	*reuten*		
/ʊ/	*Kutten*	/uː/	*Ruten*	/ao/	*Rauten*		

Alle Fachleute sind sich mehr oder weniger darin einig, daß man mit diesen Phonemen in betonten Silben zu rechnen hat, doch sie interpretieren sie auf unterschiedliche Weise. Bei den phonetischen Eigenschaften herrscht bis auf eine Ausnahme Einigkeit: einige meinen, die tiefsten Vokale seien nur durch das Merkmal Quantität markiert, während andere behaupten, das kurze *a* liege weiter vorn (palatal) oder höher, das lange *a* dagegen weiter hinten (velar) oder tiefer, mit anderen Worten, sie seien sowohl qualitativ wie auch quantitativ unterschieden (s. S. 535). Die Fachleute können sich nicht einig sein, weil die Sprecher nur den Quantitätsunterschied deutlich aussprechen, doch hinsichtlich der Qualität, wie zu erwarten, differieren. Es gibt eben nur einen tiefen Vokal, der folglich einen großen Teil des phonologischen Raums für sich einnimmt. Einig ist man sich auch darin, das sich die Vokale durch die Eigenschaften hoch – mittel – tief, vorn – Mitte – hinten und gerundet – ungerundet unterscheiden. Die kurzen betonten Vokale sind artikulatorisch locker (offen), die langen betonten Vokale artikulatorisch gespannt (geschlossen) mit Ausnahme von /ɛː/ und vielleicht /a, aː/. In der Forschung ist man sich nicht über die primäre Opposition einig: ist es eine zwischen kurz – lang oder eine zwischen locker – gespannt? In unbetonter Stellung wird die Opposition gespannt – locker in der von den Aussprachewörterbüchern vorgeschriebenen Standardaussprache beibehalten, während die Opposition der Länge aufgehoben ist. Unter dem Nebenton bleibt die Quantitätsunterscheidung bestehen. Da die Vokaldauer eine derartig ins Auge fallende Erscheinung des Deutschen darstellt und die Aufhebung der Opposition lang – kurz eine derartig offensichtliche Folgeerscheinung der fehlenden Betonung ist, während die Opposition locker – gespannt nicht in ähnlicher Weise betroffen wird, scheint es unklug, eine Wahl zu treffen, die die Vokallänge in eine untergeordnete Stellung verweist. Die Kontraste /ɛ/ – /ɛː/ und /a/ – /aː/ unterstreichen weiterhin die Bedeutung der Quantität. Zur Hervorhebung der Bedeutung beider Oppositionen gibt deshalb die hier angewendete phonetische Notation beide wieder. Der Vorwurf, redundant zu sein, kann nicht geltend gemacht werden, denn Sprache duldet ihrer Natur nach viel Redundanz.

Die Asymmetrie zwischen den Systemen der Kurz- und Langvokale ist Anlaß vieler Erörterungen gewesen. Obwohl im Standarddeutsch von den Aussprachewörterbüchern /ɛ:/ vorgeschrieben wird, ist es eine Tatsache, daß es in Norddeutschland allgemein durch Zusammenfall mit /e:/ eliminiert worden ist. Aus diesem Grunde ist es auch oft als Grenz- oder Sonderfall bezeichnet worden. Interessant dabei ist, daß es im wesentlichen von der Aussprache nach der Schrift herkommt: es ist die Aussprache des ⟨ä⟩ als Langvokal. Nun stammen in der Tat viele ⟨ä⟩ vom mhd. *æ*, dem Ergebnis des Umlauts von westgerm. *ā* her, besonders weil eine Schreibregel fordert, daß der Umlaut von *a* ⟨ä⟩ geschrieben wird und nicht ⟨e⟩. Dies ist der Grund, weshalb viele mhd. *e* in offener Silbe nun auch mit ⟨ä⟩ geschrieben werden und von daher stammt auch die Aussprache [ɛ:]: *Gräser, Räder, zählen*, während einige andere *(edel, Beere, Meer)* mit ⟨e, ee⟩ geschrieben werden, infolgedessen auch die Aussprache [e:] haben. Es ist reiner Zufall, daß mhd. *bër* zu ⟨Bär⟩ wurde, das deshalb /ɛ:/ hat, während mhd. *spër* zu ⟨Speer⟩ wurde mit der Lautung /e:/, daß ferner aus mhd. *dræjen* ⟨drehen⟩ mit /e:/ wurde, jedoch aus mhd. *næjen* ⟨nähen⟩ mit /ɛ:/. Wo mhd. *æ* heute mit ⟨e⟩ geschrieben wird, wie in *genehm, bequem, schwer, leer, selig*, handelt es sich um /e:/. Bei Fällen wie *lägen, wären, gnädig* handelt es sich natürlich um eine offensichtliche Fortsetzung des mhd. *æ*, doch ergibt sich dies nur aus der Schreibkonvention des ⟨ä⟩ als Umlaut von ⟨a⟩ *(lagen, waren, Gnade)*. Viele deutsche Sprecher, die aus dem Bereich der Mundart zum Standarddeutsch kommen, machen jedoch natürlicherweise einen Unterschied zwischen *Seele* und *Säle, Beeren* und *Bären*. Nichtsdestoweniger würde, schaffte man die gegenwärtige Vorschrift der Aussprachewörterbücher ab, der Zusammenfall der beiden langen mittleren Vordervokale sich schnell ausbreiten, und zwar in Analogie zu dem, was im Falle der entsprechenden Kurzvokale *(Esche, Wäsche)* eingetreten ist.

Die Diphthonge werden bisweilen als Folgen zweier Phoneme (biphonematisch) angesehen. Da jedoch die Kombination eines kurzen betonten Vokals ([a] oder [ɔ]) mit einem nichtsilbischen Bestandteil im Gegensatz zur generellen Vokalstruktur des Deutschen stünde, scheint beispielsweise eine Interpretation von [ae] als /a/ + /j/ nicht ratsam zu sein.

Anlautende Vokale sind in betonten Morphemen durch einen Glottisschlageinsatz (glottal stop) gekennzeichnet *(am Abend, vereisen)*. Es ist am einfachsten, wenn man dies mehr als eine Eigenschaft betonter Vokale an der Morphemgrenze ansieht, als dafür einen gesonderten Konsonanten anzusetzen.

7.5.3 Die unbetonten Vokale

Die meisten einfachen heimischen Wörter weisen nur den Unterschied zwischen Betonung und Nichtbetonung auf. Der häufigste unbetonte Vokal ist [ə], der als Phonem angesehen werden muß, da er in Opposition zu anderen unbetonten Vokalen (*Totem* ['to:tɛm], *Atem* ['a:tɛm]) steht, die jedoch fast ausschließlich in Fremdwörtern vorkommen. Bei solchen Wörtern gilt die Regel, daß die lockeren (offenen) Vokale [ɪ ɛ ʏ œ ɔ] in unbetonten geschlossenen Silben vorkommen, die gespannten (geschlossenen) Vokale [i e y ø o] hingegen in unbetonten offenen Silben. Offene Silben enden auf Vokal, geschlossene auf Konsonant, wobei Verschlußlaute und Reibelaute plus Liquida als Anlaut der folgenden Silbe anzusetzen sind. Bei betonten Silben gelten die 7.4.2 angegebenen Regeln. Beispiele:

de-kli-'nie-ren: [dekli'ni:rən]
po-' li-tisch: [po'li:tɪʃ]
Po-li-'tik: [poli'ti:k]
Phi-lo-so-'phie: [filozo'fi:]
Me-ta-mor-'phis-mus: [metamɔr'fɪsmʊs]
Pig-men-ta-ti-'on: [pɪgmɛntati'o:n]
myxö-de-ma-'tös (x = k–s): [mʏksødema'tø:s]

Diese Regel gilt auch für die wenigen heimischen Wörter, die den Hauptton nicht auf der Wurzel haben: *Forelle* [fo'rɛlə], *lebendig* [le'bɛndɪç].

Heimische Wörter mit Ableitungssuffixen oder Präfixen sowie einige wenige zweisilbige Wörter (*Heimat* [a:], *Heirat* [a:], *Kleinod* [o:], *Armut* [u:]) haben neben dem Hauptton einen Nebenton und möglicherweise einen unbetonten Bestandteil, z.B. *Grabungen* ['gra:ˌbʊŋən]. Vier dieser Suffixe haben einen langen Vokal: *-bar, -sal, -sam, -tum.* Alle anderen haben kurze Vokale: (a) solche, die mit einem Vokal anlauten *-ig, -in, -isch, -ung*, vor dem Konsonantenneutralisierung (Aufhebung der Opposition) nicht eintritt (s. 7.5.4); (b) solche, die mit einem Konsonanten anlauten, vor dem Konsonantenneutralisierung eintritt (dies trifft auch für diejenigen mit langem Vokal zu): *-haft, -heit, -lein, -lich, -ling, -nis, -schaft.* Die folgenden Präfixe mit [ɛ] haben ebenfalls einen Nebenton: *er-, ent-, ver-, zer-; ge-* und *be-* dagegen sind unbetont, also mit [ə], was auch bei den andern Präfixen häufig zu hören ist, wenn sie unbetont bleiben.

Die Aussprache des [ə] spielt bei der Unterscheidung zwischen *reiner Hochlautung* und *gemäßigter Hochlautung* eine wesentliche Rolle. Bei den Endungen *-em, -en* muß [ə] in der *gemäßigten Hochlautung* nach Nasalen, Liquiden und Vokalen zu hören sein *(rennen, stehlen, nähen)*, darf jedoch nach allen anderen Konsonanten fehlen. Nach dem *Wörterbuch der deutschen Aussprache* kann der silbische Nasal nach Verschlußlauten, wenn er auf [p, b] folgt, zu [m̥], wenn er auf [k, g] folgt, zu [ŋ̊] assimiliert werden, nicht jedoch nach Siebs, der auf [-bn̥, -gn̥] usw. besteht. Beim Suffix *-chen* muß [ə] zu hören sein.

Ein neuer unbetonter Vokal [ɐ] wird jetzt mindestens vom *Wörterbuch der deutschen Aussprache* und vom *Duden* anerkannt. Es ist ein vokalisches Allophon von /ʀ/ in der Stellung nach langen Vokalen außer /a:/, nach dem /ʀ/ mindestens bei sorgfältiger Aussprache Konsonant ist, z. B. *für* [fy:ɐ], *wir* [vi:ɐ], *hörten* ['hø:ɐtn], *Jahr* [ja:ʀ] oder [ja:ɐ]. Bei unbetontem *-er* verschmilzt es mit [ə] > [ɐ], z. B. *meiner* ['maenɐ] – *meine* ['maenə], *Senders* ['zɛndɐs], und in *er-, ver-, zer-* lautet der Vokal [ɛɐ].

7.5.4 Das Konsonantensystem

Als gegenwärtiges Entwicklungsstadium der deutschen Konsonanten kann man Stadium XII wie folgt ansetzen:

/v/	/z/	(/ʒ/)	/j/		stimmhaft	Reibelaute
/f/	/s/	/ʃ/	/ç-x/	/h/	stimmlos	
/b/	/d/		/g/		stimmhaft	Verschlußlaute
/p/	/t/		/k/		stimmlos	
/m/	/n/		/ŋ/		Nasale	
	/l/			/ʀ/	Liquiden	

Beispiele:

Anlaut

/v/	*Wahl*	/z/	*Saar*	(/ʒ/	*Jargon*)	/j/	*Jahr*		
/f/	*fahl*	/s/	–	/ʃ/	*Schar*	/ç-/	*China*	/h/	*Haar*
/b/	*bar*	/d/	*der*			/g/	*gar*		
/p/	*Paar*	/t/	*Teer*			/k/	*Kar*		
/m/	*Mal*	/n/	*nah*			/ŋ/	–		
		/l/	*lahm*					/ʀ/	*Rahm*

Inlaut

/v/	*Slawen*	/z/	*Hasen*	(/ʒ/	*Gage*)	(/j/	*Boje*)		
/f/	*Hafen*	/s/	*hassen*	/ʃ/	*haschen*	/ç-x/	*Sachen, sicher*	(/h/	*Uhu*)
/b/	*Raben*	/d/	*Schaden*			/g/	*ragen*		
/p/	*Rappen*	/t/	*Schatten*			/k/	*Haken*		
/m/	*rammen*	/n/	*bannen*			/ŋ/	*bangen*		
		/l/	*hallen*					/ʀ/	*harren*

Der Status der Affrikaten [pf, ts] ist sehr kontrovers. Diejenigen, die sie als Lautgruppen (biphonematisch) ansehen, d. h. als Gruppen von /p + f/

und /t + s/, verweisen auf ähnliche Gruppen wie [tʃ] *Putsch*, [pʃ] *hübsch*, [ps] *Gips*, [ks] *Fuchs*, mit denen [pf] und [ts] vergleichbar sind *(hüpf, Putz)*, oder auf Fälle wie *hat's* (phonetisch identisch mit *Hatz*), wo die Morphemgrenze genau durch die Lautverbindung hindurchgeht, die einige als phonemische Einheit ansehen. Eine andere Möglichkeit wäre, [ts] anders, nach nichtphonologischen Kriterien zu interpretieren – offensichtlich ein zweifelhaftes Unterfangen. Die Tatsache, daß [ts] die einzige Konsonantenverbindung ist, die vor /v/ vorkommen kann, z.B. *zwei*, sieht wie ein Argument zugunsten einer monophonematischen (ein Phonem) Lösung aus, bis man erkannt hat, daß überhaupt nur zwei Konsonanten, [k] und [ʃ], vor /v/ in heimischen Wörtern der Standardsprache vorkommen können.

Ich betrachte [ç-x], den *ich-* und den *ach-Laut*, als einheitliches Phonem, wobei [x] das Allophon nach /a, aː, ɔ, oː, ʊ, uː, ao/ und [ç] das Allophon in allen anderen Stellungen, einschließlich der im Morphemanlaut *(China, Chemie, -chen)* ist. Sogenannte Minimalpaare *(Kuchen – Kuhchen)* gibt es nur über die Morphemgrenze hinweg.

Viele Phoneme haben eine sehr begrenzte Verteilung: /v/ und /f/ stehen sich fast nur im Anlaut gegenüber; /z/ ist /s/ nur zwischen Vokalen; /j/ und /h/ stehen nur im Anlaut außer bei Entlehnungen und onomatopoetischen (schall-, klangnachahmenden) Wörtern; /ŋ/ steht nie im Anlaut und [ç] nur bei Fremdwörtern. Die Stellungen im Wort- und Morphemauslaut sind durch ein sehr reduziertes System von Oppositionen gekennzeichnet. Der Kontrast zwischen stimmhaften und stimmlosen Reibe- und Verschlußlauten ist neutralisiert. Nur vor den Ableitungsmorphemen *-er, -in, -ig, -isch, -ung* und den mit [ə] anlautenden Flexionsmorphemen tritt die Neutralisierung nicht ein.

Es ist heute üblich, das Lehnphonem /ʒ/ in das deutsche System einzubeziehen. Es kommt nur in Lehnwörtern vor und wird nur von gebildeten Sprechern gebraucht, die den französischen Laut gemeistert haben. Genau so gut könnte man die Nasalvokale des Französischen in das deutsche Vokalsystem aufnehmen. Als Fremdelement ist es im Stadium XII in Klammern gesetzt.

Ein Phonem, das sich gegenwärtig am stärksten in Allophonentwicklung befindet, ist das /ʀ/. Siebs wollte das gerollte alveolare [r] noch durchsetzen, als das uvulare [ʀ] längst weithin aufgekommen war. Die gegenwärtige Auflage akzeptiert beide, obwohl [r] immer noch vorgezogen wird. Das realistischere *Wörterbuch der deutschen Aussprache* läßt die gerollten alveolaren, die gerollten uvularen und die reibelautartigen uvularen Varianten zu in anlautender, vorvokalischer und vorkonsonantischer Stellung nach kurzem Vokal *(rot, Grad, Berg)* und ein vokalisches

Allophon nach langen Vokalen und in Präfixen sowie Endungen (s. 7.5.2). Nach [a:] kann es bei nachlässiger Sprechweise ganz verschwinden, während die gepflegte Sprechweise eines der konsonantischen Allophone von /R/ gebraucht.

7.5.5 Die Wortbetonung

Die dynamische oder expiratorische Wortbetonung fällt bei heimischen und eingebürgerten Wörtern auf die Wurzelsilbe bei Simplizien (einfachen Wörtern) (*'Himmel, 'Fenster, 'Wagen*), bei komplexen Wörtern mit gebundenen Präfixmorphemen *(be-, er-, ent-, ge-, ver-, zer-*: *Be'such, Ver'zicht)* oder solchen mit gebundenen Flexions- oder Ableitungsmorphemen (*-e, -er, -te* usw., *-bar, -lich, -heit* usw.: *'warme, 'wärmer, 'wärmte, 'tragbar, er'träglich, 'Trägheit*). Zu dieser Regel gibt es einige Ausnahmen: einige heimische Wörter mit leichter Erstsilbe doch schwerer Zweitsilbe haben den Akzent auf der zweiten Silbe, z.B. *Fo'relle, Ho'lunder, le'bendig, Wa'cholder.* Die gebundenen Morpheme *-ei* und *-ieren* verraten noch heute ihre fremde Herkunft dadurch, daß sie den Hauptton tragen *(Par'tei, Bäcke'rei, hal'bieren).*

Zusammengesetzte Wörter unterstehen komplizierteren Regeln. Nominalkomposita mit zwei Bestandteilen haben den Hauptton gewöhnlich auf dem ersten: *'Tischtuch, 'Haustür.* Wo Flexions- oder Ableitungsmorpheme auftreten, liegt der Hauptton auf der Wurzel des ersten Bestandteils, der Nebenton auf der des zweiten und der tertiäre Ton (oder fehlende Ton) auf den gebundenen Morphemen *('Lobge,sang, 'Lobge,sänge).* Komposita mit mehr als zwei Bestandteilen werden nach ihrem Baumuster betont, z.B. *'Sauerstoffbe,hälter* (= *Sauerstoff* + *Behälter*), *'Güter,bahnhof* (= *Güter* + *Bahnhof*). Wiederum gibt es Ausnahmen: *barm'herzig, unter'dessen, unter'wegs, über'haupt, Hohe'priester, Jahr'hundert, will'kommen, durchei'nander, zu'sammen.* Komposita, die aus einer Partikel und einer Präposition bestehen, tragen den Hauptton auf der Präposition: *da'von, hi'naus, vo'raus, wo'ran.* Kopulativkomposita und Abkürzungen durch Einzelbuchstaben tragen den Hauptton auf dem Endbestandteil: *schwarzrot'gold, Österreich-'Ungarn, Baden-'Württemberg, CD'U, SP'D.*

Die wirklichen Schwierigkeiten fangen bei der Partikelzusammensetzung an. Einige Partikeln *(ab-, an-, auf-, aus-, bei-, ein-, mit-, nach-, weg-)* ziehen stets den Hauptton auf sich: *'Abgang, 'abziehen.* Zahlreiche andere tun dies unter bestimmten Umständen, unter andern hingegen nicht. Es sind dies: *da-, dar-, durch-, her-, hier-, hin-, hinter-, in-, miß-, ob-, über-, um-, unter-, voll-, vor-, wider-, wieder-, zu-.* Die Hauptkriterien sind: Art der

Zusammensetzung (nominal/verbal) und Trennbarkeit im Falle der Verbalkomposita. Für einige Einzelpartikeln gibt es Sonderregeln. Im großen und ganzen haben echte Nominalkomposita den Hauptton auf der Partikel: *'Durchfahrt, 'Hinfahrt, 'Inhaber, 'Mißbrauch, 'Obmann, 'Umschwung, 'Unterkunft, 'vollgültig, 'Zukunft.* Untrennbare Verben tragen den Hauptton auf der Verbalwurzel: *durch'dringen*, mit der Nominalableitung *Durch'dringung*, trennbare Verben hingegen tragen den Hauptton auf der Partikel: *'durchdringen.* Das gleiche gilt für *'Überfahrt – 'überführen*, aber *über'führen – Über'führung.* Im Falle der Substantive und untrennbaren Verben kommt deshalb der gleiche Akzentwechsel zwischen Substantiven und Verben vor wie im Englischen *('subject – to sub'ject)*: *'Überfall – über'fallen, 'Umfang – um'fangen, 'Unterlauf – unter'laufen.* Untrennbare Verben haben oft eine übertragene Bedeutung.

Mit *miß-* gebildete Verben sind untrennbar, doch haben nur die einfachen Verben Wurzelbetonung *(miß'brauchen)*, andere haben den Ton auf dem Präfix *('mißverstehen).* Das schwierigste Präfix ist *un-*. Bei ihm gibt es auch Unterschiede innerhalb der deutschen Sprachgemeinschaft. Im allgemeinen sind Norddeutsche eher als Süddeutsche geneigt, den Hauptton von der Spitzenstellung abzuziehen. Substantive und mit *un-* negierte Adjektive haben den Ton auf *un- ('Untugend, 'unehrlich)*, andere Adjektive tragen den Ton auf der Adjektivwurzel *(un'säglich).* Wo schwere Suffixe auftreten, wird die Betonung ebenfalls tendentiell weiter nach hinten gezogen *(unauf'haltbar).*

Fremdwörter aus dem Lateinischen, Griechischen oder Französischen haben den Hauptton gewöhnlich auf der letzten schweren Silbe (Langvokal oder Vokal + Konsonant(en)), wovon allerdings solche mit heimischen Endungen ausgenommen sind: *Bü'ro, Nati'on, Perga'ment, öko'nomisch.* Doch gibt es viele Ausnahmen.

7.6 Morphologie: Flexion

7.6.1 Deklination der Substantive

Von der Standardisierung, die zum Entstehen der klassischen Literatursprache führte und das heutige Deutsch kennzeichnet, wurde das lexikalische Inventar der ererbten Deklinationstypen stärker berührt als die Typen selbst. Das heutige Deutsch weist deshalb noch immer ein kompliziertes Deklinationssystem auf, das in synchronischer Sicht höchst willkürlich und nicht im voraus bestimmbar ist. Nichtsdestoweniger hat sich seit dem Ahd. vieles vereinfacht: bei den Mask. und Neut. ist der unmarkierte Pluraltyp verschwunden – Nichtmarkierung ist heute phonologisch (Mask. und Neut.) oder morphologisch (Neut.) bestimmt –, darüber hinaus ist eine starke Erweiterung der funktional zweckmäßigen Klassen (Pl. mit Umlaut bei den Mask., Pl. auf *-er* und *-e* bei den Neut.) eingetreten; die Fem. haben sich umgeordnet zu einer Opposition Sg./Pl., die entweder durch Umlaut oder Pluralbildung auf *-en* ausgedrückt wird, wobei beide Bildemittel aus dem Sg. beseitigt worden sind. Die Numeruskategorie hat gegenüber der Kasuskategorie deutlichen Vorrang. Die meisten von der Bedeutung her dazu fähigen bezeichnen Pluralität, auch die zahlreichen Fremdwörter. Neben dem zentralen ‚deutschen' System gibt es heute ein umfängliches Rand- oder Fremdsystem. Ein ursprünglich fremder Typus (ndt., frz., engl.), der Pl. auf *-s*, ist heute bei deutschen Wörtern weit verbreitet und muß deshalb als eine Bereicherung des zentralen Systems angesehen werden. Diese neuen Entwicklungen haben die Bedeutung der Numerusunterscheidung gegenüber der Kasusunterscheidung weiterhin ansteigen lassen. Die fest verschanzte Angabe des Dat. Pl. ist aufgebrochen: *Antibiotika* oder *Kumpels* markieren den Dat.Pl. nicht. Es gibt auch ergänzende Pluralmarkierungen, z.B. *Tod – Todesfälle, Streit – Streitigkeiten, Wolle – Wollsorten.* In den wichtigen Fachsprachbereichen bilden Stoffnamen ebenfalls Pluralformen, z.B. *Stahl – Stähle, Staub – Stäube.* Bei den Deklinationstypen mit *-e* im Dat. Sg. ist diese Form weitgehend eine freie Variante. Die Kasusangabe wird heute im wesentlichen von Artikel und Pronomen übernommen.

Wegen des Überlappens der kategoriellen Kasus-, Numerus- und Genusbezeichnung (soweit sie beim Substantiv überhaupt vorhanden ist), sind die Deklinationsparadigmen kompliziert und können in verschiedener Weise aufgestellt werden. Da die Bezeichnung des Plurals ohne Zweifel das wichtigste Merkmal darstellt und die Voraussagbarkeit größer ist, wenn dem System die Art der Pluralbildung zugrundegelegt wird, basiert das hier aufgestellte System auf der Pluralbezeichnung.

I. *Der Plural auf -e*

			M.	N.
Pl.	Nom. Akk. Gen.	*-e*	Steine	Beine
	Dat.	*-en*	Steinen	Beinen
Sg.	Nom. Akk.	*-ø*	Stein	Bein
	Gen.	*-(e)s*	Stein(e)s	Bein(e)s
	Dat.	*-(e)*	Stein(e)	Bein(e)

Anmerkungen:

(1) Es gibt nur sehr wenige Fem. in dieser Klasse, nämlich die auf *-sal (Trübsal)* und *-nis (Kenntnis)*, die als Ausnahmen behandelt werden können. Anderseits ist dies eine der größeren, für Mask. und Neut. charakteristischen Klassen.

(2) Wenn man annimmt, daß bei Mask. und Neut. auf *-el, -en, -er* das Pluralmorph *-e* getilgt ist, kann man alle Substantive mit unbezeichnetem Pl. hier hereinnehmen: Mask. *Schlegel, Wagen, Jäger*; Neut. *Bündel, Fohlen, Muster.* Solche mit Umlaut als Wurzelmerkmal *(Jäger, Bündel)* im Unterschied zu solchen mit Umlaut als Pluralkennzeichen *(Väter, Vögel)* müssen speziell bezeichnet werden. Hierher gehören ferner: alle Neut. auf *-chen, -lein* und der Typus *Ge–e*: *Gebirge, Gefilde* und die auf *-er*: *Gewässer.*

(3) Wörter mit [ə] in der Endsilbe tilgen dies [ə] in den Deklinationsmorphen stets *(Jäger+en > Jägern).* Wörter, die auf *-n* auslauten, haben im Dat. Pl. -ø.

(4) Die Endung des Gen. behält ihr *-e-* in aller Regel nur nach Zischlauten *(Hauses, Kusses, Tisches)* und nach schweren Konsonantenverbindungen bei *(Kampfes).*

(5) Das *-e* des Dat. Sg. steht hauptsächlich bei einsilbigen Wurzeln, die auf stimmhaften Konsonanten enden *(Bade, Wege).*

Die letzten drei Regeln beziehen sich auch auf alle folgenden Klassen mit entsprechenden Morphen.

II. *Der Plural mit Umlaut*

		M.	F.		
Pl.	Nom. Akk. Gen.	*¨e*		Schläge	Häute
	Dat.	*¨en*		Schlägen	Häuten
Sg.	Nom. Akk.	*-ø*		Schlag	Haut
	Gen.	*-(e)s*	*-ø*	Schlages	Haut
	Dat.	*-(e)*	*-ø*	Schlage	Haut

Anmerkungen:

(1) Drei Neut., die zu dieser Klasse gehören, müssen eher als Ausnahme *(Flöße, Klöster, Wässer)* denn als Typus aufgeführt werden, weil diese Klasse für eine große Zahl von Mask. charakteristisch ist und die zweitwichtigste Klasse der Fem. darstellt.

(2) Die Tilgungsregel hinsichtlich *-e* nach *-el, -en, -er* trifft auch hier zu (s. I (2)): Väter, Mütter, Klöster. Käse (Pl. = Sg.) ist eine Ausnahme.

III. *Der Plural auf -er*

		N. M.		
Pl.	Nom. Akk. Gen.	*¨er*	Kälber	Geister
	Dat.	*¨ern*	Kälbern	Geistern

		N. M.		
Sg.	Nom. Akk.	-ø	Kalb	Geist
	Gen.	-(e)s	Kalb(e)s	Geistes
	Dat.	-(e)	Kalb(e)	Geist(e)

Anmerkung:

Diese Klasse enthält entschieden mehr Neut. als Mask. Der Umlaut zeigt sich als sekundäres Merkmal, weil er automatisch dort auftritt, wo der Wurzelvokal dafür geeignet ist.

IV. *Der Plural auf -n*

		M.	F.	N.			
Pl.	Nom. Akk. Gen. Dat.		-en		Menschen	Zungen	Augen
Sg.	Nom.		-ø		Mensch	Zunge	Auge
	Akk.	-en/-ø	-ø	-ø	Menschen	Zunge	Auge
	Gen.	-en/-ens/-(e)s	-ø	-(e)s	Menschen Namens Masts	Zunge	Auges
	Dat.	-en/-ø	-ø	-ø	Menschen	Zunge	Auge

Anmerkungen:

(1) Alle Substantive dieser Klasse haben eine einheitliche, keinen einzelnen Kasus bezeichnende Pluralform. Im Nom. Sg. enden die Substantive entweder auf *-e (Knabe, Achse, Auge)* oder auf Konsonant *(Fürst, Bahn, Ohr).* Das *e* des Morphs *-en* wird getilgt, wenn die Substantive ein [ə] in der letzten Silbe aufweisen *(Achse, Achsel).*

(2) Dies ist die Hauptklasse der Fem.

(3) Die Mask. teilen sich nach der Bildung des Gen. Sg. in drei Unterklassen auf: (a) Gen. Sg. auf *-en*, nur Lebewesen bezeichnende Substantive; (b) Gen. Sg. auf *-ens*, Unbelebtes bezeichnende Substantive auf *-e*, z. B. *Gedanke, Name, Wille*; (c) Gen. Sg. auf *-(e)s*, einige auf Konsonant endende Substantive, z. B. *Mast, Stachel, Muskel, Vetter, Staat* und die Fremdwörter auf *-or (Direktor).*

(4) Eine Ausnahme gibt es bei der Gruppe der Neut.: *Herz – Herzens.* Die regelmäßige Gruppe der Neut. ist nicht sehr zahlreich (*Bett, Ende, Hemd, Ohr, Auge* und einige Fremdwörter, z. B. *Insekt, Elektron, Neutron*).

(5) Es gibt einige Schwankungen bei den Mask. der Gruppe (b), insofern das *-n* auch im Nom. Sg. vorkommt *(Gedanken, Namen, Willen)*; diese Fälle gehören dann in die Klasse I (Anm. 2). Einige Substantive schwanken zwischen den Klassen oder zeigen je nach Klasse, der sie folgen, leichte Bedeutungsunterschiede *(Worte – Wörter, Bande – Bänder).* Es gibt auch anomale Fälle, wie z. B. *Bau – Bauten.*

V. *Der Plural auf -s*

		M.	F.	N.			
Pl.			-*s*		Kumpels	Kameras	Autos
Sg.	Nom. Akk. Dat.		-*ø*		Kumpel	Kamera	Auto
	Gen.	-*s*	-*ø*	-*s*	Kumpels	Kamera	Autos

Anmerkung:

Hierher gehören Wörter, die auf unbetontes *-i, -a, -o, -u* enden *(Nazi, Sofa, Echo, Uhu)*, Wörter aus dem Ndt. *(Wrack, Junge)*, Satzkomposita *(Lebewohl)*, Abkürzungen *(Pkw)* und Wörter fremder Herkunft *(Hotel, Streik)*.

Die Kasuskategorie und, in geringerem Maße, auch die Numeruskategorie werden heute im wesentlichen durch das Nominalglied als ganzes ausgedrückt. Die sie festlegenden Bestimmungselemente (s. 7.6.2), von denen der bestimmte Artikel hier als Beispiel dienen mag, kooperieren mit den Deklinationsendungen der Substantive und den Endungen des attributiven Adjektivs. Von daher gesehen basiert das Kasus- und Numerussystem auf den folgenden Kombinationen:

der (+ attr. *-e*) + *ø*: Mask. Nom. Sg.
der (+ attr. *-en*) + *ø*: Fem. Gen. Dat. Sg.
der (+ attr. *-en*) + *-e/-̈e/-̈er/-en/-s*: Gen. Pl.
den (+ attr. *-en*) + *ø/-en*: Mask. Akk. Sg.
den (+ attr. *-en*) + *-en/-̈en/-̈ern/-en/-s*: Dat. Pl.
die (+ attr. *-e*) + *ø*: Fem. Nom. Akk. Sg.
die (+ attr. *-en*) + *-e/-̈e/-̈er/-en/-s*: Nom. Akk. Pl.
das (+ attr. *-e*) + *ø*: N. Nom. Akk. Sg.
des (+ attr. *-en*) + *-(e)s/-en/-ens*: Mask., N. Gen. Sg.
dem (+ attr. *-en*) + *-(e)/-en*: Mask., N. Dat. Sg.

Wie man sieht, kann das attributive Adjektiv dort, wo die Kombination Bestimmungselement + Deklinationsmorph des Substantivs noch Mehrdeutigkeit zuläßt, eine Bestimmungsfunktion annehmen, ja letztlich sogar das Verb: vgl. *den kleinen Knaben* (+ *geben* = Dat. Pl.; + *lieben* = Akk. Sg.). Trotz der in der Geschichte des Deutschen eingetretenen großen Schrumpfung des Deklinationssystems ist die Angabe von Kasus und Numerus erhalten geblieben. Tatsächlich gibt es bei weitem mehr Redundanz als Mehrdeutigkeit. Der Übergang von einer synthetischen zu einer analytischen Morphologie ist jedoch eine nicht zu übersehende Erscheinung in der Geschichte des Deutschen.

7.6.2 Deklination der Adjektive

Von den vier grammatischen Kategorien des Adjektivs haben drei (Kasus, Numerus, Genus) Flexions- und eine (Komparation) Ableitungscharakter. Die Deklination wird von der morphologischen Beschaffenheit des Nominalglieds bestimmt – außerhalb dieses bleibt das Adjektiv im Deutschen flexionslos. Die beiden ererbten Flexionsparadigmen – einst mit Bedeutungsfunktion versehen – sind jetzt völlig von der formalen Beschaffenheit des Nominalglieds abhängig. Das attributive Adjektiv dient hauptsächlich zur näheren Beschreibung des Substantivs. Ihm geht im allgemeinen ein Bestimmungselement (Artikelwort) oder ein Quantifikator *(zwei, dreißig, viele)* voraus, die im Nominalglied eine wichtige Bestimmungsrolle übernehmen. Wenn ein solches Bestimmungselement in dieser Rolle vorhanden ist, wird das attributive Adjektiv stets schwach dekliniert. Man könnte diese Deklinationsweise Deklination mit Bestimmungselement(en) nennen. Steht kein Bestimmungselement oder ist ein Bestimmungselement unflektiert, zieht das attributive Adjektiv selbst diese Bestimmungsfunktion an sich und zwar durch die starken Endungen (d.i. starke Deklination oder Deklination mit integrierter Bestimmungsfunktion). Der bestimmte Artikel *(der, die, das)*, die Demonstrativa *dieser, jener* und die Pronominaladjektive *alle, jeglicher, mancher, sämtliche* dienen stets als Bestimmungselemente, nicht hingegen *ein, kein, manch, mein* (und die anderen Possessivadjektive) sowie *welch*, wenn sie unflektiert auftreten. In diesem Fall übernimmt das attributive Adjektiv die Funktion der Bestimmungselemente selbst. Genau dies ist die Funktion der starken Deklination.

Es treten fünf Deklinationsmorphe auf. Drei sind stark, d.h., sie treten stets als Bestimmungselemente auf *(-em, -er, -es)*. Von den andern beiden ist *-e* im Nom. Sg. Mask. und im Neut. sowie im Nom. Akk. Sg. Fem. schwach, sonst hingegen stark, während *-en* vorwiegend schwach ist und nur im Akk. Sg. Mask. (vgl. *den*) sowie im Dat. Pl. stark. Mit anderen Worten, die starken Endungen entsprechen denen der Bestimmungselemente, z.B. *der/-er, das/-es, dem/-em, den/-en, die/-e.* Man sollte meinen, *-es* entspräche ebenfalls dem *des.* Dies war in der Tat bis ins frühe 19. Jh. der Fall (s. 6.6.2): *frohes Mutes.* Es scheint aber, daß die stark bestimmende Funktion des substantivischen Morphs *-es* das entsprechende Adjektivmorph überflüssig machte, weshalb es durch die schwache Endung *-en (frohen Mutes)* ersetzt wurde. Pronominale Bestimmungselemente sind jedoch nicht derart neutralisiert *(seines Mutes).* Es besteht also die Regel, daß in einem Nominalglied das Adjektiv immer schwach dekliniert wird, wenn ihm ein Bestimmungselement vorausgeht. Wo ein Pronominaladjektiv an erster Stelle steht, ist die Gebrauchsweise im heutigen Deutsch noch nicht ganz fest. Wenn sie in erster Linie als Bestimmungselemente wie *alle, keine, sämtliche* angesehen werden, haben die Adjektive schwache Endungen; wenn sie dagegen als beschreibende Adjektive angesehen werden, wie z.B. *andere, einige, etliche, manche, mehrere, viele, wenige*, haben die nachfolgenden Adjektive starke Endungen. Nebengeordnete Adjektive (z.B. *schwerer, alter Wein*) haben stets die gleichen Endungen.

Substantivierte Adjektive folgen dem gleichen Muster: *ein Abgeordneter, der Abgeordnete.*

7.6.3 Konjugation

In der deutschen Grammatik war wahrscheinlich die Standardisierung nirgends von solcher Bedeutung wie im Bereich der Konjugation. Der Gegensatz von frnhd. Vielfalt und nhd. Norm ist fundamental.

(i) Hinsichtlich der Stammbildung ist die alte Dreiteilung in einen Dentalsuffixtyp, einen ablautenden Typ und einen gemischten oder ablautenden Dentalsuffixtyp erhalten geblieben, vgl. *lachen – lachte – gelacht; trinken – trank – getrunken; können/kann – konnte – gekonnt.*

Der Dentalsuffixtyp, der durch das Präteritalsuffix *-(e)te* und durch *-(e)t* im Part. Prät. gekennzeichnet ist, hat sich heute auf zwei Klassen vermindert: I die regelmäßige Klasse, die einzig produktive Verbklasse des Deutschen; II eine unregelmäßige, geschlossene Klasse mit Wechsel beim Wurzelvokal *(Rückumlaut)* zusätzlich zur Dentalsuffigierung, die acht Verben umfaßt: *brennen, kennen, nennen, rennen, senden, wenden* und *bringen*, sowie *denken* (mit Unregelmäßigkeiten im Konsonantismus). Alle haben im Präteritum und im Part. Prät. *-a-* im Stamm, obwohl es auch, mit unterschiedlicher Bedeutung, reguläre Formen von *senden* und *wenden* gibt. In anderer Hinsicht ist *haben* unregelmäßig.

Die ablautenden Verben, von denen es ungefähr 165 gibt, sind in einige regelmäßige Paradigmen und in eine sehr große Zahl kleiner Gruppen und Einzelfälle aufgeteilt. Wenn ein Einteilungssystem allen Verben Rechnung trägt, muß es außerordentlich kompliziert geraten. Akzeptiert man, ‚System' solle heißen, daß wenigstens eine kleine Zahl von Fällen (sagen wir vier bis fünf) einer bestimmten Regel folgen müsse, kann man eine Einteilung vornehmen, die ungefähr drei Vierteln aller ablautenden Verben gerecht wird. Der Rest (nahezu vierzig Verben) müßte als isolierte Gruppen oder jeweils als Ausnahmen angesehen werden. Dies gilt auch für diejenigen Verben, die im Begriff sind, von einem Typ zum andern zu wechseln, z.B. *backen – buk* oder *backte – gebacken, pflegen – pflog* oder *pflegte – gepflogen* oder *gepflegt.*

Drei Stammformen müssen herangezogen werden: Infinitiv/Präsens, Präteritum und Part. Prät.; doch nicht alle Klassen weisen drei verschiedene Stammalternanten auf. Dies liefert den ersten Einteilungsrahmen. Den Stammalternanten liegt Ablaut zugrunde (3.5.3). Die meisten Verben mit umlautfähigem Wurzelvokal zeigen beim Inf./Präs.-Stamm in der 2. u. 3. Pers. Sg. Umlaut.

I. Zwei Stammformen (Prät. = Part. Prät.)

	Inf.		*Prät.*		*Part. Prät. außer:*
1.	-ei- (+ stl. K)	*beißen*	-i-	*biß*	*heißen,*
	(36) (+ sth. K)	*bleiben*	-ie-	*blieb*	*leiden, schneiden*
2.	-ie- (+ ⟨K⟩)	*biegen*	-ō-	*bog*	*liegen, sieden*
	(18) (+ ⟨KK⟩)	*riechen*	-o-	*roch*	*ziehen*
3.	(5) -ē-	*heben* (+ *gären*)	-ō-	*hob*	
4.	(5) -e-	*fechten* (e>i)	-o-	*focht*	

II. Zwei Stammformen (Inf. = Part. Prät.)

5.	-a- (8) [a/a:]	*blasen* (a>ä) *geblasen*	-ie-	*blies* (>i + ŋ)
6.	-a- (8) [a/a:]	*fahren* (a>ä) *gefahren*	-ū-	*fuhr*
7.	-e- (8) [e/e:]	*geben* (e>i) *gegeben*	-ā-	*gab*

III. Drei Stammformen

8.	(17) -i- (+ ⟨NK⟩)	*binden*	-a-	*band*	-u-	*gebunden*	*schinden*
9.	(6) -i- (+ ⟨NN⟩)	*rinnen*	-a-	*rann*	-o-	*geronnen*	*glimmen, klimmen*
10.	(9) -e- (+ l, r, K)	*helfen* (e>i)	-a-	*half*	-o-	*geholfen*	*melken, schmelzen*
	(4) -e- (+ ch, ck)	*stechen* (e>i)	-a-	*stach*	-o-	*gestochen*	
	(3) -e- (+ r, l)	*stehlen* (e>ie)	-a-	*stahl*	-o-	*gestohlen*	

Anmerkungen:

(1) Die Zahlen in Klammern geben die Verbanzahl in jeder Klasse an.

(2) Wo phonologische oder graphemische Bedingungsfaktoren auftreten, werden diese angezeigt, z.B. stl. K. = vor stimmlosem Konsonanten; sth. K. = vor stimmhaftem Konsonanten; NK = Nasal plus Konsonant.

(3) Lautwerte in eckigen Klammern zeigen an, daß der Wurzelvokal je nach den Regeln der deutschen Rechtschreibung lang oder kurz ist.

(4) Die Notierungen (e > i) oder (a > ä) deuten den Wechsel des Wurzelvokals bei der 2. u. 3. Pers. Sg. an.

(5) Der Konj. Prät. wird durch Umlaut des präteritalen Indikativstamms und Hinzufügung des entsprechenden Konjugationssuffixes gebildet, doch hat eine Klasse (10, *helfen*) eine unterschiedliche Abstufung: *ü* oder *ö (hülfe, gölte)*. Einige andere Verben haben ebenfalls besondere Formen, doch klingen sie alle recht archaisch und werden nur beschränkt gebraucht.

Der ablautende Dentalsuffixtyp (Präteritopräsentien) enthält heute die Modalverben *(dürfen, können, mögen, müssen, sollen, wollen)* und *wissen*. Morphologisch ist er gekennzeichnet durch Ablaut im Präsens (mit den Konjugationsendungen des Präteritums) und durch das Präteritum und Part. Prät. mit Dentalsuffix und unregelmäßigen Wurzelformen *(durf-, konn-, moch-, muß-, soll-, woll-, wuß-)*.

(ii) Wir wenden uns nun den *Konjugationsparadigmen* zu und begegnen dem Problem, daß in bestimmten Fällen *-e-* ausgestoßen (elidiert) oder eingefügt wird. Einige Forscher, die zugrundeliegende Formen mit *-e-* bevorzugen, sprechen von Elision und verweisen zur Stützung ihres Arguments auf die historische Synkope. Da aber Synkope im Frnhd. in den Fällen, in denen heute ein *-e-* steht, nicht verhindert wurde (vgl. frnhd. *redt* – nhd. *redet*), ist das historische Argument schwach. Die heutige Regel ist das Ergebnis vernünftiger Standardisierung im 18. Jh., die in den Fällen auf das *-e-* beharrte, wo die Assimilation andernfalls das Konjugationssuffix verwischt hätte. Man kann daher genau so gut von Einfügung wie von Ausstoßung reden. In den folgenden Tabellen ziehe ich es vor, die Formen als phonologisch bedingte Stellungsvarianten anzusehen.

	Ind. Präs.				Konj. Präs.			
1. Sg.	(ich)	*-e*	lache	rede	(ich)	*-e*	lache	rede
2. Sg.	(du)	*-(e)st*	lachst	redest	(du)	*-est*	lachest	redest
3. Sg.	(er)	*-(e)t*	lacht	redet	(er)	*-e*	lache	rede
1. Pl.	(wir)	*-en*	lachen	reden	(wir)	*-en*	lachen	reden
2. Pl.	(ihr)	*-(e)t*	lacht	redet	(ihr)	*-et*	lachet	redet
3. Pl.	(sie)	*-en*	lachen	reden	(sie)	*-en*	lachen	reden

Anmerkungen:

(1) Das eingeklammerte *-e-* steht, wenn die Wurzel auf *-d, -t* oder auf eine Konsonantenverbindung aus Reibe- oder Verschlußlaut plus Nasal *(redet, rechnet, atmet)* endet. Doch in Fällen von Umlaut bei den ablautenden Verben, wo die Person genügend bezeichnet zu sein scheint, ist *-e-* nicht erforderlich, deshalb die Unterscheidung bei der 3. Pers. Sg. und der 2. Pers. Pl.: *tritt – tretet, brät – bratet*. Unregelmäßige Formen sind: *birst* (< *bersten*), *wird* (< *werden*).

(2) In der 2. Pers. Sg. Ind. Präs. wird *-st* nach Wurzeln auf *-s* assimiliert, z. B. *(du) liest, reist, beißt.*

(3) Ablautende Verben mit dem Wurzelvokalismus *a, au, o* haben Umlaut (>*ä, äu, ö*) in der 2. u. 3. Pers. Sg. Ind. mit Ausnahme von *hauen, kommen, saugen, schaffen, schnauben* und den Wechsel von *e (ä, ö)*>*i* mit Ausnahme von *bewegen, gären, genesen, pflegen, stecken, weben, gehen, stehen.*

(4) Über die Aussprache von *-en* in der gesprochenen Sprache s. 7.5.3.

(5) Der Konjunktiv wird durch ein *-e* bezeichnet, das ganz anders als das *-(e)* des Indikativs zu behandeln ist. Der Konj. ist allerdings nur in der 3. Pers. Sg. durch die Opposition *-e/-t*, ergänzt durch Vorhandensein/Nichtvorhandensein von Umlaut, wirklich bezeichnet.

(6) Die oben angeführten Paradigmen gelten für alle Dentalsuffix- und ablautenden Verben, bei den Präteritopräsentien allerings nur für den Konjunktiv. Das unregelmäßige Verb *sein* hat ein eigenes Paradigma, und *haben* weist die beiden Sonderformen *(du) hast, (er) hat* auf.

Das Präteritum wird bei allen Verbtypen durch Tempusbezeichnung plus Konjugationsendungen gebildet. Es gibt zwei unterschiedliche Tempusbezeichnungen: *-(e)te* und die Ablautstufe des Präteritums *(A)*. Der Konjunktiv wird wiederum durch *-e* und bei ablautenden Verben mit umlautfähigem Wurzelvokalismus durch Umlaut bezeichnet. Es ergeben sich also die folgenden Paradigmen:

		Ind. Prät.				Konj. Prät.	
1. Sg.	(ich)	*-(e)te/A* +	*-ø*		(ich)	*-(e)te/Ä* +	*-e*
2. Sg.	(du)	*-(e)te/A* +	*-(e)st*		(du)	*-(e)te/Ä* +	*-est*
3. Sg.	(er)	*-(e)te/A* +	*-ø*		(er)	*-(e)te/Ä* +	*-e*
1. Pl.	(wir)	*-(e)te/A* +	*-(e)n*		(wir)	*-(e)te/Ä* +	*-en*
2. Pl.	(ihr)	*-(e)te/A* +	*-(e)t*		(ihr)	*-(e)te/Ä* +	*-et*
3. Pl.	(sie)	*-(e)te/A* +	*-(e)n*		(sie)	*-(e)te/Ä* +	*-en*
1. Sg.	lachte	redete	lag	trat		läge	träte
2. Sg.	lachtest	redetest	lagst	tratst		lägest	trätest
3. Sg.	lachte	redete	lag	trat		läge	träte
1. Pl.	lachten	redeten	lagen	traten		lägen	träten
2. Pl.	lachtet	redetet	lagt	tratet		läget	trätet
3. Pl.	lachten	redeten	lagen	traten		lägen	träten

Anmerkungen:

(1) Das eingeklammerte *e* in der Tempusbezeichnung *-(e)te* verhält sich nach der oben in Anm. (1) gegebenen Regel.

(2) Das eingeklammerte *e* in den Konjugationsendungen wird von den folgenden, nur auf ablautende Verben zutreffenden Regeln bestimmt: in der 1. u. 3. Pers. Pl. ist es in der Schreibung vorhanden (in gesprochener Sprache wird es nach den

in 7.5.3 gegebenen Regeln ausgesprochen); in der 2. Pers. Sg. steht es nach Zischlauten, z.B. (du) *lasest, rissest, wuschest*; in der 2. Pers. Pl. steht es nach *d* und *t (botet, tratet)*.

(3) Die Präteritopräsentien folgen dem obigen Paradigma in zweifacher Weise: mit *A* im Präsens und mit der Tempusbezeichnung *-te* und den S. 551 angeführten Wurzeln im Präteritum.

(4) Im Konj. Prät. verschmilzt natürlich das *e* der Konjugationssuffixe mit dem *e* der Tempusbezeichnung *-(e)te*, so daß es bei den regelmäßigen Dentalsuffixverben keinen Unterschied zwischen Ind. und Konj. gibt. Die zweite, unregelmäßige Klasse bezeichnet jedoch den Konj. Prät. durch Umlaut ebenso wie die meisten Präteritopräsentien, z.B. *kennen – kannte*, aber *kennte* (Konj. Prät., genau genommen Fehlen des *Rückumlauts*), *brächte, dächte, durfte – dürfte* usw., aber *sollte, wollte* bleiben im Konj. Prät. unumgelautet. Auch der Konj. Prät. wird also bei den meisten Verben nur dürftig bezeichnet, weshalb die synthetische Konstruktion durch die wirksamere analytische mit *würde* ergänzt worden ist.

7.7 Morphologie: Wortbildung

7.7.1 Ableitung der Substantive

Die Ableitungsmorphologie, die lexikalische oder semantische Kategorien zum Ausdruck bringt, ist entschieden weniger systematisch als die grammatische Kategorien ausdrückende Flexionsmorphologie. Was sie gemeinsam haben ist, daß die Entscheidung für jeweils ein bestimmtes Mittel unter möglichen Alternativen (Ableitungsmorph oder Flexionsmorph) zum großen Teil von dem jeweils zugrundeliegenden Wurzelmorph abhängig ist. So wird die Bedeutung ‚abstrakte Eigenschaft' bei *stark* von *-e (Stärke)* geliefert, bei *schön* von *-heit (Schönheit)* und bei *schnell* von *-igkeit (Schnelligkeit)*. Dies hat eine Parallele bei der Wahl der Pluralmorphe *-e (Tag)*, *¨-e (Gäste)* oder *¨-er (Wälder)*, die ebenfalls von den zugrundeliegenden Wurzelmorphen abhängig ist. Doch im Gegensatz zur präzisen Funktion der Flexionsmorphe (z.B. der des Genitivmorphs) ist die Funktion der Ableitungsmorphe vage und entschieden stärker von Kontext und Bedeutungsgehalt des zugrundeliegenden Wurzelmorphs abhängig. So hat das Suffix *-ler*, das Nomina agentis aus Substantiven bildet, verschiedenen semantischen Gehalt in *Künstler* und *Kriegsgewinnler*, das gleiche gilt für *-er* in *Schreier* und *Seufzer*. Der Grund dafür ist, daß es zwei Aspekte bei der Wortbildung gibt: Vorgang und Ergebnis. Auf der synchronischen Ebene findet ein Vorgang statt: ein Mittel wird zur Bildung eines neuen Wortes verwendet. Das sich ergebende neue Wort kann in den Wortschatz der Sprachgemeinschaft eingehen und – in der diachronischen Dimension – lexikalisiert werden, d.h. den Bereich der aktiven Wortbildung verlassen, obwohl es äußerlich noch immer die Spuren der Wortbildung trägt. Wenn eine erweiterte Form, formal wie semantisch, nicht mehr analysierbar, d.h. nicht mehr motiviert ist, ist sie lexikalisiert. *Wohnung* und *Sitzung* mögen wie *Schaffung* und *Bohrung* aussehen, doch sind sie völlig lexikalisiert, während die beiden letzteren Wörter noch aktive Ableitungen sind: *schaff(en), bohr(en) + ung* > deverbale Abstrakta, die eine Handlung oder ein Ergebnis bezeichnen. Manchmal werden einzelne Wörter, bisweilen ganze funktionale Gruppen lexikalisiert. Man kann beispielsweise nicht mehr mit *-e* Abstrakta aus Adjektiven bilden (**Schöne, *Schnelle* analog zu *Stärke, Länge)*, mindestens nicht standardsprachlich. All diese Wörter sind das Ergebnis früherer Ableitungen; der Vorgang ist abgeschlossen. Doch können wir noch immer dieses Suffix bei Verben anwenden, wo es auch eine große Gruppe alter Ableitungen gibt *(Bahre, Sprache)* und neue Analogbildungen möglich sind *(Trage, Schreibe)*. Bei einer synchronischen Untersuchung sind die produktiven Mittel, die Vorgehensmöglichkeiten interessant. In dieser Hinsicht ist die Wortbildung eine der wichtigsten Erscheinungen der heutigen Sprache. Viele Impulse kommen aus den wissenschaftlichen und technischen Fachsprachen. (s. S. 523), aus Journalismus und Werbung. Die folgenden Ableitungsmorphe sind im heutigen Standarddeutsch produktiv:

(i) *-er* bildet (a) *Nomina agentis* aus Verben (einfachen, zusammengesetzten oder aus Zusammenrückung entstandenen) *(Leser, Einbrecher, Nichtstuer)*; (b) *Nomina instrumenti (Schalter, Plattenspieler)*; diese Bildung ist besonders charakteristisch für den technischen Bereich und ersetzt Wörter wie *-maschine*, vgl. engl. *washing machine* > *washer*; (c) handlungsbezeichnende Wörter *(Treffer, Walzer)*, so gebraucht, kaum produktiv; (d) Substantive zur Einwohnerbezeichnung *(Berliner)*. Ableitung aus Substantiven ist mit Ausnahme von (d) jetzt verhältnismäßig selten (*Überschaller* < *Überschall(geschwindigkeits)flugzeug, Eisenbahner*). Bis zu einem gewissen Grade ergänzen Formen mit *-ler, -ner* aus Substantiven das *-er*: *Fremdsprachler, Staaatsrechtler*, in denen die herabsetzende, gefühlsbetonte Konnotation fehlt. Doch viele Wörter behalten sie bei *(Provinzler)*, eine Bildung, die im 18. Jh. sehr geläufig war *(Vernünftler)*.

(ii) *-ling* bezeichnet, von Verben abgeleitet, Personen mit einer Konnotation des Passiven, Duldenden *(Prüfling*, vgl. *Prüfer*). Aus nominaler Grundlage abgeleitete Wörter haben meist eine herabsetzende Bedeutung *(Weichling, Dichterling)*.

(iii) *-in* bezeichnet Frauen und widerspiegelt durch seine enorme Produktivität die Frauenemanzipation *(Beamtin, Predigerin, Maurerin)*.

(iv) *-chen/-lein.* Im Laufe des 18. Jh.s, das im allgemeinen den Diminutiven abhold war, gewann das mdt. Suffix *-chen* gegenüber dem obdt. *-lein* die Oberhand. Die Verteilung der beiden Suffixe ist heute teilweise phonologisch bestimmt: Wurzeln auf *-l* haben nur *-chen (Seelchen)*, Wurzeln auf *-g, -ch* haben nur *-lein (Berglein, Bächlein)*, teilweise auch stilistisch: *-chen* ist neutraler, *-lein* dichterischer.

(v) *-e* bildet Feminina aus Verben durch eine Art von Rückbildung: *Halte (Haltestelle), Absteige, Spüle (Spülstein).* Einige bezeichnen ein Ding oder den Ort, wo eine Handlung stattfindet, andere die Handlung selbst *(Durchsage, Nachlöse).* Im Jugendlichenslang ist es beliebt (*die Heule* ‚Transistor‘).

(vi) *-ung* ist eines der produktivsten Suffixe, das aus Verben *Nomina actionis* macht. Viele Bildungen aus einfachen Substantiven sind heute lexikalisiert. Besonders produktiv sind Ableitungen aus präfigierten transitiven Verben und Verbalkomposita *(Behandlung, Herausstellung, Grundsteinlegung).*

(vii) *-ei, -elei, -erei.* Das erste, mit der Bedeutung ‚Stelle, Ort‘, ist nur leicht produktiv, z.B. *Kartei, Auskunftei; -elei* ist herabsetzend *(Frömmelei<frömmeln); -erei* drückt eine ‚wiederholte irritierende Handlung‘ aus und entstand zuerst aus Verben auf *-ern*; es ist heute sehr produktiv: *Angeberei, Lauferei, Kocherei.*

(viii) *-heit, -keit (-igkeit)*: das Hauptbildemittel für Zustand oder Eigenschaft bezeichnende Abstrakta aus Adjektiven und Part. Prät. *(Dummheit, Entschlossenheit).* Das Suffix *-keit* ist eine Stellungsvariante nach *-ig, -lich, -sam, -bar* und nach *-el, -er* häufiger als *-heit (Sicherheit, Sauberkeit).* Obgleich heute in dem der Ableitung zugrundeliegenden Wort *-ig* fehlen kann, kann das Suffix *-igkeit* auftreten, z.B. *schnell – Schnelligkeit.* Es ist eine Stellungsvariante nach *-haft* und *-los.*

(ix) *-schaft* und *-tum* sind bis zu einem gewissen Grade produktiv zur Bildung von Sammelbegriffen für Personen *(Partnerschaft, Bauernschaft)* oder Substantiven, die Rang oder Charakter von Gruppen bezeichnen *(Beamtentum, Bauerntum).* Beiden liegen Substantive zugrunde.

(x) *Ge-*(Wurzel)*-e*: dieses zusammengesetzte Ableitungsmorphem bildet deverbale Neutra zur Bezeichnung einer irritierenden Handlung, die den Leuten auf die Nerven geht: *Gefluche, Gepfeife.* Die Funktion von *-erei* ist sehr ähnlich, neigt aber stärker zur Betonung des iterativen Charakters der Handlung. (vgl. *Flucherei – Gefluche), Ge – e* kann jedoch nicht bei präfigierten und zusammengesetzten Verben gebraucht werden, deshalb gibt es in diesem Falle nur *Aufschneiderei, Biertrinkerei.*

Während die Suffixe *-nis* und *-sal* nicht mehr als produktiv angesehen werden können, sind seit einiger Zeit einige neue Elemente dabei, sich im Bereich der Substantivableitung durchzusetzen: *-gut, -werk, -wesen, -zeug.* Das erste bezeichnet bei einem Vorgang verwendete Sachen *(Saatgut, Versandgut); -werk,* schon im Frnhd. zu finden, bildet hauptsächlich Sachkollektiva *(Gangwerk, Gitterwerk); -zeug* bezeichnet hauptsächlich Werkzeuge oder in eine Handlung einbezogen oder zu einem Zweck benutzte Gegenstände: *(Reitzeug, Bettzeug); -wesen* bedeutet, an Substantive gefügt, eine ‚Institution' oder einen ‚Bereich', z.B. *Bildungswesen, Pressewesen.* Die zahlreichen fremden Suffixe (*-ant, -age, -ist, -(a)tion, -tät, -ismus* usw.) werden im großen und ganzen nicht bei heimischen Basiswörtern gebraucht und sind deshalb nicht im gleichen Sinne produktiv wie die heimischen Suffixe, wenn auch viele von ihnen bei Fremdwörtern verbreitet und aktiv gebraucht werden *(Terrorismus, Terrorist).* Die ererbten Präfixe *Ur-, Un-, Miß-, Erz-* sind noch produktiv und heute durch *Haupt-* vermehrt *(Hauptfilm).* Durch Rückbildungen und Umwandlung von Verben zu Substantiven durch Ableitung sind die Verbalpräfixe und Präfixpartikel heute ebenfalls bei der Substantivbildung ganz vertraut, z.B. *Bezug, Anzug, Überzug, Hinterziehung,* obwohl dieser Bildungstyp bei rein nominalen Basiswörtern noch nicht sehr verbreitet ist, z.B. *Aufpreis, Mitmensch* (*mit* ist recht häufig), *Beiblatt, Gegenbeispiel, Vortrag.* Nur ihr verhältnismäßig häufiges Vorkommen veranlaßt uns, diese Präfixe mehr als Ableitungsmittel anzusehen denn als determinative Bestandteile von Zusammensetzungen.

7.7.2 Ableitung der Adjektive

Wiederum soll versucht werden, die produktiven Ableitungsmittel vorzuführen. Es versteht sich dabei, daß es in jedem Falle heute lexikalisierte Einzelwörter oder ganze semantische Nischen gibt, wenn sie auch hier nicht besprochen werden.

(i) *-bar* ist als deverbales Suffix mit der passiven Bedeutung ‚kann getan, gemacht werden' sehr produktiv, vgl. engl. *-able/-ible,* z.B. *waschbar, trennbar.* Der Durchbruch mit dieser funktionalen Konzentration fand im 18. Jh. statt (s. 6.7.2).

(ii) *-ig* ist ebenfalls sehr produktiv, doch von seiner Bedeutung her schlecht definiert (hauptsächlich *‚wie'*). Das Basiswort ist gewöhnlich ein Substantiv *(staubig).* Auch Adverbien können zu Adjektiven gemacht werden *(nichtig).* Eine Sondergruppe bilden die aus partizipialen Ausdrücken abgeleiteten: ‚graues Haare habend' > *grauhaarig*; ‚zwei Sprachen beherrschend' > *zweisprachig*; ‚auf ein Ziel strebend' > *zielstrebig.*

(iii) *-lich* kann ebenfalls das Wesen oder den Charakter ausdrücken *(ländlich)*, doch haben viele Bildungen die Bedeutung ‚betreffend', d.h., sie drücken eine Beziehung aus *(verkehrlich, preislich, betrieblich)* und können nur attributiv gebraucht werden. Diese Erweiterung scheint sich in den Fachsprachen ausgebildet zu haben. Die Ableitungsgrundlage sind im wesentlichen Substantive, aber auch Verben *(zerbrechlich)* oder Adjektive, meist mit der Bedeutung ‚Art von, Nuance von', z.B. *rötlich*. Das Vorkommen von Umlaut ist willkürlich.

(iv) *-isch* wird hauptsächlich bei Ableitungen aus Stubstantiven gebraucht. Eine Sondergruppe bezeichnet die Herkunft *(irisch)* und ist aus Namen abgeleitet. Eine charakteristische Erscheinung ist der Gebrauch von *-isch* bei Fremdwörtern *(morphologisch)*. Die herabsetzende Bedeutungsnuance von *-isch (kindisch, weibisch)* entstand im 18. Jh.

(v) *-en, -ern* haben ihre genaue Definition ‚bestehend aus' bewahrt und werden nur bei Ableitungen aus Substantiven gebraucht, z.B. *seiden, stählern*. Manchmal stehen sie in Opposition zu Formen auf *-ig*: *seidig* ‚wie Seide', *seiden* ‚aus Seide', vgl. engl. *silky – silken*.

(vi) -haft bei substantivischer Ableitungsbasis bedeutet hauptsächlich ‚in der Art von': *schurkenhaft, löwenhaft* oder ‚besitzend': *schamhaft*.

(vii) -sam. Die meisten Adjektive sind lexikalisiert. Bei verbalen Ableitungsbasen ist die Bedeutung gewöhnlich ‚geneigt sein zu': *empfindsam, fügsam*.

Es gibt auch einige freie Formen, die so häufig vorkommen, daß man sie als Ableitungsmorphe betrachten kann, z.B. *-arm (wasserarm), -reich (fischreich), -voll (problemvoll), -los (gedankenlos), -frei (verkehrsfrei)*. Am beliebtesten scheint heute *-mäßig* zu sein (‚das Ferienhaus ist *lagemäßig* und *ruhemäßig* sehr zu empfehlen') mit der Bedeutung ‚hinsichtlich' oder ‚gemäß'. Anders als die älteren Suffixe kann es an alle Arten von Substantivableitungen gefügt werden *(überlieferungsmäßig, mannschaftsmäßig)*. Diese Bildung bereichert auch den Bestand an Beziehungsadjektiven, der im Deutschen im übrigen recht ärmlich ausgestattet ist, vgl. *sorgfältige Betreuung – gesundheitsmäßige Betreuung*.

7.7.3 Nominalkomposition

(i) Zahlenmäßig ist der bedeutendste Typ das Determinativkompositum. Sowohl der erste oder determinierende Bestandteil wie das Grundwort können Simplizien, Ableitungen oder Komposita sein: *Regenzeit, Staatsbegräbnis, Ansiedlungswünsche, Verwaltungsmittelpunkt, Dienstleistungsbetrieb*. Der erste Bestandteil kann im Singular oder, seltener, im Plural stehen *(Gottesdienst, Götterspeise)*; er kann ein Fugenelement haben oder nicht. Die Unterscheidung zwischen primärer und sekundärer Zusammensetzung, die historisch von Bedeutung ist (s. 3.7.5; 4.6.4 (i); 5.6.5 (i); 6.7.5), kann bei einer synchronischen Darstellung der Gegenwartssprache vernachlässigt werden. Das Genitiv-*s* der Mask. und Neut., seit dem 16. Jh. auf Fem. übertragen (s. 6.7.5), neigt zu bloßer Konvention ohne Funktion (vgl. *Kalbfleisch* aber *Kalbsleder)*, doch erscheint es im allgemeinen bei determinativen Bestandteilen auf *-heit, -keit, -schaft, -tum, -ung, -ion, -tät* und gelegentlich, aus phonetischen Gründen, als Gleitlaut. Es steht nicht bei einsilbigen, auf Konsonant endenden Fem. oder bei zweisilbigen auf *-e* mit Ausnahme von *Liebe, Hilfe, Geschichte (Liebesdienst, Hilfstruppe, Geschichtsbuch).* Der Gebrauch variiert in den meisten der anderen Fälle, bisweilen mit regionalen Unterschieden. Das Fugenelement *-en* findet sich bei heutigen oder früheren Substantiven mit *n*-Pl. *(Sonnenblume, Schwanenhals, Bubenstreich)* und kann auf einen Gen. Sg. oder, seltener, auf eine Pl.-Form zurückgehen.

Da wo die beiden Bestandteile selbst Komposita sind – eine für die heutige Sprache äußerst charakteristische Form der Zusammensetzung – bleibt die Struktur nichtsdestoweniger generell zweiteilig (binär), wie die folgenden Beispiele zeigen:

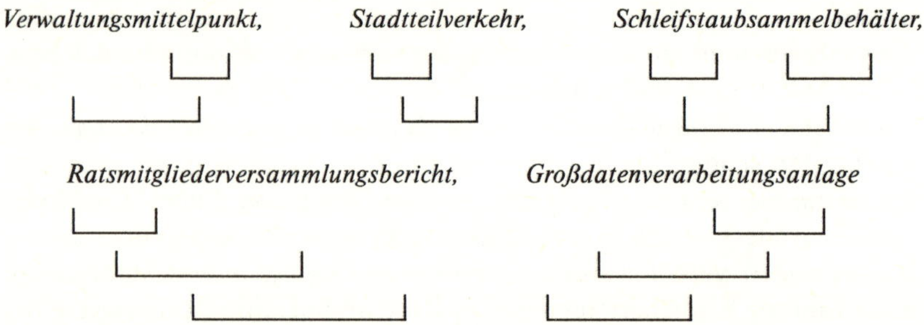

Komposita aus drei Bestandteilen sind heute ganz geläufig, doch solche mit vier Bestandteilen sind gewöhnlich auf Fachsprachen beschränkt. Eine ganz wesentliche Erscheinung bei der Zusammensetzung im heutigen Deutsch ist die große Freiheit und Bereitschaft, Komposita ad hoc zu bilden. Syntaktisch gesehen beruhen solche Komposita am häufigsten auf einer Genitiv- oder Präpositionalkonstruktion: *Zeit des Regens, Begräbnis durch den Staat, Wünsche hinsichtlich der Ansiedlung, Mittelpunkt der/für die Verwaltung, Verkehr im Stadtteil, Sammelbehälter für Schleifstaub, Bericht über die Versammlung der Ratsmitglieder.* Andere

Beziehungen können entstehen durch Umwandlung oder Auslassung eines Verbs, z. B. *Eierfrau* ‚eine Frau, die Eier bringt', *Biertrinker* ‚einer, der Bier trinkt'. Welche Beziehung im einzelnen Fall zutrifft, wird im wesentlichen vom Bedeutungsgehalt der Bestandteile bestimmt oder, im Falle von Mehrdeutigkeit, durch Konvention.

Es kommt heute auch ein Zusammensetzungstyp vor, den man Ballung nennen könnte. Er besteht nicht aus unabhängig vorkommenden Zusammensetzungen, sondern stellt eine Art Zusammenziehung ganzer Fügungen oder Sätze dar: *Unterwasserfernsehgerät* ‚ein Fernsehgerät, das unter der Wasseroberfläche benützt werden kann', *Allschneeschnellskier* ‚Skier, die bei jedem Schneezustand eine schnelle Fahrt gewährleisten', *Einwegflasche* ‚eine Flasche, die vom Verkäufer nicht zurückgenommen wird'.

Eine alte Form ist anderseits die Klammerform, bei der einer der Bestandteile, entweder der determinierenden ersten Zusammensetzung oder des Grundwortes, ausgelassen wird, z. B. *Atomkernzertrümmerung > Atomzertrümmerung, Überschallgeschwindigkeitsflugzeug > Überschallflugzeug, Hallenschwimmbad > Hallenbad.*

Eine neue, in heutigen Zeitschriften wie z. B. dem *Spiegel* gern gebrauchte Art der Zusammensetzung besteht in der Nebeneinanderstellung (Juxtaposition) eines Namens plus einem Appellativ, beispielsweise: *der Deutschland-Besucher de Gaulle, die Ägypten-Entwicklungshilfe, der Adenauer-Geburtstag, Japan-Autos.* Ähnliche, freie Verbindungen abkürzende Nebeneinanderstellungen sind *Patient-Arzt-Verhältnis, Luft-Boden-Flugkörper, Möchtegern-Mütter, oben-ohne.*

Kopulativkomposita, bei denen die Bestandteile nicht unter-, sondern nebengeordnet sind, spielen, verglichen mit den Determinativkomposita, eine bescheidene Rolle, z. B. *Strumpfhose, Pulloverjacke.*

(ii) Ein zweiter Typus von Zusammensetzungen besteht aus einem Adjektiv (oder in geringerem Maße aus einem Pronomen oder einer Partikel) + einem Substantiv: *Schnellrasur, Nurphilologe, Ichbewußtsein.* Die aus Adj. + Subst. zusammengezogenen oder -gewachsenen Komposita (Klebeformen) haben außerordentlich zugenommen und sind in der Gegenwartssprache sehr beliebt. Historisch gehen sie zurück auf attributive Fügungen, in denen das stark deklinierte Adjektiv endungslos sein konnte (s. 4.5.2, 5.6.5): mhd. *junc man, junc vrouwe, junc kind.* In Analogie zu alten Komposita wie *Jungfrau, Frühmesse* gibt es heute eine große Zahl solcher Klebeformen: *Schwarzafrikaner, Frischfleisch, Gebrauchtwagen.* Immer trägt die zusammengezogene Form fachsprachlichen Charakter (*Frischfleisch* gegenüber *frisches Fleisch*). Kategorisierung ist an die Stelle der Beschreibung getreten. Die Welt in Begriffskategorien einzuteilen, den Dingen systematisierende Schubfächer zuzuweisen, ist eine Tendenz modernen administrativen, kommerziellen und journalistischen Denkens. Einige Adjektive sind in dieser Funktion besonders beliebt, z. B. *klein* (*Kleinfahrzeug* oder im Superlativ: *Kleinsthörgerät*), *groß (Großwohnung, Größtverbraucher).* Viele sehen wie Ballungen aus, da keine attributive Fügung zugrunde liegt, z. B. *Schnellstraße* ‚Straße, auf der man schnell fahren kann', *Vielfachbearbeitungsmaschine.*

Im allgemeinen sind nur adjektivische Simplizien bei solchen Zusammensetzungen zulässig, doch ist der Gebrauch abgeleiteter Adjektive fremdsprachlicher Herkunft möglich, was eigentlich dafür spricht, daß diese fremdsprachlichen Suffixe (*-al, -iv, -ar, -är*, nicht aber *-ös, -ibel, -abel*) nicht als Ableitungsmittel zählen: *Individualverkehr, Idealheim, Exklusivbericht.*

Exozentrische Komposita (Possessivkomposita, Bahuvrīhis) finden sich ebenfalls, besonders zur Bezeichnung menschlicher Körperteile: *Dickbauch, Dummkopf, Bleichgesicht.*

(iii) Eine ausgesprochen moderne Erscheinung ist das Nominalkompositum mit einem Verb als erstem Bestandteil (vgl. jedoch S. 105 u. S. 524) (viii)): *Prüfprotokoll, Werbeprospekt, Drehknopf, Reitpferd, Frischhaltepackung.* Die Verben zeigen stets die Wurzelform, wobei *-e* im allgemeinen nur nach einem stimmhaften Verschluß- oder Reibelaut vorkommt.

Am einfachsten läßt sich ein Verb durch Substantivierung des Infinitivs in ein Substantiv umwandeln. Dieser Vorgang kann erweitert werden durch Einbeziehung eines substantivischen Objekts, eines prädikativen Adjektivs oder eines Reflexivpronomens oder durch eine Kombination dieser Möglichkeiten: *das Kegelschieben, Erdgasvorkommen, Zurgeltungkommen, Sichtbarwerden, Sichdurchsetzen, Sichnützlichmachen.* Etwas konkreter sind die gewöhnlich mehr das Ergebnis als den Vorgang bezeichnenden Ableitungen auf *-ung*: *die Herausarbeitung, Instandsetzung.* Solche abgeleiteten Komposita können natürlich auch Komposita des Typs Substantiv plus Substantiv sein *(die Konferenzbeschickung)*, wenn ihre Bestandteile auch unabhängig als Substantive vorkommen.

(iv) Komposita mit Adjektiven oder Partizipien als Grundwort (Basis) sind im heutigen Deutsch ebenfalls äußerst beliebt. Besonders in der Werbung scheint der Einfallsreichtum keine Grenzen zu kennen: *autogerecht, kostentreibend, verkehrshinderlich, erschütterungsfest, fußwarm, preisgebunden, aromafrisch, maschinenlesbar, erneuerungsfreudig, karrierebewußt, leistungsbezogen, frischbetankt, behördenfromm, abendfüllend, hautschonend, straßengängig, ölfündig.* Meistens ist der erste Bestandteil ein

Substantiv, doch andere Wortarten kommen ebenso vor, z.B. Adjektive: *rotgestrichen, schmalspurig, dünnflüssig, größtgeplant*, Pron.: *selbstbewußt*, Verben: *rutschfest, schreibgewandt.* Einige Adjektive kommen besonders in der Werbung recht häufig als Grundwort vor, z.B. *-frei, -fest, -echt.* Syntaktisch gesehen liegt solchen Adjektivkomposita eine Objekt- oder präpositionale Beziehung zugrunde. Substantive als Bestandteil der Basis werden durch adjektivische Ableitungssuffixe zu Adjektiven umgewandelt (*Spur*>*spurig*), Verben durch *-bar* (*lesen*>*lesbar*) oder durch Umwandlung in ein Partizip (*füllen*>*füllend, gefüllt*).

(v) Keine Darstellung der Wortbildung im heutigen Deutsch kommt um die Abkürzung bei Substantiven herum. Es gibt drei Typen: 1) Kürzung von Wörtern, z.B. *Kombimöbel* (<*Kombination*), *Lok* (<*Lokomotive*), *Labor* (<*Laboratorium*), *Krimi* (<*Kriminalroman*); 2) Anfangsbuchstaben können zu neuen Wörtern kombiniert werden, z.B. *Apo, DIN, Vopo*; 3) Die Anfangsbuchstaben werden als Buchstaben gesprochen, z.B. *UKW, EWG, DDR.* Auch in Zusammensetzungen kommen Abkürzungen vor: *D-Zug, NS-Belastung, Euro-Gipfel.*

7.7.4 Verbbildung

(i) Die Ausdrücke Ableitung und Komposition sind bei der Wortbildung des Verbs nur von geringem Nutzen. Ableitung kommt praktisch nur bei der Umwandlung zu Verben durch das eine Suffix des Infinitivs *-en* vor. Es kann erweitert werden zu *-el-n, -er-n, -ig-en, -ier-en, -is-ier-en*, deren Bedeutung bereits bei der Entstehung dieser Erweiterungen erörtert wurde (s. 3.7.4, 4.6.3, 5.6.4, 6.7.4). Jüngst ist noch *-ifiz-ier-en* zur Bildung transitiver Kausativa aus fremdsprachiger Basis dazugekommen, z.B. *klassifizieren.* Das Muster dafür ist das lat. Suffix *-ficare* (<*facere* ‚machen‘) und dessen Entsprechungen im Französischen *(-ifier)* und Englischen *(-ify).* Die Umwandlung von Substantiven hat besonders fachsprachlich beträchtlich zugenommen *(drahten, gummieren, sanden)* und ist namentlich zusammen mit Präfixen beliebt *(verlanden, entwässern, ausbrauchen).* Kausative Verben (mit der Bedeutung ‚machen‘) können gelegentlich noch aus Adjektiven *(glätten)* gebildet werden, doch Inchoativa (mit der Bedeutung ‚werden‘, *reifen*) und Kausativa aus verbaler Basis *(senken)* sind wahrscheinlich alle lexikalisiert, da diese Typen nicht mehr produktiv sind.

Wortartwechsel (Konversion) von Nominalkomposita ist ebenfalls möglich: *Leitartikel*>*leitartikeln, Mutmaßung*>*mutmaßen, Ohrfeige*>*ohrfeigen, Strafversetzung*>*strafversetzen.* Der Vorgang, durch den solche Verben entstehen, heißt Rückbildung. Sie dürfen nicht mit echten Verbalkomposita verwechselt werden (s. u.). Sie sind stets untrennbar.

(ii) Die echte Komposition spielt nur eine bescheidene Rolle. Fachsprachlich kommen Zusammensetzungen aus Verb plus Verb vor: *fließdrücken, schleifputzen, tauchhärten, mähdreschen.* Letzteres ist anscheinend ein Kopulativkompositum. Die anderen sind Determinativkomposita. Einige wenige syntaktische Fügungen sind heute in der Schreibung Komposita: *kennenlernen, sitzenbleiben*, nicht aber *stehen lassen.* Solche Zusammenrückungen sind trennbar, doch sind die echten Komposita aus Verb plus Verb im allgemeinen auf die Nominalformen des Verbs, d. h. auf Infinitiv und Partizipien, beschränkt. Sie sind nie trennbar. Komposita mit einem Substantiv als Bestimmungselement sind verhältnismäßig selten. Sie sind trennbar: *achtgeben, teilnehmen, zugrundegehen, schlittenfahren, maschineschreiben, radfahren.* Wo die Trennung der Teile nötig ist und zu seltsam klingenden Formen führt, wird die Zusammensetzung häufig wieder aufgelöst, z. B. *zähnefletschen*, kaum **er fletscht zähne* oder er *zähnefletscht* (Duden, analog zu den indirekten Verbzusammensetzungen, s. o.). Trennbare Verbzusammensetzungen, deren erster Bestandteil ein Adjektiv ist, sind häufiger und unproblematischer: *heißlaufen, glattreiben, trockenlegen, fremdgehen.* Adverbiale Partikel als erste Bestandteile sind ebenfalls problemlos: *hinauswerfen, dableiben, herkommen, weiterwursteln, zusammenlöten.*

(iii) Die für Verben wirklich charakteristische Art der Wortbildung ist die Präfigierung, die zwei Typen aufweist. Der erste Typus wird von sechs Partikeln gebildet, die gebundene Morpheme sind *(be-, er-, ent-, ver-, zer-, miß-).* In früheren Sprachstadien kam auch *ge-* vor, doch alle Verben mit *ge-* sind heute lexikalisiert *(fallen – gefallen)*, da dies Präfix nicht mehr produktiv ist. Der zweite Typus besteht aus präfigierten Adverbien/Präpositionen, die freie Morpheme sind (*ab, an, auf* usw.). Die meisten sind stets trennbar, doch kann eine kleine Sondergruppe (*durch, über, um, unter*, seltener *wider*) auch untrennbar sein *('übersetzen – über'setzen); hinter* ist stets untrennbar. Viele sind hochgradig polysem, d. h. haben mehrere Bedeutungen und bilden zahlreiche Klassen und Unterklassen, wobei viele lexikalisierte Einzelformen das Bildungsmuster noch weiterhin komplizieren.

Nur die untrennbaren gebundenen Morpheme und ihre Hauptbedeutungsklassen können hier aufgeführt werden. Die Präfixe werden nach ihrer Häufigkeit angeführt:

ver- (a) ‚versehen mit': *verzieren, vergolden.*
(b) ‚rückgängig oder falsch machen': *verlernen, versteigen.*
(c) ‚zu etw. machen oder vollenden': *verlanden, verwildern; ver-* ist besonders produktiv bei der Bildung von Verben aus Adjektiven.
(d) ‚weg': *verschenken, verreisen.*

be- (a) Hauptfunktion: Bildung transitiver Verben: *besingen, besteigen.*
(b) ‚versehen mit': *beringen, berasen, bebildern.*
(c) ‚etw. an etw. tun': *beschmieren, befriedigen.*

er- (a) ‚Übergang in einen anderen Zustand': *erlahmen, erwachen.*
(b) ‚vollenden oder erreichen': *ersteigen, ersingen.*

ent- (a) ‚weg von, heraus': *entsteigen, entlaufen.*
(b) ‚entfernen': *entkeimen, entnazifizieren.*

zer- (a) ‚entzwei machen': *zersetzen, zersingen.*
(b) ‚Handlungsintensivierung': *zerschneiden, zerschmettern.*

miß- (a) ‚falsch oder gar nicht machen': *mißbrauchen, mißglücken.*

7.8 Syntax

7.8.1 Satzbau

Die vorhergehenden, sich mit Syntax befassenden Abschnitte, haben gezeigt, wie im Deutschen Satz und Nebensatz von zwei Bestandteilen, dem Nominalglied und dem Verbalglied, bestimmt werden. Das Nominalglied, in aufeinander folgenden Teilen angeordnet und durch die Nachbarschaft seiner Konstituenten markiert, wird innerhalb des Satzes vom Verbalglied regiert. Aufgabe des Verbalglieds ist dementsprechend die Organisation des Satzes. Dies beruht auf drei wichtigen Eigenschaften des Verbalglieds: seiner Fähigkeit, eine von drei entscheidenden Stellungen einzunehmen; seiner Fähigkeit, andere Teile einzuklammern, d.h. als diskontinuierliches Morph aufzutreten; und seiner Fähigkeit, die Anzahl der Ergänzungen zu bestimmen, die vorhanden sein müssen (seine Valenz oder Wertigkeit). Natürlich hat es auch noch andere Eigenschaften: die Angabe von Numerus und Person (ein morphologisches Merkmal, vgl. 7.6.3); die Angabe von Modus und Tempus (ein morphologisch-syntaktisches Merkmal, vgl. 7.8.3) und den Ausdruck des lexikalischen wie ableitungsbezogenen Bedeutungsgehalts (vgl. 7.7.4). Hier interessieren uns seine satzbezogenen Eigenschaften.

Obwohl die Rolle des Verbs hinsichtlich der Wortstellung nicht von anderen Aspekten wie Intonation, Modus und seiner Bedeutung isoliert werden kann, liefert die Wortstellung in der Tat den wichtigsten Klassifikationsrahmen für den Satz im Deutschen.

(i) *Spitzenstellung* des finiten Verbs findet sich hauptsächlich bei den uralten Satztypen Entscheidungsfrage, Imperativ, Wunsch im Konjunktiv und konjunktionsloser Konditionalsatz: *Kommt er wohl noch? Komm schnell! Möge es ihm gelingen! Kommt er heute noch, so können wir gleich anfangen.* Gelegentlich kommt diese Stellung auch in anschließenden Kausalsätzen vor, besonders in der Belletristik: *Er brach zusammen, hatte er doch seit drei Tagen nichts mehr zu trinken bekommen.* Anderseits kommt dies umgangssprachlich durch Ellipse des Subjektspronomens vor: *Weiß nicht. Kommt nicht in Frage*; auch im heutigen Zeitungsstil: *Klagt der Minister*: . . . (Bild-Zeitung). Dies erinnert an den volkstümlichen Stil des Frnhd. (vgl. 6.8.1 (i)).

(ii) *Zweitstellung* des finiten Verbs ist die kennzeichnende Form des unabhängigen Satzes. Dem finiten Verb kann nur ein Element vorausgehen, das allerdings durch alle möglichen Hinzufügungen stark erweitert werden kann: *Die Fülle der Lehrbücher über deutsche Sprachlehre mit ihren immer neuen Lösungsversuchen /läßt/ es erkennen, daß etwas nicht in Ordnung ist*, . . . (E. Drach); *den Mann dort drüben /meine/ ich.* Satzartige Teile, die unabhängig sind, zählen natürlich nicht: *Ja, gnädige Frau, das /zeige/ ich Ihnen gern* (nur *das* ist ‚erstes' Element). Genau in dieser Stellung zeigt sich am deutlichsten die Fähigkeit des Verbs, Ergänzungen einzuklammern, die nicht an der ersten Stelle stehen. Der verbale Rahmen kann durch die folgenden finiten plus infiniten Verbteile gebildet werden:

(a) Fin. Vb. + Inf.: *ich /werde/ Ihnen morgen den Korb /bringen/.*
sie /pflegte/ ihm jeweils einen Korb /zu geben/.
(b) Fin. Vb. + Part. Prät.: *ich /habe/ ihn dir schon gestern /gebracht/.*
(c) Fin. Vb. + trennb. Präfix: *ich /nehme/ Ihnen den Korb gerne /ab/.*
(d) Fin. Vb. + Element des Verbalkomp.: *ich /nehme/ morgen mit Freude daran /teil/.*
(e) Fin. Vb. + Subst.-Element: *er /erstattete/ dem Chef gleich nach seiner Rückkehr /Bericht/.*

Mit solchen nominalen Umschreibungen *(Bericht erstatten)* sind wir ganz nahe bei der geläufigen Gruppe Verb + Objekt, bei der ebenfalls der Grundsatz gilt, daß das, was am engsten mit dem Verb verknüpft ist, sich am weitesten vom finiten Verb entfernt befindet. Historisch gesehen sind die zuletzt in die absolute Endstellung gerückten infiniten Bestandteile die Infinitive und Partizipien der Modalverben. Heute heißt es *er hat es nicht gut sehen können*, während bis zum Frnhd. *können sehen* ebenso geläufig war wie noch immer in vielen Mundarten.

Es gibt jedoch bei der Einklammerung bestimmte Beschränkungen.

Einige sind formaler oder syntaktischer Art: untergeordnete Sätze, insbesondere Relativ- und *daß*-Sätze, Infinitivsätze und Vergleichssätze mit *wie* oder *als* werden allgemein nicht eingeklammert, z.B. (a) *Dabei /wurde/ zunächst mit den Begriffen des Lateinischen /gearbeitet/, denen sich, mögen auch einige neue Begriffe hinzugekommen sein, die meisten Lehrbuchverfasser unterordnen* (E. Drach). (b) *Man /hat/ in der Humanistenzeit /begonnen/, die Betrachtungsweise auf die Fachbegriffe der griechisch-lateinischen Sprachgelehrsamkeit auf die anderen Sprachen zu übertragen* (E. Drach). Einige Einschränkungen sind rhythmischer Art: der verbale Rahmen muß ein gewisses Gewicht aufweisen, das durch übermäßige Gewichtigkeit der anderen Bestandteile nicht überschritten werden darf. Verbpartikeln sind in dieser Hinsicht recht schwach und unfähig, gewichtige Ergänzungen einzuschließen. Daher: *aber die Industrie /brachte/ einen neuen Mittelstand /hervor/: Händler, Agenten, Ingenieure, Industriebeamte, die nicht auf Erlösung durch die Weltrevolution warteten* (R. Rath); *Aber /beziehen/ wir auch gleich den Zuhörer oder Leser /ein/, den Empfänger der Botschaft* (H. Eggers). In vielen Fällen ist die Ausklammerung gefühlsmäßig, stilistisch oder durch die Betonung begründet. Besonders häufig tritt sie in gesprochener Sprache und in der Umgangssprache auf (s. S. 516 bzw. S. 506f.), doch auch in der geschriebenen Sprache ist ihr Gebrauch jetzt recht frei, z.B. *Wenn ich /lese/ von einer Jugendgruppe, die am nächsten Sonntag anzelten will* (L. Weisgerber); *Unter Satzlehre /wird/ hier /verstanden/ die Betrachtung des Satzganzen und der in ihm enthaltenen Wortgefüge* (E. Drach); *Nun /wollen/ wir /gehen/ in die Stadt meines Vaters und ansehen, wie sie abgefallen /ist/ von meiner Erinnerung* (Uwe Johnson). Im allgemeinen stehen Präpositionalobjekte und Ergänzungen der Zeit, des Raums und der Art und Weise am ehesten außerhalb der Klammer. Die extremste Form der Einklammerung war im 17. und 18. Jh. üblich.

Die Zweitstellung wird auch vom finiten Verb untergeordneter Sätze eingenommen, bei denen die Auslassung der unterordnenden Konjunktion zulässig ist: (a) *er sagt, er /habe/ es schon getan (daß)*; (b) *er befahl, es /müsse/ erledigt werden (daß)*; (c) *er wird durchfallen, es /sei/ denn, er strenge sich mehr an.* Hier wird die Unterordnung noch immer vom Konjunktiv getragen und nicht von einer Konjunktion plus Endstellung des finiten Verbs.

Ein unabhängiger Satz mit Zweitstellung des finiten Verbs kann auch in einen Fragesatz umgewandelt werden, und zwar allein durch das dafür erforderliche Intonationsmuster: *Sie sind schon im Urlaub gewesen?*

(iii) *Endstellung* des finiten Verbs ist das Kennzeichen der untergeordneten Sätze im Deutschen. Aus einer ursprünglich rückwärtigen Stellung (vgl. 4.7.1 (iii), 5.7.1 (iii)) wurde zunehmend die absolute Endstellung (vgl. 6.8.1 (ii)). Schließlich wurden sogar Infinitive und Partizipien eingeklammert: *Er freute sich, weil er nun endlich einmal Italien besuchen /konnte/.* Behaghels Behauptung, dies sei im wesentlichen durch den Einfluß des Lateinischen zustandegekommen, wird jetzt allgemein zurückgewiesen, und man nimmt an, daß hauptsächlich die Grammatiker des 18. Jh.s für die enger gefaßte Regel verantwortlich seien. Der eigentliche Verbrahmen besteht daher aus zwei Pfosten, vorn und hinten: der unterordnenden Partikel (Konjunktion oder Relativpronomen) und dem finiten Verb. Nur wenn zwei Infinitive vorkommen, gilt die Regel nicht. In diesem Falle steht das Verb vor diesen Infinitiven: *weil er nicht /hat/ warten können,* doch *weil es nicht gelesen werden /darf/.* Darüber hinaus kommt Ausklammerung nur unter ähnlichen Bedingungen vor, wie sie für den unabhängigen Satz hinsichtlich ihrer Notwendigkeit oder Zulässigkeit gelten.

(iv) Die *Valenz (Wertigkeit)* ist bereits als dritte wichtige satzbezogene Eigenschaft des Verbs erwähnt worden. Alle deutschen Verben erfordern potentiell das Vorkommen oder Nichtvorkommen bestimmter Ergänzungen. Man kann sie daher nach ihrer Wertigkeit einteilen. Die in der Sprache vorkommenden Satzmuster (Satzbaupläne) werden grundsätzlich von der Wertigkeit des Verbs bestimmt. Alle Verben fordern normalerweise eine Subjektsergänzung: *Er schläft; es regnet.* Wenn die erste Stelle von einer bestimmten Personalergänzung eingenommen wird, ist bei einigen Verben im Deutschen das unpersönliche Subjekt entbehrlich: *mich friert < es friert mich, mir wird schlecht < es wird mir schlecht.* Ein zweiter Verbtyp fordert das Vorhandensein einer zweiten Ergänzung, gewöhnlich ein Objekt im Akkusativ, Dativ oder Genitiv (heute selten) oder mit einer Präposition, einer adverbialen Ergänzung oder einem Prädikativum: *er schlägt ihn; er hilft ihm; er wartet auf ihn; sie ist hübsch.* Ein dritter Verbtyp fordert für seine grammatisch korrekte Anwendung drei Ergänzungen: *er gibt ihm ein Geschenk.* Es gibt verschiedene Untertypen. Der Unterschied zwischen notwendigen und wahlweisen Ergänzungen ist oft schwer auszumachen, und der gesamte Bereich der von der Verbvalenz bestimmten Satzbaupläne ist noch keineswegs erschöpfend untersucht und beschrieben.

7.8.2 Das nominale Glied

Das nominale Glied ist im Deutschen außerordentlich vielgestaltig. Das eine Extrem ist das Vorkommen eines einzigen Substantivs *(Eisen rostet),* das andere das Vorkommen von einem paar Dutzend oder mehr (nach W.

Admoni bis zu fünfzig) hierarchisch angeordneter Wörter auf beiden Seiten des nominalen Kerns. Vor dem Kern stehende Bestandteile wie Artikel, Demonstrativpronomen, Possessiva, Adjektive, Partizipien und bestimmte Zahlwörter werden durch Kongruenz verknüpft. Den hinter dem Kern befindlichen Bestandteilen wie Genitivattributen, Präpositionalkonstruktionen, untergeordneten Attributsätzen fehlt mit Ausnahme der nachgestellten Appositionen die Kongruenz. Es ist festgestellt worden (von H. Eggers), daß mit allgemein abnehmender Beliebtheit der hypotaktischen Konstruktionen das Nominalglied oft erweitert wird. Insbesondere begünstigt wissenschaftliche und technische Prosa das erweiterte Nominalglied. Zwei seiner Bauteile tragen die Hauptlast dieser Entwicklung: das vor dem Kern befindliche erweiterte Partizipial- und Adjektivattribut (zu seiner Entwicklung vgl. 6.8.2 (ii)) und die Genitiv- und Präpositionalattribute hinter dem Kern. W. Admoni hat gezeigt, daß während der letzten 150 bis 200 Jahre die durchschnittliche Länge des Nominalglieds in vielen wissenschaftlichen und literarischen Werken zwischen vier und fünf Wörtern betrug, wobei mehr als die Hälfte aller Wörter im Nominalglied vorkommen (s. *Entwicklungstendenzen*, S. 37–42). Das Nominalglied kann als Subjekt wie auch als jede sonstige Ergänzung dienen. Besonders als Subjekt und als Akkusativobjekt ist das Nominalglied tendentiell am umfangreichsten.

Die Struktur des gewöhnlichen Nominalglieds kann schematisch wie folgt dargestellt werden:

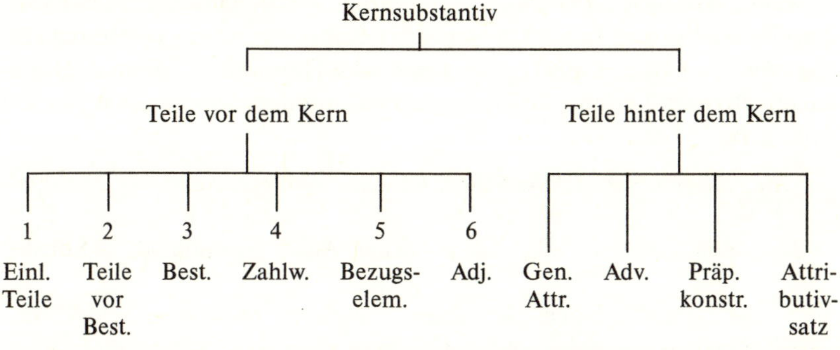

(1) Als einleitende Teile stehen Satzadverbien und Präpositionen. (2) Die Teile vor den Bestimmungselementen (Artikelwörter) sind *all* und die unflektierten Formen *all, irgend, manch, solch, welch*, die nie allein vor dem Kern stehen können, sondern immer mit einem Bestimmungselement kombiniert werden müssen: *all* mit dem best. Artikel, mit *dies-, jen-* oder den Possessiva; die anderen mit *ein-; irgend* auch mit *welch*. (3) Die

Bestimmungselemente (Artikelwörter) können in bestimmte und mögliche eingeteilt werden. Letztere sind Formen wie z. B. *ein, kein* und die Possessiva, deren unflektierte Formen ihre bestimmende Funktion nicht erfüllen. Diese Funktion geht daher auf die folgenden Elemente über (s. 7.6.2). Es gibt verschiedene Arten von Bestimmungselementen: Artikel, Demonstrativa, alle flektierten unbestimmten Pronomen und die Possessivadjektive (denen selbst die Bestimmungselemente *dies-* und *jen-* vorausgehen können: *diese meine*). Vor *jed-* und *jeglich-* kann *ein* stehen. Trotz dieser wenigen Ausnahmen ist es für das Nominalglied charakteristisch, daß in ihm im allgemeinen nur ein einzelnes Bestimmungselement vorkommt. Anders als die Adjektive bilden die Bestimmungselemente eine geschlossene Klasse. Adjektive können in Häufung verwendet werden. Die Bestimmungselemente unterliegen aufgrund der semantischen Beschaffenheit des Kerns bestimmten Einschränkungen, z. B. können Stoffsubstantive und Abstrakta im allgemeinen nicht mit Bestimmungselementen im Plural verbunden werden. (4) Die Zahlwörter umfassen unbestimmte Zahlwörter und Kardinalzahlen. Einige können selbst als Bestimmungselemente dienen *(alle, sämtliche)*, während andere sich genau wie beschreibende Adjektive verhalten (*andere, einige, viele, wenige usw.*). (5) Die Bezugselemente sind bestimmte Adjektive, die sich wie Adjektive verhalten, doch durch ihre Stellung vor den eigentlichen beschreibenden Adjektiven charakterisiert sind. Sie beziehen sich auf Gegebenheiten des Textes, der Zeit und des Ortes, z. B. *vorliegend-, erwähnt-, diesjährig-, ähnlich-, früher-, dortig-, hiesig-*. Ordinalzahlen haben dieselbe Stellung inne. (6) Die Adjektive selbst weisen eine Ordnung auf: allgemein – Farbe – Stoff – geographische Herkunft – nominal. Nominaladjektive sind solche, die besonders eng mit dem Substantiv verknüpft sind, z. B.

die	*diesjährigen,*	*erfolgreichen,*	*französischen*	*musikalischen*	*Festspiele*
|	|	|	|	|	|
Best.	Bezugselem.	allg. Adj.	geogr. Adj.	Nominaladj.	Subst.

die	*zwei*	*engen,*	*grünen,*	*wollenen,*	*französischen*	*Röcke*
|	|	|	|	|	|	|
Best.	Zahlw.	allg. Adj.	Farbadj.	Stoffadj.	geogr. Adj.	Subst.

Es besteht also ein Unterschied zwischen *ein seidenes enganliegendes Kleid* (Stoffadj. – Nominaladj.) und *ein enganliegendes, seidenes Kleid* (allg. Adj. – Stoffadj.). Verbale Teile, die dem Kern als Attributivsätze folgen können, sind in erweiterte, vor dem Kern liegende Attribute umwandelbar, z.B. *ein neuer Film, der wiederum in Spanien gedreht wurde>ein neuer, wiederum in Spanien gedrehter Film* (s. 6.8.2 (ii)).

Die hinter dem Kern befindlichen Teile sind in ihrer Anordnung freier. Während in der Stellung vor dem Kern sich vor allem Pronomen und Adjektive befinden und Substantive nur, wenn sie von Adjektiven oder Partizipien abhängen, wird der Bereich hinter dem Kern von substantivischen Teilen beherrscht. Das Genitivattribut ist am engsten mit dem Kern verbunden und steht vor Adverbial- und Präpositionalkonstruktionen: *Eine weitere innige Beziehung Zürichs zu Italien war akademischer Art* (F. Ernst). Appositionen und Attributivsätze treten an den relevanten Stellen auf. Ob ein Attributivsatz vor oder hinter den Kern gesetzt und ob ein verbaler Teil in einen nominalen Teil (Partizip) des vor dem Kern befindlichen erweiterten Attributs umgeformt wird, ist gewöhnlich eine Sache des Stils. Man vergleiche die folgenden Sätze:

(a) ‚gerade in einem Fremdsprachenunterricht, der sich zunehmend an der gesprochenen Sprache orientiert, die nun wieder gekennzeichnet ist durch eine Fülle von Kurzsätzen und Satzabbrüchen, /erscheint/ es uns als gerechtfertigt, . . .' (L. Götze).

Oder: gerade in einem sich zunehmend an der durch eine Fülle von Kurzsätzen und Satzabbrüchen gekennzeichneten gesprochenen Sprache orientierenden Fremdsprachenunterricht, /erscheint/ es uns als gerechtfertigt, . . .

(b) ‚daß Giovanni einen besseren, interessanteren, weil durch autobiographische Erfahrung, polemisch zugespitzte Argumentation und stilistische Vielfalt ebenso authentischen wie widersprüchlichen Film /gemacht hat/, . . .' (H. G. Blumenberg). . . .

Oder: daß Giovanni einen besseren Film (/gemacht hat/), der auch interessanter ist, weil er durch autobiographische Erfahrung, polemisch zugespitzte Argumentation und stilistische Vielfalt ebenso authentisch wie widersprüchlich ist, (/gemacht hat/), . . .

Die Klammern in (b) sollen darauf hinweisen, daß eine Umsetzung in den Bereich hinter den Kern heute mit ziemlicher Sicherheit stilistisch Ausklammerung erfordert, obwohl Einklammerung grammatisch nicht falsch wäre.

7.8.3 Das verbale Glied

Da die Satzfunktion des verbalen Gliedes bereits in 7.8.1 erörtert worden ist, sollen hier die grammatischen und semantischen Kategorien Tempus, Modus und Genus verbi ins Auge gefaßt werden.

(i) Das Problem der *Tempora* im gegenwärtigen Deutsch ist äußerst kompliziert, was durch die jüngsten, lebhaften, doch noch nicht zu einem Abschluß gekommenen Diskussionen unter Grammatikern bestätigt wird. Im Deutschen ist der Zeitbezug eher indirekt als direkt. Die dafür vorhandenen grammatischen Mittel sind nicht deutlich systematisiert, sondern bilden ein verwickeltes Geflecht. Unter diesen Mitteln sind die Tempusformen nur ein Bestandteil. Ebenso gehören zu ihnen Zeitadverbien und der semantische Charakter der Verben selbst (Bedeutungsgehalt; Aspekte: durative, perfektive) sowie die Modalität (z. B. die Ansicht des Sprechers bezüglich des Ausdrucks oder des Wahrheitsgehalts der Verbbedeutung). Die formalen Eigenschaften der Tempora (einfach gegenüber zusammengesetzt), stilistische Erwägungen und die Textart als ganze spielen beim Tempusgebrauch ebenfalls eine Rolle.

Bei den Zeitformen selbst können die folgenden wesentlichen Funktionen unterschieden werden:

Präsens: (a) Aussagen allgemeiner, zeitloser Gültigkeit – *er raucht*; (b) Aussagen über gewohnheitsmäßige Handlungen – *er raucht Zigaretten*; (c) Aussagen bezüglich der Gegenwart – *schau mal, er raucht seine erste Zigarette*; (d) Aussagen über zeitlich Zurückliegendes, das zur Zeit der Äußerung noch gilt – *er raucht (schon) seit fünf Jahren*; (e) Aussagen über die mit der Gegenwart verbundene Zukunft – *ich rauche (zuerst) noch eine Zigarette; diese Zigarre rauche ich an meinem Geburtstag* (noch zukünftig); (f) in eine Erzählung vergangener Ereignisse eingebettete Aussagen – *sie tanzen, ich rauche, da geht das Licht aus . . .;* (g) Aussagen über vergangene Ereignisse von zeitloser Bedeutung – *das Rauchen kommt im 17. Jahrhundert auf.* Man sieht, daß das Präsens hinsichtlich der Zeit (Gegenwart, Vergangenheit, Zukunft) indifferent ist. Die Verbindung mit der Gegenwart wird durch den Kontrast mit anderen Zeiten, z. B. dem Präteritum, oder durch den Gebrauch anderer lexikalischer Mittel (*eben, jetzt* usw.) hergestellt oder ist durch die äußere Situation oder den sprachlichen Kontext zu vermuten. Ebenso kann der verbale Gehalt auf vergangene und zukünftige Zeiten bezogen werden. Impliziert ist dabei ein Nichtabgeschlossensein. Glinz nennt das Präsens die *Allgemeinkategorie.*

Präteritum: Erzählung oder Aussage, die den Abschluß des verbalen Gehalts in der Vergangenheit impliziert – *bei der Arbeit rauchte er immer viel.* Wichtige Merkmale sind, daß der verbale Gehalt vom Sprecher erinnert (Brinkmann) und berichtet (Ludwig) wird, da keine Fortdauer in die Gegenwart hinein, sondern Distanz zwischen der Gegenwart und dem verbalen Gehalt (im Prät.) besteht. Genau diese Distanz ist es, die es dem Sprecher ermöglicht, das Prät. als eine Art Höflichkeitsform in der

Gegenwart zu gebrauchen: *wer bekam das Bier?* läßt den Schluß zu, daß der verbale Gehalt früher geäußert worden ist und der Fragende eigentlich daran gedacht haben sollte. Die Kürze der Präteritalform ist oft der Grund für ihre Verwendung in Schlagzeilen: *Zwei kleine Kinder starben.*

Perfekt: (a) Aussagen über vergangene Ereignisse, bei denen der verbale Gehalt abgeschlossen, jedoch noch aktuell ist – *er hat gestern ein neues Auto gekauft*; (b) Aussagen über zukünftige Ereignisse mit abgeschlossenem Verbalgehalt – *morgen um diese Zeit hat er den Vertrag schon unterzeichnet*; (c) Aussagen von allgemeiner Gültigkeit, die die Abgeschlossenheit des verbalen Gehalts implizieren – *das ist schnell passiert; sie hat einen Narren an ihm gefressen.* Beim Perfekt ist im Deutschen das Hauptproblem, daß es mit dem Präteritum und, in geringerem Maße, auch mit dem viel selteneren Futur II überlappt. Da, wo nur Vergangenheit und Abgeschlossenheit wichtig sind, kann vom Sprecher sowohl das Präteritum wie das Perfekt gebraucht werden. Mit ersterem deutet er Distanz von der Gegenwart, mit letzterem Aktualität an: *Goethe sagte einmal – Goethe hat einmal gesagt.* Im Gegensatz zum englischen Perfekt, das ein rückblickendes Präsens ist, ist das Perfekt im Deutschen ein sich auf vergangene und abgeschlossene Ereignisse beziehendes Tempus, die der Sprecher aktualisiert. Deshalb kann man je nach Betonung von Distanz oder Aktualität sagen *Gestern bin ich ins Theater gegangen* oder *Gestern ging ich ins Theater*, während im Englischen nur *Yesterday I went to the theatre* möglich ist. Im Deutschen wird das vergangene Ereignis isoliert und vom Sprecher durch die Wahl des Perfekts auf die Gegenwart bezogen. Das Perfekt drückt daher eine subjektive Einstellung des Sprechers zu einem abgeschlossenen Ereignis aus; es bezieht die Vergangenheit auf die Gegenwart, während das Präteritum eine Opposition zur Gegenwart bildet. Wegen dieses subjektiven Moments kann der Gebrauch der Vergangenheitstempora in unterschiedlichen Texten beträchtlich schwanken. Das an einem gemischten Textkorpus errechnete Gesamtverhältnis der drei Tempora zu einander zeigt nahezu 79% Präterita, 12% Perfekte und nahezu 9% Plusquamperfekte (Hauser-Suida/Hoppe-Beugel S. 31-37). Es gibt Fälle, bei denen Präteritum und Perfekt nicht austauschbar sind. Zum einen natürlich in den Fällen, wo das Perfekt mit dem Fut. II austauschbar ist (Funktion (b) oben); zum andern in bestimmten untergeordneten Sätzen: *er sagte es ihr, damit sie die Wahrheit gleich wußte* (nicht *gewußt hat*); bestimmte Redewendungen und Wörter dulden nur ein Tempus (vgl. (c) oben), z.B. *pflegte* in der Bedeutung ‚hatte die Gewohnheit'; die Verben *sein* und *haben* und die Modalverben ziehen deutlich das Prät. vor und haben eine Abneigung gegen das Perf. (vgl. *er hat es ihr gesagt* oder *er sagte es ihr* aber: *er wollte es ihr sagen*).

Plusquamperfekt: Aussagen über Ereignisse, die noch vor anderen vergangenen Ereignissen liegen – *er rauchte nicht mehr, aber früher hatte er sehr viel geraucht.* Das Plusquamperfekt bezieht in der Vergangenheit abgeschlossene Ereignisse auf andere Ereignisse der Vergangenheit in der gleichen Weise, wie das Perfekt Ereignisse der Vergangenheit auf die Gegenwart bezieht.

Futur I: (a) in Aussagen, die das Vorkommen des verbalen Gehalts in der Zukunft betonen – *ich werde diese Zigarre an meinem Geburtstag rauchen*; (b) bei Mutmaßungen hinsichtlich des verbalen Gehalts in Gegenwart oder Zukunft – *er wird jetzt wohl das Rauchen aufgeben*; (c) bei Befehlen und Ermahnungen – *du wirst jetzt aufhören zu rauchen.* Das Futur I hat also, konkurrierend mit dem Präsens in den Funktionen (a) und (c), einen außerordentlich starken modalen Aspekt. Wahrscheinlich überwiegt bei der Mehrheit der Vorkommensfälle dieses Tempus' die subjektive Vermutung des Sprechers. Die eigentliche Bedeutung hängt immer von der Situation, dem Kontext und den Bedeutungseigenschaften des Verbs selbst ab. Kennzeichnende Erscheinungen sind das Überlappen mit dem Präsens und das Verschmelzen von Modus und Tempus (Annahme, Erwartung und Voraussage). Während das Präsens selbst in Hinsicht auf den Anfang dessen, was das Verb ausdrückt, nichts impliziert, impliziert das Futur I, daß er nicht in der Sprechzeit anzusetzen ist.

Futur II: (a) Aussagen mit Abschluß des verbalen Gehalts in der Zukunft – *er wird die Zigarre geraucht haben*; (b) Vermutungen mit in der Vergangenheit abgeschlossener verbaler Handlung – *er wird die Zigarre bestimmt gestern schon geraucht haben.* Wo der Modalaspekt nicht erforderlich ist, wird das recht schwerfällige Futur II gewöhnlich durch das Perfekt ersetzt. Im Grunde hat es die gleiche Beziehung zum Futur I wie das Plusquamperfekt zum Präteritum.

(ii) So wie die Tempora bei der Zeitangabe nur einen Aspekt darstellen, liefern auch die Modi bei der Angabe der Modalität nur einen Aspekt. Zusammen mit Modaladverbien und den Modalverben ergeben sie eine verwickelte Struktur, die die subjektive Einstellung des Sprechers ausdrückt. Auf die Hauptfunktionen der beiden Konjunktivformen im Deutschen kann hier nur kurz eingegangen werden. Da sie von den Stammformen des Indikativs des Präsens und des Präteritums herleitbar sind und ihnen entsprechen, werden sie oft Konjunktiv des Präsens bzw. Konjunktiv des Präteritums genannt. Syntaktisch gesehen haben sie jedoch heute mit dem Tempussystem nichts zu tun. Im wesentlichen sind sie zwei unterschiedliche Modi, wenn sie sich auch bis zu einem gewissen Grade überlappen. Die Konjugationsparadigmen zeigen (vgl. 7.6.3 (ii)), daß nur bei bestimmten Verben und bestimmten Personen Konjunktiv und Indikativ klar unterschieden sind. Am deutlichsten ist der Unterschied bei den Hilfsverben *sein* und *haben* und bei den Modalverben. Ablautende Verben markieren den Unterschied deutlicher als Verben mit Dentalsuffix. Dies ist wichtig sowohl für den Gebrauch der Modi als auch für die Entwicklung und den Gebrauch des Ersatzsystems (Suppletivformen) mit *würde.* Unmarkierte Formen können als Konjunktive nur in solchen Sätzen dienen, in denen sie durch markierte Formen in ihrer Umgebung oder andere kontextuelle Merkmale erkannt werden können: *er würde die Prüfung leicht bestehen, wenn er aufhörte zu faulenzen.* Wo der Konj. I (des Präs.) wegen der Nichtunterscheidbarkeit von Konj. und Ind. nicht gebraucht werden kann (z.B. *sie haben*), müssen die entsprechenden Formen des Konj. II herangezogen werden. Mit andern Worten, die Funktion ist gegenüber der Form vorrangig. Die Formen beziehen ihre Bedeutung sehr oft erst aus dem Kontext: *sie hätten* kann nur vom Kontext her gedeutet werden. Fast alle Konjunktivformen, vornehmlich die des Konj. I, stehen in der dritten Person. Bei der Untersuchung eines großen Materialkorpus' wurde festgestellt, daß über sieben Prozent aller finiten Verbformen im Konj. stehen (Jäger, 1971, S. 27). Die folgenden Funktionen der beiden Konjunktive treten am häufigsten auf:

Konjunktiv I: (a) Bei Aussagen, die indirekte Rede wiedergeben – *er sagt, er habe gelogen; (er sagt, sie hätte gelogen); sie seien um vier Uhr angekommen.* Wenn solche Sätze nicht durch ein Verb des Sprechens eingeleitet werden, impliziert der Gebrauch des Konj. I allein, daß man es mit wiedergegebener Rede zu tun hat. In solchen Fällen muß der Konj. I stehen. Wenn der abhängige Satz durch ein Verb des Sprechens und eine Konjunktion eingeleitet wird, ist der Konj. I oft entbehrlich, besonders umgangssprachlich und im Norden Deutschlands. Im Süden hat er seine Stellung besser gehalten. Wo die Form des Konj. I nicht bezeichnet ist, treten die Formen des Konj. II für ihn ein (vgl. das eingeklammerte Beispiel). Tempusunterscheidungen sind möglich: *er lüge, werde lügen, habe gelogen, würde gelogen haben.* (b) Bei Wunschsätzen, Ermahnungen oder höflichen Aufforderungen – *Gott sei Dank! Man hüte sich vor dem Hunde! Man nehme drei Eier!* (c) Bei irrealen Vergleichssätzen – *er benahm sich, als ob er ein Türke sei.* (d) Bei hypothetischen Wendungen – *wie dem auch sei; es sei denn, daß.* (e) Bei bestimmten untergeordneten Sätzen wie Final- und Konzessivsätzen – *er arbeitete, damit es seinen Kindern besser gehe; er soll sich anstrengen, sei es auch nutzlos.*

Die Hauptdomäne des Konj. I ist die Redeerwähnung. Deshalb kann er auch Zitierkonjunktiv genannt werden.

Konjunktiv II: (a) Bei irrealen Bedingungssätzen – *wenn er gekommen wäre, hätte er den Preis bekommen; wenn du warten würdest, könnte ich ihn dir gleich geben.* Wo Konditionalsätze in indirekter Rede stehen, bleibt der Konj. II erhalten. (b) Bei hypothetischen Äußerungen – *ich hätte es gleich gemacht; er hätte sich geschämt.* (c) Bei irrealen untergeordneten Sätzen, die eine Bedingung implizieren – *der Sack war so schwer, daß Karl fast umgefallen wäre (wenn er ihn nicht rechtzeitig abgestellt hätte).* (d) Bei Wunschsätzen, gewöhnlich zusammen mit Partikeln *(doch, nur)* – *wäre er nur vorsichtiger gewesen! Hätte er es doch gleich gesagt!* (e) Bei irrealen Vergleichssätzen (eigentlich geläufiger als mit dem Konj. I) – *er benahm sich, als wäre er der Sieger.* (f) Bei der Redeerwähnung, wenn der Sprecher an der Wahrheit der Aussage zweifelt – *sie behauptete, er hätte gelogen.* Oft ist jedoch der Gebrauch des Konj. II in solchen Sätzen auf Unsicherheit hinsichtlich der Anwendung des Konjunktivs zurückzuführen. Der Konj. II muß stehen, wenn sich die Formen des Konj. I nicht von denen des Ind. unterscheiden (vgl. Konj. I (a): *er sagt, sie hätten gelogen*).

In seiner Hauptfunktion drückt der Konj. II Irrealität bei hypothetischen und Konditionalsätzen aus.

Bei den ablautenden Verben haben viele Formen des Konj. II einen altertümlichen Klang *(flöge, hülfe)* und werden heute oft durch die periphrastische Form *würde* plus Infinitiv ersetzt. Dadurch ist aber die mögliche Tempusunterscheidung in Mitleidenschaft geraten *(flöge, würde fliegen, wäre geflogen).* Bei implizierter Zukunft sollte also eher die analytische Konstruktion mit *würde* als der synthetische Konj. II gebraucht werden: *er sagte, sie kämen – er sagte, sie würden kommen.*

(iii) Hinsichtlich des *Passivs* unterscheiden Grammatiker im Deutschen zwischen einem *werden*-Passiv, das einen Vorgang, und einem *sein*-Passiv, das einen sich ergebenden oder unveränderlichen Zustand ausdrückt. Eine Untersuchung hat festgestellt (Brinker, S. 107), daß in einem repräsentativen Korpus von allen finiten Verbformen etwas über fünf Prozent auf das *werden*-Passiv entfallen und nur unter zwei Prozent auf das *sein*-Passiv. Zwischen den beiden Passivformen besteht also ein Verhältnis von ungefähr drei zu eins. Die meisten Verben, die ein *sein*-Passiv bilden können, können auch ein *werden*-Passiv bilden, während die Bildung des *sein*-Passivs semantisch etwas eingeschränkter ist als die des *werden*-Passivs. Beide Passiva weisen ein umfangreiches Tempussystem auf: *der Brief ist (von ihm) unterschrieben: war, ist gewesen, wird sein. Der Brief wird (von ihm) unterschrieben: wurde, ist worden, wird werden.*

(iv) Eine Erscheinung im Bereich des verbalen Glieds, der in letzter Zeit viel Beachtung geschenkt wurde, ist die Konstruktion Subst. + Funktionsverb, die man *nominale Umschreibung* (Funktionsverbgefüge, Streckform) nennen kann. Ausdrücke wie *eine Entscheidung treffen* oder *(etwas) zum Abschluß bringen* werden oft als geschwollene Phrasen für die einfachen Formen *entscheiden* oder *abschließen* angesehen. Man hat jedoch erkannt, daß solche Gefüge eine wichtige Funktion erfüllen, wenn sie bewußt als Unterscheidungsmittel eingesetzt werden. Von der Struktur her liegt eine Aufteilung der synthetischen Verbeinheit in einen nominalen, den Bedeutungsgehalt liefernden Teil und einen verbalen, die syntaktischen Funktionen (Angabe von Person, Numerus, Tempus, Modus usw.) übernehmenden Teil vor. Doch diese Aufteilung bringt fast immer eine inhaltliche Bereicherung oder Änderung mit sich: *zur Entscheidung bringen* weist eine andere verbale Aktionsart als *entscheiden* auf, *in Angriff nehmen* hat eine andere Bedeutung als *angreifen. In Bewegung bringen* bedeutet Vorbereitung und Ingangsetzen oder Veranlassen einer Bewegung, während *bewegen* eine unbestimmte dauernde Handlung impliziert; *in Bewegung kommen* anderseits weist auf einen passiven Bewegungsbeginn hin. Während das finite Verb an eine feste Stelle des Satzes gebunden ist, kann in einem Funktionsverbgefüge die vom Substantiv ausgehende Bedeutungskomponente an eine jeweils günstige Stelle gerückt werden. Die Bildung von solchen nominalen Umschreibungen ist ein wichtiger, ständig zunehmender Vorgang, der mit den älteren Flexions-, Ableitungs- und Kompositionsprozessen vergleichbar ist.

Der nominale Teil ist im wesentlichen ein *Nomen actionis.* Von der Form her kann man unterscheiden zwischen (a) Substantiv als Akkusativobjekt: *eine Frage stellen, Antwort geben, Einwände erheben, Unterricht erteilen*; (b) Präposition + Substantiv: *in Ordnung bringen, unter Druck setzen, zum Ausdruck bringen*; (c) Substantiv im Nominativ: *die Schadensmeldung erfolgt, der Besuch findet statt.* Die syntaktische Verknüpfung von Substantiv und Verb ist gewöhnlich bei der Konstruktion Präp. + Subst. + Verb am intensivsten. Die syntaktische Funktion und die Bedeutung solcher Umschreibungen sind oft höher entwickelt als sie es bei der Konstruktion Akk.-Obj. + Verb sind. Viele Substantive in solchen Konstruktionen stehen ohne Artikel. Kommt der Artikel vor, ist er enklitisch mit der Präposition verbunden: *zur, zum, ins* (*zum Ausdruck bringen, ins Schleudern geraten*, aber *in Gefahr kommen*).

Der verbale Teil dieser Gefüge ist durch deutlichen Verlust an Bedeutungsgehalt gekennzeichnet, vgl. *bringen* in *zur Verzweiflung bringen* und *zum Bahnhof bringen.* Aus diesem Grunde sind solche Verben Funktionsverben genannt worden (P. von Polenz). Sie zeigen eine gewisse Ähnlichkeit mit den Hilfsverben, obwohl ihre Funktion in der Aktionsart liegt und nicht auf Tempus und Modus beschränkt ist und ihr nominales Gegenstück ein Verbalsubstantiv und nicht ein Infinitiv oder Partizipium ist wie bei den Hilfsverben. Die meisten Funktionsverben stammen aus dem Bereich räumlicher Begrifflichkeit, z.B. *bringen, stellen, stehen, setzen, ziehen, kommen, gelangen, nehmen.* Innerhalb der Umschreibung verlieren sie ihre konkrete, raumbezogene Bedeutung und wandeln sie in Aktionsartbezeichnung um. Die Übertragung der Bedeutung vom Verb aufs Substantiv in diesen nominalen Umschreibungen trägt natürlich ihrerseits zur ‚Nominalisierungs'-Tendenz („Substantivitis") bei, die oft als charakteristisches Kennzeichen des heutigen Deutsch herausgestellt worden ist.

Nominale Umschreibungen müssen einerseits von freien syntaktischen Gefügen *(ein Kind tragen, zum Fluß kommen – Sorge tragen, zur Ruhe kommen)* und anderseits von Redewendungen (Redensarten) *(aufs Spiel setzen, ins Garn gehen – in Gang setzen, zu Werk gehen)* unterschieden werden. Normalerweise können sich muttersprachliche Sprecher auf ihr Sprachgefühl verlassen, doch haben Sprachwissenschaftler versucht, die Regelunterschiede zu formulieren. Redensarten enthalten eine abgekürzte Bildlichkeit. Ihr Gehalt ist nicht wörtlich zu nehmen. Sie sind isoliert und enthalten gewöhnlich ein konkretes Substantiv. Nominale Umschreibungen weisen Abstrakta auf und kommen paradigmatisch mit den gleichen Verben vor. In freien syntaktischen Fügungen behält das Verb seine lexikalische Bedeutung bei (vgl. *einen Freund treffen* mit *eine Auswahl treffen; ins Gericht kommen* mit *ins Gespräch kommen*). Das Substantiv kann durch ein Pronomen oder Adverb ersetzt werden *(ihn, hinein)*, nicht hingegen in einer nominalen Umschreibung; man kann die Frage *wozu/wohin?* stellen, nicht jedoch bei nominalen Umschreibungen. In Sätzen haben die beiden Konstruktionen ganz unterschiedliche Rollen inne.

Vgl.:	*Er brachte ihn* *Er brachte ihn zum Lachen* }	unterschiedl. Struktur unterschiedl. Bedeutung
	Er brachte ihn *Er brachte ihn zum Bahnhof* }	gleiche Struktur zusätzliche Information

Nur die Umschreibung als ganze, nicht ihre einzelnen Teile können durch *nicht* verneint werden *(nicht zur Geltung kommen).* Es gibt allerdings viele Grenzfälle.

Nominale Umschreibungen gestatten zweckdienliche Bedeutungsvarianten, z.B. *sich ängstigen, in Angst sein, Angst haben, ängstlich sein; hoffen, Hoffnung haben, Hoffnung hegen, (sich) Hoffnung machen.* Bestimmte Kombinationen von Präposition + speziellem Verb bilden Aktionsartmuster, z.B. *in + sein* (oder *stehen*) = durativ *(in Bewegung sein, in Verbindung stehen); in + bringen* (oder *setzen*) = inchoativ, kausativ, transitiv *(in Gefahr bringen, in Betrieb setzen); zu + bringen* = konklusiv *(zur Entscheidung bringen); in + kommen* = inchoativ, perfektiv, intransitiv *(in Bewegung kommen)* oder + *geraten* = unabsichtlich, unerwünscht, manchmal herabsetzend *(in Gefahr geraten); in + halten* = kontinuativ, ohne aufzuhören *(in Unruhe halten)*; Akk.-Obj. +*finden* (oder *treffen*) = resultativ, ergebnisbezogen *(Unterstützung finden, Maßnahmen treffen).* Ebenfalls mit Akk.-Obj. kommen vor *zeigen (Gewandtheit), haben (Ahnung), üben (Geduld), machen (Angaben), bekleiden (Amt), treiben (Sport).* Solche Umschreibungen dienen auch als Ersatz für das Passiv, z.B. *in Verdacht kommen (verdächtigt werden), Förderung erfahren (gefördert werden)*, oder gestatten eine Passivkonstruktion bei Verben, die von Hause aus kein persönliches Passiv bilden können *(er bekam Befehl, er erhielt die Erlaubnis).*

Wenn auch übertriebener Gebrauch der nominalen Umschreibung ein Zeichen schlechten Stils ist, so kann doch nicht geleugnet werden, daß sie, sorgfältig gehandhabt, in Hinsicht auf Bedeutung und Syntax sehr vorteilhaft ist. Vor allem liefert sie dem Deutschen erneut die Möglichkeit, Kausativkonstruktionen zu bilden, die der Sprache verlorengegangen waren, als die *jan*-Bildungen ihre Produktivität verloren (ahd. *brinnan/ brennen* >frnhd. *brennen* >nhd. *brennen/in Brand stecken*, s. S. 306f.).

7.9 Wortschatz

7.9.1 Die Entwicklung des Wortschatzes heute

Die meisten Sprecher mit Deutsch als Muttersprache verfügen über zwei Arten von Wortschatz. Die eine, die man den persönlichen Wortschatz nennen könnte, besteht aus Wörtern mit regional oder sozial eingeschränkter Gültigkeit. Die andere, der gemeinsprachliche Wortschatz, umfaßt alle jene Wörter, die der Sprecher kennt oder von denen er annimmt, daß sie zum Wortschatz der Standardsprache gehören. In diesem Abschnitt werden wir nur den gemeinsprachlichen Wortschatz der Standardsprache behandeln. Wenn der muttersprachliche Sprecher sich über ein Wort nicht im klaren ist, kann er es im Duden oder in einem anderen Wörterbuch nachschlagen und sich dort über die Stellung und Bedeutung des jeweiligen Wortes informieren. Das heutige Deutsch besitzt analog zur Grammatik, Phonologie und Orthograhie des Standards einen Standardwortschatz, wenn er auch, wie zu erwarten, offener und flexibler ist als jene andern Sprachbereiche.

Der heute gebrauchte gemeinsprachliche Wortschatz der Standardsprache formte sich allmählich im 18. und 19. Jh. aus. Er befindet sich natürlich, wie stets, noch immer in einem Entwicklungsprozeß. Dies gilt sowohl für die Ausdrucks- wie für die Inhaltsebene der Wörter. Als Wortkörper (Ausdrucksformen) kommen Wörter in Gebrauch, wenn sie benötigt werden, und ebenso verschwinden sie wieder, wenn die Sprachgemeinschaft sie nicht mehr gebraucht. Sie sind ein Spiegel der materiellen Lage und des geistigen Lebens einer Sprachgemeinschaft. Das gleiche gilt für die Bedeutungen (Inhaltsformen), wenn auch der Wandel hier subtiler, weniger faßlich und gewöhnlich langsamer vor sich geht. Der größte Teil des Wortschatzes wird natürlich kaum von den je wahrnehmbaren gesellschaftlichen Veränderungen berührt. Hier findet die Entwicklung eher auf eine allgemein sprachimmanente Weise statt und ist vornehmlich solchen Kräften unterworfen, die aus der Sprachstruktur selbst rühren.

Die wesentlichen Entwicklungen des Wortschatzes können wie folgt rubriziert werden:

(i) Wortbildung durch Ableitung: *schulisch, Unterführung, Vergaser, bauchlanden.*

(ii) Wortbildung durch Zusammensetzung: *Drehbuch, Fahrstuhl, Fernsehen, Klassenkampf, Kernzertrümmerung, anbrennsicher, busensichtig.* Reihungen wie *Reichswehr – Wehrmacht – Bundeswehr/Volksarmee; Fremdarbeiter – Gastarbeiter* können die äußeren Umstände widerspiegeln.

Diese beiden, bei weitem bedeutsamsten Prozesse wurden in einigen Abschnitten erörtert (7.6. und 7.7), desgleichen die Bildung syntagmatischer Einheiten (7.8.3 (iv)).

(iii) Wortschöpfung kann durch Onomatopöie (Schallnachahmung) zustande kommen (*Töff* ‚Motorrad‘). Solche Wörter sind ihrer Natur nach fast gänzlich von der Standardsprache ausgeschlossen. Abkürzung und Neuschaffung kommerzieller Bezeichnungen sind heute fast die einzigen Prozesse, bei denen Wort-‚Schöpfungen‘ vorkommen, z.B. *Agfa, Flak (Fliegerabwehrkanone), Akku, UNO, Nato, Euratom, Eternit* (zugrunde liegt lat. *aeternus*). *Zug* (<*Eisenbahnzug*), *Kernspaltung* (<*Atomkernspaltung*), *Füller* (<*Füllfeder(halter)*) sind Abkürzungen, die als Klammerformen und Rückbildungen bekannt sind. Sie gehören in den Bereich der Wortbildung. Die in den heutigen Sprachen Europas zahllosen, aus griech. und lat. Bestandteilen zusammengesetzten Wörter sind in gewisser Weise Wortschöpfungen, obwohl sie auch unter die Rubrik Entlehnung fallen können. Die Wortschöpfung kommt oft durch Mischung vorhandener Wörter zustande, z.B. *Telekratie*<*Tele(vision)* + *Demokratie.*

(iv) Bedeutungsverschiebung. Auf vielerlei Weise können einzelne Wortkörper ihre Bedeutung verändern. Der Wandel kann an dem Verlust einer früheren Bedeutungskomponente liegen, z.B. bei *Magd*, wo die frühere Bedeutung ‚junge, unverheiratete Frau, Beschäftigung und Stellung nicht spezifiziert' verloren gegangen ist; oder am Hinzukommen einer neuen Komponente zu den bereits vorhandenen, z.B. bei *Welle* als physikalischem Fachausdruck, *drehen* ‚einen Film machen', *bestrahlen* ‚mit Röntgenstrahlen behandeln', *Wagen* (auch ‚Auto'), *pendeln* (auch ‚zwischen Wohnort und Arbeitsplatz hin- und herfahren'), *Strom* (auch ‚elektrischer Strom'), *Herd* (auch ‚mit Gas oder Strom betriebene Kochvorrichtung'), *Presse* (auch Kollektivbezeichnung für Zeitungen). Die Bedeutung kann sich also erweitern oder verengen, sie kann gehobener werden oder absinken. Alte Bedeutungen können verloren gehen, oder das Hinzukommen neuer Bedeutungen kann die Mehrfachbedeutung (Polysemie) derart überanstrengen, daß Homonymie angenommen werden muß, d.h. verschiedene Wörter mit derselben lautlichen Form. Ist *Herd* in *Kochherd* und *Krankheitsherd* ein Wort mit zwei Bedeutungen oder haben wir zwei homophone Wörter vor uns, d.h. zwei Homonyme? Die Abgrenzung von Homonymie und Polysemie ist eines der schwierigsten Probleme in Semantik und Lexikographie. Metaphorischer, auf Form- und Funktionsähnlichkeit beruhender Gebrauch führt in sehr vielen Fällen zu Bedeutungsverschiebungen, beispielsweise bei *Fähre – Mondfähre; Quelle – Stromquelle, Rohstoffquelle; auftakeln* ‚mit Takelwerk versehen, Segel setzen' – *sich auftakeln* ‚sich auffällig kleiden, zurechtmachen'; *ausspannen* ‚losschirren (Pferde)' – ‚eine Zeitlang mit der Arbeit aufhören, um sich zu erholen (bei Menschen)'. Bedeutungswandel kommt oft zustande durch Übertragung eines Wortes auf andere Bereiche, beispielsweise aus dem fachsprachlichen in den gemeinsprachlichen *(Reibungsfläche, Belastungsprobe)* oder aus dem gemeinsprachlichen in den fachsprachlichen *(Walzstraße, Elektronenschleuder).* Aus der Theaterwelt kommt: *etwas wird inszeniert, eine Rolle spielen, eine Szene machen, in der Versenkung verschwinden, Lampenfieber, hinter den Kulissen.* Bedeutungserweiterung kann durch bewußte Wortverwendung zustande kommen. *Funk(e)* wurde auf diese Weise für die von Marconi im Jahre 1897 erfundene drahtlose Telegrahie eingeführt. Über das Substantiv hinaus, das heute formal von seiner Quelle verschieden ist *(Funk – Funke)*, schlug O. Sarrazin im Jahre 1914 das Verb *funken* als Neuschöpfung vor. Die Konnotationen können sich durch Geschmacks- oder Einstellungsänderungen wandeln: *gotisch* bedeutete ‚ungeschliffen, barbarisch' bis ins 18. Jh., danach wurde es lobendes Modewort für den Kunststil des Hohen Mittelalters und schließlich ein neutraler Fachausdruck der Kunstgeschichte. *Brutal, rücksichtslos, fanatisch* weisen bei zivilisierten Menschen deutlich negative Konnotationen auf. In der Ideologie des Nationalsozialismus bekamen sie einen positiven Wert.

(v) Namen können gelegentlich zu Wörtern werden, z.B. *röntgen, Dieselmotor, Schillerkragen.*

(vi) Wiederbelebung veralteter Wörter. Die Wiederentdeckung der Dichtung des Mittelalters gegen Ende des 18. Jh.s und die Romantik im frühen 19. Jh. brachten wieder in Umlauf: *bieder, Buhle, Ferge, Fehde, Hort, Gau, Held, Degen, Recke, Hüne, Turnier, Aar, Minne, Wonne.* Literarischer Einfluß aus England verhalf den Wörtern *Halle* und *Heim* zu neuem Leben. In jüngerer Zeit wurden *Ampel (Verkehrsampel), Imbiß, (Schnellimbiß), Truhe (Musiktruhe, Tiefkühltruhe)* wieder eingeführt. *Meiler* war ein Ausdruck der Köhler (Holzkohle) und als solcher veraltet, bis Atomwissenschaftler ihn als Übersetzung für ‚atomic pile' gebrauchten *(Atommeiler). Tarnkappe* kam gegen 1800 erneut in den modernen Wortschatz. Nach dem Ersten Weltkrieg wurde das Verb *tarnen* als Übersetzung des frz. *camoufler, camouflage* vorgeschlagen. Als Friedrich Jahn, der Begründer der deutschen Turnbewegung, das Verb *turnen* (1811, 1816) gebrauchte, glaubte er, er habe ein gutes altdeutsches Verb wiederbelebt, das er in den Werken Notkers gefunden hatte und das er von den zu seiner Lebenszeit aus dem mittelalterlichen Deutsch wieder eingeführten Ausdrücken *Turnier, turnieren* her kannte. In Wirklichkeit ist es allerdings ein Lehnwort des Ahd. aus lat. *tornare*, afrz. *tourner.*

(vii) Am augenscheinlichsten ist das Veralten von Wortgut bei Wörtern für Dinge und Begriffe, die außer Gebrauch gekommen sind, z.B. *Pferdebahn* und die alten Ausdrücke für Maße und Münzen: *Zoll, Elle, Fuß, Taler, Gulden.* Subtilere lexikalische Gründe wie etymologische Isolation, Homophonie, Mehrdeutigkeit oder das Streben nach präziseren Bezeichnungen führen ebenfalls zum Veralten, z.B. *Bruch* (>*Hose*), *Eidam* (>*Schwiegersohn*), *Näber* (>*Bohrer*), *Quehle* (>*Handtuch*), *Wehtage* (>*Schmerzen*), *englisch* (>*engelhaft*). *Magd, Dienstmädchen* und *Putzfrau* sind im aktuellen Sprachgebrauch durch *Hausangestellte* und *Raumpflegerin* ersetzt worden. Bezeichnungsanhebung ist ein wichtiger, psychologisch motivierter Vorgang, der für viele Veränderungen innerhalb des

Wortschatzes heranzuziehen ist. Vielleicht geläufiger als vollständiges Veralten ist, mindestens in der verhältnismäßig kurzen Periode des Nhd., teilweises Veralten, d.h. Veralten nur einer Bedeutungskomponente. So bedeutet *Zeitung* nicht mehr ‚Nachricht', *Vorsicht* nicht mehr ‚Vor(her)sehung', noch *häufig* ‚massenhaft, haufenweise', *gleichgültig* ‚gleichwertig'.

(viii) Bewußte Schöpfung deutscher Wörter als Ersatz fremder, z.B. *Fernsprecher* für ‚Telephon', *Schrifttum* für ‚Literatur'. Dieser Vorgang wird Purismus genannt (s. 7.9.4).

(ix) Entlehnung aus Mundarten und Regionalformen der Sprache. Wörter, die im 18. Jh. als obdt. angesehen wurden, aber jetzt zur Standardsprache gehören, sind *abhanden, Ahn, Bein, kosen, lugen, vergeuden.* Ursprünglich ndt. Wörter sind *Behörde, bersten, beschwichtigen, dicht, sacht, Bucht, binnen, Diele, düster, flau, flink, flott, Hast, stur, Trecker.* Schweizer Wörter sind: *Stumpen, Heimweh, staunen, tagen, Unbill, Gletscher, Kuhreihen, Putsch, Senne, Firn, Fluh.* Viele sind von Schiller eingeführt worden. *Rodeln* kommt aus Österreich und Bayern.

(x) Entlehnungen aus Fremdsprachen: *Film, Tunnel, Trend, fair* (s. 7.9.5).

Der Wortschatz ist nicht nur ein Spiegel materieller Umstände (*Zentralheizung* ersetzt *Kachelofen*), er verweist auch auf geistige und künstlerische Bewegungen, so auf die Aufklärung im 18. Jh. mit ihren Schlüsselbegriffen *Aufklärung, Verstand, Toleranz, Vernunft, moralisch*, z.B. in den *Moralischen Wochenschriften* (alle geistigen Belange werden in ihnen angesprochen), *Freiheit, Bildung, Freidenker, Kultur, Menschheit, Menschlichkeit, Humanität.* Aus der zur Französischen Revolution führenden Zeit stammen *Menschenrechte, Gleichheit, Brüderlichkeit, Gedankenfreiheit, Republik, Revolution, Demokrat, Emigrant, Zivilisation.* Solche Begriffe gehören zum gemeinsamen Wortschatz Europas; sie wanderten ungehemmt von einer Sprache zur andern. Im gleichen Jahrhundert hob der Pietismus *entzücken, durchdringen, Einkehr, Innigkeit, Geborgenheit* hervor, und spätere irrationalistische, zur Romantik führende Bewegungen begünstigten nachdrücklich den Gebrauch von *Begeisterung, Enthusiasmus, empfindsam, Gemüt, Stimmung, Volkslied, Volksgeist, Einfalt, Hochgefühl, Naturgefühl.* Im 19. Jh. wurde der fachsprachliche Wortschatz von Industrie und Wissenschaft geschaffen, und es entstanden gesellschaftliche und politische Begriffe wie *Sozialismus, Kommunismus, Kapitalismus, Klassenkampf, Rasse, Reklame, Krankenkasse, Kindergarten.*

7.9.2 Regionalismen innerhalb der heutigen Standardsprache

Bis zum Ende des Zweiten Weltkrieges gab es bei der innerhalb Deutschlands gebrauchten Standardsprache kaum lexikalische Unterschiede. Sie waren fast ausschließlich auf den häuslichen Bereich beschränkt, wo ohnehin stärker die Umgangssprache als der Schreibstandard gebraucht wurde (vgl. S. 499). Einige solcher vertrauten Unterschiede sind *Samstag* (S) – *Sonnabend* (N), *Metzger* (S, W) – *Schlächter/Schlachter* (N) – *Fleischer* (O), *Böttcher, Töpfer* und *Klempner* (N) – *Küfer, Hafner* und *Spengler* (S). Als Folge der Teilung Deutschlands finden sich jetzt auch Unterschiede in den Bereichen Politik, Regierungsform, soziale Angelegenheiten und Ideologie (S. 7.9.3 (ii)). Die aufweisbaren lexikalischen Unterschiede zwischen der Standardsprache in Deutschland und der in Österreich und der Schweiz gehen entschieden tiefer und bestehen seit langem. Es muß hervorgehoben werden, daß wir uns nicht mit den Mundarten, sondern nur mit der Standardsprache beschäftigen, die im Falle der Schweiz fast ausschließlich eine Schreibsprache ist. Die lexikalischen Charakteristika sind in der Tat in der Schriftsprache aufgekommen und werden von den örtlichen Mundarten oft nicht gestützt. Hinsichtlich des Wortschatzes muß man also zwischen einer deutschen, einer schweizerischen und einer österreichischen Standardsprache unterscheiden. Obgleich in bestimmten Bereichen, z. B. in der staatlichen Verwaltung, die Unterschiede sehr deutlich sind und die allgemeinen Unterschiede sich auf Hunderte von Wörtern in jedem der Fälle belaufen, so sollte doch die Einheit des deutschen Wortschatzes nicht in Frage stehen, ebenso wenig wie die des Englischen im Hinblick auf die lexikalischen Unterschiede zwischen beispielsweise dem britischen, amerikanischen, australischen oder südafrikanischen Englisch. Es muß vielmehr akzeptiert werden, daß Einheitlichkeit im Wortschatz etwas anderes bedeutet als etwa in der Grammatik. Ein deutscher Leser der *Neuen Zürcher Zeitung*, des Schweizer Blattes mit dem größten Anspruch auf internationalen Rang, wird in jeder Ausgabe Dutzende von Wörtern oder Wendungen finden, die ihm ungewöhnlich erscheinen. Dies bestätigt nur das Vorhandensein des *Schweizer Hochdeutsch* als lexikalische Erscheinung. Das Verstehen verhindert es nicht.

Der österreichische oder schweizerische Wortschatz unterscheidet sich vom deutschen aus fünf Gründen. (a) Archaismus. Neologismen brauchen länger, bis sie in die Nachbarstaaten eindringen. (b) Politische Unabhängigkeit. Bezeichnungen für staatliche Institutionen sind unabhängig voneinander aufgekommen. Doch auch in anderen Bereichen nahm die

Standardisierung der Schriftsprache bis zu einem gewissen Grade einen anderen Verlauf. (c) Größere Offenheit für örtliche Dialekte. Besonders im häuslichen Bereich, wo die Standardisierung nur langsam vonstatten ging, wurde auf Mundartliches zurückgegriffen. Gebildete Sprecher sind sich gewöhnlich des Unterschieds zwischen Dialekt- und Standardwörtern bewußt. Der häufige Gebrauch mundartlicher Wörter (z.B. schweiz. *Muni, Winde*) muß nicht heißen, daß sie die Standardwörter *Zuchtstier, Dachraum* nicht kennen. es muß unterschieden werden zwischen Dialektwörtern, die im Standard als Zitate gebraucht werden, und Standardwörtern, die auf den österreichischen oder schweizerischen Standard beschränkt sind. (d) Purismusabneigung. In Deutschland selbst herrschten zeitweilig sehr starke puristische Tendenzen, die jedoch in Österreich nur bescheidenen Einfluß gewinnen konnten und in der Schweiz noch geringfügigeren. (e) Größere Offenheit für Fremdwörter aus den benachbarten Sprachen.

Beispiele sind in den folgenden Tabellen zu finden. In vielen Einzelfällen können mehrere Gründe angeführt werden. Die angeführten Wörter stellen verschiedene Unabhängigkeitsebenen dar. In einigen Fällen gelten sie nur in dem in der Tabelle genannten Land und können andernorts so gut wie unbekannt sein und würden im aktiven Sprachgebrauch sicher nicht vorkommen. In andern Fällen sind die Wörter lediglich die vorzugsweise gebrauchten oder solche, die höchstwahrscheinlich im betreffenden Land anzutreffen sind, während andere ebenfalls vorkommen können. Viele der österreichischen oder schweizerischen Wörter sind auch in Süddeutschland geläufig. Auch bedeutungsmäßig treten vielfältige Unterschiede auf. Gelegentlich hat man es mit unterschiedlichen Stilebenen zu tun. Bisweilen gehen von den Wörtern unterschiedliche Konnotationen aus, z.B. altertümlich/neutral/ironisch. Im großen und ganzen erfassen die Wörterbücher diesen Regionalismusaspekt in recht unbefriedigender Weise, und zwar sowohl in Hinsicht auf die jeweils zugrundeliegende theoretische Klassifikation als auch im Hinblick auf die tatsächliche Anführung solcher Wörter.

Deutschland	Österreich	Schweiz
Abendessen, Abendbrot	Nachtmahl	Nachtessen
Abitur, Reifeprüfung	Matura	Maturität
andernfalls, sonst	ansonst(en)	ansonst
Anlieger (Grundstücknachbar)	Anrainer	Anstößer
Anschrift	Adresse	Adresse
anstiften	anzetteln	anzetteln
Apfelsine, Orange (S)	Orange	Orange
Aprikose	Marille	Aprikose
Arbeitsschicht	Turnus	Turnus
auswringen	auswinden	auswinden
Autofahrer	Automobilist	Automobilist
Bahnsteig	Bahnsteig	Perron m.
Bindfaden	Spagat m.	Schnur
Blumenkohl	Karfiol m.	Blumenkohl
Bürgersteig	Gehsteig	Trottoir n.
derzeit	zur Zeit	zur Zeit
dieses Jahr	heuer (heurig)	dieses Jahr
ehrgeizig sein	ambitioniert sein	ehrgeizig sein
Eisbein	Stelze f.	Wädli n.
Erkältung	Verkühlung	Erkältung
Fahrkarte, Rück-	Fahrkarte, Retour-	Billett n., Retour-
Fahrrad	Fahrrad	Velo n.
Februar	Feber	Februar
Friseur	Friseur	Coiffeur
gegebenenfalls	allfällig	allfällig
Gehalt	Gehalt	Salär n.
Geldstrafe, strafen	Geldstrafe	Buße, büßen
Gesellschaftskraftwagen	Gesellschaftskraftwagen	Autocar, Car m.
gründlich	einläßlich	einläßlich
Hähnchen	Hendl	Poulet, Güggeli
Hausbesitzer	Hausbesitzer	Hausmeister
Hausmeister	Hausmeister	Abwart
Hörnchen (Gebäck)	Kipfel	Gipfel
hinten einsteigen	rückwärts einsteigen	hinten einsteigen
Januar	Jänner	Januar
Johannisbeere	Ribisel f.	Johannisbeere
jot, qu (ku)	je, que	jot, qu (ku)
Junge	Bub	Bub
Keks	Keks	Biscuit
Kellnerin	Kellnerin	Serviertochter
klingeln	läuten	läuten
Konditorei	Konditorei	Confiserie, Patisserie
Kopfkissen	Polster m. Pölster Pl.	Kopfkissen
Krankenhaus	Spital	Spital m.
Krankenwagen	Ambulanz	Ambulanz

Deutschland	Österreich	Schweiz
Lastkraftwagen	Lastkraftwagen	Camion m.
Lehrstuhl	Lehrkanzel	Lehrstuhl
Marmelade	Marmelade	Konfitüre
mehren	mehren	äufnen
Mittelschule (veralt.)	Hauptschule	Sekundarschule
Oberschule (veralt.)	Mittelschule	Mittelschule
Volksschule	Volksschule	Primarschule
Nachname	Zuname	Geschlechtsname
nicht normal	abnormal	abnormal
parken	parken	parkieren
Postamt	Postamt	Postbureau
Quark	Topfen m.	Quark
räuchern	selchen	räuchern
Rauchwarengeschäft	Tabak-Trafik f.	Tabakladen
Rechtsanwalt(schaft)	Advokat(ur)	Advokat(ur)
Regal	Stellage	Gestell
Rosenkohl	Sprossenkohl	Rosenkohl
Rotkohl	Blaukraut	Blaukabis m.
Sahne	Obers n.	Rahm m.
Schaffner	Kondukteur	Kondukteur
schließen	sperren (Mittagssperre)	schließen
Schornstein(feger)	Rauchfang(kehrer)	Kamin n. (-feger)
offener Kamin		Cheminée n.
Schreibwarenhandlung	Papiergeschäft	Papeterie
Schriftleiter	Redakteur	Re'daktor
Speiseeis	Gefrorenes	Glacé f.
Süßspeise	Mehlspeise	Dessert n. m.
Studienassessor, -rat	Professor	Mittelschullehrer
Tag!	Servus!	Salü!
Teig ausrollen	auswalken	auswallen
telephonieren	telephonieren	anläuten
Tomate	Paradeiser (W Tomate)	Tomate
Trecker	Traktor	Traktor
Treppe	Stiege	Treppe
Verkauf (Klein-)	Verschleiß	Verkauf (Detail-)
Vesperbrot, Imbiß	Jause f.	Zvieri m.
Versteigerung	Lizitation	Gant f.
Verzehr	Konsumation	Konsumation
vorkommen	aufscheinen	vorkommen
Waschbecken	Waschbecken	Lavabo n.

Dies sind nur einige Dutzend Beispiele von vielen Hunderten unterschiedlicher Wörter, Bedeutungen und Gebrauchsweisen. Bei der Terminologie der staatlichen Institutionen sind die Unterschiede sehr weitreichend, wie die kurze Tabelle zeigt.

BRD	DDR	CH	A
Bundesrepublik	Volksrepublik	Eidgenossenschaft	Bundesrepublik
Bundestag }	Volkskammer	Nationalrat	Nationalrat
Bundesrat }		Ständerat	Bundesrat
Bundesregierung	Ministerrat (Präsidium des)	Bundesrat	Bundesregierung
Bundeskanzler[1]	Ministerpräsident	Bundespräsident	Bundeskanzler
Ministerium	Ministerium	Departement	Ressort
Land	–	Kanton	Land
Landtag[2]	–	Kantonsrat/Großrat	Landtag
Landesregierung Staatsregierung (Bayern) Senat (Berlin, Hamburg, Bremen)	–	Regierungsrat/ Kleiner Rat	Landeshauptmann Landesregierung

[1] In der CH ist der *Bundeskanzler* Chef der Bundeskanzlei und der Bundesbeamten und der *Bundespräsident* der auf ein Jahr gewählte Vorsitzende der Kollegialregierung und amtierendes Staatsoberhaupt. In der BRD und in A ist der *Bundespräsident* das gewählte Staatsoberhaupt.

[2] In Hamburg und Bremen: *Bürgerschaft*; in Berlin: *Abgeordnetenhaus.*

7.9.3 Ideologie und Wortschatz

Der Wortgebrauch wird stets von ideologischen Aspekten beeinflußt. Ausdrücke wie *Sozialpartner* und *soziale Marktwirtschaft* sind genauso ideologisch geladen und gefärbt wie *Volksgemeinschaft* und *artecht* oder *Arbeiter- und Bauernstaat* und *volkseigen.* In einer offenen Gesellschaft können ideologische Ausdrücke in Frage gestellt und untersucht werden, und ihrem propagandistischen Anstrich kann man entgegenwirken. In einer autoritären Gesellschaft bleiben sie meist unhinterfragt, was zu bleibenden semantischen und lexikalischen Veränderungen führen kann.

(i) Der Einfluß des *Nationalsozialismus* auf den deutschen Wortschatz ist ziemlich genau untersucht worden. Drei Aspekte lassen sich unterscheiden: (1) Die Bildung neuer Wörter, im wesentlichen zur Bezeichnung der Partei- und Staatsinstitutionen, z.B. *Sturm*, d.i. eine Einheit der als *SS (Schutzstaffel)* bekannten militärischen Parteiorganisation mit *Sturmführer* ‚Hauptmann', *Sturmbannführer* ‚Major'; *Reichspressechef; Gauleiter; Reichsmarschall; Kraft durch Freude.* Derartige Wörter sind heute historische Ausdrücke, deren Ursprung deutlich erkennbar ist. (2) Der Gebrauch von Schlüsselwörtern zur Verbreitung der Naziideologie,

z. B. *Führertum, Volksgemeinschaft, arisch.* Viele derartige Wörter gelten heute als ‚befleckt' und werden vermieden, andere, z. B. *Asphaltpresse, Leistung, Volkswagen,* werden als ‚harmlos' angesehen und dementsprechend weiterhin gebraucht. (3) Bewußte Bedeutungsverschiebungen in positiver und negativer Richtung, z. B. *brutal, fanatisch* als positiv besetzte Ausdrücke oder *System* als ein negativ besetzter Ausdruck für das politische System der Weimarer Republik. Das Ende der Naziideologie hat die forcierte Umwertung verschwinden lassen, so daß die Konnotationen wiederum dem Sprecher oder Schreiber überlassen bleiben. Hauptsächlich ist es also der zweite Aspekt, unter dem die Einwirkung der Naziideologie bleibende Spuren im deutschen Wortschatz hinterlassen hat. Die von den Autoritäten ausgehenden Direktiven hinsichtlich des Wortgebrauchs (*Drittes Reich > Großdeutsches Reich, das nationalsozialistische Deutschland; antisemitisch > antijüdisch*, um arabische Gefühle nicht zu verletzen; *Katastrophe > Großnotstände*) wurden im allgemeinen nur teilweise befolgt.

Während des *Dritten Reiches* war die Einwirkung auf den Wortschatz in einigen semantisch-lexikalischen Bereichen besonders deutlich sichtbar, wie beispielsweise am Gebrauch altertümlicher Wörter, an der Terminologie von Macht und Gewalt, am Gebrauch militärischer Terminologie, an rassenmythologischen Wörtern, am Gebrauch gefühlsbetonter und idealistischer Ausdrücke und am Gebrauch von Metaphern aus Religion, Biologie und Medizin. Ganz besonders in diesen Bereichen wurden neue Wörter gemünzt, neue, gefärbte Bedeutungen verbreitet oder die Schlüsselwörter stammten aus ihnen. Nur sehr wenige Beispiele können angeführt werden.

(a) Archaismen: *Bann* (eine Hitlerjugendeinheit); *Gau* (eingeführt durch die Turn- und Jugendbewegungen des 19. Jh.s und von der *NSDAP* aufgenommen: *Gauleiter, Gauarbeitsführer, Gauwalter*); *Heil* (ein vermuteter germanischer Gruß – vgl. engl. *wassail* < ae. *wæs hæil!* –, zu dem die Nazis über die Turnbewegung und die österreichischen Bergsteiger kamen, *Heil Hitler!* wurde 1925 eingeführt); *Maid* (*Arbeitsmaid* ‚weibliches Mitglied des Arbeitsdienstes'); *Mädel (Bund Deutscher Mädel, Jungmädel); Mark* für Grenzgebiete, z. B. *Nordmark, Ostmark; Sippe* für ‚Familie' mit rassischer Konnotation *(Sippenbuch, Sippenforschung); Thingstätte; -wahrer* in *Rechtswahrer* (für *Jurist*), *Sippenwahrer; -walter* in *Schulungswalter, Schriftwalter, Amtswalter* (für *Beamter*).

(b) Terminologie der Gewalt: *Aufbruch (der Nation); Blitzkrieg; Machtergreifung; Sturm* (*-schritt, -abteilung – SA* wurde verschieden gedeutet als *Sturmabteilung, Schutzabteilung* oder *Sportabteilung* –). *Brutal, hart/Härte,* *rücksichtslos, fanatisch, schlagartig, unbändig* waren Schlüsselwörter mit positiver Konnotation, die alle die Dynamik der Bewegung hervorhoben.

(c) Militarismus: Der bildliche und häufige Gebrauch militärischer Ausdrücke hatte im Deutschen eine lange Geschichte, ehe ihn die Nazis auf die Spitze trieben. *Einsatz, zum Einsatz bringen, einsetzen (Arbeitseinsatz); ausrichten; Front* (*Arbeitsfront*, Organisation, die Gewerkschaften und Arbeitgeberverbände ersetzte); *Führer* (allmählich in den Zwanzigern eingeführt, möglicherweise das faschistische *il Duce* nachahmend, seit 1933 offizieller Titel Hitlers); *Gefolgschaft* (als Ersatz für *Belegschaft*); *führen* und *folgen; Kamerad* in *Arbeitskamerad* für *Kollege* usw. *(Berufskameradschaft, Kameradschaftsabend); Kampf, kämpferisch*, Hitlers *Mein Kampf*; das führende Parteiblatt, der *Völkische Beobachter*, wurde *Kampfblatt* genannt; die Jahre von 1918 bis 1933 hießen die *Kampfzeit* und langjährige Parteimitglieder *alte Kämpfer*. Der allgegenwärtige Gebrauch von *kämpferisch (kämpferisches deutsches Blut)* sollte die Botschaft der Partei unterstreichen, daß das Leben in all seinen Erscheinungsformen (Sport und Arbeit inbegriffen) ein Kampf sei, den nur der Starke und Brutale zu überleben verdiene. *Lager (Arbeitsdienstlager); Marsch, marschieren; Schlacht* (*Anbauschlacht, Arbeitsschlacht*, ja sogar *Geburtenschlacht*, wohl nach dem Vorbild des faschistischen *battaglia del grano*) trugen ebenfalls zur Militarisierung der Sprache bei.

(d) Rassenmythologie: *arisch; Art* (für ‚Rasse' in *artblütig, artecht, artfremd, entartet, artbestimmt* u.v.a.); *Blut* (ebenfalls für ‚Rasse' in *Blutbewußtsein* usw.), *Blutschande* ‚Inzest' wurde zu *Rassenschande* ‚Rassenmischung', *Blutzeuge* ‚Märtyrer' wurde für bei Straßenschlachten getötete Parteimitglieder gebraucht. *Asphalt* als Kontrast zu *Boden* wurde für das sterile, kosmopolitische Stadtmilieu in Ausdrücken wie *Asphaltliteraten, Asphaltblatt, Asphaltpresse* gebraucht. Letzteres hat als Wort für ‚Schmutzpresse' sogar das Verschwinden der *Blut- und Boden*-Ideologie überlebt. *Mischehe* ‚Eheleute unterschiedlicher Konfession' wurde umgedeutet zu ‚gemischtrassige Eheleute'. *Rasse*, ein Lehnwort des 18. Jh.s aus dem Französischen, wurde in vielen neuen Zusammensetzungen verwendet wie *Rassemensch, Rassenseele, Rassenbewußtsein.* Wohl die größte Rolle im Bereich der Rassenmythologie spielte *Volk* und *völkisch* (*Volksboden, Volksgenosse* (heute *Staatsbürger*), *Volksdeutscher, Volksgemeinschaft* (außer Gebrauch gekommen und anrüchtig), ebenso *Volkswagen* – dem Namen nach, der Hinweis auf ihn wurde allerdings nicht gern gesehen, weil das Auto erst nach dem Krieg in größeren Mengen produziert wurde).

(e) Gefühlsbetontheit und Idealismus: Modewörter waren *Betreuung,*

Bewegung; Gemeinschaft sollte gegenüber dem marxistischen und bürgerlichen Wort *Gesellschaft* die Einheitlichkeit aller Klassen der Nation nach Abschaffung des Klassenkampfes ausdrücken *(Arbeitsgemeinschaft, Schicksalsgemeinschaft). Geist* war positiv, *Intellekt* negativ besetzt. *Leistung (Leistungswille, -volk, -einsatz, -abzeichen, -kampf)* sollte an die Stelle von Klassen- und Rangunterschieden treten und das nationale und individuelle Streben der *Volksgemeinschaft* und der *Volksgenossen* kennzeichnen. Es ist ein Schlüsselbegriff des Wirtschaftswunders nach dem Kriege *(Leistungsgesellschaft, -mensch, -bewußt, -bezogen). Nationalsozialismus* sollte die beiden großen Bestrebungen des 19. Jh.s, Nationalismus und Sozialismus, in sich vereinigen, die sich bis dahin unversöhnlich gegenübergestanden hatten. Daß das Wort von Moses Heß und Theodor Herzl, den Begründern des sozialistischen Zionismus, geprägt worden war, war eine nicht überbietbare Ironie. Hitler lernte den Ausdruck durch verschiedene extremistische Gruppen kennen, die gleichzeitig sowohl Opposition zur bürgerlichen Gesellschaftsordnung als auch einen gewaltsamen Antisemitismus und fanatischen Nationalismus predigten. Unter den zahlreichen gefühlsgeladenen Ausdrücken finden sich: *Hingabe, Opfer, Schicksal, glühend, zündend, heiß (unser heißgeliebter Führer).*

(f) Die Säkularisierung religiöser Begriffe trug ebenfalls zum gefühlsgeladenen, irrationalen Vokabular bei: *Ergriffenheit, Glaube, Glaubensbekenntnis, gottgläubig, heilig, Vorsehung, Mission, Weihe.*

(g) Hitler selbst bezog die meisten seiner Metaphern aus Biologie und Medizin: *gesunder Volkskörper, giftige Geschwüre* (seine Feinde), *Seuche, Pestbeule, Gift, Blut, Spaltpilz, Schädling, Schmarotzer, Zersetzung, Bazillus.*

Am offensichtlichsten war die aggressive Sprachmanipulation dort, wo Euphemismen zur bewußten Vernebelung gebraucht wurden, z. B. *Schutzhaft* für Einkerkerung ohne ordnungsgemäßen Prozeß, *Sonderbehandlung* für Judenvernichtung.

Während die Nazipropagandisten einerseits einige Purismen wie etwa *Schriftleiter* für *Redakteur* und *Bildberichterstatter* für *Pressephotograph* in Umlauf setzten, hatten sie anderseits auch nichts gegen Fremdwörter, von denen *Garant, Fanal, Propaganda* (im positiven Sinne), *Agitation* (im negativen Sinne) die beliebtesten waren.

Wohl noch stärker als der Nazieinfluß auf den Wortschatz war der im stilistischen Bereich. Auch außerhalb der Parteiveröffentlichungen wurde auf vielen Gebieten die Sprache hyperbolisch, bombastisch und antithetisch, da sie stärker an das Gefühl als an die Vernunft appellierte. Deutsche, zwischen 1933 und 1945 geschriebene Texte liefern dafür zahlreiche Beispiele.

(ii) Die *Teilung Deutschlands* und ihre Wirkung auf die deutsche Sprache wird oft als schädlich für die Einheitlichkeit des Wortschatzes angesehen. Besonders in Westdeutschland klagt man darüber, daß die lexikalischen Abweichungen bereits das gegenseitige Verstehen beeinträchtigten und die Sprache im Osten manipuliert werde. Ohne Zweifel haben sich, mindestens in der Amtssprache der beiden deutschen Staaten, lexikalische Unterschiede herausgebildet. Unterschiedliche politische Systeme und unterschiedliche soziale Institutionen erfordern naturgemäß unterschiedliche Terminologien. Die herrschenden Ideologien in Ost und West füllen neutrale politische Begriffe mit verschiedenen Bedeutungen auf. Im Osten hat eine Ideologie, die des Marxismus-Leninismus, das Monopol bei allen offiziellen Äußerungen inne. Natürlich will sie ihre Vorstellungen verbreiten und setzt die Sprache für diesen Zweck ein. Die lexikalischen Unterschiede zwischen Ost und West können dementsprechend auf drei Hauptursachen zurückgeführt werden: (1) die Unabhängigkeit der beiden Staaten mit verschiedenen politischen und sozialen Institutionen; (2) die unterschiedliche Ideologie; (3) die unterschiedliche Anwendung der propagandistischen Möglichkeiten der Sprache.

Unter (1) finden sich beispielsweise *Bundeswehr* (W) – *Nationale Volksarmee* (O), *Bundesbahn* (W) – *Reichsbahn* (O), *Aktiengesellschaft* (W) – *volkseigener Betrieb, Kombinat* (O), *Geisteswissenschaften* (W) – *Gesellschaftswissenschaften* (O) für Fächer, die an der Philosophischen Fakultät gelehrt werden (s. auch S. 586). Die Institutionen der DDR sind natürlich ideologisch bedingt – wie diejenigen der BRD –, und ihre Bezeichnungen spiegeln die Ideen des Marxismus-Leninismus wider. Eine Reihe von Wörtern sind Lehnwörter aus dem Russischen, fast alle eher Internationalismen als direkt aus dem Russischen bezogen. Russische Wörter sind: *die Kolchose* oder *der Kolchos, der Kulak, Sowjet.* Lehnwörter sind beispielsweise: *das Ak'tiv, der Aktivist, das Exponat* ‚*Ausstellungsstück*', *das Kollektiv (Autorenkollektiv), das Kombinat, der Kursant, das Politbüro, Revanchismus, Tradeunionismus, der Traktorist.* Lehnbildungen machen eine entschieden bedeutsamere Gruppe aus, und zwar sowohl als Lehnübersetzungen wie als Lehnbedeutungen. Ein wichtiges Moment ist darin zu sehen, daß das Russische bis zur Revolution von 1917 dem Deutschen praktisch nur Lehnwörter lieferte, während es danach und besonders nach 1945 in der DDR Anlaß zu zahlreichen Lehnübersetzungen und Lehnbedeutungen war. H. H. Reich zufolge sind eben über 30 Prozent aller in seinem Glossar des offiziellen Sprachgebrauchs der DDR aufgeführten neuen Wörter und Bedeutungen vom Russischen beeinflußt. Heidi Lehmann führt 638 solcher Wörter aus der Sprache der Wirtschaft an. Lehnübersetzungen sind beispielsweise: *Abenduniversität, Agrostadt, Kulturhaus, Maschinen- und Traktorenstation, Wandzeitung, sozialistischer Wettbewerb.* Lehnbedeutungen sind z.B. *Agitator* und *Propagandist* als positiv besetzte Ausdrücke, *Akademiker* mehr als ‚Mitglied einer Akademie' gebraucht denn als ‚Graduierter', *Aspirant, Brigade, Diversion* ‚Umsturz der DDR', *Kader* für neue Partei- und Wirtschaftsführer, *Kandidat* ‚Anwärter auf Mitgliedschaft in der Partei', *Lektion* ‚Vorlesung', *Norm, Pionier.* Andere neue Ausdrücke für Institutionen sind *Direktstudium, Fernstudium, Fünfhunderterbewegung, Jugendweihe, Soll, Volkspolizist.* In der BRD sind viele Ausdrücke geläufig, die sich im offiziellen Sprachgebrauch des Ostens nicht finden, z.B. *Arbeitgeber, Arbeitnehmer, Sozialpartner, Lastenausgleich, Arbeitslosenversicherung, Volksschule, Volksdeutscher.*

(2) Wo es sich um ideologische Ausdrücke handelt, hat man es eigentlich mit einer *Fachsprache* zu tun. Zahlreiche politische Ausdrücke sind fachsprachliche Ausdrücke des Marxismus-Leninismus und anderer Ideologien in der gleichen Weise, wie Wörter als Fachausdrücke verschiedener Disziplinen fungieren können. Ideologen mögen solchen Sprachgebrauch kritisieren und ihn Mißbrauch nennen; der Sprachwissenschaftler kann ihn nur beschreiben. Derartige Ausdrücke sind beispielsweise *Demokratie, Fortschritt, Formalismus, Freiheit, Gesellschaft, Imperialismus, Kapital(ismus), Klasse, Kommunismus, Masse, Materialismus, Parlamentarismus, Revisionismus.*

(3) Propagandistischer Sprachgebrauch ist ebenfalls für viele lexikalische Unterschiede zwischen Ost und West verantwortlich, z.B. wenn die Umsiedler nach dem Zweiten Weltkrieg *Heimatvertriebene* (W) oder *Neusiedler* (O) genannt werden. Die Berliner Mauer heißt im Westen *Schandmauer* und im Osten offiziell *antifaschistischer Schutzwall.* Weiterer propagandistischer Sprachgebrauch ist beispielsweise *Aggression, Annexion* (nur bei westlichen Handlungen), *Friedensgrenze* für die Oder-Neiße-Grenze, *volkseigen* eher als *verstaatlicht.* Der offizielle Sprachgebrauch verwendet ebenfalls Schlüsselwörter, um dem Regime ein positives Image zu verleihen. Derartige Modeausdrücke sind beispielsweise *Aufbau, Best- (-arbeiter, -student), Bewegung, Errungenschaften, frei (Freie Deutsche Jugend), Friede (Friedensanhänger, -gruß, -kämpfer, -front, -lager* – der militaristische Hintergrund wird anscheinend nicht als damit unvereinbar angesehen), *Jugend, Kampf* und *kämpferisch, national, neu, sozialistisch, Volk, Wissenschaft, wissenschaftlich.*

Da es jetzt einen Leipziger Duden und einen Mannheimer Duden gibt, werden sowohl östliche wie westliche Wörter und Definitionen aufgezeichnet. Obgleich es auch sprachliche Unterschiede gibt (W *Aulas,* O

Aulen als Pl. von *Aula*), so sind doch die meisten Aufzeichnungs- und Definitionsabweichungen mehr ideologischer als sprachlicher Natur. Im Bereich von Wortschatz und Semantik sind Sprache als solche und äußere Realität verflochten und nur schwer von einander zu trennen.

7.9.4 Purismus

Das Deutsche hat stets Wörter aus anderen Sprachen entlehnt. Derartige Wörter können überall geläufig und an die üblichen Orthographie-, Laut- und Formenmuster angepaßt sein. Dann werden sie, trotz ihrer Neuheit, zu einem nicht mehr unterscheidbaren Teil des Wortschatzes *(Auto, Streik, Park, Nation, rasieren).* Wenn der Sprachwissenschaftler sie *Lehnwörter* nennt, gebraucht er einen Begriff der diachronischen Sprachwissenschaft. Er hebt sie hervor, weil sie bei der Entwicklung des Wortschatzes kulturell und historisch interessant sind. Andere Lehnwörter mögen nur schwer in die vorhandenen Muster hineinpassen, weil sie orthographische *(fair)*, lautliche *(Bonbon)* oder morphologische *(Komma – Kommata)* Schwierigkeiten mit sich bringen. Solche Schwierigkeiten schafft sich im allgemeinen der Entlehner selbst. Deutsche Sprecher sind im großen und ganzen keine anpassungsfähigen Entlehner. Aus Kultur- und Bildungssnobismus haben sie oftmals das Lehngut in Distanz zur Sprachgemeinschaft als ganzer gehalten und auf Zurschaustellung ihrer Fremdsprachenkenntnis bestanden. Die Wörter sind so *Fremdwörter* geblieben. Viele Kritiker haben sie deshalb als soziale Sprachbarriere angesehen.

Die historischen und kulturellen Entwicklungen der letzten vier Jahrhunderte haben das Deutsche zu intensiver Fremdwortentlehnung gezwungen. Anfänglich schien dieser Fremdeinfluß die Entstehung einer nationalen Standardsprache zu verhindern (vgl. 7.2.1, 7.2.4). Später erschien die *Fremdwörterflut* wie ein Symbol für das Mißlingen der nationalen Bestrebungen. Politische Frustration wandelte sich in Haß auf den eingedrungenen Fremdwortschatz. Auf diese Weise entstand die typisch deutsche Sprachreinigungsbewegung. Von ihrer besten Seite gesehen, war sie durchdrungen von einem nicht recht durchdachten, doch keineswegs unedlen Ideal einheitlichen Wortschatzes, der für alle Schichten verständlich sein sollte. Von ihrer schlimmen Seite gesehen, wurde sie von einem extremen Nationalchauvinismus motiviert, der durch eine besonders widerliche Mischung aus nationalem Selbstmitleid und Aggressivität entstand. Glücklicherweise ging die Sprachreinigung als Bewegung während des Zweiten Weltkriegs ein.

Ein weiterer kräftiger Anstoß für das Aufkommen des Purismus besonders im 19. und 20. Jh. ist in der vornehmlichen Beschäftigung der Philologie mit historischer Sprachentwicklung zu suchen. Ursprüngliche Reinheit sollte an einer weit in der Entwicklung zurückliegenden Stelle zu finden sein, von der aus dann die Verfalls- und Entartungsprozesse ihren Anfang genommen hätten. Fremdwortentlehnung wurde dementsprechend allzu leichtfertig als korrumpierendes und sprachverräterisches Handeln angesehen. Vom Standpunkt der Sprache selbst aus ist es völlig gleichgültig, woher ein Wort kommt. Denn es spielen nur seine Funktion, seine Stellung im lexikalischen System und seine Bedeutung in der soziolinguistischen Schichtung der Sprache eine Rolle. Wenn Wörter schichtspezifische Barrieren aufrichten, so nicht deshalb, weil sie fremder Herkunft sind, sondern weil bestimmten Sprechergruppierungen das zum Verständnis dieser Wörter erforderliche Wissen fehlt. Wörter wie *Fernsehen, Rundfunk* oder *einschreiben* werden verstanden, nicht weil die Sprecher *fern, sehen, rund, Funk(e), ein* oder *schreiben* kennen, sondern weil sie, obwohl Fachausdrücke, zum geläufigen Alltagswortschatz der Sprachgemeinschaft von heute gehören. Da es sich um motivierte Wörter handelt, mögen sie in erster Linie leichter zu lernen sein als *Television, Radio* oder *rekommandieren.* Doch sind auf der anderen Seite die Fremdwörter, da sie unmotiviert sind, auch nicht so irreführend zweideutig wie viele heimische Fachausdrücke, die motiviert sind, z.B. *Tätigkeitswort* für ‚Verb'. Einen weitgehend motivierten heimischen Wortschatz zu haben, mag ästhetisch befriedigen, doch führt dies nicht notwendig zu leichter Verständlichkeit. *Daseinsbewußtsein* oder *Mengenlehre* oder *Eierköpfe* sind nicht automatisch leichte Wörter, nur weil sie aus heimischen Bestandteilen bestehen. Vielen heimischen Wörtern kommt zugegebenermaßen die Durchsichtigkeit ihres Aufbaus zugute wie etwa bei *Federballspiel, Frauenarzt, Wochenende* für die Fremdwörter *Badminton, Gynäkologe, Weekend.* Wenn Sprecher aber auf nicht ganz verstandene heimische Wörter stoßen, neigen sie zu willkürlicher Etymologisierung, was jedoch oft zu einem Hindernis für das wirkliche Verstehen wird. Im ganzen gesehen ist der deutsche Wortschatz schwierig und stellt hohe Anforderungen, nicht wegen des Lehnguts, sondern weil er viele Neubildungen zuläßt. Positiver formuliert könnte man sagen, das Deutsche bietet in besonders hohem Maße wortschöpferische Möglichkeiten. Entlehnung ist dabei nur ein Aspekt dieser Eigenschaft, doch ist es der Aspekt, den Puristen sich oft für ihre Kritik herausgegriffen haben. Vielleicht ist es der im allgemeinen hohe Grad an zulässigen Wortbildungsmöglichkeiten, der das Lehnwort neben der heimischen Wortbildung einfach als des Guten zu viel erscheinen läßt.

Eine positive Leistung der Bewegung ist die Bereicherung des deutschen Wortschatzes gewesen, was sich ironischer Weise aus partiellem Mißlingen ergeben hat. Wo die vorgeschlagenen deutschen Ausdrücke Fuß gefaßt haben, ohne die entsprechenden Fremdwörter zu verdrängen, gibt es nun zwei Wörter, gewöhnlich mit gerinfügigen Stil- oder Bedeutungsunterschieden: *Takt – Feingefühl, Kreislauf – Zirkulation, Richtschnur – Norm, Auto – Kraftwagen.* Die Bewegung als ganze konnte weit öfter ein deutsches Wort neben ein entlehntes setzen, als die Anstoß erregende Entlehnung völlig beseitigen. Es ist schon darauf hingewiesen worden, daß man in Österreich und der Schweiz puristischen Bestrebungen widerstanden und Lehnwörter in stärkerem Maße beibehalten hat. Das Lehnwort hat daher heute oft nicht nur die Merkmalskomponente ‚altertümlich', ‚wenig bekannt', sondern auch ‚regional – österreichisch oder schweizerisch'.

Es gab fünf Perioden, innerhalb derer der Purismus blühte und besonders virulent war – alle fielen zusammen mit Zeiten nationaler Krisen und nationalistischer Erregung. Die früheste fiel mit dem Dreißigjährigen Krieg zusammen (vgl. 7.2.1 und 7.2.4). Die zweite fiel in die Zeit der französischen Herrschaft während der Revolutions- und Napoleonischen Kriege. Der wirksamste Sprachreiniger war J. H. Campe, dessen *Wörterbuch zur Erklärung und Verdeutschung der unserer Sprache aufgedrungenen femden Ausdrücke* 1801 erschien. Er übersetzte Hunderte von Wörtern und hatte damit in vielen Fällen Erfolg, z. B. *Stelldichein/Rendezvous, Fallbeil/Guillotine, Tageblatt/Journal, Kreislauf/Zirkulation, Zerrbild/Karikatur, Eßlust/Appetit, Einzelwesen/Individuum, Bittsteller (Supplikant), Festland/Kontinent.* Sein Zeitgenosse K. P. Moritz zeichnet für *abscheulich (abominabel), unumgänglich/absolut, Nebeneinkünfte (Akzidentien), belustigen/amüsieren, Doppelehe/Bigamie, Beschluß/Dekret* und viele andere.

Die dritte Phase folgte auf die Gründung des Zweiten Reiches. Generalpostmeister H. von Stephan setzte die Eindeutschung von über siebenhundert Lehnwörtern des Postdiensts durch, z. B. *postlagernd (poste restante), einschreiben (rekommandieren), Postkarte (Korrespondenzkarte).* Im Jahre 1885 wurde das Puristenbanner vom *Allgemeinen deutschen Sprachverein* gehißt, in dessen Veröffentlichungen Tausende von Purismen vorgeschlagen wurden, so z. B. die folgenden: *Abteil (Coupé), Fahrkarte (Billet), Bahnsteig (Perron), Gelände (Terrain), Beförderung (Avancement), Geschäftsstelle/Büro, Warenlager/Magazin, Fassungsvermögen/Kapazität.*

Die vierte Phase flammte während des Ersten Weltkrieges auf. Ihr führender Autor war E. Engel, dessen Bücher *Sprich Deutsch! Ein Buch zur*

Entwelschung (1917), *Deutsche Sprachschöpfer, ein Buch deutschen Trostes* (1919) eine neue Virulenzstufe erstiegen.

Die fünfte Phase wurde schließlich zur Zeit der nationalsozialistischen Machtübernahme erreicht. Beispielhaft dafür ist H. L. Stoltenberg, der in seinen Büchern *Deutsche Weisheitssprache* (1933) und *Der eigendeutsche Wortschatz der Weisheitslehre* (1934) die Wissenschaftssprache einzudeutschen versuchte und u.a. vorschlug: *Geistgruppwissenschaft* für *Kultursoziologie, Seelkunde* für *Psychologie, Weibischtum* für *Feminismus, Vertragtum* für *Sozialismus.* Es war dies die Zeit, als die Dudengrammatik und einige historische Grammatiken die von Klaudius Bojunga vorgeschlagene deutsche Grammatikterminologie übernahmen, z.B. *Tätigkeitswort* für *Verb, Leideform* für *Passiv, Doppellaut* für *Diphthong.* Die Haltung der Naziregierung war zwiespältig. Wenn es ihr paßte, gab sie Fremdwörtern den Vorzug *(Protektorat Böhmen und Mähren, Generalgouvernement Polen, Konzentrationslager)* und ließ sich von kleinbürgerlichen Eiferern nicht ins Gebet nehmen. Im Jahre 1940 ordnete der Reichsminister für Erziehung an, daß die forcierte Eindeutschung von Lehnwörtern aufzuhören habe. Damit war für den Purismus oder die Verdeutschung, die nicht mit dem natürlichen Vorgang der Lehnübersetzung verwechselt werden darf, das Ende gekommen. In den vergangenen dreißig Jahren hat das Deutsche äußerst freizügig entlehnt, ohne daß dies eine neue Purismuswelle heraufbeschworen hätte.

7.9.5 Fremdsprachlicher Einfluß

Aus zwei Gründen ist der fremdsprachliche Einfluß auf den Wortschatz einer Sprache von großem Interesse. Zum einen ist es das sprachliche Problem, wie die Aufnahme vorsichgeht, und zum andern der kulturelle Aspekt, denn wir möchten gerne wissen, welche semantischen Bereiche zu welcher Zeit fremdsprachigen Zufluß benötigen oder erhalten.

(i) Die Erforschung der Art und Weise, wie fremdsprachige lexikalische und semantische Elemente aufgenommen werden, verdankt den Arbeiten von Werner Betz und Einar Haugen viel. Die folgende Klassifikation zieht ferner Beiträge von E. S. Coleman, B. Carstensen und David Duckworth heran. Obgleich es in vielen Einzelfällen schwierig sein mag, die infrage stehenden Wörter mit Sicherheit einer bestimmten Klasse zuzuweisen, ist eine Klassifikation unumgänglich, wenn man die verschiedenen, dabei stattfindenden Prozesse verstehen will, vorausgesetzt natürlich, daß dies der Masse des einschlägigen Materials gerecht wird. Entlehnung verläuft, wie bereits gezeigt worden ist (vgl. 4.8.1, 4.8.2, 5.8.2

(ii) (iii), 6.9.1 (ii), 6.9.2) auf zwei unterschiedlichen Kanälen: entweder führen Sprecher Fremdwörter direkt ein *(Wortentlehnung)*, oder sie formen die fremden lexikalischen Wortkörper und Bedeutungen in den heimischen Wortschatz ein *(Lehnprägungen)*. Im großen und ganzen werden diese Prozesse jeweils vom Verhalten der einzelnen Sprachgemeinschaft bestimmt, und die für eine Sprache aufgestellte Klassifikation kann nicht automatisch auf eine andere übertragen werden. Für das Deutsche scheint das hier vorgestellte Schema am geeignetsten (mit Beispielen aus dem Englischen, der typischsten Entlehnungsquelle im 20. Jh.).

Lehngut

Wortentlehnung	*Lehnprägungen*
(fremde Elemente werden aufgenommen)	(fremde Elemente werden zu heimischen Elementen umgeformt)
1. Direkt übernom. Fremdwört.: *Barrister, Ghostwriter, Make-up*	1. Lehnbildungen: (a) Lehnübersetzungen: *Eierköpfe*, ‚eggheads‘; *Weißkragenarbeiter*, ‚white-collar worker‘
2. Fremdwört. z.T. angepaßt: *fighten, Teenagern* (Dat. Pl.)	(b) Lehnübertragung: *Entwicklungsland* ‚developing country‘; *Allwetterjäger* ‚all-weather fighter‘
3. Griech.-lat. Lehngut: *Option, redundant*	2. Lehnschöpfungen: *Meinungspflege* ‚public relations‘; *vollklimatisiert* ‚air-conditioned‘
4. Lehnwörter: *Boot, Streik, Partner*	
5. Pseudoentlehnungen: *Twen, Sexical*	3. Lehnbedeutung: *ausbügeln, Papier*

Lehnmischung: *Gehirntrust, Tiefeninterview, Beat-Schuppen*

Es gibt mehrere Eigenschaften, die zur ‚Fremdheit‘ beitragen: der alleinige Gebrauch für fremde Begriffe oder Gegenstände in einem fremden Kontext *(exotica)*; allgemeines Unvertrautsein mit dem Wort; fremdsprachiges Aussehen in Schreibung, Lautung und Morphologie. Von diesen Eigenschaften können alle oder nur einige vorliegen. Zunehmende Vertrautheit führt gewöhnlich zu einer gewissen orthographischen oder morphologischen Anpassung (*clown*>*Klown, gehandikapt*) und oft zu heimischen Weiterentwicklungen *(Babysitter*>*babysitten)*. Alle Entlehnungen führen auch eine neue Bedeutung ein, nur muß es nicht notwendig diejenige sein, die das Wort in der Fremdsprache innehat, z.B. *Keks* (<*cakes*) >‚Biskuit‘, *Smoking* (<*smoking-jacket*) >‚schwarzer Abendanzug‘. Auch die Form kann geringfügig differieren: *Happy-End* (<*happy ending*), *last not least* (<*last but not least*). Erst wenn offensichtlich alle fremden Spuren verschwunden sind (*strike*>*Streik, testen*) kann das Wort als voll integriert angesehen werden. Lehnwörter in diesem Sinne sind das Ergebnis eines früheren Entlehnungsprozesses und nur für den Sprachwissenschaftler erkennbar. Sie sind nur von Interesse, wenn es sich um einen historischen und kulturellen Zusammenhang handelt. Wörter lat. oder griech. Ursprungs bilden eine Sonderkategorie. Derartige Wörter sind im Deutschen seit Hunderten von Jahren vorhanden. In Schreibung und Lautung bilden sie eine erkennbare Untergruppe des deutschen Wortschatzes. Morphologisch gesehen passen sie sich leicht an, z. B. Substantive auf *-tät, -tion, -ismus*, Verben auf *-ieren*, Adjektive auf heimisches *-isch*, oder auch fremden, aber eingebürgerten Suffixen. Diese Wörter machen einen Teil des täglich anzutreffenden gelehrten und wissenschaftlichen und bis zu einem gewissen Grade auch des gemeinsprachlichen Wortschatzes aus. Der Grund dafür, daß im 17. und 18. Jh. so viele französische Wörter ins Deutsche entlehnt worden sind und heutzutage englische entlehnt werden, ist darin zu sehen, daß diejenigen klassisch-antiker Herkunft auf recht einfache Weise eingepaßt werden können. Das Deutsche, besonders das wissenschaftliche Deutsch, steht, wie viele andere europäische Sprachen, schon seit Jahrhunderten für den klassisch-antiken Wortschatz weit offen. Der gegenwärtige Einfluß des Englischen hat, besonders in den Fachsprachen, zur Einführung oder Wiedereinführung z. B. folgender Wörter geführt: *affizieren, agieren, antizipieren, determinieren, explizieren, implizieren, koinzidieren, konfrontieren, kookkurrieren, rezipieren, subsumieren; praktikabel, redundant, relevant, rigid, signifikant; Abundanz, Consensus, Divergenz, Effizienz, Eskalation, Frustration, restringierter* oder *elaborierter Kode, Kybernetik, Matrix, Nonproliferation, Option, Performanz, Plausibilität, Sozialstatus.*

Die Pseudoentlehnungen bezeugen die Beliebtheit des Englischen, da es sich um Wörter handelt, die im Englischen unbekannt sind und von Deutschen nach englischem Vorbild erfunden wurden, z. B. *Twen*, ca. 1960, <*twenty* ‚junge Leute zwischen zwanzig und dreißig'; *Dressman* ‚dem Mannequin entsprechende männliche Person'; *Greenager* nach dem Vorbild von *teenager* für Kinder unter dreizehn Jahren; *Grusical* und *Sexical* nach dem Vorbild von *musical; Showmaster* in Analogie zu *quiz master.*

Lehnmischungen bestehen aus einem heimischen und einem fremdsprachigen Bestandteil: *Pressurgruppe* ‚pressure group'; *Testbann* ‚test ban' mit deutschem *Bann; Publicity-bewußt* ‚publicity conscious'; *Supermarkt; Pilotstudie* ‚pilot study', bei dem man *-studie* als heimisch (Lehnwort) ansehen kann, doch *Pilot* ist hier, obwohl auch als deutsches Lehnwort vorkommend, eine Lehnbedeutung. Wiederum können solche Hybridbildungen deutsche Entwicklungen ohne englische Parallele sein, z. B. *Manager-Krankheit, Schuhboy* (*-boy* ‚ein praktisches Gebrauchsutensil oder Möbelstück').

Lehnbildungen bieten besondere Probleme; denn wie kann gezeigt werden, daß ein fremdsprachiges Vorbild vorliegt, wenn heimische Wortschatzbestandteile verwendet werden? Solche Wörter verraten ihre Herkunft dadurch, daß sie zuerst in Übersetzungen oder in Berichten über auswärtige Angelegenheiten vorkommen oder neben das Fremdwort gesetzt werden oder dadurch, daß sie durch Anführungszeichen als Neologismus bezeichnet werden. Wenn es sich um eine Wort-für-Wort- oder Teil-für-Teil-Übersetzung handelt, spricht man von Lehnübersetzung: *Elfenbein-Turm, Fußball, Mittelklasse, Großwissenschaft, Viersternegeneral, heiße Höschen, Graswurzeln (der Partei), Rattenrennen, Schneeballeffekt, Familienplanung, Eiserner Vorhang, der Schnelle-Brüter-Reaktor* ‚fast-breder reactor', *Auffindungsprozedur* ‚discovery procedure', *Froschmann, Flutlicht, Gehirnwäsche, Gipfelkonferenz.* Ganze Redewendungen können übersetzt werden: *Namen fallen lassen; im gleichen Boot sitzen* ‚to be in the same boat'; *die Schau stehlen; das Beste daraus machen; in Form sein; zur Ordnung rufen; eine gute Zeit haben.*

Lehnübertragungen sind annähernde Übersetzungen: *Trägerwaffe* oder *Beförderungswaffe* für ‚means of delivery'; *Atomkopf* ‚war head'; *Atommeiler* ‚atomic pile'; *Podiumsgespräch* ‚panel discussion'; *narrensicher* ‚foolproof'; *Erzeugungsgrammatik* ‚generative grammar'; *Wolkenkratzer* ‚skyscraper'; *heißer Draht* ‚hotline'; *Ausschüttung* ‚fall-out'; *Senkrechtstarter* ‚vertical take-off aircraft'; *Leitartikel* ‚leading article' oder ‚leader'.

Von Lehnschöpfungen spricht man, wenn heimische Wörter zwar unabhängig von einer fremdsprachigen Form gebildet, jedoch durch einen fremdsprachigen Begriff oder Gegenstand angeregt werden, z. B. *Luftkissenfahrzeug* ‚hovercraft'; *Klimaanlage* ‚air-conditioning'; *innergewerbliche Beziehungen* ‚industrial relations'; *per Anhalter fahren* ‚to hitchhike'; *bügelfrei* ‚no iron(ing)'; *Spitzenverkehr* ‚rush hour traffic'; *oben ohne* ‚topless'. Mitunter kommen mehrere Eingliederungsversuche vor. So gibt es für ‚public relations' *Öffentlichkeitsarbeit* neben *Meinungspflege.*

Wenn ein heimisches Wort in Analogie zu einem Fremdwort eine zusätzliche Bedeutung annimmt, handelt sich es um eine Lehnbedeutung. Von ‚to iron out' hat *ausbügeln* die bildliche Bedeutung zusätzlich zur wörtlichen Bedeutung beider Ausdrücke bezogen. Ebenso ist dies bei *Flaschenhals, Klima, Gipfel* der Fall. *Papier* kann sich heute analog zu *paper* sowohl auf einen schriftlich niedergelegten Entwurf oder Aufsatz wie auch auf das Material beziehen. *Kopie* kann synonym zu *Exemplar* gebraucht werden, d.h. in der Bedeutung des engl. *copy. Resignieren, kontrollieren* und *Suggestion* haben zusätzlich zu ihrer im Deutschen bereits vorhandenen Bedeutung auch die von engl. *to resign, to control* und *suggestion* übernommen. *Kanäle* in *extraverbale Kanäle* hat die Bedeutung von engl. *channel.*

Es ist gezeigt worden (S. 590f.), daß in Bezug auf den Einfluß des Russischen auf die ideologisch inspirierte Sprache von Politik und Wirtschaft in der DDR Lehnprägungen viel häufiger vorkommen als Wortentlehnungen. Die Einwirkung des Englischen auf das Deutsche im 20. Jh. scheint bei den Kategorien Lehnprägung und Wortentlehnung gleich stark zu sein, wenn es auch bisher dazu keine erschöpfenden Arbeiten unter Heranziehung der Statistik gibt. Zweifelsohne ist aber gegenwärtig die direkte Entlehnung aus dem Englischen umfangreicher als die aus irgend einer anderen Sprache.

(ii) Lehngut aus dem Englischen wurde zuerst mit *Boot* gegen Ende des dreizehnten Jahrhunderts übernommen. Nur *Lotse* (<mittelengl. *lodesman*) ist wohl auch eine mittelalterliche Entlehnung gegen 1400. Danach gab es im Frnhd. einige wenige Entlehnungen: *Dogge* (1571), *Lord, Mylord* (1599), *Utopie* und *Gentleman* (1575), später neu entlehnt. Erst die Englische Revolution brachte zahlreichere Entlehnungen, z.B. *Adresse* ‚Rede' (1689), *Akte* (1649), *Bill* (1683), *Debatte* (1689), *Quäker* (1661), *Rum* (1672). Zur Zeit der Aufklärung und der ersten umfangreicheren Rezeption Shakespeares und des englischen Romans bezeugen vorwiegend Lehnprägungen den wachsenden Einfluß des Englischen, z.B. *popular song*>*Volkslied*, später ins Engl. als *folk song* zurückentlehnt, *Freidenker, Pantheist, Tatsache, Nationalcharakter, Freimaurer, Elfe, empfindsam, Heißsporn, Blankvers*, die heutige Bedeutung von *Humor.* Wissenschaft und Politik steuerten bei: *Barometer, Blitzableiter, Pferdekraft, Dampfmaschine, Koalition, Kongreß, Opposition.* Auf dem Gebiet des Handels und des gesellschaftlichen Lebens sind Entlehnungen aus dem 18. Jh.: *Banknote, Beefsteak, Bowle, boxen, Boxer, Budget, Export, Farmer, fashionable* (>*fesch*), *Flanell, Frack, Gin, Grog, Import, Jobber, Jockei, Klub, Manchester, Panorama, Park, Punsch, puritanisch, Spleen* und die Lehnprägungen *Arbeitsteilung* ‚division of labour', *Handelsfreiheit* ‚freedom of trade', *Staatsschulden* ‚public debts', *Privateigentum* ‚private property', die sich durch Übersetzungen von Adam Smiths *The Wealth of Nations* verbreiteten.

Obwohl über den wachsenden englischen Einfluß bereits vor dem Ende des 19. Jh.s kritische Bemerkungen gemacht wurden, gewann er erst im 20. Jh. wirklich an Bedeutung, besonders aber nach dem Zweiten Weltkrieg. In vielen Bereichen der modernen Wissenschaft und des gesellschaftlichen Lebens spiegelt das Lehngut den großen Einfluß Amerikas wider. Modeerscheinungen waren stets Anlaß für Wortentlehnungen. Fremdwörter werden oft aus Effekthascherei benutzt. Erst wenn sie überall und dauernd gebraucht werden, muß man sie als Teil der deutschen Sprache ansehen. Das Studium vergangener Sprachperioden erleichtert die Unterscheidung zwischen dem Erwerb auf Dauer und den Eintagsfliegen. Nur der erstere ist in den vorhergehenden Wortschatzabschnitten berücksichtigt worden. Die Einschätzung des gegenwärtigen englischen Einflusses bereitet größere Schwierigkeiten. Journalisten, Werbeagenturen und gesellschaftlich wie kulturell ‚führende' Kreise brüsten sich mit ihren Englischkenntnissen und spicken ihre Texte mit englischen Wörtern. Der folgende Auszug aus einer Parodie illustriert dies:

Nach dem Hearing mit anschließendem Roundtable-Gespräch begann das Teach-in zunächst sexy. Ohne jedwedes Understatement bot die First Lady, um up to date zu sein, ihren Striptease im Mini-Bikini neben dem Flower-Power am Rande des Swimming-pools dar, während der Boß mit einer Crew von Provos die Show der High Society eröffnete. Das Meeting, von einem cleveren Entertainer arrangiert, sollte zu einer Open- und Weekend-Party werden. Die Fans der Beat-Band intonierten „Fremde in der Nacht" („Strangers in the Night"), und die Twens und Teenagers kürten diesen Song zum Hit. Ein Oldtimer probte neben der Musicbox mit einem Starlet einen verjazzten Letkiss, mehr pop als op, wie der Disk-Jockey meinte, aber den Ghostwriter aus Studio A inspirierte gerade dieser Bestseller zur Head-Line für seine Story.

(*Die Zeit* vom 8. Dez. 1967)

Viele dieser direkten Entlehnungen werden wohl wieder verschwinden. Die folgende, thematisch angelegte Liste enthält eine Auswahl von Entlehnungen aus dem 19. und 20. Jh., die sich als einigermaßen dauerhaft erwiesen haben (zu denjenigen lat. und griech. Herkunft vgl. S. 597):

Sport

Bob, Butterfly, Caddie, Coach, Doping, dribbeln, fair, fighten, fit, groggy, Handikap, Hockey, kicken, k. o., kontern, kraulen, Match, Odds, Outsider/Außenseiter, Pacemaker/Schrittmacher, Polo, Pony, Racket, Rekord, Reporter, Score, Sport, Sprint, Spurt, Start, stoppen, Surfing, Swimmingpool, Tackling, Tandem, Team, Tennis, Tip, Training, Turf, Volleyball.

Unterhaltung

Attraktion, Band (Fem.), *Bar, Blues, Call-girl, Comics, Fan, Feature, Festival, Film, Flirt* (Vorgang, nicht Person), *Gag, Happening, Happy-End, Hi-Fi, Hitparade, Hosteß, Hot, killen, Limerick, live (senden), Mickeymaus, Musical, Op-art, Party, Pet-*

ting, Pick-up, Pin-up-girl, Poker, Pop-art, Poster, Quiz, Ragtime, Science-fiction, Short story, Show, Song, Star, Striptease, Swing, Thriller, Trip, Twist, Western.

Kulturelles und gesellschaftliches Leben allgemein

Baby, Babysitter, Background, Beat(nik), -boy zur Bezeichnung von Gebrauchsgegenständen, *Bungalow, Camping, clever, Couch, Covergirl, Dandy, Egghead, Establishment, Folklore, Gangster, Girl, Globetrotter, Hobby, Jamboree, Jeep, Jet-Set, Keep-Smiling, Kidnapper, Komfort, komfortabel, Lift, Lunch, Mob, Motel, Mumps, o. k., Paperback, parken, Penthouse, Playboy, Raid, Ranch, Revolver, Rowdy, Sex(-appeal), sexy, shocking, smart, Snackbar, Snob, Steward(eß), Store, Streß, Supermarkt, Tank, Teddybär, Teenager, Trick, Tutor, Understatement, up-to-date, Vamp, VIP, WC.*

Handel und Wirtschaft

Advertising Agency, Bestseller, Big Business, Boom, Boykott, City, Clearing, Container, Copyright, Design(er), Discount(laden), Dispatcher, Do-it-yourself, Dumping, Expreß, Job, Jute, Kartell, Koks, Lay-out, Leasing, Manager, Marketing, Output, Partner, Pool, Prosperity, Run, Safe, Scheck, Selfmademan, Shop(ping), Slogan, Slum(s), Standard, Streik (1844 mit Bezug auf England, 1865 auch für Vorgänge in der deutschen Industrie, nach 1880 >*Streik*), *Trend, Trust.*

Politik und öffentliches Leben

Agreement, Appeasement, Come-back (auch im Sport und allgemein), *Disengagement, Filibuster, Goodwill, Humbug, Interview, Hearing, Headline, Image, Jury, Komitee* (auch <Frz.), *konservativ, Legislatur* (auch <Frz.), *Lobby, lynchen, Meeting, Plenar-, Plenum, Votum.*

Wissenschaft und Technik i. allg.

Air-conditioning, Bulldozer, Cockpit, Computer, Count-down, Dynamo, Fading, Feedback, Hurrikan, Know-how, Laser(strahl), Lokomotive, Nonstop(flug), Photographie, Propeller, Radar, Radio, Service (Mask.), *Telex, Telstar, Tender, Test, Tram, Transistor, Tunnel, Viadukt, Waggon.*

Kosmetik und Mode

Deodorant, Eyeliner, Jumper, Khaki, Kilt, Kord, Look, Lotion, Make-up, no iron(ing), Nylon, Overall, Petticoat, Pullover, Schal, Shorts, Slip, Smoking, Spray, Sweater, Tartan, Trenchcoat, Tweed, Twinset, Ulster, waterproof.

Essen und Trinken

Chips, Cocktail, Cornflakes, Drink, dry, Flip, Grapefruit, Keks, Ketchup, mixen, on the rocks, Porridge, Pudding, Sandwich, Sherry, soft, Toast, Whisky.

Bemerkenswert ist, daß entlehnte Verben *(killen)* oder abgeleitete Verben *(babysitten)* im allgemeinen die Endung *-en* annehmen, während bei Verben aus den romanischen Sprachen *-ieren* üblich ist.

(iii) Aufs ganze gesehen hat in nhd. Zeit das Französische den stärksten Einfluß gehabt. Die meisten Entlehnungen fallen ins 17., 18. und frühe 19. Jh. Ein wesentlicher Teil der ursprünglichen Lehnwörter ist bis zu einem gewissen Grade durch den Purismus wieder fallen gelassen worden. Die folgende Auswahl von Wörtern französischer Herkunft belegt die Entlehnung während des Nhd.:

Allgemeines kulturelles und gesellschaftliches Leben

abonnieren, Adresse ‚Wohnort', *Affäre, Akklamation, aktuell, Allüren, Alternative, (sich) amüsieren, Apathie, arrogant, banal, Billard, Blamage, blasiert, borniert, broschieren, brüsk, Chance, dressieren, egal, elegant, Energie, erotisch, eventuell, fad, frappant, Garage, genieren, interessant, Journalist, kompliziert, konstatieren, Kontrolle, Kritik, Lokal, Massage, Migräne, Milieu, modern, naiv, Neger* (vgl. S. 447), *Niveau, Nuance, (sich) orientieren, Panik, Passant, Persiflage, Phantom, Plan, Plateau, plausibel, plazieren, Pointe, populär, Portier, Pose, prekär, Prestige, preziös, primitiv, progressiv, prüde, rasieren, räsonnieren, Redakteur, renommieren, Restaurant, resümieren, rigoros, Rivale, salopp, Sensation, sensibel, seriös, servieren, Sirene, Situation, Skandal, solid, sporadisch, sympathisch, Taxi, Teint, Tirade, Toilette, Tour, vage, vulgär.*

Architektur und Kunst

Amateur, Anekdote, antik, Appartement, Arabeske, Atelier, Balance, Balustrade, Baracke (vielleicht < It.), *barock, Belletrist, Broschüre, Büfett, Büro, Debüt, Dusche, Email, Fassade, Impressionismus, Kabarett, Karussel, Kino(matograph), Komik, Lektüre, Mansarde, Marionette, Memoiren, Nische, Orchester, Ouvertüre, Parkett, Plastik, Polonäse, Pornographie, Portrait, Premiere, Refrain, Renaissance, Repertoire, Revue, Rokoko, Ruine, Salon, Serenade, Silhouette, Souffleur, Szene, Terrasse, Theater, Tribüne, Varieté.*

Handel und Wirtschaft

Akkord, amortisieren, Baisse, Bon, Defizit, Depesche, Depot, Dividende, Etat, Etikette, Hausse, Hektar, Hotel, Industrie, kolonial, Liter, Marke, Parzelle, Plombe, Plutokratie, Ration, realisieren, Reklame, Tarif (frz. < It.), *Tendenz, Textil-, transportieren, Volontär.*

Politik

Annexion, Attentat, Bourgeois, Bürokratie, Chauvinismus, Diplomat, Elite, Imperialismus, Initiative, Intrige, Kommunist, liberal, offiziell, offiziös, Polemik, Proletariat, radikal, Reaktionär, Reform, Regime, Repräsentant, Republik, Ressort, Revolution, Sanktion, souverän, sozial, Sozialismus, tolerant.

Militärwesen

Appell, Aspirant, Bajonett, Bande, Chef, Etappe, Kadett, Kaserne, Manöver, Marine, Militär, Ration, Revanche, Sabotage, Taktik, Uniform.

Wissenschaft und Technik

Automobil, (Luft)ballon, Brikett, Chassis, Chauffeur, desinfizieren, Maschine, Moräne, Omnibus, Panne, Phase, Rasse, Reptil, Sonde, steril, Technik, Telegramm.

Mode

Agraffe, Bluse, Brillant, Brosche, Dekolleté, Kostüm, Krawatte, Manschette, Negligé, Popelin(e), Portemonnaie, Revers, Weste.

Essen

Bonbon, Bouillon, Kompott, Kotelette, Likör, Limonade, Mayonnaise, Menü, Nougat, Omelett, panieren, Praline, Püree, Ragout, Roulade, Tomate (frz. < Span. (Mexikan.)), *Trüffel.*

(iv) Vom Englischen ist gesagt worden, daß es praktisch jedes lat. Wort (oder griech. Lehnwort) aufnehmen könnte. Dies gilt im wesentlichen auch für das Deutsche, wenngleich derartige Entlehnungen und Neubildungen auch im großen und ganzen stärker auf den gelehrten und wissenschaftlichen Wortschatz beschränkt bleiben. Nichtsdestoweniger ist in nhd. Zeit eine sehr große Zahl solcher Wörter in die Gemeinsprache übergegangen. Die meisten davon sind international gebräuchlich, weshalb der Weg bis zu ihrer Aufnahme oft schwer auszumachen ist. Das folgende ist eine Beispielauswahl:

Abiturient, abrupt, absorbieren, Abszeß, Affekt, Agrarier, Akustik, Album, Alibi, Allotria, Amphitheater, amputieren, Analphabet, Anarchie, Anomalie, Applaus, Aquarium, Archäologie, Arena, Aroma, Asyl, Athlet, Atom, Autodidakt, Autograph, Bazillus, Biographie, brutal, Despot, diabolisch, Dilemma, Diplom, Dissertation, Dosis, Dozent, drastisch, Dynamit, elastisch, Emanzipation, Epoche, Exil, Existenz, Exkurs, exotisch, Explosion, Faktor, Fanatiker, Floskel, frenetisch, Hegemonie, Hydrant, Impuls, Intellekt, Ironie, Kamera, Komplex, Konjunktur, Konkurs, konsequent, Kontakt, Laborant, Lithographie, Material, Miliz, Mission, Moment, Monogramm, Motor, Muskel, Narkose, Neurose, Oase, obszön, Optimismus, Organ, Pessimismus, Philanthropie, Philatelie, Philister, Plebs, Podium, Präparat, Prognose, Programm, Propaganda, Prothese, Psychoanalyse, quantifizieren, rabiat, reagieren, real, Referat, Referendar, relativ (auch < Frz.), *Rheumatismus, Sanatorium, Schema, Sektion, Serum, sezieren, Skepsis, Skulptur, Spektrum, Spekulant, spontan, stabil, Stadium, Stanniol, Symmetrie, Symptom, System, Terror, Thermometer, Torpedo, Tuberkulose, Typ/-us, Urne, Vegetation, Visum, Vitamin, Zone, Zyklus.*

(v) Die Lehnwörter aus dem Italienischen konzentrieren sich auf die Gebiete Musik, Kunst, Unterhaltung, Handel und Essen:

Adagio, allegro, Antenne, Aquarell, Baldachin, bravo, Brokat, Bronze, burlesk, Büste, Cello, Dilettant, Diva, Duett, Fiasko, Finale, Impresario, Influenza, Inkognito, Intermezzo, Kantate, Kasino, Klarinette, Konfetti, Lava, Libretto, Lotto, Makkaroni, Malaria, Mole, Motto, Novelle, Oper, Operette, Primadonna, Putte, Quartett, Rabatt,

Razzia, Regatta, Salami, Skala, Skat, Skizze, Solo, Sonate, Sopran, Spaghetti, Spesen, Tempo, Torso, Torte, Transit, Villa, Violine, Virtuose, Zervelat(wurst).

(vi) Nur einige wenige Wörter haben die skandinavischen Sprachen beigetragen. Einige sind mit der nordischen Mythologie verbunden, z. B. *Norne, Waberlohe, Walhalla, Walküre* und die Lehnübersetzung *Götterdämmerung.* Andere bezeichnen speziell Skandinavisches, z. B. *Eider(ente), Erlkönig, Fjord, Rentier, Schi/Ski, Slalom.*

(vii) Zum Einfluß des Russischen vgl. 7.9.3 (ii).

7.9.6 Namenkunde (Onomastik)

(i) *Toponyme* (Ortsnamen) gehören zu den altertümlichsten Schichten des Wortschatzes. Innerhalb der nhd. Zeit hat daher auf diesem Gebiete sich kaum etwas zugetragen. Die charakteristische Neuerung scheint die Einflußnahme der Politik auf die Ortsnamengebung zu sein. Während der Blütezeit des dynastischen Absolutismus wurden einige neue Städte oder Schlösser, um die herum Städte entstanden, nach ihrem fürstlichen Gründer benannt, z. B. das 1715 von Markgraf Karl Wilhelm von Baden-Durlach erbaute *Karlsruhe.* Auf ähnliche Weise entstanden die Namen *Ludwigsburg, Charlottenburg, Friedrichshafen, Ludwigshafen, Wilhelmshaven, Amalienlust, Wilhelmshöhe. Saarlouis* wurde 1680 nach Louis XIV. von Frankreich benannt. Dieser Brauch setzte sich im Zweiten Reich fort *(Kaiser-Wilhelm-Kanal).* Im 20. Jh. ist der politische Einfluß vornehmlich auf Straßen- und Platznamen beschränkt, z. B. *Bismarckstraße, Platz der Republik, Horst-Wessel-Straße, Adolf-Hitler-Platz, Stalinallee, Konrad-Adenauer-Straße, Karl-Marx-Allee.* Ehren diese Namen lebende Politiker, teilen sie die Wechselfälle der Politik. In der DDR ist *Chemnitz* zu *Karl-Marx-Stadt* umbenannt worden. Auch die Namen ausländischer Städte sind von der Politik berührt worden. Die Nazis führten die Namen *Gotenhafen* für *Gdingen* und *Litzmannstadt* für *Łódź* ein. In der Nachkriegszeit schwang das Pendel in die andere Richtung. Frühere deutsche Städte im Osten werden in der DDR nur mit ihrem neuen polnischen und tschechischen Namen benannt, z. B. *Gdańsk (Danzig), Szczecin (Stettin), Wrocław (Breslau), Bratislava (Preßburg), Brno (Brünn). Straßburg* wurde eine Zeitlang in westdeutschen Veröffentlichungen *Strasbourg* geschrieben. Die politische Umwälzung hat den Namen *Preußen* auf Karten verschwinden lassen und zur Schaffung neuer Namen wie *Nordrhein-Westfalen* geführt.

Einigen Städten wurden, um die Postzustellung zu erleichtern, Kennzeichnungen beigegeben, z. B. *Halle (Saale), Marburg (Lahn).* Bei *Rothen-*

burg ob der Tauber ist die Kennzeichnung schon im 14. Jh. belegt und ist seit dem 17. fest. Das gleiche Streben nach klaren Bestimmungen hat *München-Gladbach* seine nördliche Form *Mönchen-Gladbach* wiedergegeben. Die riesige Ausdehnung der Städte und die zunehmende Verstädterung hat zur Bildung von Bindestrich-Namen geführt, z. B. *Wanne-Eickel, Barmen-Elberfeld* (1929) und zu neuen Vorstadtbezeichnungen, z. B. *Berlin-Dahlem, Zürich-Wollishofen.* Neue Städte werden im allgemeinen nach ihrem Standort benannt, beispielsweise *Wuppertal, Erfttal.*

(ii) Hinsichtlich der *Personennamen* hat es bei den Nachnamen kaum etwas Neues gegeben. In den wenigen Gebieten, wo Nachnamen zu Beginn der nhd. Zeit noch nicht eingeführt waren, wie z. B. in Friesland, hat die moderne Staatsverwaltung auf ihre Einführung bestanden. Sie sind allgemein kraft Gesetz unveränderbar. Der Bestand ererbter deutscher Nachnamen ist durch viele fremdsprachige Namen vermehrt worden, z. B. durch Namen von Hugenotten *(Savigny, Fontane)* im 17. Jh. und vor allem durch slawische Namen *(Nowak, Bielschowski).* In der zweiten Hälfte des 19. Jh.s kam der Brauch auf, den Mädchennamen der Frau hinter den ihres Mannes zu setzen. Besonders in der Schweiz fand dies Anklang. Schweizer Telefon- und Adreßbücher führen in der Regel Bindestrichnamen auf: *Hans Meier-Müller*, wobei *Müller* der Mädchenname der Frau ist, obwohl dies in gesprochener Sprache nicht üblich ist und die Kinder sie nicht beibehalten.

Da Vornamen zur Wahl stehen, waren sie dem Wandel entschieden stärker ausgesetzt. Obgleich viele heutige Vornamen seit Hunderten von Jahren gebraucht werden *(Paul, Peter, Hans, Konrad)*, sind einige davon veraltet. Dagegen sind viele als Modenamen aufgekommen. Im großen und ganzen sind die Namenmoden kurzlebiger geworden.

Im 16. Jh. entstand der Brauch, Kindern zwei Vornamen zu geben, z. B. *Johann Philipp, Karl Ludwig, Friedrich Wilhelm.* Bei Doppelnamen waren *Johann* und *Anna* die häufigsten Erstbestandteile. Gegen 1700 waren, wenn auch regional verschieden, Doppelnamen die Regel. Die Sitte hatte beim Adel ihren Anfang genommen, wurde dann vom Stadtpatriziat übernommen und schließlich auch von Handwerkern und Bauern nachgeahmt. Zwischen 1800 und dem Ende des 19. Jh.s waren wiederum Einzelvornamen häufiger. Deutsche Doppelnamen haben immer aus zwei üblichen Vornamen bestanden. Der englische Brauch, Kindern den Mädchennamen der Mutter als mittleren Namen zu geben, hat nie auf die deutschsprachigen Länder ausgestrahlt. Zwischen Doppelnamen *(Karl Heinz)* und zusammengesetzten Namen *(Karlheinz)* muß unterschieden werden. Bis zur Mitte des 19. Jh.s waren echte Doppelnamen die Regel, wobei kaum auszumachen ist, ob sie nur auf dem Geburtsschein standen oder wirklich gebraucht wurden. Die heutigen Namenszusammensetzungen *(Hansjakob, Hansrudolf, Hansjürg(en), Heidemarie, Annemarie)* werden als Einheit angesehen. Doppelnamen enthalten oft den Vornamen des Paten oder der Patin.

Moden, die die Namengebung beeinflußt haben, waren beispielsweise: (a) ehrerbietige Namengebung. Bestimmte Namen waren in Herrscherhäusern üblich und wurden den Untertanen gegeben, z. B. *Ruprecht, Luitpold* in Bayern; *Friedrich, Wilhelm* und *Charlotte, Luise* in Preußen; *August, Friedrich* in Sachsen oder *Franz, Josef, Franz-Josef* in Österreich. *Karl* wurde in katholischen Gebieten nach der Kanonisierung *Carlo Borromeos* im Jahre 1610 beliebt. Auf die gleiche Weise verbreiteten sich *Ignaz* und *Xaver.* (b) Namengebung nach Persönlichkeiten aus der Literatur, z. B. *Hermann/Dorothea, Lotte, Minna, Eduard, Emil, Oskar* (< *Ossian*). (c) Im 17. und 18. Jh. wurden französische Namen besonders für Mädchen Mode: *Charlotte, Henriette, Lisette, Babette, Susette.* (d) Englische Namen fanden im 19. Jh. Anklang: *Arthur, Edwin, Edgar, Edmund, Alfred, Alice, Fanny, Betty, Edith.* (e) Italienische, slawische und skandinavische Namen wurden oft durch Gestalten aus Politik und Literatur bekannt: *Laura, Guido, Alexander, Wanda, Olga, Helga, Gustav, Hjalmar.* (f) Am Ende des 19. Jh.s wurden Kurznamen beliebt: *Klaus, Fritz, Horst, Kurt, Karl, Heinz, Rolf.* (g) Nationalistische und puristische Bewegungen förderten den Gebrauch germanischer Namen: *Günther, Reinhold, Eberhard, Diet(h)er, Helmut.* Besonders in den dreißiger Jahren wurden solche Namen bevorzugt, z. B. *Gunhild, Arnhild, Swanhild, Erdmuthe, Heidrun, Hadumot, Ingulf, Diethelm, Volker.* Heute geht die Beliebtheit von Namen oft von Filmen und Liedern aus: *Romy, Kerstin, Ramona.* Zu den beliebtesten Namen zählen heute *Andreas, Thomas, Matthias, Michael* und bei den Mädchen *Gabriele, Renate, Karin, Christine.*

Wie beim Wortschatz im allgemeinen ist das Deutsche auf dem Gebiet der Namengebung gegenwärtig für alles von außen Kommende weit offen. Gewichtige dithematische (zweiteilige) germanische Namen wie *Hildegard* oder *Siegfried* würden kaum der gegenwärtigen Mode entsprechen. Besonders beim Wortschatz erweist sich Sprache sowohl als Ausdruck von Bedürfnissen der Sprachgemeinschaft wie auch als Hinweis auf deren Geschmack und Bestrebungen.

Auswahlbibliographie

W. Admoni, *Der deutsche Sprachbau*, 3. Aufl., München 1970; ders., *Die Entwicklungstendenzen des deutschen Satzbaus von heute*, München 1973; G. Augst, *Untersuchungen zum Morpheminventar der deutschen Gegenwartssprache*, Tübingen 1975; ders., *Lexikon zur Wortbildung*, 3 Bde, Tübingen 1975; R. Baudusch-Walker, *Klopstock als Sprachwissenschaftler und Orthographiereformer*, Berlin 1958; G. Bech, ‚Zur Morphologie der deutschen Substantive', *Lingua*, 12 (1963) 177-89; E. Beneš, ‚Die Fachsprachen', *Deutschunterricht für Ausländer*, 18 (1968) 124-36; ders., ‚Syntaktische Besonderheiten der deutschen wissenschaftlichen Fachsprache', *Deutsch als Fremdsprache*, 3 (1966) 26-36; C. Berning, *Vom ‚Abstammungsnachweis' zum ‚Zuchtwart'. Vokabular des nationalsozialismus*, Berlin 1964; U. Bichel, *Problem und Begriff der Umgangssprache in der germanistischen Forschung*, Tübingen 1973; E. A. Blackall, *The Emergence of German as a Literary Language, 1700-1775*, London 1959; K. Brinker, *Das Passiv im heutigen Deutsch*, Düsseldorf 1971; H. Brinkmann, *Die deutsche Sprache*, 2. Aufl., Düsseldorf 1971; B. Carstensen, ‚Zur Systematik und Terminologie deutsch-englischer Lehnbeziehungen' in *Wortbildung, Syntax und Morphologie. Festschrift H. Marchand*, Den Haag 1968, S. 32-45; ders., *Englische Einflüsse auf die deutsche Sprache nach 1945*, Heidelberg 1965; K. Daniels, *Substantivierungstendenzen in der deutschen Gegenwartssprache*, Düsseldorf 1963; E. Drach, *Grundgedanken der deutschen Satzlehre*, 4. Aufl., Darmstadt 1963; D. Duckworth, ‚Der Einfluß des Englischen auf den deutschen Wortschatz seit 1945', *ZDS*, 26 (1970) 9-31; *Duden Grammatik* von P. Grebe *et al.*, 3. Aufl., Mannheim 1973; H. Eggers, *Deutsche Sprache im 20. Jahrhundert*, München 1973; ders., ‚Deutsche Sprache der Gegenwart im Wandel der Gesellschaft', in *Sprache der Gegenwart*, 5, Düsseldorf 1969, S. 9-29; J. Eichhoff, *Wortatlas der deutschen Umgangssprachen*, 2 Bde, Bern, München 1977; U. Engel, ‚Regeln zur Wortstellung' in *Forschungsberichte des Instituts für dt. Sprache*, 5 (1970) 3-168; B. Engelen, ‚Zum System der Funktionsverbgefüge', *WW*, 18 (1968) 289-303; E. Erämetsä, *Adam Smith als Mittler englisch-deutscher Spracheinflüsse*, Helsinki 1961; J. Erben, *Deutsche Grammatik. Ein Abriß*, 11. Aufl., München 1972; H. Fenske, *Schweizerische und österreichische Besonderheiten in deutschen Wörterbüchern* (Forschungsberichte des Instituts für dt. Sprache, 10), Tübingen 1973; W. Fleischer, *Wortbildung der dt. Gegenwartssprache*, 4. Aufl., Leipzig 1976; H.-R. Fluck, *Fachsprachen. Einführung u. Bibliographie*, München 1976; P. F. Ganz, *Der Einfluß des Englischen auf den deutschen Wortschatz 1640-1815*, Berlin 1957; H. Gelhaus, ‚Zum Tempussystem der dt. Hochsprache', *WW*, 16 (1966) 217-30; H. Glinz, *Die innere Form des Deutschen*, 6. Aufl., Bern 1972; R. Glunk, ‚Erfolg und Mißerfolg der nationalsozialistischen Sprachlenkung' in *ZDS*, 22 (1966) - 27 (1971); P. Grebe, ‚Geschichte und Leistung des Dudens', *WW*, 12 (1962) 65-73; ders., ‚Zur Reform der Zeichensetzung', *DU*, 7 (1955) 3, 103-7; S. Grosse, ‚Reklamedeutsch', *WW*, 16 (1966) 86-104; E. Haugen, ‚The Analysis of Linguistic Borrowing', *Lg.*, 26 (1950) 210-31; U. Hauser-Suida, G. Hoppe-Beugel, *Die Vergangenheitstempora der deutschen geschriebenen Sprache der Gegenwart*, München, 1972; R. Hotzenköcherle, ‚Großschreibung oder Kleinschreibung?', *DU*, 7 (1955) 3, 30-49; ders., ‚Gegenwartsprobleme im dt. Adjektivsystem', *Neuphil. Mitt.*, 69 (1968) 1-28; H. Ischreyt, *Studien zum Verhältnis von Sprache und Technik*, Düsseldorf 1965; S. Jäger, *Der Konjunktiv in der deutschen Sprache der Gegenwart*, Düsseldorf 1971; A. Jecklin, *Untersuchungen zu den Satzbauplänen der gesprochenen Sprache*, Bern 1973; W. Jung, *Grammatik der dt. Sprache*, 5. Aufl., Leipzig 1973; K. Kaiser, *Mundart und Schriftsprache – Versuch einer Wesensbestimmung in der Zeit zwischen Leibniz und Gottsched*, Leipzig 1930; S. Kaiser, *Die Besonderheiten der dt. Schriftsprache in der Schweiz*, 2 Bde, Mannheim 1969-70; A. Kirkness, *Zur Sprachreinigung im Deutschen*, 2 Bde, Tübingen 1975; H. Lehmann, *Russisch-deutsche Lehnbeziehungen im Wortschatz offizieller Wirtschaftstexte der DDR*, Düsseldorf 1972; W. Lehnemann, ‚Vom Einfluß der Weidmannssprache auf das Alltagsdeutsch', *DU*, 15 (1963) 1, 51-62; C. Leska, ‚Vergleichende Untersuchungen zur Syntax gesprochener und geschriebener deutscher Gegenwartssprache', *Beitr.* (Halle), 87 (1965) 427-64; K. Lindner, ‚Zur Sprache der Jäger', *ZDP*, 85 (1966) 407-31, 86 (1967) 101-25; I. Ljungerud, *Zur Nominalflexion in der dt. Literatursprache nach 1900*, Lund 1955; O. Ludwig, ‚Thesen zu den Tempora im Deutschen', *ZDP*, 91 (1972) 58-81; L. Mackensen, *Die dt. Sprache unserer Zeit*, 2. Aufl., Heidelberg 1971; ders., ‚Muttersprachliche Leistungen der Technik' in *Sprache – Schlüssel zur Welt. Festschrift L. Weisgerber*, Düsseldorf 1959, 293-305; F. Maurer, *Volkssprache*, Düsseldorf 1964; F. Maurer, F. Stroh, *Deutsche Wortgeschichte*, Bd. II, 2. Aufl., Berlin 1959 (Artikel von Langen, Kainz, Wagner, Moser); E. Mittelberg, *Wortschatz und Syntax der Bildzeitung*, Marburg 1967; D. Nerius, *Untersuchungen zur Herausbildung einer nationalen Norm der dt. Literatursprache im 18. Jahrhundert*, Halle 1967; K. F. Otto, *Die Sprachgesellschaften des 17. Jahrhunderts*, Stuttgart 1972; R. Pelka, *Werkstückbenennungen in der Metallverarbeitung*, Göppingen 1971; P. von Polenz, *Funktionsverben im heutigen Deutsch*, Düsseldorf 1963; ders., ‚Sprachpurismus und Nationalsozialismus' in *Germanistik – eine deutsche Wissenschaft*, 2. Aufl., Frankfurt a.M. 1967; S. 111-65; R. Rath, ‚Trennbare Verben und Ausklammerung', *WW*, 15 (1965) 217-32; H. H. Reich, *Sprache und Politik. Untersuchungen zu Wortschatz und Wortwahl des offiziellen Sprachgebrauchs in der DDR*, München 1968; H. Rizzo-Baur, *Die Besonderheiten der dt. Schriftsprache in Österreich*, Mannheim 1962; N. N. Semenjuk, ‚Zustand und Evolution der grammatischen Normen in der ersten Hälfte des 18. Jahrhunderts' in *Studien zur Geschichte des Neuhochdeutschen*, Berlin 1972, 79-166; K. Spangenberg, ‚Tendenzen volkssprachlicher Entwicklung in Thüringen' in H. Rosenkranz, K. Spangenberg, *Sprachsoziologische Studien in Thüringen*, Berlin 1963, S. 54-85; H. Steger, ‚Gesprochene Sprache. Zu ihrer Typik und Terminologie' in *Sprache der Gegenwart*, 1, Düsseldorf 1967, S. 259-91; E. Uhlig, *Studien zu Grammatik u. Syntax der gesprochenen Sprache des Deutschen Bundestages*, Marburg 1972; B. Wackernagel-Jolles, *Untersuchungen zur gesprochenen Sprache*, Göppingen 1971; H. Wagner, *Die dt. Verwaltungssprache der Gegenwart*, Düsseldorf 1970; L. Weisgerber, *Die Verantwortung für die Schrift. Sechzig Jahre Bemühungen um eine Rechtschreibereform*, Mannheim

1964; A. Weiss, *Syntax spontaner Gespräche*, Düsseldorf 1975; W. U. Wurzel, *Studien zur deutschen Lautstruktur*, Berlin 1970.

Allgemeine Auswahlbibliographie

Bach, A., *Geschichte der deutschen Sprache*, 9. Aufl., Heidelberg 1970.

Bach, A., *Deutsche Namenkunde*, 5 Bde, 2. Aufl., Heidelberg 1952-6.

Behaghel, O., *Deutsche Syntax*, 4 Bde, Heidelberg 1923-32.

Die deutsche Sprache. Kleine Enzyklopädie, hrsg. v. E. Agricola, W. Fleischer, H. Protze, 2 Bde, Leipzig 1969-70.

Eggers, H., *Deutsche Sprachgeschichte*, 4 Bde, Hamburg 1963-77.

Fleischer, W., *Die deutschen Personennamen*, Berlin 1964.

Guchmann, M. M., *Der Weg zur deutschen Nationalsprache*, 2 Bde, Berlin 1964-9.

Henzen, W., *Deutsche Wortbildung*, 3. Aufl., Tübingen 1965.

Henzen, W., *Schriftsprache und Mundarten*, 2. Aufl. Bern, München 1954.

Keller, R. E., *German Dialects, Phonology and Morphology*, Manchester 1961.

Kienle, R. von, *Historische Laut- und Formenlehre des Deutschen*, 2. Aufl., Tübingen 1969.

Lockwood, W. B., *Historical German Syntax*, Oxford 1968.

Lockwood, W. B., *An Informal History of the German Language*, 2. Aufl., London 1976.

Paul H., *Deutsche Grammatik*, 5 Bde, Halle 1916–20.

Penzl, H., *Vom Urgermanischen zum Neuhochdeutschen*, Berlin 1975.

Polenz, P. von, *Geschichte der deutschen Sprache*, 3. überarb. Aufl., Berlin 1978.

Raad, A. A. van, Voorwinden, N. T. J., *Die historische Entwicklung des Deutschen*, Culemborg, Köln 1973.

Tschirch, F., *Geschichte der deutschen Sprache*, 2 Bde, Berlin 1966 (2. Aufl. 1971) – 1969.

Waterman, J. T., *A History of the German Language*, 2. Aufl., Seattle 1976.

Wilmanns, W., *Deutsche Grammatik*, 3 Bde, Straßburg 1897-1906.

Kleines Glossar sprachwissenschaftlicher Begriffe

Dies knappe Glossar ist kein Ersatz für ein sprachwissenschaftliches Lexikon. Es will dem interessierten Laien lediglich im Text öfter gebrauchte Begriffe verständlicher machen, und zwar solche, die am ehesten erklärungsbedürftig erscheinen. Die ‚Exponenten' hinter den Seitenzahlen dienen der schnelleren Auffindung einer angegebenen Stelle, wobei o auf den oberen, m auf den mittleren und u auf den unteren Bereich einer Seite verweist. Zur weiteren Information sei aus der Fülle linguistischer Nachschlagewerke auf die folgenden hingewiesen: Hadumod Bußmann, Lexikon der Sprachwissenschaft, Stuttgart (Kröner) 1983 (= Kröners Taschenausgabe Bd. 452); Lexikon der germanistischen Sprachwissenschaft, hrsg. von P. Althaus, H. Henne, H. E. Wiegand, 2., vollst. neu bearb. u. erweit. Aufl. Tübingen (Niemeyer) 1980.

Ablaut (auch Vokalabstufung, Apophonie) Regelmäßiger Vokalwechsel in der Stammsilbe etymologisch verwandter Wörter. Jacob Grimm, 1819: ‚weil der Vocal in einen andren . . . ab- und überspringt'. Wichtiges Bildemittel bei den sog. starken Verben. – Vgl. Erklärung S. 25

Affix, das; -es, -e (lat. ‚Angeheftetes') An Wurzel oder Stamm antretendes Wortbildungselement; zusammenfassend für Präfix, Infix u. Suffix. – Vgl. etwa S. 105

Affrikata, Pl. -en (lat. ‚angerieben') Verschluß- + folgender Reibelaut, z. B. *pf, z* [ts]. – Vgl. etwa S. 166f., aber auch S. 540f.

Agglutinierung, Pl. -en (lat. ‚das Ankleben') – Anfügen von Elementen an den unveränderten Wortstamm. – Vgl. S. 187°

Aktionsart, Art und Weise, wie das durch das Verb ausgedrückte Geschehen (Aktion) vor sich geht. – Vgl. etwa S. 577°

Allo- (gr. ‚anders beschaffen') – Die Allo-Formen stellen verschiedene Varianten zugrundeliegender sprachl. Einheiten dar wie Phoneme (s. d.), Morpheme (s. d.) u. a.

Allograph, das; -s, -e (s. Allo- u. Graph) – Stellungs- oder andere Variante e. Schriftzeichens oder Graphems (s. d.), z. B. in *Meer, mehr, reden* für [e:] oder *hassen, Haß* für [s]. – Vgl. etwa S. 351ᵘ, S. 385ᵘff.

Allomorph, das; -s, -e (s. Allo- u. Morph) – Variante e. Morphems (s. d.) in e. bestimmten phonemischen, grammatischen oder lexikalischen Umgebung, z. B. /ba:t/ u. /ba:d/ für *Bad, bad+en* (Auslautsverhärtung, s. d.). – Vgl. etwa S. 282ᵐ

Allophon, das; -s, -e (s. Allo- u. Phon) Variante e. Phonems (s. d.). Bewirkt keine Bedeutungsveränderung, z. B. Zungen- bzw. Zäpfchen-*r*, oder ist stellungsbedingt, z. B. *ich-Dach* ([ç] nach hellen, [x] nach dunklen Vokalen). – Vgl. etwa S. 29°, 62ᵘ

Anakoluth, das/der; -s, -e (gr. ‚ohne Folge') – Konstruktionsbruch bei der Fortführung e. Satzes. – Vgl. Beispiel S. 512°

analytische Bildung, Ausdruck syntaktischer Beziehungen im Satz außerhalb der einzelnen Wörter durch grammatische Hilfswörter wie Präpositionen oder Hilfsverben, z. B. *lachte*, aber *habe/hatte gelacht* oder *ich harre deiner*, aber *ich warte auf dich.* – Vgl. etwa S. 104°, 107°

Antonym, das; -s, -e (gr. ‚Gegenname') Gegen(satz)wort, z. B. *groß* zu *klein.* – Vgl. etwa S. 439^{u}

Apokope [a'pokope:], die; -en (gr. ‚Abschlag') – Wegfall e. auslautenden Vokals, z. B. *ich glaub's.* – Vgl. etwa S. 259^{u}, 486 f.

Apophonie, s. Ablaut

Aposiopese, die; -en (gr. ‚das Verstummen') – Abbruch des Satzes aus rhetorischen oder anderen Gründen, z. B. *dir werd' ich!* – Vgl. S. 507°, 516^{m}

Appellativ(um), das; -s, -e/-a (lat. ‚Ansprechwort') – Substantiv, das e. Gattung/Klasse u. zugleich jedes Element oder Ding derselben bezeichnet, Gattungsname; z. B. *Baum, Tier, Tisch.* – Vgl. etwa S. 127^{m}

Aspiration, (lat. ‚Anhauchung') – Aussprache e. Verschlußlauts mit Behauchung. – Vgl. etwa S. 84^{m}

Assimilation, (lat. ‚Ähnlichmachung') – Anpassung e. Konsonanten an e. anderen. – Vgl. etwa S. 60^{m}

asyndetisch, (gr. ‚unverbunden'), Subst.: Asyndeton, Pl. -ta – Verbindungslos, d. h. ohne verbindende Konjunktionen gereihte Wörter oder Sätze. – Vgl. S. 517°

Auslautsverhärtung Tonverlust e. sth. Verschluß- oder Reibelauts im Wort- oder Silbenauslaut: *Grabes* aber *Grab, Liebe* aber *lieblich.* – Vgl. etwa S. 261°, 270°

Bahuvrīhi, (ai. ‚vielreis') s. exozentrische Komposita

bilabial, (lat. ‚beide Lippen betreffend'), Subst.: der Pl. -e – Mit beiden Lippen gebildet; e. solcher Laut heißt Bilabial, z. B. *p.* – Vgl. etwa S. 38°

Bilingualismus, (lat. ‚Zwiesprachigkeit'), Pl. -men – Zweisprachigkeit. – Vgl. S. 144

centum-Sprachen – Westie. Sprachgruppe (Germ., Kelt., Ital.), in der sich bestimmte Verschlußlaute (bes. *g* u. *k*, vgl. lat. centum ‚hundert') zunächst als Verschlußlaute erhalten. – Vgl. S. 29

Denominativ(um), Pl. -ve/-va – Ableitung von einem Subst. oder Adj. – Vgl. etwa S. 94^{m} oder 104^{m}

dental, (lat. ‚Zähne betreffend'), Subst.: der; -s, -e – Mit Hilfe der Zähne gebildet; solche Laute heißen Dentale *(t, d).* – Vgl. etwa S. 39^{m}

Determinativkompositum, (lat. ‚bestimmend') – Zusammensetzungsart, bei der das erste Glied (Determinans, Bestimmungswort) das zweite (Determinatum, Grundwort) näher bestimmt, z. B. *Wintermantel* (Mantel für den Winter). – Vgl. etwa S. 289^{m}

deverbativ, (zu lat. de ‚von–weg' u. verbum), Subst.: das /(-um), Pl. -ve/-va – Von e. Verb abgeleitet sein. E. solches Subst. oder Adj. ist e. Deverbativ, z. B. *Heilung, heilbar* von *heilen.* – Vgl. etwa S. 106^{m}

Diachronie, (zu gr. día ‚hindurch' u. chrónos ‚Zeit'), Adj.: -chron/-chronisch – Seit Ferd. de Saussure gebrauchter Terminus für die geschichtl. Entwicklung e. Sprache im Unterschied zu ihrem jeweiligen Zustand (Synchronie, s. d.). – Vgl. etwa S. 1^{m}, 100^{m}, 553 f.

diakritische Zeichen, (gr. ‚unterscheidend') – Zeigen besondere Aussprache e. Buchstabens an, z. B. ¨ bei *ü.* – Vgl. etwa S. 262^{m}, 306^{m}

Dichotomie, (gr. ‚Zwei(fach)teilung'), Adj.: -chotom – Seit Ferd. de Saussure gebrauchter Terminus für die zweigliedrige Teilung der Begriffe bei der Analyse von Sprache, z. B. Synchronie-Diachronie, Sprachsystem-Sprachgebrauch u. a. – Vgl. etwa S. 501^{m}

Diglossie, (zu gr. dis ,2fach' u. glōssa ,Zunge, Sprache') – Vgl. die Erklärungen S. 18^{u} u. 500^{u}f.

Digraph, der; -s, -e(n) (zu gr. dís ,2fach' u. gráphein ,schreiben') – Verbindung zweier Buchstaben, die einen einzigen Laut wiedergeben soll, z. B. *ch* [x] oder [ç] in *Dach* bzw. *ich.* – Vgl. etwa S. 262^{m}

diplomatischer Abdruck, (gr. ,zwiefach gefaltet') – Buchstabengetreue Wiedergabe e. Handschriftentextes im Druck. Vgl. S. 244^{u}, 257°

Diphthong, (gr. ,2fach Tönender'), Adj.: -isch – Laut, der in der schriftl. Wiedergabe durch zwei Vokale dargestellt ist, z. B. *ei, au, eu* im Dt.

Diphthongierung, Wandel e. Vokals (Monophthongs, s. d.) in e. D. – Vgl. etwa S. 13^{m}

Dissimilation, (lat ,Unähnlichmachung') Differenzierung zweier ähnlicher Laute zwecks größerer Deutlichkeit. Ggs.: Assimilation (s. d.). – Vgl. etwa S. 60^{m}

Dual(is), der; -s, -e (lat. ,Zweiheit bildender') – Numerus zur Bezeichnung von paarweise vorkommenden Wesen oder Dingen in Deklination u. Konjugation (im Ai., Gr. u. teilweise im Got.). Ganz versprengte Reste noch im heutigen Bayr. – Vgl. etwa S. 99^{m}

durativ, (lat, ,andauernd') – Aktionsart (s. d.) e. Verbs, das semantisch ,Dauer' ausdrückt. – Vgl. etwa S. 206°, 577°

Dvandva, (ai. ,Paar') s. kopulative Komposita

dynamischer Akzent, (gr. ,kräftig') – Druckakzent, auch exspiratorischer A. zur Hervorhebung von Lauten durch verstärkten Atemdruck, kennzeichnend für alle germ. Sprachen. Dagegen musikalischer A. durch Wechsel der Tonhöhe. – Vgl. etwa S. 75^{u}

Ellipse (gr. ,Auslassung') Einsparung von Redeteilen, z. B. *(ich) bitte sehr.* – Vgl. S. 507°, 516^{m}f.^{m}

enklitisch (gr. ,sich neigend'), Subst.: Enklise, die; -n – Anlehnung e. schwach oder unbetonten Wortes (Enklitikon) an das vorhergehende, meist mit phonetischer Schwächung, z. B. *biste* statt *bist du*; s. auch proklitisch. – Vgl. etwas S. 111^{m}, 301^{m}, 375^{u}

Entrundung Aufgabe der Lippenrundung von gerundeten (vorderen)Vokalen, z. B. mhd. *diu* [dy:], nhd. *die*, mundartlich *Minchen* statt *München*; auch ,Entlabialisierung' genannt. – Vgl. etwa 393°

epenthetisch (gr. ,eingeschoben'), Subst.: Epenthese, die; -n – eingeschobene Laute zur leichteren Aussprache, z. B. *willentlich.* Vgl. etwa S. 254^{m}

epithetisch (gr. ,angesetzt'), Subst.: Epithese, die; -n – Epithetische Laute (Epithesen), die zur Ausspracheerleichterung am Wortende zugefügt werden, z. B. *jemand* mhd. *ieman.* Vgl. etwa S. 413^{u}

Etymologie (zu gr. étymon ,wahrhaft, wirklich'), Adj.: -isch – Analyse des ursprünglichen (wahren) Sinns oder der ursprünglichen Form von Wörtern, Stämmen oder Wurzeln. Vgl. etwa S. 8°, 22^{m}, 386^{m}

Etymon, das; -s, -a (s. Etymologie) Sog. ursprüngliche Form u. Bedeutung e. Wurzel- oder Stammwortes. Vgl. etwa S. 65^{u}

exozentrische Komposita (auch Bahuvrīhi- oder Possessivkomposita; zu gr. éxō ,außen, außerhalb' u. lat. centrum ,Mitte') – Zusammensetzungsart, die ähnlich oder gleich gebildet ist wie Determinativkomposita (s. d.), deren ,Subjekt' jedoch außerhalb der Fügung liegt; Muster: *barfuß* oder *Dickbauch* (d. i. nicht ,dicker Bauch', sondern ,einer, der e.

dicken Bauch hat'). Der Terminus Bahuvrīhi (‚Vielreis', d.i. ‚einer, der viel Reis hat') stammt aus der ai. Grammatik. – Vgl. S. 108^{u}, 196^{m}, 287^{u}, 290°

exspiratorischer Akzent s. dynamischer Akzent

Flexion (lat. ‚Biegbarkeit') Zusammenfassender Terminus für Deklination (Subst., Adj., Pron.) und Konjugation (Verben). Vgl. etwa S. 90°

Formant, der; -en, -en – Grammatisches Bildungselement. – Vgl. etwa S. 90°

Fortis (lat. ‚stark'), Pl. Fortes – Das Merkmal ‚stark' bezieht sich auf Intensität und Spannung bei der Aussprache von Verschluß- u. Reibelauten *(p, t, k, s)*; Ggs.: Lenis (‚sanft', s.d.). – Vgl. etwa S. 169°, 268 ff., 358°

Frikativ, der; -e, -e (zu lat. fricare ‚reiben') – Reibelaut, auch Spirant genannt, z.B. *f, s.* – Vgl. etwa S. 149^{u}

Gemination (lat. ‚Verdoppelung') Verdoppelung von Konsonanten, deren Bestandteile (Geminaten) auf zwei Sprechsilben verteilt sind. Besonderes Merkmal der westgerm. Sprachen (westgerm. Konsonantengemination). Im heutigen Dt. nur noch orthographisches Mittel. – Vgl. etwa S. 263^{u} f.

Graph, das; -s, -e (nicht der G., -en, -en wie z.B. in der Mathematik; zu gr. gráphein ‚schreiben') – Kleinste, nach Segmentierung (s.d.) gewonnene konkrete Einheit in schriftlichen Texten, Schriftzeichen, aber noch nicht, wie das Graphem (s.d.), im Schreibsystemzusammenhang klassifiziert; analog zu Phon u. Morph (s.d.) gebildet. Notation: ⊂ ⊃ – Vgl. etwa S. 17^{u}, 60^{u}, 246^{u}, 388^{m}

Graphem, das; -s, -e (gr. gráphēma ‚Schrift') Adj.: -isch, -atisch – Kleinste bedeutungsunterscheidende Einheit in e. Schriftsystem, die e. Phonem oder e. Phonemfolge darstellt, z.B. ⟨*Wald*⟩ aber ⟨*bald*⟩; analog zu Phonem u. Morphem (s.d.) gebildet. Notation: ⟨ ⟩. – Vgl. etwa S. 17^{u}, 358^{m}, 385 ff.

Halbvokale Nicht als Silbenträger auftretende Vokale, z.B. *i* u. *u* in *ei, -tion, eu, au.* – Vgl. etwa S. 38°

Homographie (gr. ‚Gleichschreibung') Wörter, die bei gleicher Schreibung verschiedene Aussprache oder Herkunft aufweisen, z.B. Ténor-Tenór, Ball-Ball – Vgl. etwa S. 528°

Homonymie (gr. ‚Gleichnamigkeit') Adj.: -nym – Lautliche Übereinstimmung von Wörtern mit verschiedener Bedeutung (u. Herkunft), z.B. *Ton, Schloß, Ball.* – Vgl. etwa S. 579^{m}

Homophonie (gr. ‚Gleichklang, -lautung') Adj.: -phon – Unterschiedliche Schreibung u. Bedeutung bei gleichlautenden Wörtern, z.B. *mehr, Meer.* – Vgl. etwa S. 271°, 398^{m}, 528°

Hyponymie (gr. ‚Unterbegriff, -name') Adj.: -nym – Bedeutungseinschluß (Inklusion) eines Unterbegriffs unter e. höheren (Oberbegriff, Hyperonym), z.B. *Aal, Hering: Fisch.* – Vgl. S. 439^{u}

hypotaktisch (gr. ‚unterordnend') Subst.: Hypotaxe, die; -en – Syntaktisch unterordnende Konstruktion, z.B. vermittelst konjunktionseingeleiteter Nebensätze. – Vgl. etwa S. 567°

Idiolekt, der; -s, -e (gr. ídios ‚eigen[tümlich]', -lekt nach Dialekt) Adj.: -tal – Sprachbesitz u. Sprachverhalten des einzelnen. Ggs.: Soziolekt (s.d.). – Vgl. etwa S. 19^{u}, 503^{m}

inchoativ (lat. ‚anfangend') Subst.: der; -s, -e – Verben, die hinsichtlich der Aktionsart (s.d.) e. Beginn ausdrücken, sind i., z.B. *erblühen*; s.

auch ‚ingressiv'. – Vgl. etwa S. 60°, 183^{m}, 561^{u}

Infix, das; -es, -e (lat. ‚eingeheftet') In den Wortstamm eingefügtes Wortbildungselement, z. B. bei lat. *vinco, vici, victum* ein *n*-Infix im Präsensstamm (Stamm *vic*); ahd. *sīgan* u. *sinkan* sind wurzelverwandt. Vgl. S. 86°

ingressiv (lat. ‚hineingehend') Subst.: das I-(um), Pl. -ve/-va – Verben, die hinsichtlich der Aktionsart (s. d.) einen (plötzlichen) Beginn ausdrücken, sind i., z. B. *auflodern, entbrennen*; s. auch ‚inchoativ'. – Vgl. etwa S. 206^{u}

Inkunabeln (lat. ‚Windel, Wiege') Sg. Inkunabel, die – Bücher aus der Frühzeit des Buchdrucks (vor 1500), auch *Wiegendrucke* genannt. – Vgl. S. 347^{m}, 351^{m}

intransitiv (lat. ‚nicht übergehend') Subst.: das I-(vum), Pl. -ve/-va – Verben, die kein Akk.objekt bei sich haben u. kein persönliches Passiv bilden können, sind i., ‚nichtzielende' Verben, z. B. *schlafen, schimpfen, blühen*; s. auch ‚transitiv'. – Vgl. etwa S. 577°

Isoglosse (gr. ‚Gleichsprachiges'), die; -n – In sprachgeographischen Karten e. Linie, die gleiche Wortformen oder gleichen Wortgebrauch eingrenzt. – Vgl. etwa S. 15^{u}, 250^{u}, 454^{m}

iterativ (lat. ‚wiederholen') Subst.: das I-(um), Pl. -ve/-va – Verben, die hinsichtlich der Aktionsart (s. d.) häufige Wiederholung ausdrücken, sind i., z. B. *streicheln* (zu *streichen*). – Vgl. S. 107°, 194^{m}

kausativ (lat. ‚ursächlich') Subst.: K-(um), Pl. -ve/-va – Verben des Veranlassens (‚machen, daß') sind k., z. B. *senken, tränken* (zu *sinken, trinken*), auch Faktitiva genannt, z. B. *plätten, töten* (zu *platt, tot*). – Vgl. etwa S. 39^{u}, 107°, 577°

Klassifizierung Grundlegende Operation der strukturalistischen Analyse nach Gewinnung der Grundeinheiten durch Segmentierung (s. d.). Die so gewonnenen Einheiten werden durch Vergleich ihrer typischen Eigenschaften bestimmten Klassen oder Paradigmen (s. d.) zugeordnet; s. auch ‚Segmentierung'

komplementäre Verteilung (lat./frz. ‚ergänzende, vervollständigende') – Terminus des deskriptiven Strukturalismus in der Sprachwissenschaft, der sich aussagenlogischer u. mengentheoretischer Begriffe bedient. In k. V. befinden sich zwei sprachl. Elemente, die nie in der gleichen Lautumgebung vorkommen, z. B. phonetisch der *ch*-Laut: [x] nach *a, o, u (Dach, doch, Buch)*, [ç] nach *e* u. *i* (Lech, *ich*). – Vgl. etwa S. 78°

konklusiv (lat. ‚schließend') Subst.: K-(um), Pl. -ve/-va – Verben, die hinsichtlich der Aktionsart (s. d.) e. allmählichen Abschluß ausdrücken, sind k., z. B. *verbrennen, verblühen, finden*; s. auch ‚resultativ'. – Vgl. S. 577°

Konnotation (lat./engl. ‚Mitbezeichnung') Adj.: -tativ – Affektiver, stilistisch wertender Nebensinn in der Bedeutung e. sprachl. Ausdrucks, im Unterschied zur ‚konstanten' begrifflichen Bedeutung (Denotation), z. B. *Blut und Boden, Blut und Ehre* (Nazi-K.). – Vgl. etwa S. 116^{u}, 415°, 580°

Konsonantengemination s. Gemination

Kontamination (lat. ‚das Verbinden mit Fremdem, Verderben') – Vermengung von Stilmerkmalen in Wörtern u. Wendungen, bei Wörtern z. B. in *Gebäulichkeiten* oder mit bewußt ironischem Effekt in *Bonnzen, Kurlaub, Medizyniker.* – Vgl. S. 250^{u}, 359^{m}

kontinuativ (lat./engl. ‚ununterbrochen') Verben, die hinsichtlich der

Aktionsart (s. d.) das Fortgesetzte, das Andauern des Geschehens ausdrücken, sind k., z. B. *spielen, steigen, schreiben.* Vgl. S. 577°

Kontraktion (lat. ‚Zusammenziehung') Zusammenziehung zweier oder mehrerer Vokale zu einem Vokal oder Diphthong. – Vgl. etwa S. 89ᵘ

Kopulativkomposita (lat. ‚Verbindungsk.') Zusammensetzungen aus gleichwertigen, verbindend aneinandergereihten, sozusagen ‚addierten' Wörtern, die zu einander in Neben-, nicht Unterordnung stehen, z. B. *dreizehn (drei + zehn), Hosenrock, Herrgott*; auch Dvandva (ai. ‚Paar') genannt; s. dagegen Determinativkomposita. – Vgl. etwa S. 290ᵐ, 590°

Kreolisierung Entwicklung e. Mischsprache (Pidgin-Sprache) dort, wo vielsprachige Gruppen zusammenleben. Diese urspr. Behelfssprache kann sich zur Muttersprache bestimmter Gruppen entwickeln (das Kreolisch Jamaikas auf engl. Grundlage). – Vgl. S. 28°

Labial, der; -s, -e (lat. ‚die Lippen betreffend') – Mit den Lippen gebildeter Konsonant (Lippenlaut), z. B. *p, b, pf.*

Labialisierung (auch Rundung) – Zusätzliche Rundung der Lippen bei der Aussprache von Lauten. Durch assimilatorischen Einfluß labialer Konsonanten gerundete Vokale, die früher ungerundet waren, z. B. *Löffel < leffel, Löwe < lewe*; vgl. auch die Aussprache von *Tisch, Fisch* in Berlin [tʏʃ] [fʏʃ]; s. auch ‚Entrundung'. – Vgl. S. 393°, 487ᵘ

labiodental (lat. ‚Lippen u. Zähne betreffend') Subst.: der; -s, -e – Mit Lippen u. Zähnen gebildet; e. solcher Laut ist e. L. – Vgl. etwa S. 38°, 150ᵘ

labiovelar (lat. ‚Lippen u. Gaumensegel betreffend') Subst.: der; Pl. -e Gleichzeitig mit hinterem Gaumen u. mit Lippen gebildet; e. solcher Laut ist e. L.; z. B. engl. *quick, quite.* Für die ie. Grundsprache angenommene Laute ($k^{u̯}$, $g^{u̯}$, $g^{u̯}h$). – Vgl. etwa S. 87ᵐ

laryngal (gr./lat. ‚den Kehlkopf betreffend') Subst.: der, Pl. -e – Mit dem Kehlkopf gebildet; e. solcher Laut ist e. L. Für die ie. Grundsprache angenommener Laut ohne Entsprechung in den neueren Sprachen; s. aber lat. *novāre* u. heth. *newahh* ‚jung'. – Vgl. S. 81ᵐ, 83ᵘ

Lenis die, Pl. Lenes (lat. ‚sanft, gelinde') – Mit schwachem Druck u. ungespannt ausgesprochene Verschluß- oder Reibelaute; im Dt. mit Stimmhaftigkeit verbunden, z. B. *b, d, g, w.* Ggs.: Fortis (s. d.). – Vgl. etwa S. 149ᵘ, 268 ff.

Lenisierung (s. Lenis) – Durch Abschwächung von Atemdruck u. Muskelspannung bei der Aussprache verursachter konsonantischer Lautwandel: stl. Fortes *(p, t, k, s)* > sth. Lenes *(b, d, g, s)* = frnhd. Spirantenschwächung. – Vgl. etwa S. 168ᵘ

Lexikalisierung (gr. ‚Verwortung') Erscheinung der Wortbildung, bei der die beteiligten Ausdrücke u. die Wortbildungsregeln formal oder bedeutungsmäßig nicht durchsichtig bzw. analysierbar sind. Solche Gebilde werden als ganze im Lexikon gespeichert, z. B. *verlieren (*-lieren),* aber *verblühen,* oder *Laubsäge.* – Vgl. etwa S. 284ᵘ, 414°

Lexikologie (gr. ‚Wortkunde') Adj.: -isch – Sprachwissenschaftl. Bereich, der sich mit der formalen u. inhaltlichen Struktur des Wortschatzes befaßt. Wichtige Grundlage für die Lexikographie (Erstellung von Wörterbüchern)

Lexikon (gr. ‚Wörterbuch') Pl. -a – Gesamtheit aller bedeutungstragenden

Einheiten (Lexeme) e. Sprache; Wortschatz im Unterschied zur Grammatik. – Vgl. Lexikalisierung

liquid (lat. ‚fließend, flüssig') Subst.: die L-a, Pl. -en – Laut mit der Eigenschaft von Liquiden, d.h. sth. Konsonanten, die bei ausströmender Luft gebildet werden, speziell *l* u. *r*. – Vgl. etwa S. 37^{u}, 165^{m}

Metathese, die (gr. ‚Umstellung') – Umstellung, Vertauschung von Lauten (meist *r*) innerhalb des Wortes, z.B. *Born : Brunnen, durch : through, burn : brennen*, aber *Bernstein*. – Vgl. S. 64^{m}

Monophthong, der, Pl. -e (gr. ‚Alleintöner') – Einfacher Vokal, z.B. *a, e, i*

Monophthongierung Umbildung, Verwandlung e. Diphthongs (s.d.) in e. Monophthong. – Vgl. etwa S. 13^{m}, 152^{m} ff.

Morph, das; -s, -e (zu gr. morphē ‚Gestalt, Form') – Kleinstes bedeutungshaltiges konkretes Lautelement e. sprachl. Äußerung, das noch nicht im System- oder Strukturzusammenhang klassifiziert ist, z.B. *-er* (in *Männer, älter, er*); s. auch ‚Morphem'. – Vgl. etwa S. 10^{m}, 12°, 553^{m}

Morphem, das; -s, -e (frz. morphème zu gr. morphḗ ‚Gestalt, Form') Adj.: -isch, -atisch – Wie Phonem u. Graphem (s.d.) Begriff der strukturalistischen Sprachanalyse. M.e. sind die kleinsten Bedeutungseinheiten im abstrakten Systemzusammenhang e. Sprache. Man unterscheidet freie (lexikalische) M.e. (Wurzeln wie *sprech-, Bach*) von gebundenen (grammatischen, wortbildenden) M.en *(ge-, ver-, -s; -lich, -er)*; so ist z.B. *er* Allomorph (s.d.) verschiedener M.e, nämlich ‚Pl.', ‚Komparativ', ‚Nomen agentis' (Suffix), ‚Personalpron.' *(Männer, älter, Bäcker, er)*; s. auch ‚Morph'. – Vgl. etwa S. 12°, 100^{m}, 110°

Morphologie (zu gr. morphḗ ‚Gestalt, Form') Adj.: -isch – Traditioneller Oberbegriff Flexion u. Wortbildung (Formenlehre). – Vgl. etwa S. 12°

nasal (lat. ‚die Nase betreffend') Subst.: der N., Pl. -e – Laut, bei dessen Aussprache die Luft teilweise durch die Nase strömt, z.B. *m, n, ng*. – Vgl. etwa S. 37^{m}

Neutralisierung Aufhebung e. lautlichen Opposition (s.d.) in besonderer Stellung, im Dt. besonders bei der Auslautsverhärtung (s.d.). – Vgl. etwa S. 85^{m}, 158^{m} f.

obliquer Kasus (lat. ‚schief, schräg') Vom Verb abhängiger Kasus (im Dt. Gen., Dat., Akk.) im Ggs. zum Nom. *(Casus rectus)*. – Vgl. etwa S. 33^{u}, 122^{m}, 505°

Obstruenten (lat. ‚Versperrende') Sg. der; – Durch Behinderung des Luftstroms gebildete Konsonanten, also Verschluß-, Reibelaute u. Affrikaten, auch ‚Geräuschlaute' genannt. – Vgl. etwa S. 83^{u}

Onomatopöie (gr. ‚Laut-, Schallmalerei') die, Adj.: -poetisch – Wortbildung durch Nachahmung von Naturlauten, z.B. *Kuckuck, quietschen*; in den Einzelsprachen unterschiedlich, vgl. dt. *kikeriki* mit engl. *cock-a-doodle-doo*. – Vgl. S. 107^{m}, 578^{u}

Opposition (lat. ‚Entgegensetzung') Basisbegriff der strukturellen Sprachforschung. Zwei Laute stehen in lautlicher O. zu einander, wenn sie zwei Wörter mit unterschiedlicher Bedeutung differenzieren (kleinste bedeutungsunterscheidende Einheiten, Phoneme, s.d.), z.B. */b/* u. */w/* in *bald* u. *Wald*. Dies Prinzip der distinktiven O. gilt auch für die morphologische u. Bedeutungsanalyse. – Vgl. etwa S. 84^{m}

palatal (lat. ‚den Gaumen betreffend') Subst.: der P., Pl. -e – Am vorderen Gaumen gebildet; solche Laute sind P.e *(ch, j)*.

Palatalisierung Anhebung von Lauten durch Bewegung des Zungenrückens gegen den Vordergaumen. Der *i*-Umlaut steht z. B. in diesem Zusammenhang. – Vgl. S. 62°, 267°

Paradigma, das; -s, -men/-mata (gr. ‚Muster, Beispiel') Adj.: -tisch – a) traditionell: Muster für die Flexion von Wörtern. b) die nach der Segmentierung (s. d.) austauschbaren Einheiten derselben Wortkategorie, Einheiten also, die in paradigmatischer Beziehung zu einander stehen (*hier, dort, unten, oben*: Adverbien). Ggs.: syntagmatische Beziehung im Syntagma (s. d.) – Vgl. etwa S. 88^{u}

Patronym, das; -s, -e (gr. ‚Name nach dem Vater') – Vom Namen des Vaters abgeleiteter Name, z. B. *Johannsen* (= Johanns Sohn). – Vgl. etwa S. 104^{m}

perfektiv (lat. ‚vollendend') Subst.: das P., Pl. -ve/-va – Verben, die hinsichtlich der Aktionsart (s. d.) zeitliche Begrenzung ausdrücken, sind p., z. B. *ersteigen* gegenüber *steigen*; oft synonym mit ‚nicht durativ'. – Vgl. S. 577°

periphrastische Formen (gr. ‚umschreibende') – Im Dt. Futur, Perfekt, Plusquamperfekt u. Passiv. Umschreibend, weil mit Hilfsverben gebildet, z. B. *ich habe geschrieben.* Die obigen Formen haben keine eigenen Ableitungs- u. Flexionsmittel wie in den alten Sprachen. – Vgl. etwa S. 188^{u}

pharyngal (gr. ‚den Schlund, Rachen betreffend') Subst.: der P. Pl. -e – Im Rachenraum erzeugte Laute sind P.e – Vgl. S. 264^{m}

Phon, das; -s, -e (zu gr. phōnḗ ‚Laut, Ton, Stimme') – In der strukturellen Phonologie kleinste konkrete lautliche Einheit e. sprachl. Äußerung, die noch nicht im Sprachsystemzusammenhang klassifiziert ist (s. Phonem); Notation in eckigen Klammern [fo:n]. – Vgl. etwa S. 10^{m}, 17^{u}

Phonem, das; -s, -e (zu gr. phṓnēma ‚Laut') Adj.: -isch, -atisch – Klassifizierte kleinste bedeutungsunterscheidende Einheit im Lautsystem e. Sprache. Die Einheiten stehen in Opposition (s. d.) zu einander, z. B. */w/*: */b/* in *Wald* u. *bald, /t/*: */f/* in *Tinte* u. *Finte.* Jedes P. ist eine Klasse von phonetisch ähnlichen Lautvarianten (s. Allophone), die nicht in Opposition (s. d.) zu einander stehen, im Dt. z. B. Zungen- oder Zäpfchen-*r*. Stellungsbedingte Varianten e. P.s sind etwa die *ich-* u. *ach*-Laute (s. Allophone); Notation zwischen Schrägstrichen / /. – Vgl. etwa S. 17^{u}, 37^{m}, 147^{u}, 152°

Phonetik (zu gr. phōnḗ ‚Stimme, Laut') Adj.: -tisch – Erforschung der materiell-physikalischen Seite der Laute (Schallwellen, -erzeugung) in akustischer, auditiver oder artikulatorischer Hinsicht. – Vgl. S. 76^{u}

Phonologie (zu gr. phōnḗ ‚Stimme, Laut') Adj.: -gisch – Sprachwissenschaftl. Bereich, der sich mit der Funktion der Laute u. dem Lautsystem e. Sprache befaßt, nicht mit deren physikalischer Beschaffenheit (s. Phonetik). – Vgl. etwa S. 8°, 12°

Pidgin-Sprachen Mischsprachen sowohl aus Elementen der Ausgangs- als auch solchen der Zielsprache, gekennzeichnet durch besonders vereinfachte Morphologie u. kleinen Wortschatz der Zielsprache; etwa Pidgin-English. – Vgl. S. 28°

Polygenese (gr. ‚Mehrfachentstehung') Adj.: -tisch – In der historischen Sprachwissenschaft die Theorie, daß die Entstehung e. bestimmten sprachl. Befunds an mehreren von einander getrennten Orten sprachgruppenspezifisch u. spontan stattgefunden hat, also nicht von e. Gruppe zur anderen übertragen oder entlehnt worden ist, etwa die Hdt. Lautverschiebung. – Vgl. S. 173, 266°

Polysemie (gr. polýsēmos ‚mehrfachbezeichnend') Adj.: -sem – ‚Mehrdeutigkeit' e. Ausdrucks, z. B. *Läufer: (Teppich) (Sportler) (Schachfigur).* Der Unterschied zur Homonymie (s. d.), daß diese nämlich auf verschiedene etymologische Wurzeln zurückgeführt werden kann, läßt sich kaum aufrecht erhalten. – Vgl. S. 306ᵐ, 307ᵐ

Possessivkomposita s. exozentrische Komposita

Postposition (lat. ‚Nachstellung') Nachgestellte Präposition, im Dt. etwa *wegen, halber (des Glaubens wegen),* oder andere Partikel. – Vgl. S. 110°

Präfix, das; -es, -e (lat. ‚Vorgeheftetes') – Untrennbare Vorsilbe, die vor e. Wortstamm oder e. Wort gesetzt wird (Präfigierung), wodurch e. neues Wort entsteht, z. B. *entschlafen* zu *schlafen.* – Vgl. etwa S. 39ᵘ, 110°

proklitisch (gr. ‚vorwärtsneigend') Subst.: Proklise, Pl. -n – Proklitisch steht e. unbetontes Wort, das sich, meist in abgeschwächter Form, an e. folgendes anlehnt. Diese Erscheinung heißt Proklise, z. B. *s'Haus* statt *das Haus.* – Vgl. etwa S. 113ᵐ, 301ᵐ

Reduplikation (spätlat. ‚Wiederverdoppelung') – Formen- u. Wortbildungsart durch ganze oder teilweise Verdoppelung e. Wurzel oder anlautenden Silbe, wie bei der Bildung der Perfektstämme in den alten ie. Sprachen u. teilweise noch im Got. (z. B. lat. *canere-cĕcini, fallere-fĕfelli*); in der Wortbildung: *Mama, Papa,* mit Ablaut (s. d.) *Tingeltangel.* – Vgl. etwa S. 95ᵐ f.

Resonant, der; -en, -en (lat. ‚Tönender') – Klasse von Lauten, bei deren Aussprache die Luft entströmen kann (Vokale, Halbvokale, Liquiden u. Nasale) – Vgl. etwa S. 76ᵘ, 83ᵘ

resultativ (zu lat. resultat ‚ergibt sich') Subst.: das R-(um), Pl. -va/-ve – Verben, die hinsichtlich der Aktionsart (s. d.) das Ergebnis e. Vorgangs implizieren, sind r., z. B. *austrinken, erschlagen, finden.* – Vgl. S. 577°

Rhotazismus (gr. ‚Rho-Mißbrauch') Pl. -men – Lautwandel e. intervokalischen sth. *s* > *r* (lat. *genus, generis,* dt. *Frost-frieren*). – Vgl. S. 87ᵘ

Rückumlaut Bei e. Klasse der sog. schwachen Verben (*jan-* Verben) mit umlautfähigem Stamm der Wechsel zwischen umgelautetem Stammvokal im Präsens u. nichtumgelautetem Stamm im Prät. u. Part. Prät. – Vgl. 182 f., 279, 407 (Reste im Nhd.)

Rundung s. Labialisierung

satem-Sprachen Nach dem Anlaut von altiran. *satem* ‚hundert' Gruppe der ie. Sprachen (Ai., Altiran., Slawisch), die die velaren Verschlußlaute (z. B. *k, g*) der Grundsprache nicht erhalten, sondern in Reibe- oder Zischlaute palatalisiert haben, s. auch *centum*-Sprache. – Vgl. S. 29

Segmentierung (lat. ‚(Ab-, Ein)-schnitt') – Grundoperation der strukturellen Analyse e. Äußerung durch Zerlegen der linearen Lautkette in (phonet., phonolog., morphologische) Einheiten; s. auch Klassifizierung. – Vgl. etwa S. 147ᵐ

Semantik, die, -en (zu gr. sēmantikós ‚bezeichnend') Adj.: -tisch – Sprachwissenschaftl. Gebiet, das sich mit der Bedeutung sprachl. Zeichen u. -folgen befaßt. – Vgl. S. 8ᵘ, 12ᵐ

Sonant, der; -en, -en (lat. ‚Tönender') Sprachlaut mit silbebildender Funktion (Vokale, Halbvokale, *l, r*); so können *i* u. *l* als S. Silben bilden *(ich, Gretl)*, als Konsonanten aber nicht *(Nation, Gretel)*. – Vgl. S. 76^{m}, 83^{u}

Soziolekt, der; -s, -e (gebildet nach ‚Dialekt' u. ‚Idiolekt') – Sprachbesitz, -verhalten e. sozialen Gruppe; Ggs.: Idiolekt (s.d.) – Vgl. S. 16^{u}, 495^{u}

Substrat, das; -s, -e (lat. ‚Unterlage') Bei Sprachkontakt oder Sprachmischung die Sprache der Unterlegenen, die von der der Eroberer überlagert wird; Einfluß der S.-Sprache auf die überlagernde; s. auch ‚Superstrat'. – Vgl. etwa S. 31^{m}, 115^{m}

Suffix, das; -es, -e (lat. ‚unten Angeheftetes') Verb: suffigieren – An e. Wort oder Wortstamm gehängte Ableitungs- oder Nachsilbe *(-heit, -tum, -lich)*. – Vgl. etwa S. 24°

Superstrat, das; -s, -e (lat. ‚Überschichtung', zu ‚Substrat' gebildet) – Bei Sprachkontakt oder -mischung die absterbende Sprache der überlegenen (z.B. der Eroberer) u. ihr Einfluß auf die bodenständige Sprache, die durch die erstere überlagert wird; z.B. das normannische Frz. in England; s. auch ‚Substrat'. – Vgl. S. 115^{m}

Svarabhákti, das; -s (ai. ‚Vokalteil') Sanskrit-Terminus für e. Stütz- oder Sproßvokal zwischen Konsonanten. – Vgl. S. 162^{u}

Synchronie (zu gr. sýn ‚zusammen, zugleich' u. chrónos ‚Zeit') Adj.: -chron, -isch – Seit Ferd. de Saussure gebrauchter Terminus für den Zustand bzw. die Beschreibung e. Sprache in e. bestimmten Zeitraum (im Ggs. zu ihrer historischen Entwicklung, s. ‚Diachronie'). – Vgl. etwa S. 1^{m}, 100^{m}, 553^{u}

Synkope ['sʏnkope:], die; -en (gr. ‚Zusammenschlag') – Ausfall e. unbetonten Vokals zwischen Konsonanten im Wortinneren, z.B. *sel'ger, obez > Obst*. – Vgl. etwa S. 182^{m}, bes. 394° f.

Syntagma, das; -s, -men/mata (gr. ‚Zusammengeordnetes') Adj.: -tisch – Nach Segmentierung (s. d.) gewonnene Einheit, die zu e. anderen in syntagmatischer Beziehung steht, etwa Wortzusammensetzungen, -gruppen, Teilsätze, z.B. *auf* u. *Zeit* zu *auf Zeit*; s. dagegen ‚Paradigma' b). – Vgl. etwa S. 88^{u}

Syntax, die; -en (gr. ‚Zusammenordnung, -stellung') Adj.: -taktisch – Verknüpfungsregeln e. Sprache für die Anordnung und Abfolge sprachl. Einheiten in Wortgruppen u. Sätzen; Satzbau (Satzlehre); auch wissenschaftl. Darstellung darüber. – Vgl. etwa S. 8^{m}, 12°

synthetische Bildung (gr. ‚zusammenstellend') – Ausdruck syntaktischer Beziehungen am Wort selbst (etwa durch Flexionsendung oder Suffix), nicht durch grammatische Hilfswörter wie Präpositionen oder Hilfsverben; z.B. *lach-te*, aber *habe gelacht, ich harre deiner*, aber *ich warte auf dich*; s. auch ‚analytische Bildung'. – Vgl. etwa S. 104°, 107°

transitiv (spätlat. ‚übergehend') Subst.: T-um, Pl. -a – Verben, die e. Akk.objekt fordern u. e. persönliches Passiv bilden können, sind t., ‚zielende' Verben, z.B. *sehen, schlagen, kaufen*; s. auch ‚intransitiv'. – Vgl. etwa S. 577°

velar (zu lat. velum ‚Segel') Subst.: der, Pl. -e – Laute, die am Gaumensegel gebildet werden, sind v. oder Velare, z.B. *k, g*. – Vgl. etwa S. 29°, 151^{m}

Velarisierung Einfluß velarer Konsonanten auf vorhergehende Laute, z.B. im Got. das *r: waír* [wɛr], aber lat. *vir*. Auch Umwandlung in Velare heißt V. – Vgl. S. 248°

Verba pura (lat. „reine" Verben') – Historisch gesehen sind solche Verben v. p., deren Wurzel urspr. auf

Vokal oder Diphthong auslautete. In allen germ. Sprachen haben sich Gleitlaute *(j, s, h, w)* zwischen vokalische Wurzel u. Endung ‚eingeschlichen', schon im Got. Von Hause aus starke Verben, sind sie schon im Frühahd. schwach, obwohl hier noch einzelne rein vokalische Wurzeln anzutreffen sind (vgl. ahd. knāen, ae. cnāwan ‚to know'), noch im Nhd.: *säen.* – Vgl. S. 155°

Allgemeines Register

Aus Gründen der Platzersparnis sind Adjektive als Stichwort, die unbezogen eine Sprache bezeichnen (z. B. Gotisch), orthographisch nicht von solchen Vorkommen unterschieden, in denen sie innerhalb eines Artikels bei einem Bezugswort stehen, das auf Nichtsprachliches referiert (z. B. gotisches Grenzgebiet), wo sie also ‚klein' geschrieben werden müßten. Aus den gleichen Gründen verstehen sich die Angaben ‚f.', ‚ff.' sowie ‚-' zwischen Seiten (‚von-bis') in der Weise, daß im angegebenen Bereich das Stichwort ‚passim' erscheint. Nur in selteneren Fällen verweisen sie auf einen durchgehenden inhaltlichen Zusammenhang.

a, 37, 63 f., 159
  urgerm., 22, 70 f., 76-80, 82, 95 f., 150, 156
  ahd., 152-157, 160
  mhd., 374-383
  nhd., 535 ff.; *s. auch* Vokalsysteme
ā, mhd., 253-261, 352, 356 f.
ä, 527, 538
a-Mutation (Brechung, Senkung) im Ahd., 77 f.
a-Stämme im Urgerm. 91
  im Ahd., 176 f.
Aa, Aach, Etymologie von, 42
Aachen, 126, 133, 135, 327
Abkürzungen, 524, 562, 578
Ablaut, 25 f., 37, 39 f., 60, 75 f., 81-83, 103, 408 f.
  bei Substantiven, 90 f.
  bei starken Verben, 94-99
Ableitung (Derivation), 100-102
  germ., Subst., 102-106; Adj., 105 f.; Verb, 106 f.
  ahd., Subst., 189-192; Adj., 192 f.; Verb, 194 f.
  mhd., Subst., 284-287; Adj., 187 f.; Adv., 288; Verb, 289
  frnhd., Subst., 414-416; Adj., 416-418; Adv., 418; Verb, 419
  nhd., Subst., 553-556; Adj., 556 f.; Verb, 561-563
Ableitungssuffixe, 394
Abrogans, 140, 146
Abschreiben, Abschrift von Hss., 138, 150, 241-246
Abstrakta, 102-105, 284-286, 304
Ackermann aus Böhmen, Der, 347
Adelung, J. C., 410, 480-482, 485-493, 525
Adjektive, attributive, 180
  Flexion, urgerm., 92 f.; ahd., 179-181; mhd., 277 f., 296 f.; frnhd., 405 f.; nhd., 490, 548 f., 568
  ie. Merkmale, 38
  possessive, 59, 298, 430
  Schönheit bezeichnende im Mhd., 308 f.
Admoni, W., 567
Adverbien, mhd., 288, 305 f.
  frnhd., 418
  nhd., 490
Affrikaten, 263
  ahd., 166-172
  standarddt., 540 f.
Agglutination, 187
-ahi, ahd. Suffix, 191
ai, urgerm., 64, 76-80, 82, 121, 153, 160
  westgerm., 139-142
  mhd., 249, 266
  nhd., 483; *s. auch* Vokalsysteme
Akzent, 498, 503
  im Ie. (Betonung), 86 f., 97
  Akzent gegenüber der Standardnorm, 100
Akzentwandel, 29, 46, 60, 75 f., 88, 95, 156, 161
-al, ahd., 287
Alemannen, 50-52, 55, 123, 131-133
  Etymologie, 69

Alemannien, 137, 147, 173, 241, 243
Alemannisch, 13, 59, 137f., 158, 247, 262, 265, 381, 395
  ahd., 139f.
  e-Laute, 265
  gān, 186
  Hdt. Lautverschiebung im, 168
  mhd. Texte auf, 251-254
  Schreibungen im, 149f.
  Velare, 172
  Verbendungen, 187
  Vokale in unbetonten Silben, 163
Alkuin, 135, 147
Alliteration, 110
  bei Namen, 74, 127f.
Alpen, 15, 31, 35, 55, 66, 72, 120, 131f., 161
Alphabet, got., 54; gr., 71f.; lat., 71f., 147, 159; norditalisch-etrusk. 65f., 72; runisches, 71f.
Altenglisch, 47f., 59, 62, 71, 112-114, 129
Altisländisch, 78
Altniederfränkisch, 47f., 142, 167f., 173
Altsächsisch, 50f., 59-62, 129, 142f., 150, 152-154, 167f., 173
Ambraser Heldenbuch, Das, 241
Amerika, 335, 337, 461, 469, 600
Anabaptisten, *s.* Wiedertäufer
Anakoluth, 424, 507, 512, 516
Analogie, 23, 97, 160, 410
Analphabeten, 460; *s. auch* Lese- u. Schreibfähigkeit
Angeln, 16, 51f., 55
Angelsachsen, 120, 123, 133f.
Angelsächsisch, 50, 137, 159
  Einfluß auf das Ahd., 219f.
  a. Mission, 216
  a. Schreibungen, 150f.
Anhebung, 158
Antonsen, E. H., 78, 156
Antonym, 439
Apokope, 255f., 258, 267f., 337, 373f., 378f., 380f., 393, 398, 404-407, 411f., 486
Apophonie, *s.* Ablaut
Aposiopese, 507, 516
Apposition, 426, 510f., 569
Archaismen, 582, 587, 594
Archäologie, 34, 45, 67f.
-ari, Suffix im Ahd., 176, 193, 304; *s. auch -er* Suffix
Arianismus, 54, 218f.
Artikel, urgerm., 111
  ahd., 202
  mhd., 295f.
  frnhd., 426
  nhd., 490
Aspekt, 39, 93, 299, 307
Aspiration, 84, 167
Assimilation, 80, 93, 152f., 156, 163f., 386, 504
Attila, 172
Attribut, erweitertes, 427f., 509, 517, 525, 567-569
au, urgerm., 64, 70, 79f., 82f., 95f., 121, 153
  westgerm., 140
  ahd., 149f.; *s. auch* Vokalsysteme
Augsburg, 126, 145, 219, 254, 351f., 354, 356, 363
  Buchdruck in, 333
  Druckersprache, 378f.
Ausbreitung der Diphthongierung, 266
  der Hdt. Lautverschiebung, 173; *s. auch* Verbreitung
Ausgleich, lautlicher, 160, 359,
  im Präs. der Verben, 409-411
  im Prät. der Verben, 408-410, 412f.
Ausklammerung, 516
Auslautsgesetze 88f.
Auslautsverhärtung, s. Konsonanten
Aussprache, nhd., 480f., 497f.
  Standardsprache, 534-543
  Umgangssprache (Halbstandard) 503-508
Aussprache nach Schreibung, 391, 538-541
austrasisch, 133

b, 148, 483
  ie., 84-86
  urgerm., 64, 84-87
  westgerm., 139, 141f.
  ahd., 61, 149, 164-172
  mhd., 255, 257f., 374f., 379, 382

österr., 249; *s. auch* Konsonantensystem
Bach, H., 248, 360
Bacska, 465, 469
-bære, s. -bar
Bahuvrīhi, 109, 287, 290
Baltisch, Sprachen, 25f., 29, 31f., 34f., 46, 76, 118, 131
Länder, 335
Banat, 465, 469
-bar, Suffix, 101
westgerm., 106
ahd., 193
mhd., 288, 305
frnhd., 416f.
nhd., 524, 539, 556
Basel, 126, 228, 340, 351, 353, 364, 368
Buchdruck in, 333
Bavarianismen, 358
Bayern, 126, 134, 137, 140, 144, 173, 216, 218, 225, 451, 500, 526
Bayern, die, 50, 55, 123, 131-133, 235
Bayrisch, 13f., 138, 247, 262, 270f., 355, 391, 488
e-Laute im, 265
gēn, 186
ahd., 140
mhd. Text auf, 254
be-, Präfix, 110, 361, 380, 394, 539, 542
Beda, 45
Bedeutung, 10f., 115f.
Bedeutungswandel, 438-440, 579, 587
Behaghel, O., 566
Behauchung, *s.* Aspiration
Belgien, Dt. Sprechende in, 461, 463
Benrather Linie, 173
Berlin, 366, 456
Bern, 320
Berthold von Regensburg, 250
Bestimmungselemente (Artikelwörter), 547-549, 567-569
Betonung, im Ie., 86f., 97, 100
Betonung, 75, 163, 532, 539, 542f.; *s. auch* Akzentwandel
Betz, W., 212, 595
Bevölkerung, Dt. sprechende, 232, 326, 328, 459f., 461, 467f.
bh, ie., 84-87
Bibel, 135, 146, 237, 343, 345f., 364
got., 54, 59
kathol., 370, 433, 435
Lübecker, 432f., 436f.
Luther-, 371-373, 376f., 432f., 436f.
Mentel-, 374, 432f., 436f.
ndt., 356, 384
Zürcher, 368, 381f., 432f.
Bild-Zeitung, 511
Bilingualismus, 144, 146, 236, 339, 500
binnenhochdeutsche Konsonantenschwächung, 271, 358, 380, 387, 395
Birken, Sigmund von, 475
Bodensee, 134, 139
Bödiker, J., 478, 480
Boesch, B., 536
Böhmen, 45, 50, 131, 233, 235f., 327, 334, 358, 458, 464, 466, 468
Etymologie, 68
Bojunga, K., 595
Bonifacius, 134f.
Brandenburg, 233-236, 327, 331, 365f., 457, 464
Brant, Sebastian, 341, 343, 348, 359
Brechung, 61, 77; *s. auch a-, u-* und *i*-Mutation
Brenner (Paß), 131
Breslau, 604
Bruch, R., 168
Buchdruck, 14, 329, 333, 345-353, 365
Bugenhagen, J., 367, 450
Burgenland, 235
Burgunden, 50, 54

c, 151, 223
Caesar, 51, 67, 69, 119
Campe, J. H., 594
Carr, C. T., 108
centum-Sprachen, 27, 29
ch, 148, 247, 540f.
ahd., 139-142; mhd., 253, 255; nhd., 536, 540f.
Chatti, 50, 53
-chen, Suffix, 162, 287, 361, 555; *s. auch* Diminutiva
christliche Terminologie, 62, 212-222
Christentum, Bekehrung zum, 132-134, 146f., 217

Chroniken, 344
Chur, 131, 134, 334
Clajus, Johannes, 370
Coleman, E. S., 594

d, 148, 151, 378, 380, 382, 485
  ie., 84-86
  urgerm., 86f.
  westgerm.,59, 61, 63, 87, 139-142
  ahd., 164-171; *s. auch* Konsonantensysteme
  epenthetisches, 397, 431
Dänemark, 72
Dänisch, Sprachgrenze, 16, 464
Danzig, 366, 457, 467, 622
Datierung von Hss., 241ff.
Dativ, 38, 398, 505
Dehnstufe, im Pl. Prät., 96
Dentale, 153
de Smet, G., 216
deutsch, Etymologie, 135f.
Deutscher Orden, 234, 335, 356
dh, ie., 84-87
Diakritika, 262, 386
Dialekt, 13-16, 76, 138-143, 250-261, 355-358, 359f., 373-384, 495, 499-503
Dialektgeographie, 154, 173, 250
Dialog, 514
Diglossie, 18, 366, 369, 455, 500f.
Diminutive, 8, 127, 286, 374, 377ff., 380-383, 414, 489, 555
Diphthonge, 352f., 536, 538
  ie., 76
  urgerm., 78f.
  ahd., 151-155
  mhd., 262
  frnhd., 391f.
  ostmitteldt., 361
Diphthongierung, 13, 138, 255, 337, 385
  ahd., 154f.
  mhd., 266
  sächs. Kanzlei, 358
  Zürcher Bibel, 368f.
Dissimilation, 60
Divergenz, 27, 46f., 249f., 354
Donau, 34, 45, 50f., 55, 72, 120, 124, 131, 161, 174, 238, 248, 334, 336
Doppelkonsonanten, *s.* Konsonanten
Dornblüth, A., 482, 488
Dreißigjähriger Krieg, 328, 333, 335, 350, 454f., 457, 594
Dresden, 318, 320, 356, 456
Drittes Reich, 460, 587
Druckersprache, 351-353, 356
Druckersprachen, 356
Dual(is) (Numerus), 44, 99
Duckworth, D., 595
Duden (Wörterbuch, Grammatik), 497f., 532, 535, 578, 591f., 595
Duden, Konrad, 526
Dürer, Albrecht, 340, 344f., 353, 375, 441, 443
Dvandva (Komposita) *s.* Komposita, kopulative

e, 37, 483
  urgerm., 70, 76-80, 82, 95f., 101, 157f.
  got., 62
  ahd., 152-155, 157-159
  mhd., 264f., 374-383
  frnhd., 390f.
  alem., 249
ē[1], 70, 78
ē[2], 79f., 122, 140-142, 154
-e, 161, 393f., 404-406
  -Plural, mhd., 274, 398, 400, 402f.
    frnhd., 398, 400, 402
    nhd., 544f.
  Suffix, 102, 104, 285, 304, 523, 553-555
Echternach, 134, 137, 142, 145
-ede, Suffix, mhd., 285; *s. auch -ida*
Eggers, H., 510-512, 516, 567
-eht, Suffix, mhd., 287, 305
ei, 64
  ie., 65, 76
  urgerm., 77
  ahd., 62, 75, 152f., 160f.
  mhd., 248, 253-260, 356, 358, 374-383; *s. auch* Diphthonge
-ei, Suffix, 542, 555
e-i-Neuordnung, 77-79, 104, 121
Eider, 131
Eike von Repgow, 240

Eindeutschung, von Gebieten, 466
Einklammerung, 299, 422f., 427, 506f., 509, 516, 534, 563
-el, Suffix, 103, 287
Elbe, 14, 50, 131, 233, 317
  Etymologie, 42
Elbgermanisch, 50, 53, 55, 62
-elei, Suffix, 555
Ellipse, 421, 505, 507, 516
Elsaß, 126, 141, 225, 331, 455, 461f.
Emphase, 111-113, 422
Ems, 45
-en, Suffix, 105, 161, 417, 558
Englisch, 44, 62, 75f., 216f., 427, 434f., 477, 580, 582, 596-598
  Konsonanten im, 164, 170
  Reflexe von Verners Gesetz, 86f.
  starke Verben, 94f.
  Vergleich mit dem Dt., 63-65, 79
  Verwandtschaft mit dem Dt., 7f.
  Wortschatz, 116-118
  Wortstellung, 113f.; *s. auch* Lehnwörter aus dem
Enklaven, dt. im Osten, 465-468
Enns, 131
ent-, Präfix, 539, 542
Entlehnung, 23, 441-443, 592-604; *s. auch* Lehnwörter aus
Entrundung, 15, 266f., 337, 356, 358, 380, 393
eo, ahd., 152, 159
Epithesis, eines unhistor. *-e*, 394
-er, Pluralmarkierung, 275, 399f., 403f., 488, 545f.
  Suffix, 24, 101, 104, 267, 285, 414f., 523, 554
er-, Präfix, 110, 374, 540
Erben, J., 497
Erec, 241, 308
-erei, Suffix, 414f., 555
Ergänzungen, 198-200, 299, 422, 563, 565f.
erste Lautverschiebung, *s.* Germ. L.
Erster Weltkrieg, 463f., 594f.
Erz-, Präfix, 416, 556
es, bayr., 249
Etymologie, 386, 482
Etzel, 172
eu, ie., 82; westgerm., 140-142, 148
exotica, 596

f, 541
  urgerm., 84-88
  ahd., 164-171
  mhd., 268f.; *s. auch* Konsonantensysteme
Fachsprache, 17f., 21, 115f., 344f., 441, 460, 493-497, 518-525, 554-558, 590f.
fachsprachliche Ausdrücke (Termini), 17, 484, 518-520, 522
Farbenwörter, germ., 68
Feminina, 28
  Subst., 176-178, 399-402, 488, 545-547
Finnisch, 46, 70f.
Fleischer, W., 360
Flexionsendungen, 24, 38f., 88, 90, 98
Flußnamen, 31, 42, 124, 318f.
Fortis, 169-171, 263f., 268-272, 395, 485
Fourquet, J., 47, 84, 113, 168
Franck, Sebastian, 339
Frangk, Fabian, 362, 370
Franken, Stammesverband, 51f., 55, 123, 125, 132-136, 225
  Stammesdialekt, 75
  -Friedhof, 74
Franken, Gebiet, 137, 144, 173, 216, 235f.
Fränkisch, 138, 141f., 163, 172
  gēn, 186
  Hdt. Lautverschiebung im, 168
  Vokale in unbetonten Silben, 163; *s. auch* Mittel-, Ost-, Rhein-
Frankfurt am Main, 321, 327, 350f., 353, 362
Frankfurt an der Oder, 234, 319, 366
Franz II., Kaiser, 458
Franz I., Kaiser v. Österr., 458
Französisch, 15, 18, 28, 471f., 492; *s. auch* Lehnwörter aus
Freiburg im Breisgau, 233, 239, 317
Fremdwörter, 524f., 592-599
  Betonung, 539, 543
  Schreibung, 528f.; *s. auch* Lehnwörter

Friedrich II. v. Preußen, 465, 471, 475
Friedrich von Hausen, 240f.
Friesen, 52, 55, 132f.
Friesisch, 16, 48–50, 59, 61f., 216, 464
Friesland, 137, 144, 321, 451, 605
Frings, Th., 121, 155, 216, 360
Fruchtbringende Gesellschaft, 474f.
Fugenelemente (Komposition), 558
Fulda, 134, 137f., 141, 145, 147, 155, 220, 229
Funktionsverben, 575f.
Funktionsverbgefüge, 575–577
Funktionswörter, 528f.
Futur, 206, 284, 299, 429, 572

g, 61
  ie., 84–86
  urgerm., 64, 84–88
  westgerm., 139–142
  ahd., 149, 164–171; *s. auch* Konsonantensysteme
ge-, Präfix, 110, 140–142, 162, 181, 197, 291, 299, 307, 361, 374, 377, 380f., 394, 429, 539, 542
ge-(Wurzel)-*e*, zusammengesetztes Affix, 105, 191, 286, 415, 555
ge-(Wurzel)-*et*, zusammengesetzes Affix, 287, 305
Gegenreformation, 333, 470
Gemeindeutsch, 362–364, 367, 385, 390f., 395
Gemeines Deutsch, 363
Gemeinsprache, 19, 21, 493–497, 518–525
Gemination, *s.* Konsonanten, Gemination von
Genitiv, 38, 175, 201f., 297, 399, 401, 428, 488, 505
Genus, 28, 38, 89f., 174–176, 400–402, 489
Germanen, Heimat der, 31, 34f.
Germani, Etymologie, 46
Germanische Lautverschiebung, 46, 84–88, 118
Gerundivum, 427
Geschäftssprache, 356
Geschlecht, grammatisches, *s.* Genus
gesprochene Sprache, 16f., 145, 366, 408, 493–497, 499f., 509, 513–518
gg, westgerm., 172
gh, ie., 84–87
Gimbutas, Marija, 35f.
Glinz, H., 570
Glossare, 137, 139–142, 146
Glottisschlag (glottal stop), 538
Goethe, 343, 454, 478, 510, 534
Goten, 50, 53f., 120, 136
Gotisch, 26, 47–49, 54, 59–62, 65f., 70f., 78f., 154, 203
  Aussprache, 5
  Bibel, 54, 59
  Dentalpräteritum, 94
  Dual, 44
  Einfluß auf das Ahd., 218
  Fragepartikel, 111
  i, u im, 77
  Klassen des starken Verbs, 95–99
  Mission, 124
  Präfixe, 197
  Reduplikation im, 95f.
  Subst., Deklination, 90
  Verben auf *-nan*, 60, 63
  Wortschatz, 117
Gottfried von Straßburg, 240, 253, 308, 312, 314
Göttingen, 456, 470
Gottsched, J. C., 410, 413, 475, 479–481, 485–493, 525, 532
Gottschee, 235, 468
Grammatiker, Regelfestsetzungen durch, 485–493
Grammatischer Wechsel, 86f., 97, 185, 409; *s. auch* Verners Gesetz
Graph, 17
Grapheme, 18, 147, 527, 530f.
  mhd., 262–264
  frnhd., 385–390
  nhd., 521–532
Graz, 318
Gregor von Tours, 69
Griechisch, 25–27, 32, 34, 37, 54, 60, 524, 579
  Entlehnungen aus dem, 124
Grimm, Jacob, 93, 182, 246
Grimms Gesetz, *s.* Germ. Lautverschiebung
Großschreibung, Subst., 528f., 533f.

Gruppensprachen, 520
Gueintz, Christian, 474
Gutenberg, J., 346, 350f., 450

h, 148f., 151, 483, 528, 541
urgerm., 85-87, 153
ahd., 165
Habsburg (Dynastie usw.), 14, 235, 329-331, 334, 355, 456
-haft, Suffix, 193, 288, 539, 557
Halbstandard(sprache), *s.* Umgangssprache
Halbvokale, 165, 272
Halle, 366, 456, 470, 604
Haller, A. von, 480, 488
Hallstattkultur, 119
Hamburg, 324, 366, 456
Handschriftenedition, 244-246
Hannover, 456-458
Hanseatischer Bund, 341, 364-367
Hartmann von Aue, 240f., 250, 265, 301, 308, 333
Harz, 45
Haugen, E., 158, 595
Hauptsatz, 114, 201, 293, 421-424, 512, 563f.
Hebung, 77; *s. auch i-* und *u*-Mutation
Heidelberg, 241, 365
Heiligennamen, 321f., 365, 449
Heiliges Römisches Reich, 328, 339, 455, 457f., 460
-heim, Namen auf, 224f.
Heinrich von Veldeke, 240, 314
-heit, Suffix, 63, 105, 311, 539
ahd., 192
mhd., 286
frnhd., 414
nhd., 555
Helber, Sebastian, 363
Heliand, 59, 142, 146f., 150, 190, 206, 216
Herminones, 50
Hessen, 133f., 225, 500
Hethitisch, 26f., 32, 34 (anatolisch)
Hildebrandslied, 135, 146, 204
Hitler, A., 589
Hochdeutsch, 50, 55, 62, 65, 138, 172, 363-367, 476-482
Hochdeutsche Lautverschiebung, 59-61, 64, 118, 121, 143, 153, 166-174, 221, 223
Ausbreitung, 173
Datierung, 172f.
Ursache, 174
Hochsprache, 16, 498
höfische Dichtersprache, 248-250
höfische Literatur, 237
Höfler, O., 168
Hohenstaufen (Dynastie, Ära usw.), 14, 231, 235, 237, 240, 244, 326, 330, 343
Hohenzollern (Dynastie usw.), 331, 365
Holländisch, 47f., 59, 63, 216, 364; *s. auch* Niederländisch
Homographie, 528
Homonyme, 579
Homophone, 386, 417, 482, 528
Hotzenköcherle, R., 305, 534
Humanismus, 329, 332, 365, 448-451
Humanisten, 339-342, 440f., 450
Hutten, Ulrich von, 333, 340, 342, 359
Hutterer, 335, 469
Hyponymie, 439

i, 37
urgerm., 76-80, 95
ahd., 152-155
mhd., 356, 382; *s. auch* Vokalsysteme
als Längenzeichen, 249, 378, 382
als Neutralvokal *(-e)*, 267
ī, mhd., 253-260, 357f., 368, 374-383, 392
i-Stämme, 68, 91, 163, 177
i-Umlaut, 7, 25, 38f., 47, 61f., 67, 73, 77-80, 89-91, 104, 121, 156-160, 273; *s. auch* Umlaut
-ī, ahd. Suffix, 190; *s. auch -e*-Suffix
-ida, ahd. Suffix, 104, 190; *s. auch -ede*
Ideologie im Wortschatz, 586-592
Idiolekt, 19, 215, 251, 261, 359, 385
ie, 248, 253-260, 357, 368, 374-383, 391, 483
-īe, mhd. Suffix, 387; *s. auch -ei*
-ien, Ortsnamensuffix, 449
-ieren, Verbsuffix, 289, 419, 443, 524, 542, 561, 601

-ig, Suffix, 106, 193, 287, 540, 556
-igen, Verbsuffix, 289
Imperativ, 284, 413, 491
-in, Suffix, 103, 176, 190, 285, 414, 539, 554
-īn, mhd. Suffix, 287, 306
Inchoativa, 60, 63, 94, 183, 299, 301, 561
Indoeuropäisch, 22-44, 47
  Ablaut, 81
  Betonung, 75
  Lokalisierung, 30-36
  Sonanten, 76f.
  Substantivklassen, 89-92
  Trennung, 28f.
  Vokale, 76f.
  Wortschatz, 23, 31-33, 40-43, 115
  Wortstruktur, 23-26
Infinitive, 25, 39, 63, 161, 287, 427, 523
-ing, Suffix, 105, 125f., 224f.
Ingolstadt, 353, 364
Inkunabeln, 347-351
Inschriften, Negau, 65-67; Runen-, 71-75
Instrumental, 175, 205
Interjektionen, 507
Interpunktion, *s.* Zeichensetzung
Intonation, 514f.
-ir, ahd., 176; *s. auch -er* (Plural)
irische Missionare, 133, 219
Isar, 124
-isch, Suffix, 136
  urgerm., 103, 106
  ahd., 193
  mhd., 287
  frnhd., 417
  nhd., 539, 557
Ischreyt, H., 522
Isidor von Sevilla, 140f., 146, 149f., 159, 199
Ising, G., 436f.
Isländisch, 28
Isoglossen, 15, 29, 250, 454
-isōn, ahd. Verbsuffix, 194
-ist, Suffix, 414
Istvaeones, 51f.
Italien, 238
Italienisch, 28, 347f., 441; *s. auch* Lehnwörter aus dem
Italisch, 27, 29, 31, 33, 35, 46
Iterativa, 107
iu, ahd., 152, 160, 164
  mhd., 357, 368, 374-383, 391f.
Iwein, 241, 285, 299-310

j, 62, 148, 156, 483, 541
  ie., 38, 84, 92f.
  urgerm., 64, 158f.
  mhd., 262
Jahn, F., 580
-jan-Verben, 94, 182, 187, 306f.
Jargon, 522
Jecklin, A., 515
Jesuiten, 372
Jordanes, 45, 50
Joseph II., Kaiser, 466
Journalismus, 511f., 554
Juden, 336f.
Jütland, 30

k, 151
  ie., 29, 84-86
  urgerm., 64, 85-87, 121, 153, 165-172
  westgerm., 139-142
  ahd., 171
  oberdt., 62, 171
  alem., 247
  bayr., 138
Kaiserliche Kanzlei, 326, 353, 355, 370, 379
Kanzleisprache, 239f., 249f., 355f.; *s. auch* Kaiserliche Kanzlei *und* Sächsische Kanzlei
Karl V., Kaiser, 329, 331, 338f.
Karl der Große, 51, 134-136, 141, 173, 226, 237
Karl Martell, 133f., 221
Karl-Marx-Stadt, 604
Karlsruhe, 604
Kärnten, 464
Karolinger (Dynastie, Reich), 14, 131-135, 138f., 143, 145, 216, 330
  Kolonisierung, 225f.; Gesetze, 240
  Renaissance, 134f., 137
Kaschuben, 467, 469
Kasus, 38, 89f., 174
  Gebrauch im Ahd., 204; im Mhd., 297f.

Kasussystem, ahd., 174-178; mhd., 273-277; frnhd., 398-405; nhd., 544-547
Kausativa, 39f., 82, 94, 107, 183, 301, 561, 577
-keit, Suffix, 286, 414f., 555
Keltisch, 26f., 29, 31f., 33-35, 45f., 55
  Lehnwörter aus dem, 46, 60
  Namen, 126f.
  Flußnamen, 124
Kettmann, G., 360f.
kh, 379
Kimbrisch, 235
King, R. D., 100
kk, westgerm., 172
Klagenfurt, 318, 334
Klopstock, 478, 482
Klöster, 134, 136-138, 148, 234
Koelhoff, Johann, 382
Kollektiva, 286
Köln, 126, 132, 134f., 142, 145, 239, 320f., 327, 351, 353, 363f., 382
  Buchdruck, 333
  frnhd. Text aus, 382
Kolonisierung, 14, 317f., 335, 464-466
  im Osten, 233-235
Komparativ, 431, 506, 513
komplementäre Verteilung, 77f., 87, 176, 277
Komposita, 302f., 510-513
  Determinativ-, 109, 289
  exozentrische, 108f., 290, 560
  Klammerformen, 559, 578
  Kopulativ-, 108, 290 (Dvandva), 559
  Satz-, 422
  Adj. + Subst., 109, 196, 289, 559f.
  Subst. + Adj., 560
  Subst. + Subst., 195f., 289, 558-560
  Verbal-, 110, 196-198, 420f., 560-562
  Betonung bei, 542f.
Komposition, 40, 100-102
  primäre, urgerm., 108; ahd., 195; mhd. 289; nhd., 558
  sekundäre, 108, 419; ahd., 195; mhd. 289; nhd., 558
  in Fachsprachen, 523f.
König Rother, 241, 243
Königsberg, 366
Konjunktionen, 200f., 292-295, 424f., 517
Konjunktiv, ahd., 186-188
  mhd., 282f.
  frnhd., 409, 430
  nhd., 506, 517, 551, 552f., 572-574
Konsonanten, ie., 83-88
  urgerm., 83-88
  ahd., 148-151, 164-173
  mhd., 268-272
  mndt., 261, 383f.
  frnhd., 374-384
  nhd., 482f., 485, 540ff.
  Auslautsverhärtung von, 62, 258f., 263, 270f., 388, 395
  Doppel-, 149, 388
  Gemination von, 61, 63, 107, 121, 165, 169, 263f., 377, 384
  Schreibung, 483f., 526f., 529-531
  Schwächung von, *s. binnenhochdt. Konsonantenschwächung*
Konsonantensystem im, Spätgerm., 164f.
  Ahd., 171
  Mhd., 271f.
  Frnhd., 396
  Nhd., 557
Konstanz, 134, 139, 243, 327, 332, 351, 368
Kontamination, 359
Konvergenz, 27, 44, 46, 49, 55, 115, 249, 355, 494
Konversion, *s.* Wortartwechsel
Korlén, G., 248
Kudrun, 241, 308

l, 162f.
  ie., 22, 37, 83
  westgerm., 63
  ahd., 165
-l-, Verbsuffix, 107, 195
Labialisierung, 267, 380, 385, 393, 488f.; *s. auch* Rundung
Labiovelare, 84-89
Lachmann, K., 244, 246f.
Lahn, 124
Langobarden, 50-55, 68, 131f., 134, 136, 140, 218

Langobardisch, 131, 140
Längung, von Vokalen, 248, 258, 266, 337, 384, 392, 395
Laryngale, 81, 83
Latein(isch), 18, 28, 32, 42, 60, 132, 135f., 144, 217, 231, 236-238, 327-329, 338f., 347f., 369, 424, 472, 566, 594-598; *s. auch* Lehnwörter aus dem
  Ablaut im, 81
  Bücher auf, 350, 470
  Diminutive, 286
  Infinitive, 25
  Städtenamen, 126
  Schreibung, 148-151
  Wortschatz, 211
  ie. Vokale im, 37
  germ. Wörter im, 67-69
Lausitz, 233f., 236, 335, 356
Lautsubstitution, 59, 70
Lautverschiebung, *s.* Germanische L. *und* Hochdeutsche L.
Lech, 124
Lehmann, W. P., 29, 47, 79
Lehnbedeutungen, 211-214, 307-310, 439f., 595f., 598f.
Lehnmischung, 596f.
Lehnschöpfung, 211, 215, 596, 598
Lehnübersetzung, 123, 211, 214f., 310f., 440, 484
  aus dem Engl., 596, 598
  aus dem Russ., 590f., 599
Lehnübertragung, 211, 215, 596, 598
Lehnwörter,
  frühchristliche, 124, 220f.
  aus dem Engl., 596-601
  germ. im Finnischen, 46, 70f.
  aus dem Ital., 316f., 446f., 603f.
  aus dem Keltischen, 88, 118f.
  aus dem Lat., 47, 88, 119-124, 172, 221-223, 315f., 443-445, 597, 603
  aus dem Niederl., 314f., 448
  aus dem Russ., 590f.
  aus dem Skandinav., 604
  aus dem Slaw., 448
  aus dem Span., 447
  ungewisser Herkunft, 118
  Pseudoentlehnungen, 596f.
-lei, Suffix, 418
Leibniz, Gottfried Wilhelm, 472, 477f., 483, 492
-leich, bayr., 355
-lein, Suffix, 162, 539, 555; *s. auch* Diminutive
Leipzig, 233, 318, 350f., 353, 364
Lenis, 169-172, 263f., 269-272, 395f.
Lenisierung, 168
-ler, Suffix, 553f.
Lese- u. Schreibfähigkeit, 14, 133, 237, 333, 460
Leska, C., 516f.
Lessing, 478
Lexikalisierung, 210, 554
Lex salica, 70
libri confraternitatum, 227
-lich, Suffix, 106, 162, 192, 287, 539, 557
  Adverbien, 288
  bayr., 255, 268
-lichen, Suffix, 418
-lin, Suffix, 414f.; *s. auch -lein*
-līn, Suffix, 286; *s. auch -lein*
Lindqvist, A., 215
-ling, Suffix, 104, 539, 554
Liquiden, 165, 272, 388
Litauisch, 26
Lombardei, 55, 131, 144, 173
-los, Suffix, 109, 194, 288
Lothringen, 226, 236
Lübeck, 233, 239, 318, 324, 332, 353, 366, 383
Lucidarius, 285, 292-299, 301, 344
Ludwigshafen, 604
Ludwigslied, 146, 203
Luther, Martin, 332, 341, 343, 345f., 349, 352, 361-63, 367, 369-373, 376f., 407, 410, 412f., 432-439, 442, 491, 528
Luxemburg, 15, 133, 459, 461, 463, 500, 503
  Dynastie, 327, 331

m, 23, 37, 84, 165, 175; *s. auch* Konsonantensysteme
-m, 102
Magdeburg, 366
Main, 45, 124, 248, 337

Mainz, 126, 132, 134, 145, 327, 331 f., 346, 350, 353, 364
Buchdruck in, 333
Mannheim, 456
Marxismus-Leninismus, Wirkung auf Wortschatz, 590-592
Maskulina, Subst., 176-178, 400-405, 544-547
Masuren, 465, 467, 469
-mäßig, Suffix, 557
Matthias von Beheim, 259 f., 436 f.
Maurer, F., 50, 500
Maximilian I., Kaiser, 241, 329-331, 343, 348, 355, 361, 363, 365, 378 f., 454
Mecklenburg, 236
Meier Helmbrecht, 315
Meißen, 233-236, 360, 371, 534
Meißnisch, 361-366, 372, 479-481, 489
Mennoniten, 335, 469
Mentelin, Johann, 345, 347, 359, 374
Merowinger (Dynastie, Reich usw.), 55, 128, 132-134, 148-150
Metaphern, 519, 524, 579
miß-, 110, 543, 556
Missingsch, 366
Mittelberg, E., 512
Mitteldeutsch, 167, 235, 250, 265 f., 267, 387
Druckersprache, 353
Mittelfränkisch, 149, 243, 248, 382, 395
Hdt. Lautverschiebung im, 173
ahd., 142
mhd. Text auf, 257 f.
Mittelhochdeutsch, normalisiertes, 244-246
Mittelniederdeutsch, 328, 419
Rückgang des, 364-367
Texte auf, 260 f., 383 f.
Mittelsilben, Vokale in, 162 f.
Modalverben, 97-99, 208 f.
Modus, 39; *s. auch* Konjunktiv
Moldau, 319
Monolog, 514
Monophthongierung, ahd., 152-155
mhd., 13, 248, 255 f., 259, 266, 337, 361, 384 f.
Morhof, D. G., 479 f.
Moritz, K. P., 594
Moriz von Craûn, 241
Morphologie, 12, 38-40, 77, 88
Mosel, 120, 124, 132, 162, 336
motivierte Wörter, 11, 209, 484, 592
Moulton, W. G., 87, 156
München, 233, 353, 456
Mundart, *s.* Dialekt
-muoti, ahd. Suffix, 194, 196, 287
Murner, Thomas, 333, 340 f., 372, 379 f., 414, 419, 454
Mutation, *s. i*-Umlaut *u. u*-Umlaut

n, 22, 38, 80, 165; *s. auch* Konsonantensystem
Infix, 93
Verlust des, 59, 64
n-Plural, 277, 400 f., 404, 546
n-Stämme, 92, 158 f., 178
Nachnamen, 320-324, 365, 449-451
von Hugenotten, 605
slawische, 605
Namen, biblische im Ahd., 228
von Burgen, 317
modische, 606 f.
als Wörter, 580
Nasale, 39, 59, 64, 88, 165, 272, 388, 397, 539 f.
Nationalismus, 466-468, 483
Nationalität, 461 f.
Nationalsozialismus, Wirkung auf Wortschatz, 18, 586-589
Neckar, 124
Negation, *s.* Verneinung
Negationspartikel, 42, 113, 207, 299, 301
Neologismen, 210, 582, 593
Nerius, D., 489
Neutra, Subst., 176-178, 275-277, 399-402, 544-547
Neutralisierung, 85, 159, 170, 263, 273, 278, 395, 539
Nibelungenlied, 237, 244-246, 308
Niederalemannisch, 358
Niederdeutsch, 138, 235, 363, 366 f., 434 f.
Bibeln, 345, 366
Druckereien, 353
Niederlande, 455

Niederländisch, 16, 136, 236, 307, 363f., 455, 472; *s. auch* Holländisch
Niedersächsisch, 64, 142, 167
-nis, Suffix, westgerm., 105
ahd., 191
mhd., 385
frnhd., 400, 414f.
nhd., 489, 539, 545, 555f.
Nomen actionis, 287
Nomen agentis, 103f., 189f., 223, 285, 304, 554
Nomen instrumenti, 523
Nomenklatur, 519f., 522
Nominalblöcke, 509-512, 525
Nominalglied, 201, 547, 566-569
Nominativ/Akkusativ-Unterscheidung 89f., 175
Norddeutschland, 30, 34, 42, 51, 224, 328, 335, 364-367, 389, 395, 451, 480, 535
Nordgermanisch, 27, 48f., 71
Nordseegermanisch, 51, 54, 63-65
Norm, 495, 499
Notker der Deutsche, 139, 146, 150, 159, 163, 228
Numeralia, 208, 302, 568
Numerus, 38f., 90, 174, 273f., 544
Nürnberg, 327, 331, 341, 345, 351, 353f., 356, 358, 364, 370
Druckereien in, 333

o, ie., 22, 30, 76, 82
urgerm., 78
ahd., 152, 160; *s. auch* Vokalsysteme
ō, urgerm., 79f., 96, 172
westgerm., 139-142
ahd., 152-156; *s. auch* Vokalsysteme
in unbetonten Silben, 163
ö, ahd., 160
ō-Stämme, 91, 163, 176f.
-o, ahd. Suffix, 189, 304; *s. auch -ę*, Suffix
Oberdeutsch, 13, 60, 149, 158, 162, 167f., 170-172, 243, 265, 364, 387, 391, 393, 398, 408, 412
Apokope u. Synkope im, 267f.
Druckersprache, 353
-ōd, ahd. Suffix, 191
Oder, 45, 50, 233
Oder-Neiße-Grenze, 468
Oder-Weichsel-Germanisch, 50, 53
Öhmann, E., 311
Onomastik, Definition, 42
Opitz, Martin, 475f., 480, 483
Optativ, 99, 187
Orthographie, 137f., 242, 246, 351f.
ahd., 147-151
mhd., 247, 262-264, 270
frnhd., 384-389
nhd., 480-483, 525-532
Andeutung des Umlauts, 157-160
der Kaiserl. Kanzlei, 355
der Lehnwörter, 596
der Sächs. Kanzlei, 356-358
der Zürcher Bibel, 368f.
Ortsnamen, 31, 67-69, 124-127, 223-226, 317-319, 448f., 525, 604f.
christliche, 226
von Gebieten, 125f., 449
nach Rodungen, 317
nach Wohnstätten, 125f., 223-226
slawische, 318f.
Standardisierung von, 449
Österreich, 134, 235f., 331, 451, 456-461, 465f., 495, 499f., 526
Wortschatz, 582-585
Aussprache des Standarddt. in, 536
Ostfränkisch, 374, 377
ahd., 141
mhd. Text auf, 255
Ostgermanisch, 27, 49f., 54, 69
Ostmitteldeutsch, 360, 399
mhd. Text auf, 259
frnhd. Text auf, 376f.
Schreibung, 356-358, 360f.; *s. auch Meißnisch*
Ostoberdeutsch, frnhd. Text auf, 378f.
Ostpreußen, 465, 467
Otfrid von Weißenburg, 137f., 140f., 146f., 150f., 162f., 175, 189-192, 212
ou, ie., 76-80
ahd., 62, 153-155, 160
mhd. 248, 253-259, 356, 374-383; *s. auch* Vokalsysteme
öu, mhd., 374-383

p, ie., 84-86
urgerm., 85-88
ahd., 166-168, 171
lat., 170
oberdt., 62
bayr., 138; *s. auch* Konsonantensysteme
Palatalisierung, 267
Paracelsus, 340
Parataxe, 200, 293, 507, 512, 516
Parenthese, 507, 512
Partizip des Präsens, 39, 205
Partizip des Präteritums, 39, 205
Parzival, 240, 244, 347
Passiv, 60, 188f., 205, 430, 512f., 525, 574
Patronyme, 320, 323
Paulus Diaconus, 45, 140
Pelka, R., 522
Pensylvaniadeutsch, 468
Penzl, H., 156
Pepin der Kurze, 134, 221
Perfekt, ahd., 188f., 205f.
mhd., 299
nhd., 506, 571
periphrastische Formen, 188f., 204-206, 284, 429f.
Personennamen, 43f., 66f., 127-129, 226-228, 319-324, 426, 449-451, 524, 605f.
Petri, Adam, 349, 370
pf, 138, 139-142, 257f., 361, 378, 382, 482, 540f.
Philipp, M., 380
Phoneme, Zusammenfall, 77f.
hinsichtlich Schreibung, 17f., 147f.
Aufspaltung, 64, 153-155
Phonemisierung, 77, 79, 152f., 156-160, 169f.
Phonologie, ie. Merkmale im Dt., 37f.
Phraseologismen, *s.* Redewendungen
Pirckheimer, Willibald, 333, 339f., 450f.
Plinius, 50-52, 67-69
Plural, unmarkierter, 276f., 401, 405, 544
Pluralbildung, ahd., 176-179
mhd., 273-277
frnhd., 398-405
nhd., 523, 544-547
Plusquamperfekt, 299, 429, 572
Polenz, P. von, 576
Polygenese, 173f., 266
Polysemie, 306, 579
Pomerellen, 234, 467
Pommern, 234, 236, 457, 464
Poznań (Posen), 335, 465, 467
Präfigierung, 106, 195, 562f.
urgerm., 110
ahd., 162, 196f.
mhd., 290f.
nhd., 524, 562f.
Prag, 327, 355, 358, 360, 466
Präpositionen, 111, 208, 506
Präsens, 570
Präteritopräsentien, urgerm., 97-99
ahd., 185f., 208f.
mhd., 281f.
frnhd., 410f.
nhd., 551-553
Präteritum, 39, 89, 93f., 95-97, 373, 429, 492, 506, 517, 552, 570f.
urgerm., 93-99
ahd., 187f.
mhd., 282f.
frnhd., 394, 407-410
dentales, Ursprung, 93f.
Preußen, 451, 455, 457-459, 465, 525
Preußen, baltische, 233f.
Pronomina, Demonstrativ-, 430, 505
Indefinit-, 208, 302
Personal-, 39, 44, 64, 208, 302, 361, 430
Reflexiv-, 60, 64, 298, 381, 431
Relativ-, 254, 425
Pseudoentlehnungen, *s.* Lehnwörter
Purismus, 483f., 581, 583, 589, 592-595
Pyrmont, 318

r, 162f., 165
ie., 37, 83f., 88
urgerm., 22, 62, 64
Vokalisierung des, 540, 542
r-Metathese, 64
r-Stämme, 92
r, Verbalsuffix, 107
Rätoromanisch, 235, 334, 463
Rauch, I., 155

Raumer, R. von, 526
Rechtschreibreform, 526, 532-534; *s. auch* Orthographie
Rechtswörter im Ahd., 216
Redewendungen, 507f., 576
Reduplikation, 40, 95f., 184
Reformation, 14, 328f., 333, 348, 351, 366f., 438f.
Regensburg, 126, 140, 145
Regionalismus, beim Wortschatz, 9, 216f., 432-438, 581-585
Reibelaute, 168-172, 263, 268-272, 395f.
Reichenau, 139, 145, 227
Reime, 157, 250, 257, 389, 488
Rekonstruktion, 22, 26, 44
Reuchlin, Johannes, 340f.
Rhätien, 55, 131, 134, 144, 219
Rhein, 45, 51, 55, 72, 120f., 161, 174, 238, 248, 336f., 458
  Etymologie, 42f.
Rheinfränkisch, 60, 62, 149, 168, 170, 378
Rheinlande, 133-135, 216, 323
Rhotazismus, 87
Rhythmus, 111f., 114, 422, 565
Ried, Hans, 241
Riga, 234, 236, 466
Rolandslied, 241, 308
Romanisch (Dialekte, Sprachen), 67, 129, 131f., 136, 221, 223, 321
Römisches Recht, 332, 345, 365, 440
Römisches Reich, 27, 54, 72, 118f., 124, 132f., 172
Rösel, L., 52
Rosengarten von Worms, Der, 309
Rückumlaut, 89, 182, 257, 260, 279f., 288, 361, 407, 492, 549, 553
Rundung, 62, 262, 337, 381
Runen, 46, 147, 150f.
  Etymologie, 71-73
  Inschriften, 73-75, 127
  Namen, 73
Runisch, 48f.
Russisch, 44; *s. auch* Lehnwörter aus dem

s, ie., 38, 84, 86
  urgerm., 164-169
  got., 89
  ahd., 169-171
  mhd., 374, 382; *s. auch* Konsonantensystem
-s, Genitivendung, 38
s-Plural, 64, 505, 544, 547
s-Stämme, 70, 92, 176
Saale, 124, 131, 317
Saar, 124
Saarlouis, 604
Sachs, Hans, 341, 343, 372, 406-408, 414-416, 418-420, 422-426, 429-431
Sachsen, 16, 50-53, 55, 132-134, 137, 233, 235
  Etymologie, 69
Sachsen (Gebiet), 144, 225, 236, 248, 327, 331, 457, 479, 502
Sachsenspiegel, 240
Sächsische Kanzlei, 353, 356-358, 361, 370
-sal, Suffix, 104, 539, 556
Salzburg, 126, 134, 139, 145, 227
-sam, Suffix, 106, 109, 193, 288, 540, 557
St. Benedikt, Regeln des, 135, 139, 146, 149, 163, 189-191, 193, 197, 212, 218
St. Gallen, 137, 139, 144, 226-228, 244, 322, 369
satem-Sprachen, 27, 29
Satzlänge, 516
sch, 263; Aufkommen des, 270
-schaft, Suffix, 63, 105
  ahd., 192
  mhd., 286
  frnhd., 414
  nhd., 539, 555
Schiller, 454, 479
Schirokauer, A., 333
Schlesien, 234, 318, 356, 465, 467
Schleswig-Holstein, 323, 335, 464
Schmitt, L. E., 360
Schnerrer, R., 216f.
Schnurkeramikkultur, 35, 45
Schöffer, Ivo, 377f.
Schottel(ius), J. G., 473-475, 478f., 484f., 486, 488-492

Schreibstätten (scriptoria) 137–142, 145, 150, 211, 215, 239–244, 247, 345, 351
Schriftsprache, 17f., 135, 231, 239, 247, 250, 329, 354–365, 368f., 371, 373, 493–497, 499f., 509–513
Schulen, 333, 353, 366
Schützeichel, R., 168, 228
Schwaben (Gebiet), 126, 235f.
Schwabenspiegel, 240, 250
Schwäbisch, 262, 408, 412
  mhd. Text auf, 254
Schweiz, 14f., 18, 140, 225, 322, 331, 358, 364, 451, 455, 461, 463, 497, 500f., 503, 526, 605
  Aufnahme des Nhd., 367–369
  Aussprache des Standarddt., 536
  Wortschatz, 582–585
Schweizerisch, 412
  frnhd. Text auf, 380f.
Semenjuk, N. N., 487f.
Senkung, 77; *s. auch a*-Mutation
Siebenbürgen, 234, 236, 461, 466, 469
Siebs, Th., 498, 535f.
Skála, E., 360
Skandinavien, 34, 45, 47, 50f., 71
Skandinavisch, 367, 604, 606; *s. auch* Lehnwörter aus dem
Slang, 19, 508, 521
Slawen, 14, 233–235
Slawisch, 25–27, 29f., 32, 35, 76, 118, 131
Slowenisch, 131
Sonderegger, S., 226, 228
Sorben, 235, 335, 354
Soziolekte, 495
Spangenberg, K., 501
Spätgermanisch, 46–48, 67, 69, 75, 79f., 120f.
  Inschriften, 71–75
  Namen, 124–129
  Substantivsuffixe, 104f.
Spiegel, Der, 19, 559
Spielmannsepen, 308
Spitznamen, 320, 324
Sprachgesellschaften, 329, 472–475, 483
Sprachgrenze, östl., 235, 334, 463–468
  nördl., 464
  südl., 462
  westl., 132, 236, 334, 455, 462
Sprachpaläontologie, 31, 33, 45
Sprachverwandtschaft, 22, 29, 44
ss, 171
-st, Endung, 187
Stabreim, *s.* Alliteration
Städte, 231–233, 331f., 344, 456
  mit Sprechern des Jiddischen, 337
Stammbaumdarstellung, 27
Stämme, germanische, 138f.
Stammesgesetze, 139
Stammklassen, 174; *s. auch* Stammsuffixe
Stammsuffixe, 24f., 38, 90
Standardisierung, im Frnhd., 359–361, 372, 433–438
  im Nhd., 499, 518; *s. auch* Vereinheitlichung
Standardsprache, 14f., 16, 27, 136, 247f., 250, 328, 355, 389, 480f., 494–500
Steger, H., 514
Steiermark, 464
Steigerung der Adjektive, 24, 39, 92, 181, 278
Stellung des Dt. im 16. Jh., 338
Stephan, H., von, 594
Stil, 19, 21, 495
Stilebene, soziale, 502
Straßburg, 126, 134, 143, 145, 228, 239, 249f., 254, 321, 332, 345f., 348, 351–354, 356, 364, 368, 379, 455
  Buchdruck in, 333
Streitaxtkultur, 34, 45
Stuttgart, 456
Subjektspronomen, 111, 113f., 203f., 298
Substantive, Ablaut bei, 90f.
  Feminina, 176–178, 399–402, 488, 545–547
  Flexion im Got., 90
  Großschreibung, 528f., 533f.
  Komposita, Subst. + Adj., 560f., Subst. + Subst., 195, 281, 557–560
  Maskulina, 176–178, 400–405, 544–547
  Neutra, 176–178, 275–277, 399–405, 544–547

Verbal-, 102 f.; *s. auch* Kasussystem, Pl.
Substantivierung, 93, 510-512, 523
Substantivklassen, 38, 90-92
Substrat, 31, 46, 88, 115, 174
Süddeutsche Kirchensprache, 216, 218 f.
Süddeutschland, 224, 365, 583
südlicher Schreibeinfluß, 248, 257, 259, 358, 361 f., 376 f.
Südrheinfränkisch, 142
Südtirol, 131, 461, 463 f.
Suffixe, aktive, 24, 284, 554, 556
fremde, 556
veraltete, 24 f.
Vokale in, 162
Superstrat, 115; *s. auch* Substrat
Svarabhakti-Vokal, 162
Synkope, 99, 182
mhd., 255 f., 267 f., 273-278
frnhd., 373, 381, 394-407, 411 f.
nhd., 487, 551
Synonyme, 499
s/z, mhd. Zusammenfall von, 253, 257, 260, 270

t, ie., 38, 84-86, 89
urgerm., 23, 75, 84-87
ahd., 59, 166-168, 171; *s. auch* Konsonantensysteme
oberdt., 61
bayr., 138
epenthetisches, 397
-t, Adjektive auf, 102
Tacitus, 45, 51, 67 f., 72, 342
-tag, ahd. Suffix, 192
Tatian, 141, 150, 162, 175, 202 f., 212, 216, 220, 300
Beispieltext, 229
Teilung Deutschlands, Wirkung auf Wortschatz, 582, 590-592
Tempus, 39, 93, 95, 299, 428 f., 570-573
lat. Einfluß, 188, 205 f.
Terminologie, 519-521
-tet, frnhd. Suffix, 416
Textsorte(n), 359, 372, 495-497, 511, 514
Verwaltung, 509
Werbung, 510
th, 148, 151, 483; *s. auch þ*
Thomasius, Christian, 470, 475, 477, 480, 492
Thüringen, 144, 225, 248, 501
Thüringer, 132
**-ti*, Suffix, 102
Trichterbecherkultur, 45
Trier, 124, 132, 134, 142, 145, 239, 327
Trojan, F., 536
Tübingen, 353
-tum, Suffix, westgerm., 63, 105
ahd., 192
mhd., 286
frnhd., 415
nhd., 339, 555
tun, Umschreibung mit, 429, 506
Twaddell, W. F., 156
typologische Verwandtschaft, 15

þ, 5, 59-61, 70, 73, 85-87, 140-142, 151, 170, 172, 485

u, ie., 37, 76-80
urgerm., 70, 80
ahd., 62, 152-155
mhd., 257 f., 356-358, 375 f., 378, 380-382, 393
ū, 253-260, 357, 368, 374-383, 389, 391
ü, 157-160; *s. auch* Vokalsysteme
Übernamen, *s.* Spitznamen
Übersetzung, 211
von Stadtrechten, 238 f.
aus dem Frz., 342
aus dem Lat., 146, 237, 339-342, 348 f.
üe, 253-260, 368, 374-383, 391
Umgangssprache, 11, 495-498, 502-509, 565, 582; *s. auch* Halbstandard(sprache)
Umlaut, 177-179, 182, 256-259, 262, 306, 377, 383, 409, 411, 487, 538, 545 f., 550 f.; *s. auch i*-Umlaut
als Pl.-Markierung, 275 f., 400 f., 403
Umschreibungen, substantivische, 512, 525, 564, 575-577
u-Mutation, 77 f.; *s. auch* Hebung *u.* Brechung
un-, Präfix, 106, 192, 194, 543, 556
unbetonte Silben, 60, 76, 79, 88, 161-164

-ung, Suffix, 105
ahd., 191
mhd., 285, 311
frnhd., 414f.
nhd., 523, 539, 555
Universitäten, 327f., 332, 353f., 365, 456, 460, 470f.
unmotivierte Wörter, 11, 209, 484
untergeordneter Satz, 114, 199-201, 292-295, 422-424, 565f.
Unterordnung, 509
uo, ahd., 83, 138, 150
mhd., 246, 248, 253-260, 368, 374-383, 391
u/o, urgerm., 78-80, 103f., 121
Urgermanisch, 44-49
Beginn des, 29, 32
Betonung, 75
Heimat des, 45f.
Komposition, 108f.
Konsonanten, 83-89
Lehnwörter, 118-124
Namen, 124-129
Substantivflexion, 89-92
Vokale, 77-80
Wortbildung, 100-110
Wortschatz, 114
Urindoeuropäisch, 28, 30, 34f.; *s. auch* Indoeuropäisch
Urkundensprache, 238-240
Ursprachen, 27, 49
u-Stämme, 92

v, 262, 528, 541
Valentin, P., 162
Valenz, 563, 566
van Coetsem, F., 47, 65, 78, 95
van Tollenaere, F., 66
-var, mhd. Suffix, 288, 305, 417
Vaterunser in germ. Dialekten, 56-58
ahd., 146
Velarisierung, 248
ver-, Präfix, 110, 357, 540, 542
veralteter Wortschatz, 580
Verba pura, 185, 256, 260
Verben, anomale, 98
athematische, 93
ie., 93-95
intransitive, 306f.
Personalendungen, 186-188, 282f.
Reflexiv-, 300f.
schwache, urgerm., 93f., 98
ahd., 181-183, 209
mhd., 279f., 306
frnhd., 406f.
nhd., 549
starke, urgerm., 39, 81-83, 94-99,
ahd., 183-185, 209
mhd., 280f., 306
frnhd., 408-411
nhd., 549-551
Verluste bei, 410
Stellung der, 112-114, 198-201, 292-295, 421-423, 563-566
thematische, 93
trennbare, 562
unregelmäßige, 185
urgerm., 93-100
transitive, 306f.
Verbreitung, der ahd. Monophthongierung u. Diphthongierung, 154f.; *s. auch* Ausbreitung
Verdeutschung, 594f.; *s. auch* Purismus
Vereinheitlichung, der Sprache, 472, 474, 476; *s. auch* Standardisierung
Verneinung, doppelte im Mhd., 301
Verners Gesetz, 86f., 91, 97, 101; *s. auch* Grammatischer Wechsel
Verschlußlaute, 166-172, 268-272
Verwandtschaftsnamen, 40, 177
Viëtor, W., 535
Vogesen, 132
Vokalabstufung, *s.* Ablaut
Vokale, ie., 76
urgerm., 77-80
spätgerm., 151f.
ahd., 152, 160
altsächs., 155
mhd., 262f., 264-268
mndt., 260, 383
frnhd., 374-383
nhd., 529-532, 536-540
auslautende, Verlust im Urgerm., 89
epithetische, 394
kurze, 37, 171, 267

lange, 149, 171, 176, 387
Neutral-, 387, 439
Schreibung, 529–532
Stütz- (Svarabhakti), 162f., 254
Vokaldehnung, -längung, *s.* Längung von Vokalen
Vokalsystem, des Ie., 76
Urgerm., 77–80
Ahd., 160
Mhd., 265–268
Frnhd., 389–393
Nhd., 536–538
Vokativ, 406
Völkerwanderung, Zeit der, 14, 71, 125, 131, 224
Volksbücher, 333, 342
auf jiddisch, 337
Volkssprache, 16, 500, 507
Voltaire, 471
Vorarlberg, 235, 334
Vorgermanisch, 30, 45–48, 75
Vornamen, engl., 606
frz. 606
Vulgarismen, 507
Vulgärlatein, 67, 122, 148

w, 38, 84, 121f., 150, 165, 397, 483
Wackernagel-Jolles, B., 515–517
Wagner, H., 512
Walser, 132, 235f.
Walther von der Vogelweide, 240, 243, 286
Wandalen, 50, 53f.
wande, 201, 294f., 424f.
Weichsel, 45, 50, 131, 233, 319, 335
weil, 201, 424f.
Weimar, 456
Weinreich, O., 304
-weise, Suffix, 418
Weisgerber, Leo, 533
Weißenburg, 145
Welsch, 126f.
Wenden, 127, 235, 335, 354
Weser-Rhein-Germanen, 51–53, 55
Westgermanisch, 27, 49, 51, 59, 79, 88
Konsonantenverdoppelung, 61; *s. auch* Konsonanten, Gemination
gemeinsamer Wortschatz, 63–65
Westmitteldeutsch, frnhd. Text auf, 377f.
Westoberdeutsch, frnhd. Text auf, 379f.
Wiedertäufer, 335
Wien, 321, 353, 364, 456, 471
Willibrord, 133, 135
Wilmanns, W., 526
Winterthur, 129, 239
Wittenberg, 332, 346, 351, 353f., 356, 362, 364, 366
Buchdruck in, 333
Wochentage, Namen der, 69, 122–124
Wolff, Christian, 470, 475, 477, 480, 492f.
Wolfram von Eschenbach, 240, 301, 308, 312, 333
Wolgadeutsche, 466
Wortartwechsel, Subst. zu Verb, 561
Wortbildung, produktive, 100f.
Wörterbücher, frühe, 441f.
Wortschatz, christlicher, 212–222
höfischer, 307–311
Fach-, 518–520
Weiterleben von, 116f., 209f., 302–306
Wortschöpfung, 578
Wortstellung, 111ff.
Wrede, F., 59
Wulfila, 54, 60, 72, 77
würde, 430, 573
Württemberg, 500
Würzburg, 256
Wurzelbetonung, 110, 121; *s. auch* Akzentwandel
Wurzeln, 24, 41, 90f., 99f., 114f., 182f.
Wurzelsilbe, 75f., 87
Wurzelvariation, 23; *s. auch* Ablaut
Wurzelvokale, 161

x, 5, 539

z, 151, 377, 540f.
urgerm., 63, 70, 74, 89
ahd., 139–141
mhd., 270; *s. auch* Konsonantensysteme
-z, Verlust im Westgerm., 66
z > *r*, im Westgerm., 87

Zahlwörter, *s.* Numeralia
Zeichensetzung, 532
Zeit, Die, 510f., 600
Zeitungen, 329
Zentraloberdeutsch, 364
frnhd. Text auf, 374
zer-, Präfix, 110, 539f., 542
Zesen, Philipp von, 474, 482f.
Zips, 234, 236
Zukunft, *s.* Futur
Zürich, 126, 227, 244, 349, 351, 353, 359, 369, 456
Zusammenfall, von Phonemen, 78, 264f.
Zusammensetzung, *s.* Komposition
zweite Lautverschiebung, *s.* Hdt. L.
zweite Person Sg. Prät., 63, 97
Zweiter Weltkrieg, 334, 337, 462, 466, 468, 582, 591, 592, 600
Zweites Reich, 458–460, 462, 526, 594, 604
Zwingli, Huldrych, 322, 339, 359, 368

Wilhelm Franke
Einführung in die Sprachwissenschaft
in 100 Fragen und Antworten
1995. 96 S. 3-87548-120-8. Kartoniert.

Mit einer didaktisch orientierten und vom Autor vielfach erprobten Methode führt dieses Studienbuch in die Sprachwissenschaft ein: anhand von Fragen und Aufgaben sowie Lösungsvorschlägen wird der Benutzer zur Erarbeitung von Grundkenntnissen und zur Auseinandersetzung mit den wichtigsten sprachwissenschaftlichen Themen angeregt.

Inhalt: *Teil I* enthält 100 Fragen und Aufgaben zu 22 sprachwissenschaftlichen Themenbereichen: Reflexionen über Sprache und Sprachwissenschaft – Romantische Sprachbetrachtung – Zur Rezeption Humboldts im 20. Jahrhundert – Die Sprachtheorie der Junggrammatiker – Theorie(n) des Sprachwandels – Die Begründung des Strukturalismus – Die Prager Schule: Funktionale Sprachbetrachtung – Grundbegriffe der strukturalistischen Phonologie – Grundbegriffe der strukturalistischen Morphologie – Grundbegriffe der strukturalistischen Syntax – Lexikalische Semantik – Linguistics without meaning - Zur Theorie der Sprachkompetenz – Spracherwerbstheorien – Universalgrammatik und Einzelsprachengrammatik – Kompetenz und Performanz – Kategorien und Phrasenstrukturbeschreibung – X-Bar-Syntax – Das Lexikon – Zur Theorie der Sprachverwendung – Textlinguistik – Linguistische Dialogforschung. In *Teil II* werden Vorschläge zur Beantwortung der im Aufgabenteil gestellten Fragen gegeben. *Teil III* führt zum einen Untersuchungen auf, die bei der Ausarbeitung der Fragen und Antworten zugrundegelegen haben; zum anderen wird weiterführende Literatur genannt, die der Leser zur Vertiefung oder Erweiterung seiner Kenntnisse heranziehen kann.

Helmut Buske Verlag · Richardstr. 47 · 22081 Hamburg